Fränznick/Grobshäuser/Radeisen/Hellmer/
Pientka/Hendricks/Holzner/Ramb/Dauber

Der Kurzvortrag in der mündlichen Steuerberaterprüfung 2021/2022

13. überarbeitete und aktualisierte Auflage

2021
HDS-Verlag
Weil im Schönbuch

HDS
Verlag

Bibliografische Information der Deutschen Nationalbibliothek
Die Deutsche Nationalbibliothek verzeichnet diese Publikation
in der Deutschen Nationalbibliografie; detaillierte bibliografische Daten
sind im Internet über http://dnb.de abrufbar

Gedruckt auf säure- und chlorfreiem, alterungsbeständigem Papier

ISBN: 978-3-95554-754-7

www.hds-verlag.de
info@hds-verlag.de

Einbandgestaltung: Peter Marwitz – etherial.de
Layout: HDS-Verlag
Druck und Bindung: Mazowieckie Centrum Poligrafii

Printed in Poland
2021

HDS-Verlag Weil im Schönbuch

Die Autoren

Thomas Fränznick, Rechtsanwalt und Steuerberater, Fachanwalt für Handels- und Gesellschaftsrecht, Fachanwalt für Bank- und Kapitalmarktrecht, Gesellschafter-Geschäftsführer der OT-Rechtsanwaltsgesellschaft in Mosbach und Heidelberg, in der er unter anderem auch als Berater für Berater tätig ist. Seit vielen Jahren in der Steuerberateraus- und -fortbildung sowie der Rechtsanwaltsaus- und -fortbildung für verschiedene Anbieter sowie als Lehrbeauftragter verschiedener Hochschulen tätig.

Prof. Dr. Uwe Grobshäuser, Professor für Steuerrecht an der Fachhochschule Ludwigsburg, Hochschule für öffentliche Verwaltung und Finanzen sowie Dozent an der Dualen Hochschule Stuttgart im Fach Internationales Steuerrecht (Masterstudiengang). Er ist Autor verschiedener Fach- und Lehrbücher zum Steuerrecht und seit Jahren in der Steuerberateraus- und -fortbildung tätig.

Prof. Rolf-Rüdiger Radeisen, Dipl.-Kfm., Steuerberater in Berlin. Er ist Herausgeber und Autor bei verschiedenen Umsatzsteuerkommentaren und Fachbüchern, Honorarprofessor an der HTW – Hochschule für Technik und Wirtschaft in Berlin und seit Jahren bundesweit in der Ausbildung und Fortbildung von Steuerberatern im Bereich Umsatzsteuer und Erbschaftsteuer tätig.

PhDr. Jörg W. Hellmer, Steuerberater, Diplom-Kaufmann und Diplom-Finanzwirt. War Leiter des Fachbereichs Steuern an einer Fachhochschule für Steuerrecht. Er ist Dozent im Rahmen der Steuerberater-, Wirtschaftsprüfer- und Fachanwaltsausbildung mit den fachlichen Schwerpunkten: Bilanzsteuerrecht, Körperschaftsteuer, Einkommensteuer und Umwandungssteuerrecht sowie fachlicher Leiter der Steuerfachschule Hemmer-Econect in Frankfurt. Mitinhaber der Steuerkanzlei Deist und Hellmer in Frankfurt am Main und Rotenburg an der Fulda.

Klaus Pientka, Steuerberater, Diplom-Finanzwirt (FH), LL.M. (Master of Laws), seit Jahren in der Aus- und Weiterbildung von Steuerberatern (u.a. Nautilus-Akademie) bundesweit tätig. Mitgesellschafter der Steuerberatungsgesellschaft „Pientka & Pattscheck" in Oberhausen.

Lukas Hendricks, Steuerberater, Diplom-Finanzwirt, MBA (International Taxation), Fachberater für Umstrukturierungen (IFU/ISM gGmbH), Fachberater für den Heilberufebereich (IFU/ISM gGmbH) ist nach mehrjähriger praktischer Berufserfahrung in der Finanzverwaltung und in der Steuerabteilung eines DAX-Konzerns seit 2010 Steuerberater in eigener Praxis in Bonn und seit 2001 in der Erwachsenenbildung für zahlreiche Bildungseinrichtungen (u.a. Akademie Steuern und Wirtschaft GmbH, Schermbeck, IFU Institut für Unternehmensführung, Bonn, Sommerhoff AG Managementinstitut, Essen, Wrenger & Partner Studiengesellschaft, Nordkirchen, Dr. Bannas, Dr. Stitz) mit Schwerpunkt in der Prüfungsvorbereitung für angehende Steuerberater, Steuerfachwirte und Bilanzbuchhalter tätig. Er war Vorsitzender eines Prüfungsausschusses für Wirtschaftsfachwirte (IHK) und Mitglied des Prüfungsausschusses für Bilanzbuchhalter (IHK) bei der IHK Bonn. Er ist Autor und Mitautor mehrerer Fachbücher zu den Themen Buchführung, Bilanzierung, Jahresabschluss und allgemeines Steuerrecht.

Prof. Dr. Stefan Holzner, LL.M., Betriebswirt (IWW), ist Professor an der Hochschule für öffentliche Verwaltung und Finanzen Ludwigsburg, Lehrbeauftragter für steuerliches Verfahrensrecht in verschiedenen Master-Studiengängen, Autor diverser Fach-, Ausbildungs- und Kommentarbeiträge zum Steuerrecht sowie als Dozent in der Steuerberaterausbildung tätig.

Jörg Ramb, Dipl.-Finanzwirt (FH), ist seit Juli 2001 als Dozent an der Hochschule für Finanzen Rheinland-Pfalz in Edenkoben und als Autor im Bereich Bewertungsrecht/Erbrecht/Erbschaftsteuerrecht und Umsatzsteuerrecht tätig.

Harald Dauber, Dipl.-Betriebswirt (FH), Inhaber der Unternehmen HDS-Verlag (Erstellung von Fachliteratur im Bereich Steuern, Wirtschaft und Recht), HDS-Buchhandelsversand (Spezialist für die Lieferung von Fachliteratur im Bereich Steuern, Wirtschaft und Recht), HDS-Unternehmensberatung sowie Fachautor für Steuern, Wirtschaft und Recht.

Bearbeiterübersicht

Themenbereich	**Verfasser**
Vorwort	Fränznick
Einleitung	Fränznick
Einkommensteuer	Grobshäuser
Körperschaftsteuer	Pientka
Gewerbesteuer	Pientka
Umwandlungssteuerrecht	Hellmer
Umsatzsteuer	Radeisen
Abgabenordnung/Finanzgerichtsordnung	Hendricks
Bilanzsteuerrecht	Hendricks
Erbschaftsteuer und Bewertung	Ramb
Betriebswirtschaftslehre	Dauber
Volkswirtschaftslehre	Dauber
Berufsrecht	Dauber
Bürgerliches Recht/Wirtschaftsrecht	Fränznick
Handelsrecht	Holzner
Gesellschaftsrecht	Fränznick
Insolvenzrecht	Hendricks

Vorwort zur 13. Auflage

Die **mündliche Prüfung** stellt die letzte große Hürde für das Bestehen der Steuerberaterprüfung dar. Hierbei beginnt jede mündliche Prüfung mit dem Kurzvortrag. Auch wenn der Kurzvortrag nur einen verhältnismäßig geringen Teil der mündlichen Prüfung ausmacht, so ist dieser als Beginn der mündlichen Prüfung wohl mit der wichtigste und entscheidendste Prüfungsteil. Doch gerade mit diesem Teil der mündlichen Prüfung haben viele Kandidatinnen und Kandidaten erhebliche Probleme. Dies liegt insbesondere daran, dass neben dem Fachwissen weitere Anforderungen auf den Prüfling zukommen. So gilt es, aus drei Themen das richtige Thema herauszusuchen, dieses strukturiert in Gedanken zu fassen, in Stichworten gegliedert aufzuschreiben und letzten Endes frei und ansprechend vorzutragen. Die Autoren stellen in der Praxis immer wieder fest, dass dies erlernbar ist. Hierfür möchten wir Ihnen im Rahmen Ihrer Prüfungsvorbereitung unsere Erfahrung zur Verfügung stellen.

Die große Resonanz auf die ersten zwölf Auflagen und die ständige Fortentwicklung des Steuerrechts haben für die Steuerberaterprüfung 2021/2022 wiederum eine neue Auflage erforderlich gemacht. Die Autoren haben zahlreiche Anregungen der Leser, Erfahrungen aus der letzten Prüfung sowie aktuelle Entwicklungen aufgenommen.

In einem ersten Teil werden allgemeine Dinge der Bearbeitung des Kurzvortragsthemas sowie Tipps und Hinweise für das Abhalten des Kurzvortrags gegeben. Anschließend werden 101 Kurzvorträge prüfungsmäßig aufbereitet. Zu Beginn eines jeden Kurzvortrages steht eine Gliederung, wie sie die Kandidatinnen und Kandidaten zu Papier bringen sollten. Anschließend folgt der ausformulierte Kurzvortrag in einer Form, wie er abgehalten werden kann. Der Prüfling hat somit 101 Mal die Möglichkeit, den Ernstfall von der Gliederung bis zum Vortrag zu proben. Und gerade diese Probe ist so wichtig für das Gelingen des Kurzvortrags unter Prüfungsbedingungen.

Dieses Buch wurde gezielt für die **Vorbereitung auf den Kurzvortrag in der mündlichen Steuerberaterprüfung 2021/2022** konzipiert. Es enthält eine Mischung von immer wiederkehrenden Standardvorträgen und aktuellen prüfungsrelevanten Kurzvortragsthemen.

Die Autoren sind langjährige Hochschuldozenten, Mitarbeiter der Verwaltung bzw. Rechtsanwälte, Steuerberater und Wirtschaftsprüfer, Diplom-Betriebswirte mit dem Schwerpunkt Steuer- und Wirtschaftsrecht und seit vielen Jahren in der Steuerberaterausbildung tätig.

Wir hoffen, dem Nutzer dieses Buches eine hilfreiche Anleitung zum Üben und Perfektionieren des Kurzvortrags zu geben und wünschen viel Erfolg für die anstehende Prüfung.

September 2021 **Die Autoren**

Inhaltsverzeichnis

Vorbereitung auf den Kurzvortrag, Auswahl des Themas, optische Aufbereitung der Gliederung, Einleitungs- und Schlusssatz, Rhetorik und Körpersprache

1. Die Phase bis zur mündlichen Prüfung

Die Steuerberaterprüfung besteht aus zwei gleichwertigen Teilen, der schriftlichen und der mündlichen Prüfung. Zur mündlichen Prüfung wird zugelassen, wer in der schriftlichen Prüfung mindestens die Gesamtnote 4,5 erreicht hat (§ 25 Abs. 2 DVStB).

Zur **mündlichen Prüfung** ist spätestens zwei Wochen vorher zu laden (§ 26 Abs. 1 DVStB). Die Prüfungsergebnisse werden in der Regel Anfang bis Mitte Januar des auf die schriftliche Prüfung folgenden Jahres bekannt gegeben. Unter Berücksichtigung der zweiwöchigen Ladungsfrist beginnen die mündlichen Prüfungen Ende Januar (z.B. in Baden-Württemberg, Hessen und Niedersachsen) oder erst Ende Februar (z.B. in Sachsen-Anhalt). Die Vorbereitung auf die mündliche Prüfung findet zwischen der Bekanntgabe des Ergebnisses der schriftlichen Steuerberaterprüfung und der mündlichen Prüfung, somit in einem Zeitraum von etwa zwei bis zehn Wochen nach Bekanntgabe des Prüfungsergebnisses, statt. Daher wird der Zeitraum zwischen Bekanntgabe des Prüfungsergebnisses und der tatsächlichen Prüfung in der Regel nicht für eine ordentliche Vorbereitung auf die mündliche Prüfung ausreichen. Mit den Vorbereitungen auf die mündliche Prüfung und den Kurzvortrag sollte bereits unmittelbar nach der schriftlichen Prüfung begonnen werden.

Die mündliche Prüfung wird vor einem Prüfungsausschuss abgelegt, der aus sechs Personen besteht. Hierunter sind drei Vertreter der Verwaltung, unter diesen auch der Vorsitzende der mündlichen Prüfung sowie ein Vertreter der Wirtschaft und zwei Steuerberater.

Die **Prüfungsgebiete** sind das für die schriftliche Prüfung bereits relevante Allgemeine und Besondere Steuerrecht. Hinzu kommt das Berufsrecht, Wirtschaftsrecht (Bürgerliches Recht, Handels- und Gesellschaftsrecht), Insolvenzrecht, Recht der Europäischen Gemeinschaft, Betriebswirtschaftslehre, Rechnungswesen und Volkswirtschaftslehre (§ 37 Abs. 3 StBerG).

Die mündliche Prüfung beginnt mit dem **Kurzvortrag**. Der Prüfungskandidat erhält drei Themen zur Auswahl. Die Vorbereitungszeit auf den Kurzvortrag beträgt 30 Minuten. Anschließend ist der Kurzvortrag vor der Prüfungskommission abzuhalten. Dabei darf der Kurzvortrag grundsätzlich eine Dauer von zehn Minuten nicht überschreiten. Er sollte diese Dauer aber auch nicht wesentlich unterschreiten. In Berlin allerdings sollte der Kurzvortrag lediglich sechs bis acht Minuten dauern. Nach dem Kurzvortrag haben die Prüfungskandidaten in der Regel eine kurze Pause. Anschließend schließt sich das Prüfungsgespräch an, welches in sechs Einheiten stattfindet. Die auf einen Prüfling entfallende Prüfungszeit soll insgesamt 90 Minuten nicht überschreiten (§ 26 Abs. 7 DVStB). Meist entfallen auf jeden Prüfling je Prüfungsrunde etwa zehn Minuten, sodass die Prüfungsgespräche, abhängig von der Anzahl der Teilnehmer, in der Regel ca. 30 bis 50 Minuten, bei drei bis fünf Prüfungskandidaten, dauern.

Zur **Vorbereitung auf den Kurzvortrag** stehen in einigen Bundesländern, wie beispielsweise in Berlin, keine Hilfsmittel zur Verfügung. In anderen Ländern dürfen ausschließlich die Beck'schen Steuergesetze verwendet werden (z.B. in Hessen). In Baden-Württemberg darf zu den Steuergesetzen noch eine Ausgabe des BGB benutzt werden. Teilweise werden aber auch weitere Hilfsmittel, wie beispielsweise Schönfelder, Deutsche Gesetze, zugelassen und in Bremen gar die Beck'schen Steuerrichtlinien. Taschenrechner sind nicht erforderlich und auch nicht zugelassen.

Im Prüfungsgespräch stehen Beck'sche Steuergesetze, Beck'sche Steuerrichtlinien, Beck'sche Steuererlasse und Schönfelder Deutsche Gesetze, zur Verfügung. Ganz allgemein lässt sich sagen, dass die Hilfsmittel dann benutzt werden dürfen, wenn der Prüfer dazu auffordert oder aber wenn die Prüfungskommission dies von Beginn an zulässt bzw. die Nutzung der Hilfsmittel im entsprechenden Bundesland üblich ist. Da Dauer des Kurzvortrags, Hilfsmittel zur Vorbereitung des Kurzvortrags und Hilfsmittel für das Prüfungsgespräch von Bundesland zu Bundesland verschieden sind, sollten Sie sich hierüber rechtzeitig informieren. Auskünfte hierüber gibt Ihnen die für Sie, die für das Ablegen der Steuerberaterprüfung zuständige Steuerberaterkammer.

Die Steuerberaterprüfung ist dann bestanden, wenn die Durchschnittsnote von schriftlicher und mündlicher Prüfung die Note von 4,15 nicht übersteigt. Dementsprechend muss ein Prüfling, der beispielsweise mit einer nicht seltenen Vornote der schriftlichen Prüfung von 4,5 in die mündliche Prüfung geht, dort mindestens eine Durchschnittsnote von 3,8 erzielen. Dies zeigt, wie wichtig die mündliche Steuerberaterprüfung ist.

2. Die Vorbereitung auf den Kurzvortrag

Die Zeit zwischen schriftlicher und mündlicher Steuerberaterprüfung ist sehr kurz. Daher sollte frühzeitig nach der schriftlichen Prüfung mit der Vorbereitung auf die mündliche Prüfung und den Kurzvortrag begonnen werden. Da bestimmte Standardthemen immer wieder Kurzvortragsthema einer mündlichen Prüfung sind, ist ein Teil der Vorbereitung das **Bearbeiten und Üben von Standardkurzvorträgen**. Ein ausgewählter Teil von Standardkurzvorträgen ist auch in den nachfolgenden 101 Kurzvorträgen enthalten. Es lohnt sich darüber hinaus, die Prüfungsprotokolle früherer Prüfungen anzuschauen. Diese sind zwar mit Vorsicht zu genießen, da der Protokollant stets eine subjektive Wahrnehmung der Prüfung wiedergibt. Die Kurzvortragsthemen aber lassen sich eindeutig aus den Prüfungsprotokollen entnehmen.

Darüber hinaus haben die Kurzvortragsthemen regelmäßig aktuelle Probleme zum Gegenstand. Dementsprechend sollten Sie sich stets über aktuelle Nachrichten aus der Wirtschaft, aktuelle Rechtsprechung, neueste Verwaltungserlasse und aktuell verabschiedete bzw. im Gesetzgebungsverfahren befindliche Gesetze informieren. Tagesaktuelle Informationen finden Sie insbesondere auch über das Internet. Das BMF bietet einen kostenlosen Newsletter an, in welchem regelmäßig über neueste Entwicklungen berichtet wird.

Ganz entscheidend für die mündliche Prüfung und auch für den Kurzvortrag ist Ihre **mentale Verfassung**. Es gilt: Je öfter eine Prüfungssituation durchgespielt worden ist, desto sicherer werden Sie und desto souveräner werden auch der Kurzvortrag und das Prüfungsgespräch sein.

Der Kurzvortrag kann mit einfachen Mitteln geübt werden, indem man sich ein Thema aus der Tageszeitung auswählt und hierüber einen zehnminütigen Vortrag hält. Dies kann vor einer Gruppe, ggf. einer Arbeitsgemeinschaft, oder aber auch vor dem Spiegel erfolgen. Am effektivsten ist es allerdings, fachkundige Zuhörer zu haben. Daher bietet sich der Vortrag vor den Mitstreitern einer Arbeitsgemeinschaft ganz besonders an.

Das nachhaltige Üben hat einen weiteren Vorteil. Durch das Üben von Kurzvorträgen anhand aktueller Themen wird gleichzeitig der Stoff auch für das mündliche Prüfungsgespräch abgedeckt.

Ihr Ziel muss es letzten Endes sein, über ein x-beliebiges Thema innerhalb von 30 Minuten eine Gliederung anzufertigen und hierüber zehn Minuten frei vorzutragen zu können.

Zum **Abschluss der Prüfungsvorbereitungen** empfehlen wir die Teilnahme an einer Prüfungssimulation bei einem Seminaranbieter mit einschlägiger Erfahrung. Hierbei sollten Sie allerdings darauf achten, dass dieses Seminar unter Prüfungsbedingungen abgehalten wird. Sie sollten die Möglichkeit haben, zum einen **mehrere** Kurzvorträge selbst abzuhalten und zum anderen **mehrere** Prüfungsgespräche in mehreren Prüfungssitzungen mit drei bis fünf Teilnehmern absolvieren zu können. Nur so „schnuppern" Sie „echte Prüfungsluft".

3. Der Kurzvortrag

Die **Vorbereitung und das Abhalten des Kurzvortrags** kann in fünf Schritte unterteilt werden:

1. Auswahl des Themas,
2. Brainstorming,
3. Erstellen des Kurzvortragsmanuskripts,
4. Probevortrag vor dem „geistigen Auge",
5. Auftritt vor der Prüfungskommission.

Im Rahmen Ihrer Vorbereitung sollten Sie jeden dieser fünf Schritte bewusst wahrnehmen und trainieren. Halten Sie sich hierbei auch an die hier vorgeschlagenen oder von Ihnen selbst erarbeiteten zeitlichen Vorgaben. Ein ganz zentraler Punkt bei der Vorbereitung und dem Abhalten des Kurzvortrags ist die Zeiteinteilung. **Gehen wir bitte im Folgenden einmal die zentralen fünf Punkte durch.**

Schritt 1: Auswahl des Themas

Stellen Sie sich frühzeitig darauf ein, dass keines der drei Ihnen vorgelegten Kurzvortragsthemen Ihr Wunschthema sein wird. Das macht aber auch nichts, da Sie gründlich vorbereitet sind. Nachdem Sie bereits die schriftliche Steuerberaterprüfung bestanden haben, können Sie davon ausgehen, auch das für das Bestehen der mündlichen Steuerberaterprüfung erforderliche steuerliche Wissen parat zu haben. Den zusätzlichen Prüfungsstoff der mündlichen Prüfung haben Sie gründlich vorbereitet, das Halten eines Kurzvortrages und das Prüfungsgespräch haben Sie ebenfalls trainiert.

Dementsprechend werden Sie auch in der Lage sein, eines der drei Kurzvortragsthemen anzunehmen. Gehen Sie wie folgt an die **Auswahl des Kurzvortragsthemas** ran:

Lesen Sie sich die Kurzvortragsthemen unbefangen und ohne Vorurteile durch. Lehnen Sie ein Thema nicht schon deswegen ab, weil es vielleicht die ungeliebte Abgabenordnung etc. betrifft.

Kommt Ihnen ein Thema bekannt vor oder können Sie Parallelen zu einem bereits bearbeiteten Thema ziehen, dann sollten Sie auch in der Lage sein, das vermeintlich bekannte Thema zu bearbeiten. Allerdings ist hier Vorsicht angebracht, da beim Ziehen von Parallelen zu anderen Kurzvortragsthemen auch schnell das Thema verfehlt werden kann.

Bearbeiten Sie als Betriebswirt eher betriebswirtschaftliche Themen und als Jurist eher juristische Themen. Wir stellen immer wieder fest, dass das Halten eines Kurzvortrages in einem fremden Fachbereich meist mit erheblichen Schwierigkeiten verbunden ist. In der Regel wird der in einem fremden Fach Vortragende die Fachsprache und Fachbegriffe nicht fehlerfrei beherrschen. Der Prüfer ist in der Regel ein Fachmann, sodass hier Fehler schnell offenkundig werden.

Beherrschen Sie ein Thema besonders gut und die anderen eher schlecht, dann liegt die Entscheidung ohnehin auf der Hand.

Die Frage, ob ein spezielles oder allgemeines Thema ausgewählt werden soll, kann nicht pauschal beantwortet werden. Beides kann Vor- und Nachteile haben. Wird ein spezielles Thema ausgewählt, so kann nur ein Prüfer der Prüfungskommission angesprochen werden. Es ist tief in das Thema einzusteigen, sodass man ein spezielles Thema nur dann wählen sollte, wenn man auch die Thematik gut beherrscht. Ein allgemeines Thema hat den Vorteil, dass alle Prüfer angesprochen werden können und man sich inhaltlich eher an der Oberfläche bewegen kann.

Die **Auswahl eines Themas**, das sich am Gesetzestext orientiert, kann vorteilhaft sein, da die Gliederung schon vom Gesetz vorgegeben wird. Dies wird allerdings auch bei der Bewertung berücksichtigt, sodass hier mit Sicherheit mehr verlangt werden wird, wohingegen bei einem Kurzvortragsthema, bei dem das Gesetz nichts vorgibt, die Messlatte für die Bewertung tiefer liegen wird.

Gehen Sie ruhig auch an ein schwieriges Thema ran. Hier werden Fehler eher verziehen, die Bewertung wird hier besser sein als bei einem leichten Thema, denn dort werden Fehler weniger verziehen.

Haben Sie kein passendes Thema gefunden? Dann überlegen Sie sich doch zu jedem Thema ein paar Sekunden lang, was Sie dazu beitragen könnten. Das Thema mit den meisten Punkten wird dann Ihres sein.

Haben Sie ein Thema ausgesucht, so sollten Sie das Thema nicht mehr wechseln. Das kostet zu viel Zeit, eine sinnvolle Vorbereitung wird nicht mehr möglich sein und wird Sie aus dem Konzept bringen. Hiervon kann es nur eine ganz seltene Ausnahme geben, wenn Sie mit der Bearbeitung eines Themas begonnen haben und mit diesem überhaupt nicht zurechtkommen, ist ein Wechseln denkbar. Für die ordentliche Bearbeitung eines zweiten Themas wird, wenn Sie den Wechsel nicht schon in den ersten paar Minuten vollziehen, aber nicht mehr genügend Zeit bleiben. Befolgen Sie unseren Ratschlag, alle Themen einmal gedanklich durchzuspielen, dürften Sie in diese Situation eigentlich gar nicht geraten.

Ist ein Thema ausgewählt, so gibt es kein Hätte, Wenn und Aber mehr. Die anderen beiden Kurzvortragsthemen vergessen Sie sodann, jedenfalls bis zum Prüfungsgespräch.

Der Vorgang des Sichtens der Themen, das gedankliche Durchspielen des Themas und die Auswahl des Themas sollten nicht mehr als zwei bis drei Minuten beanspruchen.

Schritt 2: Brainstorming

Sie haben nunmehr ca. 20 Minuten Zeit, das Thema zu durchdenken, Schlagworte niederzuschreiben und ein Manuskript für den Kurzvortrag zu erstellen. Arbeiten Sie zunächst die zentralen Punkte heraus. Schreiben Sie die Schlagworte, die Ihnen zum Thema einfallen, nieder. Hiefür dürften Sie ca. fünf Minuten einplanen. Anschließend können diese Schlagworte geordnet und hieraus ein Redemanuskript gefasst werden. Dieser Vorgang kann 15 bis 20 Minuten beanspruchen.

Schritt 3: Erstellen des Kurzvortragsmanuskripts

Erstellen Sie sich ein **handliches und übersichtliches Manuskript**. Geeignet hierfür sind insbesondere Karteikarten. Stehen diese nicht zur Verfügung, dann können DIN-A4-Blätter einmal in der Mitte gefaltet werden, und schon haben Sie eine DIN-A5-Karteikarte.

Auf diesem Skript stehen, mit Ausnahme des Einleitungs- und Schlusssatzes, bitte nur Stichworte und keine ganzen Sätze. Ganze Sätze verleiten zum Ablesen. Der Vortrag wirkt nicht mehr frei, sondern gestellt. Überdies verlieren Sie den roten Faden und den Überblick. Die Stichworte sind dafür da, einige Gedanken zu entwickeln, Schwerpunkte zu setzen und eine gewisse Reihenfolge und Ordnung in das Manuskript zu bringen. Die Stichworte werden groß geschrieben, sodass sie deutlich lesbar sind. Jede Karteikarte hat nur wenige Stichworte. Ergänzende Angaben können entweder unter dem Stichwort oder neben dem Stichwort vermerkt werden. Diese Angaben sind nicht ganz so groß wie das Stichwort zu schreiben, aber noch groß genug, um es unproblematisch beim Kurzvortrag aufnehmen zu können.

Wir empfehlen, den ersten und den letzten Satz auszuformulieren. Das Ausformulieren des ersten Satzes sorgt für einen guten Einstieg in den Kurzvortrag und bringt eine gewisse Ruhe in den Vortrag. Da der erste Satz einen ersten Eindruck vermittelt, sollte dieser sorgfältig ausgewählt und ansprechend gestaltet werden. Allzu viel Zeit dürfen Sie hierfür allerdings nicht verwenden.

Auch der letzte Satz sollte ausformuliert werden. Ein sicherer **Schlusssatz** rundet den Kurzvortrag ab. Geben Sie mit dem Schlusssatz einen Ausblick oder fassen Sie den Kurzvortrag zusammen. Optimal ist es, wenn zwischen dem Schlusssatz und dem Einleitungssatz ein Bogen gespannt werden kann. Auch für den Schlusssatz sollten Sie aber nicht allzu viel Zeit verwenden.

Der **Einleitungssatz** auf Ihrem Manuskript könnte an dem **Beispiel des Kurzvortragsthemas „Die Betriebsaufspaltung“** wie folgt lauten:

Sehr geehrte Damen und Herren,
für meinen Kurzvortrag habe ich das Thema „Die Betriebsaufspaltung“ gewählt. Ich gliedere meinen Vortrag wie folgt:

1. *Definition der Betriebsaufspaltung*
2. *Formen der Betriebsaufspaltung – echte und unechte Betriebsaufspaltung*

...

oder

Guten Tag,
ich werde im Folgenden über die Betriebsaufspaltung vortragen. Hierbei werde ich zunächst klären, was unter einer Betriebsaufspaltung zu verstehen ist. Anschließend stelle ich den Unterschied zwischen der echten und der unechten Betriebsaufspaltung dar.

...

oder

Herr Vorsitzender,
sehr geehrte Damen und Herren der Prüfungskommission,
mein Kurzvortragsthema lautet „Die Betriebsaufspaltung“.
Im Rahmen meines Vortrages werde ich folgende Punkte behandeln

1. Definition der Betriebsaufspaltung
2. Echte und unechte Betriebsaufspaltung
...

Ein Schlusssatz könnte wie folgt lauten:

Abschließend ist festzustellen, dass die Betriebsaufspaltung ...

oder

Zusammenfassend weise ich darauf hin, dass ...

oder

Die eingangs aufgeworfene Frage, ob die Betriebsaufspaltung nach wie vor das geeignete Mittel ist, um ...

Achten Sie darauf, dass Ihr Manuskript bzw. Ihre Karteikarte geordnet und übersichtlich ist. Ein Manuskript sollte, hier am **Beispiel „Die Stellvertretung im Bürgerlichen Recht und Handelsrecht"** dargestellt, wie folgt aussehen:

(1)

Sehr geehrte Damen und Herren,
für meinen Kurzvortrag habe ich das Thema:

Die Stellvertretung im Bürgerlichen Recht und Handelsrecht

gewählt.

Hierbei werde ich zunächst die Tatbestandsmerkmale der Vertretung darstellen und sodann innerhalb des Prüfungspunktes Vertretungsmacht darstellen, wie eine Stellvertretung nach Bürgerlichem Recht und Handelsrecht ablaufen kann.

(2)

1. Stellvertretung
- Begriff
- eigene Willenserklärung
- in fremdem Namen
- Vertretungsmacht

(3)

Fehlende Vertretungsmacht
- Vertreter ohne Vertretungsmacht
- §§ 177, 179 BGB, Schadensersatz oder Erfüllung.

(4)

Schlusssatz:
Doch auch der Vertreter muss sich stets darüber bewusst sein, dass seine Erklärungen bei Überschreiten der Vertretungsmacht wie eigene Erklärungen wirken und er dann Erfüllungs- und Schadensersatzansprüchen ausgesetzt ist.

Ein Negativbeispiel für eine unübersichtliche und ungeeignete Karteikarte ist Folgendes:

> **I. Stellvertretung Begriff** (2)
> Der Stellvertreter gibt grundsätzlich eine eigene Willenserklärung in fremden Namen mit Vertretungsmacht ab. Da der Stellvertreter eine eigene Willenserklärung abgibt, muss dieser zumindest beschränkt geschäftsfähig sein. Der Wille, für einen Dritten eine Erklärung abzugeben, muss nach Außen in Erscheinung treten. Schließlich muss der Vertreter einer entsprechenden Vertretungsmacht ausgestattet sein. Grundsätzlich regelt die Vertretungsmacht die Vollmacht, welche der Vertretene dem Vertreter erteilt. Handelt der Vertreter ohne Vertretungsmacht, so haftet er dem Vertragspartner gegenüber auf Erfüllung oder aber Schadensersatz (§§ 177, 179 BGB).

Hier wird es Ihnen nicht gelingen, ein Stichwort schnell und problemlos aufzunehmen und frei vorzutragen. Diese Karte können Sie nur vorlesen. Der Vortrag wird dann nicht mehr frei wirken.

Schritt 4: Probevortrag vor dem „geistigen Auge"

Fünf Minuten vor dem Ende der Vorbereitungszeit sollten Sie mit dem Erstellen des Kurzvortragsmanuskripts fertig sein. Die letzten fünf Minuten dienen der **mentalen Vorbereitung auf den Vortrag**. Gehen Sie Ihr Kurzvortragsmanuskript nochmals Karte für Karte durch und lassen Sie den Vortrag vor Ihrem „geistigen Auge" ablaufen. Prägen Sie sich nochmals den Einleitungs- und Schlusssatz ein. Schauen Sie sich Ihre Stichworte an: Ist jedes Stichwort lesbar? Wissen Sie noch, was Sie zu dem Stichwort sagen wollten? Haben Sie einen roten Faden, der sich durch den Kurzvortrag zieht? Überlegen Sie sich die passenden Worte zu den entsprechenden Stichworten!

Jetzt ist es endlich soweit und Sie dürfen vor der Prüfungskommission zeigen, was Sie können.

Schritt 5: Auftritt vor der Prüfungskommission

Sie stehen nun vor der **Prüfungskommission** und wollen bzw. müssen diese von sich überzeugen. Wer aber überzeugen möchte, muss zunächst von sich selbst überzeugt sein. Sie wissen, dass Sie etwas zu sagen haben und gut vorbereitet sind. Sicherlich werden Sie aufgeregt sein. Die Aufregung ist aber natürlich und sogar hilfreich, denn sie wird Ihre Leistung steigern und Sie „beflügeln". Bei aller Überzeugungsarbeit ist allerdings nicht außer Acht zu lassen, dass Ihr Auftreten auch Ihrem Wesen entsprechen muss. Aus einem rustikalen Typ wird keine Gazelle und aus einem feinfühligen, sensiblen Typ wird kein Marktschreier. Bewahren Sie daher Ihre Natürlichkeit.

Stecken Sie Ihre Hände nicht in die Hosentasche. Dies ist ein Zeichen mangelnden Respekts, die Hände hinter dem Rücken sind Zeichen unangebrachter Zurückhaltung, verschränkte Arme sind Zeichen von Abweisung und die Hände an den Hüften ein Zeichen für Aggression.

Am wirkungsvollsten ist der Vortrag, wenn er stehend abgehalten wird. Nur dann sind Sie für alle Mitglieder der Prüfungskommission gut sichtbar und können Ihren Vortrag durch Haltung und Gestik auch optisch unterstützen. Nehmen Sie eine aufrechte und natürliche Haltung ein. Die Füße sollten ungefähr in einem schulterbreiten Abstand voneinander stehen. Stehen Sie mit beiden Füßen auf dem Boden, wippen Sie nicht und stellen Sie nicht einen Fuß vor den anderen. Halten Sie das Skript in den Händen und die Ellenbogen gebeugt und parallel zum Boden. Im Sitzen sollten nur die Kandidaten ihren Vortrag halten, welche ihre Nervosität nicht in den Griff bekommen. Nervöse Hände bekommt man gut in den Griff, wenn beide Hände das Manuskript festhalten.

Ganz wichtig ist es, **Blickkontakt zu der Prüfungskommission** aufzunehmen und zu halten. Hierbei sollte der Einzelkontakt zu einem Prüfer aber nicht zu lange dauern und zu aufdringlich wirken und einen Zeitraum von ca. drei bis fünf Sekunden nicht übersteigen.

Der Blickkontakt ist elementar für das Gelingen des Kurzvortrages. Nur wenn Sie Ihre Zuhörer anschauen, können Sie deren Reaktion wahrnehmen und verarbeiten.

Schauen Sie sich das Stichwort auf Ihrem Manuskript an, schauen Sie auf und beginnen Sie dann zu sprechen. Die kleine Verzögerung wird entweder nicht wahrgenommen oder ist ein gutes Mittel, um einzelne Gliederungspunkte oder Problembereiche voneinander abzugrenzen.

Sprechen Sie laut und deutlich und mit abwechslungsreicher Satzmelodie. Machen Sie ausreichend Pausen an den richtigen Stellen und markieren Sie das Ende eines Gedankenschrittes. Verwenden Sie keine Füllwörter wie „äh", „ähm", „hm", „sozusagen" usw. Sprechen Sie hochdeutsch.

Das Tempo sollte nicht zu langsam und nicht zu schnell sein. Es kann ebenso wie die Lautstärke variiert werden, um gewisse Akzente zu setzen und den Vortrag interessant zu gestalten.

Flüstern Sie nicht und schreien Sie nicht. Bilden Sie ganze Sätze, die einfach, klar strukturiert, kurz, prägnant sowie anregend sind. Schieben Sie keine Nebensätze ein und verwenden Sie keine „Wortmonster". **Nutzen Sie, wenn möglich, die Fachsprache.**

Rufen Sie immer wieder die Gliederungspunkte auf und machen Sie dem Zuhörer deutlich, an welcher Stelle des Themas Sie sich gerade befinden. Fassen Sie die zusammenpassenden Problemkomplexe zusammen.

Werfen Sie im Vortrag selbst keine Fragen auf, insbesondere keine Fragen, die Sie dann nicht umgehend auch beantworten.

Über Versprecher geht man am besten stillschweigend hinweg. Entschuldigen Sie sich nicht für einen Fehler, Sie machen die Prüfungskommission damit erst auf den Fehler aufmerksam.

Gestikulieren Sie nicht übermäßig und nehmen Sie keine Ableitungshandlungen vor, d.h. nicht ständig am Ohr ziehen oder am Kopf kratzen usw. Wählen Sie einfache klare und verständliche Sätze, sodass der Zuhörer nicht so angestrengt ist und Ihnen folgen kann.

Mit angemessener Kleidung können Sie Ihr Gesamterscheinungsbild positiv beeinflussen. Herren sollten daher in einem Anzug oder einer Kombination in gedeckten Farben mit farblich abgestimmtem Hemd und Krawatte erscheinen. Das Jackett bleibt während des Kurzvortrages zugeknöpft. Farblich passende und geputzte Schuhe runden das Erscheinungsbild ab. Ziehen Sie keine allzu auffällige Armbanduhr an, diese lenkt den Zuhörer nur ab.

Damen erscheinen am besten im Hosenanzug, Kostüm oder Kombination, wobei das Jackett zugeknöpft oder offen getragen werden darf. Auch hier empfehlen sich eher dezente Farben. Hierzu sollten geschlossene Schuhe mit nicht zu hohen Absätzen, auch im Sommer, getragen werden. Frisur und Schmuck sollten nicht allzu auffällig sein.

Sofern die Möglichkeit besteht, sollte eine Uhr gut sichtbar platziert werden. Denken Sie daran, die maximale Dauer von zehn Minuten nicht zu überschreiten. Manche Prüfer brechen den Kurzvortrag konsequent nach zehn Minuten ab. Was bis dahin nicht vorgetragen worden ist, kann auch nicht gewertet werden. Darüber hinaus wird der Kurzvortrag wegen schlechter Zeiteinteilung schlechter bewertet werden. Doch selbst wenn der Vortrag nicht abgebrochen werden sollte, wird Sie der Hinweis auf die abgelaufene Zeit nervös machen und Sie aus dem Konzept bringen.

Die **richtige Zeiteinteilung** ist ebenfalls lernbar. Im Rahmen der Übungsvorträge sollte nicht nur geübt werden, einen Kurzvortrag in exakt zehn Minuten zu beenden. Vielmehr sollten Sie einige zusätzliche Karten „auf Vorrat" haben, damit im Falle überschüssiger Zeit noch einige Stichworte eingefügt werden können. Auch das kann im Rahmen der Vorbereitung geübt werden.

Beenden Sie Ihren Kurzvortrag nicht mit Wertungen oder Negativbekundungen, d.h. Äußerungen wie „das war's", „fertig", „geschafft", „ich weiß, das war nichts" oder „oh Gott, war das ein schlechter Vortrag" usw.

Denken Sie auch im letzten Moment des Kurzvortrages positiv. Sie haben sicherlich einen guten Vortrag abgeliefert, auch wenn Sie subjektiv einen anderen Eindruck haben.

4. 40 Tipps für den optimalen Kurzvortrag

Zusammenfassend nochmals folgende 40 Tipps für den optimalen Kurzvortrag:

I. Phase bis zur mündlichen Prüfung

1. Rechtzeitig mit der Vorbereitung beginnen.
2. Standardkurzvorträge üben.
3. Prüfungsprotokolle lesen.
4. Über evtl. Entwicklungen (Rechtsprechung, Verwaltungserlasse, Gesetzgebungsverfahren, Gesetze) informieren.
5. Kurzvorträge vor (fachkundigem) Publikum üben.
6. Teilnahme an Prüfungssimulationen.

II. Auswahl des Themas

7. Kurzthemen unbefangen und ohne Vorurteile durchlesen.
8. Parallelen zu einem bekannten Thema ziehen.
9. Welches Thema passt am besten – Stichpunkte zum Thema bilden.
10. Niemals Themen wechseln.
11. Für Themenauswahl zwei bis drei Minuten veranschlagen.
12. Nach Auswahl des Themas die anderen beiden Themen abhaken.
13. Kommen Sie fünf Minuten vorher zum Abschluss.

III. Brainstorming

14. Schlagworte und Gedanken niederschreiben und ordnen.

IV. Manuskript

15. Karteikarten DIN-A5, halbierte DIN-A4-Seite.
16. Einleitung, Hauptteil, Schluss.
17. Einleitungssatz und Schlusssatz ausschreiben.
18. Stichpunkte groß schreiben.
19. Begleitende Stichpunkte deutlich schreiben.
20. Nummerierung der Karten.
21. Nicht in Details verlieren.
22. Beispiele einbauen.

V. Probevortrag vor dem „geistigen Auge“

23. Vortrag vor dem „geistigen Auge“ abhalten.
24. Prüfung des Einleitungs- und Schlusssatzes sowie der Stichworte.
25. Gibt es einen roten Faden.

VI. Abhalten des Kurzvortrags (Rhetorik und Körperhaltung)

26. Überzeugend, aber dennoch natürlich auftreten.
27. Stehender Vortrag soweit möglich.
28. Körperhaltung: Beide Füße auf dem Boden.
29. Skript in Händen halten, Ellenbogen gebeugt und parallel zu Boden.
30. Blickkontakt zu den Prüfern.
31. Stichworte anschauen, aufschauen, sprechen.
32. Problemkomplexe zusammenfassen.
33. Gliederung deutlich machen und aufrufen.
34. Lautstärke und Tempo angemessen.
35. Einfache Sätze.

36. Keine Füllwörter, ähs oder hms.
37. Keine Ableitungshandlungen.
38. Dauer des Vortrags: nicht mehr als zehn Minuten.
39. Keine Fragen aufwerfen.
40. Angemessenes Auftreten, z.B. angemessene Kleidung.

5. Die Arbeitsweise mit diesem Buch

Die folgenden **101 Kurzvorträge** sind in die drei Bereiche:

I. Einführende Hinweise
II. Die Gliederung und
III. Der Vortrag

unterteilt. Hierbei werden die Schritte des Kurzvortrags, bei denen etwas zu Papier zu bringen ist (Ziffer III.), ausgeführt.

Der erste Schritt **„Auswahl des Themas"** wird Ihnen logischerweise vorgegeben. In einem zweiten Schritt, dem Brainstorming, sollen Sie sich über das Thema und die anzusprechenden Punkte Gedanken machen. Dies wird durch die einführenden Hinweise (jeweils Ziffer I. des Kurzvortrags) dargestellt.

Die **Gliederung** (Ziffer II.) entspricht dem, was Sie auf Ihren Karteikarten stehen haben sollten. In der linken Spalte befinden sich die Gliederungspunkte und in der rechten Spalte sind diese Gliederungspunkte in Stichworte unterteilt. Mehr sollte auch auf Ihrer Karte bzw. Ihrem Manuskript nicht stehen.

Wir schlagen vor, dass Sie zu Übungszwecken ein Kurzvortragsthema auswählen und, ohne sich vorher die Gliederung anzuschauen, ein Manuskript erstellen. Achten Sie hierbei auf die Zeit. Da für Sie die Auswahl des Themas entfällt, sollten Sie die Vorbereitungszeit zu Übungszwecken auf 25 bis 27 Minuten reduzieren. Da Sie fünf Minuten für den Probevortrag vor dem „geistigen Auge" einplanen sollten, beträgt die verfügbare Zeit zur Fertigstellung des Manuskripts 20 bis 22 Minuten. Nachdem Sie das Manuskript erstellt haben, sollten Sie den Probevortrag „vor sich selbst" gedanklich halten.

Halten Sie bitte jeden Kurzvortrag, den Sie auch gegliedert haben, vor Publikum, notfalls vor dem Spiegel ab. Nur so können Sie den optimalen Übungseffekt erzielen.

Wenn Sie den Vortrag gehalten haben, vergleichen Sie diesen mit dem ausformulierten Vortrag (Ziffer III.).

Sollte Ihnen diese Vorgehensweise am Beginn Ihrer Vorbereitung zu schwierig sein, bietet sich eine Aufteilung der Schritte an. Dann können Sie auch zunächst die Gliederung fertigen, diese mit dem Manuskript abgleichen und anschließend den Vortrag üben.

6. Das anschließende Prüfungsgespräch

Haben Sie einen guten Kurzvortrag gehalten, konnten Sie bereits einen Teilerfolg verbuchen. Aber selbst dann, wenn der Kurzvortrag nach Ihrer Ansicht nicht optimal gelaufen ist, bleibt das Rennen noch offen. Die Aufzählung enthält einige Punkte, auf die die Prüfer immer wieder großen Wert legen:

- Zeigen Sie, dass Sie um Ihren Erfolg kämpfen. Bringen Sie sich ein; zeigen Sie, dass Sie inhaltlich etwas beizutragen zu haben. Wer sich aufgibt, hat bereits verloren;
- Schreiben Sie Sachverhalte auf, auch wenn ein anderer Prüfling gefragt wurde; häufig geben die Prüfer die Frage weiter; Sie sollten jederzeit bereit sein, die Aufgabe weiterzuführen;
- Fragen Sie, wenn Sie den Sachverhalt nicht verstanden haben („... handelt es sich um eine GmbH & Co. KG oder um eine GmbH ...");
- Nutzen Sie Ihre Chance, wenn der Prüfer Ihnen einen Ball zuspielt; reden Sie, bis der Prüfer Sie unterbricht. Suchen Sie selbst Probleme und bringen Sie sie ins Gespräch ein („man könnte hier auch noch prüfen, ob Gesellschafter A überhaupt in Deutschland steuerpflichtig ist ...");
- Halten Sie das Prüfungsgespräch auf einem hohen Niveau; als Warnzeichen gilt es, wenn der Prüfer Definitionen abfragt („... was ist eine Personengesellschaft ..."). Versuchen Sie hier das Prüfungsgespräch in andere Bahnen zu lenken;

- Achten Sie auf den Prüfer. Verzieht dieser z.B. schmerzerfüllt das Gesicht, können Sie Ihre Antwort immer noch ändern („... natürlich könnte man auch der Meinung sein, Gesellschafter A sei kein Mitunternehmer ... dann müsste man ...“);
- Nutzen Sie Gesprächspausen; bringen Sie sich durch diskrete Zeichen (z.B. Anheben der Hand; Anblicken des Prüfers) ins Gespräch;
- Blättern Sie nicht zu lange in den Gesetzen; das kostet viel Zeit und bringt keine Punkte; versuchen Sie die Lösung auswendig darzustellen;
- Unterbrechen Sie die anderen Kandidatinnen und Kandidaten nicht; unkollegiales Verhalten wird äußerst negativ gewertet;
- Werden Sie nicht nervös, wenn Sie besonders intensiv gefragt werden. Der Prüfer will Sie dann sehr häufig auf eine bessere Note bringen. Nutzen Sie diese Chance;
- Werden Sie nicht nervös, wenn Sie wenig gefragt wurden. Vielleicht waren Ihre bisherigen Antworten schon so gut, dass die Prüfer von Ihrer Leistung überzeugt sind.

Tipp! Zur Vorbereitung auf die mündliche Steuerberaterprüfung sind ergänzend die folgenden Bücher zu empfehlen:

- Grobshäuser/Radeisen/Barzen/Hellmer/Hammes/Böhm/Hendricks/Dauber, Die mündliche Steuerberaterprüfung 2021/2022, 14. Auflage, HDS-Verlag, sowie
- Voos, Betriebswirtschaft und Recht in der mündlichen Steuerberaterprüfung 2021/2022, 1. Auflage, HDS-Verlag.

Themenbereich Einkommensteuer

Vortrag 1: Die ertragsteuerlichen Folgen einer Ehescheidung unter besonderer Berücksichtigung von Unterhalt, Versorgungsausgleich und der Vermögensauseinandersetzung

I. Einführende Hinweise

Im Falle einer Ehescheidung sind zahlreiche zivilrechtlichen Fragen zu regeln. Hervorzuheben ist insbesondere die Festsetzung eines Unterhalts durch gerichtlichen Vergleich, Urteil oder eine freiwillige Vereinbarung. Ist Vermögen vorhanden, so entsteht insbesondere das Problem, ob die Verteilung des Vermögens einen privaten Veräußerungsgewinn auslöst oder nicht. Nicht zuletzt sind die Probleme des Versorgungsausgleichs mit seinen verschiedenen Varianten anzusprechen.

Es ist klar, dass im Rahmen eines Prüfungsvortrags die Probleme nur kurz angerissen werden können. Darin besteht aber auch die große Chance, dass der Kandidat oder die Kandidatin selbst Schwerpunkte setzen kann. Kein Prüfer und keine Prüferin verlangt bei diesem Thema eine umfassende und erschöpfende Darstellung. Dies wäre schlichtweg unmöglich.

Dieses Thema ist naturgemäß eine „Steilvorlage" für Juristen und Juristinnen bzw. Absolventen von juristischen Studiengängen (Bachelor of Laws).

II. Die Gliederung

	Gliederungspunkt	Die Stichworte
	Einleitung	**Thema; Kurzübersicht**
1.	Die zivilrechtlichen Grundlagen einer Ehescheidung	
2.	Die steuerliche Behandlung des Unterhalts	Realsplitting, unbeschränkte Steuerpflicht des Unterhaltsempfängers; außergewöhnliche Belastung; Versteuerung des Unterhalts
3.	Die Vermögensauseinandersetzung	Vermietung des Familienheims; Übertragung von Wirtschaftsgütern unter Verrechnung mit der Zugewinnausgleichsforderung; Problematik von Betrieben, Teilbetrieben und Mitunternehmeranteilen
4.	Der Versorgungsausgleich	Interne Teilung; externe Teilung und schuldrechtlicher Versorgungsausgleich
5.	Quintessenz und Gestaltungshinweise	

III. Der Vortrag

Einleitung

Guten Tag, mein Thema lautet: „**Die ertragsteuerlichen Folgen einer Ehescheidung unter besonderer Berücksichtigung von Unterhalt, Versorgungsausgleich und der Vermögensauseinandersetzung**". Ich werde zu Anfang meines Vortrags kurz auf die zivilrechtlichen Folgen einer Ehescheidung eingehen und anschließend die steuerlichen Probleme des Unterhalts, der Vermögensauseinandersetzung und des Versorgungsausgleichs darstellen. Ich werde dabei schwerpunktmäßig vom Güterstand der Zugewinngemeinschaft ausgehen, da die meisten Ehepartner diesen Güterstand wählen.

1. Die zivilrechtlichen Grundlagen einer Ehescheidung

Die Scheidung einer Ehe kann nur durch ein gerichtliches Urteil erfolgen. In der Regel werden in dem Verfahren vor dem Amtsgericht auch die Fragen des Unterhalts, des Zugewinnausgleichs und des Versorgungsausgleichs behandelt. Die Parteien können hier aber auch private Vereinbarungen treffen oder einen gerichtlichen Vergleich schließen.

2. Die steuerliche Behandlung des Unterhalts

Der Unterhalt muss grundsätzlich auch schon nach der Trennung der Eheleute gezahlt werden. Er kann in Geld oder in Sachleistungen (z.B. Überlassung einer Wohnung) bestehen.

Der oder die Unterhaltsleistende kann die Unterhaltszahlungen als Sonderausgabe nach § 10 Abs. 1a Nr. 1 EStG geltend machen (sog. Realsplitting). Voraussetzung hierfür ist zum einen, dass der oder die Unterhaltsleistende in Deutschland unbeschränkt steuerpflichtig ist, da beschränkt Steuerpflichtige nach § 50 Abs. 1 EStG grundsätzlich keine Sonderausgaben geltend machen können.

Desweiteren ist erforderlich, dass der Unterhaltsempfänger/die Unterhaltsempfängerin die Zustimmung zum Realsplitting ausdrücklich erteilt. Verweigert ein Unterhaltsempfänger/eine Unterhaltsempfängerin völlig grundlos und aus reiner Schikane die Zustimmung, kann diese dennoch für steuerliche Zwecke nicht unterstellt werden. Der oder die Unterhaltsleistende müssen vor Gericht auf Abgabe der Zustimmung klagen. Die Erklärung ist ggf. nach § 894 ZPO vollstreckbar. Aus diesem Grund ist es empfehlenswert, die Zustimmung bereits in eine Unterhaltsvereinbarung (z.B. im Rahmen eines gerichtlichen Vergleichs) aufzunehmen oder diese ausdrücklich zu Protokoll vor dem Gericht zu erklären.

Die Zustimmung kann grundsätzlich jederzeit widerrufen werden. Der Widerruf wirkt allerdings nicht für den laufenden VZ, sondern erst für den darauffolgenden VZ (vgl. § 10 Abs. 1a Abs. 1 Satz 5 EStG).

Weitere Voraussetzung des § 10 Abs. 1a Nr. 1 EStG ist, dass der Unterhaltsempfänger bzw. die Unterhaltsempfängern unbeschränkt steuerpflichtig ist. Die unbeschränkte Steuerpflicht kann sich grundsätzlich aus § 1 Abs. 1 oder aus Abs. 3 EStG (auf Antrag) ergeben. Sind die Voraussetzungen des § 1 Abs. 1 oder Abs. 3 EStG beim Unterhaltsempfänger/bei der Unterhaltsempfängern nicht gegeben, so kann für Zwecke des Realsplittings eine unbeschränkte Steuerpflicht nach § 1a EStG fingiert werden. Hierzu muss der Unterhaltsleistende/die Unterhaltsleistende Staatsangehöriger eines Mitgliedstaats der Europäischen Union sein und der Unterhaltsempfänger/die Unterhaltsempfängerin ihren Wohnsitz oder gewöhnlichen Aufenthalt im Hoheitsgebiet der EU haben. Außerdem muss die Besteuerung der Unterhaltsleistungen von der zuständigen ausländischen Steuerbehörde des Wohnsitzstaates nachgewiesen werden.

Unterhaltsleistungen können im Rahmen des § 10 Abs. 1a Nr. 1 EStG nur bis zur Höhe von 13.805 € im Kalenderjahr abgezogen werden. Der Höchstbetrag ist auf den jeweiligen VZ begrenzt. Dies bereitet in der Praxis häufig dann Probleme, wenn über die Höhe des Unterhalts gestritten wird und eine Nachzahlung für einige Jahre erfolgt. Auch in diesem Fall ist die Höhe der Nachzahlungen auf maximal 13.805 € begrenzt.

Die Höchstgrenze erhöht sich um die Beiträge des Unterhaltsempfängers/der Unterhaltsempfängerin zur Basis-Krankenversicherung i.S.v. § 10 Abs. 1 Nr. 3 EStG. Es spielt dabei keine Rolle, ob der Unterhaltsleistende/die Unterhaltsleistende die Zahlungen direkt an die Krankenversicherung überweist oder der Unterhaltsempfänger/die Unterhaltsempfängerin die Beträge bekommt und selbst an seine/ihre Krankenversicherung weiterleitet.

Spiegelbildlich zur steuerlichen Abzugsfähigkeit der Unterhaltsleistungen sieht § 22 Nr. 1a EStG die Versteuerung der Unterhaltsleistungen vor. Soweit Unterhalt wegen der Maximalbeträge des § 10 Abs. 1a Nr. 1 EStG sich steuerlich nicht auswirkt, erfolgt auch auf der Gegenseite keine Besteuerung durch den Unterhaltsempfänger/die Unterhaltsempfängerin.

Da der Unterhaltsempfänger/die Unterhaltsempfängerin die für Zwecke der Basis-Krankenversicherung zur Verfügung gestellten Beträge versteuern muss, kann er bzw. sie im Gegenzug die Beträge als Sonderausgaben nach § 10 Abs. 1 Nr. 3 EStG geltend machen.

Kommt ein Abzug der Unterhaltsleistungen im Rahmen des sog. Realsplittings nicht infrage (z.B. weil die Zustimmung des Unterhaltsempfängers/der Unterhaltsempfängerin fehlt), so können die Unterhaltsleistungen im Rahmen des § 33a Abs. 1 EStG geltend gemacht werden der Abzug ist hier nach § 33a Abs. 1 EStG auf den

Grundfreibetrag beschränkt (2020: 9.408 € und 2021: 9.744 €). Auch hier erhöht sich der Maximalbetrag um die Beiträge zur Basis-Krankenversicherung des Unterhaltsempfängers/der Unterhaltsempfängerin.

Der Unterhaltsempfänger/die Unterhaltsempfängerin darf nachweislich nur ein Vermögen von maximal 15.500 € haben (siehe R 33a.1 Abs. 2 EStR). Soweit die Einkünfte oder Bezüge der unterhaltenen Person den Betrag von 624 € im Kalenderjahr übersteigen, kürzen sie den Abzugsbetrag nach § 33a Abs. 1 Satz 1 EStG.

Der Unterhalt kann nach § 33a Abs. 1 EStG auch dann abgezogen werden, wenn die unterhaltene Person in Deutschland nicht unbeschränkt steuerpflichtig ist.

Der Unterhaltsempfänger/die Unterhaltsempfängerin muss den Unterhalt im Rahmen des § 33a Abs. 1 EStG nicht versteuern. Daher ist auch seine/ihre Zustimmung zum Verfahren nicht erforderlich.

3. Die Vermögensauseinandersetzung

Bei der Vermögensauseinandersetzung im Rahmen der Ehescheidung ist grundsätzlich danach zu differenzieren, ob gemeinschaftliches Vermögen geteilt wird (z.B. die im Miteigentum der Eheleute stehende Immobilie) oder ob ein Geldausgleich (Zugewinnausgleich) geleistet wird.

Wird das Vermögen geteilt, so kann dies zu einem privaten Veräußerungsgewinn führen. Sind z.B. die Eheleute Miteigentümer von zwei Immobilien (Immobilie A und Immobilie B) und erhält der eine Ehegatte die Immobilie A, der andere die Immobilie B, so liegt ein Tausch vor. Jeder Ehegatte tauscht hier seinen Miteigentumsanteil an der einen Immobilie gegen den Miteigentumsanteil an der anderen Immobilie. Die Verteilung des Vermögens führt nicht zu einer Schenkungssteuer (vgl. § 5 Abs. 2 ErbStG).

Problematisch ist auch der Fall, dass eine bestehende Forderung auf Zugewinnausgleich durch Hingabe eines Wirtschaftsguts beglichen wird. In der Praxis kommt hier häufig der Fall vor, dass der eine Ehegatte die Hälfte der bisher als Familienheim genutzten Immobilie unter Verrechnung mit der Zugewinnausgleichsforderung übertragen bekommt. In diesem Fall liegt nach Rechtsprechung und Verwaltungsansicht eine entgeltliche Übertragung des Wirtschaftsguts vor, die einen steuerpflichtigen privaten Veräußerungsgewinn auslösen kann.

Im Rahmen des § 23 Abs. 1 Nr. 1 EStG liegt zwar ein privater Veräußerungsgewinn nicht vor, wenn die Immobilie ausschließlich zu eigenen Wohnzwecken genutzt wurde. Diese Voraussetzung ist aber dann nicht mehr erfüllt, wenn der eine Ehepartner in Trennungsabsicht aus der gemeinsamen Immobilie auszieht und seine Hälfte z.B. vorübergehend an den anderen Partner vermietet. Die Entstehung eines privaten Veräußerungsgewinns kann daher insbesondere dann problematisch sein, wenn sich die Trennungsphase bis zur tatsächlichen Vermögensauseinandersetzung über mehrere Jahre hinzieht.

Sind die Eheleute Gesellschafter einer gemeinsamen Personengesellschaft und scheidet ein Ehegatte aufgrund der Trennung aus der Personengesellschaft aus, so kann dies den Tatbestand des § 16 Abs. 1 Nr. 2 EStG auslösen, wenn er für sein Ausscheiden einen finanziellen Ausgleich erhält (was die Regel sein dürfte). Unter Umständen kann die Trennung auch zu einer Realteilung der Personengesellschaft nach § 16 Abs. 3 Satz 2 EStG führen.

Erhält ein Ehegatte im Rahmen der Trennung und Vermögensauseinandersetzung Betriebsvermögen, ohne dass die Voraussetzungen des § 6 Abs. 5 EStG vorliegen, so muss das Wirtschaftsgut aus dem Betriebsvermögen gewinnerhöhend entnommen werden.

4. Der Versorgungsausgleich

Während der Unterhalt dazu dient, dem geschiedenen Ehepartner die Lebensverhältnisse während der Ehe weiterhin zu ermöglichen, wird der Versorgungsausgleich geleistet, um unterschiedlich hohe während der Ehezeit erworbene Anwartschaften auf Renten und ähnliche Versorgungen auszugleichen.

Das Zivilrecht sieht hier 3 Verfahren vor:

Als Regelfall erfolgt eine sog. **interne Teilung**. Dabei teilt das Gericht alle von den Eheleuten erworbenen Rentenansprüche etc. jeweils zur Hälfte auf. Die interne Teilung kann dabei sowohl Ansprüche auf die gesetzliche Rente, auf eine Betriebsrente, eine sog. Riester-Rente, eine sog. Rürup-Rente oder eine sonstige private Rentenversicherung erfassen.

Hat also z.B. die F während der Ehezeit Ansprüche in der gesetzlichen Rentenversicherung und der M Ansprüche in der Ärzteversorgung erworben, so werden im Rahmen der internen Teilung die Hälfte der Ansprüche der F auf M und die Hälfte der Ansprüche des M auf die F übertragen. Praktisch geschieht dies durch einen Ausgleich zwischen den verschiedenen Rentenversicherungsträgern.

Ist die interne Teilung nicht möglich, z.B. weil Ansprüche aus der Beamten-Versorgung nicht auf Nicht-Beamte übertragen werden können, so findet eine sog. **externe Teilung** statt. Dies bedeutet, dass nicht – wie bei der internen Teilung – Ansprüche übertragen werden, sondern neue Ansprüche unter Kürzung der Ansprüche des anderen Ehegatten begründet werden.

Ist also z.B. M Beamter und die F Angestellte der Privatwirtschaft, so würden die Pensionsansprüche des M gekürzt werden und im Gegenzug vom Staat neue Ansprüche der F in der gesetzlichen Sozialversicherung begründet werden. Sowohl im Falle der internen als auch im Falle der externen Teilung führt die Teilung nicht zum Zufluss von Einnahmen, sondern vollzieht sich grundsätzlich auf der nicht steuerbaren privaten Vermögensebene (§ 3 Nr. 55a und 55b EStG).

Da bei der internen Teilung die Einkunftsquelle übertragen wird und bei der externen Übertragung eine neue Einkunftsquelle begründet wird, versteuern die geschiedenen Ehegatten die späteren Rentenzahlungen als eigene Einnahmen (z.B. nach § 20 Nr. 1 Satz 3 a) bb) EStG).

In seltenen Fällen kann weder eine interne noch eine externe Teilung durchgeführt werden oder die Ehegatten verzichten im Rahmen der Ehescheidung einvernehmlich mit Zustimmung des Gerichts auf die Durchführung der internen oder externen Teilung, so kann ein schuldrechtlicher Versorgungsausgleich erfolgen. Hier sind die Ehegatten in der Wahl ihrer Mittel frei. So kann z.B. ein Einmalbetrag, eine Geldrente oder die Übertragung von Ansprüchen aus einer privaten Rentenversicherung vereinbart werden.

Problematisch sind hier die Fälle der Abtretung von Ansprüchen, da bei der Abtretung die Einkunftsquelle nicht übertragen wird. Tritt daher z.B. M die Hälfte seiner privaten Rentenversicherung i.H.v. 2.000 € monatlich an die F ab, so muss M dennoch nach § 11 Abs. 1 Satz 1 i.V.m. § 22 Nr. 1 Satz 3 a) bb) EStG die vollen 2.000 € monatlich versteuern. Im Gegenzug kann er aber die an den Partner/die Partnerin geleisteten Zahlungen nach § 10 Abs. 1a Nr. 3 EStG als Sonderausgaben geltend machen. Der Empfänger/die Empfängerin der Leistungen muss diese dann aber nach § 22 Nr. 1a EStG versteuern.

5. Quintessenz

Bei der Fülle der steuerlichen Probleme, die sich aus einer Ehescheidung ergeben, konnte hier nur eine repräsentative Auswahl dargestellt werden. Es zeigt sich aber, dass bereits zu Beginn des Scheidungsverfahrens auch die steuerlichen Fragen stets im Blick behalten werden müssen, um z.B. die Entstehung privater Veräußerungsgewinne zu vermeiden.

Ich bedanke mich für Ihre Aufmerksamkeit.

Vortrag 2: Die unbeschränkte und beschränkte Steuerpflicht natürlicher Personen im Ertragsteuerrecht

I. Einführende Hinweise

Durch die internationalen Verpflichtungen der deutschen Wirtschaft erlangt die Frage der unbeschränkten und der beschränkten Steuerpflicht in den letzten Jahren eine immer größere Bedeutung. Dabei sind verschiedene Fallkonstellationen zu differenzieren: Zum einen die Personengruppe, die in Deutschland einen Wohnsitz oder einen gewöhnlichen Aufenthalt hat, zum anderen die Personengruppe, die in Deutschland Einkünfte erzielt, ihren Wohnsitz oder gewöhnlichen Aufenthalt aber im Ausland hat. Bei letzterer Gruppe ist noch einmal danach zu differenzieren, ob die Voraussetzungen einer unbeschränkten Steuerpflicht auf Antrag vorliegen oder nicht. Desweiteren geht es bei dieser Frage auch um Sportler, Künstler etc., die nur einen kurzfristigen Einsatz in Deutschland haben. Nicht zuletzt strahlt die Frage der unbeschränkten oder beschränkten Steuerpflicht auch auf das AStG aus.

II. Die Gliederung

	Gliederungspunkt	Die Stichworte
	Einleitung	**Thema; Überblick über die gesetzlichen Vorschriften**
1.	Unbeschränkte Steuerpflicht nach § 1 Abs. 1 EStG	Voraussetzungen (Definition des Wohnsitzes, des gewöhnlichen Aufenthalts) und Rechtsfolgen (Welteinkommen); Verhältnis zu den Regelungen der Doppelbesteuerungsabkommen
2.	Unbeschränkte Steuerpflicht nach § 1 Abs. 3 EStG	Voraussetzungen und Antragspflicht
3.	Fiktive unbeschränkte Steuerpflicht nach § 1a EStG	Zusammenhang mit Veranlagung, Realsplitting und Übergabeverträgen; Voraussetzungen der Vorschrift
4.	Beschränkte Steuerpflicht nach § 1 Abs. 4 EStG	Verweisung auf § 49 EStG; Rechtsfolgen gemäß § 50 EStG; kurzer Hinweis auf § 2 AStG
5.	Steuerabzug bei Künstlern etc.	Besonderheiten des § 50a EStG
6.	Fazit	

III. Der Vortrag

Einleitung

Guten Tag, das Thema meines Vortrags lautet „**Die unbeschränkte und beschränkte Steuerpflicht natürlicher Personen im Ertragsteuerrecht**". Ich werde zu Beginn meines Vortrags die Voraussetzungen und Rechtsfolgen der unbeschränkten Steuerpflicht nach § 1 Abs. 1 EStG aufzeigen, dann auf die Probleme der unbeschränkten Steuerpflicht auf Antrag nach § 1 Abs. 3 EStG eingehen und dann die Voraussetzungen der fiktiven unbeschränkten Steuerpflicht nach § 1a EStG darstellen. In einem zweiten Block werde ich dann auf die Grundlagen und steuerlichen Probleme der beschränkten Steuerpflicht eingehen. Zum Ende meines Vortrags werde ich dann noch einen Überblick über die Besteuerung von Künstlern, Sportlern etc. nach § 50a EStG geben.

1. Die unbeschränkte Steuerpflicht nach § 1 Abs. 1 EStG

Der weitaus überwiegende Teil der Steuerpflichtigen ist in Deutschland unbeschränkt steuerpflichtig, weil er entweder einen Wohnsitz oder seinen gewöhnlichen Aufenthalt in Deutschland hat. Einen Wohnsitz hat eine Person dort, wo sie eine Wohnung unter Umständen innehat, die darauf schließen lassen, dass sie die Wohnung beibehalten und benutzen wird (§ 8 AO). Zu den einzelnen Voraussetzungen dieser Vorschrift ist im Laufe der letzten Jahrzehnte eine umfangreiche Rechtsprechung ergangen. Der Steuerpflichtige muss die Wohnung „innehaben", hierzu muss er sie aus eigenem Recht nutzen. Es ist nicht erforderlich, dass er Vertragspartei des Mietvertrags oder Eigentümer der Immobilie ist. So genügt es z.B., wenn die Person in einer Lebensgemeinschaft mit einem Partner die Wohnung gemeinsam nutzt und diese Wohnung subjektiv als zumindest mit berechtigter bewohnt. Eine entsprechende Meldung beim Einwohnermeldeamt spricht grundsätzlich für das innehaben einer Wohnung. Eine fehlende Meldung (z.B. aus Nachlässigkeit) hindert aber die Anwendung des § 8 AO nicht. So kann z.B. auch ein Ausländer, der sich illegal in Deutschland aufhält eine Wohnung innehaben, wenn die Voraussetzungen im Übrigen erfüllt sind.

Die Anforderungen an den Begriff der Wohnung sind relativ gering und nicht mit dem Wohnungsbegriff des Bewertungsrechts identisch. So kann z.B. auch ein möbliertes Zimmer, ein Platz in einem Werkswohnheim oder Studentenwohnheim, ja selbst ein Wohnwagen den Begriff der Wohnung erfüllen. Das bloße Übernachten in einem Hotel, einer Pension o.Ä. erfüllt nicht die Voraussetzungen einer Wohnung, selbst wenn sich der Steuerpflichtige für längere Zeit in dem Hotel eingemietet hat. Sog. Business-Apartments können den Begriff der Wohnung erfüllen, wenn sie dem Steuerpflichtigen wie eine Wohnung zur Verfügung gestellt werden (also nicht bloß ein Übernachten stattfindet).

Ob es sich bei der Wohnung um einen Erstwohnsitz oder um einen Zweitwohnsitz handelt, spielt im Rahmen des § 1 Abs. 1 EStG keine Rolle. So kann z.B. ein Steuerpflichtiger, der für mehrere Jahre Ausland arbeitet und dort seinen Hauptwohnsitz hat, durchaus in Deutschland einen Zweitwohnsitz beibehalten und damit die Voraussetzungen des § 1 Abs. 1 EStG erfüllen.

Der Begriff des Wohnsitzes ist von dem im internationalen Steuerrecht gebräuchlichen Begriff der Ansässigkeit zu unterscheiden. Nach den Regelungen der Doppelbesteuerungsabkommen (die je nach Staat variieren können) ist eine Person grundsätzlich in dem Staat ansässig, in dem sie ihren Wohnsitz hat. Da die Ansässigkeit ein wichtiges Kriterium für die Zuweisung des Besteuerungsrechts (z.B. von Kapitaleinkünften nach Art. 10 und 11 des OECD-Musterabkommens) darstellt, kann eine Person in der Regel nur in einem Staat ansässig sein. Hat eine Person daher mehrere Wohnsitze, so ist die sie in dem Staat ansässig, in dem sich der Mittelpunkt ihrer Lebensinteressen (Familie, Vereine etc.) befindet. Hat die Person in mehreren Staaten den Mittelpunkt ihrer Lebensinteressen oder kann dies nicht eindeutig festgestellt werden, so ist die Person in der Regel in dem Staat ansässig, dessen Staatsangehörigkeit sie besitzt.

Beispiel: Ein Steuerpflichtiger verfügt in Deutschland über eine kleine Zweizimmerwohnung und in Spanien über ein großes Ferienhaus (Finca). Er hält sich die weitaus überwiegende Zeit in Spanien auf, hat dort auch seine Bekannten und Freunde. In Deutschland hält er sich nur gelegentlich auf, um Behördengänge zu erledigen, Ärzte aufzusuchen etc.

Lösung: Der Steuerpflichtige ist in Deutschland unbeschränkt steuerpflichtig, auch wenn er die Wohnung nur gelegentlich aufsucht. Er ist allerdings in Spanien ansässig, da sich dort der Mittelpunkt seiner Lebensinteressen befindet. Daher muss z.B. der Steuerpflichtige Einkünfte aus Kapitalvermögen in Spanien versteuern.

Eine unbeschränkte Steuerpflicht kann sich nach § 1 Abs. 1 EStG auch daraus ergeben, dass der Steuerpflichtige seinen gewöhnlichen Aufenthalt in Deutschland hat. Der Begriff des gewöhnlichen Aufenthalts wird in § 9 AO näher definiert. Danach hat eine Person den gewöhnlichen Aufenthalt dort, wo sie sich unter Umständen aufhält, die erkennen lassen, dass sie an diesem Ort oder in diesem Gebiet nicht nur vorübergehend verweilt. Entscheidend ist hierbei das subjektive Element des „Bleibenwollens". So hat z.B. ein Arbeitnehmer seinen gewöhnlichen Aufenthalt nicht in Deutschland, wenn er sich lediglich für einen vorübergehenden Arbeitseinsatz in Deutschland aufhält (z.B. als Erntehelfer u.ä.). Liegt das subjektive Element des „Bleibenwollens" vor, so führt unter Umständen auch ein nur kurzfristiger Aufenthalt in Deutschland zu einem gewöhnlichen Aufenthalt. Dem BFH lag vor vielen Jahren ein Fall vor, in dem ein Ausländer einen Arbeitsvertrag in einem deutschen Hotel unterschrieb. Das Hotel stellte ihm ein Hotelzimmer (keine Wohnung) zur Verfügung. Der Ausländer beabsichtigte, mehrere Jahre in Deutschland zu arbeiten. Allerdings kam es nach kurzer Zeit zu einem Zerwürfnis mit dem Arbeitgeber, worauf der Arbeitnehmer Deutschland wieder verließ. Da er in Deutschland für längere Zeit (nicht nur vorübergehend) verweilen wollte, begründete er trotz des kurzfristigen Aufenthalts einen gewöhnlichen Aufenthalt im Sinne von § 9 AO.

§ 9 AO enthält eine Vermutung. Danach ist ein gewöhnlicher Aufenthalt stets und von Beginn an anzunehmen, wenn sich der Steuerpflichtige mehr als 6 Monate zusammenhängend in Deutschland aufhält. Hier kommt es also auf die Absicht des Steuerpflichtigen, in Deutschland zu bleiben nicht an. Der Zeitraum muss zusammenhängend überschritten werden. So wäre z.B. kein gewöhnlicher Aufenthalt gegeben, wenn der Steuerpflichtige täglich von seinem ausländischen Wohnsitz nach Deutschland pendelt und am Ende des Arbeitstages wieder Deutschland verlässt. Auf diese Gruppe der sog. Grenzpendler werde ich später noch einmal speziell eingehen.

Erfüllt der Steuerpflichtige die Voraussetzungen einer unbeschränkten Steuerpflicht, so ist er grundsätzlich mit seinem sog. Welteinkommen in Deutschland steuerpflichtig. Die Staatsangehörigkeit des Steuerpflichtigen spielt dabei grundsätzlich keine Rolle (Ausnahme z.B. aber in § 1a EStG). Im Gegenzug kann der Steuerpflichtige den Grundfreibetrag in Anspruch nehmen, Sonderausgaben, außergewöhnliche Belastungen und sonstige steuerlichen Vergünstigungen unbeschränkt in Anspruch nehmen (vgl. § 2 EStG).

Der Grundsatz der Besteuerung des Welteinkommens kann allerdings durch die Regelungen in einem Doppelbesteuerungsabkommen durchbrochen werden. Doppelbesteuerungsabkommen gehen als völkerrechtliche Verträge dem deutschen Steuerrecht (Bundesrecht) vor. Arbeitet z.B. ein in Deutschland unbeschränkt steuerpflichtige Arbeitnehmer für mehr als 181 Tage in einem ausländischen DBA-Staat, so sieht Art. 15 des OECD-Musterabkommens vor, dass der Arbeitslohn in dem ausländischen Staat zu versteuern ist. Nach Art. 23 des OECD-Musterabkommens verzichtet in diesem Fall z.B. Deutschland als Wohnsitzstaat auf die Besteuerung (vorbehaltlich eines Progressionsvorbehalts).

2. Die unbeschränkte Steuerpflicht auf Antrag

Erfüllt ein Steuerpflichtiger die Voraussetzungen des § 1 Abs. 1 EStG nicht und ist daher grundsätzlich in Deutschland nicht unbeschränkt steuerpflichtig, so kann dies gravierende steuerliche Folgen haben. § 50 EStG sieht z.B. vor, dass ein beschränkt Steuerpflichtiger weder den Splittingtarif, noch Kinderfreibeträge, Sonderausgaben oder außergewöhnliche Belastungen geltend machen kann. Darüber hinaus wird bei beschränkt Steuerpflichtigen der Grundfreibetrag den Einkünften hinzugerechnet. Lediglich für Arbeitnehmer sieht § 50 Abs. 1 Satz 4 EStG gewisse Erleichterungen vor.

In dem berühmten Fall „Schumacker" (EuGH vom 14.02.1995, C-279/93, DB 1995, 407) wohnte ein Steuerpflichtiger mit seiner Familie in Belgien. Er pendelte täglich zu seiner Arbeitsstelle in Deutschland. Aufgrund seiner täglichen Rückkehr begründete er keinen gewöhnlichen Aufenthalt nach § 9 AO. Er klagte vor dem europäischen Gerichtshof, da er sich aufgrund seines ausländischen Wohnsitzes diskriminiert fühlte (kein Splittingtarif etc.). Der europäische Gerichtshof gab ihm Recht und erklärte die damalige deutsche Regelung für nicht vereinbar mit den europäischen Grundrechten. Aus diesem Grund wurde § 1 Abs. 3 EStG eingefügt. Danach gilt ein Steuerpflichtiger, der die Voraussetzungen des § 1 Abs. 1 EStG nicht erfüllt, auf Antrag als unbeschränkt steuerpflichtig, wenn entweder mindestens 90 % seiner Welteinkünfte der Besteuerung in Deutschland unterliegen oder er im Ausland Einkünfte hat, die den Grundfreibetrag nicht übersteigen. Im Falle der Zusammenveranlagung müssen mindestens 90 % der gemeinsamen Einkünfte der Eheleute der deutschen Besteuerung unterliegen, bzw. dürfen die ausländischen Einkünfte den doppelten Grundfreibetrag nicht überschreiten.

Damit kann nun ein Grenzpendler, (**Anmerkung**: Bitte nicht verwechseln mit „Grenzgänger"; Prüfer legen auf die richtige Verwendung der juristischen Begriffe sehr großen Wert) der in Deutschland arbeitet und im Ausland über keine nennenswerten Einkünfte (weniger als 10 % des Welteinkommens) verfügt, in Deutschland auf Antrag als unbeschränkt steuerpflichtig behandelt werden. § 1 Abs. 3 EStG ist dabei kein „Minus" gegenüber § 1 Abs. 1 EStG, sondern ein „Aliud". § 1 Abs. 3 EStG hat insbesondere auch eine große Bedeutung für Personen, die aus der deutschen Sozialversicherungsrenten beziehen und als Rentner im Ausland leben. Aufgrund des sog. Kassenstaatsprinzips müssen diese Steuerpflichtigen ihre Rente in dem Staat versteuern, von dem die Rente (Sozialversicherungsrente = öffentliche Kasse) bezahlt wird. Diese Personen erfüllen nicht unbedingt immer die 90 %-Grenze. Dies ist aber unschädlich, wenn sie im Ausland Einkünfte erzielen (z.B. Vermietung einer Wohnung), die den Grundfreibetrag nicht überschreiten.

3. Die fiktive unbeschränkte Steuerpflicht

Eine Zusammenveranlagung ist nach § 26 EStG nur möglich, wenn beide Ehepartner unbeschränkt einkommensteuerpflichtig sind. Hat daher z.B. ein Ehepartner in Deutschland eine Zweitwohnung und im Ausland zusammen mit seiner Familie den Hauptwohnsitz, so erfüllt nur er die Voraussetzungen des § 1 Abs. 1 EStG. Eine Zusammenveranlagung mit dem im Ausland lebenden Ehepartner wäre daher grundsätzlich nicht möglich. Dies würde aber gegen die europäischen Grundrechte (z.B. der Freizügigkeit) verstoßen. Ein Steuerpflichtiger würde nur deshalb steuerlich schlechter gestellt, weil er seinen Familien-Hauptwohnsitz im (europäischen) Ausland hat. Für diesen Fall sieht § 1a EStG eine fiktive unbeschränkte Steuerpflicht nur für Zwecke der gemeinsamen Veranlagung vor. Voraussetzung ist allerdings, dass der in Deutschland unbeschränkt steuerpflichtige Ehegatte die europäische Staatsangehörigkeit besitzt. Durch besondere Vereinbarungen wurde auch die Schweiz in den Kreis der begünstigten Staaten aufgenommen. Weitere Voraussetzung der fiktiven unbeschränkten Steuerpflicht ist, dass der andere Ehegatte seinen Wohnsitz oder gewöhnlichen Aufenthalt im Hoheitsgebiet eines anderen Mitgliedstaats der Europäischen Union hat. Gleichgestellt sind Staaten, auf die das Abkommen über den Europäischen Wirtschaftsraum Anwendung findet. Dieser Wohnsitz ist ggf. durch eine sog. Ansässigkeits-Bescheinigung nachzuweisen.

Beispiel 1: Ein amerikanischer Staatsbürger lebt zusammen mit seiner Ehegattin (ebenfalls amerikanische Staatsbürgerin) in Österreich (Hauptwohnsitz). Er arbeitet in einem Unternehmen in Deutschland und übernachtet in der Regel in einer kleinen Wohnung, die er in Deutschland innehat.
Lösung: Eine Zusammenveranlagung ist nicht möglich, da die Anwendung des § 1a EStG voraussetzt, dass der in Deutschland unbeschränkt steuerpflichtige Ehegatte eine europäische Staatsangehörigkeit hat. Auf die Staatsangehörigkeit der Ehefrau kommt es in diesem Fall nicht an.

Beispiel 2: Variiert man den Fall dahingehend, dass der Ehegatte die italienische Staatsangehörigkeit hat, so kommt nun auf Antrag eine gemeinsame Veranlagung mit Splittingtarif infrage.

Beispiel 3: Variiert man den Fall noch einmal dahingehend, dass die Ehefrau in den USA lebt.
Lösung: Eine Zusammenveranlagung kommt nicht infrage. Der Ehemann erfüllt zwar die Voraussetzungen des § 1a EStG (unbeschränkte Steuerpflicht und eine europäische Staatsangehörigkeit); die Ehefrau hat aber ihren Wohnsitz nicht innerhalb der Europäischen Union.

Die Regelungen über die fiktive unbeschränkte Steuerpflicht kommen auch im Rahmen des Realsplittings (§ 10 Abs. 1a Nr. 1 EStG) zum Tragen. Voraussetzungen der fiktiven unbeschränkten Steuerpflicht sind (zusätzlich zu den oben dargestellten Voraussetzungen), dass der Unterhaltsempfänger den Unterhalt in seinem Wohnsitzstaat versteuert und dies durch eine Bescheinigung der zuständigen ausländischen Steuerbehörde nachweist. So hatte z.B. der BFH zu entscheiden, ob ein in Deutschland lebender Ehegatte den Unterhalt, den er an seine in Österreich lebende geschiedene Ehefrau zahlte als Sonderausgaben abziehen kann. Da ein derartiger Unterhalt in Österreich nicht steuerbar ist und demgemäß auch eine Bescheinigung der österreichischen Steuerbehörden nicht vorgelegt werden konnte, verweigerte der BFH dem Unterhaltsleistenden den Abzug im Rahmen des § 10 Abs. 1a Nr. 1 EStG. Der EuGH gab dem BFH recht (EuGH vom 12.07.2005, DStR 2005, 1265).

Als dritten Tatbestand führt § 1a EStG die sog. Übergabeverträge auf. Nach § 10a abs. 1 Nr. 2 EStG dürfen Versorgungsleistungen, die im Zusammenhang mit sog. Übergabeverträgen erbracht werden, nur dann als Sonderausgaben abgezogen werden, wenn der Empfänger in Deutschland unbeschränkt steuerpflichtig ist und sonach seine Versorgungsleistungen nach § 22 Nr. 1a EStG in Deutschland versteuert. Hat der Empfänger der Versorgungsleistungen seinen Wohnsitz im europäischen Ausland, so kann dieser für Zwecke des § 10a Nr. 2 EStG als unbeschränkt steuerpflichtig behandelt werden.

Besonders hervorzuheben ist, dass diese fiktive unbeschränkte Steuerpflicht lediglich für die Anwendung der in § 1a EStG aufgeführten Fälle gilt (Zusammenveranlagung, Realsplitting, Übergabeverträge). § 1a EStG fingiert damit keine umfassende unbeschränkte Steuerpflicht im Sinne des § 1 Abs. 1 oder Abs. 3 EStG.

4. Die beschränkte Steuerpflicht

Natürliche Personen, die im Inland weder einen Wohnsitz noch ihren gewöhnlichen Aufenthalt haben, sind beschränkt einkommensteuerpflichtig, wenn sie inländische Einkünfte im Sinne des § 49 EStG haben. § 49 EStG enthält eine abschließende Aufzählung der Einkünfte, die der beschränkten Steuerpflicht unterliegen.

Beispiel 1: Ein Arbeitnehmer mit ausschließlichem Wohnsitz im Ausland arbeitet für einige Wochen (weniger als 183 Tage) in Deutschland als Erntehelfer für einen deutschen Landwirtschaftsbetrieb.
Lösung: Eine unbeschränkte Steuerpflicht liegt nicht vor, da der Arbeitnehmer in Deutschland über keinen Wohnsitz verfügt und sich auch nicht dauernd aufhält (§ 9 AO). Zu prüfen ist, ob der Arbeitslohn nach den internationalen Regeln in Deutschland zu versteuern ist. Nach Art. 15 des OECD-Musterabkommens wäre der Arbeitslohn im Wohnsitzstaat zu versteuern, wenn sich der Arbeitnehmer weniger als 183 Tage in Deutschland aufhält. Die 183-Tage-Regelung gilt aber nicht, wenn der Arbeitslohn von einem inländischen Arbeitgeber wirtschaftlich getragen wird. Dies ist hier der Fall (Arbeitgeber ist der deutsche Landwirtschaftsbetrieb). Daher ist der Arbeitslohn auch dann in Deutschland zu versteuern, wenn sich der Arbeitnehmer nur wenige Wochen in Deutschland aufhält. Da § 49 Abs. 1 Nr. 4 EStG

den Arbeitslohn für eine im Inland ausgeübte Tätigkeit ausdrücklich aufführt, ist der Arbeitnehmer in Deutschland beschränkt steuerpflichtig. Dies hat für ihn den Nachteil, dass er nach § 50 EStG weder den Splittingtarif in Anspruch nehmen kann, noch Kinderfreibeträge, außergewöhnliche Belastungen oder Sonderausgaben geltend machen kann. § 50 Abs. 1 Satz 4 EStG sieht allerdings für Arbeitnehmer den Abzug möglicher Sozialversicherungsbeiträge vor. Nach § 38b Abs. 1 Nr. 1 Buchstabe b) EStG wird der Lohnsteuerabzug nach Steuerklasse I durchgeführt.

Beispiel 2: Ein im Ausland wohnhafte und ansässiger Steuerpflichtiger handelt in Deutschland mit Bitcoins und erzielt damit erhebliche Gewinne.

Lösung: Die private Spekulation mit Bitcoins fällt nach derzeit herrschender Meinung unter § 23 Abs. 1 Nr. 2 EStG. Da aber § 49 Abs. 1 Nr. 8 EStG nur die Spekulation mit Grundstücken aufführt, fällt die Spekulation mit Bitcoins nicht in die beschränkte Steuerpflicht.

Wechselt der Steuerpflichtige innerhalb eines Jahres von der beschränkten zur unbeschränkten Steuerpflicht, so gilt er für das ganze Jahr als unbeschränkt steuerpflichtig (§ 2 Abs. 7 EStG).

Eine Ausdehnung der beschränkten Steuerpflicht sieht § 2 AStG vor. War ein Steuerpflichtiger innerhalb der letzten 10 Jahre mindestens 5 Jahre unbeschränkt steuerpflichtig und ist er nun in einem Niedrigsteuerland ansässig, so wird die beschränkte Steuerpflicht über die Regelung des § 49 EStG hinaus ausgedehnt, wenn er auch nach seinem Wegzug wesentliche wirtschaftliche Interessen in Deutschland hat. Wesentliche wirtschaftliche Interessen liegen z.B. vor, wenn der Steuerpflichtige an einer Personengesellschaft in Deutschland beteiligt ist.

5. Die beschränkte Steuerpflicht von Sportlern, Künstlern u.ä.

Sportler, Künstler u.ä. halten sich häufig nur für die kurze Zeit ihres Engagements in Deutschland auf. Nach ihrer Rückkehr in ihren Heimatsstaat wäre häufig eine Besteuerung ihrer Gagen nur mit erheblichem Aufwand möglich oder müsste vollständig unterbleiben. Aus diesem Grund sieht § 50a EStG für bestimmte abschließend aufgeführte Berufsgruppen einen Steuerabzug in Höhe von 15 % der Einnahmen vor. Diese Regelung führt in der Praxis häufig zu einer äußerst hohen Steuerbelastung, da im Zusammenhang mit dem Engagement angefallene Betriebsausgaben grundsätzlich nicht abgezogen werden dürfen (vgl. 15 % der gesamten Einnahmen). Den Steuerabzug hat grundsätzlich der Veranstalter (Auftraggeber des Sportlers, Künstlers etc.) vorzunehmen. Er haftet nach § 50a Abs. 5 EStG für diese sog. „Künstlersteuer".

§ 50a Abs. 3 EStG sieht eine Sonderregelung vor, wenn der Sportler, Künstler u.ä. Staatsangehöriger der Europäischen Union ist. In diesem Fall können die im Zusammenhang mit dem Engagement unmittelbar zusammenhängenden Betriebsausgaben oder Werbungskosten abgezogen werden, wenn sie in nachprüfbare Form nachgewiesen werden oder vom Schuldner der Vergütung (Veranstalter) übernommen werden. Allerdings beträgt dann der Steuersatz 30 % der (Netto-) Einnahmen.

6. Fazit

Die unbeschränkte Steuerpflicht hängt nicht mit der Staatsangehörigkeit oder der Frage zusammen, ob der Steuerpflichtige möglicherweise auch im Ausland einen Wohnsitz bzw. Lebensmittelpunkt hat. Durch die Einfügung in der §§ 1 Abs. 3, 1a EStG wurden die deutschen Regelungen der unbeschränkten Steuerpflicht „europafest" gemacht. Steuerberater haben insbesondere bei Arbeitseinsätzen von ausländischen Arbeitnehmern und bei im Ausland lebenden Rentnern stets zu prüfen, ob ein Antrag nach § 1 Abs. 3 oder § 1a EStG zu stellen ist.

Die Regelungen der beschränkten Steuerpflicht sind für den Steuerpflichtigen in aller Regel ungünstiger. Ein großer Gestaltungsspielraum besteht hier in den meisten Fällen nicht. Unter Umständen bietet es sich an, dass ausländische Arbeitnehmer mit hohen Einkünften (z.B. IT-Spezialisten) für die Zeit ihres Einsatzes in Deutschland einen Wohnsitz begründen. Dabei ist natürlich stets § 42 AO zu beachten. Es wird also nicht genügen, nur pro forma eine Wohnung anzumieten.

Die Regelungen der unbeschränkten und der beschränkten Steuerpflicht müssen stets im Kontext des internationalen Steuerrechts gesehen werden. Insbesondere sind die speziellen Regelungen der Doppelbesteuerungsabkommen als lex specialis zu beachten.

Ich darf mich zum Abschluss für Ihre Aufmerksamkeit bedanken.

Vortrag 3: Die Abgeltungsteuer für Einkünfte aus Kapitalvermögen

I. Einführende Hinweise

Mit Wirkung ab dem Veranlagungszeitraum 2009 wurde die Besteuerung der Kapitaleinkünfte neu geregelt. Die §§ 20 und 23 EStG wurden geändert, ein neuer § 32d EStG eingeführt. Zur gesamten Problematik siehe BMF vom 3.6.2021, IV C 1 – S-2252/19/10003 :002 mit weiteren Hinweisen. Zur gesamten Thematik siehe ausführlich: BMF vom 18.01.2016, BStBl I 2016, 85 mit den Änderungen durch BMF, IV C 1 – S-2252/19/10003:007 vom 19.02.2021, BMF IV C 1 – S-2252/08/10004 :27 vom 16.09.2019, BMF IV C 1 – S-2252 /08/10004 :026 vom 10.05.2019, BMF IV C 1 – S-2252/08/10004 :023 vom 17.01.2019, BMF IV C 1 – S-2252/08 /10004 :021 vom 12.04.2018, BMF IV C 1 – S-2405/0 :008 vom 19.12.2017, ergänzt durch BMF IV C 1 – S-2252 /08/10004 :020 vom 03.05.2017 und ergänzt durch BMF IV C 1 – S-2252/14/10001 :005 vom 16.06.2016.

II. Die Gliederung

	Gliederungspunkt	Die Stichworte
	Einleitung	**Thema; Gründe für die Einführung; Überblick über die Neuregelung**
1.	Änderung der §§ 20, 23 EStG	Erfassung aller Veräußerungsvorgänge; Abschaffung der Werbungskosten; Regelungen zur Verlustverrechnung
2.	Grundkonzeption des § 32d EStG	Abgrenzung zur Kapitalertragsteuer; Kreis der Kapitaleinkünfte; Veranlagungswahlrecht/Veranlagungspflicht; Kirchensteuer; ausländische Steuern
	Schluss	**Erfassung aller Kapitaleinkünfte? Steuervereinfachung?**

III. Der Vortrag

Einleitung

Guten Tag, der Titel meines Vortrags lautet **„Die Abgeltungsteuer für Einkünfte aus Kapitalvermögen"**. Ich werde im Folgenden in einer kurzen Einführung die Gründe darlegen, die den Gesetzgeber zu der Neuregelung veranlasst haben. Anschließend werde ich auf die Änderung bei der Besteuerung der Kapitaleinkünfte und der privaten Veräußerungsgewinne eingehen, um dann ausgewählte Probleme der eigentlichen Abgeltungsteuerregelung darzulegen.

> **Tipp!** Bei einem derart umfassenden Thema können Sie nicht alle Probleme der Abgeltungsteuer in zehn Minuten aufzeigen. Sie müssen Schwerpunkte setzen. Das wissen auch die Prüferinnen und Prüfer.

Mehrere Untersuchungen der Bundesregierung haben gezeigt, dass – vor Einführung der Abgeltungsteuer – ein großer Teil der Kapitaleinkünfte nicht besteuert wurde. Dem Staat entgingen auf diese Weise Milliarden Euro an Steuergeldern. An dieser Tatsache konnte bisher weder die Einführung der umfassenden Kapitalertragsteuer noch der Kontenabruf Wesentliches ändern. Das BVerfG (Entscheidung vom 27.06.1991, 2 BvR

1493/89, BStBl II 1991, 654 hat die damalige Regelung der Kapitaleinkünfte sogar mit dem Argument eines „strukturellen Vollzugsdefizits" für verfassungswidrig erachtet.

Hier erhoffte man sich von der grundsätzlich anonym erhobenen Abgeltungsteuer eine deutliche Verbesserung der Erhebungsergebnisse. Nicht zuletzt sollte aber auch das Besteuerungsverfahren deutlich vereinfacht werden. Auf die Frage, ob diese Ziele erreichbar sind, werde ich am Ende meines Vortrags noch einmal eingehen.

1. Änderung der §§ 20, 23 EStG

Eine wesentliche Voraussetzung für die Einführung der **Abgeltungsteuer** war die Änderung der §§ 20 und 23 EStG. Insbesondere die Versteuerung von Veräußerungsgewinnen war vor der Neuregelung kompliziert. Die Veräußerung von Wertpapieren, Aktien, Fondsanteilen u.ä. unterlag nach § 23 Abs. 1 Nr. 2 EStG der Spekulationsbesteuerung, wenn Wertpapiere innerhalb eines Jahres nach dem Erwerb wieder veräußert wurden. Für bestimmte Kapitalanlagen (z.B. abgezinste Wertpapiere, Wertpapiere ohne Emissionsrendite u.ä.) enthielt § 20 Abs. 2 EStG a.F. eine spezielle Regelung. Danach wurden – ohne zeitliches Limit – die Veräußerungsgewinne wie Kapitalerträge behandelt.

Nach dem in 2009 neu gefassten § 20 Abs. 2 EStG wurden nun **alle Veräußerungsgewinne** erfasst, die sich aus der Einlösung von Wertpapieren, dem Verkauf von Aktien, Fondsanteilen o.ä. ergeben. § 20 Abs. 2 EStG ist damit nun lex specialis zu § 23 EStG.

Während der Kapitalanleger bisher neben dem Sparerfreibetrag in Höhe von 750 € entweder einen Werbungskostenpauschbetrag von 51 € oder nachgewiesene höhere Werbungskosten geltend machen konnte, sieht § 20 Abs. 9 EStG einen sog. **Sparerpauschbetrag** in Höhe von 801 € vor. Daneben können aber keine Werbungskosten mehr geltend gemacht werden, da dies mit der grundsätzlich anonymen Erhebung der Abgeltungsteuer nicht vereinbar ist.

Auch die Berücksichtigung von **Verlusten aus Kapitalvermögen** wurde völlig neu konzipiert. Während die Verluste vorher nach § 2 EStG uneingeschränkt mit anderen Einkünften verrechnet werden konnten, bilden die Kapitaleinkünfte seit dem VZ 2009 – aufgrund des eigenen Steuersatzes – einen eigenen Verlustverrechnungskreis (§ 20 Abs. 6 EStG). Dabei besteht für Verluste aus Aktienverkäufen eine eigene Regelung. Zur Verhinderung von massiven Steuerausfällen im Falle eines Aktiencrashs dürfen die Verluste aus Aktien nur mit Gewinnen aus Aktien (und z.B. nicht mit Zinserträgen) verrechnet werden. Da § 20 Abs. 6 EStG ausdrücklich nur von „Aktien" spricht, gilt die Verrechnungsbeschränkung nicht für Verluste aus Investmentfonds.

2. Grundkonzeption des § 32d EStG

Die Grundidee der Abgeltungsteuer war es, einen niedrigeren Steuersatz für Einkünfte aus Kapitalvermögen einzuführen und damit die Notwendigkeit der Einbeziehung der Kapitaleinkünfte in die Veranlagung zu beseitigen.

§ 32d EStG sieht grundsätzlich für alle Arten der Einkünfte aus Kapitalvermögen einen einheitlichen **Steuersatz in Höhe von 25 %** vor. Da die §§ 43 und 43a EStG lediglich der Höhe nach an die neue Regelung angepasst wurden, wird bei Zinsen, Dividenden etc. weiterhin eine **Kapitalertragsteuer** erhoben, soweit nicht Ausnahmen greifen (z.B. Zinsen aus Darlehen an Privatpersonen). Mit der Erhebung der Kapitalertragsteuer gilt die Abgeltungsteuer als geleistet (§ 43 Abs. 5 EStG).

Der 25 %ige Steuersatz gilt auch für **ausländische Kapitalerträge**, wenn diese – was der Regelfall ist – nach einem DBA im Ansässigkeitsstaat des Empfängers der Zinsen oder Dividenden (= Deutschland) versteuert werden. Da in der Regel im ausländischen Quellenstaat nach dem DBA die Erhebung einer Quellensteuer zulässig ist, sieht § 32d EStG die Anrechnung der **ausländischen Quellensteuer** bis zur Höhe der deutschen Abgeltungsteuer vor. Die Anrechnung der ausländischen Quellensteuer erfolgt aber maximal in der Höhe, die im jeweiligen Doppelbesteuerungsabkommen festgelegt ist (z.B. 15 % für Dividenden nach Art. 10 OECD-Musterabkommen). Ist die ausländische Quellensteuer höher als die maximale Anrechnung, so ist – wenn dies das DBA vorsieht – in dem ausländischen Quellenstaat ein Ermäßigungsantrag zu stellen. Ist dies nicht möglich, bleibt der in Deutschland ansässige Kapitalanleger insoweit belastet.

Die **ausländische Quellensteuer** kann von der depotführenden Bank in Deutschland bei der Berechnung der Abgeltungsteuer berücksichtigt werden (§ 44 EStG). Erfolgt die Auszahlung nicht über ein deutsches

Depot, muss der Kapitalanleger die Berücksichtigung der ausländischen Quellensteuer über eine Veranlagung vornehmen (§ 32d Abs. 4 EStG).

Wie bei der Kapitalertragsteuer entfällt auch auf die Abgeltungsteuer der **Solidaritätszuschlag** i.H.v. 5,5 %. Der Solidaritätszuschlag wurde zwar grundsätzlich ab dem VZ 2021 abgeschafft, bleibt aber für die Kapitaleinkünfte erhalten, soweit diese nicht in die Veranlagung einbezogen werden.

Die Kapitaleinnahmen unterliegen auch der **Kirchensteuerpflicht**. Die Kirchensteuer muss mit der Kapitalertragsteuer bzw. der Abgeltungsteuer abgeführt werden. Da die Kirchensteuer auf Kapitaleinkünfte nicht bei den Sonderausgaben berücksichtigt werden kann, sieht § 32d Abs. 1 EStG vor, dass die Kirchensteuer die Berechnungsbasis für die Einnahmen mindert. Eine entsprechende Formel findet sich im Gesetz. Seit Einführung der Abgeltungsteuer hat sich gezeigt, dass zahlreiche Anleger ihrer Bank eine bestehende Kirchensteuerpflicht nicht angezeigt haben. Daher haben die Banken die Kirchensteuer auch nicht abgeführt. In diesen Fällen hätten die Anleger die Zahlung der Kirchensteuer über eine Veranlagung nach § 32d Abs. 3 EStG erreichen können. Dies dürfte aber in vielen Fällen nicht geschehen sein. Daher hat der Gesetzgeber mit Wirkung ab VZ 2015 eine zwingende Abfrage der Kirchensteuerpflicht durch die Banken (aber z.B. auch Kapitalgesellschaften bezüglich der Dividende) beim Bundeszentralamt für Steuern eingeführt. Der Anleger kann der Abfrage widersprechen. In diesem Fall erfolgt eine Kontrollmitteilung an das jeweils zuständige Finanzamt.

Die Abgeltungsteuer fällt nur für Kapitaleinkünfte im **Privatvermögen** an (siehe Verweisung auf § 20 Abs. 8 EStG). Hier stellt sich die Frage, wie eine Bank erfahren soll, ob z.B. ein Tagesgelddepot von einem Freiberufler oder Handwerker dazu genutzt wird, Betriebseinnahmen zu parken oder ob es sich um die Anlage privater Gelder handelt.

Nach **§ 32d Abs. 2 Nr. 1 Buchst. a) EStG** unterliegen Einnahmen aus typisch stiller Beteiligung (§ 20 Abs. 1 Nr. 4 EStG) sowie sonstige Zinserträgen (§ 20 Abs. 1 Nr. 7 EStG) dem allgemeinen Tarif, wenn Gläubiger und Schuldner einander **nahestehende Personen** sind. Damit soll z.B. verhindert werden, dass ein Gewerbetreibender von seinem Ehepartner einen betrieblichen Kredit erhält, die Zinsen bei der regulären Besteuerung als Betriebsausgaben geltend macht (z.B. mit 45 % Spitzensteuersatz) und der Ehepartner die erhaltenen Zinsen lediglich in Höhe von 25 % besteuert. Mit Wirkung ab dem Veranlagungszeitraum 2011 greift § 32d Abs. 2 Nr. 1 Buchst. a) EStG nur noch, wenn der Schuldner die **Zinsen als Betriebsausgaben** oder **Werbungskosten** geltend machen kann. Gewähren z.B. die Großeltern ihrem Enkel ein Darlehen zum Erwerb einer zu eigenen Wohnzwecken genutzten Eigentumswohnung, so können die Großeltern ab dem Veranlagungszeitraum 2011 die Abgeltungsteuer für die Zinsen in Anspruch nehmen.

Streitig war, ob unter den Begriff der „nahestehenden Person" automatisch jeder Angehörige fällt. Der BFH lehnte diese weite Auslegung ab und ging davon aus, dass eine „nahestehende Person" nur dann gegeben ist, wenn der Darlehensgeber vom Darlehensnehmer wirtschaftlich abhängig ist (vgl. BFH vom 28.01.2015, VIII R 8/14, BStBl II 2015, 397). Diese Ansicht vertritt nunmehr auch die Finanzverwaltung (BMF vom 09.12.2014, BStBl I 2014, 1608).

Nach § 32d Abs. 2 Nr. 1 Buchst. b) EStG greift die Abgeltungsteuerregelung nicht, wenn ein **Gesellschafter** an einer **Kapitalgesellschaft** zu mindestens 10 % beteiligt ist und dieser Gesellschaft ein Darlehen gewährt. Der Ausschluss der Abgeltungsteuer greift auch dann, wenn das Darlehen durch eine dem Gesellschafter nahestehende Person (siehe oben) gewährt wird. Im Falle des § 32d Abs. 2 Nr. 1 Buchst. b) EStG sind die Zinsen im Rahmen des § 2 EStG zum regulären Tarif zu versteuern.

Problematisch ist die Ausnahmeregelung des § 32d Abs. 2 Nr. Buchst. c) EStG. Danach ist die Abgeltungsteuer nicht anzuwenden, wenn bei der **Bank**, die einen betrieblichen Kredit vergeben hat gleichzeitig eine Geldanlage unterhalten wird. Damit soll – wie bei Darlehen unter einander nahestehenden Personen – verhindert werden, dass Gelder bei einer Bank angelegt werden und im Gegenzug wieder als Betriebskredit zurückfließen. Damit könnte das Steuerlastgefälle zwischen Zinserträgen und gezahlten Finanzierungszinsen ausgenutzt werden. Fraglich war, ob diese Ausnahmeregelung auch für Geldanlagen anzuwenden ist, die mit dem Betriebskredit in keinem wirtschaftlichen Zusammenhang stehen. Dies hätte dazu geführt, dass z.B. ein Freiberufler, der über seine Hausbank den Praxiskauf finanzierte, die Zinsen für einen Sparvertrag, mit dem Spitzensteuersatz versteuern hätte müssen. Dies hätte Umgehungsgestaltungen (Wechsel vom Depot auf eine andere Bank) provoziert. Die Verwaltung hat mittlerweile klargestellt, dass die Ausnahmeregelung nur für die Fälle gilt, in denen der Betriebskredit und die Geldanlage unmittelbar wirtschaftlich verknüpft sind **(sog. „back-to-back-Finanzierung")**.

Eine weitere Ausnahme von der Abgeltungsteuer findet sich in § 32d Abs. 1 Nr. 2 EStG. Für **Erträge aus Kapitallebensversicherungen** ist die Abgeltungsteuer zwar grundsätzlich anzuwenden. Werden die Erträge einer nach dem 31.12.2004 geschlossenen Kapital-Lebensversicherung aber nach § 20 Abs. 1 Nr. 6 EStG nur zur Hälfte besteuert, unterliegen diese Einnahmen nicht der Abgeltungsteuer, um eine doppelte Förderung zu vermeiden. In diesen Fällen sind die Erträge mit dem regulären Steuersatz zu besteuern.

Gesellschafter einer Kapitalgesellschaft haben häufig ihre Gründungseinlage bzw. den Erwerb der Gesellschaftsanteile fremdfinanziert. Hier bedeutet die Abschaffung der Werbungskosten eine erhebliche Belastung, zumal bei kleinen GmbHs von Freiberuflern und Handwerkern häufig nur geringe Dividenden ausgeschüttet werden. Aus diesem Grund sieht § 32d Abs. 2 Nr. 3 EStG vor, dass Gesellschafter, die entweder zu mindestens 25 % an einer Kapitalgesellschaft beteiligt sind oder zu mindestens ein Prozent beteiligt und für die Kapitalgesellschaft beruflich tätig sind (z.B. als Geschäftsführer), einen **Antrag auf Verzicht auf die Abgeltungsteuer** stellen können. In diesem Fall unterliegen die Dividenden dem **Teileinkünfteverfahren** (§ 3 Nr. 40 Buchstabe d) EStG) und Werbungskosten können zu 60 % geltend gemacht werden (§ 3c Abs. 2 EStG). Außerdem ist der Sparerpauschbetrag nicht zu gewähren. Der Verzicht auf die Anwendung der Abgeltungsteuer kann widerrufen werden. Im Falle eines Widerrufs ist ein erneuter Antrag auf Besteuerung im Teileinkünfteverfahren allerdings nicht mehr möglich.

Mit Wirkung seit dem Veranlagungszeitraum 2011 wurde eine weitere Ausnahme in § 32d Abs. 1 Nr. 4 EStG in das Gesetz aufgenommen. Danach fällt eine **verdeckte Gewinnausschüttung** nicht unter § 32d Abs. 1 EStG, soweit sie das Einkommen der leistenden Körperschaft gemindert hat. Dieser Fall kommt z.B. vor, wenn ein in Deutschland ansässiger Gesellschafter einer ausländischen Kapitalgesellschaft von dieser eine verdeckte Gewinnausschüttung erhält (die ja nach Art. 10 OECD-Musterabkommen in Deutschland zu versteuern ist). Hier kann es vorkommen, dass die ausländische Kapitalgesellschaft z.B. überhöhte Gehaltszahlungen gewinnmindernd ansetzt und die Betriebsausgaben nach dem Recht des ausländischen Staates nicht korrigiert werden.

Die Abs. 3, 4 und 6 des § 32d EStG regeln die Fälle, in denen die Einnahmen aus Kapitalvermögen im Rahmen der Steuererklärung angegeben werden können bzw. müssen.

§ 32d Abs. 3 EStG zwingt den Steuerpflichtigen, Kapitalerträge in der Steuererklärung anzugeben, die bisher nicht der Kapitalertragsteuer unterlegen haben. Dies können z.B. Darlehen unter Privatpersonen sein, da in diesem Fall nach § 43 Abs. 1 Nr. 7 EStG keine Kapitalertragsteuer abzuführen ist. Zu einer Zwangsveranlagung führen aber zum Beispiel auch gewisse Unternehmensanleihen (die keine Teilschuldverschreibungen sind; vgl. § 43 Abs. 1 Nr. 7 Buchstabe a) EStG).

Nach § 32d Abs. 4 EStG können Steuerpflichtige Kapitalerträge in ihrer Steuererklärung angeben, wenn z.B. der Sparerpauschbetrag noch nicht im Rahmen eines Freistellungsauftrags ausgeschöpft wurde oder Verluste nicht innerhalb einer Bank mit positiven Kapitalerträgen saldiert werden konnten (vgl. § 43a Abs. 3 EStG). § 32d Abs. 4 EStG hat auch Bedeutung, wenn der Steuerpflichtige Kapitalerträge im Ausland erzielt. In diesem Fall kann die auszahlende Stelle (= die Bank in Deutschland) die im Ausland gezahlte Quellensteuer bei der Bemessung der Kapitalertragsteuer berücksichtigen (§ 43a Abs. 3 EStG). Ist die Berücksichtigung der Quellensteuer beim Kapitalertragsteuerabzug nicht möglich (z.B. weil die Auszahlung über eine ausländische Bank erfolgt), so kann der Steuerpflichtige die ausländische Quellensteuer im Wege der Veranlagung berücksichtigen lassen.

Erfolgt eine Veranlagung nach Abs. 3 oder Abs. 4, handelt es sich dennoch um eine Abgeltungsteuer i.S.v. § 32d Abs. 1 EStG. Dies bedeutet, dass auch im Falle einer Veranlagung die Kapitalerträge nicht zur Summe der Einkünfte hinzugerechnet werden (vgl. § 2 Abs. 5b EStG). Werbungskosten können nach § 20 Abs. 9 EStG nicht angesetzt werden und der Sparer-Pauschbetrag ist zu gewähren.

§ 32d Abs. 6 EStG ermöglicht dem Kapitalanleger, auf Antrag sämtliche Kapitaleinkünfte der regulären Besteuerung zu unterwerfen, wenn dies **für ihn günstiger** ist. Dies ist für alle Kapitalanleger interessant, deren Spitzensteuersatz unter 25 % liegt. Da die Steuerpflichtigen ihren Spitzensteuersatz häufig nicht kennen, besteht die Gefahr, dass viele Steuerpflichtige die Günstigerprüfung „auf gut Glück" beantragen werden.

Der Effekt der Entlastung der Verwaltung wäre dann nicht erreicht worden. Im Rahmen der Günstigerprüfung werden die Kapitaleinnahmen bei der Ermittlung der Summe der Einkünfte berücksichtigt und der regulären Besteuerung unterworfen. Die Vorschrift des § 20 Abs. 9 EStG (= Verbot des Abzugs von Werbungskosten) ist dennoch anzuwenden, da sie durch § 32d Abs. 6 EStG nicht ausgeschlossen wird.

Aus verwaltungsökonomischer Sicht war die bisherige Regelung des **§ 2 Abs. 5b EStG** nicht besonders förderlich. Danach mussten die der Abgeltungsteuer unterliegenden Einnahmen bei der Veranlagung angegeben werden, wenn der Steuerpflichtige Kinderfreibeträge, außergewöhnliche Belastungen oder Spenden steuerlich geltend machen wollte. Diese Regelung wurde durch das Steuervereinfachungsgesetz 2011 mit Wirkung ab dem Veranlagungszeitraum 2012 ersatzlos abgeschafft.

Schluss

Die Einführung der Abgeltungsteuer hat die Veranlagung erheblich vereinfacht und führt bei den Einkünften aus Kapitalvermögen zu einer erheblich gleichmäßigeren Erfassung der Einnahmen. Die immer wieder aufflammende Diskussion um eine Abschaffung der Abgeltungsteuer wird wohl nicht von Erfolg gekrönt sein, da die deutsche Abgeltungsteuer im Kontext der gesamten europäischen Zinsbesteuerung zu sehen ist. Problematisch bleibt natürlich, dass z.B. Einkünfte aus Gewerbebetrieb mit einem Spitzensteuersatz von 45 % besteuert werden und Kapitaleinkünfte demgegenüber deutlich privilegiert sind.

Ich bedanke mich für Ihre Aufmerksamkeit.

Vortrag 4: Anschaffungsnahe Aufwendungen bei Einkünften aus Vermietung und Verpachtung – § 6 Abs. 1 Nr. 1a EStG

I. Einführende Hinweise

§ 6 Abs. 1 Nr. 1a EStG regelt die Frage, inwieweit nach Erwerb eines Gebäudes Instandhaltungsmaßnahmen als Herstellungskosten zu beurteilen sind und sich damit nur noch im Rahmen der AfA auswirken. Der Gesetzeswortlaut lässt zahlreiche Fragen offen. Mit der Problematik der anschaffungsnahen Aufwendungen beschäftigen sich die BMF-Schreiben vom 18.07.2003, BStBl I 2003, 386 und vom 20.10.2017, BStBl I 2017, 1447.

II. Die Gliederung

	Gliederungspunkt	Die Stichworte
	Einleitung	
1.	Hintergrund der gesetzlichen Regelung	Abgrenzung zwischen Erhaltungsaufwand und Herstellungsaufwand
2.	Konzeption der gesetzlichen Regelung	15 %-Grenze; Dreijahresfrist; Aufwendungen für Erweiterungen; jährlich üblicherweise anfallende Erhaltungsarbeiten.
3.	Zweifelsfragen	Herstellung der Betriebsbereitschaft; Hebung des Standards; Sanierung in Raten; jährlich üblicherweise anfallender Erhaltungsaufwand.
4.	Kritische Betrachtung der Regelung	

III. Der Vortrag

Einleitung

Sehr geehrter Herr Prüfungsvorsitzender/sehr geehrte Frau Prüfungsvorsitzende, sehr geehrte Damen und Herren, das Thema meines Vortrags lautet: „**Anschaffungsnahe Aufwendungen bei Einkünften aus Vermietung und Verpachtung – § 6 Abs. 1 Nr. 1a EStG**“.

Ich werde zuerst den Hintergrund der derzeitigen Regelung in § 6 Abs. 1 Nr. 1a EStG beleuchten, dann in einem zweiten Abschnitt die einzelnen Tatbestandselemente des § 6 Abs. 1 Nr. 1a EStG darstellen, um dann auf die derzeit noch offenen Zweifelsfragen einzugehen. Mein Vortrag endet mit einer kritischen Betrachtung der derzeitigen gesetzlichen Regelung.

1. Hintergrund der gesetzlichen Regelung

Ich möchte die Problematik der anschaffungsnahen Aufwendungen an einem einfachen Beispiel darstellen. Ein Steuerpflichtiger ist seit Jahrzehnten Eigentümer einer vermieteten Immobilie, bei der zurzeit ein erheblicher Sanierungsstau besteht. Aus diesem Grund beträgt der Wert lediglich 100.000 €. Da der Eigentümer die Immobilie verkaufen möchte, renoviert der Eigentümer das Gebäude – um die Chancen eines Verkaufs zu verbessern – für 50.000 €. Dementsprechend erwirbt der Käufer das Gebäude für 150.000 €. Der Verkäufer kann nun die Renovierungsaufwendungen nicht als Erhaltungsaufwendungen nach §§ 9, 21 EStG geltend machen, da ihm insoweit die Absicht fehlte, Einnahmen nach § 21 EStG zu erzielen. Der Erwerber kann die Erhaltungsaufwendungen nur im Rahmen der Abschreibung (im Regelfall mit 2 % p.a.) aus dem Kaufpreis i.H.v. 150.000 € steuerlich geltend machen.

Würde nun der Verkäufer das Gebäude unrenoviert für 100.000 € veräußern, könnte der Erwerber die Instandsetzungsmaßnahmen als Werbungskosten absetzen, da er die Absicht hat, Einnahmen aus Vermietung und Verpachtung zu erzielen. Die Diskrepanz dieser beiden Fallvarianten hat zunächst die Verwaltung veranlasst, die Regelung der sog. anschaffungsnahen Aufwendungen in den EStR zu regeln. Der Bundesfinanzhof hielt die Regelung in den EStR für einen Verstoß gegen den Grundsatz des Gesetzesvorbehalts (Art. 20 GG). Danach bedarf eine für den Bürger belastende Regelung einer gesetzlichen Ermächtigung. Die Regelung des anschaffungsnahen Aufwands war für die Steuerpflichtigen belastend, da ihnen die Geltendmachung von Erhaltungsaufwendungen verwehrt wurde. Aus diesem Grund regelte der Gesetzgeber diese Frage in § 6 Abs. 1 Nr. 1a EStG.

2. Konzeption der gesetzlichen Regelung

Erwirbt ein Steuerpflichtiger ein Gebäude und tätigt er innerhalb von 3 Jahren nach der Anschaffung des Gebäudes Instandsetzungs- und Modernisierungsmaßnahmen, die die Grenze von 15 % der Anschaffungskosten des Gebäudes übersteigen, so kann er diese Aufwendungen nicht mehr als Erhaltungsaufwand nach § 9 EStG geltend machen. Die Aufwendungen werden wie nachträgliche Anschaffungskosten behandelt und erhöhen lediglich die Bemessungsgrundlage für die AfA.

Maßstab für die 15 %-Grenze sind die Anschaffungskosten des Gebäudes. Zu den Anschaffungskosten eines Gebäudes rechnen neben dem Kaufpreis auch die Grunderwerbsteuer, die Kosten des Notars und des Grundbuchs sowie eine eventuelle Maklercourtage. Alle diese Kosten erhöhen damit die Berechnungsgrundlage für die 15 %-Grenze. Es ist daher ein Vorteil, dass der Gesetzgeber nicht den Kaufpreis als Berechnungsgrundlage wählte.

Da für die Anschaffung eines Gebäudes keine Umsatzsteuer anfällt, setzt der Gesetzgeber die Kosten für die Instandsetzungs- und Modernisierungsmaßnahmen ohne Umsatzsteuer an.

Die Dreijahresfrist ist nach den Regeln der AO/des BGB taggenau zu berechnen. Dabei kommt es weder darauf an, wann die Rechnung bezahlt wird, noch darauf, wann die einzelne Maßnahme abgeschlossen wurde. Abzustellen ist auf die innerhalb des Dreijahreszeitraums tatsächlich vorgenommenen Arbeiten. Dies dürfte in der Praxis häufig Probleme bereiten. Notfalls muss hier der Betrag der Rechnungen im Wege der Schätzung ermittelt werden.

Von der 15 %-Grenze ausgenommen sind nach Satz 2 Aufwendungen für die Erweiterung i.S.d. § 255 Abs. 2 HGB sowie Aufwendungen für Erhaltungsarbeiten, die jährlich üblicherweise anfallen.

3. Zweifelsfragen

Die Rechtsprechung hat sich in der Vergangenheit häufig mit der Frage der anschaffungsnahen Aufwendungen beschäftigen müssen. Im Folgenden soll auf die wichtigsten Streitfragen eingegangen werden:

- **Herstellung der Betriebsbereitschaft:** Ist ein Gebäude im Zeitpunkt des Erwerbs objektiv nicht betriebsbereit (z.B. weil die Fenster eingeworfen wurden, das Dach undicht ist oder die Heizung nicht mehr funktioniert), sind die Aufwendungen zur Herstellung der Betriebsbereitschaft – unabhängig von ihrer Höhe – nicht als Erhaltungsaufwendungen zu beurteilen und den Anschaffungskosten zuzurechnen (vgl. BMF vom 18.07.2003 a.a.O. Rz. 6). Fraglich war, ob die Kosten für die Herstellung der Betriebsbereitschaft in die 15 %-Grenze einzurechnen sind. Diese Frage hat der BFH bejaht (Nachweise in BMF vom 20.10.2017 a.a.O.), da § 6 Abs. 1 Nr. 1a EStG allgemein von „Instandsetzungs- und Modernisierungsmaßnahmen" spricht und nicht auf den Gegensatz von Erhaltungsaufwendungen i.S.v. § 9 EStG und Anschaffungskosten abstellt. Daher sind die Aufwendungen zur Herstellung der Betriebsbereitschaft auf der einen Seite als Herstellungskosten zu beurteilen, auf der anderen Seite aber in die 15 %-Grenze einzubeziehen (vgl. BMF vom 20.10.2017 a.a.O.).

- **Schönheitsreparaturen:** Nach der früheren Festlegung der anschaffungsnahen Aufwendungen in R 157 Abs. 4 EStR waren Schönheitsreparaturen (z.B. Malerarbeiten) nicht als schädliche Instandsetzungsmaßnahmen zu beurteilen, da derartige Maßnahmen regelmäßig den Kaufpreis nicht beeinflussen. Aber auch hier hat der BFH sich am Wortlaut des § 6 Abs. 1 Nr. 1a EStG orientiert und für eine Ausnahmeregelung keinen Raum gesehen. Es spielt daher nach der Rechtsprechung und Verwaltungsansicht (BMF vom 20.10.2017 a.a.O.) keine Rolle, ob die Instandsetzungsmaßnahmen notwendig waren (z.B. Austausch von Wasserrohren), den Wert eines Gebäudes erhöht haben (z.B. Einbau eines neuen Badezimmers) oder lediglich der „Kosmetik" dienten (z.B. Anstreichen der Wände).
- **Isolierte Sanierung von Gebäudeteilen:** § 6 Abs. 1 Nr. 1a EStG nimmt als Maßstab für die Beurteilung der Instandsetzungsmaßnahmen ausdrücklich „15 % der Anschaffungskosten des Gebäudes". Demgegenüber stellt aber z.B. § 7 Abs. 4 EStG auf die einzelnen Wirtschaftsgüter eines Gebäudes ab (vgl. R 4.2 Abs. 4 EStR). Aus diesem Grund hat der BFH (siehe Nachweis in BMF vom 20.10.2017 a.a.O.) klargestellt, dass bei der Prüfung, ob die Aufwendungen für Instandsetzungs- und Modernisierungsmaßnahmen zu anschaffungsnahen Herstellungskosten i.S.v. § 6 Abs. 1 Nr. 1a EStG führen, bei einem aus mehreren Einheiten bestehenden Gebäude nicht auf das gesamte Gebäude, sondern auf den jeweiligen selbstständigen Gebäudeteil abzustellen ist, wenn das Gesamtgebäude in unterschiedlicher Weise genutzt wird. Maßgeblich ist insoweit, ob die einzelnen Gebäudeteile in verschiedenen Nutzungs- und Funktionszusammenhängen stehen.

  Beispiel: Ein Gebäude besteht aus 3 Stockwerken. Das Erdgeschoss wird an einen Einzelhändler vermietet, das 1. Obergeschoss wird für fremde Wohnzwecke vermietet und das 2. Obergeschoss zu eigenen Wohnzwecken genutzt. Alle 3 Stockwerke sollen die gleiche Fläche haben. Die Anschaffungskosten des Gebäudes sollen sich auf 900.000 € belaufen. Der Erwerber des Gebäudes saniert lediglich das Erdgeschoss (Einbau neuer Fenster, neuer Türen, neuer Böden etc.). Die Kosten hierfür belaufen sich auf 80.000 € zuzüglich Umsatzsteuer.

  Bezogen auf die gesamten Anschaffungskosten wäre die Grenze von 15 % noch nicht überschritten. Da das Gebäude aber aus 3 Wirtschaftsgütern besteht (fremde betriebliche Zwecke, fremde Wohnzwecke, eigene Wohnzwecke), sind die Reparaturkosten lediglich auf die Anschaffungskosten des Erdgeschosses zu beziehen. Damit ist die Grenze von 15 % bezüglich dieses Wirtschaftsguts überschritten (80.000 €/300.000 €). Die 80.000 € sind damit als anschaffungsnahen Herstellungskosten zu beurteilen.
- **Versteckte Mängel:** Die Frage, ob die Beseitigung von Baumängeln, die bei Erwerb eines Gebäudes nicht erkennbar waren (z.B. Schäden am Fundament) in die 15 %-Grenze einzurechnen sind, war lange Zeit streitig. Die Frage war insoweit problematisch, als diese Mängel den Kaufpreis nicht beeinflusst haben können. Dies erklärt der BFH aber für nicht relevant. Wie schon bei den Schönheitsreparaturen, geht der BFH auch hier vom Wortlaut des § 6 Abs. 1 Nr. 1a EStG aus. Die Vorschrift enthält keine Ausnahmen für Mängel, die beim Kauf nicht erkennbar waren und damit den Kaufpreis nicht beeinflusst haben (vgl. H 6.4 EStH „Anschaffungsnahe Herstellungskosten" mit Rechtsprechungsnachweisen).
- **Sanierung in Raten:** Häufig wird ein Gebäude in mehreren Schritten über mehrere Jahre saniert. In die Berechnung der 15 %-Grenze sind nur die Baumaßnahmen einzubeziehen, die innerhalb des Dreijahreszeitraums durchgeführt wurden. Es spielt insoweit keine Rolle, ob diese Baumaßnahmen bautechnisch mit anderen Arbeiten zusammenhängen. Werden also z.B. in den Jahren 1-3 nach Anschaffung die Fenster ausgetauscht und das Dach neu eingedeckt und im Jahr 4 die Außenfassade neu gestrichen, weil

aufgrund der neuen Fenster Putzarbeiten notwendig waren, so sind nur die Fenster- und Dacharbeiten für die Beurteilung des § 6 Abs. 1 Nr. 1a EStG maßgeblich (Anmerkung: Im Rahmen der Beurteilung, ob bei einem bereits angeschafften Gebäude Baumaßnahmen zu einer Hebung des Standards führen, ist die Frage anders zu beantworten; vgl. BMF vom 18.07.2003 a.a.O.).

- **Gebäude im Privatvermögen/Gebäude im Betriebsvermögen:** § 6 Abs. 1 Nr. 1a EStG ist eine Vorschrift, die die Bewertung von Betriebsvermögen regelt. Daher sind die Grundsätze des anschaffungsnahen Aufwands auf jeden Fall zunächst für Gebäude im Betriebsvermögen anzuwenden. Für Gebäude im Privatvermögen ist die Vorschrift des § 6 Abs. 1 Nr. 1a EStG erst über die Verweisung in § 9 Abs. 5 EStG anwendbar.
- **Erweiterung:** Die Frage, wann eine Baumaßnahme als Erweiterung anzusehen ist, ist in dem BMF-Schreiben vom 18.07.2003 a.a.O. Rz. 19 ff. geregelt. Eine typische Erweiterung eines Gebäudes liegt z.B. vor wenn ein Flachdach durch ein Satteldach mit neuem Wohnraum ersetzt wird, ein Wintergarten oder Balkonen angebaut oder ein Stockwerk aufgesetzt wird. Baumaßnahmen, die bautechnisch mit der Erweiterung zusammenhängen, stellen keine Instandsetzungsmaßnahmen i.S.v. § 6 Abs. 1 Nr. 1a EStG dar. Wird also z.B. ein undichtes Flachdach durch ein Satteldach ersetzt, so stellt dies keine Reparatur des Flachdaches, sondern eine Erweiterung des Gebäudes dar. Wird im bautechnischen Zusammenhang mit dem Dachausbau eine Erneuerung der Abwasserrohre (Dachrinnen) erforderlich, so sind die Kosten hierfür den Herstellungskosten des Dachausbaus zuzurechnen und nicht in die 15 %-Grenze einzurechnen.
- **Teilentgeltlicher Erwerb:** Im Falle des teilentgeltlichen Erwerbs ist nach der sog. Trennungstheorie der Vorgang in eine Schenkung und einen Kauf aufzuteilen (vgl. BMF vom 13.01.1993, BStBl I 1993, 80 Rz. 14).
Beispiel: Die Eltern übertragen ein Gebäude im Wert von 500.000 € (der Grund und Boden ist aus Vereinfachungsgründen außer Betracht zu lassen) auf ihr Kind. Dieses verpflichtet sich, eine auf dem Gebäude lastende Grundschuld, die mit 200.000 € valutiert ist zu übernehmen. Damit liegt in Höhe von 200/500 ein Kauf und in Höhe von 300/500 eine Schenkung vor. Zur Berechnung der 15 %-Grenze ist nur auf den Anschaffungsvorgang abzustellen. Die Grenze liegt damit bei (15 % von 200.000 € =) 30.000 €. Entsprechend sind auch die Instandsetzungs- und Modernisierungsmaßnahmen aufzuteilen. Erneuert z.B. das Kind im Jahre 1 nach Kauf die Fenster und das Dach für 100.000 € zuzüglich Umsatzsteuer, so entfallen auf den entgeltlichen Teil (200/500 =) 40 % und damit 40.000 €. Die 15 %-Grenze ist überschritten. 40.000 € zuzüglich Umsatzsteuer (§ 9b EStG) sind als anschaffungsnahen Herstellungsaufwand zu beurteilen. Im Übrigen (also soweit sie auf die Schenkung entfallen) sind die Erhaltungsmaßnahmen als Werbungskosten sofort abzugsfähig (§ 9 EStG).

4. Kritische Betrachtung der Regelung

Wie eingangs dargestellt, soll § 6 Abs. 1 Nr. 1a EStG verhindern, dass Steuerpflichtige nach Anschaffung eines Gebäudes in großem Umfang Werbungskosten durch die Sanierung des gekauften Gebäudes verursachen. Die Vorschrift mag aus fiskalischen Gründen sicherlich ihren Grund haben. Betrachtet man die Regelung aber aus volkswirtschaftlicher Sicht, so macht sie keinen Sinn. Insbesondere Baumaßnahmen haben einen hohen Multiplikatoreffekt (lösen also umfassend weitere Investitionen aus). Darüber hinaus kann es nur im allgemeinen Interesse sein, wenn Gebäude saniert werden, um hochwertigen Wohnraum zu schaffen. Nicht zuletzt ist zu berücksichtigen, dass im Bereich der privaten Vermietung zu Wohnzwecken die Vorsteuer aus den Handwerkerrechnungen nicht geltend gemacht werden kann. Der Staat profitiert daher über die Umsatzsteuer in erheblichem Maße von Instandsetzungsmaßnahmen, die häufig gerade von den Käufern einer Immobilie durchgeführt werden. Im Übrigen ist die Regelung des § 6 Abs. 1 Nr. 1a EStG relativ leicht dadurch zu umgehen, dass nach dem Erwerb eines Gebäudes zunächst von Instandsetzungsmaßnahmen abgesehen wird und die Wohnungen vorläufig (3 Jahre) in einem schlechten Zustand vermietet werden. Nach Ablauf der 3 Jahre kann dann – steuerlich wirksam – die umfassende Sanierung durchgeführt werden. Es wäre daher zu prüfen, ob es nicht besser wäre, die Vorschrift ersatzlos zu streichen.

Ich danke Ihnen für Ihre Aufmerksamkeit.

Vortrag 5: Die Übertragung von Mitunternehmeranteilen im Wege der vorweggenommenen Erbfolge

I. Einführende Hinweise

Bei der **Übertragung von Mitunternehmeranteilen im Wege der vorweggenommenen Erbfolge** kommt es entscheidend darauf an, ob die Übertragung insgesamt als unentgeltlich (Folge: § 6 Abs. 3 EStG) oder insgesamt als entgeltlich (Folge: §§ 15, 16 oder 18 Abs. 3 EStG) zu beurteilen ist. Besondere Probleme entstehen durch die Übertragung des Sonderbetriebsvermögens. Hier ist insbesondere das BMF-Schreiben vom 20.11.2019, BStBl I 2019, 1291 wichtig.

II. Die Gliederung

	Gliederungspunkt	**Die Stichworte**
	Einleitung	**Thema; Übertragung unentgeltlich, teilentgeltlich oder voll entgeltlich**
1.	Arten des Entgelts bei vorweggenommener Erbfolge	Ausgleichszahlungen, Übernahme privater Schulden, Übernahme betrieblicher Schulden, Übernahme eines negativen Kapitalkontos
2.	Trennungstheorie und Einheitstheorie	Übertragung von Wirtschaftsgütern und Miteigentumsanteilen
3.	Unentgeltliche Übertragung	§ 6 Abs. 3 EStG; Übertragung eines Teils eines Mitunternehmeranteils
4.	Sonderbetriebsvermögen	Sonderbetriebsvermögen als wesentliche Betriebsgrundlage; unter- und überquotale Übertragung
5.	Entgeltliche Übertragung	§§ 15, 16 EStG
6.	**Fazit**	

III. Der Vortrag

Einleitung

Guten Tag, das Thema meines Vortrages lautet **„Die Übertragung von Mitunternehmeranteilen im Wege der vorweggenommenen Erbfolge“**. Ich werde mit einer kurzen Einführung beginnen, dann die Arten des Entgelts darstellen und anschließend zwischen unentgeltlicher, teilentgeltlicher und entgeltlicher Übertragung differenzieren.

1. Arten des Entgelts bei vorweggenommener Erbfolge

Übertragen z.B. Eltern auf ihre Kinder einen Mitunternehmeranteil zu Lebzeiten, so kann dies zum einen erbschaftsteuerliche Gründe haben, zum anderen kann die Übertragung dazu dienen, die Kinder an das Unternehmen der Eltern allmählich heranzuführen oder dies zur Gänze auf die Kinder zu übertragen. Hierbei kann das Bedürfnis entstehen, dass die übernehmenden Kinder an die Eltern oder z.B. an Geschwister eine gewisse Ausgleichszahlung zu leisten haben.

Ist die **Übertragung des Mitunternehmeranteils mit der Vereinbarung einer lebenslangen Rente** verbunden, so kann es sich um eine Versorgungs- oder eine Veräußerungsrente handeln. Im ersten Falle wäre die Übertragung insoweit unentgeltlich (vgl. § 10 Abs. 1a Nr. 2 EStG), im zweiten Falle läge in Höhe des Barwertes ein Entgelt vor (Details siehe BMF vom 11.03.2010, BStBl I 2010, 227, Beck'sche Erlasse 1 § 10/5). Rechtsprechung und Verwaltung gehen davon aus, dass bei Übertragungen auf Abkömmlinge eine widerlegbare Vermutung besteht, dass die Übertragung aus familiären Gründen und damit unentgeltlich erfolgt (vgl. BMF vom 13.01.1993, BStBl I 1993, 80, Beck'sche Erlasse 1 § 7/3, Rz. 5).

Ein **Entgelt** liegt in jedem Fall vor, wenn die Zahlung eines bestimmten Geldbetrags an den Übergeber, an Geschwister oder an Dritte (z.B. den Lebenspartner) vereinbart wird (BMF vom 13.01.1993, a.a.O. Rz. 7). Als Entgelt gilt stets auch die Übernahme privater Schulden.

Die Übernahme von Schulden der Gesamthand führt grundsätzlich nicht zu einem Entgelt (BMF vom 13.01.1993, a.a.O. Rz. 29). Ebenso gilt die Übernahme eines negativen Kapitalkontos nicht als Entgelt, da das negative Kapitalkonto nichts anderes als die Summe der positiven und negativen betrieblichen Wirtschaftsgüter darstellt.

2. Trennungstheorie und Einheitstheorie

Werden **einzelne Wirtschaftsgüter** (des Privat- oder Betriebsvermögens) gegen ein Entgelt übertragen, das geringer als der Verkehrswert ist, so ist der Vorgang nach Verwaltungsansicht in einen voll unentgeltlichen und in einen voll entgeltlichen Teil zu zerlegen (BMF vom 13.01.1993, BStBl I 1993, 80, Beck´sche Erlasse § 7/3 Rz. 14 und 34). Zumindest im Bereich des Betriebsvermögens zeichnet sich in der Rechtsprechung eine Abkehr von der Einheitstheorie ab. So hat der BFH (Urteil vom 19.09.2012, IV R 11/12, BFH/NV 2012, 1880) bei der Übertragung eines Wirtschaftsguts aus dem Sonderbetriebsvermögen in das Gesamthandsvermögen derselben Mitunternehmerschaft entschieden, dass Schuldübernahmen, die nicht höher sind als der Buchwert des übertragenen Wirtschaftsguts einer Übertragung zum Buchwert nicht entgegenstehen. Damit entsteht in vielen Fällen trotz vereinbartem Teilentgelt kein oder nur noch ein wesentlich niedrigerer Veräußerungsgewinn (**Anmerkung:** Selbstverständlich müssen Sie die Fundstelle der Entscheidung nicht kennen; es wird aber erwartet, dass Sie auf dieses aktuelle Problem eingehen). Die Verwaltung wartet derzeit weitere noch ausstehende Entscheidungen zu dieser Problematik ab und will erst dann reagieren.

Anders ist dies bei der **Übertragung eines Mitunternehmeranteils**. Da ein Mitunternehmeranteil eine Einheit darstellt, kommt eine Zerlegung in eine unentgeltliche und eine entgeltliche Übertragung nicht in Frage. Es gilt hier die sog. **Einheitstheorie** (BMF vom 13.01.1993, a.a.O. Rz. 35). Liegt das Entgelt über dem Kapitalkonto in der Gesamthandsbilanz (einschließlich einer eventuellen positiven oder negativen Ergänzungsbilanz), so ist der Vorgang **insgesamt** als entgeltlich zu behandeln. Das Sonderbetriebsvermögen ist dabei separat zu betrachten (siehe unten). Liegt das Entgelt unter dem maßgeblichen Kapitalkonto, so ist der Vorgang **insgesamt** als unentgeltlich zu beurteilen.

Ich werde im Folgenden zuerst auf die unentgeltliche Übertragung eingehen.

3. Unentgeltliche Übertragung

Beispiel: Eine freiberufliche Rechtsanwältin überträgt zu Lebzeiten ihren Anteil an einer Rechtsanwalts-GbR auf ihre ebenfalls als Rechtsanwältin tätige Tochter; das Kapitalkonto der Mutter beläuft sich auf 100 T€.

Lösung: Eine Ausgleichszahlung kann bis zur Höhe von 100 T€ vereinbart werden, ohne dass die Übertragung als entgeltlich gilt.

Beispiel Alternative: Nehmen wir in unserem Fall an, die Tochter muss an ihren Bruder eine Ausgleichszahlung in Höhe von 60 T€ leisten, die sie mittels eines Darlehens finanziert.

Lösung: Da die Übertragung insgesamt als unentgeltlich einzuordnen ist, ergeben sich die Rechtsfolgen aus § 6 Abs. 3 EStG. Die Tochter muss zwingend die Buchwerte der Mutter weiterführen. Ermittelt die Rechtsanwalts-GbR ihren Gewinn nach § 4 Abs. 3 EStG, so ist ein Übergang zur Bilanzierung erforderlich, um die Höhe des Kapitalkontos zu ermitteln (vergleichbar den Fällen der Einbringung). Das Darlehen zur Finanzierung der Ausgleichszahlung ist betrieblich bedingt, auch wenn die Ausgleichszahlung nicht als Entgelt gewertet wird. Es ist daher als Sonderbetriebsvermögen II zu behandeln. Die Zinsen für das Darlehen sind Sonderbetriebsausgaben.

Im Gegensatz zu § 16 Abs. 1 Nr. 2 EStG ist es bei der **vorweggenommenen Erbfolge im Rahmen des § 6 Abs. 3 EStG** nicht erforderlich, den ganzen Mitunternehmeranteil zu übertragen (§ 6 Abs. 3 S. 1 2. HS EStG). Der Gesetzgeber hat hier dem Bedürfnis der Praxis nach einer gleitenden Übergabe des Vermögens Rechnung getragen.

Überträgt also in dem obigen Beispiel die Mutter nur $^1/_3$ ihres Anteils an der Praxis gegen ein Ausgleichsgeld in Höhe von 20 T€, so sind ebenfalls wieder die Buchwerte fortzuführen.

4. Sonderbetriebsvermögen

Besondere Probleme entstehen, wenn **Sonderbetriebsvermögen** vorhanden ist. Wird der **ganze** Mitunternehmeranteil übertragen, so muss – wie auch bei § 16 EStG – das funktional wesentliche Sonderbetriebsvermögen mit übertragen werden (BMF vom 20.11.2019 a.a.O. Rz. 6, 8).

Beispiel: Nehmen wir in unserem obigen Beispiel an, die Mutter überträgt zwar den Anteil an der GbR; sie hat aber bisher an die GbR ein Bürogebäude vermietet, in dem sich die Kanzlei befindet.

Lösung: Ein Bürogebäude, in dem die GbR ihre Tätigkeit ausübt, gehört nach ständiger Rechtsprechung zu den funktional wesentlichen Betriebsgrundlagen. Würde die Mutter dieses Bürogebäude nicht auf die Tochter übertragen, wäre der Tatbestand des § 6 Abs. 3 EStG nicht gegeben. Bei der Mutter läge eine Betriebsaufgabe nach den §§ 18 Abs. 3, 16 Abs. 3 EStG vor, mit der Folge, dass sie alle stillen Reserven aufdecken müsste (vgl. H 16 Abs. 6 EStH „Betriebsaufgabe"). Die Schenkung an die Tochter würde sich im privaten nicht steuerbaren Vermögensbereich vollziehen. Die Tochter müsste anschließend sämtliche Wirtschaftsgüter zum Teilwert in die Rechtsanwalts-GbR wieder einlegen.

Wird nur ein **Teil des Mitunternehmeranteils** übertragen, so sieht § 6 Abs. 3 Satz 2 EStG eine Sonderregelung vor, die wieder dem besonderen familiären Bedürfnis der vorweggenommenen Erbfolge Rechnung trägt. In diesem Fall kann das funktional wesentliche Sonderbetriebsvermögen vom Schenker zurückgehalten werden, ohne dass die stillen Reserven aufgedeckt werden müssten (**unterquotale Übertragung**; BMF vom 20.11.2019 a.a.O. Rz. 25 ff.). Voraussetzung ist aber, dass der Schenker das Wirtschaftsgut weiterhin an die Mitunternehmerschaft vermietet.

Die Mutter könnte also in unserem Beispielsfall $^1/_3$ des Mitunternehmeranteils auf die Tochter übertragen und dabei das Bürogebäude von der Schenkung ausnehmen. Vermietet sie dieses Gebäude weiterhin an die GbR, würden die Buchwerte sowohl bei der Mutter als auch bei der Tochter zwingend weitergeführt.

§ 6 Abs. 3 Satz 2 EStG sieht lediglich den Fall vor, dass **Sonderbetriebsvermögen zurückbehalten** wird, also unterquotal übertragen wird.

Denkbar sind aber auch Fälle, in denen Sonderbetriebsvermögen **überquotal** übertragen wird.

Beispiel Alternative: Nehmen wir wieder an, die Mutter überträgt $^1/_3$ ihres Anteils an der Kanzlei und dazu das gesamte Bürogebäude.

Die Verwaltung hat bisher § 6 Abs. 3 EStG nur insoweit angewandt, als das SBV quotal mitübertragen wird. Im Übrigen, also für den überquotalen Teil nahm die Verwaltung eine Übertragung nach § 6 Abs. 5 EStG an. Man könnte nun meinen, dass diese Frage ohne Bedeutung ist, da beide Vorschriften zwingend die Buchwertübertragung anordnen. Es gibt aber durchaus Unterschiede, z.B. dann, wenn auf dem SBV Schulden lasten, die auf den Übernehmenden übergehen.

Während bei der Übertragung eines Mitunternehmeranteils nach § 6 Abs. 3 EStG betriebliche Schulden nicht als Entgelt zu beurteilen sind (vgl. BMF vom 13.01.1993, BStBl I 1993, 80 Rz. 29), ist dies bei der Übertragung einzelner Wirtschaftsgüter nach § 6 Abs. 5 EStG anders. Hier stellen die betrieblichen Schulden, die auf dem Wirtschaftsgut (hier also dem Sonderbetriebsvermögen) lasten, ein Entgelt dar (vgl. BMF vom 08.12.2011, BStBl I 2011, 1279 Rz. 15).

Mit Urteil vom 02.08.2012, IV R 41/11, BStBl II 2019, 715 äußerte der BFH die Ansicht, dass im Falle einer überquotalen Übertragung von Sonderbetriebsvermögen der **gesamte Vorgang nach § 6 Abs. 3 EStG** zu beurteilen sei. Die Verwaltung folgt nun dieser Rechtsprechung (BMF vom 20.11.2019 a.a.O. Rz. 32).

5. Entgeltliche Übertragung

Zum Ende meines Vortrags möchte ich auf den Fall eingehen, dass das Teilentgelt über dem Kapitalkonto liegt. Nach der bereits erwähnten **Einheitstheorie** liegt hier insgesamt ein voll entgeltlicher Vorgang vor. Nach Verwaltungsansicht greift hier grundsätzlich die Vergünstigung des § 16 Abs. 1 Nr. 2 EStG (vgl. BMF vom 13.01.1993 a.a.O. Rz. 35). Dies gilt aber nur, wenn der „ganze" Mitunternehmeranteil übertragen wird. **Anmerkung:** Zur Zeit des Erlasses zur vorweggenommenen Erbfolge – 1993 – war § 16 EStG auch anzuwenden, wenn nur ein Teil eines Mitunternehmeranteils übertragen wird. Daher geht die Rz. 35 auf diese Problematik nicht ein.

Beispiel: Die Mutter überträgt ⅓ ihres Anteils (Kapitalkonto 100 T€) gegen eine Ausgleichszahlung i.H.v. 60 T€.

Lösung: Es müssen (60 T€ ./. 33 T€ =) 27 T€ an stillen Reserven aufgedeckt werden. Die Mutter müsste diesen Gewinn als laufenden Gewinn nach § 18 EStG versteuern, da sie nicht den gesamten Mitunternehmeranteil veräußerte (§ 18 Abs. 3 EStG verweist ja auf § 16 Abs.1 Nr. 2 EStG). Unabhängig davon, ob die Mutter einen begünstigten Gewinn nach §§ 18 Abs. 3, 16 EStG erzielt oder nicht, muss die Tochter die aufgedeckten stillen Reserven aktivieren (vgl. § 6 Abs. 1 Nr. 7 EStG). Dies wird in der Regel durch Aktivierung der stillen Reserven der einzelnen Wirtschaftsgüter in einer Ergänzungsbilanz erfolgen müssen, da die übrigen Gesellschafter die Gesamthandsbilanz wie bisher weiterführen wollen.

Eine Besonderheit besteht bezüglich des **Firmenwerts** bzw. **Praxiswerts**. Erfolgt die Übertragung teilentgeltlich, so sind die stillen Reserven, die in einem selbst geschaffenen Firmen- oder Praxiswert stecken, nach bisheriger Verwaltungsansicht erst dann zu aktivieren, wenn sämtliche stille Reserven in den übrigen Wirtschaftsgütern vollständig aktiviert sind (BMF vom 13.01.1993 a.a.O., Rz. 35, 2. Abs., a.a.O.). Der Vorgang ist insoweit mit der Einbringung nach § 24 UmwStG und der Wahl eines Zwischenwertes vergleichbar. Nach dem neuen Umwandlungssteuererlass (BMF vom 11.11.2011, BStBl I 2011, 1314, Beck'sche Erlasse 130) wird bei einem Zwischenwertansatz auch der selbst geschaffene Firmenwert anteilig aufgedeckt. Dies ist auch richtig, da § 5 Abs. 2 EStG die Aktivierung eines (teil-)entgeltlich erworbenen Firmenwerts zwingend fordert. Es bleibt abzuwarten, ob die Verwaltung die in Rz. 35, a.a.O. getroffene Regelung an den neuen Umwandlungsteuererlass anpasst.

6. Fazit

Die Übertragung von Mitunternehmeranteilen im Wege der vorweggenommenen Erbfolge birgt zahlreiche Probleme. Insbesondere besteht immer die Gefahr, dass die Buchwertübertragung misslingt und unter Umständen über Jahrzehnte angewachsene stille Reserven schlagartig aufgedeckt werden müssen. Dass dafür in der Regel die Vergünstigungen der §§ 16, 34 EStG greifen, stellt sicher nur einen geringen Trost dar. Die Verwaltungserlasse (BMF-Schreiben) zu dieser Thematik sind leider durch die zahlreichen BFH-Urteile zumindest teilweise nicht mehr aktuell. Die Verwaltung arbeitet derzeit an einer Aktualisierung der Erlasse. Möglicherweise ergeben sich dann neue Lösungen bzw. Aspekte, auf die ich in meinem Vortrag naturgemäß nicht eingehen konnte.

Zum Ende meines Vortrags darf ich mich für Ihre Aufmerksamkeit bedanken.

Vortrag 6: Nachträgliche Anschaffungskosten bei der Veräußerung eines Anteils gemäß § 17 EStG

I. Einführende Hinweise

Die Behandlung der nachträglichen Anschaffungskosten ist seit Jahrzehnten streitig und hat durch die Einfügung des § 17 Abs. 2a EStG für Veräußerungen ab dem 1. August 2019 durch das Gesetz zur weiteren steuerlichen Förderung der Elektromobilität und zur Änderung weiterer steuerlicher Vorschriften (vgl. § 52 Abs. 25a EStG) eine neue Aktualität erlangt.

II. Die Gliederung

	Gliederungspunkt	Die Stichworte
	Einleitung	**Grundsätzliche Aussagen zur Ermittlung des Veräußerungsgewinns nach § 17 EStG**
1.	Verdeckte Einlagen/offene EInlagen	Erläuterung des Begriffs der verdeckten Einlagen sowie der offenen Einlagen; Behandlung nach neuer Rechtslage
2.	Verluste aus Gesellschafterdarlehen	Darstellung der bisherigen Regelung der sog. eigenkapitalersetzenden Darlehen. Regelung nach neuem Recht. Problematik der Altfälle
3.	Bürgschaften	Zivilrechtliche Erläuterungen zum Rückgriffsanspruch; bisherige Behandlung des Ausfalls eines Rückgriffsanspruchs; Regelung nach neuem Recht
4.	Gestaltungsüberlegungen	
5.	Fazit	

III. Der Vortrag

Einleitung

Guten Tag, das Thema meines Vortrages lautet **„Nachträgliche Anschaffungskosten bei der Veräußerung eines Anteils gemäß § 17 EStG"**. Ich werde mit einer kurzen Einführung beginnen, dann die Verdeckten und offenen Einlagen sowie die Verluste aus Gesellschafterdarlehen darstellen und anschließend die Bürgschaften sowie Gestaltungsüberlegungen beleuchten.

Gewinne aus der Veräußerung von Anteilen an Kapitalgesellschaften werden nach § 17 Abs. 1 Satz 1 EStG besteuert, wenn der Veräußerer innerhalb der letzten fünf Jahre am Kapital der Gesellschaft zu mindestens 1 % beteiligt war. Nach § 17 Abs. 2 EStG berechnet sich der Gewinn aus der Differenz zwischen dem Veräußerungserlös und den Anschaffungskosten (offene Einlage bei Gründung bzw. Kaufpreis bei Erwerb einer Beteiligung). Der Gewinn ist nach §§ 3 Nr. 40 Buchstabe c), 3c Abs. 2 EStG im Teileinkünfteverfahren (60 %) zu erfassen.

Beispiel: G erwarb in 2011 20 % der Anteile an der X-GmbH für 100.000 €. Er veräußert die Anteile in 2021 für 500.000 €. G hat nach § 17 Abs. 1 Satz 1 EStG einen Gewinn i.H.v. ((500.000 € ./. 100.000 € =) 400.000 € x 60 % =) 240.000 € zu versteuern.
Im Rahmen des § 17 Abs. 2 EStG kann auch ein Veräußerungsverlust entstehen.

Beispiel: G erwarb in 2011 20 % der Anteile an der X-GmbH für 500.000 €. Er veräußert die Anteile in 2021 für 100.000 €. Es entsteht nach § 17 Abs. 1 Satz 1 EStG ein Verlust i.H.v. (400.000 € x 60 % =) ./. 240.000 €.

Zu den Anschaffungskosten rechnen auch nachträgliche Anschaffungskosten (Rechtsgedanke des § 255 HGB). Zu den nachträglichen Anschaffungskosten rechnen bei Beteiligungen insbesondere:

- verdeckte Einlagen
- Verlust von Gesellschafterdarlehen
- Verlust des Rückgriffsanspruchs (§ 774 BGB) eines Bürgen.

Die Behandlung der nachträglichen Anschaffungskosten wurde in den letzten Jahrzehnten insbesondere durch die Änderung des GmbH-Gesetzes und der InsO mehrfach geändert. Die letzte Änderung erfolgte durch die Neufassung des § 17 Abs. 2a EStG (mit dem Gesetz zur weiteren steuerlichen Förderung der Elektromobilität und zur Änderung weiterer steuerlicher Vorschriften). Da sehr viele GmbH-Gesellschafter verdeckte Einlagen oder Darlehen gewähren bzw. Bürgschaften übernehmen, hat die Frage der nachträglichen Anschaffungskosten seit Jahren eine große steuerliche und wirtschaftliche Bedeutung. Im Folgenden werde ich auf diese Problematik eingehen und insbesondere die Entwicklung zum § 17 Abs. 2a EStG darstellen.

1. Verdeckte Einlage/offene Einlagen

Eine offene Einlage liegt vor, wenn die Einlage gesellschaftsrechtlich vereinbart wird. In der Regel geschieht dies bei Gründung oder bei einer Kapitalerhöhung. Offene Einlagen rechnen im Rahmen des § 17 EStG in der Regel zu den Anschaffungskosten.

Verdeckte Einlagen liegen vor, wenn der Gesellschafter für die Zuführung seines Kapitals keine Gesellschaftsrechte erhält (Details siehe R 8.9 KStR). Verdeckte Einlagen werden in der Kapitalgesellschaft entweder als Ertrag oder als Kapitalrücklage gebucht. In ersterem Fall wird das Einkommen der Kapitalgesellschaft außerbilanziell nach § 8 Abs. 3 Satz 3 KStG um den Teilwert der verdeckten Einlage korrigiert. Verdeckte Einlagen haben damit keinen Einfluss auf das Einkommen einer Kapitalgesellschaft.

Auf der Ebene der Kapitalgesellschaften werden verdeckte Einlagen als Zuführung zum Einlagekonto i.S.v. § 27 KStG gebucht. Dies hat insbesondere Bedeutung für eine spätere Ausschüttung (vgl. § 20 Abs. 1 Nr. 1 EStG).

Auf der Ebene des Gesellschafters werden verdeckte Einlagen steuerlich zunächst nicht erfasst; es erfolgt insbesondere keine einheitliche Feststellung. Dies ist in der Praxis insbesondere dann problematisch, wenn die verdeckten Einlagen Jahre oder gar Jahrzehnte später im Rahmen des § 17 EStG berücksichtigt werden.

Verdeckte Einlagen waren schon immer als nachträgliche Anschaffungskosten anerkannt. Insoweit bestand stets Konsens zwischen der Finanzverwaltung und der Rechtsprechung. Insoweit hat § 17 Abs. 2a EStG die bisherige Rechtslage lediglich festgeschrieben.

§ 17 Abs. 2a EStG rechnet in Satz 3 Nr. 1 auch die offenen Einlagen zu den nachträglichen Anschaffungskosten. Da – wie oben dargestellt – offene Einlagen in der Regel zu Anschaffungskosten führen, hat dieser Gesetzestext in der Regel nur eine klarstellende Funktion.

2. Verlust von Gesellschafterdarlehen

Es kommt in der Praxis häufig vor, dass die Gesellschafter einer Kapitalgesellschaft dieser Darlehen gewähren müssen, sei es, weil nicht genügende Sicherheiten vorhanden sind, sei es, weil man nicht auf Kredite von Banken zurückgreifen kann oder will.

Die zivilrechtliche Rechtsprechung hat in Jahrzehnten vier Arten von Gesellschafter-Darlehen als sog. eigenkapitalersetzend anerkannt. Bei einem Ausfall der Darlehensansprüche (durch Zahlungsunfähigkeit und/oder Insolvenz) wurden die Darlehen dem Eigenkapital zugerechnet. Dies hatte insbesondere Bedeutung für den Rang der Darlehensforderungen im Insolvenzverfahren.

Die steuerliche Rechtsprechung und die Verwaltung (BMF vom 21.10.2010, BStBl I 2010, 832) übernahmen diese Grundsätze in das Steuerrecht. Danach gab es vier Arten von sog. eigenkapitalersetzenden Darlehen, nämlich:

1. krisenbestimmte Darlehen,
2. Hingabe des Darlehens in der finanziellen Krise,
3. Verzicht auf die Kündigung eines Darlehens in der finanziellen Krise sowie
4. Finanzplandarlehen.

Hatte also der Gesellschafter ein Darlehen gewährt, das unter diese vier Fallgruppen fiel, so konnte er den Ausfall seiner Darlehensansprüche im Rahmen des § 17 EStG als nachträgliche Anschaffungskosten geltend machen. Dies hatte insbesondere Bedeutung bei einer Liquidation im Rahmen des § 10 Abs. 4 EStG.

Die große Wende kam, als der BFH seine bisherige jahrzehntelange Rechtsprechung aufgab und Darlehensverluste eines Gesellschafters überhaupt nicht mehr als nachträgliche Anschaffungskosten anerkannte (Nachweise siehe BMF-Schreiben unten). Der BFH begründete seine geänderte Rechtsprechung damit, dass es für die Rechtsfigur der eigenkapitalersetzenden Darlehen an einer gesetzlichen Regelung mangele. Dieses Argument ist meines Erachtens fraglich, da es sich hier um eine begünstigende Regelung handelt, für die nach dem Grundsatz des Gesetzesvorbehalts (Art. 20 GG) ein Gesetz grundsätzlich nicht erforderlich ist.

Die Verwaltung reagierte auf diese Rechtsprechung mit einem neuen BMF-Schreiben vom 05.04.2019, BStBl I 2019, 257. In diesem Schreiben folgt die Verwaltung der Rechtsprechung und anerkennt die Darlehensverluste nicht mehr als nachträgliche Anschaffungskosten im Rahmen des § 17 EStG. Es gab lediglich eine Übergangsregelung – dem BFH folgend –, wonach Darlehen, die bis einschließlich 27.09.2017 eigenkapitalersetzend geworden waren, einem Vertrauensschutz unterlagen. Für diese Darlehen war also weiterhin die alte Rechtslage anwendbar.

In 2019 machte der Gesetzgeber mit der Einfügung des Abs. 2a in § 17 EStG eine 180-Grad-Wende. Danach rechnen zu den nachträglichen Anschaffungskosten Darlehensverluste, soweit die Gewährung des Darlehens oder das Stehenlassen des Darlehens in der Krise der Gesellschaft gesellschaftsrechtlich veranlasst war. Eine gesellschaftsrechtliche Veranlassung liegt regelmäßig vor, wenn ein fremder Dritter das Darlehen bei sonst gleichen Umständen zurückgefordert oder nicht gewährt hätte. Damit ist die Unterscheidung der verschiedenen Darlehensarten obsolet geworden. Der Gesellschafter muss lediglich die gesellschaftsrechtliche Veranlassung nachweisen, die aber in der Regel gegeben sein dürfte. Abs. 2a ist nach § 52 Abs. 25a EStG erstmals für Veräußerungen anzuwenden, die nach dem 31.07.2019 erfolgen. Auf Antrag des Steuerpflichtigen ist die Vorschrift aber auch für Veräußerungen anzuwenden, die vor dem 31.07.2019 erfolgten und bei denen die Veranlagung noch offen ist.

Während die bisherige Regelung der eigenkapitalersetzenden Darlehen nur für Beteiligungen an einer GmbH galten, enthält § 17 Abs. 2a EStG keine dementsprechenden Einschränkungen mehr.

3. Bürgschaften

Verbürgt sich ein Gesellschafter einer Kapitalgesellschaft für Schulden der Gesellschaft und wird er aus der Bürgschaft in Anspruch genommen, so erlangt der Gesellschafter-Bürge eine Rückgriffsforderung nach § 774 BGB. Dies bedeutet, dass die bisherige Darlehensforderung mit der Bezahlung der Bürgschaftssumme auf den Bürgen übergeht. Dieser ist nach seiner Zahlung der neue Gläubiger der Forderung. Damit erleidet der Bürge – rein formal betrachtet – mit seiner Zahlung zunächst einmal keinen Vermögensverlust. Dieser tritt erst ein, wenn die Rückgriffsforderung wertlos ist, was in der Regel der Fall sein wird, da der Bürge ja erst bei Zahlungsunfähigkeit der Kapitalgesellschaft in Anspruch genommen wird (sog. Einrede der Vorausklage).

In der Vergangenheit wurde der Ausfall der Regressforderungen als nachträgliche Anschaffungskosten von der Verwaltung anerkannt (vgl. H 17 Abs. 5 EStH „Bürgschaft"). Der BFH lehnte in seiner geänderten Rechtsprechung (siehe oben) die Anerkennung der Regressforderungen ab, da es auch hier an einer gesetzlichen Grundlage fehle. Die Verwaltung ging in ihrem Schreiben vom 05.04.2019 auf die Problematik nicht näher ein.

§ 17 Abs. 2a EStG enthält nun aber in Satz 3 Nr. 3 ausdrücklich den Tatbestand des Ausfalls von Bürgschaftsregressforderungen und vergleichbaren Forderungen (z.B. Garantieerklärungen). Damit hat die Neufassung des § 17 EStG auch hier für Rechtssicherheit gesorgt.

4. Gestaltungsüberlegungen

Unter der Geltung des alten Rechts wurden häufig Gestaltungen gewählt, um z.B. Darlehen durch einen Darlehensverzicht in verdeckte Einlagen umzuqualifizieren. Nach der neuen Rechtslage dürften derartige Gestaltungen nicht mehr erforderlich sein. Der Gesellschafter einer Kapitalgesellschaft kann nun nach wirtschaftlichen Gesichtspunkten wählen, ob er Eigenkapital zuführen (verdeckte Einlage) oder Darlehen gewähren bzw. eine Bürgschaft abgeben möchte. Dies ist zu begrüßen.

Damit darf ich für Ihre Aufmerksamkeit danken und bin am Ende meines Vortrags angelangt.

5. Fazit

Die Neuregelung des § 17 Abs. 2a EStG dürfte eine erhebliche Vereinfachung der nachträglichen Anschaffungskosten zur Folge haben und ist daher uneingeschränkt zu befürworten.

Ich bedanke mich für Ihre Aufmerksamkeit.

Vortrag 7: Steuerliche Folgen des Wegzugs eines Einzelunternehmers, eines Mitunternehmers und eines Gesellschafters einer Kapitalgesellschaft aus Deutschland

I. Einführende Hinweise

Gibt ein Steuerpflichtiger seinen Wohnsitz in Deutschland auf und zieht in einen anderen Staat, so stellt sich stets die Frage, inwieweit die stillen Reserven seines Einzelunternehmens bzw. seines Gesellschaftsanteils weiterhin in Deutschland steuerverhaftet sind und welche steuerlichen Folgen ein möglicher Verlust des deutschen Besteuerungsrechts nach sich zieht. Dabei muss zwischen Einzelunternehmern, Mitunternehmern und Gesellschaftern einer Kapitalgesellschaft differenziert werden.

> **Anmerkung!** Der folgende Vortrag basiert auf dem OECD-Musterabkommen. Ob dieses dem Prüfling zur Verfügung gestellt wird, ist eine Frage der jeweiligen Prüfungsordnung bzw. liegt im Ermessen der jeweiligen Prüfer.

II. Die Gliederung

	Gliederungspunkt	Die Stichworte
	Einleitung	**Darstellung der Problematik der Steuerverhaftung; Notwendigkeit der Differenzierung**
1.	Wegzug eines Einzelunternehmers	Verlegung des Sitzes des Einzelunternehmens; Beibehaltung des Sitzes des Einzelunternehmens und Wegzug des Einzelunternehmers
2.	Wegzug eines Mitunternehmers	Differenzierung zwischen vermögensverwaltender, gewerblich geprägter und gewerblich tätiger Personengesellschaft
3.	Wegzug eines Gesellschafters einer Kapitalgesellschaft	§ 6 AStG Änderungen durch das ATAD-Umsetzungsgesetz (ATADUmsG)
4.	Gestaltungsmodelle	Einlage der Beteiligung in eine gewerblich geprägte KG; Einlage der Beteiligung in eine gewerblich tätige KG; Umwandlung einer KG nach Wegzug in eine Kapitalgesellschaft

III. Der Vortrag

Einleitung

Guten Tag, das Thema meines Vortrags lautet **„Steuerliche Folgen des Wegzugs eines Einzelunternehmers, eines Mitunternehmers und eines Gesellschafters einer Kapitalgesellschaft aus Deutschland“**.

In den letzten Jahren haben viele Einzelunternehmer, Gesellschafter einer Personengesellschaft oder Gesellschafter einer Kapitalgesellschaft ihren Wohnsitz in Deutschland aufgegeben und sind ins Ausland gezogen. Häufig liegen dem Wegzug private Motive zugrunde und steuerliche Gesichtspunkte sind eher nachrangig. Der Wechsel des Wohnsitzes in einen anderen Staat wird innerhalb der Europäischen Union durch das Prinzip der Freizügigkeit erleichtert. Zum Teil liegen (insbesondere bei sehr großen Vermögen) die Gründe für den Wegzug aber auch in der Ausnutzung günstiger Steuersätze (typisch: Wegzug in die Schweiz) oder in der Ausnutzung der Erbschaftsteuerfreiheit (z.B. Österreich). Der europäische Gerichtshof hat mehrfach betont, dass es für jeden einzelnen Staat legitim ist, die Besteuerung von stillen Reserven, die national entstanden sind, im Inland zu sichern. Dabei ist aber auf die jeweiligen Bestimmungen der Doppelbesteuerungsabkommen in Verbindung mit dem deutschen Steuerrecht abzustellen. Dies erfordert es, zwischen den einzelnen Gesellschaftsformen zu differenzieren.

1. Wegzug eines Einzelunternehmers

Zunächst ist zu differenzieren zwischen der Verlegung des Sitzes eines Einzelunternehmens und dem Wegzug des Gesellschafters unter Beibehaltung des Sitzes des Einzelunternehmens in Deutschland.

Die Verlegung eines Einzelunternehmens ins Ausland ist bisher nur ein Ausnahmefall. So kann z.B. ein Einzelhändler seine Geschäftstätigkeit in der Regel nicht ins Ausland verlagern, ohne seine Kundschaft zu verlieren. Anders wird dies aber z.B. bei einem Internethändler aussehen. Dem Kunden ist es gleichgültig, ob der Internethändler in Deutschland oder im (z.B. europäischen) Ausland sitzt. Häufig wird er dies nicht einmal bei seiner Bestellung merken.

Der Gewinn eines Einzelunternehmens wird nach den Grundsätzen des Artikels 7 OECD-Musterabkommen stets in dem Staat besteuert, in dem das Unternehmen seinen Sitz bzw. eine Betriebsstätte hat. Wird also der Sitz des Einzelunternehmens (ohne dass in Deutschland eine Betriebsstätte verbleibt) ins Ausland verlegt, würde der Gewinn aus einer späteren Besteuerung nicht mehr der deutschen Besteuerung unterliegen. Aus diesem Grund sieht § 16 Abs. 3a EStG vor, dass die Verlegung des Einzelunternehmens ins Ausland wie eine Betriebsaufgabe behandelt wird. Es sind somit in Deutschland die stillen Reserven aufzudecken und zu versteuern. Damit ist die Verlagerung der stillen Reserven ins Ausland insoweit nicht möglich. Inwieweit diese „Zwangsversteuerung" die Freizügigkeit bzw. Kapitalverkehrsfreiheit innerhalb der Europäischen Union behindert, ist derzeit noch umstritten. Die Tendenz der Rechtsprechung des europäischen Gerichtshofs geht aber dahin, den einzelnen Ländern das Recht zu geben, ihr Steuersubstrat zu erhalten.

Anders sieht der Fall aus, wenn das Einzelunternehmen in Deutschland verbleibt und lediglich die Person des Einzelunternehmens den Wohnsitz ins Ausland verlegt. In diesem Fall bleibt das Besteuerungsrecht Deutschlands nach Art. 7 OECD-Musterabkommen erhalten. Bei einer späteren Veräußerung des Einzelunternehmens ist der Gewinn nach § 16 EStG in Deutschland zu versteuern (Art. 13 OECD-Musterabkommen). Der Einzelunternehmer unterliegt nach §§ 1 Abs. 4, 49 Abs. 1 Nr. 2 Buchstabe a), 50 EStG der beschränkten Steuerpflicht in Deutschland. Aus diesem Grund löst der Wegzug keine steuerlichen Folgen aus.

2. Wegzug eines Mitunternehmers

Es geht bei diesem Punkt nicht um die Verlegung des Sitzes der Personengesellschaft. Für diesen Fall kann auf die obigen Ausführungen zu § 16 Abs. 3a EStG verwiesen werden. Im Folgenden soll ausschließlich der Wegzug des Gesellschafters untersucht und dargestellt werden. Dabei ist zu differenzieren:

Besteht der Zweck der Personengesellschaft ausschließlich in der Verwaltung des eigenen Vermögens (typisch z.B. der Erwerb und die Vermietung einer Immobilie), ohne dass die Personengesellschaft daneben eine gewerbliche Tätigkeit entfaltet, so erzielen die Gesellschafter keine Einkünfte nach § 15 Abs. 1 Nr. 2 EStG (vgl. R 15.7 Abs. 1 EStR). Damit ist Art. 7 OECD-Musterabkommen nicht anzuwenden, da dieses eine gewerbliche Tätigkeit voraussetzt. Steuerlich erfolgt ein Durchgriff durch die Personengesellschaft. Dies bedeutet, dass die Gesellschafter steuerlich so behandelt werden, als seien sie direkt an dem Gesellschaftsvermögen der Personengesellschaft beteiligt (dieses Prinzip liegt auch der Regelung in § 23 Abs. 1 Satz 4 EStG zugrunde). Hält danach z.B. die Personengesellschaft Immobilien, so greift Art. 6 OECD-Musterabkommen. Danach sind die Gewinne aus der Vermietung einer Immobilie stets in dem Staat zu besteuern, in dem die Immobilie belegen ist. Das Gleiche gilt nach Art. 13 Abs. 1 OECD-Musterabkommen für den Gewinn aus der Veräußerung der Immobilie. Hält die Personengesellschaft sonach eine Immobilie, die in Deutschland belegen ist, bleibt das deutsche Besteuerungsrecht erhalten und der Wegzug des Gesellschafters hat keine weiteren steuerlichen Folgen. Liegt die Immobilie der deutschen Personengesellschaft im Ausland, hat Deutschland auch in der Vergangenheit kein Besteuerungsrecht gehabt. Auch insoweit ändert der Wegzug des Gesellschafters daran nichts.

Im Folgenden soll nun untersucht werden, welche Folgen der Wegzug eines Gesellschafters einer gewerblich geprägten Personengesellschaft hat. Eine gewerbliche Prägung erfolgt nach § 15 Abs. 3 Nr. 2 EStG. Voraussetzung ist, dass die Gesellschaft keine gewerbliche Tätigkeit im Sinne des § 15 Abs. 1 EStG ausübt (also z.B. rein vermögensverwaltend tätig ist – siehe oben), die Vollhafter ausschließlich eine oder mehrere Kapitalgesellschaften sind und nur diese oder fremde Dritte zur Geschäftsführung befugt sind (siehe § 164 HGB).

Nach bisheriger Rechtsprechung und Verwaltungsansicht erfolgte der Wegzug eines Gesellschafters einer gewerblich geprägten Personengesellschaft ohne Aufdeckung der stillen Reserven, da nach damaliger Ansicht Art. 7 des OECD-Musterabkommens auf diese Gesellschaften anwendbar war. Damit war es z.B. möglich, die Beteiligung an einer Kapitalgesellschaft in das Betriebsvermögen einer gewerblich geprägten Personengesellschaft einzulegen und anschließend den Wohnsitz des Gesellschafters ins Ausland zu verlegen, ohne dass dies in Deutschland negative steuerlichen Folgen gehabt hätte. Der BFH änderte aber in 2013 seine Rechtsprechung. Nach seiner geänderten Ansicht (der die Verwaltung gefolgt ist) erfordert die Anwendung des Art. 7 OECD-Musterabkommen, dass die Personengesellschaft gewerblich tätig im Sinne des § 15 Abs. 1 EStG ist. Dies ist aber bei einer vermögensverwaltenden gewerblich geprägten Personengesellschaft nicht der Fall. Wenn aber Art. 7 OECD-Musterabkommen nicht greift, so ist wieder ein Durchgriff durch die Gesellschaft vorzunehmen. Entscheidend ist danach, welches Betriebsvermögen die Personengesellschaft hat.

Besteht das Betriebsvermögen aus Immobilien, so greift wieder – wie oben bereits dargestellt – Art. 6 OECD-Musterabkommen. Die Immobilien sind in Deutschland steuerverhaftet, unabhängig davon, ob der Gesellschafter direkt oder über eine gewerblich geprägte Personengesellschaft an ihnen beteiligt ist. Der Wegzug des Gesellschafters berührt sonach das Besteuerungsrecht Deutschlands nicht.

Besteht das Betriebsvermögen aber z.B. aus einer Beteiligung an einer Kapitalgesellschaft, so gilt Art. 13 Abs. 5 OECD-Musterabkommen. Danach sind die Gewinne aus einer Veräußerung dieser Beteiligung ausschließlich in dem Staat zu besteuern, in dem der Gesellschafter ansässig ist. Durch den Wegzug würde sonach Deutschland das Besteuerungsrecht bezüglich dieser Beteiligungen verlieren. Aus diesem Grund sieht § 4 Abs. 1 Satz 3 EStG vor, dass der Verlust des deutschen Besteuerungsrechts wie eine Entnahme des Wirtschaftsguts behandelt wird. Der Gesellschafter hat daher mit seinem Wegzug die anteiligen stillen Reserven der Beteiligung aufzudecken und zu versteuern.

Vor Ergehen der neuen BFH-Rechtsprechung zu Art. 7 OECD-Musterabkommen unterblieb in zahlreichen Fällen diese Aufdeckung der stillen Reserven beim Wegzug des Gesellschafters. Die Veranlagungen des Jahres des Wegzugs wurden bestandskräftig, ohne dass ein Zugriff auf die stillen Reserven erfolgte. Der Gewinn aus der späteren Veräußerung der Beteiligung ging damit in das Besteuerungsrecht des ausländischen Staates über. Um diese Fälle dennoch der deutschen Besteuerung zu unterstellen, wurde die Vorschrift des § 50i EStG eingefügt. Danach gelten Anteile i.S.v. 17 EStG, die vor dem 29. Juni 2013 (Verkündung der geänderten Rechtsprechung) in das Betriebsvermögen einer gewerblich gefärbten oder gewerblich geprägten Personengesellschaft eingelegt wurden, weiterhin – entgegen den Regelungen der Doppelbesteuerungsabkommen – als in Deutschland steuerverhaftet. In der Folge unterliegt die spätere Veräußerung der Anteile der deutschen Besteuerung (entgegen Art. 13 Abs. 5 OECD-Musterabkommen). § 50i EStG wurde mehrfach geändert und der anfangs sehr weite Anwendungsbereich erheblich eingeschränkt. Mit der letzten Änderung durch das Gesetz zur Umsetzung der EU-Amtshilferichtlinie wurde die Vorschrift auf die Fälle beschränkt, in denen der Wegzug des Gesellschafters vor dem 1. Januar 2017 erfolgte.

Inwieweit die Vorschrift des § 50i EStG mit den Grundsätzen des übergeordneten EU-Rechts bzw. des internationalen Völkerrechts vereinbar ist, ist derzeit streitig, kann aber an dieser Stelle nicht näher erörtert werden.

Zum Ende dieses Abschnitts möchte ich noch auf den Wegzug eines Mitunternehmers einer gewerblich tätigen Personengesellschaft (z.B. Maschinenbau-KG) eingehen. Dieser Fall ist insoweit unproblematisch, als Art. 7 OECD-Musterabkommen anwendbar ist und daher das Besteuerungsrecht in Deutschland erhalten bleibt. Veräußert der Gesellschafter nach dem Wegzug aus Deutschland seinen Mitunternehmeranteil, so ist er insoweit beschränkt steuerpflichtig (§§ 16 Abs. 1 Nr. 2, 49 Abs. 1 Nr. 2, 50 EStG).

3. Wegzug eines Gesellschafters einer Kapitalgesellschaft

Wie oben bereits dargestellt, unterliegt der Gewinn aus der Veräußerung eines Anteils an einer Kapitalgesellschaft nach Art. 13 Abs. 5 OECD-Musterabkommen dem Besteuerungsrecht des Staates, in dem der Gesellschafter ansässig ist. Ansässig ist ein Gesellschafter in dem Staat, in dem er seinen Wohnsitz bzw. im Falle mehrerer Wohnsitze den Mittelpunkt seiner Lebensinteressen hat (Art. 4 OECD-Musterabkommen). Damit würde Deutschland im Falle des Wegzugs eines Gesellschafters das Recht zur Besteuerung der stillen Reserven des Anteils (nicht zu verwechseln mit den stillen Reserven der Kapitalgesellschaft) verlieren.

Daher behandelt § 6 Abs. 1 Satz 1 AStG die Aufgabe des Wohnsitzes in Deutschland wie eine fiktive Veräußerung nach § 17 EStG. Hierzu ist der gemeine Wert der Anteile im Zeitpunkt des Wegzugs zu ermitteln (vgl. § 199 BewG) und davon die Anschaffungskosten abzuziehen. Verlegt der Gesellschafter seinen Wohnsitz in einen Staat der Europäischen Union, so hat er einen Anspruch auf Stundung der Steuer nach § 6 Abs. 5 AStG. Die Stundung wird widerrufen, wenn er z.B. die Beteiligung veräußert oder seinen Wohnsitz aus der Europäischen Union weg verlegt. Bei Wegzug in einem Drittstaat besteht die Möglichkeit einer Verteilung der Steuern auf 5 Jahre gemäß § 6 Abs. 4 AStG.

Nimmt der Steuerpflichtige die Möglichkeit der Stundung in Anspruch, so hat er der deutschen Finanzverwaltung nach § 6 Abs. 7 AStG jährlich zu berichten, dass die Voraussetzungen der Stundung weiterhin bestehen.

Die zwangsweise Aufdeckung der stillen Reserven kann aber auch bei Beibehaltung eines Wohnsitzes in Deutschland erfolgen, wenn der Gesellschafter seine Ansässigkeit ins Ausland verlegt. Wie erwähnt, knüpft Art. 13 Abs. 5 OECD-Musterabkommen nicht an den Wohnsitz, sondern an die Ansässigkeit an. Behält daher z.B. der Gesellschafter seinen Wohnsitz in Deutschland, verlegt aber seinen Lebensmittelpunkt in ein anderes Land, in dem er einen weiteren Wohnsitz unterhält, löst dies die Besteuerung nach § 6 Abs. 1 Nr. 2 AStG aus. **Hinweis!** Durch das ATAD-Umsetzungsgesetz vom 30.06.2021 wurde § 6 AStG mit Wirkung ab dem VZ 2022 neu geregelt und die Stundungsmöglichkeit des § 6 Abs. 5 AStG abgeschafft. Künftig ist der Wegzug in ein EU-Land und der Wegzug in einen Drittstaat gleichgestellt. Die durch den Wegzug realisierte Steuerschuld kann dann nur noch auf Antrag auf sieben Jahresraten und nur gegen Sicherheitsleistung verteilt werden.

4. Gestaltungsmodelle

Die Steuerberatung arbeitet seit Jahren daran, die zwangsweise Aufdeckung der stillen Reserven bei einem Wegzug des Gesellschafters zu vermeiden. Nach zahlreichen Gesetzesänderungen und Ergänzungen lässt sich auf jeden Fall feststellen, dass es nicht möglich ist, unversteuerte stille Reserven ins Ausland (egal ob Niedrigsteuerland oder nicht) zu transferieren. Es ist lediglich möglich, die sofortige Versteuerung zu umgehen und auf einen späteren Zeitpunkt der Veräußerung der Beteiligung zu verlagern.

Als Gestaltungsmodell wurde z.B. in der Vergangenheit versucht, die Anteile an einer Kapitalgesellschaft vor dem Wegzug in eine gewerblich geprägte Personengesellschaft mit Sitz in Deutschland einzulegen. Wie oben dargestellt, bringt diese Gestaltung keine steuerlichen Vorteile, da entweder § 50i EStG oder § 4 Abs. 1 Satz 3 EStG im Falle des Wegzugs einer Übertragung der stillen Reserven entgegensteht.

Als weitere Möglichkeit bietet es sich an, Beteiligungen an Kapitalgesellschaften vor dem Wegzug in eine gewerblich tätige Personengesellschaft umzuwandeln. In diesem Fall greift Art. 7 OECD-Musterabkommen (siehe oben). Der Wegzug des Gesellschafters löst keine sofortige Aufdeckung der stillen Reserven aus. Ob diese Möglichkeit sehr praktikabel ist, mag dahinstehen. Häufig werden sich z.B. die anderen Gesellschafter einer derartigen Umwandlung entgegenstellen. Außerdem führt die Umwandlung einer Kapitalgesellschaft in eine Personengesellschaft häufig zu nicht erwünschten steuerlichen Effekten (z.B. die zwangsweise Versteuerung der Gewinnrücklagen).

Aus diesem Grund wird zum Teil die Beteiligung lediglich in das Betriebsvermögen einer gewerblich tätigen Personengesellschaft eingelegt. Da auch in diesem Fall Art. 7 OECD-Musterabkommen auf der Ebene der Personengesellschaft greift, führt diese Gestaltung zumindest dazu, dass der Gesellschafter im Zeitpunkt seines Wegzugs keine negativen steuerlichen Folgen zu befürchten hat.

Zum Schluss möchte ich noch auf den umgekehrten Fall eingehen. Ist der Gesellschafter im Zeitpunkt des Wegzugs Mitunternehmer einer gewerblich tätigen KG, so kann er – wie mehrfach erwähnt – ohne Aufdeckung der stillen Reserven ins Ausland ziehen. Wandelt er anschließend die KG in eine GmbH um, so greift insoweit § 6 Abs. 1 Satz 1 AStG nicht, da er im Zeitpunkt des Wegzugs nicht Gesellschafter einer Kapitalgesellschaft im Sinne des § 17 EStG war. Aber auch diese Gestaltung vermeidet letztlich die Besteuerung der stillen Reserven nicht, da im Zeitpunkt der Umwandlung wieder § 4 Abs. 1 Satz 3 EStG greift. Die Voraussetzungen einer Umwandlung nach dem UmwStG sind zwar grundsätzlich gegeben (insbesondere die Möglichkeit der Buchwertfortführung). Eine „juristische Sekunde" vor der Umwandlung gilt der Mitunternehmeranteil aber nach § 4 Abs. 1 Satz 3 EStG als aufgegeben, mit der Folge der zwangsweisen Aufdeckung der stillen Reserven.

Abschließend lässt sich also feststellen, dass es nach dem derzeitigen Steuerrecht nicht möglich ist, stille Reserven ins Ausland zu verlagern und durch einen Wegzug sich der deutschen Besteuerung zu entziehen. Inwieweit hier - insbesondere auf europäischer Ebene - künftig Änderungen entstehen, kann derzeit nicht abgesehen werden und bleibt abzuwarten.

Ich bedanke mich für Ihre Aufmerksamkeit.

Anmerkung 1: Bitte bedenken Sie, dass ein derartiger Vortrag gerne bei der späteren mündlichen Prüfung von den Prüfern aufgenommen wird, um das Thema noch einmal zu vertiefen oder Alternativen zu den Fallgestaltungen zu erarbeiten. Dies kann durchaus positiv sein, da sie ja durch die Vorbereitung des Vortrags schon in die Materie eingearbeitet sind.

Anmerkung 2: Dies ist sicherlich ein schwieriges Vortragsthema. Sie haben hier aber sehr viel besser die Chance, eine gute Bewertung zu erreichen. Bei einfachen Themen hängt die Messlatte einfach höher. „Exotische" Themen bieten daher immer eine Chance, sollten aber nur dann gewählt werden, wenn man mit dem Thema etwas anfangen kann.

Themenbereich Körperschaftsteuer

Vortrag 1: Ausschüttungs-/Dividendenbesteuerung

I. Einführende Hinweise

Durch die **Unternehmensteuerreform** wurde zum 01.01.2009 die einkommensteuerliche Regelung zur Besteuerung von Ausschüttungen und Dividenden vollständig neu geregelt.

> **Tipp!** Das Thema „Dividendenbesteuerung seit dem 01.01.2009" eignet sich als Vortragsthema, aber auch für die Prüfungsrunde. Der Wechsel zwischen Dividendenbesteuerungen und Zinsbesteuerung wird gerne in der Schlussrunde abgefragt.

Der maximale Steuersatz für die Einkünfte nach § 20 Abs. 1 Nr. 1 EStG beläuft sich seit dem 01.01.2009 auf 25 % (§ 32d Abs. 1 EStG). Aus diesem Grund beträgt die Kapitalertragsteuer für alle nach dem 31.12.2008 zugeflossenen Ausschüttungen/Dividenden 25 % (§ 43 Abs. 1 Nr. 1 EStG und § 43a Abs. 1 Nr. 1 EStG).

II. Die Gliederung

	Gliederungspunkt	**Die Stichworte**
	Einleitung	**Thema; Kurzübersicht**
1.	Allgemeines	Systematische Unterscheidung Abgeltungsbesteuerung/ Teileinkünfteverfahren; zeitlicher Anwendungsbereich
2.	Gesellschafter – natürliche Personen	System der Besteuerung; Höhe der Kapitalertragsteuer; Behandlung der Kapitalertragsteuer; Zeitpunkt der Anrechnung
3.	Werbungskostenabzug/Betriebsausgabenabzug	Abzug des Sparerpauschbetrages; kein Abzug tatsächlicher Werbungskosten; § 3c Abs. 2 EStG im Teileinkünfteverfahren
4.	Option zum Teileinkünfteverfahren	Tatbestandsmerkmale; zeitliche Bindung; einmaliger Widerruf
5.	Besteuerungsverfahren	Veranlagungsverfahren (§ 32d Abs. 1 EStG und § 3 Nr. 40 Buchst. d EStG); Deklarationspflicht (§ 32d Abs. 2 EStG)
6.	Gesellschafter – Kapitalgesellschaften	Steuerbefreiung nach § 8b Abs. 1 S. 1 und Abs. 4 KStG
6.1	Systematik	Teileinkünfteverfahren oder Abgeltungsbesteuerung
6.2	Betriebsausgaben	Pauschalierung der abziehbaren Betriebsausgaben; § 8b Abs. 5 KStG
6.3	Steuerpflicht bei Streubesitz	Normierung der Steuerpflicht
7.	Gesellschafter – Personengesellschaften	Anwendung der Bruttomethode der beteiligten Mitunternehmer je nach Rechtsform
8.	Gewerbesteuerliche Besonderheiten	Gewerbesteuerliches Schachtelprivileg; § 9 Nr. 2a GewStG; Behandlung der Refinanzierungsaufwendungen

	Gliederungspunkt	Die Stichworte
	Schluss	**Fazit: keine Vereinfachung; Probleme Beteiligung ohne Optionsmöglichkeit mit Refinanzierungsaufwendungen im Privatvermögen sowie Erhebung der Kirchensteuer**

III. Der Vortrag

Einleitung

Sehr geehrte Frau Prüfungsvorsitzende (geehrter Herr Prüfungsvorsitzender), meine Damen und Herren, ich habe das Thema „**Ausschüttungs-/Dividendenbesteuerung**" für meinen mündlichen Vortrag gewählt. Dabei werde ich mich auf die Besteuerung auf der Ebene des Gesellschafters/Aktionärs beschränken.

Für die Besteuerungssystematik von Ausschüttungen kommt der Rechtsform des Gesellschafters (natürliche Person, Personengesellschaften, Kapitalgesellschaften) entscheidende Bedeutung zu. Daneben ist für natürliche Personen die Einkunftsart für die Ermittlung der steuerlichen Bemessungsgrundlage und Steuer erheblich.

1. Allgemeines

Ausschüttungen einer GmbH und **Dividenden einer AG** zählen bei natürlichen Personen zu den Einnahmen nach § 20 Abs. 1 Nr. 1 EStG. Dabei ist es für die Frage der Besteuerung unerheblich, ob es sich um Gewinnausschüttungen/Dividenden handelt, die den gesellschaftsrechtlichen Vorschriften entsprechen oder um verdeckte Gewinnausschüttungen. Soweit die Einkünfte zu einer anderen Einkunftsart gehören, sind sie dieser zuzurechnen (Subsidaritätsklausel; § 20 Abs. 8 EStG). Sofern die Einkünfte zu den Überschusseinkunftsarten gehören, sind die Ausschüttungen/Dividenden mit Zufluss i.S.d. § 11 EStG zu besteuern. Handelt es sich um einen beherrschenden Gesellschafter, erfolgt die Besteuerung zum Zeitpunkt der Beschlussfassung der Gesellschaftsversammlung bzw. Hauptversammlung (H 20.2 EStH „Zuflusszeitpunkt bei Gewinnausschüttungen").

Bei bilanzierenden Gesellschaftern entscheidet der Gewinnausschüttungsbeschluss – unabhängig vom Beteiligungsumfang – über den Zeitpunkt der Aktivierung der Ausschüttung und damit über den Zeitpunkt der Besteuerung.

Tipp! Behalten Sie bitte im Hinterkopf, dass sowohl für die Erhebung der Kapitalertragsteuer (§ 44 Abs. 1 und Abs. 2 EStG) als auch für die Anrechnung (§ 36 Abs. 2 Nr. 2 EStG) gesonderte Normen hinsichtlich der zeitlichen Erfassung normiert sind. Dies ist ein sehr beliebtes Fragekriterium in der Prüfungsrunde.

2. Gesellschafter – natürliche Personen

Im Bereich der Besteuerung von **Ausschüttungen/Dividenden bei natürlichen Personen** sind zwei unterschiedliche Besteuerungssysteme normiert, die von der Qualifikation der Einkunftsart abhängig sind. Während die Besteuerung unter der Regie der Abgeltungsbesteuerung eine pauschalierte Einkünfteermittlung der Einnahmen ggf. abzüglich eines Sparer-Pauschbetrags auf der Basis eines Abgeltungsteuersatzes im Rahmen des § 20 Abs. 1 Nr. 1 EStG von maximal 25 % vorsieht (§ 20 Abs. 9 EStG i.V.m. § 32d Abs. 1 EStG), erfolgt die Besteuerung im Rahmen des Teileinkünfteverfahrens (§ 3 Nr. 40 S. 1 Buchst. d EStG) für alle anderen Einkunftsarten. Die Betriebseinnahmen/Einnahmen im Teileinkünfteverfahren sind zu 40 % (§ 3 Nr. 40 S. 1 Buchst. d EStG) steuerfrei. Korrespondierend dazu erfolgt eine Kürzung der Betriebsausgaben/Werbungskosten um 40 % (§ 3c Abs. 2 EStG). Die so ermittelten Einkünfte werden im Rahmen der Einkommensbesteuerung auf der Basis ihres individuellen Steuersatzes der Besteuerung zugrunde gelegt.

Die einbehaltene Kapitalertragsteuer und der darauf entfallende Solidaritätszuschlag sind – sofern die Ausschüttung/Dividende im Rahmen der Steuererklärung deklariert werden – auf die festsetzsetzende Einkommensteuer bzw. den festzusetzenden Solidaritätszuschlag anzurechnen (§ 36 Abs. 2 Nr. 2 EStG i.V.m. § 43 Abs. 1 S. 3 KStG).

3. Werbungskostenabzug/Betriebsausgabenabzug

Die Abgeltungsbesteuerung und das Teileinkünfteverfahren unterscheiden sich hinsichtlich des Werbungskostenabzugs grundlegend. Während unter der Regie der Abgeltungsbesteuerung grundsätzlich der Sparer-Pauschbetrag zum Abzug kommt und tatsächliche Werbungskosten die Einkünfte nicht mindern (§ 20 Abs. 9 EStG), ermitteln sich die Einkünfte im Teileinkünfteverfahren aus der Gegenüberstellung der Einnahmen zu den tatsächlichen Werbungskosten. Ein Abzug des Sparer-Pauschbetrags scheidet im Teileinkünfteverfahren aus.

4. Option zum Teileinkünfteverfahren

Zur Vermeidung von Standortbenachteiligungen räumt § 32d Abs. 2 Nr. 3 EStG den Steuerpflichtigen ein **Optionsrecht** ein. Bei Vorliegen der Voraussetzungen kann für Ausschüttungen/Dividenden, die zu Einnahmen aus Kapitalvermögen nach § 20 Abs. 1 Nr. 1 EStG führen, auf Antrag die Besteuerung anstelle der Grundsätze der Abgeltungsbesteuerung nach den Grundsätzen des Teileinkünfteverfahrens gewählt werden. Allerdings kann der Steuerpflichtige gemäß § 32d Abs. 2 Nr. 3 EStG beantragen, dass die Steuer auf Kapitalerträge nicht nach § 32d Abs. 1 EStG berechnet wird, sondern dem Regelsteuersatz nach § 32a EStG unterliegt. Dadurch wird bewirkt, dass gerade keine Abgeltungswirkung eintritt, Werbungskosten geltend gemacht werden können und das Teileinkünfteverfahren anzuwenden ist.

Die Ausübung des Optionsrechts erfordert tatbestandsmäßig, dass der Anteilseigner/Aktionär zu mindestens 25 % beteiligt oder zu 1 % mit beruflicher Tätigkeit für die Gesellschaft beteiligt ist. Unter dem Begriff berufliche Tätigkeit wird eine nichtselbständige Tätigkeit oder eine freiberufliche Tätigkeit verstanden. Diese Voraussetzungen müssen zumindest an einem Zeitpunkt im Veranlagungszeitraum der Antragstellung erfüllt sein. Der Antrag, der spätestens zusammen mit der Einkommensteuererklärung des betreffenden Veranlagungszeitraumes zu stellen ist, bindet grundsätzlich für fünf Veranlagungszeiträume. Ein einmaliger Widerruf innerhalb des Fünfjahreszeitraumes ist jedoch zulässig. Das Optionsrecht gilt nur zum Teileinkünfteverfahren; niemals vom Teileinkünfteverfahren zur Abgeltungsbesteuerung.

Für Optionsanträge zum Teileinkünfteverfahren muss ab dem 01.01.2017 bei einer Beteiligung von 1 % bis 25 % durch die berufliche Tätigkeit ein maßgeblicher unternehmerischer Einfluss auf die wirtschaftliche Tätigkeit der Gesellschaft möglich sein.

Tipp! Sofern Sie ausreichend Zeit haben sollten, würde sich an dieser Stelle ein Beispiel anbieten. Anhand dessen könnten Sie die Besteuerungssystematik einer Beteiligung in 2021 ohne Einnahmen nur mit Schuldzinsen aus der Refinanzierung des Kaufpreises der Anteile darstellen.

5. Besteuerungsverfahren

Während die Besteuerung von Ausschüttungen/Dividenden nach den **Grundsätzen des Teileinkünfteverfahrens** stets eine entsprechende Festsetzung der Einkünfte im Veranlagungsverfahren erfordert, sieht die Abgeltungsbesteuerung vom Grundsatz keine Deklaration der Einnahmen im Veranlagungsverfahren vor. Durch die Einbehaltung der Abgeltungsteuer (= Kapitalertragsteuer) i.H.v. 25 % und den darauf entfallenden Solidaritätszuschlag sollen die Einnahmen aus Kapitalvermögen nach § 20 Abs. 1 Nr. 1 EStG grundsätzlich abgegolten sein (§ 43 Abs. 5 EStG); d.h. eine entsprechende Deklaration in der Steuerklärung kann dem Gesetzeszweck folgend grundsätzlich unterbleiben.

6. Gesellschafter – Kapitalgesellschaften

Vor dem Hintergrund der Ertragsteuerbelastung von ausgeschütteten durch eine Kapitalgesellschaft erwirtschafteten Gewinnen war es im System des Halbeinkünfteverfahrens unerlässlich, Ausschüttungen und Dividendenzahlungen zwischen zwei Kapitalgesellschaften zu befreien. Dieser Grundsatz gilt auch seit dem 01.01.2009 unverändert fort.

6.1 Systematik

Bei Anteilseignern/Aktionären, die die Rechtsform einer Kapitalgesellschaft haben, stellt die Ausschüttung/Dividende innerhalb der Steuerbilanz einen Beteiligungsertrag dar, der außerhalb der Steuerbilanz nach § 8b Abs. 1 S. 1 KStG in vollem Umfang steuerbefreit ist,

6.2 Betriebsausgaben

Nach § 8b Abs. 5 S. 1 KStG sind – bezogen auf die nach § 8b Abs. 1 S. 1 KStG steuerbefreite Ausschüttung – 5 % als **pauschal nicht abziehbare Betriebsausgabe**n außerhalb der Steuerbilanz hinzuzurechnen. Sofern tatsächliche Aufwendungen im Zusammenhang mit der Beteiligung bestehen, sind diese in vollem Umfang abziehbar. Die bei der Ausschüttung einbehaltene Kapitalertragsteuer und der darauf entfallende Solidaritätszuschlag werden auf die jeweiligen festgesetzten Beträge angerechnet (§ 31 Abs. 1 S. 1 KStG).

6.3 Steuerpflicht bei Streubesitz

Für Gewinnausschüttungen, die nach dem 28.02.2013 zufließen (§ 34 Abs. 7a KStG) wurde für sog. Streubesitz auf der Seite der empfangenen Körperschaft die Steuerpflicht durch das Gesetz zur Umsetzung der EuGH-Entscheidung vom 20.10.2011 normiert (§ 8b Abs. 4 KStG). Maßgeblich für die Beteiligungshöhe sind grundsätzlich die Verhältnisse zu Beginn des Kalenderjahres.

Dieses strenge Stichtagsprinzip ist nur für den Fall des Erwerbs einer Beteiligung von mindestens 10 % ausgenommen (§ 8b Abs. 4 Satz 6 KStG). Bei der Ermittlung der Beteiligungshöhe sind nur unmittelbare Beteiligungen zu berücksichtigen. Allerdings gelten über eine Mitunternehmerschaft gehaltene Anteile ausdrücklich anteilig als eine unmittelbare Beteiligung des Mitunternehmers (§ 8b Abs. 4 Sätze 4 und 5 KStG).

7. Gesellschafter – Personengesellschaften

Befinden sich die GmbH-Anteile oder Aktien im Betriebsvermögen einer Personengesellschaft, hängt die endgültige Besteuerung von der Rechtsform der beteiligten Mitunternehmer ab. Sofern die Mitunternehmer die Rechtsform körperschaftsteuerlicher Personen haben, gelten die Grundsätze des § 8b KStG. Handelt es sich bei den Mitunternehmern um natürliche Personen, ist das Teileinkünfteverfahren einschlägig. Dieses findet jedoch erst auf der Ebene des betreffenden Mitunternehmers Anwendung (sog. Bruttomethode).

> **Tipp!** Stellen Sie an dieser Stelle deutlich heraus, dass diese Punkte grundsätzlich der Vollständigkeit und der Abrundung des Themas dienen und nur mittelbar mit der Einführung der Abgeltungsbesteuerung zu tun haben.

8. Gewerbesteuerliche Besonderheiten

Soweit die **Dividenden/Ausschüttungen als Einkünfte aus Gewerbebetrieb im Gewerbeertrag** (§ 7 GewStG) enthalten sind (§ 3 Nr. 40 Buchst. d EStG, § 8b KStG), ist nach § 9 Nr. 2a GewStG rechtsformabhängig zu prüfen, ob die Voraussetzungen des gewerbesteuerlichen Schachtelprivilegs erfüllt sind. Beträgt die Beteiligung zu Beginn des Erhebungszeitraumes mindestens 15 % am Grund- oder Stammkapital, wird der im Gewerbeertrag enthaltene Anteil der Ausschüttung/Dividende nach § 9 Nr. 2a GewStG gekürzt.

> **Tipp!** Soweit Sie an dieser Stelle noch ausreichend Zeit haben, wäre ein Vergleich zwischen dem gewerbesteuerlichen und körperschaftsteuerlichen Streubesitz denkbar.

Im Ergebnis unterbleibt eine gewerbesteuerliche Besteuerung der Ausschüttung auf der Ebene des Gesellschafters/Aktionärs. Sind die Voraussetzungen des gewerbesteuerlichen Schachtelprivilegs nicht erfüllt, werden die im Gewerbeertrag (= Einkünfte aus Gewerbebetrieb) steuerbefreiten Teile der Gewinnausschüttung/Dividende nach § 8 Nr. 5 GewStG hinzugerechnet.

Schluss

Die mit der einkommensteuerlichen Reform der Besteuerung von Ausschüttungen und Dividenden beabsichtigte Vereinfachung dürfte häufig nicht erreicht worden sein. Insbesondere führt das derzeit bestehende Antragsrecht zur Einbehaltung der Kirchensteuer dazu, dass trotz Kapitalertragsteuer- und Solidaritätszuschlagsabzug in vielen Fällen die Ausschüttungen/Dividenden als Einnahmen aus Kapitalvermögen zu deklarieren sind, um eine fehlerhafte Kirchensteuerfestsetzung zu vermeiden.

Auch die Besteuerung von Ausschüttungen refinanzierter Beteiligungen ohne Optionsmöglichkeit wird vor dem Hintergrund der Besteuerung nach dem Leistungsprinzip gerichtlich überprüft werden müssen.

Die mit der **Option** verbundene Änderung der Einkunftsermittlung erfordert eine zeitnahe Beratung; da das Teileinkünfteverfahren gegenüber der Abgeltungsbesteuerung u.a. günstiger ist, wenn der Steuersatz des Anteilseigners unter 41,67 % liegt. Das gilt selbst dann, wenn es sich nicht um einen refinanzierten Erwerb der Beteiligung handelt.

Vielen Dank für Ihre Aufmerksamkeit.

Tipp! Sollten Sie an diesem Punkt Ihres Vortrages noch verbleibende Zeit haben, dann können Sie abschließend die Beratungsfelder (Einlage der Anteile in ein Betriebsvermögen, Schaffung der Voraussetzungen zur Option etc.) darlegen. Bitte aber auf keinen Fall überziehen!

Vortrag 2: Verdeckte Gewinnausschüttungen

I. Einführende Hinweise

Aus Sicht der Besteuerung der Kapitalgesellschaft und deren Anteilseigner darf es keinen Unterschied machen, ob Gewinne durch Gewinnausschüttungen, die den gesellschaftsrechtlichen Vorschriften entsprechend, ausgeschüttet werden, oder ob dies außerhalb solcher Gewinnausschüttungen vollzogen wird (§ 8 Abs. 3 S. 1 KStG). Das Institut der „verdeckten Gewinnausschüttung“ folgt diesem Gedanken. Kein anderes Thema im Körperschaftsteuerrecht beschäftigt die Finanzgerichte und den Bundesfinanzhof so wie verdeckte Gewinnausschüttungen.

Tipp! Das Thema verdeckte Gewinnausschüttung kann als das körperschaftsteuerliche Standardthema beurteilt werden. Sollten Sie dieses Thema als mündlichen Vortrag zugewiesen bekommen, freuen Sie sich nicht zu früh, da die Wahrscheinlichkeit sehr groß ist, dass die Prüfungskommission das Thema schon häufiger zu hören bekommen hat.

II. Die Gliederung

	Gliederungspunkt	**Die Stichworte**
	Einleitung	**Thema, Kurzübersicht**
1.	System der Besteuerung von offenen und verdeckten Gewinnausschüttungen	Abgrenzung offene/verdeckte Gewinnausschüttungen
2.	Tatbestände der verdeckten Gewinnausschüttung	Definition einer verdeckten Gewinnausschüttung (Tatbestände)
3.	Bewertung einer verdeckten Gewinnausschüttung	Geld, Hingabe von Wirtschaftsgütern → gemeiner Wert; Nutzungsüberlassungen → erzielbare Nutzungsüberlassung
4.	Rechtsfolgen bei der Gesellschaft	Hinzurechnung des Werts der verdeckten Gewinnausschüttung auf der 2. Stufe der Gewinnermittlung (außerbilanziell)
5.	Besteuerung beim Anteilseigner	Einnahme nach § 20 Abs. 1 Nr. 1 S. 2 EStG; Umqualifizierung der bisher versteuerten Einnahmen
5.1	Anteile im Privatvermögen natürlicher Personen	(§ 3 Nr. 40 Buchst. d S. 2 EStG) seit dem 01.01.2009 Abgeltungsbesteuerung
5.2	Anteile im Betriebsvermögen natürlicher Personen	Ab dem 01.01.2009 Teileinkünfteverfahren (§ 3 Nr. 40 Buchst. d EStG)

	Gliederungspunkt	Die Stichworte
5.3	Anteile im Eigentum einer Kapitalgesellschaft	Steuerbefreiung nach § 8b Abs. 1 und Abs. 5 KStG
6.	Verfahrensrechtliche Korrespondenz	Spannungsfeld zwischen dem Gesellschafter und der Gesellschaft; keine Bindungswirkung
6.1	Wert der verdeckten Gewinnausschüttung hat nicht das Einkommen der ausschüttenden Körperschaft erhöht	Versagung des Teileinkünfteverfahrens auf der Ebene des Gesellschafters (§ 3 Nr. 40 Buchst. d S. 2 EStG)
6.2	Korrektur des Steuerbescheids gemäß § 32a KStG	Verfahrensrechtliche Umsetzung der Auswirkungen der verdeckten Gewinnausschüttungen in der Steuerfestsetzung des Gesellschafters
	Schluss	**Fazit; Gleichbehandlung von offenen und verdeckten Gewinnausschüttungen**

III. Der Vortrag

Einleitung

Sehr geehrte Frau Prüfungsvorsitzende (geehrter Herr Prüfungsvorsitzender), meine Damen und Herren, ich habe das Thema „**Verdeckte Gewinnausschüttungen**" für meinen mündlichen Vortrag gewählt. Dabei möchte ich neben den tatbestandlichen Voraussetzungen der verdeckten Gewinnausschüttung auch die Konsequenzen auf der Ebene der Gesellschaft und des Anteilseigners darstellen.

1. System der Besteuerung von offenen und verdeckten Gewinnausschüttungen

Nach § 8 Abs. 3 S. 1 KStG ist steuerlich zwischen der Einkommensermittlung und Einkommensverwendung zu differenzieren. Während die Einkommensermittlung in vollem Umfang steuerwirksam ist, ist die Einkommensverwendung steuerneutral. Das Institut der verdeckten Gewinnausschüttung dient der Trennung zwischen der Sphäre des Gesellschafters und der Gesellschaft. Während **offene Gewinnausschüttungen** i.d.R. auf einem den gesellschaftsrechtlichen Vorschriften entsprechenden Gewinnverwendungsbeschluss beruhen, handelt es sich bei verdeckten Gewinnausschüttungen um Vermögensminderungen oder verhinderte Vermögensmehrungen, die durch das Gesellschaftsverhältnis veranlasst sind und sich auf die Höhe des Unterschiedsbetrags nach § 4 Abs. 1 S. 1 EStG auswirken (vgl. R 8.5 Abs. 1 KStR). Die entsprechende Beschlussfassung fehlt jedoch.

2. Tatbestände der verdeckten Gewinnausschüttung

Die Tatbestandsmerkmale der verdeckten Gewinnausschüttung wurden erstmals durch den BFH (Urteil vom 22.02.1989, BStBl II 1989, 475) definiert und sind seit dem im Wesentlichen unverändert.

Eine Vermögensminderung bzw. eine verhinderte Vermögensmehrung setzt eine Minderung des Unterschiedsbetrages i.S.d. § 4 Abs. 1 S. 1 EStG (Gewinnermittlung auf der ersten Stufe) voraus, die allein nach Maßgabe des Bilanzrechts zu beurteilen ist. Neben den laufenden Betriebsausgaben können auch Zuführungen zu Passivposten oder der Wegfall von Aktivposten in Betracht kommen.

Um den **Tatbestand einer verdeckten Gewinnausschüttung** zu erfüllen, muss die Vorteilszuwendung durch das Gesellschaftsverhältnis veranlasst sein; eine betriebliche Veranlassung schließt die Annahme einer verdeckten Gewinnausschüttung aus. Die Veranlassung durch das Gesellschaftsverhältnis stellt den Kern des Rechtsinstitutes der verdeckten Gewinnausschüttung dar. Um zu klären, ob und in welchem Umfang Leistungen gesellschaftsrechtlich oder betrieblich veranlasst sind, bedarf es zur Prüfung eines Fremdvergleichs anhand des Maßstabes eines ordentlichen und gewissenhaften Geschäftsleiters („normaler Fremdvergleich"). Von einer gesellschaftsrechtlichen Veranlassung ist auszugehen, wenn ein ordentlicher und gewissenhafter Geschäftsleiter diese Vermögensminderung oder verhinderte Vermögensmehrung nicht hingenommen hätte. Indikatoren für eine mögliche Veranlassung aus dem Gesellschaftsverhältnis sind Üblichkeit und Angemessenheit.

Daneben gilt zusätzlich für Leistungsbeziehungen zwischen der Gesellschaft und dem beherrschenden Gesellschafter noch ein weiterer **Fremdvergleichsmaßstab**, der eine klare, im Voraus getroffene zivilrechtlich wirksame Vereinbarung fordert und dessen tatsächliche Durchführung („formaler Fremdvergleich"). Als beherrschende Gesellschafter gelten Personen, die mehrheitlich beteiligt sind, und somit ihren Willen in der Gesellschaft uneingeschränkt durchsetzen können. Auch eine Personengruppe kann eine beherrschende Stellung innehaben, wenn die beteiligten Personen zusammen über die Mehrheit der Stimmrechte und darüber hinaus über gleichgerichtete wirtschaftliche Interessen verfügen.

Eine Veranlassung aus dem Gesellschaftsverhältnis kann auch anzunehmen sein, wenn der Vorteil nicht dem Gesellschafter, sondern einer dieser nahestehenden Person (z.B. Ehefrau, Kinder) zugewandt wird. Unter dem Begriff "nahestehend" ist jede Beziehung familienrechtlicher, gesellschaftsrechtlicher, schuldrechtlicher oder auch rein tatsächlicher Art zwischen dem Gesellschafter und dem Dritten zu verstehen.

Die **Vermögensminderung** oder die **verhinderte Vermögensmehrung** muss sich auf die Höhe des Unterschiedsbetrags nach § 4 Abs. 1 S. 1 EStG auswirken. Die Minderung des Unterschiedsbetrags muss nach ständiger Rechtsprechung des BFH die grundsätzliche Eignung haben, auf der Ebene des Gesellschafters zu Einnahmen nach § 20 Abs. 1 Nr. 1 EStG führen zu können.

> **Tipp!** Auch wenn Sie an dieser Stelle noch „stundenlang" Beispiele und weitere Ausführungen geben könnten, achten Sie bitte stets darauf, dass Sie nicht den roten Faden verlieren und sich nicht „verzetteln". Hier kann weniger mehr sein!

3. Bewertung einer verdeckten Gewinnausschüttung

Bei Vorliegen aller Tatbestände handelt es sich um eine verdeckte Gewinnausschüttung, die i.d.R. mit dem Geldbetrag zu bewerten ist. Sofern sich der Vorteil jedoch aus der Übertragung eines Wirtschaftsguts zusammensetzt, gilt als Bewertungsmaßstab der gemeine Wert (§ 9 Abs. 2 BewG) des Wirtschaftsgutes. Verdeckte Gewinnausschüttungen in Zusammenhang mit Nutzen und Leistungen sind auf Basis der erzielbaren Nutzungsvergütung zu bewerten.

> **Tipp!** An dieser Stelle empfiehlt es sich – aber nur wenn noch ausreichend Zeit zur Verfügung steht – mit einem kleinen Beispiel zu arbeiten (z.B. überhöhte Pacht oder unangemessenes Gehalt).

4. Rechtsfolgen bei der Gesellschaft

Der Wert der verdeckten Gewinnausschüttung ist auf der zweiten Gewinnermittlungsstufe (außerhalb) der Bilanz dem Einkommen nach § 8 Abs. 3 S. 2 KStG hinzuzurechnen. Faktisch wird mit der Hinzurechnung der innerbilanziell entstandene Aufwand bzw. nicht realisierte Ertrag neutralisiert. Die Erhöhung des Einkommens birgt insoweit ein höheres Aufkommen an Körperschaftsteuer und Gewerbesteuer.

Auch verdeckte Gewinnausschüttungen unterliegen grundsätzlich der Verpflichtung zur Einbehaltung der Kapitalertragsteuer (§§ 43 Abs. 1 Nr. 1 und 43a Abs. 1 Nr. 1 EStG). Sofern jedoch die Besteuerung auf der Ebene des Anteilseigners im Inland sichergestellt ist, kann auf die Nacherhebung der Kapitalertragsteuer verzichtet werden (BFH vom 03.07.1968, BStBl II 1969, 4).

5. Besteuerung beim Anteilseigner

Auf der Ebene des Anteilseigners stellen verdeckte Gewinnausschüttungen Einnahmen nach § 20 Abs. 1 Nr. 1 S. 2 EStG dar. Hinsichtlich des **Zeitpunktes der Besteuerung der verdeckten Gewinnausschüttung** auf der Ebene des Anteilseigners gelten die allgemeinen Zuflussregelungen. Soweit die in eine verdeckte Gewinnausschüttung umqualifizierten Leistungen bereits als steuerpflichtige Einnahmen deklariert waren, findet insoweit eine Umqualifizierung der Einnahmen statt (z.B. Arbeitslohn in Einnahmen nach § 20 Abs. 1 Nr. 1 EStG).

5.1 Anteile im Privatvermögen natürlicher Personen

Sofern die Anteile an der Kapitalgesellschaft zum Privatvermögen gehören, erzielt der Anteilseigner aus der verdeckten Gewinnausschüttung Einnahmen nach § 20 Abs. 1 Nr. 1 S. 2 EStG. Seit dem 01.01.2009 gelten hinsichtlich der Besteuerung der verdeckten Gewinnausschüttung die **Grundsätze der Abgeltungsbesteuerung**

(§ 32d Abs. 1 i.V.m. § 20 Abs. 9 EStG). Eine Option zum Teileinkünfteverfahren ist nach den allgemeinen Grundsätzen auf Antrag möglich (§ 32d Abs. 2 Nr. 3 EStG).

5.2 Anteile im Betriebsvermögen natürlicher Personen

Soweit sich die Anteile an der maßgebenden Kapitalgesellschaft im Betriebsvermögen einer natürlichen Person befinden, waren bis zum 31.12.2008 50 % der verdeckten Gewinnausschüttung nach den Grundsätzen des Halbeinkünfteverfahrens als Einnahmen nach § 20 Abs. 1 Nr. 1 und Abs. 3 EStG steuerfrei (§ 3 Nr. 40d und S. 2 EStG). Seit dem 01.01.2009 verringert sich der Umfang der Befreiung auf 40 % (§ 3 Nr. 40d und S. 2 EStG „Teileinkünfteverfahren"). Die Zuordnung zum Betriebsvermögen gilt unverändert (§ 20 Abs. 8 EStG).

5.3 Anteile im Eigentum einer Kapitalgesellschaft

Handelt es sich beim Anteilseigner um eine Kapitalgesellschaft, werden die Einnahmen aus der verdeckten Gewinnausschüttung als Beteiligungserträge nach § 8b Abs. 1 S. 1 KStG in vollem Umfang steuerbefreit. Nach § 8b Abs. 5 S. 1 KStG gelten 5 % dieses steuerfreien Beteiligungsertrags als pauschal nicht abziehbare Betriebsausgaben.

Soweit der Vorteil aus einer verdeckten Gewinnausschüttung eine beim Anteilseigner steuerlich relevante Sphäre betrifft, können sich aus dem Ansatz der verdeckten Gewinnausschüttung auf der Ebene des Anteilseigners noch Folgewirkungen ergeben. In der Literatur wird die Folgewirkung teilweise als **„Fiktionstheorie"** bezeichnet.

Tipp! An dieser Stelle empfiehlt es sich - aber nur wenn noch ausreichend Zeit zur Verfügung steht - mit einem kleinen Beispiel zu arbeiten.

Beispiel: Die GmbH gewährt den Gesellschafter ein zinsloses Darlehen, welches der Anteilseigner zum Bau eines vermieteten Mehrfamilienhauses nutzt.

6. Verfahrensrechtliche Korrespondenz

Obwohl die verdeckte Gewinnausschüttung auf der Ebene der Gesellschaft und des Gesellschafters steuerliche Konsequenzen auslöst, handelt es sich um zwei unterschiedliche Sachverhalte, die verfahrensrechtlich nicht die Funktion von Grundlagen- und Folgebescheid erfüllen.

6.1 Wert der verdeckten Gewinnausschüttung hat nicht das Einkommen der ausschüttenden Körperschaft erhöht

Sofern der Wert der verdeckten Gewinnausschüttung nicht das Einkommen der ausschüttenden Körperschaft erhöht hat, weil die Umsetzung insoweit verfahrensrechtlich nicht möglich war, löst dieser Umstand im Wege der **„materiellen Korrespondenz"** auf der Ebene der Anteilseigner weitere steuerliche Konsequenzen aus. Für alle nach dem 18.12.2006 zufließenden verdeckten Gewinnausschüttungen erfolgt nach den allgemeinen Grundsätzen eine Umqualifikation in Einnahmen aus Kapitalvermögen, jedoch scheidet in diesem Fall die Steuerbefreiung nach den Grundsätzen des Teileinkünfteverfahrens (§ 3 Nr. 40 Buchst. d S. 2 EStG) bzw. die körperschaftsteuerliche Befreiung (§ 8b Abs. 1 S. 2 KStG) aus.

Sofern verdeckte Gewinnausschüttungen nach dem 31.12.2008 dem Anteilseigner zufließen, ist dies für die Besteuerung der Gewinnausschüttung in der Regie der Abgeltungsbesteuerung unerheblich, ob die verdeckte Gewinnausschüttung verfahrensrechtlich dem Einkommen der Kapitalgesellschaft hinzugerechnet wurde.

Durch das Jahressteuergesetz 2010 erfolgte eine Ergänzung des § 32d Abs. 2 EStG um eine Nr. 4 EStG, die die seit dem Veranlagungszeitraum 2009 bestehende Gesetzeslücke hinsichtlich der Besteuerung von verdeckten Gewinnausschüttungen unter dem Modul der Abgeltungsbesteuerung seit dem Veranlagungszeitraum 2012 geschlossen hat (§ 52a Abs. 15 EStG). Somit kommt der besondere Tarif des § 32a Abs. 1 EStG nur zur Anwendung, wenn das Einkommen der leistenden Kapitalgesellschaft nicht durch verdeckte Gewinnausschüttung gemindert wurde.

6.2 Korrektur des Steuerbescheides gemäß § 32a KStG

Sofern die Folgerungen der verdeckten Gewinnausschüttung verfahrensrechtlich auf der Ebene der Körperschaft umsetzbar sind, jedoch wegen der formellen Bestandskraft auf der Ebene des Anteilseigners nicht umgesetzt werden können, ermöglicht § 32a Abs. 1 KStG für alle nach dem 18.12.2006 erlassenen Körperschaftsteuerbescheide eine entsprechende Korrektur des Steuerbescheides des Anteilseigners („**formelle Korrespondenz**"). Diese Grundsätze gelten auch nach dem 31.12.2008 unverändert fort.

Schluss

Das Thema verdeckte Gewinnausschüttung stellt ein körperschaftsteuerliches Dauerthema dar, unabhängig von der Größe der Kapitalgesellschaft. Im Rahmen der steuerlichen Abwehrberatung kommt den Themen Gehalt des Gesellschafter-Geschäftsführers, Mieten und Pachten sowie die Darlehensgewährung von oder an die Kapitalgesellschaft besondere Bedeutung zu.

Auch sollte im Rahmen einer zusammenfassenden Würdigung nochmals deutlich herausgestellt werden, dass die verdeckte Gewinnausschüttung im Rahmen der Prüfung der Veranlassung durch das Gesellschaftsverhältnis eine Durchbrechung von zivilrechtlichen Verträgen für steuerliche Zwecke ist.

Daneben dürfte in der steuerlichen Beratungspraxis häufig der Sachverhalt und nicht die steuerrechtliche Würdigung das Problem sein. Dies zeigt sich am deutlichsten, wenn es um die Frage der Angemessenheit der Gesamtausstattung eines Gesellschafter-Geschäftsführers oder um die tatsächliche Höhe eines angemessenen Pachtzinses für ein Betriebsgrundstück geht. Neben den ertragsteuerlichen Auswirkungen kommen der Frage des Vorliegens einer verdeckten Gewinnausschüttung auch aus dem Fokus des Schenkungsteuerrechts besondere Bedeutung zu.

Vielen Dank für Ihre Aufmerksamkeit.

Vortrag 3: Zinsschranke

I. Einführende Hinweise

Durch die Unternehmensteuerreform 2008 wurde die bisherige Regelung der Gesellschafter-Fremdfinanzierung des § 8a KStG a.F., die unangemessene Entgelte für die Überlassung von Kapital durch wesentlich i.S.d. § 8a Abs. 3 KStG Beteiligte in eine verdeckte Gewinnausschüttung umqualifizierte, aufgehoben. **§ 8a KStG** ergänzt die einkommensteuerliche Regelung des § 4h EStG zum Abzug von betrieblichen Schuldzinsen. Die Rechtsfolge einer verdeckten Gewinnausschüttung scheidet durch die Neuregelung aus. Die Zinsschranke begrenzt den Betriebsausgabenabzug für Schuldzinsen.

> **Tipp!** Obwohl das Thema „Zinsschranke" aus Sicht der Beratung nur für wenige – aber dafür große – Kapitalgesellschaften relevant ist, eignet sich dieses Thema bestens für einen Kurzvortrag. Das Thema könnte aber auch lauten: „Die Zinsschranke aus Sicht des Einzelunternehmers oder einer Mitunternehmerschaft".

II. Die Gliederung

	Gliederungspunkt	Die Stichworte
	Einleitung	**Thema, Kurzübersicht**
1.	Betrieblicher Zinsaufwand und Wirkung der Zinsschranke	Umfang des Zinsaufwandes, Schuldzinsen- und Guthabenzinsen im Rahmen der Zinsschranke; außerbilanzielle Hinzurechnung
2.	Begrenzung des Betriebsausgabenabzugs	Grundsätzlich kann der Nettozinsaufwand lediglich i.H.v. 30 % des EBITDA als Betriebsausgabe berücksichtigt werden; maßgeblicher Zinsaufwand (Nettozinsaufwand)

	Gliederungspunkt	Die Stichworte
3.	Ausnahmen vom Abzugsverbot	**Folge:** unbegrenzter Schuldzinsenabzug
3.1	Freigrenze	Nettozinsaufwendungen von < 3 Mio. € (§ 4h Abs. 2 S. 1a EStG)
3.2	Konzernklausel	Keine Anwendung der Zinsschrankenregelung bei Betrieben, die nicht zu einem Konzern gehören (§ 4h Abs. 2 S. 1b EStG i.V.m. § 8a Abs. 2 KStG)
3.3	Escape-Klausel	Bei konzernzugehörigen Kapitalgesellschaften gilt die Zinsschranke nicht, wenn nachgewiesen wird, dass die Kapitalgesellschaft die Eigenkapitalquote im Konzern nicht mehr als 2 % unterschreitet (§ 4h Abs. 2 S. 1c EStG i.V.m. § 8a Abs. 3 KStG)
3.4	Rückausnahme zu 3.2 und 3.3	Fehlender Nachweis, dass keine schädliche Gesellschafter-Finanzierung vorliegt (§ 8a Abs. 2 und 3 KStG)
4.	Zinsvortrag und Wegfall des Zinsvortrages	Nicht abgezogener Zinsaufwand wird außerbilanziell hinzugerechnet und als Zinsvortrag gesondert festgestellt (§ 4h Abs. 4 EStG); kann in folgenden Jahren abgezogen werden; Umwandlung einer GmbH in eine Personengesellschaft, Verschmelzung auf andere Kapitalgesellschaften, Abspaltung, Verlustkürzung nach § 8c/§ 8d KStG
5.	Anwendungsbereich bei Personengesellschaften und natürlichen Personen	Zinsschranke gilt auch bei natürlichen Personen sowie für die steuerliche Mitunternehmerschaft; gleiches gilt auch für die Ausnahmetatbestände
	Schluss	**Anwendungsbereich der Praxis**

III. Der Vortrag

Einleitung

Sehr geehrte Frau Prüfungsvorsitzende (geehrter Herr Prüfungsvorsitzender), meine Damen und Herren, ich habe das Thema „**Zinsschranke**“ für meinen mündlichen Vortrag gewählt. Obwohl das Thema „Zinsschranke“ rechtsformunabhängig bei Einzelunternehmen, steuerlichen Mitunternehmerschaften und auch körperschaftsteuerpflichtigen Personen einschlägig sein kann, möchte ich neben den tatbestandlichen Voraussetzungen des § 4h EStG auf die körperschaftsteuerlichen Besonderheiten (§ 8a KStG) eingehen.

1. Betrieblicher Zinsaufwand und Wirkung der Zinsschranke

Zinsaufwendungen stellen regelmäßig betrieblich veranlassten Aufwand dar. Dieser Aufwand ist dem Grunde nach steuerlich als Betriebsausgaben abzugsfähig. Die Norm des § 4h EStG schränkt den Umfang des betrieblichen Schuldzinsenabzugs ein. Die Regelung des § 8a KStG erläutert und erweitert den Anwendungsbereich aus dem Fokus körperschaftsteuerpflichtiger Personen.

Im Ergebnis wird der Anteil der steuerlich nicht berücksichtigungsfähigen Schuldzinsen, soweit diese die Bemessungsgrundlage beeinflusst haben, außerhalb der Steuerbilanz bei der Ermittlung der Einkünfte hinzugerechnet (§ 4h Abs. 1 S. 1 EStG) und kann dann in nachfolgenden Jahren als Zinsaufwand (Zinsvortrag) zum Abzug zugelassen werden (§ 4h Abs. 1 S. 5 EStG). Hinsichtlich des nicht abzugsfähigen Zinsaufwandes normiert § 4h Abs. 4 EStG für den „**Zinsvortrag**“ ein eigenständiges Feststellungsverfahren.

Tipp! Versuchen Sie die Wirkung der Zinsschranke zu verdeutlichen.

2. Begrenzung des Betriebsausgabenabzugs

Von der Regelung der Zinsschranke werden alle Vergütungen für die Überlassung des Fremdkapitals erfasst (§ 4h Abs. 3 EStG). Dabei muss es sich um ein Entgelt für das überlassene Kapital handeln, die den maßgeblichen Gewinn gemindert haben muss.

Dabei ist es zunächst unerheblich, ob es sich um kurzfristige oder langfristige Darlehen handelt. Auch die Rechtsform des Darlehensgebers ist für die steuerliche Beurteilung ohne Belang. Unter den Begriff „Zinsaufwendungen" fallen nach Auffassung der Finanzverwaltung (BMF vom 04.07.2008, BStBl I 2008, 718, Rz. 15) auch Gebühren und Vorfälligkeitsentschädigungen. Steuerzinsen bleiben aus Vereinfachungsgründen ebenfalls unberücksichtigt. Erträge und Aufwendungen aus der Auf- und Abzinsung von Forderungen und Verbindlichkeiten (§ 4h Abs. 3 S. 4 EStG) sind – mit Ausnahme des erstmaligen Betrags aus der Ab-/Aufzinsung – ebenfalls einzubeziehen.

Die **Ermittlung des abziehbaren Zinsaufwandes** vollzieht sich in mehreren Schritten. Zunächst ist der sogenannte Nettozinsaufwand zu bilden. Dieser ergibt sich aus dem Saldo der Schuld- und Guthabenzinsen. Nur für den Fall, dass die Zinsaufwendungen die Höhe der Guthabenzinsen übersteigen, gilt die Begrenzung des § 4h Abs. 1 S. 1 EStG bis zum verrechenbaren EBITDA. Dieser beträgt nach § 4h Abs. 1 S. 2 EStG 30 % des um die Zinsaufwendungen und um die nach § 6 Abs. 2 Satz 1 abzuziehenden, nach § 6 Abs. 2a Satz 2 gewinnmindernd aufzulösenden und nach § 7 abgesetzten Beträge erhöhten und um die Zinserträge verminderten maßgeblichen Gewinns. Soweit diese Größe überschritten wird, ist der Zinssaldo nicht abziehbar und dem Einkommen außerhalb der Steuerbilanz hinzuzurechnen. Der steuerliche EBITDA („Earning before interest, tax und depreciations") errechnet sich aus dem Einkommen i.S.d. § 8a Abs. 1 S. 1 KStG erhöht um die Zinsaufwendungen und um die Abschreibungen nach § 6 Abs. 2, § 6 Abs. 2a EStG sowie § 7 EStG sowie vermindert um die Zinserträge. Die Anwendung des § 9 Abs. 1 Nr. 2 KStG sowie § 10d EStG folgen technisch nach der Anwendung der „Zinsschrankenregelung".

§ 4h Abs. 1 S. 1 EStG stellt auf die Zinsaufwendungen eines Betriebs ab; d.h. maßgeblich für die Prüfung ist jeweils der Betrieb. Kapitalgesellschaften verfügen grundsätzlich nur über einen Betrieb. In den Fällen einer **körperschaftsteuerlichen Organschaft** gilt der gesamte Organkreis als ein Betrieb (§ 15 S. 1 Nr. 3 KStG). Bemessungsgrundlage für die Berechnung der abziehbaren Zinsaufwendungen ist das maßgebliche Einkommen i.S.d. § 8a Abs. 1 S. 1 KStG; diese Größe entspricht dem nach den Vorschriften des KStG und EStG ermittelten Einkommen.

Durch das Wachstumsbeschleunigungsgesetz wurde die Möglichkeit geschaffen, **nicht steuerwirksame EBITDA-Beträge** vorzutragen. Die neue Regelung des EBITDA-Vortrags bewirkt, dass in Jahren, in denen der Betrieb mit seinen Zinsaufwendungen den Abzugsrahmen der Zinsschranke nicht ausschöpft, der nicht ausgeschöpfte Teil dieses Abzugsrahmens in künftige Wirtschaftsjahre vorgetragen wird (**EBITDA-Vortrag**; § 4h Abs. 1 S. 3, 1 HS EStG). Anders als bei den übrigen Verlustvorträgen und dem allgemeinen Zinsvortrag ist der EBITDA-Vortrag zeitlich auf die folgenden fünf Wirtschaftsjahre befristet (§ 4h Abs. 1 S. 3, 1. HS EStG). Insoweit erfolgt auch eine jährliche Feststellung.

3. Ausnahmen vom Abzugsverbot

Soweit der **Nettozinsaufwand** die Größe von 30 % des steuerlichen EBIDTA nicht übersteigt, ist der Zinsaufwand ungekürzt als Betriebsausgabe abzugsfähig. Es unterbleibt eine außerbilanzielle Hinzurechnung. Wird die Größe überschritten, kommt es insoweit zu einer außerbilanziellen Hinzurechnung des nichtabziehbaren Teils (§ 4h Abs. 1 S. 1 EStG). Der nicht abziehbare Teil ist zum Schluss des Wirtschaftsjahres festzustellen und steht somit für das Folgejahr zum Abzug zur Verfügung.

§ 4h Abs. 2 EStG enthält drei wichtige Ausnahmetatbestände vom Anwendungsbereich der Zinsschranke. Jeder dieser einzelnen Ausnahmetatbestände bedingt den vollumfänglichen Betriebsausgabenabzug trotz Überschreitung von 30 % des Nettozinsaufwandes.

3.1 Freigrenze

Die Regelung der Zinsschranke findet keine Anwendung (§ 4h Abs. 2 S. 1a EStG), wenn der Saldo aus Zinsaufwendungen und Zinserträgen geringer als 3 Mio. € ist. Es handelt sich um eine echte **Freigrenze**, die kleineren und mittleren Unternehmen den vollumfänglichen Betriebsausgabenabzug sichern soll.

3.2 Konzernklausel

Unabhängig von der Höhe des Zinsaufwandes ist die Zinsschranke nicht anwendbar, wenn der Betrieb nicht oder nur anteilig zu einem Konzern gehört (**Konzernklausel**; § 4h Abs. 2 S. 1b EStG). Im Ergebnis soll der einem Konzern zugehörige Betrieb in den Anwendungsbereich der Zinsschranke fallen. Die Beweislast hinsichtlich der Konzernklausel obliegt dem Steuerpflichtigen.

Die Norm des § 4h Abs. 3 S. 5 und 6 EStG umschreibt den Begriff der erweiterten Konzernzugehörigkeit. Als konzernzugehörig gelten danach Betriebe, die nach den maßgebenden Rechnungslegungsstandards (HGB, IFRS, US-GAAP) mit einem oder mehreren anderen Betrieben konsolidiert werden oder werden könnten. Daneben gelten Betriebe als konzernzugehörig, deren Finanz- und Geschäftspolitik mit einem oder mehreren anderen Betrieben einheitlich bestimmt werden kann (§ 4h Abs. 3 S. 6 EStG). Nach Auffassung der Finanzverwaltung (BMF vom 04.07.2008, BStBl I 2008, 718, Rz. 68) gelten als maßgeblicher Beurteilungszeitpunkt die Verhältnisse am vorangegangenen Abschlussstichtag.

3.3 Escape-Klausel

Trotz der Zugehörigkeit zu einem Konzern kann die Zinsschrankenregelung nicht anwendbar sein, wenn die **Eigenkapitalquote** des jeweils betrachteten Betriebes am Schluss des vorangegangenen Abschlussstichtags höher oder gleich hoch als die des Konzerns ist (**Escape-Klausel**; § 4h Abs. 2 S. 1c EStG). Das Unterschreiten um höchstens zwei Prozentpunkte gilt als unschädlich. Die Beweislast hinsichtlich des Vergleichs der Eigenkapitalquote obliegt dem Steuerpflichtigen. Maßgebender Standard für die Rechnungslegung ist grundsätzlich IFRS (§ 4h Abs. 2 S. 1 Buchst. c S. 8 EStG). Sollte jedoch kein Konzernabschluss nach IFRS erforderlich sein, können das HGB bzw. US-GAAP zugrunde gelegt werden.

3.4 Rückausnahme zu 3.2 und 3.3

Trotz einschlägiger **Konzernklausel** oder **Escape-Klausel** kann für körperschaftsteuerpflichtige Personen trotzdem die Beschränkung des betrieblichen Schuldzinsenabzugs einschlägig sein, wenn die Fremdkapitalvergütungen an einem zu mehr als 25 % beteiligten Anteilseigner mehr als 10 % der gesamten Zinsaufwendungen (abzüglich Zinserträge) betragen (Rückausausnahme zur Konzernklausel; § 8a Abs. 2 KStG).

> **Tipp!** Stellen Sie an dieser Stelle heraus, dass hier Zinsaufwendungen mit der Rechnungsgröße Nettozinsaufwand verglichen werden und nicht die Summe aller Zinsaufwendungen.

Ähnlich wie die Rückausnahme in § 8a Abs. 2 KStG für den Fall der Konzernklausel kennt § 8a Abs. 3 S. 1 KStG für die Escape-Klausel ebenfalls eine Rückausnahme. Der **Eigenkapitalvergleich** scheidet zur Nichtanwendung der Zinsschrankenregelung aus, wenn eine schädliche Gesellschafterfremdfinanzierung gegeben ist.

Bezogen auf die Zinsaufwendungen muss jedoch beachtet werden, dass nur Zinsaufwendungen aus Verbindlichkeiten zu erfassen sind, die im voll konsolidierten Konzernabschluss enthalten sind. Soweit Verbindlichkeiten im Rahmen der Konsolidierung neutralisiert werden, bleiben die darauf entfallenden Zinsaufwendungen unberücksichtigt.

4. Zinsvortrag und Wegfall des Zinsvortrages

Sofern die Beschränkung des betrieblichen Schuldzinsenabzugs greift, kann der nicht berücksichtigte Zinsaufwand in den folgenden Wirtschaftsjahren als Zinsvortrag vorgetragen werden (§ 4h Abs. 1 S. 5 EStG). Er erhöht den Zinsaufwand des folgenden Jahres. Zum Schluss eines jeden Jahres hat eine gesonderte Feststellung zu erfolgen (§ 4h Abs. 4 EStG).

> **Tipp!** Der Zinsvortrag erhöht jedoch nicht den maßgeblichen Gewinn des Folgejahres (§ 4h Abs. 1 S. 2 EStG).

Ein bestehender **Zinsvortrag** kann in den Fällen der Umwandlung einer Kapitalgesellschaft auf eine Personengesellschaft, der Verschmelzung oder Abspaltung und in den Fällen der Verlustkürzung nach § 8c KStG bzw. § 8d KStG ganz oder teilweise entfallen.

5. Anwendungsbereich bei Personengesellschaften und natürlichen Personen

Die Regelung der Zinsschranke ist vom Anwendungsbereich nicht auf Körperschaften beschränkt; sie gilt rechtsformunabhängig. Voraussetzung für den Anwendungsbereich ist jedoch das Vorliegen einer Gewinneinkunftsart. Rein **vermögensverwaltende Personengesellschaften** fallen unmittelbar nicht in den Anwendungsbereich dieser Regelung; jedoch können ihre anteiligen Zinsaufwendungen auf der Ebene der Gesellschafter zu berücksichtigen sein (BMF vom 04.07.2008, BStBl I 2008, 718, Rz. 43).

Anknüpfungspunkt für die Norm ist nicht der Steuerpflichtige, sondern der Betrieb. Bei Einzelunternehmen ist die Regelung für jeden einzelnen Betrieb einschlägig. Folglich kann eine Person mehrere Betriebe haben. Für jeden einzelnen Betrieb ist die Zinsschrankenregelung getrennt zu beurteilen. Anders als bei der körperschaftsteuerlichen Organschaft, die als ein Betrieb i.S.d. Zinsschranke gilt, handelt es sich bei der Betriebsaufspaltung um zwei selbständige Betriebe.

Auch für den Betrieb „**Steuerliche Mitunternehmerschaft**", der aus Gesamthandsbereich und Sonderbereichen der Gesellschafter besteht, findet die Zinsschranke Anwendung. Eine mögliche Kürzung des „Zinsaufwandes" erfolgt „betriebsbezogen". Folglich ist unerheblich, ob der Aufwand aus dem Gesamthands- oder Sonderbereich stammt. Dies führt nach Auffassung der Finanzverwaltung (BMF vom 04.07.2008, BStBl I 2008, 718, Rz. 51) jedoch dazu, dass nicht abziehbare Zinsaufwendungen unabhängig von der Entstehung nach dem allgemeinen Gewinnverteilungsschlüssel unter den betreffenden Mitunternehmern aufzuteilen sind.

Die **Ausnahmetatbestände des § 4h Abs. 2 EStG** gelten auch bei Betrieben, die in der Rechtsform eines Einzelunternehmens oder einer steuerlichen Mitunternehmerschaft betrieben werden. Das gilt nicht nur für die Freigrenze, sondern auch für die Konzernklausel und Escape-Klausel.

Sofern ein Einzelunternehmer einen Betrieb einstellt oder aufgibt, bedingt dies den Verlust des bestehenden Zinsvortrags (§ 4h Abs. 5 S. 1 EStG). Bei einem Ausscheiden eines Mitunternehmers aus der Gesellschaft geht ein vorhandener Zinsvortrag anteilig mit der Quote des ausgeschiedenen Mitunternehmers unter (§ 4h Abs. 5 S. 2 EStG).

Schluss

Die Regelung soll den **Betriebsausgabenabzug für Zinsaufwendungen** einschränken. Aufgrund der Höhe der Freigrenze ist die Norm in der allgemeinen Beratungspraxis „kleinerer" und „mittlerer" Unternehmen nicht einschlägig.

Vielen Dank für Ihre Aufmerksamkeit.

Vortrag 4: Grundlagen der Ertragsbesteuerung von gemeinnützigen Körperschaften

I. Einführende Hinweise

In der deutschen Steuergesetzgebung sind in einer Vielzahl von Einzelnormen Einrichtungen, die dem Wohle der Allgemeinheit dienen, durch Steuerbefreiungen und Erleichterungen gefördert. Hintergrund dieser Förderung ist die Entlastung der öffentlichen Hand durch Dritte. Die Begünstigung wird mit dem Begriff „**Gemeinnützigkeit**" überschrieben. Das Gemeinnützigkeitsrecht ist in den §§ 51–68 AO geregelt; während die Einzelsteuergesetze in der Regel die Begünstigung enthalten.

> **Tipp!** Dieses Thema wird in unregelmäßigen Abständen als Vortragsthema für den Kurzvortrag angeboten.

II. Die Gliederung

	Gliederungspunkt	Die Stichworte
	Einleitung	**Thema; Kurzübersicht**
1.	Steuerliche Vorteile der Gemeinnützigkeit	Erläuterung des Umfangs der Begünstigung (ertragsteuerlich/kurzer Hinweis auf die weiteren Vorteile)

2.	Tätigkeitsbereiche	Ideeller Bereich, Vermögensverwaltung, wirtschaftlicher Geschäftsbetrieb; Zweckbetrieb und steuerpflichtiger wirtschaftlicher Geschäftsbetrieb; Folgen für die Steuerpflicht; Sonderregelung für Sportvereine
3.	Umfang der Begünstigung	Gemeinnützige, mildtätige und kirchliche Zwecke
3.1	Satzung und tatsächliche Geschäftsführung	Anforderung an die Satzung (§ 60 AO), satzungsmäßige Vermögensbindung (§ 61 AO); Anforderung an die tatsächliche Geschäftsführung (§ 63 AO)
3.2	Weitere Voraussetzungen	Selbstlosigkeit und Mittelverwendung (§ 55 AO), Ausschließlichkeit (§ 56 AO), Unmittelbarkeit (§ 57 AO)
4.	Schädliche und steuerunschädliche Betätigungen	§§ 55 und 58 AO
5.	Besteuerungsverfahren	Freigrenze (§ 64 Abs. 3 AO); Freibetrag (§ 24 KStG); Körperschaftsteuersatz
	Schluss	**Fazit: Beratungsfeld**

III. Der Vortrag

Einleitung

Sehr geehrte Frau Prüfungsvorsitzende (geehrter Herr Prüfungsvorsitzender), meine Damen und Herren, ich habe das Thema „**Grundlagen der Ertragsbesteuerung von gemeinnützigen Körperschaften**" für meinen mündlichen Vortrag gewählt. Bedingt durch den Umfang und der Vielfältigkeit des Themas kann der Vortrag nur einen Überblick über das Thema darstellen.

1. Steuerliche Vorteile der Gemeinnützigkeit

Die **Steuerbefreiung für gemeinnützige Körperschaften, Personenvereinigungen und Vermögensmassen** ist materiell in den §§ 51–68 der AO geregelt. Neben der Befreiung von der Körperschaftsteuer (vgl. § 5 Abs. 1 Nr. 9 S. 1 KStG) wirkt sich die Steuervergünstigung auch direkt auf die Gewerbesteuer (vgl. § 3 Nr. 6 GewStG) und die Umsatzsteuer (Steuerbefreiungen in § 4 UStG sowie Zweckbetriebe mit dem ermäßigten Steuersatz von 7 %; § 12 Abs. 2 Nr. 8 UStG) aus. Auch der Spendenabzug im Ertragsteuerrecht stellt eine solche Begünstigung im Rahmen der Gemeinnützigkeit dar. Auf der anderen Seite können sich aus der Gemeinnützigkeit auch Nachteile ergeben. Diese bestehen in der Beschränkung des Betätigungsfeldes und der Festlegung auf bestimmte Zwecke.

> **Tipp!** Als weitere Begünstigung kann an dieser Stelle die Steuerbefreiung für Übungsleiter/sog. Übungsleiterpauschale (§ 3 Nr. 26 EStG) und der Ehrenamtspauschbetrag (§ 3 Nr. 26a EStG) genannt werden. Sofern Sie diese nennen, ist die Wahrscheinlichkeit sehr groß, dass diese Themenkomplexe noch Gegenstand der Schlussrunde werden könnten. Seien Sie darauf vorbereitet.

Unter diese Begünstigung können nur Personen fallen, die nach § 1 KStG unbeschränkt körperschaftsteuerpflichtig sind (z.B. Kapitalgesellschaften; § 1 Abs. 1 Nr. 1 KStG bzw. eingetragene Vereine; § 1 Abs. 1 Nr. 4 KStG). Andere als in § 1 KStG benannte Rechtsformen (insbesondere Personengesellschaften) sind von der Begünstigung ausgeschlossen.

> **Tipp!** Die Gleichbehandlung ausländischer Körperschaften wurde bezüglich der Steuerbefreiung des § 5 Abs. 1 Nr. 9 KStG normiert (§ 5 Abs. 2 Nr. 2 KStG), sofern sie innerhalb der EG Sitz und Geschäftsleitung haben und mit Deutschland ein Amtshilfeabkommen besteht.

2. Tätigkeitsbereiche

Unabhängig von der Rechtsform normieren § 5 Abs. 1 Nr. 9 S. 1 KStG bzw. § 3 Nr. 6 GewStG eine persönliche Steuerbefreiung für Körperschaften, Personenvereinigungen und Vermögensmassen, die nach der Satzung (dem Stiftungsgeschäft oder sonstigen Verfassung) ausschließlich und unmittelbar gemeinnützigen, mildtätigen und kirchlichen Zwecken dienen. Inhaltlich wird auf die Normen der §§ 51–68 AO verwiesen. Die Steuerbefreiung ist jedoch partiell ausgeschlossen, soweit ein **wirtschaftlicher Geschäftsbetrieb** unterhalten wird (§ 5 Abs. 1 Nr. 9 S. 2 KStG). Ein wirtschaftlicher Geschäftsbetrieb ist eine selbständige nachhaltige Tätigkeit, durch die Einnahmen oder andere wirtschaftliche Vorteile erzielt werden und die über den Rahmen einer Vermögensverwaltung hinausgeht (§ 14 S. 1 AO). Die Absicht, Gewinn zu erzielen, ist nicht erforderlich. Zur Abgrenzung der wirtschaftlichen Geschäftsbetriebe und dem ideellen Bereich erläutert S. 3 des § 14 AO beispielhaft, dass eine Vermögensverwaltung anzunehmen ist, wenn Vermögen genutzt, zum Beispiel Kapitalvermögen verzinslich angelegt oder unbewegliches Vermögen vermietet oder verpachtet wird.

Somit sind weder der ideelle Bereich noch die Vermögensverwaltung für die Ertragsbesteuerung relevant. Bezogen auf die wirtschaftlichen Geschäftsbetriebe, die keine Zweckbetriebe sind, wird die Ertragsteuerpflicht für die Besteuerungsgrundlage ausgeschlossen (§ 64 Abs. 1 AO). Ein **Zweckbetrieb** ist anzunehmen, wenn er in seiner Gesamtausrichtung dazu dient, den steuerbegünstigten satzungsmäßigen Zweck zu verwirklichen, dieser Zweck nur mit seiner Hilfe erfüllt werden kann und er mit gleichen oder ähnlichen Unternehmen nur insoweit in den Wettbewerb tritt, als dies zur Erfüllung der steuerbegünstigten Zwecke unvermeidbar ist (§ 65 AO).

Eine **wirtschaftliche Betätigung** kann nur einheitlich als Zweckbetrieb oder steuerpflichtiger wirtschaftlichen Geschäftsbetrieb beurteilt werden. Diese Legaldefinition des Zweckbetriebs wird durch Zweckbetriebe kraft Gesetz erweitert. §§ 66–68 AO bestimmen Betätigungen als Zweckbetrieb, die nach der Legaldefinition i.d.R. als steuerpflichtiger wirtschaftlicher Geschäftsbetrieb zu beurteilen wären (z.B. Einrichtungen der Wohlfahrtspflege, Krankenhäuser, Altenheime, Lotterieveranstaltungen unter bestimmten Voraussetzungen etc.). Daneben enthält § 67a AO eine Sonderregelung zur Qualifikation eines Zweckbetriebs von Einnahmen aus sportlichen Veranstaltungen. Im Ergebnis handelt es sich bei Zweckbetrieben um wirtschaftliche Betätigungen, die zu keinen ertragsteuerlichen Auswirkungen führen.

Danach lassen sich die **Betätigungen einer gemeinnützigen Körperschaft** in vier unterschiedliche Bereiche aufteilen: Ideeller Bereich, Vermögensverwaltung, Zweckbetrieb und steuerpflichtiger wirtschaftlicher Zweckbetrieb. Lediglich der steuerpflichtige wirtschaftliche Geschäftsbetrieb kann eine Körperschaftsteuer- und Gewerbesteuerpflicht auslösen.

> **Tipp!** Sofern es Ihre Zeitplanung zulässt, könnten Sie die unterschiedlichen Sphären anhand eines kleinen Beispiels erläutern.
>
> **Beispiel:** Ein Sportverein mit einem Sparbuch (Vermögensverwaltung), Eintrittsgeldern (Zweckbetrieb, § 67a AO) und dem Verkauf von Speisen und Getränken (steuerpflichtiger wirtschaftlicher Geschäftsbetrieb).

3. Umfang der Begünstigung

Soweit eine Steuervergünstigung gemeinnützige, mildtätige oder kirchliche Zwecke erfordert, sind diese in den §§ 52–54 AO geregelt (§ 51 AO). Die dort genannten Betätigungen stellen den Rahmen der Betätigung dar. Es handelt sich dabei nur um die „Tätigkeit" für die Gewährung der Steuerfreiheit. Darüber hinaus müssen noch die Satzung, (dem Stiftungsgeschäft oder der sonstigen Verfassung) und die **tatsächliche Geschäftsführung** ausschließlich und unmittelbar diese Zwecke verfolgen.

Mildtätige Zwecke (§ 53 AO) sind darauf ausgerichtet Personen zu unterstützen. Die Ursache kann in der wirtschaftlichen oder persönlichen Bedürftigkeit des Empfängers liegen (z.B. Kranke, Behinderte). Den **kirchlichen Zweck** (§ 54 AO) dient die Förderung einer öffentlich-rechtlichen Religionsgemeinschaft. Die geförderte Religionsgemeinschaft muss jedoch eine Körperschaft des öffentlichen Rechts sein (z.B. Katholische Kirche, Evangelische Kirche etc.).

Daneben sind die **sonstigen gemeinnützigen Zwecke,** die in § 52 AO genannt sind, begünstigt. Grundvoraussetzungen zur Anerkennung der gemeinnützigen Zwecke ist, dass die Tätigkeit darauf gerichtet sein muss, die Allgemeinheit auf materiellem, geistigem oder sittlichem Gebiet selbstlos zu fördern (§ 52 Abs. 1 AO). In

§ 52 Abs. 2 AO werden katalogmäßig Betätigungen aufgeführt, die die Voraussetzungen des Abs. 1 erfüllen. Beispielhaft sind hier genannt: Religion, Wissenschaft und Forschung, Jugend- und Altenpflege bis hin zum Sport.

3.1 Satzung und tatsächliche Geschäftsführung

Die Steuervergünstigung erfordert, dass die **Satzung** den steuerbegünstigten Zwecken entspricht und die **tatsächliche Geschäftsführung** ausschließlich, unmittelbar und selbstlos diese Zwecke verfolgt. Für den Fall der erstmaligen Prüfung der Voraussetzungen regelt § 60a AO eine gesonderte Feststellung über die Einhaltung der satzungsmäßigen Voraussetzungen. Sie wird auf Antrag der Körperschaft hin vorgenommen, spätestens aber bei Veranlagung zur Körperschaftsteuer. Bei der gesonderten Feststellung handelt es sich um einen Verwaltungsakt. Der/die steuerbegünstigte/n Zweck/e müssen in der Satzung genau bezeichnet werden (§ 60 AO). Sofern satzungsmäßig mehrere Zwecke verfolgt werden, müssen alle steuerbegünstigt sein. Darüber hinaus muss die Satzung eine Regelung zur Vermögensbindung enthalten, die verhindern soll, dass das aufgrund der Steuerbegünstigung entstandene Vermögen nur für begünstigte Zwecke verwendet wird (§ 55 Abs. 1 Nr. 4 AO i.V.m. § 61 Abs. 1 AO). Neben der Betätigung und der Satzung kommt der tatsächlichen Geschäftsführung (§ 63 AO) tatbestandsmäßig erhebliche Bedeutung zu. Die Geschäftsführung muss grundsätzlich tatsächlich von Beginn an auf die ausschließliche und unmittelbare Erfüllung des steuerbegünstigten Zwecks sowie den Bestimmungen der Satzung gerichtet sein. Eine darüber hinaus gehende Tätigkeit ist schädlich.

3.2 Weitere Voraussetzungen

Unabhängig davon, ob eine Körperschaft mildtätigen (§ 53 S. 1 AO), kirchlichen (§ 54 Abs. 1 AO) oder gemeinnützigen Zwecken (§ 52 Abs. 1 AO) dient, muss ihr Handeln **selbstlos** sein (§ 55 Abs. 1 S. 1 AO). Aus diesem Grundsatz der Selbstlosigkeit verbieten sich Tätigkeiten, die in erster Linie aus eigenwirtschaftlichen Interessen verfolgt werden. Auch dürfen Mitglieder keinerlei wirtschaftliche Interessen verfolgen und keine Zuwendungen erhalten. Diesem Grundsatz folgend fordert § 55 Abs. 1 S. 1 AO, dass die Mittel einer gemeinnützigen Körperschaft ausschließlich für gemeinnützige Zwecke verwandt werden. **§ 55 Abs. 1 Satz 1 AO gilt nicht für Körperschaften mit jährlichen Einnahmen von nicht mehr als 45.000 €.** Grundsätzlich hat eine begünstigte Körperschaft, die ihr zur Verfügung stehenden Mittel zeitnah zu verwenden (§ 55 Abs. 1 Nr. 5 S. 1 AO). Dieser Grundsatz wird lediglich durch die zulässige Bildung von Rücklagen durchbrochen.

Die begünstigten Zwecke müssen ausschließlich (§ 56 AO) verfolgt werden; somit dürfen keine anderen als in der Satzung vorgesehenen Zwecke durchgeführt werden. Das gleiche gilt auch für die tatsächliche Geschäftsführung. Die Körperschaft muss grundsätzlich die satzungsmäßigen Zwecke in eigener Person (**Unmittelbarkeit**) verwirklichen (§ 57 AO).

4. Schädliche und steuerunschädliche Betätigungen

§ 58 AO enthält Ausnahmetatbestände für Betätigungen, die dem Grunde nach für die Körperschaft schädlich wären. So wird beispielsweise der **Grundsatz der Ausschließlichkeit** hinsichtlich der eigenwirtschaftlichen Betätigung (§ 55 Abs. 1 S. 1 AO) oder im Hinblick auf die Geselligkeit (§ 58 Nr. 8 AO) aufgelockert. Auch hinsichtlich der Unmittelbarkeit gelten über § 58 AO weitere unschädliche Ausnahmen, z.B. Spendensammelvereine (Nr. 1), Überschüsse der Einnahmen über die Ausgaben aus der Vermögensverwaltung, ihre Gewinne aus den wirtschaftlichen Geschäftsbetrieben ganz oder teilweise und darüber hinaus höchstens 15 % ihrer sonstigen nach § 55 Abs. 1 Nr. 5 AO zeitnah zu verwendenden Mittel einer anderen steuerbegünstigten Körperschaft oder einer juristischen Person des öffentlichen Rechts zur Vermögensausstattung (Nr. 3), Überlassung von Personal und Sachmitteln (Nr. 4).

Im Rahmen der Mittelweitergabe an Dritte ist ein Vertrauensschutz zu beachten, § 58a AO.

5. Besteuerungsverfahren

Sofern eine begünstige Körperschaft einen steuerpflichtigen wirtschaftlichen Geschäftsbetrieb unterhält, löst nur dieser eine Ertragsteuerbelastung aus. Unabhängig von der Anzahl und dem Umfang der Betätigung gibt es steuerlich nur einen wirtschaftlichen Geschäftsbetrieb (§ 64 Abs. 2 AO). Aus Vereinfachungsgründen unterbleibt eine gewerbesteuerliche und körperschaftliche Besteuerung, wenn die Einnahmen aus dem steuerpflichtigen wirtschaftlichen Geschäftsbetrieb insgesamt 45.000 € (inklusive Umsatzsteuer) im Jahr nicht übersteigen (§ 64 Abs. 3 AO). Diese Freigrenze bezieht sich auf die Einnahmen; nicht auf den Gewinn oder Überschuss.

Die Einkünfte werden auf Basis der §§ 8–10 KStG ermittelt. Sofern eine Gewinnermittlung erforderlich ist, hat diese nach Maßgabe des § 4 Abs. 1 S. 1 EStG bzw. § 4 Abs. 3 EStG zu erfolgen.

§ 64 Abs. 5 und 6 AO sieht für bestimmte Einnahmen (**Altkleidersammlungen und Werbung**) optional eine Gewinnpauschalierung vor, die sich auf Basis eines Prozentsatzes 5 % der Einnahmen aus Altpapier und 20 % bei allem anderen Altmaterial sowie 15 % der Einnahmen aus der Werbung errechnet.

Nach Überschreitung der Freigrenze werden alle Einkünfte, nach Maßgabe der jeweiligen Einkommensermittlungsnormen ermittelt. Vom Einkommen i.S.d. § 7 Abs. 2 KStG wird in Abhängigkeit von der Rechtsform ein Freibetrag (§ 24 KStG) i.H.v. 5.000 € zum Abzug gebracht. Der Körperschaftsteuersatz beträgt seit dem Veranlagungszeitraum 2008 15 % (§ 23 Abs. 1 KStG).

Für die **Gewerbesteuer** gilt der im Inland betriebene steuerpflichtige wirtschaftliche Geschäftsbetrieb als Steuergegenstand (§ 2 Abs. 3 GewStG). Als Gewerbeertrag wird das Ergebnis des steuerpflichtigen wirtschaftlichen Geschäftsbetriebs (nach Überschreitung der Freigrenze des § 64 Abs. 3 AO) um Hinzurechnungen (§ 8 GewStG) erhöht und um Kürzungen (§ 9 GewStG) vermindert. Der auf volle 100 € abgerundete maßgebliche Gewerbeertrag wird um einen Freibetrag i.H.v. 5.000 € (§ 11 Abs. 1 S. 3 Nr. 2 GewStG) gekürzt.

Schluss

In der täglichen Beratungspraxis kleinerer und mittlerer Kanzleien spielt die steuerliche Beratung von gemeinnützigen Körperschaften erfahrungsgemäß eine untergeordnete Bedeutung. Für viele Vereine (insbesondere kleinere Vereine) kommt es zu keiner ertragsteuerlichen Belastung; dennoch spielen in der Praxis insbesondere die umsatzsteuerlichen Auswirkungen eine erhebliche Bedeutung, diese klammert sich i.d.R. an die ertragsteuerliche Betrachtung.

Vielen Dank für Ihre Aufmerksamkeit.

Vortrag 5: Körperschaftsteuerliche Organschaft

I. Einführende Hinweise

Im deutschen Steuerrecht wurde bisher bewusst auf die Schaffung eines besonderen Konzernsteuerrechts verzichtet. Mit dem Ausdruck **„Organschaft“**, der in den einzelnen Steuerarten tatbestandsmäßig unterschiedlich geregelt ist, wird „landläufig“ das Konzernsteuerrecht gemeint.

> **Tipp!** Obwohl das Thema sich mit Ausnahme der Grundlagen nicht für die Fragerunden eignet, wurde es in der Vergangenheit häufig als Vortragsthema angeboten. Erstaunlicherweise wird dieses Thema jedoch nicht so gerne als Vortragsthema gewählt. Wir können Sie an dieser Stelle nur dazu ermutigen es zu wählen, da kaum ein anderes Thema sich so klar aus dem Gesetz als Hilfsmittel gliedern lässt.

II. Die Gliederung

	Gliederungspunkt	Die Stichworte
	Einleitung	**Thema, Kurzübersicht**
1.	Vor- und Nachteile der Organschaft	Vor- und Nachteile der Organschaft: Verhinderung der Pauschalierung des § 8b Abs. 5 KStG, Ausgleich von Gewinnen mit Verlusten, phasengleiche Erfassung der Ergebnisse
2.	Tatbestandsvoraussetzung	Organträger, Organgesellschaft, finanzielle Eingliederung, Gewinnabführungsvertrag
3.	Rechtsfolgen der Organschaft	Trotz Organschaft bleiben Organträger und Organgesellschaft selbständige Steuersubjekte

	Gliederungspunkt	Die Stichworte
3.1	System der Einkommensermittlung	Getrennte Ermittlung des Einkommens der Organgesellschaft und des Organträgers; Zusammenrechnung im Wege der „Addition“
3.2	Besonderheiten der Einkommensermittlung	Bruttomethode, Verlustabzug, Zinsschranke
3.3	Verunglückte Organschaft	Gewinnabführungen und Verlustübernahmen gelten als verdeckte Gewinnausschüttungen und verdeckte Einlagen
4.	Ausgleichzahlungen an Minderheitsgesellschafter	Ausgleichzahlung an außenstehende Gesellschafter, § 4 Abs. 5 Nr. 9 EStG; eigenes Einkommen der Organgesellschaft
5.	Rücklagenbildung durch die Organgesellschaft; Auflösung der Rücklagen	Rücklagenbildung im Rahmen grundsätzlich zulässig; bleibt aber Einkommen des Organträgers; Zugang im steuerlichen Einlagekonto der Organgesellschaft
6.	Vororganschaftliche Rücklagen	Behandlung als Gewinnausschüttungen
	Schluss	**Organgesellschaft gilt als Betriebsstätte des Organträgers (§ 2 Abs. 2 S. 2 GewStG). Folge: Zerlegung der Gewerbesteuer**

III. Der Vortrag

Einleitung

Sehr geehrte Frau Prüfungsvorsitzende (geehrter Herr Prüfungsvorsitzender), meine Damen und Herren, ich habe das Thema „**Körperschaftsteuerliche Organschaft**“ für meinen mündlichen Vortrag gewählt. Die Organschaft ist im Körperschaftsteuer- und Gewerbesteuerrecht tatbestandsmäßig identisch geregelt. Im Umsatzsteuerrecht weichen die Tatbestände von den ertragsteuerlichen Voraussetzungen ab. In meinen Vortrag werde ich mich auf die tatbestandsmäßigen Voraussetzungen eines körperschaftsteuerlichen Organschaftsverhältnisses und deren Folgen beschränken.

1. Vor- und Nachteile der Organschaft

Eine **Organschaft** ist anzunehmen, wenn sich ein steuerlich selbständiges Unternehmen (**Organgesellschaft**) vertraglich verpflichtet, seine Gewinne an ein anderes Unternehmen abzuführen und dieser (**Organträger**) Verluste ausgleicht. Aus Sicht der Ertragsbesteuerung hat die körperschaftsteuerliche Organschaft auch für kleinere und mittlere Unternehmen an Bedeutung gewonnen. Als Gründe sind zu nennen: Verluste der Organgesellschaft können mit Gewinnen des Organträgers direkt verrechnet werden und umgekehrt. Gleiches gilt für Verluste und Gewinne verschiedener Organgesellschaften im sog. Organkreis. Da zwischen den beiden Unternehmen keine Gewinnausschüttungen für den Fall der Gewinnabführung anzunehmen sind, fällt insoweit die Pauschalierung der nicht abziehbaren Betriebsausgaben (§ 8b Abs. 5 S. 1 KStG) nicht an. Verdeckte Gewinnausschüttungen werden vermieden, da diese als Vorabgewinnabführungen qualifiziert werden. Darüber hinaus bewirkt die Organschaft Zinsvorteile beim Kapitalertragsteuerabzug. Als wesentlichster Nachteil der Organschaft ist der Haftungstatbestand des § 73 AO zu nennen.

2. Tatbestandsvoraussetzung

Nach § 14 Abs. 1 S. 1 KStG kann die Organgesellschaft die Rechtsform einer Europäischen Gesellschaft, einer AG oder einer KGaA haben. § 17 KStG erweitert den Personenkreis auf andere Kapitalgesellschaften. Voraussetzung für die persönliche Eignung als Organgesellschaft ist ein Sitz in einem Mitgliedstaat der Europäischen Union oder in einem Vertragsstaat des EWR-Abkommens (Organgesellschaft) und eine inländische Geschäftsleitung. Nach Auffassung der Europäischen Kommission begründet dies eine Vertragsverletzung (Verstoß gegen den Vertrag über die Arbeitsweise der Europäischen Union sowie das Abkommen über den Europäischen Wirtschaftsraum).

Zurechnung der Beteiligung an der Organgesellschaft zu einer inländischen Betriebsstätte

Nach § 14 Abs. 1 Satz 1 Nr. 2 KStG muss die Beteiligung an der Organgesellschaft (oder – bei einer mittelbaren Beteiligung – an der vermittelnden Gesellschaft) einer inländischen Betriebsstätte zuzuordnen sein. Das Einkommen der OG muss nach innerstaatlichem Recht als auch nach Abkommensrecht der deutschen Besteuerung unterliegen. Die Beteiligung an der Organgesellschaft muss während der gesamten Dauer der Organschaft ununterbrochen einer inländischen Betriebsstätte i.S.d. § 12 AO des Organträgers zuzuordnen sein. In den Fällen der mittelbaren Beteiligung an der Organschaft muss die Beteiligung an der vermittelnden Gesellschaft einer inländischen Betriebsstätte des Organträgers zuzurechnen sein.

Als **Organträger** kommt jede gewerblich i.S.d. § 15 Abs. 1 Nr. 2 EStG tätige Rechtsform in Betracht (§ 14 Abs. 1 S. 1 i.V.m. Abs. 1 Nr. 2 KStG). Natürliche Personen müssen gewerbliche Einkünfte i.S.d. § 15 Abs. 1 Nr. 2 EStG erzielen. Körperschaften, Personenvereinigungen und Vermögensmassen eignen sich nur insoweit als Organträger, als dass diese unbeschränkt steuerpflichtig und nicht steuerbefreit sind. Darüber hinaus muss die Geschäftsleitung (§ 10 AO) sich im Inland befinden. Gewerblich tätige Personengesellschaften können dann Organträger sein, wenn die tatbestandsmäßigen Voraussetzungen der finanziellen Eingliederung sich aus der Personengesellschaft selbst ergeben. Dafür müssen die Anteile an der Organgesellschaft zwingend zum Gesamthandsvermögen der Personengesellschaft gehören (§ 15 Abs. 1 Nr. 2 S. 1, 1. HS EStG).

Der Organträger muss vom Beginn des Wirtschaftsjahres der Organgesellschaft an ununterbrochen in einem solchem Maße beteiligt sein, dass ihm die Mehrheit der Stimmrechte zuzurechnen ist (**finanzielle Eingliederung**; § 14 Abs. 1 S. 1 Nr. 1 KStG). Aus der Beteiligung an der Organgesellschaft muss dem Organträger die Mehrheit der Stimmrechte zustehen. Dies kann entweder unmittelbar aber auch mittelbar der Fall sein. **Mittelbare Beteiligungen** dürfen aus Sicht der finanziellen Eingliederung nur berücksichtigt werden, wenn die Beteiligung an jeder vermittelnden Gesellschaft die Mehrheit der Stimmrechte gewährt (§ 14 Abs. 1 S. 1 Nr. 1 S. 2 KStG). Die Voraussetzung der finanziellen Beteiligung gilt auch als vorliegend, wenn sowohl unmittelbare als auch mittelbare Beteiligungen die Mehrheit der Stimmrechte ergeben. Mittelbare Beteiligungen sind dann mit der sog. durchgerechneten Quote zu berücksichtigen. Aber auch in dieser Variante muss zwingend an der vermittelnden Gesellschaft die Mehrheit der Stimmrechte gewährt werden.

Mit dem **Gewinnabführungsvertrag** verpflichtet sich die Organgesellschaft gegenüber dem Organträger, ihren gesamten Gewinn an den Organträger abzuführen; im Gegenzug beinhaltet diese Vereinbarung auch die Verpflichtung zur Verlustübernahme (§ 14 Abs. 1 S. 1 i.V.m. § 14 Abs. 1 Nr. 3 KStG).

Mit dem Gesetz zur Änderung und Vereinfachung der Unternehmensbesteuerung und des steuerlichen Reisekostenrechts sollte u.a. eine Erleichterung bei der Erfüllung der Voraussetzungen für die steuerliche Anerkennung einer Organschaft erreicht werden. Besonders betrifft dies auch die Neuregelung der Verlustübernahmevereinbarung in § 17 Satz 2 Nr. 2 KStG und die diesbezügliche „Amnestieregelung" in § 34 Abs. 10b KStG. Die Neufassung des § 17 Satz 2 Nr. 2 KStG sieht vor, dass in Vereinbarungen mit anderen Kapitalgesellschaften als Aktiengesellschaften über die Verlustübernahme ein ausdrücklicher Verweis auf § 302 AktG in seiner jeweils gültigen Fassung vorgesehen sein muss. Die in H 17 KStH enthaltene Möglichkeit, den Vertragstext entsprechend dem Inhalt des § 302 AktG zu gestalten, ist mit der Änderung steuerlich nicht mehr zulässig. Fehlt in einem zuvor abgeschlossenen Gewinnabführungsvertrag der Verweis auf § 302 AktG in der jeweils gültigen Fassung, steht dies der Anerkennung der Organschaft für Veranlagungszeiträume, die vor dem 31.12.2014 enden, nicht entgegen, wenn eine Verlustübernahme entsprechend § 302 AktG tatsächlich erfolgt ist und der Gewinnabführungsvertrag bis zum Ablauf des 31.12.2014 wirksam korrigiert wird. Verdeckte

Gewinnausschüttungen und verdeckte Einlagen zwischen der Organgesellschaft und dem Organträger liegen nicht vor. Sie gelten als vorweggenommene Gewinnabführung bzw. Verlustübernahme.

Tipp! Das Tatbestandsmerkmal des Gewinnabführungsvertrags stellt die Einräumung eines Wahlrechts zwischen den Beteiligungen dar. Sofern die Beteiligten die Einkommenszurechnung als Folge der Organschaft verhindern wollen, hängt das ertragsteuerliche Organschaftsverhältnis vom Abschluss und der Durchführung des Gewinnabführungsvertrages ab. In diesem Zusammenhang kann hier noch kurz auf die zum 01.01.2021 eingetretenen Änderungen eingegangen werden.

Der **Gewinnabführungsvertrag** muss mindestens fünf Jahre durchgeführt werden. Es handelt sich dabei um eine Frist von fünf Zeitjahren (= 60 Monaten). Der tatsächliche Vollzug des Gewinnabführungsvertrags ist anzunehmen, wenn die Gewinne innerhalb einer angemessenen Frist an den Organträger abgeführt und Verluste durch den Organträger tatsächlich ausgeglichen werden. Zur Durchführung genügt ein entsprechender Ausweis von Forderungen und Verbindlichkeiten, wenn diese innerhalb einer angemessenen Frist tatsächlich ausgeglichen werden. Grundsätzlich ist jede vorzeitige Beendigung des Gewinnabführungsvertrags steuerschädlich; sofern kein gewichtiger Grund anzunehmen ist (§ 14 Abs. 1 S. 1 Nr. 3 S. 2 KStG). Als gewichtige Gründe gelten die Veräußerung oder Einbringung der Anteile. Die sich aus dem Vertrag ergebenden Verpflichtungen zur Gewinnabführung bzw. zur Verlustübernahme erstrecken sich nach der Rechtsprechung des BGH auf das sich bei objektiv ordnungsgemäßer Bilanzierung herausstellende Ergebnis, vgl. BGH-Urteile vom 05.06.1989, II ZR 172/88, BB 1989, 1518; vom 14.02.2005, II ZR 361/02. Um zu verhindern, dass fehlerhafte Bilanzansätze zur Versagung der steuerlichen Anerkenntnis der Organschaft führen, sieht § 14 Abs. 1 Satz 1 Nr. 3 Satz 4, 5 KStG „Durchführungsvereinfachungen vor.

Anders als bei der finanziellen Eingliederung, die bereits von Beginn des Wirtschaftsjahres der Organgesellschaft ununterbrochen vorliegen muss, reicht es für den Gewinnabführungsvertrag aus, dass dieser spätestens bis zum Ende des Wirtschaftsjahres der Organgesellschaft geschlossen wird und der Gewinnabführungsvertrag wirksam wird.

Liegen alle Voraussetzung vor, ist ein **körperschaftsteuerliches Organschaftsverhältnis** anzunehmen.

3. Rechtsfolgen der Organschaft

Unabhängig vom Vorliegen einer körperschaftsteuerlichen Organschaft bleiben die Organgesellschaft und der Organträger zwei steuerlich selbständige Steuersubjekte; die Organgesellschaft geht steuerlich nicht unter, sondern bleibt eine steuerfähige Person.

3.1 System der Einkommensermittlung

Das Einkommen der beiden beteiligten Personen wird nach Maßgabe der jeweiligen rechtsformspezifischen Besonderheiten getrennt ermittelt und dann dem Organträger zugerechnet. Gleiches gilt im Fall eines negativen Einkommens der Organgesellschaft. Auch der **körperschaftsteuerliche Spendenabzug** bestimmt sich nach den Besteuerungsmerkmalen der jeweiligen Person. Der in der Handelsbilanz aktivierte Anspruch aus der Gewinnabführung stellt einen gesellschaftsrechtlichen Vorgang dar, der außerbilanziell zu neutralisieren ist. Gleiches gilt im umgekehrten Fall des Verlustes (vgl. § 277 Abs. 3 S. 2 HGB).

3.2 Besonderheiten der Einkommensermittlung

Bei der **Ermittlung des Einkommens einer Organgesellschaft**, die tatbestandsmäßig körperschaftsteuerpflichtig sein muss, gelten abweichend vom darstellten Grundsatz Besonderheiten.

Gesonderte Feststellung des Einkommens der Organgesellschaft

Nach § 14 Abs. 5 KStG werden das dem Organträger zuzurechnende Einkommen der Organgesellschaft und damit zusammenhängende andere Besteuerungsgrundlagen gegenüber dem Organträger und der Organgesellschaft gesondert und einheitlich festgestellt.

Der Verlustabzug der Organgesellschaft aus vororganschaftlicher Zeit ist während des Organschaftsverhältnisses „eingefroren" und kann auch nicht durch den Organträger genutzt werden (§ 15 Abs. 1 S. 1 Nr. 1 KStG). Die Norm des § 8b Abs. 1–6 KStG ist auf der Ebene der Organgesellschaft nicht anwendbar; anstelle dessen wird in Abhängigkeit von der Rechtsform des Organträgers die Steuerbefreiung erst auf der Ebene des Organträgers angewandt. Für Zwecke der Zinsschranke gilt die Organschaft als ein Betrieb (§ 15 Abs. 1 S. 1 Nr. 2 KStG). Auch die im Rahmen von Gewinnausschüttungen an die Organgesellschaft einbehaltene und abgeführte **Kapitalertragsteuer** wird erst auf der Ebene des Organträgers angerechnet (§ 19 Abs. 5 KStG und § 36 Abs. 2 Nr. 2 EStG).

3.3 Verunglückte Organschaft

Liegen die Voraussetzungen für ein körperschaftsteuerliches Organschaftsverhältnis von Anfang an nicht vor oder fällt später ein körperschaftsteuerliches Tatbestandmerkmal weg, handelt es sich bei jeder einzelnen Gewinnabführung steuerlich um eine verdeckte Gewinnausschüttung (§ 8 Abs. 3 S. 2 KStG) und bei jeder Verlustübernahme um eine verdeckte Einlage (§ 8 Abs. 3 S. 3 KStG).

Sofern der Organträger nicht im Alleineigentum aller Anteile der Organgesellschaft ist, steht dem „außenstehenden Gesellschafter oder Aktionär eine **Ausgleichszahlung** zu (§ 304 AktG). Bei der Ausgleichszahlung, die handelsrechtlich Aufwand darstellt (§ 277 Abs. 3 HGB), handelt es sich um eine steuerlich nicht abziehbare Betriebsausgabe (§ 4 Abs. 5 Nr. 9 EStG).

> **Tipp!** Die geleistete Ausgleichszahlung, die nach Auffassung der Finanzverwaltung keine Gewinnausschüttung darstellt (BMF vom 22.11.2001, DStR 2001, 2116), wird entsprechend der Rechtsform des außenstehenden Gesellschafters entweder nach § 3 Nr. 40 EStG bzw. § 8b KStG steuerbefreit.

4. Ausgleichzahlungen an Minderheitsgesellschafter

Nach § 16 S. 1 KStG beträgt das eigene Einkommen der Organgesellschaft $^{20}/_{17}$ der Ausgleichszahlung; unabhängig davon, ob diese vom Organträger oder der Organgesellschaft geleistet wird. Die Brüche sind nicht zufällig gewählt, sondern durch die Anwendung des Bruchs wird der Organgesellschaft die auf der Ausgleichszahlung beruhende Körperschaftsteuer ebenfalls als Einkommen zugerechnet.

5. Rücklagenbildung durch die Organgesellschaft; Auflösung der Rücklagen

Die Organgesellschaft darf Beträge aus dem eigenen „Jahresüberschuss" im Rahmen vernünftiger kaufmännischer Beurteilung in eine Gewinnrücklage einstellen (§ 14 Abs. 1 S. 1 Nr. 5 KStG). Dies kann beispielsweise geboten sein, wenn größere Instandhaltungsmaßnahmen anstehen. Unabhängig von der Bildung entsprechender Gewinnrücklagen führt dies dazu, dass der Organträger vorbehaltlich § 16 KStG das gesamte Einkommen der Organgesellschaft versteuern muss, obwohl im Rahmen der Gewinnabführung der um die Rücklage geminderte Betrag geleistet wird. Es handelt sich um eine **organschaftliche Minderabführung**.

Auf der Ebene der Organgesellschaft ist die gebildete Gewinnrücklage als Zugang im steuerlichen Einlagekonto zu erfassen (§ 27 Abs. 6 S. 2 KStG). Das gilt unabhängig vom Umfang der Beteiligung des Organträgers an der Organgesellschaft. Der Organträger hat zur Vermeidung einer Doppelbesteuerung in der Steuerbilanz entsprechend seiner Beteiligung an der Organgesellschaft einen „Steuerlichen Ausgleichsposten" zu bilden (§ 14 Abs. 4 KStG).

> **Tipp!** Technisch besteuert der Organträger Einkommen, welches bei der Organgesellschaft verblieben ist. Im Falle der Veräußerung der Anteile an der Organgesellschaft würde der Erwerber diese gebildeten Rücklagen im Rahmen des Kaufpreises mitvergüten.

Fallen die Gründe für die **Bildung der Gewinnrücklage der Organgesellschaft** weg, besteht für die Organgesellschaft die Verpflichtung, diese organschaftlich gebildete Rücklage aufzulösen. Diese organschaftlich verursachte Mehrabführung stellt auf der Ebene der Organgesellschaft eine Minderung des steuerlichen Einlagekontos dar (§ 27 Abs. 6 KStG) und hat die Auflösung des „**Steuerlichen Ausgleichsposten**" auf der Ebene des Organträgers zur Folge (§ 14 Abs. 4 S. 1 KStG).

6. Vororganschaftliche Rücklagen

Leistet die Organgesellschaft aus vororganschaftlicher Zeit **Mehrabführungen**, handelt es sich um Gewinnausschüttungen der Organgesellschaft an den Organträger, die nach den allgemeinen Grundsätzen für Ausschüttungen besteuert werden. Im umgekehrten Fall stellt der Ausgleich von Verlusten durch den Organträger an die Organgesellschaft eine verdeckte Einlage dar.

Schluss

Obwohl die gewerbesteuerliche Organschaft tatbestandsmäßig mit der körperschaftsteuerlichen Organschaft deckungsgleich ist, bewirkt diese völlig andere Konsequenzen. Die Organgesellschaft gilt gewerbesteuerlich als Betriebsstätte des Organträgers. Damit begründet jeder Fall der gewerbesteuerlichen Organschaft eine **Gewerbesteuer-Zerlegung** (§ 28 GewStG).

Darüber hinaus bleiben gewerbesteuerlich Hinzurechnungs- und Kürzungstatbestände zwischen der Organgesellschaft und dem Organträger unberücksichtigt.

Vielen Dank für Ihre Aufmerksamkeit.

Vortrag 6: Verluste im Körperschaftsteuerrecht

I. Einführende Hinweise

Gerade in Zeiten wirtschaftlicher Krisen kommt der Ermittlung der Höhe des Verlustabzugs besondere Bedeutung zu, um diese ermittelten und festgestellten Verluste in „guten" Zeiten steuermindernd zu berücksichtigen. Die veranlagte Körperschaftsteuer 2008 betrug rund 16 Mrd. €. Nach Erhebungen des Statistischen Bundesamtes in 2004 belief sich der verbleibende Verlustvortrag der unbeschränkt steuerpflichtigen Körperschaften auf rund 473 Mrd. €.

Zum 01.01.2008 wurde die bisherige Regelung des Mantelkaufs (§ 8 Abs. 4 KStG) durch die **Neuregelung des § 8c KStG** ersetzt. Ab dem Veranlagungszeitraum 2016 wurden die Regelungen um § 8d KStG ergänzt.

> **Tipp!** Das Thema „Verluste im Körperschaftsteuerrecht" eignet sich als Vortragsthema, aber auch für die Prüfungsrunde.

II. Die Gliederung

	Gliederungspunkt	Die Stichworte
	Einleitung	**Thema, Kurzübersicht**
1.	System des Verlustausgleichs	Negative Gesamtbeträge der Einkünfte sind zunächst zurückzutragen, Feststellung des vortragsfähigen Verlustes; Vortrag des Verlustes (§ 10d Abs. 1 und Abs. 2 EStG)
2.	Verlustrücktrag	Maximal 1.000.000 € rücktragsfähig (bis zum 31.12.2012: 511.500 €); auf Antrag kann die Höhe des Rücktrags begrenzt werden (§ 10d Abs. 1 EStG) – für VZ 2020 10.000.000 € und für 2021 20.000.000 €
3.	Verlustvortrag	Vortragsfähig sind die auf den Schluss des Jahres festgestellten Verluste (§ 10d Abs. 4 EStG)
3.1	Mindestbesteuerung	Verlustvorträge bis zur Höhe des Sockelbetrages von 1 Mio. € unbegrenzt vortragsfähig; übersteigende Beträge maximal i.H.v. 60 % des verbliebenen Betrages vortragsfähig (§ 10d Abs. 2 EStG)
3.2	§ 8c Abs. 1 KStG	Verlustkürzung, wenn mehr als 50 % der Anteile an einen Erwerber oder eine Erwerbergruppe übertragen werden
3.3	Fortführungsgebundene Verluste	Nichtanwendung von § 8c KStG nach einem schädlichen Beteiligungserwerb
4.	Sonstige Verlustabzugsbeschränkungen	§ 2a EStG; § 2b EStG; § 15 Abs. 4 EStG, § 15a EStG

	Gliederungspunkt	Die Stichworte
5.	Feststellungsverfahren	Feststellungsbescheid (§ 181 AO); Bindungswirkung für Folgejahre (§ 182 AO)
	Schluss	**Würdigung der Neuregelung; Strategien zur Vermeidung**

III. Der Vortrag

Einleitung

Sehr geehrte Frau Prüfungsvorsitzende (geehrter Herr Prüfungsvorsitzender), meine Damen und Herren, ich habe das Thema „**Verluste im Körperschaftsteuerrecht**" für meinen mündlichen Vortrag gewählt. Dabei möchte ich neben dem System des Verlustabzugs auf der Ebene von körperschaftsteuerpflichtigen Personen auch auf einkommensteuerliche Regelungen des § 10d EStG Bezug nehmen, die nach § 8 Abs. 1 KStG auch für Körperschaften zu beachten sind.

1. System des Verlustausgleichs

Die **steuerliche Berücksichtigung von Verlusten** in anderen Jahren als dem Verlustentstehungsjahr stellt eine Durchbrechung des Grundsatzes der Abschnittsbesteuerung dar. Abweichend vom Zeitpunkt der Verlustentstehung kann ein negativer Gesamtbetrag der Einkünfte als Verlust in dem vorangegangen Veranlagungszeitraum oder in zukünftigen Veranlagungszeiträumen einkommensmindernd berücksichtigt werden.

Zunächst gilt der einkommensteuerliche Grundsatz, dass Verluste vorrangig nach dem Gesamtbetrag der Einkünfte des vorangegangenen Veranlagungszeitraumes abzuziehen sind (**Verlustrücktrag**) und erst dann vortragsfähig sind (**Verlustvortrag**). Auf Antrag kann die Körperschaft ganz oder teilweise auf den Verlustrücktrag verzichten (§ 10d Abs. 1 S. 5 EStG) und den negativen Gesamtbetrag der Einkünfte in zukünftigen Jahren zum Abzug zulassen.

2. Verlustrücktrag

Ein **negativer Gesamtbetrag der Einkünfte** kann bis zur Höhe von 1.000.000 € (im VZ 2020 10.000.000 € und für 2021 negativer Gesamtbetrag der Einkünfte von 20.000.000 €) unmittelbar vom Gesamtbetrag der Einkünfte des Vorjahres abgezogen werden (Verlustrücktrag; § 10d Abs. 1 S. 1 EStG). Soweit Verluste nicht vollständig zurückgetragen wurden, sind diese zum Schluss des Verlustentstehungsjahres als vortragsfähiger Verlust festzustellen (§ 10d Abs. 4 S. 1 EStG). Dieser steht in den Folgejahren als Verlustvortrag zur Verfügung.

> **Tipp!** Versuchen Sie, die Systematik immer an konkreten Jahreszahlen festzumachen (z.B. 2021 nach 2020 etc.).

3. Verlustvortrag

Der **Verlustvortrag** wird körperschaftsteuerlich – wie auch der Verlustrücktrag – nach dem Gesamtbetrag der Einkünfte abgezogen. Maßgebend für die Höhe des Verlustvortrags ist der zum Schluss des vorangegangenen Wirtschaftsjahres festgestellte vortragsfähige Verlust (§ 10d Abs. 4 EStG). Beschränkungen hinsichtlich des Verlustvortrages können sich aus der Anwendung der Mindestbesteuerung (§ 10d Abs. 2 EStG) sowie der Mantelkaufregelung (§ 8 Abs. 4 KStG) und der Verlustkürzung nach § 8c KStG ergeben. Diese Beschränkungen gelten lediglich für den Verlustvortrag. Die Höhe des Verlustrücktrags verändert sich insoweit nicht.

3.1 Mindestbesteuerung

Seit dem Veranlagungszeitraum 2004 ist die Höhe des Verlustvortrags betragsmäßig durch die sog. **Mindestbesteuerung** beschränkt (§ 10d Abs. 2 EStG). Bis zu einem Sockelbetrag von 1 Mio. € können Verlustvorträge unbegrenzt mit einem positiven Gesamtbetrag der Einkünfte verrechnet werden (§ 10d Abs. 2 S. 1, 2. HS EStG). Es handelt sich hierbei um die sog. Mittelstandskomponente.

Ein darüber hinaus bestehender Verlustvortrag kann jährlich nur bis zu der Höhe von 60 % der nach Abzug des Sockelbetrags verbleibenden positiven Bemessungsgrundlage zum Abzug zugelassen werden (§ 10d Abs. 2

S. 1, 2. HS EStG). Diese „Deckelung" der Höhe des Verlustvortrages bewirkt, dass nach Abzug des Sockelbetrags mindestens 40 % der verbleibenden Bemessungsgrundlage besteuert werden. Die Mindestbesteuerung bewirkt grundsätzlich **keine Kürzung des Verlustvortragspotenzials**, sondern eine zeitliche Streckung des Verlustabzugs. Im Ergebnis kommt es damit zu einem Zinsvorteil durch die spätere steuerliche Berücksichtigung.

Tipp! Die Verfassungsmäßigkeit der Mindestbesteuerung wurde seitens des BFH bestätigt und zwischenzeitlich dem BVerfG – 2 BvR 2998/12 vorgelegt.

3.2 § 8c Abs. 1 KStG

Durch die Unternehmensteuerreform wurde für alle Anteilsübertragungen, die nach dem 31.12.2007 erfolgten (§ 34 Abs. 7 KStG), die Kürzung des Verlustabzugs in § 8c Abs. 1 KStG neu geregelt.

Werden innerhalb eines Zeitraumes von fünf Zeitjahren mehr als 50 % der Anteile auf einen Erwerber oder eine Erwerbergruppe übertragen, hat dies auf diesen Zeitpunkt der Übertragung den **vollständigen Untergang des bestehenden Verlustvortrages** zur Folge (§ 8c Abs. 1 S. 2 KStG).

Für die **Verlustkürzung** nach § 8c Abs. 1 S. 1 kommt es darauf an, dass Anteile am gezeichneten Kapital (Grund- oder Stammkapital) oder auch das Nennkapital übertragen werden. Es können aber auch Mitgliedschaftsrechte, Beteiligungsrechte oder Stimmrechte an einer Körperschaft sein. Eine Kapitalerhöhung, die zu einer Veränderung der Beteiligungsquote führt, ist nach § 8c Abs. 1 S. 3 KStG einer Übertragung gleichgestellt.

Der ursprünglich von der Norm erfasste quotale Untergang bei Erwerben zwischen 25 % und 50 % wurde ersatzlos aufgehoben.

Zur Vermeidung von weiteren verfassungsrechtlichen Rechtsfragen wurde im Gesetzgebungsverfahren die komplette Streichung des alten Satzes 1 auch über 2015 hinaus umgesetzt; BGBl 2018, 2338. Mit Datum vom 29.8.2017, 2 K – Az. 2 K 245/17 hat das FG Hamburg die Norm des § 8c S. 2 KStG a. F. dem Bundesverfassungsgericht zur Prüfung vorgelegt (Vorlagebeschluss 2 K 245/17).

Als Erwerber kommen grundsätzlich jede natürliche oder juristische Person oder sonstige Rechtsträger in Betracht. Erheblich für die Anwendung ist, dass die Anteile zu mehr als 50 % (§ 8c Abs. 1 S. 1 KStG) an einen Erwerber übertragen werden. Die gleichen Konsequenzen gelten auch dann, wenn anstelle des Erwerbers eine diesem nahestehende Person (z.B. Muttergesellschaft oder Schwestergesellschaften) Erwerber der Anteile ist.

Als **schädlicher Erwerber i.S.d. § 8c Abs. 1 KStG** kann auch eine Erwerbergruppe angesehen werden, wenn diese zusammen mehr als 50 % der Anteile erworben hat und diese Gruppe gleichgerichtete Interessen hat. In diesem Fall sind die Anteilsübertragungen der einzelnen Personen der Gruppe für die Ermittlung der Schädlichkeitsquote zusammenzufassen (§ 8c Abs. 1 S. 2 KStG). Ziel dieser Regelung ist die Verhinderung von Gestaltungsmissbräuchen.

Tipp! Der Begriff der Erwerber mit gleichgerichteten Interessen stellt in der täglichen Beratungspraxis ein erhebliches Problem dar. Aus diesem Grund sollten Sie diesem Komplex im Rahmen der Vorbereitung (BMF vom 04.07.2008, BStBl I 2008, 736, Rz. 27) erhöhte Aufmerksamkeit widmen.

Sofern die Voraussetzungen des § 8c Abs. 1 S. 1 KStG erfüllt sind, bedingt dies den vollständigen Untergang des vortragsfähigen Verlustes.

Durch das Wachstumsbeschleunigungsgesetz sind für **Beteiligungserwerbe** nach dem 31.12.2009 Ausnahmetatbestände aufgenommen worden, die den Untergang von Verlusten nach § 8c Abs. 1 KStG verhindern.

Durch Beschluss des EuGH vom 26.08.2018 (C-203/16P; C-219/16 P und C-209/16 P) wurde der ablehnende Beschluss der EU-Kommission für nichtig erklärt und damit wurde die nationale Suspendierung aufgehoben (vgl. § 34 Abs. 6 S. 3 und 4 KStG). Die Sanierungsklausel ist damit wieder rückwirkend anwendbar.

Nach § 8c Abs. 1 S. 5 KStG sind Beteiligungserwerbe von dem Anwendungsbereich des § 8c Abs. 1 KStG auszunehmen, bei denen an dem übertragenden und an dem übernehmenden Rechtsträger dieselbe Person zu jeweils 100 % mittelbar oder unmittelbar beteiligt ist (§ 8c Abs. 1 S. 4 KStG – „sog. **Konzernklausel**").

Durch die in § 8c Abs. 1 KStG angefügten S. 5 und 8 („sog. Verschonungsklausel") bleiben die nicht genutzten Verluste, die nach § 8c Abs. 1 S. 1 oder 2 KStG entfallen würden, erhalten, soweit sie die anteilig auf sie entfallenden inländischen steuerpflichtigen stillen Reserven nicht übersteigen. Das bewirkt, dass den Verlusten – soweit vorhanden – stille Reserven gegenüberstehen und kein zusätzliches Verlustverrechnungspotenzial untergeht. Soweit im Zeitpunkt der Übertragung ein negatives Eigenkapital vorhanden ist, gilt hinsichtlich der Ermittlung der Höhe der stillen Reserven die Sonderregelung des § 8c Abs. 1 S. 8 KStG.

Durch das Bürgerentlastungsgesetz Krankenversicherung vom 16.07.2009 ist § 8c KStG um eine Sanierungsklausel (§ 8c Abs. 1a KStG) erweitert worden. Diese schützt in Sanierungsfällen vor dem Untergang von Verlusten. Auf Grund beihilferechtlicher Bedenken hatte die Europäische Kommission mit Beschluss vom 26.01.2011 (K(2011)275) den Anwendungsbereich ausgesetzt. Mit Urteil vom 28.06.2018 hat der Europäische Gerichtshof (C-203/16 P) nunmehr über das Verfahren entschieden. Aus diesem Grund wurde durch das Gesetz zur Vermeidung von Umsatzsteuerausfällen beim Handel mit Waren im Internet und zur Änderung weiterer steuerlicher Vorschriften (UStAVermG) vom 11.12.2018 (BGBl I 2018, 2338) § 34 Abs. 6 KStG geändert. Danach findet § 8c Abs. 1a KStG i.d.F. des Wachstumsbeschleunigungsgesetzes erstmals für den Veranlagungszeitraum 2008 und auf Anteilsübertragungen nach dem 31.12.2007 Anwendung.

3.3 Fortführungsgebundene Verluste (§ 8d KStG)

§ 8c KStG ist nach einem schädlichen Beteiligungserwerb auf Antrag nicht anzuwenden, wenn die Körperschaft seit ihrer Gründung oder zumindest seit dem Beginn des dritten Veranlagungszeitraums, der dem Veranlagungszeitraum vorausgeht, ausschließlich denselben Geschäftsbetrieb unterhält und in diesem Zeitraum bis zum Schluss des Veranlagungszeitraums des schädlichen Beteiligungserwerbs kein Ereignis im Sinne von Absatz 2 stattgefunden hat. Dies gilt sowohl im Falle des quotalen als auch vollständigen Untergangs nach § 8c Abs. 1 S. 1 und S. 2 KStG.

Ziel der Regelung ist die Beseitigung der steuerlichen Hemmnisse bei der Unternehmensfinanzierung durch Neueintritt oder Wechsel von Anteilseignern durch die Eröffnung der Möglichkeit für Körperschaften, nicht genutzte Verluste trotz eines qualifizierten Anteilseignerwechsels weiterhin nutzen zu können, wenn der Geschäftsbetrieb der Körperschaft nach dem Anteilseignerwechsel erhalten bleibt und eine anderweitige Verlustnutzung ausgeschlossen ist. Ein Antrag nach § 8d KStG n.F. kann erstmals für Beteiligungserwerbe, die die Rechtsfolgen des § 8c KStG auslösen, gestellt werden, die nach dem 31.12.2015 erfolgen. Ein sog. „fortführungsgebundener Verlustvortrag" ist damit frühestens auf den 31.12.2016 gesondert festzustellen. § 8d KStG eröffnet einer Körperschaft die Option, Verluste unabhängig von einem schädlichen Anteilseignerwechsel nutzen zu können, solange sie den nach § 8d KStG relevanten Geschäftsbetrieb fortgeführt wird (Erläuterung siehe BMF vom 18.03.2021, IV C 2 – S-2745 -b/19/10002 :002).

Der fortführungsgebundene Verlust geht unter den folgenden Voraussetzungen unter:

- Einstellung des Geschäftsbetriebes (§ 8d Abs. 2 S. 1 KStG),
- Gleiches gilt, wenn der Geschäftsbetrieb ruhend gestellt wird, oder
- wenn der Geschäftsbetrieb einer andersartigen Zweckbestimmung zugeführt wird, oder
- wenn die Körperschaft einen zusätzlichen Geschäftsbetrieb aufnimmt, oder
- wenn die Körperschaft sich an einer Mitunternehmerschaft beteiligt, oder
- wenn die Körperschaft die Stellung eines Organträgers hat, oder
- wenn auf die Körperschaft Wirtschaftsgüter übertragen werden, die sie zu einem geringeren als dem gemeinen Wert ansetzt.

Werden die Bedingungen nicht mehr erfüllt, entfällt der noch bestehende sog. fortführungsgebundene Verlustvortrag zum Zeitpunkt des Wegfalls der vorgenannten Bedingungen. Diese Grundsätze sind gewerbesteuerlich ebenfalls einschlägig.

Die Körperschaft muss den Geschäftsbetrieb nach dem Anteilseignerwechsel weiterhin aufrechterhalten, um die fortführungsgebundenen Verluste mit künftigen Gewinnen verrechnen zu können:

- Der Begriff des Geschäftsbetriebs ist anhand qualitativer Merkmale zu bestimmen.
- Ein Geschäftsbetrieb umfasst die von einer einheitlichen Gewinnerzielungsabsicht getragenen, nachhaltigen, sich gegenseitig ergänzenden und fördernden Betätigungen der Körperschaft.
- Betriebsvermögenszuführungen sind für die Anwendung des § 8d KStG unerheblich.

- Maßgebliche Veränderungen des Geschäftsbetriebs, etwa dessen Einstellung oder ein Wechsel der Branche, lassen die fortführungsgebundenen Verlustvorträge nach § 8d Abs. 2 KStG untergehen, soweit nicht verrechnungsfähige stille Reserven bestehen.

Ein Geschäftsbetrieb wird eingestellt, wenn er nach den Grundsätzen der Betriebsaufgabe beendet wird. Die Körperschaft muss wirtschaftlich aufgehört haben, werbend tätig zu sein. Der Antrag ist schriftlich, gemeinsam mit der Steuererklärung für den Veranlagungszeitraum einzureichen, für den erstmals die Verlustnutzungsregelung des § 8d KStG gelten soll („frühestens zum 31.12.2016").

Achtung! Durch den Antrag nach § 8d KStG wechseln komplett in die „Spielregeln"! - Aus § 8c KStG raus und § 8d KStG rein. Von dem Antragsrecht kann für gewerbe- und körperschaftsteuerliche Zwecke nur einheitlich Gebrauch gemacht werden. Die Einstellung oder die tatbestandserhebliche Veränderung eines Geschäftsbetriebs führt zum Untergang (zu 100 % auch in den Fällen des quotalen Untergangs) eines nach § 8d KStG gebildeten sog. fortführungsgebundenen Verlustvortrags.

4. Sonstige Verlustabzugsbeschränkungen

Neben den genannten Verlustkürzungen kennt das EStG noch weitere **Verlustabzugsbeschränkungen** (§ 2a EStG; § 2b EStG; § 15 Abs. 4 EStG, § 15a EStG), die die Höhe des Verlustabzugs im Wesentlichen nicht entfallen lassen, sondern überwiegend mit Gewinnen aus der gleichen Einkunftsart verrechnen. Diese Regelungen finden entweder über § 8 Abs. 1 KStG unmittelbar auf Körperschaften Anwendung oder wirken sich bei den Körperschaften als beteiligte Mitunternehmerin aus.

5. Feststellungsverfahren

Der **Bescheid über die Feststellung des vortragsfähigen Verlustes** ist ein dem Steuerbescheid gleichgestellter Verwaltungsakt. Die Höhe des vortragsfähigen Verlustes ist zum Ende eines jeden Veranlagungszeitraumes festzustellen. Dieser Feststellung kommt für den Verlustvortrag Bindungswirkung zu (§ 182 Abs. 1 AO). Sofern die Höhe des festgestellten Verlustes unzutreffend festgestellt wurde, gelten die allgemeinen Grundsätze des Rechtsbehelfsverfahrens.

Schluss

Der Höhe eines steuerlichen Verlustes kommt im Wirtschaftsleben erhebliche Bedeutung zu, da dieses Potenzial im Rahmen des Rücktrags Liquidität bedeutet bzw. im Falle des Vortrags eine geringere Steuerbelastung. Darüber hinaus kommt dem Anwendungsbereich der körperschaftsteuerlichen Regelungen zum Verlustabzug auch gewerbesteuerlich besondere Bedeutung zu (§ 10a S. 10 GewStG).

Vielen Dank für Ihre Aufmerksamkeit.

Tipp! Dieses Vortragsthema verleitet dazu, sich in einzelnen Bereichen zeitlich zu „verzetteln", weil man eigentlich an jeder Stelle deutlich mehr sagen möchte und könnte. Sie haben nur zehn Minuten Zeit! In dieser Zeit muss das gesamte Thema gleichmäßig gewichtet werden. Es macht keinen Sinn durch den Schluss zu „rennen". Versuchen Sie schon im Rahmen der Vorbereitung Ihren Vortrag zeitlich genau zu gliedern.

Vortrag 7: Verdeckte Einlagen

I. Einführende Hinweise

Offene und verdeckte Einlagen begründen eine gesellschaftsrechtlich veranlasste Zuwendung der Anteilseigner/Aktionäre an ihre Kapitalgesellschaft. Es könnte somit hinsichtlich dieser Umschreibung prinzipiell eine Umkehrung des Begriffs der verdeckten Gewinnausschüttung vorliegen. Absolut deckungsgleich sind die Begriffe aber nicht: unentgeltliche Nutzungs- und Gebrauchsüberlassungen können zwar Gegenstand einer verdeckten Gewinnausschüttung sein, nicht aber Gegenstand einer verdeckten Einlage sein.

II. Die Gliederung

	Gliederungspunkt	Die Stichworte
	Einleitung	**Thema, Kurzübersicht**
1.	System der Besteuerung von offenen und verdeckten Einlagen	Abgrenzung offene/verdeckte Einlage
2.	Begriff	Definition einer verdeckten Einlage (Tatbestände); Zuwendung, einlagefähiger Vermögensvorteil
3.	Bewertung einer verdeckten Einlage	Geld, Hingabe von Wirtschaftsgütern; Teilwert
4.	Rechtsfolgen bei der Gesellschaft	Kürzung des Werts der verdeckten Einlage auf der 2. Stufe der Gewinnermittlung (außerbilanziell), Zugang im steuerlichen Einlagekonto
5.	Rechtsfolgen beim Anteilseigner	Zufluss bei Anteilseigner, Erhöhung der Anschaffung der Beteiligung im Privatvermögen/Betriebsvermögen, Fiktionstheorie
6.	Verfahrensrechtliche Korrespondenz	Spannungsfeld zwischen dem Gesellschafter und der Gesellschaft; keine Bindungswirkung
6.1	Wert der verdeckten Einlage hat die Einkünfte des Gesellschafters gemindert	Versagung der außerbilanziellen Kürzung (§ 8 Abs. 3 S. 4 KStG)
6.2	Korrektur des Steuerbescheids gemäß § 32a Abs. 2 KStG	Verfahrensrechtliche Umsetzung der Auswirkungen der verdeckten Einlage in der Steuerfestsetzung des Gesellschafters
	Schluss	**Würdigung der Neuregelung; Strategien zur Vermeidung**

III. Der Vortrag

Einleitung

Sehr geehrte Frau Prüfungsvorsitzende (geehrter Herr Prüfungsvorsitzender), meine Damen und Herren, ich habe das Thema **„Verdeckte Einlagen"** für meinen mündlichen Vortrag ausgewählt.

> **Tipp!** Bitte achten Sie darauf, dass sich bei diesem Thema nicht „verzetteln". Es ist hier unerlässlich, das Thema deutlich einzuschränken. Alleine die verschiedenen Probleme (z.B. Behandlung im handelsrechtlichen Abschluss, Forderungsverzichte mit und ohne Besserungsschein) könnten Gegenstand eines selbstständigen Vortrags sein.

1. Allgemeines

Sowohl offene Einlagen als auch verdeckte Einlagen haben ihre Verursachung im Gesellschaftsverhältnis. Während offene Einlagen (Pflichteinlagen sowie freiwillige Einlagen) auf gesellschaftsrechtlichen Vorschriften beruhen, entspringen verdeckte Einlagen in der Regel einer „gesellschaftsrechtlichen Interessenlage". Verdeckte Einlagen erhöhen das Vermögen der Kapitalgesellschaft. Obwohl sie (regelmäßig) als handelsrechtlicher Ertrag zu behandeln sind, dürfen sie das steuerliche Einkommen der Gesellschaft nicht beeinflussen. Insoweit ist eine außerbilanzielle Kürzung vorzunehmen (§ 8 Abs. 3 S. 3 KStG).

2. Begriff

Die Begriffsbestimmung der verdeckten Einlage ergibt sich weder aus dem Handelsrecht noch aus dem EStG/KStG. Sie ist somit allein nach der BFH-Rechtsprechung festzulegen; R 8.9 Abs. 1 KStR. Für die Annahme einer verdeckten Einlage müssen folgende Voraussetzungen erfüllt sein:

- Zuwendung an eine Kapitalgesellschaft (unmittelbar oder mittelbar),
- einlagefähiger Vermögensvorteil,
- Ursächlichkeit im Gesellschaftsverhältnis.

Verdeckte Einlagen dürfen nicht die Höhe des Einkommens beeinflussen; R 8.9 Abs. 2 KStR sowie § 8 Abs. 3 S. 3 KStG. Insoweit handelt es sich um ein Korrektiv auf der 2. Gewinnermittlungsstufe. Die Kürzung ist außerhalb der Bilanz vorzunehmen.

Die Zuführung des Vermögensvorteils kann unmittelbar aus dem Vermögen des Gesellschafters oder mittelbar durch eine ihm nahestehende Person (z.B. der Ehegatte) zulasten deren Vermögen erfolgen.

Eine Veranlassung im Gesellschaftsverhältnis ist gegeben, wenn ein Nichtgesellschafter bei Anwendung der Sorgfalt eines ordentlichen Kaufmanns den Vermögensvorteil der Kapitalgesellschaft nicht gewährt hätte; R 8.9 Abs. 3 KStR sowie H 40 „Gesellschaftsrechtliche Veranlassung" KStH.

Einlagefähig – im Sinne einer verdeckten Einlage – sind nur solche Vermögensvorteile (Wirtschaftsgüter), die bei der empfangenden Kapitalgesellschaft bilanzierungsfähig und somit vermögenserhöhend sind; H 8.9 „Einlagefähiger Vermögensvorteil" KStH. Da das Bilanzrecht für diese Beurteilung maßgebend ist, kann sich das Betriebsvermögen der Gesellschaft durch den Ansatz (bzw. die Erhöhung) eines Aktivpostens oder durch Wegfall (bzw. Minderung) eines Passivpostens erhöhen.

Unentgeltliche oder verbilligte Überlassungen von Wirtschaftsgütern zum Gebrauch oder zur Nutzung durch den Gesellschafter an seine Kapitalgesellschaft sind somit grundsätzlich nicht als verdeckte Einlage zu behandeln, da es an der Einlagefähigkeit mangelt.

Hinweis! So stellt der Vorteil der zinslosen oder zinsverbilligten Darlehensgewährung an eine Kapitalgesellschaft durch ihren Gesellschafter grundsätzlich keine verdeckte Einlage dar; dies gilt selbst dann, wenn der Gesellschafter das Darlehen refinanziert hat.

3. Bewertung einer verdeckten Einlage

Als tatsächlicher Wert eines empfangenen Vermögensvorteils ist (grundsätzlich) der Teilwert maßgebend; § 6 Abs. 1 Nr. 5 EStG sowie R 8.9 Abs. 4 S. 1 KStR. Die Ausnahmeregelungen der §§ 4 Abs. 1 S. 1, 6 Abs. 1 Nr. 5 Buchstabe. a EStG sind bei Einlagen aus dem Privatvermögen des Gesellschafters jedoch zu beachten. § 6 Abs. 1 Nr. 5 Buchstabe. b EStG kann niemals einschlägig sein; R 8.9 Abs. 4 S. 2 KStR sowie H 8.9 „Einlage von Beteiligungen ..." KStH.

Überträgt der Gesellschafter ein einlagefähiges Wirtschaftsgut gegen ein zu niedriges Entgelt, liegt in Höhe des Unterschiedsbetrags zwischen dem vereinbarten Entgelt und dem tatsächlichen Wert des Wirtschaftsguts eine verdeckte Einlage vor.

4. Rechtsfolgen bei der Gesellschaft

Hat die verdeckte Einlage den Jahresüberschuss der Kapitalgesellschaft erhöht, ist das Einkommen außerhalb der Bilanz um die verdeckte Einlage grundsätzlich zu mindern (§ 8 Abs. 3 S. 3 KStG, R 8.9 Abs. 2, 4 KStR).

Die verdeckte Einlage erhöht das steuerliche Einlagekonto der Empfängerkapitalgesellschaft im Zeitpunkt des Zuflusses; § 27 Abs. 1 S. 2 KStG. Maßgebend für den Zugang im steuerlichen Einlagekonto als auch der außerbilanziellen Korrektur ist ausschließlich der Teilwert der verdeckten Einlage.

5. Rechtsfolgen beim Anteilseigner

Die Bewertung von Sacheinlagen erfolgt auf der Ebene des Anteilseigners (nicht auf der Ebene der Gesellschaft!) nach ständiger BFH-Rechtsprechung grundsätzlich mit dem Teilwert im Zeitpunkt der Einlage (GrS vom 26.10.1987, BStBl II 1988, 348).

Die Einlage von (einlagefähigen) Wirtschaftsgütern führt zur Erhöhung der Anschaffungskosten der Beteiligung in Höhe des Werts der verdeckten Einlage. Dies gilt unabhängig davon, ob die Beteiligung zum Privat- oder Betriebsvermögen gehört (für das Betriebsvermögen; § 6 Abs. 6 S. 2 EStG). Leistet der Gesellschafter überhöhte Zahlungen an seine Gesellschaft, führt diese verdeckte Einlage daher nicht zu einer sofortigen Minderung des Einkommens des Anteilseigners; es liegen insoweit keine Betriebsausgaben oder Werbungskosten vor.

Beachtlich ist in diesem Zusammenhang, dass auf der Ebene des Anteilseigners eine Einlage einen Zufluss in Höhe des Teilwertes auslöst. Soweit der Zufluss einen steuererheblichen Tatbestand erfüllt (z.B. eine Zinsforderung oder ein Gehaltsverzicht), resultiert daraus auf der Ebene des Gesellschafters der Zufluss von steuerpflichtigen Einnahmen/Betriebseinnahmen (Fiktionstheorie).

Tipp! Soweit Sie an dieser Stelle absehen können, dass ausreichend Zeit vorhanden sein wird, kann hier ein „kleines" erläuterndes Beispiel angebracht sein. Denkbar: Ein auf dem Gesellschaftsverhältnis beruhender Verzicht eines Gesellschafters auf seine nicht mehr voll werthaltige Forderung führt zu einer Einlage in Höhe des Teilwerts der Forderung. Der werthaltige Teil der Forderung gilt beim Gesellschafter als zugeflossen.

6. Verfahrensrechtliche Korrespondenz

6.1 Materielle Korrespondenz

§ 8 Abs. 3 S. 3 KStG normiert, dass eine verdeckte Einlage das Einkommen nicht erhöht. Gem. § 8 Abs. 3 S. 4 KStG gilt dies aber nicht, soweit eine verdeckte Einlage das Einkommen des Gesellschafters gemindert (d.h. Betriebsausgabenabzug/Werbungskostenabzug) hat. Damit wird bewusst bei fehlender Berichtigungsmöglichkeit auf der Gesellschafterebene eine fehlerhafte Behandlung (= erfolgswirksam!) auf der Ebene der Gesellschaft bei der verdeckten Einlage vorgeschrieben.

6.2 Formelle Korrespondenz

§ 32a Abs. 2 KStG enthält eine eigenständige Änderungsvorschrift für den Erlass, die Aufhebung oder Änderung eines Steuerbescheids gegenüber der Kapitalgesellschaft, soweit bei einem Gesellschafter ein Steuerbescheid mit Feststellungen über eine verdeckte Einlage erlassen, aufgehoben oder geändert wird. Soweit eine verdeckte Einlage vorliegt, darf der Aufwand das Einkommen des Gesellschafters nicht mindern. Der Aufwand stellt Anschaffungskosten der Beteiligung dar. Wurde beim Gesellschafter festgestellt, dass Aufwendungen für eine verdeckte Einlage aufwandswirksam berücksichtigt wurden, so sind diese Aufwendungen beim Gesellschafter den Anschaffungskosten zuzurechnen und dadurch erhöht sich der Gewinn des Gesellschafters.

Bei der Gesellschaft erfolgt die gegenseitige Korrektur nach § 32a Abs. 2 KStG. Danach werden die als Einnahmen erfassten Aufwendungen – soweit eine verdeckte Einlage vorliegt – dem Eigenkapital der Gesellschaft zugeschlagen. Dadurch vermindern sich der Gewinn und das Einkommen der Gesellschaft.

Tipp! Sollten Sie an diesem Punkt Ihres Vortrages noch verbleibende Zeit haben, dann können Sie abschließend die Beratungsfelder (Einlage der Anteile in ein Betriebsvermögen, Bewertungsprobleme, Verzicht auf Forderungen und Pensionszusage) darstellen.

Hinweis! Beim Verzicht eines Gesellschafter-Geschäftsführers auf eine wirksam zugesagte Pension liegen in Höhe des Teilwerts der Pensionsanwartschaft (des Gesellschafters, nicht in Höhe der nach § 6a EStG zu ermittelnden „Pensionsverbindlichkeit") eine verdeckte Einlage sowie ein einlagebedingter Zufluss von Einkünften beim Gesellschafter vor. Liegt der Teilwert der Anwartschaft unter dem Buchwert der passivierten Pensionsverpflichtung, entsteht bei der Gesellschaft ein steuerpflichtiger Gewinn. Liegt der Teilwert über der passivierten Pensionsverpflichtung, entsteht in der Gesellschaft ein zu erfassender Aufwand.

Schluss

Vielen Dank für Ihre Aufmerksamkeit.

Vortrag 8: Kapitalerhöhungen

I. Die Gliederung

	Gliederungspunkt	Die Stichworte
	Einleitung	**Thema, Kurzübersicht**
1.	Kapitalerhöhung gegen Einlage	Zivilrechtliche Grundlage, Agio, Zeitpunkt der Wirksamkeit
2.	Kapitalerhöhung aus Gesellschaftsmitteln	Verwendung und Finanzierung, Umsetzung im Jahresabschluss, zivilrechtliche Grundlagen
3.	Bildung des Sonderausweises	Sinn und Zweck des Sonderausweises, Verwendung des Bestandes des steuerlichen Einlagekontos
4.	Verzicht auf ein Aufgabeaufgeld bei Kapitalerhöhungen	Verdeckte Gewinnausschüttung, Auswirkung auf die Ebene der Gesellschafter
5.	Disquotale Kapitalerhöhung	Zweck, Schenkungssteuerpflicht
6.	Herabsetzung von Nennkapital	Auswirkung Ebene der Gesellschaft und der Gesellschafter, Umsetzung, Auswirkung beim steuerlichen Einlagekonto
7.	Auswirkungen bei den Anteilseignern	Bar- oder Sacheinlagen, Auskehrung des Herabsetzungsbetrages
	Schluss	Feststellungsverfahren zum Sonderausweis und steuerliches Einlagekonto

II. Der Vortrag

Einleitung

Sehr geehrte Frau Prüfungsvorsitzende (geehrter Herr Prüfungsvorsitzender), meine Damen und Herren, ich habe das Thema „**Kapitalerhöhungen**" für meinen mündlichen Vortrag gewählt.

Zunächst sind im Zusammenhang mit Kapitalerhöhungen zwei verschiedene Varianten zu unterscheiden:

- Kapitalerhöhung gegen Einlage,
- Kapitalerhöhung aus Gesellschaftsmitteln.

Einer der häufigsten Sachverhalte in der Praxis für Kapitalerhöhungen dürfte zum jetzigen Zeitpunkt der Unternehmergesellschaft (haftungsbeschränkt) sein.

> **Hinweis!** Die UG, die nach § 5a Abs. 3 GmbHG zur Bildung von gesetzlichen Gewinnrücklagen verpflichtet ist, kann diese auch für eine Kapitalerhöhung i.S.d. § 57c GmbHG verwenden. Diese Verpflichtung ist auch weiter zu erfüllen, wenn der Betrag der gesetzlichen Rücklagen (zusammen oder ohne das Stammkapital der UG) 25.000 € überschreitet.
> Erst wenn das Stammkapital auf mindestens 25.000 € erhöht wurde, die Eintragung im Handelsregister erfolgt ist und die Mittel geleistet wurden (OLG München vom 23.09.2010, GmbHR 2010, 1210) kann davon abgesehen werden. Es kann (muss aber nicht) die Umfirmierung zur GmbH vorgenommen werden. Nach der Kapitalerhöhung entfällt auch die Pflicht zur Rücklagenbildung und des Ausweises des Bilanzgewinnes.

1. Kapitalerhöhung gegen Einlage

Die Kapitalerhöhung bedarf eines satzungsändernden Beschlusses mit ¾ der abgegebenen Stimmen. Dieser muss notariell beurkundet werden (§ 55 Abs. 1 GmbHG). Das Bezugsrecht entsteht mit Beschluss der Gesellschafterversammlung über die Anteile. Nach Bewirkung der Einlage ist die Eintragung ins Handelsregister

(§ 57 GmbHG) anzumelden. Als Form der Einlagen sind Geldeinlagen und Sacheinlagen denkbar. Ist ein Ausgabekurs im Kapitalerhöhungsbeschluss nicht angegeben, erfolgt die Kapitalerhöhung zum Nennwert der neuen Anteile.

Der Ausgabekurs kann jedoch auch über dem Nennwert liegen. Soweit die Einzahlung den Nennwert übersteigt ist diese der Kapitalrücklage nach § 272 Abs. 2 Nr. 1 HGB zuzuführen. Ein höherer Ausgabekurs erweist sich dann als zweckmäßig, wenn die Anteile von Nichtgesellschaftern übernommen werden und das Gesellschaftsvermögen nicht unerhebliche stille Reserven enthält. Das im Zuge einer Kapitalerhöhung gezahlte Aufgeld entfällt allein auf die neu erworbenen Anteile, auch wenn das Agio als „Überpreis" zu qualifizieren ist (BFH vom 27.05.2009, I R 53/08, GmbHR 2010, 156). Das Agio ist als Zugang im steuerlichen Einlagekonto i.S.d. § 27 KStG zu erfassen.

Geleistete Einlagen sind bis zur Eintragung ins Handelsregister vergleichbar mit erhaltenen Anzahlungen; jedoch sind diese auf Grund der Nähe zum Eigenkapital gesondert unter dem Posten „Zur Durchführung der beschlossenen Kapitalerhöhung geleistete Einlage" auszuweisen. Dieser Posten umfasst auch ein mögliches Agio.

Mit der Eintragung der Kapitalerhöhung ins Handelsregister erfolgt dann die buchhalterische Umsetzung. Zu diesem Zeitpunkt erfolgt die Umbuchung auf das gezeichnete Kapital und Kapitalrücklage. Das Agio aus der Kapitalerhöhung gegen Einlage ist als Kapitalrücklage zu erfassen.

2. Kapitalerhöhung aus Gesellschaftsmitteln

Die Kapitalerhöhung aus Gesellschaftsmitteln stellt eine Umstrukturierung des vorhandenen Eigenkapitals dar. Es handelt sich dabei um **eine sog. Innenfinanzierung der Gesellschaft**. Dabei werden bisher gebildete Rücklagen (Gewinnrücklagen, Kapitalrücklagen oder durch Beschluss im letzten Jahresabschluss eingestellte Rücklagen) in Nennkapital umgewandelt; §§ 57c–57d Abs. 1 GmbHG. Der Gewinnvortrag muss bei Verwendung zuvor in eine Rücklage eingestellt werden.

Dem Beschluss muss immer ein Jahresabschluss zu Grunde gelegt werden. Die Gesellschafter der GmbH müssen durch einen Beschluss mit ¾ Mehrheit der abgegebenen Stimme die Kapitalerhöhung aus Gesellschaftsmitteln umsetzen. Maßgebend ist immer der letzte festgestellte Jahresabschluss (samt Ergebnisverwendung). Ferner ist eine Abänderung des Gesellschaftsvertrages hinsichtlich des erhöhten Stammkapitals erforderlich. Zur Wirksamkeit ist die Eintragung ins Handelsregister erforderlich; §§ 57c ff. GmbHG.

Hinweis! Die UG, die nach § 5a Abs. 3 GmbHG zur Bildung von gesetzlichen Gewinnrücklagen verpflichtet ist, kann diese auch für eine Kapitalerhöhung i.S.d. § 57c GmbHG verwenden. Die Kapitalerhöhung wird mit Eintragung des Beschlusses über die Kapitalerhöhung wirksam (§ 57i i.V.m. § 54 Abs. 3 GmbHG). Die für die Beschlussfassung maßgebliche Bilanz kann eine Jahresbilanz oder auch eine Zwischenbilanz sein. Es dürfen jedoch nicht mehr als 8 Monate vor der Anmeldung des Beschlusses in das Handelsregister liegen. Bilanziell wird die Eröffnung durch Umwandlung der Rücklagen in Stammkapital umgesetzt.

Die Kapitalerhöhungen bzw. -herabsetzungen müssen ergebnisneutral sein und dürfen sich nicht auf die Höhe des z.v.E. auswirken. Feststellungen hinsichtlich des Eigenkapitals (vgl. §§ 29 KStG) sind nicht erforderlich. Körperschaften haben die nicht in Nennkapital geleisteten Einlagen am Schluss eines jeden Wirtschaftsjahres auf einem gesonderten Konto – dem steuerlichen Einlagekonto – aufzuzeichnen; § 27 Abs. 1 S. 1 KStG.

3. Bildung des Sonderausweises

In Nennkapital umgewandelte Beträge, die aus Kapital- oder Gewinnrücklagen stammen, sind getrennt auszuweisen und gesondert festzustellen; Sonderausweis i.S.d. § 28 Abs. 1 S. 3 und S. 4 KStG sowie Rz. 31 BMF vom 04.06.2003, BStBl I 2003, 366. Dies gilt für alle unbeschränkt steuerpflichtigen Körperschaften und Personenvereinigungen, bei denen ein Nennkapital auszuweisen ist.

Sofern eine Kapitalgesellschaft Teile des durch die Anteilseigner geleisteten Nennkapitals zurückzahlt, stellt die Zahlung auf der Ebene der Anteilseigner keine steuerbare Einnahme dar; § 20 Abs. 1 Nr. 1 S. 3 EStG. Leistungen der Gesellschaft an die Anteilseigner, die diese nicht geleistet haben (z.B. aufgrund einer Kapitalerhöhung aus Gesellschaftsmitteln), führen auf der Ebene des Anteilseigners zu Einnahmen i.S.d. § 20 Abs. 1 Nr. 1 bzw.

Nr. 2 EStG. Je nach Rechtsform des Anteilseigners werden diese nach den Grundsätzen des Teileinkünfteverfahrens gem. § 3 Nr. 40 EStG bzw. § 8b KStG besteuert.

Weist das steuerliche Einlagekonto einen positiven Bestand aus, gilt dieser Betrag vorrangig als für die Kapitalerhöhung aus Gesellschaftsmitteln umgewandelt; § 28 Abs. 1 S. 1 KStG. Bei ausreichendem Bestand des steuerlichen Einlagekontos ist somit die Bildung eines Sonderausweises nicht erforderlich. Im steuerlichen Einlagekonto ist in entsprechender Höhe ein Abgang zu erfassen.

Maßgebend ist der Bestand des steuerlichen Einlagekontos zum Schluss des Wirtschaftsjahres, in dem die Kapitalerhöhung erfolgt (§ 28 Abs. 1 S. 2 KStG). Folglich sind Veränderungen des steuerlichen Einlagekontos zu berücksichtigen, wenn diese nach Kapitalerhöhung erfolgen.

4. Verzicht auf ein Ausgabeaufgeld bei Kapitalerhöhungen

Beschließen die Gesellschafter einer Kapitalgesellschaft eine Kapitalerhöhung aus Gesellschaftsmitteln (effektive Kapitalerhöhung) und wird dabei auf ein Ausgabeaufgeld verzichtet, das den stillen Reserven entspricht, die auf die bisherigen Anteile entfallen, stellt dies weder eine verdeckte Gewinnausschüttung noch eine nicht den gesellschaftsrechtlichen Vorschriften entsprechende (andere) Ausschüttung dar.

Dies deshalb, weil sich der Vorgang nicht auf das steuerliche Einkommen der Kapitalgesellschaft auswirkt und auch nicht als fingierte Doppelmaßnahme (Einlage mit anschließender Wiederausschüttung) zu sehen ist.

Bedingt durch die niedrigeren Anschaffungskosten ergeben sich ertragsteuerliche Folgerungen erst bei der Veräußerung der Anteile entweder im Rahmen eines höheren Gewinns nach § 5 EStG (falls die Beteiligung Betriebsvermögen ist) oder im Rahmen eines höheren Veräußerungsgewinns nach § 17 EStG (falls es sich um eine Beteiligung im Privatvermögen handelt).

5. Disquotale Kapitalerhöhung

Erfolgt die Kapitalerhöhung aus Gesellschaftermitteln in Bezug auf die bisherigen Gesellschafter nicht verhältniswahrend, z.B. weil die bisherigen Gesellschafter an der Kapitalerhöhung nicht entsprechend ihrer bisherigen Beteiligungsquote teilnehmen oder weil ein neuer Gesellschafter aufgenommen wird, führt:

- der Verzicht auf ein Ausgabeaufgeld oder
- der nicht angemessene Ansatz eines Ausgabeaufgeldes

zu einer Verschiebung der stillen Reserven von den bisherigen Anteilen hin zu den durch die Kapitalerhöhung begründeten neuen Anteilen.

Außerdem kann die Kapitalerhöhung gegen ein zu geringes Aufgeld auch eine gemischte Schenkung auslösen, weil stille Reserven von den Alt-Anteilen auf die im Rahmen der Kapitalerhöhung entstehenden neuen Anteile übergehen (vgl. Tz. 2.2.3 sowie Beispiel 4 der gleich lautenden Erlasse der obersten FinBeh vom 15.03.1997, BStBl I 1997, 350).

6. Herabsetzung von Nennkapital

Bei der Herabsetzung von Nennkapital muss zunächst geprüft werden, ob ein Sonderausweis i.S.d. § 28 KStG vorhanden ist.

Bei fehlendem Sonderausweis wird der Herabsetzungsbetrag unabhängig von der Art der Herabsetzung des Nennkapitals zunächst dem steuerlichen Einlagekonto - sofern der Betrag eingezahlt ist - gutgeschrieben (§ 28 Abs. 2 S. 2 KStG). Im Falle der ordentlichen Herabsetzung ist die Auszahlung an die Anteilseigner vom Einlagekonto vorzunehmen. Der Herabsetzungsbetrag bewirkt als steuerliche Einlagerückgewähr auf der Ebene der Anteilseigner eine Minderung der Anschaffungskosten der Beteiligung. Die Norm des § 28 Abs. 2 S. 2 KStG geht als Sonderregelung dem § 27 Abs. 1 S. 3 KStG vor. Folglich nimmt der Herabsetzungsbetrag nicht an der Differenzrechnung nach § 27 Abs. 1 S. 3 KStG teil.

Der Sonderausweis zum Schluss des vorangegangenen Wirtschaftsjahres ist um den Herabsetzungsbetrag - unabhängig von der Art der Kapitalherabsetzung (ordentliche Kapitalherabsetzung/vereinfachte Kapitalherabsetzung) - zu mindern (§ 28 Abs. 2 S. 1 KStG).

Soweit die Herabsetzung des Nennkapitals den Sonderausweis übersteigt, ist der Unterschiedsbetrag dem steuerlichen Einlagekonto - sofern das Nennkapital auch tatsächlich geleistet wurde - gutzuschreiben (vgl. Grundsätze zur Herabsetzung ohne Sonderausweis). Innerhalb der Bilanz wird der Herabsetzungsbetrag in eine sonstige Rücklage umgewandelt. Der Zugang im steuerlichen Einlagekonto ist zum Schluss des Wirtschaftsjahres, in dem die Kapitalherabsetzung wirksam wird (Eintragung im Handelsregister), zu erfassen. Im Fall der anschließenden Rückzahlung von Nennkapital (= ordentliche Kapitalherabsetzung) führt dies bei den Anteilseignern in Höhe des geminderten Sonderausweises zu Bezügen i.S.d. § 20 Abs. 1 Nr. 2 S. 2 EStG. Hinsichtlich des den Sonderausweis übersteigenden Betrages gelten die Grundsätze der Kapitalherabsetzung ohne Sonderausweis.

Stehen im Zeitpunkt des Kapitalherabsetzungsbeschlusses Einlagen auf das Nennkapital aus, unterbleibt bei Wegfall der Einlageverpflichtung des Anteilseigners ein Zugang im steuerlichen Einlagekonto; Rz. 39 BMF vom 04.06.2003, BStBl I 2003, 366. Der Anteilseigner hat bei Zufluss der ordentlichen Kapitalherabsetzung Einnahmen nach § 20 Abs. 1 Nr. 2 EStG, die als eine Rückzahlung aus dem steuerlichen Einlagekonto (= Minderung der Anschaffungskosten; vgl. § 20 Abs. 1 Nr. 1 S. 3 EStG) zu erfassen ist.

Bei verspäteter Auszahlung des im Beschluss über die Kapitalherabsetzung vorgesehenen Auskehrungsbetrages erhöht sich das steuerliche Einlagekonto nach § 28 Abs. 2 S. 1 KStG in dem Wirtschaftsjahr, in dem der Beschluss wirksam wird. Eine Verringerung des steuerlichen Einlagekontos um den Sonderausweis übersteigenden Auskehrungsbetrag erfolgt dagegen erst im Wirtschaftsjahr der Auszahlung; § 28 Abs. 2 S. 2 KStG.

7. Auswirkungen bei den Anteilseignern

Im Rahmen der Kapitalerhöhung gegen Einlage erhöhen die geleisteten Einlagen (Bar- oder Sacheinlagen) die Anschaffungskosten des Gesellschafters für die Beteiligung. Im Betriebsvermögen findet eine Erhöhung des Buchwertes der Beteiligung beim Gesellschafter statt (§ 6 Abs. 6 S. 2 EStG). Die Kapitalerhöhung aus Gesellschaftsmitteln führt bei den Anteilseignern steuerlich nicht zu einer Erhöhung der Anschaffungskosten des Anteils; vielmehr werden die bestehenden Anschaffungskosten auf die alten und neuen Anteilsrechte verteilt (§ 3 KapErhStG). Die Verteilung erfolgt im Verhältnis der Nennbeträge des neuen und des alten Anteils. Auch der Unternehmenswert bleibt gleich, da lediglich Kapital- und Gewinnrücklagen in Grundkapital umgeschichtet werden. Der Wert der neuen Anteile begründet keine Einkünfte. Die Herabsetzung des Nennkapitals einer Kapitalgesellschaft ist keine anteilige Veräußerung der Anteile an der Kapitalgesellschaft i.S.d. § 20 Abs. 2 EStG.

Erfolgt keine Auskehrung des Herabsetzungsbetrages an die Anteilseigner, ergibt sich auch keine Auswirkung auf die Anschaffungskosten der Anteile. Wird der Kapitalherabsetzungsbetrag an den Anteilseigner ausgekehrt, mindert der Auskehrungsbetrag die Anschaffungskosten der Anteile, soweit er nicht auf einen Sonderausweis nach § 28 Abs. 1 S. 3 KStG entfällt. Zahlungen aus einer Kapitalherabsetzung oder Zahlungen aus dem steuerlichen Einlagekonto können je nach Einstandskurs auch zu negativen Anschaffungskosten führen (BFH vom 20.04.1999, BStBl II 1999, 698).

Soweit der Auskehrungsbetrag auf einen Sonderausweis nach § 28 Abs. 1 S. 3 KStG entfällt, ist der Herabsetzungsbetrag als Einkünfte aus Kapitalvermögen nach § 20 Abs. 1 Nr. 2 EStG zu behandeln; eine Minderung der Anschaffungskosten für die Anteile an der Kapitalgesellschaft tritt insoweit nicht ein.

Schluss

Soweit am Ende Ihres Vortrages noch „Restzeit" verbleibt, kann in diesem Zusammenhang kurz auf das Feststellungsverfahren zum Sonderausweis und dem steuerlichen Einlagekonto Bezug genommen werden.

Vielen Dank für Ihre Aufmerksamkeit.

Themenbereich Gewerbesteuer

Vortrag 1: Hinzurechnungen und Kürzungen bei der Gewerbesteuer

I. Einführende Hinweise

Dem Gewerbeertrag (§ 7 S. 1 GewStG), werden Beträge hinzugerechnet (Hinzurechnungen, § 8 GewStG) und gekürzt (Kürzungen, § 9 GewStG).

II. Die Gliederung

	Gliederungspunkt	Die Stichworte
	Einleitung	**Thema, Kurzübersicht**
1.	Darstellung des Systems der Besteuerung	Darstellung der Auswirkungen von Hinzurechnungen und Kürzungen auf den Gewerbeertrag; Charakter der Gewerbesteuer
2.	Hinzurechnungen und Kürzungen	Hintergrund
2.1	Finanzierungsanteile	Einzelne Hinzurechnungsnormen (§ 8 Nr. 1 a–f GewStG); Freibetrag; einheitliche Vertragswerke
2.2	Grundbesitz	Grundsatz § 9 Nr. 1 S. 1 GewStG; Umfang des betrieblich genutzten Grundbesitzes
2.3	Spendenabzug	§ 9 Nr. 5 GewStG; Verfahren
3.	Behandlung von Mitunternehmeranteilen, Behandlung von Beteiligungserträgen	Abgrenzung von laufenden „Gewinnanteilen“ und Veräußerungstatbeständen; § 8 Nr. 8 GewStG und § 9 Nr. 2 GewStG für laufende Gewinnanteile. Änderungen durch das ATAD-Umsetzungsgesetz und das JStG 2020
4.	Gewinnausschüttungen von Kapitalgesellschaften	Gewerbesteuerliches Schachtelprivileg (§ 9 Nr. 2a GewStG); Hinzurechnung (§ 8 Nr. 5 GewStG); ausländische Dividenden (§ 9 Nr. 7 und 8 GewStG)
5.	Hinzurechnungen und Kürzungen bei Personengesellschaften	Hinzurechnung und Kürzungstatbestände des Sonderbetriebsvermögens sind ebenfalls zu berücksichtigen; Leistungsbeziehungen zwischen dem Gesamthandsbereich und dem Sonderbetriebsvermögen bleiben gewerbesteuerlich unberücksichtigt
6.	Betriebsaufspaltung	Getrennte Beurteilung von Hinzurechnungs- und Kürzungsnormen bei Besitz- und Betriebsunternehmen
7.	Gewerbesteuerliche Organschaft	Hinzurechnungen und Kürzungen innerhalb des Organkreises bleiben unberücksichtigt
	Schluss	**Wirkung von Hinzurechnungsnormen in Krisenzeiten**

III. Der Vortrag

Einleitung

Sehr geehrte Frau Prüfungsvorsitzende (geehrter Herr Prüfungsvorsitzender), meine Damen und Herren, ich habe das Thema „**Hinzurechnungen und Kürzungen bei der Gewerbesteuer**" für meinen mündlichen Vortrag gewählt. Die Hinzurechnungs- und Kürzungsvorschriften dienen dem Objektcharakter der Gewerbesteuer; es soll die reine Ertragskraft des Unternehmens besteuert werden.

1. Darstellung des Systems der Besteuerung

Die Gewerbesteuer ermittelt sich auf Basis des **Gewerbeertrags** (§ 7 S. 1 GewStG), der grundsätzlich den modifizierten Einkünften aus Gewerbebetrieb entspricht. Diesem Gewerbeertrag werden nunmehr Beträge hinzugerechnet (§ 8 GewStG) und gekürzt (§ 9 GewStG). Der sich daraus ergebende maßgebliche Gewerbeertrag wird nach Rundung (§ 11 Abs. 1 S. 3 GewStG) um einen Freibetrag (§ 11 Abs. 1 S. 1 Nr. 1 GewStG) bei natürlichen Personen und Personengesellschaften gemindert. Das Ergebnis multipliziert mit der Steuermesszahl von 3,5 % (§ 11 Abs. 2 GewStG) ergibt den **Gewerbesteuermessbetrag** (§ 11 Abs. 1 S. 2 GewStG). Durch die Anwendung des jeweiligen Hebesatzes der politischen Gemeinde auf den Steuermessbetrag ergibt sich die Höhe der Gewerbesteuer (§ 16 Abs. 1 GewStG).

Die Gründe für die Hinzurechnungen und Kürzungen sind: Aufrechterhaltung des Objektsteuercharakters (§ 8 Nr. 1a–d GewStG, § 8 Nr. 1 f GewStG), einmalige Belastung mit Objektsteuern (§ 9 Nr. 1 GewStG, § 8 Nr. 8 GewStG, § 9 Nr. 2 GewStG, § 9 Nr. 2a GewStG), Besteuerung am Ort des wirtschaftlichen Einsatzes (§ 8 Nr. 1e GewStG) oder Besteuerung des inländischen Gewebeertrags (§ 9 Nr. 7 und 8 GewStG).

2. Hinzurechnungen und Kürzungen

Im Ergebnis erhöhen Hinzurechnungen die Gewerbesteuer, während Kürzungen zu einer Minderung der Gewerbesteuerbelastung führen. Hinzugerechnet nach § 8 GewStG werden nur Beträge, die bei der Ermittlung des Gewinns abgesetzt wurden. Für Leistungen, die aufgrund der einkommensteuerlichen oder körperschaftsteuerlichen Regelungen keine Auswirkungen auf die Einkünfte hatten (z.B. Schuldzinsen, die nach § 4 Abs. 4a EStG nicht abziehbar sind oder die unter die Zinsschranke fallen), unterbleibt eine Hinzurechnung.

2.1 Finanzierungsanteile

Die für die Praxis bedeutendste **Hinzurechnungsnorm** stellt § 8 Nr. 1 GewStG dar. Durch Neuregelung werden die Finanzierungsanteile typisierend aus den Leistungen herausgerechnet (z.B. 100 % der Schuldzinsen oder 20 % der Miet- und Pachtzinsen für bewegliche Wirtschaftsgüter). Auf der **zweiten Stufe** erfolgt dann der Abzug des Freibetrages nach § 8 Nr. 1 S. 2 GewStG in Höhe von 100.000 €. Der Freibetrag für Hinzurechnungen nach § 8 Nr. 1 GewStG wurde duch das Zweite Corona-Steuerhilfegesetz von 100.000 € auf 200.000 € erhöht. Diese Maßnahme ist nicht zeitlich befristet, sondern gilt dauerhaft ab dem Erhebungszeitraum 2020.

Dieser Freibetrag steht im Falle einer gewerbesteuerlichen Organschaft sowohl der Organgesellschaft als auch dem Organträger zu. Der den Freibetrag übersteigende Betrag wird nach § 8 Nr. 1 GewStG mit einem Viertel dem Gewerbeertrag hinzugerechnet.

§ 8 Nr. 1a GewStG normiert die Hinzurechnung von 100 % aller Entgelte für die Überlassung von Kapital; unabhängig von der Laufzeit. Als Entgelt für die Überlassung von Kapital kommen neben den Schuldzinsen auch Auflösungsbeträge eines Disagios, gewinnabhängige Entgelte (partiarische Darlehen, typische stille Beteiligungen) in Betracht. Nicht als Entgelt zu beurteilen – und damit auch keine Hinzurechnung – sind Bearbeitungsgebühren, Bereitstellungszinsen oder Zinsaufwendungen aus der Abzinsung von Verbindlichkeiten und Rückstellungen (§ 6 Abs. 1 Nr. 3 und 3a EStG).

Weitere Finanzierungsanteile, die ebenfalls zu 100 % berücksichtigt werden, sind die Rentenzahlungen und dauernde Lasten (§ 8 Nr. 1b GewStG) sowie die Gewinnanteile des typisch stillen Gesellschafters (§ 8 Nr. 1c GewStG).

> **Tipp!** Sofern Sie an dieser Stelle über Zeit verfügen, können Sie gerne die Abgrenzung zwischen einem typischen stillen Gesellschafter und atypisch stillen Gesellschafter ausführen. Alternativ würden sich auch Ausführungen zum Zinsanteil bei Rentenzahlungen anbieten.

Unter die Hinzurechnungsnormen des § 8 Nr. 1 Buchst. d–f GewStG fallen zusätzlich **Nutzungsentgelte**, die wirtschaftlich als Sachkapitalüberlassung beurteilt werden. Aus diesem Grund erfolgt typisierend ein Herausrechnen des Zinsanteils.

Miet- und Pachtzinszahlungen für bewegliche Wirtschaftsgüter des Anlagevermögens, die im Eigentum eines anderen stehen, sind mit einem Finanzierungsanteil von 20 % zu erfassen (§ 8 Nr. 1 Buchst. d GewStG). Dagegen beträgt der Finanzierungsanteil für Miet- und Pachtzinsen für unbewegliche Wirtschaftsgüter des Anlagevermögens pauschal 50 % (§ 8 Nr. 1 Buchst. f GewStG). Durch das Wachstumsbeschleunigungsgesetz ist der gesetzliche Finanzierungsanteil des § 8 Nr. 1 Buchst. e GewStG für Miet- und Pachtzinsen für unbewegliche Wirtschaftsgüter des Anlagevermögens ab dem Erhebungszeitraum 2010 von 65 % auf 50 % reduziert worden (§ 8 Nr. 1 Buchst. e GewStG, § 36 Abs. 1 GewStG).

Erstmalig aufgenommen in den Katalog der Hinzurechnungsnormen wurden Aufwendungen für die zeitlich befristete Überlassung von Rechten. Der Finanzierungsanteil beträgt 25 % (§ 8 Nr. 1 Buchst. f GewStG). Ein entgeltlicher Firmenwert unterliegt nicht der Hinzurechnung.

2.2 Grundbesitz

Die in der Praxis wohl am häufigsten einschlägige Kürzungsnorm ist § 9 Nr. 1 GewStG. Hintergrund dieser Kürzung ist die Vermeidung der Doppelbelastung eines Steuergegenstandes mit zwei unterschiedlichen Realsteuern (Gewerbesteuer und Grundsteuer, § 3 Abs. 2 AO). Aus diesem Grund wird **gewerblich genutzter Grundbesitz** gewerbesteuerlich entlastet (§ 20 Abs. 1 S. 1 GewStDV). Entscheidend für die Kürzung sind die Verhältnisse zum 01.01. des maßgeblichen Erhebungszeitraumes, weil zu diesem Zeitpunkt die Grundsteuer als andere Realsteuer entsteht (§ 10 Abs. 1 GrStG).

Der Umfang der gewerblichen Nutzung bestimmt sich nach ertragsteuerlichen Gesichtspunkten. Gekürzt werden 1,2 % des maßgeblichen Einheitswertes (Einheitswert auf den 01.01.1964: Ansatz 140 %; § 121a BewG/Einheitswert auf den 01.01.1935: Ansatz je nach Grundstücksart; vgl. § 133 BewG). Werden lediglich Teile des Grundbesitzes betrieblich genutzt, so ist auch nur der betriebliche Teil für Zwecke der Kürzung heranzuziehen (§ 20 Abs. 2 GewStDV).

Für gewerbesteuerpflichtige Personen, die lediglich aufgrund ihrer Rechtsform gewerbliche Einkünfte erzielen und nicht aufgrund der Betätigung, kennt § 9 Nr. 1 S. 2–6 GewStG die erweiterte Kürzung für vermögensverwaltende Grundbesitzunternehmen.

> **Tipp!** Die erweiterte Kürzung für vermögensverwaltende Grundbesitzunternehmen (§ 9 Nr. 1 S. 2–6 GewStG) eignet sich sehr gut um „Wackelkandidaten" in der Schlussrunde zu befragen. Insbesondere die Schädlichkeit der Verpachtung von Betriebsvorrichtungen sollte dann zur Standardvorbereitung gehören.

2.3 Spendenabzug

Ähnlich wie im Bereich der Körperschaftsteuer kennt auch das Gewerbesteuerrecht einen **Spendenabzug** von Aufwendungen, die aus betrieblichen Mitteln gespendet wurden. Da in den Rechtsformen des Einzelunternehmens und der Mitteluntemehmerschaften Spenden regelmäßig als Entnahme einkunftsneutral sind, bedürfte es im Bereich der Ermittlung des Gewerbeertrags von Körperschaften zum Gleichklang der Rechtsformen der Hinzurechnung (§ 8 Nr. 9 GewStG), da bereits in den körperschaftsteuerlichen Einkommen die begünstigten Spenden nach § 9 Abs. 1 Nr. 2 KStG steuermindernd erfasst sind. Der gewerbesteuerliche Spendenabzug mindert nach § 9 Nr. 5 GewStG (entsprechend der Regelung des § 9 Abs. 1 Nr. 2 KStG) den Gewerbeertrag.

3. Behandlung von Mitunternehmeranteilen, Behandlung von Beteiligungserträgen

Gewinne und Verluste aus der Veräußerung von Mitunternehmeranteilen sind nicht Gegenstand der Norm des § 9 Nr. 2 GewStG bzw. § 8 Nr. 8 GewStG. Ob und in welchem Umfang diese Tatbestände gewerbesteuerliche Konsequenzen auslösen, bestimmt sich nach § 7 S. 2 GewStG auf der Ebene der Mitunternehmerschaft.

Zur Vermeidung einer gewerbesteuerlichen Doppelbesteuerung sowohl auf der Ebene einer Mitunternehmerschaft als auch auf der Ebene des Mitunternehmers sind die laufenden Mitunternehmeranteile bzw. Verlustanteile aus einer Beteiligung, die im Betriebsvermögen des Gewerbetreibenden gehalten werden, zu neutralisieren. Dies gilt jedoch nur insoweit, als dass es sich um eine gewerbliche Mitunternehmerschaft handelt.

Gewinnanteile des Mitunternehmers sind nach § 9 Nr. 2 GewStG aus dem Gewerbeertrag zu kürzen; Verlustanteile des Mitunternehmers erhöhen im Wege der Hinzurechnung nach § 8 Nr. 8 GewStG den Gewerbeertrag. Mit dem Jahressteuergesetz 2020 (JStG 2020) vom 21.12.2020 BGBl I S. 3096 (Nr. 65) wurde § 8 Nr. 8 GewStG durch folgenden Satz ergänzt: Satz 1 ist bei Lebens- und Krankenversicherungsunternehmen nicht anzuwenden; für Pensionsfonds gilt Entsprechendes. Der Umfang der Beteiligung ist für die Anwendung unerheblich. Auch die Frage des Zeitpunkts und der Dauer der Beteiligung sind unerheblich.

In den Anwendungsbereich der Normen fallen laufende Gewinnanteile bzw. Verlustanteile und Sondervergütungen i.S.d. § 15 Abs. 1 Nr. 2 S. 1, 2. HS EStG. Durch das ATAD-Umsetzungsgesetz (ATADUmsG) vom 25.06.2021 BGBl I S. 2035 (Nr. 37) sind folgende Neuerungen in § 9 Nr. 2 Satz 2 GewStG aufgenommen worden: Satz 1 ist nicht anzuwenden, soweit im Gewinnanteil Einkünfte im Sinne des § 7 Satz 7 und 8 GewStG enthalten sind. Bei Lebens- und Krankenversicherungsunternehmen und Pensionsfonds ist Satz 1 auch auf den übrigen Gewinnanteil nicht anzuwenden. Satz 2 ist nicht anzuwenden, soweit diese Einkünfte bereits bei einer den Anteil am Gewinn vermittelnden inländischen offenen Handelsgesellschaft, Kommanditgesellschaft oder anderen Gesellschaft, bei der die Gesellschafter als Unternehmer (Mitunternehmer) des Gewerbebetriebs anzusehen sind, Bestandteil des Gewerbeertrags waren. Bei Lebens-, Krankenversicherungsunternehmen und Pensionsfonds ist Satz 4 auf Einkünfte im Sinne des § 7 Satz 8 GewStG nicht anzuwenden.

4. Gewinnausschüttungen von Kapitalgesellschaften

Soweit nach Anwendung § 3 Nr. 40 EStG bzw. § 8b Abs. 1 KStG Ausschüttungen einer nicht steuerbefreiten Kapitalgesellschaft Bestandteil des Gewerbeertrags sind, bestimmt § 9 Nr. 2a GewStG („**gewerbesteuerliches Schachtelprivileg**") eine Kürzung, sofern die Beteiligung am Grund- oder Stammkapital zu Beginn des Erhebungszeitraumes mindestens 15 % beträgt. Die Pauschalierung der nicht abziehbaren Betriebsausgaben nach § 8b Abs. 5 KStG rechnet nicht zu den begünstigten Ausschüttungen (§ 9 Nr. 2a S. 4 GewStG).

> **Tipp!** Sofern Sie sich sicher fühlen und noch ein wenig Zeit vorhanden ist, kann an dieser Stelle kurz auf die Ermittlung des Gewerbeertrags i.S.d. § 7 GewStG hinsichtlich der Behandlung von offenen und verdeckten Gewinnausschüttungen einer Mitunternehmerschaft (§ 7 S. 4 GewStG) eingegangen werden. Planen Sie dafür ausreichend Zeit ein; sonst ist weniger mehr! Ebenfalls interessant dürfte hier ein Exkurs zum § 8b Abs. 4 KStG („Steuerpflicht für Streubesitz") sein.

Sofern die Voraussetzungen des gewerbesteuerlichen Schachtelprivilegs (entweder Mindestbeteiligung von 15 % oder Zeitpunkt „Beginn des Erhebungszeitraumes") nicht vorliegen, bestimmt § 8 Nr. 5 GewStG, dass die nicht im Gewerbeertrag enthaltenen steuerfreien Anteile der Ausschüttung hinzuzurechnen sind. In diesem Zusammenhang ist zu beachten, dass bei körperschaftsteuerpflichtigen Personen der Hinzurechnungsbetrag um die pauschal nicht abziehbaren Betriebsausgaben nach § 8b Abs. 5 KStG zu mindern ist.

5. Hinzurechnungen und Kürzungen bei Personengesellschaften

Hinzurechnung und Kürzungstatbestände des Sonderbetriebsvermögens sind ebenfalls bei der Ermittlung des Gewerbeertrags einer Mitunternehmerschaft zu berücksichtigen. Leistungsbeziehungen zwischen dem Gesamthandsbereich und dem Sonderbetriebsvermögen – sowie umgekehrt – bleiben gewerbesteuerlich unberücksichtigt.

6. Betriebsaufspaltung

Im Rahmen einer **Betriebsaufspaltung** liegen zwei eigenständige Gewerbetriebe vor. Jeder einzelne Gewerbebetrieb (Besitz- oder Betriebsgesellschaft) hat in seiner Person die Hinzurechnungs- und Kürzungstatbestände zu prüfen. Jeder einzelne Gewerbebetrieb hat Anspruch auf einen Freibetrag nach § 8 Nr. 1 S. 2 GewStG.

7. Gewerbesteuerliche Organschaft

Innerhalb eines **Organkreises** bleiben Hinzurechnungs- und Kürzungstatbestände unberücksichtigt; das gilt selbst dann, wenn diese als Hinzurechnungsbetrag nur anteilig erfasst werden.

Schluss

Den Hinzurechnungsnormen kommt in Krisenzeiten eine besondere Brisanz zu, da diese selbst in Verlustphasen zu einem positiven maßgeblichen Gewerbeertrag führen könnten. Die daraus resultierende Steuerbelastung schadet der Liquidität des Unternehmens und führt häufig dazu, dass die Steuerzahlungen aus der Substanz finanziert werden.

Vielen Dank für Ihre Aufmerksamkeit.

Vortrag 2: Gewerbeverluste nach § 10a GewStG

§ 10a Satz 10 GewStG wird durch die folgenden Sätze ersetzt:
„Auf die Fehlbeträge ist § 8c des Körperschaftsteuergesetzes entsprechend anzuwenden; dies gilt auch für den Fehlbetrag einer Mitunternehmerschaft, soweit dieser

1. einer Körperschaft unmittelbar oder
2. einer Mitunternehmerschaft, soweit an dieser eine Körperschaft unmittelbar oder mittelbar über eine oder mehrere Personengesellschaften beteiligt ist,

zuzurechnen ist. Auf die Fehlbeträge ist § 8d des Körperschaftsteuergesetzes entsprechend anzuwenden, wenn ein fortführungsgebundener Verlustvortrag nach § 8d des Körperschaftsteuergesetzes gesondert festgestellt worden ist. Unterbleibt eine Feststellung nach § 8d Absatz 1 Satz 8 des Körperschaftsteuergesetzes, weil keine nicht genutzten Verluste nach § 8c Absatz 1 Satz 1 des Körperschaftsteuergesetzes vorliegen, ist auf Antrag auf die Fehlbeträge § 8d des Körperschaftsteuergesetzes entsprechend anzuwenden; für die Form und die Frist dieses Antrags gilt § 8d Absatz 1 Satz 5 des Körperschaftsteuergesetzes entsprechend."

I. Einführende Hinweise

Der gewerbesteuerliche Verlustabzug vereint als Rechtsnorm alle gewerbesteuerlichen Verlustabzugsregelungen unabhängig von der Rechtsform. Daneben bestimmt die Norm auch die verfahrensrechtliche Umsetzung.

Tipp! Dieses Thema kann als Dauerbrenner für die mündliche Prüfung bezeichnet werden. Es eignet sich für einen Kurzvortrag, die Fragerunde aber auch für die Schlussrunde. Zudem können die Prüfer über die unterschiedlichen Rechtsformen den Kenntnisstand des Ertragsteuerrechts abfragen.

II. Die Gliederung

	Gliederungspunkt	**Die Stichworte**
	Einleitung	**Thema, Kurzübersicht**
1.	Darstellung des Systems des Verlustabzugs	Darstellung der Auswirkungen von Hinzurechnungen und Kürzungen auf den Gewerbeertrag; Charakter der Gewerbesteuer
2.	Voraussetzungen	Hintergrund für Hinzurechnungen und Kürzungen
2.1	Mindestbesteuerung	System der Berechnung
2.2	Voraussetzungen für den Verlustabzug	Darstellung der grundsätzlichen Unterscheidung
3.	Unternehmensidentität	Identität des Steuergegenstandes
4.	Unternehmeridentität	Identität der handelnden Personen
5.	Besonderheiten bei Personengesellschaften	Mitunternehmerbezogene Betrachtungsweise
6	Besonderheiten bei Kapitalgesellschaften	§ 8c KStG/§ 8d KStG

7.	Gesonderte Feststellung	Verfahrensrechtliche Umsetzung
	Schluss	**Wirkung von Hinzurechnungsnormen in Krisenzeiten**

III. Der Vortrag

Einleitung

Sehr geehrte Frau Prüfungsvorsitzende (geehrter Herr Prüfungsvorsitzender), meine Damen und Herren, ich habe das Thema **„Gewerbeverluste nach § 10a GewStG"** für meinen mündlichen Vortrag gewählt. Im nachfolgenden Vortrag sollen die Besonderheiten des gewerbesteuerlichen Verlustabzugs dargelegt werden.

1. Darstellung des Systems der Besteuerung

Verlustvorträge durchbrechen den Grundsatz der Abschnittsbesteuerung. Gemäß § 10a GewStG können Fehlbeträge unbegrenzt vorgetragen werden (unbegrenzter Verlustvortrag). Ein Verlustrücktrag scheidet aus. Der Gewerbeverlust unterscheidet sich von dem Verlustabzug i.S.d. § 10d EStG dadurch, dass seine Höhe durch die Hinzurechnungen und Kürzungen nach §§ 8, 9 GewStG beeinflusst wird. Dadurch kann sich ein Gewerbeverlust ergeben, obwohl einkommensteuerrechtlich ein Gewinn aus Gewerbebetrieb vorliegt.

Andererseits kann sich trotz des Vorhandenseins eines Verlustes ein positiver Gewerbeertrag ergeben (R 10a.1 Abs. 1 GewStR).

2. Voraussetzungen

Der Abzug der Fehlbeträge, die sich in den vorangegangenen Erhebungszeiträumen ergeben haben, ist immer zwingend vorgeschrieben und kann nicht wahlweise oder nur zum Teil vorgenommen werden, z.B. um den Freibetrag des § 11 Abs. 1 Nr. 1 GewStG besser ausnutzen zu können.

2.1 Mindestbesteuerung (§ 10a S. 1 und S. 2 GewStG)

Der Verlustvortrag kann ab dem Erhebungszeitraum 2004 nur bis zur Höhe eines Sockelbetrages von 1 Mio. € unbegrenzt beim Gewerbeertrag berücksichtigt werden (§ 10a S. 1 GewStG). Es handelt sich bei diesem Sockelbetrag um eine sog. Mittelstandskomponente für kleinere und mittlere Unternehmen. Der darüber hinaus gehende Verlust kann lediglich bis zur Höhe von 60 % des 1 Mio. € übersteigenden Teils verrechnet werden (§ 10a S. 2 GewStG). Ob und in welchem Umfang die Mindestbesteuerung verfassungsgemäß ist, wird zukünftig zu entscheiden sein.

2.2 Voraussetzungen für den Verlustabzug

Für den Fall, dass ein Gewerbetreibender mehrere gewerbliche Betriebe unterhält, ist keine dem einkommensteuerlichen Verlustausgleich vergleichbare Saldierung von Gewerbeerträgen und Gewerbeverlusten der verschiedenen Betriebe erlaubt. Für den Verlustabzug müssen sowohl die Voraussetzungen der Unternehmensidentität als auch der Unternehmeridentität gegeben sein.

Voraussetzungen für den Verlustabzug

Einzelunternehmen	Personengesellschaft	Kapitalgesellschaften
Unternehmens- und Unternehmeridentität	Unternehmens- und Unternehmeridentität	§ 8c KStG/§ 8d KStG

Der Gewerbeverlust darf vielmehr nur bei demselben Gewerbebetrieb gekürzt werden, bei dem er entstanden ist (Voraussetzung der Unternehmensidentität, R 10a.2 GewStR). Dies entspricht dem Objektsteuercharakter der Gewerbesteuer; deshalb gilt diese Voraussetzung, obwohl sie nicht ausdrücklich dem Gesetz zu entnehmen ist. Der Gewerbeverlust darf ferner nur dem Unternehmer zugutekommen, der den Verlust erlitten hat (Erfordernis der Unternehmeridentität); § 10a S. 8 i.V.m. § 2 Abs. 5 GewStG sowie R 10a.3 Abs. 1 GewStR. Hintergrund hierfür ist die Selbständigkeit eines jeden Gewerbebetriebs.

3. Unternehmensidentität

Der im Anrechnungsjahr bestehende Gewerbebetrieb muss identisch mit dem Gewerbebetrieb sein, der im Jahr der Entstehung des Verlustes bestanden hat (R 10a.2 GewStR). Beurteilungsmaßstab für die Unternehmensidentität ist der sachliche, insbesondere wirtschaftliche, organisatorische und finanzielle Zusammenhang zwischen den Tätigkeiten im Entstehungs- und im Abzugsjahr; vgl. FG Köln vom 15.02.2012, 10 K 1830/10 rkr. Dies richtet sich nach dem Gesamtbild der Verhältnisse:

- insbesondere der Art der Betätigung,
- dem Kunden- und Lieferantenkreis,
- der Arbeitnehmerschaft, der Geschäftsleitung, den Betriebsstätten sowie
- dem Umfang und der Zusammensetzung des Aktivvermögens.

Die Veräußerung eines Teilbetriebs kann dazu führen, dass der diesem Teilbetrieb zuzuordnende Verlustvortrag verloren geht (BFH vom 07.08.2008, IV R 86/05, BStBl II 2012, 145). Der BFH führte in diesem Zusammenhang aus, dass die Unternehmensidentität teilbetriebsbezogen zu prüfen sei. Werde der Teilbetrieb, auf den der Verlust entfiel, veräußert, dann gehe die Teilunternehmensidentität verloren und die Verluste schieden aus. Unabhängig hiervon bestehe allerdings die Möglichkeit des Verlustausgleichs zwischen verschiedenen Teilbetrieben, soweit und solange sie demselben Unternehmer zuzuordnen seien. Das Urteil ist auf Einzelunternehmen und Mitunternehmerschaften uneingeschränkt anzuwenden. Eine Anwendung auf Kapitalgesellschaften ist nach Erörterung auf Bundesebene ausgeschlossen, da bei Kapitalgesellschaften die gesamte Betätigung immer als einheitlicher Gewerbebetrieb gilt (OFD Münster vom 27.06.2012, G 1427 - 159 - St 11-33). Der BFH hat mit Urteil vom 19.12.2019, IV R 8/17 entschieden: Fällt die Unternehmensidentität und damit die sachliche Gewerbesteuerpflicht während des Kalenderjahrs weg, ist der Gewerbesteuermessbetrag für einen abgekürzten Erhebungszeitraum festzusetzen.

Ob der bisherige Gewerbebetrieb eingestellt und (ggf.) ein neuer Gewerbebetrieb in Gang gesetzt wird, bestimmt sich danach, ob der "bisherige" und der "neue" Betrieb bei wirtschaftlicher Betrachtung und nach der Verkehrsauffassung identisch sind. Dies richtet sich nach den gleichen Kriterien, die für die Bestimmung der Unternehmensidentität im Rahmen des § 10a GewStG entwickelt wurden. Dabei steht die Überführung wesentlicher Betriebsgrundlagen, insbesondere von Wirtschaftsgütern mit erheblichen stillen Reserven, der Einstellung des "bisherigen" Betriebs nicht entgegen.

4. Unternehmeridentität (§ 10a S. 8 GewStG)

Unternehmeridentität (R 10a.3 GewStR) bedeutet, dass der Gewerbetreibende, der den Verlustabzug in Anspruch nehmen will, den Gewerbeverlust zuvor in eigener Person erlitten haben muss. Ein Unternehmerwechsel bewirkt somit, dass der Abzug des im übergegangenen Unternehmen entstandenen Verlustes entfällt, auch wenn das Unternehmen als solches von dem neuen Inhaber unverändert fortgeführt wird. Dabei ist es gleichgültig, ob der Unternehmerwechsel:

- auf entgeltlicher oder unentgeltlicher Übertragung,
- auf Gesamtrechtsnachfolge (z.B. Erbfolge) oder
- auf Einzelrechtsnachfolge (z.B. vorweggenommene Erbfolge) beruht.

Der erwerbende Unternehmer kann den vom übertragenden Unternehmer erzielten Gewerbeverlust auch dann nicht nach § 10a GewStG abziehen, wenn er den erworbenen Betrieb mit einem bereits bestehenden Betrieb vereinigt. Wird ein Einzelunternehmen nach Eintritt einer oder mehrerer Personen als Personengesellschaft fortgeführt, kann der in dem Einzelunternehmen entstandene Fehlbetrag auch weiterhin insgesamt, jedoch nur von dem Betrag abgezogen werden, der von dem gesamten Gewerbeertrag der Personengesellschaft entsprechend dem sich aus dem Gesellschaftsvertrag ergebenden Gewinnverteilungsschlüssel auf den früheren Einzelunternehmer entfällt. Entsprechendes gilt, wenn ein Einzelunternehmen gem. § 24 UmwStG in eine Personengesellschaft eingebracht wird. Der Abzug eines in einem Einzelunternehmen entstandenen Gewerbeverlustes entfällt jedoch insgesamt, wenn das Unternehmen auf eine Kapitalgesellschaft oder auf eine Personengesellschaft, an der der bisherige Einzelunternehmer nicht beteiligt ist, übertragen wird.

5. Besonderheiten bei Personengesellschaften

Bei Personengesellschaften und anderen Mitunternehmerschaften sind Träger des Rechts auf den Verlustabzug die einzelnen Mitunternehmer. Die Berücksichtigung eines Gewerbeverlustes bei Mitunternehmerschaften setzt jedoch nur voraus, dass bei der Gesellschaft im Entstehungsjahr ein negativer und im Abzugsjahr ein positiver Gewerbeertrag vorliegt; in die Ermittlung dieser Beträge sind Sonderbetriebsausgaben und Sonderbetriebseinnahmen einzubeziehen (R 10a.3 Abs. 3 GewStR). Bei gleichem Gesellschafterbestand bleibt das Gesamtergebnis im Verlustentstehungsjahr und im Abzugsjahr maßgebend; eine gesellschafterbezogene Berechnung unterbleibt. Vgl. die gleichlautenden Erlasse der obersten Finanzbehörden der Länder vom 16.12.1996 (BStBl I 1996, 1392). Aufgrund der Personenbezogenheit des Verlustabzugs nach § 10a GewStG können sich jedoch Auswirkungen in den Fällen des Wechsels im Gesellschafterbestand und bei Änderung der Beteiligungsquote ergeben. Zum Verlustabzug bei einem Wechsel im Gesellschafterbestand s. R 10a.3 Abs. 3 S. 9 GewStR. In § 10a GewStG wird festgelegt, dass der allgemeine Gewinnverteilungsschlüssel Maßstab für die Ermittlung des dem einzelnen Mitunternehmer zuzurechnenden Verlustanteils ist (R 10a.3 Abs. 3 GewStR).

6. Besonderheiten bei Kapitalgesellschaften

6.1 § 8c KStG

Alleiniges Kriterium für die Verlustabzugsbeschränkung ist der Anteilseignerwechsel. Geregelt wurde eine Verlustbeschränkung des § 8c KStG:

- bei Übertragung der Anteile innerhalb eines Zeitraums von fünf Jahren,
- bei Übertragung von mehr als 50 % der Anteile oder Stimmrechte,
- bei vollständigem Untergang des Verlustabzugs (§ 8c Satz 1 KStG).

Der Tatbestand des § 8c KStG knüpft für den Wegfall von Verlustvorträgen auf der Ebene der Körperschaft an Veränderungen im Bestand der Anteilseigner sowie die Durchführung von Kapitalmaßnahmen einer Gesellschaft an.

> **Tipp!** Mit Datum vom 29.03.2017 hat das Bundesverfassungsgericht für die Veranlagungszeiträume 2008–2015 entschieden, dass der quotale Verlustuntergang nicht mit der Verfassung vereinbar sei. Diese Entscheidung ist die Grundlage für die Aufhebung des quotalen Verlustuntergangs.
> Mit Datum vom 29.08.2017, 2 K 245/17 hat das FG Hamburg die Norm des § 8c S. 2 KStG a.F. (jetzt § 8c Abs. 1 S. 2 KStG) dem Bundesverfassungsgericht zur Prüfung vorgelegt (Vorlagebeschluss 2 K 245/17).

6.2 Fortführungsgebundener Verlust (§ 8d KStG)

Diesen Befund greift § 8d KStG auf und erweitert für Körperschaften die Möglichkeiten zur steuerunschädlichen Kapitalbeschaffung. § 8d KStG eröffnet einer Körperschaft die Option, Verluste unabhängig von einem schädlichen Anteilseignerwechsel nutzen zu können, solange sie den nach § 8d KStG relevanten Geschäftsbetrieb fortführt.

Der fortführungsgebundene Verlust geht unter den folgenden Voraussetzungen unter; § 8c Abs. 1 S. 6 bis 9 KStG:

- Einstellung des Geschäftsbetriebs (§ 8d Abs. 2 S. 1 KStG),
- Gleiches gilt, wenn der Geschäftsbetrieb ruhend gestellt wird,
- der Geschäftsbetrieb einer andersartigen Zweckbestimmung zugeführt wird,
- die Körperschaft einen zusätzlichen Geschäftsbetrieb aufnimmt,
- die Körperschaft sich an einer Mitunternehmerschaft beteiligt,
- die Körperschaft die Stellung eines Organträgers hat,
- auf die Körperschaft Wirtschaftsgüter übertragen werden, die sie zu einem geringeren als dem gemeinen Wert ansetzt.

Werden die Bedingungen nicht mehr erfüllt, entfällt der noch bestehende sog. fortführungsgebundene Verlustvortrag zum Zeitpunkt des Wegfalls der vorgenannten Bedingungen. Diese Grundsätze sind gewerbesteuerlich ebenfalls einschlägig.

Ein Antrag nach § 8d KStG n.F. kann erstmals für Beteiligungserwerbe, die die Rechtsfolgen des § 8c KStG auslösen, gestellt werden, die nach dem 31.12.2015 erfolgen. Ein sog. „fortführungsgebundener Verlustvortrag" ist damit frühestens auf den 31.12.2016 gesondert festzustellen.

Dies gilt sowohl im Falle des quotalen als auch vollständigen Untergangs nach § 8c Abs. 1 S. 1 und S. 2 KStG.

7. Gesonderte Feststellung

Nach § 10a S. 6 GewStG ist die Höhe der vortragsfähigen Fehlbeträge gesondert festzustellen. Nach § 35b Abs. 2 S. 2 GewStG sind Verlustfeststellungsbescheide zu erlassen, aufzuheben oder zu ändern, wenn sich die für den Verlustabzug maßgeblichen Beträge ändern und deswegen der entsprechende Gewerbesteuer-Messbescheid zu erlassen, aufzuheben oder zu ändern ist. Nach § 35b Abs. 2 S 3 GewStG gilt dies auch, wenn der Erlass, die Aufhebung oder Änderung mangels steuerlicher Auswirkung unterbleibt. Mit diesen Regelungen sollen Veränderungen der für den Verlustvortrag maßgeblichen Bezugsgrößen konsequent in den Verlustfeststellungsbescheid übernommen werden.

Schluss

Den Hinzurechnungsnormen kommt in Krisenzeiten eine besondere Brisanz zu, da diese selbst in Verlustphasen zu einem positiven maßgeblichen Gewerbeertrag führen könnten. Die daraus resultierende Steuerbelastung schadet der Liquidität des Unternehmens und führt häufig dazu, dass die Steuerzahlungen aus der Substanz finanziert werden.

Vielen Dank für Ihre Aufmerksamkeit.

Themenbereich Umwandlungssteuerrecht

Vortrag 1: Die Möglichkeiten der Umwandlung von Unternehmen nach dem Umwandlungsgesetz

I. Einführende Hinweise

Das Umwandlungsgesetz (UmwG) schafft die **zivilrechtliche Grundlage** für die Mehrzahl der umwandlungssteuerrechtlich relevanten **Maßnahmen zur Unternehmensumstrukturierung**.

Das Gesetz soll außerdem den Schutz der Gesellschafter – insbesondere der Minderheitsgesellschafter – durch Erweiterung der Informations- und Prüfungsrechte verbessern.

Die gravierendste Änderung erfuhr das UmwG bisher durch das Umwandlungsbereinigungsgesetz (UmwBerG) vom 28.10.1994 (BGBl I 1994, 3210). Dadurch wurden die bisher in den verschiedenen Gesetzen (AktG, KapErhG, GenG, VAG und UmwG) enthaltenen Regelungen im UmwG zusammengefasst und systematisiert.

Das UmwG fasst nunmehr diese Regelungen zusammen, wodurch die Umwandlungsmöglichkeiten neu strukturiert wurden. Darüber hinaus wurden zahlreiche neue Umwandlungsmöglichkeiten für die Unternehmen geschaffen, um diesen eine Umwandlung zu erleichtern. Neben den bisher bereits bekannten Umwandlungsmöglichkeiten (Verschmelzung, übertragende Umwandlung oder Formwechsel) wurden durch die Gesetzesnovellierung insbesondere verschiedene Formen der Spaltung geschaffen und die Anwendungsbereiche für Verschmelzungen und den Formwechsel erweitert.

Aufbau des Gesetzes:

1. Buch	Möglichkeiten von Umwandlungen	§ 1 UmwG
2. Buch	Verschmelzung	§§ 2–122l UmwG
3. Buch	Spaltung	§§ 123–173 UmwG
4. Buch	Vermögensübertragung	§§ 174–189 UmwG
5. Buch	Formwechsel	§§ 190–304 UmwG

Tipp! Nutzen Sie bei dem Thema die Informationen aus dem Umwandlungssteuererlass v. 11.11.2011. In den Randnummern 01.03. bis 01.19 ersehen sie einen Überblick über alle Umwandlungsformen des Umwandlungsgesetzes. Sie erkennen aus den Tabellen auf einen Blick, welche Gesellschaften nach welchen Normen umgewandelt werden können.

II. Die Gliederung

	Gliederungspunkt	Die Stichworte
	Einleitung	**Thema; Kurzübersicht**
1.	Möglichkeiten der Vermögensübertragung	Einzelrechtsnachfolge, Gesamtrechtsnachfolge, Anwachsung
1.1	Einzelrechtsnachfolge	Einzelrechtsübertragung jedes Vermögensgegenstandes, Gläubigerzustimmung
1.2	Gesamtrechtsnachfolge	in einem Akt
1.3	Anwachsung	steuerrechtlich Einzelrechtsnachfolge
2.	Umwandlungsarten nach dem UmwG	Verschmelzung, Spaltung, Formwechsel, Vermögensübertragung

	Gliederungspunkt	Die Stichworte
2.1	Verschmelzung	Verschmelzung zur Aufnahme Verschmelzung zur Neugründung
2.2	Spaltung	Aufspaltung, Abspaltung, Ausgliederung
2.3	Formwechsel	Kein Rechtsträgerwechsel, nur bei Gesellschafteridentität, keine Grunderwerbsteuer
2.4	Vermögensübertragung	Übertragung von oder auf den öffentlichen Sektor
	Schluss	**Fazit: Zusammenfassung, Wertung**

III. Der Vortrag

Einleitung

Sehr geehrter Herr Prüfungsausschussvorsitzender, meine Damen und Herren, ich habe für meinen Kurzvortrag das Thema „**Die Möglichkeiten der Umwandlung von Unternehmen nach dem Umwandlungsgesetz**" gewählt und meinen Vortrag wie folgt gegliedert: s.o. II.

1. Möglichkeiten der Vermögensübertragung

Der Umwandlungsvorgang muss nicht unbedingt nur auf den Regeln des UmwG beruhen. Denn dieser kann auch auf den **allgemeinen** zivilrechtlichen Grundsätzen (im Rahmen des BGB oder HGB) beruhen. Die Vermögensübertragung kann zivilrechtlich im Rahmen einer:

- **Einzelrechtsnachfolge**,
- **Gesamtrechtsnachfolge** (bei sämtlichen Vorgängen des UmwG) oder
- **Anwachsung** (Sonderfall) erfolgen.

1.1 Einzelrechtsnachfolge

Charakteristisch für die zivilrechtliche Einzelrechtsnachfolge ist, dass die dem umgewandelten Unternehmen zuzurechnenden Vermögensgegenstände **jeweils einzeln übertragen werden müssen** (zivilrechtlicher Eigentumsübergang durch Einigung und Übergabe oder Auflassung und Eintragung [bei Grundstücken]). Die Einzelrechtsnachfolge ist **immer möglich**, wenn Vermögen übertragen werden soll. Sie ist daher auch **nicht im UmwG geregelt**, sondern ergibt sich aus den einschlägigen Vorschriften des BGB.

Typische Fälle der Einzelrechtsnachfolge sind Kauf, Tausch und Schenkung. Gehört zum umzuwandelnden Unternehmen umfangreiches Vermögen, ist die Umwandlung durch Einzelrechtsnachfolge aber ein umständliches und aufwendiges Verfahren. Es wird daher in der Praxis äußerst selten angewendet, z.B. wenn sich die an der Umwandlung beteiligten Personen über die einzelnen Voraussetzungen des UmwG im Unklaren sind.

1.2 Gesamtrechtsnachfolge

Die Gesamtrechtsnachfolge ist **Ausfluss sämtlicher Unternehmensumwandlungen, die im UmwG geregelt sind**. Sie ist daher auch nur **eingeschränkt** in den Fällen anwendbar, die im UmwG aufgeführt sind. Die Aufzählung der im UmwG geregelten Umwandlungsmöglichkeiten ist insoweit abschließend.

Kommt es bei einem Umwandlungsvorgang zu einer Gesamtrechtsnachfolge, so wird das Vermögen (Aktiva und Passiva des Unternehmens) durch einen **einzigen Akt** auf den übernehmenden Rechtsträger übertragen. Der diese Folge auslösende Akt ist die **Eintragung der Unternehmensumwandlung in das Handelsregister**. Allein dadurch werden Umwandlungen vereinfacht, weshalb das Ziel des UmwG u.a. auch die Vereinfachung und Straffung von Unternehmensumstrukturierungen sein soll.

Tipp! Sämtliche Umwandlungsvorgänge, die im UmwG geregelt sind, führen zu einer Gesamtrechtsnachfolge.

1.3 Anwachsung

Die Anwachsung kommt in aller Regel bei Personengesellschaften vor, wenn einer oder mehrere Mitunternehmer ausscheiden. In einigen Ausnahmefällen können sich daraus auch in Bezug auf Kapitalgesellschaften Konsequenzen ergeben, z.B. bei einer GmbH & Co. KG, wenn der Komplementär-GmbH das Gesamthandsvermögen anwächst. Die Anwachsung ist **nicht** im UmwG geregelt, sondern ergibt sich ausschließlich aus den einschlägigen Vorschriften des BGB bzw. HGB.

Nach **§ 738 BGB ggf. i.V.m. § 105 Abs. 2 HGB** wächst bei Austritt eines Gesellschafters aus einer Personengesellschaft dessen Anteil den anderen Gesellschaftern zu. Sieht der Gesellschaftsvertrag einer Personengesellschaft vor, dass mit dem Ausscheiden eines Gesellschafters die Gesellschaft nicht beendet, sondern unter den übrigen Gesellschaftern fortgesetzt wird und wird bei Ausscheiden des vorletzten Gesellschafters dem verbleibenden Gesellschafter die Übernahme des Unternehmens ohne Liquidation mit allen Aktiven und Passiven erlaubt, so gilt das Anwachsungsprinzip (vgl. z.B. § 142 HGB). Der (oder die) verbleibende/n Gesellschafter führen das Unternehmen in partieller Rechtsnachfolge fort, da er tatbestandlich den Mitunternehmeranteil des Ausgeschiedenen und damit auch dessen anteiliges Gesellschaftsvermögen, welches durch den Mitunternehmeranteil repräsentiert wird, übernimmt.

Diese Grundsätze gelten auch, wenn der Gesellschafter einer Personengesellschaft eine juristische Person – z.B. eine Kapitalgesellschaft – ist, sodass durch Anwachsung das Vermögen einer Personengesellschaft auf eine Kapitalgesellschaft übertragen werden kann.

Zivilrechtlich findet im Fall der Anwachsung **keine** Einzelübertragung der Wirtschaftsgüter statt, sodass die Anwachsung im Rahmen der Gesamtrechtsnachfolge erfolgt. Aus Sicht der Finanzverwaltung wird die Anwachsung aber **als Unterfall der Einzelrechtsnachfolge** angesehen (vgl. Tz. 01.44 des Umwandlungssteuererlasses).

2. Umwandlungsarten nach dem UmwG

Im UmwG (§ 1 Abs. 1 UmwG) sind abschließend folgende Umwandlungsarten geregelt:

- **Verschmelzung**,
- **Spaltung**,
- **Formwechsel**,
- und die **Vermögensübertragung**.

Weitere Umwandlungsarten kennt das UmwG **nicht**. Die Umwandlungsmöglichkeiten sind zwar auf Rechtsträger mit **Sitz im Inland** beschränkt. §§ 122a–122l UmwG schaffen aber Ausnahmen für grenzüberschreitende Verschmelzungen von Kapitalgesellschaften, wodurch geltendes EU-Recht umgesetzt wird.

2.1 Verschmelzung

Bei der Verschmelzung wird das gesamte Vermögen eines Unternehmens auf einen anderen, entweder schon:

- bestehenden Rechtsträger (**Verschmelzung durch Aufnahme**) oder
- dadurch erst neugegründeten Rechtsträger (**Verschmelzung zur Neugründung**; dadurch wird das Vermögen mehrerer [mindestens zwei] Rechtsträger auf einen einzigen Rechtsträger übertragen)

übertragen. Den Gesellschaftern oder Anteilseignern des übertragenden Rechtsträgers werden im Wege des Anteilstausches neue Anteilsrechte bzw. Mitunternehmeranteile an dem durch Verschmelzung entstehenden oder aufnehmenden Rechtsträger gewährt.

Zu einer Verschmelzung kann es daher nur dann kommen, wenn sich **zwei oder mehrere Rechtsträger** durch Vermögensübernahme **zu einem Unternehmen** vereinigen.

Beispiel 1: Die A-GmbH wird nach den Regeln des UmwG auf die B-GmbH verschmolzen, die das Vermögen der A-GmbH übernimmt. Dadurch wird die A-GmbH ohne Abwicklung aufgelöst (Verschmelzung durch Aufnahme).

Beispiel 2: Die A-GmbH und die B-GmbH sollen verschmolzen werden. Aus diesem Grund wird die C-GmbH errichtet, die das Vermögen der beiden Gesellschaften aufnimmt (Verschmelzung durch Neugründung).

2.2 Spaltung

Das Handelsrecht stellt bei einer Spaltung keine besonderen Anforderungen an das Spaltungsobjekt. Insbesondere wird im Gegensatz zum UmwStG (s. §§ 15 und 16 UmwStG) nicht die Teilbetriebseigenschaft gefordert, wenn Vermögensteile im Wege der Spaltung übertragen werden sollen.

Die Spaltung stellt aber nur einen **Oberbegriff** dar, für die **drei** denkbaren **Spaltungsmöglichkeiten**:

1. **Aufspaltung,**
2. **Abspaltung und**
3. **Ausgliederung**.

Bei der Aufspaltung (§ 123 Abs. 1 UmwG) teilt der zu spaltende Rechtsträger sein gesamtes Vermögen auf und überträgt dieses auf **mindestens zwei** andere:

- schon bestehende (**Aufspaltung zur Aufnahme**) oder
- neu gegründete (**Aufspaltung zur Neugründung**)

Rechtsträger. Die Anteile an den übernehmenden Rechtsträgern fallen den **Anteilsinhabern** des sich aufspaltenden Rechtsträgers zu. Dadurch kommt es letztlich zur Auflösung des zu spaltenden Rechtsträgers.

Die Aufspaltung ist daher das logische Gegenstück zur Verschmelzung durch Neugründung, wodurch der übertragende Rechtsträger ebenfalls aufgelöst wird und dadurch untergeht.

Beispiel: An der A-GmbH sind die Gesellschafter A und B zu jeweils 50 % beteiligt. Die Gesellschafter beschließen die Auflösung der A-GmbH. Mit Wirkung zum 31.12.01 überträgt die A-GmbH ihr gesamtes Betriebsvermögen, welches ausschließlich aus zwei gleichwertigen Teilbetrieben besteht, auf die A-KG (des Anteilseigners A) und die B-GmbH (des Anteilseigners B) auf.

Lösung: Zivilrechtlich handelt es sich um eine Aufspaltung der A-GmbH, die aufgrund der Vermögensübertragung aufgelöst wird.

Die Abspaltung (§ 123 Abs. 2 UmwG) führt zur Übertragung **eines Vermögensteils** des übertragenden Rechtsträgers (z.B. ein Teilbetrieb) auf einen anderen Rechtsträger (egal ob bereits bestehend oder neu errichtet). **Der übertragende Rechtsträger bleibt jedoch bestehen.** Die Anteile an dem übernehmenden Rechtsträger sind den Anteilseignern oder Gesellschaftern **des übertragenden Rechtsträgers** zuzurechnen, sodass es letztlich zu einer partiellen Vermögensübertragung kommt.

Beispiel: An der A-GmbH sind die Gesellschafter A und B zu jeweils 50 % beteiligt. Zum Betriebsvermögen der A-GmbH gehören ausschließlich zwei Teilbetriebe. Mit Wirkung zum 31.12.01 überträgt die A-GmbH einen Teilbetrieb auf die A+B KG, an der ausschließlich die Anteilseigner der A-GmbH beteiligt sind.

Lösung: Zivilrechtlich handelt es sich um eine Abspaltung des der A-GmbH zuzurechnenden Teilbetriebs. Diese Übertragung wird im Rahmen der Gesamtrechtsnachfolge vorgenommen (s. § 45 AO, s. AEAO zu § 45).

Bei der Ausgliederung (§ 123 Abs. 3 UmwG) überträgt der Rechtsträger einen **Teil seines Vermögens** auf einen anderen Rechtsträger, ohne dass es dadurch zu einer Auflösung kommt. An dem Vermögensübernehmer ist aber, im Gegensatz zur Auf- und Abspaltung, der **übertragende Rechtsträger** beteiligt. Die Ausgliederung stellt daher eine Vermögensauslagerung dar. Dadurch entsteht ein Mutter-Tochter-Verhältnis zwischen dem übertragenden und dem übernehmenden Rechtsträger.

Diese Art der Vermögensübertragung ist gerade im Konzernbereich häufig anzutreffen, wenn Vermögensteile z.B. einer steuerneutralen Veräußerung zugeführt werden sollen.

Beispiel: An der A-GmbH sind die Gesellschafter A und B zu jeweils 50 % beteiligt. Zum Betriebsvermögen der A-GmbH gehören ausschließlich zwei Teilbetriebe. Mit Wirkung zum 31.12.01 überträgt die A-GmbH einen Teilbetrieb auf die neugegründete B-GmbH, an der ausschließlich die A-GmbH beteiligt ist.

Lösung: Zivilrechtlich handelt es sich um eine Ausgliederung des der A-GmbH zuzurechnenden Teilbetriebs, die nach den Regelungen des UmwG vorgenommen werden kann. Diese Übertragung wird im Rahmen der Gesamtrechtsnachfolge vorgenommen.

2.3 Formwechsel

Der Formwechsel beschränkt sich lediglich auf die **Änderung der Rechtsform eines Rechtsträgers unter Wahrung seiner rechtlichen Identität** und zwar grundsätzlich auch unter Beibehaltung des Kreises der Anteilsinhaber. Als neuer Rechtsträger kommt bei einem Formwechsel – anders als bei der Verschmelzung oder Spaltung – auch die GbR in Betracht.

Neben anderen Erfordernissen müssen insbesondere in einem ausführlichen Umwandlungsbericht (§ 192 UmwG) die künftigen Beteiligungsverhältnisse erläutert und begründet werden. Es ist ein Umwandlungsbeschluss (§ 193 UmwG) erforderlich, der notariell beurkundet werden muss.

Beim Formwechsel braucht wegen des **fehlenden Vermögensübergangs** und bestehender Personenidentität nach handelsrechtlichen Vorschriften keine Schluss- bzw. Eröffnungsbilanz aufgestellt zu werden.

2.4 Vermögensübertragung

§§ 174–189 UmwG enthält Umwandlungsmöglichkeiten für **Voll- oder Teilübertragungen von Vermögen von Kapitalgesellschaften auf die öffentliche Hand sowie Sonderregelungen für Versicherungsunternehmen**.

Auch hierbei handelt es sich um den Übergang des gesamten Vermögens eines Rechtsträgers im Wege der Gesamtrechtsnachfolge unter Auflösung ohne Abwicklung auf einen anderen Rechtsträger. Jedoch wird den Anteilsinhabern des übertragenden Rechtsträgers keine Beteiligung an dem übernehmenden Rechtsträger gewährt, sondern diese erhalten eine Gegenleistung in anderer Form (z.B. Geld oder sonstige Entschädigungen).

Schluss

Mit der Reform des Umwandlungsgesetzes sind die Voraussetzungen geschaffen worden Unternehmen innerhalb Deutschlands und ansatzweise auch in andere EU bzw. EWR-Staaten umzustrukturieren. Es wäre wünschenswert, wenn das Umwandlungssteuerrecht diese Möglichkeiten, ohne die stillen Reserven zu besteuern, immer nachvollziehen würde.

Danke für Ihre Aufmerksamkeit.

Vortrag 2: Die Umwandlung von Kapital- in Personengesellschaften aus der Sicht des Umwandlungssteuergesetzes

I. Einführende Hinweise

§§ 3–9 UmwStG

§ 1 Abs. 1 S. 1 UmwStG ordnet an, dass die §§ 3–9 UmwStG nur greifen, wenn es sich um einen Fall der Gesamtrechtsnachfolge bzw. einen Formwechsel im Sinne des UmwG handelt.

Die Regelungen sind anzuwenden beim Vermögensübergang von einer Kapitalgesellschaft im Rahmen einer **Verschmelzung** auf eine Personengesellschaft oder auf eine natürliche Person und beim **Formwechsel** (vgl. § 9 UmwStG) einer Kapitalgesellschaft in eine Personengesellschaft. Ebenso bei einer **Auf-** bzw. **Abspaltung** von einer Kapitalgesellschaft auf eine Personengesellschaft (vgl. § 16 UmwStG).

Auf ein Einzelunternehmen kann die Verschmelzung derzeit nur von einer Kapitalgesellschaft auf deren alleinigen Anteilseigner erfolgen (vgl. § 120 UmwG und § 3 Abs. 2 Nr. 2 UmwStG). In Folge wird immer von einer Personengesellschaft ausgegangen.

Eine Umwandlung auf eine GmbH & Co KG ist möglich, eine Verschmelzung auf eine KGaA ist als Mischumwandlung zu würdigen. Die Verschmelzung auf eine sog. Innengesellschaft (GmbH & atypisch Still) scheidet bereits handelsrechtlich aus (vgl. § 191 Abs. 2 UmwG), es ist nur dem Inhaber des Handelsgeschäftes möglich, an einer Umwandlung teilzunehmen.

II. Die Gliederung

	Gliederungspunkt	Die Stichworte
	Einleitung	**Thema, Kurzübersicht**
1.	Die steuerliche Rückwirkung einer Umwandlung (§ 2 UmwStG)	Erläuterung der achtmonatigen Rückwirkungssystematik
2.	Die steuerliche Behandlung des Überträgers (§ 3 UmwStG)	Das Antragswahlrecht: Buchwerte, Zwischenwerte oder gemeiner Wert
2.1	Besteuerung des Übertragungsgewinns	
2.2	Die Besteuerung nach § 7 UmwStG	Ausschüttungsfiktion
3.	Die steuerliche Behandlung des Übernehmers (§ 4 UmwStG)	Wertverknüpfung, Fortführung der Abschreibungsnormen und Verbleibensfristen, Wegfall der Verlustvorträge, die Ermittlung eines Übernahmegewinns/-verlusts
3.1	Allgemeines	Personengesellschaft tritt in Rechtsstellung der Kapitalgesellschaft
3.2	Verlustabzug	Verbleibender Verlustabzug
3.3	Übernahmegewinn oder -verlust	Ermittlung des Gewinns oder Verlusts
3.4	Berücksichtigung der Anteile an der übertragenden Kapitalgesellschaft	Ermittlung des Übernahmegewinns oder -verlusts
3.5	Ermittlung des Übernahmeergebnisses	Einheitliche und gesonderte Feststellung
4.	Die steuerliche Behandlung der Anteilseigner (§ 5 UmwStG)	Gesellschafter im Sinne des § 17 EStG oder Gesellschafter, die ihre Anteile im Betriebsvermögen halten
5.	Übernahmefolgegewinn nach § 6 UmwStG	Wegfall von Rückstellungen oder Verbindlichkeiten, Möglichkeit der Bildung einer steuerfreien Rücklage
6.	Gewerbesteuer nach § 18 UmwStG	
6.1	Übertragungsgewinn der übertragenden Kapitalgesellschaft	Übernahmegewinn und -verlust wirken nicht auf die Gewerbesteuer
6.2	Übernahmegewinn der übernehmenden Personengesellschaft	Sperrfrist ist zu beachten (Gestaltungsbremse)
	Schluss	**Fazit, Zusammenfassung**

III. Der Vortrag

Einleitung

Sehr geehrter Herr Prüfungsausschussvorsitzender, meine Damen und Herren, ich habe für meinen Kurzvortrag das Thema „**Die Umwandlung von Kapital- in Personengesellschaften aus der Sicht des Umwandlungssteuergesetzes**“ gewählt und meinen Vortrag wie folgt gegliedert: s.o. II.

1. Die steuerliche Rückwirkung einer Umwandlung (§ 2 UmwStG)

Der **Umwandlungsstichtag** (Verschmelzungsstichtag) ist der in dem Verschmelzungsvertrag nach dem Willen der Vertragsbeteiligten festgelegte Zeitpunkt, von dem an die Handlungen der übertragenden Rechtsträgerin als für Rechnung des übernehmenden Rechtsträgers vorgenommen gelten (§ 5 Abs. 1 Nr. 6 UmwG).

Der **Übertragungsstichtag** ist gem. § 2 Abs. 1 UmwStG der Tag, auf den die übertragende Körperschaft ihre der Verschmelzung zugrunde liegende Bilanz erstellt hat (= Bilanzstichtag; z.B. 31.12.2020).

Die steuerliche Rückwirkung eröffnet die Möglichkeit, dass die steuerliche Wirkung eines Vermögensübergangs auf den der Eintragung vorangehenden Bilanzstichtag zurückbezogen wird, sodass zum Tag der Eintragung des Umwandlungsbeschlusses in das Handelsregister nicht eine gesonderte Schlussbilanz aufgestellt werden muss.

Bei der Verschmelzung kann gem. § 17 Abs. 2 UmwG eine Bilanz zugrunde gelegt werden, deren Stichtag höchstens 8 bzw. 12 Monate vor der Anmeldung der Verschmelzung zur Eintragung in das maßgebende Register liegt. Der zwölfmonatige Rückwirkungszeitraum gilt nach dem Gesetz zur Abmilderung der Folgen der COVID-19-Pandemie im Zivil-, Insolvenz- und Strafverfahrensrecht (BGBl I 2020, 569) für das Kalenderjahr 2020.

Hinweis! Für das Jahr 2021 beträgt der Rückwirkungszeitraum 12 Monate (vgl. BMF vom 18.12.2020, Verordnung zu § 27 Abs. 15 UmwStG).

Tipp! Der Formwechsel einer Kapitalgesellschaft in eine Personengesellschaft enthält in § 9 S. 3 UmwStG eine eigene Rückwirkungsregel, welche inhaltlich weitgehend mit § 2 UmwStG identisch ist.

Diese Regelung ist erforderlich, da beim Formwechsel aufgrund der Rechtsträgeridentität handelsrechtlich (anders steuerrechtlich) keine gesonderten Umwandlungsbilanzen aufzustellen sind. Die §§ 190 ff. UmwG verweisen nicht auf die Anwendung des § 17 Abs. 2 UmwG!!

Die Geschäftsvorfälle im Rückwirkungszeitraum werden steuerlich dem übernehmenden Rechtsträger zugerechnet.

Beispiele:
- Bei der Umwandlung einer Kapitalgesellschaft in eine Personengesellschaft finden ab dem steuerlichen Übertragungsstichtag die für Personengesellschaften geltenden Einkünfteermittlungsgrundsätze des § 15 EStG Anwendung.
- Vergütungen, die der Gesellschafter von der Gesellschaft bezieht, sind ab dem steuerlichen Übertragungsstichtag Einkünfte aus Gewerbebetrieb i.S.d. § 15 Abs. 1 Nr. 2 EStG.
- Wirtschaftsgüter, die ein Gesellschafter der Gesellschaft zur Nutzung überlässt, gehören durch den Umwandlungsvorgang ab dem steuerlichen Übertragungsstichtag i.d.R. zu dem Sonderbetriebsvermögen des Gesellschafters bei der Personengesellschaft.

2. Die steuerliche Behandlung des Überträgers (§ 3 UmwStG)

Grundsätzlich sind nach § 3 Abs. 1 Satz 1 UmwStG alle Wirtschaftsgüter (auch immaterielle Wirtschaftsgüter und der originäre Firmenwert) mit dem gemeinen Wert in Ansatz zu bringen. Davon ausgenommen ist nur die Pensionsrückstellung, die mit dem Wert nach § 6a EStG zu bewerten sind.

Auf **Antrag** können die Wirtschaftsgüter in der Übertragungsbilanz mit dem Buchwert oder Zwischenwert angesetzt werden (§ 3 Abs. 2 Satz 1 UmwStG). Dies jedoch nur **soweit**:
- die Wirtschaftsgüter Betriebsvermögen der übernehmenden Personengesellschaft/natürliche Person werden und später der Besteuerung mit Einkommensteuer/Körperschaftsteuer unterliegen.
- Deutschland das Besteuerungsrecht hinsichtlich des Gewinns der übertragenen Wirtschaftsgüter bei den Gesellschaftern der Personengesellschaft bzw. natürlichen Person uneingeschränkt behält.
- eine Gegenleistung nicht gewährt wird oder in Gesellschaftsrechten besteht.

Eine Bindungswirkung an die Wertansätze lt. Handelsbilanz (Maßgeblichkeit) ist nach der Gesetzesbegründung bei Umwandlungen nach neuem Recht nicht mehr gegeben.

2.1 Besteuerung des Übertragungsgewinns

Soweit die übertragende Körperschaft den Ansatz von gemeinen Werten oder Zwischenwerten vornimmt, entsteht ein Übertragungsgewinn. Dieser Gewinn ist körperschaftsteuer- und gewerbesteuerpflichtig (§ 18 Abs. 1 UmwStG) und wird wie ein laufender Gewinn der Kapitalgesellschaft behandelt.

Damit ist bei einer Aufstockung von Beteiligungen an Kapitalgesellschaften § 8b Abs. 2 KStG anzuwenden.

2.2 Die Besteuerung nach § 7 UmwStG

§ 7 UmwStG regelt für alle Anteilseigner eine Ausschüttungsfiktion hinsichtlich der offenen Rücklagen. Ausgehend vom Kapital zum steuerlichen Übertragungsstichtag – und damit ggf. unter Berücksichtigung eines Übertragungsgewinnes –, vermindert um das steuerliche Einlagekonto nach fiktiver Kapitalherabsetzung, ergeben sich die offenen Gewinnrücklagen:

	Steuerliches Kapital zum Übertragungsstichtag
./.	Steuerliches Einlagekonto nach Anwendung des § 29 Abs. 1 KStG
=	**Fiktive Gewinnausschüttung**

Die fiktive Gewinnausschüttung führt bei den Anteilseignern entsprechend der Beteiligung am Nominalkapital (und damit auch bei Anteilen ohne Gewinnbezugsrecht) zu Einnahmen i.S.d. § 20 Abs. 1 Nr. 1 und Abs. 3 EStG.

Die fiktive Gewinnausschüttung gilt mit Ablauf des steuerlichen Übertragungsstichtages als zugeflossen.

Auf Ebene der Anteilseigner ist für diese fiktive Gewinnausschüttung das Halb-(Teil-)einkünfteverfahren nach § 3 Nr. 40d EStG unter Berücksichtigung der Sonderregelungen des § 3 Nr. 40 Sätze 3 und 4 EStG zu beachten.

Ist der Anteilseigner eine Körperschaft, so ist insoweit § 8b Abs. 1 und 5 KStG anzuwenden.

Für die fiktive Gewinnausschüttung ist die Kapitalertragsteuer nach § 43 Abs. 1 Nr. 1 i.V.m. § 43a Abs. 1 Nr. 1 EStG im Zeitpunkt des Wirksamwerdens der Umwandlung anzumelden und abzuführen.

Schuldner der Kapitalertragsteuer ist der Gläubiger der Kapitalerträge (§ 44 Abs. 1 Satz 1 EStG) und damit die **leistende** Kapitalgesellschaft bzw. deren Rechtsnachfolger.

3. Die steuerliche Behandlung des Übernehmers (§ 4 UmwStG)

3.1 Allgemeines

Die übernehmende Personengesellschaft tritt steuerrechtlich nach § 4 Abs. 2 S. 1 UmwStG in die Rechtsstellung der übertragenden Kapitalgesellschaft ein. Hieraus folgt:

Die übernehmende Personengesellschaft hat die auf sie übergehenden Wirtschaftsgüter mit dem in der steuerlichen Schlussbilanz der übertragenden Kapitalgesellschaft enthaltenen Wert zu übernehmen (§ 4 Abs. 1 Satz 1 UmwStG). Damit wird erreicht, dass die in der Übertragungsbilanz nicht aufgedeckten stillen Reserven auf die Übernehmerin übergehen.

Es erfolgt ein Eintritt in die Rechtsstellung der übertragenden Kapitalgesellschaft hinsichtlich:

- **Absetzung für Abnutzung (AfA**, § 4 Abs. 2 S. 1 und Abs. 3 UmwStG),
- **Gebäude-AfA** (§ 4 Abs. 3, 1. Alt. UmwStG), Fortführung der AfA-Bemessungsgrundlage. Erfolgte eine Aufstockung (Teilwert- oder Zwischenwertansatz), erhöht sich die AfA-Bemessungsgrundlage um den Aufstockungsbetrag. Der AfA-Satz und AfA-Methode bleiben unverändert.
- **Abschreibung für sonstige Wirtschaftsgüter** (§ 4 Abs. 3, 2. Alt. UmwStG), Bemessung nach (ggf. erhöhtem) Wert in der Übertragungsbilanz; Restnutzungsdauer ist neu zu schätzen,
- **erhöhte Abschreibung** (§ 4 Abs. 2 S. 1 UmwStG),
- **Sonder-Abschreibung** (§ 4 Abs. 2 S. 1 UmwStG),
- **Inanspruchnahme der Bewertungsfreiheit oder des -abschlags** (§ 4 Abs. 2 S. 1 UmwStG),
- **Gewinn mindernde Rücklagen**, z.B. § 6b EStG (§ 4 Abs. 2 S. 1 UmwStG),
- **Anrechnung der Zugehörigkeit** eines Wirtschaftsgutes zum Betriebsvermögen, z.B. wegen Sechsjahresfrist nach § 6b Abs. 4 Nr. 2 EStG (§ 4 Abs. 2 S. 3 UmwStG),
- **Körperschaftsteuer-Auszahlungsanspruch** geht auf die Übernehmerin über. § 37 Abs. 7 KStG ist jedoch in Folge nicht anwendbar. Daher sind Aufzinsungserträge bei der Übernehmerin voll steuerpflichtig.

3.2 Verlustabzug

Ein verbleibender Verlustabzug geht nicht auf die Rechtsnachfolgerin über (§ 4 Abs. 2 Satz 2 UmwStG). Dies gilt auch für Verluste i.S.v. § 15a Abs. 4 bzw. § 15 Abs. 4 Sätze 6 und 7 EStG, sofern zum Vermögen der umgewandelten Kapitalgesellschaft ein KG-Anteil bzw. eine Beteiligung an einer stillen Gesellschaft oder sonstigen Innengesellschaft gehört. Sofern die Personengesellschaft, an der die umgewandelte Kapitalgesellschaft beteiligt ist über vortragsfähige Gewerbeverluste i.S.v. § 10a GewStG verfügt, führt die Umwandlung zu dem Untergang der auf die umgewandelte Kapitalgesellschaft anteilig entfallenden Verlustabzüge. Insoweit ist keine Unternehmeridentität i.S.v. § 10a Satz 5 GewStG gegeben.

3.3 Übernahmegewinn oder -verlust

Nach § 4 Abs. 4 Satz 1 UmwStG ist infolge des Vermögensübergangs ein Übernahmegewinn oder -verlust zu ermitteln. Die Ermittlung erfolgt im Rahmen der einheitlichen und gesonderten Feststellung der aufnehmenden Personengesellschaft für das Wirtschaftsjahr, in das der steuerliche Übertragungsstichtag fällt.

3.4 Berücksichtigung der Anteile an der übertragenden Kapitalgesellschaft

Nur im Umfang der Anteile an der übertragenden Kapitalgesellschaft, die von der übernehmenden Personengesellschaft zum steuerlichen Übertragungsstichtag im Gesamthandsvermögen bzw. Sonderbetriebsvermögen bilanziert werden oder die nach § 5 UmwStG zum steuerlichen Übertragungsstichtag zur Ermittlung des Übernahmegewinnes bzw. -verlustes als angeschafft, eingelegt oder überführt gelten, ist die Ermittlung des Übernahmegewinnes/-verlustes vorzunehmen (§ 4 Abs. 4 Satz 1 und 3 UmwStG).

3.5 Ermittlung des Übernahmeergebnisses

Das Übernahmeergebnis wird im Rahmen der einheitlichen und gesonderten Feststellung der Einkünfte wie folgt ermittelt:

	Wert übergegangenen Vermögens (§ 4 Abs. 1 UmwStG)
+	Erhöhung nach § 4 Abs. 4 Satz 2 UmwStG
./.	Buchwert der Anteile an der übertragenden Gesellschaft
./.	Kosten der Umwandlung (ohne objektbezogene Kosten)
=	**Zwischensumme**
+	Sperrbetrag gem. § 50c EStG
./.	Bezüge i.S.d. § 7 UmwStG
=	**Übernahmegewinn/-verlust**

Das Übernahmeergebnis ist für jeden Mitunternehmer festzustellen.

4. Die steuerliche Behandlung der Anteilseigner (§ 5 UmwStG)

Zu berücksichtigende Anteile an der übertragenden Kapitalgesellschaft:

- **Anteile, die sich bereits am steuerlichen Übertragungsstichtag im Betriebsvermögen der übernehmenden Personengesellschaft befinden** (unter Berücksichtigung des ggf. nach § 4 Abs. 1 Satz 2 UmwStG erhöhten Buchwertes).
- **§ 5 Abs. 1 UmwStG**
  Erwirbt die/das übernehmende Personengesellschaft/Einzelunternehmen nach dem steuerlichen Übertragungsstichtag Anteile an der übertragenden Kapitalgesellschaft (= Anschaffung durch die Personengesellschaft in das Gesamthandsvermögen), so ist der Gewinn so zu ermitteln, als hätte sie die Anteile bereits am steuerlichen Übertragungsstichtag angeschafft. Es muss sich um einen Anschaffungsvorgang handeln, daher sind z.B. verdeckte Einlagen und die Überführung von Anteilen i.S.d. § 6 Abs. 5 EStG nicht zu berücksichtigen. **Abfindungen** an ausscheidende Anteilseigner durch die übernehmende Personengesellschaft sind nach § 5 Abs. 1 UmwStG zu berücksichtigen, auch wenn die Abfindung tatsächlich erst nach der Eintragung der Umwandlung erfolgte.
- **§ 5 Abs. 2 UmwStG**
  Die Einlagefiktion des § 5 Abs. 2 UmwStG gilt nur für Anteile i.S.d. § 17 EStG an der übertragenden Kapitalgesellschaft die nicht zu einem Betriebsvermögen eines Gesellschafters gehört haben. Ob eine Beteiligung

nach § 17 EStG vorliegt, ist zum Zeitpunkt des zivilrechtlichen Wirksamwerdens der Umwandlung (Eintrag in Handelsregister) zu entscheiden. Werden die Anteile von einem ausländischen Anteilseigner gehalten, ist die Einlagefiktion nach inländischen Kriterien zu prüfen.

- **§ 5 Abs. 3 UmwStG**
  Anteile, die sich im Betriebsvermögen (inklusive Sonderbetriebsvermögen) eines Anteilseigners der übertragenden Gesellschaft befinden, gelten für die Ermittlung des Übernahmegewinnes/-verlustes als mit Buchwert, der um steuerwirksame Abschreibungen oder Abzüge nach § 6b EStG (und ähnliche Abzüge) erhöht wurde, höchstens jedoch den gemeinen Wert, als in das Betriebsvermögen der aufnehmenden Personengesellschaft überführt.

Hinsichtlich sog. **alteinbringungsgeborener Anteile i.S.d. § 21 UmwStG a.F.** gelten diese über die Regelungen des § 27 Abs. 3 Nr. 1 UmwStG als zum steuerlichen Übertragungsstichtag mit den Werten nach § 5 Abs. 2 oder 3 UmwStG (n.F.) in das Betriebsvermögen überführt (insoweit Fortgeltung des § 5 Abs. 4 UmwStG a.F).

5. Übernahmefolgegewinn nach § 6 UmwStG

Durch die Vereinigung von Forderungen und Verbindlichkeiten kann es bei der Übernehmerin zu einem sog. Übernahmefolgegewinn kommen, sofern die Forderung mit einem niedrigeren Wert als die Verbindlichkeit zu bilanzieren war.

> **Beispiel:** Die X-GmbH wird auf die XY-OHG zur Aufnahme verschmolzen. Die X-GmbH hat eine Verbindlichkeit i.H.v. 500.000 € gegenüber der XY-OHG. Diese hat die Forderung aufgrund der schlechten wirtschaftlichen Situation nunmehr mit 350.000 € bewertet.
>
> **Lösung:** Durch die Verschmelzung gehen Forderung und Verbindlichkeit unter; in Höhe der Differenz von 150.000 € entsteht bei der XY-OHG ein Übernahmefolgegewinn.

Der Übernahmefolgegewinn entsteht im Wirtschaftsjahr der Umwandlung. Nach § 6 Abs. 1 UmwStG kann die Übernehmerin für diesen Gewinn eine steuerfreie Rücklage bilden, die aber in den folgenden drei Wirtschaftsjahren zu je mindestens einem Drittel Gewinn erhöhend aufzulösen ist.

Die Vergünstigung entfällt rückwirkend bei Einbringung des Betriebs in eine Kapitalgesellschaft oder bei Aufgabe/Veräußerung des Betriebs ohne triftigen Grund innerhalb von fünf Jahren nach dem Umwandlungsstichtag (§ 6 Abs. 3 UmwStG).

6. Gewerbesteuer nach § 18 UmwStG

6.1 Übertragungsgewinn der übertragenden Kapitalgesellschaft

Sofern die übertragende Kapitalgesellschaft nach § 3 UmwStG einen Übertragungsgewinn realisiert, ist dieser Gewinn gewerbesteuerpflichtig (§ 18 Abs. 1 Satz 1 UmwStG). Davon ausgenommen sind jedoch ausländische Betriebsstättengewinne, die nach § 9 Nr. 3 GewStG abzurechnen sind.

6.2 Übernahmegewinn der übernehmenden Personengesellschaft

Der Übernahmegewinn/-verlust ist grundsätzlich für Zwecke der Gewerbesteuer nicht zu berücksichtigen (§ 18 Abs. 2 GewStG). Soweit die Anteile an einer Kapitalgesellschaft nach § 5 Abs. 2 UmwStG zum steuerlichen Übertragungsstichtag als in das Betriebsvermögen der aufnehmenden Personengesellschaft/Einzelunternehmens eingelegt gelten, ist der Gewinn nach § 7 UmwStG nicht dem Gewerbeertrag der aufnehmenden Personengesellschaft/Einzelunternehmen zuzurechnen.

Sofern eine Personengesellschaft bzw. ein Einzelunternehmen aus der Umwandlung einer Kapitalgesellschaft hervorgegangen ist, unterliegt der Gewinn aus der Veräußerung oder Aufgabe des Betriebs nach § 18 Abs. 3 S. 1 UmwStG der Gewerbesteuer, sofern der Veräußerungsgewinn innerhalb von fünf Jahren nach dem Vermögensübergang (gerechnet ab dem steuerlichen Übertragungsstichtag) realisiert wird. Entsprechendes gilt gemäß § 18 Abs. 3 S. 2 UmwStG, wenn innerhalb der Fünfjahresfrist ein Teilbetrieb oder ein Mitunternehmeranteil an der Personengesellschaft veräußert oder aufgegeben wird.

Sofern innerhalb der Fünfjahresfrist ein nach § 18 Abs. 3 UmwStG steuerpflichtiger Veräußerungsvorgang erfolgt, ist es nach Rechtsstand des Jahressteuergesetzes 2008 grundsätzlich irrelevant in welchem Umfang die aufgedeckten stillen Reserven auf die Zeit vor bzw. nach der Umwandlung entfallen. Der gesamte Veräußerungsgewinn wird der Gewerbesteuer unterworfen.

Eine Ermäßigung nach § 35 EStG ist nach § 18 Abs. 3 Satz 3 UmwStG bei Anwendung der Regelung § 18 Abs. 3 Sätze 1 und 2 UmwStG ausgeschlossen.

Schluss

Die umwandlungssteuerlichen Regelungen der §§ 3–9 UmwStG erreichen einen harmonischen Übergang der Besteuerung von Kapitalgesellschaften hin zur Besteuerung von Personengesellschaften.

Ich danke für Ihre Aufmerksamkeit.

Vortrag 3: Die Einbringung von Personenunternehmungen in Kapitalgesellschaften nach § 20 UmwStG

I. Einführende Hinweise

Aufbau des Gesetzes:

§ 20 UmwStG	**Betriebseinbringung**
Abs. 1	Tatbestandsmerkmale und Einbringungsgegenstände
Abs. 2	Bewertungswahlrecht der aufnehmenden Gesellschaft
Abs. 3	Auswirkungen des Bewertungswahlrechts beim Einbringenden
Abs. 4	Begünstigung des Sacheinlagegewinnes
Abs. 5	Besteuerungszeitpunkt
Abs. 6	steuerliche Rückwirkung
Abs. 7	EU-Rechtsklausel
Abs. 8	EU-Rechtsklausel

II. Die Gliederung

	Gliederungspunkt	**Die Stichworte**
	Einleitung	Hinweis auf die Gliederung, kurze Übersicht
1.	Die Tatbestandsmerkmale des § 20 UmwStG	Einbringung von Betrieben, Teilbetrieben, Mitunternehmeranteilen gegen Gewährung von Gesellschaftsrechten
2.	Betrieb im Sinne des § 20 UmwStG	Einbringung mit allen wesentlichen Betriebsgrundlagen. Zurückbehaltung einer wesentlichen Betriebsgrundlage ist schädlich
3.	Teilbetrieb im Sinne des § 20 UmwStG	Wie unter 2. mit allen funktional wesentlichen Betriebsgrundlagen
4.	Mitunternehmeranteil/Mitunternehmerteilanteil	Auch funktional wesentliche Betriebsgrundlagen im Sonderbetriebsvermögen müssen mit übertragen werden
5.	Gewährung neuer Anteile	Fälle der Sachgründung, keine verschleierte Sachgründung
6.	Wertansätze bei der Kapitalgesellschaft	

	Gliederungspunkt	Die Stichworte
6.1	Ansatz des gemeinen Wertes	Früher Teilwert, ab 2006 gemeiner Wert
6.2	Antrag durch Kapitalgesellschaft	Frist: bis zur Einreichung der Bilanz
6.3	Voraussetzungen des Ansatzwahlrechts	Kein negatives Betriebsvermögen, Besteuerungsrecht bleibt in Deutschland, Gegenleistung nicht in Gesellschaftsrechten
7.	Rückbeziehung/Rückwirkung	Gilt nicht für Entnahmen und Einlagen im Rückwirkungszeitraum
7.1	Rückwirkung von Verträgen bei Kapitalgesellschaften	Grundsätzlich keine Rückwirkung von Verträgen, Gefahr der verdeckten Gewinnausschüttung
7.2	Entnahmen und Einlagen	Rückbeziehung auf letzte Schlussbilanz
	Schluss	Hinweis auf die Besteuerung der Anteilseigner bei Anteilsverkauf. Einbringungsgewinn I. Brexit-Begleitgesetz

III. Der Vortrag

Einleitung

Sehr geehrter Herr Prüfungsausschussvorsitzender, meine Damen und Herren, ich habe für meinen Kurzvortrag das Thema „**Die Einbringung von Personenunternehmungen in Kapitalgesellschaften nach § 20 UmwStG**" gewählt und meinen Vortrag wie folgt gegliedert: s.o. II.

1. Die Tatbestandsmerkmale des § 20 UmwStG

Die Tatbestandsmerkmale der Betriebseinbringung i.S.d. § 20 UmwStG sind abschließend in Abs. 1 geregelt:

- **Einbringung (= Vermögensübertragung);**
- **eines Betriebs, Teilbetriebs oder Mitunternehmeranteils;**
- **in eine Kapitalgesellschaft;**
- **gegen Gewährung neuer Anteile.**

Da § 20 UmwStG ausschließlich die Einbringung von Betrieben oder Betriebsteilen regelt, bezeichnet man diese Vorgänge auch als „**Betriebseinbringung**".

2. Betrieb im Sinne des § 20 UmwStG

§ 20 UmwStG definiert den Betriebsbegriff nicht. Dafür gilt zunächst die allgemeingültige Definition des § 16 EStG, wonach der Betrieb die Summe **aller wesentlichen Betriebsgrundlagen** darstellt (R 16 Abs. 1 EStR). Eine Betriebseinbringung i.S.d. § 20 UmwStG kann nur dann angenommen werden, wenn der Einbringende **sämtliche wesentlichen Betriebsgrundlagen auf die Kapitalgesellschaft überträgt**.

Für **Zwecke des § 20 UmwStG** ist der Begriff der wesentlichen Betriebsgrundlage differenziert auszulegen. Nach Auffassung des Gesetzgebers wird nur auf die **funktional wesentlichen Betriebsgrundlagen** abgestellt.

Werden daher einzelne wesentliche Betriebsgrundlagen **nicht** auf die Kapitalgesellschaft übertragen, ist § 20 UmwStG auch für das Restbetriebsvermögen nicht mehr anwendbar. Beim Einbringenden werden sämtliche stillen Reserven im Rahmen einer **Betriebsaufgabe i.S.d. § 16 Abs. 3 EStG** aufgedeckt.

3. Teilbetrieb im Sinne des § 20 UmwStG

Der **Teilbetrieb i.S.d. § 20 UmwStG** wird im Rahmen des § 16 EStG definiert. Darunter versteht man einen mit einer gewissen Selbständigkeit ausgestatteten, organisch geschlossenen Teil des Gesamtbetriebs, der für sich gesehen auch lebensfähig ist.

Im Rahmen der Einbringung müssen sämtliche **funktional** wesentlichen Betriebsgrundlagen auf die Kapitalgesellschaft übertragen werden. Zum Begriff der wesentlichen Betriebsgrundlage gilt das für Betriebe gesagte.

Die zum Betriebsvermögen gehörende 100 % Beteiligung an einer Kapitalgesellschaft stellt für Zwecke des § 20 UmwStG **keinen** Teilbetrieb dar, obwohl diese ertragsteuerlich wie ein Teilbetrieb behandelt wird (§ 16 Abs. 1 Nr. 1 Satz 2 EStG). Die Einbringung derselben richtet sich daher nach § 21 UmwStG oder – wenn diese zu den funktional wesentlichen Betriebsgrundlagen des Betriebs gehört – nach § 20 UmwStG.

4. Mitunternehmeranteil/Mitunternehmerteilanteil

Ertragsteuerlich stellt der Mitunternehmeranteil einen Anteil an sämtlichen Wirtschaftsgütern der Mitunternehmerschaft dar. Maßgebend ist für Zwecke des § 20 UmwStG ausschließlich der ertragsteuerliche Begriff des Mitunternehmeranteils, zu dem neben dem (anteiligen) Gesamthandsvermögen auch das dem Gesellschafter persönlich zuzurechnende **Sonderbetriebsvermögen** gehört.

Eine Einbringung des Mitunternehmeranteils ist nur dann anzunehmen, wenn der Kapitalgesellschaft sämtliche funktional wesentlichen Betriebsgrundlagen des Mitunternehmeranteils übertragen werden.

Diese können sich sowohl im Gesamthandsvermögen der Gesellschaft als auch im Sonderbetriebsvermögen des Gesellschafters befinden. Anderenfalls liegt eine Aufgabe des Mitunternehmeranteils vor, die unter Anwendung des § 16 Abs. 3 EStG zu einer Gewinnrealisierung führen würde.

Umfasst der eingebrachte Mitunternehmeranteil nur einen **Bruchteil des gesamten Mitunternehmeranteils (sog. Teilanteilseinbringung)**, kann selbst dieser Einbringungsgegenstand im Rahmen des § 20 UmwStG begünstigt sein.

Dies ist kein Widerspruch zu § 16 EStG, im Rahmen dessen die Teilanteilsveräußerung seit dem Veranlagungszeitraum 2002 **nicht** mehr nach § 16 EStG begünstigt (§ 16 Abs. 1 Satz 2 EStG) ist. Wird dieser veräußert, ist der Veräußerungsgewinn laufend und gewerbesteuerpflichtig.

D.h. bezogen auf das Umwandlungssteuerrecht: Wird bei einer Teilanteilseinbringung der gemeine Wert angesetzt, ist der Einbringungsgewinn nicht begünstigt.

5. Gewährung neuer Anteile

Voraussetzung für die Anwendung des § 20 UmwStG ist, dass die Gegenleistung der übernehmenden Kapitalgesellschaft für den eingebrachten Betrieb, Teilbetrieb oder Mitunternehmeranteil zum Teil in **neuen Gesellschaftsanteilen** besteht (§ 20 Abs. 1 Satz 1 UmwStG).

Neue Anteile können gewährt werden:

- bei Gründung der Kapitalgesellschaft (§§ 5 Abs. 4 GmbHG, 27 AktG, Sachgründung) oder
- im Falle einer Kapitalerhöhung (sog. Sachkapitalerhöhung, § 56 GmbHG, §§ 183, 194 und 205 AktG).

Die Ausgabe neuer Anteile muss daher **unmittelbar ursächlich** für die Einbringung des begünstigten Vermögens sein. Die Höhe der gewährten Beteiligung und die Höhe des Nennbetrags der Anteile sind hingegen unmaßgeblich.

> **Hinweis!** Die sogenannte verschleierte Sachgründung ist kein Fall des § 20 UmwStG.

6. Wertansätze bei der Kapitalgesellschaft

6.1 Ansatz des gemeinen Werts

§ 20 Abs. 2 Satz 1 UmwStG bestimmt, dass die übernehmende Gesellschaft das übernommene Betriebsvermögen **grundsätzlich** mit dem **gemeinen Wert anzusetzen hat**.

Der Ansatz des gemeinen Wertes ist lediglich der Grundsatz. § 20 Abs. 2 Satz 2 UmwStG gibt der übernehmenden Kapitalgesellschaft ein Ansatzwahlrecht, wonach diese das übernommene Betriebsvermögen auch mit dem **Buch- oder einem Zwischenwert** ansetzen kann.

6.2 Antrag durch Kapitalgesellschaft

Für diesen Wertansatz ist aber ein **ausdrücklicher Antrag** der Kapitalgesellschaft notwendig, d.h. ohne diesen Antrag gilt wieder der o.g. Grundsatz. Zu beachten ist, dass **nur** die Kapitalgesellschaft dieses Ansatzwahlrecht besitzt. Unmaßgeblich ist daher, von welchem Wertansatz der Einbringende in seiner Schlussbilanz ausgeht.

6.3 Voraussetzungen des Ansatzwahlrechts

Das Antragswahlrecht ist an die nachfolgenden **Voraussetzungen** gebunden, die kumulativ erfüllt sein müssen **(§ 20 Abs. 2 Satz 2 Nr. 1–4 UmwStG):**

- **Sicherstellung der Besteuerung**
  Das auf die Kapitalgesellschaft übertragene Vermögen muss bei dieser auch zukünftig steuerverhaftet sein. Daher erfordert § 20 Abs. 2 Satz 2 Nr. 1 UmwStG, dass das Antragswahlrecht nur dann besteht, wenn bei der übernehmenden Gesellschaft sichergestellt ist, dass dieses zukünftig der Körperschaftsteuer unterliegt. Dadurch sollen insbesondere Einbringungen in nach § 5 KStG steuerbefreite Körperschaften vermieden werden.
- **Kein negatives Betriebsvermögen**
  Das Betriebsvermögen darf nicht negativ sein. In diesem Fall ist ein unter dem gemeinen Wert liegender Wertansatz nur noch **eingeschränkt** möglich, da die Gesellschaft den Überhang der Passivposten durch Aufstockung der Aktiva **ausgleichen muss**. Der Wertansatz beträgt bei der Kapitalgesellschaft daher **0 €**. Dies entspricht de facto einem Zwischenwertansatz **(§ 20 Abs. 2 Satz 2 Nr. 2 UmwStG)**, da der Buchwert in diesen Fällen immer negativ wäre. Der aufgrund des Zwischenwertansatzes resultierende Gewinn ist beim Einbringenden nicht nach §§ 16 Abs. 4, 34 EStG begünstigt, es sei denn sämtliche stillen Reserven werden aufgedeckt (§ 20 Abs. 4 Satz 1 UmwStG).
  Die Kapitalgesellschaft muss die stillen Reserven demnach soweit aufdecken, bis die **Aktivwerte den Passivposten entsprechen**.
- **Besteuerungsrecht Deutschlands**
  Der Ansatz des gemeinen Wertes soll einen eventuellen Verlust des Besteuerungsrechts Deutschlands absichern.
- **Gewährung weiterer Wirtschaftsgüter**
  Werden dem Einbringenden neben den neuen Gesellschaftsrechten auch noch weitere Wirtschaftsgüter als Gegenleistung gewährt, **ist ein Buchwertansatz nur insoweit möglich**, als deren gemeiner Wert 25 % des Buchwerts des eingebrachten Betriebsvermögens oder 500.000 € (maximal jedoch den Buchwert) nicht übersteigt (§ 20 Abs. 2 S. 2 Nr. 4 UmwStG).

7. Rückbeziehung/Rückwirkung

Abweichend von den vorstehenden Grundsätzen darf der steuerliche Übertragungsstichtag gemäß § 20 Abs. 5 und 6 UmwStG auf Antrag **der übernehmenden Kapitalgesellschaft um bis zu acht** (zwölf für das Kalenderjahr 2020, wenn die Anmeldung zur Eintragung oder der Abschluss des Einbringungsvertrags im Jahr 2020 erfolgt s. § 27 Abs. 15 UmwStG) **Monate zurückbezogen werden.**

Dies ist eine Vereinfachungsregelung, die dem Handelsrecht entnommen ist. Denn gemäß § 17 Abs. 2 Satz 5 UmwG ist dem Registergericht bei Anmeldung der Umwandlung die Bilanz des übertragenden Rechtsträgers beizufügen. **Der steuerliche Übertragungsstichtag entspricht in diesen Fällen daher immer auch dem Schlussbilanztag.**

7.1 Rückwirkung von Verträgen bei Kapitalgesellschaften

Die Rückbeziehung hat aber **nicht** zur Folge, dass auch Verträge, die die übernehmende Kapitalgesellschaft mit einem Gesellschafter abschließt, insbesondere Dienstverträge, Miet- und Pachtverträge und Darlehensverträge, als bereits zum steuerlichen Umwandlungsstichtag abgeschlossen gelten. Ab wann derartige Verträge der Besteuerung zugrunde gelegt werden können, ist nach den allgemeinen Grundsätzen zu entscheiden. Diese können grundsätzlich erst mit Wirksamkeit der Kapitalgesellschaft anerkannt werden, d.h. mit wirksamer Eintragung im Handelsregister.

7.2 Entnahmen und Einlagen

Entnahmen und Einlagen **nach dem steuerlichen Umwandlungsstichtag** stellen bei der übernehmenden Kapitalgesellschaft auch steuerlich Entnahmen und Einlagen und **keine** verdeckten Gewinnausschüttungen oder verdecken Einlagen dar (§ 20 Abs. 5 Satz 2 UmwStG).

Denn steuerlich gilt die Einbringung mit dem Übertragungsstichtag als bewirkt, sodass sämtliche Vorgänge ab diesem Tag der Kapitalgesellschaft zuzurechnen sind. Im Rückwirkungszeitraum, also der Zeitspanne zwischen dem steuerlichen Umwandlungsstichtag und der Eintragung im Handelsregister, vorgenommene Entnahmen werden aus Sicht der Kapitalgesellschaft wie Entnahmen behandelt.

Hinweis! Entnahmen und Einlagen nehmen an der steuerlichen Rückwirkung nicht teil.

Schluss

Bei Veräußerung der erhaltenen Anteile innerhalb von sieben Jahren nach der Einbringung wird rückwirkend für jedes Zeitjahr, das noch nicht abgelaufen ist, ein Einbringungsgewinn I versteuert. Dieser unterliegt nicht dem Teileinkünfteverfahren, erhöht allerdings die Anschaffungskosten der Anteile an der Kapitalgesellschaft. Einer Veräußerung wird grundsätzlich gleichgesetzt, dass ein Anteilseigner die Ansässigkeit in einen Staat außerhalb der europäischen Union verlegt.

Hinweis zum Brexit:

In den Fällen in denen Unternehmensteile oder Anteile vor dem Brexit von einem britischen Steuerpflichtigen oder in eine britische Körperschaft zu Werten unterhalb des gemeinen Werts eingebracht wurden (§ 22 Abs. 1 und 2 UmwStG) wird die rückwirkende Besteuerung des Einbringungsgewinns durch einen neuen § 22 Abs. 8 Satz 1 UmwStG verhindert.

Nach dieser Regelung wird in Bezug auf einen Einbringenden oder eine übernehmende Gesellschaft i.S.d. § 22 Ab. 1 Satz 6 Nr. 6 UmwStG und § 22 Abs. 2 Satz 6 UmwStG, die bereits vor dem Brexit im Vereinigten Königreich ansässig waren – und wenn ansonsten auch kein weiteres die Einbringungsgewinnbesteuerung nach § 22 UmwStG auslösendes Ereignis hinzutritt –, das Vereinigte Königreich insoweit nach wie vor wie ein Mitgliedstaat der EU behandelt.

Ich danke für Ihre Aufmerksamkeit.

Themenbereich Umsatzsteuer

Vortrag 1: Der Unternehmer und sein Unternehmen im Umsatzsteuerrecht

I. Einführende Hinweise

Voraussetzung für fast alle umsatzsteuerrechtlichen Rechtsfolgen ist, dass der Handelnde Unternehmereigenschaft nach § 2 UStG besitzt. Nur in seltenen Fällen (z.B. Erwerb eines neuen Fahrzeugs, unberechtigter Steuerausweis, Einfuhr aus dem Drittlandsgebiet) können sich für einen Nichtunternehmer Konsequenzen aus dem Umsatzsteuergesetz ergeben.

Grundsätzlich kann jeder Unternehmer sein, wenn er die Voraussetzungen des § 2 UStG erfüllt – auf die Rechtsform kommt es dabei nicht an. Wesentliche Voraussetzung ist, dass die Tätigkeit selbstständig, nachhaltig und mit Einnahmeerzielungsabsicht ausgeführt wird. Besonderheiten bestehen für die Selbstständigkeit, hier wird über § 2 Abs. 2 UStG negativ abgegrenzt, wann keine Selbstständigkeit vorliegt. Juristische Personen des öffentlichen Rechts müssen seit dem 01.01.2017 die Voraussetzungen des § 2b UStG erfüllen, um Unternehmereigenschaft zu erhalten, bis zum 31.12.2016 bzw. noch in einer Übergangszeit bis Ende 2022 mussten sie nach § 2 Abs. 3 UStG einen Betrieb gewerblicher Art oder eine land- und forstwirtschaftliche Tätigkeit unterhalten.

Die Unternehmereigenschaft ist aber nicht nur dafür von Bedeutung, ob der Leistende steuerbare Leistungen ausführen kann, auch für den Vorsteuerabzug ist wichtig, ob und ab wann Unternehmereigenschaft besteht. Dabei muss die bezogene Leistung auch in einem wirtschaftlichen Zusammenhang mit der unternehmerischen Betätigung stehen.

Tipp! Insbesondere muss hier an die sog. „Dreisphärentheorie" des EuGH gedacht werden. Nach der Rechtsprechung des EuGH (Urteil vom 12.02.2009, C-515/07 – **VNLTO**, BFH/NV 2009, 682) dürfen nur Leistungen zum Vorsteuerabzug herangezogen werden, die für die wirtschaftliche Sphäre bezogen werden. Soweit Leistungen für nichtwirtschaftliche Zwecke bezogen werden, ist der Vorsteuerabzug von Anfang an ausgeschlossen (vgl. dazu auch BMF, Schreiben vom 02.01.2012, BStBl I 2012, 60, BMF, Schreiben vom 02.01.2014, BStBl I 2014, 119 sowie Abschn. 15.2c UStAE).
Zur Unternehmereigenschaft hat sich in der letzten Zeit auch grundsätzlich der BFH geäußert und die Bruchteilsgemeinschaft mangels Rechtsfähigkeit nicht als unternehmerfähig angesehen (BFH, Urteil vom 22.11.2018, V R 65/17, BFH/NV 2019, 359, bestätigt durch BFH, Urteil vom 07.05.2020, V R 1/18, BFH/NV 2020, 1211). Außerdem sind der EuGH (Urteil vom 13.06.2019, C-420/18 – IO, BFH/NV 2019, 1053) als auch nachfolgend der BFH (Urteil vom 27.11.2019, V R 23/19, BFH/NV 2020, 480) zu dem Ergebnis gekommen, dass Aufsichtsräte zumindest dann nicht unternehmerisch tätig sind, wenn sie für Ihre Tätigkeit eine Festvergütung erhalten. Hier ist der neue Abschn. 2.2 Abs. 3a UStAE mit der Nichtbeanstandungsregelung der Finanzverwaltung (gem. BMF, Schreiben vom 08.07.2021, III C 2 – S-7104/19/10001 :003) bis zum 31.12.2021 zu beachten.

II. Die Gliederung

	Gliederungspunkt	Die Stichworte
	Einleitung	**Thema, Kurzübersicht**
1.	Voraussetzungen der Unternehmereigenschaft	Personenkreis; allgemeine Voraussetzungen nach § 2 Abs. 1 UStG; unter bestimmten Voraussetzungen kann auch der Lieferer eines neuen Fahrzeugs im Europäischen Binnenmarkt als Unternehmer behandelt werden; neue Rechtsprechung zu Bruchteilsgemeinschaften

	Gliederungspunkt	**Die Stichworte**
1.1	Selbstständig ausgeführte Tätigkeit	Voraussetzungen: Keine weisungsgebundene Tätigkeit bei natürlichen Personen, keine Organschaft bei juristischen Personen; auch bei Personengesellschaften möglich
1.2	Nachhaltige Tätigkeit mit Einnahmeerzielungsabsicht	Keine gesetzliche Definition; nachhaltige Tätigkeit: Absicht, mehrfach Umsätze zu tätigen – Abgrenzung „Briefmarkensammler-Urteil", „eBay-Händler-Urteil". Es muss Absicht bestehen, Einnahmen zu erzielen, Gewinnerzielung ist nicht notwendig
1.3	Besonderheiten bei der Unternehmereigenschaft	Keine Abhängigkeit von Rechtsform; Besonderheiten bei dem Halten von Beteiligungen; Leistungen von Gesellschaftern gegenüber einer Gesellschaft; neue Rechtsprechung zu den Aufsichtsräten
2.	Beginn und Ende der Unternehmereigenschaft	Beginn der Unternehmereigenschaft mit ersten nach außen in Erscheinung treten; ernsthafte Umsatzerzielungsabsicht notwendig; Besonderheiten bei Gründung einer Kapitalgesellschaft; Ende der Unternehmereigenschaft mit Lösung der letzten Verbindung
3.	Besonderheiten bei juristischen Personen des öffentlichen Rechts	Ausnahme nach § 2b bzw. § 2 Abs. 3 UStG: Unternehmereigenschaft eingeschränkt; größere Wettbewerbsverzerrung führt auch bei vorbehaltenen Tätigkeiten zur Unternehmereigenschaft, Vermögensverwaltung ist allerdings unbeachtlich; Bedeutung der Unternehmereigenschaft
4.	Einheitlichkeit des Unternehmens	Ein Unternehmer kann nur ein Unternehmen haben; Rechtsfolgen
5.	Zuordnung von Leistungen zum Unternehmen	Voraussetzung für Vorsteuerabzug; bei Lieferungen mindestens 10 % unternehmerische Nutzung; Leistungsbezug für wirtschaftliche Sphäre notwendig, Ausnahme bei Bezug der Leistung für private Zwecke
	Schluss	**Fazit; Risiken für Beteiligte, Auswirkungen auch auf Leistungen für private Zwecke (z.B. bei Leistungen nach § 13b UStG)**

III. Der Vortrag

Einleitung

Sehr geehrte Damen und Herren, ich habe das Thema **„Der Unternehmer und sein Unternehmen im Umsatzsteuerrecht"** gewählt. Die Unternehmereigenschaft ist die wesentliche Voraussetzung dafür, dass steuerbare Umsätze ausgeführt werden können. Aber auch die Frage der Zuordnung von Leistungen zum Unternehmen hängt von der Unternehmereigenschaft des Leistungsempfängers ab. Und nur ein Unternehmer kann Vorsteuerbeträge für Leistungsbezüge geltend machen.

Unternehmer ist, wer selbstständig, nachhaltig und mit Einnahmeerzielungsabsicht tätig wird, dies ist grundsätzlich in § 2 Abs. 1 UStG geregelt. Besonderheiten bestehen dabei bei juristischen Personen des öffentlichen Rechts, hier sind insbesondere die seit dem 01.01.2017 geltenden Regelungen des § 2b UStG zu beachten. Die Rechtsform, in der die unternehmerische Betätigung ausgeführt wird, ist dabei ansonsten in der Regel unbeachtlich.

Darüber hinaus kann im Europäischen Binnenmarkt auch ein Nichtunternehmer wie ein Unternehmer behandelt werden (§ 2a UStG), wenn er grenzüberschreitend ein neues Fahrzeug verkauft. Da der Erwerber in diesen Fällen immer einen innergemeinschaftlichen Erwerb besteuern muss, muss der Verkäufer grundsätzlich Unternehmereigenschaft erlangen. Durch die Fiktion des § 2a UStG sind diese Voraussetzungen erfüllt.

Weiterhin kann ein Unternehmer nur ein Unternehmen haben. Dies bedeutet, dass unabhängig der verschiedenen Tätigkeiten, die ein Unternehmer ausführen kann, ein einheitliches Unternehmen vorliegt, für das eine einheitliche Voranmeldung und eine einheitliche Jahressteuererklärung abzugeben ist, ich werde am Ende meines Vortrags darauf zurückkommen.

1. Voraussetzungen der Unternehmereigenschaft

Grundsätzlich kann jeder Unternehmer im Sinne des Umsatzsteuergesetzes sein. Damit können natürliche Personen, Personenzusammenschlüsse oder juristische Personen des privaten wie auch des öffentlichen Rechts Unternehmereigenschaft erlangen. Zu beachten ist aber, dass niemand alleine der Rechtsform wegen Unternehmer im Sinne des Umsatzsteuergesetzes wird.

> **Tipp!** Es sollte in einer mündlichen Prüfung deutlich herausgestellt werden, dass auch juristische Personen (z.B. GmbH oder AG) nicht automatisch Unternehmereigenschaft erlangen, sondern nur durch aktives Tun – soweit die Voraussetzungen des § 2 Abs. 1 UStG erfüllt sind – zum Unternehmer werden. So kann z.B. die sog. „Finanzholding" auch in der Rechtsform einer GmbH oder einer AG keine Unternehmereigenschaft erlangen.

Unternehmereigenschaft nach § 2 Abs. 1 UStG liegt im Regelfall dann vor, wenn eine Tätigkeit selbstständig, nachhaltig und mit Einnahmeerzielungsabsicht ausgeführt wird. Diese drei Voraussetzungen müssen alle einheitlich vorliegen, damit der Handelnde als Unternehmer angesehen werden kann.

Allerdings hat der BFH (Urteil vom 22.11.2018, V R 65/17, BFH/NV 2019, 359, bestätigt durch BFH, Urteil vom 07.05.2020, V R 1/18, BFH/NV 2020, 1211) einschränkend zu den Bruchteilsgemeinschaften im Umsatzsteuerrecht festgestellt, dass diese mangels Rechtsfähigkeit nicht Unternehmer i.S.d. UStG sein können. Die Auswirkungen dieser Rechtsprechung auf andere Fälle werden derzeit noch diskutiert.

1.1 Selbstständig ausgeführte Tätigkeit

Die Tätigkeit des Unternehmers muss **selbstständig** ausgeführt werden. Im Gesetz ist in § 2 Abs. 2 UStG die Selbstständigkeit negativ abgegrenzt, eine positive Definition der selbstständigen Tätigkeit ist nicht gesetzlich vorgegeben.

Natürliche Personen sind dann nicht selbstständig, wenn sie weisungsgebunden in ein anderes Unternehmen eingegliedert sind. Dabei muss jeweils im Einzelfall geprüft werden, ob Weisungsgebundenheit vorliegt oder nicht – dies ergibt sich regelmäßig nach vergleichbaren Kriterien wie im Ertragsteuerrecht (z.B. fester Arbeitsplatz, feste Bezahlung, Weiterbezahlung im Krankheitsfall, Anspruch auf Urlaub etc.). Die weisungsgebundene Eingliederung kann sich grundsätzlich auch gegenüber einem Personenzusammenschluss ergeben; eine Personenhandelsgesellschaft ist zwar grundsätzlich immer selbstständig tätig, allerdings kann nach der Rechtsprechung des EuGH auch eine Personengesellschaft weisungsgebunden (als Organgesellschaft) in das Unternehmen eines anderen Unternehmen eingegliedert sein.

> **Tipp!** Der EuGH (Urteil vom 16.07.2015, C-109/14 – Larentia + Marenave Schifffahrt, BStBl II 2017, 604) sah in der Beschränkung auf juristische Personen als Organgesellschaft einen Verstoß gegen die Rechtsformneutralität. Allerdings können sich Unternehmer nicht unmittelbar darauf berufen. Der BFH hat in seiner Folgerechtsprechung es für möglich erachtet, dass auch eine Kommanditgesellschaft in das Unternehmen einer GmbH eingegliedert sein kann. Das BMF (Schreiben vom 28.05.2017, BStBl I 2017, 790) hat entsprechend einen neuen Passus – Abschn. 2.8 Abs. 5a UStAE – in den Anwendungserlass aufgenommen, nach der unter der Voraussetzung, dass an der Personengesellschaft keine außerhalb des Organkreises stehende Personen beteiligt sind, auch eine Personengesellschaft in einen Organkreis eingebunden sein kann. Diese Möglichkeit konnte in allen offenen Fällen angewendet werden, gegen den Willen der Beteiligten aber erst auf Umsätze, die nach dem 31.12.2018 ausgeführt wurden. Das FG Berlin-Brandenburg (Beschluss vom

21.11.2019, 5 K 5044/19, DStRE 2020, 247) hatte an dieser Umsetzung Zweifel und deshalb den EuGH angerufen. Der EuGH (Urteil vom 15.04.2021, C-868/19 – M-GmbH, BFH/NV 2021, 925) hat festgestellt, dass die Voraussetzung, dass nur der Organträger und andere Organgesellschaften Gesellschafter der Personengesellschaft sein dürfen, nicht mit dem Unionsrecht vereinbar ist. Der BFH wird deshalb seine Rechtsprechung anpassen müssen, die Chance hat er dazu in einem weiteren Revisionsverfahren (V R 45/19).

Bei juristischen Personen des privaten Rechts (GmbH oder AG) kann Unselbstständigkeit vorliegen, wenn die juristische Person finanziell, wirtschaftlich und organisatorisch in das Unternehmen eines anderen Unternehmers eingegliedert ist, in diesem Fall wird von der Organschaft gesprochen, § 2 Abs. 2 Nr. 2 UStG. Wenn die Voraussetzungen vorliegen, ist die **juristische Person** oder ausnahmsweise auch eine **Personengesellschaft** als Organgesellschaft als unselbstständiger Bestandteil in das Unternehmen des Organträgers eingegliedert, nur der Organträger hat nach der bisherigen nationalen Sichtweise alle Rechtsfolgen aus der Unternehmereigenschaft zu tragen. Umsätze innerhalb des einheitlichen Unternehmenskreises sind dann nicht steuerbare Innenumsätze. Allerdings sind die Wirkungen der Organschaft auf Leistungen im Inland beschränkt.

Tipp! Die Organschaft kann schon ein eigenes Thema in der mündlichen Prüfung sein, deshalb können an dieser Stelle nicht alle Einzelheiten der Organschaft behandelt werden. Als Problem der Selbstständigkeit ist diese Frage aber zumindest mit den Grundlagen anzusprechen.
Beachten Sie außerdem, dass der BFH offensichtlich erhebliche Zweifel an der nationalen Umsetzung der „Gruppenbesteuerung" in Deutschland hat. Der EuGH muss sich in zwei Vorabentscheidungsersuchen des BFH (Beschluss vom 11.12.2019, XI R 16/18, BFH/NV 2020, 598 – beim EuGH anhängig unter C-141/20 – Norddeutsche Gesellschaft für Diakonie sowie Beschluss vom 07.05.2020, V R 40/19, BFH/NV 2020, 839) mit Grundsätzen der Organschaft auseinander setzen und dabei u.a. prüfen, ob es zulässig ist, den Organträger als den Unternehmer anzusehen oder ob nicht eher der gesamte Organkreis als einheitliches Gebilde der Unternehmer ist.

1.2 Nachhaltige Tätigkeit mit Einnahmeerzielungsabsicht

Um unternehmerisch tätig werden zu können, muss eine Tätigkeit nachhaltig und mit der Absicht, Einnahmen erzielen zu wollen, ausgeführt werden. Diese beiden Voraussetzungen stehen regelmäßig in einem systematischen Zusammenhang und sind – obwohl eigenständige Voraussetzungen – zusammen zu prüfen. Im Umsatzsteuergesetz sind dazu keine näheren Angaben enthalten, es muss immer im Einzelfall geprüft werden, ob diese Voraussetzungen vorliegen.

Nachhaltige Tätigkeit bedeutet, dass der Unternehmer mehrfach, zumindest mit Wiederholungsabsicht tätig werden muss. Allerdings kann nicht alleine schon das mehrfache Tätigwerden die unternehmerische Betätigung begründen. So hat der BFH grundsätzlich zu einem **Briefmarkensammler** (BFH, Urteil vom 29.06.1987, X R 23/82, BStBl II 1987, 744) festgestellt, dass auch das gelegentliche Verkaufen, Tauschen oder das Aufgeben der Sammlung noch keine unternehmerische Betätigung auslöst. Andererseits hat der BFH aber zu einem **„eBay-Händler"** (BFH, Urteil vom 26.04.2012, V R 2/11, BStBl II 2012, 634) entschieden, dass der Verkauf einer Vielzahl von Gegenständen über eine Internetplattform die nachhaltige Betätigung begründen kann. Dabei ist es nicht Voraussetzung, dass schon bei Ankauf eine Wiederverkaufsabsicht bestanden hat.

Einnahmeerzielungsabsicht ist dann gegeben, wenn der Unternehmer mit der Absicht wirtschaftlich tätig wird, eine Gegenleistung zu erhalten. Ob diese Gegenleistung in Geld besteht oder der Unternehmer als Gegenleistung eine Lieferung oder eine sonstige Leistung erhält, ist unerheblich, die Gegenleistung muss in Geld bewertbar sein. Eine Gewinnerzielungsabsicht – als ertragsteuerrechtliches Kriterium – ist nicht Voraussetzung für die Unternehmereigenschaft.

1.3 Besonderheiten bei der Unternehmereigenschaft

Nur wenn alle drei Voraussetzungen gegeben sind, kann die Unternehmereigenschaft vorliegen. Wie ich schon vorhin festgestellt hatte, ist die Unternehmereigenschaft nicht von der Rechtsform des Handelnden abhängig. Interessant ist dies insbesondere, wenn **Anteile an Gesellschaften** gehalten werden, Abschn. 2.3 Abs. 2 UStAE. Das Halten von Beteiligungen erfolgt grundsätzlich nicht im Rahmen einer unternehmerischen Betätigung, nur wenn weitere Voraussetzungen vorliegen (z.B. Erwerb von Beteiligungen zum Weiterverkauf, Sicherung von

Einfluss, Ausführung von Leistungen gegenüber der Beteiligung), kann das Halten von Beteiligungen zu einer unternehmerischen Betätigung führen (sog. Führungsholding).

Eine weitere Besonderheit besteht, wenn ein **Gesellschafter** gegenüber „seiner" Gesellschaft tätig wird. Auch hier kann sich die Unternehmereigenschaft ergeben, wenn die allgemeinen Voraussetzungen vorliegen. Insbesondere ist dabei zu prüfen, ob Einnahmeerzielungsabsicht vorliegt. Hier ist zwischen dem echten Gesellschafterbeitrag – ein Gesellschafter wird nur aufgrund gesellschaftsrechtlicher Verpflichtung gegenüber der Gesellschaft tätig – und den gegen Sonderentgelt ausgeführten Leistungen zu unterscheiden. Typisch ist dies in der Praxis bei der Überlassung von Gegenständen durch den Gesellschafter an die Gesellschaft (z.B. PKW-Nutzung) oder bei der Ausführung entgeltlicher Geschäftsführungsleistungen.

Tipp! Diese Punkte werden wahrscheinlich von einer Prüfungskommission nicht zwingend erwartet. Ein guter Vortrag zeichnet sich aber dadurch aus, dass zu dem Thema passende, die Prüfungskommission überraschende Elemente mit aufgenommen werden.

Aber auch durch die Rechtsprechung von EuGH (Urteil vom 13.06.2019, C-420/18 – IO, BFH/NV 2019, 1053) sowie nachfolgend des BFH (Urteil vom 27.11.2019, V R 23/19, BFH/NV 2020, 480) ergeben sich Veränderungen bei der Beurteilung der Unternehmereigenschaft. Zumindest wenn ein **Aufsichtsrat** für seine Tätigkeit eine Festvergütung erhält, soll er nach dieser Rechtsprechung nicht unternehmerisch tätig sein, da kein für die Selbstständigkeit typisches wirtschaftliches Risiko vorliegt; mittlerweile haben auch Finanzgerichte (z.B. Niedersächsisches FG, Urteil vom 19.11.2019, 5 K 282/18, FG Hamburg, Urteil vom 08.09.2020, 6 K 131/18) dies auch in den Fällen übernommen, in dem der Aufsichtsrat oder Beirat zum Teil eine von der Tätigkeit abhängige Vergütung erhielt. Die Finanzverwaltung (BMF, Schreiben vom 08.07.2021, III C 2 – S-7104/19/10001 :003) hat diese Rechtsgrundsätze mit einer Nichtbeanstandungsfrist bis zum 31.12.2021 in den UStAE übernommen. Danach liegt aber eine unternehmerische Betätigung vor, wenn mindestens 10 % der Vergütung tätigkeitsabhängig ist.

2. Beginn und Ende der Unternehmereigenschaft

Die **Unternehmereigenschaft beginnt** mit dem ersten, nach außen in Erscheinung treten, Abschn. 2.6 Abs. 1 UStAE. Dies beginnt nicht erst mit der Ausführung von Umsätzen, sondern erfasst schon die Vorbereitungshandlungen (Planung, Anmieten eines Büros, Einkauf von Waren etc.). Der Zeitpunkt ist deshalb wichtig, da ab diesem Moment grundsätzlich die Vorsteuerabzugsberechtigung besteht.

Um die Unternehmereigenschaft zu begründen, ist es ausreichend, dass die Absicht besteht, entgeltlich Leistungen ausführen zu wollen. Wenn es dann – entgegen der nachweisbaren Absicht – nicht zur Ausführung von Leistungen im Grundgeschäft kommen sollte, bleibt es dennoch bei der Unternehmereigenschaft und der Vorsteuerabzugsberechtigung. Probleme ergeben sich dann, wenn Leistungen bezogen werden, die typischerweise für nichtunternehmerische Zwecke verwendet werden können. In diesen Fällen kommt dem Nachweis der ernsthaften Umsatzerzielungsabsicht besondere Bedeutung zu.

Tipp! Gegebenenfalls kann diese Aussage noch mit Beispielen (z.B. Erwerb eines Fahrzeugs für unternehmerische Zwecke; Erwerb eines Computers) illustriert werden.

Bei der **Gründung einer Kapitalgesellschaft** muss beachtet werden, dass die sog. Vorgründungsgesellschaft (bis zum Abschluss des notariellen Gesellschaftsvertrags) nicht identisch mit der entstehenden Kapitalgesellschaft ist. Erst ab Abschluss des notariellen Gesellschaftsvertrags entsteht die Gründungsgesellschaft, die dann nahtlos in die Kapitalgesellschaft übergeht.

Tipp! Zu den Investitionskosten bei der Gründung einer Personengesellschaft hat der EuGH entschieden, dass eine Personengesellschaft auch aus Investitionskosten zum Vorsteuerabzug berechtigt ist, die von den Gesellschaftern getragen wurden (EuGH, Urteil vom 01.03.2012, C-280/10 – Polski Travertyn, BFH/NV 2012, 908). Anders aber bei der erfolglosen Gründung einer Einmann-GmbH: In dem Fall einer gescheiterten Gründung einer solchen Gesellschaft hat der BFH (Urteil vom 11.11.2015, V R 8/15, BFH/NV 2016, 863) entschieden, dass der Gesellschafter einer noch zu gründenden GmbH im Hinblick auf eine beabsichtigte Unternehmenstätigkeit der GmbH nur dann zum Vorsteuerabzug berechtigt sein kann, wenn der Leistungsbezug durch den Gesellschafter bei der GmbH zu einem Investitionsumsatz führen soll. Deshalb wurde der Vorsteuerabzug aus Beratungskosten abgelehnt.

Die **Unternehmereigenschaft endet** mit Lösung der letzten unternehmerischen Verbindung. Damit ist die Unternehmereigenschaft nicht schon mit Einstellung der Ausgangsumsätze (z.B. Schlussverkauf bei einem Einzelhandelsunternehmen) erloschen, sondern erst dann, wenn die Abwicklungshandlungen beendet sind (z.B. Abgabe der letzten Steuererklärung). Auch bei einer Kapitalgesellschaft endet die Unternehmereigenschaft nach diesen Grundsätzen und ist nicht an die Eintragung im Handelsregister gebunden.

3. Besonderheiten bei juristischen Personen des öffentlichen Rechts

Juristische Personen des öffentlichen Rechts sind nach nationalem Recht nur dann unternehmerisch tätig, wenn neben den allgemeinen Voraussetzungen des § 2 Abs. 1 UStG keine Einschränkungen nach der seit dem 01.01.2017 geltenden Regelung des § 2b UStG eintreten. § 2b UStG ist zwar schon zum 01.01.2016 in Kraft getreten, galt aber erstmals für Umsätze, die nach dem 31.12.2016 ausgeführt wurden. § 2b UStG hat die bisherige Regelung des § 2 Abs. 3 UStG abgelöst. Nach der Altregelung waren juristische Personen des öffentlichen Rechts nur dann Unternehmer, wenn sie einen land- oder forstwirtschaftlichen Betrieb oder einen Betrieb gewerblicher Art i.S.d. Körperschaftsteuerrechts unterhielten. Darüber hinaus führten in § 2 Abs. 3 Satz 2 UStG vier abschließend aufgeführte Tätigkeiten zu einer unternehmerischen Betätigung.

Die Anknüpfung an die **ertragsteuerrechtlichen Voraussetzungen** eines Betriebs gewerblicher Art stellte allerdings schon früher ein erhebliches unionsrechtliches Problem dar, sodass die umsatzsteuerrechtlichen Konsequenzen daraus in einzelnen Fällen zu nicht unionsrechtskonformen Ergebnissen führten (EuGH, Urteil vom 04.06.2009, C-102/08 – Salix Grundstücksvermietungs-Gesellschaft, BFH/NV 2009, 1222 sowie nachfolgend BFH, Urteil vom 20.08.2009, V R 70/05, BStBl II 2017, 825). Insbesondere der BFH hatte sich in den letzten Jahren mit den Voraussetzungen der Unternehmereigenschaft der juristischen Person des öffentlichen Rechts beschäftigt und festgestellt, dass die Vermögensverwaltung einer juristischen Person auch zu einer unternehmerischen Betätigung führen kann (BFH, Urteil vom 15.04.2010, V R 10/09, BStBl II 2017, 863). Ein besonderes Problem ergab sich aus der Rechtsprechung des BFH zu den sog. **Beistandsleistungen** (BFH, Urteil vom 10.11.2011, V R 41/10, BStBl II 2017, 869). Beistandsleistungen einer juristischen Person öffentlichen Rechts sind Leistungen, bei denen meist aus dem hoheitlichen Bereich heraus die Unterstützung anderer juristischer Personen erfolgt (z.B. Überlassung einer Schulsporthalle an eine Nachbargemeinde). Nachdem der BFH solche Beistandsleistungen als eine unternehmerische Betätigung angesehen hatte, hat der Gesetzgeber durch die Neuregelung des § 2b UStG zumindest in Teilbereichen wieder den alten Rechtszustand hergestellt. Nach § 2b UStG ist eine juristische Person des öffentlichen Rechts dann nicht unternehmerisch tätig, wenn sie Leistungen ausführt, die ihr vorbehalten sind. Führt diese Tätigkeit aber zu einer größeren Wettbewerbsverzerrung, wird eine unternehmerische Betätigung angenommen. Dabei definiert der Gesetzgeber typisierend in § 2b Abs. 2 und Abs. 3 UStG unter welchen Voraussetzungen eine solche größere Wettbewerbsverzerrung nicht vorliegen soll. Dabei wird sowohl auf Umsatzgrenzen als auch auf Leistungen an andere juristische Personen des öffentlichen Rechts abgestellt.

Dabei ist die Unternehmereigenschaft nicht nur von Bedeutung, wenn es sich um die von einer juristischen Person des öffentlichen Rechts ausgeführten Leistungen handelt. Auch für andere Unternehmer ist es wichtig, ob Leistungen, die an die juristische Person ausgeführt werden, an einen Unternehmer oder an einen Nichtunternehmer erbracht werden (z.B. bei der Option nach § 9 UStG, bei Geschäftsveräußerungen nach § 1 Abs. 1a UStG sowie bei der Bestimmung des Orts der sonstigen Leistung).

> **Tipp!** Die Neuregelung des § 2b UStG sowie deren Anwendungsgrundsätze sollten in der mündlichen Prüfung 2022 beherrscht werden. Die Neuregelung gilt für alle Umsätze nach dem 31.12.2016, die juristischen Personen des öffentlichen Rechts konnten aber bis zum 31.12.2016 gegenüber ihrem Finanzamt erklären, dass sie bis längstens zum 31.12.2022 weiterhin die Regelungen des § 2 Abs. 3 UStG anwenden wollen, § 27 Abs. 22 UStG; ursprünglich war dies bis Ende 2020 befristet, diese Übergangsfrist ist aber noch einmal um zwei Jahre bis zum 31.12.2022 verlängert worden, § 27 Abs. 22a UStG. Somit müssen in den Übergangsjahren sowohl die Regelungen des § 2 Abs. 3 UStG als auch des § 2b UStG beherrscht werden. Die Finanzverwaltung hat mit Schreiben vom 16.12.2016 (BStBl I 2016, 1451) ausführlich zur Umsetzung der neuen Regelungen Stellung genommen.

Zum 18.12.2019 wurden die bisher in § 2b Abs. 4 Nr. 1 und Nr. 2 UStG genannten Notare und die Ratschreiber im Land Baden-Württemberg sowie die Selbstabgabestellen für Brillen und Brillenteilen aus dem Gesetz genommen, da es solche Sachverhalte nicht mehr gibt.

4. Einheitlichkeit des Unternehmens

Ein Unternehmer kann immer **nur ein Unternehmen** haben, § 2 Abs. 1 Satz 2 UStG. Unabhängig von unterschiedlichen Tätigkeiten und unabhängig von den Orten im Inland, an denen diese Tätigkeiten ausgeführt werden, hat der Unternehmer immer nur eine Voranmeldung und eine einheitliche Jahressteuererklärung abzugeben. Dies bedeutet, dass der Unternehmer umsatzsteuerrechtliche Wahlrechte auch nur einheitlich ausüben kann, Ausnahmen bestehen bei trennbaren Tätigkeiten aber bei der Besteuerung nach Durchschnittssätzen nach § 23 UStG.

Eine Unternehmenseinheit besteht aber nicht zwischen einem Gesellschafter und einer Gesellschaft, hier ist immer eine zwingende Trennung vorzunehmen. Wie ich aber schon vorhin dargestellt habe, kann ein Gesellschafter gegenüber seiner Gesellschaft tätig werden und dadurch die Unternehmereigenschaft erwerben; dies setzt aber entgeltliche Leistungen voraus – der EuGH hat ausdrücklich festgestellt (EuGH, Urteil vom 13.03.2014, C-204/13 – Heinz Malburg, DStR 2014, 592), dass die unentgeltliche Überlassung von Gegenständen oder Rechten an eine Personengesellschaft nicht die Unternehmereigenschaft des Gesellschafters nach sich zieht.

5. Zuordnung von Leistungen zum Unternehmen

Bezieht ein Unternehmer Leistungen, die er für seine **unternehmerischen Zwecke** verwenden will, kann er diese Leistungen unter bestimmten Voraussetzungen seinem Unternehmen zuordnen. Dies ist zwingende Voraussetzung für den Vorsteuerabzug nach § 15 UStG. Dabei ist Voraussetzung, dass die bezogene Leistung für die wirtschaftliche Tätigkeit des Unternehmers verwendet wird. Bei dem Erwerb von Gegenständen ist nach § 15 Abs. 1 Satz 2 UStG weitere Voraussetzung, dass der Gegenstand zu mindestens 10 % für unternehmerische Zwecke verwendet wird.

Tipp! Die 10 %-Grenze in § 15 Abs. 1 Satz 2 UStG hat keine Grundlage in der MwStSystRL. Da die Bundesrepublik Deutschland damit zum Nachteil der Unternehmer von den unionsrechtlichen Grundsätzen abweicht, muss diese Abweichung Deutschland genehmigt werden. Dies ist bisher immer nur temporär erfolgt. Die derzeit gültige Genehmigung ist bis zum 31.12.2021 befristet; ob die Sonderregelung verlängert wird, wird sich erst Ende 2021 herausstellen – Sie müssen sich diesbezüglich aktuell informieren (Veröffentlichungen im Amtsblatt der EU).

Darüber hinaus muss beachtet werden, dass nach der Rechtsprechung des EuGH (Urteil vom 12.02.2009, C-515/07 – **VNLTO**, BFH/NV 2009, 682) einerseits zwischen der unternehmerischen und der nichtunternehmerischen Sphäre unterschieden werden muss, dann aber die nichtunternehmerische Sphäre in die private und die **nichtwirtschaftlichen Sphäre** zu unterteilen ist. Nur in der unternehmerischen Sphäre ist der Unternehmer zum Vorsteuerabzug berechtigt. So kann z.B. ein Verein für ein Fahrzeug, das er für unternehmerische Zwecke und für nichtwirtschaftliche Zwecke verwenden will, nur insoweit den Vorsteuerabzug vornehmen, wie er das Fahrzeug unternehmerisch verwenden möchte. Eine Ausnahme besteht nur in den Fällen, in denen ein Unternehmer Leistungen auch für „private" Zwecke verwenden möchte, in diesem Fall kann der Gegenstand insgesamt dem Unternehmen zugeordnet werden – allerdings muss dann eine unentgeltliche Wertabgabe der Besteuerung unterworfen werden.

Tipp! Die Frage der Zuordnung von Leistungen wäre alleine ein vortragsfüllendes Thema; als Teilbereich dieses Vortrags können nur die Rahmenbedingungen dargestellt werden. Für ausführlichere Hinweise vgl. BMF, Schreiben vom 02.01.2012, BStBl I 2012, 60 und BMF, Schreiben vom 02.01.2014, BStBl I 2014, 119 sowie Abschn. 15.2c Abs. 2 UStAE.

Schluss

Die Prüfung der Unternehmereigenschaft und des Umfangs des Unternehmens stellt an den potenziellen Unternehmer wie auch an Dritte **besondere Anforderungen**. Nur wenn Unternehmereigenschaft vorliegt, können sich steuerbare und steuerpflichtige Ausgangsleistungen ergeben und der Leistende darf Umsatzsteuer in Rechnungen ausweisen. Nur wenn er Unternehmereigenschaft hat, kann er als Leistungsempfänger zum Vorsteuerabzug berechtigt sein. Dabei kann sich die Unternehmereigenschaft auch auf andere Bereiche erstrecken. So wird ein Unternehmer (auch als Kleinunternehmer) zum Steuerschuldner nach § 13b UStG, wenn eine dort abschließend aufgeführte Leistung für private Zwecke bezogen wird. Dies kann immer nur zutreffend beurteilt werden, wenn die Unternehmereigenschaft korrekt überprüft worden ist.

Vielen Dank für Ihre Aufmerksamkeit.

Vortrag 2: Die Organschaft im Umsatzsteuerrecht

I. Einführende Hinweise

Die Selbstständigkeit ist eine der wesentlichen Voraussetzungen für die Unternehmereigenschaft nach § 2 Abs. 1 UStG. Abschließend ist in § 2 Abs. 2 UStG geregelt, wann eine Tätigkeit nicht selbstständig ausgeführt wird. Ist eine juristische Person des privaten Rechts in ein anderes Unternehmen finanziell, wirtschaftlich und organisatorisch eingegliedert, ist die juristische Person nicht selbstständig tätig. Die juristische Person ist dann unselbstständiger Bestandteil des Unternehmens des Organträgers; es liegt nur ein einheitliches Unternehmen vor.

Entgegen der gesetzlichen Vorgaben kann auch eine Personengesellschaft unter einschränkenden Voraussetzungen in das Unternehmen eines übergeordneten Unternehmers eingegliedert sein. Diese Regelungen waren bis zum 31.12.2018 nur freiwillig anzuwenden, entgegen dem Willen der Beteiligten konnten diese Rechtsfolgen erst auf Umsätze angewendet werden, die nach dem 31.12.2018 ausgeführt wurden, Abschn. 2.8 Abs. 5a UStAE.

Tipp! Nach Ablauf des Übergangszeitraums sind dann unter den besonderen Bedingungen auch die Personengesellschaften eingliederungsfähig. Unabhängig, wie häufig und relevant dies in der Praxis sein mag, muss in einem Vortrag in jedem Fall darauf hingewiesen werden. Nachdem das FG Berlin-Brandenburg (Beschluss vom 21.11.2019, 5 K 5044/19, DStRE 2020, 247) den EuGH wegen der einschränkenden Voraussetzungen angerufen hatte, werden sich allerdings erneut Änderungen ergeben, da die bisherige Sichtweise nicht mit dem Unionsrecht vereinbar ist, EuGH, Urteil vom 15.04.2021, C-868/19 – M-GmbH, BFH/NV 2021, 925.

Die Annahme eines einheitlichen Unternehmens führt sowohl zu verfahrensrechtlichen (Abgabe nur einer Voranmeldung und einer Jahressteuererklärung/Steuerschuldner ist der Organträger) als auch praktischen Folgen (nur nicht steuerbare Innenumsätze innerhalb des einheitlichen Unternehmens). Darüber können sich umsatzsteuerrechtliche Folgen bei Begründung und bei Beendigung der Organschaft ergeben.

Tipp! Die Organschaft stand in den letzten Jahren im Mittelpunkt auch der Rechtsprechung des BFH. Insbesondere im Zusammenhang mit der Voraussetzung der finanziellen und der organisatorischen Eingliederung hatten sich neue Erkenntnisse ergeben. Insbesondere sind die Ergebnisse aus dem Urteil des EuGH (Urteil vom 16.07.2015, C-109/14 – Larentia + Minerva sowie Marenave Schifffahrt, BStBl II 2017, 604) interessant. In der Folge haben sich sowohl der V. Senat des BFH als auch der XI. Senat mit den Folgen der Rechtsprechung auseinander gesetzt. Die Finanzverwaltung hat – gestützt auf die Rechtsprechung des V. Senats – die wesentlichen Grundsätze in Abschn. 2.8 Abs. 5a ff. UStAE umgesetzt.
Beachten Sie außerdem, dass der BFH offensichtlich erhebliche Zweifel an der nationalen Umsetzung der „Gruppenbesteuerung" in Deutschland hat. Der EuGH muss sich in zwei Vorabentscheidungsersuchen des

BFH (Beschluss vom 11.12.2019, XI R 16/18, BFH/NV 2020, 598 – beim EuGH anhängig unter C-141/20 – Norddeutsche Gesellschaft für Diakonie sowie Beschluss vom 07.05.2020, V R 40/19, BFH/NV 2020, 839) mit Grundsätzen der Organschaft auseinander setzen und dabei u.a. prüfen, ob es zulässig ist, den Organträger als den Unternehmer anzusehen oder ob nicht eher der gesamte Organkreis als einheitliches Gebilde der Unternehmer ist.

Die Organschaft ist aber für die Beteiligten nicht frei von wirtschaftlichen Risiken. Der Organträger ist der Steuerschuldner – er ist Träger aller umsatzsteuerrechtlichen Rechte und Pflichten. Damit schuldet er auch alle zu berichtigenden Steuerbeträge, wenn eine Organgesellschaft in die Insolvenz geht, ein im Einzelfall nicht kalkulierbares Risiko. Eine Organschaft im Umsatzsteuerrecht ist aber kein Wahlrecht – liegen die Voraussetzungen für die Organschaft vor, ergeben sich Rechtsfolgen zwangsweise.

II. Die Gliederung

	Gliederungspunkt	Die Stichworte
	Einleitung	**Thema; Kurzübersicht**
1.	Allgemeine Voraussetzungen	Selbstständigkeit, Unternehmereigenschaft des Organträgers, Organgesellschaft als juristische Person des privaten Rechts; Problem Eingliederung von Personengesellschaften
2.	Eingliederungsvoraussetzungen	Finanzielle, organisatorische und wirtschaftliche Eingliederung; insbesondere auch Hinweise auf die jüngere Rechtsprechung des BFH auf die finanzielle und organisatorische Eingliederung
2.1	Finanzielle Eingliederung	Mehrheit der Stimmen in der Gesellschafterversammlung; Kapitalmehrheit nicht unbedingt notwendig. Keine Eingliederung über Sonderbetriebsvermögen bei Personengesellschaften
2.2	Organisatorische Eingliederung	Durchsetzung des Willens im täglichen Geschäft, Personalunion (personelle Verflechtung)
2.3	Wirtschaftliche Eingliederung	Wirtschaftliche Förderung, mehr als nur unwesentliche Leistungen. Entgeltliche Leistungen müssen ausgeführt werden
2.4	Einheitliches Vorliegen der Voraussetzungen	Alle Voraussetzungen müssen vorliegen, aber nicht gleichmäßig stark ausgeprägt sein. Kein Wahlrecht
3.	Rechtsfolgen der Organschaft	Rechtsfolgen der Organschaft; Zweifel des BFH
4.	Beschränkung auf das Inland	Keine grenzüberschreitende Wirkung, inländische Teile stellen einheitliches Unternehmen dar. Unternehmereigenschaft bei ausländischem Organträger; Eingliederung über Betriebsstätte nach EuGH
5.	Würdigung und Probleme	Im Regelfall steuerneutral, Vor- oder Nachteile bei vorsteuerabzugsschädlichen Ausgangsleistungen. Problem: Organschaft und Insolvenz
	Schluss	**Bedeutung und Risiken der Organschaft**

III. Der Vortrag

Einleitung

Sehr geehrte Damen und Herren, ich habe das Thema **„Die Organschaft im Umsatzsteuerrecht“** gewählt. Eine Organschaft liegt vor, wenn nach der nationalen gesetzlichen Vorgabe des § 2 Abs. 2 Nr. 2 UStG eine juristische Person in ein anderes Unternehmen finanziell, wirtschaftlich und organisatorisch eingegliedert ist. Liegen diese Voraussetzungen vor, ist die juristische Person nicht selbstständig tätig, also kein Unternehmer im Sinne des Umsatzsteuergesetzes, § 2 Abs. 2 Nr. 2 Satz 1 UStG. Daraus können sich unterschiedliche umsatzsteuerrechtliche Folgen für die Beteiligten ergeben, die ich im Laufe meines Vortrags darstellen werde. Insbesondere ergeben sich Risiken für den potentiellen Organträger, in Ausnahmefällen können sich aber auch wirtschaftliche Vorteile aus einer Organschaft ergeben. Außerdem ist zu beachten, dass nach der neueren Rechtsprechung unter besonderen Voraussetzungen auch eine Personengesellschaft weisungsgebunden in ein Unternehmen eingegliedert sein kann. Allerdings ist der EuGH bei den Voraussetzungen der Eingliederung einer Personengesellschaft zu einem anderen Ergebnis gekommen, als bisher der BFH und die deutsche Finanzverwaltung – auch darauf möchte ich kurz in meinem Vortrag eingehen.

1. Allgemeine Voraussetzungen

Unternehmereigenschaft nach § 2 Abs. 1 UStG liegt dann vor, wenn eine Tätigkeit selbstständig, nachhaltig und mit Einnahmeerzielungsabsicht ausgeführt wird. Bei der umsatzsteuerrechtlichen Organschaft kommt es auf das Kriterium der selbstständigen Tätigkeit an. Liegen die Voraussetzungen der Organschaft vor, ist die Organgesellschaft unselbstständig und damit nicht unternehmerisch tätig, § 2 Abs. 2 Nr. 2 UStG.

Eine Organschaft kann nach nationaler gesetzlicher Regelung nur dann vorliegen, wenn eine juristische Person in das Unternehmen eines anderen Unternehmers nach bestimmten Bedingungen eingegliedert ist. Der Organträger – also das übergeordnete Unternehmen – muss lediglich Unternehmereigenschaft innehaben, kann also ein Einzelunternehmen, eine Personengesellschaft oder eine juristische Person sein. Die Organgesellschaft muss nach der nationalen gesetzlichen Regelung eine juristische Person des privaten Rechts sein – in der Praxis also eine GmbH oder eine AG. Eine Personengesellschaft oder ein Einzelunternehmer kann nach dem Wortlaut des Gesetzes grundsätzlich nicht in das Unternehmen eines anderen Unternehmers weisungsgebunden eingegliedert sein. Allerdings besteht nach der Rechtsprechung des BFH – jedoch unter einschränkenden Voraussetzungen – auch die Möglichkeit, dass eine Personengesellschaft in ein übergeordnetes Unternehmen eingegliedert sein kann. Seit dem 01.01.2019 sind Personengesellschaften, an denen nur im Organkreis verhaftete Gesellschafter beteiligt sind, als Organgesellschaft in den einheitlichen Organkreis integriert soweit auch die weiteren Voraussetzungen (organisatorische und wirtschaftliche Eingliederung) erfüllt sind.

Tipp! Der EuGH (Urteil vom 16.07.2015, C-109/14 – Larentia + Minerva sowie Marenave Schifffahrt, BStBl II 2017, 604) sah in der Beschränkung der Organschaft auf die Eingliederung von juristischen Personen einen Verstoß gegen die Rechtsformneutralität. Nach entsprechender Rechtsprechung des V. Senats des BFH (BFH, Urteil vom 02.12.2015, V R 25/13, BStBl II 2017, 547) hat die Finanzverwaltung sich mit Schreiben vom 28.05.2017 (BStBl I 2017, 790) der Sichtweise des V. Senats angeschlossen (vgl. Abschn. 2.8 UStAE, insbesondere Abs. 5a) und eine Eingliederung der Personengesellschaft in ein übergeordnetes Unternehmen als gegeben angesehen, wenn sich alle Anteile an der Personengesellschaft vollständig in der Hand des potentiellen Organträgers bzw. anderer Organgesellschaften befinden. Gegen den Willen der Beteiligten war dies aber nicht auf Umsätze anzuwenden, die vor dem 01.01.2019 ausgeführt wurden.
Das FG Berlin-Brandenburg (Beschluss vom 21.11.2019, 5 K 5044/19, DStRE 2020, 247) hatte dazu allerdings erneut den EuGH angerufen, um klären zu lassen, ob die vom BFH vorgenommene Einschränkung mit dem Unionsrecht vereinbar ist. Der EuGH, Urteil vom 15.04.2021, C-868/19 – M-GmbH, BFH/NV 2021, 925, hat festgestellt, dass diese Einschränkung mit dem Unionsrecht nicht vereinbar ist. Nur in den Fällen, in denen im Einzelfall nachgewiesen ist, dass dies zu Missbrauch führen könnte, könnte eine Einschränkung vorgenommen werden. Insoweit muss die nationale Möglichkeit der Einbeziehung von Personengesellschaften als unselbstständige Organgesellschaft weiter gefasst werden, als dies bisher der Fall war. Da das FG Baden-Württemberg (Urteil vom 07.11.2019, 1 K 1952/18) in einem vergleichbaren Fall ohne den EuGH anzurufen eine Eingliederung einer Personengesellschaft in einen Organkreis bejaht hatte, kann der BFH in dem dazu anhängigen Revisionsverfahren (V R 45/19) diese Rechtsprechung umsetzen, Sie müssen insoweit die aktuelle Rechtsprechung bis zu Ihrer mündlichen Prüfung beachten.

2. Eingliederungsvoraussetzungen

Liegen die allgemeinen Voraussetzungen vor, muss die Organgesellschaft finanziell, wirtschaftlich und organisatorisch in das Unternehmen des Organträgers eingegliedert sein, damit eine Organschaft vorliegen kann. Dabei müssen die drei Eingliederungsvoraussetzungen gleichzeitig vorliegen. Liegen sie vor, ist es nicht von Bedeutung, wie lange sie vorliegen werden.

Tipp! Zumindest der V. Senat des BFH ist (vorläufig) bei dem strengen Über- und Unterordnungsprinzip als Voraussetzung für die Organschaft geblieben (BFH, Urteil vom 02.12.2015, V R 15/14, BStBl II 2017, 553). Für den XI. Senat ist noch nicht klar gewesen, ob er diesen Vorgaben folgen wollte.

2.1 Finanzielle Eingliederung

Die finanzielle Eingliederung liegt vor, wenn der Organträger die Mehrheit der Stimmen in der Gesellschafterversammlung bei einer juristischen Person hat. Die Kapitalmehrheit ist nicht das entscheidende Kriterium. So kann zum Beispiel auch bei einer Kapitalbeteiligung von 48 % eine finanzielle Eingliederung gegeben sein, wenn die Gesellschaft eigene Anteile in Höhe von 10 % hält (der Organträger hat dann 48/90, also die Stimmenmehrheit).

Tipp! Sie könnten hier auch ein gegenteiliges Beispiel angeben: Wenn der potenzielle Organträger mit 52 % an der potentiellen Organgesellschaft beteiligt ist, es aber Stimmrechtsbeschränkungen gibt, kann eine finanzielle Eingliederung ausgeschlossen sein.

Allerdings ist hier zu beachten, dass sich die Anteile unmittelbar in dem Unternehmen des Organträgers oder einer zwischengeschalteten Gesellschaft (z.B. bei einer sog. Zwischenholding) befinden müssen. Nach der Rechtsprechung des BFH (Urteil vom 22.04.2010, V R 9/09, BStBl II 2011, 597, Urteil vom 10.06.2010, V R 62/09, BFH/NV 2011, 79 sowie Urteil vom 01.12.2010, XI R 43/08, BStBl II 2011, 600) kann eine finanzielle Eingliederung einer Kapitalgesellschaft in eine Personengesellschaft nicht über das Sonderbetriebsvermögen der Personengesellschaft erfolgen. Damit eine Kapitalgesellschaft als Organgesellschaft finanziell in eine Personengesellschaft eingegliedert sein kann, müssen sich die Anteile an der Kapitalgesellschaft im Gesamthandsvermögen der Personengesellschaft befinden.

Tipp! Diese Voraussetzung kann in der Praxis ein interessantes Gestaltungsmodell sein, wenn bei der Beteiligung einer Personengesellschaft an einer juristischen Person darüber nachgedacht wird, dies als Organschaft (dann muss die Personengesellschaft die Anteile im Gesamthandsvermögen halten) oder eben nicht als Organschaft (dann müssen die Anteile bei den Gesellschaftern der Personengesellschaft im Sonderbetriebsvermögen gehalten werden) zu strukturieren. Eventuell kann in einem Vortrag darauf noch zurückgekommen werden, wenn die Vor- oder Nachteile einer Organschaft angesprochen werden.

Eine Personengesellschaft kann nach der bisherigen Rechtsprechung des BFH in einen übergeordneten Organträger eingegliedert sein, wenn sich alle Anteile an der Personengesellschaft in der Hand des Organträgers oder anderer Organgesellschaften befinden. Wegen des Einstimmigkeitsprinzips bei Personengesellschaften sollte es nach Auffassung des BFH und der Finanzwaltung – anders als bei der Eingliederung juristischer Personen – nicht auf die Stimmenmehrheit ankommen, vgl. Abschn. 2.8 Abs. 5a UStAE. War an der Personengesellschaft noch ein Gesellschafter (mit Stimmrecht) beteiligt, der nicht in den Organkreis eingebunden war, konnte die Personengesellschaft nicht in einen Organkreis eingebunden sein. Nachdem der EuGH (Urteil vom 15.04.2021, C-868/19 – M-GmbH, BFH/NV 2021, 925) diese enge Festlegung des BFH und der Finanzverwaltung als nicht mit dem Unionsrecht vereinbar angesehen hat, müssen Personengesellschaften auch ohne diese Voraussetzungen zu erfüllen, grundsätzlich eingliederungsfähig sein. Hier muss aber die weitere Entwicklung abgewartet werden.

Darüber hinaus hat der BFH (Beschluss vom 11.12.2019, XI R 16/18, BFH/NV 2020, 598) den EuGH angerufen, um u.a. klären zu lassen, ob an das Kriterium der finanziellen Eingliederung ein strenger oder ein großzügiger Maßstab anzulegen ist.

2.2 Organisatorische Eingliederung

Die organisatorische Eingliederung ist gegeben, wenn der Unternehmer in der Lage ist, im alltäglichen Geschäft seine Interessen durchzusetzen. Eine solche organisatorische Eingliederung ist insbesondere dann gegeben, wenn eine sog. Personalunion vorliegt, also der Organträger oder eine Person des Organträgers auch gleichzeitig in der Geschäftsführung der Organgesellschaft tätig ist. Ohne personelle Verflechtung wird sich eine organisatorische Eingliederung nicht ergeben können. Dabei kann die Geschäftsführung der Organgesellschaft sowohl mit Personen der Geschäftsleitung des Organträgers als auch mit Mitarbeitern des Organträgers besetzt sein. Wenn aber in der Geschäftsleitung der Organgesellschaft auch sog „Fremdgeschäftsführer" tätig sind, muss darauf geachtet werden, welche Befugnisse diese Geschäftsführer haben. Können sie dort auch Entscheidungen gegen den Willen des Organträgers durchsetzen, müssen weitere „institutionelle" Maßnahmen ergriffen werden, damit der Organträger jederzeit seinen Willen in der Organgesellschaft durchsetzen kann.

Tipp! Früher ging die Finanzverwaltung davon aus, dass in den Fällen, in denen Mitarbeiter des Organträgers in der Geschäftsleitung der Organgesellschaft tätig sind, dies leitende Mitarbeiter des Organträgers sein müssen. Mittlerweile hat die Finanzverwaltung das Kriterium „leitende" Mitarbeiter aufgegeben. Die organisatorische Eingliederung kann sich auch über jede Art Mitarbeiter des Organträgers ergeben, die die Geschäftsleitung der Organgesellschaft stellen.

2.3 Wirtschaftliche Eingliederung

Schließlich muss auch noch die wirtschaftliche Eingliederung vorliegen. Dazu müssen sich Organträger und Organgesellschaft wirtschaftlich fördern und ergänzen. Nach der Rechtsprechung des BFH (Urteil vom 29.10.2008, XI R 74/07, BStBl II 2009, 256, Beschluss vom 13.05.2009, XI B 195/07, BFH/NV 2008, 1543) ist es dafür ausreichend, dass mehr als nur unwesentliche wirtschaftliche Beziehungen bestehen. Dies kann z.B. durch die Überlassung von Wirtschaftsgütern - auch im Rahmen einer Betriebsaufspaltung - begründet werden.

Allerdings muss sich die wirtschaftliche Verflechtung aus entgeltlichen Leistungsbezügen ergeben. Alleine die Ausführung von unentgeltlichen Leistungen (z.B. im Rahmen von Beistellungen) ist nicht ausreichend, um eine wirtschaftliche Eingliederung zu begründen.

Tipp! Das Kriterium der wirtschaftlichen Eingliederung ist aber im Rahmen der Organschaft das schwächste Kriterium. Dies sollte in einer mündlichen Prüfung auch deutlich gemacht werden. Zumindest unter normalen wirtschaftlichen Verhältnissen wird sich bei einer finanziellen und einer organisatorischen Eingliederung auch eine wirtschaftliche Verflechtung ergeben, da es nicht sinnvoll erscheint, sich mehrheitlich an einer anderen Gesellschaft zu beteiligen, diese organisatorisch an sich zu binden und dann festzustellen, dass eine enge wirtschaftliche Beziehung nicht vorhanden ist.

2.4 Einheitliches Vorliegen der Voraussetzungen

Damit eine Organschaft vorliegen kann, müssen alle drei Voraussetzungen gleichzeitig vorliegen. Es müssen aber nicht alle drei Voraussetzungen gleich stark ausgeprägt sein. So kann zum Beispiel bei eindeutig ausgeprägter finanzieller und organisatorischer Eingliederung trotz nicht gleichermaßen ausgeprägter wirtschaftlicher Eingliederung die Organschaft gegeben sein.

Sind die Voraussetzungen alle gegeben, liegt Organschaft nach § 2 Abs. 2 Nr. 2 UStG vor, die Organgesellschaft ist nicht selbstständig tätig.

Tipp! Eindeutig klar und durch den BFH bestätigt (Urteil vom 29.10.2008, XI R 74/07, BStBl II 2009, 256) ist, dass bei Vorliegen der Voraussetzungen kein Wahlrecht besteht, die Rechtsfolgen der Organschaft treten automatisch ein.
Allerdings ist die finanzielle Eingliederung in jedem Fall notwendige Voraussetzung. Ist sie nicht gegeben, kann auch bei idealer Ausprägung der anderen Eingliederungsvoraussetzungen keine Organschaft vorliegen.

Die Organschaft ist automatisch beendet, wenn die drei Eingliederungsvoraussetzungen nicht mehr gleichzeitig vorliegen. Dies kann insbesondere bei einem Anteilsverkauf vorliegen oder wenn ein Teil des Organkreises in die Insolvenz geht. Bei Insolvenz eines Teils des Organkreises – oder auch wenn mehrere Teile gleichzeitig in die Insolvenz gehen – kann keine organisatorische Eingliederung mehr vorliegen, sodass die Organschaft spätestens in diesem Moment entfällt.

3. Rechtsfolgen der Organschaft

Ist die Organgesellschaft nicht selbstständig tätig, ist sie unselbstständiger Bestandteil des Unternehmens des Organträgers. Damit ist der Organträger der Steuerschuldner für alle Umsatzsteuerbeträge des Organkreises, es ist eine einheitliche Voranmeldung und eine einheitliche Jahressteuererklärung abzugeben, in der alle Umsätze und alle Vorsteuerbeträge des ganzen Organkreises anzugeben sind. Der Organträger kann alle dem Organkreis berechneten Umsatzsteuerbeträge als Vorsteuer abziehen, soweit keine Gründe gegen den Vorsteuerabzug sprechen. Soweit im Rahmen des Organkreises auch den Vorsteuerabzug ausschließende Ausgangsumsätze ausgeführt werden, muss geprüft werden, mit welchen Ausgangsumsätzen die einzelnen Eingangsleistungen im Zusammenhang stehen. Soweit eine Zuordnung nicht vorgenommen werden kann, muss eine Aufteilung nach § 15 Abs. 4 UStG erfolgen.

Der BFH hat aber offensichtlich erhebliche Zweifel an der nationalen Umsetzung der „Gruppenbesteuerung" in Deutschland. Der EuGH muss sich in zwei Vorabentscheidungsersuchen des BFH (Beschluss vom 11.12.2019, XI R 16/18, BFH/NV 2020, 598 – beim EuGH anhängig unter C-141/20 – Norddeutsche Gesellschaft für Diakonie sowie Beschluss vom 07.05.2020, V R 40/19, BFH/NV 2020, 839) mit Grundsätzen der Organschaft auseinander setzen und dabei u.a. prüfen, ob es zulässig ist, den Organträger als den Unternehmer anzusehen oder ob nicht eher der gesamte Organkreis als einheitliches Gebilde der Unternehmer ist. Sollte der EuGH zu dem Ergebnis kommen, dass nicht der Organträger der Träger aller umsatzsteuerrechtlichen Pflichten ist, sondern der Organkreis als solcher – wobei dann zu prüfen wäre, in welcher Rechtsform dieses umsatzsteuerrechtliche Gebilde auftreten würde –, könnten sich auch für die Vergangenheit erhebliche Zweifel an der Rechtmäßigkeit von gegen den Organträger erlassenen Steuerbescheiden ergeben.

Bei einer Organschaft ergeben sich aber nicht nur derartige formale Rechtsfolgen. Führen die einzelnen Teile eines Organkreises Leistungen untereinander aus, handelt es sich um nicht steuerbare Innenumsätze, aus denen der leistende Unternehmensteil keine Umsatzsteuer schuldet und der leistungsempfangende Unternehmensteil keinen Vorsteuerabzug geltend machen kann.

Tipp! Der BFH hat bestätigt (Urteil vom 28.10.2010, V R 7/10, BStBl II 2011, 543), dass aus einem Innenumsatz – selbst bei versehentlicher Ausstellung eines Abrechnungspapiers mit gesondert ausgewiesener Umsatzsteuer – keine Umsatzsteuer nach § 14c Abs. 2 UStG geschuldet wird; Abschn. 14.1 Abs. 4 UStAE.

4. Beschränkung auf das Inland

Nach § 2 Abs. 2 Nr. 2 Satz 2 UStG ergibt sich aber eine wesentliche Einschränkung bei der umsatzsteuerlichen Organschaft: Die Wirkungen der Organschaft enden an der Landesgrenze. Dies bedeutet, dass zwar eine grenzüberschreitende Organschaft vorhanden sein kann, diese aber nicht zu einem einheitlichen Unternehmen führt bzw. keine nicht steuerbaren Innenumsätze vorliegen können. Damit unterliegen die grenzüberschreitenden Leistungen bei einer Organschaft der normalen Besteuerung wie unter fremden Dritten.

Allerdings sind alle im Inland belegenen Teile eines solchen grenzüberschreitenden Organkreises ein einheitliches Unternehmen. Damit kann z.B. ein Umsatz zwischen zwei im Inland ansässigen GmbHs zu einem nichtsteuerbaren Innenumsatz führen, wenn eine Eingliederung über einen im Ausland ansässigen Organträger besteht. Hat der Organträger keinen Sitz oder Geschäftsleitung im Inland, erhält eine der im Inland ansässigen Organgesellschaften die Unternehmereigenschaft, dies ist im Regelfall die Gesellschaft mit den höchsten Umsätzen.

Tipp! Der EuGH (Urteil vom 17.09.2014, C-7/13 – Skandia America Corp., BFH/NV 2014, 1870) hatte entschieden, dass ein Organträger im Ausland, der im Gemeinschaftsgebiet über Organgesellschaften und eine Zweigniederlassung verfügt, gegenüber der Zweigniederlassung besteuerte Umsätze ausführt, wenn die Zweigniederlassung im Gemeinschaftsgebiet in den einheitlichen Organkreis einbezogen ist. In Deutschland wird bisher (noch) in solchen Fällen von einer Kette von nicht steuerbaren Innenumsätzen ausgegangen. Die Finanzverwaltung hat einen Entwurf eines Anwendungsschreibens vorgelegt, sodass bis zu Ihrer Prüfung eventuell hier etwas Aktuelleres dazu vorliegt.

5. Würdigung und Probleme

Die Organschaft ist im Regelfall für die beteiligten Unternehmer steuerneutral. Bei dem derzeitigen Steuersystem, das durch den Vorsteuerabzug gekennzeichnet ist, ist es für das wirtschaftliche Ergebnis unerheblich, ob ein nichtsteuerbarer Innenumsatz oder ein steuerbarer Umsatz bei Vorsteuerabzugsberechtigung ausgeführt wird. Lediglich in den Fällen, in denen innerhalb des Organkreises auch steuerfreie Ausgangsumsätze ausgeführt werden, die den Vorsteuerabzug ausschließen, können sich wirtschaftliche Vor- oder Nachteile durch die Organschaft ergeben.

Tipp! Hier könnte gegebenenfalls noch ein Beispiel eingeführt werden, wenn es die Zeit zulässt. Es bieten sich in diesen Fällen Organkreise an, bei denen Dienstleister (z.B. Reinigungsunternehmen) mit steuerfreie Leistungen ausführenden Unternehmen (z.B. Krankenhäusern) eine Gesellschaft gründen, die mehrheitlich durch das Krankenhaus geführt wird und dann nicht steuerbare Innenumsätze im Bereich der Reinigungsleistungen gegenüber dem Krankenhaus ausführt. Insoweit entfällt die Umsatzsteuerbelastung auf die personalintensiven Dienstleistungen.

Ein besonderes Problem möchte ich noch im Zusammenhang mit der Organschaft und der Insolvenz erwähnen. Muss ein Unternehmer Insolvenz beantragen, ergibt sich spätestens zu diesem Zeitpunkt die Notwendigkeit, aus schon in Anspruch genommenen, aber noch nicht bezahlten Leistungen den schon geltend gemachten Vorsteuerabzug nach § 17 UStG zu korrigieren. Diese Berichtigungsverpflichtung betrifft den Steuerschuldner, bei einer Organschaft also den nicht insolventen Organträger, wenn eine Organgesellschaft in die Insolvenz geht. Durch diese Regelungen wird dadurch für die Umsatzsteuerbeträge die Haftungsbeschränkung bei einer Kapitalgesellschaft durchbrochen, da der Organträger unmittelbar Schuldner der Umsatzsteuerbeträge ist. Darüber hinaus ist zu beachten, dass spätestens mit dem Insolvenzverfahren über einen Teil des Organkreises die Organschaft beendet ist.

Außerdem ergeben sich auch für Organgesellschaften Probleme. Geht ausnahmsweise der Organträger in die Insolvenz, können die Organgesellschaften nach § 73 AO für alle Umsatzsteuerbeträge des gesamten Organkreises in Haftung genommen werden.

Tipp! Gerade der Themenkreis Insolvenz und Organschaft ist ein spannendes Thema für eine mündliche Steuerberaterprüfung. Vgl. auch Abschn. 2.8 UStAE.

Schluss

Die Organschaft im Umsatzsteuerrecht hat seit der Einführung der Vorsteuerabzugsberechtigung 1968 deutlich an wirtschaftlicher Bedeutung verloren. Dennoch müssen die Rechtsfolgen der Organschaft nicht nur dann befolgt werden, wenn sie sich tatsächlich wirtschaftlich auswirken, sondern immer, wenn die genannten Voraussetzungen vorliegen. Obwohl gerade auch in den letzten Jahren – wie z.B. bei der Eingliederung von Personengesellschaften in einen Organkreis – der EuGH sich schon mit der Organschaft hat auseinander setzen müssen, sind erneut wieder wichtige Rechtsfragen zur Klärung beim EuGH und BFH anhängig.

Durch die einheitliche Umsatzsteuer-Voranmeldung ergeben sich in der Praxis auch oftmals Probleme dadurch, dass mehrere eigenständige Buchhaltungen zusammengeführt werden müssen. Trotzdem müssen sich die davon betroffenen Unternehmer diesen Rechtsfolgen stellen. Im Mittelpunkt stehen aber insbesondere die wirtschaftlichen Risiken, wenn einer der am Organkreis Beteiligten in wirtschaftliche Schwierigkeiten gerät. Insbesondere in den Fällen, in denen die Organschaft den Beteiligten keine Vorteile bringt, sollte darüber nachgedacht werden, die Eingliederungsvoraussetzungen nicht zu erfüllen um den teilweise unkalkulierbaren Risiken der Organschaft zu entgehen. Momentan ist die Organschaft aufgrund der Rechtsprechung von EuGH und BFH wieder in den Mittelpunkt des umsatzsteuerlichen Interesses gerückt. Diskutiert wird in der Praxis auch darüber, ob nicht eine sog. „Feststellungsorganschaft" weiterhelfen könnte. Wenn dies umgesetzt wird, wäre die Organschaft von einem Feststellungsbescheid des Finanzamts abhängig, unliebsame Folgen für die Vergangenheit würden sich damit vermeiden lassen. Dies wäre aus meiner Sicht ein guter Schritt, die Organschaft von wirtschaftlichen Risiken zu befreien. Vorerst wird aber – vor einer gesetzlichen Anpassung – die weitere Rechtsprechung des EuGH und des BFH abzuwarten sein.

Ich danke Ihnen für Ihre Aufmerksamkeit.

Vortrag 3: Der Ort der sonstigen Leistung

I. Einführende Hinweise

Durch das sog. Mehrwertsteuerpaket der Europäischen Union vom 12.02.2008 wurden die Art. 43 bis 59b MwStSystRL umfassend geändert. Unionsrechtlich wurden diese Änderungen zum 01.01.2010 in die nationalen Umsatzsteuergesetze umgesetzt. Allerdings mussten weitere Änderungen zum 01.01.2011, 01.01.2013 sowie 01.01.2015 folgen. Durch die gesetzlichen Änderungen sind die **Vorschriften zur Bestimmung des Orts der sonstigen Leistung nach § 3a, § 3b und § 3e UStG** sowie die damit zusammenhängenden Vorschriften zur Anwendung des Reverse-Charge-Verfahrens nach § 13b UStG und der Verpflichtung zur Abgabe der Zusammenfassenden Meldung nach § 18a UStG geändert worden. Hauptpunkte der Änderungen waren die beiden Grundregelungen des § 3a Abs. 1 und Abs. 2 UStG. Führt der Unternehmer eine sonstige Leistung gegenüber einem Nichtunternehmer aus, bestimmt sich der Ort der sonstigen Leistung regelmäßig mit dem Ort, von dem aus der leistende Unternehmer sein Unternehmen betreibt oder eine die Leistung ausführende Betriebsstätte unterhält, § 3a Abs. 1 UStG. Bei einer Leistung gegenüber einem Unternehmer, der die sonstige Leistung für sein Unternehmen bezieht, ist die sonstige Leistung dort ausgeführt, wo der Leistungsempfänger sein Unternehmen betreibt oder eine die Leistung ausführende Betriebsstätte unterhält. Vorrangige Ausnahmen bestehen aber über die Sonderregelungen des § 3a Abs. 3 ff., § 3b oder § 3e UStG. Zum 01.01.2019 ist die Regelung für die auf elektronischem Weg erbrachte Dienstleistungen, Telekommunikationsdienstleistungen und die Rundfunk- und Fernsehdienstleistungen gegenüber Nichtunternehmern in der Europäischen Union noch um eine Bagatellregelung ergänzt worden, § 3a Abs. 5 UStG. Diese Bagatellregelung (sog. Umsatzschwelle) hat durch die Umsetzung des Digitalpakets in der Europäischen Union zum 01.07.2021 eine Veränderung erfahren, da seit diesem Zeitpunkt auch die innergemeinschaftlichen Fernverkäufe mit erfasst werden. Durch das Gesetz zur weiteren Förderung der Elektromobilität ist mit Wirkung ab dem 18.12.2019 die Regelung zur Bestimmung des Orts unentgeltlich ausgeführter Lieferungen und sonstiger Leistungen ersatzlos aufgehoben worden, da es hierfür an einer unionsrechtlichen Regelung mangelt.

Durch diese – in einzelnen Bereichen tatsächlich auch einschneidenden – Änderungen für die Praxis haben sich aber nicht nur die Leistungsorte von sonstigen Leistungen verändert, mit diesen Rechtsgrundsätzen ergaben sich auch erhebliche Änderungen bei der formalen Abwicklung der sonstigen Leistungen.

> **Tipp!** Das Thema des Orts der sonstigen Leistung ist für die mündliche Prüfung nicht nur als Vortragsthema interessant, sondern genauso für die Prüfungsrunde! Insbesondere im Zusammenhang mit der Zusammenfassung der Bagatellregelung des § 3a Abs. 5 UStG (Umsatzschwelle) mit den innergemeinschaftlichen Fernverkäufen zum 01.07.2021 und der Fortführung der „Mini-One-Stop-Shop-Regelung" zum One-Stop-Shop ergeben sich viele interessante Fragestellungen.

II. Die Gliederung

	Gliederungspunkt	Die Stichworte
	Einleitung	**Thema; Kurzübersicht**
1.	Grundlagen der Regelungen zur Bestimmung des Orts der sonstigen Leistung	Umsetzung Mehrwertsteuerpaket; Ziel: einheitliche und praktikable Lösung; fortlaufende Änderungen seit 2010
2.	Voraussetzung: Eine sonstige Leistung wird ausgeführt	Definition § 3 Abs. 9 UStG – keine Lieferung; Ergänzungstatbestände
3.	Die Grundsätze für die Bestimmung des Orts der sonstigen Leistung	Grundsatz Leistung an Unternehmer § 3a Abs. 2 UStG/ USt-IdNr.; Grundsatz Leistung an Nichtunternehmer § 3a Abs. 1 UStG
4.	Ausnahmen von den Grundsätzen zur Bestimmung des Orts der sonstigen Leistung	Weiterhin diverse Ausnahmen
4.1	Die Ausnahmefälle nach § 3a Abs. 3 UStG	Leistungen i.Z.m. Grundstücken, § 3a Abs. 3 Nr. 1 UStG; Vermietung von Beförderungsmitteln, § 3a Abs. 3 Nr. 2 UStG; Abgabe von Speisen, § 3a Abs. 3 Nr. 3 Buchst. b UStG; kulturelle u.ä. Leistungen, § 3a Abs. 3 Nr. 3 Buchst. a und Nr. 5 UStG
4.2	Die Katalogfälle nach § 3a Abs. 4 UStG	Katalogfälle bei Leistungen an Nichtunternehmer aus Drittland; ansonsten Grundfälle
4.3	Regelungen seit dem 01.01.2015 bei bestimmten sonstigen Leistungen	Elektronische Leistungen und Telekommunikationsdienstleistungen an Nichtunternehmer und das Meldeverfahren; neue Bagatellregelung seit 2019
4.4	Die Rückausnahme nach § 3a Abs. 8 UStG	Rückverlagerung ins Drittlandsgebiet bei bestimmten sonstigen Leistungen
4.5	Die Beförderungsleistungen	Personenbeförderung am Leistungsort, Güterbeförderung an Unternehmer = Grundfall § 3a Abs. 2 UStG, an Nichtunternehmer wo Beförderung ausgeführt
4.6	Die Abgabe von Speisen in Beförderungsmitteln	§ 3e UStG, wo Beförderungsmittel startet; Flugzeug, Bahn, Schiff – Ausnahme nach § 13b Abs. 6 Nr. 6 UStG
5.	Umsetzung und Nachweise	Zusammenfassende Meldung § 18a UStG; Übertragung Steuerschuldnerschaft („Reverse-Charge-Verfahren“), § 13b UStG; besondere Rechnung; Aufnahme in Umsatzsteuer-Voranmeldung, § 18b UStG
	Schluss	**Fazit; trotz verbesserter Harmonisierung immer noch Probleme im Binnenmarkt; Problem Doppelbesteuerung im Drittlandsbereich gesetzlich zum Teil beseitigt**

III. Der Vortrag

Einleitung

Sehr geehrte Damen und Herren, ich habe das Thema **„Der Ort der sonstigen Leistung“** gewählt. Folgende Punkte sind dabei insbesondere zu beachten: Für die Bestimmung des Orts einer sonstigen Leistung muss zuerst geprüft werden, ob überhaupt eine sonstige Leistung vorliegt, anschließend muss nach den gesetzlichen Vorschriften der Ort der sonstigen Leistung festgestellt werden. Nur ein im Inland ausgeführter Umsatz kann steuerbar sein. Abschließend müssen die formalen Aspekte für die ordnungsgemäße Abrechnung und Anmeldung der sonstigen Leistung beachtet werden. Gerade im Zusammenhang mit den sonstigen Leistungen haben sich in den vergangenen Jahren verschiedene Änderungen ergeben. Darüber hinaus ist durch das Gesetz zur weiteren Förderung der Elektromobilität die bisherige Sonderregelung zur Bestimmung des Orts von unentgeltlich ausgeführten Leistungen (§ 3 Abs. 9a UStG) – die Regelung des § 3f UStG – zum Ende des Jahres 2019 ersatzlos gestrichen worden, da es dazu keine unionsrechtliche Grundlage gibt. Es muss bei unentgeltlich ausgeführten Leistungen, die als sonstige Leistungen gegen Entgelt gelten, jetzt wieder der Ort der Wertabgabe aus Analogien zu den entgeltlichen Leistungen bestimmt werden. Zum 01.07.2021 haben sich durch das Digitalpaket der Europäischen Union mittelbar Änderungen bei der Prüfung der Bagatellgrenze des § 3a Abs. 5 UStG ergeben.

1. Grundlagen der Regelungen zur Bestimmung des Orts der sonstigen Leistung

2010 ist in Deutschland das Mehrwertsteuerpaket der Europäischen Union umgesetzt worden, um den Ort der sonstigen Leistung nach den gemeinsamen Regelungen der MwStSystRL zu bestimmen. Allerdings ergab sich in den Folgejahren noch weiterer Änderungsbedarf, da die Regelungen des Mehrwertsteuerpakets in Stufen umgesetzt worden sind. Ziel war es, eine einheitliche und für die Unternehmer praktikable Umsetzung der gemeinschaftsgrenzüberschreitenden sonstigen Leistungen zu gewährleisten. Der letzte Schritt des Mehrwertsteuerpakets war die zum 01.01.2015 umgesetzte – unionsrechtlich notwendige – Änderung bei der Ausführung von auf elektronischem Weg erbrachter Dienstleistungen, Rundfunk- und Fernsehdienstleistungen und Telekommunikationsdienstleistungen gegenüber Nichtunternehmern. Allerdings wurde zum 01.01.2019 noch eine Bagatellgrenze (Umsatzschwelle) dazu aufgenommen, die seit dem 01.07.2021 aufgrund des Digitalpakets der Europäischen Union nunmehr einheitlich mit den innergemeinschaftlichen Fernverkäufen zu prüfen ist.

Insbesondere soll im Gemeinschaftsgebiet sichergestellt sein, dass in allen Mitgliedstaaten gleiche Grundsätze zur Feststellung des Orts der sonstigen Leistung vorhanden sind. Ziel ist dabei insbesondere, dass Nichterfassungen oder Doppelbesteuerungen vermieden werden. Allerdings führt dies teilweise zu Problemen im Drittlandsverkehr, die dann durch Rückausnahmen wieder beseitigt werden sollen.

Darüber hinaus ist es unionsrechtliches Ziel, ein für die Unternehmer möglichst einfaches Besteuerungsverfahren bereit zu stellen. So war zum 01.01.2015 – allerdings nur für wenige Leistungen an Nichtunternehmer im Gemeinschaftsgebiet – ein besonderes Verfahren zur Besteuerung von Leistungen in einem anderen Mitgliedsland – die Mini-One-Stop-Shop-Regelung – eingeführt worden, die zum 01.07.2021 deutlich ausgeweitet wurde und nun der One-Stop-Shop ist.

> **Tipp!** Bitte stellen Sie in einem Vortrag nicht nur Rechtsvorschriften dar, sondern gehen auch auf den „Hintergrund" einer Regelung ein. Insbesondere sollten dann die Besonderheiten in den Mittelpunkt gestellt werden.

2. Voraussetzung: Eine sonstige Leistung wird ausgeführt

Voraussetzung für die **Prüfung des Orts der sonstigen Leistung** ist immer, dass der leistende Unternehmer eine sonstige Leistung ausführt. Eine sonstige Leistung ist nach § 3 Abs. 9 Satz 1 UStG jede Leistung, die keine Lieferung ist, allerdings kann sie auch in einem Dulden oder Unterlassen einer Handlung bestehen. Darüber hinaus hat der Gesetzgeber in § 3 Abs. 9a bis Abs. 11a UStG noch Sondervorschriften für die Annahme einer sonstigen Leistung aufgenommen, insbesondere sind hier die nach § 3 Abs. 9a UStG als sonstige Leistung gegen Entgelt geltenden unentgeltlichen Wertabgaben für unternehmensfremde Zwecke zu nennen.

3. Die Grundsätze für die Bestimmung des Orts der sonstigen Leistung

Seit 2010 gibt es **zwei allgemeine Grundsätze für die Bestimmung des Orts der sonstigen Leistung**: Wird eine sonstige Leistung an einen Unternehmer für dessen Unternehmen ausgeführt, ist nach § 3a Abs. 2 UStG der Ort der sonstigen Leistung – von bestimmten Ausnahmen abgesehen – immer dort, wo der Leistungsempfänger sein Unternehmen oder eine die Leistung erhaltene Betriebsstätte unterhält (sog. B2B-Regelung).

Problematisch kann hier in der Praxis der Nachweis sein, dass es sich bei dem Leistungsempfänger um einen Unternehmer handelt, der die Leistung für sein Unternehmen bezieht. Zumindest bei Leistungsempfängern in der Europäischen Union wird dies regelmäßig durch die Angabe der USt-IdNr. des Leistungsempfängers nachgewiesen sein. Allerdings hat die Finanzverwaltung in Abschn. 3a.2 Abs. 11a UStAE festgelegt, dass bei sonstigen Leistungen, die typischerweise gegenüber Nichtunternehmern ausgeführt werden, der Nachweis der Unternehmereigenschaft und des Bezugs für das Unternehmen des Leistungsempfängers nicht nur über die USt-IdNr. geführt werden kann. Bei solchen Leistungen (z.B. Nachhilfeunterricht, Download von Musik oder Filmen) soll der Nachweis der Unternehmereigenschaft durch weitere Nachweise, z.B. eine schriftliche Bestätigung des Leistungsempfängers geführt werden. Ist der Leistungsempfänger ein Unternehmer aus dem Drittlandsgebiet, soll die Unternehmereigenschaft durch eine behördliche Bescheinigung des Drittstaats nachgewiesen werden. Allerdings gilt das nur dann, wenn der Ort der Leistung gegenüber einem Nichtunternehmer im Inland wäre. Bei den sog. Katalogfällen des § 3a Abs. 4 UStG ist der Ort der sonstigen Leistung auch bei einer Leistung gegenüber einem Nichtunternehmer aus dem Drittlandsgebiet nicht in Deutschland – die Leistung ist nicht steuerbar, sodass in diesem Fall keine besonderen Nachweispflichten erfüllt werden müssen.

Die Grundregelung des § 3a Abs. 2 UStG gilt auch in den Fällen, in denen der Leistungsempfänger eine ausschließlich nichtunternehmerische juristische Person ist, die mit einer ihr erteilten USt-IdNr. auftritt oder die juristische Person sowohl unternehmerisch als auch nicht unternehmerisch tätig ist, § 3a Abs. 2 Satz 3 UStG – in diesem Fall kommt es nicht auf die Verwendung einer USt-IdNr. an. Eine Ausnahme besteht nur dann, wenn die Leistung ausschließlich für den privaten Bedarf des Personals oder für einen Gesellschafter bestimmt ist.

Wird die sonstige Leistung nicht an einen Unternehmer für dessen Unternehmen ausgeführt, ist der Ort der sonstigen Leistung nach § 3a Abs. 1 UStG dort, wo der leistende Unternehmer sein Unternehmen betreibt oder eine, die Leistung abgebende Betriebsstätte unterhält. Allerdings können sich von diesen beiden Grundsätzen Ausnahmen ergeben, die ich jetzt erläutern möchte.

> **Tipp!** Gegebenenfalls können Sie hierzu auch noch mit kleinen Beispielen arbeiten – Beispiele sind immer das „Salz in der Suppe" eines Vortrags und verdeutlichen oft auch besser die getroffenen Aussagen. Umfang und Anzahl der Beispiele sollte aber immer von dem Umfang des gesamten Vortrags abhängig gemacht werden.

4. Ausnahmen von den Grundsätzen zur Bestimmung des Orts der sonstigen Leistung

Von den beiden Grundsätzen gibt es verschiedene Ausnahmen, die insbesondere auch davon abhängig sind, ob die Leistung an einen anderen Unternehmer für dessen Unternehmen oder an einen Nichtunternehmer ausgeführt wird. Insbesondere bei Leistungen gegenüber Unternehmern für dessen Unternehmen ergeben sich nicht so viele Ausnahmen von der Grundregelung, sodass die Festlegung des Orts der sonstigen Leistung in der Praxis häufig nach § 3a Abs. 2 UStG erfolgt.

4.1 Die Ausnahmefälle nach § 3a Abs. 3 UStG

Eine wesentliche Ausnahme besteht bei Leistungen, die in Zusammenhang mit einem Grundstück ausgeführt werden; diese sind nach § 3a Abs. 3 Nr. 1 UStG immer dort ausgeführt, wo das Grundstück belegen ist – so bleibt die Vermietung eines Grundstücks oder die Leistung eines Architekten immer dort ausgeführt, wo sich das Grundstück befindet, auf das sich die Leistung bezieht. Diese Ausnahme ist für die Praxis wesentlich, da es hier bei grenzüberschreitenden Leistungsbeziehungen häufig zu Abgrenzungsschwierigkeiten kommt, ob es sich um eine „B2B-Leistung" nach § 3a Abs. 2 UStG handelt, oder ob eine Leistung im Zusammenhang mit einem Grundstück vorliegt. Eine Leistung im Zusammenhang mit einem Grundstück setzt immer einen engen Zusammenhang mit einem exakt bestimmbaren Grundstück voraus.

> **Tipp!** Die Definition des Grundstücks ist unionsrechtlich über Art. 13b MwStVO für alle Mitgliedstaaten einheitlich vorgegeben. Diverse Beispiele für Leistungen im Zusammenhang mit einem Grundstück und für Leistungen, die nicht im Zusammenhang mit einem Grundstück stehen sind in Absch. 3a.3 UStAE enthalten. Auch die Frage, ob eine Leistung i.Z.m. einem Grundstück vorliegt, ist zwingend über Art. 31a MwStVO unionsrechtlich vereinheitlicht.

Außerdem sind Regelungen zur kurzfristigen Vermietung eines Beförderungsmittels (bis zu 30 Tagen, bei Wasserfahrzeugen bis zu 90 Tagen) vorhanden; diese Leistungen sind dort ausgeführt, wo das Fahrzeug dem Kunden tatsächlich zur Verfügung gestellt wird. Die langfristige Vermietung eines Sportboots ist dort ausgeführt, wo es dem Nutzer überlassen wird, wenn sich auch der Sitz, die Geschäftsleitung oder eine Betriebsstätte des leistenden Unternehmers dort befindet, wo das Boot überlassen wird. Ansonsten ist die langfristige Vermietung von Beförderungsmitteln gegenüber einem Nichtunternehmer dort ausgeführt, wo der Leistungsempfänger seinen Wohnsitz oder Sitz hat (§ 3a Abs. 3 Nr. 2 Satz 3 UStG). Eine weitere Ausnahme besteht bei der Bestimmung des Orts bei der Abgabe von Speisen zum Verzehr an Ort und Stelle außerhalb eines Beförderungsmittels. In diesem Fall ist die Leistung dort ausgeführt, wo der leistende Unternehmer die Leistung tatsächlich erbringt (§ 3a Abs. 3 Nr. 3 Buchst. b UStG). Dieses Tätigkeitsortprinzip gilt auch bei kulturellen, sportlichen, unterhaltenden o.ä. Leistungen, die an einen Nichtunternehmer ausgeführt werden (§ 3a Abs. 3 Nr. 3 Buchst. a UStG). Wird eine solche Leistung gegenüber einem Unternehmer für dessen Unternehmen ausgeführt, ist der Ort der sonstigen Leistung aber nach der Grundregelung des § 3a Abs. 2 UStG dort, wo der Leistungsempfänger sein Unternehmen bzw. eine die Leistung empfangende Betriebsstätte unterhält. Nur bei der Leistung im Zusammenhang mit Eintrittsberechtigungen zu solchen kulturellen, sportlichen und ähnlichen Leistungen bleibt es durch § 3a Abs. 3 Nr. 5 UStG auch bei Leistungen gegenüber einem Unternehmer dabei, dass die Leistung am Ausführungsort ausgeführt ist.

Tipp! Eventuell kann hier auch schon auf die besonderen Probleme bei den Leistungen i.Z.m. Messen und Ausstellungen eingegangen werden, vgl. Abschn. 3a.4 Abs. 2 ff. UStAE (diese Sonderregelungen gelten mittlerweile ausdrücklich auch für Kongresse). Ansonsten kann dies anhand der Rückausnahme des § 3a Abs. 8 UStG erläutert werden. Alle Sonderregelungen des § 3a Abs. 3 UStG aufzuführen würde sicher den Umfang eines solchen Vortrags sprengen. Deshalb sollte deutlich gemacht werden, dass nur die wichtigsten Regelungen angesprochen werden.
Zumindest an den Prüfungsorten, wo Gesetze zur Vorbereitung des Vortrags zur Verfügung stehen, macht es keinen Sinn, in dem Vortrag die gesamte Liste der Sonderregelungen durchzugehen. Dies stellt dann keine besondere Leistung der zu prüfenden Person dar.

4.2 Die Katalogfälle nach § 3a Abs. 4 UStG

In § 3a Abs. 4 Satz 2 UStG sind abschließend Leistungen aufgeführt, die bei Leistungsausführung gegenüber einem Nichtunternehmer aus dem Drittlandsgebiet dort als erbracht gelten, wo der Leistungsempfänger Wohnsitz oder Sitz hat. Fälle des § 3a Abs. 4 UStG sind z.B. die Übertragung von Patenten, Werbeleistungen, Beratungsleistungen oder die Vermietung beweglicher körperlicher Gegenstände (mit Ausnahme von Beförderungsmitteln). Diese Regelungen gelten aber nur bei Leistungen gegenüber Nichtunternehmern (im Drittlandsgebiet), bei Leistungen gegenüber einem Unternehmer für dessen Unternehmen bestimmt sich der Leistungsort nach der Generalnorm des § 3a Abs. 2 UStG immer dort, wo der Leistungsempfänger ansässig ist. So ist z.B. eine Steuerberatungsleistung an einen ausländischen Unternehmer nach der Generalnorm des § 3a Abs. 2 UStG zu beurteilen, während eine Steuerberatungsleistung an einen Nichtunternehmer mit Wohnsitz außerhalb der Europäischen Union nach § 3a Abs. 4 UStG an seinem Wohnsitz ausgeführt ist. Die Ausführung einer in § 3a Abs. 4 Satz 2 UStG aufgeführten Leistung gegenüber einem Nichtunternehmer innerhalb der Europäischen Union bestimmt sich dagegen nach der Grundregel des § 3a Abs. 1 UStG mit dem Sitz oder der Betriebsstätte des leistenden Unternehmers.

Tipp! Wenn eine gesetzliche Regelung diverse Einzelfälle enthält, bietet es sich in einer mündlichen Prüfung nicht an, diese alle aufzuzählen – insbesondere nicht in den Fällen, in denen bei der Vorbereitung des Vortrags Gesetze zur Verfügung stehen. Das Ablesen von gesetzlichen Regelungen kann nicht zu einem überzeugenden Vortrag führen. Einzelne Beispiele sollten aber mit aufgenommen werden, hier kommt es auch auf die noch zur Verfügung stehende Zeit an.
Wenn es die Zeit zulässt, kann an dieser Stelle auch noch ein Beispiel angebracht werden. So kann – bedingt durch den Brexit zum 01.01.2021 – dies gut an einer Steuerberatungsleistung (z.B. in einem Erbschaftsteuerfall) gegenüber einem Nichtunternehmer in London deutlich gemacht werden. Bis Ende 2020 war die Beratungsleistung nach § 3a Abs. 1 UStG am Sitz der Steuerberaterin/des Steuerberaters; seit dem 01.01.2021 bestimmt sich der Ort nach § 3a Abs. 4 Satz 2 Nr. 3 i.V.m. Satz 1 UStG am Wohnsitz des Leistungsempfängers, sodass die Beratungsleistung nicht mehr im Inland steuerbar ist.

4.3 Regelungen seit dem 01.01.2015 zu bestimmten sonstigen Leistungen

Zum 01.01.2015 musste die letzte Stufe des sog. Mehrwertsteuerpakets in der Europäischen Union umgesetzt werden. Auf **elektronischem Weg erbrachte Dienstleistungen** (z.B. Download von Musik, Filmen), **Telekommunikationsdienstleistungen** und auch Rundfunk- und Fernsehdienstleistungen sind seit dem 01.01.2015 – mit Ausnahme einer zum 01.01.2019 aufgenommenen Bagatellregelung – dort ausgeführt, wo der Leistungsempfänger ansässig ist. Es entsteht die Umsatzsteuer in der Europäischen Union mit dem Steuersatz des Zielstaats und der leistende Unternehmer wird in diesem Fall zum Steuerschuldner in dem anderen Mitgliedstaat – eine Übertragung der Steuerschuldnerschaft auf den Leistungsempfänger (Reverse-Charge-Verfahren) kann in diesem Fall wegen fehlender Unternehmereigenschaft des Leistungsempfängers nicht in Betracht kommen. In jedem Fall schuldet der leistende Unternehmer in diesen Fällen die Umsatzsteuer des Bestimmungsstaats. In diesen Fällen kann sich der leistende Unternehmer jeweils individuell in dem anderen Mitgliedstaat registrieren lassen, er kann aber auch von der „One-Stop-Shop-Regelung" Gebrauch machen (bis 30.06.2021 war dies der Mini-One-Stop-Shop). Wenn er dies wünscht, muss er sich bei seiner „Kleinen Einzigen Anlaufstelle" (KEA) – in Deutschland beim Bundeszentralamt für Steuern – in einem besonderen Verfahren registrieren lassen und gibt dann quartalsweise (jeweils bis zum Ende des auf den Ablauf eines Quartals folgenden Monats) eine besondere elektronische Steuererklärung ab, in der u.a. alle sonstigen Leistungen an Nichtunternehmer in den anderen Mitgliedstaaten aber auch seit dem 01.07.2021 die innergemeinschaftlichen Fernverkäufe nach § 3c Abs. 1 UStG – getrennt nach den Ländern, Umsätzen und Steuersätzen – angibt. Das Bundeszentralamt für Steuern leitet diese Daten dann an die anderen Mitgliedstaaten weiter. Die Zahlung hat der deutsche Unternehmer ebenfalls bis zum Ende des auf den Ablauf eines Quartals folgenden Monats gegenüber dem Bundeszentralamt für Steuern zu leisten. Für die Verlagerung des Orts der sonstigen Leistung nach § 3a Abs. 5 UStG in den Bestimmungsmitgliedstaat ist seit dem 01.01.2019 noch eine unionseinheitliche Bagatellregelung zu beachten, nach der der Ort dieser Leistungen sich nur dann in den jeweiligen Zielstaat verlagert, wenn der leistende Unternehmer (in der Summe) solche Leistungen im vorangegangenen Kalenderjahr für mehr als 10.000 € ausgeführt hat oder im laufenden Kalenderjahr diese Grenze überschritten hat. Allerdings kann der Unternehmer auch auf die Anwendung dieser Bagatellregelung verzichten, dies bindet ihn dann für zwei Jahre.

> **Tipp!** Die Regelung ist in § 3a Abs. 5 UStG umgesetzt worden und seit dem 01.07.2021 auch mit den innergemeinschaftlichen Fernverkäufen verknüpft worden. Die 10.000 €-Grenze ermittelt sich aus der Summe aller dieser Leistungen (des § 3a Abs. 5 UStG) an alle Nichtunternehmer in allen anderen Mitgliedstaaten zuzüglich der innergemeinschaftlichen Fernverkäufe nach § 3c Abs. 1 UStG.
> Darüber hinaus ist noch eine andere einheitliche Umsatzgrenze von 100.000 € zu beachten. Dabei geht es um den Nachweis, aus welchem Staat der Leistungsempfänger kommt. Früher musste aus zwei von mehreren „Vermutungskriterien" die Leistung einem bestimmten Land zugeordnet werden. Seit 2019 ist bis zu dieser Umsatzgrenze der Ort aus einem Vermutungskriterium abzuleiten.

4.4 Die Rückausnahme des § 3a Abs. 8 UStG

In bestimmten Fällen kann es zu Problemen mit der Grundnorm des § 3a Abs. 2 UStG kommen, wenn die Leistung tatsächlich nur im Drittlandsgebiet ausgeführt wird, die Leistung aber wegen des Sitzes des Leistungsempfängers nach § 3a Abs. 2 UStG als in Deutschland erbracht gelten würde. Ich möchte dies an dem Beispiel der Veranstaltungsleistungen im Zusammenhang mit Messen und Ausstellungen verdeutlichen. Wenn ein deutscher Unternehmer an einer Messe oder Ausstellung im Drittlandsgebiet teilnimmt und ihm von dem Veranstalter eine sog. komplexe Veranstaltungsleistung ausgeführt wird, die sich aus mehreren einzelnen Dienstleistungen (z.B. Überlassung von Messestandplatz, Überlassung eines Messestands, technische Versorgung, Bewachung, Reinigung, Marketing etc.) zusammensetzt, bestimmt sich der Ort der sonstigen Leistung nach der deutschen Auffassung eigentlich nach § 3a Abs. 2 UStG mit dem Sitzort des deutschen Unternehmers. Damit wäre die Leistung in Deutschland steuerbar und steuerpflichtig, was regelmäßig zur Anwendung des Reverse-Charge-Verfahrens (§ 13b UStG) führen würde. Da im Drittlandsgebiet aber voraussichtlich auch eine Umsatzsteuer entstehen wird, ist in § 3a Abs. 8 Satz 1 UStG geregelt, dass diese Leistung im Drittlandsgebiet als ausgeführt zu behandeln ist, wenn sie dort ausschließlich "genutzt" worden ist. Dies gilt nicht nur für Veranstaltungsleistungen im Zusammenhang mit Messen oder Ausstellungen, sondern auch bei ausschließlich im Drittlandsgebiet ausgeführten Güterbeförderungen, damit im Zusammenhang stehenden Dienstleistungen oder Arbeiten an beweglichen körperlichen Gegenständen. Allerdings sind in § 3a Abs. 8 UStG nur einzelne sonstige Leistungen aufgeführt, sodass es in bestimmten Fällen zu Doppelbesteuerungen kommen kann. So ist z.B. eine künstlerische Leistung gegenüber einem in Deutschland ansässigen Unternehmer, die aber im Drittlandsgebiet ausgeführt wird, nach § 3a Abs. 2 UStG steuerbar, würde aber gegebenenfalls auch im Drittland der Umsatzbesteuerung unterliegen.

Tipp! Gegebenenfalls könnte hier im Zusammenhang mit den Messen und Ausstellungen noch auf das Urteil des EuGH (vom 27.10.2011, C-530/09 – Inter-Mark Group, BStBl II 2012, 160) hingewiesen werden, nachdem die Planung, Gestaltung, der Auf- oder Abbau eines Messestands keine Leistung im Zusammenhang mit einem Grundstück darstellt und damit – soweit die Leistung an einen Unternehmer für dessen Unternehmen ausgeführt wird – nach § 3a Abs. 2 UStG am Sitz des Leistungsempfängers ausgeführt ist.

4.5 Die Beförderungsleistungen

Besonderheiten ergeben sich bei der **Prüfung des Orts einer Beförderungsleistung**. Eine Personenbeförderung wird nach § 3b Abs. 1 UStG immer dort ausgeführt, wo die Beförderung tatsächlich bewirkt wird. Das bedeutet, dass jeder im Inland gefahrene Kilometer im Inland steuerbar und steuerpflichtig ist, jeder im Ausland gefahrene Kilometer im Inland nicht steuerbar ist. Bei der Beförderung eines Gegenstands bestimmt sich der Ort der Beförderungsleistung teilweise nach anderen Grundsätzen. Wird eine Güterbeförderungsleistung gegenüber einem Unternehmer ausgeführt, kommt es nicht darauf an, wo die Beförderung ausgeführt wird, der Ort der Leistung richtet sich vielmehr nach dem allgemeinen Grundsatz des § 3a Abs. 2 UStG danach, wo der Leistungsempfänger sein Unternehmen oder seine die Leistung erhaltene Betriebsstätte unterhält. So führt z.B. die Beförderung einer Maschine von Paris nach Brüssel zu einem in Deutschland steuerbaren und steuerpflichtigen Umsatz für den Frachtführer, wenn der Auftraggeber ein deutscher Unternehmer ist. In diesem Fall ergibt sich dann auch die Steuerschuldnerschaft für den Leistungsempfänger nach § 13b UStG, wenn der leistende Unternehmer ein ausländischer Unternehmer ist. Eine Steuerbefreiung nach § 4 Nr. 3 UStG kann sich in einem solchen Fall auch nicht ergeben, da keine Drittlandsgrenze überschritten wird. Die Güterbeförderung, die ausschließlich im Drittlandsgebiet ausgeführt ist, wird dann aber nach der schon dargestellten Rückausnahme des § 3a Abs. 8 UStG als eine Leistung im Drittlandsgebiet angesehen.

Bei **Güterbeförderungen gegenüber einem Nichtunternehmer** bestimmt sich der Ort der Beförderungsleistung – wie bei der Personenbeförderung – nach der jeweiligen Beförderungsstrecke. Handelt es sich dabei um eine drittlandsgrenzüberschreitende Beförderung, kann sich für den im Inland steuerbaren Teil der Beförderungsstrecke eine Steuerbefreiung nach § 4 Nr. 3 Buchst. a UStG ergeben. Dies setzt aber seit 2022 voraus, dass es sich bei dem Frachtführer um einen sog. „Hauptfrachtführer“ handelt. Leistungen eingeschalteter Subunternehmer (Unterfrachtführer) unterliegen nicht der Steuerbefreiung nach § 4 Nr. 3 Buchst. a UStG.

Einen Sonderfall stellt die **innergemeinschaftliche Beförderungsleistung** dar, bei der Beginn und Ende der Beförderung in zwei unterschiedlichen Mitgliedstaaten sein muss. Allerdings ist dieser in § 3b Abs. 3 UStG geregelte Sonderfall, der den Ort der Beförderungsleistung dort festlegt, wo die Beförderung beginnt, nur bei Leistungen gegenüber Nichtunternehmern anzuwenden. Wird die Leistung an einen Unternehmer für dessen Unternehmen oder eine nichtunternehmerisch tätige juristische Person mit USt-IdNr. ausgeführt, bestimmt sich der Ort der Beförderungsleistung auch hier nach dem Grundsatz des § 3a Abs. 2 UStG und ist immer am Sitz des Leistungsempfängers oder seiner die Leistung empfangenden Betriebsstätte.

4.6 Die Abgabe von Speisen in Beförderungsmitteln

Eine Sonderregelung besteht auch bei der Bestimmung des Orts der Abgabe von Speisen und Getränken zum Verzehr an Ort und Stelle in einem Beförderungsmittel (Eisenbahn, Flugzeug, Schiff), das im Gemeinschaftsgebiet verkehrt nach § 3e UStG. Hier ist der Ort der sonstigen Leistung immer dort, wo das Beförderungsmittel tatsächlich gestartet ist. So ist ein Restaurationsumsatz in einem Zugrestaurant bei einer Fahrt von Köln nach Paris immer in Deutschland, am Startort des Zugs ausgeführt. Allerdings könnte sich gerade in diesen Fällen ein Problem ergeben, wenn die Leistung steuerbar und steuerpflichtig in Deutschland von einem ausländischen Unternehmer ausgeführt wird (z.B. in einem Speisewagen der französischen Eisenbahn), da dann eigentlich die

Steuerschuldnerschaft auf den Leistungsempfänger übergehen würde, wenn dieser Unternehmer ist. Da dies in der Praxis nicht umgesetzt werden könnte, ist in § 13b Abs. 6 Nr. 6 UStG eine Ausnahmeregelung normiert.

> **Tipp!** Der BFH (Urteil vom 27.02.2014, V R 14/13, BFH/NV 2014, 1168) hat ausdrücklich festgestellt, dass auch die entgeltliche Abgabe von Snacks, Süßigkeiten und Getränken an Bord eines Flugzeugs bei einer Beförderung im Gemeinschaftsgebiet am Abgangsort nach § 3e UStG zu besteuern ist.

5. Umsetzung und Nachweise

Neben der Prüfung des Orts der sonstigen Leistung müssen sowohl der leistende Unternehmer als auch der Leistungsempfänger – wenn er Unternehmer oder juristische Person ist – besondere formale Vorschriften beachten. Damit sich ein Unternehmer bei einer sonstigen Leistung gegenüber einem anderen Unternehmer, dessen Ort sich nach der Grundregelung des § 3a Abs. 2 UStG an dem Sitz des Leistungsempfängers bestimmt, nicht in einem anderen Mitgliedstaat der Besteuerung unterwerfen muss, ist unionsrechtlich einheitlich geregelt, dass der Leistungsempfänger zum Steuerschuldner wird, wenn der leistende Unternehmer nicht aus dem Mitgliedstaat kommt, in dem die Besteuerung erfolgen muss. In Deutschland ist dies in § 13b Abs. 1 UStG – dem sog. **Reverse-Charge-Verfahren** – geregelt. Damit aber die Steuerschuld in dem anderen Mitgliedstaat auch tatsächlich von der Steuerverwaltung überprüft werden kann, muss diese sonstige Leistung in die Zusammenfassende Meldung nach § 18a UStG mit aufgenommen werden. Ein deutscher Rechtsanwalt, der z.B. eine Rechtsberatungsleistung gegenüber einem französischen Unternehmer ausführt und damit eine nach § 3a Abs. 2 UStG steuerbare und steuerpflichtige sonstige Leistung in Frankreich ausführt, muss diese Leistung in seiner Zusammenfassenden Meldung in Deutschland unter Angabe der USt-IdNr. des französischen Leistungsempfängers angeben. Dabei hat diese Meldung für den Meldezeitraum zu erfolgen, in dem die Leistung ausgeführt wurde. Darüber hinaus muss er eine besondere Rechnung ausstellen – in Deutschland in § 14a Abs. 1 UStG umgesetzt – in der er seine USt-IdNr. und die USt-IdNr. des Leistungsempfängers angeben muss. Diese besondere Rechnung muss bis zum 15. des Folgemonats ausgestellt werden. Darüber hinaus ist auf den Übergang der Steuerschuldnerschaft mit den Worten „Steuerschuldnerschaft des Leistungsempfängers" – oder jeder anderen Sprachfassung der MwStSystRL – hinzuweisen. Mit der Aufnahme der sonstigen Leistung in der Zusammenfassenden Meldung ist auch verbunden, dass der leistende Unternehmer die Leistung in seiner USt-Voranmeldung nach § 18b UStG gesondert aufnehmen muss. Darüber hinaus müssen die entsprechenden Daten auch gesondert aufgezeichnet werden.

> **Tipp!** Genauere Ausführungen zu der Verpflichtung zur Abgabe einer Zusammenfassenden Meldung würden an dieser Stelle den Vortrag sprengen – ein allgemeiner Hinweis auf die Zusammenhänge der Ausführung der sonstigen Leistung und den Meldeverpflichtungen ist aber sicher notwendig.

Schluss

Insgesamt ist festzustellen, dass die Regelungen über den Ort der sonstigen Leistung für den leistenden Unternehmer in der Europäischen Union in vielen Fällen zu Vereinfachungen führen, wenn er die Leistung gegenüber einem anderen Unternehmer mit USt-IdNr. ausführt, deren Ort sich nach dem allgemeinen Grundsatz des § 3a Abs. 2 UStG bestimmt. Hier kann der leistende Unternehmer sicher sein, dass der Leistungsempfänger zum Steuerschuldner wird und sich der leistende Unternehmer nicht in dem anderen Mitgliedstaat steuerlich erfassen lassen muss (Art. 196 MwStSystRL). Allerdings führen die vielen Ausnahmeregelungen bei den Unternehmern zu Anwendungsproblemen. Zwar sind die Grundregelungen harmonisiert, im Einzelfall bestehen aber immer noch nicht harmonisierte Vorschriften – so ist z.B. nicht unionsrechtlich abgestimmt, wann die vorhin angesprochenen Veranstaltungsleistungen im Zusammenhang mit Messen und Ausstellungen vorliegen. Abzuwarten bleibt, wie sich in der Praxis die Besteuerung mit der „One-Stop-Shop-Regelung" entwickelt, insbesondere auch mit der Zusammenführung der einheitlichen Umsatzschwelle für die innergemeinschaftlichen Fernverkäufe.

Zu beachten haben die Steuerpflichtigen aber auch die Meldevorschriften sowie die besonderen Buch- und Belegnachweise – dies sollte aber für den gut beratenen Mandanten kein tatsächliches Problem darstellen. Positiv ist hervorzuheben, dass der Gesetzgeber durch die Einführung der Nichtbesteuerungsregelung des § 3a

Abs. 8 UStG bei ausschließlich im Drittlandsgebiet ausgeführten sonstigen Leistungen für mehr Rechtssicherheit gesorgt hat. Leider sind dort nur einige Leistungen aufgeführt, sodass sich z.B. bei kulturellen und künstlerischen Leistungen Doppelbesteuerungen im Drittlandsverkehr ergeben können.

Vielen Dank für ihre Aufmerksamkeit.

Tipp! Neben einer kurzen Zusammenfassung kann in einem Schlusswort durchaus auch eine sachliche Kritik (und auch Lob!) an Regelungen geäußert werden. Diese sollten aber nicht in den Vordergrund gestellt werden.

Vortrag 4: Fernverkäufe im Unionsrecht

I. Einführende Hinweise

Im Europäischen Binnenmarkt ist es das Ziel, bei der Lieferung einer Ware eine Umsatzsteuer möglichst in dem Land entstehen zu lassen, in dem die Ware ge- oder verbraucht wird (sog. **Bestimmungslandprinzip**). Bei der Lieferung zwischen zwei regelbesteuerten Unternehmern wird dies dadurch erreicht, dass der liefernde Unternehmer im Ausgangsmitgliedstaat eine steuerbare aber steuerfreie innergemeinschaftliche Lieferung ausführt, der Leistungsempfänger in dem Bestimmungsland aber einen steuerbaren und im Regelfall steuerpflichtigen innergemeinschaftlichen Erwerb der Besteuerung unterwerfen muss.

Ist der Leistungsempfänger ein Nichtunternehmer oder ein sog. besonderer Unternehmer, der aus verschiedenen Gründen keinen innergemeinschaftlichen Erwerb besteuern muss, wird versucht, eine Steuer für den liefernden Unternehmer im Bestimmungsland entstehen zu lassen. Diese Umsetzung erfolgt seit dem 01.07.2021 durch die innergemeinschaftlichen Fernverkäufe sowie durch zwei neu eingeführte Regelungen zu den Fernverkäufen nach § 3c UStG. Diese Regelungen haben die bisherige Versandhandelsregelung (§ 3c UStG a.F.) abgelöst.

Im Mittelpunkt der Änderungen durch das Digitalpaket zum 01.07.2021 standen die Lieferungen innerhalb der Europäischen Union an Abnehmer, die keine innergemeinschaftlichen Erwerbe besteuern müssen. Bisher waren Lieferungen an diese Abnehmer als „Versandhandelslieferungen" über die Altfassung des § 3c UStG im Bestimmungsland ausgeführt, wenn der liefernde Unternehmer entweder die dort geltende Lieferschwelle überschritt oder auf die Anwendung dieser Sonderregelung verzichtete.

Mit Wirkung zum 1.7.2021 ist diese Regelung als sog. „innergemeinschaftlicher Fernverkauf" reformiert worden. Der Ort der Lieferung ist weiterhin bei der Lieferung an einen Abnehmerkreis, der keinen innergemeinschaftlichen Erwerb der Besteuerung unterwerfen muss, nach § 3c Abs. 1 UStG dort, wo sich der Gegenstand am Ende der Beförderung oder Versendung befindet. Es ergeben sich aber insbesondere zwei wesentliche Veränderungen:

1. Es gibt keine Lieferschwelle in der bisher bekannten Höhe mehr. Es kommt lediglich eine für alle Mitgliedstaaten einheitliche Bagatellgrenze i.H.v. 10.000 € (**Umsatzschwelle**) nach § 3c Abs. 4 UStG zur Anwendung, die zusammen mit der bisher schon bekannten Bagatellgrenze für die Leistungen an Nichtunternehmer i.S.d. § 3a Abs. 5 UStG für Telekommunikationsdienstleistungen, Rundfunk- und Fernsehdienstleistungen sowie die auf elektronischem Weg erbrachten sonstigen Leistungen („TRFE-Leistungen", § 3a Abs. 5 UStG) gilt. Die Umsatzschwelle gilt nicht pro Land, sondern für die Summe aller unter diese Regelungen fallenden Umsätze für alle anderen Mitgliedstaaten.
2. Während bei der bisherigen Versandhandelsregelung der leistende Unternehmer unter den Bedingungen des § 3c UStG sich in dem jeweiligen Bestimmungsmitgliedstaat auch unmittelbar registrieren und besteuern lassen musste, ist die bisher nur für die TRFE-Leistungen geltende „Mini-One-Stop-Shop-Regelung" auf die innergemeinschaftlichen Fernverkäufe erweitert worden – jetzt als **„One-Stop-Shop-Regelung"**, § 18j UStG. Dies bedeutet, dass der leistende Unternehmer die Besteuerungsverpflichtungen, die sich aus den innergemeinschaftlichen Fernverkäufen ergeben, über ein nationales elektronisches

Portal (in Deutschland das Bundeszentralamt für Steuern – BZSt) abwickeln kann, ohne sich im jeweiligen Bestimmungsland registrieren zu lassen.

Über diese Neuregelungen hinaus haben sich noch weitere Veränderungen ergeben, die aber im Wesentlichen voraussetzen, dass die Leistung durch einen Drittlandsunternehmer ausgeführt wird oder die Ware zumindest aus dem Drittland in die Europäische Union gelangt:

- **Fernverkauf eines Gegenstands**, der aus dem Drittlandsgebiet in einen anderen Mitgliedstaat als den, in dem die Beförderung oder Versendung des Gegenstands an den Erwerber endet, eingeführt wird (§ 3c Abs. 2 UStG in der seit dem 01.07.2021 gültigen Fassung).
- Fernverkauf eines Gegenstands, der aus dem Drittlandsgebiet in den Mitgliedstaat, in dem die Beförderung oder Versendung der Gegenstände an den Erwerber endet, eingeführt wird (§ 3c Abs. 3 UStG in der seit dem 01.07.2021 gültigen Fassung).

II. Die Gliederung

	Gliederungspunkt	**Die Stichworte**
	Einleitung	**Thema; Kurzübersicht, Nennung der Schwerpunkte**
1.	Grundlagen der Regelung	Ziel: Bestimmungslandprinzip; Verlagerung Ort der Lieferung, wenn kein innergemeinschaftlicher Erwerb. Prüfungsreihenfolge nach § 3 Abs. 5a UStG; Neuregelung in § 3c UStG seit dem 01.07.2021 – i.g. Fernverkäufe und Fernverkäufe aus Drittlandsgebiet
2.	Überblick innergemeinschaftliche Fernverkäufe	Prüfung der Voraussetzungen nach § 3c Abs. 1 und des Ausnahmetatbestands (Umsatzschwelle) nach § 3c Abs. 4 UStG
2.1	Allgemeine Voraussetzungen	Warenlieferung in anderen Mitgliedstaat, Lieferer muss befördern oder versenden, Stellung des Abnehmers
2.2	Ausnahmeregelung – die sog. Umsatzschwelle	§ 3c Abs. 4 UStG: Unionseinheitliche Umsatzschwelle von 10.000 € muss überschritten sein; Berechnung und Prüfung der Umsatzschwelle
2.3	Rechtsfolgen bei Vorliegen aller Voraussetzungen	Ort der Lieferung im Bestimmungsland, alle steuerlichen Folgen müssen erfüllt werden – Beispiel; Möglichkeit der Besteuerung über One-Stop-Shop-Verfahren nach § 18j UStG
3.	Die weiteren Fernverkäufe	Neuregelungen seit dem 01.07.2021 nach § 3c Abs. 2 UStG (Einfuhr in einem Mitgliedstaat der nicht dem Bestimmungsstaat entspricht) und § 3c Abs. 3 UStG (Einfuhr in Bestimmungsstaat, Anwendung des Import-One-Stop-Shop)
4.	Besonderheiten des Verfahrens	Lieferung neuer Fahrzeuge, differenzbesteuerte Gegenstände, Montagelieferungen
	Schluss	**Fazit; Ziel Bestimmungslandprinzip umgesetzt, durch Neuregelung jetzt auch für kleinere Unternehmer Leistung im Bestimmungsmitgliedstaat, Umsetzung aber durch One-Stop-Shop; Risiko, wenn Überschreiten der Umsatzschwelle nicht rechtzeitig erkannt wird**

III. Der Vortrag

Einleitung

Guten Morgen, ich habe das Thema **„Fernverkäufe im Unionsrecht“** gewählt. Führt ein Unternehmer eine Lieferung aus, muss er prüfen, ob der Ort der Lieferung im Inland oder im Ausland ist. Nur bei einer im Inland steuerbaren Lieferung kann gegebenenfalls eine Umsatzsteuer entstehen, wenn die Leistung auch steuerpflichtig ist. Ist der Ort der Lieferung nicht im Inland, muss geprüft werden, ob nach den Rechtsvorschriften des anderen Staats der Ort ebenfalls dort ist und welche Rechtsfolgen sich daraus ergeben. Im Europäischen Binnenmarkt sind die Rechtsvorschriften über die Bestimmung des Orts der Lieferung über die Mehrwertsteuer-Systemrichtlinie (MwStSystRL) harmonisiert. Befindet sich der Ort der Lieferung in einem anderen Mitgliedstaat als dem Staat der Ansässigkeit des leistenden Unternehmers, muss geprüft werden, in welchem Verfahren die Umsatzsteuer für den Bestimmungsmitgliedstaat angemeldet und entrichtet werden kann.

In meinem Vortrag werde ich sowohl auf die gesetzlichen Voraussetzungen als auch auf die Rechtsfolgen für die an einem solchen Umsatz beteiligten Personen eingehen. Abschließend werde ich noch die Wahlrechte erläutern, die sich für die beteiligten Unternehmer ergeben.

1. Grundlagen der Regelung

Bei der **Lieferung von Gegenständen im Europäischen Binnenmarkt** soll eine Umsatzsteuer wenn möglich dort entstehen, wo die Ware ihre Bestimmung hat, sog. **Bestimmungslandprinzip**. Da bei bestimmten Lieferungen die Erhebung einer Umsatzsteuer im Bestimmungsland nicht durch die Besteuerung eines innergemeinschaftlichen Erwerbs durch den Erwerber sichergestellt werden kann, muss in Ausnahmefällen versucht werden, eine Umsatzsteuer für den liefernden Unternehmer im Bestimmungsland entstehen zu lassen.

> **Tipp!** Wichtig ist in der Steuerberaterprüfung – gerade auch in der mündlichen Prüfung – zu zeigen, dass nicht nur die Regelungen angewendet werden können, sondern auch die systematischen Zusammenhänge bekannt sind.

Führt ein Unternehmer eine Lieferung aus, muss er den Ort der Lieferung bestimmen. Dazu ist die gesetzlich vorgegebene Prüfungsreihenfolge nach § 3 Abs. 5a UStG zu beachten. Vorrangig ist danach die Prüfung des § 3c UStG. Für alle Lieferungen, die bis zum 30.06.2021 ausgeführt wurden, galt die Vorgängerregelung, die sog. Versandhandelsregelung. Da diese seit 1993 unverändert angewendete Rechtsnorm nicht mehr den heutigen Marktgegebenheiten entsprach, sind über das sog. Digitalpaket der Europäischen Union umfassende Veränderungen vorgenommen worden, die zu den jetzt vorliegenden Fernverkäufen geführt haben. Nach dieser Regelung kann in bestimmten Fällen der Ort der Lieferung für den liefernden Unternehmer vom Ausgangsmitgliedstaat in den Bestimmungsmitgliedstaat verlegt werden (sog. **innergemeinschaftlicher Fernverkauf**) aber auch aus dem **Drittlandsgebiet in einen Mitgliedstaat** verlagert werden – dies sind seit dem 01.07.2021 neu eingeführte Möglichkeiten.

> **Tipp!** Gegebenenfalls könnte hier kurz schon auf die für die innergemeinschaftlichen Fernverkäufe seit dem 01.07.2021 eingeführte Möglichkeit der Besteuerung über die One-Stop-Shop-Regelung eingegangen werden.

Zuerst möchte ich auf den für die Praxis wichtigsten Fall, die innergemeinschaftlichen Fernverkäufe eingehen.

2. Überblick innergemeinschaftliche Fernverkäufe

Bei der Prüfung der Voraussetzung der Regelungen zu den innergemeinschaftlichen Fernverkäufen muss in allgemeine Voraussetzungen des § 3c Abs. 1 UStG und in die Ausnahmeregelung (sog. Umsatzschwelle) nach § 3c Abs. 4 UStG unterschieden werden.

2.1 Allgemeine Voraussetzungen

Die **Regelung zu den innergemeinschaftlichen Fernverkäufen** setzt erst einmal allgemein eine Lieferung voraus, bei der die Ware von einem Mitgliedstaat in einen anderen Mitgliedstaat gelangt. Darüber hinaus muss der Lieferer den Gegenstand der Lieferung in den anderen Mitgliedstaat befördert oder versendet haben oder zumindest an dem Warentransport indirekt beteiligt sein.

Tipp! Der Hinweis auf die „indirekte" Beteiligung ist neu in die Regelung aufgenommen worden. Dieses ist unionsrechtlich vereinheitlicht über Art. 5a MwStVO (vgl. auch Abschn. 3.18 Abs. 4 Satz 8 UStAE) und liegt vor, wenn der liefernde Unternehmer in irgendeiner Weise an dem tatsächlichen Warentransport mitwirkt.

Bei einer Abhollieferung durch den Käufer kann es nie zur Anwendung des § 3c UStG kommen, da bei der Abhollieferung es dem liefernden Unternehmer nicht bekannt sein wird, ob der Gegenstand in einen anderen Mitgliedstaat gelangt.

Liegt diese Voraussetzung vor, muss überprüft werden, ob der Leistungsempfänger die Voraussetzungen des § 3c Abs. 1 UStG erfüllt. Im Ergebnis muss ein Leistungsempfänger vorhanden sein, der im Bestimmungsland keinen innergemeinschaftlichen Erwerb besteuern muss, in der Praxis also ohne eine USt-IdNr. auftritt. Systematisch ist dies so umgesetzt, dass der Erwerber ein Abnehmer i.S.d. § 3a Abs. 5 Satz 1 UStG sein muss – dies sind im Regelfall Privatpersonen, können aber auch juristische Personen sein, die nicht unternehmerisch tätig sind und auch keine USt-IdNr. haben. Es gibt aber nach § 3c Abs. 1 Satz 3 UStG auch noch eine zweite Abnehmergruppe, die sog. besonderen Unternehmer, die nach § 1a Abs. 3 UStG von der Besteuerung eines innergemeinschaftlichen Erwerbs ausgenommen sind. Dies sind zum Beispiel Unternehmer, die nur steuerfreie Umsätze ausführen und keinen Vorsteuerabzug vornehmen können, hier könnte ein Versicherungsvertreter genannt werden oder Unternehmer, die unter die Kleinunternehmerbesteuerung fallen. Allerdings dürfen diese besonderen Unternehmer auch nicht die sog. Erwerbsschwelle überschreiten, eine Bagatellgrenze für die Einkäufe im Binnenmarkt für solche Unternehmer – in Deutschland beträgt diese Grenze 12.500 € (Summe aller Einkäufe in anderen Mitgliedstaaten). Der besondere Leistungsempfänger überschreitet die Erwerbsschwelle nicht (und muss dann keinen innergemeinschaftlichen Erwerb besteuern), wenn er im vorangegangenen Kalenderjahr diese Grenze nicht überschritten hat und voraussichtlich im laufenden Kalenderjahr nicht überschreiten wird.

Tipp! Genannt werden könnten hier als besondere Unternehmer noch die Land- oder Forstwirte soweit sie der Durchschnittssatzbesteuerung nach § 24 UStG unterliegen oder die juristischen Personen, die nicht Unternehmer sind oder den Gegenstand nicht für ihr Unternehmen beziehen. Erfahrungsgemäß wird dies aber den Umfang eines solchen Vortrags sprengen, Sie sollten sich deshalb auf die interessanten Beispiele beschränken.

Hat der Unternehmer bisher die **Umsatzschwelle nicht überschritten**, kann er auf die Anwendung dieser Bagatellregelung verzichten. Dieser Verzicht bindet den Unternehmer dann für zwei Kalenderjahre. Ein Verzicht auf diese Bagatellregelung ist insbesondere für einen leistenden Unternehmer dann sinnvoll, wenn er im vorangegangenen Jahr die Umsatzschwelle unterschritten hatte, aber davon ausgeht, dass er im folgenden Jahr diese wieder überschreiten wird, um so einen andauernden Wechsel der Besteuerungsform zu vermeiden.

Tipp! Sie könnten dies hier schon mit einem kleinen Beispiel erläutern. Günstiger wäre es aber wahrscheinlich, wenn erst noch die Rechtsfolgen dargestellt werden würden. Darüber hinaus kann für die Praktiker unter den Prüfern noch darauf hingewiesen werden, dass die Prüfung der Umsatzschwelle auch bestimmte Anforderungen an die Buchhaltung stellt. Ohne eine nach Zielländern getrennte Buchung der einzelnen Lieferungen wird in aller Regel eine zeitnahe Kontrolle der Umsatzschwelle nicht erreicht werden können.

2.3 Rechtsfolgen bei Vorliegen aller Voraussetzungen

Liegen die Voraussetzungen alle vor, ist der **Ort der Lieferung** nach § 3c Abs. 1 UStG dort, wo sich der Gegenstand am Ende der Beförderung befindet – wunschgemäß im **Bestimmungsland**. Dies bedeutet, dass der liefernde Unternehmer in diesem Land einen steuerbaren und steuerpflichtigen Umsatz verwirklicht und mit dem maßgeblichen Steuersatz des Bestimmungsmitgliedstaats kalkulieren muss und alle weiteren formalen Vorschriften dieses Landes berücksichtigen muss.

Eine wesentliche Änderung in der Folge des Orts der Lieferung im Bestimmungsmitgliedstaat hat sich durch das Digitalpaket zum 01.07.2021 für die Durchführung der Besteuerung ergeben. Während in der alten Versandhandelsregelung bei Erfüllung aller Tatbestandsvoraussetzungen eine zwingend individuelle Veranlagung im Bestimmungsmitgliedstaat für den liefernden Unternehmer die Konsequenz war, kann für alle ab dem 01.07.2021 ausgeführten Lieferungen alternativ auch die Besteuerung im sog. One-Stop-Shop-Verfahren vorgenommen werden (§ 18j UStG). In diesem Fall wird die Besteuerung in einem digitalen Verfahren beim Bundeszentralamt für Steuern (BZSt) jeweils für ein Kalendervierteljahr vorgenommen. Die Erklärung ist bis zum Ende des auf das Kalendervierteljahr folgenden Monats dem BZSt zu übermitteln und bis zu diesem Zeitpunkt auch die Steuer zu entrichten.

Tipp! An dieser Stelle kann bei diesem Vortrag nicht auf alle Voraussetzungen der One-Stop-Shop-Regelung eingegangen werden – dies wäre schon ein Thema für einen eigenen Vortrag. Es kann aber noch darauf hingewiesen werden, dass für die Anwendung der One-Stop-Shop-Regelung erforderlich ist, dass eine Anzeige der Teilnahme an diesem Verfahren vor Beginn eines Kalendervierteljahrs erfolgen muss. Eine Ausnahme besteht nur dann, wenn erstmalig die Voraussetzungen für die Anwendung der One-Stop-Shop-Regelung vorliegen oder erstmalig die Umsatzschwelle überschritten wird. In diesem Fall kann die Anzeige bis zum 10. Tag des darauffolgenden Monats erfolgen. Die Anwendung der One-Stop-Shop-Regelung kann nur einheitlich für alle anderen Mitgliedstaaten und für alle in diesem Verfahren meldefähigen Umsätze erfolgen.

Lassen Sie mich dies an einem **Beispiel** verdeutlichen: Der deutsche Unternehmer – ein Onlinehändler – verkauft über das Internet Unterhaltungselektronik an Privatpersonen. Er versendet auch Waren in andere Mitgliedsländer. Im letzten Jahr hat er mit seinen Lieferungen an Privatpersonen oder besondere Unternehmer in anderen Mitgliedstaaten die Umsatzschwelle von 10.000 € überschritten. Er versendet jetzt ein Gerät zu einem Privatkunden nach Frankreich. Da der Ort der Lieferung nach § 3c Abs. 1 UStG in Frankreich, am Ende der Warenbewegung ist, unterliegt die Lieferung in Frankreich der Besteuerung – er muss deshalb mit französischer Umsatzsteuer kalkulieren, mit allen sich daraus ergebenden verfahrensrechtlichen Folgen – auch bei Anwendung der One-Stop-Shop-Regelung handelt es sich um ein Besteuerungsverfahren nach französischem Recht. In Deutschland handelt es sich um einen nichtsteuerbaren Umsatz. Wenn der Unternehmer sich für die One-Stop-Shop-Regelung angemeldet hat, besteuert er diesen Umsatz zentral in Deutschland beim BZSt und führt dahin auch die französische Umsatzsteuer ab. Wenn er sich nicht für die One-Stop-Shop-Regelung angemeldet hat, muss er sich individuell in Frankreich umsatzsteuerrechtlich erfassen lassen.

Tipp! Als Hinweis könnte noch darauf verwiesen werden, dass seit Dezember 2018 in der EU das anlasslose Geoblocking untersagt ist. Danach dürfen Internethändler Interessenten aus anderen Mitgliedstaaten nicht alleine wegen der geographischen Herkunft blockieren oder auf nationale Seiten umleiten. Um den Anbietern aber bei jetzt gegebenenfalls steigenden Umsätzen die Besteuerung in dem Zielstaat nicht als zwingende Rechtsfolge aufzuerlegen, können die Anbieter in ihren Bedingungen aufnehmen, dass die Ware von dem Kunden abgeholt werden muss, damit die Versandhändler diese Umsätze dann nicht nach § 3c UStG im Bestimmungsmitgliedstaat der Besteuerung unterwerfen müssen.

3. Die weiteren Fernverkäufe

Zum 01.07.2021 sind zwei neue Sachverhalte in § 3c Abs. 2 und Abs. 3 UStG aufgenommen worden, deren Hauptzweck es ist, die Steuererhebung im Gemeinschaftsgebiet sicherzustellen. Auch in diesen Fällen muss der leistende Unternehmer den Gegenstand der Lieferung befördern oder versenden und der Leistungsempfänger muss auch zu den Personen wie bei einem innergemeinschaftlichen Fernverkauf gehören.

In **§ 3c Abs. 2 UStG** (Abschn. 3c.1 Abs. 3 UStAE) werden die Regelungen zu einem Fernverkauf eines Gegenstands umgesetzt, der aus dem Drittlandsgebiet in einen anderen Mitgliedstaat eingeführt wird als den, in dem die Beförderung oder Versendung des Gegenstands an den Erwerber endet. Der Ort der Lieferung ist nach § 3c Abs. 2 UStG dort, wo sich der Gegenstand am Ende der Beförderung oder Versendung befindet. Die Regelung gilt unabhängig von einer Bagatellgrenze. Als Beispiel könnte hier die Warenlieferung aus der Schweiz genannt werden, bei der der Gegenstand in Deutschland in der Union zum freien Verkehr abgefertigt wird und der

Gegenstand dann anschließend zu einem Nichtunternehmer nach Dänemark gelangt. Der Ort der Lieferung ist dann für den liefernden Unternehmer am Ende der Warenbewegung (hier in Dänemark), sodass dänische Umsatzsteuer entsteht.

Der Fernverkauf eines Gegenstands, der aus dem Drittlandsgebiet in den Mitgliedstaat eingeführt wird, in dem die Beförderung oder Versendung des Gegenstands an den Erwerber endet, wenn die Lieferung über das besondere elektronische Besteuerungsverfahren nach § 18k UStG erfolgt, ist in § 3c Abs. 3 UStG (Abschn. 3c.1 Abs. 4 UStAE) geregelt worden. Der Ort der Lieferung ist unter den Voraussetzungen nach § 3c Abs. 3 UStG im Einfuhrland. Die Regelung gilt ebenfalls unabhängig von einer umsatzbezogenen Bagatellgrenze. Die Besteuerung in dem besonderen Verfahren des § 18k UStG – der sogenannte Import-One-Stop-Shop – setzt voraus, dass der Sachwert der Lieferung (dies ist nicht der Wert des Einzelgegenstands, sondern Gesamtwert der Lieferung) nicht mehr als 150 € beträgt. Als Beispiel könnte hier die Lieferung eines deutschen Unternehmers aus einem Auslieferungslager in der Schweiz zu einem Nichtunternehmer in Deutschland genannt werden, wenn der Gesamtwert der Lieferung nicht mehr als 150 € ausmacht und der deutsche Lieferer die Besteuerung dieses Umsatzes im Import-One-Stop-Shop (beim BZSt) vornimmt. Die Einfuhr ist dann in diesem Fall nach § 5 Abs. 1 Nr. 7 UStG steuerfrei.

4. Besonderheiten des Verfahrens

Bei bestimmten Wirtschaftsgütern bestehen nach § 3c Abs. 5 UStG noch Sonderregelungen. Bei der Lieferung eines neuen Fahrzeugs im Binnenmarkt kommt es nie zur Anwendung des § 3c UStG, da grundsätzlich jeder Erwerber im Binnenmarkt beim Erwerb eines neuen Fahrzeugs einen innergemeinschaftlichen Erwerb der Besteuerung unterwerfen muss (§ 1a oder § 1b UStG). Darüber hinaus ist § 3c UStG nicht anzuwenden, wenn es sich um die Lieferung differenzbesteuerter Gegenstände handelt. Diese Ausnahme ist zum 01.07.2021 direkt in § 3c Abs. 5 UStG aufgenommen worden, war aber früher auch schon so in § 25a Abs. 7 Nr. 3 UStG geregelt. Werden Gegenstände montiert oder installiert geliefert, kommt es ebenfalls nicht zur Anwendung des § 3c UStG. Dies ist aber auch keine überraschende Festlegung, da es sich in diesen Fällen regelmäßig nicht um eine Beförderungs- oder Versendungslieferung handeln wird, sondern eine Lieferung nach § 3 Abs. 7 Satz 1 UStG vorliegen wird, die dort ausgeführt ist, wo der Gegenstand sich im Zeitpunkt der Verschaffung der Verfügungsmacht befindet.

Schluss

Die Vorschriften zu den **Fernverkäufen** ermöglicht die Umsetzung des Bestimmungslandprinzips in der Europäischen Union auch in den Fällen, in denen der Leistungsempfänger keinen innergemeinschaftlichen Erwerb besteuern muss. Seit dem 01.07.2021 haben sich dabei im Vergleich zu der früheren Versandhandelsregelung wesentliche Veränderungen ergeben. Durch den Wegfall der bisherigen Lieferschwellen und die nur noch unionseinheitlich anzuwendende Umsatzschwelle von 10.000 € kommt es sehr viel häufiger zur Verlagerung des Orts der Lieferung in den Bestimmungsmitgliedstaat. Damit müssen sich auch gerade kleinere Unternehmer, die bisher ihre Umsätze nur in Deutschland der Besteuerung unterworfen haben, auch mit den Umsatzsteuerkonsequenzen in anderen Mitgliedstaaten auseinandersetzen.

Allerdings müssen die Unternehmer sich nicht zwingend in den Bestimmungsmitgliedstaaten umsatzsteuerrechtlich erfassen lassen, die Besteuerung kann auch über das Bundeszentralamt für Steuern als sog. „Kleine Einzige Anlaufstelle" im Rahmen der One-Stop-Shop-Regelung nach § 18j UStG besteuert werden. Dazu muss aber regelmäßig eine Anmeldung schon vor dem jeweiligen Kalendervierteljahr – dem Besteuerungszeitraum – erfolgen. In der Praxis ergeben sich insbesondere Risiken, wenn das Überschreiten der Umsatzschwelle nicht zeitnah überwacht wird und damit keine rechtzeitige Anmeldung zum One-Stop-Shop erfolgt und insoweit dann eine individuelle Veranlagung im Bestimmungsstaat erfolgen muss.

Vielen Dank für Ihre Aufmerksamkeit.

Vortrag 5: Die Behandlung drittlandsgrenzüberschreitender Lieferungen im Umsatzsteuerrecht

I. Einführende Hinweise

Bei einer **grenzüberschreitenden Lieferung** soll die Umsatzsteuer im Bestimmungsland entstehen (sog. Bestimmungslandprinzip). Dies wird im Regelfall dadurch erreicht, dass im drittlandsgrenzüberschreitenden Lieferverkehr im Bestimmungsland eine Einfuhr zu besteuern ist. Um in diesen Fällen eine Doppelbesteuerung zu vermeiden, muss im Ausgangsstaat der Umsatz einer Steuerbefreiung unterliegen. Dies erfolgt über die Erfassung als Ausfuhrlieferung nach § 4 Nr. 1 Buchst. a i.V.m. § 6 UStG. Die Steuerbefreiung ist dabei an diverse Voraussetzungen gebunden, die sich jeweils aus den Einzelheiten des Sachverhalts und der gesetzlichen Vorschriften ergeben.

Aber auch bei **Lieferungen aus dem Drittlandsgebiet in das Inland** kann es zu umsatzsteuerrechtlichen Folgen kommen, da unter bestimmten Voraussetzungen (Gegenstand gelangt aus dem Drittlandsgebiet in das Inland und der Lieferer ist Schuldner der Einfuhrumsatzsteuer) der Ort der Lieferung über § 3 Abs. 8 UStG in das Inland verlagert wird.

Tipp! Das Thema der Behandlung der drittlandsgrenzüberschreitenden Lieferung ist in der Vergangenheit schon öfter in den mündlichen Prüfungen verwendet worden. Auf den ersten Blick erscheint es auch ein dankbares Thema zu sein, da jedem Prüfungsteilnehmer dazu etwas einfallen sollte. Allerdings kann sich ein solches Thema auch schnell als „Horrorthema" herausstellen, da es sehr umfassend ist und somit viele verschiedene Hauptpunkte enthält, die alleine für einen Vortrag ausreichend wären. Damit müssen Sie sich in einen solchen Vortrag auf das Wesentliche konzentrieren!

II. Die Gliederung

	Gliederungspunkt	Die Stichworte
	Einleitung	**Thema; Kernpunkt: Ort der Lieferung, Möglichkeit der Steuerbefreiung, Umsetzung des Bestimmungslandprinzips**
1.	Lieferung in das Drittlandsgebiet – Ort der Lieferung	Beförderungslieferung, Ort nach § 3 Abs. 6 UStG, ruhende Lieferung als Sonderfall, Möglichkeit der Ausfuhrlieferung
2.	Ausfuhrlieferungen	
2.1	Ausfuhrlieferung nach § 6 Abs. 1 Satz 1 Nr. 1 UStG	Lieferer befördert/versendet in das Drittlandsgebiet, Abnehmer ist unerheblich
2.2	Ausfuhrlieferung nach § 6 Abs. 1 Satz 1 Nr. 2 UStG	Abnehmer befördert/versendet in das Drittlandsgebiet; Voraussetzung: ausländischer Abnehmer nach § 6 Abs. 2 UStG
2.3	Ausfuhrlieferung nach § 6 Abs. 1 Satz 1 Nr. 3 UStG	Lieferung in Sondergebiet nach § 1 Abs. 3 UStG (Freihafen/Küstenstreifen), besondere Voraussetzungen, die der Abnehmer erfüllen muss
3.	Nachweisvorschriften	Buch- und belegmäßiger Nachweis, Vertrauensschutz, physisches Gelangen ist nachzuweisen
3.1	Sonderfall der Lieferung von Teilen zur Ausrüstung von Beförderungsmitteln	Ausrüstungsgegenstand für Beförderungsmittel: Abnehmer muss ausländischer Unternehmer sein und Gegenstand für sein Unternehmen beziehen

	Gliederungspunkt	Die Stichworte
3.2	Sonderfall der Lieferung im persönlichen Reisegepäck	Ausfuhr im nichtkommerziellen Reiseverkehr: Ausfuhr innerhalb von drei Monaten, Abnehmer muss aus Drittlandsgebiet kommen und eine Bagatellgrenze muss überschritten sein
4.	Lieferung aus dem Drittlandsgebiet in das Inland	Im Regelfall Besteuerung im Inland über Einfuhrumsatzsteuer; Sonderfall der Verlagerung des Orts nach § 3 Abs. 8 oder § 3c Abs. 2 oder Abs. 3 UStG in das Inland
	Schluss	**Fazit; Ziel Bestimmungslandprinzip umgesetzt, steuerneutral im Regelfall in Deutschland – echte Steuerbefreiung**

III. Der Vortrag

Einleitung

Guten Tag, ich habe das Thema **„Die Behandlung drittlandsgrenzüberschreitender Lieferungen im Umsatzsteuerrecht"** gewählt. Bei der Beurteilung einer grenzüberschreitenden Lieferung muss insbesondere auf die Festlegung des Orts der Lieferung und auf die Gewährung einer Steuerbefreiung geachtet werden.

Grundsätzlich soll eine grenzüberschreitende Lieferung nur in einem Land einer Umsatzsteuer unterliegen um eine Doppelbesteuerung zu vermeiden. Dabei soll regelmäßig der Umsatz dort besteuert werden, wo der Gegenstand ge- oder verbraucht wird – das sogenannte **Bestimmungslandprinzip**. Bei Lieferungen aus Deutschland in das Drittlandsgebiet wird dies im Regelfall dadurch erreicht, dass die Lieferung zwar im Inland steuerbar ist, aber als Ausfuhrlieferung steuerbefreit ist. Im Regelfall unterliegt sie dann im Drittlandsgebiet durch die Erhebung einer Einfuhrumsatzsteuer einer Besteuerung; allerdings ist die tatsächliche Erhebung einer Einfuhrumsatzsteuer im Drittstaat keine Voraussetzung für die Steuerbefreiung als Ausfuhrlieferung in Deutschland. Gelangt der Gegenstand aus dem Drittlandsgebiet in das Inland, entsteht in Deutschland Einfuhrumsatzsteuer, es kann aber auch zusätzlich noch der Ort der Lieferung in das Inland verlagert werden.

1. Lieferung in das Drittlandsgebiet – Ort der Lieferung

Zuerst möchte ich auf die **Lieferung aus dem Inland in das Drittlandsgebiet** eingehen. Bei einer Lieferung in das Drittlandsgebiet muss zuerst der Ort der Lieferung festgestellt werden. Dies wird im Regelfall nach § 3 Abs. 6 UStG eine Beförderungs- oder Versendungslieferung sein, deren Ort dort ist, wo die Beförderung beginnt oder die Ware einem beauftragten Dritten übergeben wird. Damit liegt dann im Inland eine steuerbare Lieferung nach § 1 Abs. 1 Nr. 1 UStG vor. Wichtig ist, dass der Gegenstand von dem liefernden Unternehmer nach der Beförderung in das Drittlandsgebiet nicht mehr wesensverändernd be- oder verarbeitet wird. Wäre dies der Fall, würde der Ort der Lieferung nach § 3 Abs. 7 Satz 1 UStG im Drittland liegen (sog. ruhende Lieferung) – der Umsatz wäre in Deutschland nicht steuerbar. Dies liegt insbesondere dann vor, wenn der liefernde Unternehmer aus dem Inland Gegenstände in das Drittlandsgebiet transportiert, um diese dort in einem Gebäude einzubauen oder in eine Werkstraße einzupassen und dort mit anderen Maschinen abzustimmen.

Ist der Ort der Lieferung aber in Deutschland und gelangt der Gegenstand dann in das Drittlandsgebiet, muss geprüft werden, ob der steuerbare Umsatz in Deutschland als Ausfuhrlieferung steuerbefreit ist.

2. Ausfuhrlieferungen

Gelangt der Gegenstand der Lieferung aus dem Inland in das Ausland, muss geprüft werden, ob die Voraussetzungen der Ausfuhrlieferung nach § 6 UStG vorliegen. Sind in dem zu prüfenden Sachverhalt diese Voraussetzungen erfüllt und verfügt der Unternehmer auch über die notwendigen Nachweise, liegt eine Ausfuhrlieferung vor, die zur Steuerfreiheit nach § 4 Nr. 1 Buchst. a UStG führt. Je nach Art der Lieferung kann es bei der Ausfuhrlieferung zu drei alternativen Möglichkeiten kommen.

2.1 Ausfuhrlieferung nach § 6 Abs. 1 Satz 1 Nr. 1 UStG

Die erste – und in der Praxis auch einfachste – Möglichkeit ist, dass der liefernde Unternehmer den Gegenstand selbst in das Drittlandsgebiet befördert oder versendet hat, § 6 Abs. 1 Satz 1 Nr. 1 UStG. In diesem Fall liegt eine Ausfuhrlieferung vor, unabhängig davon, ob der Leistungsempfänger Unternehmer oder Nichtunternehmer, inländischer oder ausländischer Abnehmer ist. Eine Ausnahme besteht lediglich dann, wenn der Gegenstand in die Gebiete nach § 1 Abs. 3 UStG – Freihäfen und der Küstenstreifen zwischen der jeweiligen Strandlinie und der Hoheitsgrenze – gelangt. In diesem Fall kann sich die Steuerbefreiung nur unter Berücksichtigung weiterer Voraussetzungen ergeben, auf diese Voraussetzungen werde ich gleich noch eingehen.

> **Tipp!** Derzeit bestehen nur noch Freihäfen in Bremerhaven und Cuxhaven.

2.2 Ausfuhrlieferung nach § 6 Abs. 1 Satz 1 Nr. 2 UStG

Die zweite Möglichkeit, um zu einer **steuerfreien Ausfuhrlieferung** zu kommen, liegt vor, wenn der Gegenstand der Lieferung von dem Abnehmer in das Drittlandsgebiet befördert oder versendet wird, § 6 Abs. 1 Satz 1 Nr. 2 UStG. Allerdings kann dieser Fall nur vorliegen, wenn der Abnehmer ein ausländischer Abnehmer nach § 6 Abs. 2 UStG ist. Dies kann entweder ein Abnehmer sein, der seinen Wohnort oder seinen Sitz im Ausland hat oder eine im Ausland ansässige Zweigniederlassung eines im Inland ansässigen Unternehmers sein, wenn sie das Umsatzgeschäft im eigenen Namen abgeschlossen hat. In diesem Fall ist insbesondere darauf zu achten, dass neben dem Nachweis des tatsächlichen Gelangens des Gegenstands in das Drittlandsgebiet auch nachgewiesen ist, dass der Abnehmer seinen Wohnort im Ausland hat. Nicht erforderlich ist, dass der Abnehmer aus dem Drittlandsgebiet kommt. So ist zum Beispiel auch die Abhollieferung eines französischen Unternehmers, der Gegenstände im Inland abholt und unmittelbar in das Drittlandsgebiet befördert, eine Ausfuhrlieferung.

> **Tipp!** Beachten Sie die exakte Wortwahl bei diesen Voraussetzungen; bei dem ausländischen Abnehmer kommt es auf den Wohnort (= Zentrum der Lebensinteressen des Abnehmers) an. Der Wohnsitz ist hier nicht entscheidend. Außerdem muss der Abnehmer nicht aus dem Drittlandsgebiet kommen, Wohnort oder Sitz im Ausland (also auch im übrigen Gemeinschaftsgebiet) ist ausreichend – in jedem Fall muss der Gegenstand aber körperlich in das Drittlandsgebiet gelangen.

Aber auch in diesem Fall liegt keine Ausfuhrlieferung vor, wenn der Gegenstand in die in § 1 Abs. 3 UStG genannten Gebiete gelangt.

2.3 Ausfuhrlieferung nach § 6 Abs. 1 Satz 1 Nr. 3 UStG

Die dritte Möglichkeit, um zu einer **Ausfuhrlieferung** zu kommen ist dann gegeben, wenn der Gegenstand der Lieferung in ein Gebiet im Sinne des § 1 Abs. 3 UStG (Freihafen/Küstenstreifen) gelangt, § 6 Abs. 1 Satz 1 Nr. 3 UStG. Allerdings müssen noch weitere Voraussetzungen erfüllt sein, damit tatsächlich eine Ausfuhrlieferung vorliegt. So muss der Leistungsempfänger entweder ein Unternehmer sein, der den Gegenstand für sein Unternehmen bezieht und bezüglich dieses Gegenstands in vollem Umfang zum Vorsteuerabzug berechtigt ist oder er muss ein ausländischer Abnehmer, aber kein Unternehmer sein, der den Gegenstand dann anschließend in das übrige Drittlandsgebiet transportiert; der Gegenstand muss also in den Freihafen (oder den Küstenstreifen) gelangen und dann aus diesem Gebiet in das (übrige) Drittlandsgebiet transportiert werden.

3. Nachweisvorschriften

Für alle drei Möglichkeiten müssen jeweils die notwendigen Voraussetzungen auch buch- und belegmäßig nachgewiesen werden. Dies betrifft insbesondere das tatsächliche – physische – Gelangen des Gegenstands in das Drittlandsgebiet. In aller Regel wird der Nachweis durch eine zollamtliche Ausfuhrbescheinigung aus der Europäischen Union geführt werden. Darüber hinaus muss auch in den Fällen, in denen weitere Voraussetzungen – zum Beispiel die des ausländischen Abnehmers – erfüllt sein müssen, auf einen ordentlichen Belegnachweis geachtet werden. Dies kann dann durch zollamtliche Bestätigungen erfolgen oder auch durch eine Kopie der Reisedokumente des Leistungsempfängers. Im kommerziellen Güterverkehr erfolgt die Abfertigung der Ausfuhrlieferung – bis auf Störfälle oder wenige Ausnahmen – auf elektronischem Weg, dem ATLAS-Verfahren. Da seit 2009 im kommerziellen Ausfuhrverfahren nur noch die elektronische Abwicklung möglich ist, sind die

Buch- und Belegnachweise nach der UStDV 2012 an dieses Abwicklungsverfahren angepasst worden. Darüber hinaus ist nach der Formulierung in der UStDV dies eine „Muss-Vorschrift", da der Unternehmer den Nachweis nach den dort vorgeschriebenen Regelungen nachzuweisen „hat". Außerdem ist zwingend vorgeschrieben, dass bei dem Export eines Fahrzeugs auch die Fahrzeug-Identifikationsnummer mit angegeben werden muss.

Tipp! Wenn es die Zeit zulässt, können Sie hier auch noch kurz auf die Rechtsprechung des EuGH zum Vertrauensschutz bei gefälschten Ausfuhrnachweisen (EuGH, Urteil vom 21.02.2008, C-271/06 – Netto-Supermarkt, BFH/NV Beilage 2008, 199) verweisen. Beachten Sie auch das Schreiben des BMF vom 25.06.2020 zur Anwendung der Missbrauchsrechtsprechung des EuGH.

3.1 Sonderfall der Lieferung von Teilen zur Ausrüstung von Beförderungsmitteln

Allerdings bestehen noch verschiedene Ausnahmen bei der Annahme einer Ausfuhrlieferung. Sind die gelieferten Gegenstände zur **Ausrüstung oder Versorgung eines Beförderungsmittels** bestimmt, liegt bei einer Abholung durch den Kunden eine Ausfuhrlieferung nach § 6 Abs. 3 UStG nur dann vor, wenn der Abnehmer ein ausländischer Unternehmer ist und der Gegenstand für die unternehmerischen Zwecke des Abnehmers erworben wird.

Tipp! Die gesetzliche Formulierung ist hier vielleicht etwas irritierend, da dort von dem Beförderungsmittel gesprochen wird, das den Zwecken des Unternehmens des Abnehmers dienen muss. In Abschn. 6.4 Abs. 1 UStAE wird dies dann aber in den richtigen Zusammenhang gestellt.

Lassen Sie mich dies vielleicht an einem Beispiel darstellen. Der nichtunternehmerische Abnehmer aus der Schweiz holt in Singen ein Ersatzteil für sein Fahrzeug ab. Es liegen zwar die allgemeinen Voraussetzungen für eine Ausfuhrlieferung nach § 6 Abs. 1 Satz 1 Nr. 2 UStG vor, da es sich aber um einen Gegenstand zur Ausrüstung eines Beförderungsmittels handelt und die zusätzlichen Voraussetzungen des § 6 Abs. 3 UStG nicht erfüllt sind, ist die Lieferung selbst bei Nachweisen über das Gelangen in die Schweiz in Deutschland nicht steuerbefreit. Um einer eventuellen Doppelbesteuerung (in der Schweiz entsteht in jedem Fall Einfuhrumsatzsteuer) zu entgehen, könnte sich der Leistungsempfänger den Gegenstand vom Lieferer in die Schweiz senden lassen – dann würde eine steuerfreie Ausfuhrlieferung nach § 6 Abs. 1 Satz 1 Nr. 1 UStG vorliegen, bei der es keine Einschränkungen bei der Steuerbefreiung gibt.

3.2 Sonderfall der Lieferung im persönlichen Reisegepäck

Eine zweite Ausnahme besteht dann, wenn der Gegenstand im **persönlichen Reisegepäck** ausgeführt wird und nicht für unternehmerische Zwecke erworben wurde (sog. nichtkommerzieller Reiseverkehr). In diesem Fall muss der Gegenstand bis zum Ablauf des dritten Monats, der auf den Monat der Lieferung folgt, tatsächlich aus der Europäischen Union ausgeführt worden sein und es muss sich um einen Abnehmer handeln, der seinen Wohnort oder Sitz im Drittlandsgebiet hat. Diese Regelung soll insbesondere Missbrauchsfälle verhindern, bei denen EU-Bürger Waren aus einem Mitgliedstaat in das Drittlandsgebiet ausführen und dann aus dem Drittlandsgebiet in ihren Heimatstaat unbesteuert mitnehmen (z.B. Deutschland – Schweiz und dann Schweiz – Frankreich). Darüber hinaus ist zum 01.01.2020 noch eine Bagatellgrenze als weitere Voraussetzung eingeführt worden. So muss der Gesamtwert der Lieferung einschließlich der Umsatzsteuer 50 € übersteigen. Mit dieser Bagatellgrenze soll die Zollverwaltung insbesondere an der Grenze zur Schweiz entlastet werden, da dort sehr viele „Ausfuhrkassenzettel – AKZ" zur zollamtlichen Abfertigung vorgelegt worden waren.

4. Lieferung aus dem Drittlandsgebiet in das Inland

Auswirkungen drittlandsgrenzüberschreitender Lieferungen können sich aber auch ergeben, wenn ein Gegenstand bei einer Lieferung aus dem Drittlandsgebiet in das Inland gelangt. Ist der Ort der Lieferung im Drittlandsgebiet, kann es nur zur Besteuerung im Rahmen einer nach § 1 Abs. 1 Nr. 4 UStG steuerbaren Einfuhr in Deutschland kommen. Diese Einfuhr unterliegt als steuerbarer Umsatz der Besteuerung unabhängig davon, wer den Gegenstand in das Inland einführt. Seit dem 01.07.2021 ist auch eine bisher bestehende Nichtbesteuerung für Warensendungen in geringem Wert (bis 22 €) nach der Einfuhrumsatzsteuer-Befreiungsverordnung aufgehoben worden.

Tipp! Diese Regelung war sehr betrugsanfällig, da häufig Waren aus Drittländern falsch deklariert unter Umgehung der Zoll- und Einfuhrabgaben eingeführt wurden. Deshalb ist diese Regelung im Zusammenhang mit dem Digitalpaket der EU aufgehoben worden. Dafür wurde ein vereinfachtes Einfuhrverfahren (Sachwert der Sendung bis 150 €) nach § 21a UStG eingeführt, in dem Postversender die Einfuhrumsatzsteuer bei dem Kunden erheben und in einem vereinfachten Verfahren an die Finanzverwaltung abführen.

Unter besonderen Voraussetzungen kann der Ort der Lieferung zusätzlich nach § 3 Abs. 8 UStG oder seit dem 01.07.2021 nach § 3c Abs. 2 oder Abs. 3 UStG aus dem Drittlandsgebiet in das Inland verlagert werden. Dazu muss nach § 3 Abs. 8 UStG der Gegenstand aus dem Drittlandsgebiet in das Inland gelangen und der Lieferer muss der Schuldner der bei der Einfuhr zu entrichtenden Umsatzsteuer sein. Durch diese Regelung wird unter anderem gewährleistet, dass der einführende Unternehmer die bei der Einfuhr entstehende Einfuhrumsatzsteuer als Vorsteuer nach § 15 Abs. 1 Satz 1 Nr. 2 UStG geltend machen kann – Voraussetzung dafür ist, dass der Gegenstand für den Unternehmer eingeführt sein muss, der den Vorsteuerabzug aus der Einfuhrumsatzsteuer begehrt. Allerdings muss der liefernde Unternehmer den Gegenstand dann im Rahmen einer im Inland steuerbaren und steuerpflichtigen Lieferung der deutschen Umsatzsteuer unterwerfen, damit ist eine Veranlagung des Lieferers in Deutschland zur Umsatzsteuer verbunden. Zum 01.07.2021 ist im Zusammenhang mit den Fernverkäufen auch in zwei Fällen die Verlagerung des Orts der Lieferung in den Bestimmungsmitgliedstaat vorgenommen worden, wenn der Gegenstand aus dem Drittlandsgebiet in einem Mitgliedstaat eingeführt wird, dann aber in einen weiteren Mitgliedstaat gelangt (§ 3c Abs. 2 UStG) oder wenn der Gegenstand aus dem Drittlandsgebiet in einen Mitgliedstaat gelangt, der Gegenstand in diesem Staat verbleibt und der Lieferer die Besteuerung im Import-One-Stop-Shop nach § 18k UStG vornimmt (dies ist aber nur bei Lieferungen mit einem Sachwert der Sendung bis 150 € möglich).

Schluss

Auch bei der Lieferung über die Drittlandsgrenze soll genauso wie innerhalb der Europäischen Union systematisch erreicht werden, dass der Umsatz nur in einem Land der Besteuerung unterliegt, eine Doppelbesteuerung würde zu nicht akzeptablen Wettbewerbsverzerrungen führen. Gelangt der Gegenstand vom Inland in das Drittlandsgebiet, erfolgt die Steuerfreistellung in Deutschland durch die Ausfuhrlieferung nach § 4 Nr. 1 Buchst. a i.V.m. § 6 UStG. Dabei hat der liefernde Unternehmer – obwohl er einen steuerfreien Umsatz ausführt – für Leistungsbezüge in diesem Zusammenhang den vollen Vorsteuerabzug. Es handelt sich damit um eine sog. **echte Steuerbefreiung**, da auch die schon auf Vorstufen entstandene Umsatzsteuer durch den Vorsteuerabzug wieder zurückgezahlt wird. Damit ist zumindest aus nationaler Sicht dem Risiko einer Doppelbesteuerung vorgebeugt. In Ausnahmefällen – wie zum Beispiel der Abhollieferung bei Gegenständen zur Versorgung von Beförderungsmitteln, bei denen das Risiko der nichtbesteuerten Einfuhr im Drittstaat besteht – kann hier aber eine Doppelbesteuerung nicht immer vermieden werden.

Vielen Dank für Ihre Aufmerksamkeit.

Vortrag 6: Der Verzicht auf die Steuerbefreiung im Umsatzsteuerrecht

I. Einführende Hinweise

Wird im Inland eine Leistung steuerbar ausgeführt, ist zu prüfen, ob für den Umsatz eine Steuerbefreiung einschlägig ist. Liegt eine Steuerbefreiung nach § 4 UStG vor, kann der Unternehmer unter bestimmten Voraussetzungen auf die Steuerfreiheit des Umsatzes verzichten, § 9 UStG. Diese Option ist an verschiedene Voraussetzungen gebunden, die jeweils unter Berücksichtigung des einzelnen Sachverhalts zu überprüfen sind.

Da der Unternehmer in den Fällen, in denen er einen steuerfreien Umsatz nach § 4 Nr. 8 bis Nr. 29 UStG ausführt, nicht zum Vorsteuerabzug für damit im Zusammenhang stehende Eingangsleistungen berechtigt ist, kann es für den Unternehmer sinnvoll sein, auf eine Steuerbefreiung zu verzichten, um sich dafür einen

Vorsteuerabzug zu „erkaufen". Dies gilt insbesondere dann, wenn der Leistungsempfänger bezüglich der ihm dann berechneten Umsatzsteuer in vollem Umfang zum Vorsteuerabzug berechtigt ist und damit nicht mit der entstandenen Umsatzsteuer wirtschaftlich belastet ist. Allerdings ist dieses Recht nur bei abschließend aufgeführten steuerfreien Leistungen über die Option nach § 9 Abs. 1 UStG eingeräumt worden.

Tipp! Die Option (Verzicht auf die Steuerbefreiung) ist in der Steuerberaterprüfung - sowohl in dem schriftlichen als auch in dem mündlichen Teil - immer von Bedeutung. Deshalb sollten in jeder Phase der Prüfung die systematischen Strukturen bei der Option beherrscht werden.

II. Die Gliederung

	Gliederungspunkt	Die Stichworte
	Einleitung	**Thema; rechtliche Voraussetzungen und wirtschaftliche Möglichkeiten sind zu prüfen**
1.	Optionsvoraussetzungen nach § 9 Abs. 1 UStG	Option nur bei bestimmten steuerfreien Umsätzen, Leistungsempfänger muss Unternehmer sein und die Leistung für sein Unternehmen beziehen
2.	Einschränkungen	Ausnahmen bestehen nach § 9 Abs. 2 und Abs. 3 UStG
2.1	Voraussetzungen nach § 9 Abs. 2 UStG	Einschränkungen bei Nutzungsüberlassung von Grundstücken. Leistungsempfänger muss zum Vorsteuerabzug berechtigt sein, Bagatellregelung, Betrachtung jedes Raums - Beispiel
2.2	Anwendung des § 27 Abs. 2 UStG	Andere Regelungen bei Altobjekten (Baubeginn vor dem 11.11.1993, Fertigstellung bis 31.12.1997). Keine Nutzung zu Mietwohnzwecken, keine andere nichtunternehmerische Nutzung - Variation des Beispiels nach § 27 Abs. 2 UStG
2.3	Voraussetzungen nach § 9 Abs. 3 UStG	Formale Voraussetzungen bei Grundstückslieferung, Verzicht in notariellem Kaufvertrag. Sinn der Regelung: Schutz des Käufers
3.	Form des Verzichts	Keine besondere Form, Erklärung als steuerpflichtiger Umsatz
4.	Vorteile der Option	Prüfung wirtschaftlicher Sinn, Vorteil, wenn Leistungsempfänger zum Vorsteuerabzug berechtigt ist. Auch Leistungsempfänger kann Vorteil haben (Beispiel bei Nebenkosten Vermietung). Vermeidung einer Vorsteuerberichtigung
	Schluss	**Fazit; Gestaltungsmodell, im Regelfall nur Vorteile, keine Bindungswirkung, Widerruf möglich**

III. Der Vortrag

Einleitung

Sehr geehrte Damen und Herren, ich habe das Thema **„Der Verzicht auf die Steuerbefreiung im Umsatzsteuerrecht"** gewählt. Führt ein Unternehmer eine im Inland steuerbare, aber steuerbefreite Leistung aus, muss geprüft werden, ob er auf diese Steuerbefreiung nach § 9 UStG verzichten kann. Liegt die gesetzliche Möglichkeit zur Option vor, muss in einem zweiten Schritt überprüft werden, ob es für den leistenden Unternehmer und/oder den Leistungsempfänger wirtschaftlich sinnvoll ist, dass der leistende Unternehmer auf die Steuerbefreiung verzichtet. Nicht in jedem Fall, in dem eine Option umsatzsteuerrechtlich möglich ist, ist sie auch wirtschaftlich sinnvoll. Ich werde deshalb zuerst die gesetzlichen Voraussetzungen für die Option darstellen und dann auf die praktische Umsetzung eingehen.

1. Optionsvoraussetzungen nach § 9 Abs. 1 UStG

Hat der **Unternehmer einen Umsatz im Inland ausgeführt**, liegt also Steuerbarkeit nach § 1 Abs. 1 Nr. 1 UStG vor, kann dieser Umsatz nach § 4 UStG steuerfrei sein. Bei den steuerbefreiten Umsätzen sind zwei verschiedene Möglichkeiten zu unterscheiden: Führt der Unternehmer steuerfreie Umsätze nach § 4 Nr. 1 bis Nr. 7 UStG aus, hat er dennoch den Vorsteuerabzug für damit verbundene Eingangsleistungen (z.B. für steuerfreie Ausfuhrlieferungen oder steuerfreie innergemeinschaftliche Lieferungen) - sog. **„echte Steuerbefreiungen“**. Handelt es sich um einen steuerfreien Ausgangsumsatz nach § 4 Nr. 8 bis Nr. 27 oder Nr. 29 UStG, ist der Unternehmer für damit im Zusammenhang stehende Eingangsleistungen nicht zum Vorsteuerabzug berechtigt – sog. **„unechte Steuerbefreiungen“**. Er kann aber bei bestimmten steuerfreien Ausgangsumsätzen auf die Steuerfreiheit nach § 9 UStG verzichten. Der Verzicht ist aber nur bei den ausdrücklich in § 9 Abs. 1 UStG **abschließend aufgeführten** steuerfreien Umsätzen möglich. Dies sind:

- steuerfreie Finanzdienstleistungen nach § 4 Nr. 8 Buchst. a bis Buchst. g UStG,
- steuerfreie Umsätze nach § 4 Nr. 9 Buchst. a UStG, die unter das Grunderwerbsteuergesetz fallen,
- steuerfreie Vermietungsumsätze oder vermietungsähnliche Umsätze nach § 4 Nr. 12 UStG,
- steuerfreie Umsätze von Wohnungseigentümergemeinschaften nach § 4 Nr. 13 UStG oder
- steuerfreie Umsätze von blinden Unternehmern und Blindenwerkstätten nach § 4 Nr. 19 UStG.

Bei allen anderen steuerfreien Umsätzen kann der Unternehmer nicht auf die Steuerfreiheit verzichten. Ein Verzicht ist bei den gerade genannten steuerfreien Umsätzen aber nur dann möglich, wenn die Leistung an einen Unternehmer für dessen Unternehmen ausgeführt wird. Diese Voraussetzungen sind von dem leistenden Unternehmer nachzuweisen. In der Praxis kann dies schwierig sein, da der leistende Unternehmer nicht immer über die genaue Verwendung beim Leistungsempfänger informiert ist. Das Risiko an der Option verbleibt dabei bei dem leistenden Unternehmer. Ein Vertrauensschutz in die Unternehmereigenschaft des Leistungsempfängers ergibt sich nicht. Besonders problematisch kann es sein, wenn der Leistungsempfänger die Leistung nur zum Teil für seine unternehmerischen Zwecke verwenden möchte (z.B. bei der teilgewerblichen Nutzung eines Mietobjekts).

2. Einschränkungen

In zwei Fällen ergeben sich aber noch besondere Voraussetzungen. Zum einen ergeben sich bei der Nutzungsüberlassung von Grundstücken nach § 9 Abs. 2 UStG Einschränkungen. Zum anderen sind bei dem Verkauf eines Grundstücks bestimmte formale Aspekte zu berücksichtigen, § 9 Abs. 3 UStG.

2.1 Voraussetzungen nach § 9 Abs. 2 UStG

Bei der **Nutzungsüberlassung von Grundstücken** – typischerweise die Vermietung oder Verpachtung von Grundstücken – kann der Unternehmer auf die Steuerbefreiung nur verzichten, wenn der Leistungsempfänger bezüglich der ihm berechneten Umsatzsteuer voll zum Vorsteuerabzug berechtigt ist, § 9 Abs. 2 UStG. Diese Regelung war zur Verhinderung von missbräuchlichen Gestaltungen eingeführt worden (z.B. Einschaltung von Vorschaltgesellschaften bei der Errichtung von Verwaltungsgebäuden bei Banken und Versicherungen). Nach der gesetzlichen Regelung darf auf die Steuerfreiheit nur dann verzichtet werden, wenn der Leistungsempfänger vollständig zum Vorsteuerabzug berechtigt ist. Die Finanzverwaltung hat dazu aber in Abschn. 9.2 Abs. 3 UStAE eine Bagatellregelung aufgenommen, nach der es nicht zu beanstanden ist, wenn der Leistungsempfänger bis zu 5 % vorsteuerabzugsschädliche Ausgangsumsätze ausführt. Darüber hinaus sind diese Voraussetzungen auf den jeweiligen Raum zu beziehen.

Tipp! Zumindest die raumbezogene Möglichkeit der Option hat der BFH (Urteil vom 24.04.2014, V R 27/13, BStBl II 2014, 732) bestätigt. Zu der 5 %-Grenze hat er sich nicht geäußert, das FG Niedersachsen sah diese Grenze als unbeachtlich an. Von besonderer Brisanz ist dies auch bei Veränderungen bei der Steuerbefreiung (z.B. die zum 01.07.2013 eingeführten Steuerbefreiung bei Berufsbetreuern nach § 4 Nr. 16 UStG und den Ergänzungspflegern und Vormündern nach § 4 Nr. 25 UStG – hier sind häufig Unternehmer betroffen (z.B. Rechtsanwälte), die nur in geringfügigem Umfang solche steuerfreien Leistungen ausführen). Besondere Probleme haben sich in der Praxis gerade im Zusammenhang mit der Corona-Pandemie ergeben, wenn z.B. Apotheken auch nach § 4 Nr. 14 UStG steuerfreie Corona-Tests durchführen (aufgrund einer Billigkeitsmaßnahme des BMF) und dies über die 5 %-Grenze hinausgeht.

Ich möchte dies an einem Beispiel verdeutlichen: Ein Vermieter vermietet Räume in einem Neubau an einen Augenarzt, der auch Kontaktlinsen anpasst und verkauft. Für die Anpassung und den Verkauf der Kontaktlinsen verwendet der Arzt einen Raum der Mieteinheit. Für diesen Raum kann der Vermieter auf die Steuerfreiheit des Vermietungsumsatzes verzichten, da der Mieter insoweit zum Vorsteuerabzug berechtigt ist. Für die anderen Räume ist eine Option nicht gegeben, da der Arzt diese Räume wohl zu mehr als 5 % für vorsteuerabzugsschädliche steuerfreie ärztliche Leistungen verwenden wird. Schwierigkeiten können sich hier aber bei dem Nachweis durch den leistenden Unternehmer ergeben.

Tipp! Hier können Sie zwischen vielen unterschiedlichen Beispielen wählen. Achten Sie aber darauf, dass die verwendeten Beispiele nicht zu komplex werden, die Prüfer müssen dem Beispiel auch folgen können.

Zu beachten ist aber, dass die Vorsteuerabzugsberechtigung des Leistungsempfängers tatsächlich vorhanden sein muss. Der BFH (Urteil vom 01.03.2018, V R 35/17, BFH/NV 2018, 801) hat dazu entschieden, dass ein pauschaler Vorsteuerabzug des Leistungsempfängers nicht ausreichend dafür ist, dass der leistende Unternehmer auf die Steuerbefreiung verzichten darf. So kann ein Unternehmer, der Gebäude an einen durchschnittssatzbesteuerten Landwirt (§ 24 UStG) vermietet, nicht auf die Steuerfreiheit verzichten und hat insoweit aus der Errichtung der Gebäude keinen Vorsteuerabzug. Dies war bisher in der Land- und Forstwirtschaft ein beliebtes Gestaltungsmodell.

Tipp! Diese Rechtsprechung hat die Finanzverwaltung (BMF, Schreiben vom 06.11.2020) entsprechend in Abschn. 9.2 Abs. 2 UStAE umgesetzt und wendet sie für alle durchschnittssatzbesteuerten Unternehmer an. Verfolgen Sie immer auch in der Vorbereitung auf die mündliche Steuerberaterprüfung die aktuelle Entwicklung, insbesondere die Rechtsprechung von BFH und EuGH. Auch in den Vorträgen können aktuelle Hinweise den entscheidenden Unterschied ausmachen.

2.2 Anwendung des § 27 Abs. 2 UStG

Die in § 9 Abs. 2 UStG enthaltenen Voraussetzungen gelten aber nicht für alle Gebäude, sondern nur für Gebäude, bei denen mit dem Bau ab dem 11.11.1993 begonnen wurde oder die nach dem 31.12.1997 fertiggestellt wurden. Wird ein Gebäude vermietet, bei dem vor diesem Zeitpunkt mit dem Bau begonnen wurde, sind die **Übergangsregelungen nach § 27 Abs. 2 UStG** zu berücksichtigen. Dabei ist insbesondere zu beachten, dass in diesen Fällen nicht der Vorsteuerabzug bei dem Leistungsempfänger notwendig ist, die Räume dürfen lediglich in der tatsächlichen Nutzung nicht zu Mietwohnzwecken oder anderen nichtunternehmerischen Zwecken verwendet werden. Dabei kommt es für die Prüfung des § 27 Abs. 2 UStG nicht darauf an, wann der Unternehmer das Gebäude erworben hat, wann der Mietvertrag abgeschlossen wird oder wann die Vermietung tatsächlich ausgeführt wird – es kommt immer nur darauf an, wann das Gebäude errichtet worden ist. So kann ein Unternehmer in meinem vorigen Beispiel bei der Vermietung an den Augenarzt dann in vollem Umfang auf die Steuerfreiheit verzichten, wenn die Räume in einem Gebäude mit Baujahr 1920 oder 1980 vermietet werden. Ob das dann aber wirtschaftlich sinnvoll ist, muss im Einzelfall geprüft werden – im Regelfall wird dies wegen der nicht vorliegenden Vorsteuerabzugsberechtigung des Mieters nicht der Fall sein.

Ist ein Gebäude vor Mitte der 80er Jahre errichtet worden, gelten überhaupt keine weiteren Beschränkungen. Hier muss der Mieter lediglich Unternehmer sein und die Leistung für sein Unternehmen beziehen. Allerdings muss beachtet werden, dass hier gegebenenfalls ein Gestaltungsmissbrauch nach § 42 AO vorliegen kann. Dies war früher typischerweise bei der Einschaltung von gewerblichen Zwischenmietern in die Vermietung von Mietwohnungen der Fall.

Für die Prüfung des Baubeginns kommt es entscheidend auf den Beginn der tatsächlichen Bautätigkeit an, z.B. Ausheben der Baugrube oder Anfahren von Baumaterial, der Bauantrag ist bei dieser Regelung nicht von entscheidender Bedeutung. Eine Instandsetzung eines Gebäudes macht ein Gebäude nicht zu einem „Neuobjekt", lediglich wenn die Instandsetzungsarbeiten so massiv sind, dass ertragsteuerrechtlich von einem neuen Wirtschaftsgut ausgegangen wird, liegt auch umsatzsteuerrechtlich ein neues Gebäude vor.

Tipp! In einer mündlichen Prüfung ist es nicht in jedem Fall möglich und sinnvoll, alle Voraussetzungen exakt mit den einzelnen Daten zu benennen. Selbst wenn Sie sich die einzelnen Daten notieren, überfordern Sie die Prüfer, außerdem wird der Vortrag eher zäh, wenn Sie Detaildaten ablesen. Versuchen Sie deshalb lieber, besonders interessante Aspekte hervorzuheben und durch ein Beispiel zu illustrieren. Gegebenenfalls kann auch noch auf den Sinn der Regelung hingewiesen werden. Insbesondere durch die Einführung der aktuellen Fassung des § 9 Abs. 2 UStG sollten Gestaltungsmodelle vermieden werden, bei denen nicht vorsteuerabzugsberechtigte Unternehmer (z.B. Banken, Versicherungen) durch Einschaltung einer Vorschaltgesellschaft und anschließender Vermietung die Vorsteuer aus dem Bauvorhaben abziehen konnten.

2.3 Voraussetzungen nach § 9 Abs. 3 UStG

Hat ein Unternehmer ein Grundstück verkauft oder ist dieses Grundstück im Rahmen einer Zwangsversteigerung versteigert worden, sind nach § 9 Abs. 3 UStG noch bestimmte formale Voraussetzungen zu erfüllen, wenn eine Option auf die Steuerpflicht (Verzicht auf die Steuerbefreiung nach § 4 Nr. 9 Buchst. a UStG) ausgeübt werden soll. So muss bei einer **Zwangsversteigerung** der Verzicht auf die Steuerbefreiung schon bei der Aufforderung zur Abgabe eines Gebots im Versteigerungstermin erklärt werden, bei einem Verkauf außerhalb der Zwangsversteigerung muss der Verkäufer in dem notariellen Kaufvertrag auf die Steuerbefreiung verzichten. Allerdings darf in dem Kaufvertrag die Umsatzsteuer nicht gesondert ausgewiesen werden, da bei Anwendung des Reverse-Charge-Verfahrens niemals Umsatzsteuer gesondert ausgewiesen werden darf. Würde der Verkäufer des Grundstücks Umsatzsteuer gesondert ausweisen, würde er sie nach § 14c Abs. 1 UStG schulden.

Tipp! Die Finanzverwaltung ging bei Einführung der Regelung des § 9 Abs. 3 Satz 2 UStG davon aus, dass der Verkäufer die Option auch noch in einer notariellen Ergänzungserklärung ausüben könne. Der BFH (Urteil vom 21.10.2015, XI R 40/13, BStBl II 2017, 852) ist dagegen zu der Auffassung gelangt, dass der Verzicht auf die Steuerbefreiung beim steuerbaren Verkauf eines Grundstücks nur in dem notariellen Kaufvertrag ausgeübt werden kann. Die Finanzverwaltung (BMF, Schreiben vom 02.08.2017, BStBl I 2017, 1240) hat sich dem angeschlossen, gewährte aber für die Vergangenheit – längstens bis 31.12.2017 – Vertrauensschutz.

Hintergrund dieser Regelung ist, dass der Käufer nach § 13b UStG zum Steuerschuldner wird und deshalb schon vor Abschluss des Kaufs oder Abgabe eines Gebots im Zwangsversteigerungstermin darüber informiert sein muss, dass er zum Steuerschuldner wird. Damit ist dies eine Schutzvorschrift für den Käufer, ihn vor einer nachträglichen Option des Verkäufers zu bewahren.

Tipp! Zeigen Sie in einer mündlichen Prüfung nicht nur, dass Sie gesetzliche Normen kennen und anwenden können. Gerade in der mündlichen Prüfung kann gezeigt werden, dass Sie auch Zusammenhänge und Begründungen für bestimmte steuerrechtliche Normen kennen. Darüber hinaus könnte an dieser Stelle auch noch darauf eingegangen werden (kurz!), dass bei der Veräußerung von Grundstücken häufig auch ein nicht steuerbarer Umsatz vorliegen kann, wenn es sich nach § 1 Abs. 1a UStG um eine Geschäfts- oder Teilbetriebsveräußerung handelt.

Da § 9 Abs. 3 Satz 2 UStG auf die Umsätze nach § 4 Nr. 9 Buchst. a UStG – also die unter das Grunderwerbsteuergesetz fallenden Umsätze – verweist, sind auch noch weitere Sachverhalte außerhalb des Verkaufs eines

Grundstücks für die Anwendung des § 9 Abs. 3 UStG denkbar. So unterliegen dieser Regelung zum Beispiel auch die Bestellung und Übertragung von Erbbaurechten.

3. Form des Verzichts

Möchte der Unternehmer einen steuerfreien Umsatz zulässigerweise steuerpflichtig gestalten, sind – bis auf die Sonderfälle des § 9 Abs. 3 UStG – keine besonderen Voraussetzungen zu erfüllen, er muss diesen Umsatz lediglich gegenüber seinem Finanzamt steuerpflichtig erklären und die Umsatzsteuer entsprechend abführen; die Option ist auch an keine besondere Form gebunden. Gegenüber dem Leistungsempfänger ist er dann zur Ausstellung einer Rechnung verpflichtet, dieses begründet aber nicht den Verzicht auf die Steuerfreiheit. Bei dem durch Option steuerpflichtigen Verkauf eines Grundstücks ist allerdings darauf zu achten, dass der Verkäufer keine Umsatzsteuer gesondert ausweisen darf, da der Käufer zum Steuerschuldner wird.

Umstritten war, wie lange der Unternehmer einen Verzicht auf die Steuerbefreiung rückwirkend ausüben kann bzw. ob er eine solche Option auch mit Wirkung für die Vergangenheit zurücknehmen kann. Die Finanzverwaltung ging davon aus, dass der Unternehmer einen Verzicht auf die Steuerbefreiung bis zur formellen Bestandskraft der jeweiligen Jahressteuerfestsetzung erklären kann (die formelle Bestandskraft tritt regelmäßig einen Monat nach Abgabe der Steuererklärung ein, soweit kein Rechtsbehelf eingelegt worden ist), dies ist auch rückwirkend möglich. Unter diesen Voraussetzungen war auch der Widerruf der Optionserklärung möglich. Der BFH (Urteil vom 19.12.2013, V R 6/12, BStBl II 2017, 837) hat allerdings festgestellt, dass der Verzicht auf die Steuerbefreiung zurückgenommen werden kann, solange die Steuerfestsetzung für das Jahr der Leistungserbringung anfechtbar oder aufgrund eines Vorbehalts der Nachprüfung nach § 164 AO noch änderbar ist (materielle Bestandskraft). Damit kann die Option wie auch der Widerruf noch solange erklärt werden, wie ein Bescheid unter dem Vorbehalt der Nachprüfung steht. Allerdings müssen bei einem eventuellen rückwirkenden Widerruf auch alle mit Umsatzsteuerausweis ausgestellte Rechnungen oder Verträge geändert werden, da ansonsten die gesondert ausgewiesene Umsatzsteuer als unrichtig ausgewiesene Steuer nach § 14c Abs. 1 UStG geschuldet wird.

> **Tipp!** Die Finanzverwaltung hat dies mit Schreiben vom 02.08.2017 (BStBl I 2017, 1240) entsprechend übernommen und Abschn. 9.1 und Abschn. 9.2 UStAE angepasst. Wird die Option widerrufen und hatte der Unternehmer Umsatzsteuer gesondert ausgewiesen, handelt es sich um einen unrichtigen Steuerausweis. Die Berichtigung richtet sich in diesem Fall aber nach der strengen Berichtigungsmöglichkeit des § 14c Abs. 2 UStG, der Unternehmer muss sich deshalb die Berichtigung der unrichtig ausgewiesenen Umsatzsteuer vom zuständigen Finanzamt genehmigen lassen.

4. Vorteile der Option

Kann der Unternehmer auf die Steuerbefreiung eines Umsatzes nach den Vorschriften des § 9 UStG verzichten, muss auch geprüft werden, ob dies für die Beteiligten auch **sinnvoll** ist. Nicht jede gesetzlich mögliche Option ist auch wirtschaftlich sinnvoll. In jedem Fall ist eine Option sinnvoll, wenn der Leistungsempfänger zum Vorsteuerabzug berechtigt ist und deshalb die Umsatzsteuer in vollem Umfang auf den Leistungsempfänger überwälzt werden kann. Dadurch hat zumindest der leistende Unternehmer den Vorteil, dass damit im Zusammenhang stehende Eingangsleistungen den Vorsteuerabzug zulassen. Aber auch der Leistungsempfänger kann einen Vorteil daraus ziehen. So ist zum Beispiel bei der Vermietung von Gewerberäumen die Option auch für den vorsteuerabzugsberechtigten Mieter von wirtschaftlichem Vorteil, da in diesem Fall die ihm weiterberechneten Nebenkosten nur in Höhe des Nettobetrags zu Kosten werden. Würde der Vermieter nicht auf die Steuerbefreiung verzichten, würde er auf den Mieter die Bruttonebenkosten umlegen, ohne dass der Mieter einen Vorsteuerabzug hätte.

> **Tipp!** Dies gilt zumindest solange, wie in Deutschland aus einem Urteil des EuGH zu den Nebenkosten bei der Vermietung noch keine (nachteiligen) Folgen gezogen worden sind. Der EuGH (Urteil vom 16.04.2015, C-42/14 – Wojskowa Agencja Mieszkaniowa w Warszawie, BFH/NV 2015, 941) war offensichtlich zu der Erkenntnis gelangt, dass Nebenkosten zumindest insoweit keine Nebenleistung bei der Vermietung darstellen, soweit der Mieter einen unmittelbaren Einfluss auf die Höhe der Nebenkosten hat (z.B. Wasser, Wärme). In Deutschland sind bisher – zum Glück – noch keine nachteiligen Folgen aus diesem Urteil gezogen worden. Da der EuGH den Mitgliedstaaten hier aber auch einen Gestaltungsspielraum eingeräumt hat, müssen sie die Entwicklung bis zu Ihrer mündlichen Prüfung beobachten.

Ist der Leistungsempfänger nicht oder nicht vollständig zum Vorsteuerabzug berechtigt (bei Vermietung kann dies nur bei sog. „Altobjekten" in Betracht kommen), kommt es darauf an, ob eine Umsatzsteuer trotzdem auf den Leistungsempfänger überwälzt werden kann oder nicht. Hier kommt es auch auf die Marktmacht der Beteiligten an bzw. darauf, ob es sich um einen Käufer- oder einen Verkäufermarkt handelt. Grundsätzlich kann dies nur im Einzelfall beurteilt werden, wenn auch die sich bei dem leistenden Unternehmer ergebende Vorsteuerabzugsberechtigung mit einbezogen wird.

Gegebenenfalls kann auch ein Verzicht auf eine Steuerbefreiung sinnvoll sein, um eine Vorsteuerberichtigung – z.B. bei einem Verkauf eines Grundstücks – nach § 15a UStG zu vermeiden. Auch hier muss dann geprüft werden, in welchem Umfang sich eine Vorsteuerberichtigung ergeben würde und ob der Käufer bereit ist, die Umsatzsteuer zusätzlich zu entrichten oder ob der Nettokaufpreis entsprechend reduziert werden muss. Bei dem Verkauf eines Grundstücks ist es dem Verkäufer möglich, für abgrenzbare Teile eines Gebäudes auf die Steuerfreiheit zu verzichten, andere Teile aber auch umsatzsteuerfrei zu verkaufen (sog. **Teiloption**). Die Option muss sich aber immer auf bestimmte, abgrenzbare Gebäudeteile beziehen. Ein Verzicht auf die Steuerbefreiung des Kaufpreisanteils für das Gebäude, aber nicht für den Grund und Boden, kann nicht in Betracht kommen.

Schluss

Der **Verzicht auf die Steuerbefreiung** ist eine interessante Gestaltungsmöglichkeit im Umsatzsteuerrecht, die bei überlegter Ausübung den Beteiligten Vorteile bringt. Allerdings muss immer im Einzelfall geprüft werden, ob eine rechtlich mögliche Option auch wirtschaftlich sinnvoll ist. Da der Unternehmer aber nicht an eine Option gebunden ist – anders als bei anderen Wahlrechten bestehen hier keine gesetzlichen Bindungsfristen – kann der Unternehmer sich auch jederzeit neu entscheiden und auf die Option wieder verzichten, auch kann eine Option solange widerrufen werden, wie die Steuerfestsetzung noch änderbar ist. Gegebenenfalls muss der Unternehmer dann aber eine Vorsteuerberichtigung vornehmen und eine eventuell gesondert ausgewiesene Umsatzsteuer in einer Rechnung oder einem Mietvertrag korrigieren.

Vielen Dank für Ihre Aufmerksamkeit.

Vortrag 7: Die Geschäftsveräußerung im Ganzen im Umsatzsteuerrecht

I. Einführende Hinweise

Grundsätzlich sind alle Leistungen, die ein Unternehmer im Inland gegen Entgelt ausführt, steuerbar. In § 1 Abs. 1a UStG wird aber ausdrücklich geregelt, dass dies dann nicht gilt, wenn es sich um eine Geschäftsveräußerung im Ganzen oder eine Teilbetriebsveräußerung handelt. Dabei ist es unerheblich, ob diese Veräußerung entgeltlich oder unentgeltlich erfolgt. Liegt eine Geschäftsveräußerung vor, darf eine Umsatzsteuer nicht berechnet werden. Allerdings hat dies nicht nur Auswirkungen für den leistenden Unternehmer, sondern auch für den Leistungsempfänger hat die Geschäftsveräußerung Rechtsfolgen. Er tritt in die Rechtsposition des Verkäufers ein und muss so unter anderem alle Vorsteuerberichtigungszeiträume des Vorgängers übernehmen.

Ein besonderes Problem stellt der Vorsteuerabzug für Eingangsleistungen dar, die im Zusammenhang mit einer nicht steuerbaren Geschäftsveräußerung anfallen. Grundsätzlich setzt die Prüfung des Vorsteuerabzugs immer eine Verknüpfung mit einem bestimmten Ausgangsumsatz oder einer bestimmten Art von Ausgangsumsätzen voraus. Diese Ausgangsumsätze sind auf ihre Steuerpflicht hin zu überprüfen. Bei bestimmten steuerfreien Ausgangsumsätzen ergibt sich nach § 15 Abs. 2 i.V.m. Abs. 3 UStG ein Vorsteuerabzugsverbot. Da kein steuerbarer Ausgangsumsatz vorliegt, geht diese Prüfung ins Leere, sodass die Abzugsberechtigung nach anderen Kriterien zu überprüfen ist.

Tipp! Die Geschäftsveräußerung im Ganzen ist ein dankbares Thema für einen Vortrag. Der Vortrag sollte aber mit Beispielen unterlegt werden. Die Geschäftsveräußerung im Ganzen war in den vergangenen Jahren auch Gegenstand der Rechtsprechung (z.B. zur Veräußerung eines Erbbaurechts mit verpachteten Reha-Zentrum, BFH, Urteil vom 19.12.2013, XI R 38/10, BStBl II 2013, 1053; zur Unschädlichkeit der Nichtweiterführung des Namens des übernommenen Unternehmens, BFH, Urteil vom 29.08.2012, XI R 1/11, BStBl II 2013, 301; keine Geschäftsveräußerung bei Veräußerung von Teilen des Inventars eine Gaststätte, BFH, Urteil vom 04.02.2015, XI R 42/13, BFH/NV 2015, 937; es ist auch teilweise eine Geschäftsveräußerung bei einem vermieteten Immobilienobjekt möglich, soweit es vom Käufer weitervermietet wird, BFH, Urteil vom 06.07.2016, XI R 1/15, BStBl II 2016, 909 sowie aktuell auch BFH, Urteil vom 24.02.2021, XI R 8/19 zur Geschäftsveräußerung bei Erwerb eines vom Veräußerer zunächst gepachteten und teilweise untervermieteten Grundstücks) und ist deshalb auch für mündliche Prüfungen ein interessantes Thema. Darüber hinaus hatte auch der EuGH (Urteil vom 10.11.2011, C-444/10 – Christel Schriever, BStBl II 2012, 848, Folgeentscheidung des BFH, Urteil vom 18.01.2012, XI R 27/08, BStBl II 2012, 842) bezüglich der Zurückbehaltung von wesentlichen Betriebsgrundlagen und mietweiser Überlassung an den Erwerber für mehr Rechtssicherheit gesorgt.

II. Die Gliederung

	Gliederungspunkt	**Die Stichworte**
	Einleitung	**Thema; Überblick, Voraussetzungen, Rechtsfolgen**
1.	Allgemeine Voraussetzung	Entgeltliche oder unentgeltliche Übertragung möglich
1.1	Unternehmen als Voraussetzung	Unternehmen oder abgrenzbarer Teilbetrieb; Übertragung wesentlicher Grundlagen. Übertragung von Rechten; noch keine Ausführung von Umsätzen notwendig
1.2	Fortführung des Unternehmens	Keine Zerschlagung; Unternehmen muss in der Form weitergeführt werden; Anwendung auf Grundstücksteile
2.	Rechtsfolgen	Nichtsteuerbarkeit, kein Ausweis der Umsatzsteuer, Steuerschuld nach § 14c Abs. 1 UStG – kein Vorsteuerabzug
3.	Risiken des Erwerbers	Eintritt in die Vorsteuerberichtigung, Berichtigung der Anschaffungs-/Herstellungskosten oder Reparaturkosten bei Immobilien
4.	Vorsteuerabzug	**Vorsteuerabzug bei Käufer:** Zusammenhang mit Ausgangsumsätzen möglich. **Vorsteuerabzug bei Verkäufer:** Kein Ausgangsumsatz, Zusammenhang mit bisherigen Umsätzen herstellen
	Schluss	**Fazit; einfache Abwicklung, wenn Voraussetzung klar; Risiken, wenn Unsicherheit über Voraussetzung, Vertragsklausel**

III. Der Vortrag

Einleitung

Guten Tag, ich habe das Thema **„Die Geschäftsveräußerung im Ganzen im Umsatzsteuerrecht"** gewählt. Die Geschäftsveräußerung im Ganzen oder die Veräußerung eines Teilbetriebs an einen anderen Unternehmer für dessen Unternehmen war nicht immer ein nicht steuerbarer Umsatz. Erst 1994 wurde diese in § 1 Abs. 1a UStG enthaltene Vorschrift in das Umsatzsteuergesetz aufgenommen. Ziel war es, solche Übertragungen nicht mit einer Umsatzsteuer zu belasten, die regelmäßig beim Erwerber wieder zu einem Vorsteuerabzug führen würde, zumal sich erhebliche Probleme bei der Ermittlung der Bemessungsgrundlage ergaben. Veräußert der Unternehmer ein Unternehmen im Ganzen oder einen abgrenzbaren Teilbetrieb an einen anderen Unternehmer und setzt dieser andere Unternehmer dieses Unternehmen fort, ist der Umsatz nicht steuerbar und eine Umsatzsteuer darf nicht berechnet und in einer Rechnung oder einem anderen Dokument ausgewiesen werden. Damit muss immer zuerst geprüft werden, ob die Voraussetzungen für die Anwendung des § 1 Abs. 1a UStG vorliegen. Da sich aber auch für den Leistungsempfänger Auswirkungen ergeben, muss ebenfalls geprüft werden, worauf der Erwerber zu achten hat. Zum Schluss möchte ich noch auf die Vorsteuerabzugsberechtigung im Zusammenhang mit einer Geschäftsveräußerung im Ganzen eingehen. Hier ergeben sich systematische Probleme, da kein Zusammenhang mit einem steuerbaren Ausgangsumsatz hergestellt werden kann.

1. Allgemeine Voraussetzung

Eine nicht steuerbare Geschäftsveräußerung liegt dann vor, wenn ein **Unternehmen** oder ein **abgrenzbarer Teilbetrieb** im Ganzen übereignet wird. Dabei ist es unerheblich, ob die Übertragung entgeltlich oder unentgeltlich erfolgt. Damit kann zum Beispiel auch die Übertragung eines Unternehmens im Rahmen einer vorweggenommenen Erbfolge unter die Nichtsteuerbarkeit nach § 1 Abs. 1a UStG fallen. Ebenso ist bei der Einbringung eines Unternehmens in eine Gesellschaft eine nicht steuerbare Geschäftsveräußerung gegeben.

1.1 Unternehmen als Voraussetzung

Bei dem übertragenen Unternehmen oder dem übertragenen Teilbetrieb muss es sich um ein **fortführbares Unternehmen** handeln, der Erwerber muss in der Lage sein, das Unternehmen ohne großen weiteren finanziellen Aufwand fortzuführen (vgl. dazu auch BFH, Urteil vom 28.11.2002, BStBl II 2004, 665). Der übertragende Unternehmer darf deshalb keine wesentlichen Grundlagen zurückbehalten. Unwesentliche Teile – zum Beispiel ein vom Verkäufer bisher im Unternehmen genutztes Fahrzeug – kann aber von dem Verkäufer zurückbehalten werden. Es besteht auch die Möglichkeit, dass wesentliche Grundlagen zurückbehalten werden, diese aber dem Erwerber längerfristig für dessen unternehmerische Zwecke vermietet oder verpachtet werden. So hatte der BFH entschieden, dass der übertragende Unternehmer ein als wesentliche Grundlage einzuordnendes Grundstück zurückbehalten und an den Erwerber langfristig vermieten kann und trotzdem eine Geschäftsveräußerung vorliegen kann (vgl. BFH, Urteil vom 04.07.2002, V R 10/01, BStBl II 2004, 662). Dies hat im Ergebnis auch der EuGH (Urteil vom 10.11.2011, C-444/10 – Christel Schriever, BStBl II 2012, 848) bestätigt, der keine Zweifel daran gelassen hat, dass eine nicht steuerbare Geschäftsveräußerung auch dann vorliegen kann, wenn der Eigentümer eines Einzelhandelsgeschäfts dieses veräußert, aber die Räumlichkeiten, in dem dieses Einzelhandelsgeschäft betrieben wird, zurückbehält und an den Erwerber vermietet. Dabei sind nach Auffassung des EuGH auch keine besonderen Anforderungen an den Mietvertrag zu stellen, insbesondere gibt es keine Mindestlaufzeiten für einen Mietvertrag. Aus diesem Grund ist es auch nicht schädlich, wenn der Veräußerer nach der Geschäftsveräußerung weiterhin eine unternehmerische Betätigung ausübt.

> **Tipp!** Hier könnte auch noch darauf hingewiesen werden, dass die Geschäftsveräußerung nicht nur bei gewerblichen Betrieben eine Rolle spielt, sondern vor allem auch bei der Veräußerung von Immobilien im VuV-Bereich eine Übertragung des ganzen Unternehmens oder eines abgrenzbaren Teilbetriebs vorliegen kann.

Was alles als wesentliche Grundlagen eines Unternehmens anzusehen sind, muss immer im **Einzelfall** entschieden werden. Dies können bewegliche Wirtschaftsgüter sein, es kann sich aber auch um Grundstücke handeln. Soweit die Tätigkeit des Unternehmens von Urheberrechten, Patenten oder ähnlichen geistigen Rechten abhängig ist, müssen auch diese Rechte auf den Erwerber übertragen werden, damit eine nicht steuerbare

Geschäftsveräußerung vorliegt. Werden Anteile an anderen Gesellschaften veräußert, kann sich daraus nur eine Geschäftsveräußerung ergeben, wenn der Gesellschaftsanteil Teil einer eigenständigen Einheit ist und diese Tätigkeit vom Erwerber fortgeführt wird. Keine Geschäftsveräußerung im Ganzen liegt aber nach der Rechtsprechung des BFH (Urteil vom 04.02.2015, XI R 42/13, BStBl II 2015, 616) bei der Veräußerung von Teilen des Inventars einer Gaststätte vor.

Eine **nicht steuerbare Geschäftsveräußerung** setzt nicht voraus, dass der Veräußerer tatsächlich schon Leistungen ausgeführt hat, er muss aber die Absicht gehabt haben, Umsätze zu erzielen und es muss sich insoweit um eine Einheit handeln, von der Umsätze ausgeführt werden können (vgl. auch BFH, Urteil vom 08.03.2001, V R 24/98, BStBl II 2003, 430).

Von besonderer Bedeutung ist, dass auch ein **Teilbetrieb** im Rahmen einer nicht steuerbaren Geschäftsveräußerung übertragen werden kann. Dabei ist zu beachten, dass sich die Sichtweise bezüglich der Annahme eines Teilbetriebs geändert hat. So war früher davon ausgegangen worden, dass ein Teilbetrieb nur dann vorliegen kann, wenn es sich schon beim Veräußerer um einen abgrenzbaren Teilbetrieb gehandelt hatte. Die Finanzverwaltung (BMF, Schreiben vom 11.12.2013, Abschn. 1.5 Abs. 6 UStAE) hat hier aber unter Bezugnahme auf die Rechtsprechung geregelt, dass es nicht darauf ankommt, dass es sich schon beim Veräußerer um einen Teilbetrieb gehandelt hatte, sondern es nur darauf ankommt, ob die übertragenen Teile beim Erwerber einen lebensfähigen Organismus darstellen, der eigenständig betrieben werden kann.

1.2 Fortführung des Unternehmens

Hat ein Unternehmer ein anderes Unternehmen erworben, um dieses nicht fortzuführen, sondern zu zerschlagen, liegt **keine Geschäftsveräußerung** vor. Voraussetzung für eine nicht steuerbare Geschäftsveräußerung ist, dass der Erwerber das Unternehmen in der Form fortführt, wie es auch der Veräußerer getan hat. Führt der erwerbende Unternehmer mit dem erworbenen Unternehmen völlig andere wirtschaftliche Umsätze aus, liegt ebenfalls keine nicht steuerbare Geschäftsveräußerung vor. Lassen Sie mich dies bitte an einem Beispiel darstellen: Ein Immobilien-Investor hat ein Gewerbeobjekt errichtet und an einen Unternehmer für dessen Unternehmen vermietet. Nach einigen Jahren veräußert der Investor das Gebäude an den Mieter. Grundsätzlich könnte hier eine nicht steuerbare Geschäftsveräußerung vorliegen. Da der Verkäufer ein Vermietungsunternehmen unterhielt, der Erwerber aber nicht das Vermietungsunternehmen fortsetzt, sondern das Grundstück jetzt im Rahmen seiner normalen Ausgangsumsätze verwendet, liegt keine Identität der wirtschaftlichen Tätigkeit vor – eine nicht steuerbare Geschäftsveräußerung ist nicht gegeben.

Ein **richtungsweisendes Urteil des BFH** (Urteil vom 06.07.2016, XI R 1/15, BStBl II 2016, 909) möchte ich in diesem Zusammenhang noch erwähnen: In einem Gebäude, das vom Verkäufer in vollem Umfang an Dritte und den unternehmerischen Ehepartner vermietet worden war, wurde von dem Erwerber die Vermietung nur gegenüber den Dritten fortgesetzt. Die bisher an den Ehepartner der Verkäuferin vermieteten Räume wurden leerstehend übergeben und von dem Käufer – wie von Anfang an geplant – anschließend für eigene unternehmerische Zwecke verwendet. Der BFH kam in seinem Urteil zu dem Ergebnis, dass die weiterhin vermieteten Einheiten im Rahmen einer nicht steuerbaren Geschäftsveräußerung übertragen wurden, die vom Erwerber aber für eigene unternehmerische Zwecke verwendeten Räume waren nicht Gegenstand der Geschäftsveräußerung. Dieser Teil des Gebäudes wurde im Rahmen einer steuerbaren und nach § 4 Nr. 9 Buchst. a UStG steuerfreien Grundstücksveräußerung übertragen. Gegebenenfalls hätte bezüglich der steuerfreien Veräußerung auf die Steuerbefreiung nach § 9 UStG verzichtet werden können, diese Option hätte der Verkäufer aber schon im notariellen Kaufvertrag erklären müssen – dies wäre im Zusammenhang mit der Vermeidung einer durch die steuerfreie Veräußerung eventuell ausgelösten Vorsteuerberichtigung nach § 15a UStG wichtig.

2. Rechtsfolgen

Liegt eine solche nichtsteuerbare Geschäftsveräußerung vor, darf der Unternehmer in einem Kaufvertrag oder einer Rechnung **keine Umsatzsteuer gesondert** ausweisen. Hat der Veräußerer fälschlicherweise eine Umsatzsteuer in einer Rechnung oder einem Kaufvertrag gesondert ausgewiesen, würde es sich bei dem Verkäufer um einen unrichtigen Steuerausweis nach § 14c Abs. 1 UStG handeln – der Verkäufer würde diese gesondert ausgewiesene Umsatzsteuer schulden. Unabhängig davon kann der Erwerber die ausgewiesene Umsatzsteuer nicht als Vorsteuer abziehen, da eine unrichtig ausgewiesene Umsatzsteuer nicht für eine Lieferung oder sonstige Leistung geschuldet wird und somit nicht die Voraussetzungen des § 15 Abs. 1 Satz 1 Nr. 1 UStG vorliegen. Die Rechnung kann aber unter den strengen Berichtigungsvoraussetzungen des § 14c Abs. 2 UStG berichtigt werden (Zustimmung durch das Finanzamt, Gefährdung des Steueraufkommens muss beseitigt sein).

Tipp! Wenn es die Zeit erlaubt, kann noch ein Gestaltungshinweis für den Abschluss von Verträgen gegeben werden: Wenn die Vertragsparteien unsicher sind, ob es sich um eine Geschäftsveräußerung im Ganzen handelt, sollte in dem Vertrag darauf hingewiesen werden, dass in dem Fall, in dem die Finanzverwaltung einen steuerbaren Umsatz annimmt, die Umsatzsteuer auf den vereinbarten Preis zusätzlich berechnet wird.

3. Risiken des Erwerbers

Für den Erwerber bestehen aber auch bei Erkennen der **Geschäftsveräußerung im Ganzen** erhebliche Risiken. Nach § 1 Abs. 1a UStG tritt der Erwerber in die Rechtsposition des Veräußerers ein. Insbesondere betrifft dies die Vorsteuerberichtigung nach § 15a UStG, der Erwerber setzt hier die Vorsteuerberichtigungszeiträume des Veräußerers in vollem Umfang fort, § 15a Abs. 10 UStG (sog. **„Fußstapfentheorie"**). Damit können sich für einen Erwerber eines Unternehmens erhebliche Risiken ergeben, wenn er nicht genau analysiert, welche Vorsteuerbeträge der Veräußerer in den letzten Jahren abgezogen hatte und wie sich die Verwendung im Zusammenhang mit dieser bezogenen Leistung entwickelt hat. Deshalb muss gerade bei Immobilienkäufen immer in der Praxis geprüft werden, welche Vorsteuerbeträge der Veräußerer aufgrund der damals vorliegenden Verwendung oder Verwendungsabsicht berechtigterweise abgezogen hatte.

Tipp! Zu beachten ist, dass dies insbesondere bei Immobilien eine Rolle spielt, da hier ein Berichtigungszeitraum von zehn Jahren besteht. Dies betrifft nicht nur die Anschaffungs- oder Herstellungskosten, sondern auch Instandsetzungskosten, die nach § 15a Abs. 3 UStG einen eigenständigen Vorsteuerberichtigungszeitraum begründen können.

4. Vorsteuerabzug

Abschließend möchte ich noch auf die **Problematik des Vorsteuerabzugs im Zusammenhang mit einer nicht steuerbaren Geschäftsveräußerung** eingehen. Grundsätzlich ist für die Prüfung des Vorsteuerabzugs immer festzustellen, mit welchem Ausgangsumsatz die Eingangsleistung im Zusammenhang steht. Damit muss geprüft werden, für welchen Vertragspartner der Vorsteuerabzug zu prüfen ist.

Fallen **Vorsteuerbeträge bei dem Erwerber** im Zusammenhang mit der Geschäftsveräußerung an, stehen diese mit den späteren Ausgangsumsätzen des Erwerbers im Zusammenhang. Die Vorsteuerabzugsberechtigung kann in diesem Fall nach der normalen systematischen Reihenfolge des § 15 UStG geprüft werden. Wird der Erwerber vorsteuerabzugsschädliche Ausgangsleistungen ausführen, ist der Vorsteuerabzug insoweit ausgeschlossen.

Fallen **Vorsteuerbeträge bei dem Veräußerer** an – zum Beispiel kann bei einer nichtsteuerbaren Veräußerung eines Grundstücks der Veräußerer einen Immobilienmakler beauftragen –, sind keine steuerbaren Ausgangsumsätze vorhanden, die für die Prüfung des Vorsteuerabzugs herangezogen werden können. In diesem Zusammenhang soll das Verhältnis der bisherigen Umsätze des Veräußerers für die Beurteilung des Vorsteuerabzugs herangezogen werden (vgl. dazu im Ergebnis auch EuGH, Urteil vom 22.02.2001, C-408/98 – Abbey National, BFH/NV Beilage 2001, 78). Wenn also der Veräußerer des Grundstücks von dem Makler eine Leistung erhält und auch eine ordnungsgemäße Rechnung vorliegt, kann der Verkäufer des Grundstücks den Vorsteuerabzug insoweit vornehmen, wie er bisher – in diesem Besteuerungszeitraum – das Grundstück für vorsteuerabzugsberechtigende Ausgangsumsätze verwendet hat.

Schluss

Liegt eine **Geschäftsveräußerung** vor, ist der Vorgang nicht steuerbar. Ein Wahlrecht für die Beteiligten besteht dabei nicht. In den Fällen, in denen für die Beteiligten zweifelsfrei eine solche Geschäftsveräußerung vorliegt, führt dies zu einer einfachen Abwicklung, ein wirtschaftliches Restrisiko besteht dann lediglich für den Erwerber, da er in die Vorsteuerberichtigungszeiträume des Veräußerers eintritt. Insbesondere sind bei Immobilienveräußerungen immer die Voraussetzungen der Geschäftsveräußerung im Ganzen zu prüfen.

Sind die Beteiligten unsicher, ob eine Geschäfts- oder Teilbetriebsveräußerung vorliegt, können sich für beide Beteiligten erhebliche steuerliche Risiken ergeben. So könnte von dem Verkäufer eine Umsatzsteuer nachgefordert oder dem Käufer könnte der Vorsteuerabzug versagt werden. In diesen Fällen sollte zumindest von den Beteiligten eine Steuerklausel in den Vertrag aufgenommen werden, um zwischen den Vertragsparteien keine Unsicherheiten über die Behandlung aufkommen zu lassen, wenn keine Geschäftsveräußerung im Ganzen vorliegen sollte – im Ergebnis aber auch keine vollständig befriedigende Lösung.

Vielen Dank für ihre Aufmerksamkeit.

Vortrag 8: Der Kleinunternehmer im Umsatzsteuerrecht

I. Einführende Hinweise

Nach § 19 UStG kann ein Unternehmer, der bestimmte Umsatzgrenzen nicht übersteigt, die sog. Kleinunternehmerbesteuerung in Anspruch nehmen. Liegen die gesetzlichen Voraussetzungen vor, führt der Kleinunternehmer zwar steuerbare und – soweit keine Befreiung einschlägig ist – auch steuerpflichtige Umsätze aus, die dafür entstehende Umsatzsteuer wird aber nicht erhoben. Im Gegenzug erhält der Kleinunternehmer aber keinen Vorsteuerabzug für seine Eingangsleistungen. Damit scheidet er aus dem Regelveranlagungsverfahren aus, muss lediglich eine jährliche Umsatzsteuererklärung abgeben, in der er die Höhe seines Gesamtumsatzes angibt.

Der Unternehmer kann auf die Anwendung der **Kleinunternehmerbesteuerung** verzichten. Dies muss der Unternehmer gegenüber seinem Finanzamt erklären, an diese Erklärung ist er für fünf Jahre gebunden.

Wendet der Unternehmer die Kleinunternehmerbesteuerung an, ergeben sich für ihn aber dennoch bestimmte Rechtsfolgen. So wird auch ein Kleinunternehmer Steuerschuldner nach § 13b UStG, wenn er Leistungen empfängt, für die die Steuerschuld auf ihn übergeht. Auch im Binnenmarkt ergeben sich im Zusammenhang mit innergemeinschaftlichen Erwerben besondere Anforderungen nach § 1a Abs. 1 und Abs. 3 UStG sowie seit dem 01.07.2021 im Zusammenhang mit den innergemeinschaftlichen Fernverkäufen.

> **Tipp!** Das Thema der Kleinunternehmerbesteuerung wurde schon häufig als Vortragsthema in der mündlichen Steuerberaterprüfung verwendet. Insbesondere die besonderen Anforderungen an den Kleinunternehmer (§ 13b, § 1a Abs. 3 UStG) können das „Salz in der Suppe“ eines solchen Vortrags sein!

II. Die Gliederung

	Gliederungspunkt	Die Stichworte
	Einleitung	**Thema; Überblick Voraussetzungen, Rechtsfolgen, Verzicht auf Anwendung und Überblick über Sonderregelungen**
1.	Ziele der Regelung und allgemeine Voraussetzung	Ziel der Regelung – Steuervereinfachung; Unternehmer muss im Inland ansässig sein

	Gliederungspunkt	Die Stichworte
1.1	Gesamtumsatz als Voraussetzung	Umfang des Gesamtumsatzes – Ausschluss bestimmter steuerfreier Umsätze; Beispiel Vermietung Parkplätze; Gesamtumsatz nach vereinbarten Entgelten oder vereinnahmten Entgelten berechnen; Vorjahr nicht mehr als 22.000 € (Grenze seit dem 01.01.2020), laufendes Jahr nicht mehr als 50.000 €; keine weitere Prüfung, wenn im Vorjahr Grenze überschritten
1.2	Besonderheit im Jahr der Gründung	Im Jahr der Gründung ist ausschließlich der hochgerechnete Gesamtumsatz von 22.000 € maßgeblich
2.	Besteuerung	Prüfung der Folgen
2.1	Umsetzung und Rechtsfolgen	Kein Antrag nötig; Umsatzsteuer wird nicht erhoben, keine Vorsteuer; Verzicht bis Unanfechtbarkeit möglich; Wiederruf nur zu Beginn eines Kalenderjahrs möglich; § 14c Abs. 2 UStG bei unberechtigtem Steuerausweis
2.2	Vorteile bei Verzicht	Sinnvoll, wenn Überwälzung der Umsatzsteuer möglich, dann Vorsteuerabzug; Bindung für fünf Jahre
3.	Besonderheiten	Vorsteuerberichtigung bei Wechsel der Besteuerungsform; Besonderheiten bei Lieferung neuer Fahrzeuge im Binnenmarkt, innergemeinschaftlichem Erwerb (Erwerbsschwelle § 1a Abs. 3 UStG, Prüfung Erwerbsschwelle von 12.500 €), auch Anwendung des Steuerschuldnerverfahrens nach § 13b UStG; Anwendung des OSS-Verfahrens bei Überschreiten der Umsatzschwelle bei innergemeinschaftlichen Fernverkäufen
	Schluss	**Fazit; gute Vereinfachungsregelung mit Gestaltungsmöglichkeiten**

III. Der Vortrag

Einleitung

Guten Morgen, ich habe das Thema **„Der Kleinunternehmer im Umsatzsteuerrecht"** gewählt. Die Kleinunternehmerbesteuerung ist eine Sonderregelung im Umsatzsteuerrecht, die es kleinen Unternehmern ermöglicht, sich fast völlig aus dem Umsatzsteuerverfahren heraus zu halten. Für die Ausgangsumsätze des Kleinunternehmers wird eine Umsatzsteuer nicht erhoben, er erhält dafür aber auch keinen Vorsteuerabzug für seine Eingangsumsätze. Um zur Anwendung der Kleinunternehmerbesteuerung zu kommen, muss zuerst geprüft werden, ob ein Unternehmer die Voraussetzungen des § 19 UStG erfüllt. In einem zweiten Schritt muss überprüft werden, ob es für den Kleinunternehmer eventuell sinnvoll sein kann, auf die Anwendung dieser Sonderregelung zu verzichten. Schließlich muss auch noch geprüft werden, welche umsatzsteuerlichen Regelungen für einen Kleinunternehmer trotz Anwendung dieser Sonderregelung gelten.

1. Ziele der Regelung und allgemeine Voraussetzung

Um einen Unternehmer, der nur in geringfügigem Umfang Umsätze ausführt, aus dem normalen Veranlagungsverfahren heraus zu halten, ist in § 19 UStG eine Ausnahmeregelung aufgenommen worden. Ein Unternehmer, der bestimmte Umsatzgrenzen nicht überschreitet, fällt unter diese Regelung, bei der dann eine Umsatzsteuer bei ihm nicht erhoben wird, er aber auch keinen Vorsteuerabzugsanspruch hat. Wesentliche Voraussetzung für die Anwendung der Kleinunternehmerbesteuerung ist, dass der Unternehmer im Inland oder in den in § 1 Abs. 3 UStG aufgeführten Gebieten (Freihäfen und Küstenstreifen) ansässig ist.

> **Tipp!** Ein im Ausland ansässiger Unternehmer kann – völlig unabhängig von der Höhe seiner Umsätze – nie unter die Kleinunternehmerbesteuerung für in Deutschland ausgeführte steuerbare Umsätze fallen. Umgekehrt bedeutet dies aber auch, dass ein deutscher Kleinunternehmer im Ausland nicht als Kleinunternehmer handeln kann. Die EU-Kommission plant mittelfristig, die Regelungen für die Kleinunternehmer unionsrechtlich anzupassen und dann auch grenzüberschreitende Sachverhalte mit in die Kleinunternehmerbesteuerung einzubeziehen.

1.1 Gesamtumsatz als Voraussetzung

Entscheidendes Kriterium für einen Kleinunternehmer ist, dass sein **Gesamtumsatz** im vorangegangenem Kalenderjahr nicht mehr als 22.000 € betragen hat und voraussichtlich im laufenden Jahr nicht mehr als 50.000 € betragen wird. Die Gesamtumsatzgrenze für das Vorjahr ist zum 01.01.2020 von 17.500 € auf 22.000 € angehoben worden. Der Umfang des Gesamtumsatzes wird abschließend in § 19 Abs. 3 UStG definiert und umfasst die steuerbaren Lieferungen und sonstigen Leistungen des Unternehmers. Allerdings sind bestimmte steuerfreie Umsätze nicht mit in die Berechnung des Gesamtumsatzes einzubeziehen. Dies sind die steuerfreien Umsätze, für die kein Vorsteuerabzug besteht – teilweise aber unter der Voraussetzung, dass es sich um Hilfsumsätze handelt.

Der **Ausschluss der nicht vorsteuerabzugsberechtigten steuerfreien Ausgangsumsätze** spielt für einige Unternehmer eine große Rolle. So kann zum Beispiel ein Vermieter, der steuerfrei Mietwohnungen nach § 4 Nr. 12 Satz 1 Buchst. a UStG vermietet, daneben auch noch ohne umsatzsteuerliche Folgen einige Parkplätze an fremde Personen vermieten. Diese Vermietung ist grundsätzlich nicht steuerfrei nach § 4 Nr. 12 Satz 2 UStG, unter Anwendung der Kleinunternehmerbesteuerung braucht er aber keine Umsatzsteuer für diese Umsätze abzuführen, da die steuerfreie Grundstücksvermietung nicht zum Gesamtumsatz zählt.

> **Tipp!** Ob hier genaue Rechtsvorschriften angegeben werden sollten, hängt von der Einstellung der Prüfungskommission ab – kaum jemand wird abschließend die vollständige Abgrenzung (ohne in das Gesetz zu schauen) wiedergeben können. Wenn Sie sich mit dem Gesetz vorbereiten dürfen, können Sie hier natürlich die genaue, in § 19 Abs. 3 UStG aufgeführte Abgrenzung in den Vortrag einbeziehen. Es ist bei Vorträgen aber nicht sinnvoll, wenn längere Gesetzespassagen wiedergegeben werden. Dies ist bei Vorbereitung mit Gesetzen keine bewertbare Leistung.

Die Berechnung des Gesamtumsatzes erfolgt nach vereinbarten Entgelten. Wenn der Unternehmer aber die Besteuerung nach vereinnahmten Entgelten anwendet, berechnet sich auch sein Gesamtumsatz nach diesen Grundsätzen.

> **Tipp!** Gegebenenfalls können Sie hier noch auf ein Sonderproblem bei der Ermittlung des Gesamtumsatzes bei Unternehmen hinweisen, die ihre Umsätze nach § 25 UStG (Besteuerung von Reiseleistungen) oder § 25a UStG (Differenzbesteuerung) besteuern. Seit 2010 sind die Einnahmen in die Ermittlung des Gesamtumsatzes einzubeziehen (Abschn. 19.3 Abs. 1 Satz 5 UStAE). Diese von der Finanzverwaltung vertretene Auffassung ist im Ergebnis vom EuGH (Urteil vom 29.07.2019, C-388/18 – B, BFH/NV 2019, 1214) sowie anschließend vom BFH (Urteil vom 23.10.2019, XI R 17/19, BFH/NV 2020, 476) bestätigt worden.

Überschreitet der Unternehmer im vorangegangenem Kalenderjahr die Grenze von 22.000 €, kommt es auf die Umsätze im laufenden Kalenderjahr nicht mehr an, er kann die Kleinunternehmerbesteuerung nicht mehr anwenden. Nur wenn der Gesamtumsatz im vorangegangenen Jahr nicht mehr als 22.000 € betragen hat, muss eine seriöse Prognose über den voraussichtlichen Gesamtumsatz im laufenden Jahr vorgenommen werden, dieser darf 50.000 € voraussichtlich nicht überschreiten. Sollte dann – entgegen der Prognose – im laufenden Kalenderjahr der Gesamtumsatz von 50.000 € überschritten werden, ergeben sich daraus für den Unternehmer keine nachteiligen Folgen, wenn dies zu Beginn des Jahres nicht absehbar war. Insbesondere kommt es nicht während des Kalenderjahrs zu einer Änderung des Besteuerungsverfahrens. Im Folgejahr kann der Unternehmer aber dann nicht mehr die Kleinunternehmerbesteuerung in Anspruch nehmen.

Tipp! Das Überschreiten der Umsatzgrenze bedeutet nicht einen Verzicht auf die Anwendung der Kleinunternehmerbesteuerung, damit wird also keine Bindungswirkung über fünf Jahre ausgelöst.

1.2 Besonderheit im Jahr der Gründung

Bei einer **Neugründung** eines Unternehmens ist die Umsatzgrenze anders zu prüfen. In diesem Fall kommt es auf die – hochgerechneten – Umsätze des laufenden Kalenderjahrs an. Wird der Gesamtumsatz voraussichtlich mehr als 22.000 € betragen, kann der Unternehmer die Kleinunternehmerbesteuerung nicht in Anspruch nehmen. Die Grenze von 50.000 € ist in diesem Fall unbeachtlich. Eine Besonderheit liegt aber dann vor, wenn der Unternehmer schon im alten Jahr mit Vorbereitungshandlungen begonnen hat (z.B. im Dezember 2021), aber in diesem Jahr noch keine Umsätze ausgeführt hat. Wenn er dann erstmals Ausgangsleistungen in 2022 ausführt, kommt es für die Prüfung der Kleinunternehmereigenschaft bei den Umsätzen des Jahres 2022 auf den Umsatz von 50.000 € an, da die unternehmerische Betätigung in 2021 begründet wurde und dort der (hochgerechnete) Gesamtumsatz 0 € betragen hat.

2. Besteuerung

Erst wenn die Voraussetzungen für die Kleinunternehmerbesteuerung vorliegen, können die Rechtsfolgen für den Unternehmer geprüft werden.

2.1 Umsetzung und Rechtsfolgen

Liegen die Voraussetzungen nach § 19 UStG vor, ist der Unternehmer ein Kleinunternehmer. Er muss dazu keinen besonderen Antrag stellen. Umsatzsteuer wird dann für seine steuerbaren und steuerpflichtigen Umsätze nicht erhoben, eine Vorsteuerabzugsberechtigung für Eingangsleistungen besteht für ihn nicht. Wenn ein Kleinunternehmer für einen Umsatz trotzdem Umsatzsteuer gesondert in einer Rechnung ausweist, schuldet er diese Umsatzsteuer als unberechtigt ausgewiesene Umsatzsteuer nach § 14c Abs. 2 UStG. Der Unternehmer kann aber auf die **Anwendung der Kleinunternehmerbesteuerung verzichten**. Dieser Antrag kann bis zur Unanfechtbarkeit der Steuerfestsetzung gestellt werden. In diesem Fall ist er dann auch berechtigt, eine Umsatzsteuer für seine steuerbaren und steuerpflichtigen Umsätze gesondert in Rechnungen auszuweisen, für alle Eingangsleistungen ist er unter den weiteren Voraussetzungen des § 15 UStG zum Vorsteuerabzug berechtigt.

2.2 Vorteile bei Verzicht

Zu prüfen ist damit immer im Einzelfall, ob der Verzicht auf die Anwendung der Kleinunternehmerbesteuerung sinnvoll ist oder nicht. Entscheidend kommt es darauf an, ob der Unternehmer eine Umsatzsteuer bei **Verzicht auf die Sonderregelung** auf den Leistungsempfänger überwälzen kann. Dies wird natürlich insbesondere dann der Fall sein, wenn die Leistungsempfänger zum Vorsteuerabzug berechtigte Unternehmer sind. Wenn die Umsatzsteuer den Leistungsempfängern zusätzlich berechnet werden kann, ist der Verzicht immer sinnvoll, da der Unternehmer dann auch den Vorsteuerabzug aus seinen Eingangsleistungen vornehmen kann; Nachteil ist in diesem Fall allerdings, dass sich der Unternehmer dem normalen Besteuerungsverfahren stellen muss – mit allen verwaltungstechnischen Folgen.

Wenn der Unternehmer auf die Anwendung verzichtet hat, ist er fünf Jahre daran gebunden. Damit soll ein kurzfristiges Springen zwischen den Besteuerungsformen verhindert werden, insbesondere um bei höheren Investitionen in einem Jahr den Vorsteuerabzug in Anspruch nehmen zu können und dann in den nächsten Jahren wieder keine Umsatzsteuer aus den Umsätzen abführen zu müssen. Der Unternehmer kann aber den Antrag nach Ablauf der fünf Jahre widerrufen, allerdings immer nur mit Wirkung von Beginn eines Kalenderjahrs an.

3. Besonderheiten

Für einen Kleinunternehmer sind aber dennoch einige Besonderheiten des Umsatzsteuerrechts zu beachten. So ist der Wechsel zwischen der Regelbesteuerung und der Kleinunternehmerbesteuerung eine **Änderung der Verhältnisse** im Sinne des § 15a UStG, sodass zugunsten wie zulasten des Unternehmers eine Vorsteuerberichtigung vorzunehmen ist. Hat also der Unternehmer in der Zeit der Kleinunternehmereigenschaft ein

Fahrzeug erworben und war er nicht zum Vorsteuerabzug berechtigt, kann sich zu seinen Gunsten eine Vorsteuerberichtigung ergeben, wenn er innerhalb des Berichtigungszeitraums in die Regelbesteuerung wechselt. Dabei ist es unerheblich, ob der Wechsel zwingend (aufgrund des Überschreitens der Gesamtumsatzgrenze) oder wahlweise erfolgt.

Tipp! Achten Sie bitte darauf, dass dies im Regelfall nur für das Anlagevermögen gilt. Zwar ist eine Vorsteuerberichtigung auch bei Umlaufvermögen („nur einmalig für Ausgangsleistungen verwendete Gegenstände") nach § 15a Abs. 2 UStG vorzunehmen, hier ist aber die Ausnahmeregelung nach § 44 Abs. 1 UStDV zu beachten. Danach kann eine Vorsteuerberichtigung nur vorgenommen werden, wenn der Umsatzsteuerbetrag für das einzelne Wirtschaftsgut mehr als 1.000 € betragen hat. Dies wird bei einem Kleinunternehmer beim Umlaufvermögen im Regelfall nicht erfüllt sein.

Auch im Umsatzsteuerbinnenmarkt muss der Kleinunternehmer auf bestimmte Besonderheiten achten. So gilt die **Kleinunternehmerregelung** grundsätzlich nicht, wenn ein neues Fahrzeug innergemeinschaftlich geliefert wird, § 19 Abs. 4 UStG. Aber auch bei dem Einkauf aus einem anderen Mitgliedstaat können sich Rechtsfolgen für den Kleinunternehmer ergeben: Wenn er als Unternehmer Waren in anderen Mitgliedstaaten einkauft, muss er grundsätzlich einen **innergemeinschaftlichen Erwerb** nach § 1a Abs. 1 UStG besteuern. Als Kleinunternehmer wird er aber von der Besteuerung dieses innergemeinschaftlichen Erwerbs ausgenommen, wenn er eine Bagatellgrenze (die **Erwerbsschwelle**) nicht überschreitet. Nach § 1a Abs. 3 UStG beträgt die Erwerbsschwelle in Deutschland 12.500 €. Hat der Kleinunternehmer diese Schwelle im vorangegangenen Jahr mit seinen Einkäufen in allen übrigen Mitgliedstaaten überschritten oder wird er sie voraussichtlich im laufenden Kalenderjahr überschreiten, muss er auch als Kleinunternehmer innergemeinschaftliche Erwerbe der Besteuerung unterwerfen. Einen Vorsteuerabzug aus der Erwerbsteuer hat er dann aber nicht. Hat der Erwerber die Erwerbsschwelle nicht überschritten, kann er auf die Anwendung dieser Vereinfachungsregelung verzichten. Dies kann sinnvoll sein, wenn die steuerliche Belastung in Deutschland niedriger ist als eine eventuell in einem anderen Mitgliedstaat anfallende Umsatzsteuer. Aber auch an diesen Verzicht ist er dann – hier aber nur für zwei Jahre – gebunden. Erwirbt der Unternehmer ein neues Fahrzeug oder verbrauchsteuerpflichtige Waren für sein Unternehmen, muss er immer einen innergemeinschaftlichen Erwerb besteuern.

Eine weitere Besonderheit ist im Binnenmarkt im Zusammenhang mit den **innergemeinschaftlichen Fernverkäufen** zu beachten. Seit dem 01.07.2021 sind auch schon B2C-Lieferungen in anderen Mitgliedstaaten steuerbar und steuerpflichtig, wenn die unionseinheitliche Umsatzschwelle von 10.000 € überschritten ist. Ist der leistende Unternehmer (in Deutschland) ein Kleinunternehmer, führen diese Lieferungen in den anderen Mitgliedstaaten trotzdem zu dort steuerbaren und steuerpflichtigen Umsätzen, für die der leistende (deutsche) Unternehmer dort die Umsatzsteuer schuldet. In diesem Fall kann die Besteuerung im One-Stop-Shop-Verfahren nach § 18j UStG vorgenommen werden, wenn der liefernde Unternehmer sich rechtzeitig für dieses Verfahren beim Bundeszentralamt für Steuern angemeldet hat.

Aber auch bei der **Anwendung des Steuerschuldnerverfahrens nach § 13b UStG** (Reverse-Charge-Verfahren) muss der Kleinunternehmer aufpassen. Grundsätzlich ist er als Kleinunternehmer auch zur Anwendung dieser Regelung verpflichtet. Erbringt zum Beispiel ein ausländischer Unternehmer eine in Deutschland steuerpflichtige Werklieferung oder sonstige Leistung an den Kleinunternehmer, muss der Kleinunternehmer in Deutschland die Umsatzsteuer berechnen und bei seinem Finanzamt anmelden. Einen Vorsteuerabzug hat er aus diesem Vorgang nicht, es kommt also zu einer Zahllast für den Kleinunternehmer. Dabei ist insbesondere zu beachten, dass die Übertragung der Steuerschuld auf den Leistungsempfänger auch eintreten kann, wenn die Leistung von dem leistungsempfangenden Unternehmer für seine privaten Zwecke bezogen wird.

Tipp! Eine Ausnahme besteht lediglich im umgekehrten Fall, wenn der leistende Unternehmer ein Kleinunternehmer ist. Führt ein Kleinunternehmer z.B. eine Bauleistung oder eine Gebäudereinigungsleistung an einen regelbesteuerten Unternehmer aus, der gleichartige Leistungen ausführt, wird eine Umsatzsteuer beim Leistungsempfänger nicht erhoben.

Entsteht bei einem Kleinunternehmer eine Umsatzsteuer nach § 13b UStG (Reverse-Charge-Verfahren) oder realisiert der Kleinunternehmer einen innergemeinschaftlichen Erwerb, weil er die Erwerbsschwelle überschritten oder auf die Anwendung verzichtet hat, kommt es in Ermangelung eines Vorsteuerabzugs zu einer tatsächlichen Zahllast gegenüber dem Finanzamt. In diesem Fall hat der Kleinunternehmer – wenn er von der Finanzverwaltung nicht ausdrücklich von der Verpflichtung befreit ist, quartalsweise Voranmeldungen abzugeben – nach § 18 Abs. 4a UStG für das jeweilige Quartal, in dem ein solcher Vorgang realisiert wird, eine Umsatzsteuer-Voranmeldung abzugeben.

Schluss

Abschließend ist festzustellen, dass die Kleinunternehmerbesteuerung eine gute Möglichkeit ist, Unternehmer, die nur Umsätze im geringfügigen Umfang ausführen, aus der Umsatzsteuer herauszuhalten. Andererseits ergeben sich für einen Kleinunternehmer Gestaltungsmöglichkeiten durch den Verzicht auf die Anwendung dieser Sonderregelung, wenn er Leistungen überwiegend an vorsteuerabzugsberechtigte Unternehmer ausführt. Aber auch wenn der Kleinunternehmer nicht auf die Anwendung verzichtet, muss er sich trotzdem mit der Umsatzsteuer beschäftigen, da ihn in Sonderfällen trotzdem die Rechtsfolgen des Umsatzsteuerrechts im Inland wie auch im Ausland treffen können.

Vielen Dank für Ihre Aufmerksamkeit.

Vortrag 9: Vorsteuerabzug und Berichtigung bei Leistungsbezügen im Zusammenhang mit Immobilienvermietungsumsätzen

I. Einführende Hinweise

Vermietungsumsätze sind Leistungen von Unternehmern, die unternehmerisch ausgeführt werden, regelmäßig aber zu steuerfreien Umsätzen nach § 4 Nr. 12 Satz 1 Buchst. a UStG führen. Allerdings kann der Unternehmer unter den Voraussetzungen des § 9 UStG auf die Steuerbefreiung des Vermietungsumsatzes verzichten.

Hat der Unternehmer den Verzicht auf die Steuerbefreiung zulässigerweise vorgenommen, ist er insoweit zum Vorsteuerabzug berechtigt, wie er Eingangsleistungen für diese steuerpflichtigen Umsätze verwendet. Da regelmäßig nicht alle Teile einer Immobilie gleichermaßen steuerpflichtig verwendet werden, muss die Vorsteuer aus den Leistungsbezügen zugeordnet bzw. aufgeteilt werden.

> **Tipp!** Gerade die Frage der Vorsteueraufteilung stand in den letzten Jahren im Mittelpunkt der Rechtsprechung von EuGH und BFH. Regelmäßig muss die Vorsteuer im Verhältnis der steuerfrei und steuerpflichtig vermieteten Flächen aufgeteilt werden, es kann aber auch eine Aufteilung im Verhältnis der Ausgangsumsätze in Frage kommen. Der EuGH (Urteil vom 09.06.2016, C-332/14 – Wolfgang und Dr. Wilfried Rey Grundstücksgemeinschaft GbR, BFH/NV 2016, 1245) hat hier auch nicht zu grundsätzlich neuen Rechtserkenntnissen geführt, sondern die Grundsätze seiner bisherigen Rechtsprechung bestärkt. Im Anschluss hat der XI. Senat des BFH sich der bisherigen Rechtsprechung des V. Senats angeschlossen, sodass hier jetzt von gesicherten Rechtserkenntnissen ausgegangen werden kann. Grundsätzlich bedeutet dies, dass die Anschaffungs- und Herstellungskosten insgesamt nach einem einheitlichen Aufteilungsmaßstab aufzuteilen sind (sog. „Eintopf-Theorie"), bei den laufenden Aufwendungen aber nach wie vor der Grundsatz „Zuordnung geht vor Aufteilung" gilt. Als Aufteilungsmaßstab kommt das Verhältnis der Flächen in Betracht, in Ausnahmefällen kann aber – wenn es zu einem präziseren Ergebnis führt – die Aufteilung auch nach dem Umsatzverhältnis vorgenommen werden.

Ändern sich die Verhältnisse der Nutzung einer Immobilie innerhalb des für Grundstücke maßgeblichen zehnjährigen Vorsteuerberichtigungszeitraums, muss der Unternehmer eine Vorsteuerberichtigung prüfen. Diese betrifft nicht nur die Anschaffungs- oder Herstellungskosten, sondern kann auch größere Instandsetzungsmaßnahmen betreffen.

II. Die Gliederung

	Gliederungspunkt	Die Stichworte
	Einleitung	**Thema; Kurzübersicht**
1.	Steuerbarkeit und Steuerfreiheit der Vermietung	Vermieter als Unternehmer; Ort der sonstigen Leistung; grundsätzlich Steuerbefreiung nach § 4 Nr. 12 Satz 1 Buchst. a UStG
2.	Optionsmöglichkeiten	Option auf Steuerpflicht möglich; Voraussetzungen der Option – unterschiedliche Anschaffungsjahre; Sinn der Option
3.	Vorsteuerabzug	Voraussetzungen für den Vorsteuerabzug; Leistungsbezug für Unternehmen
3.1	Vorsteueraufteilung bei Anschaffungs- oder Herstellungskosten	Einheitlicher Aufteilungsmaßstab; keine individuelle Zuordnung („Eintopf-Theorie")
3.2	Vorsteueraufteilung bei laufenden Kosten	Zuordnung geht vor Aufteilung
3.3	Aufteilungsmaßstab	Grundsätzlich Aufteilung nach Flächen; unter bestimmten Voraussetzungen auch Aufteilung nach Ausgangsumsätzen möglich; Rechtsprechung von EuGH und BFH
4.	Vorsteuerberichtigung	Änderung der Verhältnisse, maßgeblicher Berichtigungszeitraum
4.1	Änderung der Verhältnisse durch andere Nutzung	Vorsteuerberichtigung der Anschaffungs- oder Herstellungskosten; Vorsteuerberichtigung bei Instandsetzungskosten; Vereinfachungsregelungen nach § 44 UStDV
4.2	Änderung der Verhältnisse durch Verkauf	Fiktive Nutzung bei Verkauf; Abgrenzung zur Geschäftsveräußerung
	Schluss	**Fazit; Ziel der Gerechtigkeit**

III. Der Vortrag

Einleitung

Sehr geehrte Damen und Herren, ich habe das Thema „**Vorsteuerabzug und Berichtigung bei Leistungsbezügen im Zusammenhang mit Immobilienvermietungsumsätzen**" gewählt. Grundstücksvermietungen sind dort ausgeführt, wo sich das Grundstück befindet, § 3a Abs. 3 Nr. 1 UStG. Deshalb führt die Vermietung von Grundstücken im Inland zu steuerbaren Umsätzen. Grundsätzlich sind Vermietungsumsätze – bis auf wenige Ausnahmen – von der Umsatzsteuer befreit, der Unternehmer kann aber unter bestimmten Voraussetzungen auf die Steuerbefreiung verzichten. Tut er dies, hat er im Zusammenhang mit den Eingangsleistungen, die er für diese steuerpflichtigen Vermietungsleistungen bezieht, auch einen Vorsteuerabzug. Oftmals wird aber nicht ein Mietobjekt insgesamt steuerfrei oder steuerpflichtig vermietet, sodass der Unternehmer die Vorsteuer seiner Leistungsbezüge nach § 15 Abs. 4 UStG aufteilen muss; ich werde hier insbesondere die Rechtsprechung des EuGH und des BFH darstellen, nach welchen Kriterien eine solche Vorsteueraufteilung zu erfolgen hat. Allerdings kann es dann innerhalb des für Immobilien maßgebenden Vorsteuerberichtigungszeitraums von zehn Jahren zu Änderungen in der Nutzung kommen, sodass der Unternehmer eine **Vorsteuerberichtigung** vornehmen muss. Ich werde hier insbesondere darauf eingehen, welche unterschiedlichen Fälle bei Vermietungsobjekten denkbar sind.

Tipp! Eine inhaltliche Zusammenfassung der wesentlichen Punkte des Vortrags ist immer eleganter, als ein Einstieg mit „Ich habe meinen Vortrag wie folgt gegliedert". Es sollte das Ziel der Einleitung sein, der Prüfungskommission einen Überblick über Ihre Schwerpunkte zu verschaffen, ohne schon die Details Ihres Vortrags vorwegzunehmen.

1. Steuerbarkeit und Steuerpflicht der Vermietung

Ein Vermieter ist **Unternehmer** nach § 2 Abs. 1 UStG, da er eine Tätigkeit selbstständig, nachhaltig und mit Einnahmeerzielungsabsicht ausführt. Die Vermietungstätigkeit stellt regelmäßig den Rahmen seines Unternehmens dar. Ob die Vermietungstätigkeit steuerfrei oder steuerpflichtig ausgeführt wird, ist für die Unternehmereigenschaft nicht von Bedeutung. Die Vermietung ist eine sonstige Leistung, die dort ausgeführt ist, wo das Grundstück belegen ist, § 3a Abs. 3 Nr. 1 Buchst. a UStG. Soweit das Grundstück im Inland liegt, ist der Vermietungsumsatz steuerbar nach § 1 Abs. 1 Nr. 1 UStG. Vermietungen von Grundstücken sind aber grundsätzlich steuerbefreit nach § 4 Nr. 12 Satz 1 Buchst. a UStG, ausgenommen sind aber z.B. die kurzfristige Vermietung für Beherbergungszwecke (Hotel, Ferienhäuser) oder die Vermietung von Plätzen zum Abstellen von Fahrzeugen.

Tipp! Selbst wenn es nicht das Kernthema des Vortrags betrifft, müssen solche systematisch notwendigen Grundsätze kurz dargestellt werden, da ansonsten das eigentliche Thema des Vortrags nicht erreicht wird.

2. Optionsmöglichkeiten

Werden die Vermietungsleistungen steuerfrei ausgeführt, hat der Vermieter für damit im Zusammenhang stehende Eingangsleistungen keinen Vorsteuerabzug. Unter anderem aus diesem Grund ergibt sich die Möglichkeit des Verzichts auf die Steuerbefreiung nach § 9 UStG (**Option**). Wird ein Grundstück oder Grundstücks- bzw. Gebäudeteil an einen Unternehmer für dessen Unternehmen vermietet, kann der Vermieter auf die Steuerbefreiung verzichten. Allerdings sind dazu – in **Abhängigkeit des jeweiligen Baujahrs** des vermieten Gebäudes noch weitere Voraussetzungen zu erfüllen. Ist mit dem Bau des vermieteten Gebäudes ab dem 11.11.1993 begonnen worden und wurde es auch bis zum 31.12.1997 fertig gestellt, muss der Mieter bezüglich der ihm berechneten Miete nach § 9 Abs. 2 UStG voll zum Vorsteuerabzug berechtigt sein. Bei Gebäuden, bei denen ab Mitte der 80iger Jahre, aber vor dem 11.11.1993 mit dem Bau begonnen worden war, ist Voraussetzung, dass die vermieteten Räume nicht für Wohnzwecke oder andere nichtunternehmerischen Zwecke verwendet werden, § 27 Abs. 2 UStG. Für Gebäude mit Baujahr vor Mitte der 1980er Jahre gab es keine weiteren Einschränkungen.

Tipp! Die exakten Daten für die Anwendungsfälle der Option ergeben sich aus § 27 Abs. 2 UStG. In einer mündlichen Prüfung sollte man sich aber auf die relevanten Daten beschränken. Auch für die Praxis ist die Veränderung, die für Gebäude mit Baubeginn ab dem 11.11.1993 eingetreten ist, am interessantesten. Bei Bauwerken, die vor diesem Stichtag errichtet worden sind, kann auch heute noch bei einer Vermietung an Banken, Versicherungen oder Ärzte (nicht vorsteuerabzugsberechtigte Unternehmer) auf die Steuerbefreiung verzichtet werden. Ob solche Mietkonditionen dann am Markt auch durchzusetzen sind, ist eine praktische Frage.

Die Option ist für den Vermieter regelmäßig dann wirtschaftlich interessant, wenn der Mieter ein vorsteuerabzugsberechtigter Unternehmer ist, der mit der Umsatzsteuer aus der Vermietung wegen des Vorsteuerabzugs nicht wirtschaftlich belastet ist. Der Vermieter hat dann den Vorsteuerabzug aus allen mit der Vermietung im Zusammenhang stehenden Eingangsleistungen.

3. Vorsteuerabzug

Der Vorsteuerabzug aus bezogenen Leistungen setzt grundsätzlich voraus, dass der Unternehmer die Leistung für sein Unternehmen bezieht. Soweit der Unternehmer Leistungen für seine Vermietungstätigkeit bezieht, ist dieser systematische Zusammenhang gegeben. Führt der Unternehmer aber **steuerfreie Vermietungsleistungen** aus, wäre der Vorsteuerabzug nach § 15 Abs. 2 Satz 1 Nr. 1 UStG ausgeschlossen und auch nicht wieder über § 15 Abs. 3 UStG zugelassen. Soweit der Unternehmer aber durch Option steuerpflichtige Umsätze ausführt, ist er zum Vorsteuerabzug berechtigt. Verwendet der Unternehmer einen einheitlichen Gegenstand (z.B. Gebäude) sowohl für steuerfreie, den Vorsteuerabzug ausschließende Umsätze als auch für den Vorsteuerabzug berechtigende Umsätze, muss die Vorsteuer entweder unmittelbar zugeordnet oder nach § 15 Abs. 4 UStG aufgeteilt werden.

3.1 Vorsteueraufteilung bei Anschaffungs- oder Herstellungskosten

Bei **Anschaffungs- oder Herstellungskosten** müssen Vorsteuerbeträge, die im Zusammenhang mit einem Vermietungsobjekt stehen, immer nach einem **einheitlichen Aufteilungsmaßstab** aufgeteilt werden, wenn sowohl steuerfreie als auch steuerpflichtige Umsätze ausgeführt werden (sog. **„Eintopf-Theorie"**). Eine Zurechnung bestimmter Aufwendungen zu einzelnen Vermietungsumsätzen kann grundsätzlich nicht in Betracht kommen. Nach der mittlerweile einheitlichen Rechtsprechung des BFH muss die Zurechnung der Vorsteuer nach einem einfachen Verfahren erfolgen, sodass nur eine einheitliche Aufteilung aller Anschaffungs- oder Herstellungskosten vorgenommen werden kann.

Tipp! Die Finanzverwaltung hatte hier früher eine andere Auffassung vertreten und wollte auch Anschaffungs- oder Herstellungskosten soweit wie möglich einzelnen Teilen des Gebäudes zurechnen. Nach verschiedenen Urteilen des BFH (Urteil vom 28.09.2006, V R 43/03, BStBl II 2007, 417; Urteil vom 22.11.2007, V R 43/06, BStBl II 2008, 770) musste die Finanzverwaltung ihre Auffassung aufgeben. Der XI. Senat des BFH (Beschluss vom 05.06.2014, XI R 31/09) hatte zu dieser Frage aber den EuGH angerufen. Der EuGH (Urteil vom 09.06.2016, C-332/14 – Wolfgang und Dr. Wilfried Rey Grundstücksgemeinschaft GbR, BFH/NV 2016, 1245) hat dazu grundsätzlich festgestellt, dass eine solche einheitliche Aufteilung dann zulässig sein kann, wenn eine unmittelbare Zuordnung zu aufwändig ist – ob dies der Fall ist, musste in der Folge vom BFH entschieden werden. Da zumindest der V. Senat des BFH in seiner bisherigen Rechtsprechung gerade auch den Vereinfachungscharakter der einheitlichen Aufteilung („Eintopf-Theorie") betont hatte, hat sich mittlerweile der XI. Senat des BFH dieser Rechtsauffassung angeschlossen.

3.2 Vorsteueraufteilung bei laufenden Kosten

Bei der Vorsteuerabzugsberechtigung bei **laufenden Kosten** (Bewirtschaftungskosten, Instandsetzungskosten, Verwaltungskosten) gelten andere Grundsätze; hier gilt der Grundsatz, dass die Zuordnung vor Aufteilung geht. Ich möchte dies an einem kleinen Beispiel erläutern: Eine Instandsetzung in einer steuerfrei vermieteten Mietwohnung schließt den Vorsteuerabzug grundsätzlich nach § 15 Abs. 2 Satz 1 Nr. 1 UStG aus; eine Instandsetzung einer steuerpflichtig vermieteten Gewerbeeinheit lässt den Vorsteuerabzug für den Vermieter grundsätzlich zu. Nur die **nicht direkt** einer Vermietungseinheit **zuzurechnenden Ausgaben** müssen nach § 15 Abs. 4 UStG aufgeteilt werden; dies betrifft insbesondere Instandsetzungskosten an dem Gesamtobjekt, allgemeine Verwaltungskosten oder die das Gesamtobjekt betreffende Betriebskosten.

3.3 Aufteilungsmaßstab

Müssen Vorsteuerbeträge aufgeteilt werden, stellt sich die Frage, nach welchem Maßstab diese Vorsteueraufteilung vorgenommen werden muss. Grundsätzlich wäre für den Vermieter im Regelfall eine Aufteilung im Verhältnis der steuerfreien zu den steuerpflichtigen Vermietungsumsätzen günstiger, als eine Aufteilung nach einem **Flächenmaßstab.** Der Gesetzgeber hatte deshalb 2004 mittelbar die Aufteilung nach Umsätzen durch § 15 Abs. 4 Satz 3 UStG ausgeschlossen, wonach eine Aufteilung nach Umsätzen nur dann möglich sein soll, wenn kein anderer Aufteilungsmaßstab ermittelbar ist. Nachdem sich aber Zweifel an der Vereinbarkeit mit dem Unionsrecht ergeben hatten, musste der EuGH entscheiden (EuGH, Urteil vom 08.11.2012, C-511/10 – BLC Baumarkt GmbH & Co. KG, DStR 2012, 2333).

Nach der Entscheidung des EuGH kann auch eine vom Umsatzschlüssel abweichende Aufteilung erfolgen, wenn dies zu einem präziseren Ergebnis führt. In der Folge hatte dann der BFH (Urteil vom 07.05.2014, V R 1/10, BFH/NV 2014, 1177) nach einigen Umwegen entschieden, dass bei Immobilien ein objektbezogener Umsatzschlüssel zur Vorsteueraufteilung herangezogen werden kann, wenn erhebliche Unterschiede in der Ausstattung der verschiedenen Zwecken dienenden Räume bestehen.

> **Tipp!** Damit kommt es auf den jeweiligen Einzelfall an. Regelmäßig wird es zur Aufteilung nach einem Flächenschlüssel kommen, in begründeten Ausnahmen kann aber auch eine Aufteilung nach Umsätzen in Betracht kommen.

Nachdem der BFH das Thema wieder zum EuGH gebracht hatte (in diesem Fall wollte der XI. Senat offensichtlich von der Rechtsprechung des V. Senats des BFH auf dem Umweg über den EuGH abweichen) hat der EuGH (Urteil vom 09.06.2016, C-332/14 – Wolfgang und Dr. Wilfried Rey Grundstücksgemeinschaft GbR, BFH/NV 2016, 1245) auch die Frage des zutreffenden Vorsteueraufteilungsschlüssels erneut thematisiert. Er ist dabei nicht entscheidend über die bisherigen Aussagen hinausgegangen. Die Mitgliedstaaten dürfen nationale, vom Aufteilungsmaßstab des Umsatzschlüssels abweichende Aufteilungsgrundsätze vorgeben, wenn diese präziser sind. Der EuGH hat dazu festgestellt, dass der abweichende Aufteilungsmaßstab aber nicht „der präziseste Aufteilungsmaßstab" sein muss. Der XI. Senat des BFH hat unter Bezugnahme auf diese Rechtsprechung dann auch beschlossen, dass grundsätzlich der Flächenschlüssel anzuwenden ist, aber ausnahmsweise eine Aufteilung nach einem Umsatzschlüssel in Frage kommen kann, wenn sich die Ausgaben nicht gleichmäßig auf die Fläche verteilen (z.B. unterschiedliche Ausstattung, unterschiedliche Geschosshöhen etc.). Dabei muss nach einer neuen Entscheidung des BFH (Urteil vom 11.11.2020, XI R 7/20, BFH/NV 2021, 518) nicht der Unternehmer den Nachweis antreten, dass die Voraussetzungen für den präzisieren Aufteilungsmaßstab „objektbezogener Umsatzschlüssel" vorliegen.

4. Vorsteuerberichtigung

Ändern sich innerhalb des für Immobilien maßgebenden Berichtigungszeitraums von zehn Jahren die Verhältnisse, die für den Vorsteuerabzug bei Leistungsbezug maßgeblich waren, muss der Unternehmer eine Vorsteuerberichtigung vornehmen. Der Vorsteuerberichtigungszeitraum beginnt immer mit erstmaliger Verwendung des Objekts – der Zeitpunkt der Anschaffung oder der Fertigstellung ist nicht von Bedeutung.

> **Tipp!** Der Beginn und das Ende des Berichtigungszeitraums ist entsprechend § 45 UStDV auf volle Monate zu runden.

Eine Änderung der Verhältnisse kann sich sowohl durch eine andere Nutzung, z.B. dem Verhältnis der steuerfreien zur steuerpflichtigen Vermietung ergeben, kann aber auch durch einen Verkauf oder eine Entnahme eines Vermietungsobjekts erfolgen.

> **Tipp!** Umstritten war, ob bei einer sukzessiven Ingebrauchnahme eines Gebäudes gemäß dem Baufortschritt jeweils ein besonderer Berichtigungszeitraum vorliegt oder ob es sich um einen einheitlichen Berichtigungszeitraum für das Gesamtobjekt handelt. Der BFH (Urteil vom 29.04.2020, XI R 14/19, BStBl II 2020, 613) hat hier die Rechtsauffassung der Finanzverwaltung (Abschn. 15a.3 Abs. 2 UStAE) übernommen und geht je in Gebrauch genommenen Abschnitt von einem eigenständigen Berichtigungszeitraum aus.

4.1 Änderung der Verhältnisse durch andere Nutzung

Ändern sich die Verhältnisse, muss der Unternehmer nicht nur eine **Vorsteuerberichtigung für Anschaffungs- oder Herstellungskosten** vornehmen. Auch größere Instandsetzungsmaßnahmen können zu einer Vorsteuerberichtigung führen, § 15a Abs. 3 UStG. Bei einer Nutzungsänderung muss die Umsatzsteuer aus dem damaligen Leistungsbezug rechnerisch auf den maßgeblichen **– zehnjährigen – Vorsteuerberichtigungszeitraum** verteilt werden, § 15a Abs. 5 Satz 1 UStG. Entsprechend dem Vergleich zu dem Umfang der den Vorsteuerabzug berechtigenden Umsätze zum Zeitpunkt des Leistungsbezugs zu den in dem jeweiligen Berichtigungsjahr ausgeführten Leistungen ergibt sich die Vorsteuerberichtigung. Wollte zum Beispiel ein Unternehmer bei Leistungsbezug die Immobilie zu 50 % für vorsteuerabzugsberechtigende Zwecke verwenden, nutzt die Immobilie in einem Folgejahr aber nur zu 30 % für vorsteuerabzugsberechtigende Leistungen, ergibt sich eine Nutzungsänderung in Höhe von ./. 20 % – es muss eine Vorsteuerberichtigung zulasten des Unternehmers vorgenommen werden. In einem solchen Fall wird die Vorsteuerberichtigung immer nur auf das Kalenderjahr der jeweiligen Nutzung bezogen („pro rata temporis").

> **Tipp!** Genauere Berechnungsbeispiele würden in einer mündlichen Prüfung wahrscheinlich zu weit führen und von einer Prüfungskommission nicht verfolgt werden können. Deshalb sollten Beispiele möglichst kurz gehalten werden.

Gerade auch im Zusammenhang mit Instandsetzungsmaßnahmen können sich in der Praxis Probleme ergeben. Da bei größeren Immobilienobjekten regelmäßig Instandsetzungsmaßnahmen durchgeführt werden, liegen oftmals mehrere, sich zeitlich überlappende Berichtigungszeiträume vor.

> **Tipp!** Beachten Sie auch die Anweisungen der Finanzverwaltung zur Zusammenfassung von mehreren Leistungen an einem Objekt zu einem Vorsteuerberichtigungsobjekt in Abschn. 15a.6 Abs. 11 UStAE.

Darüber hinaus muss beachtet werden, dass die Vereinfachungsregelungen des § 44 UStDV für die Vorsteuerberichtigung eine wichtige Rolle spielen. Eine Vorsteuerberichtigung kann sich nur dann ergeben, wenn die gesamte Umsatzsteuer aus einem Berichtigungsobjekt **mehr als 1.000 €** betragen hat (§ 44 Abs. 1 UStDV), damit kann sich insbesondere bei kleineren Instandsetzungsmaßnahmen keine Vorsteuerberichtigung in der Folgezeit ergeben. Außerdem muss eine Verwendungsänderung auch gewichtig sein; ändern sich die **Nutzungsverhältnisse** nicht um **mindestens 10 %**, kommt es auch nicht zu einer Vorsteuerberichtigung. Allerdings kann sich hier gerade bei Immobilienobjekten – meistens aber nur bezogen auf die Anschaffungs- oder Herstellungskosten – auch bei einer Verwendungsänderung von weniger als 10 % eine Vorsteuerberichtigung ergeben, wenn der **Berichtigungsbetrag mehr als 1.000 €** betragen würde (§ 44 Abs. 2 UStDV).

4.2 Änderung der Verhältnisse durch Verkauf

Eine Vorsteuerberichtigung kann sich auch durch einen **Verkauf oder eine Entnahme eines Immobilienobjekts** ergeben. In einem solchen Fall würde sofort bei Verkauf oder bei Entnahme der **gesamte restliche Vorsteuerberichtigungszeitraum** korrigiert werden (§ 44 Abs. 3 UStDV). Die Berechnung erfolgt nach § 15a Abs. 8 und Abs. 9 UStG so, als wenn das Objekt ab dem Verkauf/Entnahme so verwendet wird, wie der Verkauf oder die Entnahme erfolgte.

Allerdings wird dies bei einem Vermietungsobjekt kaum in der Praxis relevant sein, da der Verkauf einer vermieteten Immobilie regelmäßig zu einer **Geschäfts- oder Teilbetriebsveräußerung** nach § 1 Abs. 1a UStG führen wird. In diesem Fall liegt keine steuerbare Leistung vor, der Erwerber tritt in die Rechtsposition des Veräußerers ein und führt auch dessen Vorsteuerberichtigungszeiträume fort (§ 15a Abs. 10 UStG). Nur in seltenen Fällen, wenn zum Beispiel der Käufer das Vermietungsunternehmen des Veräußerers nicht fortführt – bei Verkauf einer Immobilie an den Mieter –, kann eine steuerbare und dann regelmäßig steuerfreie Lieferung eines Grundstücks vorliegen, die dann zu einer Vorsteuerberichtigung führt, soweit nicht vom Verkäufer unter den Bedingungen des § 9 Abs. 1 und Abs. 3 UStG auf die Steuerbefreiung des Verkaufsumsatzes verzichtet wird. In diesem Fall muss dann schon im notariellen Kaufvertrag auf die Steuerbefreiung verzichtet werden und der Käufer wird zum Steuerschuldner für die ihm gegenüber ausgeführte Leistung.

Schluss

Gerade bei größeren Immobilienobjekten werden sowohl steuerfreie als auch steuerpflichtige Vermietungsumsätze vorliegen. Der Vermieter muss dann eine Vorsteueraufteilung vornehmen und jeweils prüfen, ob sich die Verhältnisse innerhalb des maßgeblichen Vorsteuerberichtigungszeitraums ändern. Voraussetzung dafür ist, dass vernünftige Aufzeichnungen geführt werden und bei Leistungsbezug der Vorsteuerabzug zutreffend beurteilt wird. Nur so lassen sich Überraschungen in einer Betriebs- oder Umsatzsteuersonderprüfung vermeiden. Grundsätzlich dienen aber Vorsteueraufteilung als auch Vorsteuerberichtigung dem Ziel, dem Unternehmer einen Vorsteuerabzug in der Höhe zu ermöglichen, wie er das Objekt über einen längeren Zeitraum für vorsteuerabzugsberechtigende Zwecke nutzt – ein Versuch, einen möglichst gerechten Vorsteuerabzug zu ermöglichen.

Vielen Dank für Ihre Aufmerksamkeit.

Themenbereich Abgabenordnung/ Finanzgerichtsordnung

Vortrag 1: Die Berichtigung von Steuerbescheiden nach der Abgabenordnung

I. Einführende Hinweise

Die Finanzbehörde setzt ihren Willen gegenüber dem Steuerpflichtigen mit Verwaltungsakten durch. Solche Verwaltungsakte sind oftmals fehlerhaft. Dann stellt sich die Frage, ob und gegebenenfalls wie solche Verwaltungsakte nach Bestandskraft berichtigt werden können. Regelungen hierzu finden sich in der Abgabenordnung. Die Abgabenordnung unterteilt die Verwaltungsakte in **Steuerbescheide** und in sonstige Verwaltungsakte (**Nichtsteuerbescheide**). Je nachdem, um welche Verwaltungsakte es sich handelt, greifen unterschiedliche Berichtigungsnormen. Abgabenrechtliche Berichtigungsbestimmungen finden sich für Nichtsteuerbescheide in den §§ 129, 130, 131 AO. Steuerbescheide können aufgehoben, geändert und berichtigt werden nach den §§ 129, 164, 165, 172 ff. AO. Auf Letzteres konzentriert sich das zu bearbeitende Thema. Nachdem ausdrücklich die Berichtigungsnormen der Abgabenordnung angesprochen sind, muss auf einzelgesetzliche Vorschriften wie z.B. § 7g Abs. 3 und 4 EStG oder § 32a KStG nicht eingegangen werden.

Tipp! Bei einem Thema wie „Berichtigung von Steuerbescheiden nach der Abgabenordnung" muss darauf geachtet werden, dass der Vortrag nicht zu umfangreich wird. Hier ist in besonderem Maße während des Vortrags auf die Zeit zu achten. Das bedeutet gleichzeitig, dass über die einzelnen Bestimmungen nur das Allerwesentlichste vorgetragen wird. Allerdings ist es ebenso undenkbar und unverzeihlich, dieses Thema mit einer Vortragszeit unter 8 Minuten zu beenden!

II. Die Gliederung

	Gliederungspunkt	Die Stichworte
	Einleitung	**Thema/Kurzübersicht**
1.	Berichtigung im Rechtsbehelfsverfahren und Berichtigung nach Bestandskraft	Abgrenzung Einspruchsverfahren (§ 367 Abs. 2 S. 1 AO), Berichtigungsnormen: §§ 164, 165 und 129, 172 ff. AO, keine Festsetzungsverjährung
2.	Berichtigung bei Festsetzung unter Vorbehalt der Nachprüfung und vorläufige Steuerfestsetzung	§ 164 AO: Steuerfall nicht geklärt – Berichtigung nach § 164 Abs. 2 AO; § 165 AO: bestimmter Sachverhalt nicht geklärt, punktuelle Berichtigung nach § 165 Abs. 2 AO, Besonderheit bei Festsetzungsfrist
3.	Sonstige Änderungen nach der Abgabenordnung/Ablauf der Festsetzungsverjährung	Abgrenzung §§ 129-131 AO zu §§ 172 ff. AO nach § 172 Abs. 1 Nr. 2d AO, unterschiedliche Festsetzungsverjährung
3.1	Änderung wegen offenbarer Unrichtigkeit	Schreibfehler, Rechenfehler u.ä., kein Rechtsirrtum, Übernahmefehler Finanzamt
3.2	Allgemeine Änderungsbefugnis nach § 172 AO	Berichtigungsnorm bei Täuschung, Drohung etc. nach § 172 Abs. 1 Nr. 2b und c AO, punktuelle Berichtigung nach § 172 Abs. 1 Nr. 2a AO

	Gliederungspunkt	Die Stichworte
3.3	Änderung wegen neuer Tatsachen (§ 173 AO)	Neue Tatsachen und Beweismittel, Kenntnis, grobes Verschulden beachtlich und unbeachtlich, Einheitliche Tatsache bei Einkunftsart nach § 173 Abs. 1 Nr. 2 S. 2 AO
3.4	Änderung wegen widerstreitender Steuerfestsetzung (§ 174 AO)	Bestimmter Sachverhalt doppelt in Steuerbescheiden berücksichtigt, Beispiele zu § 174 Abs. 1–4 AO
3.5	Änderungen nach § 175 AO	Änderung Grundlagenbescheid – Folgebescheid, rückwirkendes Ereignis, Beispiel
3.6	Änderungen nach § 175a AO	Umsetzung von Vorabverständigungsvereinbarungen
3.7	Änderungen nach § 175b AO	Änderung von Steuerbescheiden bei Datenübermittlung durch Dritte
4.	Fehlerberichtigung nach § 177 AO	Keine Berichtigungsnorm, Mitberücksichtigung materieller Fehler
	Schluss	**Geltung der Berichtigungsnormen, Bindung des Finanzamts bereits ab Erlass des Bescheids**

III. Der Vortrag

Einleitung

Sehr geehrter Herr Prüfungsvorsitzender/Sehr geehrte Frau Prüfungsvorsitzende, meine Damen und Herren, ich habe das Thema „**Die Berichtigung von Steuerbescheiden nach der Abgabenordnung**" gewählt.

Mein Vortrag ist wie folgt gegliedert: (Aufzählen der o.g. Gliederungspunkte Nr. 1. bis 4.).

1. Berichtigung im Rechtsbehelfsverfahren und Berichtigung nach Bestandskraft

Ein Großteil von Steuerbescheiden wird geändert, nachdem der Steuerpflichtige hiergegen Einspruch eingelegt hat. Eine gesonderte Berichtigungsnorm findet sich in den §§ 347 ff. AO nicht. Die Verpflichtung der Finanzbehörde, einen **fehlerhaften Steuerbescheid** im Rechtsbehelfsverfahren aufzuheben, zu ändern oder zu berichtigen, ergibt sich aus § 367 Abs. 2 S. 1 AO. Danach hat die Finanzbehörde, die über den Einspruch entscheidet, die Sache in vollem Umfange erneut zu prüfen. Das Thema Berichtigung von Steuerbescheiden zielt auf die Berichtigungsmöglichkeiten, die selbst bei Bestandskraft eines Bescheides greifen. Das sind die §§ 164, 165 AO einerseits und die §§ 129, 172 ff. AO andererseits. Grundvoraussetzung einer jeden Änderung oder Berichtigung ist jedoch, dass die Festsetzungsfrist für die betreffende Steuer noch nicht abgelaufen ist.

2. Berichtigung bei Festsetzung unter Vorbehalt der Nachprüfung und vorläufige Steuerfestsetzung

Nach § 164 AO können Steuern unter dem **Vorbehalt der Nachprüfung** festgesetzt werden, wenn der Steuerfall nicht abschließend geprüft ist. Solange der Vorbehalt wirksam ist, kann die Steuerfestsetzung jederzeit geändert werden (§ 164 Abs. 2 AO). Die Verlängerung der Festsetzungsfrist bei Steuerhinterziehung und leichtfertiger Steuerverkürzung wirkt aber nach § 164 Abs. 4 S. 2 AO nicht. Gleiches gilt für die Verlängerung nach § 171 Abs. 7, 8 und 9 AO.

Die **vorläufige Steuerfestsetzung** nach § 165 AO unterscheidet sich von der Festsetzung unter dem Vorbehalt der Nachprüfung dadurch, dass nicht der gesamte Steuerfall offen bleibt. Bei der vorläufigen Steuerfestsetzung ist die Vorläufigkeit auf bestimmte Sachverhalte beschränkt, deren Beurteilung ungewiss ist, die aber für die Entstehung der Steuer von Bedeutung sind. Soweit die Vorläufigkeit reicht, kann ein solcher Steuerbescheid jederzeit geändert werden. Die vorläufige Steuerfestsetzung ist aufzuheben, zu ändern oder für endgültig zu erklären, wenn die Ungewissheit beseitigt ist. Nach § 171 Abs. 8 AO endet die Festsetzungsfrist nicht vor Ablauf eines Jahres, nachdem die Ungewissheit beseitigt ist und die Finanzbehörde hiervon Kenntnis erlangt hat.

3. Sonstige Änderungsmöglichkeiten nach der Abgabenordnung/ Ablauf der Festsetzungsverjährung

Die allgemeinen Berichtigungsbestimmungen sind im 4. Teil der AO (Durchführung der Besteuerung) und dort unter III. (Bestandskraft) in den §§ 172–177 AO geregelt. Neben diesen Berichtigungsnormen kann ein Steuerbescheid auch nach § 129 AO berichtigt werden, wenn ihm Schreibfehler, Rechenfehler oder ähnliche offenbare Unrichtigkeiten anhaften, die beim Erlass unterlaufen sind. Die §§ 130 und 131 AO, die die Rücknahme und den Widerruf von Verwaltungsakten regeln, sind auf die Aufhebung und Änderung von Steuerbescheiden (Berichtigung) nicht anzuwenden (§ 172 Abs. 1 Ziff. 2d HS. 2 AO). Für die verschiedenen Berichtigungen können sich nach § 171 AO bestimmte Ablauftatbestände ergeben. Wird z.B. vor **Ablauf der Festsetzungsfrist** ein Antrag nach § 129 AO gestellt, so läuft die Festsetzungsfrist insoweit nicht ab, bevor über den Antrag unanfechtbar entschieden worden ist. Eine Sonderregelung bringt auch § 171 Abs. 10 AO. Danach endet die Festsetzungsfrist für einen Folgebescheid nicht vor Ablauf von zwei Jahren nach Bekanntgabe des Grundlagenbescheids.

3.1 Änderung wegen offenbarer Unrichtigkeit

Nach § 129 AO kann ein Steuerbescheid, dem eine offenbare Unrichtigkeit (Schreibfehler, Rechenfehler u.ä.) anhaftet, jederzeit berichtigt werden. Bei der offenbaren Unrichtigkeit müssen mechanische Fehler unterlaufen sein, die außerhalb der Entscheidungsbildung einer Finanzbehörde liegen. Eine offenbare Unrichtigkeit kann auch dann vorliegen, wenn der mechanische Fehler vom Steuerpflichtigen stammt, wenn aber die Finanzbehörde diesen Fehler übernommen hat. Tatsachen- und Rechtsirrtümer schließen jedoch die Berichtigung wegen offenbarer Unrichtigkeit aus.

3.2 Allgemeine Änderungsbefugnis nach § 172 AO

§ 172 AO ist die Eingangsvorschrift zu den Berichtigungsnormen den §§ 172 ff. AO. Nach § 172 Abs. 1 Ziff. 2 AO sind Steuerbescheide dann zu ändern, wenn der Steuerpflichtige zustimmt. Soll ein Steuerbescheid zugunsten des Steuerpflichtigen geändert werden, muss er vor **Ablauf der Einspruchsfrist** einen diesbezüglichen Antrag gestellt haben (§ 172 Abs. 1 Ziff. 2a AO). Ein Steuerbescheid ist ferner dann zu ändern, wenn er von einer sachlich unzuständigen Behörde erlassen oder durch unlautere Mittel wie arglistige Täuschung, Drohung oder Bestechung erwirkt worden ist, oder wenn eine Änderung sonst gesetzlich zugelassen ist. Letzteres verweist auf die §§ 173–177 AO, aber auch auf Korrekturnormen in den materiellen Einzelsteuergesetzen wie z.B. § 7g Abs. 3 und 4 EStG. In der Praxis wird sehr häufig von der Änderungsmöglichkeit nach § 172 Abs. 1 Ziff. 2a, 2. A lt. AO Gebrauch gemacht. Hierbei muss aber gesondert darauf geachtet werden, dass im Falle des Antrags auf Änderung der Steuerfall nur punktuell offenbleibt und dass – anders als im Einspruchsverfahren – vorläufiger Rechtsschutz in Form der Aussetzung der Vollziehung nicht gewährt werden kann.

3.3 Änderung wegen neuer Tatsachen (§ 173 AO)

Steuerbescheide sind zu ändern, soweit Tatsachen und Beweismittel nachträglich bekannt werden, die zu einer höheren oder niedrigeren Steuer führen. Tatsachen können Zustände, Vorgänge, Beziehungen und Eigenschaften materieller und immaterieller Art sein. Beweismittel sind insbesondere Urkunden, Schriftstücke etc. Die Tatsachen und Beweismittel müssen der Finanzbehörde nachträglich bekannt werden. Entscheidend ist der Wissensstand der zur Bearbeitung des Steuerfalles berufenen Dienststelle. Ein Kennen können oder Kennen müssen reicht nicht aus. Allerdings gilt der Akteninhalt der Vorjahre als bekannt. Gibt der Steuerpflichtige der Finanzbehörde nachträglich Tatsachen und Beweismittel bekannt, die zu einer niedrigeren Steuer führen würden als die bisher festgesetzte, so darf ihn am verspäteten Vorbringen kein **grobes Verschulden** treffen. Ein bloßes Vergessen, Verwechseln oder Verrechnen begründet kein grobes Verschulden. Hingegen ist grobes Verschulden zu bejahen, wenn der Steuerpflichtige die von der Finanzbehörde angebotenen Hilfen (Erklärungsvordrucke und Erläuterungen etc.) nicht beachtet. Das grobe Verschulden ist im Zusammenhang mit dem Bekanntwerden steuererhöhender Tatsachen unschädlich. So kann beispielsweise bei nachträglich bekannt gewordenen Einnahmen (Verkaufserlös) die darauf entfallenden und gegebenenfalls den Verkaufserlös übersteigenden Betriebsausgaben (Wareneinsatz) nach § 173 Abs. 1 Ziff. 2, 2. Alt. AO zu einer niedrigeren Steuerfestsetzung führen. Diese Grundsätze sind dann allerdings nicht anzuwenden, wenn Einkünfte einer bestimmten Einkunftsart überhaupt nicht erklärt und in einem Steuerbescheid nicht berücksichtigt werden sollen. Dann stellen die gesamten Einkünfte dieser betroffenen Einkunftsart die neue Tatsache dar, und es kommt nicht zu einer Aufteilung von Einnahmen und Betriebsausgaben/Werbungskosten. Eine Änderung zugunsten des Steuerpflichtigen ist allerdings ausgeschlossen, soweit den Steuerpflichtigen grobes Verschulden an dem nachträglichen Bekanntwerden trifft.

3.4 Änderung wegen widerstreitender Steuerfestsetzung (§ 174 AO)

§ 174 AO will vermeiden, dass weder steuererhöhende Tatsachen noch Steuer mindernde Tatsachen doppelt berücksichtigt werden. Alle **Änderungstatbestände des § 174 Abs. 1–4 AO** haben gemein, dass ein bestimmter Sachverhalt von zwei Steuerbescheiden erfasst wird. Ist z.B. ein bestimmter Sachverhalt im Jahre 01 als auch im Jahre 02 bei der Steuerfestsetzung zuungunsten oder zugunsten des Steuerpflichtigen berücksichtigt, kommt § 174 Abs. 1 und 2 AO zur Anwendung. Geht die Finanzbehörde erkennbar davon aus, dass Betriebseinnahmen/Betriebsausgaben bei der Veranlagung 02 zu berücksichtigen sind und wird deshalb das Jahr 01 nicht angesprochen, so kann der Bescheid 01 geändert werden, wenn sich nachträglich herausstellt, dass die Einnahmen/Ausgaben in 01 gehören. Diesen Sachverhalt erfasst § 174 Abs. 3 AO. Wendet sich ein Steuerpflichtiger gegen den Ansatz von Betriebseinnahmen in 02 und hebt die Finanzbehörde aufgrund eines Rechtsbehelfs oder eines sonstigen Antrags den Bescheid zugunsten des Steuerpflichtigen auf, so kann die Finanzbehörde nachträglich die richtigen steuerlichen Folgerungen ziehen. Gehören die Betriebseinnahmen in 01, so kann sie den Bescheid 01 selbst dann noch ändern, wenn die Festsetzungsfrist abgelaufen ist. Das ergibt sich aus § 174 Abs. 4 AO. Die doppelte Berücksichtigung kann sich sogar aus der widerstreitenden Festsetzung der Steuer durch zwei verschiedene EU-europäische Finanzbehörden ergeben, nicht jedoch im Verhältnis zu Drittstaaten (aktuell: FG Düsseldorf zur doppelten Berücksichtigung derselben Einkünfte in Japan und Deutschland).

3.5 Änderungen nach § 175 AO

Ein Steuerbescheid ist auch dann zu erlassen, aufzuheben oder zu ändern, wenn ein Grundlagenbescheid aufgehoben oder geändert wird oder soweit ein Ereignis eintritt, das steuerliche Wirkung für die Vergangenheit hat (**rückwirkendes Ereignis**). Praktische Bedeutung hat die Änderung von Steuerbescheiden nach Grundlagenbescheiden insbesondere für die Änderung von Einkommensteuerbescheiden auf Grund der erstmaligen oder geänderten Festsetzung der gesonderten und einheitlichen Gewinnfeststellung bei steuerlichen Mitunternehmerschaften gem. §§ 179, 180 AO. Ein rückwirkendes Ereignis ist beispielsweise dann zu bejahen, wenn die Rechtsfolgen aus einem Veräußerungsgeschäft wegfallen, weil dieses angefochten wird. Auch die Überschreitung der 15 %-Grenze bei sog. anschaffungsnahem Aufwand gem. § 6 Abs. 1 Nr. 1a EStG stellt ein rückwirkendes Ereignis dar. Nach § 175 Abs. 2 S. 2 AO beginnt die Festsetzungsfrist erst in dem Jahr, in dem das rückwirkende Ereignis eintritt. Nach § 171 Abs. 10 AO endet die Festsetzungsfrist für den Folgebescheid nicht vor Ablauf von zwei Jahren nach Bekanntgabe des Grundlagenbescheids. Dies soll nach der Rechtsprechung des BFH aber nur für Grundlagenbescheide gelten, die von einer Finanzbehörde erlassen werden, nicht jedoch für Grundlagenbescheide anderer Behörden wie z.B. eine rückwirkend erteilte Bescheinigung zur Steuerbefreiung gem. § 4 Nr. 21 UStG der Bezirksregierung.

Durch das Steuerumgehungsbekämpfungsgesetz (StUmgBG) ist mit Wirkung zum 25.06.2017 in § 175b AO ein neuer Abs. 4 eingefügt worden. Weil ein an die Finanzverwaltung übermittelter Datensatz keinen Grundlagenbescheid für die Steuerfestsetzung i.S.d. § 171 Abs. 10 und § 175 Abs. 1 Satz 1 Nr. 1 AO darstellen soll, bestimmt § 175b Abs. 4 AO, dass die Änderung eines Steuerbescheids nach § 175b Abs. 1 oder 2 AO unter folgenden Voraussetzungen ausgeschlossen ist:

1. im Fall einer erstmaligen Datenübermittlung nach § 93c Abs. 1 AO werden nachträglich Daten übermittelt, die nicht rechtserheblich sind;
2. im Fall einer berichtigten Datenübermittlung nach § 93c Abs. 3 AO ist die Abweichung von den bei der Steuerfestsetzung aufgrund der vorherigen Datenübermittlung berücksichtigten Daten nicht rechtserheblich.

3.6 Änderungen nach § 175a AO Umsetzung von Vorabverständigungsvereinbarungen

Ein Steuerbescheid ist ferner zu erlassen, aufzuheben oder zu ändern, soweit dies zur Umsetzung einer Vorabverständigungsvereinbarung nach § 89a AO, einer Verständigungsvereinbarung oder eines Schiedsspruchs nach einem Doppelbesteuerungsabkommen (z.B. Art. 22 oder Art. 25) geboten ist, soweit sich die beteiligten Länder auf eine Beseitigung des die Doppelbesteuerung verursachenden Qualifikationskonfliktes geeinigt haben. Die Festsetzungsfrist endet insoweit nicht vor Ablauf eines Jahres nach dem Wirksamwerden der Verständigungsvereinbarung oder des Schiedsspruchs oder der einvernehmlichen rückwirkenden Anwendung einer Vorabverständigungsvereinbarung.

3.7 Änderungen nach § 175b AO Änderung von Steuerbescheiden bei Datenübermittlung durch Dritte

Seit dem Gesetz zur Modernisierung des Besteuerungsverfahrens können Steuerbescheide zudem aufgehoben oder geändert werden, soweit von der mitteilungspflichtigen Stelle an die Finanzbehörden elektronisch übermittelte Daten im Sinne des § 93c bei der Steuerfestsetzung nicht oder nicht zutreffend berücksichtigt wurden. Diese Vorschrift erlaubt z.B. die nachträgliche Auswertung von Mitteilungen von Rentenversicherungsträgern, Krankenkassen, Arbeitgebern oder dem Arbeitsamt. Durch das Steuerumgehungsbekämpfungsgesetz (StUmgBG) ist mit Wirkung zum 25.06.2017 in § 175b AO ein neuer Abs. 4 eingefügt worden. Weil ein an die Finanzverwaltung übermittelter Datensatz keinen Grundlagenbescheid für die Steuerfestsetzung i.S.d. § 171 Abs. 10 und § 175 Abs. 1 Satz 1 Nr. 1 AO darstellen soll, bestimmt der neue § 175b Abs. 4 AO, dass die Änderung eines Steuerbescheids nach § 175b Abs. 1 oder 2 AO unter folgenden Voraussetzungen ausgeschlossen ist:

- im Fall einer erstmaligen Datenübermittlung nach § 93c Abs. 1 AO werden nachträglich Daten übermittelt, die nicht rechtserheblich sind;
- im Fall einer berichtigten Datenübermittlung nach § 93c Abs. 3 AO ist die Abweichung von den bei der Steuerfestsetzung aufgrund der vorherigen Datenübermittlung berücksichtigten Daten nicht rechtserheblich.

4. Fehlerberichtigung nach § 177 AO

Ist ein **fehlerhafter Bescheid** z.B. nach § 173 AO zu berichtigen, kann ein materieller Fehler, für den es isoliert betrachtet grundsätzlich keine eigene Berichtigungsmöglichkeit gibt, im Rahmen dieser Berichtigung mitberücksichtigt werden – jedoch nur zur Kompensation einer gegenläufigen Korrektur und insoweit, als die Änderung reicht.

Schluss

Die besprochenen Änderungsvorschriften gelten nicht nur zugunsten des Steuerpflichtigen; sie gelten auch zugunsten der Finanzbehörde und damit zuungunsten des Steuerpflichtigen. Für die Finanzbehörde haben die Vorschriften der §§ 129, 172 ff. AO eine noch größere Bedeutung. Hat ein Steuerbescheid die Finanzbehörde mit Bekanntgabewillen verlassen, kann diese den Bescheid selbst dann nicht mehr ohne Weiteres korrigieren, wenn die Rechtsbehelfsfrist noch nicht abgelaufen ist. Selbst in dieser Zeit ist eine Korrektur für die Finanzbehörde nur nach den vorbenannten Vorschriften möglich.

Ich danke für Ihre Aufmerksamkeit.

Vortrag 2: Die Aussetzung der Vollziehung nach der Abgabenordnung und der Finanzgerichtsordnung

I. Einführende Hinweise

Bei der **Aussetzung der Vollziehung (AdV)** handelt es sich um eine Maßnahme des vorläufigen Rechtschutzes. Damit werden Einwendungen des Steuerpflichtigen gegen belastende Verwaltungsakte berücksichtigt, ohne dass ein diesbezügliches Rechtsbehelfsverfahren oder Gerichtsverfahren abgeschlossen ist. Die besondere Problematik liegt bei der (steuerrechtlichen) AdV darin, dass dieser vorläufige Rechtsschutz dem Steuerpflichtigen sowohl nach der AO (§ 361 AO) als auch nach der FGO (§ 69 FGO) gewährt werden kann.

II. Die Gliederung

	Gliederungspunkt	Die Stichworte
	Einleitung	**Thema/Kurzübersicht**
1.	Einspruch und Aussetzung der Vollziehung	
1.1	Keine Hemmung durch Einspruchseinlegung	Keine Hemmung der Vollziehung, § 361 Abs. 1 S. 1 AO, Ausnahme Untersagung des Gewerbebetriebs oder der Berufsausübung, § 361 Abs. 4 AO
1.2	Antrag auf Aussetzung der Vollziehung nach §§ 361 AO, 69 FGO	Gesonderter AdV-Antrag nach §§ 361 Abs. 2 AO oder 69 Abs. 2 und Abs. 3 FGO, keine AdV bei § 172 Abs. 1 Nr. 2a AO
2.	Voraussetzungen für eine Aussetzung der Vollziehung	Vollziehbarer Verwaltungsakt, i.d.R. Antrag des Steuerpflichtigen, Zweifel an der Rechtmäßigkeit, unbillige Härte gegen öffentliches Interesse
3.	Umfang der Aussetzung der Vollziehung	Keine Zwangsvollstreckung, Aufhebung von Vollstreckungsmaßnahmen – aber § 361 Abs. 2 S. 4 AO, Sicherheitsleistung, Aussetzungszinsen, AdV bei Grundlagenbescheiden, BVerfG Beschluss vom 08.07.2021, 1 BvR 2237/14, 1 BvR 2422/17
4.	Aussetzung der Vollziehung nach § 361 AO oder nach § 69 FGO	§§ 361 Abs. 2 AO und § 69 Abs. 2 FGO regeln inhaltlich dasselbe, Rechtsbehelfsverfahren oder Klageverfahren, AdV nach § 69 Abs. 3 FGO, kein Zuständigkeitskonflikt nach § 69 Abs. 4 FGO
5.	Rechtsmittel gegen die Ablehnung der Aussetzung der Vollziehung	Einspruch gegen AdV-Ablehnung durch Finanzamt möglich, keine Klage gegen negative Einspruchsentscheidung, §§ § 69 Abs. 7 FGO, 361 Abs. 5 AO; Rechtsbehelf gegen AdV-Ablehnung durch Finanzgericht = Beschwerde, wenn zugelassen, § 128 Abs. 3 FGO
	Schluss	**Schwierige Rechtslage, Vertretung des Steuerpflichtigen in AdV-Verfahren Vorbehaltsaufgabe des Steuerberaters, Kenntnis der Rechtslage**

III. Der Vortrag

Einleitung

Sehr geehrter Herr Prüfungsvorsitzender/Sehr geehrte Frau Prüfungsvorsitzende, meine Damen und Herren, ich habe das Thema „**Die Aussetzung der Vollziehung nach der Abgabenordnung und der Finanzgerichtsordnung**“ gewählt.

Mein Vortrag ist wie folgt gegliedert (Aufzählen der o.g. Gliederungspunkte Nr. 1. bis 5.).

1. Einspruch und Aussetzung der Vollziehung

1.1 Keine Hemmung durch Einspruchseinlegung

Wenn es im Steuerrecht um die Aussetzung der Vollziehung (AdV) geht, so handelt es sich dabei um einen vorläufigen Rechtsschutz gegen einen belastenden Verwaltungsakt. Legt der Steuerpflichtige hiergegen Einspruch ein, so hat die Finanzbehörde nach § 367 Abs. 2 S. 1 AO die Sache in vollem Umfang erneut zu prüfen. Nach § 361 Abs. 1 AO hemmt jedoch **der Einspruch** die Vollziehung des angefochtenen Verwaltungsakts grundsätzlich nicht. Eine Hemmung der Vollziehung allein durch die Einlegung des Einspruchs tritt nur dann ein, wenn es um einen Einspruch gegen die Untersagung des Gewerbebetriebes oder gegen eine Untersagung der Berufsausübung geht, § 361 Abs. 4 AO. Der Steuerpflichtige muss mithin über die Einlegung des Einspruchs hinaus tätig werden, wenn er eine Vollziehungshemmung erreichen will.

1.2 Antrag auf Aussetzung der Vollziehung nach §§ 361 AO, 69 FGO

Eine Möglichkeit, AdV zu erhalten, eröffnet sich für den Steuerpflichtigen nach § 361 Abs. 2 S. 2 AO und nach § 69 Abs. 2 und 3 FGO. Damit stehen dem Steuerpflichtigen als vorläufiger Rechtsschutz die **Vollziehungsaussetzung** durch die Finanzbehörde oder das Finanzgericht zu. Grundvoraussetzung ist jedoch, dass der auszusetzende Verwaltungsakt nicht bereits bestandskräftig ist. Stellt z.B. der Steuerpflichtige bei einem ihm bekannt gegebenen Steuerbescheid lediglich einen Änderungsantrag nach § 172 Abs. 1 Ziff. 2 AO, so vergibt er die Möglichkeit, im Wege des vorläufigen Rechtsschutzes eine Vollziehungsaussetzung zu bekommen.

2. Voraussetzungen für eine Aussetzung der Vollziehung

Zunächst muss es sich bei dem Verwaltungsakt, gegen den Einspruch eingelegt worden ist, um einen **vollziehbaren Verwaltungsakt** handeln. Ein Verwaltungsakt ist dann vollziehbar, wenn er in einem Klageverfahren im Wege der Anfechtungsklage angreifbar wäre. Ein besonderer Antrag ist hierfür nicht erforderlich. Die Finanzbehörde kann von sich aus die Vollziehung ihres Verwaltungsakts aussetzen. Das kommt aber in der Praxis so gut wie nicht vor. Der Regelfall ist bei einer AdV-Gewährung ein vorausgehender Antrag des Steuerpflichtigen.

Auf einen solchen Antrag hin kann die Finanzbehörde nach § 361 Abs. 2 AO die Vollziehung aussetzen, wenn ernstliche **Zweifel an der Rechtmäßigkeit** des angefochtenen Verwaltungsaktes bestehen oder wenn die Vollziehung für die Betroffene Person eine unbillige, nicht durch das überwiegende öffentliche Interesse gebotene Härte zur Folge hat. Zweifel an der Rechtmäßigkeit sind zu bejahen, wenn sich bei summarischer Prüfung eine gewisse Unentschiedenheit oder Unsicherheiten der Beurteilung von Rechts- und Tatfragen ergeben. Die beim Steuerpflichtigen eintretende unbillige Härte ist gegen das öffentliche Interesse an der sofortigen Vollziehung abzuwägen. Aus diesem Grunde haben Vollziehungsaussetzungen mit der Begründung Liquiditätsprobleme kaum Erfolg und damit auch keine Bedeutung in der Praxis. Dies gilt umso mehr, als nach der Rechtsauffassung des BFH das öffentliche Interesse an der Vollziehung nur dann hinter der unbilligen Härte zurücktritt, wenn Zweifel an der Rechtmäßigkeit der angegriffenen Entscheidung nicht ausgeschlossen werden können.

3. Umfang der Vollziehungsaussetzung

AdV kann gewährt werden, um die Vollziehung eines Verwaltungsaktes auszusetzen. Das bedeutet, dass in einem solchen Fall das Finanzamt in dem Steuerfall trotz festgesetzter Steuer keine Beitreibung verfolgt. Die Beitreibung des Steueranspruchs wird (zunächst) zurückgestellt. Ist der Verwaltungsakt schon vollzogen, tritt an die Stelle der Aussetzung der Vollziehung nach § 361 Abs. 2 S. 3 AO die **Aufhebung der Vollziehung**. Allerdings sind bei Steuerbescheiden die Aussetzung und die Aufhebung der Vollziehung auf die festgesetzte Steuer vermindert um die anzurechnenden Steuerabzugsbeträge, um die anzurechnende Körperschaftsteuer und um die festgesetzten Vorauszahlungen beschränkt; in allen Fällen kann die Aussetzung von einer Sicherheitsleistung abhängig gemacht werden (§ 361 Abs. 2 S. 4 und 5 AO). Wird AdV gegen einen Grundlagenbescheid gewährt, so ist nach § 361 Abs. 3 S. 1 AO auch die Vollziehung des Folgebescheids auszusetzen. Wird AdV gewährt, fallen keine Säumniszuschläge an. Eine rückwirkende Aufhebung der Vollziehung lässt bereits entstandene Säumniszuschläge entfallen. Wenn auch keine Säumniszuschläge anstehen, so führt die AdV nach §§ 237 Abs. 1, 238 Abs. 1 AO doch zu einer Aussetzungsverzinsung. Diese ist mit monatlich 0,5 % jedoch nur „halb so teuer“ wie ein Säumniszuschlag.

Hinweis! Das BVerfG hat mit Beschluss vom 08.07.2021, 1 BvR 2237/14, 1 BvR 2422/17 entschieden, dass die Verzinsung von Steuernachforderungen und Steuererstattungen in § 233a i.V.m. § 238 Abs. 1 Satz 1 AO verfassungswidrig ist, soweit der Zinsberechnung für Verzinsungszeiträume ab dem 01.01.2014 ein Zinssatz von monatlich 0,5 % zugrunde gelegt wird.
Die Verzinsung von Steuernachforderungen mit einem Zinssatz von monatlich 0,5 % nach Ablauf einer zinsfreien Karenzzeit von grundsätzlich 15 Monaten stellt eine Ungleichbehandlung von Steuerschuldnern, deren Steuer erst nach Ablauf der Karenzzeit festgesetzt wird, gegenüber Steuerschuldnern, deren Steuer bereits innerhalb der Karenzzeit endgültig festgesetzt wird, dar. Diese Ungleichbehandlung erweist sich gemessen am allgemeinen Gleichheitssatz aus Art. 3 Abs. 1 GG für in die Jahre 2010 bis 2013 fallende Verzinsungszeiträume noch als verfassungsgemäß, für in das Jahr 2014 fallende Verzinsungszeiträume dagegen als verfassungswidrig. Ein geringere Ungleichheit bewirkendes und mindestens gleich geeignetes Mittel zur Förderung des Gesetzeszwecks bestünde insoweit in einer Vollverzinsung mit einem niedrigeren Zinssatz. Die Unvereinbarkeit der Verzinsung nach § 233a AO mit dem Grundgesetz umfasst ebenso die Erstattungszinsen zugunsten der Steuerpflichtigen. Das bisherige Recht ist für bis einschließlich in das Jahr 2018 fallende Verzinsungszeiträume weiter anwendbar. Für ab in das Jahr 2019 fallende Verzinsungszeiträume sind die Vorschriften dagegen unanwendbar. Der Gesetzgeber ist verpflichtet, bis zum 31.07.2022 eine verfassungsgemäße Neuregelung zu treffen.

Aussetzungsanträge sind Eilsachen, über die unverzüglich zu entscheiden ist. Solange über einen entsprechenden bei der Finanzbehörde gestellten Antrag noch nicht entschieden ist, soll die Finanzbehörde von Vollstreckungsmaßnahmen Abstand nehmen, es sei denn, der Antrag ist offensichtlich aussichtslos (AEAO zu § 361 Ziffer 3.1 S. 2).

4. Aussetzung der Vollziehung nach § 361 AO oder nach § 69 FGO

Auch durch die **Erhebung der Klage** wird die Vollziehung des angefochtenen Verwaltungsaktes grundsätzlich nicht gehemmt, es sei denn, die Klage richtet sich gegen die Untersagung des Gewerbebetriebes oder der Berufsausübung. Ist der Rechtsstreit bereits bei dem Finanzgericht anhängig, so kann gleichwohl – und nach wie vor – die zuständige Finanzbehörde die Vollziehung aussetzen. Nach § 69 Abs. 2 S. 2 FGO soll sie die Vollziehung aussetzen bei Zweifel an der Rechtmäßigkeit des angefochtenen Verwaltungsaktes oder wenn die Vollziehung eine unbillige Härte zur Folge hätte. § 69 Abs. 2 FGO korrespondiert mit § 361 Abs. 2 AO, d.h. § 69 Abs. 2 FGO besagt inhaltlich dasselbe wie § 361 Abs. 2 AO. § 69 Abs. 2 FGO kommt jedoch nur dann zur Anwendung, wenn das Hauptsacheverfahren beim Finanzgericht anhängig ist.

Dann, d.h. wenn das Finanzgericht mit der Hauptsache bereits befasst ist (Klage erhoben), kann das Finanzgericht auch selbst auf Antrag die Vollziehung ganz oder teilweise nach § 69 Abs. 3 S. 1 FGO aussetzen oder die Aussetzung aufheben und zwar unter denselben Voraussetzungen wie die Finanzbehörde aussetzen oder aufheben könnte bzw. müsste.

Ein **AdV-Antrag an das Gericht** ist schon vor Erhebung der Klage möglich, § 69 Abs. 3 S. 2 FGO. Auf den ersten Blick scheint dies einen Zuständigkeitskonflikt auszulösen. Dem entgegnet jedoch § 69 Abs. 4 FGO. Danach ist ein AdV-Antrag an das Gericht erst zulässig, wenn die Finanzbehörde einen entsprechenden Antrag ganz oder zum Teil abgelehnt hat, wenn Vollstreckung droht oder wenn diese bereits in Gang gesetzt ist.

5. Rechtsmittel gegen die Ablehnung der Aussetzung der Vollziehung

Wird vom Finanzamt der AdV-Antrag abgelehnt, so ist hiergegen der Einspruch zulässig. Erlässt die Finanzbehörde für den Steuerpflichtigen eine **ablehnende Einspruchsentscheidung**, so kann dieser jedoch hiergegen keine Klage erheben. Eine solche wäre unzulässig. Das ergibt sich aus § 69 Abs. 7 FGO, § 361 Abs. 5 AO. Danach kann das Gericht mit AdV-Sachen nur im Wege eines Antragsverfahrens (§ 69 Abs. 3 FGO) befasst werden und nicht in einem ordentlichen Klageverfahren.

Lehnt das Finanzgericht einen AdV-Antrag ab, so hat der Steuerpflichtige grundsätzlich die Möglichkeit, hiergegen **Beschwerde beim BFH** einzulegen. Nach § 128 Abs. 3 FGO ist eine solche Beschwerde aber nur zulässig, wenn sie in der AdV-Entscheidung des FG zugelassen worden ist. Eine Beschwerde gegen die Nichtzulassung (NZB) ist unstatthaft.

Schluss

Der Steuergesetzgeber stellt mit den Regelungen in §§ 361 Abs. 2 AO und 69 Abs. 3 und 4 FGO Alternativen zur Verfügung, die einen **umfassenden vorläufigen Rechtsschutz** gewährleisten. Hiervon sollte auch Gebrauch gemacht werden. Nachdem i.d.R. alle AdV-Fälle über das Tatbestandsmerkmal „Zweifel an der Rechtmäßigkeit des Verwaltungsaktes" begründet werden, müssen AdV-Anträge stets mit rechtlich fundierter Begründung versehen werden. Grundsätzlich kann der Steuerpflichtige sowohl beim Finanzamt als auch beim Finanzgericht seine Angelegenheit selbst erledigen. Er muss sich nicht vertreten lassen. AdV-Verfahren machen aber in aller Regel die Einschaltung eines Steuerberaters erforderlich, nachdem die Gesetzesmaterie mit den Bestimmungen der §§ 361 AO und 69 FGO nicht leicht zu handhaben ist. Die Vertretung in AdV-Sachen ist damit ein klassisches Aufgabenfeld des Steuerberaters und setzt voraus, dass er dieses Rechtsgebiet beherrscht. Vor dem Hintergrund der mit 6 % (bzw. nach dem o.g. BverfG-Urteil vom 08.07.2021, 1 BvR 2237/14, 1 BvR 2422/17 mit dem noch neu festzulegenden Zinssatz) gem. § 233a AO „drohenden" Verzinsung im Falle des Unterliegens in der Hauptsache stellt sich jedoch insbesondere in Streitfällen mit rechtlich offenem Ausgang die Frage, ob man, ausreichende Liquidität des Mandanten unterstellt, nicht bewusst auf die Stellung des Antrags auf Aussetzung der Vollziehung verzichten sollte.

Ich danke für Ihre Aufmerksamkeit!

Vortrag 3: Die Präklusion im Einspruchs- und Klageverfahren

I. Einführende Hinweise

Mit dem Grenzpendlergesetz vom 24.06.1994 wurde in die AO ein neuer § 364b AO eingeführt. Mit dieser Vorschrift wollte man insbesondere Steuerpflichtige treffen, die ihren Mitwirkungspflichten im Veranlagungsverfahren nicht nachkommen, die im sich anschließenden Einspruchsverfahren keinen Beitrag zur Beendigung eines Rechtsbehelfsverfahrens leisten und die auf Aufforderungen der Finanzbehörde untätig bleiben. Diese als Präklusionsvorschrift bezeichnete Bestimmung wird ergänzt durch den gleichzeitig in die FGO eingeführten § 76 Abs. 3 FGO. Eine **eigenständige Präklusionsvorschrift** findet sich im finanzgerichtlichen Verfahren für das Finanzgericht in § 79b Abs. 3 FGO. Mit diesen drei Vorschriften wollte der Gesetzgeber eine Beschleunigung des Einspruchs- und Klageverfahrens in Steuerangelegenheiten schaffen und damit sowohl die Finanzbehörde als auch die Finanzgerichte entlasten.

II. Die Gliederung

	Gliederungspunkt	Die Stichworte
	Einleitung	**Thema/Kurzübersicht**
1.	Begriffsbestimmung	Präklusion = Ausschluss, Vorschriften: §§ 364b AO, 76 Abs. 3, 79b Abs. 3 FGO
2.	Präklusion im Einspruchsverfahren nach § 364b AO	Mittel zur Beschleunigung des außergerichtlichen Rechtsbehelfsverfahrens
2.1	Voraussetzungen der Präklusion	Erklärungen, Tatsachen und Beweismittel, drei Alternativen in § 364b AO, Fristsetzung (mit Präklusionshinweis ist Verwaltungsakt, behördliche/gesetzliche Frist, Wiedereinsetzung, § 110 AO
2.2	Wirkung der Präklusion	Unzulässiger Rechtsbehelf bei § 364b Abs. 1 Nr. 1 AO und unbegründeter Rechtsbehelf bei § 364b Abs. 1 Nr. 2 und 3 AO, kein Ermessen des Finanzamts, Berücksichtigung ggf. über § 173 Abs. 1 Nr. 2 AO

	Gliederungspunkt	Die Stichworte
3.	Präklusion im Klageverfahren nach § 76 Abs. 3 FGO	§ 76 Abs. 3 FGO korrespondiert mit § 364b AO
3.1	Voraussetzung der Präklusion	Kein Durchgreifen der Präklusionswirkung des § 364b AO auf das Klageverfahren, erneute (pflichtgemäße) Ermessensentscheidung des Finanzgerichts nach § 76 Abs. 3 i.V.m. § 79b Abs. 3 FGO, Widerspruch
3.2	Rechtsfolgen der Präklusion	Ermessensreduzierung des Finanzgerichts auf Null bei Präklusion nach § 364b Abs. 1 Nr. 1 AO, volles Ermessen des Finanzgerichts bei Präklusion nach § 364b Abs. 1 Nr. 2 und 3 AO
4.	Präklusion im Klageverfahren nach § 79b Abs. 1-3 FGO	Eigenständige Präklusionsvorschrift für das Finanzgericht, unabhängig von §§ 364b AO, § 76 Abs. 3 i.V.m. § 79b Abs. 3 FGO
	Schluss	**Vorteilhafte Rechtslage für Steuerpflichtige (Einspruchsführer und Kläger), Durchbrechung der Beschleunigungsmaxime**

III. Der Vortrag

Einleitung

Sehr geehrter Herr Prüfungsvorsitzender/Sehr geehrte Frau Prüfungsvorsitzende, meine Damen und Herren, ich habe das Thema „**Die Präklusion im Einspruchs- und Klageverfahren**“ gewählt.

Mein Vortrag ist wie folgt gegliedert (Aufzählen der o.g. Gliederungspunkte Nr. 1. bis 4.).

1. Begriffsbestimmung

Das Wort **Präklusion** bedeutet im Deutschen Ausschluss. Im steuerrechtlichen Einspruchs- und Klageverfahren versteht man unter Präklusion den Ausschluss des Einspruchsführers oder Klägers mit einem bestimmten für ihn günstigen Vorbringen. Im Einspruchsverfahren ist dies in § 364b AO geregelt; im Klageverfahren in den §§ 76 Abs. 3, 79b Abs. 3 FGO. Mit der möglichen Präklusion nach §§ 364b AO, 76 Abs. 3, 79b Abs. 3 FGO wird die verschuldete Säumnis des Einspruchsführers/Klägers sanktioniert. Dieser muss sodann damit rechnen, dass sein Vorbringen im Einspruchs- oder Klageverfahren nicht berücksichtigt wird und dass deshalb sein Einspruch zurück- bzw. die Klage abgewiesen wird.

2. Präklusion im Einspruchsverfahren nach § 364b AO

Mit der **Präklusionsvorschrift** des § 364b AO soll im Einspruchsverfahren der Finanzbehörde ein Mittel in die Hand gelegt werden, das Rechtsbehelfsverfahren/Einspruchsverfahren zügiger in Erledigung zu bringen.

2.1 Voraussetzungen der Präklusion

Nach § 364b Abs. 1 AO kann die Finanzbehörde dem Einspruchsführer eine Frist setzen:

- zur Angabe der Tatsachen, durch deren Berücksichtigung oder Nichtberücksichtigung er sich beschwert fühlt (§ 364b Abs. 1 Nr. 1 AO),
- zur Erklärung über bestimmte erklärungsbedürftige Punkte (§ 364b Abs. 1 Nr. 2 AO) und/oder
- zur Bezeichnung von Beweismitteln oder zur Vorlage von Urkunden, soweit er dazu verpflichtet ist (§ 364b Abs. 1 Nr. 3 AO).

Die Fristsetzung ist eine Maßnahme einer Behörde zur Regelung eines Einzelfalls mit Außenwirkung. Bei ihr handelt es sich um einen Verwaltungsakt. Eine isolierte Anfechtung allein wegen der Fristsetzung kann aber nicht zulässig sein. Zum einen handelt es sich hier um eine prozessleitende Verfügung, die in Analogie zu § 128 Abs. 2 FGO unangreifbar ist. Zum anderen würde der durch § 364b AO beabsichtigte Beschleunigungseffekt dadurch vereitelt.

Vertretbar wäre gegebenenfalls auch, eine **isolierte Anfechtbarkeit der Fristsetzung** zuzulassen und die Einspruchsentscheidung hierüber mit der Einspruchsentscheidung in der Hauptsache zusammenzulegen. Eine (isolierte) Klage gegen eine solche Einspruchsentscheidung ist dann aber wegen des fehlenden Rechtschutzinteresses als unzulässig zu bewerten.

Eine andere Frage ist, ob die Fristsetzung verlängerbar ist. Hier ist zu unterscheiden, ob der Verlängerungsantrag vor Fristablauf oder danach gestellt wird. Die Fristsetzung nach § 364b Abs. 1 AO fällt als Fristsetzung einer Behörde unter § 109 Abs. 1 S. 1 AO. Danach können von der Finanzbehörde gesetzte Fristen verlängert werden. Das gilt auch für die Fristsetzung nach § 364b AO. Nach § 109 Abs. 1 S. 2 AO können behördliche Fristen aber selbst dann noch verlängert werden, wenn sie bereits abgelaufen sind. Diese Verlängerungsalternative trifft jedoch auf die Fristsetzung nach § 364b AO nicht zu. Ist die Frist nach § 364b AO versäumt, wird sie wie eine gesetzliche Frist behandelt. Eine Versäumnis kann nur im Rahmen des § 110 AO (**Wiedereinsetzung in den vorherigen Stand**) geheilt werden. Der säumige Einspruchsführer muss die Frist unverschuldet versäumt haben, und er muss die versäumte Handlung innerhalb eines Monats nach Wegfall des Hindernisses nachholen.

2.2 Wirkung der Präklusion

Hat der Einspruchsführer die ihm nach § 364b Abs. 1 AO gesetzte Frist schuldhaft versäumt, so können nach § 364b Abs. 2 S. 1 AO Erklärungen und Beweismittel nicht mehr zugunsten des Einspruchsführers berücksichtigt werden. Liegt ein Fall des § 364b Abs. 1 Nr. 1 AO vor, ist der Einspruch als unzulässig zu verwerfen - sonst, d.h. bei § 364b Abs. 1 Nr. 2 und 3 AO als unbegründet. Selbst eine **Änderung des angefochtenen Verwaltungsaktes** zum Nachteil des Einspruchsführers ist möglich - § 364b Abs. 2 S. 2 AO mit Verweis auf § 367 Abs. 2 S. 2 AO. Selbst wenn der Einspruchsführer vor Erlass der Einspruchsentscheidung die geforderten Erklärungen abgibt und die Beweismittel nachreicht, so ist die Finanzbehörde gehindert, dies in der Einspruchsentscheidung zu verwenden; sie muss gegebenenfalls sehenden Auges eine falsche Einspruchsentscheidung erlassen. Zu spät vorgebrachte Tatsachen und Beweismittel können allenfalls im Rahmen des § 173 Abs. 1 Nr. 2 AO noch zu berücksichtigen sein. Das ist dann der Fall, wenn ein Verschulden unbeachtlich ist, weil die verspätet vorgebrachten Tatsachen und Beweismittel in einem unmittelbaren oder mittelbaren Zusammenhang mit Tatsachen und Beweismitteln i.S.d. § 173 Abs. 1 Nr. 1 AO stehen. Zu berücksichtigen sind die verspätet vorgebrachten Tatsachen und Beweismittel auch dann, wenn das Verschulden im Rahmen des § 110 AO zwar beachtlich ist, aber nicht den Grad eines groben Verschuldens erreicht hat, wie dies in § 173 Abs. 1 Nr. 2 S. 1 AO gefordert wird.

Voraussetzung der Zurückweisung ist allerdings, dass die Finanzbehörde den Einspruchsführer auf die Präklusionswirkung des § 364 Abs. 2 S. 1 AO mit der Fristsetzung nach § 364 Abs. 1 Nr. 1–3 AO hingewiesen hat. Sonst ist der Einspruchsführer mit diesen Tatsachen und Beweismitteln nicht präkludiert, § 364b Abs. 3 AO.

3. Präklusion im Klageverfahren nach § 76 Abs. 3 FGO

Korrespondierend zu § 364b AO regelt § 76 Abs. 3 FGO die Präklusion im Klageverfahren. Wenn der Einspruchsführer der Aufforderung des Finanzamts nicht nachkommt, wird der Einspruch in der Einspruchsentscheidung zurückgewiesen. Lässt der Einspruchsführer eine Frist schuldhaft verstreichen, innerhalb der er Erklärungen nach § 364b Abs. 1 Nr. 2 AO hätte abgeben oder Beweismittel nach § 364b Abs. 1 Nr. 3 AO hätte vorlegen sollen, um den Einspruch mit Erfolg zu begründen, so muss die Finanzbehörde den Einspruch als unbegründet zurückweisen. Wenn der Einspruchsführer gegen die abweisende Einspruchsentscheidung beim Finanzgericht klagt, greift § 76 Abs. 3 FGO. Keine Ermessensentscheidung steht dem Gericht dann zu, wenn der Kläger im Vorverfahren mit Tatsachen präkludiert ist, die die Beschwer nach § 364b Abs. 1 Nr. 1 AO betreffen.

3.1 Voraussetzungen der Präklusion

Ist der Einspruchsführer mit seinem Vorbringen nach § 364b Abs. 2 AO präkludiert, so bedeutet dies nicht gleichzeitig eine Präklusion im Klageverfahren. Anders als im Einspruchsverfahren, bei dem die Finanzbehörde präkludiertes Vorbringen nicht mehr berücksichtigen darf, steht dies im **Klageverfahren nach § 76 Abs. 3 FGO** im Ermessen des Gerichts. Diese für den Steuerpflichtigen vorteilhafte Rechtslage wird kritisiert, nachdem damit die erhoffte Straffung der Klageverfahren nicht zu realisieren ist. Das in § 76 Abs. 3 FGO gewährte Ermessen des Gerichts ist durch den Verweis auf § 79b Abs. 3 FGO relativiert. Danach wirkt die im Einspruchsverfahren verwirkte Präklusion nur fort, wenn sich das Gericht nicht mit geringem Aufwand den

Sachverhalt erschließen kann und wenn die Zulassung der nach § 364b Abs. 2 AO ausgeschlossenen Erklärungen, Tatsachen und Beweismittel die Erledigung des Rechtsstreits verzögern würde. Eine Verzögerung liegt aber nicht vor, wenn bis zur mündlichen Verhandlung der im Einspruchsverfahren präkludierte Kläger die geforderten Erklärungen etc. nachholt und die Beweismittel vorlegt.

3.2 Rechtsfolgen der Präklusion

Ist der Kläger nach § 364b Abs. 1 Nr. 1 AO präkludiert und hat die Finanzbehörde den Einspruch als unzulässig verworfen, so weist das Finanzgericht die Klage ohne weitere Sachprüfung als unbegründet ab. Mit dieser Entscheidung wird letztendlich nur bestätigt, dass der eingelegte **Einspruch** mangels Geltendmachung der Beschwer unzulässig ist.

Ist der Kläger nach § 364b Abs. 1 Nr. 2 oder 3 AO präkludiert, hat aber das verspätete Vorbringen (Erklärungen und Beweismittel) nicht zur Verzögerung des finanzgerichtlichen Rechtsstreits geführt, so hat die Klage insoweit Erfolg, als die nachgereichten Erklärungen und Beweismittel die Klage schlüssig und begründet machen; sonst ist sie als unbegründet abzuweisen.

4. Präklusion im Klageverfahren nach § 79b Abs. 1–3 FGO

Das FG kann im **Klageverfahren** – unabhängig von § 364b AO – in eigener Entscheidung dem Kläger nach § 79b Abs. 1 FGO mit gesondertem Hinweis auf eine drohende Präklusion eine Frist zur Angabe der Tatsachen setzen, durch deren Berücksichtigung oder Nichtberücksichtigung im Verwaltungsverfahren er sich beschwert fühlt. Ferner kann das Gericht den Beteiligten nach § 79b Abs. 2 FGO eine Frist setzen, bestimmte Tatsachen und Beweismittel zu bezeichnen und Urkunden etc. vorzulegen. Kommen dem die Beteiligten innerhalb der gesetzten Frist nicht nach, kann das Finanzgericht ohne weitere Ermittlungen unter den Voraussetzungen des § 79b Abs. 3 FGO entscheiden.

Schluss

§ 364b AO bringt eine klare Regelung. Wer als Einspruchsführer trotz Aufforderung mit angemessener Fristsetzung Erklärungen nicht abgibt und Beweismittel nicht vorlegt, ist damit präkludiert. Er hat insoweit mit seinem Einspruch keinen Erfolg. Diese klare Regelung wird letztendlich wieder beseitigt, indem § 76 Abs. 3 FGO eine rechtmäßige, sich auf § 364b AO berufende Einspruchsentscheidung erneut zur Disposition des Gerichts stellt. Dies mag zwar für den Steuerpflichtigen und Kläger eine vorteilhafte Gesetzeslage sein. Sie ist aber gleichwohl bedenklich, weil der Gesetzgeber den **Verstoß gegen Mitwirkungspflichten nach § 364b AO** völlig anders regelt als in § 76 Abs. 3 FGO, obwohl es sich um ein und dasselbe Rechtsbehelfsverfahren handelt. Insoweit ist das Zusammenspiel der §§ 364b AO und 76 Abs. 3 FGO inkonsequent, nicht folgerichtig und zudem systemwidrig.

Ich danke für Ihre Aufmerksamkeit.

Vortrag 4: Festsetzungs- und Zahlungsverjährung bei Steuerbescheiden

I. Einführende Hinweise

Die **Verjährung im Steuerrecht** (Festsetzungsverjährung und Zahlungsverjährung) unterscheidet sich wesentlich und grundlegend von der Verjährung im Zivil- und Wirtschaftsrecht. Die zivilrechtliche Verjährung gewährt eine Einrede. Der Schuldner ist nach § 214 BGB berechtigt, die Leistung zu verweigern (Leistungsverweigerungsrecht); das auf verjährte Ansprüche Geleistete kann aber nicht mehr zurückgefordert werden. Völlig anders ist die Rechtslage bei der steuerrechtlichen Verjährung nach §§ 169 ff., 228 ff. AO. Diese hat den Charakter einer Einwendung. Sie bringt den Steueranspruch zum Erlöschen. Zahlungen auf verjährte Steuern sind zu erstatten.

II. Die Gliederung

	Gliederungspunkt	Die Stichworte
	Einleitung	**Thema/Kurzübersicht**
1.	Begriffsbestimmung und Rechtsfolgen	Festsetzungsverjährung: Festsetzungsbefugnis erlischt, Zahlungsverjährung: Steueranspruch erlischt, §§ 47, 232 AO, analoge Anwendung auf Feststellungsbescheide, Haftungsbescheide etc.
2.	Festsetzungsverjährung nach §§ 169 ff. AO	Keine Festsetzung nach Eintritt der Festsetzungsverjährung
2.1	Verjährungsfristen	ein Jahr nach § 169 Abs. 2 Nr. 1 AO, sonst vier Jahre nach § 169 Abs. 2 Nr. 2 AO, zehn Jahre bei Steuerhinterziehung und fünf Jahre bei leichtfertiger Steuerverkürzung, § 169 Abs. 2 S. 2 AO
2.2	Beginn der Festsetzungsverjährung nach § 170 AO	Grundsatz § 170 Abs. 1 AO: Entstehung der Steuer, § 170 Abs. 2 AO: Kalenderjahr der Abgabe der Steuererklärung
2.3	Ablaufhemmung nach § 171 AO	Ablauf hinausgeschoben, § 171 AO, Katalog in § 171 Abs. 1 bis 14 AO
3.	Zahlungsverjährung nach §§ 228 ff., 232 AO	Zahlungsverjährung fünf Jahre, Steueranspruch erlischt, §§ 47, 232 AO
3.1	Beginn der Zahlungsverjährung	Beginn bei Anspruchsfälligkeit, nicht vor Festsetzung des Anspruchs
3.2	Hemmung und Unterbrechung der Verjährung	Hemmung nach § 230 AO (höhere Gewalt), Unterbrechung nach § 231 AO (schriftliche Geltendmachung und Katalog in § 231 Abs. 1 AO), Wirkung
3.3	Verjährung steuerlicher Nebenleistungen	Eigenständiges Verjährungsschicksal, Ausnahme für Zinsen bei Zahlungsverjährung
4.	Verjährung, Verwirkung und Treu und Glauben	Verjährung nach §§ 169 ff. und 228 ff. AO, Treu und Glauben wenn Vertrauenstatbestand, Beispiel
5.	Einziehung der Taterträge trotz Verjährung hinterzogener Steuern	§ 375a AO durch Zweites Corona-Steuerhilfegesetz, Änderung durch das Jahressteuergesetz 2020
	Schluss	

III. Der Vortrag

Einleitung

Sehr geehrter Herr Prüfungsvorsitzender/Sehr geehrte Frau Prüfungsvorsitzende, meine Damen und Herren, ich habe das Thema „**Festsetzungs- und Zahlungsverjährung bei Steuerbescheiden**" gewählt.

Mein Vortrag ist wie folgt gegliedert: (Aufzählen der o.g. Gliederungspunkte Nr. 1. bis 4.).

1. Begriffsbestimmung und Rechtsfolgen

Die Festsetzungsverjährung ist in §§ 169 ff. AO geregelt. Steuern kann das Finanzamt erst erheben und beim Steuerpflichtigen geltend machen, wenn sie in einem Steuerbescheid festgesetzt worden sind. Das **Recht auf Steuerfestsetzung** unterliegt nach §§ 169 ff. AO einer Festsetzungsverjährung. Ist diese eingetreten, so kann die Finanzbehörde den betreffenden Steueranspruch nicht mehr realisieren. Der Steueranspruch erlischt, § 47 AO.

Ist eine Steuer hingegen schon festgesetzt, so unterliegt diese Steuerfestsetzung einer Zahlungsverjährung nach §§ 228 ff. AO. Die Finanzbehörde kann danach eine festgesetzte Steuer nicht mehr durchsetzen, wenn die **Zahlungsverpflichtung nach §§ 228 ff. AO** verjährt ist. Auch in diesem Fall erlischt der Steueranspruch, §§ 47, 232 AO. Steuern, die nach Eintritt der Festsetzungsverjährung oder nach Eintritt der Zahlungsverjährung gezahlt werden, sind ohne Rechtsgrund gezahlt und können vom Steuerpflichtigen wieder zurückgefordert werden.

Die **Festsetzungsverjährung** nach den §§ 169 ff. AO gilt entsprechend für Steuermessbeträge (§ 184 Abs. 1 AO), für die gesonderte Feststellung von Besteuerungsgrundlagen (§ 181 Abs. 1 AO) und für den Erlass von Haftungsbescheiden nach § 191 Abs. 1 S. 1 AO. Die Festsetzungsverjährung von Zinsen und von Vollstreckungskosten beträgt nach §§ 239, 346 AO ein Jahr.

2. Festsetzungsverjährung nach §§ 169 ff. AO

2.1 Verjährungsfristen

Die Festsetzungsfrist beträgt nach § 169 Abs. 2 S. 1 Nr. 1 AO bei den untergeordneten und in der Praxis wenig bedeutsamen Verbrauchsteuern (Stromsteuer, Tabaksteuer, Mineralölsteuer etc.) ein Jahr. Die Festsetzungsfrist für die – in der Praxis allein bedeutenden – sonstigen Steuern (Einkommensteuer, Umsatzsteuer, Körperschaftsteuer etc.) beträgt nach § 169 Abs. 2 S. 1 Nr. 2 AO vier Jahre. Die Festsetzungsfrist beträgt zehn Jahre, soweit eine Steuer hinterzogen (§ 370 AO), und fünf Jahre, soweit sie leichtfertig verkürzt worden ist (§ 378 AO). In besonders schweren Fällen (§ 370 Abs. 3 AO) beträgt die Verjährungsfrist **seit dem 29.12.2020 durch das JStG 2020 fünfzehn Jahre**. Die zehn- bzw. fünfjährige Festsetzungsfrist gilt auch dann, wenn die Steuerhinterziehung oder Steuerverkürzung ein Dritter begangen hat (§ 169 Abs. 2 S. 3 AO).

Die Festsetzungsfrist (vier, fünf, zehn Jahre) ist gewahrt, wenn der Steuerbescheid das Finanzamt verlassen hat. Voraussetzung ist jedoch, dass dieser Bescheid dem Steuerpflichtigen noch bekannt gegeben wird. Das Risiko des Nachweises des Zugangs bleibt beim Finanzamt. Das Finanzamt trägt auch die Feststellungslast hinsichtlich der rechtzeitigen Absendung.

2.2 Beginn der Festsetzungsfrist nach § 170 AO

Die **Festsetzungsfrist** beginnt nach § 170 Abs. 1 AO grundsätzlich mit Ablauf des Kalenderjahres, in dem die Steuer entstanden ist. § 170 Abs. 1 AO hat nur dann praktische Bedeutung, wenn keine Pflicht zur Abgabe einer Steuererklärung besteht (z.B. bei der Antragsveranlagung nach § 46 Abs. 2 Nr. 8 EStG oder bei Haftungsbescheiden). Sonst greift regelmäßig § 170 Abs. 2 S. 1 Nr. 1 AO. Wenn eine **Steuererklärung abzugeben** oder eine **Steueranmeldung einzureichen** ist, beginnt die Festsetzungsfrist mit Ablauf des Kalenderjahres, in dem die Steuererklärung etc. eingereicht wird, spätestens jedoch mit Ablauf des dritten Kalenderjahres, das auf das Kalenderjahr folgt, in dem die Steuer entstanden ist. Letzteres gilt nicht, wenn die Festsetzungsfrist nach § 170 Abs. 1 AO später beginnt, wie dies beispielsweise bei der Erbschaft- und Schenkungsteuer nach § 170 Abs. 5 AO der Fall sein kann.

2.3 Ablaufhemmung nach § 171 AO

Während § 170 AO den Beginn der Festsetzungsfrist hinausschiebt, verlängert § 171 AO den Ablauf dieser Frist. In § 171 AO sind enumerativ Sachverhalte aufgezeigt, die eine Ablaufhemmung bewirken.

Die **wichtigsten Ablaufhemmungen** sind:

- Aufgrund höherer Gewalt innerhalb der letzten sechs Monate keine Steuerfestsetzung, § 171 Abs. 2 AO,
- Antrag auf Aufhebung, Änderung oder Berichtigung nach § 129 AO außerhalb eines Einspruchs- oder Klageverfahrens; kein Fristablauf vor unanfechtbarer Entscheidung darüber, § 171 Abs. 3 AO,
- bei zulässigem Einspruch oder bei zulässiger Klage kein Fristablauf vor unanfechtbarer Entscheidung, § 171 Abs. 3a AO,
- kein Fristablauf, wenn und soweit vor Ablauf der Festsetzungsfrist Beginn einer Außenprüfung, bis Steuerfestsetzung unanfechtbar, § 171 Abs. 4 AO,
- kein Fristablauf in den Fällen des § 169 Abs. 2 S. 2 AO vor Verfolgungsverjährung der Steuerhinterziehung oder leichtfertigen Steuerverkürzung, § 171 Abs. 7 AO,

- kein Fristablauf bei vorläufiger Steuerfestsetzung vor Ablauf eines Jahres nach Kenntnis um die Beseitigung der Ungewissheit, zwei Jahre in den Fällen des § 165 Abs. 1 S. 2 AO, § 171 Abs. 8 AO,
- kein Fristablauf vor Ablauf eines Jahres nach Anzeige gem. §§ 153, 371 und 378 Abs. 3 AO, § 171 Abs. 9 AO oder
- kein Ablauf der Festsetzungsfrist für Folgebescheid vor Ablauf von zwei Jahren vor Bekanntgabe des Grundlagenbescheids, § 171 Abs. 10 AO.

3. Zahlungsverjährung nach §§ 228 ff., 232 AO

Ansprüche aus dem Steuerschuldverhältnis – und dazu zählen auch die Steuern – unterliegen nach § 228 AO einer fünfjährigen Zahlungsverjährung. Für jeden steuerlichen Anspruch beginnt eine eigenständige Zahlungsverjährung zu laufen. Ist die Verjährung eingetreten, so erlischt der Steueranspruch (§§ 47, 232 AO).

3.1 Beginn der Zahlungsverjährung

Die Verjährung beginnt nach § 229 Abs. 1 AO mit Ablauf des Kalenderjahres, in dem der Anspruch erstmals fällig, nicht jedoch vor Ablauf des Kalenderjahres, in dem die Steuerfestsetzung bzw. Änderung etc. wirksam geworden ist.

Wird einem Steuerpflichtigen am 15.02.2016 ein Steuerbescheid bekannt gegeben, so **beginnt die Zahlungsverjährung** am 01.01.2017 und läuft bis zum 31.12.2021.

3.2 Hemmung und Unterbrechung der Verjährung

Die Verjährung kann nach § 230 AO gehemmt und nach § 231 AO unterbrochen sein. **Gehemmt ist die Verjährung**, solange der Steueranspruch wegen höherer Gewalt innerhalb der letzten sechs Monate nicht verfolgt werden kann. Um diese Zeit wird die fünfjährige Verjährungsfrist verlängert – längstens jedoch um sechs Monate. Sie beginnt (weiter) zu laufen, sobald das Verfolgungshindernis weggefallen ist. Diese Vorschrift korrespondiert mit § 171 Abs. 2 AO. Sie reagiert auf Naturkatastrophen und hat in der Praxis keine oder nur eine ganz untergeordnete Bedeutung.

Nach § 231 Abs. 1 AO wird die **Verjährung durch die schriftliche Geltendmachung** unterbrochen. Die Unterbrechung hat die Wirkung, dass nach Ablauf des Kalenderjahres, in dem die Unterbrechung geendet hat, eine neue Verjährungsfrist beginnt. Diese Wirkung kann das Finanzamt leicht herbeiführen. Immer dann, wenn es den Steuerpflichtigen mahnt, beginnt mit Ende des „Mahnjahres" eine neue Verjährung. Neben der (einfachen) schriftlichen Geltendmachung des Steueranspruches durch das Finanzamt (Mahnung) führt § 231 Abs. 1 AO weitere Unterbrechungstatbestände auf wie: Zahlungsaufschub, Stundung, Aussetzung der Vollziehung, Sicherheitsleistung, Vollstreckungsaufschub, Vollstreckungsmaßnahmen, Anmeldung im Insolvenzverfahren, Aufnahme in einen Insolvenzplan, Eintritt des Vollstreckungsverbots nach § 210 oder § 294 Abs. 1 InsO, und Ermittlungen der Finanzbehörde nach dem Wohnsitz oder dem Aufenthaltsort des Zahlungspflichtigen.

3.3 Verjährung steuerlicher Nebenleistungen

Wenn der Hauptanspruch, d.h. die Steuer zahlungsverjährt ist, dann sind nicht gleichzeitig alle damit zusammenhängenden Nebenansprüche mitverjährt. Sehr wohl können die sich auf den Hauptanspruch beziehenden **steuerlichen Nebenleistungen** wie die Säumniszuschläge und die Verspätungszuschläge ein eigenes „Verjährungsschicksal" haben – mit Ausnahme der Zinsen (§ 232 AO).

4. Verjährung, Verwirkung und Treu und Glauben

Von der **Verjährung** ist die **Verwirkung** zu unterscheiden. Der Eintritt der Festsetzungsverjährung und der Zahlungsverjährung ist in den §§ 169 ff. und 228 ff. AO eindeutig geregelt. Insoweit gibt es kein Ermessen der Behörde.

In ganz eng gelagerten Ausnahmefällen kann ggf. eine Steuerfestsetzung oder Steuerbeitreibung/Geltendmachung gegen die Grundsätze von Treu und Glauben verstoßen. Das ist dann der Fall, wenn das Finanzamt beim Steuerpflichtigen durch ein Handeln oder durch ein bestimmtes Verhalten einen Vertrauenstatbestand geschaffen hat, der die Steuerfestsetzung oder die Geltendmachung der festgesetzten Steuer verbietet (illoyale Rechtsausübung). Ein bloßes Untätigbleiben des Finanzamts reicht dafür allerdings nicht. In der Regel wird das Entstehen eines Vertrauenstatbestandes aber eine zeitliche Vorgabe notwendig machen.

Auch der umgekehrte Fall zielt auf die **Grundsätze von Treu und Glauben**. Der Steuerpflichtige kann seinerseits durch sein Verhalten gegen diese Grundsätze verstoßen. Dann darf er sich auf die Verjährung nicht berufen. Eine solche Situation stellt sich sicherlich höchst selten. Denkbar wäre beispielsweise, dass ein Steuerpflichtiger beim Finanzamt bewusst den Eindruck erweckt, eine die Verjährung unterbrechende Zahlungsaufforderung nach § 231 Abs. 1 AO erhalten zu haben. Dieser Steuerpflichtige kann sich dann nicht der Geltendmachung des Steueranspruchs mit der (Verjährungs-)Einwendung und der Behauptung entziehen, die Mahnung sei ihm nicht zugegangen.

5. Einziehung der Taterträge trotz Verjährung hinterzogener Steuern

Mit § 375a AO wurde zum 01.07.2020 erstmalig explizit in der AO geregelt, dass bei Steuerhinterziehung die Einziehung rechtswidrig erlangter Taterträge nach § 73 des Strafgesetzesbuches (StGB) für Steueransprüche angeordnet werden kann, auch wenn die entsprechenden Steueransprüche durch Verjährung bereits erloschen sind (§ 47 AO) Der Anwendungsbereich umfasst hinterzogene Steuern, Hinterziehungszinsen nach § 235 AO und Zinsen nach § 233a AO, soweit diese auf Hinterziehungszinsen anzurechnen sind (§ 235 Abs. 4 AO).

Mit dem Jahressteuergesetz 2020 wurde § 376 Abs. 1 AO geändert und für die Fälle der besonders schweren Steuerhinterziehung die Verjährungsfrist von 10 Jahren auf 15 Jahre erhöht. Die Regelung ist insbesondere zur Verfolgung der sog. Cum/Ex-Straftaten geschaffen worden und ist auf alle zum Zeitpunkt des Inkrafttretens noch nicht verjährten Taten anzuwenden.

Mit dem ebenfalls durch das Jahressteuergesetz 2020 eingeführten neuen § 73e Abs. 1 Satz 2 StGB wurde die bisherige Reglung des § 375a AO zur Einziehung von durch Verjährung erloschenen Steueransprüchen in das Strafgesetzbuch übernommen. Dadurch war § 375a AO obsolet. Nach § 73e Abs. 1 Satz 2 StGB können im Falle einer Steuerhinterziehung auch steuerlich verjährte Beträge eingezogen werden. Dies geht bis zur Verjährung der Einziehung nach 30 Jahren (§ 76 b Abs.1 S. 1 StGB).

Anders als § 375a AO, der erst bei nach dem 30.06.2020 begangenen Taten galt, sieht § 73e Abs. 1 Satz 2 StGB jetzt in Fällen der schweren Steuerhinterziehung auch eine rückwirkende Verlängerung der Verjährungsfrist auf 30 Jahre für die Einziehung bei bereits verjährten Ansprüchen vor (Art. 316 Nr. 1 EGStGB), um Cum/Ex-Fälle noch verfolgen zu können.

Ob diese rückwirkende Verlängerung der Verjährung verfassungskonform ist, ist umstritten.

Es verlängert sich jedoch nicht die seit dem 29.12.2020 15-jährige (vorher 10-jährige) Verjährungsfrist des § 376 Abs. 1 AO, sondern nur die absolute Verjährung im Falle einer Verjährungsunterbrechung nach § 78c StGB.

Schluss

Ich danke für Ihre Aufmerksamkeit.

Vortrag 5: Die Haftung für Steuern nach der Abgabenordnung

I. Einführende Hinweise

Die Haftungsbestimmungen der Abgabenordnung sind bei der mündlichen Steuerberaterprüfung ein Dauerbrenner. Die **Anspruchsgrundlagen für den Erlass von Haftungsbescheiden** beschränken sich aber nicht nur auf die Vorschriften in der Abgabenordnung. Jeder, der kraft Gesetzes für eine Steuer haftet – gleich wie das Gesetz heißt –, kann von der Finanzbehörde mit einem Haftungsbescheid nach den §§ 191, 5 AO in Anspruch genommen werden. Hier kommen auch zivilrechtliche, handelsrechtliche und gesellschaftsrechtliche Anspruchsgrundlagen in Betracht, wie beispielsweise die Haftung nach § 25 HGB oder nach § 128 HGB. Dieses Vortragsthema ist jedoch darauf beschränkt, die Anspruchsgrundlagen aus der Abgabenordnung aufzuzeigen, nach denen der Erlass eines Haftungsbescheides infrage kommen kann.

> **Tipp!** Bei diesem Vortragsthema handelt es sich, wie bei den Korrekturvorschriften nach der AO, um einen absoluten „Klassiker" der Vortragsthemen zum Verfahrensrecht.

II. Die Gliederung

	Gliederungspunkt	Die Stichworte
	Einleitung	**Thema/Kurzübersicht**
1.	Schulden und Haften	Schulden heißt, zahlen zu müssen; haften heißt, mit seinem Vermögen einstehen zu müssen; Beispiel Erbrecht, Steuerrecht: Haften ist Einstehen für fremde Verbindlichkeit, §§ 69, 71, 73, 74 und 75 AO
2.	Die Haftung des gesetzlichen Vertreters (§ 69 AO)	Gesetzliche Vertreter (Eltern, Geschäftsführer, Gesellschafter etc.), Pflichtverletzung, Schaden des Fiskus, Grundsatz anteiliger Tilgung, Exkulpation mit Zuständigkeitsvereinbarungen
3.	Die Haftung bei Steuerhinterziehung (§ 71 AO)	Steuerhinterziehung als Pflichtverletzung (§ 370 AO), Schaden des Fiskus, §§ 69 und 71 AO kumulativ, Grundsatz anteiliger Tilgung, Selbstanzeige unbeachtlich (§ 371 AO), Haftung des Anstifters und des Gehilfen
4.	Die Haftung bei Organschaft (§ 73 AO)	Haftung des Organs, Umsatzsteuer bei Betriebsaufspaltung, Haftung begrenzt auf „Organschaftsteuer", Haftung auch für Steuern, die das Organ nicht begründet hat
5.	Die Haftung der Gesellschafter nach § 74 AO	Wesentliche Beteiligung (mehr als 25 %), Überlassung von Gegenständen an Gesellschaft, Steuerentstehung in dieser Zeit, Haftung mit dem Gegenstand, neue BFH-Rechtsprechung: Haftung mit dem Surrogat
6.	Die Haftung des Betriebsübernehmers nach § 75 AO	Übereignung eines (lebenden) Unternehmens im Ganzen, betriebliche Steuern, Zeitraum, in dem die Steuer entsteht und festgesetzt oder angemeldet wird, Surrogation, Haftungsbegrenzung auf Wert des übernommenen Vermögens
7.	Die Haftungsinanspruchnahme	Entstehung des Haftungsanspruchs mit Festsetzung, Ermessen nach §§ 191, 5 AO, Sekundäre Vollstreckung nach § 219 AO
	Schluss	

III. Der Vortrag

Einleitung

Sehr geehrter Herr Prüfungsvorsitzender/Sehr geehrte Frau Prüfungsvorsitzende, meine Damen und Herren, ich habe das Thema „**Die Haftung für Steuern nach der Abgabenordnung**" gewählt.

Mein Vortrag ist wie folgt gegliedert: (Aufzählen der o.g. Gliederungspunkte Nr. 1. bis 7.).

Tipp! Wenn Sie einen Kurzvortrag mit einem umfassenden Thema wie „Haftung für Steuern nach der AO" erhalten, so müssen die einzelnen Gliederungspunkte (Haftungsnormen) in knapper Form dargestellt werden. Das bedeutet, dass von den einzelnen Unterthemen nur das Wesentlichste zum Vortrag gebracht wird. Sonst besteht die Gefahr, dass die Zeitvorgabe von ca. zehn Minuten nicht eingehalten werden kann. Mehr als zehn Minuten sollte Ihr Vortrag nicht dauern.

1. Schulden und Haften

Die Begriffe **Schulden und Haften** schließen sich grundsätzlich nicht aus. Schulden heißt, einen Anspruch/eine Forderung begleichen zu müssen. Haften heißt, dafür mit seinem gesamten Vermögen einstehen zu müssen. Wer schuldet, haftet in der Regel auch. Das ist der Grundsatz im Privatrecht/Zivilrecht. Schulden und Haften können aber auch auseinanderfallen. Das ist dann der Fall, wenn der Erbe Gesamtrechtsnachfolger des Erblassers wird und damit dessen Schulden übernimmt. Gleichwohl muss er aber ggf. nicht mit seinem gesamten Vermögen haften. Eine Haftung kann in diesem Fall z.B. nach den §§ 1975 ff. BGB (Nachlassverwaltung) begrenzt sein.

Wenn hingegen im Steuerrecht von Haftung gesprochen wird, so ist damit ausschließlich das Einstehenmüssen (Haften) für eine fremde Steuerverbindlichkeit gemeint. Die maßgeblichen und praxisrelevanten abgabenrechtlichen Vorschriften finden sich in den §§ 69, 71, 73, 74 und 75 AO. Die Anspruchsvoraussetzungen sind dort sehr unterschiedlich geregelt. Zum einen sind die Vorschriften eng gefasst, indem eine Haftung auf bestimmte Steuern (betriebliche Steuern) begrenzt ist. Zum anderen sind die Vorschriften weiter gefasst, indem sie eine Haftung nicht nur für Steuern begründen, sondern auch für sonstige Ansprüche aus dem Steuerschuldverhältnis (steuerliche Nebenleistungen, etc.).

2. Die Haftung des gesetzlichen Vertreters (§ 69 AO)

Nach § 69 AO haften gesetzliche Vertreter von natürlichen Personen (Eltern etc.), von juristischen Personen (Vorstand einer AG oder Geschäftsführer einer GmbH) oder von Personenvereinigungen (offene Handelsgesellschafter oder Komplementäre) für schuldhaft begangene Pflichtverletzungen. Ferner muss durch eine solche Pflichtverletzung dem Fiskus ein Schaden entstanden sein, weil beispielsweise keine Steuern gezahlt worden sind. Der im **Haftungsbescheid verwirklichte Schadenersatzanspruch des Fiskus** (Finanzamts) greift aber nur insoweit, als die gesetzlichen Vertreter im fraglichen Haftungszeitraum die anderen Gläubiger besser gestellt haben (Grundsatz anteiliger Tilgung). Eine Berufung auf Zuständigkeitsvereinbarungen (Geschäftsführer G1 ist für den technischen Bereich zuständig und Geschäftsführer G2 für den kaufmännischen Bereich) ist haftungsfreistellend nur anzuerkennen, wenn solche Vereinbarungen schriftlich vorliegen und wenn für den „nicht zuständigen" Vertreter kein Anlass zur Prüfung/Überprüfung etc. bestand.

3. Die Haftung bei Steuerhinterziehung (§ 71 AO)

Eine dem § 69 AO verwandte Vorschrift ist § 71 AO. § 71 AO ähnelt § 69 AO insoweit, als der Haftende steuerliche Pflichten verletzt (z.B. keine Umsatzsteuer abführt) und dadurch dem Fiskus ein Schaden entsteht. In § 71 AO besteht die **Pflichtverletzung** zudem darin bzw. es kommt hinzu, dass der Haftende den Tatbestand des § 370 AO verwirklicht hat, indem er vorsätzlich Steuern verkürzte. Steuern sind namentlich dann verkürzt, wenn sie nicht, nicht zur rechten Zeit oder nicht in der richtigen Höhe festgesetzt worden sind (§ 370 Abs. 4 AO). In der Praxis liegen die Voraussetzungen des § 69 AO und des § 71 AO vielfach kumulativ vor.

Beiden Haftungsvorschriften (§§ 69 und 71 AO) ist gemein, dass eine Haftung nur insoweit begründet wird, als andere Gläubiger höher befriedigt worden sind bzw. dass überhaupt Mittel zur Erfüllung der Steuer vorhanden waren (Grundsatz der anteiligen Tilgung). § 71 AO lässt nicht nur den Täter einer Steuerhinterziehung haften, sondern auch den Anstifter und Gehilfen. Das macht die Vorschrift auch für Dritte gefährlich. Zudem ist zu beachten, dass eine Selbstanzeige nach § 371 AO zwar die Strafbefreiung bewirkt, nicht jedoch von der Haftung befreit.

4. Die Haftung bei Organschaft (§ 73 AO)

Nach § 73 AO haftet das Organ für Steuern des Organträgers, die sich auf das Organschaftsverhältnis beziehen. Organschaften können sich für die Körperschaftsteuer bilden (§§ 14, 17, 18 KStG), für die Gewerbesteuer (§ 2 Abs. 2 GewStG) und für die Umsatzsteuer (§ 2 Abs. 2 Nr. 2 UStG). Der klassische Praxisfall, in dem § 73 AO zum Tragen kommt, ist die Betriebsaufspaltung. Wenn nur das Besitzunternehmen als Organträger Steuerschuldner der Umsatzsteuer ist, hätte die Finanzbehörde keine Möglichkeit, die Umsatzsteuer auf Umsätze des Organs beim Organ geltend zu machen. Diese Lücke schließt § 73 AO.

Die Haftung nach § 73 AO ist nur für die Steuer begründet, für die das Organschaftsverhältnis besteht. Eine **Haftung der Tochtergesellschaft** kann sich deshalb für die Körperschaftsteuer und die Gewerbesteuer nicht ergeben, wenn nur eine Umsatzsteuer-Organschaft besteht. Haftet eine Organgesellschaft, die selbst Organträger ist, nach § 73 Satz 2 AO haften ihre Organgesellschaften neben ihr ebenfalls nach § 73 Satz 1 AO. Diese Änderung ist mit dem Gesetz zur weiteren steuerlichen Förderung der Elektromobilität und zur Änderung weiterer steuerlicher Vorschriften als Reaktion auf das BFH-Urteil vom 31.05.2017, I R 54/15 als Erweiterung des Haftungstatbestandes in § 73 AO im Falle einer mehrstufigen Organschaft neu aufgenommen worden. Neben Organgesellschaft haften nun, wenn diese auch selbst Organträger ist, ihre Organgesellschaften für Steuern des Organträgers, für die die Organschaft steuerlich von Bedeutung ist. Die Haftung bei mittelbarer Organschaft gilt gemäß Art. 97 § 11 Abs. 4 EGAO erstmals für nach dem 18.12.2019 verwirklichte Haftungstatbestände.

5. Die Haftung der Gesellschafter nach § 74 AO

§ 74 AO bringt eine **Haftung für wesentlich beteiligte Gesellschafter** mit mehr als 25 % Anteilen am Kapital oder am Vermögen der Gesellschaft, wenn diese bewegliche oder unbewegliche, in ihrem Eigentum stehende Vermögensgegenstände ihrer Gesellschaft zur Verfügung stellen. Die Haftung ist auf Steuern begrenzt, bei denen die Steuerpflicht auf dem Betrieb des Unternehmens gründet, diese Steuern in der Zeit entstanden sind, in der die wesentliche Beteiligung bestand und in der der betreffende Gegenstand der Gesellschaft überlassen war und ihr diente.

Bei der Haftung nach § 74 AO handelt es sich um eine dingliche Haftung. Die betreffenden Gesellschafter haften nicht mit ihrem gesamten Vermögen, sondern nur mit dem Gegenstand, der der Gesellschaft überlassen worden ist. Wenn im Zeitpunkt der Haftungsinanspruchnahme dieser Gegenstand vom Gesellschafter veräußert worden ist oder aus einem anderen Grunde nicht mehr in seinem Eigentum steht, haftet der Betreffende nach der BFH-Rechtsprechung mit dem Surrogat (BFH Urteil vom 22.11.2011, DStR 2012, 237).

6. Die Haftung des Betriebsübernehmers nach § 75 AO

Wer ein Unternehmen von einem anderen Unternehmer übernimmt (übereignet bekommt) und dieses fortführt, haftet nach § 75 AO für betriebliche Steuern des Veräußerers. Damit sind Steuern gemeint, die sich aus dem Betrieb des Unternehmens begründen. Eine gegenteilige Vereinbarung zwischen Veräußerer und Erwerber hat gegenüber der Finanzbehörde keine Wirkung. Die Haftung ist jedoch auf die betrieblichen Steuern begrenzt, die seit dem Beginn des letzten, vor der Übereignung liegenden Kalenderjahres entstanden sind und bis zum Ablauf von einem Jahr nach Anmeldung des Betriebes durch den Erwerber festgesetzt oder angemeldet werden. Voraussetzung einer Haftung nach § 75 AO ist ferner, dass der Veräußerer einen lebensfähigen Betrieb übergibt. Aus diesem Grunde greift § 75 AO nicht, wenn ein Insolvenzunternehmen übernommen wird. Der Erwerber muss die wesentlichen Grundlagen des Unternehmens erworben haben. Die Zurückbehaltung einzelner unbedeutender Gegenstände ist unbeachtlich. Die Haftung ist dem Grunde nach persönlich; sie beschränkt sich aber nach § 75 Abs. 1 S. 2 AO auf den Bestand des übernommenen Vermögens.

7. Die Haftungsinanspruchnahme

Wenn ein Steuerpflichtiger, wozu der Haftende nach § 33 AO zählt, in Anspruch genommen werden soll, so reicht es nicht aus, dass dieser die Tatbestandsvoraussetzungen der vorbenannten Haftungsnormen erfüllt. Ein durchsetzbarer oder vollstreckbarer Haftungsanspruch der Finanzbehörde erwächst erst dann, wenn diese nach §§ 191, 5 AO in pflichtgemäßem Ermessen einen Haftungsbescheid erlassen hat.

Gegen diesen **Haftungsbescheid** hat der Haftende die Möglichkeit, Einspruch einzulegen und gegen eine ablehnende Einspruchsentscheidung beim Finanzgericht eine (Anfechtungs-) Klage zu erheben. Der Einspruch und die Klage haben jedoch keine aufschiebende Wirkung. Will dies der haftende Steuerpflichtige erreichen, muss er einen Antrag auf Aussetzung der Vollziehung nach § 361 AO oder nach § 69 Abs. 2 FGO (Finanzamt) und § 69 Abs. 3 und 4 FGO (Finanzgericht) stellen. Fehlt es an der Vollziehungsaussetzung, kann die Finanzbehörde aus dem Haftungsbescheid vollstrecken. In diesem Fall muss sie jedoch gem. § 219 AO zunächst die Vollstreckung in das bewegliche Vermögen des Steuerschuldners versuchen, es sei denn, eine Vollstreckung beim Schuldner ist offensichtlich erfolglos.

Schluss

Ich danke für Ihre Aufmerksamkeit.

Vortrag 6: Rechtsmittel gegen Entscheidungen der Finanzgerichte

I. Einführende Hinweise

Finanzgerichte sind Landesgerichte (Obergerichte). Sie entsprechen in anderen Gerichtszweigen den Oberlandesgerichten, den Oberverwaltungsgerichten, den Landesarbeitsgerichten etc. Die **Vertretung vor Gerichten**, insbesondere vor Obergerichten, ist eine klassische Aufgabe der Rechtsanwälte. Nach § 62 FGO können die Steuerpflichtigen jedoch den Rechtsstreit vor dem Finanzgericht selbst führen. In aller Regel lassen sie sich aber vertreten. Dabei sind die Steuerberater den Rechtsanwälten in vollem Umfange gleichgestellt. Die Vertretung der Steuerpflichtigen vor den Finanzgerichten ist eine Vorbehaltsaufgabe der Steuerberater nach § 33 StBerG. Damit kann auch erwartet werden, dass Steuerberatern die Vorschriften der FGO nicht fremd sind, und dass sie insbesondere die Rechtsmittel gegen Entscheidungen der Finanzgerichte kennen. Diese Problematik hat im mündlichen Steuerberaterexamen mehr und mehr an Bedeutung gewonnen.

II. Die Gliederung

	Gliederungspunkt	**Die Stichworte**
	Einleitung	**Thema/Kurzübersicht**
1.	Die Entscheidungen der Finanzgerichte	Klagen nach §§ 40 Abs. 1, 41 FGO, Urteile aufgrund mündlicher Verhandlung (§§ 90, 95 FGO), Gerichtsbescheide (§ 90a FGO) und Beschlüsse
2.	Rechtsmittel gegen Urteile	Revision (§ 115 FGO), fristgerechte Einlegung und Begründung (§§ 116 Abs. 1, 120 Abs. 1 S. 1 FGO), Revisionszulassung, Nichtzulassungsbeschwerde gegen Nichtzulassung (§ 116 Abs. 1 und 2 FGO), fristgerechte Einlegung und Begründung (§ 120 Abs. 2 S. 1 HS 2 FGO)
3.	Rechtsmittel gegen Gerichtsbescheide	Gerichtsbescheide nach §§ 90a, 5 Abs. 3 S. 2 FGO, nach § 79a Abs. 2 und 4 FGO und nach § 79a Abs. 3 und 4 FGO, Antrag auf gerichtliche Entscheidung und bei Zulassung Revision innerhalb eines Monats, Ausnahme § 79a Abs. 2 S. 2 FGO
4.	Rechtsmittel gegen Beschlüsse des Finanzgerichts	Beschwerde nach § 128 FGO, keine Beschwerde gegen prozessleitende Verfügungen u.a. nach § 128 Abs. 2 FGO, Beschwerde gegen AdV-Entscheidungen etc. nur wenn zugelassen (§ 128 Abs. 3 S. 1 FGO, keine Nichtzulassungsbeschwerde, Zulassungsgründe nach § 128 Abs. 3 S. 2 FGO
5.	Anhörungsrüge nach § 133a FGO	§ 133a FGO, Selbstüberprüfung, kein rechtliches Gehör, Subsidiarität, Fortsetzung des Verfahrens bei Erfolg, Beispiel: Prozesskostenhilfe
6.	Wiederaufnahmeklage	§ 134 FGO mit Verweis auf ZPO, Nichtigkeitsklage nach § 579 ZPO und Restitutionsklage nach § 580 ZPO, schwerwiegende Prozessverstöße und schwerwiegende inhaltliche Mängel, Klagefrist (§ 586 ZPO)

	Gliederungspunkt	Die Stichworte
	Schluss	**Mittelpunkt: Revision und Nichtzulassungsbeschwerde, Gefahren bei den gesetzlichen Fristen und bei der erforderlichen Begründung, Prüfung der Erfolgsaussichten**

III. Der Vortrag

Einleitung

Sehr geehrter Herr Prüfungsvorsitzender/Sehr geehrte Frau Prüfungsvorsitzende, meine Damen und Herren, ich habe das Thema „**Rechtsmittel gegen Entscheidungen der Finanzgerichte**" gewählt.

Mein Vortrag ist wie folgt gegliedert: (Aufzählen der o.g. Gliederungspunkte Nr. 1. bis 6.).

1. Die Entscheidungen der Finanzgerichte

Die Finanzgerichte sind zur Entscheidung berufen, wenn ein Steuerpflichtiger Klage erhoben hat. Mögliche **Klagen vor dem Finanzgericht** sind:

- die **Anfechtungsklage** (§ 40 Abs. 1 Alt. 1 FGO),
- die **Verpflichtungsklage** (§ 40 Abs. 1 Alt. 2 FGO),
- die **Feststellungsklage** (§ 41 FGO) oder
- die allgemeine **Leistungsklage** (§ 40 Abs. 1 Alt. 3 FGO).

In aller Regel werden diese Klagen aufgrund mündlicher Verhandlung in der Hauptsache durch Urteil entschieden (§§ 90, 95 FGO). In Betracht kommt aber auch, dass ein **Klageverfahren mit einem Gerichtsbescheid** (§ 90a FGO) beendet wird. In allen sonstigen Fällen entscheidet das Finanzgericht per Beschluss (§ 113 FGO). Die Rechtsmittel gegen Entscheidungen des Finanzgerichts richten sich danach, ob es sich um ein Urteil, einen Gerichtsbescheid oder einen (Gerichts-)Beschluss handelt.

2. Rechtsmittel gegen Urteile

Gegen Urteile des Finanzgerichts steht den Beteiligten (dem Steuerpflichtigen oder der Finanzbehörde) das **Rechtsmittel der Revision** nach § 115 FGO zu. Die Revision ist innerhalb eines Monats nach Zustellung des vollständigen Urteils beim BFH einzulegen (§ 120 Abs. 1 S. 1 FGO). Innerhalb von zwei Monaten nach Zustellung des vollständigen Urteils muss die Beschwerde gegen die Nichtzulassung der Revision begründet werden (§ 116 Abs. 3 FGO).

Die Einlegung der Revision durch den unterlegenen Beteiligten setzt nach § 115 Abs. 1 FGO voraus, dass das Finanzgericht die Revision zugelassen hat. Das Finanzgericht lässt die Revision dann zu, wenn die Voraussetzungen des § 115 Abs. 1 Nr. 1–3 FGO vorliegen (grundsätzliche Bedeutung, Rechtsfortbildung oder Verfahrensmangel). Hat das Finanzgericht in dem Urteil die Revision nicht zugelassen, ist eine Revisionseinlegung unzulässig. In diesem Falle kann der Unterliegende nach § 116 Abs. 1 FGO Nichtzulassungsbeschwerde innerhalb eines Monats nach Zustellung des vollständigen Urteils beim BFH einlegen, (§ 116 Abs. 2 FGO). Die **Nichtzulassungsbeschwerde** ist innerhalb von zwei Monaten nach Zustellung des vollständigen Urteils zu begründen. Gibt der BFH der Nichtzulassungsbeschwerde statt, so geht das Beschwerdeverfahren ohne weiteres Zutun der Beteiligten in das Revisionsverfahren über. Dann muss der Beschwerdeführer/Revisionskläger innerhalb eines Monats nach Zustellung des Beschlusses über die Zulassung die Revision begründen (§ 120 Abs. 2 S. 1 HS 2 FGO).

3. Rechtsmittel gegen Gerichtsbescheide

Bei Gerichtsbescheiden nach § 90a FGO ist zunächst abzuklären, welcher Spruchkörper des Finanzgerichts einen Gerichtsbescheid erlassen hat. **Gerichtsbescheide** können nach § 5 Abs. 3 S. 2 FGO vom Finanzgericht in der Besetzung von drei Richtern erlassen werden (Entscheidung ohne die ehrenamtlichen Richter). Gerichtsbescheide können aber auch vom Einzelrichter nach § 6 FGO stammen oder vom konsentierten Richter nach § 79a Abs. 3 FGO. Gegen solche Gerichtsbescheide haben die Beteiligten (der Steuerpflichtige als Kläger und die Finanzbehörde als Beklagte) stets die Möglichkeiten, **Antrag auf gerichtliche Entscheidung** zu stellen.

Die Einlegung der Revision ist nur gestattet, wenn dies im Gerichtsbescheid ausdrücklich zugelassen ist (§ 90a Abs. 2 S. 2 FGO). Gegen die Nichtzulassung gibt es keine Nichtzulassungsbeschwerde. Dem konsentierten Richter nach § 79a Abs. 3 FGO und dem Einzelrichter nach § 6 FGO sind alle Möglichkeiten eingeräumt, die auch das Gericht in Vollbesetzung nach § 5 Abs. 3 S. 2 FGO hat. Dazu gehört auch der Erlass von Gerichtsbescheiden. Im vorbereitenden Verfahren kann auch der Vorsitzende bzw. der Berichterstatter nach § 79a Abs. 2 und Abs. 4 FGO ohne Zustimmung der Beteiligten einen Gerichtsbescheid erlassen. Hiergegen ist nur ein Antrag auf gerichtliche Entscheidung nach §§ 79a Abs. 2 S. 2, 90a Abs. 2 S. 1 FGO innerhalb eines Monats nach Zustellung des Gerichtsbescheids zulässig.

4. Rechtsmittel gegen Beschlüsse des Finanzgerichts

Bei Entscheidungen des Finanzgerichts, die weder Urteile noch Gerichtsbescheide sind, handelt es um Beschlüsse. Gegen Beschlüsse des Finanzgerichts ist grundsätzlich die **Beschwerde an den BFH** zulässig (§ 128 Abs. 1 FGO). Sie ist nach § 129 Abs. 1 FGO beim Finanzgericht schriftlich oder zu Protokoll des Urkundsbeamten der Geschäftsstelle innerhalb von zwei Wochen nach Bekanntgabe der Entscheidung einzulegen. Die Frist gilt auch als gewahrt, wenn die Beschwerde innerhalb dieser Frist beim BFH eingeht (§ 129 Abs. 2 FGO).

Entscheidungen wie prozessleitende Verfügungen, Aufklärungsanordnungen, Beschlüsse über die Vertagung oder die Bestimmung einer Frist, Beschlüsse nach §§ 91 a, 93a FGO, Beschlüsse über die Ablehnung von Beweisanträgen, über die Verbindung und Trennung von Verfahren und Ansprüchen über die Ablehnung von Gerichtspersonen, Sachverständigen und Dolmetschern, Einstellungsbeschlüsse nach Klagerücknahme sowie Beschlüsse im Verfahren der Prozesskostenhilfe können nach § 128 Abs. 2 FGO nicht mit der Beschwerde angefochten werden.

Gegen Entscheidungen des Gerichts über die Aussetzung der Vollziehung nach § 69 Abs. 3 und 5 FGO und über einstweilige Anordnungen nach § 114 Abs. 1 FGO steht den Beteiligten die Beschwerde nur zu, wenn sie in der Entscheidung zugelassen ist. Nach § 128 Abs. 3 S. 2 FGO ist die Beschwerde nur zuzulassen, wenn die **Rechtssache grundsätzliche Bedeutung** hat, die **Fortbildung oder Sicherung einer einheitlichen Rechtsprechung eine Entscheidung des BFH erfordert** oder ein **Verfahrensmangel** geltend gemacht wird, auf dem die Entscheidung beruhen kann. Wird die Beschwerde nicht zugelassen, ist eine dagegen gerichtete Beschwerde unstatthaft. Eine Nichtzulassungsbeschwerde gibt es hiergegen nicht.

5. Anhörungsrüge nach § 133a FGO

Den Beteiligten steht fernerhin nach § 133a FGO die **Anhörungsrüge** zu. Damit soll das Finanzgericht zu einer Selbstüberprüfung seiner Entscheidung gezwungen werden. Aufgrund der (erfolgreichen) Rüge des durch eine gerichtliche Entscheidung beschwerten Beteiligten ist das Verfahren fortzuführen, wenn ein Rechtsmittel oder ein anderer Rechtsbehelf gegen die Entscheidung nicht gegeben ist und das Gericht den Anspruch dieses Beteiligten auf rechtliches Gehör in entscheidungserheblicher Weise verletzt hat. Die Rüge ist innerhalb von zwei Wochen nach Kenntnis von der Verletzung des rechtlichen Gehörs zu erheben; der Zeitpunkt der Kenntniserlangung ist glaubhaft zu machen. Der Antrag ist schriftlich oder zu Protokoll des Urkundsbeamten der Geschäftsstelle des Gerichts zu stellen. Nach Ablauf eines Jahres seit Bekanntgabe der angegriffenen Entscheidung kann eine Rüge nicht mehr erhoben werden.

> **Beispiel für eine Rüge:** In einem Verfahren über Prozesskostenhilfe fordert das Finanzgericht in Form des Einzelrichters nach § 6 FGO den Kläger am 14.09.2020 auf, mit einer Frist von zwei Monaten bis zum 14.11.2020 bestimmte Tatsachen und Beweismittel vorzulegen. Der Einzelrichter übersieht diese Aufforderung und erlässt am 20.09.2020 einen abweisenden Beschluss.
>
> **Lösung:** Hiergegen kann sich der Kläger mit der Rüge nach § 133a FGO wenden.

6. Wiederaufnahmeklage

In eng umgrenzten Ausnahmefällen ist nach der Zivilprozessordnung eine **Wiederaufnahme abgeschlossener Gerichtsverfahren** möglich: Nichtigkeitsklage nach § 586 ZPO bei besonders gravierenden Prozessverstößen, Restitutionsklage nach § 580 ZPO bei schwerwiegenden inhaltlichen Mängeln wie Fälschungen, Falschaussagen etc. Die Klagen sind mit einer Notfrist von einem Monat ab Kenntniserlangung der Anfechtungsgründe zu erheben. Nach Ablauf von fünf Jahren sind die Klagen unstatthaft. Die Wiederaufnahmeklage hat im Steuerrecht allerdings so gut wie keine praktische Bedeutung.

Schluss

Die FGO sieht verschiedene Möglichkeiten vor, wie sich die Beteiligten gegen Entscheidungen des Finanzgerichts wehren können. In der Praxis steht im Mittelpunkt die **Revision gegen Urteile der Finanzgerichte und die Nichtzulassungsbeschwerde**, wenn die Revision nicht zugelassen ist. Hier lauern große Gefahren. Zum einen müssen die Fristen zur rechtzeitigen Einlegung der Revision oder der Nichtzulassungsbeschwerde gewahrt werden. Zum anderen – und das ist eine völlig andere Situation gegenüber dem Klageverfahren vor dem Finanzgericht – muss die Revision zu Beginn des Verfahrens zugleich auch umfassend und fristgemäß begründet werden. Ein Großteil der Revisionen und Nichtzulassungsbeschwerden scheitert an formellen Voraussetzungen und das kann für den Steuerberater zu unliebsamen (Haftungs-) Folgen führen. Ungeachtet dessen sind jedoch stets vorab und mit Priorität die Erfolgsaussichten eines solchen Rechtsmittels genau zu prüfen, nachdem im Falle des Unterliegens dem Steuerpflichtigen beträchtliche Aufwendungen in Form von Prozesskosten entstehen können.

Ich danke für Ihre Aufmerksamkeit.

Vortrag 7: Buchführungs- und Aufzeichnungspflichten nach der Abgabenordnung

I. Einführende Hinweise

Durch die Neufassung der Grundsätze ordnungsgemäßer Buchführung und des Datenzugriffes der Finanzverwaltung (GoBD) durch den BMF vom 14.11.2014 (IV A 4 – S 0316/13/10003, BStBl I 2014, 1450) aktualisiert durch BMF-Schreiben vom 28.11.2019 (IV A 4 – S 0316/19/10003:001) hat dieses Thema deutlich an Aktualität und Relevanz auch für die mündliche Prüfung gewonnen. In der steuerlichen Beratungspraxis stellen Verstöße gegen die obliegenden Buchführungspflichten nach der AO einen häufigen Anlass für Hinzuschätzungen im Rahmen von Betriebsprüfungen dar.

II. Die Gliederung

	Gliederungspunkt	Die Stichworte
	Einleitung	**Thema/Kurzübersicht**
1.	Nutzbarmachung außersteuerlicher Buchführungs- und Aufzeichnungspflichten für das Steuerrecht	§ 140 AO verweist auf sämtliche außersteuerliche Aufzeichnungspflichten
2.	Steuerliche Buchführungs- und Aufzeichnungspflichten	Revision (§ 115 FGO), fristgerechte Einlegung und Begründung (§§ 116 Abs. 1, 120 Abs. 1 S. 1 FGO), Revisionszulassung, Nichtzulassungsbeschwerde gegen Nichtzulassung (§ 116 Abs. 1 und 2 FGO), fristgerechte Einlegung und Begründung (§ 120 Abs. 2 S. 1 HS 2 FGO)
3.	Beweiskraft von Buchführung und Aufzeichnungen	Formal korrekte Buchführungen sind gem. § 158 AO grundsätzlich der Besteuerung zu Grunde zu legen

	Gliederungspunkt	Die Stichworte
4.	Ordnungsmäßigkeit der Buchführung	Die Ordnungsmäßigkeit erfordert einer Vielzahl von Ordnungsvorschriften wie den Grundsatz der Nachvollziehbarkeit und Nachprüfbarkeit (§ 145 Abs. 1 AO, § 238 Abs. 1 Satz 2 und Satz 3 HGB), Grundsätze der Wahrheit, Klarheit und fortlaufenden Aufzeichnung (Zeitgerechtigkeit)
5.	Ordnung	Grundsatz der Klarheit, Ordnungsprinzipien
6.	Unveränderbarkeit	Eine Buchung oder eine Aufzeichnung darf nicht mehr verändert werden, ohne dass der ursprüngliche Inhalt nicht mehr feststellbar ist (§ 146 Abs. 4 AO)
7.	Aufbewahrungspflichten	Unterschiedliche Fristen gem. § 147 AO
8.	Datenzugriff	Die Finanzverwaltung hat unterschiedliche Zugriffsmöglichkeiten auf elektronische Aufzeichnung (unmittelbar, mittelbar und Datenträgerüberlassung)
9.	Elektronische Aufzeichnungssysteme	Ordnungsvorschrift für die Buchführung und für Aufzeichnungen mittels elektronischer Aufzeichnungssysteme
	Schluss	**Haftungsrisiken für Steuerberater bei Verstößen denkbar**

III. Der Vortrag

Einleitung

Sehr geehrter Herr Prüfungsvorsitzender/Sehr geehrte Frau Prüfungsvorsitzende, meine Damen und Herren, ich habe das Thema **„Buchführungs- und Aufzeichnungspflichten nach der Abgabenordnung"** gewählt.

Mein Vortrag ist wie folgt gegliedert: (Aufzählen der o.g. Gliederungspunkte Nr. 1. bis 9.).

1. Nutzbarmachung außersteuerlicher Buchführungs- und Aufzeichnungspflichten für das Steuerrecht

Nach § 140 AO sind die außersteuerlichen Buchführungs- und Aufzeichnungspflichten, die für die Besteuerung von Bedeutung sind, auch für das Steuerrecht zu erfüllen. Außersteuerliche Buchführungs- und Aufzeichnungspflichten ergeben sich insbesondere aus den Vorschriften der §§ 238 ff. HGB und aus den dort bezeichneten handelsrechtlichen Grundsätzen ordnungsmäßiger Buchführung (GoB). Für einzelne Rechtsformen ergeben sich ergänzende Aufzeichnungspflichten z.B. aus §§ 91 ff. Aktiengesetz, §§ 41 ff. GmbH-Gesetz oder § 33 Genossenschaftsgesetz. Des Weiteren sind zahlreiche gewerberechtliche oder branchenspezifische Aufzeichnungsvorschriften vorhanden, die gem. § 140 AO im konkreten Einzelfall für die Besteuerung von Bedeutung sind, wie z.B. Apothekenbetriebsordnung, Eichordnung, Fahrlehrergesetz, Gewerbeordnung, § 26 Kreditwesengesetz oder § 55 Versicherungsaufsichtsgesetz.

Verstöße gegen diese außersteuerlichen Aufzeichnungspflichten berechtigen die Finanzverwaltung im Einzelfall bereits zu Zuschätzungen (so z.B. FG Rheinland-Pfalz, Urteil vom 1.4.2014, 5 K 1227/13; rechtskräftig zur Zuschätzungsbefugnis bei Verstoß gegen das Fahrlehrergesetz).

2. Steuerliche Buchführungs- und Aufzeichnungspflichten

Unmittelbare steuerliche Buchführungs- und Aufzeichnungspflichten ergeben sich sowohl aus der Abgabenordnung (z.B. §§ 90 Abs. 3, 141 bis 144 AO), als auch aus Einzelsteuergesetzen (z.B. § 22 UStG, § 4 Abs. 3 Satz 5, § 4 Abs. 4a Satz 6, § 4 Abs. 7 und § 41 EStG). Neben den außersteuerlichen und steuerlichen Büchern, Aufzeichnungen und Unterlagen zu Geschäftsvorfällen sind alle Unterlagen aufzubewahren, die zum Verständnis und zur Überprüfung der für die Besteuerung gesetzlich vorgeschriebenen Aufzeichnungen im Einzelfall von

Bedeutung sind. Die Ordnungsvorschriften der §§ 145 bis 147 AO gelten für die vorbezeichneten Bücher und sonst erforderlichen Aufzeichnungen und der zu ihrem Verständnis erforderlichen Unterlagen.

3. Beweiskraft von Buchführung und Aufzeichnungen

Nach § 158 AO **erfahren formal ordnungsgemäße Bücher des Steuerpflichtigen zunächst den Beweis der Richtigkeit und** sind die Buchführung und die Aufzeichnungen des Steuerpflichtigen, die den Vorschriften der §§ 140 bis 148 AO entsprechen, grundsätzlich der Besteuerung zugrunde zu legen, soweit nach den Umständen des Einzelfalls kein Anlass besteht, ihre sachliche Richtigkeit zu beanstanden. Werden Buchführung oder Aufzeichnungen des Steuerpflichtigen im Einzelfall durch die Finanzverwaltung beanstandet, so ist der Grund der Beanstandung durch die Finanzverwaltung in geeigneter Form zu belegen. Der Begriff der Bücher ist funktional unter Anknüpfung an die handelsrechtliche Bedeutung zu verstehen. Die äußere Gestalt (gebundenes Buch, Loseblattsammlung oder Datenträger) ist unerheblich.

Der Kaufmann ist verpflichtet, in den Büchern seine Handelsgeschäfte und die Lage des Vermögens ersichtlich zu machen (§ 238 Absatz 1 Satz 1 HGB). Der Begriff Bücher umfasst sowohl die Handelsbücher der Kaufleute (§§ 238 ff. HGB) als auch die diesen entsprechenden Aufzeichnungen von Geschäftsvorfällen der Nichtkaufleute.

4. Ordnungsmäßigkeit der Buchführung

Die Anforderungen an die Ordnungsmäßigkeit ergeben sich aus:

- außersteuerlichen Rechtsnormen (z. B. den handelsrechtlichen GoB gem. §§ 238, 239, 257, 261 HGB), die gem. § 140 AO für das Steuerrecht nutzbar gemacht werden können, wenn sie für die Besteuerung von Bedeutung sind und
- steuerlichen Ordnungsvorschriften (insbesondere gem. §§ 145 bis 147 AO).

Die allgemeinen Ordnungsvorschriften in den §§ 145 bis 147 AO gelten nicht nur für Buchführungs- und Aufzeichnungspflichten nach § 140 AO und nach den §§ 141 bis 144 AO. Insbesondere § 145 Abs. 2 AO betrifft alle zu Besteuerungszwecken gesetzlich geforderten Aufzeichnungen, also auch solche, zu denen der Steuerpflichtige aufgrund anderer Steuergesetze verpflichtet ist, wie z. B. nach § 4 Abs. 3 Satz 5, Abs. 7 EStG und nach § 22 UStG (BFH-Urteil vom 24.6.2009, BStBl II 2010, 452).

Zahlreiche Grundsätze ordnungsmäßiger Buchführung des Handelsrechtes werden in der AO erneut kodifiziert, wie z.B.:

4.1 Grundsatz der Nachvollziehbarkeit und Nachprüfbarkeit (§ 145 Abs. 1 AO, § 238 Abs. 1 Satz 2 und Satz 3 HGB)

Die Buchführung muss so beschaffen sein, dass sie einem sachverständigen Dritten innerhalb angemessener Zeit einen Überblick über die Geschäftsvorfälle und über die Lage des Unternehmens vermitteln kann. Die Geschäftsvorfälle müssen sich in ihrer Entstehung und Abwicklung lückenlos verfolgen lassen (progressive und retrograde Prüfbarkeit).

Die progressive Prüfung beginnt beim Beleg, geht über die Grund(buch)aufzeichnungen und Journale zu den Konten, danach zur Bilanz mit Gewinn- und Verlustrechnung und schließlich zur Steueranmeldung bzw. Steuererklärung. Die retrograde Prüfung verläuft umgekehrt. Die progressive und retrograde Prüfung muss für die gesamte Dauer der Aufbewahrungsfrist und in jedem Verfahrensschritt möglich sein.

Die Verarbeitung der einzelnen Geschäftsvorfälle sowie das dabei angewandte Buchführungs- oder Aufzeichnungsverfahren müssen nachvollziehbar sein. Die Buchungen und die sonst erforderlichen Aufzeichnungen müssen durch einen Beleg nachgewiesen sein oder nachgewiesen werden können (Belegprinzip)

4.2 Grundsätze der Wahrheit, Klarheit und fortlaufenden Aufzeichnung

4.2.1 Vollständigkeit

Die Geschäftsvorfälle sind nach dem Grundsatz der Einzelaufzeichnungspflicht (§ 146 Abs. 1 AO, § 239 Abs. 2 HGB) einzeln, vollzählig und lückenlos aufzuzeichnen Die GoB erfordern in der Regel die Aufzeichnung jedes Geschäftsvorfalls – also auch jeder Betriebseinnahme und Betriebsausgabe, jeder Einlage und Entnahme – in einem Umfang, der eine Überprüfung seiner Grundlagen, seines Inhalts und seiner Bedeutung für den Betrieb ermöglicht. Das bedeutet nicht nur die Aufzeichnung der in Geld bestehenden Gegenleistung, sondern auch des Inhalts des Geschäfts und des Namens des Vertragspartners (BFH-Urteil vom 12.05.1966, BStBl III 1966, 372) – soweit zumutbar, mit ausreichender Bezeichnung des Geschäftsvorfalls (BFH-Urteil vom 01.10.1969, BStBl II 1970, 45). Dabei bestehen jedoch branchenspezifische Erleichterungen. So müssen z.B. die Namen der Kunden in einem Einzelhandelsgeschäft bei Bargeschäften genauso wenig erfasst werden wie bei einem Taxiunternehmer Angaben zum Kunden.

Der Grundsatz der Einzelaufzeichnungen gilt zwar auch für Bareinnahmen. Aus Gründen der Zumutbarkeit und Praktikabilität hat der BFH allerdings in der Vergangenheit eine Pflicht der Einzelaufzeichnung für den Einzelhandel und vergleichbare Berufsgruppen verneint (BFH-Urteil vom 12.05.1966, BStBl III 1966, 372; z.B. bei einer Vielzahl von einzelnen Geschäften mit geringem Wert, Verkauf von Waren an der Person nach unbekannte Kunden über den Ladentisch gegen Barzahlung). Werden jedoch Grund(buch)aufzeichnungen zur Erfüllung der Einzelaufzeichnungspflicht tatsächlich technisch, betriebswirtschaftlich und praktisch geführt, dann sind diese Daten allerdings auch aufzubewahren und in maschinell auswertbarer Form vorzulegen. Insoweit stellt sich die Frage der Zumutbarkeit und Praktikabilität nicht. Verwendet ein Einzelhändler, der in seinem Betrieb im allgemeinen Waren von geringem Wert an ihm der Person nach nicht bekannte Kunden über den Ladentisch gegen Barzahlung verkauft, eine PC-Kasse, die detaillierte Informationen zu den einzelnen Verkäufen aufzeichnet und eine dauerhafte Speicherung ermöglicht, so sind die damit bewirkten Einzelaufzeichnungen auch zumutbar, BFH-Urteil vom 16.12.2014, X R 42/13. Die Pflicht zur Einzelaufzeichnung muss nur dann nicht erfüllt werden, soweit nachweislich Waren von geringem Wert an eine unbestimmte Vielzahl nicht bekannter und auch nicht feststellbarer Personen verkauft werden. Das gilt nicht, wenn der Steuerpflichtige ein elektronisches Aufzeichnungssystem im Sinne des § 146a AO verwendet (§ 146 Abs. 1 Satz 3 und 4 AO).

4.2.2 Richtigkeit (§ 146 Abs. 1 AO, § 239 Abs. 2 HGB)

Geschäftsvorfälle sind in Übereinstimmung mit den tatsächlichen Verhältnissen und im Einklang mit den rechtlichen Vorschriften inhaltlich zutreffend durch Belege abzubilden (BFH-Urteil vom 24.06.1997, BStBl II 1998, 51), der Wahrheit entsprechend aufzuzeichnen und bei kontenmäßiger Abbildung zutreffend zu kontieren.

4.2.3 Zeitgerechte Buchungen und Aufzeichnungen (§ 146 Abs. 1 AO, § 239 Abs. 2 HGB)

Das Erfordernis „zeitgerecht" zu buchen verlangt, dass ein zeitlicher Zusammenhang zwischen den Vorgängen und ihrer buchmäßigen Erfassung besteht (BFH-Urteil vom 25.03.1992, BStBl II 1992, 1010; BFH-Urteil vom 05.03.1965, BStBl III 1965, 285). Jeder Geschäftsvorfall ist zeitnah, d.h. möglichst unmittelbar nach seiner Entstehung in einer Grundaufzeichnung oder in einem Grundbuch zu erfassen. Nach den GoB müssen die Geschäftsvorfälle grundsätzlich laufend gebucht werden (Journal). Es widerspricht dem Wesen der kaufmännischen Buchführung, sich zunächst auf die Sammlung von Belegen zu beschränken und nach Ablauf einer langen Zeit auf Grund dieser Belege die Geschäftsvorfälle in Grundaufzeichnungen oder Grundbüchern einzutragen (vgl. BFH-Urteil vom 10.06.1954, BStBl III 1954, 298). Die Funktion der Grund(buch)aufzeichnungen setzt jedoch nicht zwingend eine Buchung voraus, sondern kann auch durch eine geordnete und übersichtliche Belegablage erfüllt werden (§ 239 Abs. 4 HGB; § 146 Abs. 5 AO; H 5.2 „Grundbuchaufzeichnungen" EStH).

Dabei ist jede nicht durch die Verhältnisse des Betriebs oder des Geschäftsvorfalls zwingend bedingte Zeitspanne zwischen dem Eintritt des Vorganges und seiner laufenden Erfassung in Grund(buch)aufzeichnungen bedenklich. Eine Erfassung von unbaren Geschäftsvorfällen innerhalb von zehn Tagen ist unbedenklich (vgl. BFH-Urteil vom 02.10.1968, BStBl II 1969, 157; BFH-Urteil vom 26.03.1968, BStBl II 1968, 527 zu Verbindlichkeiten und zu Debitoren). Kasseneinnahmen und Kassenausgaben sind nach § 146 Abs. 1 Satz 2 AO täglich festzuhalten.

Die Finanzverwaltung beanstandet es jedoch bei Monats-, Quartals- oder Jahreszahlern nicht, wenn bei der Erstellung der Bücher Geschäftsvorfälle nicht laufend, sondern nur periodenweise gebucht werden, die Erfassung der unbaren Geschäftsvorfälle eines Monats bis zum Ablauf des folgenden Monats in den Büchern bzw. den Büchern vergleichbare Aufzeichnungen der Nichtbuchführungspflichtigen erfolgt und bis zu diesem Zeitpunkt durch organisatorische Vorkehrungen sichergestellt ist, dass die Unterlagen bis zu ihrer Erfassung nicht verloren gehen. Dies kann z.B. durch laufende Nummerierung der eingehenden und ausgehenden Rechnungen, durch Ablage in besonderen Mappen und Ordnern oder durch elektronische Grund(buch)aufzeichnungen in

Kassensystemen, Warenwirtschaftssystemen, Fakturierungssystemen etc. erfolgen. Jeder Geschäftsvorfall ist periodengerecht der Abrechnungsperiode zuzuordnen, in der er angefallen ist. Zwingend ist die Zuordnung zum jeweiligen Geschäftsjahr oder zu einer nach Gesetz, Satzung oder Rechnungslegungszweck vorgeschriebenen kürzeren Rechnungsperiode.

5. Ordnung (§ 146 Abs. 1 AO, § 239 Abs. 2 HGB)

Der Grundsatz der Klarheit verlangt u.a. eine systematische Erfassung und übersichtliche, eindeutige und nachvollziehbare Buchungen.

Die geschäftlichen Unterlagen dürfen nicht planlos gesammelt und aufbewahrt werden. Ansonsten würde dies mit zunehmender Zahl und Verschiedenartigkeit der Geschäftsvorfälle zur Unübersichtlichkeit der Buchführung führen, einen jederzeitigen Abschluss unangemessen erschweren und die Gefahr erhöhen, dass Unterlagen verlorengehen oder später leicht aus dem Buchführungswerk entfernt werden können. Hieraus folgt, dass die Bücher und Aufzeichnungen nach bestimmten Ordnungsprinzipien geführt werden müssen und eine Sammlung und Aufbewahrung der Belege notwendig ist, durch die im Rahmen des Möglichen gewährleistet wird, dass die Geschäftsvorfälle leicht und identifizierbar feststellbar und für einen die Lage des Vermögens darstellenden Abschluss unverlierbar sind (BFH-Urteil vom 26.03.1968, BStBl II 1968, 527).

6. Unveränderbarkeit (§ 146 Abs. 4 AO, § 239 Abs. 3 HGB)

Eine Buchung oder eine Aufzeichnung darf nicht in einer Weise verändert werden, dass der ursprüngliche Inhalt nicht mehr feststellbar ist. Auch solche Veränderungen dürfen nicht vorgenommen werden, deren Beschaffenheit es ungewiss lässt, ob sie ursprünglich oder erst später gemacht worden sind (§ 146 Abs. 4 AO, § 239 Abs. 3 HGB).

Veränderungen und Löschungen von und an elektronischen Buchungen oder Aufzeichnungen müssen daher so protokolliert werden, dass die Voraussetzungen des § 146 Abs. 4 AO bzw. § 239 Abs. 3 HGB erfüllt sind (s. Rn. 59 GoBD). Für elektronische Dokumente und andere elektronische Unterlagen, die gem. § 147 AO aufbewahrungspflichtig und nicht Buchungen oder Aufzeichnungen sind, gilt dies sinngemäß.

Ein zum Einsatz kommende EDV-Verfahren muss die Gewähr dafür bieten, dass alle Informationen (Programme und Datenbestände), die einmal in den Verarbeitungsprozess eingeführt werden (Beleg, Grundaufzeichnung, Buchung), nicht mehr unterdrückt oder ohne Kenntlichmachung überschrieben, gelöscht, geändert oder verfälscht werden können. Bereits in den Verarbeitungsprozess eingeführte Informationen (Beleg, Grundaufzeichnung, Buchung) dürfen nicht ohne Kenntlichmachung durch neue Daten ersetzt werden. Spätere Änderungen sind ausschließlich so vorzunehmen, dass sowohl der ursprüngliche Inhalt als auch die Tatsache, dass Veränderungen vorgenommen wurden, erkennbar bleiben.

Die Buchungen und die sonst erforderlichen Aufzeichnungen sind in einer lebenden Sprache vorzunehmen. Wird eine andere als die deutsche Sprache verwendet, so kann die Finanzbehörde Übersetzungen verlangen. Werden Abkürzungen, Ziffern, Buchstaben oder Symbole verwendet, muss im Einzelfall deren Bedeutung eindeutig festliegen.

7. Aufbewahrungspflichten

Der sachliche Umfang der Aufbewahrungspflicht in § 147 Abs. 1 AO besteht grundsätzlich nur im Umfang der Aufzeichnungspflicht (BFH-Urteil vom 24.06.2009, BStBl II 2010, 452; BFH-Urteil vom 26.2.2004, BStBl II 2004, 599). Müssen Bücher für steuerliche Zwecke geführt werden, sind sie in vollem Umfang aufbewahrungs- und vorlagepflichtig (z.B. Finanzbuchhaltung hinsichtlich Drohverlustrückstellungen, nicht abziehbare Betriebsausgaben, organschaftliche Steuerumlagen; BFH-Beschluss vom 26.09.2007, BStBl II 2008, 415).
Auch Steuerpflichtige, die nach § 4 Abs. 3 EStG als Gewinn den Überschuss der Betriebseinnahmen über die Betriebsausgaben ansetzen, sind verpflichtet, Aufzeichnungen und Unterlagen nach § 147 Abs. 1 AO aufzubewahren (BFH-Urteil vom 24.06.2009, BStBl II 2010, 452; BFH-Urteil vom 26.02.2004, BStBl II 2004, 599).

Die aufbewahrungspflichtigen Unterlagen müssen geordnet aufbewahrt werden. Ein bestimmtes Ordnungssystem ist allerdings nicht vorgeschrieben. Die Ablage kann z.B. nach Zeitfolge, Sachgruppen, Kontenklassen, Belegnummern oder alphabetisch erfolgen. Bei elektronischen Unterlagen ist ihr Eingang, ihre Archivierung und ggf. Konvertierung sowie die weitere Verarbeitung zu protokollieren. Es muss jedoch sichergestellt sein, dass ein sachverständiger Dritter innerhalb angemessener Zeit prüfen kann.

Die aufbewahrungspflichtigen Unterlagen können nach § 147 Abs. 2 AO bis auf wenige Ausnahmen auch elektronisch aufbewahrt werden, wenn dies den GoB entspricht und sichergestellt ist, dass die Wiedergabe oder die Daten:

1. mit den empfangenen Handels- oder Geschäftsbriefen und den Buchungsbelegen bildlich und mit den anderen Unterlagen inhaltlich übereinstimmen, wenn sie lesbar gemacht werden,
2. während der Dauer der Aufbewahrungsfrist jederzeit verfügbar sind, unverzüglich lesbar gemacht und maschinell ausgewertet werden können.

Seit dem 01.01.2017 müssen Unterlagen i.S.d. § 147 Abs. 1 AO, die mittels elektronischer Registrierkassen, Waagen mit Registrierkassenfunktion, Taxametern und Wegstreckenzähler erstellt worden sind, für die Dauer der Aufbewahrungsfrist jederzeit verfügbar, unverzüglich lesbar und maschinell auswertbar aufbewahrt werden (§ 147 Abs. 2 AO). Sind aufzeichnungs- und aufbewahrungspflichtige Daten, Datensätze, elektronische Dokumente und elektronische Unterlagen im Unternehmen entstanden oder dort eingegangen, sind sie auch in dieser Form aufzubewahren und dürfen vor Ablauf der Aufbewahrungsfrist nicht gelöscht werden. Sie dürfen daher nicht mehr ausschließlich in ausgedruckter Form aufbewahrt werden und müssen für die Dauer der Aufbewahrungsfrist unveränderbar erhalten bleiben (z.B. per E-Mail eingegangene Rechnung im PDF-Format oder eingescannte Papierbelege).

Unter Zumutbarkeitsgesichtspunkten beanstandet es die Finanzverwaltung jedoch nicht, wenn der Steuerpflichtige elektronisch erstellte und in Papierform abgesandte Handels- und Geschäftsbriefe nur in Papierform aufbewahrt.

Beispiel: Ein Steuerpflichtiger erstellt seine Ausgangsrechnungen mit einem Textverarbeitungsprogramm. Nach dem Ausdruck der jeweiligen Rechnung wird die hierfür verwendete Rechnungsvorlage mit den Inhalten der nächsten Rechnung überschrieben. Es ist in diesem Fall nicht zu beanstanden, wenn das Doppel des versendeten Schreibens in diesem Fall nur als Papierdokument aufbewahrt wird.

Dabei sind u.a. folgende Unterlagen geordnet aufzubewahren:

1. Bücher und Aufzeichnungen, Inventare, Jahresabschlüsse, Lageberichte, die Eröffnungsbilanz sowie die zu ihrem Verständnis erforderlichen Arbeitsanweisungen und sonstigen Organisationsunterlagen,
2. die empfangenen Handels- oder Geschäftsbriefe,
3. Wiedergaben der abgesandten Handels- oder Geschäftsbriefe,
4. Buchungsbelege,
5. sonstige Unterlagen, soweit sie für die Besteuerung von Bedeutung sind.

Jahresabschlüsse und Buchungsbelege sind zehn Jahre, Handelsbriefe und die sonstigen aufbewahrungspflichtigen Unterlagen sechs Jahre aufzubewahren, Kürzere Aufbewahrungsfristen nach außersteuerlichen Gesetzen lassen die in der AO bestimmte Frist unberührt. Die Aufbewahrungsfrist läuft jedoch nicht ab, soweit und solange die Unterlagen für Steuern von Bedeutung sind, für welche die Festsetzungsfrist noch nicht abgelaufen ist; § 169 Abs. 2 Satz 2 AO gilt nicht.

8. Datenzugriff

Nach § 147 Abs. 6 AO hat die Finanzbehörde zudem das Recht, elektronisch erstellte und nach § 147 Abs. 1 AO aufbewahrungspflichtige Unterlagen durch Datenzugriff zu prüfen. Das Recht auf Datenzugriff steht der Finanzbehörde nur im Rahmen steuerlicher Außenprüfungen zu. Durch die Regelungen zum Datenzugriff wird der sachliche Umfang der Außenprüfung (§ 194 AO) nicht erweitert; er wird weiterhin ausschließlich durch die Prüfungsanordnung (§ 196 AO, § 5 BpO) bestimmt.

Die Art der Außenprüfung ist hierbei unerheblich, sodass z.B. die Daten der Finanzbuchhaltung auch Gegenstand der Lohnsteuer-Außenprüfung sein können.

Bei der Ausübung des Rechts auf Datenzugriff stehen der Finanzbehörde nach dem Gesetz drei gleichberechtigte Möglichkeiten zur Verfügung.

8.1 Unmittelbarer Datenzugriff (Z1)

Unter „unmittelbarem Datenzugriff" (GoBD, Rz. 165) versteht man das Recht zum „Nur-Lesezugriff" der aufzeichnungs- und aufbewahrungspflichtigen Daten unter Nutzung der Hard- und Software des Datenverarbeitungssystems des Steuerpflichtigen vor Ort.

8.2 Mittelbarer Datenzugriff (Z2)

Die Finanzbehörde kann vom Steuerpflichtigen auch verlangen, dass er an ihrer Stelle die aufzeichnungs- und aufbewahrungspflichtigen Daten nach ihren Vorgaben maschinell auswertet oder von einem beauftragten Dritten maschinell auswerten lässt, um anschließend einen Nur-Lesezugriff durchführen zu können (GoBD, Rz. 166). Es kann nur eine maschinelle Auswertung unter Verwendung der im DV-System des Steuerpflichtigen oder des beauftragten Dritten vorhandenen Auswertungsmöglichkeiten verlangt werden. Neben der Zurverfügungstellung von Hard- und Software gehört die Unterstützung des Prüfers durch Personen, die mit dem Datenverarbeitungssystem vertraut sind, zu den zu erfüllenden Anforderungen.

8.3 Datenträgerüberlassung (Z3)

Die Finanzbehörde kann ferner verlangen, dass ihr die aufzeichnungs- und aufbewahrungspflichtigen Daten, einschließlich der jeweiligen Meta-, Stamm- und Bewegungsdaten sowie der internen und externen Verknüpfungen (z. B. zwischen den Tabellen einer relationalen Datenbank), und elektronische Dokumente und Unterlagen auf einem maschinell lesbaren und auswertbaren Datenträger zur Auswertung überlassen werden. (GoBD, Rz. 167 ff.)

8.4 Wechsel des Datenverarbeitungssystems oder im Fall der Auslagerung von aufzeichnungs- und aufbewahrungspflichtigen Daten aus dem Produktivsystem in ein anderes Datenverarbeitungssystem

Sofern noch nicht mit einer Außenprüfung begonnen wurde, ist es im Fall eines Wechsels des Datenverarbeitungssystems oder im Fall der Auslagerung von aufzeichnungs- und aufbewahrungspflichtigen Daten aus dem Produktivsystem in ein anderes Datenverarbeitungssystem ausreichend, wenn der Steuerpflichtige nach Ablauf des fünften Kalenderjahres, das auf die Umstellung oder Auslagerung folgt, diese Daten ausschließlich auf einem maschinell lesbaren und maschinell auswertbaren Datenträger vorhält (s. § 146 Abs. 6 Satz 4 AO).

9. § 146a AO – Ordnungsvorschrift für die Buchführung und für Aufzeichnungen mittels elektronischer Aufzeichnungssysteme; Verordnungsermächtigung

§ 146a AO über die Verordnungsermächtigung zur Ordnungsvorschrift für die Buchführung und für Aufzeichnungen mittels elektronischer Aufzeichnungssysteme tritt zum 01.01.2020 in Kraft. Hiervon betroffen sind Vorschriften zu elektronischen Aufzeichnungssystemen, die über eine zertifizierte technische Sicherheitseinrichtung (TSE) verfügen müssen, Anforderungen an Sicherheitsmodule, Speichermedien, einheitliche digitale Schnittstellen, die elektronische Aufbewahrung der Aufzeichnungen, Protokollierung von digitalen Grundaufzeichnungen zur Sicherstellung der Integrität und Authentizität sowie der Vollständigkeit der elektronischen Aufzeichnung u.a.m. (vgl. dazu im Einzelnen auch Nr. 3 AEAO zu § 146a, zur digitalen Schnittstelle für steuerliche Außenprüfungen und Nachschauen vgl. Nr. 4 AEAO zu § 146a).

Nach § 146a Abs. 1 AO hat derjenige, der aufzeichnungspflichtige Geschäftsvorfälle oder andere Vorgänge mit Hilfe eines elektronischen Aufzeichnungssystems erfasst, ein **elektronisches Aufzeichnungssystem zu verwenden**, das jeden aufzeichnungspflichtigen Geschäftsvorfall und anderen Vorgang **einzeln, vollständig, richtig, zeitgerecht und geordnet aufzeichnet.**

Schluss

Die Erfüllung von Buchführungs- und Aufbewahrungspflichten für den Mandanten macht in der Regel einen beträchtlichen Anteil der Dienstleistung und somit auch des Umsatzes eines Steuerberaters aus. Gleichzeitig übernimmt der Steuerberater auch eine hohe Verantwortung, da Verstöße gegen die dem Mandanten obliegenden Buchführungs- und Aufbewahrungspflichten im Rahmen von Betriebsprüfungen zu Hinzuschätzungen durch die Finanzverwaltung führen können.

Vor dem Hintergrund der zunehmenden digitalen Betriebsprüfung wird die Anzahl derartiger Fälle perspektivisch wohl noch weiter zunehmen. Generell sind Erleichterungen bei der Erfüllung der Buchführungs- und Aufzeichnungspflichten denkbar, wenn die Besteuerung dadurch nicht gefährdet wird, vgl. § 148 AO. Diese können auch rückwirkend, zum Beispiel im Zeitpunkt der Prüfung noch beantragt werden, § 148 Satz 2 AO.

Ich danke Ihnen für Ihre Aufmerksamkeit.

Vortrag 8: Ordnungsgemäße Kassenführung nach der Abgabenordnung

I. Einführende Hinweise

Auch wenn das Thema Ordnungsgemäße Kassenführung seit vielen Jahren Schwerpunkt der Betriebsprüfungen bei bargeldintensiven Betrieben darstellt, ist das Thema durch das Auslaufen der Übergangsfrist nach dem sog. „Kassenerlass" des BMF aus 2010 zum 31.12.2016 sowie dem Gesetz zum Schutz vor Manipulationen an digitalen Grundaufzeichnungen ist die ordnungsgemäße Kassenführung wieder in den Fokus der breiten Öffentlichkeit geraten.

II. Die Gliederung

	Gliederungspunkt	Die Stichworte
	Einleitung	**Thema/Kurzübersicht**
1.	Allgemeines zur Aufbewahrung digitaler Unterlagen	§§ 145 bis 147 AO werden ergänzt durch diverse Verwaltungsanweisungen
2.	Einsatz von elektronischen Kassen (Registrier- und PC-Kassen)	Grundsätzlich Einzelaufzeichnungspflicht, Ausnahmen
3.	Einsatz von offenen Ladenkassen	Grundsätzlich auch Einzelaufzeichnungspflicht, retrograder Kassenbericht zulässig
4.	Datenzugriffsrecht der Finanzverwaltung	Recht auf unmittelbaren oder mittelbaren Datenzugriff
5.	Folgen von Mängeln	Verlust der Ordnungsmäßigkeit der gesamten Buchführung, Entfall Anscheinsvermutung des § 158 AO, Schätzung der Besteuerungsgrundlagen (§ 162 AO).
6.	Ausblick: Gesetz zum Schutz vor Manipulationen an digitalen Grundaufzeichnungen	Ab 1.1.2020: zertifizierte technische Sicherheitseinrichtungen, Registrierungspflicht, Bonpflicht und ab 01.01.2018 Kassennachschau
	Schluss	**Dauerhafte Anforderungen an die laufende Betreuung in der Praxis, Haftungsrisiken für Steuerberater bei offensichtlichen Verstößen denkbar**

III. Der Vortrag

Einleitung

Sehr geehrter Herr Prüfungsvorsitzender/Sehr geehrte Frau Prüfungsvorsitzende, meine Damen und Herren, ich habe das Thema **„Ordnungsgemäße Kassenführung nach der Abgabenordnung"** gewählt.

Mein Vortrag ist wie folgt gegliedert: (Aufzählen der o.g. Gliederungspunkte Nr. 1. bis 6.).

1. Allgemeines zur Aufbewahrung digitaler Unterlagen

Für die Aufbewahrung digitaler Unterlagen gelten die Vorschriften der Abgabenordnung (AO), insbesondere §§ 145 bis 147 AO. Außerdem gibt es mehrere Verwaltungsvorschriften.

Diese sind:

- BMF-Schreiben vom 26.11.2010, BStBl I 2010, 1342,
- BMF-Schreiben vom 14.11.2014, BStBl I 2014, 1450 (GoBD – Grundsätze zur ordnungsmäßigen Führung und Aufbewahrung von Büchern, Aufzeichnungen und Unterlagen in elektronischer Form sowie zum Datenzugriff), (gültig ab 01.01.2015. Bis 31.12.2014: GDPdU – BMF-Schreiben vom 16.07.2001 (BStBl I 2001, 415)). Das BMF Schreiben vom 14.11.2014 wurde aktualisiert durch BMF-Schreiben vom 28.11.2019, IV A 4 – S 0316/19/10003:001).
- BMF-Schreiben vom 09.01.1996, BStBl I 1996, 34 (gültig laut der Übergangsfrist nach dem BMF-Schreiben vom 26.11.2010 bis 31.12.2016 für nicht aufrüstbare Registrierkassen).

Unternehmen mit Bargeldeinnahmen nutzen in der Praxis in der Regel der Buchführung „vorgelagerte Systeme" wie Registrierkassen, PC-Kassensysteme, Taxameter etc. Diese Systeme unterliegen als Teil der Buchführung denselben Aufzeichnungs- und Aufbewahrungspflichten wie Buchführungssysteme.

Der Einsatz dieser Technik hat eine Reihe von betriebswirtschaftlichen Vorteilen, ist allerdings auch mit Pflichten verbunden. Im Folgenden möchte ich Ihnen einen Überblick verschaffen, um häufige Fehlerquellen in der Kassenbuchführung zu kennen und zu vermeiden.

Was muss beim Einsatz von elektronischen Kassen (Registrier- und PC-Kassen) aufgezeichnet und aufbewahrt werden?

2. Einsatz von elektronischen Kassen (Registrier- und PC-Kassen)

Beim Einsatz von elektronischen Kassen sind grundsätzlich alle Einnahmen und Ausgaben einzeln aufzuzeichnen. Dies wird von der höchstrichterlichen Rechtsprechung bestätigt (BFH-Urteil vom 16.12.2014, X R 42/13, BStBl II 2015, 519, u.a.).

Im Übrigen ergibt sich der Grundsatz der Einzelaufzeichnungspflicht aus den umsatzsteuerrechtlichen Vorschriften in § 22 Abs. 2 Nr. 1 UStG. Er gilt nicht nur für Buchführungspflichtige, sondern auch für Steuerpflichtige, die ihren Gewinn nach § 4 Abs. 3 EStG ermitteln (sog. Einnahmen-Überschuss-Rechner).

Wird eine elektronische Kasse geführt, müssen alle Einzeldaten, die durch die Nutzung der Kasse entstehen, während der Aufbewahrungsfrist von zehn Jahren (vgl. § 147 Abs. 3 Satz 1 AO bzw. § 257 Abs. 4 HGB):

- jederzeit verfügbar,
- unverzüglich lesbar und
- maschinell auswertbar

aufbewahrt werden.

Neben den vorgenannten Journaldaten sind u.a. auch die Auswertungs-, Programmier-, Stammdatenänderungsdaten sowie Handbücher, Bedienungs- und Programmieranleitungen aufzubewahren.

Können mit der elektronischen Registrierkasse nicht alle Kasseneinzeldaten für zehn Jahre im Gerät gespeichert werden, ist die Kasse mit Speichererweiterungen auszustatten. Sollte dies technisch nicht möglich sein, sind die Daten auf einem externen Datenträger zu speichern. Dem Unternehmen obliegt der Nachweis, dass alle steuerlich relevanten Daten manipulationssicher, unveränderbar und jederzeit lesbar gespeichert werden. Ggf. ist hierfür die Hilfe eines IT-Dienstleisters in Anspruch zu nehmen. Hierdurch anfallende Kosten trägt das Unternehmen. Die IT-Kassendienstleister werden auch über derzeitige und zu erwartende technische Aufrüstungsmöglichkeiten informieren können.

Dies gilt auch bei einem Wechsel des Kassensystems. Auch hier sind die aufzeichnungs- und aufbewahrungspflichtigen Kassendaten des Altsystems zu sichern.

Ausnahmeregelungen bei nicht aufrüstbaren Registrierkassen

Wird ein Kassensystem verwendet, bei dem eine dauerhafte Datenspeicherung im o.g. Sinn technisch nachweislich nicht möglich ist, durfte die Kasse längstens bis zum 31.12.2016 eingesetzt werden (Härtefallregelung – BMF-Schreiben vom 26.11.2010, BStBl I 2010, 1342).

Seit dem 01.01.2017 müssen Unterlagen i.S.d. § 147 Abs. 1 AO, die mittels elektronischer Registrierkassen, Waagen mit Registrierkassenfunktion, Taxametern und Wegstreckenzähler erstellt worden sind, für die Dauer der Aufbewahrungsfrist jederzeit verfügbar, unverzüglich lesbar und maschinell auswertbar aufbewahrt werden (§ 147 Abs. 2 AO).

§ 146a AO – Ordnungsvorschrift für die Buchführung und für Aufzeichnungen mittels elektronischer Aufzeichnungssysteme; Verordnungsermächtigung

§ 146a AO über die Verordnungsermächtigung zur Ordnungsvorschrift für die Buchführung und für Aufzeichnungen mittels elektronischer Aufzeichnungssysteme tritt zum 01.01.2020 in Kraft. Hiervon betroffen sind Vorschriften zu elektronischen Aufzeichnungssystemen, die über eine zertifizierte technische Sicherheitseinrichtung (TSE) verfügen müssen, Anforderungen an Sicherheitsmodule, Speichermedien, einheitliche digitale Schnittstellen, die elektronische Aufbewahrung der Aufzeichnungen, Protokollierung von digitalen Grundaufzeichnungen zur Sicherstellung der Integrität und Authentizität sowie der Vollständigkeit der elektronischen Aufzeichnung u.a.m. (vgl. dazu im Einzelnen auch Nr. 3 AEAO zu § 146a, zur digitalen Schnittstelle für steuerliche Außenprüfungen und Nachschauen vgl. Nr. 4 AEAO zu § 146a).

Nach § 146a Abs. 1 AO hat derjenige, der aufzeichnungspflichtige Geschäftsvorfälle oder andere Vorgänge mit Hilfe eines elektronischen Aufzeichnungssystems erfasst, ein **elektronisches Aufzeichnungssystem zu verwenden**, das jeden aufzeichnungspflichtigen Geschäftsvorfall und anderen Vorgang **einzeln, vollständig, richtig, zeitgerecht und geordnet aufzeichnet**.

Ebenfalls ab dem 01.01.2020 ist die verpflichtende elektronische Belegausgabe bei elektronischen Aufzeichnungssystemen eingeführt worden.

Mit der **Belegausgabepflicht** entsteht für den am Geschäftsvorfall Beteiligten aber keine Pflicht zur Mitnahme des Belegs.

Ab 2020 sind **folgende Angaben auf den Belegen vorgeschrieben**:

- Name und Adresse des Unternehmens,
- Ausstellungsdatum des Belegs,
- Zeitpunkt der Transaktion,
- Menge der Artikel bzw. Dienstleistungen,
- Umfang und Art der Leistung,
- Transaktionsnummer,
- Entgelt und Steuerbetrag sowie Gesamtsumme mit dem angewandten Steuersatz,
- Seriennummer des Aufzeichnungssystems oder Sicherheitsmoduls.

> **Hinweis!** Aus Gründen der Zumutbarkeit und Praktikabilität besteht unter den Voraussetzungen des § 148 AO die Möglichkeit einer Befreiung von der Belegausgabepflicht.

Auf die **Pflicht zur Ausgabe von Kassenbelegen** kann im Fall des Vorliegens sog. sachlicher Härten **verzichtet werden**. Solche Härten liegen z.B. vor, wenn durch höhere Gewalt eine Belegausgabe nicht möglich ist. Dazu zählen z.B. Stromausfall, Wasserschaden, Ausfall der Belegausgabe-Einheit oder wenn die Belegausgabepflicht im konkreten Einzelfall unzumutbar ist (zum Ausfall der zertifizierten technischen Sicherheitseinrichtung vgl. Nr. 7 AEAO zu § 146a).

> **Hinweis!** Zur Regelung für elektronische Kassensysteme ab 01.01.2020 s. Kapitel 6.

3. Einsatz von offenen Ladenkassen

Im Fall einer offenen Ladenkasse besteht keine gesetzliche Pflicht zur Verwendung eines elektronischen Aufzeichnungssystems.

Bei der „offenen Ladenkasse" sind die Anforderungen an eine ordnungsgemäße Kassenführung – im Gegensatz zur Kassenführung mit Hilfe einer Registrierkasse/PCKasse – mit hohem Aufwand verbunden. Auch hier ist prinzipiell die Aufzeichnung eines jeden einzelnen Handelsgeschäftes mit ausreichender Bezeichnung des Geschäftsvorfalls erforderlich.

Zu erfassen sind nach Auffassung der Finanzverwaltung:

- Inhalt des Geschäfts,
- Name, Firma und Adresse der Vertragspartnerin/des Vertragspartners.

Die Pflicht zur Einzelaufzeichnung muss nur dann nicht erfüllt werden, soweit nachweislich Waren von geringem Wert an eine unbestimmte Vielzahl nicht bekannter und auch nicht feststellbarer Personen verkauft werden.

In diesem Fall müssen die Bareinnahmen anhand eines sogenannten Kassenberichts nachgewiesen werden, in dem sie täglich mit dem Anfangs- und Endbestand der Kasse abgestimmt werden.

Auch bei einem Kassenbericht müssen die erklärten Betriebseinnahmen auf ihre Vollständigkeit und Richtigkeit überprüfbar sein (BFH-Urteil vom 13.03.2013, X B 16/12).

Für die Anfertigung eines Kassenberichts ist der gesamte geschäftliche Bargeldendbestand einschließlich Hartgeld – unabhängig vom Aufbewahrungsort des Geldes (z.B. Tresorgeld, Handkassen der Kellner, Wechselgeld, Portokasse etc.) – täglich zu zählen. Gem. BFH-Beschluss vom 16.12.2016 (X B 41/16) ist die Erstellung eines sog. Zählprotokolls, in dem der Bestand der Münzen und Scheine dokumentiert wird, nicht notwendig.

Der BFH hat in seinem Beschluss vom 16.12.2016 (X B 41/16) eine insofern missverständliche gewählte Formulierung in seinem Urteil vom 25.03.2015, X R 20/13 (BStBl II 2015, 743) dahingehend klargestellt, dass bei einer offenen Ladenkasse ein Kassenbericht erforderlich, aber auch ausreichend ist. Dieser muss auf der Grundlage eines tatsächlichen Auszählens erstellt worden sein. Ein „Zählprotokoll", in dem die genaue Stückzahl der vorhandenen Geldscheine und -münzen aufgelistet wird, so stellt der Senat klar, habe er nicht gefordert.

Der Kassenendbestand ist sodann rechnerisch um die Entnahmen und Ausgaben zu erhöhen und um die Einlagen und den Kassenanfangsbestand zu mindern, sodass sich im Ergebnis die Tageseinnahmen ergeben.

Die Entnahmen, Einlagen (einschließlich Herkunftsnachweis) und Ausgaben sind durch Belege nachzuweisen. Nur ein in dieser Weise erstellter Kassenbericht ist zulässig und ordnungsgemäß.

Mit Standardsoftware (z.B. Office-Programmen) erstellte Tabellen sind nicht manipulationssicher und entsprechen somit nicht den Vorschriften (z.B. Excel-Kassenbuch).

Standard-Kassen-Software wird nur dann als ordnungsgemäß anerkannt, wenn eine nachträgliche Änderung der Kasseneinzeldaten unmöglich bzw. sofern möglich – mit einem entsprechenden automatisch vom Programm gesetzten Vermerk ersichtlich ist.

4. Datenzugriffsrecht der Finanzverwaltung

Der Finanzverwaltung steht nach § 147 Abs. 6 AO bezüglich der digitalen, aufzeichnungs- und aufbewahrungspflichtigen Kassendaten im Rahmen einer Außenprüfung das Recht auf Datenzugriff zu. Hier kann im Rahmen des unmittelbaren oder mittelbaren Datenzugriffs Einsicht am Kassensystem vorgenommen oder eine Datenträgerüberlassung verlangt werden.

Für die Datenträgerüberlassung sind der Finanzverwaltung alle steuerlich relevanten Daten auf einem maschinell verwertbaren Datenträger (z.B. CD, DVD, USB-Stick) zur Verfügung zu stellen.

Das Unternehmen muss also selbst dafür sorgen, dass die Einzeldaten mit allen Strukturinformationen in der Kasse nicht nur gespeichert, sondern auch exportiert und in einem für das Finanzamt lesbaren Format zur Verfügung gestellt werden können.

5. Folgen von Mängeln

Ist die Kassenführung nicht ordnungsgemäß, hat dies den Verlust der Ordnungsmäßigkeit der gesamten Buchführung zur Folge. Das Ergebnis der Buchführung (Umsatz, Gewinn) entfaltet somit nach § 158 AO keine Beweiskraft mehr für die Besteuerung.

Das Finanzamt hat die Besteuerungsgrundlagen in Folge zu schätzen (§ 162 AO).

Sofern die Finanzbehörde darüber hinaus durch Schlüssigkeitsverprobungen Differenzen feststellt, die nicht substantiell widerlegt werden können, folgt daraus neben Umsatz- und Gewinnzuschätzungen regelmäßig auch ein Steuerstrafverfahren.

Bei vorsätzlichem oder grob fahrlässigem Löschen von Daten bzw. bei Manipulationen in der Programmierung von Kassensystemen durch Kassenhersteller/-aufsteller/IT-Unternehmen bzw. Dritte liegt ein Straftatbestand vor.

Solche Eingriffe können eine Strafbarkeit nach § 274 Abs. 1 StGB (Urkundenunterdrückung) oder nach § 370 AO (Steuerhinterziehung/Beihilfe zur Steuerhinterziehung) für die Unternehmerin/den Unternehmer und den IT-Kassendienstleister nach sich ziehen.

6. Gesetz zum Schutz vor Manipulationen an digitalen Grundaufzeichnungen

Seit dem 01.01.2020 (mit Übergangsregelungen beziehungsweise Bestandsschutz für neu angeschaffte Kassensysteme 2010–2016 bis zum 31.12.2022) besteht die Pflicht zum Einsatz eines elektronischen Aufzeichnungssystems mit zertifizierter technischer Sicherheits-Einrichtung für alle in Deutschland betriebenen Registrierkassen. Hierdurch sollen nachträgliche Manipulationen an einzelnen aufgezeichneten Bartransaktionen in Registrierkassen unterbunden werden.

Zu diesem Zweck sind sämtliche in Deutschland betriebenen Registrierkassen-Systeme ab dem 01.01.2020 bei der Finanzverwaltung unter Angabe der Seriennummer des eingesetzten Registrierkassensystems anzumelden und zudem besteht ab diesem Zeitpunkt eine Belegausgabe-Verpflichtung für den Unternehmer (Bon-Pflicht), die sicherstellen soll, dass der Vorgang auch tatsächlich erfasst wird. Flankiert werden diese Maßnahmen durch die Einführung einer Kassennachschau seit dem 01.01.2018 und einer modifizierten Einzelaufzeichnungs-Verpflichtung gemäß § 146 AO. Bund und Länderfinanzverwaltungen haben sich mit Blick auf die mangelnde Verfügbarkeit von zertifizierten technischen Sicherheitseinrichtungen in 2019 darauf verständigt, bei elektronischen Kassen(systemen) eine Nichtaufgriffsregelung mit Geltung bis zum 30.09.2020 zu treffen. Damit kommen die Finanzverwaltungen der dringenden Forderung der betroffenen Betriebe nach. Diese Nichtbeanstandungsregelungen kamen jedoch nur in Betracht, wenn nachgewiesen wurde, dass eine frühere Aufrüstung mit TSE nicht möglich war und die Umrüstung bereits verbindlich bestellt wurde. Ein Antrag war in diesen Fällen nicht erforderlich. Die entsprechenden Nachweise sollten jedoch sorgfältig aufbewahrt werden.

Diese Nichtbeanstandung wurde im Zuge der Coronakrise letztmalig bis zum 31.03.2021 verlängert. Seit dem 01.04.2021 müssten nun alle Betreiber von elektronischen Einzelaufzeichnungs-Geräten eigentlich eine zertifizierte technische Sicherheitseinrichtung betreiben. Generell sind Erleichterungen bei der Erfüllung der Buchführungs- und Aufzeichnungspflichten denkbar, wenn die Besteuerung dadurch nicht gefährdet wird, vgl. § 148 AO. Diese können auch rückwirkend, zum Beispiel im Zeitpunkt der Prüfung noch beantragt werden, § 148 Satz 2 AO.

Hinweis! Das BMF lässt also im Fall eines entsprechenden Antrags Erleichterungen nach § 148 AO zu. Die Bewilligung von Erleichterungen kann sich jedoch nur auf steuerrechtliche Buchführungs-, Aufzeichnungs- und Aufbewahrungspflichten erstrecken, eine dauerhafte Befreiung von den Kassenaufzeichnungspflichten ist nicht möglich. Persönliche Gründe wie Alter und Krankheit des Steuerpflichtigen rechtfertigen regelmäßig keine Erleichterungen (BFH-Urteil vom 14.07.1954, II 63/53 U, BStBl III 1954, 253). Der Antrag muss die individuellen Verhältnisse des antragstellenden Unternehmens berücksichtigen und substantiiert darlegen, warum im konkreten Einzelfall eine zeitgerechte Implementierung nicht möglich ist und somit eine unbillige sachliche Härte gegeben ist.

Schluss

Die Problematik der ordnungsgemäßen Kassenführung wird auch in Zukunft alltäglicher Bestandteil der Steuerberatungspraxis sein, Sensibilität für die Erfordernisse einer ordnungsgemäßen Kassenbuchführung sind aufgrund der eventuell hohen Nachzahlungen bei steuerlichen Betriebsprüfung sowohl bei Steuerberatern als auch Mandanten zwingend notwendig. Dies insbesondere auch um seitens des Steuerberaters Haftungsansprüche zu vermeiden. Wenn der bargeldintensive Betrieb einen steuerlichen Berater beauftragt, so muss Beratung ordnungsgemäß sein, also „Hand und Fuß haben“ und zur beanstandungssichereren Kassenführung führen. Sonst besteht das Risiko eines Regressanspruchs.

Wenn der Berater nicht auf erkennbare Fehlerquellen hinweist, kann dies eine Verletzung vertraglicher Hinweispflichten darstellen.

Ich danke für Ihre Aufmerksamkeit.

Vortrag 9: Die Kassennachschau nach der Abgabenordnung

I. Einführende Hinweise

Auch wenn das Thema „Ordnungsgemäße Kassenführung“ bereits seit vielen Jahren Schwerpunkt der Betriebsprüfungen bei bargeldintensiven Betrieben darstellt, ist das Thema durch die zum 01.01.2018 eingefügte neue Möglichkeit der Finanzverwaltung zur sog. Kassennachschau erneut in den Fokus der breiten Öffentlichkeit geraten.

II. Die Gliederung

	Gliederungspunkt	Die Stichworte
	Einleitung	**Thema/Kurzübersicht**
1.	Allgemeines und Umfang der Kassennachschau	§§ 146b AO, Kontrolle von Kassen und Vorsystemen, Kassensturzfähigkeit
2.	Rechte und Pflichten der Amtsträger	Kassennachschau ist keine Betriebsprüfung, Betretungsrecht, Ausweispflicht, Maßnahmen ohne Ausweis
3.	Rechte und Pflichten der Steuerpflichtigen	Duldung der Prüfungsmaßnahmen, Vorlage- und Auskunftspflicht, Kostentragung durch Steuerpflichtigen
4.	Übergang zu einer Außenprüfung	Prüfungsanordnung jederzeit möglich, danach alle Rechte und Pflichten gem. §§ 193 AO ff.
5.	Verfahrensrechtliche Auswirkungen der Kassen-Nachschau	Ablaufsperre der Festsetzungsfrist nach § 171 Abs. 4 AO nicht, keine Änderungssperre des § 173 Abs. 2 AO, keine verbindliche Zusage, Sperre der strafbefreienden Wirkung einer Selbstanzeige
	Schluss	**Dauerhafte Anforderungen an die laufende Betreuung von bargeldintensiven Mandanten in der Praxis**

III. Der Vortrag

Einleitung

Sehr geehrter Herr Prüfungsvorsitzender/Sehr geehrte Frau Prüfungsvorsitzende, meine Damen und Herren, ich habe das Thema „**Die Kassennachschau nach der Abgabenordnung**“ gewählt.

Mein Vortrag ist wie folgt gegliedert: (Aufzählen der o.g. Gliederungspunkte Nr. 1. bis 5.).

1. Allgemeines und Umfang der Kassennachschau

Die Kassen-Nachschau ist ein besonderes Verfahren zur zeitnahen Prüfung der Ordnungsmäßigkeit der Kassenaufzeichnungen und der ordnungsgemäßen Übernahme der Kassenaufzeichnungen in die Buchführung durch die Finanzverwaltung außerhalb einer Betriebsprüfung. Die Kassen-Nachschau wurde mit Wirkung zum 01.01.2018 in § 146b AO in die AO eingefügt. Unternehmen mit Bargeldeinnahmen nutzen in der Praxis in der Regel der Buchführung „vorgelagerte Systeme“ wie Registrierkassen, PC-Kassensysteme, Taxameter etc. Diese Systeme unterliegen als Teil der Buchführung denselben Aufzeichnungs- und Aufbewahrungspflichten wie Buchführungssysteme. Der Kassen-Nachschau unterliegen insbesondere elektronische oder computergestützte Kassensysteme oder Registrierkassen, App-Systeme, Waagen mit Registrierkassenfunktion, Taxameter, Wegstreckenzähler, Geldspielgeräte und offene Ladenkasse. Unter letzteren versteht man die summarische, retrograde Ermittlung der Tageseinnahmen sowie manuelle Einzelaufzeichnungen ohne Einsatz technischer Hilfsmittel durch Auszählen der Bareinnahmen. Der zur Kassen-Nachschau bestimmte Amtsträger kann im Rahmen der Kasse-Nachschau u.a. auch einen sog. „Kassensturz“, d.h. einen Soll-Ist-Abgleich des tatsächlichen mit dem rechnerischen Kassenbestand einer Registrier- oder PC-Kasse verlangen, es sei denn, dies ist im Einzelfall unangemessen, da die Kassensturzfähigkeit ein wesentliches Element der Nachprüfbarkeit von Kassenaufzeichnungen jedweder Form darstellt.

Die Kassen-Nachschau ist ein **besonderes Verfahren zur zeitnahen Prüfung der Ordnungsmäßigkeit der Kassenaufzeichnungen und der ordnungsgemäßen Übernahme der Kassenaufzeichnungen in die Buchführung** (vgl. dazu BMF-Schreiben vom 29.05.2018, IV A 4 – S 0316/13/10005 :054, BStBl I 2018, 699).

2. Rechte und Pflichten der Amtsträger

2.1 Kassennachschau ist keine Betriebsprüfung

Die Kassen-Nachschau ist keine Außenprüfung i.S.d. § 193 AO . Deshalb gelten die Vorschriften für eine Außenprüfung nicht. Die Kassen-Nachschau wird insbesondere nicht angekündigt. Da die Kassen-Nachschau keine Außenprüfung i.S.d. §§ 193 ff. AO darstellt, finden insbesondere § 147 Abs. 6, §§ 201 und 202 AO keine Anwendung. Ein Prüfungsbericht über die Ergebnisse der Kassennachschau ist nicht zu fertigen. Sollen aufgrund der Kassen-Nachschau Besteuerungsgrundlagen geändert werden, ist dem Steuerpflichtigen allerdings zuvor rechtliches Gehör zu gewähren (§ 91 AO).

2.2 Betretungsrecht

Im Rahmen der Kassen-Nachschau dürfen Amtsträger während der üblichen Geschäfts- und Arbeitszeiten Geschäftsgrundstücke oder Geschäftsräume von Steuerpflichtigen betreten. Die Grundstücke oder Räume müssen dazu nicht im Eigentum des Steuerpflichtigen stehen. Das Betreten muss dazu dienen, Sachverhalte festzustellen, die für die Besteuerung erheblich sein können. Ein Durchsuchungsrecht gewährt die Kassen-Nachschau nicht. Das bloße Betreten und Besichtigen von Grundstücken und Räumen ist noch keine Durchsuchung. Die Kassen-Nachschau kann auch außerhalb der Geschäftszeiten vorgenommen werden, wenn im Unternehmen noch oder schon gearbeitet wird. Wohnräume dürfen nur mit Zustimmung des Steuerpflichtigen oder gegen den Willen des Inhabers bei Gefahr im Verzug betreten werden.

2.3 Durchführung der Kassen-Nachschau

Sobald der Amtsträger der Öffentlichkeit nicht zugängliche Geschäftsräume betreten will, den Steuerpflichtigen auffordert, das elektronische Aufzeichnungssystem zugänglich zu machen oder Aufzeichnungen, Bücher sowie die für die Führung des elektronischen Aufzeichnungssystems erheblichen sonstigen Organisationsunterlagen vorzulegen, Einsichtnahme in die digitalen Daten oder deren Übermittlung über die einheitliche digitale Schnittstelle verlangt oder den Steuerpflichtigen auffordert, Auskunft zu erteilen, hat er sich auszuweisen. Ist der Steuerpflichtige selbst nicht anwesend, aber Personen, von denen angenommen werden kann, dass sie über alle wesentlichen Zugriffs- und Benutzungsrechte des Kassensystems des Steuerpflichtigen verfügen, hat der Amtsträger sich gegenüber diesen Personen auszuweisen und sie zur Mitwirkung bei der Kassen-Nachschau aufzufordern. Diese Personen haben dann gem. § 35 AO als sog. Verfügungsberechtigte die Pflichten des Steuerpflichtigen zu erfüllen, soweit sie hierzu rechtlich und tatsächlich in der Lage sind.

Eine Beobachtung der Kassen und ihrer Handhabung in Geschäftsräumen, die der Öffentlichkeit zugänglich sind, ist auch ohne Vorlage eines Ausweises zulässig. Dies gilt z.B. auch für Testkäufe und Fragen nach dem Geschäftsinhaber. Die Kassen-Nachschau muss nicht am selben Tag wie die Beobachtung der Kassen und ihrer Handhabung erfolgen.

Zu Dokumentationszwecken ist der Amtsträger berechtigt, im Rahmen der Kassen-Nachschau Unterlagen und Belege zu scannen oder zu fotografieren.

3. Rechte und Pflichten der Steuerpflichtigen

Die Aufforderung zur Duldung der Kassen-Nachschau ist ein Verwaltungsakt, der formlos erlassen werden kann (z.B. mündlich mit Vorzeigen des Ausweises). Nachdem der Amtsträger sich ausgewiesen hat, ist der Steuerpflichtige zur Mitwirkung im Rahmen der Kassen-Nachschau verpflichtet. Der Steuerpflichtige hat nach § 146b Abs. 2 AO ab dem 1.1.2018 auf Verlangen des Amtsträgers für einen vom Amtsträger bestimmten Zeitraum Einsichtnahme in seine (digitalen) Kassenaufzeichnungen und -buchungen sowie die für die Kassenführung erheblichen sonstigen Organisationsunterlagen zu gewähren.

Auf Anforderung des Amtsträgers sind sämtliche Informationen zum eingesetzten Aufzeichnungssystem einschließlich der Informationen zur zertifizierten technischen Sicherheitseinrichtung vorzulegen, d.h. es sind z.B. Die Bedienungsanleitungen, Programmieranleitungen und Datenerfassungsprotokolle über durchgeführte Programmänderungen vorzulegen. Darüber hinaus sind Auskünfte zu erteilen. Die Kosten dafür trägt der Steuerpflichtige.

4. Übergang zu einer Außenprüfung

Sofern ein Anlass zu Beanstandungen der Kassenaufzeichnungen, -buchungen oder ab 2020 der zertifizierten technischen Sicherheitseinrichtung besteht, kann der Prüfer nach § 146b Abs. 3 AO ohne vorherige Prüfungsanordnung zu einer Außenprüfung gem. § 193 AO übergehen. Die Entscheidung zum Übergang zu einer Außenprüfung ist eine Ermessensentscheidung. Gründe für den Übergang zur Außenprüfung können beispielsweise sein, dass Dokumentationsunterlagen wie aufbewahrungspflichtige Betriebsanleitungen oder Protokolle nachträglicher Programmänderungen nicht vorgelegt werden können. Der Übergang zu einer Außenprüfung wird regelmäßig erfolgen, wenn die sofortige Sachverhaltsaufklärung zweckmäßig erscheint und wenn anschließend auch die gesetzlichen Folgen der Außenprüfung für die Steuerfestsetzung eintreten sollen. Der Beginn einer Außenprüfung nach erfolgter Kassen-Nachschau ist unter Angabe von Datum und Uhrzeit aktenkundig zu machen. Der Übergang zur Außenprüfung ist dem Steuerpflichtigen bekannt zu geben. Nach § 146b Abs. 3 Satz 2 AO ist der Steuerpflichtige auf diesen Übergang schriftlich hinzuweisen.

5. Verfahrensrechtliche Auswirkungen der Kassen-Nachschau

Der Beginn der Kassen-Nachschau hemmt den Ablauf der Festsetzungsfrist nach § 171 Abs. 4 AO nicht. Die Änderungssperre des § 173 Abs. 2 AO findet keine Anwendung. Soweit eine Steuer nach § 164 AO unter dem Vorbehalt der Nachprüfung festgesetzt worden ist, muss der Steuerbescheid nach Durchführung der Kassen-Nachschau nicht aufgehoben werden. Im Anschluss an eine Kassen-Nachschau ist ein Antrag auf verbindliche Zusage (§ 204 AO) nicht zulässig. Zudem bewirkt die Kassennachschau eine Sperre der strafbefreienden Wirkung einer Selbstanzeige gem. § 371 Abs. 2 AO, die erst mit Beendigung der Kassen-Nachschau wieder auflebt.

Schluss

Im Rahmen der Beratung von Mandanten mit überwiegenden Bareinnahmen kommt sowohl der Darstellung einer ordnungsgemäßen Kassenführung als auch der Vorbereitung einer evtl. Kassennachschau erhebliche Bedeutung zu. Dazu eignen sich z.B. Mandantenabende oder Mandantenmerkblätter und-rundschreiben. Insbesondere auf die Verpflichtung, die Bedienungsanleitung und die Programmierprotokolle von Registrierkassen vorzuhalten, ist ausdrücklich hinzuweisen.

Ich danke für Ihre Aufmerksamkeit.

Themenbereich Bilanzsteuerrecht

Vortrag 1: Bewertungsmaßstäbe für Vermögensgegenstände des Anlagevermögens nach dem Handelsgesetzbuch

I. Einführende Hinweise

Das Handelsgesetzbuch bezieht sich in den §§ 253 ff. HGB für die Bilanzierung des Anlagevermögens auf verschiedene Bewertungsmaßstäbe.

II. Die Gliederung

	Gliederungspunkt	Die Stichworte
	Einleitung	**Thema; Kurzübersicht**
1.	Die einzelnen Bewertungsmaßstäbe	
1.1	Anschaffungskosten	Erwerb, Bilanzstichtag, Definition, Anschaffungsvorgang
1.2	Herstellungskosten	Herstellung, Definition, nur Aufwand, Herstellungskosten, Herstellungsvorgang
1.3	Anschaffungs- oder Herstellungskosten abzüglich planmäßiger Abschreibungen	Abnutzbares Anlagevermögen, planmäßige Abschreibung zwingend
1.4	Der niedrigere beizulegende Wert	Wenn niedriger als Anschaffungskosten/Herstellungskosten, Ableitung, Einschränkung bei Kapitalgesellschaften
1.5	Steuerliche Abschreibungswahlrechte und Bewertungsfreiheiten	Keine Ausübung in der Handelsbilanz
1.6	Die Übertragung von steuerfreien Rücklagen	Keine Übertragungsmöglichkeit mehr auf Vermögensgegenstände der Handelsbilanz
	Schluss	**Aufwandsverteilung**

III. Der Vortrag

Einleitung

Sehr geehrter Herr Prüfungsvorsitzender, meine Damen und Herren, ich habe mich für das Thema „**Bewertungsmaßstäbe für die Vermögensgegenstände des Anlagevermögens nach dem Handelsgesetzbuch**" entschieden. Wenn Vermögensgegenstände erworben, hergestellt, in ein Betriebsvermögen eingelegt werden oder zum Bilanzstichtag bewertet werden müssen, sind unterschiedliche Bewertungsmaßstäbe zugrunde zu legen. Dabei beeinflusst deren Höhe den jeweils auszuweisenden handelsrechtlichen Jahresüberschuss. Vor diesem Hintergrund kommt den Bewertungsmaßstäben besondere Bedeutung zu.

> **Tipp!** Das Thema verleitet sehr schnell überwiegend dazu, über die Bewertung des Anlagevermögens zu sprechen. Sie müssen den Schwerpunkt aber auf die Bewertungsmaßstäbe legen.

1. Die einzelnen Bewertungsmaßstäbe

Bei der Bewertung des Anlagevermögens unterscheidet das Handelsrecht folgende Bewertungsmaßstäbe.

1.1 Anschaffungskosten

Beim Erwerb von Vermögensgegenständen des Anlagevermögens sind diese im Zeitpunkt des Zuganges zum Vermögen des Kaufmannes mit den **Anschaffungskosten** anzusetzen. Zu den folgenden Bilanzstichtagen sind Vermögensgegenstände des nicht abnutzbaren Anlagevermögens grundsätzlich ebenfalls mit den Anschaffungskosten anzusetzen (§ 253 Abs. 1 Satz 1 HGB).

Zu den Anschaffungskosten zählt alles, was der Kaufmann aufwendet (Kaufpreis und Anschaffungsnebenkosten), um den Vermögensgegenstand zu erhalten und in betriebsbereiten Zustand zu versetzen, soweit die Aufwendungen dem Vermögensgegenstand **einzeln** zugeordnet werden können. Gemeinkosten zählen anders als bei den Herstellungskosten nicht zu den Anschaffungskosten. Anschaffungspreisminderungen wie Skonti, Boni, Rabatte sind abzusetzen (§ 255 Abs. 1 HGB).

Unter Kaufpreis ist der vereinbarte Preis ohne die als Vorsteuer abzugsfähige Umsatzsteuer zu verstehen, da der Käufer insoweit nichts aufwendet, um einen Gegenstand zu erwerben.

Soweit dem Erwerber eines Vermögensgegenstandes Umsatzsteuer in Rechnung gestellt wurde, die dieser als Vorsteuer gegenüber dem Finanzamt geltend machen kann, rechnet die Vorsteuer nicht zu den Anschaffungskosten. Es mangelt am Aufwand (§ 255 Abs. 1 Satz 1 HGB).

Im Umkehrschluss gehört die Vorsteuer, **soweit** sie gem. § 15 UStG gegenüber dem Finanzamt **nicht** geltend gemacht werden kann, zu den Anschaffungskosten eines Vermögensgegenstandes.

Führt der Unternehmer Umsätze aus, die zum Vorsteuerabzug berechtigen, und daneben solche, bei denen ein Vorsteuerabzug nicht in Betracht kommt, muss die Vorsteuer gemäß § 15 Abs. 4 UStG aufgeteilt werden. Der nicht abziehbare Teil der Vorsteuer zählt dann zu den Anschaffungskosten des Vermögensgegenstandes.

Aufwendungen zur Versetzung in einen betriebsbereiten Zustand fallen regelmäßig dann an, wenn der Vermögensgegenstand bereits in den Vermögensbereich des Steuerpflichtigen überführt wurde, aber noch nicht bestimmungsgemäß genutzt werden kann (z.B. Fundamente, Anschluss- und Installationskosten, Umrüstkosten).

Der Anschaffungsvorgang setzt voraus, dass der Vermögensgegenstand bereits vorhanden ist und lediglich von einer fremden in die eigene Verfügungsmacht überführt wird (Abgrenzung zur Herstellung). Die Anschaffung setzt im Gegensatz zum schöpferischen Prozess der Herstellung voraus, dass der erworbene Vermögensgegenstand bereits vor dem Erwerb identisch vorhanden war und lediglich, dass Eigentum an dem (unveränderten) Vermögensgegenstand wechselt. Die Abgrenzung zwischen Anschaffung und Herstellung ist insbesondere für die Aktivierung von selbstgeschaffenen Vermögensgegenständen des immateriellen Sachanlagevermögens gem. § 248 Abs. 2 HGB und § 5 Abs. 2 EStG und dem Umfang der Aktivierung von Gemeinkosten von materieller Bedeutung.

Anschaffungspreisiminderungen sind nur zu berücksichtigen, wenn die den Vermögensgegenständen einzeln zugerechnet werden können (§ 255 Abs. 1 letzter Satz HGB). Diese Regelung ist für gewährte Boni von besonderer Bedeutung.

1.2 Herstellungskosten

Bei der Herstellung von Vermögensgegenständen des Anlagevermögens sind diese im Zeitpunkt der Fertigstellung mit den **Herstellungskosten** anzusetzen (§ 253 Abs. 1 Satz 1 HGB).

Zu den Herstellungskosten gehören alle Aufwendungen, die durch den Verbrauch von Gütern und die Inanspruchnahme von Diensten für die Herstellung eines Vermögensgegenstandes, seiner Erweiterung oder für eine über seinen ursprünglichen Zustand hinausgehende wesentliche Verbesserung entstehen (§ 255 Abs. 2 HGB). Herstellungskosten sind Teile der Selbstkosten.

Zu den bilanzrechtlichen Herstellungskosten können nur die „Kosten" gerechnet werden, die zugleich auch den Begriff des Aufwands erfüllen. Kalkulatorische Kosten (kalkulatorischer Unternehmerlohn, kalkulatorische Zinsen für Eigenkapital, kalkulatorische Abschreibungen etc.) stellen keinen Aufwand dar und sind nicht in die bilanzrechtlichen Herstellungskosten einzubeziehen.

Herstellungskosten können nur dann vorliegen, wenn etwas Neues, bisher nicht Vorhandenes, geschaffen wird; der Kaufmann also den Vermögensgegenstand auf eigene Rechnung und Gefahr herstellt oder herstellen lässt bzw. erweitert oder erweitern lässt und das Herstellungsgeschehen beherrscht oder wenn der Vermögensgegenstand über seinen ursprünglichen Zustand hinaus wesentlich verbessert wird.

Die Herstellung eines Vermögensgegenstandes liegt insbesondere dann vor, wenn der Vermögensgegenstand mit eigenen Arbeitskräften des Unternehmens und erworbenen Roh-, Hilfs- und Betriebsstoffen gefertigt wird.

Zu den **handelsrechtlichen Herstellungskosten** zählen die Material- und die Fertigungseinzelkosten.

Weiterhin sind angemessene Teile der Materialgemeinkosten, der Fertigungsgemeinkosten und des Wertverzehrs des Anlagevermögens, soweit dieser durch die Fertigung veranlasst ist, mit einzubeziehen.

Die Kosten der allgemeinen Verwaltung sowie angemessene Aufwendungen für soziale Einrichtungen des Betriebs, für freiwillige soziale Leistungen und für die betriebliche Altersversorgung, können einbezogen werden, dies gilt ebenfalls für Finanzierungskosten soweit diese auf den Zeitraum der Herstellung entfallen. **Forschungs- und Vertriebskosten** dürfen nicht mit einbezogen werden.

Für **selbst geschaffene immaterielle Vermögensgegenstände des Anlagevermögens** können in die Herstellungskosten lediglich die Entwicklungskosten einbezogen werden, wenn sie von den Forschungskosten eindeutig abgrenzbar sind.

Tipp! Legen Sie großen Wert auf die Differenzierung Anschaffungsvorgang zu Herstellungsvorgang.

1.3 Anschaffungs- oder Herstellungskosten abzüglich planmäßiger Abschreibungen

Vermögensgegenstände, deren Nutzung zeitlich begrenzt ist (abnutzbares Anlagevermögen), sind am jeweiligen Bilanzstichtag mit den **Anschaffungs- oder Herstellungskosten abzüglich planmäßiger Abschreibungen** anzusetzen. Der Plan muss die Anschaffungs- oder Herstellungskosten auf die Geschäftsjahre verteilen, in denen der Vermögensgegenstand voraussichtlich genutzt werden kann (§ 253 Abs. 3 Satz 1 und 2 HGB).

1.4 Der niedrigere beizulegende Wert

Ist der den Vermögensgegenständen am Bilanzstichtag beizulegende Wert niedriger als die Anschaffungs- oder Herstellungskosten (ggf. vermindert um planmäßige Abschreibungen), so kann oder muss **der niedrigere beizulegende Wert** – sowohl beim nicht abnutzbaren als auch beim abnutzbaren Anlagevermögen – angesetzt werden (§ 253 Abs. 3 Satz 5 HGB).

Bei einer voraussichtlich dauernden Wertminderung muss der **niedrigere beizulegende Wert** in die Bilanz aufgenommen werden. Lediglich bei Finanzanlagen können Abschreibungen auf den niedrigeren beizulegenden Wert bei vorübergehenden Wertminderungen vorgenommen werden.

Der niedrigere beizulegende Wert wird aus den Wiederbeschaffungskosten, den Reproduktionskosten, dem Veräußerungswert oder dem Ertragswert abgeleitet (§ 255 Abs. 4 HGB). Er wird auch als handelsrechtlicher Zeitwert bezeichnet.

1.5 Steuerliche Abschreibungswahlrechte und Bewertungsfreiheiten

Bereits 2009 ist mit dem § 247 Abs. 3 HGB die Möglichkeit der Vornahme reiner steuerlicher Abschreibungen wie z.B. die § 7g EStG-Sonderabschreibung für die Handelsbilanz entfallen. Das IDW hält allerdings die Bewertungsfreiheiten des § 6 Abs. 2 bzw. § 6 Abs. 2a (Geringwertige Wirtschaftsgüter und Sammelposten) grundsätzlich auch handelsrechtlich für anwendbar.

1.6 Die Übertragung von steuerfreien Rücklagen

Ausschließlich steuerliche Sonderposten für **steuerfreie Rücklagen** wie z.B. nach § 6b EStG, **Rücklagen für Ersatzbeschaffung** nach R 6.6 EStR können nicht auf Vermögensgegenstände in der Handelsbilanz übertragen werden. Die Bildung dieser steuerfreien Rücklagen und die Übertragung auf Wirtschaftsgüter in der Steuerbilanz führen zwingend zu Abweichungen zwischen Handels- und Steuerbilanz und bei mittelgroßen und großen Kapitalgesellschaften (§ 267 HGB) zwingend zu latenten Steuern.

Etwas anderes gilt für in der Steuerbilanz gebildete Zuschussrücklagen nach R 6.5 Abs. 4 EStR. Dieser Sonderposten kann auch in der Handelsbilanz weiterhin gebildet werden. Er muss allerdings passivisch, entsprechend der höheren Abschreibung des Aktivpostens, aufgelöst werden (HFA 1/1986).

Schluss

Die Ausgaben, die der Kaufmann in die Anschaffungs- oder Herstellungskosten eines Vermögensgegenstandes einzubeziehen hat, werden zunächst erfolgsneutral behandelt. Sie beeinflussen den Jahresüberschuss des Geschäftsjahres des Erwerbs und folgender Geschäftsjahre nur über planmäßige und außerplanmäßige Abschreibungen. Dies ist Ausdruck des Grundsatzes der Periodenabgrenzung gem. § 252 Abs. 1 Nr. 5 EStG.

Ich bedanke mich für Ihre Aufmerksamkeit.

Vortrag 2: Die Bewertungsmaßstäbe für die Vermögensgegenstände des Umlaufvermögens nach dem Handelsgesetzbuch

I. Einführende Hinweise

Das Handelsgesetzbuch bezieht sich in den §§ 253 ff. HGB für die Bilanzierung des Umlaufvermögens auf verschiedene Bewertungsmaßstäbe.

II. Die Gliederung

	Gliederungspunkt	Die Stichworte
	Einleitung	**Thema; Kurzübersicht**
1.	Die einzelnen Bewertungsmaßstäbe	
1.1	Anschaffungskosten	Erwerb, Bilanzstichtag, Definition, Anschaffungsvorgang
1.2	Herstellungskosten	Herstellung, Definition, nur Aufwand Herstellungskosten, Herstellungsvorgang
1.3	Börsen- oder Marktpreis	Wenn niedriger als Anschaffungs- oder Herstellungskosten, Definitionen
1.4	Der niedrigere beizulegende Wert	Wenn niedriger als Anschaffungs- oder Herstellungskosten oder Börsen- oder Marktpreis, Ableitung
	Schluss	**Gläubigerschutz**

III. Der Vortrag

Einleitung

Sehr geehrter Herr Prüfungsvorsitzender, meine Damen und Herren, ich habe mich für das Thema **„Die Bewertungsmaßstäbe für die Vermögensgegenstände des Umlaufvermögens nach dem Handelsgesetzbuch"** entschieden. Wenn Vermögensgegenstände erworben, hergestellt, in ein Betriebsvermögen eingelegt werden oder zum Bilanzstichtag bewertet werden müssen, sind unterschiedliche Bewertungsmaßstäbe zugrunde zu legen. Dabei beeinflusst deren Höhe den jeweils auszuweisenden handelsrechtlichen Jahresüberschuss. Vor diesem Hintergrund kommt den Bewertungsmaßstäben besondere Bedeutung zu.

> **Tipp!** Das Thema verleitet sehr schnell dazu, überwiegend über die Bewertung des Umlaufvermögens zu sprechen. Sie müssen den Schwerpunkt aber auf die Bewertungsmaßstäbe legen.

1. Die einzelnen Bewertungsmaßstäbe

Bei der Bewertung des Umlaufvermögens unterscheidet das Handelsrecht folgende Bewertungsmaßstäbe.

1.1 Anschaffungskosten

Beim Erwerb von Vermögensgegenständen des Umlaufvermögens sind diese im Zeitpunkt des Zuganges zum Vermögen des Kaufmannes mit den **Anschaffungskosten** anzusetzen. Zu den folgenden Bilanzstichtagen sind Vermögensgegenstände des Umlaufvermögens grundsätzlich ebenfalls mit den Anschaffungskosten anzusetzen (§ 253 Abs. 1 Satz 1 HGB).

Zu den Anschaffungskosten zählt alles, was der Kaufmann aufwendet (Kaufpreis und Anschaffungsnebenkosten), um den Vermögensgegenstand zu erhalten und in betriebsbereiten Zustand zu versetzen, soweit die Aufwendungen dem Vermögensgegenstand **einzeln** zugeordnet werden können. Gemeinkosten gehören nicht zu den Anschaffungskosten. Anschaffungspreisminderungen sind abzusetzen (§ 255 Abs. 1 HGB).

Unter Kaufpreis ist der vereinbarte Preis ohne die als Vorsteuer abzugsfähige Umsatzsteuer zu verstehen, da der Käufer insoweit nichts aufwendet, um einen Gegenstand zu erwerben.

Typische Anschaffungsnebenkosten beim Umlaufvermögen sind Verpackungskosten, Transportkosten, Frachtkosten, Überführungskosten, Rollgelder, Zölle.

Der Anschaffungsvorgang setzt voraus, dass der Vermögensgegenstand bereits vorhanden ist und lediglich von einer fremden in die eigene Verfügungsmacht überführt wird (Abgrenzung zur Herstellung).

1.2 Herstellungskosten

Selbst hergestellte fertige und teilfertige Vermögensgegenstände des Umlaufvermögens sind zum Bilanzstichtag grundsätzlich mit den **Herstellungskosten** anzusetzen (§ 253 Abs. 1 Satz 1 HGB).

Zu den Herstellungskosten gehören alle Aufwendungen, die durch den Verbrauch von Gütern und die Inanspruchnahme von Diensten für die Herstellung eines Vermögensgegenstandes, seine Erweiterung oder für eine über seinen ursprünglichen Zustand hinausgehende wesentliche Verbesserung entstehen (§ 255 Abs. 2 HGB). Herstellungskosten sind Teile der Selbstkosten.

Zu den bilanzrechtlichen Herstellungskosten können nur die „Kosten" gerechnet werden, die zugleich auch den Begriff des Aufwands erfüllen. Kalkulatorische Kosten (kalkulatorischer Unternehmerlohn, kalkulatorische Zinsen für Eigenkapital, kalkulatorische Abschreibungen etc.) stellen keinen Aufwand dar und sind nicht in die bilanzrechtlichen Herstellungskosten einzubeziehen.

Herstellungskosten können nur dann vorliegen, wenn etwas Neues, bisher nicht Vorhandenes, geschaffen wird; der Kaufmann also den Vermögensgegenstand auf eigene Rechnung und Gefahr herstellt oder herstellen lässt bzw. erweitert oder erweitern lässt und das Herstellungsgeschehen beherrscht oder wenn der Vermögensgegenstand über seinen ursprünglichen Zustand hinaus wesentlich verbessert wird.

Die Herstellung eines Vermögensgegenstandes liegt insbesondere dann vor, wenn der Vermögensgegenstand mit eigenen Arbeitskräften des Unternehmens und erworbenen Roh-, Hilfs- und Betriebsstoffen gefertigt wird.

Zu den **handelsrechtlichen Herstellungskosten** zählen die Material- und die Fertigungseinzelkosten.

Weiterhin sind angemessene Teile der Materialgemeinkosten und der Fertigungsgemeinkosten und des Wertverzehrs des Anlagevermögens soweit dieser durch die Fertigung veranlasst ist, mit einzubeziehen.

Die **Kosten der allgemeinen Verwaltung** sowie angemessene Aufwendungen für soziale Einrichtungen des Betriebs, für freiwillige soziale Leistungen und für die betriebliche Altersversorgung können einbezogen werden, dies gilt ebenfalls für Finanzierungskosten soweit diese auf den Zeitraum der Herstellung entfallen.

Forschungs- und Vertriebskosten dürfen nicht mit einbezogen werden.

> **Tipp!** Das Thema Herstellungskosten beim Umlaufvermögen eignet sich im Prüfungsgespräch ideal dazu, über Kosten- und Leistungsrechnung zu sprechen.

1.3 Börsen- oder Marktpreis

Das im Handelsrecht geltende strenge Niederstwertprinzip gebietet es, Vermögensgegenstände des Umlaufvermögens, deren Wert zum Bilanzstichtag unter die Anschaffungs- oder Herstellungskosten gesunken ist, mit den niedrigeren Werten anzusetzen. Ist demnach der Börsen- oder Marktpreis eines Vermögensgegenstandes des Umlaufvermögens niedriger, muss dieser angesetzt werden.

Der **Börsenpreis** ist der an einer Börse amtlich oder im Freiverkehr festgestellte Preis für die an der betreffenden Börse zum Handel zugelassenen Wertpapiere oder Waren.

Der **Marktpreis** ist der – durch das Zusammentreffen von Angebot und Nachfrage – an einem Handelsplatz für eine bestimmte Warengattung erzielbare durchschnittliche Preis.

1.4 Der niedrigere beizulegende Wert

Ist ein Börsen- oder Marktpreis nicht festzustellen und liegt der den Vermögensgegenständen des Umlaufvermögens am Bilanzstichtag beizulegende Wert unter den Anschaffungs- oder Herstellungskosten, so muss **der niedrigere beizulegende Wert** angesetzt werden (§ 253 Abs. 4 Satz 2 HGB).

Der niedrigere beizulegende Wert wird aus den Wiederbeschaffungskosten, den Reproduktionskosten, dem Veräußerungswert oder dem Ertragswert abgeleitet. Er wird auch als handelsrechtlicher Zeitwert bezeichnet.

Je nach Zweckbestimmung der zu bewertenden Vermögensgegenstände wird der beizulegende Wert vom **Beschaffungsmarkt oder vom Absatzmarkt abgeleitet**.

Der Beschaffungsmarkt ist Orientierung für den beizulegenden Wert von **Roh-, Hilfs- und Betriebsstoffen** (in diesem Fall entsprechen die Wiederbeschaffungskosten dem beizulegenden Wert) und von **unfertigen und fertigen Erzeugnissen**, soweit auch Fremdbezug möglich wäre (in diesem Fall entsprechen die Reproduktionskosten dem beizulegenden Wert).

Der **Absatzmarkt** (sog. Verlustfreie Bewertung im Handelsrecht) ist Orientierung für den beizulegenden Wert von **unfertigen und fertigen Erzeugnissen** und von **Überbeständen an Roh-, Hilfs- und Betriebsstoffen**.

Diese Bewertung ist zulässig bei unfertigen und fertigen Erzeugnissen bei gesunkenen Verkaufspreisen, bei modischem oder technischem Verfall (sog. „Ladenhüterbewertung") oder wenn Angaben zu den Wiederbeschaffungskosten nicht möglich sind, weil die Waren z.B. nicht mehr gehandelt werden.

Bei der Ermittlung des Zeitwertes wird der – gefallene – Verkaufspreis um die nach dem Bilanzstichtag anfallenden Verwaltungs- und Vertriebskosten gekürzt. Der handelsrechtliche beizulegende Wert entspricht grundsätzlich dem steuerlichen Teilwertbegriff, weicht von diesem aber insbesondere bei der Ermittlung durch die retrograde Wertermittlung vom erzielbaren Verkaufspreis vom steuerlichen Teilwertbegriff ab, da beim Teilwert auch ein fiktiver Unternehmerlohn wertmindernd berücksichtigt wird während dies im Rahmen der sog. verlustfreien Bewertung im Handelsrecht nicht der Fall ist.

Schluss

Die Aufwendungen, die der Kaufmann in die Anschaffungs- oder Herstellungskosten eines Vermögensgegenstandes des Umlaufvermögens einzubeziehen hat, werden zunächst erfolgsneutral behandelt. Sie beeinflussen den Jahresüberschuss des Geschäftsjahres des Erwerbs und folgender Geschäftsjahre nur über außerplanmäßige Abschreibungen oder Bestandsveränderungen bei Verbrauch, Veräußerung, Schwund oder Verderb. Insbesondere durch das strenge „Niederstwertprinzip" (zwingende Bewertung zum niedrigeren Börsen- oder Marktpreis bzw. zum niedrigeren beizulegenden Wert) wird deutlich, dass das Handelsrecht nach wie vor vom Grundsatz des Gläubigerschutzes geprägt ist.

Ich bedanke mich für Ihre Aufmerksamkeit.

Vortrag 3: Bilanzberichtigung

I. Einführende Hinweise

Das Einkommensteuergesetz sieht im § 4 Abs. 2 Satz 1 EStG die „Möglichkeit" der Bilanzberichtigung vor.

II. Die Gliederung

	Gliederungspunkt	Die Stichworte
	Einleitung	**Thema; Kurzübersicht**
1.	Bilanzberichtigung	Begriff, gilt nur für Steuerbilanz
1.1	Unrichtiger Bilanzansatz	Verstoß gegen EStG, HGB oder GoB, nur subjektive Fehler, Beispiele

	Gliederungspunkt	Die Stichworte
1.2	Personenkreis	Nur Kaufmann, Finanzamt kann nur anregen, Prüferbilanz ist keine berichtigte Bilanz, Bilanzänderung setzt Bilanzberichtigung voraus
1.3	Berichtigungsmöglichkeiten	Berichtigung vor Steuerfestsetzung, Berichtigung nach Steuerfestsetzung, Berichtigung nach Bestandskraft
	Schluss	**Korrekter Totalgewinn vor korrektem Periodengewinn, aber Gefahr bei Durchbrechung des Bilanzzusammenhanges**

III. Der Vortrag

Einleitung

Sehr geehrter Herr Prüfungsvorsitzender, meine Damen und Herren, ich habe mich für das Thema „**Bilanzberichtigung**" entschieden.

Bilanzberichtigungen kommen in der Praxis vor allem im Zusammenhang mit Außenprüfungen in Betracht. Ist ein Ansatz in der Bilanz unrichtig, ist er im Rahmen der Außenprüfung durch den richtigen Bilanzansatz zu ersetzen, falls dies verfahrensrechtlich noch zulässig ist.

Seltener sind die Fälle, in denen eine Berichtigung auf eigene Initiative durch den Steuerpflichtigen selbst vorgenommen wird. Grundsätzlich hat der Steuerpflichtige nur dann eine Anzeigepflicht nach § 153 AO, wenn die unrichtige Bilanzierung zu Steuerverkürzungen geführt hat.

Tipp! Gehen Sie nur auf Bilanzänderungen ein, wenn es für die Bilanzberichtigung unvermeidbar ist.

1. Bilanzberichtigung

Unter einer **Bilanzberichtigung** versteht man das Ersetzen eines unrichtigen durch einen richtigen Bilanzansatz (R 4.4 Abs. 1 EStR). Dabei geht es nur um Bilanzansätze in der Steuerbilanz. Die Richtigstellung von Ansätzen in der Handelsbilanz für die steuerliche Gewinnermittlung findet insbesondere dann außerhalb der Handelsbilanz statt, wenn der Kaufmann nur eine Handelsbilanz aufstellt und Handels- und Steuerrecht zwingend voneinander abweichen (§ 60 Abs. 2 EStDV).

1.1 Unrichtiger Bilanzansatz

Ein Bilanzansatz ist unrichtig, wenn er gegen zwingende Vorschriften des Einkommensteuerrechts, gegen zwingende Vorschriften des Handelsrechts oder gegen die einkommensteuerrechtlich zu beachtenden handelsrechtlichen Grundsätze ordnungsmäßiger Buchführung verstößt.

Ein Verstoß gegen zwingende Vorschriften des Einkommensteuerrechts liegt vor, wenn Ansatz- oder Bewertungsvorschriften des Einkommensteuergesetzes nicht beachtet werden. Ein Verstoß gegen zwingende Vorschriften des Handelsrechts liegt vor, wenn handelsrechtliche Bilanzierungsregeln nicht beachtet werden. Über den Maßgeblichkeitsgrundsatz des § 5 Abs. 1 Satz 1 EStG sind die handelsrechtlichen Grundsätze ordnungsmäßiger Buchführung auch für die Steuerbilanz zu beachten.

Durch Beschluss des Großen Senates hat der BFH vom 31.01.2013, GrS 1/10 hat der BFH den objektiven Richtigkeitsbegriff gestärkt und den sog. subjektiven Fehlerbegriff aufgegeben. Nach Auffassung des BFH (die nunmehr auch in die Einkommensteuerrichtlinie aufgenommen wurde (R 4.4 EStR) kann eine Bilanz nach ihrer Aufstellung unrichtig werden, wenn sich die Rechtsprechung zu einem in der Bilanz angesetzten Sachverhalt rückwirkend ändert.

1.2 Personenkreis

Nach der Rechtsprechung des Bundesfinanzhofes (s. H 4.4 EStH „Bilanzberichtigung" – 2. Spiegelstrich; BFH vom 13.06.2006, BStBl II 2007, 94) ist nur der Steuerpflichtige zur Bilanzberichtigung befugt. Im Einzelfall kann allerdings über den § 153 AO eine Verpflichtung zur Bilanzberichtigung bestehen.

Die Finanzbehörde ist nicht zur Berichtigung der Bilanz, die der Steuerpflichtige aufgestellt hat, berechtigt. Daraus folgt aber nicht, dass die Finanzbehörde den unrichtigen Bilanzansatz bei der Gewinnermittlung berücksichtigen muss. Insoweit wird die falsche Bilanz der Besteuerung nicht zugrunde gelegt.

Der Steuerpflichtige wird in der Regel zur Bilanzberichtigung aufgefordert. Die Bilanzberichtigung nimmt dann der Steuerpflichtige selbst vor. Dabei ist der Steuerpflichtige nicht an falsche Angaben der Finanzbehörde gebunden, eine Bindungswirkung kann nur entstehen, soweit die von der Finanzbehörde festgestellten Bilanzierungsfehler zutreffend sind.

Weigert sich der Steuerpflichtige eine Bilanzberichtigung vorzunehmen, muss das Finanzamt eine eigene Gewinnermittlung durch Betriebsvermögensvergleich mit ggf. auf der Grundlage der Bilanz abgeänderten Werten vornehmen.

Spätestens in der **Anfangsbilanz des Folgejahres** wird der Steuerpflichtige bei einem unstreitigen Bilanzierungsfehler – zur Vermeidung der Durchbrechung des Bilanzzusammenhanges und damit zur Sicherstellung der Versteuerung eines zutreffenden Totalgewinns – eine Bilanzberichtigung durchführen.

Auch die im Rahmen einer Außenprüfung erstellte sog. Prüferbilanz stellt keine berichtigte Bilanz des Steuerpflichtigen dar, sie dient lediglich dazu, die zutreffenden Besteuerungsgrundlagen festzustellen. Die Prüferbilanz ist als Aufforderung der Finanzbehörde an den Steuerpflichtigen zur Bilanzberichtigung zu verstehen. Die Bilanzberichtigung nimmt der Steuerpflichtige selbst vor.

Sollte zur Kompensation der Bilanzberichtigung(en) eine Bilanzänderung nach § 4 Abs. 2 Satz 2 EStG angestrebt werden, muss der Steuerpflichtige zwingend für das Fehlerjahr eine korrigierte Bilanz einreichen. **Voraussetzung für eine Bilanzänderung ist eine Bilanzberichtigung**.

Tipp! Bringen Sie den Hinweis auf das Zusammenspiel von Bilanzberichtigung und Bilanzänderung unbedingt. Bereiten Sie sich dann allerdings auf das Thema „Bilanzänderung" für das Prüfungsgespräch vor.

1.3 Berichtigungsmöglichkeiten

Werden Bilanzierungs- oder Bewertungsfehler **vor der Steuerfestsetzung** festgestellt – z.B. durch die Finanzbehörde im Rahmen der Veranlagung oder durch den Steuerpflichtigen nach Abgabe der Steuererklärung, aber vor Durchführung der Veranlagung – ist die Bilanz zu berichtigen. Der falsche Bilanzansatz ist durch den richtigen Bilanzansatz zu ersetzen. Verfahrensrechtliche Hindernisse bestehen nicht.

Eine Bilanzberichtigung der falschen Bilanz, also an der „Fehlerquelle" ist **nach der Steuerfestsetzung** nur möglich, wenn die Steuerfestsetzung noch nicht materiell rechtlich bestandskräftig geworden ist (Steuerfestsetzung nach § 164 AO, vorläufige Steuerfestsetzung nach § 165 AO, Rechtsbehelfsfrist ist noch nicht abgelaufen), die Veranlagung der Fehlerquelle nach allgemeinen Grundsätzen berichtigt oder geändert werden kann (z.B. §§ 172 ff. AO) oder die Bilanzberichtigung sich auf die Höhe der veranlagten Steuer nicht auswirken würde – erfolgsneutrale Berichtigung. Eine erfolgsneutrale Berichtigung wird in der Regel auch häufig nur buchtechnisch in der Anfangsbilanz des ersten noch änderbaren Jahres richtiggestellt.

Nach Bestandskraft einer Steuerfestsetzung ist grundsätzlich die Berichtigung der Anfangsbilanz des ersten noch änderbaren Jahres nicht möglich, wenn die falsche Bilanz der Veranlagung eines früheren Jahres als Schlussbilanz zugrunde gelegen hat. Damit wird der Bilanzzusammenhang gewahrt und der Bilanzierungsfehler gleicht sich im ersten noch änderbaren Jahr automatisch aus. Der Bundesfinanzhof (BFH GrS vom 29.11.1965, BStBl II 1966, 142) hält den Ausweis eines richtigen Totalgewinns für wichtiger als die periodengerechte Gewinnabgrenzung. Es ist vielmehr die Schlussbilanz des ersten noch änderbaren Jahres zu berichtigen.

Der Bilanzzusammenhang wird durchbrochen und die Anfangsbilanz des ersten Jahres, bei der Veranlagung sich die Berichtigung auswirken kann wird – **zuungunsten des Steuerpflichtigen** – geändert, wenn der Steuerpflichtige zur Erlangung ungerechtfertigter Steuervorteile **bewusst** einen Aktivposten zu hoch oder einen Passivposten zu niedrig angesetzt hat. Die Veranlagung der Fehlerquelle wird nicht berichtigt.

Beispiel: Der Steuerpflichtige **unterlässt es bewusst zur Erlangung von Steuervorteilen**, zum 31.12. eine Rückstellung für Urlausverpflichtungen i.H.v. 50.000 € zu bilden.

Ansonsten erfolgt die Berichtigung eines falschen Bilanzansatzes in einer „bestandskräftigen" Bilanz erfolgswirksam in der Schlussbilanz des ersten verfahrensrechtlich noch änderbaren Jahres.

Schluss

Die Bilanzberichtigung unter Berücksichtigung des Grundsatzes des Bilanzzusammenhanges stellt sicher, dass der Totalgewinn eines Steuerpflichtigen der Besteuerung korrekt unterworfen wird. Der Grundsatz der periodengerechten Gewinnabgrenzung für das einzelne Wirtschaftsjahr tritt dabei in den Hintergrund. Wichtiger als die objektiv richtigen Periodengewinne ist die in Summe korrekte Erfassung des Totalgewinnes des Unternehmens. Teuer kann es allerdings in den Fällen werden, wenn der Bilanzzusammenhang durchbrochen wird, weil der Steuerpflichtige über einen falschen Bilanzansatz bewusst versucht hat, sich ungerechtfertigte Steuervorteile zu verschaffen.

Ich danke Ihnen für Ihre Aufmerksamkeit.

Vortrag 4: Bilanzierungs- und Bewertungsgrundsätze

I. Einführende Hinweise

Aus dem Handelsgesetzbuch (insbesondere § 252 HGB) aber auch aus dem Einkommensteuergesetz (insbesondere § 4 Abs. 1 EStG und § 5 Abs. 1 EStG) ergeben sich Grundsätze, die bei der Aufstellung eines Jahresabschlusses zu berücksichtigen sind.

II. Die Gliederung

	Gliederungspunkt	**Die Stichworte**
	Einleitung	**Thema; Kurzübersicht**
1.	Maßgeblichkeit der Handelsbilanz für die Steuerbilanz	Bezieht sich nur auf Bilanzierungszwänge
2.	Bilanzidentität/Bilanzzusammenhang	Führt zum Ausgleich von Bilanzierungsfehlern
3.	Stichtagsprinzip/Wertaufhellung	Bilanz als Momentaufnahme, Bilanzstichtag, Tag der Bilanzaufstellung, Wertaufhellung
4.	Einzelbewertung	Verbrauchsfolgeverfahren, Festwert, Durchschnittswert
5.	Realisationsprinzip/Imparitätsprinzip	Ungleichheit für Gewinn und Verluste
6.	Bilanzkontinuität/Bewertungsstetigkeit	Formell und materiell, Ausnahmen mit Begründung
	Schluss	**Keine Einheitsbilanz mehr aus dem Maßgeblichkeitsgrundsatz Handelsbilanz für Steuerbilanz, zu viele Durchbrechungen, Ende der Steuerbilanz nach BilMoG**

III. Der Vortrag

Einleitung

Sehr geehrter Herr Prüfungsvorsitzender, meine Damen und Herren, ich habe mich für das Thema „**Bilanzierungs- und Bewertungsgrundsätze**" entschieden.

Jeder rechnungslegungspflichtige Kaufmann muss eine Handelsbilanz aufstellen. Er kann darüber hinaus eine Steuerbilanz aufstellen. Dabei hat er ganz bestimmte im Handelsgesetzbuch und im Einkommensteuergesetz festgeschriebene Bilanzierungs- und Bewertungsgrundsätze zu beachten.

1. Maßgeblichkeit der Handelsbilanz für die Steuerbilanz

Bei Gewerbetreibenden, die Bücher führen und jährlich Abschlüsse erstellen, ist für den Schluss des Wirtschaftsjahrs das Betriebsvermögen anzusetzen, das nach den handelsrechtlichen Grundsätzen ordnungsgemäßer Buchführung auszuweisen ist (§ 5 Abs. 1 Satz 1, 1. Halbsatz EStG).

Hieraus ergeben sich folgende allgemeine Grundsätze für die Aufstellung einer Steuerbilanz:

Handelsrecht	Steuerbilanz
Aktivierungsgebot	Aktivierungsgebot
Passivierungsgebot	Passivierungsgebot
Aktivierungs**wahlrecht**	Aktivierungs**gebot**
Passivierungs**wahlrecht**	Passivierungs**verbot**

Der Grundsatz gilt nur für Gewerbetreibende. Die Handelsbilanz ist der Ausgangspunkt für die Steuerbilanz. Eine rechtsgültig aufgestellte Handelsbilanz gilt auch für steuerrechtliche Zwecke, es sei denn, das Steuerrecht schreibt eine abweichende Bilanzierung – z.B. im § 5 EStG – vor, die Ansätze in der Handelsbilanz verstoßen gegen das Ansatzgebot des § 5 Abs. 6 EStG oder der Steuerpflichtige wählt in Ausübung eines steuerlichen Wahlrechtes zulässigerweise einen von der Handelsbilanz abweichenden Ansatz oder Bewertung gem. § 5 Abs. 1 Satz 2 EStG. So wird der **Grundsatz der Maßgeblichkeit der Handelsbilanz für die Steuerbilanz** z.B. bei Drohverlustrückstellungen durchbrochen. Während das Handelsrecht im § 249 Abs. 1 HGB bei Aufstellung einer Handelsbilanz zwingend den Ausweis einer Rückstellung für drohende Verluste aus schwebenden Geschäften vorsieht, verbietet das Steuerrecht bei Aufstellung einer Steuerbilanz eine derartige Rückstellung (§ 5 Abs. 4a EStG).

Tipp! Weisen Sie darauf hin, dass der Umfang der Durchbrechungen in den letzten Jahren aus steuerpolitischen Gründen immer mehr zugenommen hat.

2. Bilanzidentität/Bilanzzusammenhang

Die Schlussbilanz eines Geschäftsjahres ist gleichzeitig die Anfangsbilanz des folgenden Geschäftsjahres (§ 252 Abs. 1 Nr. 1 HGB; § 4 Abs. 1 Satz 1 EStG).

Dieser Grundsatz soll verhindern, dass Teile aus der Gewinnermittlung ausgeschlossen werden und sicherstellen, dass der Gewinn der gesamten (gewerblichen) Tätigkeit – **der Totalgewinn** – vollständig und lückenlos erfasst wird. Er bewirkt gleichzeitig, dass Bilanzierungsfehler sich selbständig ausgleichen.

3. Stichtagsprinzip/Wertaufhellung

Der **Bilanzstichtag** ist der Tag der Betriebseröffnung oder der Schluss des Wirtschaftsjahres. Die Bilanz ist eine Momentaufnahme über Umfang des Vermögens und dessen Werthaltigkeit auf den Bilanzstichtag (§§ 242 Abs. 1, 252 Abs. 1 Nr. 3 HGB; § 4 Abs. 1 EStG).

Es sind nur die Vermögensgegenstände zu bilanzieren, die am Bilanzstichtag vorhanden sind und sich im zivilrechtlichen oder wirtschaftlichen Eigentum des Unternehmers befinden. Die Vermögensgegenstände sind mit dem Wert zu bilanzieren, der ihnen am Bilanzstichtag beizumessen ist.

Der Bilanzstichtag ist vom Tag der Bilanzaufstellung, also dem Tag, an dem die wesentlichen Bilanzarbeiten durchgeführt werden, zu unterscheiden.

Bessere Erkenntnisse zwischen Bilanzstichtag und Tag der Bilanzaufstellung über zum Bilanzstichtag bestehende Verhältnisse, sind Wert erhellend und daher bei Aufstellung der Bilanz zu berücksichtigen (§ 252 Abs. 1 Nr. 4 HGB). Hierbei kommt der gesetzlichen Bilanzaufstellungsfrist besondere Bedeutung zu. Denn die Wertaufhellung findet ihre Grenze in den Bilanzaufstellungsfristen. Wird der Jahresabschluss innerhalb der gesetzlichen Fristen erstellt, ist der Wertaufhellungszeitraum der Zeitraum bis zum Tage der tatsächlichen Bilanzaufstellung. Wird der Jahresabschluss nicht innerhalb der gesetzlichen Fristen aufgestellt, ist der Wertaufhellungszeitraum der Zeitraum bis zum Endtag der gesetzlichen Frist.

> **Merke!** Werden Erkenntnisse bei pflichtgemäßer und gewissenhafter Prüfung erst nach Bilanzerstellung gewonnen, ist die Bilanz nicht falsch. Es ist keine Bilanzberichtigung durchzuführen.

4. Einzelbewertung

Alle Vermögensgegenstände und Schulden sind zum Abschlussstichtag einzeln zu bewerten (§§ 240 Abs. 1, 252 Abs. 1 Nr. 3 HGB; § 6 Abs. 1 Satz 1 EStG).

Gem. § 252 Abs. 2 HGB darf in begründeten Ausnahmefällen von diesem Grundsatz abgewichen werden.

Hierzu gibt es folgende gesetzlich vorgesehene Bewertungsvereinfachungsverfahren:

- für den Wertansatz gleichartiger Vermögensgegenstände des Vorratsvermögens kann unterstellt werden, dass die zuerst oder dass die zuletzt angeschafften oder hergestellten Vermögensgegenstände zuerst oder in einer sonstigen bestimmten Reihenfolge verbraucht oder veräußert worden sind (§ 256 HGB; § 6 Abs. 1 Nr. 2a EStG);
- bestimmte Vermögensgegenstände des Sachanlagevermögens sowie Roh-, Hilfs- und Betriebsstoffe können mit einem Festwert angesetzt werden (§§ 240 Abs. 3, 256 HGB);
- gleichartige Vermögensgegenstände des Vorratsvermögens sowie andere gleichartige oder annähernd gleichwertige bewegliche Vermögensgegenstände und Schulden können jeweils zu einer Gruppe zusammengefasst und mit dem gewogenen Durchschnitt bewertet werden (§§ 240 Abs. 4, 256 HGB).

5. Realisationsprinzip/Imparitätsprinzip

Gewinne dürfen nur ausgewiesen werden, wenn Sie am Abschlussstichtag realisiert sind. Verluste können bzw. müssen ausgewiesen werden (§ 252 Abs.1 Nr. 4 HGB). Die bloße Wertsteigerung von Vermögensgegenständen darf grundsätzlich nicht zum Ausweis von Erträgen führen. Von diesem Prinzip sieht das Handelsrecht jedoch einige wenige Ausnahmen vor, wie der Ausweis nicht realisierter kurzfristiger Währungsgewinne gem. § 256a Satz 2 HGB, die Verrechnung von nicht realisierten Erträgen aus der Wertsteigerung von Finanzinstrumenten mit gegenläufigen Verlusten aus dem abgesicherten Grundgeschäft bei Bewertungseinheiten gem. § 254 HGB sowie der Bewertung des insolvenzgesicherten Planvermögens gem. § 246 Abs. 2 Satz 2 HGB auch über den Anschaffungskosten. In diesem letzten Zusammenhang sind jedoch Ausschüttungssperren gem. § 268 Abs. 8 HGB zu beachten.

Demgegenüber gilt für Verluste das **Imparitätsprinzip**. Sie müssen ausgewiesen werden, auch wenn sie noch nicht realisiert, sondern nur entstanden sind.

Bestätigt wird das **Realisationsprinzip** letztendlich im Höchstwertprinzip des § 253 Abs. 1 HGB, nachdem Vermögensgegenstände höchstens mit den Anschaffungs- oder Herstellungskosten – ggf. vermindert um Abschreibungen – angesetzt werden dürfen.

6. Bilanzkontinuität/Bewertungsstetigkeit

Der **Grundsatz der Bilanzkontinuität** gilt sowohl hinsichtlich des formellen Aufbaus der Bilanz als auch hinsichtlich der Fortführung der Wertansätze der einzelnen Vermögensgegenstände (§ 252 Abs. 1 Nr. 6 Bewertungsstetigkeit, § 265 Abs. 1 und 2 HGB).

Die Form der Darstellung des Jahresabschlusses, insbesondere die Gliederung der Bilanz und Gewinn- und Verlustrechnung sind beizubehalten.

Zu berücksichtigen ist der Stetigkeitsgrundsatz bei der Wahl der Bewertungsmethode:

- im Verfahren zur Bestimmung der Bewertungsmaßstäbe (z.B. retrograde Ermittlung der Anschaffungs-/Herstellungskosten bei Waren aus den Verkaufspreisen);
- bei der Ausübung von Bewertungswahlrechten, z.B. Einbeziehung von Gemein- oder Verwaltungskosten;
- bei Wahl der Bewertungsverfahren, z.B. Einzelbewertung, Durchschnittsbewertung, Festwertansatz, Verbrauchsfolgeverfahren.

> **Merke!** Ausschließlich steuerliche Bewertungswahlrechte (z.B. Sonderabschreibungen) können von Jahr zu Jahr unterschiedlich ausgeübt werden.

Darüber hinaus sieht der § 246 HGB die sog. Ansatzstetigkeit vor, z.B. den einmal gewählten Ausweis von Aktiven Latenten Steuern oder der Darstellung von erhaltenen Anzahlungen auf der Aktiv- oder Passivseite der Bilanz vor.

Schluss

Der Grundsatz der Maßgeblichkeit der Handelsbilanz für die Steuerbilanz hat wegen der vielen Durchbrechungen seinen eigentlichen Zweck, eine Einheitsbilanz (Bilanz, die den steuerrechtlichen und handelsrechtlichen Bilanzierungsvorschriften Rechnung trägt) aufstellen zu können, verloren. Die Aufgabe der „umgekehrten Maßgeblichkeit" führt dazu, dass der handelsrechtliche Jahresabschluss zukünftig die tatsächliche wirtschaftliche Leistungsfähigkeit eines Unternehmens wiedergibt. Gleichzeitig dürfte die echte „Steuerbilanz" für Kaufleute endgültig gestorben sein.

Ich bedanke mich für Ihre Aufmerksamkeit.

Vortrag 5: Bewertung des Umlaufvermögens

I. Einführende Hinweise

Aus dem Handelsgesetzbuch (insbesondere aus § 253 Abs. 1 und 4 HGB) aber auch aus dem Einkommensteuergesetz (insbesondere aus § 6 Abs. 1 Nr. 2 EStG) ergeben sich Grundsätze, die bei der Bewertung des Umlaufvermögens zu berücksichtigen sind.

II. Die Gliederung

	Gliederungspunkt	**Die Stichworte**
	Einleitung	**Thema; Kurzübersicht**
1.	Begriff	Vermögensgegenstände zum sofortigen Verbrauch oder Verkauf, kein planmäßiger Wertverzehr
2.	Bilanzausweis	Gliederung bei Kapitalgesellschaften, Vorräte, Forderungen, Wertpapiere, Geld und Guthaben bei Instituten
3.	Bewertung nach Handelsrecht	Anschaffungs-/Herstellungskosten, Niederstwertprinzip, niedrigerer Börsen- oder Marktpreis zwingend, niedrigerer beizulegender Wert zwingend, Wertaufholungsgebot
4.	Bewertung nach Steuerrecht	Anschaffungs-/Herstellungskosten nach dem Maßgeblichkeitsgrundsatz, niedrigerer Wert (aus Börsen- oder Marktpreis bzw. niedrigerem beizulegendem Wert) nur bei voraussichtlich dauernder Wertminderung, Begriff dauernde Wertminderung, Wertaufholungsgebot
5.	Einzelfragen	Forderungen, Gründe für einen niedrigeren Wert, Verfahren, Begrenzung pauschale Abwertung, Umsatzsteuerkorrektur
	Schluss	**Einheitsbilanz**

III. Der Vortrag

Einleitung

Sehr geehrter Herr Prüfungsvorsitzender, meine Damen und Herren, ich habe mich für das Thema „**Bewertung des Umlaufvermögens**" entschieden.

Die korrekte Bewertung des Umlaufvermögens ist für die Beurteilung der tatsächlichen Ertrags- und Finanzlage eines Unternehmens von ausschlaggebender Bedeutung.

1. Begriff

Zum Umlaufvermögen gehören alle Vermögensgegenstände, die zum sofortigen Verkauf oder Verbrauch bestimmt sind (z.B. Waren, Erzeugnisse, Roh-, Hilfs- und Betriebsstoffe) oder in Abhängigkeit von solchen Vermögensgegenständen ständigen Veränderungen unterliegen, wie z.B. Forderungen (Umkehrschluss aus § 247 Abs. 2 HGB).

Vermögensgegenstände des Umlaufvermögens unterliegen keinem planmäßigen Wertverzehr (z.B. ein Gebäude bei einem Bauträger).

Tipp! Das Thema verleitet sehr schnell dazu auch umfangreich über die Bewertungsmaßstäbe zu sprechen. Sie müssen den Schwerpunkt aber auf die Methoden der Bewertung des Umlaufvermögens legen.

2. Bilanzausweis

Das Umlaufvermögen ist in der Bilanz von Kapitalgesellschaften wie folgt gegliedert (§ 266 Abs. 2 HGB):

I. Vorräte,
II. Forderungen und sonstige Vermögensgegenstände,
III. (sonstige) Wertpapiere,
IV. Schecks, Kasse, Bank- und Postgiroguthaben.

Auch Einzelunternehmen und Personenhandelsgesellschaften richten sich in der Praxis bei Aufstellung ihrer Bilanz nach dieser Gliederung.

Tipp! Differenzieren Sie bei der Bewertung möglichst die Zugangsbewertung zum Anschaffungs- oder Herstellungszeitpunkt und zu den folgenden Bilanzstichtagen, sog. Folgebewertung.

3. Bewertung nach Handelsrecht

Handelsrechtlich sind die Vermögensgegenstände des Umlaufvermögens höchstens mit den Anschaffungs- oder Herstellungskosten anzusetzen (**Anschaffungswertprinzip**). Das gilt grundsätzlich für den Anschaffungszeitpunkt (Tag der Lieferung), den Herstellungszeitpunkt (Tag der Fertigstellung) und die folgenden Bilanzstichtage (§ 253 Abs. 1 Satz 1 HGB). Das Anschaffungswertprinzip entspricht dem **Realisationsprinzip**. Es verhindert, dass nicht realisierte Gewinne ausgewiesen werden (§ 252 Abs. 1 Nr. 4 letzter HS HGB). Ausnahmsweise kann bei Fremdwährungsforderungen ein Ausweis über den in Euro umgerechneten „Anschaffungskosten" zum aktuellen Umrechnungskurs am Bilanzstichtag erfolgen, wenn die Forderungen innerhalb des nächsten Geschäftsjahres fällig sind, § 256a Satz 2 HGB.

Liegt jedoch nach Anschaffung oder Herstellung der (Markt)Wert für Vermögensgegenstände des Umlaufvermögens unter den Anschaffungs- oder Herstellungskosten, müssen entsprechende Abschreibungen vorgenommen werden (§ 253 Abs. 4 Satz 1 letzter HS HGB). Die Abschreibungspflicht entspricht dem Vorsichtsprinzip (§ 252 Abs. 1 Nr. 4 erster HS HGB). Sie wird auch als „**strenges Niederstwertprinzip**" bezeichnet.

Abschreibungen müssen auf den **niedrigeren Börsen- oder Marktpreis** (§ 253 Abs. 4 Satz 1 HGB) und falls ein Börsen- oder Marktpreis nicht festzustellen ist, auf den **niedrigeren beizulegenden Wert** (§ 253 Abs. 4 Satz 2 HGB) vorgenommen werden.

Ein unter den Anschaffungs- oder Herstellungskosten liegender und bei der Bilanzierung angesetzter Wert darf **nicht** beibehalten werden. Nach § 253 Abs. 5 HGB gilt bei Umlaufvermögen (wie beim Anlagevermögen) ein Wertaufholungsgebot. Im Falle einer Werterholung, können jedoch höchstens die Anschaffungs- oder Herstellungskosten angesetzt werden (§ 253 Abs. 1 HGB).

4. Bewertung nach Steuerrecht

Nach dem Grundsatz der Maßgeblichkeit der Handelsbilanz für die Steuerbilanz sind die Vermögensgegenstände des Umlaufvermögens steuerrechtlich ebenfalls höchstens mit den Anschaffungs- oder Herstellungskosten anzusetzen (§ 5 Abs. 1 Satz 1 EStG; auch § 6 Abs. 1 Nr. 2 EStG).

Liegt nach Anschaffung oder Herstellung der (Markt)Wert für Vermögensgegenstände des Umlaufvermögens unter den Anschaffungs- oder Herstellungskosten, dürfen Kaufleute Abschreibungen nur vornehmen, wenn es sich um eine dauerhafte Wertminderung handelt (§ 6 Abs. 1 Nr. 2 Satz 2 EStG).

Eine dauernde Wertminderung liegt nach dem „Teilwerterlass vom 02.09.2016, BStBl I 2016, 995 vor, wenn sich der Wert der Vermögensgegenstände bis zum Tag der Bilanzaufstellung oder dem ggf. vorhergehende Verkaufszeitpunkt nicht mehr erholt hat (Teilwerterlass vom 02.09.2016, a.a.O., Rz. 23).

Das Wahlrecht, den niedrigeren Teilwert anzusetzen, besteht im Steuerrecht unabhängig vom Ansatz in der Handelsbilanz.

In Folgejahren muss nach einer (Teilwert) Abschreibung der wieder gestiegene höhere Teilwert bis zur Höhe der Anschaffungs- oder Herstellungskosten angesetzt werden, wenn nicht nachgewiesen wird, dass der Teilwert immer noch unter den (fortgeführten) Anschaffungs-/Herstellungskosten liegt (§ 6 Abs. 1 Nr. 2 Satz 3 EStG). Die Obergrenze für die Zuschreibungen bilden dabei die Anschaffungs- oder Herstellungskosten.

5. Einzelfragen

Forderungen gehören zum Umlaufvermögen. Sie sind – bei Entstehung – sowohl handels- als auch steuerrechtlich grundsätzlich mit den Anschaffungskosten, die dem Nennwert entsprechen, anzusetzen. Der Nennwert ist der Betrag, den der Kaufmann nach den vertraglichen Vereinbarungen verlangen kann. Für die folgenden Bilanzstichtage gilt handelsrechtlich das strenge Niederstwertprinzip. Liegt ein **niedrigerer beizulegender Wert** für eine Forderung vor, so ist dieser zwingend anzusetzen (§ 253 Abs. 4 HGB). Für die Übernahme in die Steuerbilanz muss allerdings dazukommen, dass der niedrigere beizulegende Wert voraussichtlich von Dauer ist (§ 6 Abs. 1 Nr. 2 i.V.m. § 5 Abs. 6 EStG).

Die Gründe für einen niedrigeren beizulegenden Wert einer Forderung können unter anderem durch die folgenden Umstände verursacht werden:

1. **Ausfall** einer Forderung (z.B. Insolvenz),
2. **Ausfallwagnis** einer Forderung,
3. **Abzüge** durch den Schuldner der Forderung (z.B. Skonti),
4. Entstehung von **Einziehungskosten**,
5. **Zinsverlust**.

Forderungen können einzeln, pauschal oder in einem gemischten Verfahren bewertet werden. Bei der Bewertung im gemischten Verfahren ist zunächst einzeln zu bewerten. Die restlichen Forderungen sind dann pauschal zu bewerten. Die auf einem Ausfall- oder Skontowagnis beruhende pauschale Abwertung berechnet sich dabei ggf. vom Nettobetrag der Forderungen. Der Zinsverlust und die Einziehungskosten werden vom Bruttobetrag der Forderungen berechnet.

Die pauschale Abwertung darf maximal in Höhe des Forderungsbestandes ggf. ohne Umsatzsteuer zum Zeitpunkt der Bilanzaufstellung gebildet werden (Wertaufhellung!).

Im Zusammenhang mit der **Abwertung von Forderungen** spielt ggf. die Korrektur der Umsatzsteuer eine besondere Bedeutung. Eine Korrektur der Umsatzsteuer hat erst zu erfolgen, wenn der tatsächliche Forderungsausfall feststeht (§ 17 Abs. 1 Satz 1 i.V.m. Abs. 2 Nr. 1 UStG).

Schluss

Insbesondere bei der unterschiedlichen zwingenden niedrigeren Bewertung des Umlaufvermögens nach Handels- und nach Steuerrecht kommt zum Ausdruck, dass die Aufstellung einer Einheitsbilanz in diesen Fällen nicht mehr möglich ist.

Ich bedanke mich für Ihre Aufmerksamkeit.

Vortrag 6: Grundstücke und Grundstücksteile als Betriebsvermögen des Eigentümers

I. Einführende Hinweise

Die Bilanzierung von Grundstücken und Grundstücksteilen ist eines der schwierigsten Themen aus dem Bereich des Bilanzsteuerrechts. Dies liegt u.a. daran, dass vielfältige rechtliche Möglichkeiten bestehen, Grundstücke zu nutzen.

II. Die Gliederung

	Gliederungspunkt	Die Stichworte
	Einleitung	**Thema; Kurzübersicht**
1.	Betriebsvorrichtungen	Abgrenzung zum Gebäude, bewegliches Wirtschaftsgut, Sonderabschreibungen möglich
2.	Scheinbestandteile	Vorübergehende Zwecke, bewegliches Wirtschaftsgut, Sonderabschreibungen möglich
3.	Ladeneinbauten, Schaufensteranlagen, usw. (R 4.2 Abs. 3 Nr. 3 EStR)	Abgrenzung zu Ladeneinrichtungen, unbewegliches Wirtschaftsgut, Nutzungsdauer 8 Jahre
4.	Sonstige Selbständige Gebäudeteile je nach Nutzung	Unterschiedliche Nutzungs- und Funktionszusammenhänge führen zu unterschiedlichen Wirtschaftsgütern
5.	Außenanlagen	Unbewegliche Wirtschaftsgüter, die keine Gebäude sind, nur lineare Abschreibung möglich
6.	Gebäude auf fremden Grund und Boden	Rechtsentwicklung, Merkposten (kein Betriebsvermögen), BMF-Schreiben
7.	Grund und Boden	Nichtabnutzbares Wirtschaftsgut
	Schluss	

III. Der Vortrag

Einleitung

Sehr geehrter Herr Prüfungsvorsitzender, meine Damen und Herren, ich habe mich für das Thema **„Grundstücke und Grundstücksteile als Betriebsvermögen des Eigentümers"** entschieden.

Grundstücke können zum Anlage- oder Umlaufvermögen gehören. Gem. § 247 Abs. 2 HGB gehören sie zum Anlagevermögen, wenn sie dazu bestimmt sind, dauernd dem Geschäftsbetrieb zu dienen. Ein Grundstück umfasst in der Regel Grund und Boden, Gebäude und Außenanlagen. Steuerlich handelt es sich dabei jeweils um selbständige Wirtschaftsgüter. Der Grund und Boden stellt ein selbständiges und nicht abnutzbares Wirtschaftsgut dar. Bei den Außenanlagen (Hof- und Wegbefestigungen) handelt es sich um selbständige, abnutzbare und unbewegliche Wirtschaftsgüter. Bei Gebäuden ist zwischen unselbständigen und selbständigen Gebäudeteilen zu unterscheiden. Unselbständige Gebäudeteile sind einheitlich mit dem Gebäude zu bilanzieren und abzuschreiben. Selbständige Gebäudeteile sind solche Gebäudeteile, die nicht in einem einheitlichen Nutzungs- und Funktionszusammenhang mit dem Gebäude stehen.

Mein Vortrag wird sich ausschließlich mit den selbständigen Grundstücksteilen im Anlagevermögen eines Betriebes auseinandersetzen.

1. Betriebsvorrichtungen

Betriebsvorrichtungen sind Gegenstände, Vorrichtungen oder Anlagen die nicht nur der Nutzung eines Grundstücks dienen, sondern die in so enger Beziehung zu einem auf dem Grundstück ausgeübten (eigenem oder fremden) Betrieb stehen, dass dieser unmittelbar mit ihnen betrieben wird.

Betriebsvorrichtungen sind ertragsteuerlich auch dann als selbständige Wirtschaftsgüter zu behandeln, wenn sie mit dem Grundstück/Gebäude fest verbunden und damit zivilrechtlich (§ 94 BGB) wesentliche Bestandteile des Grundstücks/Gebäudes sind.

Bei Betriebsvorrichtungen handelt es sich um materielle, bewegliche, abnutzbare Wirtschaftsgüter des Anlagevermögens.

Die Abschreibung erfolgt grundsätzlich nach § 7 Abs. 1 EStG linear oder auch nach der Leistung.

Da das Wirtschaftsgut beweglich ist, sind auch Sonderabschreibungen nach § 7g Abs. 5 EStG möglich.

Beispiele für Betriebsvorrichtungen:
Lastenaufzüge, eingebaute Kühlräume (einschließlich Isolierungen), Fabrikschornsteine, Tresoranlagen (einschließlich Mauerverstärkungen), Schallschlucktüren.

2. Scheinbestandteile

Bei den Scheinbestandteilen (§ 95 BGB) handelt sich um Einbauten für vorübergehende Zwecke. Es sind Wirtschaftsgüter, die jederzeit wieder aus dem Gebäude entfernt werden können, ohne dass das Gebäude großen Schaden nimmt. Steuerlich ist weitere Voraussetzung, dass der Ausbau nicht nur theoretisch möglich wäre, sondern auch tatsächlich beabsichtigt ist.

Es handelt sich hierbei (wie bei den Betriebsvorrichtungen) um bewegliche abnutzbare Wirtschaftsgüter des Anlagevermögens, die über § 7 Abs. 1 EStG der linearen Abschreibung unterliegen.

Scheinbestandteile haben im Bereich der Mietereinbauten (Fremdinvestitionen) eine größere Bedeutung als bei den Eigentümermaßnahmen.

3. Ladeneinbauten, Schaufensteranlagen, usw. (R 4.2 Abs. 3 Nr. 3 EStR)

Hierbei handelt es sich um unbewegliche, abnutzbare Wirtschaftsgüter des Anlagevermögens, die als selbständige Gebäudeteile der Gebäudeabschreibung nach § 7 Abs. 4 EStG unterliegen. Die Nutzungsdauer eines solchen Wirtschaftsgutes wird laut Afa-Tabellen mit 8 Jahren angenommen, d.h. es wird mit jährlich mit 12,5 % abgeschrieben.

Für die Annahme eines solchen selbständigen Wirtschaftsguts ist Voraussetzung, dass die Einbauten klar vom Gebäude abgrenzbar sind (statisch für das gesamte Gebäude unwesentlich) und insgesamt einen eigenen Rentabilitätsfaktor darstellen. Ein eigenes Wirtschaftsgut liegt auch dann vor, wenn der Einbau in einen Neubau eingebaut wird).

Umfang des Wirtschaftsguts Ladeneinbau

Alle fest mit dem Gebäude verbundenen Teile, die insgesamt einem schnellen Wandel unterliegen, z.B.: nicht tragende Säulen, Wand und Deckenverkleidungen (z.B. Holz), Fußböden (Fliesen, Klinker), Türen bzw. Fenster in besonderem Stil usw.

Abzugrenzen sind die Wirtschaftsgüter von beweglichen Wirtschaftsgütern wie Verkaufstheke, Tresen in einer Gaststätte, Möbel usw.

4. Sonstige selbständige Gebäudeteile je nach Nutzung

Folgende Sonstige Gebäudeteile können vorliegen:

a) Eigenbetrieblich genutzte Gebäudeteile,
b) Fremdbetrieblich genutzte Gebäudeteile,
c) Eigenen Wohnzwecken dienende Gebäudeteile,
d) Fremden Wohnzwecken dienende Gebäudeteile.

Jeder unterschiedlich genutzte Gebäudeteil stellt bilanzsteuerrechtlich ein eigenständiges Wirtschaftsgut dar. Der eigenbetrieblich genutzte Gebäudeteil stellt notwendiges Betriebsvermögen dar. Aus betrieblichen Gründen an eigene Arbeitnehmer vermietete Wohnräume zählen daher zu den eigenbetrieblichen Zwecken, dies gilt jedoch nicht, wenn für die Vermietung an den Arbeitnehmer keine betrieblichen Gründe ausschlaggebend waren. Der fremdbetrieblich und zu fremden Wohnzwecken genutzte Teil kann in aller Regel als gewillkürtes

Betriebsvermögen ausgewiesen werden. Der den eigenen Wohnzwecken dienende Teil ist notwendiges Privatvermögen und darf nicht bilanziert werden.

Es handelt sich unbewegliche, abnutzbare Wirtschaftsgüter des Anlagenvermögens, die nach Gebäudeabschreibungsvorschriften gem. § 7 Abs. 4 EStG abzuschreiben sind.

5. Außenanlagen

Außenanlagen sind außerhalb des Gebäudes befindliche Bauwerke oder Anlagen, die weder zum Gebäude noch zum Grund und Boden rechnen und auch keine Betriebsvorrichtungen sind.

Außenanlagen eines Betriebsgrundstückes sind unbewegliche, abnutzbare Wirtschaftsgüter des Anlagevermögens, die der linearen Abschreibung nach § 7 Abs. 1 EStG unterliegen. Außenanlagen eines Wohngrundstückes sind in aller Regel gemeinsam mit dem Gebäude abzuschreiben.

Beispiele für Außenanlagen:
Parkplätze, Bodenbefestigungen (z.B. Hofteerung, Pflasterung von Geh- und Fahrwegen innerhalb des Grundstücks), Einfriedungen (Zäune, Mauern, Hecken), Tore, Beleuchtungsanlagen (auf Straßen, Wegen, Plätzen innerhalb des (Fabrik-) Grundstücks), Schwimmbecken im Freien, Gartenanlagen.

6. Gebäude auf fremden Grund und Boden

Bauten auf fremdem Grund und Boden werden mit Einwilligung des Grundstückseigentümers auf Rechnung des Bauherrn errichtet. Mit der Errichtung werden die Bauten i.d.R. wesentlicher Bestandteil des Grund und Bodens und gehen damit in das zivilrechtliche Eigentum des Grundstückseigentümers über (§§ 94, 946 BGB).

Nach Beendigung der Nutzung durch den Hersteller steht diesem in der Regel (wenn der Anspruch nicht explizit ausgeschlossen wurde) ein gesetzlicher Ausgleichsanspruch gem. §§ 951 und 812 BGB gegenüber dem Grundstückseigentümer zu.

Nach neuerer BFH-Rechtsprechung scheint der BFH – zumindest in den Fällen der Errichtung auf dem Grundstück einer nahestehenden Person nicht mehr zwischen Fällen mit und ohne Entschädigungsanspruch zu differenzieren und nimmt einheitlich die Bilanzierung eines „Quasi-Wirtschaftsgutes“ an, bei dem es sich laut BMF um einen „Merkposten“ handelt, der nach den für Gebäude geltenden Grundsätzen abzuschreiben ist.

Gebäude auf fremdem Grund und Boden, die Scheinbestandteile i.S.d. § 95 Abs. 1 BGB darstellen, werden dem Bauherrn zivilrechtlich als Eigentümer (§ 39 Abs. 1 AO) zugerechnet, weil sie nicht wesentlicher Bestandteil des Grund und Bodens werden und damit nicht in das Eigentum des Grundstückseigentümers übergehen.

7. Grund und Boden

Beim Grund und Boden handelt es sich um ein unbewegliches, nicht abnutzbares Wirtschaftsgut des Anlagevermögens.

Zu den Anschaffungskosten des Grund und Bodens gehören auch die Erschließungskosten, der erstmalige Beitrag für die gemeindliche Kanalisation sowie die Beiträge für die Anlagen (unter der Straße) zur Versorgung des Grundstücks mit Elektrizität, Gas, Wärme und Wasser.

Nutzungsänderungen bilanzierter Grundstücke zugunsten eigener privater Wohnzwecke führen in der Regel zu einer Entnahme dieses Grundstücks.

Grundstücke teilen grundsätzlich das Schicksal der aufstehenden Gebäude. Ist ein Gebäudeteil anteilig Betriebsvermögen, so gilt dies auch für den Grund und Bodenteil. Das gleiche gilt für ein Erbbaurecht, mit der Besonderheit, dass es sich dabei um ein abnutzbares grundstücksgleiches Recht handelt. Aufbauten auf dem Erbbaurecht sind zivilrechtlich dem Eigentümer des Erbbaurechtes zuzurechnen.

Schluss

Durch die Vielfalt der möglichen Nutzungen entstehen auf einem Grundstück oft mehre Wirtschaftsgüter, die steuerrechtlich gänzlich nach unterschiedlichen Kriterien bilanziert werden müssen. So entstehen teilweise abnutzbare, bewegliche Wirtschaftsgüter als auch abnutzbare unbewegliche Wirtschaftsgüter sowie nichtabnutzbare, unbewegliche Wirtschaftsgüter.

Ich danke Ihnen für Ihre Aufmerksamkeit.

Vortrag 7: Bilanzsteuerrechtliche Behandlung von Bauten auf fremden Grund und Boden

I. Einführende Hinweise

Die Bilanzierung von Bauten auf fremden Grund und Boden war in der Vergangenheit Gegenstand zahlreicher Fälle der Rechtsprechung und hat sich durch die Klärung immer weiterer Detailfragen sukzessive weiter entwickelt.

II. Die Gliederung

	Gliederungspunkt	Die Stichworte
	Einleitung	**Thema; Kurzübersicht**
1.	Grundlagen, wesentliche Bestandteile	Bauten als Scheinbestandteile des Grund und Bodens
2.	Bauten als Scheinbestandteile des Grund und Bodens	Keine dauerhafte Verbindung, § 95 BGB
3.	Bauten als wirtschaftliches Eigentum des Bauherrn	Wirtschaftliches Eigentum abhängig von Entschädigungsanspruch des Mieters, AfA auch ohne Entschädigungsanspruch „nur" nach Gebäudegrundsätzen
4.	Sonderfall: Bauten auf dem Grundstück einer nahestehenden Person	Keine Steuerverstrickung des „Quasi-„Wirtschaftsgutes im Betriebsvermögen, daher nur 2 % Abschreibung, kein § 6b EStG möglich
5.	Beendigung der Nutzungsbefugnis	Bei Beendigung Ausbuchung des Erbbaurechts, Entschädigung
	Schluss	

III. Der Vortrag

Einleitung

Sehr geehrter Herr Prüfungsvorsitzender, meine Damen und Herren, ich habe mich für das Thema **„Bilanzsteuerrechtliche Behandlung von Bauten auf fremden Grund und Boden"** entschieden.

1. Grundlagen, wesentliche Bestandteile

Bauten auf fremdem Grund und Boden werden mit Einwilligung des Grundstückseigentümers auf Rechnung des Bauherrn (des Mieters) errichtet. Mit der Errichtung werden die Bauten i.d.R. wesentlicher Bestandteil des Grund und Bodens und gehen damit in das zivilrechtliche Eigentum des Grundstückseigentümers über (§§ 94, 946 BGB).

Nach Beendigung der Nutzung durch den Hersteller steht dem errichtenden Mieter in der Regel (wenn der Anspruch nicht explizit ausgeschlossen wurde) wegen des Verlustes des Eigentums an dem Gebäude ein gesetzlicher Ausgleichsanspruch gem. §§ 951 und 812 BGB gegenüber dem Grundstückseigentümer zu.

2. Bauten als Scheinbestandteile des Grund und Bodens

Gebäude auf fremdem Grund und Boden, die Scheinbestandteile i.S.d. § 95 Abs. 1 BGB darstellen, werden dem Bauherrn zivilrechtlich als Eigentümer (§ 39 Abs. 1 AO) zugerechnet, weil sie nicht wesentlicher Bestandteil des Grund und Bodens werden und damit nicht in das Eigentum des Grundstückseigentümers übergehen.

Gebäude oder sonstige Bauten werden gem. § 95 Abs. 1 BGB nicht wesentlicher Bestandteil (§ 94 BGB) des Grund und Bodens, sondern Scheinbestandteil, wenn die Errichtung auf bzw. die Verbindung mit dem Grundstück:

- nur zu vorübergehenden Zwecken erfolgt (Bürocontainer, Traglufthalle, Gewächshaus),

oder
- in Ausübung eines (dinglichen) Rechts vorgenommen worden ist (Erbbaurecht, Nießbrauch, Grunddienstbarkeit).

Das Bauwerk ist vom Bauherrn gem. § 253 Abs. 1 HGB und § 6 Abs. 1 Nr. 1 EStG mit den Herstellungskosten zu aktivieren und nach § 7 Abs. 4 oder 5 EStG abzuschreiben, sofern es sich um ein Gebäude i.S.d. Bewertungsrechts (R 7.1 Abs. 5 Sätze 1 und 2 EStR) handelt.

3. Bauten als wirtschaftliches Eigentum des Bauherrn

Wirtschaftliches Eigentum des Bauenden liegt nach ehemaliger BFH Rechtsprechung (die immer noch in H 4.7 EStH „Eigenaufwand" enthalten ist) vor, wenn:
- das Gebäude im eigenen Interesse – also ohne Zuwendungsabsicht – errichtet wird,
- das Gebäude während der voraussichtlichen Mietdauer des Grund und Bodens technisch und wirtschaftlich verbraucht wird,
- der Mieter des Grund und Bodens verpflichtet oder berechtigt ist, nach Ablauf der Mietzeit die Einbauten unter Wiederherstellung des früheren Zustandes zu entfernen,
- der Mieter des Grund und Bodens bei Beendigung des Mietverhältnisses vom Vermieter die Erstattung mindestens den noch verbleibenden (Verkehrs-)Werts des Einbaus oder Umbaus verlangen kann.

Aufwendungen, die für Bauten auf fremdem Grund und Boden vorgenommen werden, können unter dem Gesichtspunkt des wirtschaftlichen Eigentums nach allgemeinen Regeln abgesetzt werden, sofern der Steuerpflichtige die Kosten getragen hat, den Bau tatsächlich nutzt, er den Eigentümer für die gewöhnliche Nutzungsdauer von der Einwirkung auf das Gebäude wirtschaftlich ausschließen kann (§ 39 Abs. 2 Nr. 1 AO) oder ihm bei Beendigung der Nutzung ein vertraglich vereinbarter oder gesetzlicher (§§ 951, 812 BGB) Entschädigungsanspruch zusteht. In Errichtungsfällen spricht auch bei Ehegatten keine tatsächliche Vermutung für eine Zuwendungsabsicht oder eine stillschweigende Abbedingung des gesetzlichen Ausgleichsanspruchs (H 4.7 „Eigenaufwand für ein fremdes Wirtschaftsgut" 1. Spiegelstrich EStH).

Bei einem auf kürzere Dauer angelegten Nutzungsrecht oder für den Fall, dass ein zeitlich unbegrenztes Nutzungsrecht vorzeitig beendet wird, liegt wirtschaftliches Eigentum des Bauenden vor, weil ihm nämlich wegen des Rechtsverlustes beim Bau auf fremdem Grund und Boden bei Beendigung der Nutzung von Gesetzes wegen ein Ausgleichsanspruch nach §§ 951, 812 BGB zusteht, ohne dass es hierbei noch besonderer Vereinbarungen bedarf.

Anderes gilt nur dann, wenn bei zeitlich begrenztem Nutzungsrecht eine Entschädigung bzw. ein Ausgleichsanspruch vertraglich ausgeschlossen ist (BFH vom 11.07.1997, BStBl II 1997, 774).

Die AfA richtet sich nach den Vorschriften über die Absetzung für Abnutzung bei Gebäuden (§ 7 Abs. 4 und 5 EStG).

Bauaufwendungen als Aufwendungen für ein Nutzungsrecht „wie ein materielles Wirtschaftsgut"

Bauten auf fremdem Grund und Boden, die der Hersteller oder Erwerber mit Zustimmung des Grundstückseigentümers auf eigene Rechnung baut oder erwirbt und unentgeltlich nutzen darf, die aber zivilrechtlich voll oder im Falle des Miteigentums anteilig im Eigentum des Grundstückseigentümers stehen, führen zu einer durch die Baumaßnahme geschaffenen Nutzungsmöglichkeit, die „wie ein materielles Wirtschaftsgut" mit den Anschaffungs- oder Herstellungskosten anzusetzen und nach den für Gebäude geltenden Regelungen abzuschreiben sind, wenn der Bauherr mangels Aufwendungsersatzanspruch nicht wirtschaftlicher Eigentümer des Gebäudes wird (BFH vom 30.01.1995, BStBl II 1995, 281, H 4.7 „Eigenaufwand für ein fremdes Wirtschaftsgut" 2. Spiegelstrich EStH).

Ausnahmsweise keine Aktivierung als Nutzungsrecht

Die vom Erwerber oder Hersteller getragenen Aufwendungen sind ausnahmsweise nicht als Nutzungsrecht bzw. wie ein materielles Wirtschaftsgut zu aktivieren, wenn das Gebäude:
- eine – als Betriebsausgabe zu behandelnde, aktiv abzugrenzende – Sachleistung des Herstellers als Nutzungsentgelt darstellt (BFH vom 20.05.1988, BStBI II 1989, 269) oder

- eine – als Privatentnahme zu behandelnde – private Schenkung ist (BFH vom 11.12.1987, BStBl II 1988, 493).

Aber Achtung! Der BFH hat mit Urteil vom 25.02.2010, IV R 2/07 entschieden, dass unabhängig vom Vorliegen oder der Vereinbarung eines Entschädigungsanspruchs bei Nutzungsende ein Gebäude auf fremdem Grund und Boden stets „wie ein materielles Wirtschaftsgut" und damit wohl nicht mehr als wirtschaftliches Eigentum am Gebäude in der Bilanz des Mieters auszuweisen ist. Inzwischen wurde dieses Urteil auch in EStH 4.7 aufgenommen, ohne jedoch das vorstehend genannte Urteil zum wirtschaftlichen Eigentum beim Mieter zu löschen. Laut BFH ist es für die Behandlung von Herstellungskosten eines fremden Gebäudes „wie ein materielles Wirtschaftsgut" ohne Bedeutung, ob:

a) die Nutzungsbefugnis des Steuerpflichtigen auf einem unentgeltlichen oder auf einem entgeltlichen Rechtsverhältnis beruht,

b) dem Steuerpflichtigen zivilrechtliche Ersatzansprüche gegen den Eigentümer des Grundstücks zustehen oder ob er von vornherein auf solche Ansprüche verzichtet, und

c) die Übernahme der Herstellungskosten durch den Steuerpflichtigen eine unentgeltliche Zuwendung an den Eigentümer des Grundstücks oder Entgelt für die Nutzungsüberlassung des Grundstücks ist.

4. Sonderfall: Bauten auf dem Grundstück einer nahestehenden Person

Nachdem der BFH in dem o.g. Urteil noch offen gelassen hat, was bei einer Beendigung der Nutzung mit dem „wie ein Wirtschaftsgut" zu bilanzierenden Gebäudeherstellungskosten passieren soll, stellt er dies in seinem Urteil vom 19.12.2012, IV R 29/09 klar: Trägt der Steuerpflichtige Kosten zur Herstellung eines im Eigentum seines Ehegatten stehenden Gebäudes, das er zur Erzielung von betrieblichen Einkünften nutzt, sind seine Aufwendungen zu aktivieren und abzuschreiben. Endet die Nutzung des Gebäudes, ergibt sich daraus keine Auswirkung auf den Gewinn. Ein noch nicht abgeschriebener Restbetrag wird zu diesem Zeitpunkt erfolgsneutral ausgebucht.

Im Urteilsfall betrieb ein Schreiner seine Schreinerei auf einem Grundstück, das im hälftigen Miteigentum des Ehemannes und seiner Ehefrau stand. Auf dem Grundstück hatte der Kläger Betriebsgebäude mit eigenen Mitteln hergestellt. Konkrete Vereinbarungen über die Nutzung der Gebäude wurden zwischen den Eheleuten nicht getroffen.

Der BFH stellte in dem Urteil insbesondere klar, dass bei einem bilanzierenden Steuerpflichtigen der Aufwand für Herstellungskosten eines Gebäudes auf fremden Grund und Boden bilanztechnisch „wie ein materielles Wirtschaftsgut" behandelt wird. Das bedeutet, dass die Herstellungskosten für ein fremdes Gebäude als Posten für die Verteilung eigenen Aufwands zu aktivieren und nach den für Gebäude geltenden AfA-Regeln abzuschreiben sind. Diese „Aufwandsverteilung", die lediglich einen sofortigen Betriebsausgabenabzug in voller Höhe vermeiden soll, bewirkt aber nicht, dass der Aufwandsposten auch tatsächlich ein Wirtschaftsgut darstellt. Danach ist es nicht möglich, dem Nutzungsbefugten, der nicht wirtschaftlicher Eigentümer ist, Wertsteigerungen des Wirtschaftsguts zuzurechnen, nur weil er Aufwendungen für das ihm nicht gehörende Wirtschaftsgut getragen hat. Endet die Nutzung des Wirtschaftsguts, bevor die Aufwendungen vollständig von ihm abgezogen werden konnten, geht der verbleibende Betrag nicht unter. Er stellt vielmehr bei dem zivilrechtlichen Eigentümer des Wirtschaftsguts (dem Grundstückseigentümer) Anschaffungs- oder Herstellungskosten des Wirtschaftsguts dar.

Entscheidend ist daher die Frage, ob der Steuerpflichtige das Gebäude auf fremden Grund und Boden als wirtschaftlicher Eigentümer oder „wie ein materielles Wirtschaftsgut" als Nutzungsrecht bilanziert, insbesondere im Fall der Mietbeendigung. Wenn und soweit unter fremden Dritten tatsächlich jedoch ein Entschädigungsanspruch gezahlt wird, wird der Erhalt dieses Entschädigungsanspruchs beim bisherigen Mieter immer betrieblich veranlasst und daher Betriebseinnahme sein. Dies gilt unabhängig von der bisherigen Bilanzierung des Grundstücks auf fremden Grund und Boden. In diesem Fall erscheint es aber unbillig, wenn ein eventuell vorhandener Restbuchwert eines „wie ein Wirtschaftsgut" bilanzierten Nutzungsrechtes an dem Gebäude auf fremden Grund und Boden erfolgsneutral ausscheiden würde. Denkbar wäre daher die wirksame aus Buchung des Buchwertes des Nutzungsrechtes im Zeitpunkt des Erhalts des Entschädigungsanspruchs (Beendigung der

Nutzung) oder eine Erfassung eines eventuell doch erhalten Entschädigungsanspruches als Betriebseinnahme nur soweit der Entschädigungsanspruch den Restbuchwert des „Nutzungsrechtes" übersteigt.

Inzwischen hat der BFH erneut über die steuerliche Behandlung des eigenen Aufwands des Unternehmer-Ehegatten für die Errichtung eines Grundstückes auf dem Grundstück des anderen Ehegatten entschieden. Er hat darin seine bisherige Rechtsprechung bestätigt und fortgeführt:

1. Errichtet der Unternehmer-Ehegatte mit eigenen Mitteln ein Gebäude auf einem auch dem Nichtunternehmer-Ehegatten gehörenden Grundstück, wird der Nichtunternehmer-Ehegatte – sofern keine abweichenden Vereinbarungen zwischen den Eheleuten getroffen werden – sowohl zivilrechtlicher als auch wirtschaftlicher Eigentümer des auf seinen Miteigentumsanteil entfallenden Gebäudeteils. Dieser Gebäudeteil gehört zu seinem Privatvermögen.
2. Die vom Unternehmer-Ehegatten für die typisierte Verteilung seines eigenen Aufwands gebildete Bilanzposition kann nicht Sitz stiller Reserven sein. Daraus folgt zum einen, dass dem Unternehmer-Ehegatten Wertsteigerungen, die bei dem im Privatvermögen des Nichtunternehmer-Ehegatten befindlichen Gebäudeteil eingetreten sind, ertragsteuerrechtlich nicht zugerechnet werden können. Auf der anderen Seite kann der Unternehmer-Ehegatte in dieser Bilanzposition nicht dadurch stille Reserven bilden, dass er hierauf ertragsteuerrechtliche Subventionsvorschriften anwendet, die der Gesetzgeber nur für Wirtschaftsgüter des Betriebsvermögens, nicht aber für Wirtschaftsgüter des Privatvermögens vorgesehen hat.

5. Beendigung der Nutzungsbefugnis

Inzwischen hat die Finanzverwaltung mit BMF-Schreiben vom 16.12.2016, IV C 6 – S 2134/15/10003 auf das BFH-Urteil vom 09.03.2016, X R 46/14, BStBl II 2016, 976 zum Eigenen Aufwand des Unternehmer-Ehegatten für die Errichtung von Betriebsgebäuden auf einem auch dem Nichtunternehmer-Ehegatten gehörenden Grundstück reagiert.

Errichtet der Betriebsinhaber mit eigenen Mitteln ein Gebäude auf einem auch dem oder alleine dem Nichtunternehmer-Ehegatten gehörenden Grundstück, wird der Nichtunternehmer-Ehegatte – sofern keine abweichenden Vereinbarungen zwischen den Eheleuten getroffen werden – sowohl zivilrechtlicher als auch wirtschaftlicher Eigentümer des auf seinen Miteigentumsanteil entfallenden Gebäudeteils. Die Wirtschaftsgüter sind beim Nichtunternehmer-Ehegatten grundsätzlich Privatvermögen.

Die vom Betriebsinhaber getragenen Aufwendungen für die Anschaffung oder Herstellung des Gebäudes, die auf den Miteigentumsanteil des Nichtunternehmer-Ehegatten entfallen, sind als eigener Aufwand nach den allgemeinen ertragsteuerlichen Regelungen als Betriebsausgaben abzuziehen. Sie sind – bei Gewinnermittlung nach § 4 Abs. 1, § 5 EStG – in einem Aufwandsverteilungsposten in der Bilanz abzubilden.

Der Aufwandsverteilungsposten ist kein Wirtschaftsgut. Dieser kann nicht Träger stiller Reserven sein. Der Aufwand kann daher nur nach den Vorschriften, die für Privatvermögen gelten, abgezogen werden. Eine Bildung oder Übertragung stiller Reserven nach den steuerrechtlichen Sonderregelungen, die nur für Betriebsvermögen gelten (z.B. § 6b EStG), ist nicht zulässig (BFH vom 19.12.2012, BStBl II 2013, 387).

Wird ein Betrieb, ein Teilbetrieb oder der Anteil eines Mitunternehmers an einem Betrieb unentgeltlich nach § 6 Abs. 3 EStG übertragen und die betriebliche Nutzung des Gebäudes auf fremdem Grund und Boden beibehalten, geht der Aufwandsverteilungsposten auf den Rechtsnachfolger über, wenn dem Rechtsnachfolger nicht gleichzeitig das Grundstück zivilrechtlich und wirtschaftlich zuzurechnen ist.

Beendigung der betrieblichen Nutzung

Endet die Nutzung des dem Nichtunternehmer-Ehegatten gehörenden Miteigentumsanteils an dem vom Betriebsinhaber zu betrieblichen Zwecken genutzten Grundstück, können die auf den Nichtunternehmer-Ehegatten entfallenden und noch nicht abgezogenen Anschaffungs- oder Herstellungskosten nicht weiter als Betriebsausgaben abgezogen werden. Der verbleibende Betrag ist erfolgsneutral auszubuchen und dem Eigentümer (Nichtunternehmer-Ehegatte) als Anschaffungs- oder Herstellungskosten des Wirtschaftsgutes zuzurechnen (BFH-Urteil vom 19.12.2012, a.a.O.). Wertsteigerungen des Wirtschaftsgutes treten im Privatvermögen des Nichtunternehmer-Ehegatten ein und können dem Betriebsinhaber nicht zugerechnet werden.

Übergang des Eigentums auf den Betriebsinhaber
Geht das zivilrechtliche Eigentum an dem betrieblich genutzten Miteigentumsanteil am Grund und Boden und am Gebäude durch Einzel- oder Gesamtrechtsnachfolge auf den Betriebsinhaber über, werden die Wirtschaftsgüter Betriebsvermögen. Bei unentgeltlicher Übertragung gehen sie durch eine nach § 6 Abs. 1 Nr. 5 EStG grundsätzlich mit dem Teilwert zu bewertende Einlage in das Betriebsvermögen ein. Der Einlagewert bildet die Bemessungsgrundlage zur Vornahme von Absetzungen für Abnutzung. Die während der Nutzung zu betrieblichen Zwecken abgezogenen Absetzungen für Abnutzung oder Substanzverringerung, Sonderabschreibungen oder erhöhte Absetzungen sind nicht vom Einlagewert abzuziehen.

Gewinnermittlung nach § 4 Abs. 3 EStG
Bei der Gewinnermittlung durch Einnahmenüberschussrechnung nach § 4 Abs. 3 EStG sind diese Regelungen entsprechend anzuwenden.

Schluss
Generelle Empfehlung bei Einzelunternehmern oder Gesellschaftern einer Personengesellschaft wäre es demgemäß, nicht auf eigenem Grundstück, sondern auf fremdem Grundstück zu bauen. Dies gewährleistet die steuerliche Abzugsfähigkeit der aus betrieblichen Gründen getragenen Herstellungskosten und vermeidet zugleich die steuerliche Verstrickung. In Übertragungsfällen kann damit nach einer Vollabschreibung durch den Erbauer eine erneute Abschreibung vom Teilwert durch den Übernehmer erfolgen. Auch eine Rückübertragung nach Vollabschreibung auf den Errichter würde zum doppelten Abzug führen.

Ich bedanke mich für Ihre Aufmerksamkeit.

Vortrag 8: Übertragung stiller Reserven nach § 6b Abs. 1 EStG

I. Einführende Hinweise

Insbesondere aus wirtschaftspolitischen Gründen können über § 6b EStG stille Reserven, die bei der Veräußerung bestimmter Wirtschaftsgüter aufgedeckt werden, von der sofortigen Besteuerung verschont werden. Die Vorschrift hat den Zweck, Veräußerungserlöse vorübergehend von der Versteuerung zu verschonen, damit diese in voller Höhe zur Reinvestition zur Verfügung stehen.

II. Die Gliederung

	Gliederungspunkt	**Die Stichworte**
	Einleitung	**Thema; Kurzübersicht**
1.	Begünstigte Veräußerungen	Grund und Boden, Aufwuchs, Gebäude, Binnenschiffe, Veräußerung, keine Veräußerung
2.	Begünstigte Investitionen	Grund und Boden, Aufwuchs, Gebäude, Binnenschiffe, je nach veräußertem Wirtschaftsgut
3.	Begünstigter Gewinn	Veräußerungspreis abzüglich Veräußerungskosten und Buchwert, Veräußerungskosten
4.	Übertragungsmöglichkeiten	Vorjahr, laufendes Wirtschaftsjahr, 4/6 Jahre, Abzug von den Anschaffungs- oder Herstellungskosten bzw. dem Buchwert; Minderung der Abschreibungsbemessungsgrundlage; Geringwertige Wirtschaftsgüter möglich

	Gliederungspunkt	Die Stichworte
5.	Weitere Voraussetzungen	Gewinnermittlung, 6/2 Jahre Anlagevermögen auch in mehreren inländischen Betriebsstätten, angeschafftes oder hergestelltes Wirtschaftsgut muss Anlagevermögen einer inländischen Betriebsstätte werden, keine Steuerfreiheit aus anderen Gründen, Buchnachweis, Rücklage auch in Handelsbilanz, Änderung durch das BilMoG
6.	Auflösung und Fristablauf	Jederzeit, nach Ablauf der Fristen zwingend, Sanktion wenn Auflösung ohne Investition, Berechnung, Gesetz zur Modernisierung des Körperschaftsteuerrechts
	Schluss	**Investitionsanreiz, Finanzierungsmittel**

III. Der Vortrag

Einleitung

Sehr geehrter Herr Prüfungsvorsitzender, meine Damen und Herren, ich habe mich für das Thema „**Übertragung stiller Reserven nach § 6b Abs. 1 EStG**" entschieden.

Gewinne aus der Veräußerung bestimmter Wirtschaftsgüter, die sich aus der Aufdeckung der stillen Reserven ergeben, müssen nicht sofort versteuert werden, wenn diese Gewinne wieder zur Anschaffung oder Herstellung von zum **Anlagevermögen** gehörenden bestimmten Wirtschaftsgütern genutzt werden sollen. Die Übertragung erfolgt gem. § 6b EStG durch einen Abzug in Höhe der bei der Veräußerung realisierten stillen Reserven von den Anschaffungs- oder Herstellungskosten der reinvestierten Wirtschaftsgüter. Sowohl die Bildung als auch der Abzug vollziehen sich dabei ausschließlich in der Steuerbilanz, da sie in der Handelsbilanz nicht zulässig sind.

1. Begünstigte Veräußerungen

Die Steuervergünstigung kann für Gewinne, die bei der Veräußerung von Grund und Boden, Aufwuchs auf Grund und Boden mit dem zugehörigen Grund und Boden eines land- und forstwirtschaftlichen Betriebes, Gebäude oder für **Binnenschiffe** in Anspruch genommen werden (§ 6b Abs. 1 Satz 1 EStG).

Eine Veräußerung setzt den Übergang von einer Person auf eine andere Person voraus. **Als Veräußerung in diesem Sinne gelten** der Verkauf, der Tausch, die Enteignung und die Zwangsversteigerung. Beim **Tausch** kommt es für die Annahme einer betrieblichen Veräußerung darauf an, ob das erworbene Wirtschaftsgut zunächst Betriebsvermögen wird oder nicht.

Keine Veräußerungen sind die Überführung von Wirtschaftsgütern aus einem Betrieb in einen anderen Betrieb des Steuerpflichtigen, die Überführung von Wirtschaftsgütern in das Privatvermögen (Entnahme), der Tausch gegen Erwerb von Wirtschaftsgütern des Privatvermögens, der Verkauf gegen Befreiung von einer privaten Schuld, der „Tausch" im Umlegungsverfahren und das Ausscheiden von Wirtschaftsgütern infolge höherer Gewalt. Hier käme allenfalls eine Übertragung nach R 6.6 EStR in Betracht.

2. Begünstigte Investitionen

Die begünstigten Wirtschaftsgüter, auf die eine stille Reserve übertragen werden kann, sind im Gesetz abschließend aufgezählt. Der Abzug ist dabei zulässig von den Anschaffungs- oder Herstellungskosten:

- von Grund und Boden, soweit der Gewinn bei der Veräußerung von Grund und Boden entstanden ist,
- von Aufwuchs auf Grund und Boden mit dem dazugehörenden Grund und Boden soweit der Gewinn bei der Veräußerung von Grund und Boden **oder** der Veräußerung von Aufwuchs auf Grund und Boden mit dem dazugehörenden Grund und Boden entstanden ist,
- von Gebäuden, soweit der Gewinn bei der Veräußerung von Grund und Boden, bei der Veräußerung von Auswuchs auf Grund und Boden mit dem dazugehörenden Grund und Boden oder bei der Veräußerung von Gebäuden entstanden ist,
- von **Binnenschiffen**, soweit der Gewinn bei der Veräußerung von Binnenschiffen entstanden ist.

Der Anschaffung oder Herstellung von Gebäuden steht gem. § 6b Abs. 1 Satz 3 EStG deren Erweiterung, Ausbau oder Umbau gleich (§ 6b Abs. l Satz 3 EStG).

3. Begünstigter Gewinn

Begünstigt ist der **Veräußerungsgewinn**. Dieser ist in § 6b Abs. 2 EStG definiert als der Betrag, um den der Veräußerungspreis nach Abzug der Veräußerungskosten den Buchwert der veräußerten Wirtschaftsgüter – im Zeitpunkt der Veräußerung – übersteigt.

Buchwert ist der Wert, der sich für das Wirtschaftsgut taggenau im Zeitpunkt seiner Veräußerung ergeben würde, wenn für diesen Zeitpunkt eine Bilanz aufzustellen wäre. Das bedeutet, dass bei abnutzbaren Anlagegütern auch noch AfA nach § 7 EStG, erhöhte Absetzungen sowie etwaige Sonderabschreibungen für den Zeitraum vom letzten Bilanzstichtag bis zum Veräußerungszeitpunkt vorgenommen werden muss. Eine Wertaufholung nach § 6 Abs. l Nr. l Satz 4 oder § 7 Abs. l Satz 6 EStG wäre hierbei vorzunehmen.

Zu den **Veräußerungskosten** werden nur die Aufwendungen gerechnet, die unmittelbar durch den Veräußerungsvorgang veranlasst sind, z.B. Notariatskosten, Maklerprovisionen, Grundbuchgebühren, Reise- und Beratungskosten, Gutachterkosten.

Diese unmittelbare Veranlassung liegt bei Aufwendungen, die nur dazu dienen, ein Wirtschaftsgut in einen Zustand zu versetzen, der erst die Veräußerung ermöglicht oder einen höheren Verkaufspreis erwarten lässt (Verkaufsvorbereitungskosten, wie z.B. Aufwendungen für Gebäudereparaturen), nicht vor.

Nicht zu den Veräußerungskosten gehören deshalb bei der Veräußerung von Grund und Boden die Kosten für den Abbruch eines aufstehenden Gebäudes durch den Verkäufer.

4. Übertragungsmöglichkeiten

Die realisierten stillen Reserven können entweder gem. § 6b Abs. 1 EStG unmittelbar auf Wirtschaftsgüter, die im Jahr der Veräußerung **oder** im vorangegangenen Wirtschaftsjahr angeschafft oder hergestellt worden sind (§ 6b Abs. 1 Satz 1 EStG) **oder** gem. § 6b Abs. 3 EStG auf Wirtschaftsgüter, die in den folgenden vier bzw. sechs Jahren angeschafft oder hergestellt werden, übertragen werden.

Die grundsätzliche **Reinvestitionsfrist** beträgt vier Jahre. Sie verlängert sich jedoch auf sechs Jahre, wenn mit der Herstellung eines Gebäudes vor Ablauf des vierten Jahres begonnen wurde. Die Herstellung eines Gebäudes beginnt, wenn das Investitionsvorhaben „ins Werk gesetzt wird“, was vor dem Beginn der eigentlichen Bauarbeiten der Fall sein kann (s. BFH vom 09.07.2019, X R 7/17, BFH/NV 2019, 1390).

Werden Wirtschaftsgüter zum Zwecke städtebaulicher Sanierungs- oder Entwicklungsmaßnahmen übertragen, verlängern sich die Fristen nach § 6b Abs. 8 EStG nochmal jeweils um drei Jahre).

Die Übertragung erfolgt durch Abzug des beim Verkauf realisierten Veräußerungsgewinns von den Anschaffungs- oder Herstellungskosten bzw. dem Buchwert der neuen Wirtschaftsgüter.

Der Abzug erfolgt beim Erwerb im Jahr der Veräußerung von den Anschaffungs- oder Herstellungskosten und beim Erwerb im vorangegangenen Wirtschaftsjahr vom Buchwert (§ 6b Abs. 5 EStG). Die AfA des Vorjahres bleibt unberührt.

Ist der Abzug nicht unmittelbar im Jahr der Veräußerung möglich, kann der Steuerpflichtige nach § 6b Abs. 2 EStG **im Jahr der Veräußerung** eine den steuerlichen Gewinn mindernde Rücklage bilden.

Wird ein Wirtschaftsgut in der zulässigen Investitionsfrist angeschafft oder hergestellt, erfolgt der Abzug im Jahr der Anschaffung oder Herstellung (§ 6b Abs. 3 Satz 2 EStG). Gleichzeitig ist die Rücklage gewinnerhöhend aufzulösen (§ 6b Abs. 3 Satz 4 EStG).

Für die Bildung der Rücklage ist keine konkrete Investitionsabsicht erforderlich!

Der Abzug mindert die AfA-Bemessungsgrundlage für die neu erworbenen Wirtschaftsgüter (§ 6b Abs. 6 EStG). Sinken die Anschaffungs- oder Herstellungskosten eines Wirtschaftsgutes durch Übertragen stiller Reserven nach § 6b EStG unter 410 €, so können die Anschaffungs- oder Herstellungskosten nach § 6 Abs. 2 EStG als Betriebsausgabe abgezogen werden.

5. Weitere Voraussetzungen

§ 6b Abs. 4 EStG nennt für die Begünstigung noch weitere Voraussetzungen. So muss der Steuerpflichtige zur Inanspruchnahme von § 6b EStG den Gewinn nach § 4 Abs. 1 oder § 5 EStG ermitteln, d.h. durch Betriebsvermögensvergleich (§ 6b Abs. 4 Nr. 1 EStG).

Die veräußerten Wirtschaftsgüter müssen außerdem im Zeitpunkt ihrer Veräußerung grundsätzlich mindestens sechs Jahre ununterbrochen **zum Anlagevermögen** einer inländischen Betriebsstätte gehört haben. Werden Wirtschaftsgüter zum Zwecke städtebaulicher Sanierungs- oder Entwicklungsmaßnahmen übertragen, müssen sie im Zeitpunkt ihrer Übertragung allerdings nur zwei Jahre zu einer inländischen Betriebsstätte gehört haben (§ 6b Abs. 8 Satz 1 Nr. 2 EStG). Es reicht dabei aus, wenn die Wirtschaftsgüter zu mehreren inländischen Betrieben des Steuerpflichtigen gehört haben. Diese Beschränkung auf Inlandssachverhalte verstößt allerdings nach aktueller Auffassung des EuGH gegen das Europarecht.

Die Zeit der Zugehörigkeit eines zwangsweise ausgeschiedenen Wirtschaftsgutes zum Betriebsvermögen wird die Zeit der Zugehörigkeit des Ersatzwirtschaftsgutes hinzugerechnet.

Werden Wirtschaftsgüter bei Buchwertverknüpfung in ein Betriebsvermögen aufgenommen, so ist für die Berechnung der Fristen die Besitzzeit des Rechtsvorgängers dem Rechtsnachfolger zuzurechnen. Die Dauer der Zugehörigkeit zum Betriebsvermögen wird durch nachträgliche Herstellungskosten grundsätzlich nicht berührt.

Ist durch nachträgliche Herstellungskosten (umfangreiche Renovierung) ein neues Wirtschaftsgut entstanden, müssen seit Entstehung des neuen Wirtschaftsgutes sechs Jahre vergangen sein. Die angeschafften oder hergestellten Wirtschaftsgüter müssen zu einer inländischen Betriebsstätte gehören (§ 6b Abs. 4 Nr. 3 EStG).

Der Gewinn darf nicht schon aus anderen Gründen im Inland steuerfrei bleiben (§ 6b Abs. 4 Nr. 4 EStG). Abzug, Bildung und Auflösung einer Rücklage müssen in der Buchführung verfolgt werden können (§ 6b Abs. 4 Nr. 5 EStG). Durch die **Abschaffung der umgekehrten Maßgeblichkeit** in § 5 Abs. 1 Satz 2 EStG ab 2009 ist entgegen dem Wortlaut des § 6b Abs. 4 Nr. 5 EStG die Bildung einer Rücklage in der Handelsbilanz für die steuerliche Wirksamkeit nicht nur nicht mehr erforderlich, sondern durch die Abschaffung der § 247 Abs. 3 HGB ab 2010 in der Handelsbilanz auch gar nicht mehr zulässig. Alte § 6b-Rücklagen dürfen jedoch gem. Art. 67 Abs. 3 EGHGB bis zur regulären steuerlichen Auflösung auch über 2010 hinaus in der Handelsbilanz ausgewiesen werden, müssen jedoch im Anhang erläutert werden. Die Regelung, dass der Abzug und die Rücklage auch in der Handelsbilanz erfolgen müssen, geht daher seit 2009 ins Leere. Die Bildung der Rücklage muss jedoch aus der Steuerbilanz zu entnehmen sein oder im Wahlrechtsverzeichnis gem. § 5 Abs. 1 Satz 2 EStG aufgeführt werden.

6. Auflösung und Fristablauf

Eine **Rücklage nach § 6b EStG** kann innerhalb der Reinvestitionsfrist jederzeit aufgelöst werden – auch um planmäßige Buchgewinne innerhalb dieser Fristen zu verlagern.

Ist eine zulässig gebildete Rücklage nach Ablauf der Reinvestitionsfrist noch vorhanden, so ist sie zwangsweise nach Ablauf des zulässigen Investitionszeitraums Gewinn erhöhend aufzulösen (§ 6b Abs. 3 Satz 5 EStG).

Wird eine Rücklage aufgelöst, ohne dass ein Abzug von Reinvestitionen erfolgte, ist für die Ermittlung der steuerlichen Bemessungsgrundlage der Gewinn des Wirtschaftsjahres, in dem die Rücklage aufgelöst wurde für jedes volle Wirtschaftsjahr, in dem die Rücklage bestanden hat, um 6 % zu erhöhen (§ 6b Abs. 7 EStG). Es handelt sich hierbei um eine außerbilanzielle Hinzurechnung. Das Jahr der Rücklagenbildung zählt bei der Berechnung nicht mit, wohl aber das Wirtschaftsjahr der Auflösung, selbst wenn die Auflösung buchungstechnisch nicht zum Jahresende sondern unterjährig erfolgt. Der Gewinnzuschlag berechnet sich von dem Teil der zulässig gebildeten Rücklage, der nicht übertragen wird.

Für in 2020 wegen Fristablaufes eigentlich aufzulösende Rücklagen hat der Gesetzgeber aufgrund der Corona-Pandemie mit dem Zweiten Corona-Steuerhilfegesetz eine einmalige Fristverlängerung um ein Jahr geregelt. Eigentlich in 2020 aufzulösende Rücklagen dürfen daher bis 2021 beibehalten und übertragen werden. Mit BMF-Schreiben vom 13.01.2021 ist eine vorübergehende Verlängerung von Reinvestitionsfristen bei Rücklagen für Ersatzbeschaffung nach der Einkommensteuer-Richtlinie (EStR R 6.6) um ein Jahr erfolgt, wenn diese Fristen ansonsten in einem nach dem 29.02.2020 und vor dem 01.01.2021 endenden Wirtschaftsjahr ablaufen würden.

Enden laufende Reinvestitionsfristen nicht in diesem Zeitraum, sind sie von der Verlängerung nicht betroffen. Ist eine Rücklage im Zeitraum zwischen dem 01.03.2020 und dem 31.12.2020 noch vorhanden und würde in diesem Zeitraum ablaufen, endet die Reinvestitionsfrist am Schluss des darauffolgenden Wirtschaftsjahres.

Mit § 52 Abs. 14 S. 4 und 5 EStG durch das Gesetz zur Modernisierung des Körperschaftsteuerrechts werden die Reinvestitionsfristen des § 6b EStG um ein weiteres Jahr verlängert. Sofern eine Reinvestitionsrücklage am Schluss des nach dem 29.02.2020 und vor dem 01.01.2021 endenden Wirtschaftsjahrs noch vorhanden ist und eigentlich aufzulösen wäre, endet die Reinvestitionsfrist am 31.12.2022. Sofern eine Reinvestitionsrücklage am Schluss des nach dem 31.12.2020 und vor dem 01.01.2022 endenden Wirtschaftsjahrs noch vorhanden ist und aufzulösen wäre, endet die Reinvestitionsfrist am 31.12.2022.

Schluss

Diese rein steuerliche Begünstigung aufgedeckter „Stiller Reserven" stellt einen geeigneten Anreiz für den Steuerpflichtigen dar, die erzielten Veräußerungserlöse wieder in das Unternehmen zu reinvestieren und beseitigt wirksam Steuerbelastungen, die sich aus der expansionsbegründeten Vergrößerung des Betriebsgrundstückes ergeben könnten. Dem Steuerpflichtigen steht schließlich der komplette Gewinn vor Steuern als Finanzierungsmittel in vollem Umfang zur Verfügung. Da diese Übertragungsmöglichkeit in der Handelsbilanz nicht besteht, führt die Inanspruchnahme bei Kapitalgesellschaften zwangsläufig zur Entstehung von passiven Latenten Steuern.

Ich bedanke mich für Ihre Aufmerksamkeit.

Vortrag 9: Bewertung des abnutzbaren Anlagevermögens

I. Einführende Hinweise

Aus dem Handelsgesetzbuch (§ 253 HGB) und dem Einkommensteuergesetz (§ 6 Abs. 1 EStG) ergeben sich die Grundsätze, die bei der Bewertung des Anlagevermögens zu berücksichtigen sind.

II. Die Gliederung

	Gliederungspunkt	**Die Stichworte**
	Einleitung	**Thema; Kurzübersicht**
1.	Begriff	Anlagevermögen, Zweckbestimmung, abnutzbares Anlagevermögen, planmäßiger Wertverzehr
2.	Bilanzausweis	Gliederung bei Kapitalgesellschaften, immaterielle Vermögensgegenstände, Sachanlagen, Finanzanlagen, Anlagengitter bei Kapitalgesellschaften, Änderung durch das BilMoG
3.	Bewertung nach Handelsrecht	Anschaffungs-/Herstellungskosten abzüglich planmäßiger Abschreibung, niedrigerer beizulegender Wert möglich, gemildertes Niederstwertprinzip, Besonderheit für Kapitalgesellschaften, Änderungen durch das BilMoG
4.	Bewertung nach Steuerrecht	Anschaffungs-/Herstellungskosten abzüglich planmäßiger Abschreibung nach dem Maßgeblichkeitsgrundsatz, niedrigerer Wert nur bei voraussichtlich dauernder Wertminderung, Begriff dauernde Wertminderung, Wertaufholungsgebot
5.	Abweichungen Handelsrecht zu Steuerrecht	Abschreibung bei dauernder Wertminderung, Abschreibung bei vorübergehender Wertminderung, Zuschreibung
	Schluss	**Einheitsbilanz**

III. Der Vortrag

Einleitung

Sehr geehrter Herr Prüfungsvorsitzender, meine Damen und Herren, ich habe mich für das Thema „**Bewertung des abnutzbaren Anlagevermögens**" entschieden.

1. Begriff

Vermögensgegenstände, die **auf Dauer dem Betrieb zu dienen bestimmt** sind, gehören zum Anlagevermögen (§ 247 Abs. 2 HGB). Entscheidend für diese Einordnung ist die Zweckbestimmung, d.h. die subjektive Verwendungsabsicht des Betriebsinhabers. Ein Vermögensgegenstand des Anlagevermögens, dessen Veräußerung beabsichtigt ist, bleibt so lange Anlagevermögen, wie sich seine bisherige Nutzung nicht ändert, auch wenn bereits vorbereitende Maßnahmen zur Nutzungsänderung getroffen worden sind. Bei Grundstücken ändert selbst eine zum Zweck der Veräußerung vorgenommene Parzellierung oder Aufteilung in Eigentumswohnungen nichts an der Zuordnung zum Anlagevermögen, solange das Grundstück unverändert genutzt wird.

Beim Anlagevermögen wird in abnutzbares und in nicht abnutzbares Anlagevermögen unterschieden.

Zum **abnutzbaren Anlagevermögen** gehören alle Wirtschaftsgüter, die einem planmäßigen Wertverzehr unterliegen, d.h. deren Nutzung zeitlich überschaubar begrenzt ist (z.B. Gebäude, Maschinen, Fahrzeuge, Einrichtungsgegenstände). Beim abnutzbaren Anlagevermögen wird in unbewegliches und bewegliches Anlagevermögen unterschieden.

Die Zuordnung ist – insbesondere bei Aufstellung einer Steuerbilanz – für die Anwendung der jeweils geltenden Vorschriften über die Absetzung für Abnutzung entscheidend.

> **Tipp!** Das Thema verleitet sehr schnell dazu auch umfangreich über die Bewertungsmaßstäbe zu sprechen. Sie müssen den Schwerpunkt aber auf die Methoden der Bewertung des Anlagevermögens legen.

2. Bilanzausweis

Das Anlagevermögen ist in der Bilanz von Kapitalgesellschaften wie folgt gegliedert (§ 266 Abs. 2 HGB):

I. Immaterielle Vermögensgegenstände,
II. Sachanlagen,
III. Finanzanlagen.

Auch Einzelunternehmen und Personenhandelsgesellschaften richten sich in der Praxis bei der Aufstellung ihrer Bilanz nach dieser Gliederung. Kapitalgesellschaften müssen im Anhang oder in der Bilanz die Entwicklung der einzelnen Posten des Anlagevermögens darstellen (§ 268 Abs. 2 Satz 1 HGB).

Ausgehend von den **„historischen Anschaffungs- oder Herstellungskosten"** ist die Entwicklung im sogenannten **„Anlagengitter"** oder **„Anlagenspiegel"** darzustellen, von dem kleine Kapitalgesellschaften gem. § 274a Nr. 1 HGB jedoch befreit sind.

Das Anlagengitter gewährleistet, dass die Vermögensgegenstände des Anlagevermögens mit ihrem aktuellen Buchwert und mit ihrem ursprünglichen Investitionsvolumen erkennbar sind.

> **Tipp!** Differenzieren Sie bei der Bewertung möglichst die Bewertung zum Anschaffungs- oder Herstellungszeitpunkt (Erstbewertung) und zu den folgenden Bilanzstichtagen (Folgebewertungen).

3. Bewertung nach Handelsrecht

Handelsrechtlich sind die Vermögensgegenstände des Anlagevermögens zum Anschaffungszeitpunkt (Tag der Lieferung) oder zum Herstellungszeitpunkt (Tag der Fertigstellung) höchstens mit den Anschaffungs- oder Herstellungskosten anzusetzen. An den folgenden Bilanzstichtagen sind die Anschaffungs- oder Herstellungskosten des abnutzbaren Anlagevermögens zwingend um planmäßige Abschreibungen zu vermindern (§ 253 Abs. 1 Satz 1 und Abs. 2 Satz 1 HGB).

Zusätzlich **muss** bei einer **voraussichtlich dauernden Wertminderung** ein unter den Anschaffungs- oder Herstellungskosten abzüglich planmäßiger Abschreibung liegender niedrigerer beizulegender Wert – durch außerplanmäßige Abschreibung – angesetzt werden. Die außerplanmäßige Abschreibung ist bei einer voraussichtlich dauernden Wertminderung **zwingend gem. § 253 Abs. 3 HGB vorgeschrieben (gemildertes Niederstwertprinzip)**.

Das Wahlrecht, bei einer voraussichtlich nur vorübergehenden Wertminderung freiwillig auf den beizulegenden Wert abzuwerten, wurde durch das BilMoG ab dem 01.01.2010 bis auf eine Ausnahmeregelung für Finanzanlagen, also Wertpapiere des Anlagevermögens, abgeschafft.

Dieser Vergleich der fortgeführten Anschaffungs- oder Herstellungskosten und des beizulegenden Wertes zum Bilanzstichtag ist auf jeden Bilanzstichtag erneut zu prüfen.

Im Falle einer Werterholung ist zwingend wieder höchstens auf die fortgeführten Anschaffungs- oder Herstellungskosten zuzuschreiben, sog. Zuschreibungsgebot (§ 253 Abs. 5 HGB).

Der Ansatz mit einem niedrigeren rein steuerlichen Wert wie z.B. durch:

- Teilwertabschreibung (§ 6 Abs. 1 Nr. 1 EStG),
- Sonderabschreibungen (z.B. § 7g EStG) oder
- Bewertungsfreiheiten (§ 6 Abs. 2 EStG)

ist in der Handelsbilanz nicht (mehr) möglich.

Ausnahmsweise kommt eine Bewertung über den Anschaffungskosten für insolvenzgesicherte Vermögensgegenstände, die mit den besicherten langfristigen Verpflichtungen gegenüber Arbeitnehmern gem. § 246 Abs. 2 HGB zu verrechnen sind, in Betracht.

4. Bewertung nach Steuerrecht

Die genannten **zwingenden** handelsrechtlichen Bewertungsvorschriften gelten wegen des Maßgeblichkeitsgrundsatzes (§ 5 Abs. 1 Satz 1 EStG) für die Steuerbilanz, sofern steuerrechtlich nicht zwingende Abweichungen oder alternative Wertansätze bestehen (§ 5 Abs. 1 Satz 1 und Abs. 6 EStG, vgl. BMF vom 12.03.2010, sog. „Maßgeblichkeitserlass") oder freiwillig davon abweichend ein anderer Wertansatz z.B. gem. § 7g oder § 6b EStG gewählt wird.

Aufgrund der §§ 5 Abs. 6 und 6 Abs. 1 Nr. 1 EStG ergeben sich z.B. folgende steuerlich ggf. abweichende Bilanzansätze:

- Anschaffungskosten, Herstellungskosten oder der an deren Stelle tretende Wert (z.B. Einlagewert) abzüglich planmäßige Abschreibungen (linear und für Erwerbe in 2020 und 2021 auch degressiv, maximal das 2,5fache der linearen AfA und maximal 25 % der linearen AfA. Diese mit dem Zweiten Gesetz zur Umsetzung steuerlicher Hilfsmaßnahmen zur Bewältigung der Corona-Krise neu eingeführte AfA gilt für bewegliche Wirtschaftsgüter des Anlagevermögens (also nur bei Gewinneinkünften!), die in den Jahren 2020 und 2021 angeschafft oder hergestellt werden), erhöhte Abschreibungen, Sonderabschreibungen, Abzüge nach § 6b EStG und ähnliche Abzüge (§ 6 Abs. 1 Nr. 1 Satz 1 EStG) bzw. alternativ
- niedrigerer beizulegender Wert/Teilwert **bei einer dauernden Wertminderung** (§ 6 Abs. 1 Nr. 1 Satz 2 EStG).

Wertminderungen aus besonderem Anlass wie z.B. Katastrophen oder technischer Fortschritt **sind immer von Dauer** (vgl. BMF vom 02.09.2016, Rz. 6, sog. „Teilwerterlass").

Darüber hinaus liegt eine dauernde Wertminderung bei einem nachhaltigen Absinken des Teilwertes unter den maßgeblichen Buchwert vor. Das ist beim abnutzbaren Anlagevermögen dann der Fall, wenn der gesunkene Wert eines Vermögensgegenstandes während der halben Restnutzungsdauer unter dem planmäßigen Restbuchwert liegt („Teilwerterlass", BMF vom 02.09.2016, Rz. 6).

Hat sich der Wert des Vermögensgegenstandes nach einer vorangegangenen außerplanmäßigen Abschreibung auf den voraussichtlich dauerhaft niedrigeren Teilwert wieder erhöht, so wird diese Betriebsvermögensmehrung bis zum Erreichen der Bewertungsobergrenze der fortgeführten Anschaffungs- oder Herstellungskosten steuerlich zwingend erfasst. Die Zuschreibung ist jedoch auf die Höhe der planmäßig fortgeführten Anschaffungs- oder Herstellungskosten begrenzt. Die Wertaufholung ist bei einem Firmenwert jedoch nicht zulässig.

5. Abweichungen Handelsrecht zu Steuerrecht

Bei einer voraussichtlich dauernden Wertminderung **muss** die außerplanmäßige Abschreibung nach Handelsrecht vorgenommen werden, die Teilwertabschreibung nach Steuerrecht **kann** dagegen vorgenommen werden. Bei bilanzierenden Gewerbetreibenden kann hier eine abweichende Bewertung des Anlagevermögens in Handels- und Steuerbilanz erfolgen. Insoweit besteht ein echtes steuerliches Wahlrecht.

Bei einer Werterholung besteht handels- wie steuerrechtlich übereinstimmend ein Zuschreibungsgebot.

Schluss

Durch den Wegfall der umgekehrten Maßgeblichkeit bietet sich dem Bilanzersteller seit einigen Jahren erstmals die Möglichkeit die veröffentlichungspflichtige Handelsbilanz auch im Bereich des Anlagevermögens frei von steuerrechtlichen Erwägungen und Einflüssen zu erstellen.

Ich bedanke mich für Ihre Aufmerksamkeit.

Vortrag 10: Grundsätze ordnungsgemäßer Buchführung

I. Einführende Hinweise

Aus dem Handelsgesetzbuch aber auch aus der praktischen Übung ergeben sich die Grundsätze der sog. ordnungsgemäßen Buchführung, die bei der Erstellung des Jahresabschlusses beachtet werden müssen.

II. Die Gliederung

	Gliederungspunkt	**Die Stichworte**
	Einleitung	**Thema; Kurzübersicht**
1.	Definition	Grundsätze ordnungsmäßiger Buchführung
2.	Quellen	§§ 238, 246, 252, 253 HGB
3.	Aufstellungsgrundsätze	Deutsche Sprache, Währung Euro, Aufstellungsfristen
4.	Die Grundsätze im Einzelnen	Es folgen einzelne Grundsätze ordnungsgemäßer Buchführung im Einzelnen
4.1	Bilanzwahrheit	§ 238 Abs. 1 HGB, tatsächliche Vermögens- und Ertragslage
4.2	Bilanzklarheit	§ 238 Abs. 1 HGB, sachverständiger Dritter muss sich in angemessener Zeit zu Recht finden
4.3	Doppelte Buchführung	Weiterentwicklung aus „einfacher Buchführung" mit Ordnung nur in zeitlicher Hinsicht, zwei Konten
4.4	Wirtschaftliche Betrachtungsweise	§§ 246 Abs. 1 HGB und 39 Abs. 2 Nr. 1 AO: wirtschaftliches Eigentum, international: substance-over-form
4.5	Bilanzenzusammenhang	Anfangsbilanz = Schlussbilanz, Fehler gleichen sich in den Perioden aus, Ziel: korrekter Totalgewinn
4.6	Grundsatz der Einzelbewertung	Auswirkung: z.B. Grund und Boden und Gebäude zwei Vermögensgegenstände
4.7	Going-concern-Prinzip	Fortführung des Unternehmens ist der Regelfall, Ausnahmen z.B. Insolvenzantragsgründe/Liquidation, keine Bildung von Abfindungsrückstellungen
4.8	Realisationsprinzip	Gewinne werden erst ausgewiesen, wenn sie realisiert sind, Bedeutung Realisierung

	Gliederungspunkt	Die Stichworte
4.9	Imparitätsprinzip	Berücksichtigung von Verlusten tendenziell früher als Gewinne, bereits bei Entstehung
4.10	Vorsichtsprinzip	Pflicht zur vorsichtigen Bewertung, Ziel: Gläubigerschutz durch Vermeidung von überhöhtem Vermögensausweis
4.11	Periodenprinzip	Aufwendungen und Erträge werden unabhängig von der Zahlung in der Periode der wirtschaftlichen Zugehörigkeit erfasst, Beispiele: Rechnungsabgrenzungsposten, Abschreibung, Verbindlichkeiten und Forderungen, Rückstellungen
4.12	Bewertungsstetigkeit/Ansatzstetigkeit	§§ 246 Abs. 1 und 252 Nr. 6 HGB: Beibehaltung der in der Vorjahresbilanz gewählten Ansätze und Bewertungsmethoden, z.B. Latente Steuern, immaterielle Vermögensgegenstände, Herstellungskosten
4.13	Vollständigkeitsgebot	§ 246 Abs. 1 HGB: Jahresabschluss muss alle Vermögensgenstände, Schulden, Rechnungsabgrenzungsposten, Aufwendungen und Erträge enthalten, Ausnahmen z.B. Verrechnung von Planvermögen mit Rückstellungen und immaterielle Vermögensgegenstände des Anlagevermögens
4.14	Verrechnungsverbot	§ 246 Abs. 1 HGB: grundsätzlich Bruttoausweis: Vermögensgenstände dürfen nicht mit Schulden, Aufwendungen nicht mit Erträgen verrechnet werden, z.B. Verrechnung von Planvermögen mit Rückstellungen, Ausweis von Latenten Steuern gem. § 274 HGB und Bewertungseinheiten gem. § 254 HGB
5.	Bewertungsgrundsätze	Auch die Bewertungsgrundsätze gehören zu den Grundsätzen ordnungsgemäßer Buchführung
5.1	Anschaffungskostenprinzip	Vermögensgegenstände dürfen maximal mit den Anschaffungskosten bewertet werden, Konsequenz des Vorsichts- und des Realisationsprinzips, Ausnahmen: Bewertungseinheiten § 254 HGB, Bewertung kurzfristiger Fremdwährungspositionen gem. § 256a HGB und Bewertung von insolvenzgesichertem Planvermögen
5.2	Niederstwertprinzip	Bewertung des Umlaufvermögens maximal mit dem Verkehrswert, Ausprägung des Vorsichtsprinzips, da Abschreibungspflicht unabhängig von Dauer der Wertminderung auch „strenges Niederstwertprinzip"
6.	Ungeschriebene Grundsätze	Exemplarisch: Grundsätze der Wesentlichkeit, Wirtschaftlichkeit, Anwendung der IFRS
7.	Grundsätze ordnungsgemäßer Speicherbuchführung	Elektronische Buchführung bedarf besonderer Anforderungen insbesondere an die Dokumentation von Änderungen, Grundsätze laut BMF
	Schluss	**GoB unterliegen dem Wandel und der Interpretation durch Standardsetter und bieten im Zweifel Raum für Diskussionen**

III. Der Vortrag

Einleitung

Sehr geehrter Herr Prüfungsvorsitzender, meine Damen und Herren, ich habe mich für das Thema „**Grundsätze ordnungsgemäßer Buchführung**“ entschieden.

1. Definition

Die Grundsätze der ordnungsgemäßen Buchführung sind die Summe der geschriebenen und ungeschriebenen Regeln, nach denen die Mehrheit der vernünftig denkenden Kaufleute denselben Sachverhalt darstellen würden. Sie dienen somit durch eine Standardisierung der Jahresabschlüsse zu einer verbesserten externen Vergleichbarkeit unterschiedlicher Jahresabschlüsse. Als stehender Begriff verweist das Einkommensteuerrecht in § 5 Abs. 1 Satz 1 EStG, der sog. Maßgeblichkeit der Handelsbilanz, auf die Grundsätze ordnungsgemäßer Buchführung und erklärt somit die Summe der im Handelsrecht geltenden Regeln für in der Steuerbilanz anwendbar.

Tipp! Sie sollen die Grundsätze ordnungsgemäßer Buchführung darstellen. Beachten Sie die Zeitvorgabe und orientieren Sie sich streng an der Themenstellung. Vermeiden Sie insbesondere eine vertiefte Darstellung der Jahresabschlusspflichten (Kaufmannseigenschaften, §§ 238, 241a HGB) und der Maßgeblichkeitsgrundsätze (§ 5 Abs. 1 EStG).

2. Quellen

Die Grundsätze ordnungsgemäßer Buchführung ergeben sich im HGB selbst im Wesentlichen aus den §§ 238, 240, 242, 246, 252, 253 HGB.

3. Aufstellungsgrundsätze

Neben den Grundsätzen ordnungsgemäßer Buchführung sind bei der Aufstellung der Handelsbilanz einige formale Rahmenvorgaben zu beachten: So ist die Handelsbilanz in deutscher Sprache und in der Währung Euro aufzustellen und ist innerhalb bestimmter Aufstellungsfristen (3 bzw. 6 Monate) zu erstellen. Das Wirtschaftsjahr darf 12 Monate nicht überschreiten.

4. Die Grundsätze im Einzelnen

Im Folgenden möchte ich Ihnen die wichtigsten Prinzipien der Grundsätze der ordnungsgemäßen Buchführung im Einzelnen darstellen.

4.1 Bilanzwahrheit

Nach § 238 Abs. 1 HGB hat der Kaufmann seine tatsächliche Vermögens- und Ertragslage im Jahresabschluss darzustellen. Damit dient der Jahresabschluss primär der Gläubigerinformation, diesem Ziel dienen auch weitere Grundsätze. Diesen Grundsatz nennt man Bilanzwahrheit.

4.2 Bilanzklarheit

Ebenfalls in § 238 Abs. 1 HGB geregelt ist die sog. Bilanzklarheit, die besagt, dass ein sachverständiger Dritter sich in angemessener Zeit in der Buchführung zu Recht finden muss. Die Finanzverwaltung leitet hieraus u.a. die Kontierungspflicht auf dem Buchungsbeleg ab, damit problemlos sowohl von der Buchung auf den Beleg als auch vom Beleg auf die Buchung geschlossen werden kann.

4.3 Doppelte Buchführung

Eine ordnungsgemäße Buchführung muss den Grundsätzen der doppelten Buchführung entsprechen. Die doppelte Buchführung ist eine Weiterentwicklung aus der früher geführten „einfachen Buchführung“ mit Ordnung nur in zeitlicher Hinsicht, nunmehr werden alle Geschäftsvorfälle sowohl in zeitlicher als auch durch die Verwendung von qualifizierenden Sachkonten in sachlicher Hinsicht geordnet. Weiterer Bestandteil der doppelten Buchführung ist die geschlossene Erfassung aller Geschäftsvorfälle jeweils auf zwei Buchungskonten, Soll an Haben.

4.4 Wirtschaftliche Betrachtungsweise

§§ 246 Abs. 1 HGB und auch 39 Abs. 2 Nr. 1 AO begründen die sog. wirtschaftliche Betrachtungsweise. Nicht die formale Ausgestaltung eines Sachverhalts entscheidet über den Ausweis, sondern sein wirtschaftlicher Gehalt. So werden z.B. abweichend vom zivilrechtlichen Eigentum Vermögensgegenstände beim abweichenden wirtschaftlichen Eigentümer ausgewiesen, international ist dieser Grundsatz unter „substance-over-form" bekannt.

4.5 Bilanzenzusammenhang

Der in § 252 Abs. 1 Nr. 1 HGB begründete Bilanzenzusammenhang regelt, dass die Eröffnungsbilanz eines jeden Wirtschaftsjahres der Schlussbilanz des vorangegangenen entspricht, Fehler gleichen sich so zwischen den einzelnen Berichtsperioden aus. Ziel des Bilanzenzusammenhangs ist die in Summe korrekte Ermittlung des Totalgewinnes der Unternehmung. Im § 252 HGB sind auch eine Vielzahl weiterer Grundsätze ordnungsgemäßer Buchführung niedergelegt.

4.6 Grundsatz der Einzelbewertung

Der Grundsatz der Einzelbewertung bewirkt z.B., dass das bebaute Grundstück, das zivilrechtlich nach § 94 BGB eine Sache ist, bilanziell in zwei Vermögensgegenstände aufgeteilt wird, der nicht abnutzbare Grund und Boden und das abnutzbare Gebäude.

4.7 Going-concern-Prinzip

Das going-concern-Prinzip besagt, dass bei der Aufstellung des Jahresabschlusses von der Fortführung des Unternehmens als Regelfall ausgegangen wird, Ausnahmen hierzu gelten nur z.B. bei Vorliegen zwingender Insolvenzantragsgründe bzw. der Eröffnung des Liquidationsverfahrens. Die materielle Konsequenz ist, dass im laufenden Geschäftsbetrieb keine Rückstellungen für Kosten, die mit der Betriebseinstellung zusammenhängen, wie z.B. Abfindungsrückstellungen für bestehende Arbeitsverhältnisse, gebildet werden dürfen.

4.8 Realisationsprinzip

Nach dem Realisationsprinzip werden Gewinne erst ausgewiesen, wenn sie realisiert sind, d.h. tatsächlich erzielt wurden. Dies ist Ausdruck des Gläubigerschutzprinzips und soll vermeiden, dass reine Buchgewinne aus nicht realisierten Wertanstiegen ausgewiesen werden. Ausnahmen von diesem Grundsatz ergeben sich aus der Bewertung von kurzfristigen Fremdwährungspositionen gem. § 256a HGB, Bewertungseinheiten gem. § 254 HGB und z.B. der Bewertung von insolvenzgesichertem Planvermögen gem. § 253 Abs. 1 HGB.

4.9 Imparitätsprinzip

Nach dem Imparitätsprinzip werden Verluste tendenziell früher als Gewinne nämlich bereits bei der Entstehung berücksichtigt. Dies führt zu einem frühzeitigen und vorsichtigen Ausweis von Risiken im Jahresabschluss. Im Gegensatz zur Wertsteigerung von Finanzanlagen über die Anschaffungskosten hinaus, die nach dem Realisationsprinzip nicht erfasst werden dürfen, bis die Anlagen verkauft wurden, ist eine Erfassung im Fall der Wertminderung möglich oder sogar zwingend, wenn die Finanzanlagen im Wert gesunken sind, ohne dass dieser Verlust realisiert wurde. Es reicht, dass er „entstanden" ist.

4.10 Vorsichtsprinzip

Das sich aus dem Gläubigerschutzgedanken des HGB ergebende, über allem liegende Prinzip des HGB, ist das Vorsichtsprinzip. Daraus ergibt sich die Pflicht zur vorsichtigen Bewertung, Ziel ist der Gläubigerschutz durch die Vermeidung eines überhöhten Vermögensausweises. Im Zweifel ist der niedrigere Wertansatz eines Vermögensgegenstandes zu nehmen oder eine Rückstellung zu bilden.

4.11 Periodenprinzip

Zur „Zwischenberichterstattung" wurden jährliche Berichtsperioden als Ausschnitt aus dem Totalgewinn einer Unternehmung festgelegt. In diesem jährlichen sog. Periodengewinn sollen Aufwendungen und Erträge unabhängig von der tatsächlich erfolgten Zahlung in der Periode der wirtschaftlichen Zugehörigkeit erfasst und ausgewiesen werden, das cashfloworientierte Zufluss-/Abflussprinzip ist also irrelevant. Die Materialisierung des Periodenprinzips sind die Bildung von Rechnungsabgrenzungsposten gem. § 250 HGB, die Verteilung von

Anschaffungskosten über die Perioden der Nutzung durch Abschreibung sowie der Ausweis von Verbindlichkeiten, Forderungen und Rückstellungen. Teilweise widersprechen sich einzelne Prinzipien wie z.B. das Realisationsprinzip und das Periodenprinzip bei langfristigen Festpreisfertigungsaufträgen, wie die Diskussion über die Übernahme der international gebräuchlichen „percentage-of-completion"-Methode (anteiliger Ausweis der realisierten Gewinne über mehrere Perioden nach Fortschritt) in das deutsche HGB exemplarisch aufzeigt.

4.12 Bewertungsstetigkeit/Ansatzstetigkeit

In der Vorjahresbilanz gewählte Ansätze und Bewertungsmethoden, wie z.B. die Bildung Aktiver Latente Steuern, der Ansatz von selbstgeschaffenen immaterielle Vermögensgegenstände des Anlagevermögens nach § 248 Abs. 2 HGB, sowie der Umfang der aktivierten Herstellungskosten sollen zum verbesserten Vergleich der Perioden im innerbetrieblichen Periodenvergleich beibehalten werden. Wie in allen Fällen kann in begründeten Ausnahmen von dieser Stetigkeit abgewichen werden, s. § 252 Abs. 2 HGB.

4.13 Vollständigkeitsgebot

Nach § 246 Abs. 1 HGB muss der Jahresabschluss Vermögensgenstände, Rechnungsabgrenzungsposten, Aufwendungen und Erträge enthalten, Dies begründet die grundsätzliche Ausweispflicht sämtlicher Bilanzpositionen. Das Vollständigkeitsgebot gebietet auch den Ausweis von unentgeltlich erworbenen, eingelegten oder bereits vollständig abgeschriebenen Vermögegengegenständen. Ausnahmen hiervon regelt z.B. der § 246 HGB selbst für die Verrechnung von Planvermögen mit Rückstellungen und der § 248 Abs. 2 HGB mit dem bestehenden Ansatzwahlrecht von immateriellen Vermögensgegenstände des Anlagevermögens.

4.14 Verrechnungsverbot

§ 246 Abs. 1 HGB regelt weiterhin den grundsätzlichen Bruttoausweis. Vermögensgenstände dürfen nicht mit Schulden, Aufwendungen nicht mit Erträgen verrechnet werden, soweit nicht gesetzlich etwas anderes bestimmt ist wie z.B. in der Verrechnung von Planvermögen mit Rückstellungen, dem grundsätzlich saldierten Ausweis von Latenten Steuern gem. § 274 HGB und der gemeinsamen Bewertung mit Bewertungseinheiten gem. § 254 HGB.

5. Bewertungsgrundsätze

Auch die im HGB geregelten Bewertungsgrundsätze gehören zu den Grundsätzen ordnungsgemäßer Buchführung. Diese sollen hier jedoch nur exemplarisch dargestellt werden.

5.1 Anschaffungskostenprinzip

Das Anschaffungskostenprinzip des § 253 Abs. 1 HGB, besagt, dass Vermögensgegenstände maximal mit den Anschaffungskosten bewertet werden dürfen. Dies ist eine Konsequenz des Vorsichts- und des Realisationsprinzips, Ausnahmen hierzu finden sich bei der Bewertung von Bewertungseinheiten gem. § 254 HGB, der Bewertung kurzfristiger Fremdwährungspositionen gem. § 256a HGB und der Bewertung von insolvenzgesichertem Planvermögen gem. § 253 Abs. 1 HGB, die sämtlich mit dem Verkehrswert (auch über den Anschaffungskosten) angesetzt werden.

5.2 Niederstwertprinzip

Ebenfalls aus dem § 253 HGB, hier dessen Abs. 4 ergibt sich das sog. Niederstwertprinzip. Es besagt, dass die Bewertung des Umlaufvermögens maximal mit dem Verkehrswert erfolgen darf. Auch das Niederstwertprinzip ist eine konkrete Ausprägung des Vorsichtsprinzips. Da die Abschreibungspflicht anders als beim Anlagevermögen beim Umlaufvermögen unabhängig von Dauer der Wertminderung besteht, wird es auch „strenges Niederstwertprinzip" genannt.

6. Ungeschriebene Grundsätze

Neben den im HGB selbst schriftlich kodifizierten Grundsätzen existieren auch einige weitere, sich nicht unmittelbar schriftlich aus dem HGB ergebende, Grundsätze wie z.B. exemplarisch der Grundsatz der Wesentlichkeit, der besagt, dass eine Information wesentlich für die Darstellung der tatsächlichen Vermögens- und Ertragslage sein muss. So müssen z.B. in der Handelsbilanz für kleinere Vermögensgegenstände und Rechnungsabgrenzungsposten unter Durchbrechung des Vollständigkeitsgebotes nicht zwingend Bilanzpositionen ausgewiesen werden. Auch muss der Aufwand zur Beschaffung der Information in einem sinnvollen Verhältnis zum Aussagegehalt der Information stehen. An diesen Grundsatz der Wirtschaftlichkeit sind z.B. auch Steuerberater bei der Erstellung des Jahresabschlusses nach den Verlautbarungen der Bundessteuerberaterkammer gebunden.

7. Grundsätze ordnungsmäßiger Führung und Aufbewahrung von Büchern, Aufzeichnungen und Unterlagen in elektronischer Form

Neben den materiellen Grundsätzen ordnungsgemäßer Buchführung existieren auch die Grundsätze ordnungsgemäßer Speicherbuchführung für den Fall der heute weit überwiegend anzutreffenden elektronischen Buchführung. Die Elektronische Buchführung bedarf besonderer Anforderungen insbesondere an die Dokumentation von Änderungen. Diese Grundsätze aus der Perspektive der Finanzverwaltung hat der Bundesminister der Finanzen im BMF-Schreiben vom 28.11.2019, IV A 4 – S-0316/19/10003 :001 zu den GoBD niedergelegt.

Schluss

Die Beachtung der Vielzahl von Grundsätzen ordnungsgemäßer Buchführung sollen eine bessere Vergleichbarkeit unterschiedlicher Unternehmensabschlüsse im externen Betriebsvergleich dadurch ermöglichen, dass alle Anwender dieselben grundsätzlichen Maßstäbe anwenden. Gleichwohl unterliegen die Darstellungen in der Praxis noch immer einem Interpretationsspielraum, auch unterliegen die Grundsätze ordnungsgemäßer Buchführung einem stetigen Wandel und der Interpretation durch Standardsetter wie das Institut der deutschen Wirtschaftsprüfer, IDW und das Deutsche Rechnungslegungs Standard Committee, DRSC. Diese lassen sich in letzter Zeit immer weiter durch die Einflüsse internationaler Rechnungslegungsstandards wie insbesondere IAS/IFRS und US-GAAP inspirieren und bieten daher auch in Zukunft im Zweifel Raum für Diskussionen.

Ich bedanke mich für Ihre Aufmerksamkeit.

Vortrag 11: Betriebsvermögen – Privatvermögen bei Einzelunternehmen

I. Einführende Hinweise

Das Einkommensteuergesetz knüpft bei der steuerlichen Gewinnermittlung durch Bestandsvergleich an das Betriebsvermögen an (§ 4 Abs. 1 EStG).

II. Die Gliederung

	Gliederungspunkt	Die Stichworte
	Einleitung	**Thema; Kurzübersicht**
1.	Allgemeines	Dreiteilung, Versteuerung der stillen Reserven
1.1	Notwendiges Betriebsvermögen	Nutzung zu eigenbetrieblichen Zwecken, bei beweglichen Wirtschaftsgütern zu mehr als 50 %
1.2	Privatvermögen	Wirtschaftsgüter **> 90 %** privat genutzt
1.3	Gewillkürtes Betriebsvermögen	Weder notwendiges Betriebsvermögen noch notwendiges Privatvermögen und gewisser objektiver Zusammenhang mit dem Betrieb, mindestens 10 % und höchstens 50 % eigenbetrieblich genutzt, keine nur Verluste bringende Wirtschaftsgüter, auch bei Gewinnermittlung nach § 4 Abs. 3 EStG

	Gliederungspunkt	Die Stichworte
2.	Schulden als Betriebsvermögen	Nur notwendiges Betriebsvermögen oder notwendiges Privatvermögen, Schuldaufnahme muss betrieblich verursacht sein
3.	Grundstücke	Selbständige Wirtschaftsgüter entsprechend der anteiligen Nutzung
3.1	Grundstücke als notwendiges Betriebsvermögen	Ausschließlich und unmittelbar für eigenbetriebliche Zwecke genutzt, können auch an Arbeitnehmer vermietete Wohnungen sein, Vereinfachungsregelung für Grundstücksteile von untergeordnetem Wert
3.2	Grundstücke als gewillkürtes Betriebsvermögen	Weder notwendiges Betriebsvermögen noch notwendiges Privatvermögen, an fremde Betriebe oder zu Wohnzwecken vermietet, Wahlrecht muss in der laufenden Buchführung ausgeübt und dokumentiert werden
3.3	Grundstücke als notwendiges Privatvermögen	Eigenen Wohnzwecken dienende Grundstücke oder Grundstücksteile, auch Dritten unentgeltlich überlassen
	Schluss	

III. Der Vortrag

Einleitung

Sehr geehrter Herr Prüfungsvorsitzender, meine Damen und Herren, ich habe mich für das Thema „**Betriebsvermögen - Privatvermögen bei Einzelunternehmen**" entschieden. Das Betriebsvermögen ist die Grundlage für die Ermittlung des Gewinns durch Bestandsvergleich nach § 4 Abs. 1 EStG. Zur Ermittlung des Gewinns einer Rechnungsperiode wird das Betriebsvermögen am Ende eines Wirtschaftsjahres dem Betriebsvermögen am Ende des vorhergehenden Wirtschaftsjahres gegenübergestellt und ist damit **die maßgebliche Berechnungsgrundlage** für den Gewinn. Insbesondere bei Einzelunternehmern, die neben dem betrieblichen auch einen außerbetrieblichen Bereich haben können, ist das Betriebsvermögen von dem übrigen Vermögen abzugrenzen.

1. Allgemeines

Das **Steuerrecht** unterscheidet für die Zuordnung zum Betriebsvermögen Grundstücke und Grundstücksteile und andere Wirtschaftsgüter. Die Wirtschaftsgüter können notwendiges oder gewillkürtes Betriebsvermögen oder notwendiges Privatvermögen sein. Bedeutung hat diese Vermögenszuordnung im Hinblick auf die Besteuerung der stillen Reserven.

1.1 Notwendiges Betriebsvermögen

Zum notwendigen Betriebsvermögen zählen alle Wirtschaftsgüter, die **ausschließlich** und **unmittelbar** für eigenbetriebliche Zwecke des Steuerpflichtigen genutzt werden oder dazu bestimmt sind (R 4.2 Abs. 1 Satz 1 EStR).

Werden Wirtschaftsgüter, die keine Grundstücke sind, sowohl betrieblich als auch privat genutzt, kommt es auf den Umfang der jeweiligen Nutzung an.

Werden diese Wirtschaftsgüter zu mehr als 50 % eigenbetrieblich genutzt – und handelt es sich nicht um Grundstücke oder Grundstücksteile –, zählen sie in vollem Umfang zum notwendigen Betriebsvermögen.

1.2 Privatvermögen

Wirtschaftsgüter – ausgenommen Grundstücke und Grundstücksteile – die **zu mehr als 90 %** privat genutzt werden, zählen **in vollem Umfang** zum notwendigen Privatvermögen (R 4.2 Abs. 1 Satz 5 EStR). Ein Ausweis in der Bilanz ist nicht zulässig und ggf. zu korrigieren. Dies gilt jedoch laut BFH nicht, wenn das Wirtschaftsgut in einem Vorjahr zulässigerweise auf Grund einer mehr als 10 %igen betrieblichen Nutzung als gewillkürtes Betriebsvermögen ausgewiesen wurde und wegen eines Absinkens des betrieblichen Nutzungsanteils unter 10 % eigentlich notwendiges Privatvermögen wäre. Eine solche Nutzungsänderung führt nicht zu einer Zwangsentnahme (BFH-Urteil vom 21.08.2012, VIII R 11/11).

1.3 Gewillkürtes Betriebsvermögen

Wirtschaftsgüter, die weder notwendiges Betriebsvermögen noch notwendiges Privatvermögen sind und in einem gewissen objektiven Zusammenhang mit dem Betrieb stehen und ihn zu fördern bestimmt und geeignet sind, können als gewillkürtes Betriebsvermögen behandelt werden (R 4.2 Abs. 1 Satz 3 EStR).

Gewillkürtes Betriebsvermögen ist bei der Gewinnermittlung durch Bestandsvergleich und bei der Gewinnermittlung nach § 4 Abs. 3 EStG möglich.

Die Möglichkeit der Bildung gewillkürten Betriebsvermögens – unabhängig von der Art der Gewinnermittlung – gewährleistet den aus dem Gleichheitssatz (Art. 3 Abs. 1 GG) abzuleitenden Grundsatz der Gesamtgewinngleichheit (Identität des Totalgewinns).

Gewillkürtes Betriebsvermögen ist in zwei Fallgruppen denkbar:

1. bei Wirtschaftsgütern, die zu mindestens 10 % und zu höchstens 50 % eigenbetrieblich genutzt werden (R 4.2 Abs. 1 Satz 6 EStR),
2. bei Wirtschaftsgütern, die weder notwendiges Betriebsvermögen noch notwendiges Privatvermögen sind, bei denen eine Entscheidung nach der Nutzung nicht möglich ist, die aber in einem gewissen objektiven Zusammenhang mit dem Betrieb stehen und ihn zu fördern bestimmt und geeignet sind, sog. neutrale Wirtschaftsgüter (R 4.2 Abs. l Satz 3 EStR).

Ein solcher objektiver Zusammenhang mit dem Betrieb kann insbesondere die dauerhafte Stärkung des Betriebskapitals sein.

Beispiele: Wertpapiere, Mietwohngrundstücke.

Die Bildung von gewillkürtem Betriebsvermögen ist jedoch dann nicht möglich, wenn feststeht, dass das Wirtschaftsgut dem Betrieb keinen Nutzen, sondern nur Verluste bringen wird.

Der Steuerpflichtige hat bezüglich der Wirtschaftsgüter der o.g. Fallgruppen das Wahlrecht, ein Wirtschaftsgut als gewillkürtes Betriebsvermögen oder Privatvermögen zu behandeln. Die Ausübung des Wahlrechts erfolgt durch die Bilanzierung bzw. Nichtbilanzierung des Wirtschaftsgutes. Die Einbuchung muss in der laufenden Buchführung erfolgen. Eine rückwirkende Behandlung als gewillkürtes Betriebsvermögen – z.B. am Jahresende oder bei Erstellen der Bilanz – ist unzulässig. Insoweit ist auch eine Bilanzänderung nicht möglich.

Bei der Gewinnermittlung nach § 4 Abs. 3 EStG ist die Zuordnung eines Wirtschaftsguts zum gewillkürten Betriebsvermögen in unmissverständlicher Weise durch entsprechende, zeitnah erstellte Aufzeichnungen – z.B. Erfassung im betrieblichen Bestandsverzeichnis (R 5.4 Abs. 1 EStR) – auszuweisen. Eine Buchführung ist zur Dokumentation nicht erforderlich.

2. Schulden als Betriebsvermögen

Schulden als Oberbegriff von Verbindlichkeiten und Rückstellungen können nur notwendiges Betriebsvermögen oder notwendiges Privatvermögen sein. Maßgebend ist, wodurch die Schuldaufnahme verursacht wurde. Gewillkürtes Betriebsvermögen ist bei Schulden ausgeschlossen.

Schulden rechnen dann zum notwendigen Betriebsvermögen, wenn die Schuldaufnahme durch die Anschaffung oder Herstellung von Wirtschaftsgütern des (notwendigen oder gewillkürten) Betriebsvermögens bzw. durch die Finanzierung von Betriebsausgaben (z.B. Kauf eines Betriebsgrundstücks gegen Rente oder Darlehen; gestundete Kaufpreisverpflichtung bei Erwerb einer Maschine; Verbindlichkeiten aus Wareneinkauf, größerer Erhaltungsaufwand) verursacht ist oder die Schuld als solche dem Betrieb dient (Betriebskapitalverstärkung).

Maßgeblich ist also, ob hinsichtlich der Schuldaufnahme eine betriebliche Veranlassung gegeben ist. Insoweit ist die Schuldzuordnung wiederum der Disposition des Gewerbetreibenden entzogen. Die Zinsaufwendungen sind dann Betriebsausgaben.

Wird ein Wirtschaftsgut, das mit Fremdmitteln finanziert wurde, aus dem Betriebsvermögen ins Privatvermögen überführt, stellt die entsprechende Verbindlichkeit keine betriebliche Schuld mehr dar. Es ist eine Entnahme der Verbindlichkeit in Höhe der Darlehnsvaluta vorzunehmen (vgl. auch R 4.2 Abs. 15 Satz 1 EStR). Die Schuld folgt dem Wirtschaftsgut.

Ist die Schuld hingegen durch Anschaffungen bzw. Ausgaben unmittelbar im privaten Bereich verursacht, so gehört die Schuld zum notwendigen Privatvermögen. Das gilt auch dann, wenn die Schuld durch Gegenstände des Betriebsvermögens abgesichert wird.

Wird ein Wirtschaftsgut, das mit Fremdmitteln finanziert wurde, aus dem Privatvermögen ins Betriebsvermögen überführt, stellt die entsprechende Verbindlichkeit eine betriebliche Schuld dar (Einlage der Verbindlichkeit in Höhe der Darlehnsvaluta, R 4.2 Abs. 15 Satz 2 EStR).

3. Grundstücke

Bilanzsteuerrechtlich ist ein Gebäude ein – vom Grund und Boden losgelöstes – selbständiges Wirtschaftsgut.

Es kann in mehrere Wirtschaftsgüter zerfallen, wenn die einzelnen Gebäudeteile nicht in einem einheitlichen Nutzungs- und Funktionszusammenhang zum Gebäude stehen (R 4.2 Abs. 3 Satz 1 EStR).

Entsprechend der Nutzung liegen bei eigenbetrieblich, fremdbetrieblich, für fremde Wohnzwecke und zu eigenen Wohnzwecken genutzten Gebäudeteilen jeweils selbständige Wirtschaftsgüter vor.

3.1 Grundstücke als notwendiges Betriebsvermögen

Grundstücke und Grundstücksteile, die ausschließlich und unmittelbar für eigenbetriebliche Zwecke des Steuerpflichtigen genutzt werden, gehören regelmäßig zum notwendigen Betriebsvermögen (R 4.2 Abs. 7 Satz 1 EStR).

Zu den eigenbetrieblich genutzten Grundstücksteilen gehören auch Wohnungen, die Arbeitnehmern **aus ausschließlich betrieblichen Gründen** überlassen werden, wie z.B. die Wohnung eines Hausmeisters. Es reicht aus, wenn durch die Überlassung von Wohnungen Arbeitnehmer besonders an den Betrieb gebunden werden sollen.

Aus Vereinfachungsgründen brauchen eigenbetrieblich genutzte Grundstücksteile nicht als Betriebsvermögen behandelt zu werden, wenn ihr Wert im Verhältnis zum Wert des gesamten Grundstücks von untergeordneter Bedeutung ist (§ 8 EStDV, R 4.2 Abs. 8 EStR).

Ein eigenbetrieblich genutzter Grundstücksteil ist dann von untergeordneter Bedeutung, wenn sein Wert im Verhältnis zum **gemeinen Wert** des ganzen Grundstücks – grundsätzlich gemessen an der Nutzfläche – weder mehr als $1/5$ **noch mehr als 20.500 €** beträgt. Dabei ist auf den Wert des Gebäudeteils zuzüglich des dazugehörigen Grund und Bodens abzustellen.

Die Prüfung, ob ein eigenbetrieblich genutzter Grundstücksteil von untergeordnetem Wert vorliegt, ist erstmals bei Erwerb oder Herstellung vorzunehmen (und erfolgter betrieblicher Nutzung). Gehört der Grundstücksteil danach nicht zum Betriebsvermögen, so ist damit nicht für alle Zeit die Zugehörigkeit zu einem Vermögensbereich entschieden.

Für jeden Bilanzstichtag ist erneut zu prüfen, ob der eigenbetrieblich genutzte Teil noch von untergeordneter Bedeutung ist. Kommt es dann zu einer Wertüberschreitung, ist auf den jeweiligen Bilanzstichtag eine Einlage vorzunehmen.

Beträgt der Wert eines eigenbetrieblich genutzten Grundstücksteils zu einem späteren Bilanzstichtag nicht mehr als $1/5$ des gesamten Grundstückswerts und nicht mehr als 20.500 €, so besteht ein Wahlrecht, den Grundstücksteil weiterhin als Betriebsvermögen zu behandeln oder zum Teilwert zu entnehmen (R 4.2 Abs. 8 Satz 7 EStR).

Grundstücke, die im Eigentum einer Kapitalgesellschaft stehen, sind bei dieser stets notwendiges Betriebsvermögen.

3.2 Grundstücke als gewillkürtes Betriebsvermögen

Grundstücke und Grundstücksteile, die nicht wegen eigenbetrieblicher Nutzung notwendiges Betriebsvermögen sind und weder eigenen Wohnzwecken dienen noch an Dritte unentgeltlich zu Wohnzwecken überlassen sind, sondern an fremde Betriebe oder zu Wohnzwecken vermietet sind, können unter Beachtung der allgemeinen Grundsätze als gewillkürtes Betriebsvermögen behandelt werden (Wahlrecht!). Auch hier ist der deklaratorische Bilanzausweis zwingend erforderlich, wenn der Steuerpflichtige sie als Betriebsvermögen behandeln will (R 4.2 Abs. 9 EStR).

Ein bilanzierender Gewerbetreibender kann i.d.R. Grundstücke, die kein notwendiges Betriebsvermögen sind und die auch nicht eigenen Wohnzwecken dienen, als gewillkürtes Betriebsvermögen behandeln, es sei denn, dass dadurch das Gesamtbild der gewerblichen Tätigkeit so verändert wird, dass es den Charakter einer Vermögensnutzung im gewerblichen Bereich erhält (R 4.2 Abs. 9 EStR).

Der objektive betriebliche Zusammenhang bedarf i.d.R. keines besonderen Nachweises (R 4.2 Abs. 9 Satz 5 EStR). Der Steuerpflichtige übt sein Wahlrecht zugunsten des gewillkürten Betriebsvermögens durch Ausweis des Wirtschaftsgutes in der Bilanz aus.

Das Wahlrecht muss darüber hinaus als Einlage in der laufenden Buchführung erfasst und ausgeübt werden. Erst vom Zeitpunkt der Einlagebuchung an liegt gewillkürtes Betriebsvermögen vor. Eine nachträgliche Bilanzänderung ist insoweit nicht zulässig.

Hat der Steuerpflichtige das Wirtschaftsgut zunächst durch „Nichtbilanzierung" dem Privatvermögen zugeordnet, ist ein Ausweis als gewillkürtes Betriebsvermögen nur mit Wirkung für die Zukunft möglich (durch Neueinlage und entsprechende Buchung).

Wird ein Gebäude oder Gebäudeteil als gewillkürtes Betriebsvermögen behandelt, gehört auch der dazugehörende anteilige Grund und Boden zum gewillkürten Betriebsvermögen. Der Grund und Boden folgt dem Gebäude (R 4.2 Abs. 9 Satz 6 EStR).

3.3 Grundstücke als notwendiges Privatvermögen

Eigenen Wohnzwecken dienende Grundstücke oder Grundstücksteile gehören zum Privatvermögen und dürfen nicht bilanziert werden.

Gebäude oder Gebäudeteile, die eigenen Wohnzwecken dienen, gehören zusammen mit dem anteiligen Grund und Boden zum notwendigen Privatvermögen.

Das gleiche gilt für Grundstücke oder Grundstücksteile, die Dritten unentgeltlich (aufgrund gesicherter oder nicht gesicherter Rechtsposition) zu fremdbetrieblichen oder zu Wohnzwecken überlassen werden.

Schluss

Ich bedanke mich für Ihre Aufmerksamkeit.

Vortrag 12: Rückstellungen in Handels- und Steuerbilanz

I. Einführende Hinweise

Aus dem Vollständigkeitsgebot (§ 246 Abs. 1 HGB) und dem Imparitätsprinzip (§ 252 Abs. 1 Nr. 4 HGB) ergibt sich die Pflicht, sämtliche Schulden im Jahresabschluss auszuweisen. Das Steuerrecht durchbricht die Ansatzpflicht in einigen Regelungen des § 5 EStG. Die Bewertung ist im Handelsrecht im § 253 Abs. 1 und 2 HGB geregelt. Das Steuerrecht enthält im § 6 Abs. 1 Nr. 3a EStG zahlreiche Vorbehalte für die steuerliche Gewinnermittlung.

II. Die Gliederung

	Gliederungspunkt	**Die Stichworte**
	Einleitung	**Thema; Kurzübersicht**
1.	Allgemeines	Begriff
1.1	Passivierungsgebot nach Handelsrecht	ungewisse Verbindlichkeiten, Drohverluste, unterlassene Instandhaltungen, Abraumbeseitigung, Kulanzgewährleistungen, latente Steuern, Erläuterungen zu den einzelnen Tatbeständen, Erfüllungsrückstand

	Gliederungspunkt	Die Stichworte
1.2	Passivierungsgebot nach Steuerrecht	Grundsätzlich wie Handelsrecht, Einschränkungen
1.3	Auflösung	Wegfall der Gründe, Rechtsstreitigkeiten
2.	Bewertung nach Handelsrecht	**Berücksichtigung künftiger Preis- und Kostensteigerungen, Abzinsung**
3.	Bewertung nach Steuerrecht	Grundsätzlich wie Handelsrecht, Erfahrungen der Vergangenheit; Sachleistungsverpflichtungen zu Vollkosten, Gegenrechnung künftiger Vorteile, Ansammlungsrückstellungen, Abzinsung, **keine Berücksichtigung künftiger Preis- und Kostensteigerungen**
4.	Rückstellungen und Corona	Fachlicher Hinweis des IDW
	Schluss	**Anpassung Handelsrecht an Steuerrecht durch BilMoG, aber auch größere Lücke bei Bewertung**

III. Der Vortrag

Einleitung

Sehr geehrter Herr Prüfungsvorsitzender, meine Damen und Herren, ich habe mich für das Thema „**Rückstellungen in Handels- und Steuerbilanz**" entschieden. Die periodengerechte Gewinnabgrenzung macht es erforderlich, einer Rechnungsperiode zuzuordnende Verpflichtungen unabhängig vom tatsächlichen Mittelabfluss zu antizipieren und der Periode der wirtschaftlichen Verursachung zuzuordnen. Im laufenden Rechnungswesen geschieht das durch die Erfassung von Verbindlichkeiten und Forderungen. Darüber hinaus sind jedoch auch noch nicht konkretisierte Risiken bei der Bilanzierung durch Rückstellungen zu erfassen.

1. Allgemeines

Rückstellungen sind Schulden, die entweder dem Grunde und/oder der Höhe und/oder der Fälligkeit nach zum Abschlussstichtag ungewiss sind, d.h. noch nicht genau feststehen.

1.1 Passivierungsgebot nach Handelsrecht

Rückstellungen **sind zwingend zu bilden:**

- Für ungewisse Verbindlichkeiten (§ 249 Abs. 1 Satz 1 HGB),
- für drohende Verluste aus schwebenden Geschäften (§ 249 Abs. 1 Satz 1 HGB),
- für unterlassene Instandhaltungen, die innerhalb von drei Monaten nach dem Bilanzstichtag nachgeholt werden (§ 249 Abs. 1 Satz 2 Nr. 1 HGB),
- für Abraumbeseitigungen, die im folgenden Geschäftsjahr nachgeholt werden (§ 249 Abs. 1 Satz 2 Nr. 1 HGB),
- für Gewährleistungen, die ohne rechtliche Verpflichtung erbracht werden (§ 249 Abs. 1 Satz 2 Nr. 2 HGB, auch Kulanzleistungen),
- für passive latente Steuern (§ 274 Abs. 1 HGB), wenn die kleine Kapitalgesellschaft von § 274a Nr. 4 HGB Gebrauch macht.

Eine **Rückstellung für ungewisse Verbindlichkeiten** ist zu bilden, wenn es sich um eine Verbindlichkeit gegenüber einem Dritten oder eine öffentlich-rechtliche Verpflichtung (R 5.7 Abs. 3 EStR) handelt, die Verpflichtung wirtschaftlich vor dem Bilanzstichtag verursacht ist (R 5.7 Abs. 4 EStR) und mit einer Inanspruchnahme aus einer nach ihrer Entstehung oder Höhe ungewissen Verbindlichkeit ernsthaft zu rechnen ist (R 5.7 Abs. 5 EStR).

Rückstellungen für ungewisse Verbindlichkeiten müssen insbesondere aus einem Erfüllungsrückstand heraus gebildet werden. Verbindlichkeitsrückstellungen erfassen bereits „entstandene" Aufwendungen.

Der BFH vom 28.08.2018 (X B 48/18, BFH/NV 2019, 113 Nr. 2) hat beschlossen, dass es für die Bildung einer Rückstellung für ungewisse Verbindlichkeiten erforderlich ist, dass der Bilanzaufsteller am Bilanzstichtag ernsthaft mit der Inanspruchnahme rechnen musste. Nicht zwingend ist hierbei, dass zum Bilanzstichtag bereits eine Mängelrüge erfolgt ist, aber objektive Anknüpfungspunkte müssen bereits gegeben sein.

1.2 Passivierungsgebot nach Steuerrecht

Besteht handelsrechtlich ein Passivierungsgebot, so gilt das grundsätzlich – nach dem Grundsatz der Maßgeblichkeit der Handelsbilanz für die Steuerbilanz (§ 5 Abs. 1 Satz 1 EStG) – auch für die steuerliche Gewinnermittlung.

Einschränkungen für die steuerliche Gewinnermittlung ergeben sich für:

- bedingt zu erfüllende Verpflichtungen (§ 5 Abs. 2a EStG),
- Patentrechtsverletzungen (§ 5 Abs. 3 EStG),
- Zuwendungen anlässlich eines Dienstjubiläums (§ 5 Abs. 4 EStG),
- drohende Verluste aus schwebenden Geschäften (§ 5 Abs. 4a EStG),
- Anschaffungs- oder Herstellungskosten (§ 5 Abs. 4b EStG),
- übernommene Verpflichtungen (§ 4f EStG),
- Pensionsverpflichtungen (§ 6a EStG) und
- Latente Steuern (§ 4 Abs. 1 EStG).

1.3 Auflösung

Sind die Gründe für Rückstellungen entfallen, so sind Rückstellungen aufzulösen (§ 249 Abs. 2 Satz 2 HGB). Das gilt auch dann, wenn nach dem Bilanzstichtag, aber vor der Bilanzerstellung Umstände bekannt werden, die am Bilanzstichtag objektiv vorlagen, aus denen sich ergibt, dass mit einer Inanspruchnahme nicht mehr zu rechnen ist (H 5.7 Abs. 13 „Auflösung" EStH).

Eine **Rückstellung für eine gerichtsanhängige Schadensersatzverpflichtung** ist nach den Grundsätzen der Wertaufhellung allerdings erst aufzulösen, wenn über die Verpflichtung endgültig und rechtskräftig ablehnend entschieden ist. Eine Rückstellung ist nicht aufzulösen, wenn der Unternehmer in einer Instanz obsiegt hat, der Prozessgegner gegen diese Entscheidung aber noch ein Rechtsmittel einlegen kann. Ein nach dem Bilanzstichtag aber vor dem Zeitpunkt der Bilanzaufstellung erfolgter Verzicht des Prozessgegners auf ein Rechtsmittel wirkt nicht auf die Verhältnisse am Bilanzstichtag zurück (H 5.7 Abs. 13 „Rechtsmittel" EStH).

Hinsichtlich der Beurteilung für die Auflösung einer Schadensersatzrückstellung ist der Eintritt der Rechtskraft eines Urteils immer ein rechtbegründendes, nie ein wertaufhellendes Ereignis.

Selbst Verhandlungen am Bilanzstichtag über den Wegfall einer Verpflichtung rechtfertigen grundsätzlich nicht die Auflösung der Rückstellung (H 5.7 Abs. 13 „Verhandlungen" EStH).

2. Bewertung nach Handelsrecht

Da bei einer Rückstellung die tatsächliche Höhe der Inanspruchnahme nicht feststeht, ist die Höhe der Rückstellung zwangsläufig im **Schätzungswege** zu ermitteln. Die Schätzung hat sich im Rahmen einer vernünftigen kaufmännischen Beurteilung zu bewegen, um den in der Zukunft liegenden Risiken Rechnung zu tragen (§ 253 Abs. 1 Satz 2 HGB). Dabei sind Erfahrungssätze der Vergangenheit zu berücksichtigen, soweit vorhanden. Für die Bildung der Rückstellung ist grundsätzlich der Kostenaufwand maßgebend, den der Kaufmann voraussichtlich zur Erbringung der Leistung bei Fälligkeit tatsächlich aufwenden muss, sog. Erfüllungsbetrag.

Die handelsrechtliche Bewertung der Rückstellungen erfolgt unter Berücksichtigung künftiger Preis- und Kostensteigerungen. Ferner werden die Rückstellungen abgezinst.

Die Abzinsung hat auf der Grundlage des durchschnittlichen Marktzinssatzes der vergangenen sieben Geschäftsjahre, unter Berücksichtigung der Restlaufzeit der Rückstellungen, bzw. der diesen zugrunde liegenden Verpflichtungen, zu erfolgen. Im Umkehrschluss wird damit klargestellt, dass Rückstellungen mit einer Restlaufzeit von einem Jahr und weniger nicht abzuzinsen sind. Die jeweiligen Zinssätze veröffentlicht die Deutsche Bundesbank monatlich. Für die Bewertung von Pensionsrückstellungen ist seit dem Jahr 2016 davon abweichend der durchschnittliche Marktzinssatz der vergangenen 10 Geschäftsjahre zu Grunde zu legen. Die Differenz, die sich aus der Anwendung des durchschnittlichen Marktzinssatz der vergangenen 10 Geschäftsjahre gegenüber dem durchschnittlichen Marktzinssatzes der vergangenen sieben Geschäftsjahre ergibt, ist im Anhang zu erläutern und unterliegt einer Ausschüttungssperre. Diese Regelung konnte freiwillig bereits im Jahresabschluss 2015 angewendet werden.

3. Bewertung nach Steuerrecht

Nach dem Grundsatz der Maßgeblichkeit der Handelsbilanz für die Steuerbilanz sind Rückstellungen grundsätzlich wie vor beschrieben auch in der Steuerbilanz anzusetzen.

Nach § 6 Abs. 1 Nr. 3a EStG i.V.m. § 5 Abs. 6 EStG, sind Rückstellungen für die steuerliche Gewinnermittlung jedoch höchstens insbesondere unter Berücksichtigung folgender Grundsätze anzusetzen:

- bei **Rückstellungen für gleichartige Verpflichtungen** ist auf der Grundlage der Erfahrungen in der Vergangenheit aus der Abwicklung solcher Verpflichtungen die Wahrscheinlichkeit zu berücksichtigen, dass der Steuerpflichtige nur zu einem Teil der Summe dieser Verpflichtungen in Anspruch genommen wird;
- **Rückstellungen für Sachleistungsverpflichtungen** sind mit den Einzelkosten und den angemessenen Teilen der notwendigen Gemeinkosten zu bewerten;
- **künftige Vorteile**, die mit der Erfüllung der Verpflichtung voraussichtlich verbunden sein werden, sind, soweit sie nicht als Forderung zu aktivieren sind, bei ihrer Bewertung Wert mindernd zu berücksichtigen;
- **Rückstellungen für Verpflichtungen**, für deren Entstehen im wirtschaftlichen Sinne der laufende Betrieb ursächlich ist, sind zeitanteilig in gleichen Raten anzusammeln. Rückstellungen für die Verpflichtung, ein Kernkraftwerk stillzulegen, sind ab dem Zeitpunkt der erstmaligen Nutzung bis zum Zeitpunkt, in dem mit der Stilllegung begonnen werden muss, zeitanteilig in gleichen Raten anzusammeln; steht der Zeitpunkt der Stilllegung nicht fest, beträgt der Zeitraum für die Ansammlung 25 Jahre;
- **langfristige Rückstellungen für Verpflichtungen** sind mit einem Zinssatz von 5,5 % abzuzinsen. Für die Abzinsung von Rückstellungen für Sachleistungsverpflichtungen ist der Zeitraum bis zum Beginn der Erfüllung maßgebend.
- **Künftige Preis- und Kostensteigerungen** dürfen im Gegensatz zur Bewertung in der Handelsbilanz in der Steuerbilanz bei der Bewertung der Rückstellungen nicht berücksichtigt werden.

Nach Auffassung der Finanzverwaltung stellt jedoch der handelsrechtliche Rückstellungswert stets die betragsmäßige Obergrenze für den steuerlichen Rückstellungswert dar, d.h. die Rückstellung darf mit Ausnahme der Pensionsrückstellungen in der Steuerbilanz nicht höher sein als in der Handelsbilanz. Diese Auffassung ist jedoch umstritten.

Durch das AIFM-Gesetz wurde Ende 2013 der neue § 4f EStG in das Steuerrecht eingefügt, nach dem Rückstellungen, die im Rahmen einer Schuldübernahme übernommen wurden, zu den der Übernahme folgenden Bilanzstichtagen selbst dann mit den steuerlich maßgeblichen Wertansätzen zu bewerten sind, wenn diese entgeltlich übernommen wurden. Dadurch kann es bei der entgeltlichen Schuldübernahme zu erheblichen Übernahmefolgegewinnen kommen.

4. Rückstellungen und Corona

Das Institut der Wirtschaftsprüfer (IDW) hat in 2020 und 2021 mehrere fachliche Hinweise veröffentlicht und mehrfach aktualisiert, die sich damit auseinandersetzen, welche Folgen das Corona-Virus auf die Rechnungslegung nach HGB haben kann.

Bezogen auf die darin enthaltenen Aussagen zu Rückstellungen bauen diese auf dem Hinweis 1 des IDW auf bzw. ergänzen ihn u.a. um die Auswirkungen auf Abschlüsse und Lageberichte für Berichtsperioden, die nach dem 31.12.2019 enden. Geregelt werden u.a. die Auswirkungen der Corona-Pandemie und deren Folgen auf die Bewertung von Passivposten (Rückstellungen und Verbindlichkeiten).

Schluss

Rückstellungen werden im Steuerrecht zu Unrecht als „Steuersparinstrument" misstrauisch betrachtet, stellen jedoch handelsrechtlich notwendige Bilanzpositionen dar, um den Gläubigern des Unternehmens ein tatsächliches „Bild der Vermögens- und Ertragslage" zu vermitteln. Hinsichtlich der Bewertung klaffen jedoch – wegen der steuerrechtlich erheblichen Einschränkungen dem Grunde nach – und der abweichenden Bewertungsspielregeln weiterhin große Lücken zwischen Handels- und Steuerrecht.

Ich bedanke mich für Ihre Aufmerksamkeit.

Vortrag 13: Rechnungsabgrenzungsposten in der Handels- und Steuerbilanz

I. Einführende Hinweise

Bei dem Thema kann man sich im Vortragsaufbau eng am Gesetzesaufbau des § 250 HGB halten und sollte insbesondere Unterschiede zwischen Handels- und Steuerbilanz darstellen.

II. Die Gliederung

	Gliederungspunkt	Die Stichworte
	Einleitung	**Thema; Kurzübersicht**
1.	Allgemeines	Begriff, antizipative und transitorische Posten, Rechtsgrundlagen
2.	Handelsrecht	Aktive Rechnungsabgrenzungsposten, Passive Rechnungsabgrenzungsposten, Disagio
2.1	Aktive Rechnungsabgrenzungsposten/ ARAP	Begriff, Abgrenzung der Tatbestandsmerkmale, Beispiele
2.2	Passive Rechnungsabgrenzungsposten/ PRAP	Begriff, Beispiele
2.3	Disagio	Darstellung Sachverhalt, Tilgungs- und Fälligkeitsdarlehen, RAP kein Vermögensgegenstand/Wirtschaftsgut
3.	Steuerliche Abweichungen	§ 5 Abs. 5 EStG
3.1	Disagio	Aktivierungspflicht
3.2	Umsatzsteuer aus Anzahlungen und Verbrauchssteuern	Aktivierungspflicht in der Steuerbilanz und vergleichende Darstellung in Handels- und Steuerbilanz
	Schluss	

III. Der Vortrag

Einleitung

Sehr geehrter Herr Prüfungsvorsitzender, meine Damen und Herren, ich habe mich für das Thema „**Rechnungsabgrenzungsposten in der Handels- und Steuerbilanz**" entschieden.

Berühren Geschäftsvorfälle das Ergebnis von zwei oder mehr Geschäftsjahren, müssen zur Gewährleistung einer periodengerechten Gewinnabgrenzung nach dem Grundsatz der Periodenabgrenzung des § 252 Abs. 1 Nr. 5 HGB i.V.m. § 5 Abs. 1 EStG sowohl in der Handels- als auch in der Steuerbilanz Rechnungsabgrenzungen vorgenommen werden. Rechnungsabgrenzungsposten sind quasi eine Materialisierung des Periodenprinzips.

1. Allgemeines

Man unterscheidet bei den Rechnungsabgrenzungen transitorische und antizipative Rechnungsabgrenzungsposten. Transitorische Abgrenzungsposten sind Ausgaben bzw. Einnahmen vor dem Abschlussstichtag, die Aufwand bzw. Ertrag nach dem Abschlussstichtag darstellen. Diese sind für die Handelsbilanz in § 250 HGB und für die Steuerbilanz nochmals gesondert in § 5 Abs. 5 EStG geregelt und sollen im Weiteren den Schwerpunkt meines Vortrages darstellen. Antizipative Posten sind in Abgrenzung dazu Ausgaben bzw. Einnahmen nach dem Abschlussstichtag, die Aufwand bzw. Ertrag vor dem Abschlussstichtag darstellen. Im Wesentlichen kommt die antizipative Rechnungsabgrenzung in Forderungen, Verbindlichkeiten und Rückstellungen zum Ausdruck.

2. Handelsrecht

Ich werde nun im Folgenden zunächst die handelsrechtlichen Regelungen zu Rechnungsabgrenzungsposten darstellen und beginne mit den „klassischen" Aktiven Rechnungsabgrenzungsposten.

2.1 Aktive Rechnungsabgrenzungsposten/ARAP

Werden vor dem Abschlussstichtag **Ausgaben** geleistet, die wirtschaftlich erst nach dem Abschlussstichtag einen entsprechenden Aufwand darstellen (z.B. die zeitanteilige Vorauszahlungen für Kfz-Steuer und Kfz-Versicherung), so ist der Teil der Ausgabe, der die zukünftige Periode betrifft, gem. § 250 Abs. 1 HGB als aktive Rechnungsabgrenzung zu bilanzieren. Rechnungsabgrenzungsposten sind jedoch nur für Zahlungen zu bilden, die **für eine bestimmte Zeit** nach dem Bilanzstichtag Aufwendungen und Erträge darstellen. Eine bestimmte Zeit liegt nur vor, wenn die Zeit, der die abzugrenzenden Ausgaben und Einnahmen zuzurechnen sind, kalendermäßig festliegt und nicht nur geschätzt wird (R 5.6 Abs. 2 EStR und EStH 5.6 „Bestimmte Zeit nach dem Abschlussstichtag" EStH).

Eine enge Auslegung dieses Tatbestandsmerkmals entspricht bei aktiven Rechnungsabgrenzungsposten dem Vorsichtsprinzip, bei passiven Rechnungsabgrenzungsposten kann es jedoch zu einer zu frühen vollständigen Gewinnrealisierung führen.

Rechnungsabgrenzungsposten sind keine Wirtschaftsgüter, sondern lediglich Verrechnungsposten, die der **periodengerechten Gewinnabgrenzung** dienen (§ 252 Abs. 1 Nr. 5 HGB). Der Wertansatz richtet sich nach dem auf das neue Wirtschaftsjahr entfallenden Anteil der Zahlung, wobei das Verhältnis der noch zu erwartenden Gegenleistung zur Gesamtleistung maßgebend ist.

2.2 Passive Rechnungsabgrenzungsposten/PRAP

Für **Einnahmen** vor dem Abschlusszeitpunkt, die wirtschaftlich erst Erträge für einen Zeitraum nach dem Bilanzstichtag darstellen, ist ein passiver Rechnungsabgrenzungsposten zu bilden (§ 250 Abs. 2 HGB und § 5 Abs. 5 Nr. 2 EStG). Mit der Bildung eines passiven Rechnungsabgrenzungspostens soll erreicht werden, dass vorab erhaltene Einnahmen entsprechend des Realisationsprinzips erst dann als Ertrag in Erscheinung treten, wenn der Unternehmer seine betriebliche Leistung hierfür erbracht hat.

Im Hinblick auf die Voraussetzung, dass es sich um Ertrag für eine „bestimmte Zeit nach dem Stichtag" handeln muss, hat der BFH wiederholt folgendes **Auslegungsmerkmal** herangezogen: Die Bildung eines passiven RAP ist auch anzuerkennen, wenn sich aus einem Rechtsvorgang eindeutige Anhaltspunkte für die Berechnung eines Mindestzeitraums gewinnen lassen.

Eine Übertragung der Grundsätze dieses Urteils auch auf aktive Rechnungsabgrenzungsposten ist allerdings nicht oder nur sehr eingeschränkt möglich. Der BFH führte insbesondere das Realisierungsprinzip als entscheidendes Argument an, warum bei Erhalt der Zahlung noch nicht in voller Höhe sofort Betriebseinnahmen vorliegen, wenn für die Zahlung in einem unbestimmten Zeitraum, für den sich allerdings ein Mindestzeitraum ermitteln lässt, noch Gegenleistungen zu erbringen sind. Eine 1:1-Übertragung auf aktive Rechnungsabgrenzungsposten verstoße dagegen gegen das Imparitätsprinzip, da eine Aktivierung weder als Wirtschaftsgut noch – in Ermangelung einer zeitlich hinreichend konkretisierten Nutzung – ein aktiver Rechnungsabgrenzungsposten in Betracht kommt.

2.3 Disagio

Finanzierungskosten, die regelmäßig bei der Aufnahme von Darlehen anfallen (Agio, Disagio, Damnum, Abschluss-, Bearbeitungs- oder Verwaltungsgebühren des Darlehensgebers) und wirtschaftlich mit der Laufzeit des Darlehens zusammenhängen, **können bilanziell aktiv abgegrenzt** und über die Laufzeit der Schuld verteilt werden. **Handelsrechtlich besteht** insoweit nach wie vor **ein echtes Wahlrecht** (§ 250 Abs. 3 HGB). Alternativ könnte ein einbehaltenes Damnum oder Disagio auch unmittelbar im Zinsaufwand der laufenden Periode erfasst werden.

Wenn das Disagio allerdings bilanziert wird, kommt ein niedrigerer Ansatz zu einem späteren Bilanzstichtag nicht in Betracht, wenn sich die allgemeinen Kreditbedingungen bessern und z.B. bei sonst gleichem Zinssatz ein niedrigeres Disagio berechnet würde, da ein RAP kein Vermögensgegenstand bzw. Wirtschaftsgut ist und daher keinen niedrigeren Teilwert haben kann. Ebenso wenig ist ein Rechnungsabgrenzungsposten entnahmefähig. Die Verteilung ist grundsätzlich abhängig von der Darlehenslaufzeit, bei einem kürzeren Zinsfestschreibungszeitraum jedoch vom Zinsfestschreibungszeitraum.

Wird ein Darlehn – auch teilweise – vorzeitig getilgt oder Privatschuld, ist der ARAP-Posten (ggf. anteilig) – zu Lasten des laufenden Jahresüberschusses – aufzulösen.

Die Verteilung erfolgt je nach Darlehnsart bei einem Fälligkeitsdarlehen, das zu einer Summe am Ende der Darlehenslaufzeit zurückgezahlt wird, linear oder bei einem Tilgungsdarlehen digital (arithmetisch degressiv).

3. Steuerliche Abweichungen

Handelsrechtlich sind die Rechnungsabgrenzungsposten grundsätzlich zwingend zu bilanzieren (§ 250 Abs. 1 Satz 1 HGB). Ein **Bilanzierungswahlrecht** ergibt sich ausschließlich für einen aktiven Rechnungsabgrenzungsposten für ein Damnum.

Steuerrechtlich sind die Rechnungsabgrenzungen uneingeschränkt zwingend zu bilanzieren (§ 5 Abs. 5 EStG).

3.1 Disagio

Der wesentliche Unterschied zwischen der handels- und der steuerrechtlichen Bilanzierung besteht daher darin, dass ein Rechnungsabgrenzungsposten in der Steuerbilanz zwingend gebildet werden muss. Erleichterungen ergeben sich lediglich insoweit, als bei abzugrenzenden geringfügigen Beträgen bis 410 € auf eine Abgrenzung aus praktischen Erwägungen verzichtet werden kann.

3.2 Umsatzsteuer aus Anzahlungen und Verbrauchssteuern

Bei Aufstellung der Handelsbilanz **durften in 2009 letztmalig** als Aufwand berücksichtigte Umsatzsteuer auf am Abschlussstichtag auszuweisende oder von den Vorräten offen abgesetzte Anzahlungen ausgewiesen werden (§ 250 Abs. 1 Nr. 2 HGB). **Die Vorschrift wurde allerdings durch das BilMoG ersatzlos gestrichen!**
Für die Ermittlung des steuerlichen Gewinns besteht in diesen Fällen eine Aktivierungspflicht bei Bruttoausweis der Anzahlungsverbindlichkeit (§ 5 Abs. 5 Satz 2 Nr. 2 EStG).

Dies kann bei wörtlicher Auslegung des § 250 HGB in Fällen der Anzahlung zu ungewollten Ergebnissen führen. Der Erhalt einer Anzahlung ist bilanziell zunächst mal erfolgsneutral, er stellt einen Aktiv-/Passivtausch mit bilanzverlängernder Wirkung dar. Umsatzsteuerlich unterliegt der Erhalt der Anzahlung auf eine umsatzsteuerpflichtige Leistung jedoch gemäß § 13 UStG bereits der Umsatzsteuer. Der Erhalt einer Anzahlung hat daher folgende bilanzielle Konsequenzen:

Bank/Kasse	119.000 €	an	erhaltene Anzahlungen	119.000 €.

Da es sich bei der erhaltenen Anzahlung um eine Verbindlichkeit handelt, ist diese mit dem Erfüllungsbetrag von 119.000 € zu bewerten.

Weiterhin ist noch zu buchen: Umsatzsteuer aus der Anzahlung 19.000 € an Umsatzsteuer 19.000 €

In Ermangelung eines Gegenkontos wäre die Umsatzsteuer aus einer erhaltenen Anzahlung bei einem Bruttoausweis der erhaltenen Anzahlung als Verbindlichkeit vorübergehender Aufwand, dem ein entsprechender Ertrag bei Realisierung des Geschäftes gegenüberstünde. Dieses Ergebnis führt zu einer nicht periodengerechten Gewinnverschiebung. Daher lässt das Institut der deutschen Wirtschaftsprüfer (IDW) auch die sogenannte Nettodarstellung zu, bei der die erhaltene Anzahlung nur in Höhe des Betrages von 100.000 € ausgewiesen wird. Es erfolgt quasi gedanklich eine Verrechnung der Anzahlungsverbindlichkeit mit einem eventuell künftigen Umsatzsteuerkorrekturanspruch, der sich gemäß § 17 Umsatzsteuergesetz ergeben würde, wenn das Geschäft doch nicht zu Stande käme bzw. rückabgewickelt wurde.
Der Buchungssatz beim Nettoausweis lautet daher:

Bank/Kasse	119.000 €	an	erhaltene Anzahlung	100.000 €
			Umsatzsteuer	19.000 €

Derselbe Buchungssatz lautet in der Steuerbilanz stets:

Bank/Kasse	119.000 €	an	erhaltene Anzahlung	119.000 €
ARAP	19.000 €	an	Umsatzsteuer	19.000 €

Im Ergebnis sind beide Formen der Darstellung (netto Ausweis in der Handelsbilanz und Darstellung über Rechnungsabgrenzungsposten in der Steuerbilanz) über die Perioden bezogen auf die Umsatzsteuer erfolgsneutral. Da beide Buchungssätze in der Praxis zum selben Ergebnis führen, wird die Übernahme der handelsrechtlichen Darstellung in die Steuerbilanz in der Praxis durch die Finanzverwaltung und Betriebsprüfer nicht beanstandet werden.

Während handelsrechtlich 2009 letztmalig dazu ein Wahlrecht bestand, sind Zölle und Verbrauchsteuern, die als Aufwand berücksichtigt wurden steuerrechtlich zwingend aktiv abzugrenzen (§ 5 Abs. 5 Satz 2 Nr. 1 EStG).

Voraussetzung für die Bildung dieses Rechnungsabgrenzungspostens ist, dass am Bilanzstichtag mit Zöllen oder Verbrauchsteuern belastetes Vorratsvermögen auszuweisen ist, und dass diese Steuern **nicht** als Anschaffungsnebenkosten oder als Materialkosten eindeutig in die Anschaffungs- oder Herstellungskosten eingeflossen sind (BFH vom 05.05.1983, BStBl II 1983, 559).

Schluss

Gerade bei Kleinbeträgen steht der zusätzliche Informationsnutzen und Aussagegehalt einer korrekten Abgrenzung in keinem sinnvollen Verhältnis zu dem Aufwand der Ermittlung und Buchung der Beträge. Beträgt der Wert eines einzelnen Abgrenzungspostens nicht mehr als netto 800 €, kann ausnahmsweise auf die Bilanzierung eines aktiven Rechnungsabgrenzungspostens verzichtet werden (BFH, Beschluss vom 18.03.2010, X R 20/09). Der BFH überträgt mit dieser Entscheidung die Grundsätze der Wesentlichkeit des Handelsrechts auch auf die Steuerbilanz. Der BFH argumentiert, auch dem Steuerrecht sei der Grundsatz der Wesentlichkeit nicht fremd, da er den sofortigen Abzug von Wirtschaftsgütern bis zu Anschaffungskosten von netto 800 € (bis 31.12.2017: 410 € netto) als sogenannte geringwertige Wirtschaftsgüter gemäß § 6 Abs. 2 EStG zulasse. Wenn dies für Wirtschaftsgüter gelte, müsse dies auch für Rechnungsabgrenzungsposten gelten, zumindest solange der Wert der Summe der Rechnungsabgrenzungsposten für das Unternehmen von untergeordneter Bedeutung ist.

Beispiel: Ein Spediteur mit einer Bilanzsumme von 1,8 Mio. € zahlt im April 2019 Kfz-Steuer für insgesamt zehn Lkw seines Betriebsvermögens i.H.v. insgesamt 12.000 € im Voraus.

Lösung: Eigentlich wäre die Vorauszahlung, soweit sie das folgende Wirtschaftsjahr 2020 betrifft in Höhe von 3.000 € aktiv abzugrenzen. Da jedoch der einzelne Abgrenzungsbetrag pro Rechnungsabgrenzungsposten (Kfz-Steuer pro Lkw) mit 300 € pro Lkw dem Betrag von 800 € nicht übersteigt und auch die Summe der insgesamt sich ergebenden Rechnungsabgrenzungsposten bei der Bilanzsumme des Spediteurs insgesamt von untergeordneter Bedeutung ist, ist eine aktive Abgrenzung der Kfz-Steuer weder in der Handels- noch in der Steuerbilanz notwendig.

Ich bedanke mich für Ihre Aufmerksamkeit.

Vortrag 14: Die steuerbilanzielle Behandlung von Mietereinbauten

I. Einführende Hinweise

Naheliegend ist ein Aufbau des Themas entlang des Erlasses des BMF vom 15.01.1976, IV B 2 – S 2133 – 1/76, BStBl I 1976, 66. Da die Erlasse jedoch regelmäßig kein zulässiges Hilfsmittel zur Vorbereitung des mündlichen Kurzvortrages darstellen, sollte man diesen so gut wie möglich „aus dem Kopf" rekonstruieren.

II. Die Gliederung

	Gliederungspunkt	**Die Stichworte**
	Einleitung	**Thema; Kurzübersicht**
1.	Allgemeines	Bedeutung von Mietereinbauten

	Gliederungspunkt	Die Stichworte
2.	Arten von Mietereinbauten	Scheinbestandteile, Betriebsvorrichtungen, sonstige Mietereinbauten
2.1	Scheinbestandteile	Begriff, Abgrenzung der Tatbestandsmerkmale, Beispiele
2.2	Betriebsvorrichtungen	Begriff, Beispiele
2.3	Sonstige Mietereinbauten	Darstellung Fälle: wirtschaftliches Eigentum, besonderer betrieblicher Bezug zum Betrieb des Mieters
3.	Steuerliche Konsequenzen	§ 5 Abs. 5 EStG
3.1	Scheinbestandteile	Aktivierung, AfA über Mietlaufzeit
3.2	Betriebsvorrichtung	Aktivierung, AfA über Mietlaufzeit
3.3	Sonstige Mietereinbauten	Aktivierung, AfA wie Gebäude
4.	ARAP/Betriebsausgabe	Wenn kein Wirtschaftsgut: ARAP oder Betriebsausgabe
	Schluss	

III. Der Vortrag

Einleitung

Sehr geehrter Herr Prüfungsvorsitzender, meine Damen und Herren, ich habe mich für das Thema „**Die steuerbilanzielle Behandlung von Mietereinbauten**" entschieden.

Baumaßnahmen von Mietern an oder in angemieteten Räumlichkeiten sind ein in der Praxis häufig vorzufindendes Rechtsproblem. Aufgrund der regelmäßig signifikanten Beträge ergeben sich hier häufig Diskussionen zwischen Finanzverwaltung und Steuerpflichtigen.

1. Allgemeines

Zur grundlegenden Behandlung von Aufwendungen eines Mieters für Umbaumaßnahmen an angemieteten Räumen hat der BMF bereits 1976 Stellung genommen. Dieser Erlass hat bis heute Geltung und wurde mehrfach durch die Rechtsprechung bestätigt.

2. Arten von Mietereinbauten

Es werden dabei folgende Arten von Mietereinbauten unterschieden:

1. Erhaltungsaufwendungen,
2. Scheinbestandteile,
3. Betriebsvorrichtungen,
4. Sonstige Mietereinbauten.

Die durch den Mieter durchgeführten baulichen Maßnahmen sind immer dann Erhaltungsaufwand, wenn dieselbe Maßnahme durch den Vermieter durchgeführt, ebenfalls Erhaltungsaufwand wäre, z.B. Austausch des vorhandenen Teppichbodens durch neu verlegtes Laminat.

2.1 Scheinbestandteile

Ein Scheinbestandteil entsteht, wenn durch die Baumaßnahmen des Mieters Sachen „zu einem vorübergehenden Zweck" in das Gebäude eingefügt werden (§ 95 BGB). Der Mieter ist in diesem Fall rechtlicher und wirtschaftlicher Eigentümer des Scheinbestandteils.

Nach der Rechtsprechung des Bundesfinanzhofs ist eine Einfügung zu einem vorübergehenden Zweck anzunehmen, wenn die Nutzungsdauer der eingefügten Sachen länger als die voraussichtliche Mietdauer ist, die eingefügten Sachen auch nach ihrem Ausbau nicht nur einen Schrottwert, sondern noch einen beachtlichen Wiederverwendungswert repräsentieren und nach den gesamten Umständen, insbesondere nach Art und

Zweck der Verbindung damit gerechnet werden kann, dass die eingebauten Sachen später wieder entfernt werden (vgl. BFH-Urteile vom 24.11.1970, BStBl II 1971, 157 und vom 04.12.1970, BStBl II 1971, 165).

2.2 Betriebsvorrichtungen

Die Frage, ob durch die Aufwendungen des Mieters eine Betriebsvorrichtung des Mieters entsteht, ist nach den allgemeinen Grundsätzen zu entscheiden. Betriebsvorrichtungen sind selbständige Wirtschaftsgüter, weil sie nicht in einem einheitlichen Nutzungs- und Funktionszusammenhang mit dem Gebäude stehen. Sie gehören auch dann zu den beweglichen Wirtschaftsgütern, wenn sie wesentliche Bestandteile eines Grundstücks sind, R 7.1 Abs. 3 EStR. Zur Abgrenzung von den Betriebsgrundstücken sind die allgemeinen Grundsätze des Bewertungsrechts anzuwenden (§ 68 Abs. 2 Nr. 2, § 99 Abs. 1 Nr. 1 BewG); gleichlautende Erlasse der obersten Finanzbehörden der Länder vom 15.03.2006 (BStBl I 2006, 314). Beispiele für Betriebsvorrichtungen sind Maschinen, Lastenaufzüge, Bedienungsanlagen, usw.

Entsteht durch die Aufwendungen des Mieters eine Betriebsvorrichtung, so handelt es sich bei der Betriebsvorrichtung demzufolge auch nicht um einen Teil des Gebäudes, sondern um ein besonderes Wirtschaftsgut.

2.3 Sonstige Mietereinbauten

Wenn durch die Baumaßnahme des Mieters weder ein Scheinbestandteil noch eine Betriebsvorrichtung entsteht, könnte ein sog. sonstiger Mietereinbau entstehen.

Sonstige Mietereinbauten und Mieterumbauten, sind Aufwendungen für die Herstellung eines materiellen Wirtschaftsguts des Anlagevermögens, wenn entweder:

1. der Mieter wirtschaftlicher Eigentümer der von ihm geschaffenen sonstigen Mietereinbauten oder Mieterumbauten ist, oder wenn der mit Beendigung des Mietvertrags entstehende Herausgabeanspruch des Eigentümers zwar auch die durch den Einbau oder Umbau geschaffene Substanz umfasst, dieser Anspruch jedoch keine wirtschaftliche Bedeutung hat. Das ist in der Regel der Fall, wenn:
   - die eingebauten Sachen während der voraussichtlichen Mietdauer technisch oder wirtschaftlich verbraucht werden, d.h. die Nutzungsdauer des Einbaus geringer ist als die Mietlaufzeit oder
   - der Mieter bei Beendigung des Mietvertrags vom Eigentümer mindestens die Erstattung des noch verbliebenen gemeinen Werts des Einbaus oder Umbaus verlangen kann. oder
2. die Mietereinbauten oder Mieterumbauten unmittelbar den besonderen betrieblichen oder beruflichen Zwecken des Mieters dienen und mit dem Gebäude nicht in einem einheitlichen Nutzungs- und Funktionszusammenhang stehen. Mietereinbauten oder Mieterumbauten dienen unmittelbar den betrieblichen oder beruflichen Zwecken des Mieters, wenn sie eine unmittelbare sachliche Beziehung zum Betrieb aufweisen. Ein daneben bestehender Zusammenhang mit dem Gebäude tritt in diesen Fällen gegenüber dem Zusammenhang mit dem Betrieb des Mieters zurück.

Beispiele:
- Der Mieter schafft durch Entfernen von Zwischenwänden ein Großraumbüro.
- Der Mieter entfernt die vorhandenen Zwischenwände und teilt durch neue Zwischenwände den Raum anders ein.
- Der Mieter gestaltet das Gebäude so um, dass es für seine besonderen gewerblichen Zwecke nutzbar wird, z.B. Entfernung von Zwischendecken, Einbau eines Tors, das an die Stelle einer Tür tritt.
- Der Mieter ersetzt eine vorhandene Treppe durch eine Rolltreppe.

Eine unmittelbare sachliche Beziehung zum Betrieb des Mieters liegt nicht vor, wenn es sich um Baumaßnahmen handelt, die auch unabhängig von der vom Mieter vorgesehenen betrieblichen oder beruflichen Nutzung hätten vorgenommen werden müssen. Das ist z.B. der Fall, wenn in ein Gebäude, für das von Anfang an der Einbau einer Zentralheizung vorgesehen war, anstelle des Eigentümers der Mieter die Zentralheizung einbaut.

3. Steuerliche Konsequenzen

Je nachdem, wie der Mietereinbau zu qualifizieren ist, ergeben sich unterschiedliche steuerliche Konsequenzen. Ein durch den Mieter getätigter Erhaltungsaufwand ist in voller Höhe sofort abzugsfähige Betriebsausgabe.

3.1 Scheinbestandteile

Entsteht durch die Baumaßnahme des Mieters ein Scheinbestandteil, so handelt es sich um ein selbständiges bewegliches Wirtschaftsgut des Anlagevermögens, das nach den allgemeinen Grundsätzen über die Mietlaufzeit abzuschreiben ist.

3.2 Betriebsvorrichtung

Entsteht durch die Baumaßnahme des Mieters eine Betriebsvorrichtung, so handelt es sich um ein selbständiges bewegliches Wirtschaftsgut des Anlagevermögens, das nach den allgemeinen Grundsätzen über die Mietlaufzeit oder die tatsächliche kürzere Nutzungsdauer abzuschreiben ist.

3.3 Sonstige Mietereinbauten

Entsteht durch die Baumaßnahme des Mieters ein sonstiger Mietereinbau, so handelt es sich um ein selbständiges unbewegliches Wirtschaftsgut des Anlagevermögens, das nach den allgemeinen Grundsätzen wie ein Gebäude, i.d.R. mit 3 % gem. § 7 Abs. 4 S. 1 Nr. 1 EStG, abzuschreiben ist. Laut BFH rechtfertigt die kürzere Mietdauer keine Abschreibung auf die Mietdauer gem. § 7 Abs. 4 S. 2 EStG

4. ARAP/Betriebsausgabe

Entsteht durch die Baumaßnahme des Mieters kein Wirtschaftsgut nach den o.g. Grundsätzen, stellen die Kosten unmittelbar abzugsfähige Betriebsausgaben dar, wenn die Kosten wegen einer vereinbarten Verrechnung mit den Mieten wirtschaftlich als Mietvorauszahlungen zu werten sind, die gem. § 250 Abs. 1 HGB und § 5 Abs. 5 Satz 1 Nr. 1 EStG als Rechnungsabgrenzungsposten aktiv abzugrenzen sind.

Schluss

Aktuelle BFH-Urteile belegen eindrucksvoll, dass Mietereinbauten bis heute ein präsentes Thema in der steuerlichen Beratung darstellen. Auch wenn die Grundsätze zur Qualifizierung von Mietereinbauten schon Jahrzehnte alt sind, sind sie unverändert aktuell.

Ich bedanke mich für Ihre Aufmerksamkeit.

Vortrag 15: Bilanzsteuerrechtliche Behandlung von Schuldübernahmen

I. Einführende Hinweise

Naheliegend ist ein Aufbau des Themas entlang des Erlasses des BMF vom 30.11.2017, IV C 6 – S 2133/14/10001, BStBl I 2017, 1619. Da die Erlasse jedoch regelmäßig kein zulässiges Hilfsmittel zur Vorbereitung des mündlichen Kurzvortrages darstellen, sollte man diesen so gut wie möglich „aus dem Kopf" rekonstruieren.

II. Die Gliederung

	Gliederungspunkt	Die Stichworte
	Einleitung	**Thema; Kurzübersicht**
1.	Allgemeines	Bedeutung von Schuldübernahmen,
2.	Rechtliche Entwicklung	Divergierende Auffassung von Finanzverwaltung und BFH, §§ 5 Abs. 7 und 4f EStG
3.	Inhalt von § 5 Abs. 7 EStG	Übertragung zu Anschaffungskosten, Folgebewertung wie Rechtsvorgänger, Verteilung des Gewinnes auf 15 Jahre
4.	Zeitliche Anwendung	Differenzierung in Altfälle bis 28.11.2013 und Neufälle seit 29.11.2013

	Gliederungspunkt	Die Stichworte
5.	Inhalt von § 4f EStG	Übertragung gegen Entgelt, Darstellung Buchaufwand, Verteilung des Aufwandes auf 15 Jahre. Ausnahmen
	Schluss	Fazit

III. Der Vortrag

Einleitung

Sehr geehrter Herr Prüfungsvorsitzender, meine Damen und Herren, ich habe mich für das Thema „**Bilanzsteuerrechtliche Behandlung von Schuldübernahmen**" entschieden. Nachdem die Finanzverwaltung und der BFH in der Vergangenheit unterschiedliche Auffassungen über die rechtlichen Konsequenzen derartiger Transaktionen vertreten haben, wurde die ursprüngliche Rechtsauffassung der Finanzverwaltung inzwischen in das Einkommensteuergesetz aufgenommen.

1. Allgemeines

Fraglich ist, welche bilanziellen Auswirkungen die entgeltliche Übertragung von Verpflichtungen auf einen Dritten beim Übertragenden und beim Übernehmenden haben.

2. Rechtliche Entwicklung

Der Bundesfinanzhof (BFH) hat in mehreren Urteilen entschieden (BFH vom 14.12.2011 (BStBl II 2017, 1226), BFH, vom 26.04.2012 (BStBl II 2017, 1228), Bezug: BFH, Urteil vom 12.12.2012 (BStBl II 2017, 1232 und 1265), dass übernommene Verpflichtungen beim Übernehmenden keinen Ansatz- und Bewertungsbeschränkungen des Steuerrechts unterliegen, sondern als ungewisse Verbindlichkeiten auszuweisen und mit den „Anschaffungskosten" oder dem höheren Teilwert zu bewerten sind. Das bedeutet konkret, dass z.B. eine gegen eine erhaltene Ausgleichszahlung übernommene Pensionsverpflichtung beim Übernehmer nicht gem. § 6a EStG zu bewerten ist, sondern mit dem Verkehrswert der Schuld i.H.d. erhaltenen Ausgleiches anzusetzen ist. Auch die entgeltliche Freistellung von einer defizitären Leistungsverpflichtung, die beim Übertragenden als sog. Drohverlustrückstellung gem. § 5 Abs. 4a EStG nicht in der Steuerbilanz angesetzt werden durfte, unterliegt gem. BFH beim Erwerber der Schuld keinem Ansatzverbot gem. § 5 Abs. 4a EStG mehr, sondern ist als Freistellungsverpflichtung zu bilanzieren.

Der BFH weicht in seinen Urteilen von der damals bestehenden Verwaltungsauffassung von den BMF-Schreiben vom 16.12.2005 und 24.06.2011 (a.a.O.) ab. Im Ergebnis könnten daher im Steuerrecht bestehende Ansatzverbote oder Bewertungseinschränkungen durch eine Übertragung auf z.B. eine Schwestergesellschaft wirksam unterlaufen werden.

Als Reaktion auf diese Rechtsprechung hat der Gesetzgeber mit Wirkung zum 28.11.2013 die bisherige Verwaltungsauffassung in den Regelungen des § 5 Abs. 7 EStG und § 4f EStG in das Einkommensteuergesetz (in der Fassung des AIFM-Steuer-Anpassungsgesetzes vom 18.12.2013 (BGBl I 2013, 4318; BStBl I 2014, 2)) übernommen.

3. Inhalt von § 5 Abs. 7 EStG

Danach hat der Übernehmer einer Verpflichtung die gleichen Bilanzierungsvorschriften dem Grunde und der Höhe nach zu beachten, die auch für den ursprünglich Verpflichteten gegolten haben.

Details zur Anwendung der Grundsätze der BFH-Rechtsprechung im Zusammenhang mit den gesetzlichen Neuregelungen in den §§ 4f und 5 Abs. 7 EStG ergeben sich aus dem Schreiben des Bundesfinanzministeriums in Abstimmung mit den obersten Finanzbehörden vom 30.11.2017 (IV C 6 – S 2133/14/10001, BStBl I 2017, 1619).

Verpflichtungen können entweder im Wege einer Schuldübernahme nach den §§ 414 ff. BGB oder durch Übernahme der mit der Verpflichtung verbundenen Lasten (Schuldbeitritte und Erfüllungsübernahmen mit vollständiger oder teilweiser Schuldfreistellung) übernommen werden. Eine Schuld kann von einem Dritten durch Vertrag mit dem Gläubiger in der Weise übernommen werden, dass der Dritte an die Stelle des bisherigen Schuldners tritt (§§ 414 ff. BGB). Verpflichtungen können dabei einzeln oder im Rahmen einer entgeltlichen Betriebsübertragung übertragen werden oder kraft Gesetzes (z.B. nach § 613a BGB, Vorgänge nach dem UmwG) auf einen Dritten übergehen.

Übernommene Verpflichtungen, die beim ursprünglich Verpflichteten bilanzsteuerlichen Ansatzverboten, -beschränkungen oder Bewertungsvorbehalten unterlegen haben, sind in der steuerlichen Gewinnermittlung des Übernehmers oder dessen Rechtsnachfolger unter Berücksichtigung des § 5 Abs. 7 EStG anzusetzen und zu bewerten. § 5 Abs. 7 EStG gilt ausschließlich für am Bilanzstichtag bestehende Verpflichtungen, die aufgrund der Vorschriften des EStG (z.B. § 5 Abs. 2a bis 4b, Abs. 5 Satz 1 Nr. 2, § 6 Abs. 1 Nr. 3 und 3a sowie § 6a EStG) und des Körperschaftsteuergesetzes (z.B. Schwankungs- und Schadenrückstellungen nach § 20 KStG) nicht oder niedriger anzusetzen und zu bewerten sind als die für die Übernahme der Verpflichtung erhaltene Gegenleistung („Anschaffungskosten" i.S.d. BFH-Rechtsprechung).

Auf Seiten des Übertragenden kommt eine Verteilung des Aufwandes nach § 4f EStG nur dann in Betracht, wenn die Verpflichtung an dem der Übertragung vorangegangenen Bilanzstichtag bestand und die Verpflichtung beim Übernehmer oder dessen Rechtsnachfolger in den Anwendungsbereich des § 5 Abs. 7 EStG fällt oder § 5 Abs. 7 EStG zur Anwendung käme, wenn der Übernehmer dem deutschen Steuerrecht unterläge.

4. Zeitliche Anwendung

Fälle bis zum 28.11.2013

Für die Anwendung des § 5 Abs. 7 EStG ist zu unterscheiden in Ansatz und Bewertung in Wirtschaftsjahren, die vor dem 29.11.2013 enden und denen, die erst danach enden (regelmäßig erstmals zum 31.12.2013 bzw. 30.11.2013).

In den Altfällen der vor dem 29.11.2013 endenden Wirtschaftsjahren ist ausschließlich die o.g. BFH-Rechtsprechung zu beachten, wonach übernommene Verpflichtungen im Wirtschaftsjahr der Übernahme mit den „Anschaffungskosten" oder dem höheren Teilwert anzusetzen sind.

Auf Antrag können die Neuregelungen des § 5 Abs. 7 EStG allerdings bereits freiwillig bereits für vor dem 29.11.2013 endende Wirtschaftsjahre angewendet werden (§ 52 Abs. 9 Satz 2 EStG). Der Antrag ist nicht formgebunden und gilt durch den entsprechenden Ansatz in der steuerlichen Gewinnermittlung als ausgeübt.

Fälle nach dem 28.11.2013

In nach dem 28.11.2013 endenden Wirtschaftsjahren ist § 5 Abs. 7 EStG maßgebend (§ 52 Abs. 9 Satz 1 EStG).

Der Übernehmer hat für Ansatz und Bewertung die gleichen Bilanzierungsvorschriften zu beachten, die auch für den ursprünglich Verpflichteten am Bilanzstichtag gegolten hätten, wenn er die Verpflichtung nicht übertragen hätte.

Wurde in Fällen einer sog. Kettenübertragung eine Verpflichtung bereits mehrfach übertragen, ist derjenige ursprünglich verpflichtet i.S.v. § 5 Abs. 7 Satz 1 EStG , der die Schuld erstmalig begründet hat.

Bilanzsteuerliche Wahlrechte (z.B. Teilwert- oder Pauschalwertverfahren bei Jubiläumsrückstellungen) können allerdings unabhängig von der Wahl des Rechtsvorgängers in Anspruch genommen werden.

Gewinnmindernde Rücklagen nach § 5 Absatz 7 Satz 5 und 6 EStG

Aus der Zugangsbewertung zu „Anschaffungskosten" und der auf den nachfolgenden Bilanzstichtag folgenden Folgebewertung zu steuerlichen Werten wird regelmäßig als Effekt der Umbewertung ein „Übernahmefolgegewinn" resultieren. Für diesen Gewinn, der sich aus der Anwendung von § 5 Abs. 7 EStG ergibt, kann gemäß § 5 Abs. 7 Satz 5 EStG jeweils i.H.v. $^{14}/_{15}$ eine gewinnmindernde Rücklage gebildet werden, die in den folgenden 14 Wirtschaftsjahren jeweils mit mindestens $^{1}/_{14}$ gewinnerhöhend aufzulösen ist (Auflösungszeitraum). Wurde die Verpflichtung vor dem 14.12.2011 übernommen, können $^{19}/_{20}$ des Gewinns als Rücklage passiviert werden, die in den folgenden 19 Wirtschaftsjahren aufzulösen ist (§ 52 Abs. 9 Satz 3 EStG). Scheidet eine Verpflichtung vor Ablauf des Auflösungszeitraums aus dem Betriebsvermögen aus, ist eine für diese Verpflichtung noch nicht aufgelöste Rücklage gewinnerhöhend auszubuchen (§ 5 Abs. 7 Satz 6 EStG).

Die im Gesetz genannten Verteilungszeiträume sind auch dann maßgebend, wenn die Verpflichtung, für die eine Rücklage gebildet wurde, absehbar bereits vor Ende des Auflösungszeitraums nicht mehr bestehen wird. In diesen Fällen kann aber die bei Ausscheiden erforderliche Auflösung der verbleibenden Rücklage dadurch vermieden werden, dass jährlich freiwillig mehr als $^{1}/_{14}$ oder $^{1}/_{19}$ gewinnerhöhend aufgelöst werden (z.B. Verteilung über die tatsächliche Laufzeit der Verpflichtung). Dies ist jedoch nicht verpflichtend.

Gewinn i.S.v. § 5 Abs. 7 Satz 5 EStG ist der Unterschiedsbetrag zwischen den „Anschaffungskosten" zum Zeitpunkt der Übernahme der Verpflichtung und dem in der folgenden Schlussbilanz nach § 5 Abs. 7 EStG anzusetzenden niedrigeren Wert.

Scheidet eine übernommene Verpflichtung bereits vor dem folgenden Bilanzstichtag aus dem Betriebsvermögen aus, kann für einen sich insoweit ergebenden Gewinn keine Rücklage gebildet werden.

Beispiel: Die Seller GmbH soll durch den Allein-Gesellschafter Anton Seller verkauft werden. Die Seller GmbH hat dem bisherigen Geschäftsführer Herrn Anton Seller eine lebenslange Pensionszusage erteilt, die zum Verkaufszeitpunkt mit einen steuerlichen Barwert von 100.000 € gem. § 6 EStG bewertet wird.
Der Erwerber der Seller GmbH möchte diese Verpflichtung auf keinen Fall übernehmen. Herr Seller fragte darauf hin bei einer Versicherung an, gegen welche einmalige Zahlung diese bereit wäre, die bestehende Pensionsverpflichtung als Rentenversicherung gegen Einmalzahlung zu übernehmen.
Die Versicherung bietet den befreienden Eintritt in die Rentenzusage gegen eine einmalige Zahlung von 250.000 € an. Da Herrn Seller dieser Betrag zu hoch erscheint, entschließt er sich, die Verpflichtung zurück zu halten und gegen Zahlung einer „Mitgift" in Höhe von 250.000 € auf die eigens dafür gegründete Pension GmbH zu übertragen, deren einziger Zweck künftig die Leistung der lebenslangen Pension an Herrn Seller ist.

Lösung: Die Pension GmbH hat den Zugang der Pensionsrückstellung zum Übertragungsstichtag erfolgsneutral zu den Anschaffungskosten von 250.000 € zu bewerten. Der Buchungssatz lautet Bank 250.000 an Pensionsrückstellung 250.000.
Zum nächsten Bilanzstichtag muss die Pensionsrückstellung gem. § 5 Abs. 7 EStG gem. § 6a EStG bewertet werden. Unterstellt der Wert beträgt unverändert 100.000 €, erfolgt aus der Umbewertung ein Gewinn von 150.000 €, der zu $^{14}/_{15}$ = 140.000 € in eine gewinnmindernde Gewinnrücklage eingestellt werden darf und in den 14 Folgejahren jeweils mit mindestens $^{1}/_{14}$ gewinnerhöhend aufzulösen ist.

5. Inhalt von § 4f EStG

Abzug und Verteilung des Aufwandes beim ursprünglich Verpflichteten (§ 4f Abs. 1 EStG)

Ein Aufwand, der sich für den ursprünglich Verpflichteten in einem nach dem 28.11.2013 endenden Wirtschaftsjahr aus einem Übertragungsvorgang ergibt, kann gemäß § 4f Abs. 1 Satz 1 i.V.m. § 52 Abs. 8 EStG grundsätzlich nur auf das Jahr der Schuldübernahme und die folgenden 14 Wirtschaftsjahre gleichmäßig verteilt als Betriebsausgabe abgezogen werden. Die Verteilung des Aufwandes erfolgt durch außerbilanzielle Hinzurechnungen und Abrechnungen. Dadurch soll eine sofortige steuerliche Realisation der stillen Lasten in der übertragenen Schuld durch die Übertragung vermieden werden.

Fortführung des Beispiels Seller GmbH von oben: Aus der Zahlung i.H.v. 250.000 € resultiert bei der Seller GmbH ein Aufwand i.H.v. 150.000 €, da im Gegenzug zur Verringerung des Bankbestandes von 250.000 € nur eine Befreiung von einer Schuld im Buchwert von 100.000 € (dem § 6a EStG-Wert der Pensionsrückstellung) erfolgt.
Dieser Aufwand ist im Jahr der Übertragung i.H.v. von $^{14}/_{15}$ = 140.000 € gewinnerhöhend hinzuzurechnen und in den folgenden 14 Jahren außerbilanziell zu je 10.000 € ($^{1}/_{14}$) vom Gewinn abzuziehen.

Die Verteilungsregelung gilt nach § 4f Abs. 1 Satz 3 EStG nicht für kleine und mittlere Betriebe im Sinne von § 7g EStG sowie für Betriebsveräußerungen und Betriebsaufgaben. In diesen Fällen darf der Aufwand sofort in voller Höhe gewinnmindernd abgezogen werden. Die Möglichkeit zur Verteilung des Übernahmefolgewinns beim Übernehmer gem. § 5 Abs. 7 EStG bleibt davon unberührt.

Nach § 4f Abs. 1 Satz 3 zweiter Teilsatz EStG unterbleibt die Verteilung des Aufwands im Zusammenhang mit der Übertragung von Pensionsansprüchen ebenfalls in den Fällen von versorgungsberechtigten Arbeitnehmern, die zu einem neuen Arbeitgeber wechseln.

Das gilt über den Gesetzeswortlaut hinaus auch für Verpflichtungen aus Jubiläumszusagen, Altersteilzeitvereinbarungen und ähnlichen Verpflichtungen gegenüber dem Arbeitnehmer, die auf den neuen Arbeitgeber übertragen werden.

Schluss

Insbesondere in Fällen kleinerer Gesellschaften in der Größenklasse des § 7g EStG bis 235.000 € Eigenkapital bleibt die Schuldübertragung ein interessantes Modell zur Realisierung von steuerlichen stillen Lasten. Darüber hinaus ist § 5 Abs. 7 EStG in der Praxis insbesondere beim Erwerb von Mitunternehmeranteilen bei der zutreffenden Bewertung in der Ergänzungsbilanz zu beachten.

Ich bedanke mich für Ihre Aufmerksamkeit.

Vortrag 16: Die Besteuerung von Investmentfonds im Betriebsvermögen nach der Reform des Investmentsteuergesetzes zum 01.01.2018

I. Einführende Hinweise

Mit der Einführung der Investmentsteuerreform, welche mit Wirkung zum 1. Januar 2018 in Kraft getreten ist, hat sich die Systematik der Besteuerung von Investmentfonds grundlegend geändert. Im Folgenden ist es daher zunächst hilfreich die Grundlagen der Fondsbesteuerung bis zum 31. Dezember 2017 und anschließend die neuen Regelungen ab dem 1. Januar 2018 voneinander abzugrenzen, ohne zu sehr auf das alte Recht einzugehen.

II. Die Gliederung

	Gliederungspunkt	Die Stichworte
	Einleitung	**Thema; Kurzübersicht**
1.	Allgemeines	Reform des Investmentsteuergesetzes als Anlass der Betrachtung
2.	Rechtliche Entwicklung	Grobe Darstellung der Rechtslage bis 31.12.2017
3.	Inhalt der Neuregelung	Neuregelung InvStG, Vorabpauschale, Teilfreistellung
4.	Zeitliche Anwendung	Fiktive Veräußerung zum 31.12.2017, Merkposten
	Schluss	Fazit

III. Der Vortrag

Einleitung

Sehr geehrter Herr Prüfungsvorsitzender, meine Damen und Herren, ich habe mich für das Thema „Die Besteuerung von Investmentfonds im Betriebsvermögen nach der Reform des Investmentsteuergesetzes zum 01.01.2018" entschieden. Investmentfonds sind Vermögen zur gemeinschaftlichen Anlage, die nach dem Grundsatz der Risikomischung in Wertpapieren und/oder anderen Vermögensgegenständen angelegt sind. Dabei ist zu unterscheiden zwischen Publikumsfonds, die grundsätzlich allen Anlegern offen stehen, und Spezial-Investmentfonds, die nur durch eine begrenzte Anzahl juristischer Personen erworben werden dürfen. Im Folgenden werde ich meine Ausführungen auf die praktisch bedeutsameren Fälle der Publikumsfonds beschränken.

1. Allgemeines

Fraglich ist, welche bilanziellen und steuerlichen Auswirkungen Investmentfonds im Betriebsvermögen seit 2018 haben.

2. Rechtliche Entwicklung

Ein Investmentfonds in der Form eines Sondervermögens gilt als Zweckvermögen im Sinne des Körperschaftsteuergesetzes. Allerdings waren Investmentfonds bis Ende 2017 auf Fondsebene nicht körperschaftsteuer-

und gewerbesteuerpflichtig. Steuerpflichtig waren erst auf Anlegerebene die durch den Investmentfonds erzielten laufende Erträge und Veräußerungsgewinne. Betriebliche Anleger sind Kapitalgesellschaften, Personengesellschaften oder Einzelunternehmer, die Anteile an Investmentfonds im Betriebsvermögen halten. Die Erträge aus diesen Fondsanteilen wurden bei betrieblichen Anlegern grundsätzlich als Betriebseinnahmen erfasst, die bei Kapitalgesellschaften der Körperschaftsteuer (KSt), bei Personengesellschaften oder Einzelunternehmen der Einkommensteuer (ESt), jeweils zuzüglich Solidaritätszuschlag (SolZ), sowie ggf. der Gewerbesteuer und der Kirchensteuer unterliegen. Zur Anwendung des InvStG 2018 ist ein umfangreiches BMF-Schreiben ergangen (BMF vom 29.10.2020, IV C 1 – S-1980 -1/19/10008 :016).

3. Inhalt der Neuregelung

Zum 01.01.2018 wurde bei PublikumsInvestmentfonds eine neue Besteuerungskonzeption eingeführt, die eine Abkehr vom bisher geltenden Transparenzprinzip mit sich bringt. Steuerpflichtig auf Ebene des Anlegers sind ab 2018 die Barausschüttung, die Vorabpauschale und der Gewinn aus der Rückgabe oder Veräußerung der Anteile. Im Gegensatz zur bisherigen transparenten Besteuerung werden die Erträge und Gewinne des Investmentfonds im Geschäftsjahr nicht mehr für steuerliche Zwecke ermittelt. Für die Besteuerung der Ausschüttung spielt es daher auch keine Rolle mehr, wie sich die Ausschüttung steuerlich zusammensetzt. Erfolgt keine oder eine zu geringe Ausschüttung, so hat der Anleger die sogenannte Vorabpauschale zu versteuern. Hierbei handelt es sich um eine steuerliche Normrendite, die aus dem jährlich von der Bundesbank ermittelten Basiszins errechnet wird. Der Basiszins leitet sich aus der langfristig erzielbaren Rendite öffentlicher Anleihen ab. Die Bundesbank hat auf den 2. Januar 2018 einen Wert von 0,87 Prozent errechnet. Für das Jahr 2019 beträgt der Basiszinssatz 0,52 % s. BMF-Schreiben vom 09.01.2019, IV C 1 – S 1980-1/14/10001: 038. Für das Jahr 2020 beträgt der Basiszinssatz 0,07 % s. BMF-Schreiben vom 29.01.2020, IV C 1 – S 1980-1/19/10038 :001. Für das Jahr 2021 beträgt der Basiszinssatz - 0,45 % lt. BMF-Schreiben vom 6.1.2021, IV C 1 – S-1980 - 1/19/10038 :004. Die Deutsche Bundesbank hat hierfür auf den 4. Januar 2021 anhand der Zinsstrukturdaten einen Wert von -0,45 % für Bundeswertpapiere mit jährlicher Kuponzahlung und einer Restlaufzeit von 15 Jahren errechnet BMF-Schreiben vom 06.01.2021, IV C 1 – S-1980 - 1/19/10038 :004. Aufgrund des negativen Basiszins wird für das Jahr 2021 keine Vorabpauschale erhoben.

Gewinne aus der Rückgabe oder Veräußerung von Fondsanteilen bleiben wie bisher steuerpflichtig, allerdings entfallen ab 2018 der Aktiengewinn und der Immobiliengewinn. Mit der Vorabpauschale möchte der Gesetzgeber bei Publikums-Investmentfonds während der Besitzzeit die Versteuerung eines Mindestertrags sicherstellen. Bei der Vorabpauschale handelt es sich um eine steuerliche Normrendite, die aus dem Basiszins der Bundesbank als Referenz abgeleitet wird. Die tatsächlichen Erträge und Gewinne des Publikums-Investmentfonds haben keinen Einfluss auf die Höhe der Vorabpauschale. Die Vorabpauschale ersetzt die bisher steuerpflichtigen ausschüttungsgleichen Erträge gem. §§ 5-7 InvStG a.F.

Die Vorabpauschale ist definiert als Basisertrag abzüglich der Ausschüttungen im Kalenderjahr. Der Basisertrag beträgt stets 70% des Basiszinses vom Rücknahmepreis des Fonds zu Beginn des Kalenderjahres. Die Vorabpauschale ist auf die Wertentwicklung des Fondsanteils im Kalenderjahr begrenzt. Ist die Wertentwicklung innerhalb eines Kalenderjahres somit negativ, ist keine Vorabpauschale zu versteuern. Die Vorabpauschale kann nicht nur bei thesaurierenden, sondern auch bei ausschüttenden Publikums-Investmentfonds greifen, sofern die Ausschüttungen in einem Kalenderjahr geringer ausfallen als der Basisertrag. Der steuerliche Zufluss der Vorabpauschale für ein Kalenderjahr erfolgt am ersten Werktag des nachfolgenden Kalenderjahres, erstmals am 2. Januar 2019 für das Kalenderjahr 2018. Im Jahr eines Anteilserwerbs wird die Vorabpauschale um 1/12 für jeden vollen Monat gekürzt, der dem Monat des Erwerbs vorangeht.

Für Aktien- und Immobilienfonds werden pauschale Steuerfreistellungen (Teilfreistellungen) gewährt. Die Höhe dieser Teilfreistellung hängt vom Anlageschwerpunkt des Publikums-Investmentfonds ab. Danach wird zwischen Aktien-, Misch- und Immobilienfonds unterschieden. Bei Aktienfonds handelt es sich um solche, die gemäß ihren Anlagebedingungen fortlaufend zu mind. 51 % in Kapitalbeteiligungen (also insb. in- und ausländische Aktien) investiert sind. Bei Mischfonds liegt diese „Aktienquote" bei mind. 25 %. Die Investition in Aktien muss tatsächlich erfolgen. Um als Immobilienfonds zu gelten, ist eine Anlage von mind. 51 % in Immobilien nach den Anlagebedingungen erforderlich. Ein sogenannter „ausländischer" Immobilienfonds muss zu mind. 51 % in ausländische Immobilien investieren.

Die Teilfreistellung erfolgt gem. § 20 InvStG wie folgt:

	Aktienfonds (> 50 %)	Mischfonds (25-50 %)	Immobilienfonds	Auslands-immobilienfonds
Personenunternehmen (Einzelunternehmer oder Personengesellschaft)	60 %	30 %	60 %	80 %
Kapitalgesellschaft	80 %	40 %	60 %	80 %

4. Zeitliche Anwendung

Das Investmentsteuergesetz ist am 1. Januar 2018 in Kraft getreten. Um eine klare Trennung zwischen der bisherigen und der neuen Rechtslage zu erreichen, haben alle Investmentfonds ein steuerliches Rumpfgeschäftsjahr zum 31. Dezember 2017 zu bilden, wenn dies nicht ihr reguläres Geschäftsjahresende ist. Zudem gelten alle Anteile an Investmentfonds zu diesem Zeitpunkt als fiktiv durch den Anleger veräußert und wieder angeschafft. Zu einer tatsächlichen Besteuerung von Gewinnen kommt es auf Anlegerebene hierdurch jedoch nicht. Der Gewinn aus der fiktiven Veräußerung ist erst bei tatsächlicher Veräußerung der Anteile steuerpflichtig.

Für einen einheitlichen Übergang auf das neue Recht gelten Anteile an Publikums- und Spezial-Investmentfonds zum 31. Dezember 2017 für steuerliche Zwecke als veräußert und mit Beginn des 1. Januar 2018 als neu angeschafft. Ein Gewinn oder Verlust aus dieser fiktiven Veräußerung ist jedoch erst steuerpflichtig, wenn die Fondsanteile tatsächlich durch den Anleger (später) veräußert werden. Somit führt die Veräußerungsfiktion nicht zu einer sofortigen Gewinnrealisierung. Dies gilt auch für betriebliche Anleger.

Gelten Erträge wie die Vorabpauschale jedoch fiktiv steuerlich als zugeflossen, muss vermieden werden, dass sie bei späterer Anteilsrückgabe als Teil des Veräußerungsgewinns nochmals einer Besteuerung unterliegen. Hierzu wird in der Steuerbilanz während der Haltezeit ein aktiver Ausgleichsposten in Höhe der Vorabpauschalen gebildet. Darüber hinaus unterliegen sämtliche Gewinne, Ausschüttungen, Wertminderungen (z.B. aus Teilwertabschreibungen) sowie spätere Wertaufholungen jeweils der Teilfreistellung bzw. dem korrespondierenden Teilabzugsverbot des § § 21 InvStG.

Anteilige Abzüge aufgrund einer Teilfreistellung

Betriebsvermögensminderungen, Betriebsausgaben, Veräußerungskosten oder Werbungskosten, die mit den Erträgen aus Aktien-, Misch- oder Immobilienfonds in wirtschaftlichem Zusammenhang stehen, dürfen unabhängig davon, in welchem Veranlagungszeitraum die Betriebsvermögensmehrungen oder Einnahmen anfallen, bei der Ermittlung der Einkünfte in dem prozentualen Umfang nicht abgezogen werden, wie auf die Erträge eine Teilfreistellung anzuwenden ist. Entsprechendes gilt, wenn bei der Ermittlung der Einkünfte der Wert des Betriebsvermögens oder des Anteils am Betriebsvermögen oder die Anschaffungs- oder Herstellungskosten oder der an deren Stelle tretende Wert mindernd zu berücksichtigen sind. Diese Regelungen entsprechen systematisch dem § 3c Abs. 2 EStG für dem Teileinkünftverfahren unterliegenden Aufwendungen oder dem § 8b KStG bei Kapitalgesellschaften.

Schluss

Um zu vermeiden, dass teilweise steuerbefreite Erträge im Jahresabschluss und der Steuererklärung nicht versehentlich voll steuerpflichtig deklariert werden, empfiehlt es sich diese Aufwendungen und Erträge bereits unterjährig auf spezielle Aufwands- und Ertragskonten zu erfassen, wie dies seit Jahren bei den Erträgen im Betriebsvermögen, die dem § 8b KStG oder dem Teileinkünfteverfahren unterliegen, erfolgt.

Ich bedanke mich für Ihre Aufmerksamkeit.

Vortrag 17: Bilanzsteuerrechtliche Behandlung von Erbbaurechten

I. Einführende Hinweise

Bei Erbbaurechten handelt es sich um grundstücksgleiche materielle Rechte. Die rechtlichen Grundlagen sind im Erbbaurechtsgesetz niedergelegt. Der Erbbauberechtigte ist grundsätzlich zivilrechtlicher Eigentümer der Bauwerke auf dem Grund und Boden. Erbbaurechte werden in einem separaten Grundbuch erfasst.

II. Die Gliederung

	Gliederungspunkt	Die Stichworte
	Einleitung	**Thema; Kurzübersicht**
1.	Definition	Veräußerliches und vererbliches Recht
2.	Vertrag	**Schuldrechtlicher Vertrag, notarielle Beurkundung, Eintrag in Grundbuch**
3.	Bestellung des Erbbaurechts an einem unbebauten Grundstück	**Keine Bilanzierung der Erbbaurechtsverpflichtung, klassische Anschaffungsnebenkosten werden aktiviert**
4.	Bestellung des Erbbaurechts an einem bebauten Grundstück	Eigentum am Gebäude geht auf Erbbauberechtigen über, Aufteilung des Erbbauzinses in Grund und Boden sowie Gebäudeteil, für das Gebäude sind Anschaffungskosten abzuleiten, Verkauf des Gebäudes beim Erbbauverpflichteten
5.	Erbbauzinsen und Erschließungskosten	Erbbauzinsen sind Betriebsausgaben, schwebendes Geschäft, Aktiver Rechnungsabgrenzungsposten bei Vorauszahlungen, Tragung von Erschließungskosten kommt Vorauszahlung gleich
6.	Errichtung des Bauwerks	Bilanzierung mit den Herstellungskosten, Erbbauberechtigter ist rechtlicher Eigentümer, Erbbauverpflichtetet ist nicht wirtschaftlicher Eigentümer
7.	Beendigung des Erbbaurechts	Bei Beendigung Ausbuchung des Erbbaurechts, Entschädigung
	Schlussbetrachtung	

III. Der Vortrag

Einleitung

Sehr geehrter Herr Prüfungsvorsitzender, meine Damen und Herren, ich habe mich für das Thema „Bilanzsteuerrechtliche Behandlung von Erbbaurechten“ entschieden.

1. Definition

Ein Erbbaurecht ist das veräußerliche und vererbliche Recht, auf oder unter der Erde ein Bauwerk zu haben (§ 1 ErbbauRG) mit der Maßgabe, dass der Erbbauberechtigte Eigentümer des Bauwerks wird.

2. Vertrag

Das Erbbaurecht wird durch einen schuldrechtlichen Vertrag zwischen dem Erbbauverpflichteten (dem Grundstückseigentümer) und dem Erbbauberechtigten (Bauherrn) begründet; der Vertrag ist notariell zu beurkunden. Das Erbbaurecht wird im Grundbuch eingetragen.

In der Praxis wird das Erbbaurecht für eine bestimmte Zeit vereinbart – oftmals für 99 Jahre. Andere Laufzeiten, etwa auf Lebenszeit, sind aber möglich.

3. Bestellung des Erbbaurechts an einem unbebauten Grundstück

Bilanzierung beim Erbbauberechtigten (Bauherrn)

Es erfolgt keine Bilanzierung der laufenden künftigen Erbbauzinsverpflichtung oder des Grundstücks.

Bei dem Erbbaurechtsvertrag handelt es sich wie bei einem Miet- oder Pachtvertrag um ein Nutzungsverhältnis. Er wird daher bilanzrechtlich wie ein schwebendes Geschäft behandelt. Die Folge hieraus: Der Erbbauberechtigte darf den sich aus der Erbbauzinsverpflichtung ergebenden Kapitalwert nicht als Erbbaurecht aktivieren. Eine Aktivierung hat auch dann zu unterbleiben, wenn der Erbbauberechtigte die Erbbauzinsen in einem Einmalbetrag entrichtet. In diesem Fall wird allerdings ein aktiver Rechnungsabgrenzungsposten gebildet. Eine Bilanzierung von Erbbauzinsverbindlichkeiten kommt nur in Betracht, soweit am Bilanzstichtag fällige Erbbauzinsen noch nicht entrichtet wurden.

Die Bestellung des Erbbaurechts begründet im Regelfall kein wirtschaftliches Eigentum des Erbbauberechtigten am Grundstück i.S.v. § 39 Abs. 2 Nr. 1 Satz 1 AO, sodass er den Grund und Boden nicht aktivieren darf.

Aktivierung der Anschaffungsnebenkosten

Zwar begründet die Bestellung des Erbbaurechts ein schwebendes Dauerrechtsverhältnis, das nicht bilanziert werden kann. Gleichwohl stellt das Erbbaurecht als grundstücksgleiches Recht einen Vermögensgegenstand (Wirtschaftsgut) i.S.v. §§ 4 ff. EStG dar, der grundsätzlich im Anlagevermögen unter dem Posten grundstücksgleiche Rechte (§ 266 Abs. 2 A II Nr. 1 HGB) auszuweisen ist.

Die einmaligen Aufwendungen für die Bestellung des Erbbaurechts (Notarkosten, Grundbuchgebühren, Maklerprovision, Grunderwerbsteuer) müssen als Anschaffungsnebenkosten aktiviert und auf die Laufzeit des Erbbaurechts abgeschrieben werden. Ebenso führt der Erwerb eines bereits bestehenden Erbbaurechts zu Anschaffungskosten.

Bilanzierung beim Erbbauverpflichteten (Grundstückseigentümer)

Das zum Betriebsvermögen gehörende Grundstück des Erbbauverpflichteten ist auch nach der Bestellung des Erbbaurechts unverändert in der Bilanz auszuweisen. Die Belastung mit einem Erbbaurecht führt also nicht zu einer Entnahme des Grundstücks.

4. Bestellung des Erbbaurechts an einem bebauten Grundstück

Bilanzierung beim Erbbauberechtigten (Gebäudeeigentümer)

Das Erbbaurecht kann auch an einem bereits bebauten Grundstück bestellt werden. In diesem Fall geht das zivilrechtliche Eigentum an dem Gebäude auf den Erbbauberechtigten über. Die Erbbauzinsen sind daher aufzuteilen in:

- Anschaffungskosten für das bereits vorhandene Gebäude und
- ein laufendes Nutzungsentgelt (Betriebsausgaben) für das eigentliche Erbbaurecht.

Die Aufteilung kann wie folgt vorgenommen werden:

- Haben die Vertragspartner selbst eine Aufteilung in dem Erbbaurechtsvertrag vorgenommen, so ist diese maßgeblich, sofern es sich nicht um eine Scheinvereinbarung oder eine offensichtlich unzutreffende Aufteilung handelt.
- Fehlt eine Aufteilung im Erbbaurechtsvertrag, kann der auf das Gebäude oder der auf das Erbbaurecht entfallende Anteil durch einen Fremdvergleich errechnet werden, indem die Höhe von Erbbauzinsen für vergleichbare – jedoch unbebaute – Grundstücke ermittelt wird. Der darüber hinausgehende Erbbauzins entfällt somit auf das Gebäude.

Der danach auf das Gebäude entfallende Betrag ist zu kapitalisieren. Mit dem kapitalisierten Wert ist das Gebäude zu aktivieren und nach § 7 Abs. 4 EStG abzuschreiben. In gleicher Höhe ist eine Kaufpreisverbindlichkeit zu passivieren, die zu jedem Bilanzstichtag neu berechnen ist. In Höhe der sich zu jedem Bilanzstichtag ergebenden Differenz gegenüber der Kaufpreisverpflichtung zum Vorjahr wird der Kaufpreis getilgt; der darüber hinausgehende Anteil ist als Betriebsausgaben abziehbar.

Bilanzierung beim Erbbauverpflichteten (Grundstückseigentümer)

Wird das Erbbaurecht an einem bebauten Grundstück bestellt, so führt dies beim Erbbauverpflichteten (Grundstückseigentümer) zu einer Veräußerung des Gebäudes: Der auf das Gebäude entfallende kapitalisierte Erbbauzins stellt das Veräußerungsentgelt dar, das sich im Jahr der Veräußerung gewinnerhöhend auswirkt. In dieser Höhe ist eine Forderung zu aktivieren, die jedes Jahr neu zu bewerten ist – spiegelbildlich zu der Verbindlichkeit des Erbbauberechtigten. Die Forderung ist mit den jährlichen Erbbauzinsen zu verrechnen.

5. Erschließungskosten

Die Erbbauzinsen sind beim Erbbauberechtigten als Betriebsausgaben abzuziehen, da sie ein laufendes Entgelt für die Nutzung des Grundstücks darstellen. Die Erbbauzinsen, die der Gebäudeeigentümer an den Grundstückseigentümer zu zahlen hat, sind in der Gewinn- und Verlustrechnung als sonstige betriebliche Aufwendungen zu erfassen. Werden die Erbbauzinsen vorausgezahlt, ist am Bilanzstichtag ein aktiver Rechnungsabgrenzungsposten zu bilden; dies gilt auch dann, wenn der Erbbauberechtigte die gesamten Erbbauzinsen in einem Einmalbetrag vorab entrichtet.

Übernimmt der Erbbauberechtigte für den Grundstückseigentümer die Erschließungskosten, so handelt es sich um ein zusätzliches Nutzungsentgelt. Der Erbbauberechtigte muss hierfür im Betriebsvermögen einen aktiven Rechnungsabgrenzungsposten bilden, den er über die Laufzeit des Erbbaurechts gewinnmindernd linear auflöst. Beim bilanzierenden Erbbauverpflichteten ist spiegelbildlich ein passiver Rechnungsabgrenzungsposten zu bilden. Diese Grundsätze gelten auch, wenn der Erbbauberechtigte dem Erbbauverpflichteten die Erschließungskosten erstattet (BFH-Urteil vom 20.03.2002, X R 34/00).

6. Errichtung des Bauwerks

Der Erbbauberechtigte muss die Aufwendungen für die Errichtung des Gebäudes im Erbbaurecht als Herstellungskosten aktivieren (§ 255 Abs. 2 HGB i.V.m. § 5 Abs. 1 EStG). Denn er ist gem. § 94 BGB zivilrechtlicher Eigentümer des Gebäudes i.S.v. § 39 Abs. 1 AO. Dem Grundstückseigentümer kann das errichtete Gebäude nicht zugerechnet werden. Denn er ist weder zivilrechtlicher Eigentümer, noch ist er mangels Einwirkungsmöglichkeit auf das Gebäude während der Laufzeit des Erbbaurechts wirtschaftlicher Eigentümer i.S.v. § 39 Abs. 2 Nr. 1 Satz 1 AO.

7. Beendigung des Erbbaurechts

Bilanzierung beim Erbbauberechtigten/Ausbuchung eines etwaigen Restbuchwerts des Gebäudes

Mit der Beendigung des Erbbaurechts durch Zeitablauf, Aufhebung oder Heimfall geht das Eigentum an dem Gebäude auf den Grundstückseigentümer über. Daher muss der Erbbauberechtigte das bislang bilanzierte Gebäude ausbuchen. In Höhe eines dann ggf. noch vorhandenen Restbuchwerts wird in diesem Zeitpunkt der Gewinn gemindert.

Aktivierung eines etwaigen Entschädigungsanspruchs

Ist vom Grundstückseigentümer eine Entschädigung zu zahlen, ist der Anspruch hierauf vom Erbbauberechtigten mit Beendigung des Erbbaurechts gewinnerhöhend als Forderung zu aktivieren. Zu einer Entschädigung kann es kommen bei Beendigung des Erbbaurechts:

- durch Zeitablauf (§ 27 Abs. 1 Satz 2 ErbbauRG),
- beim Heimfall, sofern nicht vertraglich ausgeschlossen (§ 32 ErbbauRG),
- oder bei Aufhebung (§ 26 ErbbauRG), falls vertraglich vereinbart.

Bilanzierung beim Erbbauverpflichteten (Grundstückseigentümer)/Bilanzierung bei Entschädigungspflicht

Muss der Grundstückseigentümer eine Entschädigung zahlen, ist die entsprechende Verpflichtung bei Beendigung des Erbbaurechts zu passivieren. In gleicher Höhe muss er die Anschaffungskosten des Gebäudes aktivieren, auf die er AfA nach § 7 Abs. 4 EStG vornehmen kann. Für die Dauer der Laufzeit des Erbbaurechts bildet der Erbbauverpflichtete allerdings keine Rückstellung für diese Entschädigung, da er im Gegenzug ja das Gebäude erhält.

Zahlt der Grundstückseigentümer dem Erbbauberechtigten hingegen eine Ablösung, um das Erbbaurecht aufzuheben und ein neues Gebäude auf dem Grundstück zu errichten, so gehört die Ablösung ebenso wie etwaige

Kosten für den Abriss des vom Erbbauberechtigten errichteten Gebäudes zu den Herstellungskosten des neuen Gebäudes.

Schluss

Soll ein Grundstück über längere Zeit von einem Nichteigentümer genutzt und überbaut werden können und soll das Grundstück trotzdem im Eigentum des ursprünglichen Eigentümers bleiben, so ist die Vereinbarung eines Erbbaurechts ein dafür geeignetes Mittel. In der Praxis wird dies vornehmlich von Kirchen und Gebietskörperschaften praktiziert. Die zivilrechtliche Stellung des Erbbauberechtigten ist dabei um ein vielfaches stärker als die Position eines Mieters oder Nutzers von Gebäuden auf fremden Grund und Boden.

Ich bedanke mich für Ihre Aufmerksamkeit.

Vortrag 18: Bilanzsteuerrechtliche Behandlung von Corona-Hilfen

I. Einführende Hinweise

Durch die anhaltende Pandemie wurden die Hilfsprogramme der Bundesregierung für Betriebe, die aufgrund der Maßnahmen zur Bekämpfung des Coronavirus in wirtschaftliche Schwierigkeiten geraten sind, über das Jahr 2020 hinaus verlängert. Aus diesem Grund stellt sich die Frage nach dem Bilanzierung von Ansprüchen auf Überbrückungshilfen und außerordentliche Wirtschaftshilfen November-Hilfe und Dezember-Hilfen zum 31.12.2020.

II. Die Gliederung

	Gliederungspunkt	**Die Stichworte**
	Einleitung	**Thema; Kurzübersicht = Gliederung**
1.	Definition	Darstellung der Corona-Finanzhilfen
2.	Aktivierungszeitpunkt HGB	Bei zweifelsfreier Erfüllung der Antragsvoraussetzungen bereits Ausweis als sonstiger Vermögensgegenstand im Jahresabschluss
3.	Bilanzierung von Abschlagszahlungen	Abschlagszahlungen sindn keine Garantie für Bewilligung, im Zweifel Ausweis als Verbindlichkeit
4.	GuV-Ausweis	Sonstiger betrieblicher Ertrag, kein Umsatzerlös da kein Leistungsaustausch
5.	Werterhellende Erkenntnisse	Werterhellende Erkenntnisse wie ein Bewilligungsbescheid bis zum Aufstellungszeitpunkt sind nach den allgemeinen Grundsätzen (§ 252 Abs. 1 Nr. 4 HGB) zu berücksichtigen
	Schlussbetrachtung	

III. Der Vortrag

Einleitung

Sehr geehrter Herr Prüfungsvorsitzender, meine Damen und Herren, ich habe mich für das Thema „Bilanzsteuerrechtliche Behandlung von Corona-Hilfen" entschieden.

1. Definition

Im Zuge der Bekämpfung der wirtschaftlichen Folgen der Coronapandemie wurden von der Bundesregierung zahlreiche Beihilfeprogramme für betroffene Unternehmen aufgelegt wie zum Beispiel die Überbrückungshilfe und die November Hilfe und Dezember Hilfe. Ergänzt wurde dies durch zahllose regionale Förderprogramme wie zum Beispiel die Stabilisierungshilfe Gastgewerbe in Baden-Württemberg und spezielle Hilfen für Branchen wie zum Beispiel Busunternehmen oder das Taxi Gewerbe und Kulturbetriebe.

Zur bilanziellen Behandlung hat umfangreich unter anderem das Institut der deutschen Wirtschaftsprüfer (IDW) in seinen Zweifelsfragen zu den Auswirkungen der Ausbreitung des Coronavirus auf die Rechnungslegung und deren Prüfung Stellung genommen.

2. Aktivierungszeitpunkt

Bei sämtlichen o.g. staatlichen Unterstützungsleistungen handelt es sich um nicht rückzahlbare Zuwendungen der öffentlichen Hand, die handelsrechtlich zu bilanzieren sind und auf deren Gewährung einem Antragsteller (auch wenn und soweit er alle sachlichen Voraussetzungen erfüllt) kein Rechtsanspruch (im zivilrechtlichen Sinne) zusteht.

Die Zuwendungen stellen vielmehr Billigkeitsleistungen dar, deren Gewährung im pflichtgemäßen Ermessen der jeweils zuständigen Bewilligungsbehörde liegt und die der Höhe nach insgesamt auf die hierfür besonders bereitgestellten Haushaltsmittel der öffentlichen Hand begrenzt sind. Die Aktivierung eines Anspruchs auf die Gewährung einer Billigkeitsleistung (unter dem Bilanzposten „sonstige Vermögensgegenstände") in einem handelsrechtlichen Abschluss auf den 31.12.2020 setzt nach IDW voraus, dass die sachlichen Voraussetzungen zum Abschlussstichtag durch den Bilanzierenden erfüllt sind (wobei die Stellung des Antrags bis zum Abschlussstichtag keine sachliche Voraussetzung ist, wenn und solange der Antrag auch noch danach gestellt werden kann) und zudem die Zuwendung bis zur Beendigung der Aufstellung des Abschlusses ohne Auszahlungsvorbehalt bewilligt ist.

Wenn die Bewilligung von Billigkeitsleistungen aufgrund besonderer Umstände des Einzelfalls bei Erfüllung der sachlichen Voraussetzungen bereits vor dem Zeitpunkt des Vorliegens eines Bewilligungsbescheids so gut wie sicher ist, erscheint es laut IDW sachgerecht, den Zeitpunkt der Bilanzierung des Anspruchs im handelsrechtlichen Abschluss nach den Grundsätzen für Zuwendungen zu bestimmen, auf die ein Rechtsanspruch besteht. Die besonderen Umstände, die eine solche bilanzielle Behandlung ausnahmsweise rechtfertigen, liegen vor, wenn davon ausgegangen werden kann, dass der zuständigen Behörde bei Erfüllung der sachlichen Voraussetzungen durch den Antragsteller faktisch so gut wie kein Ermessensspielraum hinsichtlich der Bewilligung der Leistung zukommt und die für die betreffende Billigkeitsleistung insgesamt bereitgestellten Haushaltsmittel dem Bedarf entsprechend so gut wie sicher erhöht werden, soweit sie zur Deckung der insgesamt beantragten Leistungen nicht ausreichen sollten. Nach Auffassung des IDW ist es in der aktuellen Pandemie-Lage vertretbar, bis auf Weiteres von dem Vorliegen solcher besonderen Umstände in Bezug auf die Corona-Finanzhilfen auszugehen.

Folgt man dieser Auffassung, sind Zuwendungen, auf die zwar kein Rechtsanspruch besteht, die aber unter den vorstehend beschriebenen Voraussetzungen bilanziell so zu behandeln sind wie Zuwendungen, auf die ein Rechtsanspruch besteht, nach IDW bereits dann unter dem Bilanzposten „sonstige Vermögensgegenstände" als Anspruch (im bilanziellen Sinne) zu aktivieren, wenn der Bilanzierende die sachlichen Voraussetzungen zum Abschlussstichtag erfüllt hat und zum Zeitpunkt der Beendigung der Aufstellung des Abschlusses der erforderliche Antrag gestellt ist oder mit an Sicherheit grenzender Wahrscheinlichkeit gestellt werden wird.

Kann hingegen aufgrund des Bestehens eines Beurteilungsspielraums, ob die sachlichen Voraussetzungen zum Abschlussstichtag erfüllt sind, nicht mit hinreichender Sicherheit von der Bewilligung der Corona-Finanzhilfe und der späteren Entstehung eines Rechtsanspruchs ausgegangen werden, scheidet eine Aktivierung im Abschluss auf den 31.12.2020 bereits dem Grunde nach aus.

Als ein möglicher Indikator dafür, dass die sachlichen Voraussetzungen zum Abschlussstichtag erfüllt sind, kann im Falle solcher Corona-Finanzhilfen, bei denen nach den jeweiligen Förderbedingungen eine Antragstellung nur durch einen sog. prüfenden Dritten erfolgen kann, auch eine fristgerecht erfolgte Antragstellung bis zur Beendigung der Aufstellung des Abschlusses angesehen werden. Denn eine erfolgte Antragstellung erfordert die Prüfung der Antragsberechtigung dem Grunde und der Höhe nach durch den prüfenden Dritten.

Keine Voraussetzung für die Aktivierung eines Anspruchs auf eine Corona-Finanzhilfe im Abschluss auf den 31.12.2020 ist, dass bis zum Zeitpunkt der Beendigung der Aufstellung des Abschlusses bereits der sog. Schlussabrechnungsbescheid vorliegt.

Dabei sind auch beihilferechtliche Rahmenbedingungen zu berücksichtigen.

3. Bilanzierung von Abschlagszahlungen

Aus dem Umstand der Gewährung einer Abschlagszahlung – ohne dass bislang ein Bewilligungsbescheid in mindestens gleicher Höhe vorliegt – kann nicht per se geschlussfolgert werden, dass zum Abschlussstichtag die sachlichen Voraussetzungen für die Gewährung der am Abschlussstichtag bereits zugeflossene Abschlagszahlungen vorliegen. Derartige Abschlagszahlungen sind als Schuld zu passivieren (Bilanzposten „sonstige Verbindlichkeiten"), wenn zum Zeitpunkt der Beendigung der Aufstellung des Abschlusses keine hinreichend hohe Sicherheit bzgl. der Erfüllung der Antragsvoraussetzungen und der späteren Entstehung des Rechtsanspruchs gegeben ist.

4. GuV-Ausweis

Vereinnahmte Corona-Finanzhilfen sind – soweit sie nicht ausnahmsweise als Investitionszuschuss qualifizieren sind – erfolgswirksam in der Gewinn- und Verlustrechnung unter den sonstigen betrieblichen Erträgen auszuweisen. Ein Ausweis der Erträge unter den Umsatzerlösen kommt nicht in Betracht, weil der Bilanzierende im Gegenzug für den Empfang der Corona-Finanzhilfen keinerlei (Gegen-)Leistung (weder an den Zuwendungsgeber noch an einen Dritten) erbringt, was aber § 277 Abs. 1 HGB für eine Qualifikation eines Ertrags als Umsatzerlös voraussetzt.

5. Wertaufhellende Erkenntnisse

Nach dem Zeitpunkt der Antragstellung bis zum Zeitpunkt der Beendigung der Aufstellung des Abschlusses erlangte neue oder bessere Erkenntnisse darüber, dass entweder ein nach dem Abschlussstichtag bereits beschiedener/bewilligter Zuwendungsbetrag im Lichte dieser Erkenntnisse zu hoch ist oder im Falle eines noch nicht vorliegenden Bewilligungsbescheids dass die im gestellten Antrag dargelegten Umstände die Bescheidung eines ungerechtfertigt hohen Zuwendungsbetrags erwarten lassen, sind mindernd bei der Bemessung eines zu aktivierenden Anspruchs (im bilanziellen Sinne) zu berücksichtigen. Auch in den Fällen, in denen bis zum Zeitpunkt der Beendigung der Aufstellung des Abschlusses noch kein Antrag gestellt, aber dennoch bereits ein Anspruch aktiviert worden ist, sind sämtliche Erkenntnisse über Umstände, die die Höhe des Anspruchs konkretisieren und die bis zum Zeitpunkt der Beendigung der Aufstellung des Abschlusses erlangt werden, bei der Bewertung des angesetzten Aktivums zu berücksichtigen.

Schluss

Da über die Maßgeblichkeit der Handelsbilanz für die Steuerbilanz dem Zeitpunkt der Bilanzierung in der Handelsbilanz auch eine entscheidende Bedeutung für die Versteuerung der als Betriebseinnahmen steuerpflichtigen Finanzhilfen zukommt, kommt der Einschätzung des prüfen Dritten hinsichtlich des Entstehens und der Verrechnung der Coronahilfen mit laufenden steuerlichen Verlusten bzw. Verlustvorträgen im Besteuerungsverfahren eine entscheidende Bedeutung zu. Im Rahmen der Erstellung des Jahresabschlusses ist daher eine intensive Auseinandersetzung mit dem Coronahilfen auch in den Fällen unerläßlich, in denen der Abschlussersteller selbst nicht persönlich mit der Beantragung der Finanzhilfen als prüfender Dritter betraut war.

Ich bedanke mich für Ihre Aufmerksamkeit.

Themenbereich Erbschaftsteuer und Bewertung

Vortrag 1: Die Bewertung von Grundvermögen für Zwecke der Erbschaft- und Schenkungsteuer

I. Einführende Hinweise

Den **Erwerb von Grundvermögen** hatte der Gesetzgeber in den vergangenen Jahren nicht unwesentlich privilegiert. Zunächst wurde das Grundvermögen mit den Einheitswerten angesetzt (bis 1995). Danach kam das sog. Bedarfswertverfahren zur Anwendung. Stets blieben die so ermittelten Werte unter den Verkehrswerten. Mit dem ErbStRG durfte der Gesetzgeber die Privilegierung des Grundvermögens nicht mehr auf der Ebene der Bewertung realisieren sondern nur noch auf der Ebene der Besteuerung. Fortan ist deshalb das Grundvermögen mit den "echten" Werten (Verkehrswerten etc.) anzusetzen. Als Wertermittlungsmethoden bietet der Gesetzgeber je nach Grundstücksart das Vergleichswertverfahren, das Ertragswertverfahren und das Sachwertverfahren an. Geringere Werte kann der Steuerpflichtige gutachterlich nachweisen.

II. Die Gliederung

	Gliederungspunkt	**Die Stichworte**
	Einleitung	**Thema; Kurzübersicht = Gliederung**
1.	Die Bewertung von Grundstücken	
1.1	Unbebaute und bebaute Grundstücke (§§ 178, 180, 181 BewG)	Unbebaute Grundstücke (§ 178 BewG); bebaute Grundstücke (§§ 180, 181 BewG)
1.2	Bewertung unbebauter Grundstücke	Fläche × Bodenrichtwert (Gutachterausschüsse) ohne Abschlag (§ 179 BewG)
1.3	Bewertung bebauter Grundstücke	Drei Bewertungsmethoden: Vergleichswertverfahren, Ertragswertverfahren und Sachwertverfahren
1.3.1	Bewertung im Vergleichswertverfahren nach §§ 182 Abs. 2, 183 BewG	Vergleichswertverfahren bei der Bewertung von Wohnungseigentum, Teileigentum, Einfamilienhäusern und Zweifamilienhäusern; ohne Vergleichswert Sachwertverfahren nach §§ 189 ff. BewG
1.3.2	Bewertung im Ertragswertverfahren nach § 182 Abs. 3, §§ 184 ff. BewG	Mietwohngrundstücke und gemischt genutzte Grundstücke; Bodenwert nach § 179 BewG + Gebäudeertragswert (Grundstücksrohertrag ./. Bewirtschaftungskosten ./. Verzinsung Bodenwert mit Liegenschaftszinssatz × Vervielfältiger nach Anlage 21)
1.3.3	Bewertung im Sachwertverfahren nach § 182 Abs. 4, §§ 189 ff. BewG	Keine Vergleichswerte – keine ortsübliche Miete; Bodenwert nach § 179 BewG + Gebäudesachwert (Regelherstellungskosten nach Anlage 24 ./. Alterswertminderung nach Anlage 22) × Wertzahl nach § 191 BewG
2.	Bewertung in Erbbaurechtsfällen	Erbbaurecht: vererbbares Recht, ein Gebäude auf oder unter der Oberfläche eines Grundstücks zu haben; zunächst Vergleichswert; ersatzweise Ertragswert (§§ 193 Abs. 3 und 4, 194 Abs. 2 und 3 BewG)

	Gliederungspunkt	Die Stichworte
	Würdigung/Schluss	**Gesetzgeber hat Aufgabe gelöst; keine verfassungsrechtlichen Bedenken – zumal Nachweis niedrigerer Werte – § 198 BewG; Neuregelung Sachwertverfahren, § 190 BewG**

III. Der Vortrag

Einleitung

Sehr geehrter Herr Prüfungsvorsitzender/Sehr geehrte Frau Prüfungsvorsitzende, meine Damen und Herren, ich habe das Thema „**Die Bewertung von Grundvermögen für Zwecke der Erbschaft- und Schenkungsteuer**" gewählt.

Mein Vortrag ist wie folgt gegliedert: (Aufzählen der Gliederungspunkte Nr. 1. und 2. aus der obigen Gliederung – nur Vollziffern vorstellen).

1. Die Bewertung von Grundstücken

1.1 Unbebaute und bebaute Grundstücke (§§ 178, 180, 182 BewG)

Unbebaute Grundstücke sind nach § 178 BewG Grundstücke, auf denen sich keine benutzbaren Gebäude befinden. Befinden sich auf dem Grundstück Gebäude, die auf Dauer keiner Nutzung zugeführt werden können, gilt das Grundstück als unbebaut.

Bebaute Grundstücke werden nach § 181 Abs. 1 BewG in Ein- und Zweifamilienhäuser, Mietwohngrundstücke, Wohnungs- und Teileigentum, Geschäftsgrundstücke, gemischt genutzte Grundstücke und sonstige bebaute Grundstücke unterteilt.

1.2 Bewertung unbebauter Grundstücke

Der **Wert unbebauter Grundstücke** bemisst sich gem. § 179 BewG regelmäßig nach ihrer Fläche multipliziert mit den Bodenrichtwerten. Die Bodenrichtwerte sind von den Gutachterausschüssen nach dem Baugesetzbuch zu ermitteln und den Finanzämtern mitzuteilen. Es ist stets der zuletzt ermittelte Bodenrichtwert maßgebend.

1.3 Bewertung bebauter Grundstücke

Bei der Bewertung bebauter Grundstücke können drei Bewertungsverfahren zur Anwendung kommen: Vergleichswertverfahren, Ertragswertverfahren und Sachwertverfahren.

1.3.1 Bewertung im Vergleichswertverfahren nach § 182 Abs. 2 BewG, § 183 BewG

Für die Bewertung von Wohnungseigentum, Teileigentum, Einfamilienhäusern und Zweifamilienhäusern findet nach § 182 Abs. 2 BewG das Vergleichswertverfahren Anwendung. Nach § 183 BewG sind dafür die Kaufpreise aus den Verträgen anderer Grundstücksgeschäfte, die hinsichtlich der ihren Wert beeinflussenden Merkmale mit dem zu bewertenden Grundstück hinreichend übereinstimmen, heranzuziehen (Kaufpreissammlungen). Die Grundlage dafür sollen die **Feststellungen der Gutachterausschüsse** sein.

Grundstücke i.S.d. § 182 Abs. 2 BewG (Wohnungseigentum, Teileigentum, Ein- und Zweifamilienhäuser) werden allerdings im Sachwertverfahren bewertet, wenn kein Vergleichswert vorliegt (§ 182 Abs. 4 BewG).

1.3.2 Bewertung im Ertragswertverfahren nach § 182 Abs. 3 BewG, §§ 184 ff. BewG

Mietwohngrundstücke, Geschäftsgrundstücke und gemischt genutzte Grundstücke mit ortsüblicher Miete sind nach dem **Ertragswertverfahren** zu bewerten.

Nach den §§ 184–188 BewG ist der Wert des Gebäudes (Gebäudeertragswert) getrennt von dem Bodenwert zu ermitteln. Der Bodenwert errechnet sich nach dem Bodenrichtwert, wobei dafür ein unbebautes Grundstück unterstellt wird. Der Bodenwert und der Gebäudeertragswert ergeben den **Ertragswert des Grundstücks (Grundbesitzwert)**. Bei der Ermittlung des Gebäudeertragswerts ist vom Reinertrag des Grundstücks auszugehen. Die Grundlage zur Ermittlung des Reinertrags ist nach §§ 185 Abs. 1, 186 BewG das Entgelt, das für die Nutzung des bebauten Grundstückes nach den am Bewertungsstichtag geltenden vertraglichen Vereinbarungen für den Zeitraum von zwölf Monaten zu zahlen ist. Davon sind nach §§ 185 Abs. 1, 187 BewG die pauschalierten und typisierten Bewirtschaftungskosten abzuziehen. Zu den Bewirtschaftungskosten gehören die Kosten, die bei der gewöhnlichen Bewirtschaftung nachhaltig entstehen, sowie die Betriebskosten, Instandhaltungskosten und das Mietausfallwagnis. Der Reinertrag des Grundstücks ist um den Betrag zu vermindern, der sich durch eine angemessene Verzinsung des Bodenwerts ergibt, § 185 Abs. 2 BewG. Maßgebend dafür ist der **Liegenschaftszinssatz** nach § 188 BewG, wenn über die Gutachterausschüsse keine individuell ermittelten und richtigen Liegenschaftszinssätze zu erhalten sind. So kommt man zu dem Gebäudereinertrag. Der Gebäudereinertrag ist mit dem sich aus Anlage 21 ergebenden Vervielfältiger zu kapitalisieren. Der Vervielfältiger bestimmt sich nach dem Liegenschaftszinssatz (§ 188 BewG) und der Restnutzungsdauer (Nutzungsdauer nach Anlage 22 abzüglich Alter des Gebäudes). Bodenwert und Gebäudeertragswert bilden den Ertragswert des Grundstücks (Grundbesitzwert). Sonstige bauliche Anlagen, insbesondere Außenanlagen, sind mit dem Ertragswert des Gebäudes abgegolten.

Nach § 184 Abs. 3 S. 2 BewG ist bei der **Bewertung nach dem Ertragswertverfahren** als Ertragswert des Grundstückes mindestens der Bodenwert anzusetzen. Zu denken ist hier an die Fälle mit ganz hohen Bodenwerten. Bei einem hohen Bodenwert kann nämlich der Gebäudereinertrag durch den Abzug der (hohen) Bodenwertverzinsung vom Reinertrag negativ werden.

Ist keine Miete vereinbart und/oder lässt sich keine ortsübliche Miete ermitteln, kommt das Sachwertverfahren zur Anwendung (§§ 182 Abs. 4 Nr. 2, 189–191 BewG).

1.3.3 Bewertung im Sachwertverfahren nach § 182 Abs. 4, §§ 189 ff. BewG

Wenn es für Grundstücke i.S.d. § 182 Abs. 2 BewG keine Vergleichswerte gibt oder wenn für Geschäftsgrundstücke nach § 182 Abs. 3 Nr. 2 BewG keine übliche Miete festgestellt werden kann, greift das Sachwertverfahren nach §§ 189 bis 191 BewG. Gleiches gilt für alle sonstigen bebauten Grundstücke nach § 182 Abs. 4 Nr. 3 BewG. Das Sachwertverfahren wurde durch das Steueränderungsgesetz 2015 vom 02.11.2015 mit Wirkung ab 01.01.2016 überarbeitet und aktualisiert.

Auch beim **Sachwertverfahren** nach §§ 189–191 BewG ist der Wert des Grund und Bodens und der Wert des Gebäudes (Gebäudesachwert) getrennt zu ermitteln. Der Bodenwert entspricht dem nach § 179 BewG zu ermittelnden Wert (Bodenrichtwert × m^2-Fläche).

Der Gebäudesachwert geht von den zum jeweiligen Bewertungsstichtag angepassten (indizierten) Regelherstellungskosten aus wie sie in Anlage 24 zu § 190 BewG vorgegeben sind. Vom Gebäuderegelherstellungswert ist nach § 190 Abs. 4 S. 1 BewG eine Alterswertminderung abzuziehen, die nach dem Verhältnis des Alters des Gebäudes zu der wirtschaftlichen Gesamtnutzungsdauer nach der Anlage 22 zu § 190 BewG berechnet wird. Sie darf jedoch nicht mehr als 70 % betragen (§ 190 Abs. 4 S. 5 BewG). Dem sich so ergebenden Gebäudesachwert ist der Wert des Grund und Bodens hinzuzurechnen. Das ergibt den vorläufigen Sachwert des Grundstücks (§ 189 Abs. 3 S. 1 BewG). Dieser vorläufige Wert ist mit der sich aus § 191 BewG ermittelnden Wertzahl zu multiplizieren (§ 189 Abs. 3 S. 2 BewG). So bestimmt sich der für die Erbschaftsteuer maßgebliche Grundbesitzwert.

2. Bewertung in Erbbaurechtsfällen

Ein Erbbaurecht ist das veräußerbare und vererbbare Recht, auf oder unter der Oberfläche eines Grundstücks ein Gebäude zu haben. Die zivilrechtlichen Einzelheiten regelt die Erbbaurechtsverordnung vom 15.01.1919 (ErbbRVO seit 30.11.2007 neuer Titel: ErbbauRG). Bei Grundstücken, die mit einem Erbbaurecht belastet sind, bilden nach § 192 BewG das Erbbaurecht und das bebaute Grundstück je eine selbständige Einheit.

Der Wert des Erbbaurechts ist nach § 193 Abs. 1 BewG grundsätzlich im Vergleichswertverfahren zu ermitteln. Dasselbe gilt nach § 194 Abs. 1 BewG für die Bewertung des Erbbaugrundstücks. Sind für die Bewertung des Erbbaurechts und/oder für die Bewertung des Erbbaugrundstücks keine Vergleichswerte vorhanden, so sind diese nach §§ 193 Abs. 3 und 4, 194 Abs. 2 und 3 BewG unter Ertragswertgesichtspunkten zu ermitteln.

Tipp! Über die Bewertung des Grundvermögens und vor allem über die Bewertung des Erbbaurechts bei fehlenden Vergleichswerten könnte wesentlich umfassender und detaillierter berichtet werden. Angesichts dessen, dass der Vortrag aber zehn Minuten nicht übersteigen sollte, müssen Sie sich zeitlich einschränken und Schwerpunkte bilden. Bei diesem Thema ist es angebracht, die in der Praxis mehr im Hintergrund stehende Erbbaurechtsbewertung in zusammenfassenden Worten kurz und bündig darzustellen.

Würdigung/Schluss

Es mag sein, dass sich angesichts der typisierten und pauschalierenden Bewertungsmethoden Ungleichheiten ergeben. Diese werden aber auch unter verfassungsrechtlichen Gesichtspunkten hinzunehmen sein. Dies gilt umso mehr deshalb, weil der Steuerpflichtige durch die Öffnungsklausel nach § 198 BewG stets einen niedrigeren Wert nachweisen kann.

Zudem arbeitet der Gesetzgeber auch immer wieder daran, seine typisierten Bewertungsmethoden noch mehr dem gemeinen Wert anzunähern. So wurde z.B. § 190 BewG zum 01.01.2016 aktualisiert. Nunmehr werden Regelherstellungskosten anhand der vom statistischen Bundesamt veröffentlichten Baupreisindizes jährlich aktualisiert und der verbleibende Gebäudewert nach Abzug der Alterswertminderung regelmäßig mit 30 % (bisher 40 %) der Gebäuderegelherstellungskosten angesetzt.

Ich bedanke mich für Ihre Aufmerksamkeit.

Vortrag 2: Die Bewertung von Betriebsvermögen für Zwecke der Erbschaft- und Schenkungsteuer

I. Einführende Hinweise

Die **Bewertung des Betriebsvermögens** richtet sich nach den §§ 11, 199 ff. BewG. Der Wert des Betriebes/Unternehmens ist unter Ertragswertgesichtspunkten zu ermitteln, wenn keine Börsenwerte oder Vergleichswerte greifen. Der Wert eines Unternehmens ist nicht mehr die Summe seiner bilanzierten Wirtschaftsgüter, er spiegelt sich vielmehr in der Regel in der Ertragskraft des Unternehmens.

II. Die Gliederung

	Gliederungspunkt	**Die Stichworte**
	Einleitung	**Thema; Kurzübersicht = Gliederung**
1.	Die Bewertungsvorschriften für das Betriebsvermögen	Genereller Ansatz gemeiner Werte
2.	Die Bewertung des Betriebsvermögens nach §§ 11 Abs. 1 und 2, 109 BewG	Verschiedene Möglichkeiten
2.1	Notierte Kurswerte oder von Verkäufen abgeleitete Werte	Kurswert (Börsenwert) des regulierten Markts (§ 11 Abs. 1 BewG); Ableitung aus Verkäufen – auch einzelner Verkauf; Jahresfrist (§ 11 Abs. 2 S. 2 BewG)
2.2	Die im gewöhnlichen Geschäftsverkehr übliche Methode	§ 11 Abs. 2 S. 2 BewG: IDW S1 (Unternehmenswertermittlung nach Zahlungsströmen und nach Diskontierung der Überschüsse), Multiplikatorenverfahren; keine Bewertung einzelner Wirtschaftsgüter
2.3	Das vereinfachte Ertragswertverfahren	Steuerlicher Jahresertrag der letzten drei Jahre nach Anpassung gem. § 202 Abs. 1 BewG × Kapitalisierungsfaktor des § 203 BewG; Mindestwert nach § 11 Abs. 2 S. 3 BewG (Substanzwert); ohne betriebsneutrale Wirtschaftsgüter und ohne junges Betriebsvermögen; Wahlrecht – unzutreffende Ergebnisse

	Gliederungspunkt	Die Stichworte
	Würdigung/Schluss	**Möglichkeit zwischen mehreren Bewertungsmethoden zu wählen, § 11 Abs. 2 Satz 2 BewG; Kapitalisierungsfaktor ab 01.01.2016 gesetzlich fixiert, § 203 BewG**

III. Der Vortrag

Einleitung

Sehr geehrter Herr Prüfungsvorsitzender/Sehr geehrte Frau Prüfungsvorsitzende, meine Damen und Herren, ich habe das Thema „**Die Bewertung von Betriebsvermögen für Zwecke der Erbschaft- und Schenkungsteuer**" gewählt.

Mein Vortrag ist wie folgt gegliedert: (Aufzählen der Gliederungspunkte Nr. 1 bis 2. aus der obigen Gliederung – nur Vollziffern vorstellen).

1. Die aktuellen Bewertungsvorschriften für das Betriebsvermögen

Die Bewertung des Betriebsvermögens ist über § 12 Abs. 5 ErbStG in den §§ 95–109 BewG geregelt. Nach § 95 BewG umfasst das Betriebsvermögen im erbschaftsteuerlichen Sinne alle Teile eines Gewerbebetriebs i.S.d. § 15 Abs. 1 und 2 EStG, die bei der steuerlichen Gewinnermittlung zum Betriebsvermögen gehören (Einzelunternehmer, Freiberufler sowie Personen- und Kapitalgesellschaften, §§ 96, 97 Abs. 1 BewG). § 109 Abs. 1 BewG verweist auf § 11 Abs. 2 BewG. Danach ist für die Bewertung des Betriebsvermögens grundsätzlich nicht die Summe einzelner Vermögensgegenstände entscheidend (Ausnahme ist der Mindestwert). Der gemeine Wert des Betriebsvermögens richtet sich vielmehr nach einem unter Beachtung betriebswirtschaftlicher Grundsätze festgestellten Unternehmenswert.

2. Die Bewertung des Betriebsvermögens nach §§ 11 Abs. 1 und 2, 109 BewG

2.1 Notierte Kurswerte oder von Verkäufen abgeleitete Werte

Nach § 11 Abs. 1 BewG sind bei der **Bewertung von Anteilen und ganzen Unternehmen** oder **Unternehmensteilen** (Betriebsvermögen der Kapitalgesellschaften) zu allererst die im regulierten Markt notierten Kurswerte entscheidend. Gibt es solche Kurswerte nicht, so gilt für die Ermittlung des gemeinen Werts des Betriebsvermögens nach § 109 Abs. 1 S. 2 BewG die allgemeine Bestimmung des § 11 Abs. 2 S. 2 BewG. Danach kann der gemeine Wert aus Verkäufen abgeleitet werden, die weniger als ein Jahr zurückliegen. R 95 Abs. 2, 3 ErbStR gilt weiter.

2.2 Die im gewöhnlichen Geschäftsverkehr übliche Methode

Gibt es weder Kurswerte noch Verkaufsfälle, so ist der **gemeine Wert** nach § 11 Abs. 2 S. 2 BewG unter Berücksichtigung der Ertragsaussichten des Unternehmens oder einer anderen anerkannten – auch im gewöhnlichen Geschäftsverkehr für nicht steuerliche Zwecke üblichen – Methode zu ermitteln. Dabei macht es keinen Unterschied, ob der Wert eines Einzelunternehmens oder einer gewerblichen Personengesellschaft zu bewerten ist oder der Wert einer Kapitalgesellschaft (§§ 157 Abs. 5, 109 Abs. 1 und 2, 11 BewG).

Zu den üblichen Bewertungsverfahren zählt vor allem die vom IDW gewählte oder für Wirtschaftsprüfer maßgebliche Methode nach IDW S 1. Nach IDW S 1 ist neben der Ermittlung des Unternehmenswerts nach Zahlungsströmen auch eine Unternehmensbewertung durch eine Diskontierung der den Unternehmenseignern künftig zufließenden Überschüsse, die aus handelsrechtlichen Erfolgen abgeleitet werden, möglich. Als übliches Bewertungsverfahren kann aber auch ein einfaches **Multiplikatorenverfahren** gewählt werden (z.B. 100 % des Jahresumsatzes bei Freiberuflern).

2.3 Das vereinfachte Ertragswertverfahren

2.3.1 Grundzüge des Ertragswertverfahrens

Zur Ermittlung eines Unternehmenswerts stellt das Gesetz in den §§ 199 ff. BewG ein „**vereinfachtes Ertragswertverfahren**" vor, nach dem ein Unternehmenswert ermittelt werden kann. Der Gesetzgeber hatte zunächst geplant, dieses vereinfachte Ertragswertverfahren in einer Anteils- und Betriebsvermögensbewertungsverordnung (AntBVBewV) neben die Bestimmungen des BewG 08 zu stellen. Am Ende entschloss er sich in letzter Minute dann aber doch, das vereinfachte Ertragswertverfahren in das BewG, und zwar dort in die (§§ 199-203 BewG), aufzunehmen. Zu einer Änderung in sach- oder rechtlicher Hinsicht hat dies jedoch nicht geführt.

Das **Ertragswertverfahren** ermittelt den zukünftig nachhaltig zu erzielenden Jahresertrag, der aus den gemäß § 202 Abs. 1 BewG angepassten steuerlichen Betriebsergebnissen der letzten drei vor dem Bewertungsstichtag abgelaufenen Wirtschaftsjahre herzuleiten ist (§ 201 Abs. 1 und 2 BewG). Dieser Jahresertrag ist nach § 200 Abs. 1 BewG mit dem in § 203 BewG - seit 01.01.2016 festgelegten - Kapitalisierungsfaktor i.H.v. aktuell 13,75 zu multiplizieren.

Die Übernahme dieses vereinfachten Ertragswertverfahrens ist jedoch nicht zwingend. Es kann vom Steuerpflichtigen „entgegenkommenderweise" verwendet werden, wenn es nicht zu offensichtlich unzutreffenden Ergebnissen führt (§ 199 Abs. 2 BewG).

Mit dem **vereinfachten Ertragswertverfahren** soll der Erwerber des steuerpflichtigen Erwerbs ohne hohen Ermittlungsaufwand und ohne eine damit einhergehende hohe Kostenbelastung für die Einschaltung von Gutachtern etc. die Möglichkeit erhalten, in einem einfachen Verfahren den Wert des Betriebsvermögens selbst zu ermitteln. Dabei sind die betriebsneutralen Wirtschaftsgüter nebst Schulden nach § 200 Abs. 2 BewG gesondert und zusätzlich zu bewerten wie auch Beteiligungen an anderen Gesellschaften. Der darauf entfallende Ertrag ist bei der Wertermittlung nach dem vereinfachten Ertragswertverfahren unberücksichtigt zu lassen und heraus- oder hinzuzurechnen. Gleiches gilt für junges Betriebsvermögen nach § 200 Abs. 4 BewG.

Der sich nach dem vereinfachten Ertragswertverfahren ergebende Wert darf aber nach § 11 Abs. 2 S. 3 BewG nicht niedriger sein als die Summe der gemeinen Werte, der zum Betriebsvermögen gehörenden Wirtschaftsgüter und sonstigen aktiven Ansätze abzüglich der zum Betriebsvermögen gehörenden Schulden und sonstigen Abzüge (**Mindestwert, Substanzwert**).

2.3.2 Wahlrecht bei der Anwendung - unzutreffende Ergebnisse

Das vereinfachte Ertragswertverfahren ist ein Angebot des Gesetzgebers. Das Verfahren muss nicht gewählt werden. Es kann jederzeit auch eine andere anerkannte und im gewöhnlichen Geschäftsverkehr für nicht steuerliche Zwecke übliche Methode angewendet werden.

Nach § 199 Abs. 1 BewG kann das vereinfachte Ertragswertverfahren nur zur Anwendung kommen, wenn dieses nicht offensichtlich zu unzutreffenden Ergebnissen führt.

Würdigung/Schluss

Durch die Regelungen insbesondere in § 11 Abs. 2 BewG nähert sich der erbschaft- und schenkungsteuerliche Wert des Betriebsvermögens dem gemeinen Wert an. Ob es dem Gesetzgeber gelungen ist, mit den aktuellen bewertungsrechtlichen Bestimmungen die verfassungsrechtlichen Bedenken auszuräumen, wird sich zeigen. Höchstrichterliche Stellungnahmen diesbezüglich liegen noch nicht vor. Für Bewertungsstichtage ab 01.01.2016 wurde für das vereinfachte Ertragswertverfahren durch § 203 Abs. 1 BewG ein fester Kapitalisierungsfaktor i.H.v. 13,75 eingeführt, der durch das BMF nach § 203 Abs. 2 BewG an die Entwicklung der Zinsstrukturdaten angepasst werden kann.

Ich bedanke mich für Ihre Aufmerksamkeit.

Vortrag 3: Die erbschaft- und schenkungsteuerliche Behandlung des Erwerbs von Grundvermögen

I. Einführende Hinweise

Nach dem geltenden Recht wird der Grundbesitzwert der Grundstücke des Grundvermögens dem gemeinen Wert angenähert. Dafür bieten insbesondere die §§ 13 Nr. 4 a–c und 13 d ErbStG – die sog. Verschonungsregelungen – einen Ausgleich.

II. Die Gliederung

	Gliederungspunkte	Die Stichworte
	Einleitung	**Thema; Kurzübersicht = Gliederung**
1.	Die privilegierte Besteuerung des Erwerbs von Grundvermögen – Allgemeines	Einheitswertbesteuerung bis 1995; Bedarfswertbesteuerung bis 31.12.2008; gemeine Werte ab dem 01.01.2009
2.	Bewertungsabschlag nach § 13d ErbStG	10 % Abschlag für zu Wohnzwecken vermietetes Grundvermögen; beachte § 10 Abs. 6 S. 5 ErbStG
2.1	Die Ziele der Privilegierung	Bevorzugung privater Eigentümer vor institutionellen Eigentümern
2.2	Begünstigte Objekte und begünstigte Personen	Einfamilienhäuser, Zweifamilienhäuser, Mehrfamilienhäuser, Wohnungseigentum; Vermietung zu Wohnzwecken; weder begünstigtes Betriebsvermögen noch begünstigtes Land- und forstwirtschaftliches Vermögen
3.	Steuerfreistellung nach § 13 Abs. 1 Nr. 4 a–c ErbStG	Erwerb von Familienheimen durch Ehegatten, Kinder und Lebenspartner steuerfrei; § 13 Abs. 1 Nr. 4a ErbStG 97 um b und c erweitert
3.1	Steuerbefreiung nach § 13 Abs. 1 Nr. 4a ErbStG	Unentgeltliche Zuwendung unter Lebenden an Ehegatten oder Lebenspartner; „soweit" eigengenutzt; EG-Länder und EWR-Raum
3.2	Steuerbefreiung nach § 13 Abs. 1 Nr. 4b ErbStG	Erwerb von Todes wegen durch Ehegatten oder Lebenspartner; bisherige Selbstnutzung; Fortsetzung der Selbstnutzung; Keine Weitergabeverpflichtung; zehn Jahre Selbstnutzungspflicht – Nachversteuerung; EG-Länder und EWR-Raum
3.3	Steuerbefreiung nach § 13 Abs. 1 Nr. 4c ErbStG	Erwerb durch Kinder; ansonsten wie bei § 13 Abs. 1 Nr. 4b ErbStG; 200 m^2-Grenze; Soweit-Regelung
4.	Stundung nach § 28 Abs. 3 ErbStG	Zehn Jahre Stundung; soweit ansonsten Veräußerung; Objekte: vermietetes Grundvermögen nach § 13d Abs. 3 ErbStG und selbst genutzte Familienheime; Erwerb von Todes wegen und Schenkung
	Ausblick und Schluss	**Verfassungsrechtliche Zweifel an § 13d ErbStG und § 13 Abs. 1 Nr. 4a–c ErbStG; das Beste damit machen; mögliche Steuersparvarianten ausnutzen**

III. Der Vortrag

Einleitung

Sehr geehrter Herr Prüfungsvorsitzender/Sehr geehrte Frau Prüfungsvorsitzende, meine Damen und Herren, ich habe das Thema „**Die erbschaft- und schenkungsteuerliche Behandlung des Erwerbs von Grundvermögen**" gewählt.

Mein Vortrag ist wie folgt gegliedert: (Aufzählen der Gliederungspunkte Nr. 1 bis 4. aus der obigen Gliederung – nur Vollziffern vorstellen).

1. Die privilegierte Besteuerung des Erwerbs von Grundvermögen – Allgemeines

Die **Bewertung des Grundvermögens** war schon immer ein zentrales Problem im Erbschaft- und Schenkungsteuerrecht. Während bis 1995 für die Besteuerung sogar die (um 40 % erhöhten) Einheitswerte der Besteuerung zugrunde lagen, kam es mit dem Jahressteuergesetz 1997 zu der Bedarfsbewertung nach §§ 145 ff. BewG. So war das Grundvermögen für Zwecke der Erbschaft- und Schenkungsteuer im Durchschnitt mit allenfalls 70 % der realen Werte (gemeiner Wert, Verkehrswert) anzusetzen. Die Anpassung der Bewertung im ErbStRG an die Verkehrswerte nach den §§ 176 ff. BewG musste automatisch zu einer wesentlichen Erhöhung der Steuerlast führen. Dem steuerte jedoch der Gesetzgeber gegen. Als Gegenmaßnahme hat er sich einen neuen Bewertungsabschlag und erweiterte Steuerfreistellungen einfallen lassen.

2. Bewertungsabschlag nach § 13d ErbStG

§ 13c ErbStG wurde mit Wirkung 01.07.2016 durch das Gesetz zur Anpassung des Erbschaftsteuer- und Schenkungsteuergesetzes an die Rechtsprechung des Bundesverfassungsgerichts vom 04.11.2016 in § 13d EStG verschoben. Der nach dem **Bewertungsgesetz ermittelte Verkehrswert** zu Wohnzwecken vermieteter Grundstücke wird für die Besteuerung nach § 13d Abs. 1 ErbStG nur mit 90 % in Ansatz gebracht. Andererseits ist zu beachten, dass in diesem Fall die bestehenden Verbindlichkeiten nach § 10 Abs. 6 S. 5 ErbStG auch nur mit 90 % angesetzt werden können

2.1 Die Ziele der Privilegierung

Der verminderte Wertansatz nach § 13 ErbStG i.H.v. 90 % gilt jedoch nur für zu Wohnzwecken vermietete Wohnungen, die kein Betriebsvermögen sind. Mit der Privilegierung will der Gesetzgeber die Wohnraumversorgung der Bevölkerung sichern und zugleich die Marktkonzentration auf institutionelle Anbieter verringern.

2.2 Begünstigte Objekte und begünstigte Personen

Begünstigt sind Einfamilienhäuser, Zweifamilienhäuser, Mehrfamilienhäuser, Wohnungseigentum etc. Diese Objekte müssen vermietet werden. Es ist nicht erforderlich, dass sie im Zeitpunkt des Erwerbs vermietet sind. Es reicht die Bestimmung zur Vermietung. Wird das Objekt teils zu Wohnzwecken, teils geschäftlich genutzt, erfolgt eine flächenanteilige Aufteilung. Die Privilegierung setzt eine „alsbaldige" Nutzung zu Wohnzwecken voraus.

Begünstigt sind vor allem **Grundstücke im Privatvermögen** (§ 13d Abs. 3 Nr. 3 ErbStG). Vermietete Objekte, die zum begünstigten Betriebsvermögen zählen oder zum (ggf. begünstigten) land- und forstwirtschaftlichen Vermögen sind nicht privilegiert.

Die Begünstigung des § 13d ErbStG setzt ferner voraus, dass der Erwerber das begünstigte Objekt behalten darf. Wenn und soweit er dasselbe auf einen Dritten übertragen muss, kann er den verminderten Wertansatz nicht in Anspruch nehmen. Das gilt bei Vermächtnissen und Auflagen aber auch bei Übertragungen im Rahmen von Erbauseinandersetzungen (§ 13d Abs. 2 ErbStG).

3. Steuerfreistellung nach § 13 Abs. 1 Nr. 4a–c ErbStG

Die Anpassung der für das ErbStG relevanten Grundstückswerte an den gemeinen Wert bzw. Verkehrswert führt zwangsläufig auch bei dem Erwerb naher Familienangehöriger zu einer erhöhten Steuerlast. Dem entgegnet der Gesetzgeber mit der **Erweiterung der Steuerbefreiung bei Familienheimen**. Der ursprüngliche § 13 Abs. 1 Nr. 4a ErbStG 97 geht in der dreifach erweiterten Befreiungsnorm des § 13 Abs. 1 Nr. 4a–c ErbStG auf.

3.1 Steuerbefreiung nach § 13 Abs. 1 Nr. 4a ErbStG

Nach § 13 Abs. 1 Nr. 4a ErbStG wird die **unentgeltliche Zuwendung zu Lebzeiten** bzw. die **Schenkung einer eigengenutzten Wohnung** (Familienheim) an den Ehegatten oder den Lebenspartner steuerfrei gestellt. Es spielt keine Rolle, welche Größe das fragliche Objekt hat. § 13 Abs. 1 Nr. 4a ErbStG gewährt die Steuerfreiheit, soweit in dem Familienheim eine Wohnung zu eigenen Wohnzwecken von den Eheleuten/Lebenspartnern genutzt wird. Ferner ist zu beachten, dass § 13 Abs. 1 Nr. 4a ErbStG Objekte in den EG-Ländern erfasst und Objekte im EWR-Raum miterfasst.

3.2 Steuerbefreiung nach § 13 Abs. 1 Nr. 4b ErbStG

Neu ins Gesetz kam die Steuerfreistellung nach § 13 Abs. 1 Nr. 4b ErbStG und zwar der Erwerb eines Familienheims von Todes wegen durch den Ehegatten oder den eingetragenen Lebenspartner. Voraussetzung ist, dass der Erblasser die Wohnung vor seinem Tode selbst genutzt hat. Nur insoweit greift die Steuerfreiheit. Der erwerbende Ehegatte oder Lebenspartner muss die Selbstnutzung fortsetzen. Die Befreiung wird nicht gewährt, wenn der Erwerber das Familienheim an einen Dritten aufgrund rechtsgeschäftlicher Verfügung des Erblassers oder des Schenkers weitergeben muss. Sie entfällt rückwirkend (Fallbeileffekt), wenn der Erwerber innerhalb von zehn Jahren nach dem Erwerb das Familienheim nicht mehr zu Wohnzwecken nutzt, es sei denn, dafür gibt es zwingende Gründe. Die Steuerfreiheit bezieht sich auf Objekte in den EG-Ländern und im EWR-Raum.

3.3 Steuerbefreiung nach § 13 Abs. 1 Nr. 4c ErbStG

Der Gesetzgeber stellt letztendlich auch den Erwerb eines Familienheims von Todes wegen durch Kinder und Kinder verstorbener Kinder des Erblassers steuerfrei (§ 13 Abs. 1 Nr. 4c ErbStG). Die Befreiung greift aber nur insoweit, als die Wohnfläche 200 m^2 nicht übersteigt. Der oberhalb 200 m^2 liegende Teil ist bei der Steuerfreistellung nicht zu berücksichtigen. Im Übrigen gelten dieselben Einschränkungen, wie sie § 13 Abs. 1 Nr. 4b ErbStG aufstellt (keine Weitergabe an Dritte und zehn Jahre Eigennutzung etc.).

4. Stundung nach § 28 Abs. 3 ErbStG

Nach § 28 Abs. 3 S. 1 ErbStG ist die auf den Erwerb des begünstigten Vermögens i.S.d. § 13d Abs. 3 ErbStG entfallende Steuer auf Antrag bis zu zehn Jahren zu stunden, soweit der Erwerber diese Steuer nur durch Veräußerung dieses Vermögens aufbringen könnte. Zu einer weitergehenden **Stundungsregelung** konnte sich der Gesetzgeber nicht durchringen. Dasselbe gilt nach § 28 Abs. 3 S. 2 ErbStG für selbst genutzte Einfamilienhäuser, Zweifamilienhäuser und Wohnungseigentum, soweit sie nicht unter § 13 Abs. 1 Nr. 4a–c ErbStG fallen – so z.B. wenn ein Bruder ein Familienheim erbt. § 28 Abs. 3 ErbStG gilt sowohl bei Erwerben von Todes wegen als auch bei freigebigen Zuwendungen unter Lebenden.

Ausblick und Schluss

Die **Besteuerung des Erwerbs von Grundvermögen** nach dem ErbStG steht erneut unter verfassungsrechtlicher Beobachtung. Zum einen wird es als nicht sachgerecht empfunden, dass der Abschlag in § 13d ErbStG nur 10 % beträgt. Zum anderen sollen die Privilegierungen in § 13 Abs. 1 Nr. 4a–c ErbStG nicht ausgewogen sein. Das wiederum könnte im Blick auf Art 3 GG verfassungswidrig sein. Hierüber wird das BVerfG in absehbarer Zeit zu entscheiden haben. Bis dahin ist das Gesetz zu beachten und das Beste daraus zu machen. Dazu gehört auch, mögliche Gestaltungsalternativen im Sinne der steuerpflichtigen Mandanten zu wahren. Eine diskutierte Variante ist hier zum Beispiel, Immobilien unter Beachtung des § 23 Abs. 1 Nr. 1 EStG an die Eltern zu veräußern in der Erwartung, dass im Todesfall die Immobilie den Kindern (wieder) steuerfrei nach § 13 Abs. 1 Nr. 4 c ErbStG zurück vererbt wird.

Ich danke für die Aufmerksamkeit.

Vortrag 4: Die erbschaft- und schenkungsteuerliche Behandlung des Erwerbs von Betriebsvermögen

I. Einführende Hinweise

Das ErbStG privilegiert bestimmtes Betriebsvermögen in den Vorschriften der §§ 13a, 13b, 19a und 28 ErbStG. Allerdings hat das Bundesverfassungsgericht mit Urteil vom 17.12.2014, 1 BvL 21/12 (BGBl I 2015, 4) die §§ 13a und 13b in Verbindung mit der Steuertarifnorm des § 19 Abs. 1 EStG und damit die Erhebung der derzeitigen Erbschaft- und Schenkungsteuer insgesamt für mit der Verfassung unvereinbar erklärt. Mit dem Gesetz zur Anpassung des Erbschaftsteuer- und Schenkungsteuergesetzes an die Rechtsprechung des Bundesverfassungsgerichts vom 04.11.2016 wurden daraufhin die Verschonungsregelungen für Betriebsvermögen überarbeitet und in Teilen neu gestaltet.

II. Die Gliederung

	Gliederungspunkt	**Die Stichworte**
	Einleitung	**Thema; Kurzübersicht = Gliederung**
1.	Das begünstigungsfähige Betriebsvermögen nach § 13b ErbStG	Inländisches (auch EG-Länder und EWR-Raum) Betriebsvermögen; § 13b Abs. 1 Nr. 2 ErbStG
2.	Begünstigtes Betriebsvermögen und nicht begünstigtes Verwaltungsvermögen	Produktionsvermögen gegen Verwaltungsvermögen; § 13b Abs. 2, Abs. 4, Abs. 6 und 7 ErbStG; keine Privilegierung für das schädliche Verwaltungsvermögen
3.	Die Privilegierungen im Einzelnen	Verschonungsabschlag, Abzugsbetrag, Tarifbegrenzung, Stundung und Verschonungsalternativen bei Großerwerben
3.1	Verschonungsabschlag nach § 13a Abs. 1 ErbStG	85 % des begünstigten Betriebsvermögens sind nach § 13a Abs.1 ErbStG steuerfrei, wenn begünstigtes Vermögen nicht über 26 Millionen € = Verschonungsabschlag; Lohnsummenklausel nach § 13a Abs. 3 ErbStG ist für 5 Jahre zu beachten
3.2	Der Abzugsbetrag nach § 13a Abs. 2 ErbStG	(Gleitender) Abzugsbetrag nach § 13a Abs. 2 ErbStG: 150.000 € mit 50 % Abschmelzung, wenn Erwerb des nicht begünstigten Betriebsvermögens > 150.000 €
3.3	Das Optionsmodell nach § 13a Abs. 10 ErbStG	100 % Verschonungsabschlag auf Antrag; nicht mehr als 20 % Verwaltungsvermögen; Lohnsummenklausel ist für 7 Jahre zu beachten
3.4	Tarifbegrenzung nach § 19a ErbStG und Stundung nach § 28 ErbStG	Übergehendes Betriebsvermögen an Personen der Steuerklasse 2 und 3 nach § 19a ErbStG mit Tarif nach Steuerklasse 1; Stundung nach § 28 ErbStG wenn für die Erhaltung des Betriebs erforderlich
3.5	Abschmelzmodell nach § 13c ErbStG und Verschonungsbedarfsprüfung nach § 28a ErbStG	Übersteigt das begünstigte Vermögen 26 Millionen €, erfolgt **auf Antrag** ein verminderter Verschonungsabschlag nach § 13c ErbStG (sog. Abschmelzmodell) oder eine individuelle Verschonungsbedarfsprüfung nach § 28a ErbStG
4.	Die Nachversteuerungsfälle	Veräußerung und Entnahme; Betriebsaufgabe (auch Insolvenz) und Überentnahmen

	Gliederungspunkt	Die Stichworte
	Würdigung/Ausblick/Schluss	**Aufgrund von Verfassungswidrigkeit Neuregelungen seit 01.07.2016 durch das Gesetz zur Anpassung des Erbschaftsteuer- und Schenkungsteuergesetzes an die Rechtsprechung des Bundesverfassungsgerichts vom 04.11.2016. Ob nun alle verfassungsrechtlichen Zweifel beseitigt sind, wird sich zeigen**

III. Der Vortrag

Einleitung

Sehr geehrter Herr Prüfungsvorsitzender/Sehr geehrte Frau Prüfungsvorsitzende, meine Damen und Herren, ich habe das Thema „**Die erbschaft- und schenkungsteuerliche Behandlung des Erwerbs von Betriebsvermögen**“ gewählt.

Mein Vortrag ist wie folgt gegliedert: (Aufzählen der Gliederungspunkte Nr. 1. bis 4. aus der obigen Gliederung – nur Vollziffern vorstellen).

1. Das begünstigungsfähige Betriebsvermögen nach § 13b ErbStG

Im Jahr 2006 hat das BVerfG das **Erbschaftsteuergesetz für verfassungswidrig erklärt** und dem Gesetzgeber aufgegeben, die Besteuerung des Erwerbs von Todes wegen und Schenkungen zu Lebzeiten neu zu gestalten. Dem ist der Gesetzgeber mit dem ErbStRG vom 24.12.2008 nachgekommen. Dieses Gesetz gilt seit dem 01.01.2009 und hat zum einen die Bewertung des Betriebsvermögens den gemeinen Werten angepasst und im Gegenzug eine etwaige Mehrbesteuerung teilweise durch weitgehende Privilegierungen vermieden. Hier können sich aber unliebsame Nachversteuerungsgefahren realisieren und die Erwerber belasten.

Nach § 13a Abs. 1 ErbStG stellt der Gesetzgeber das nach § 13b Abs. 2 ErbStG begünstigte Betriebsvermögen steuerfrei.

Als Betriebsvermögen akzeptiert der Gesetzgeber nach § 13b Abs. 1 Nr. 1–3 ErbStG: Land- und forstwirtschaftliche Betriebe (§ 13b Abs. 1 Nr. 1 ErbStG), inländische Betriebe (Gewerbebetriebe, Teilbetriebe und Anteile an Mitunternehmerschaften (§ 13b Abs. 1 Nr. 2 ErbStG) und Anteile an Kapitalgesellschaften (§ 13b Abs. 1 Nr. 3 ErbStG). Der Kreis der privilegierten Erwerbe umfasst nicht nur inländische betriebliche Einheiten und Anteile an Kapitalgesellschaften sondern auch betriebliche Einheiten und Anteile an Kapitalgesellschaften, die ihren Sitz in der EG oder im EWR haben.

2. Begünstigtes Betriebsvermögen und nicht begünstigtes Verwaltungsvermögen

Verschont werden sollen nur Betriebe, deren Betriebsvermögen überwiegend aus sog. **Produktivvermögen** besteht. Wirtschaftsgüter, die nicht direkt dem operativen Geschäft dienen, aber dem Betriebsvermögen zuzurechnen sind, stellen „unproduktives Vermögen“ dar. Der Gesetzgeber spricht in diesem Fall vom sog. Verwaltungsvermögen. Im bisherigen Recht konnten die Begünstigungen dann gewährt werden, wenn das Betriebsvermögen des Einzelunternehmens nicht zu mehr als 50 % aus Verwaltungsvermögen bestand, § 13b Abs. 2 Satz 1 ErbStG a.F. Den Vorgaben des Bundesverfassungsgerichts folgend wurde diese Grenze aufgehoben. Nach § 13b Abs. 2 Satz 1 ErbStG ist das begünstigungsfähige Vermögen begünstigt, soweit sein gemeiner Wert den um das unschädliche Verwaltungsvermögen im Sinne des § 13b Abs. 7 ErbStG gekürzten Nettowert des Verwaltungsvermögens i.S.d. § 13b Abs. 6 ErbStG übersteigt.

Welche Wirtschaftsgüter zu diesem Verwaltungsvermögen gehören sollen, wird in § 13b Abs. 4 ErbStG erläutert. Darunter fallen z.B. an Dritte überlassene Grundstücke oder Grundstücksteile. Ferner gehören Anteile an Kapitalgesellschaften dazu, wenn die unmittelbare Beteiligung am Nennkapital 25 % oder weniger beträgt. In § 13b Abs. 4 Nr. 3 und 4 ErbStG werden Kunstgegenstände, Sammlungen, Edelmetalle etc. sowie Wertpapiere und vergleichbare Forderungen aufgeführt. Nach § 13b Abs. 4 Nr. 5 ErbStG gelten als Verwaltungsvermögen auch die sog. Finanzmittel, wie z.B. Geld- und andere Forderungen, als auch Schulden, wenn sie 15 % des Betriebsvermögenwerts übersteigen. Damit möchte der Gesetzgeber die unter dem Begriff „Cash-GmbH“ aufgekommenen Missbrauchsfälle beseitigen. Soweit die zum Betrieb gehörenden Schulden nicht bereits mit den zur Erfüllung von Altersversorgungsverpflichtungen dienenden Vermögensgegenständen verrechnet wurden (§ 13b Abs. 3 ErbStG) oder bei der Ermittlung der Finanzmittel (§ 13b Abs. 4 Nr. 5 ErbStG) berücksichtigt worden sind, sieht § 13b Abs. 6 Satz 1 ErbStG einen anteiligen Schuldenabzug vor. Ergebnis ist der sog. Nettowert des Verwaltungsvermögens. Nahezu jeder Betrieb benötigt zur Gewährleistung seiner unternehmerischen Unabhängigkeit und seines wirtschaftlichen Geschäftsbetriebs einen gewissen Umfang an Vermögen, das nicht unmittelbar der originären Betriebstätigkeit dient. Aus diesem Grund wird nach § 13b Abs. 7 Satz 1 ErbStG ein Teil des Nettowerts des Verwaltungsvermögens wie begünstigtes Vermögen behandelt, man nennt es das unschädliche Verwaltungsvermögen. Die Wertgrenze wird auf 10 % des um den Nettowert des Verwaltungsvermögens gekürzten gemeinen Werts des Betriebsvermögens festgelegt.

3. Die Privilegierungen im Einzelnen

3.1 Verschonungsabschlag nach § 13a Abs. 1 ErbStG

Sind die Voraussetzungen (insbesondere die Lohnsummenklausel) für die Inanspruchnahme der Verschonungsregelungen nach §§ 13a, 13b ErbStG erfüllt, beträgt die Regelverschonung 85 % des nach § 13b Abs. 2 ErbStG begünstigten Betriebsvermögens (§ 13a Abs. 1 Satz 1 ErbStG). Wichtig ist, dass das begünstigte Betriebsvermögen 26 Millionen € nicht übersteigen darf. Liegt der Erwerb unterhalb dieser Prüfschwelle, erhält der Erwerber einen Verschonungsabschlag i.H.v. 85 %. Übersteigt der Wert des erworbenen begünstigten Vermögens jedoch die Prüfschwelle, erfolgt zunächst keine „klassische" Verschonung nach § 13a Abs. 1 Satz 1 ErbStG, sondern auf Antrag ein verminderter Verschonungsabschlag nach § 13c ErbStG (sog. Abschmelzmodell) oder eine individuelle Verschonungsbedarfsprüfung beim Erwerber nach § 28a ErbStG.

Nach § 13a Abs. 3 ErbStG ist zur Gewährung des Verschonungsabschlags insbesondere die sog. Lohnsummenklausel zu beachten. Voraussetzung für die Gewährung des Verschonungsabschlags ist danach, dass die Summe der maßgebenden jährlichen Lohnsummen des Betriebs innerhalb von fünf Jahren nach dem Erwerb (Lohnsummenfrist) insgesamt 400 % der Ausgangslohnsumme nicht unterschreitet, sog. Mindestlohnsumme. Ausgangslohnsumme ist die durchschnittliche Lohnsumme der letzten fünf Wirtschaftsjahre. Für Betriebe mit nicht mehr als fünf Beschäftigten gilt diese Klausel jedoch nicht. Dem Bedürfnis, in Betrieben mit bis zu 15 Beschäftigten den Folgen unkalkulierbarer Wechsel in der Belegschaft entgegenzuwirken und der daraus resultierenden Schwierigkeit, die Lohnsummenregelung einzuhalten, wird nach § 13a Abs. 3 Satz 4 ErbStG mit einer nach Beschäftigtenzahl gestaffelten und verringerten Mindestlohnsumme Rechnung getragen. Schon der Wegfall nur eines Beschäftigten kann bei Betrieben mit bis zu 15 Beschäftigten zu einem Wegfall eines hohen Anteils der Lohnsumme führen. Mit zunehmender Anzahl der Beschäftigten wirkt sich in der Regel der Wegfall eines Beschäftigten verhältnismäßig geringer auf die Lohnsumme aus. Betriebe mit mehr als fünf, aber nicht mehr als zehn Beschäftigten müssen eine Mindestlohnsumme von 250 % bei einer Lohnsummenfrist von fünf Jahren einhalten. Betriebe mit mehr als zehn, aber nicht mehr als 15 Beschäftigten müssen eine Mindestlohnsumme von 300 % einhalten. Ab 16 Beschäftigten beträgt die Mindestlohnsumme 400 %.

3.2 Der Abzugsbetrag nach § 13a Abs. 2 ErbStG

Die Privilegierung bei kleineren oder mittleren Betriebsvermögen geht jedoch über den 85 %igen Verschonungsabschlag des § 13a Abs. 1 ErbStG hinaus. Nach § 13a Abs. 2 ErbStG gewährt der Gesetzgeber für die verbleibenden 15 % (nicht begünstigtes) Betriebsvermögen einen Abzug in Form eines sich abbauenden Freibetrags i.H.v. 150.000 €, der mit einer 50 %igen Abschmelzung für den diesen Betrag übersteigenden Vermögensanfall belastet ist. Das hat zur Folge, dass der Abzugsbetrag beim Erwerb eines nicht begünstigten Vermögens bis zu einem Betrag i.H.v. 150.000 € in vollem Umfang gewährt wird und dass ab einem Erwerb von 450.000 € nicht begünstigten Vermögens ein Abzug gänzlich entfällt.

3.3 Das Optionsmodell nach § 13a Abs. 10 ErbStG

Durch § 13a Abs. 10 ErbStG wird optional die Möglichkeit eingeräumt, eine vollständige Steuerbefreiung zu erreichen. Dies muss der Erwerber unwiderruflich gegenüber dem Finanzamt erklären. Wird sie gewählt, beträgt der Verschonungsabschlag 100 % und die Lohnsummenklausel (Mindestlohnsumme steigt ja nach der Anzahl der Beschäftigten von 500 % bis 700 %) ist sieben Jahre im Auge zu behalten. Der Erwerber muss die Optionsverschonung bei dem für die Erbschaft- oder Schenkungsteuer zuständigen Finanzamt schriftlich oder zur Niederschrift beantragen. Er kann den Antrag grundsätzlich bis zum Eintritt der materiellen Bestandskraft der Festsetzung der Erbschaft- oder Schenkungsteuer stellen. Der Antrag kann nach Zugang dieser Willenserklärung beim Erbschaftsteuerfinanzamt nicht mehr widerrufen werden. Besteht das begünstigungsfähige Vermögen i.S.d. § 13b Abs. 1 ErbStG zu mehr als 20 % aus Verwaltungsvermögen, ist die Optionsmöglichkeit nicht gegeben.

3.4 Tarifbegrenzung des § 19a ErbStG und Stundung nach § 28 ErbStG

Für das steuerpflichtige Betriebsvermögen gilt § 19a ErbStG. Danach wird der Tarif beim Erwerb von Betriebsvermögen generell der Steuerklasse I entnommen. Diese Privilegierung bezieht sich auf das nach § 13a Abs. 1 oder § 13c ErbStG nicht begünstigte Vermögen.

Bei einem Erwerb begünstigten Vermögens i.S.d. § 13b Abs. 2 ErbStG von Todes wegen erhält der Erwerber nach § 28 Abs. 1 Satz 1 ErbStG einen Rechtsanspruch auf Stundung der auf das begünstigte Vermögen entfallenden Steuer bis zu sieben Jahren, unabhängig davon, nach welcher Maßgabe (Regel- oder Optionsverschonung, Abschmelzmodell oder Verschonungsbedarfsprüfung) eine Steuer auf das begünstigte Vermögen entfällt. Die Stundung ist zu beantragen. Die Zinsmodalitäten sind in § 28 Abs. 1 Satz 2 und 3 ErbStG geregelt. Maßgeblich für die Stundung ist, dass die Lohnsummenklausel nach § 13a Abs. 3 ErbStG und die Behaltensfrist nach § 13a Abs. 6 ErbStG eingehalten werden. Mit einem Verstoß gegen die Lohnsummenklausel bzw. Behaltensfrist endet die Stundung und die Steuer wird sofort fällig. Ist eine Stundung nach § 28 ErbStG nicht möglich, kann aber eine solche nach § 222 AO in Betracht kommen.

3.5 Abschmelzmodell nach § 13c ErbStG und Verschonungsbedarfsprüfung nach § 28a ErbStG

Übersteigt der Wert des erworbenen begünstigten Vermögens die Prüfschwelle i.H.v. 26 Millionen €, erfolgt zunächst keine „klassische" Verschonung nach § 13a Abs. 1 Satz 1 ErbStG, sondern **auf Antrag** ein verminderter Verschonungsabschlag nach § 13c ErbStG (sog. Abschmelzmodell) oder eine individuelle Verschonungsbedarfsprüfung beim Erwerber nach § 28a ErbStG.

a) Abschmelzmodell nach § 13c ErbStG

§ 13c Abs. 1 ErbStG regelt, dass der Erwerber anstelle einer Verschonungsbedarfsprüfung nach § 28a ErbStG einen Verschonungsabschlag in Anspruch nehmen kann. Mit steigendem Wert des erworbenen begünstigten Vermögens über 26 Millionen € verringert sich der Verschonungsabschlag bis auf 0 €. Der Abschmelzverlauf des Verschonungsabschlags von 85 % bei der Regelverschonung (§ 13a Abs. 1 ErbStG) bzw. von 100 % bei der Optionsverschonung (§ 13a Abs. 10 ErbStG) ist wie folgt gestaltet: Der Verschonungsabschlag sinkt nunmehr um einen Prozentpunkt je 750.000 €, die der Wert des begünstigten Vermögens die Wertgrenze von 26 Millionen € übersteigt. Dies bedeutet im Rahmen der Regelverschonung, dass bei einem Erwerb von mehr als 89,75 Millionen € der Verschonungsabschlag rechnerisch auf 0 € abschmilzt, so dass der Erwerb in voller Höhe der Besteuerung zu unterwerfen ist. Bei der Optionsverschonung wird nach § 13c Abs. 1 Satz 2 ErbStG ab einem Wert des erworbenen begünstigten Vermögens von 90 Millionen € kein Verschonungsabschlag mehr gewährt.

b) Verschonungsbedarfsprüfung nach § 28a ErbStG

§ 28a ErbStG regelt die nach dem Urteil des BVerfG erforderliche – antragsgebundene - Bedürfnisprüfung in Erwerbsfällen ab einem Erwerb von mehr als 26 Millionen €. Das BVerfG hat die weitgehende oder vollständige Verschonung des Erwerbs betrieblichen Vermögens als unverhältnismäßig angesehen, soweit sie ohne Bedürfnisprüfung über den Bereich kleiner und mittlerer Betriebe hinausgreift. Die Prüfung, ob ein Verschonungsbedarf besteht, kann im Ergebnis dazu führen, dass ein Erwerber ohne verfügbares Vermögen durch den vorgesehenen Erlass der Steuer im Ergebnis eine Vollverschonung für das begünstigte Vermögen erhält.

Wird die Prüfschwelle des von 26 Millionen € begünstigtes Vermögen überschritten, wird die Steuer auch für das begünstigte Vermögen in vollem Umfang festgesetzt. Auf Antrag des Erwerbers wird eine Verschonungsbedarfsprüfung durchgeführt. Dem Erwerber ist zuzumuten, in gewissem Umfang sein verfügbares Vermögen i.S.d. § 28a Abs. 2 ErbStG zur Steuerzahlung einzusetzen. Soweit das verfügbare Vermögen nicht oder nicht vollständig ausreicht, um die auf das begünstigte Vermögen entfallende Steuer zu tilgen, erhält der Erwerber einen nach § 28a Abs. 4 ErbStG auflösend bedingten Rechtsanspruch auf Erlass dieser Steuer. Ergibt die Prüfung hingegen, dass ausreichend verfügbares Vermögen vorhanden ist und es somit einer Verschonung nicht bedarf, ist die auf das begünstigte Vermögen entfallende Steuer zu entrichten. § 28a Abs. 2 ErbStG bestimmt das **verfüg-**

bare Vermögen, welches in die Bedarfsprüfung einzubeziehen ist. Einbezogen wird nicht nur das Vermögen, das der Erwerber im Rahmen seines jetzt zu besteuernden Erwerbs als nicht begünstigtes Vermögen erworben hat, sondern auch das nicht begünstigte Vermögen, das dem Erwerber bereits vor dem Erwerb gehört hat. Ausgenommen wird damit das bereits vorhandene Vermögen, das im Falle eines Erwerbs von Todes wegen oder durch Schenkung begünstigtes Vermögen wäre. Das verfügbare Vermögen liegt nicht immer als fungibles Geldvermögen vor. Bei Sachvermögen, insbesondere Grundstücken, benötigt der Steuerschuldner Zeit, wenn er einen Kredit aufnehmen oder Vermögen gegebenenfalls veräußern muss. Um hierdurch eintretende Härten zu vermeiden, erhält der Steuerschuldner nach § 28a Abs. 3 ErbStG einen Anspruch auf **Stundung** der Steuer für einen Zeitraum von sechs Monaten.

Der Antrag nach § 13c ErbStG (Abschmelzmodell) schließt den Antrag auf eine Verschonungsbedarfsprüfung nach § 28a ErbStG aus, § 28a Abs. 8 ErbStG.

4. Die Nachversteuerungsfälle

Der Verschonungsabschlag kommt nachträglich und zeitanteilig nach § 13a Abs. 3 S. 5 und Abs. 6 Nr. 1–5 ErbStG in Wegfall, wenn Umstände eintreten, die eine Privilegierung des übergegangenen Betriebsvermögens nicht mehr rechtfertigen. Der Abzugsbetrag ist in diesem Fall nach § 13a Abs. 2 ErbStG neu zu berechnen. Er entfällt gänzlich, wenn für das gesamte, ursprünglich privilegierte Betriebsvermögen ein Nachversteuerungstatbestand greift.

Hierauf muss in der Praxis gesondert geachtet werden. Das sind nach Auffassung des Gesetzgebers insbesondere die Fälle der Unterschreitung der Lohnsumme, der Veräußerung, der Betriebsaufgabe, der Entnahme von Betriebsvermögen und der Überentnahmen. Der Wegfall des Verschonungsabschlags beschränkt sich nach § 13a Abs. 6 S. 2 ErbStG auf den Teil, der dem Verhältnis der im Zeitpunkt der schädlichen Verfügung verbleibenden Behaltensfrist einschließlich des Jahres, in dem die Verfügung erfolgt, zur gesamten Behaltensfrist entspricht. Ergibt sich ein Nachversteuerungsfall hinsichtlich der Lohnsumme und hinsichtlich der Behaltensfrist, ist der niedrigere (verbleibende) Verschonungsabschlag in Ansatz zu bringen.

Würdigung/Ausblick/Schluss

Kaum war das ErbStRG verabschiedet worden, als gewichtige Stimmen in der Literatur den Bestimmungen des ErbStG die Verfassungskonformität erneut absprachen. Dem schloss sich auch das Bundesverfassungsgericht in seinem Urteil vom 17.12.2014, 1 BvL 21/12 (BGBl I 2015, 4) an: Es erklärte die §§ 13a und 13b in Verbindung mit der Steuertarifnorm des § 19 Abs. 1 EStG und damit die Erhebung der derzeitigen Erbschaft- und Schenkungsteuer insgesamt für mit der Verfassung unvereinbar. Durch das Gesetz zur Anpassung des Erbschaftsteuer- und Schenkungsteuergesetzes an die Rechtsprechung des Bundesverfassungsgerichts vom 04.11.2016 wurden daraufhin die Verschonungen nach §§ 13a ff. ErbStG überarbeitet und in Teilen neu gestaltet. Man darf gespannt sein, ob die (teilweise komplexen) Neuregelungen einer ggf. erneuten Überprüfung durch das BVerfG standhalten.

Ich danke für Ihre Aufmerksamkeit.

Hinweis! Der Vortrag wurde sehr ausführlich und teilweise ins Detail gehend konzipiert. Angesichts dessen, dass der Vortrag zehn Minuten nicht übersteigen sollte, müssen Sie sich zeitlich einschränken und Schwerpunkte bilden.

Vortrag 5: Die Bewertung von Wertpapieren und Anteilen für Zwecke der Erbschaft- und Schenkungsteuer

I. Einführende Hinweise

Wertpapiere sind Urkunden über ein privates Vermögensrecht, dessen Verwirklichung vom Besitz (Vorlage) der Urkunde (mit Legitimation) abhängig ist, z.B. Scheck, Anleihen, Sparbriefe, Aktien, Investmentzertifikate. Anteile bezeichnen ein Mitgliedsrecht, welches neben Mitwirkungs- und Verwaltungsrechten (z.B. Stimmrecht, Auskunftsrecht) auch eine Beteiligung am Geschäftsvermögen und Gewinn eines Unternehmens (Vermögensrecht) zum Inhalt hat. Darunter fallen bspw. Aktien, GmbH-Anteile, Genossenschaftsanteile, Investmentzertifikate. Anteile können verbrieft (z.B. Aktien) oder nicht verbrieft sein.

Private Wertpapiere und Anteile gehören zum übrigen Vermögen. Betriebliche Wertpapiere und Anteile sind dem Betriebsvermögen zuzurechnen.

II. Die Gliederung

	Gliederungspunkt	Die Stichworte
	Einleitung	**Thema; Kurzübersicht = Gliederung**
1.	Allgemeines zur Bewertung	Ansatz dem Grunde nach
2.	Bewertung von börsennotierten Aktien	Bewertungsregeln, Zuständigkeit
3.	Bewertung von nicht notierten Anteilen an Kapitalgesellschaften durch Ableitung aus Verkäufen	Bewertungsregeln, Zuständigkeit
4.	Bewertung von nicht notierten Anteilen an Kapitalgesellschaften durch das vereinfachte Ertragswertverfahren	Bewertungsregeln, Zuständigkeit, Verfahrensgrundsätze
	Würdigung/Schluss	**Genaue Abgrenzung vornehmen; korrekten Bewertungsmaßstab finden**

III. Der Vortrag

Einleitung

Sehr geehrter Herr Prüfungsvorsitzender/Sehr geehrte Frau Prüfungsvorsitzende, meine Damen und Herren, ich habe das Thema „**Die Bewertung von Wertpapieren und Anteilen für Zwecke der Erbschaft- und Schenkungsteuer**" gewählt.

Mein Vortrag ist wie folgt gegliedert: (Aufzählen der Gliederungspunkte Nr. 1. bis 4. aus der obigen Gliederung – nur Vollziffern vorstellen).

1. Allgemeines zur Bewertung

Die Bewertungsregeln enthält zunächst § 11 BewG, der aber nicht abschließend ist, da Wertpapiere als Kapitalforderungen grundsätzlich mit dem Nennwert nach § 12 Abs. 1 Satz 1 BewG bewertet werden müssen.

Bei Anteilen an Kapitalgesellschaften ist zu beachten, dass sie mit dem gemeinen Wert zu erfassen sind. Dabei ist vorrangig zu prüfen ob ein Kurswert existiert (§ 11 Abs. 1 BewG, z.B. bei notierten Aktien), wenn nicht, ob eine Ableitung aus Verkäufen möglich ist oder ein anderes Bewertungsverfahren durchgeführt werden muss (§ 11 Abs. 2 BewG). An einer deutschen Börse notierte Wertpapiere (z.B. Anleihen, Aktien) sind daher mit dem Kurswert zu erfassen (§ 11 Abs. 1 BewG). Anteile an Kapitalgesellschaften, für die es keinen Kurswert gibt (z.B. GmbH-Anteil) sind mit ihrem gemeinen Wert anzusetzen (§ 11 Abs. 2 BewG).

Investmentzertifikate (Fonds), Anteile an offenen Immobilienfonds werden mit dem Rücknahmepreis bewertet (§ 11 Abs. 4 BewG). Das ist der Betrag, den die Kapitalanlagegesellschaften bei Rückgabe der Zertifikate nach den vertraglichen Vereinbarungen zu zahlen haben.

Wertpapiere des Zahlungsverkehrs (z.B. Scheck) und nicht notierte Wertpapiere des Kapitalverkehrs (z.B. Anleihen oder Sparbriefe) sowie Genossenschaftsanteile werden grundsätzlich mit ihrem Nennwert berücksichtigt (§ 12 Abs. 1 Satz 1 BewG).

2. Bewertung von börsennotierten Aktien

Wie aus der Überschrift zu § 11 BewG zu erkennen ist, befasst sich die Vorschrift (auch) mit der Anteilsbewertung, insbesondere der Anteile an Kapitalgesellschaften (§ 11 Abs. 2 Satz 1 BewG). § 11 BewG unterscheidet in seinen Absätzen 1 und 2 Vorgänge innerhalb und außerhalb des Börsenverkehrs. Sofern Anteile verbrieft und börsennotiert sind (z.B. Aktien), ist vorrangig der Kurswert anzusetzen (§ 11 Abs. 1 BewG). Ist dies nicht möglich (z.B. GmbH-Anteile), ist der gemeine Wert zu ermitteln (§ 11 Abs. 2 BewG).

Aktien (Anteile mit Wertpapiercharakter), die am Bewertungsstichtag an der Börse gehandelt werden, sind mit dem niedrigsten am Stichtag für sie im regulierten Markt notierten Kurs anzusetzen (§ 11 Abs. 1 Satz 1 BewG). Dieser notierte Kurs ist als deren (vereinfacht zu ermittelnder) gemeiner Wert anzusehen. Es muss der **niedrigste** am Stichtag an einer der deutschen Börsen im amtlichen Börsenhandel notierte Kurs festgestellt werden (nicht Eröffnungs- Schlusskurs, es sei denn er wäre der niedrigste).

Werden Aktien in einem Bankdepot verwaltet, so wird wohl i.d.R. der von der Bank anzuzeigende Kurswert vom Finanzamt übernommen werden (§ 33 Abs. 1 ErbStG i.V.m. § 1 ErbStDV/Muster 1). Liegt eine Kursnotierung zum Stichtag nicht vor (z.B. weil kein Börsenhandel oder Aktie nicht notiert), ist der letzte innerhalb der letzten dreißig Tage vor dem Stichtag notierte Kurs – unabhängig von seiner Höhe – maßgebend (§ 11 Abs. 1 Satz 2 BewG). Kurse nach dem Stichtag sind ohne Relevanz.

Eine gesonderte Feststellung erfolgt in den Fällen des § 11 Abs. 1 BewG nicht (§ 151 Abs. 1 Satz 1 Nr. 3 BewG im Umkehrschluss). Zuständig für die Wertermittlung ist also die Erbschaft- und Schenkungsteuerstelle des zuständigen Finanzamts.

3. Bewertung von nicht notierten Anteilen an Kapitalgesellschaften durch Ableitung aus Verkäufen

Anteile an Kapitalgesellschaften, die nicht mit dem Kurswert bewertet werden können, sind mit dem ("echten") gemeinen Wert anzusetzen (§ 11 Abs. 2 Satz 1 i.V.m. § 9 BewG). Dies betrifft vor allem die Fälle von nicht an der Börse notierten Anteilen, wie bspw. GmbH-Anteile oder nicht notierte Aktien. Liegt bei notierten Aktien im amtlichen Handel ein amtlicher Börsenkurs am Stichtag als auch für die letzten dreißig Tage davor nicht vor und kann auch nicht auf Kurse im Freiverkehr zurückgegriffen werden, so ist auch dann der gemeine Wert nach § 11 Abs. 2 BewG zu ermitteln.

Nach § 9 Abs. 2 Satz 1 BewG wird der gemeine Wert durch den Preis bestimmt, der im gewöhnlichen Geschäftsverkehr bei einer Veräußerung zu erzielen wäre (Markwert, Verkehrswert). Durch § 11 Abs. 2 Satz 2 BewG wird die Ermittlung des gemeinen Werts erweitert und spezifiziert. Zum einen soll er vorrangig aus Verkäufen abgeleitet werden, die weniger als ein Jahr vor dem Bewertungsstichtag zurückliegen (1. Alternative) oder er ist durch branchentypische Bewertungsverfahren zu ermitteln (2. und 3. Alternative).

Die Ermittlung des Anteilswerts (§ 157 Abs. 4 BewG) nach § 11 Abs. 2 BewG erfolgt durch eine gesonderte Feststellung (§ 151 Abs. 1 Satz 1 Nr. 3 BewG). Zuständig ist das Betriebsfinanzamt der Kapitalgesellschaft (Körperschaftsteuerstelle) (§ 152 Nr. 3 BewG). Zu beachten sind die Vorschriften über die Erklärungspflichten. Nach § 153 Abs. 3 BewG ist hier (zweckmäßigerweise) die Kapitalgesellschaft selbst (vertreten durch ihren Geschäftsführer) erklärungspflichtig und nicht der Erwerber. Ihr ist auch (neben dem Erwerber) der Feststellungsbescheid bekannt zu geben (§ 154 Abs. 2 BewG).

Der gemeine Wert von nicht notierten Anteilen an Kapitalgesellschaften ist nach § 11 Abs. 2 Satz 2, 1. Alt. BewG vorrangig aus tatsächlichen Verkäufen unter fremden Dritten – derselben Kapitalgesellschaft, deren Anteil übergeht –, die im Bewertungsstichtag weniger als ein Jahr zurückliegen, abzuleiten. Die Anzahl der Verkäufe spielt dabei keine Rolle. Es dürfen nur Verkaufserlöse berücksichtigt werden, die im gewöhnlichen Geschäftsverkehr (Handel nach den wirtschaftlichen Grundsätzen von Angebot und Nachfrage, bei dem die Vertragspartner ohne Zwang und Not, sondern in Wahrung ihrer eigenen Interessen handeln) erzielt worden sind (§ 9 Abs. 2 Satz 2 und 3 BewG). Verkäufe nach dem Stichtag sind grundsätzlich für die Ableitung nicht mehr von Bedeutung.

4. Bewertung von nicht notierten Anteilen an Kapitalgesellschaften durch das vereinfachte Ertragswertverfahren

Lässt sich der gemeine Wert nicht aus Verkäufen unter fremden Dritten ableiten, die weniger als ein Jahr zurückliegen, sind folgende branchentypische Bewertungsverfahren möglich:

- der gemeine Wert ist unter Berücksichtigung (allein) der Ertragsaussichten der Kapitalgesellschaft zu ermitteln („echtes Ertragswertverfahren, § 11 Abs. 2 Satz 2, 2. Alt. BewG) oder
- der gemeine Wert ist unter Berücksichtigung einer anderen anerkannten, auch im gewöhnlichen Geschäftsverkehr für nichtsteuerliche Zwecke üblichen Methode zu berechnen (§ 11 Abs. 2 Satz 2, 3. Alt. BewG).

Zur Ermittlung des gemeinen Werts kann auch das vereinfachte Ertragswertverfahren nach § 11 Abs. 2 Satz 4 i.V.m. §§ 199 bis 203 BewG angewendet werden.

Als **Mindestwert** wird durch § 11 Abs. 2 Satz 3 BewG die Summe der gemeinen Werte der zum Betriebsvermögen gehörenden Wirtschaftsgüter und sonstigen aktiven Ansätze abzüglich der zum Betriebsvermögen gehörenden Schulden und sonstigen Abzüge (Substanzwert) der Kapitalgesellschaft festgelegt. Dieser Mindestwert darf durch die angewandte Bewertungsmethode nicht unterschritten werden.

Es gelten die (aktuellen) tatsächlichen Verhältnisse und Wertverhältnisse zum Bewertungsstichtag. Ergebnis der Bedarfsbewertung ist der **Anteilswert** (§ 157 Abs. 4 BewG), der vom Betriebsfinanzamt der Kapitalgesellschaft (Körperschaftsteuerstelle) gesondert festzustellen ist (§ 151 Abs. 1 Satz 1 Nr. 3 i.V.m. § 152 Nr. 3 BewG).

§ 199 BewG bestimmt den Anwendungsbereich des vereinfachten Ertragswertverfahrens. Es soll die Möglichkeit bieten, ohne hohen Ermittlungsaufwand oder Kosten für einen Gutachter einen objektivierten Unternehmenswert durch ein vereinfachtes, typisierendes Bewertungsverfahren auf der Grundlage der Ertragsaussichten zu ermitteln. Es gilt (rechtsformneutral für alle Unternehmen und unabhängig von Größenklassen) für die Bewertung von Anteilen an einer Kapitalgesellschaft (§ 199 Abs. 1 BewG), für die Bewertung von Gewerbebetrieben (Einzelunternehmen) als auch für die Bewertung von Anteilen an gewerblich tätigen Personengesellschaften (§ 199 Abs. 2 BewG).

Der Anteilswert ist im Wege des vereinfachten Ertragswertverfahrens in **zwei Stufen** zu ermitteln:

- **Stufe 1:** Der gemeine Wert für das der Kapitalgesellschaft gehörende Betriebsvermögen (§ 97 Abs. 1 Satz 1 Nr. 1 BewG) ermittelt sich nach den §§ 200 bis 203 BewG. Es ist dabei allein vom Bilanzgewinn der Kapitalgesellschaft auszugehen. Die nach § 202 Abs. 1 Satz 2 Nr. 1 bis Nr. 3 BewG vorzunehmenden Korrekturen sind nur auf den Bereich der Kapitalgesellschaft zu beziehen.
  Der zunächst nach § 200 Abs. 1 BewG zu ermittelnde Ertragswert ergibt sich durch Multiplikation des zukünftig nachhaltig erzielbaren Jahresertrags (Baustein 1) mit dem Kapitalisierungsfaktor von 13,75 (Baustein 2). Der Ertragswert ist sodann ggf. um bestimmte, gesonderte Wertansätze zu erhöhen bzw. zu kürzen (§ 200 Abs. 2 bis 4 BewG). Der so ermittelte gemeine Wert der Kapitalgesellschaft, der auch negativ sein kann, darf jedoch den Mindestwert (Substanzwert) nach § 11 Abs. 2 Satz 3 BewG nicht unterschreiten. Alle zum (ertragsteuerlichen) Betriebsvermögen der Kapitalgesellschaft gehörenden Wirtschaftsgüter (Aktiva und Passiva) werden durch diese Berechnung erfasst. Ergebnis ist der gemeine Wert der Kapitalgesellschaft.
- **Stufe 2:** Der sich nach Stufe 1 ermittelte gemeine Wert der Kapitalgesellschaft ist auf den zu bewertenden Anteil zu beziehen. Der gemeine Wert des Anteils entspricht demnach grundsätzlich dem Anteil am Betriebsvermögen der Kapitalgesellschaft und zwar im Verhältnis der Beteiligung am Grund-/Stammkapital zum Bewertungsstichtag (§ 97 Abs. 1b Satz 1 BewG).

Würdigung/Schluss

Im Blick auf die **Bewertung von Wertpapieren und Anteilen** ist zu beachten, um welches Wertpapier oder welchen Anteil es sich im Einzelfall handelt, um den richtigen Bewertungsansatz zu finden. Insbesondere das vereinfachte Ertragswertverfahren i.S.d. BewG bei der Bewertung von GmbH-Anteilen erfordert eine detaillierte Berechnung des Anteilswerts.

Ich danke für Ihre Aufmerksamkeit.

Vortrag 6: Schenkung unter Auflage, gemischte Schenkung und mittelbare Grundstücksschenkung

I. Einführende Hinweise

Sowohl bei der Schenkung unter Auflage als auch bei der gemischten Schenkung ist der Beschenkte verpflichtet, eine Gegenleistung zu erbringen. Diese Verpflichtung muss ggf. entsprechend mindernd bei der Ermittlung der Bereicherung berücksichtigt werden. Bei der mittelbaren Grundstücksschenkung hingegen wendet der Schenker dem Beschenkten Geld für den Erwerb eines bestimmten Grundstücks oder Gebäudes zu, mit der Folge, dass eine Schenkung von Grundbesitz vorliegt.

II. Die Gliederung

	Gliederungspunkt	**Die Stichworte**
	Einleitung	**Thema; Kurzübersicht = Gliederung**
1.	Schenkung unter Auflage	Beschenkte verpflichtet, Auflage zugunsten des Schenkers selbst, eines Dritten oder/und zu seinen Gunsten selbst zu vollziehen, Leistungsauflage, Nutzungs- und Duldungsauflage
2.	Gemischte Schenkung	Beschenkte erwirbt Gegenstand teilweise entgeltlich und teilweise unentgeltlich
3.	Mittelbare Grundstücksschenkung	Hingabe von Geld zum Erwerb eines Grundstücks oder zur Errichtung eines Gebäudes = Schenkung dieses Grundstücks oder Gebäudes, wenn ersichtlich, dass dieses zugewandt werden soll, Voraussetzung: Geldbetrag vor Erwerb bzw. Baubeginn zugesagt, gilt auch, wenn nicht die gesamten Kosten vom Schenker getragen werden, Abgrenzung von der Geldschenkung unter Auflage.
4.	Ermittlung der Bereicherung	
4.1	Schenkung unter Auflage und gemischte Schenkung	§ 10 Abs. 1 Satz 1 und 2 ErbStG analog, von dem nach § 12 ErbStG zu ermittelnden Steuerwert der Leistung des Schenkers werden die Gegenleistungen des Beschenkten und die von ihm übernommenen Auflagen mit ihrem nach § 12 ErbStG ermittelten Wert abgezogen
4.2	Mittelbare Grundstücksschenkung	Grundstück mit Grundbesitzwert anzusetzen (§ 12 ErbStG), übernimmt Schenker Kosten für die Errichtung eines Gebäudes ist der Gebäudewertanteil anzusetzen, Folgen einer Teilzuwendung Geldschenkung unter einer Auflage: Besteuerung des vollen Geldbetrags
	Würdigung/Schluss	**Durch Anpassung an gemeinen Wert, fast keine steuerlichen Vorteile mehr bei mittelbarer Grundstücksschenkung im Vergleich zur Geldschenkung. Bei allen Schenkungsformen sind Steuerbefreiungsvorschriften (z.B. § 13 Abs. 1 Nr. 4a ErbStG oder § 13d ErbStG) möglich**

III. Der Vortrag

Einleitung

Sehr geehrter Herr Prüfungsvorsitzender/Sehr geehrte Frau Prüfungsvorsitzende, meine Damen und Herren, ich habe das Thema **„Schenkung unter Auflage, gemischte Schenkung und mittelbare Grundstücksschenkung“** gewählt.

Mein Vortrag ist entsprechend dem Thema wie folgt gegliedert: (Aufzählen der Gliederungspunkte Nr. 1. bis 4. aus der obigen Gliederung – nur Vollziffern vorstellen).

1. Schenkung unter Auflage

Eine Schenkung unter Auflage liegt vor, wenn der Beschenkte nach Leistungserbringung des Schenkers verpflichtet ist, eine Auflage zu vollziehen (§ 525 Abs. 1 BGB). Die Auflage kann zugunsten des Schenkers selbst, eines Dritten oder/und des Bedachten selbst erfolgen. Man unterscheidet zwischen der Leistungsauflage und der Nutzungs- und Duldungsauflage.

Eine Leistungsauflage ist gegeben, wenn der Beschenke verpflichtet ist, Aufwendungen zu erbringen, die er unabhängig vom Innehaben des vom Schenker erhaltenen Vermögensgegenstands leisten kann (z.B. Geld-/ Sachleistungen) oder wenn er den Schenker von dessen Leistungspflichten freizustellen hat (z.B. Übernahme von Verbindlichkeiten).

Eine Nutzungs- oder Duldungsauflage liegt hingegen vor, wenn der Beschenkte zwar Eigentümer des Zuwendungsgegenstands bzw. zugewandten Rechts wird, allerdings nicht frei über den Vermögensgegenstand verfügen kann (z.B. wegen der Auflage ein Nießbrauchrecht oder ein Wohnrecht einzuräumen).

2. Gemischte Schenkung

Von einer gemischten Schenkung spricht man, wenn der Beschenkte den Vermögensgegenstand teilweise entgeltlich und teilweise unentgeltlich erhält. Der Wert des Vermögensgegenstands und die Leistung des Beschenkten stehen sich dabei nicht gleichwertig gegenüber.

Beispiel: Oma O veräußert ihrem Enkel E einen Bauplatz für 100.000 €. Der Verkehrswert des Bauplatzes beträgt 160.000 €.

Lösung: Folglich erwirbt E den Bauplatz zu 100.000 € entgeltlich und zu 60.000 € unentgeltlich.

3. Mittelbare Grundstücksschenkung

Die Hingabe von Geld zum Erwerb eines Grundstücks oder zur Errichtung eines Gebäudes stellt eine mittelbare Grundstücksschenkung und damit die Schenkung von Grundbesitz dar, wenn dem Schenker nach dem erkennbaren Willen des Zuwendenden im Zeitpunkt der Ausführung der Schenkung ein bestimmtes Grundstück oder Gebäude verschafft werden soll. Voraussetzung ist, dass der Geldbetrag vom Schenker bereits bis zum Zeitpunkt des Erwerbs des Grundstücks oder des Beginns der Baumaßnahme zugesagt ist. Das gilt auch dann, wenn nicht die gesamten Kosten der Anschaffung oder Errichtung vom Schenker getragen werden. In diesen Fällen kann eine Schenkung des dem hingegebenen Geldbetrag entsprechenden Teils des Grundstücks vorliegen.

Beispiel: Vater V wendet seinem Sohn S einen Geldbetrag i.H.v. 50.000 € am 10.05.01 für den Erwerb des Grundstücks Sonnenallee 12 in Hamburg zu, das S tatsächlich am 11.05.01 für 80.000 € erwirbt.

Lösung: Es liegt eine mittelbare Grundstücksschenkung vor, da V mit der Geldzuwendung beabsichtigt, S einen Teil eines bestimmten Grundstücks zukommen zu lassen.

Die mittelbare Grundstücksschenkung ist stets abzugrenzen von der Hingabe von Geld zum Erwerb eines Grundstücks, wenn der Schenker dem Beschenkten gegenüber lediglich zum Ausdruck bringt, dass dieser für den zugewendeten Geldbetrag im eigenen Namen und für eine Rechnung ein Grundstück erwerben soll, ohne dass dabei schon feststeht, um welches Grundstück es sich genau handelt. In diesem Fall liegt eine Geldschenkung unter einer Auflage vor.

Beispiel: Vater V wendet seinem Sohn S einen Geldbetrag i.H.v. 50.000 € am 10.05.01 für den Erwerb eines Grundstücks zu. S erwirbt erst 3 Jahre später tatsächlich ein Grundstück, da er bis dato nichts Passendes gefunden hat.

Lösung: In diesem Fall handelt es sich um eine Geldzuwendung unter einer Auflage, da die Geldzuwendung des V nicht für den Erwerb eines bestimmten Grundstücks gedacht ist.

4. Ermittlung der Bereicherung

4.1 Schenkung unter Auflage und gemischte Schenkung

Entsprechend § 10 Abs. 1 Satz 1 und 2 ErbStG gilt auch bei der Schenkung unter Auflage oder der gemischten Schenkung als steuerpflichtiger Erwerb die Bereicherung des Bedachten, soweit sie der Besteuerung nach diesem Gesetz unterliegt. Die Bereicherung wird ermittelt, indem von dem nach § 12 ErbStG zu ermittelnden Steuerwert der Leistung des Schenkers die Gegenleistungen des Beschenkten und die von ihm übernommenen Leistungs-, Nutzungs- und Duldungsauflagen mit ihrem nach § 12 ErbStG ermittelten Wert abgezogen werden. Hinsichtlich Nutzungs- und Duldungsauflagen gilt dies nur, soweit § 10 Abs. 6 Satz 6 ErbStG den Abzug nicht ausschließt, weil ein Nutzungsrecht sich bereits als Grundstücksbelastung bei der Ermittlung des gemeinen Werts eines Grundstücks ausgewirkt hat.

Beispiel: A überträgt im April 01 auf B ein Grundstück, für das ein Grundbesitzwert von 750.000 € festgestellt wird und dessen Verkehrswert 750.000 € beträgt. Das Grundstück ist mit einer von B zu übernehmenden Hypothekenschuld belastet, die zur Zeit der Schenkung mit 150.000 € valutiert.

Lösung: Die Bereicherung des B beträgt:

Grundbesitzwert	750.000 €
Gegenleistung	./. 150.000 €
Bereicherung	**600.000 €**

Es ist darauf zu achten, dass der Abzug der Gegenleistungen, Leistungs-, Nutzungs- und Duldungsauflagen nach § 10 Abs. 6 ErbStG beschränkt ist, soweit für den Gegenstand eine Steuerbefreiung (z.B. nach § 13 ErbStG) greift. Allerdings sind die im Zusammenhang mit der Ausführung der Schenkung anfallenden Erwerbsnebenkosten, z.B. für Notar, Grundbuch oder Handelsregister, aus Vereinfachungsgründen unbeschränkt abzugsfähig. Steuerberatungskosten und Rechtsberatungskosten im Vorfeld einer Schenkung sind keine abzugsfähigen Erwerbsnebenkosten.

4.2 Mittelbare Grundstücksschenkung

Wird eine mittelbare Grundstücksschenkung ausgeführt, ist das Grundstück mit seinem Grundbesitzwert anzusetzen (§ 12 ErbStG). Übernimmt der Schenker hingegen die Kosten für die Errichtung eines Gebäudes auf einem dem Beschenkten bereits gehörenden oder von ihm noch zu erwerbenden Grundstück, gilt der Teil des Grundbesitzwerts des bebauten Grundstücks als zugewendet, der auf das Gebäude entfällt. Der Gebäudewertanteil ermittelt sich aus der Differenz zwischen dem Grundbesitzwert des bebauten Grundstücks nach Bezugsfertigkeit des Gebäudes und dem Grundbesitzwert des unbebauten Grundstücks.

Will der Schenker dem Beschenkten nur einen Teil eines bestimmten Grundstücks zuwenden und wird die Schenkung in der Weise ausgeführt, dass der Schenker nur einen Teil des im Übrigen vom Beschenkten aus eigenen Mitteln aufzubringenden Kaufpreises für dieses Grundstück übernimmt, gilt der Teil des Grundstücks als zugewendet, der dem Verhältnis des zugewendeten Geldbetrags zum Gesamtkaufpreis entspricht. Dies gilt analog bei der teilweisen Übernahme von Baukosten durch den Schenker für ein bestimmtes Gebäude.

Liegt hingegen eine Geldschenkung unter einer Auflage vor, ist zu beachten, dass der volle Geldbetrag der Besteuerung unterliegt, da die Auflage dem Beschenkten selbst zugutekommt und sie somit nicht abzugsfähig ist, § 10 Abs. 9 ErbStG.

Würdigung/Schluss

Da der Gesetzgeber den Steuerwert von Grundstücken immer mehr den gemeinen Werten anpasst, ergeben sich bei der Ermittlung der Bereicherung bei einer mittelbaren Grundstücksschenkung fast keine größeren steuerlichen Vorteile mehr im Vergleich zum Ansatz mit dem Nennwert der Geldschenkung. Bei allen Formen einer Schenkung sind jedoch Steuerbefreiungsvorschriften (z.B. § 13 Abs. 1 Nr. 4a ErbStG oder § 13d ErbStG) möglich.

Ich danke für Ihre Aufmerksamkeit.

Themenbereich Betriebswirtschaftslehre

Vortrag 1: Vergleich der Personengesellschaft (KG) und der Kapitalgesellschaft (GmbH) unter betriebswirtschaftlichen Gesichtspunkten

I. Einführende Hinweise

Der Gesetzgeber in der Bundesrepublik Deutschland bietet zur individuellen Optimierung unternehmerischer Bedürfnisse verschiedene Rechtsformen an. Dabei ist die **GmbH** insbesondere für mittelständische Unternehmen die weitaus beliebteste Rechtsform. Die KG kommt insbesondere bei der GmbH & Co. KG, wo sie den Rechtsformmantel bildet, vor. Die Wahl der Rechtsform einer Unternehmung sollte sich jedenfalls nicht ausschließlich an steuerrechtlichen bzw. steueroptimierenden Kriterien orientieren, sondern auch wirtschaftsrechtliche und damit betriebswirtschaftliche Überlegungen einbeziehen.

Bezüglich der Rechtsgrundlagen ist die KG weitestgehend in den §§ 161 bis 177a HGB geregelt. Die für die GmbH relevanten Rechtsgrundlagen finden sich im GmbHG.

> **Tipp!** Eine synoptische Gegenüberstellung der beiden Rechtsformen kann auch als Lernhilfe für die Fragerunde verwendet werden.

II. Die Gliederung

	Gliederungspunkt	**Die Stichworte**
	Einleitung	**Thema, Kurzübersicht**
1.	Begriffsabgrenzung zwischen Personen- und Kapitalgesellschaften	Kurze Begriffserläuterung und Grundzüge der KG und der GmbH, § 5 Abs. 1 GmbHG; § 5a GmbHG
2.	Rechtsbeziehungen im Außenverhältnis einschließlich Publizitätspflicht	
2.1	Vertretung bei der KG und der GmbH	Vertretungsrechte der Komplementäre und Vertretungsausschluss der Kommanditisten, §§ 125 Abs. 1, 170, 126 Abs. 2 HGB. Vertretungsrechte durch die Geschäftsführer, § 37 Abs. 1 GmbHG
2.2	Haftung bei der KG und der GmbH	Teil- und Vollhafter, § 128 HGB Haftungsbeschränkung auf das Gesellschaftsvermögen, § 13 Abs. 2 GmbHG
2.3	Publizitätspflicht	Veröffentlichungspflichten der Jahresabschlüsse, § 325 Abs. 1 HGB
3.	Gewinnverteilung und offene Selbstfinanzierung	
3.1	Regelungen bei der KG	Regelung nach HGB, Entgelt für das Haftungsrisiko, § 168 HGB
3.2	Regelungen bei der GmbH	Gesellschafterbeschlüsse, Rücklagenbildung, § 29 GmbHG, § 5a Abs. 3 GmbHG
4.	Externe Eigenfinanzierungsmöglichkeiten und Kontrollrechte der Gesellschafter	Aufnahme von Kommanditisten versus Aufnahme von GmbH-Gesellschaftern, § 166 Abs. 1 HGB, §§ 46, 47 GmbHG

	Gliederungspunkt	Die Stichworte
	Schluss	Kombination der Rechtsformen durch GmbH & Co. KG, Unternehmergesellschaft haftungsbeschränkt

III. Der Vortrag

Einleitung

Guten Tag, ich habe das Thema „**Vergleich der Personengesellschaft (KG) und der Kapitalgesellschaft (GmbH) unter betriebswirtschaftlichen Gesichtspunkten**" gewählt. Im Zuge meiner Ausführungen möchte ich zeigen, dass neben steuerrechtlichen Überlegungen auch betriebswirtschaftliche Erwägungen bei der Rechtsformwahl von Gesellschaftsunternehmen eine wesentliche Rolle spielen. Nach einer einführenden Begriffsabgrenzung unter Gliederungspunkt 1., werde ich unter Gliederungspunkt 2. die Rechtsbeziehungen im Außenverhältnis einschließlich der Publizitätspflichten aufzeigen. Im weiteren Verlauf stehen die **betriebswirtschaftlich wichtigen Fragen der Kapitalbeschaffung** und des Einflusses der Gesellschafter auf die Geschäftspolitik im Mittelpunkt. Gliederungspunkt 3. widmet sich entsprechend der Regelung der Gewinnverteilung und der daraus resultierenden Möglichkeit zur offenen Selbstfinanzierung. Gliederungspunkt 4. beschäftigt sich mit den externen Eigenfinanzierungsmöglichkeiten und den Kontrollrechten der Gesellschafter.

1. Begriffsabgrenzung zwischen Personen- und Kapitalgesellschaften

Zunächst werde ich kurz die Begriffe **Personen- und Kapitalgesellschaft** abgrenzen. Bei den Personengesellschaften steht die Unternehmerpersönlichkeit im Vordergrund. Der Unternehmer bringt in aller Regel seine Arbeitsleistung ein und haftet auch mit seinem Privatvermögen. Die Höhe des eingebrachten Kapitals ist zwar für die Handlungsfähigkeit des Unternehmens wichtig, steht aber nicht im Vordergrund, wenn es um die Verteilung der Rechte und Pflichten innerhalb der Gesellschaft geht. Bei der Kapitalgesellschaft hingegen steht die Höhe des eingebrachten Kapitals im Vordergrund. Wer mehr Kapital eingebracht hat, besitzt grundsätzlich auch mehr Einfluss in der Gesellschaft. Die GmbH ist bei mittelständischen Unternehmen die weitaus beliebteste Gesellschaftsform, da eine persönliche Haftung ausgeschlossen werden kann und die aufzubringende Eigenkapitalsumme nach § 5 Abs. 1 GmbHG mit 25.000 € überschaubar ist. Zudem besteht die Möglichkeit zur Gründung einer „Unternehmergesellschaft (haftungsbeschränkt)" bei der nach § 5a GmbHG mit 1 € Stammkapital eine Vorstufe zur GmbH gegründet werden kann. Damit erreichen insbesondere Start-up-Unternehmen eine Beschränkung der persönlichen Haftung bei gleichzeitig geringer Eigenkapitalaufbringung.

> **Tipp!** Das kurze Eingehen auf die Besonderheit der Unternehmergesellschaft (haftungsbeschränkt) macht deutlich, dass Sie sich auch mit der gesamten Rechtslage beschäftigt haben, was Ihnen bei den Prüfern sicher Pluspunkte einbringt.

2. Rechtsbeziehungen im Außenverhältnis einschließlich Publizitätspflicht

Wie in meiner Einleitung erwähnt, werde ich mit den Rechtsbeziehungen im Außenverhältnis und der Publizitätspflicht fortfahren.

2.1 Vertretung bei der KG und der GmbH

Zur Vertretung der KG sind nach § 161 Abs. 2 i.V.m. § 125 Abs. 1 HGB nur die Komplementäre berechtigt. Die Kommanditisten sind nach § 170 HGB zwingend von der Vertretung ausgeschlossen. Der Umfang der Vertretungsmacht kann nach § 126 Abs. 2 HGB Dritten gegenüber nicht eingeschränkt werden, was aus betriebswirtschaftlicher Sicht ein erheblicher Nachteil ist, da die Komplementäre wegen der persönlichen Haftung ein sehr großes gegenseitiges Vertrauen haben müssen. Sollte aus unternehmerischer Sicht der Bedarf bestehen, den **Kommanditisten mit Vertretungsmacht** auszustatten, so kann beispielsweise eine Prokuraerteilung nach den §§ 49 ff. HGB erfolgen. Ein betriebswirtschaftlicher Vorteil der GmbH ist die Möglichkeit der Vertretung im Zuge einer Fremdorganschaft. Die haftungsbeschränkten Eigentümer der GmbH können die Vertretung einem oder mehreren Geschäftsführern überlassen, die nicht Miteigentümer sein müssen. Nach § 37 Abs. 1 GmbHG haben die Gesellschafter dabei die Möglichkeit, die Befugnisse der Geschäftsführer im Innenverhältnis exakt abzugrenzen und Entscheidungen an ihre Zustimmung zu binden. Dadurch kann eine betriebswirtschaftlich gewollte und maßgeschneiderte Organisations- und Verantwortungsstruktur realisiert werden. Die GmbH bietet insofern breitere betriebswirtschaftliche Gestaltungsmöglichkeiten als die KG, bei der mindestens ein Komplementär nach § 161 Abs. 2 i.V.m. § 125 HGB grundsätzlich zur Vertretung verpflichtet ist.

2.2 Haftung bei der KG und der GmbH

Die KG beinhaltet nach § 161 Abs. 2 i.V.m. § 128 HGB das zwingende Risiko der persönlichen Haftung mindestens eines Gesellschafters. Dieses Risiko kann betriebswirtschaftlich aber auch als Imagevorteil eingesetzt werden. Ein persönlich haftender Gesellschafter zeigt den Geschäftspartnern die Bereitschaft des handelnden Eigentümers zur privaten Risikoübernahme an und ist somit auch ein vertrauensbildender Baustein bei der Anbahnung von Geschäftsbeziehungen. Die nach § 13 Abs. 2 GmbHG gesetzlich fixierte Haftungsbeschränkung aller Gesellschafter ist zweifelsohne das zentrale Argument zur Wahl der Rechtsform einer GmbH bei mittelständischen Unternehmen. Das **betriebswirtschaftliche Unternehmerrisiko** wird so gemindert und scheint dann überschaubarer. Zu bedenken ist allerdings, dass oftmals gerade bei kleineren Unternehmen ein wesentliches Haftungsrisiko aus Fremdfinanzierungsverpflichtungen gegenüber Banken besteht. Die Banken verlangen aber von den Gesellschaftern der GmbH grundsätzlich selbstschuldnerische Bürgschaften nach § 765 i.V.m. § 771 BGB zugunsten der GmbH-Verbindlichkeiten, sodass de facto doch eine umfangreiche persönliche Haftung für die Gesellschafter entsteht.

2.3 Publizitätspflicht

Die **Veröffentlichung von Jahresabschlüssen** durch Einreichung beim elektronischen Bundesanzeiger nach § 325 Abs. 1 S. 1 HGB ist für die GmbH grundsätzlich verpflichtend. Die kleine bzw. mittelständische KG mit einem persönlich haftenden Gesellschafter, welche nicht unter das Publizitätsgesetz fällt, hat keine Veröffentlichungspflicht. Hieraus entstehen zwei klare betriebswirtschaftliche Vorteile für die KG. Zum einen werden die Kosten für die Publikation eingespart und zum anderen sind die Unternehmenszahlen nicht von Konkurrenzunternehmen einsehbar.

3. Gewinnverteilung und offene Selbstfinanzierung

Ich komme jetzt zur **Gewinn- und Verlustverteilung**, die grundsätzlich dispositives Recht ist und von den Gesellschaftern individuell gestaltet werden kann.

3.1 Regelungen bei der KG

§ 168 HGB enthält zunächst eine 4 %ige Kapitalverzinsung und anschließend eine Verteilung des Restgewinns nach angemessenem Verhältnis. Diese Regelung macht deutlich, dass bei der KG unbedingt eine gesellschaftsvertragliche Regelung zur exakten Gewinnverteilung zu treffen ist um spätere Streitigkeiten zwischen den Gesellschaftern zu vermeiden. In der Praxis ist dabei auch eine **Tätigkeitsvergütung der Komplementäre** zu berücksichtigen, da anders als bei der GmbH keine Geschäftsführergehälter gezahlt werden. Aus betriebswirtschaftlicher Sicht ist darauf zu achten, dass neben der adäquaten Kapitalverzinsung und der Tätigkeitsvergütung eine angemessene Risikoprämie für die Vollhafter im Zuge der Gewinnverteilung vorgesehen wird.

> **Tipp!** Falls Sie das Gefühl haben, dass Ihr Vortrag zu kurz ist, können Sie an dieser Stelle eine konkrete Gewinnverteilung mit Zahlen vortragen. Dabei können Sie fiktive Gesellschafter mit unterschiedlichen Kapitalanteilen und unternehmerischer Verantwortung wählen.

3.2 Regelungen bei der GmbH

Bei der GmbH steht nach § 29 Abs. 1 GmbHG den Gesellschaftern der Jahresüberschuss zuzüglich eines Gewinnvortrages und abzüglich eine Verlustvortrages zu. Die Gewinnverteilung erfolgt gemäß § 29 Abs. 3 GmbHG nach dem Verhältnis der Geschäftsanteile falls die Satzung nichts anderes vorsieht. Eine spezifische **Risikoprämie oder Tätigkeitsvergütung** ist bei der GmbH nicht notwendig, da kein persönliches Haftungsrisiko besteht und die Geschäftsführer ein Gehalt erhalten. Anders als bei der KG ist die betriebswirtschaftlich wichtige Frage der Gewinnthesaurierung in der Gesellschafterversammlung, wo nach Geschäftsanteilen abgestimmt wird, zu klären. Das führt dazu, dass die relative Höhe der Stammeinlage einzelner Gesellschafter von großer Bedeutung für die betriebswirtschaftlich wichtige Frage der offenen Selbstfinanzierung ist. Bei der **Unternehmergesellschaft (haftungsbeschränkt)** ist zu beachten, dass nach § 5a Abs. 3 GmbHG eine gesetzliche Rücklage in Höhe von einem Viertel des um einen Verlustvortrag aus dem Vorjahr verminderten Jahresüberschusses einzustellen ist. Diese Regelung nimmt erheblichen Einfluss auf die betriebswirtschaftlich wichtige Frage der Gewinnverteilung.

4. Externe Eigenfinanzierungsmöglichkeiten und Kontrollrechte der Gesellschafter

Die **externe Eigenfinanzierung** kann bei der KG durch die Erhöhung des Kommanditkapitals erfolgen. Betriebswirtschaftlich bedeutsam ist dabei die Tatsache, dass Kommanditisten einen eher geringen Einfluss auf die Geschäftspolitik der KG ausüben können. Der Kommanditist hat nach § 166 Abs. 1 HGB lediglich ein Recht auf Kontrolle des Jahresabschlusses. Der GmbH-Gesellschafter hat hingegen umfangreiche Rechte, die in § 46 GmbHG geregelt sind und die Geschäftspolitik ganz erheblich beeinflussen können. Die Abstimmung in der Gesellschafterversammlung erfolgt nach § 47 GmbHG nach Geschäftsanteilen. Daraus ergibt sich, dass mittelständische Unternehmen, die größere Eigenkapitalbeträge von externen Kapitalgebern generieren möchten ohne ihren unternehmerischen Einfluss teilen zu wollen, mit der Aufnahme von Kommanditisten wesentlich besser fahren.

Schluss

Um die betriebswirtschaftlichen und auch steuerrechtlichen Vorteile einer Personen- und einer Kapitalgesellschaft zu kombinieren, bietet sich die **GmbH & Co. KG** an. Dabei besteht die Möglichkeit, eine flexible Eigenkapitalbeschaffung über Kommanditeinlagen mit einer Beschränkung des Haftungsrisikos auf das Gesellschaftsvermögen zu kombinieren. Zu beachten sind allerdings auch Mehrkosten der komplexen Rechtsform GmbH & Co. KG und das teilweise negative Image wegen der hohen Insolvenzanfälligkeit. Eine Alternative für Start-up-Unternehmer ist auf jeden Fall die Gründung einer Unternehmergesellschaft (haftungsbeschränkt), die aber aus betriebswirtschaftlich sehr wichtigen Imagegründen zügig in eine GmbH überführt werden sollte.

Vielen Dank für Ihre Aufmerksamkeit.

Vortrag 2: Der Einsatz von Bilanz- und Erfolgskennzahlen zur betriebswirtschaftlichen Analyse eines Unternehmens

I. Einführende Hinweise

Die **Kennzahlenanalyse** als Informations- und Steuerungsinstrument wird zu den verschiedensten Anlässen eingesetzt. Grundlegende Aussagen über den Erfolg und die Zukunftsaussichten eines Unternehmens werden mithilfe standardisierter Bilanz- und Erfolgskennzahlen getroffen. Bei der Aufnahme von Fremdkapital stützen die Banken ihre Kreditentscheidungen ganz wesentlich auf die Unternehmenskennzahlen. Auch Steuerberater bieten ihren Mandaten Kennzahlensysteme im Rahmen der Erstellung von Jahresabschlüssen an. Die Kennzahlen sind dann Grundlage für Beratungsgespräche mit den Mandanten. Ein angehender Steuerberater sollte also auf jeden Fall die gängigen Bilanz- und Erfolgskennzahlen kennen und interpretieren können.

> **Tipp!** Im Rahmen der Vorbereitung des Themas bietet es sich hier an, zunächst einmal ein Brainstorming durchzuführen und alle Bilanz- und Erfolgskennzahlen, die einem einfallen, aufzuschreiben. Anschließend kann man dann eine Systematisierung vornehmen.

II. Die Gliederung

	Gliederungspunkt	Die Stichworte
	Einleitung	**Thema, Kurzübersicht**
1.	Statische und dynamische Analyse	Begriffsklärung, Zeitvergleich, Branchenvergleich, Soll-Ist-Vergleich
2.	Bilanzkennzahlen	
2.1	Vertikale Bilanzkennzahlen	Anlageintensität, Umlaufintensität, Eigenkapitalquote, Fremdkapitalquote
2.2	Horizontale Bilanzkennzahlen	Anlagedeckungsgrad, goldene Bilanzregel, Liquiditätsgrade, Konflikt Liquidität und Rentabilität
3.	Erfolgskennzahlen	
3.1	Cash Flow	Begriff, dynamischer Verschuldungsgrad
3.2	Aufwands- und Ertragsstruktur	Personalkostenquote, Abschreibungsquote, Materialquote
3.3	Rentabilitätsanalyse	Eigenkapitalrentabilität, Gesamtkapitalrentabilität, Umsatzrentabilität
	Schluss	**Kritik an der Vergangenheitsanalyse, zukunftsorientierte Unternehmensbewertung**

III. Der Vortrag

Einleitung

Guten Tag, ich habe das Thema „**Der Einsatz von Bilanz- und Erfolgskennzahlen zur betriebswirtschaftlichen Analyse eines Unternehmens**" gewählt. Dieses Thema hat für unsere Mandanten eine große Bedeutung, da sowohl zur internen Unternehmenssteuerung als auch im Zuge einer Kapitalbeschaffung, die Kennzahlenanalyse ein wichtiges Instrumentarium darstellt. Bei der Kreditvergabe wird durch die Anwendung von Basel III das erzielte Ratingergebnis immer wichtiger und dieses hängt wiederum zu wesentlichen Teilen von der Kennzahlenanalyse ab. In meinem Vortrag werde ich unter Gliederungspunkt 1. zunächst zwischen einer **statischen und einer dynamischen Bilanzanalyse** differenzieren. Anschließend werde ich die einzelnen **Bilanzkennzahlen** unter Gliederungspunkt 2., sowie die einzelnen **Erfolgskennzahlen** unter Gliederungspunkt 3. vorstellen. In meiner Schlussbetrachtung gehe ich auf die Schwächen der vergangenheitsorientierten Kennzahlenanalyse ein und werde die Möglichkeit einer zukunftsorientierten Unternehmensanalyse ansprechen.

1. Statische und dynamische Analyse

Im Zuge der **Kennzahlenanalyse** ist also zwischen einer statischen und einer dynamischen Analyse zu unterscheiden. Die **statische Analyse** hat lediglich einen Jahresabschluss zur Verfügung und versucht durch die absolute Höhe der ermittelten Kennzahlen Aussagen über die Vermögens-, Finanz- und Ertragslage des Unternehmens zu treffen. Die Aussagekraft dieser Analyse ist allerdings sehr beschränkt, da keine Benchmarks vorhanden sind und die Entwicklungslinie des Unternehmens nicht nachvollzogen werden kann. Wesentlich besser geeignet ist die **dynamische Kennzahlenanalyse,** welche die aktuellen Zahlen eines Unternehmens in dreierlei Hinsicht vergleicht. Zunächst erfolgt ein Zeitvergleich, das heißt, die neuesten Kennzahlen werden mit den entsprechenden Werten aus den vergangenen zwei bis fünf Jahren verglichen, sodass eine Aussage über einen positiven oder negativen Trend getroffen werden kann. Dann erfolgt ein Vergleich der spezifischen Unternehmenskennzahlen mit Durchschnittswerten aus der Branche des Unternehmens. Mittels dieses Vergleichs kann beurteilt werden, ob die untersuchte Unternehmung relative Stärken oder Schwächen in bestimmten Bereich aufweist. Schließlich wird ein **Soll-Ist-Vergleich** durchgeführt. Bei dieser Betrachtung werden die Zielwerte des Unternehmens bezüglich bestimmter Kennzahlen, wie zum Beispiel der **Eigenkapitalrentabi-**

lität, mit den tatsächlich erreichten Werten verglichen. Falls Soll- und Istwerte auseinanderfallen, erfolgt eine Ursachenanalyse und es werden neue Sollwerte für die Zukunft definiert.

2. Bilanzkennzahlen

Im zweiten Teil meiner Ausführungen möchte ich nun einzelne **Bilanzkennzahlen** erläutern. Dabei ist zwischen den vertikalen und den horizontalen Bilanzkennzahlen zu unterscheiden.

2.1 Vertikale Bilanzkennzahlen

Die **vertikalen Bilanzkennzahlen** sind dadurch gekennzeichnet, dass sie nur eine Seite der Bilanz betrachten. Es werden verschiedene Bilanzpositionen ins Verhältnis zur Bilanzsumme gesetzt. Auf der Aktivseite spricht man dann von Intensitäten. Man kann beispielsweise das Anlagevermögen oder das Umlaufvermögen ins Verhältnis zur Bilanzsumme setzen und erhält dann die Anlage- oder Umlaufintensität. Eine hohe Anlageintensität kann Anzeichen eines neuen Maschinenparks sein. Eine hohe Umlaufintensität kann ihre Ursache in zu großen Lagerbeständen oder umfangreichen Kundenforderungen haben. Insbesondere bei Werten, die im Zeit- oder Branchenvergleich auffällig sind, muss eine Ursachenanalyse vorgenommen werden. Auf der Passivseite bedeutet die **vertikale Analyse** insbesondere die Feststellung der Eigenkapitalquote, also des prozentualen Anteils des Eigenkapitals an der Bilanzsumme. Diese Kennzahl ist für die Stabilität des Unternehmens sehr wichtig und wird von den Banken bei einer Kreditvergabe besonders beachtet. Durch wirtschaftliches Eigenkapital in Form von mezzaninem Kapital kann diese Kennzahl verbessert werden. Die Fremdkapitalquote ergänzt dann die Eigenkapitalquote auf einhundert Prozent. Ein Ansteigen dieser Kennzahl stellt ein potenzielles Risiko in absatzschwachen Phasen dar, weil die Kapitaldienstfähigkeit gefährdet sein könnte.

2.2 Horizontale Bilanzkennzahlen

Die **horizontalen Bilanzkennzahlen** sind dadurch gekennzeichnet, dass sie beide Seiten der Bilanz betrachten. Zunächst werden die **Anlagedeckungsgrade** berechnet. Das heißt, es werden beim Anlagedeckungsgrad I das Eigenkapital und beim Anlagedeckungsgrad II das Eigenkapital und das langfristige Fremdkapital ins Verhältnis zum Anlagevermögen gesetzt. Untersucht wird also, ob das Anlagevermögen durch langfristig zur Verfügung stehendes Kapital gedeckt ist. Die Forderung, dass langfristiges Vermögen durch langfristiges Kapital gedeckt sein soll, nennt man auch **goldene Bilanzregel**. Im zweiten Schritt werden die Liquiditätsgrade berechnet. Hierzu setzt man bei der **Liquidität 1. Grades** die Barmittel ins Verhältnis zu den kurzfristigen Verbindlichkeiten. Bei der einzugsbedingten **Liquidität 2. Grades** ergänzt man die Barmittel um die kurzfristigen Forderungen und setzt die Summe wiederum ins Verhältnis zu den kurzfristigen Verbindlichkeiten. Grundsätzlich gilt in diesem Zusammenhang, dass so viel Liquidität wie nötig gehalten werden sollte, aber eine Überliquidität aufgrund des negativen Einflusses auf die Unternehmensrentabilität zu vermeiden ist.

3. Erfolgskennzahlen

In meinem dritten Gliederungspunkt komme ich jetzt zu den **Erfolgskennzahlen**, die dadurch gekennzeichnet sind, dass sie Werte aus der Gewinn- und Verlustrechnung mit einbeziehen.

3.1 Cash Flow

Eine wichtige absolute Erfolgskennzahl ist immer der **Cash Flow**. Ein hoher Cash Flow weist auf eine gute Innenfinanzierungskraft und Kapitaldienstfähigkeit hin. Ergänzend zu der absoluten Zahl des Cash Flow kann dieser ins Verhältnis zum bilanzierten Fremdkapital gesetzt werden. Dadurch erhält man die Information, wie viele Jahre das Unternehmen benötigen würde, um mit dem Cash Flow seine Schulden komplett zu tilgen. Diese Größe nennt man den **dynamischen Verschuldungsgrad**. Bei der Berechnung des absoluten Cash Flow werden grundsätzlich zum Jahresüberschuss die nicht zahlungswirksamen Aufwendungen addiert und die nicht zahlungswirksamen Erträge werden subtrahiert. Beispiele für nicht zahlungswirksame Aufwendungen sind Abschreibungen oder die Einstellung in langfristige Pensionsrückstellungen. Nicht zahlungswirksame Erträge sind dementsprechend Zuschreibungen oder die Auflösung von langfristigen Pensionsrückstellungen.

3.2 Aufwands- und Ertragsstruktur

Als relative Kennzahlen bieten sich bei der Erfolgsanalyse Verhältniszahlen von einzelnen Aufwandspositionen zum gesamten Aufwand oder zum Umsatz des Unternehmens an. Drei beachtenswerte Größen sind dabei die Personalaufwandsquote, die Abschreibungsquote und die Materialquote. Diese drei Aufwandgrößen stellen die wesentlichen Kostenfaktoren in einem Unternehmen dar. Insbesondere sind auch der Zeitvergleich und der Branchenvergleich bei diesen Kennzahlen wichtig. Sollte zum Beispiel die **Personalaufwandsquote** deutlich höher als im Branchendurchschnitt sein, so kann ein erheblicher Wettbewerbsnachteil vorliegen. Eine im Zeitverlauf stetig ansteigende **Materialquote** könnte auf eine zu hohe Ausschussquote oder eine schlechte Einkaufspolitik hinweisen.

3.3 Rentabilitätsanalyse

Bei der **Rentabilitätsanalyse** wird schließlich der Jahresüberschuss ins Verhältnis zum Eigenkapital oder zum Umsatz gesetzt. Entsprechend spricht man von der Eigenkapital- oder der **Umsatzrentabilität**. Die **Eigenkapitalrentabilität** ist ein wichtiges Maß für aktuelle oder potenzielle Investoren und findet bei diesen eine große Beachtung. Die Umsatzrentabilität zeigt die Marktstellung des Unternehmens und die Attraktivität der Branche an. Ergänzend kann auch die Rentabilität des Gesamtkapitals berechnet werden, indem man die Fremdkapitalzinsen zum Jahresüberschuss addiert und dann ins Verhältnis zum Gesamtkapital setzt.

Tipp! Selbstverständlich können auch andere oder mehr Kennzahlen dargestellt werden. Sie sollten aber immer darauf achten, dass keine reine Aufzählung entsteht, sondern die Kennzahlen und ihre Bedeutung erläutert werden. Insofern ist es notwendig eine beschränkte Auswahl zu treffen um die Zeit nicht zu überschreiten.

Schluss

Zum Schluss möchte ich erwähnen, dass jede Bilanz- und Erfolgskennzahlenanalyse vergangenheitsorientiert ist. Je später die Jahresabschlüsse vorgelegt werden, desto weniger kann die aktuelle Situation der Unternehmung beurteilt werden. Entscheidungen zur Vergabe von Eigen- oder Fremdkapital sind dagegen grundsätzlich zukunftsorientiert und dürfen sich deshalb nicht alleine auf die Vergangenheitswerte stützen. Auch bei sonstigen betriebswirtschaftlichen Entscheidungen können die Kennzahlen nur ein Baustein sein und müssen durch weitere Kriterien ergänzt werden. Wichtig sind dabei zukunftsorientierte Analysewerte wie die spezifischen Marktchancen, die Branchenanalyse, die Konjunkturanalyse, die Innovationskraft oder die Mitarbeiterqualifikation. Eine schlüssige betriebswirtschaftliche Beurteilung einer Unternehmung sollte sich dann aus einer Kombination von hier behandelten Kennzahlen und weiteren zukunftsrelevanten Merkmalen ergeben.

Danke für Ihre Aufmerksamkeit.

Tipp! Alternativ könnte im Schlussteil auch auf die mangelnde Aussagekraft von Werten im Jahresabschluss durch bilanzpolitische Maßnahmen eingegangen werden. Eventuell kann auf den Unterschied zwischen HGB- und IFRS-Abschlüssen und deren Auswirkung auf die Kennzahlen hingewiesen werden.

Vortrag 3: Statische und dynamische Verfahren der Investitionsrechnung

I. Einführende Hinweise

Die **Investitionsrechnung** wird zur Beurteilung bereits formulierter Investitionen eingesetzt. Dabei handelt es sich um quantitiv-monetäre Verfahren, mit denen die absolute oder relative Vorteilhaftigkeit einer Investition rechnerisch gezeigt wird.

Der Themenkomplex Finanzierung und Investition ist ein wesentlicher Bestandteil betriebswirtschaftlicher Mandantenberatung. Insbesondere im Zuge der Generierung von Eigenkapital oder Fremdkapital möchten Investoren wissen, mit welchen Erfolgsaussichten eine Investition angegangen wird. Die Verfahren können also beispielsweise bei der Erstellung eines Business-Plans für Mandantengespräche mit der Bank eingesetzt werden.

Tipp! Bei Themen aus der Betriebswirtschaftslehre ist es oftmals sinnvoll, einen Hinweis auf den Einsatz der zu behandelnden Inhalte im Rahmen der Tätigkeit von Steuerberatern zu geben. Das zeigt den Prüfern, dass Sie die Relevanz und Einordnung der Thematik kennen.

II. Die Gliederung

	Gliederungspunkt	Die Stichworte
	Einleitung	**Thema, Anwendung, Kurzübersicht**
1.	Definitionen und Vorüberlegungen	Investition als Zahlungsstrom der mit einer Ausgabe beginnt; Auswahlentscheidungen und Ja-Nein-Entscheidungen; Statische Verfahren sind einperiodig, arbeiten mit Kosten/Leistungen, berücksichtigen den Zinseffekt unvollständig, haben einen geringeren Informationsbedarf; Dynamische Verfahren sind mehrperiodig, arbeiten mit Einnahmen/Ausgaben, berücksichtigen den Zinseffekt vollständig, haben einen höheren Informationsbedarf; Unterstellung der Entscheidung bei Sicherheit; Gegebener Kalkulationszinsfuß
2.	Statische Verfahren	
2.1	Kostenvergleichsrechnung	Geringste Kosten im Periodendurchschnitt werden gesucht; Kapitalkosten (Abschreibungen, Zinsen, Ermittlung des durchschnittlich gebundenen Kapitals); Personalkosten; Energiekosten; Instandhaltung; Reparatur; kritische Menge; Break-even-Point; fixe und variable Kosten
2.2	Gewinnvergleichsrechnung	Erweiterung der Kostenvergleichsrechnung bei unterschiedlichen Erlösen; keine Aussage über Investitionsalternativen
2.3	Rentabilitätsvergleich	Definition der Rentabilität; Return on Investment; Programmentscheidung bei Budgetverteilung auf unterschiedliche Investments
2.4	Amortisationsrechnung	Pay-off-Periode; Berechnung der Amortisationsdauer; Vorteilhaftigkeit bei kurzer Amortisationsdauer; kumulative Rechnung; Projekte mit langfristigen Gewinnchancen werden vernachlässigt; nur Ergänzung zur Wirtschaftlichkeitsanalyse
3.	Dynamische Verfahren	
3.1	Grundlagen der dynamischen Verfahren	Ein- und Auszahlungen als Grundlage; periodisierte Zahlungsreihen; Auf- und Abzinsung; Kalkulationszinsfuß

	Gliederungspunkt	Die Stichworte
3.2	Kapitalwertmethode	Kapitalwert = Barwert aller investitionsbedingten Zahlungen; positiver Kapitalwert = vorteilhafte Investition; Unterstellung von Gleichheit des Zinssatzes für den Kredit und Kalkulationszinsfuß; Einnahmeüberschüsse enthalten nur operative Cash Flows (keine Finanzierungszahlungen)
3.3	Interne-Zinsfuß-Methode	Kalkulationszinsfuß bei dem der Kapitalwert = 0 ist; Investitionsausgabe entspricht der Barwertsumme der Einnahmeüberschüsse; Investition ist vorteilhaft, wenn der Kalkulationszinsfuß kleiner als der interne Zinsfuß ist; entspricht Renditedenken der Praxis; eindeutige Lösung wenn negativen Anfangsauszahlungen nur noch positive Einnahmeüberschüsse folgen
3.4	Annuitätenmethode	Verteilung des Kapitalwertes über den Investitionszeitraum; Annuität als zusätzlicher jährlicher Betrag der Investition; Wiedergewinnungsfaktor als Rechengrundlage; positive Annuität = vorteilhafte Investition; übliches Praxisdenken in Jahresgewinnen
3.5	Dynamische Amortisationsrechnung	Amortisationszeitraum unter Berücksichtigung von Zinsen und Zinseszinsen; Zeitraum für den der Barwert der Einzahlungsüberschüsse der Anschaffungsauszahlung entspricht; Amortisationsdauer muss kleiner Nutzungsdauer sein; Nachteil: keine Berücksichtigung von Zahlungen nach dem Ende der Pay-Off-Periode; kein sinnvolles Risikomaß; nicht geeignet für endgültige Investitionsentscheidung
	Schluss	**Risiken der Investitionsrechnung**

III. Der Vortrag

Einleitung

Guten Tag, ich habe das Thema „**Statische und dynamische Verfahren der Investitionsrechnung**" gewählt. Die Investitionsrechnung möchte die Vorteilhaftigkeit von geplanten Investitionsobjekten **quantitav-monetär** aufzeigen und wird im Zuge der betriebswirtschaftlichen Mandantenberatung benötigt. Im Verlauf meiner Ausführungen werde ich nach meinen einführenden Vorüberlegungen und Definitionen zu den beiden Verfahrenstypen zunächst einige statische Verfahren erläutern. Anschließend werden die wichtigsten dynamischen Verfahren vorgestellt, bevor ich in einer kritischen Schlussbetrachtung ein Resümee ziehen werde.

1. Definitionen und Vorüberlegungen

In der Kapitalmarkttheorie werden Investitionen als Zahlungsströme definiert, die mit einer Ausgabe beginnen. Die **Investitionsrechnung** dient dann zur Auswahlentscheidung wenn mehrere Investitionsalternativen zur Verfügung stehen. Sollte nur eine Investitionsmöglichkeit geprüft werden, so beantwortet die Investitionsrechnung die Frage, ob überhaupt investiert werden sollte. Es handelt sich dann also um eine sogenannte Ja-Nein-Entscheidung. Die im ersten Teil darzustellenden statischen Verfahren sind einperiodig und berücksichtigen den Zinseffekt späterer Zahlungen entsprechend unvollständig. Als Datengrundlage dienen zumeist auch keine Zahlungsströme sondern mit der Investition verbundene Kosten und Leistungen aus der Kostenrechnung. Der Vorteil der **statischen Verfahren** liegt in dem geringeren Informationsbedarf gegenüber den dynamischen Verfahren. Bei den dynamischen Verfahren wird mehrperiodig gerechnet, das heißt, der Zinseffekt späterer Zahlungen wird vollständig berücksichtigt. Die Datengrundlage für diese Verfahren sind liquiditätsorientierte Ein- und Auszahlungen, welche durch die Investition entstehen. Grundsätzlich wird eine Entscheidung bei Sicherheit der vorgegebenen Ein- und Auszahlungen unterstellt, was einen erhöhten Informationsbedarf zur Folge hat und wegen der zahlreichen Unwägbarkeiten zukünftiger Zahlungen nur modellhaft richtig ist. Der anzuwendende Kalkulationszinsfuß beeinflusst das Ergebnis erheblich und kann vom Kapitalmarkt abgeleitet oder unternehmensindividuell festgelegt sein.

2. Statische Verfahren

Wie erwähnt werde ich zunächst mit den **statischen Verfahren** beginnen.

2.1 Kostenvergleichsrechnung

Sehr häufige Anwendung findet die **Kostenvergleichsrechnung**. Bei diesem Verfahren werden für mehrere Investitionsalternativen die geringsten Kosten im Periodendurchschnitt gesucht. Dabei werden Kapitalkosten wie Abschreibungen und Zinsen berücksichtigt. Die kalkulatorischen Zinsen werden hierzu grundsätzlich vom während der Nutzungsdauer durchschnittlich gebundenen Kapital gerechnet. Weitere Kosten, die Berücksichtigung finden, sind jeweils durchschnittliche Personalkosten, Energiekosten, Instandhaltungskosten und Reparaturkosten. Bei der Kostenvergleichsrechnung ist eine Zerlegung der Kosten in fixe und variable Kosten vorzunehmen. Fixe Kosten sind dabei diejenigen Kosten, welche von der Ausbringungsmenge unabhängig sind, also zum Beispiel kalkulatorische Zinsen. Errechnet wird die Produktions- und Absatzmenge, bei der die Kosten gerade von den Erlösen gedeckt werden. Diesen Punkt nennt man Break-even-point. Zusätzlich kann die Produktions- und Absatzmenge ermittelt werden, ab der die Investition A günstiger als die Investition B wird. Diese Menge nennt man auch kritische Menge.

> **Tipp!** Falls Sie genügend Zeit haben, können Sie hier eine Berechnung mit konkreten Zahlen vortragen. Denken Sie bei solchen Berechnungen aber immer daran, dass Sie die Zahlenbeispiele sehr einfach gestalten.

2.2 Gewinnvergleichsrechnung

Die **Gewinnvergleichsrechnung** ist eine Erweiterung der Kostenvergleichsrechnung. Falls zum Beispiel durch unterschiedliche Output-Mengen die Erlöse der zu vergleichenden Investitionen unterschiedlich sind, werden die Gewinne und nicht nur die Kosten gegenübergestellt. Eine Berücksichtigung von eventuell denkbaren Alternativinvestitionen erfolgt aber auch bei der Gewinnvergleichsrechnung nicht.

2.3 Rentabilitätsvergleich

Bei der **Rentabilitätsvergleichsrechnung** wird der Gewinn der einzelnen Investitionen ins Verhältnis zum notwendigen Investitionsvolumen gesetzt. Durch eine Multiplikation mit 100 erhält man dann eine Renditeangabe in Prozent, die von Praktikern sehr geschätzt wird. Das Denken in Return-on-Investment-Größen kann insbesondere bei Programmentscheidungen im Zuge von Budgetverteilungen auf unterschiedliche Investments eingesetzt werden.

2.4 Amortisationsrechnung

Die **Amortisationsrechnung** berechnet die Anzahl der Pay-off-Perioden. Es wird also festgestellt, welche Amortisationsdauer einzelne Investitionen haben. Dabei werden Investments mit kurzer Amortisationsdauer grundsätzlich bevorzugt, was den Nachteil hat, dass Projekte mit langfristigen Gewinnchancen vernachlässigt werden.

3. Dynamische Verfahren

Ich setze meine Ausführungen jetzt mit den **dynamischen Investitionsrechnungsverfahren** fort.

3.1 Grundlagen der dynamischen Verfahren

Bei den dynamischen Verfahren werden die Ein- und Auszahlungen jeder Periode einzeln erfasst und mit dem gewählten Kalkulationszinsfuß auf- oder abgezinst. Die liquiditätsorientierten Zahlungsströme unterliegen dabei natürlich erheblichen Unsicherheiten bezüglich ihrer Höhe und können nur geschätzt werden. Sowohl

Einzahlungen über Umsatzerlöse als auch Auszahlungen zum Beispiel in Form von Personalkosten sind oftmals nur unsicher zu quantifizieren. Genau zu beachten ist bei den Ergebnissen zudem der angewendete **Kalkulationszinsfuß**, dessen Höhe die Renditeerwartungen und Finanzierungsmöglichkeiten des Investors berücksichtigen muss und nur individuell richtig ist.

3.2 Kapitalwertmethode

Die erste zu erwähnende Methode ist die **Kapitalwertmethode** bei welcher der Barwert aller investitionsbedingten Zahlungen als Kapitalwert bezeichnet wird. Sofern dieser Wert positiv ist, spricht man von einer vorteilhaften Investition. Der Kredit- und Kalkulationszinsfuß werden grundsätzlich als gleich hoch unterstellt, was das Verfahren vereinfacht. Die Einnahmeüberschüsse der einzelnen Perioden enthalten nur die operativen Cash Flows, also keine Finanzierungszahlungen, da diese ja durch den Kalkulationszinsfuß erfasst werden.

3.3 Interne-Zinsfuß-Methode

Die **Interne-Zinsfuß-Methode** sucht den Kalkulationszinssatz, bei dem der Kapitalwert genau Null ist. Die Investitionsausgabe entspricht dann genau der Barwertsumme der Einnahmeüberschüsse in den Nutzungsperioden. Sollte der erwartete Kalkulationszinsfuß kleiner als der interne Zinsfuß sein, so wird die Investition als vorteilhaft bezeichnet. Die Methode bietet immer dann eine eindeutige Lösung, wenn der negativen Anfangsauszahlung nur noch positive Einnahmeüberschüsse folgen. Das Verfahren hat den Vorteil, dass es dem Renditedenken der Praktiker entspricht.

3.4 Annuitätenmethode

Die **Annuitätenmethode** verteilt den Kapitalwert auf den Investitionszeitraum. Die Annuität kann dabei als zusätzlicher jährlicher Betrag aufgefasst werden, den die Investition über die Verzinsung zum Kalkulationszeitpunkt hinaus erbringt. Als Rechengrundlage dient der Wiedergewinnungsfaktor. Eine positive Annuität zeigt die grundsätzliche Vorteilhaftigkeit einer Investition an. Dabei hat die Methode wiederum den Vorteil, dass ein praxisübliches Denken in Jahresgewinnen dargestellt wird.

3.5 Dynamische Amortisationsrechnung

Die **dynamische Amortisationsrechnung** stellt den Amortisationszeitraum unter der Berücksichtigung von Zinsen und Zinseszinsen dar. Es wird der Zeitraum gesucht, bei dem der Barwert aller Einzahlungsüberschüsse der Anschaffungsauszahlung entspricht. Die Amortisationsdauer sollte möglichst deutlich unterhalb der Nutzungsdauer liegen. Ein erheblicher Nachteil dieser Methode ist die fehlende Berücksichtigung von Zahlungen nach dem Ende der Pay-off-Perioden. Dementsprechend ist das Verfahren auch nicht für endgültige Investitionsentscheidungen geeignet und die dynamisch ermittelte Amortisationsdauer kein absoluter Risikomaßstab.

> **Tipp!** Selbstverständlich gibt es noch mehr Verfahren zur Investitionsrechnung. Es wird aber nicht möglich sein, in zehn Minuten alle Verfahren zu thematisieren, sodass Sie auf jeden Fall eine Auswahl treffen müssen. Sie sollten sich dabei auf die Verfahren beschränken, welche in der Praxis am häufigsten angewendet werden.

Schluss

Wie deutlich wurde, liegt das Hauptrisiko der Investitionsrechnung in der Prognose der Zukunftswerte. Sowohl die Ausgaben, als auch die Einnahmen in kommenden Geschäftsjahren können nur geschätzt werden, was auch bei guter Datenbasis und Prognosetechnik Unsicherheiten bedingt. Zudem arbeitet man bei den dynamischen Verfahren mit einem Kalkulationszinsfuß, der das Ergebnis erheblich beeinflusst. Die Höhe des Zinsfußes ist von den Anwendern der Investitionsrechnung festzulegen und unterliegt somit Spielräumen, die bei Interpretationen der Ergebnisse zu beachten sind. Trotz dieser Unzulänglichkeiten bietet die Investitionsrechnung eine akzeptable Möglichkeit, die zukünftigen Auswirkungen unternehmerischer Entscheidungen abzuschätzen und damit zu operationalisieren.

Danke für Ihre Aufmerksamkeit.

Vortrag 4: Der Betriebsabrechnungsbogen im Rahmen der Kostenstellenrechnung

I. Einführende Hinweise

Im Rahmen der **Kostenstellenrechnung** werden die verschiedenen Kostenarten auf die Kostenstellen eines Betriebes verteilt. Durch diesen Teil der Vollkostenrechnung werden Erkenntnisse über den Ort der Kostenentstehung geliefert. Diese Erkenntnisse sind wiederum wichtig, um eine **Kostenkontrolle** und eine **Kostenplanung** durchführen zu können. Da die Kostenstellen in der Praxis auch den Verantwortungsbereichen von Führungskräften entsprechen, ist das Einhalten bestimmter Vorgaben für einzelne Kostenstellen auch ein wichtiger Zielsetzungsbereich im Rahmen der Mitarbeiterführung. Der **Betriebsabrechnungsbogen**, kurz auch **BAB** genannt, ist dabei ein Kernbereich der Kostenstellenrechnung, der insbesondere die Verteilung der Gemeinkosten vornimmt.

II. Die Gliederung

	Gliederungspunkt	**Die Stichworte**
	Einleitung	**Thema, Kurzübersicht**
1.	Begriffliche Grundlagen	Kostenartenrechnung, Kostenstellenrechnung, Kostenträgerrechnung Einzelkosten und Gemeinkosten Betriebsabrechnungsbogen
2.	Die Bildung von Kostenstellen	Zweck der Kostenstellenbildung, Definition einer „Kostenstelle", Verursachungsgerechtigkeit, Gesichtspunkte bei der Kostenstellenbildung (Raumorientierung, Rechnungsorientierung, Funktionsorientierung), Hauptkostenstellen
3.	Die Erstellung eines vollständigen Betriebsabrechnungsbogens (BAB)	
3.1	Der einstufige Betriebsabrechnungsbogen (BAB)	Aufteilung der Gemeinkosten auf die Kostenstellen, schematischer Aufbau eines BAB, „einstufiger" BAB, Erstellung eines BAB: Trennung in Einzel- und Gemeinkosten, Stelleneinzel- und Stellengemeinkosten, Verteilungsschlüssel, Summe der Gemeinkosten
3.2	Die Ermittlung von Zuschlagsätzen für die Gemeinkosten	Ermittlung der Istzuschlagsätze, Zuschlagsgrundlagen (Materialeinzelkosten, Fertigungseinzelkosten, Herstellkosten), Berechnung der Herstellkosten, erweiterter BAB
3.3	Auswirkungen von Bestandsveränderungen auf die Zuschlagsätze	Bestandsveränderungen, Herstellkosten der Produktion und des Umsatzes, Ermittlung der Zuschlagsgrundlage bei Bestandsmehrung und Bestandsminderung, Gesamtkalkulation bei Bestandsveränderungen, Selbstkosten des Umsatzes

	Gliederungspunkt	Die Stichworte
3.4	Der mehrstufige Betriebsabrechnungsbogen (BAB)	Hilfskostenstellen (Vorkostenstellen), allgemeine Hilfskostenstellen, besondere Hilfskostenstellen, sekundäre Gemeinkosten, innerbetriebliche Leistungsverrechnung, Umlage der allgemeinen Hilfskostenstellen (Stufenleiterverfahren, lineare Gleichungssysteme), Umlage der speziellen Hilfskostenstellen
	Schluss	**Normalkostenrechnung und Kostenabweichungen**

III. Der Vortrag

Einleitung

Guten Tag, ich habe das Thema „**Der Betriebsabrechnungsbogen im Rahmen der Kostenstellenrechnung**" gewählt. Die Kostenstellenrechnung ist ein wichtiger Bestandteil der Vollkostenrechnung. Innerhalb der Kostenstellenrechnung nimmt der Betriebsabrechnungsbogen, auch kurz BAB genannt, eine zentrale Position ein. Für die Kostenkontrolle und die Kostenplanung in einem Unternehmen ist das Vorhandensein eines aussagekräftigen Betriebsabrechnungsbogens unerlässlich. Neben der Preisgestaltung und der Gewinnermittlung hat der Betriebsabrechnungsbogen auch eine große Bedeutung für die Gestaltung und Kontrolle von Zielvorgaben für die Führungskräfte eines Unternehmens, da sie auch die Kostenstellenverantwortlichen sind. In meinem Vortrag werde ich nach dem Legen der begrifflichen Grundlagen zunächst die Bildung von Kostenstellen erläutern. Anschließend werde ich darstellen, wie ein vollständiger Betriebsabrechnungsbogen aufgebaut werden kann. Dabei betrachte ich zunächst den einstufigen BAB und schließe nach der Betrachtung von Zuschlagsätzen und Bestandsveränderungen mit dem mehrstufigen BAB ab. In meiner Schlussbetrachtung gehe ich schließlich auf die Bedeutung von Normalkosten und Kostenabweichungen ein.

1. Begriffliche Grundlagen

Das System der Kostenrechnung beginnt mit einer Kostenartenrechnung. Dabei werden die in einem Betrieb anfallenden Kosten nach verschiedenen Kriterien systematisiert. Besonders bedeutsam für den Betriebsabrechnungsbogen ist die Einteilung der Kosten nach **Einzelkosten** und **Gemeinkosten**. Die Einzelkosten können einem einzelnen Kostenträger, also dem erzeugten Produkt, ohne Schwierigkeiten direkt zugerechnet werden. Nehmen wir als Beispiel eine Möbelschreinerei. Hier kann das für die Produktion eines Schreibtisches verbrauchte Holz problemlos ermittelt und auf den Kostenträger „Schreibtisch" einfach zugerechnet werden. Die Gemeinkosten hingegen fallen für eine Vielzahl von Kostenträgern gemeinsam an und können dem einzelnen Produkt nicht ohne weiteres direkt zugerechnet werden. Denken wir beispielsweise an die Kosten für die Steuerberatung oder an das Gehalt des Geschäftsführers so wird schnell deutlich, dass eine direkte Zurechnung dieser Kosten auf einen produzierten Schreibtisch für die Möbelschreinerei nicht möglich ist. Solche Gemeinkosten werden dann im Rahmen der Kostenstellenrechnung auf den einzelnen Schreibtisch umgelegt. Dadurch wird dann die Preiskalkulation, also die Kostenträgerrechnung, unter Einbeziehung aller Kosten möglich. Als Betriebsabrechnungsbogen bezeichnet man das Instrument, das die rechnerische Darstellung dieser Kostenverteilung übernimmt.

> **Tipp!** Anhand der Erläuterung von Einzelkosten und Gemeinkosten kann man gut sehen, wie praktische Beispiele immer wieder hilfreich zur Erläuterung von Begriffen sein können. Je abstrakter ein Begriff ist, desto wichtiger ist dessen Verdeutlichung mit möglichst einfachen Beispielen.

2. Die Bildung von Kostenstellen

Wie bereits angeführt, müssen in Mehrproduktunternehmen die Gemeinkosten möglichst verursachungsgerecht auf die einzelnen Kostenträger verteilt werden. Die Einrichtung von Kostenstellen ist eine gute und in der Praxis sehr gebräuchliche Möglichkeit, diese Verteilung vorzunehmen. Eine Kostenstelle ist ein Teilbereich eines Betriebes, der räumlich, organisatorisch und verantwortungsmäßig sauber abgegrenzt werden kann. Um bei unserer Möbelschreinerei zu bleiben, könnte beispielsweise die Abteilung „Holzzuschnitt" eine Kostenstelle sein. Diese Abteilung hat sicher eine räumliche Abgrenzung im Betrieb. Zudem ist sie organisatorisch im Rahmen der Prozessorganisation klar definiert und es gibt einen Kostenstellenleiter, z.B. einen Schreinermeister, der die Verantwortung für die anfallenden Kosten trägt.

Den einzelnen Kostenstellen werden dann die dort anfallenden Kosten, z.B. die Löhne der Mitarbeiter, verursachungsgerecht zugewiesen. Damit ist das Ziel verbunden, solche Produkte, die die betreffende Kostenstelle stark in Anspruch nehmen, auch mit den dafür anfallenden Kosten zu belasten. Ohne Kostenstellenrechnung müssten alle Gemeinkosten im gleichen Verhältnis auf die Kostenträger verrechnet werden, was der tatsächlichen Kostenverursachung zumeist nicht entspricht. Zudem können die Kostenstellen als Verantwortungsbereiche für eine effektive Kostenkontrolle genutzt werden.

Je mehr Kostenstellen ein Betrieb einrichtet, desto genauer kann später eine Kostenverrechnung auf die einzelnen Erzeugnisse vorgenommen werden. Andererseits verursachen die Bildung von sehr vielen kleinen Kostenstellen und deren dauerhafte Kontrolle auch einen erheblichen Verwaltungsaufwand, sodass in der Praxis eine Kosten-Nutzen-Abwägung bei der Aufstellung eines Kostenstellenplans vorgenommen werden muss.

Bei der raumorientierten Aufstellung von Kostenstellen wird die Örtlichkeit der Kostenstelle in den Vordergrund gestellt. Die rechnungsorientierte Bildung von Kostenstellen fasst Einheiten mit gleicher Kostensituation zusammen. Unter funktionsorientierten Gesichtspunkten werden gleichartige Tätigkeiten zu einer Kostenstelle zusammengefasst. Diese Vorgehensweise ist in der Praxis sehr üblich. In Industriebetrieben werden die Kostenstellen zumeist in die vier großen Bereiche: Material, Fertigung, Verwaltung und Vertrieb gegliedert. Diese vier Kostenstellen bezeichnet man dann als Hauptkostenstellen oder Endkostenstellen. Sie geben ihre Leistungen unmittelbar an die Kostenträger, also die Erzeugnisse, ab.

3. Die Erstellung eines vollständigen Betriebsabrechnungsbogens (BAB)

Nach Bildung der Kostenstellen kann die Aufteilung der Kosten beginnen. Im weiteren Verlauf des Vortrags werde ich nun den Aufbau des Betriebsabrechnungsbogens schildern.

3.1 Der einstufige Betriebsabrechnungsbogen (BAB)

Nachdem die Kostenartenrechnung eine Aufteilung in Einzel- und Gemeinkosten vorgenommen hat, werden nun die Gemeinkosten in die erste Spalte des tabellarisch aufgebauten Betriebsabrechnungsbogens übernommen. Jetzt gilt es, diese Gemeinkosten verursachungsgerecht auf die einzelnen Kostenstellen zu verteilen. Lässt sich mittels Belegen oder anderen Nachweisen sofort feststellen, welcher Kostenstelle wie viel Anteile einer Kostenart zugerechnet werden müssen, so spricht man von einer direkten Verteilung. Die Kosten bezeichnet man dann als **Stelleneinzelkosten**. Beispiele hierfür sind das Gehalt des Kostenstellenleiters oder der Stromverbrauch der Kostenstelle, falls die Kostenstelle einen eigenen Stromzähler hat. Falls sich die Kosten nicht unmittelbar einer Kostenstelle zuordnen lassen, muss ein Verteilungsschlüssel zur Hilfe genommen werden. Diese Art der Verteilung nennt man dann indirekte Verteilung. Die entsprechenden Kosten heißen **Stellengemeinkosten** oder **Schlüsselkosten**. Ein Beispiel hierfür sind Mietkosten, die nach einem Schlüssel, der die von den einzelnen Kostenstellen genutzten Quadratmeter wiedergibt, verteilt werden können. Nach Verteilung aller Gemeinkostenarten mithilfe der direkten oder indirekten Methode werden schließlich die Summe der Gemeinkosten je Kostenstelle und die Summe aller Gemeinkosten gebildet.

3.2 Die Ermittlung von Zuschlagsätzen für die Gemeinkosten

Die Zurechnung der Gemeinkosten auf die Kostenträger erfolgt nun mittels der Bildung von **Zuschlagsätzen**. Die aus den Daten des Betriebsabrechnungsbogens ermittelten Zuschlagsätze werden als **Istzuschläge** bezeichnet, da sie auf der Grundlage tatsächlich entstandener Ex-Post-Werte basieren. Für die Materialgemeinkosten wird unterstellt, dass deren Höhe proportional abhängig von den Materialeinzelkosten ist. Also stellen die Materialeinzelkosten auch die Zuschlagsgrundlage dar. Bei den Fertigungsgemeinkosten geht man von einer proportionalen Abhängigkeit von den Fertigungslöhnen aus und verwendet diese als Zuschlagsgrundlage. Als Zuschlagsgrundlage für die Verwaltungs- und Vertriebsgemeinkosten werden die **Herstellkosten** verwendet. Diese müssen zunächst in einer Gesamtkalkulation ermittelt werden. Dabei setzen sich die Herstellkosten aus den Materialeinzelkosten, den Materialgemeinkosten, den Fertigungseinzelkosten, den Fertigungsgemeinkosten und den Sondereinzelkosten der Fertigung zusammen. Falls der Fertigungsbereich in mehrere Hauptkostenstellen aufgeteilt wird, spricht man von einem erweiterten Betriebsabrechnungsbogen und für jeden Fertigungsbereich wird ein eigener Zuschlagsatz ermittelt.

3.3 Auswirkungen von Bestandsveränderungen auf die Zuschlagsätze

Falls die umgesetzte Menge nicht der produzierten Menge entspricht, müssen Bestandsveränderungen berücksichtigt werden. Dementsprechend wird dann zwischen den Herstellkosten der Produktion und den Herstellkosten des Umsatzes unterschieden. Die Herstellkosten der Produktion werden dann als verursachungsgerechte Grundlage für die Verwaltungsgemeinkosten gesehen und die Herstellkosten des Umsatzes sind die korrekte Bezugsgröße für die Vertriebsgemeinkosten.

3.4 Der mehrstufige Betriebsabrechnungsbogen (BAB)

Falls auch Leistungsströme zwischen den Kostenstellen eines Unternehmens erfasst werden, spricht man von einem mehrstufigen BAB. Eine Kostenstelle, die ihre Leistung nicht unmittelbar für die Erzeugnisse, sondern für eine andere Kostenstelle erbringt, nennt man **Hilfskostenstelle**. Allgemeine Hilfskostenstellen, wie eine Kantine, dienen dem Gesamtbetrieb. Spezielle Hilfskostenstellen, wie die Arbeitsvorbereitung, dienen nur bestimmten Hauptkostenstellen. Die Umlage der Kosten einer Hilfskostenstelle auf die Hauptkostenstellen erfolgt mittels eines Verteilungsschlüssels über das Stufenleiterverfahren oder mit Hilfe von Gleichungssystemen.

Schluss

Mittels der Bildung von Durchschnittswerten aus der Vergangenheit erhält man sogenannte **Normalkosten**. Diese werden dann mit den Istkosten einer Abrechnungsperiode verglichen. Die Differenzen zwischen den Normal- und Istkosten nennt man **Kostenabweichungen**. Zur Kostenkontrolle und im Rahmen eines Controlling-Ansatzes gilt es, diese Kostenüber- und -unterdeckungen zu analysieren.

Danke für Ihre Aufmerksamkeit.

Vortrag 5: Mezzanine Finanzierungsformen

I. Einführende Hinweise

Insbesondere mittelständische Unternehmen haben oftmals eine zu geringe Ausstattung mit Eigenkapital um krisenfest wirtschaften zu können. Banken erwarten eine **Mindesteigenkapitalquote** wenn ihre Firmenkunden eine Fremdfinanzierung wünschen. Die Beschaffung von reinem bilanziellen Eigenkapital ist aber für eine mittelständische Unternehmung oder ein Start-up-Unternehmen oft nicht möglich oder nicht gewollt. Hier setzen mezzanine Finanzierungsformen an, die in der Finanzierungspraxis entwickelt wurden und von ihrer Einordnung oder ihrer Eigenschaft her zwischen Eigen- und Fremdkapital anzusiedeln sind. Steuerberater sollten die Möglichkeiten mezzaniner Finanzierungsformen kennen, um ihre Mandaten sachgerecht auf entsprechende Gestaltungsmöglichkeiten hinweisen zu können.

> **Tipp!** Wenn in einem Thema fachsprachliche Begriffe verwendet werden, die sich nicht von selbst erklären, sollte bei der Einleitung kurz auf die Entstehung solcher Termini hingewiesen werden.

II. Die Gliederung

	Gliederungspunkt	Die Stichworte
	Einleitung	**Thema, Kurzübersicht**
1.	Zweck und Kapitalgeber	Ausgewogenes Verhältnis von Eigen- und Fremdkapital; Finanzierungslücken schließen; Verbesserung der Bilanzstruktur; verbessertes Rating; Wachstumsfinanzierung; Institutionelle und private Investoren
2.	Formen mezzaniner Finanzierung	
2.1	Unterscheidung zwischen Equity Mezzanine Capital und Debt Mezzanine Capital	Mezzanines Kapital mit mehr Eigenkapitalcharakter oder mehr Fremdkapitalcharakter; erfolgsabhängige Vergütungskomponente; Nachrangigkeit; Langfristigkeit
2.2	Nachrangdarlehen	Nachrang gegenüber bestimmten Gläubigern; Fremdkapitalcharakter; keine Verlustteilnahme; feste Laufzeit und Verzinsung
2.3	Stille Beteiligung	Typische und atypische stille Beteiligung mit gesetzlichen Vorgaben; typische stille Beteiligung: keine Mitspracherechte; vertraglicher Verlustausschluss möglich; Ansprüche bei Insolvenz; meist Fremdkapital; atypische stille Beteiligung: Beteiligung an Gesellschaftsvermögen und Verlust; nachrangige Forderung; bilanzielles Eigenkapital; Vergütung mit fixen und variablen Bestandteilen; Equity kicker
2.4	Options- und Wandelanleihen	Anleihe mit Optionsschein, Laufzeit zumeist zwischen zehn und zwölf Jahren; Optionsscheine und Anleihe sind jeweils selbständig; niedrige Verzinsung; Umtauschrecht bei Wandelanleihen; nur von Kapitalgesellschaften genutzt
2.5	Genussscheine	Fast keine gesetzlichen Vorschriften zur Ausgestaltung; Anteil am Reingewinn; keine Eigentumsrechte; kein Stimmrecht; Börsenfähigkeit; Eigenkapitalersatz in der Bilanz; kaum beim Mittelstand anzutreffen
3.	Risiken mezzaniner Finanzierung	Hohe Kosten; nur für innovative Unternehmen mit hohem Wertzuwachs; Mindestkapitalbedarf erforderlich; hohe Komplexität und Transaktionskosten; befristete Laufzeit; Probleme am Kapitalmarkt bei Verbriefung
	Schluss	**Attraktive Finanzierung, wenn Voraussetzungen gegeben sind; Flexibilität nutzen; professionelle Finanzierungsberatung erforderlich**

III. Der Vortrag

Einleitung

Guten Tag, ich habe das Thema „**Mezzanine Finanzierungsformen**" gewählt. Der **Begriff „Mezzanine"** stammt aus dem Italienischen und bezeichnet dort in der Architektur ein Zwischengeschoss. In der Betriebswirtschaftslehre dient der Begriff als Bezeichnung für Finanzierungsinstrumente, die wegen ihrer rechtlichen und wirtschaftlichen Charakteristika bilanziell zwischen Eigen- und Fremdkapital einzuordnen sind. Eine alternative Bezeichnung stellt der Begriff „hybride Finanzierungsformen" dar. Bei **Mezzanine-Kapital** handelt es sich also nicht um eine vollständig eigene Finanzierungsform, sondern um eine Kombination aus bereits bekannten Finanzierungsinstrumenten, die sehr individuell ausgestaltet werden kann. Im Verlauf meines Vortrages werde ich zunächst auf den Zweck einer mezzaninen Finanzierung und auf die möglichen Kapitalgeber eingehen. Anschließend werde ich unter Gliederungspunkt 2. die verschiedenen Formen der mezzaninen Finanzierung darstellen. Unter Gliederungspunkt 3. werde ich dann einige Risiken, die mit mezzaninem Kapital verbunden sind, beleuchten. Zum Schluss werde ich ein Fazit aus meinen vorgestellten Überlegungen ziehen.

1. Zweck und Kapitalgeber

Der Zweck einer mezzaninen Finanzierung besteht in dem Erreichen eines ausgewogenen Verhältnisses von Eigenkapital und Fremdkapital in der Bilanz eines Unternehmens. Oftmals haben gerade mittelständische Unternehmen mit hohem Wachstumspotenzial Probleme mit Finanzierungslücken, die durch die Generierung von mezzaninem Kapital geschlossen werden können. Eine Ausweitung der Fremdfinanzierung ohne parallele Erweiterung der Eigenkapitalbasis führt zu einer Verschlechterung der Bilanzstruktur und mindert somit die Bonität des Unternehmens. Eine Kapitalerhöhung mit mezzaninem Kapital verbessert hingegen die Ratingergebnisse. Sowohl bei **Management-Buy-Outs**, als auch zur **Vorbereitung von Börsengängen** kann mezzanines Kapital eingesetzt werden. Die Erschließung neuer Märkte, die Ausweitung von Produktionskapazitäten oder die Entwicklung neuer Produkte stehen oftmals als Ziele für den Einsatz von mezzaninem Kapital im Vordergrund. Hinsichtlich der Kapitalgeber unterscheidet man zwischen institutionellem mezzaninem Kapital und Kapital von Privatanbietern, das dann Publikums-Mezzanine genannt wird. Generell stehen Banken, Versicherungen, Unternehmensbeteiligungsgesellschaften, Venture Capital-Gesellschaften, Mezzanine Fonds und private Investoren als Kapitalgeber zur Verfügung.

2. Formen mezzaniner Finanzierung

Im zweiten Punkt meines Vortrages werde ich jetzt die **verschiedenen Formen mezzaniner Finanzierung** näher erläutern.

> **Tipp!** Falls Sie sich bei einer Finanzierungsart besonders gut auskennen, so können Sie diese auch etwas ausführlicher als die anderen schildern. Grundsätzlich darf aber nicht der Fehler gemacht werden, nahezu alle Zeitressourcen auf einen Aspekt zu setzen und dabei die anderen zu sehr zu vernachlässigen.

2.1 Unterscheidung zwischen Equity Mezzanine Capital und Debt Mezzanine Capital

Zunächst kann eine **Unterscheidung zwischen Equity Mezzanine Capital und Debt Mezzanine Capital** getroffen werden. Das **Equity Mezzanine Capital** ist sowohl wirtschaftlich, als auch bilanziell dem Eigenkapital zuzuordnen. Dazu muss eine erfolgsabhängige Vergütungskomponente, eine Nachrangigkeit bei der Befriedigung der Forderung und eine langfristig angelegte Kapitalüberlassung gegeben sein. Beispiele hierfür sind die atypische stille Beteiligung und die Ausgabe von Genussscheinen. Beim **Debt Mezzanine Capital** liegt zwar wirtschaftliches Eigenkapital vor, bilanziell handelt es sich hingegen um Fremdkapital. Beispiele für diese Form sind Nachrangdarlehen und typisch stille Beteiligungen.

2.2 Nachrangdarlehen

Das **Nachrangdarlehen** ist ein normales Darlehen (§ 488 BGB). Beim Nachrangdarlehen wird in der Regel eine nachrangige Befriedigung der Forderungen gegenüber bestimmten anderen Gläubigern, wie beispielsweise Banken, einzelvertraglich eingeräumt. Diese Form der mezzaninen Finanzierung kommt einem klassischen Kredit sehr nahe und hat klaren Fremdkapitalcharakter. Das zeigt sich auch in der normalerweise fest vereinbarten Laufzeit und Verzinsung des Darlehens. Ein genereller Rangrücktritt hinter alle Gläubiger ist nicht vorhanden. Ebenso nimmt der Kapitalgeber nicht am laufenden Verlust des Unternehmens teil. Der Vorteil für den Kapitalgeber liegt in der erhöhten Rendite gegenüber einem üblichen Kreditgeschäft.

2.3 Stille Beteiligung

Bei der **typischen stillen Beteiligung** haben die Kapitalgeber kein Mitspracherecht und können vertraglich einen Verlustausschluss vereinbaren. Auch im Insolvenzfall können vom Investor Ansprüche an die Unternehmung auf Kapitalrückzahlung gestellt werden. In der Regel handelt es sich bei typischen stillen Beteiligungen um bilanzielles Fremdkapital. Die **atypische stille Beteiligung** schließt eine Teilhabe am Gesellschaftsvermögen und am Verlust mit ein. Die Forderung gegenüber der Gesellschaft ist auf jeden Fall nachrangig und die Vergütung der Investoren hat fixe und variable Bestandteile. Eventuell werden auch Equity-Kicker zur Steigerung der Attraktivität der Beteiligung eingesetzt. Bilanziell handelt es sich bei den atypischen stillen Beteiligungen um Eigenkapital.

2.4 Options- und Wandelanleihen

Bei den **Optionsanleihen** handelt es sich zunächst um die üblichen Anleihen, die am Kapitalmarkt gehandelt werden und als Fremdkapital zu bilanzieren sind. Allerdings wird der Anleihe ein Optionsschein beigegeben, der in einer bestimmten Frist zum Bezug von Aktien des emittierenden Unternehmens berechtigt. Die Anleihe und der Optionsschein sind jeweils selbständig und werden an der Börse unabhängig voneinander gehandelt. Der Emittent hat zunächst lediglich Fremdkapital über die Anleihenemission generiert. Wenn die Investoren die Optionsscheine dann nutzen, entsteht zusätzliches Eigenkapital durch die Ausgabe der Aktien. Der Vorteil des Emittenten liegt neben der Chance zur Gewinnung von zusätzlichem Eigenkapital in den niedrigeren Zinsaufwendungen gegenüber einer normalen Anleihe. Die Ertragschance der Investoren bei Nutzung der Aktienoption führt zu einer marktgerechten niedrigeren Anleihenverzinsung. Die **Wandelanleihe** ist zunächst ebenfalls eine Gewinnung von Fremdkapital durch die Anleihenemission. Mit der Anleihe ist das Recht verbunden, diese in einem festgelegten Verhältnis und Zeitraum in Aktien umzutauschen. Sollte der Investor die Wandelmöglichkeit nutzen, so geht die Anleihe unter. Dem Unternehmen fließt dann neues Eigenkapital zu und gleichzeitig geht das Fremdkapital verloren.

2.5 Genussscheine

Als weitere Form der mezzaninen Finanzierung besteht noch die Möglichkeit zur Ausgabe von **Genussscheinen**. Hier hat der Gesetzgeber kaum Vorschriften zur Ausgestaltung vorgegeben, sodass eine sehr hohe Flexibilität bei der unternehmensindividuellen Nutzung besteht. Genussscheine verbriefen keine Eigentumsrechte, was dazu führt, dass die Inhaber keine Stimmrechte haben und die Unternehmenspolitik somit nicht beeinflussen können. Üblicherweise steht den Genussrechtsinhabern ein Anteil am Reingewinn zu. Genussrechte sind grundsätzlich börsenfähig, was die Möglichkeit zur Gewinnung einer breiten Kapitalbasis bietet. Im Mittelstand sind Genussscheine zwar anzutreffen, aber ein eher seltenes Instrument der mezzaninen Finanzierung. Wichtig ist, dass das Genussrechtskapital als Eigenkapitalersatz gewertet wird und somit die Bilanzstruktur deutlich verbessern kann. Auch kleinere Banken nutzen dieses Instrument um ihre Solvabilitätskennzahlen zu verbessern. Der Investor hat oftmals einen festen Ertrag, verbunden mit einem Anteil am Reingewinn, was den Kauf von Genussscheinen attraktiv machen kann.

3. Risiken mezzaniner Finanzierung

Im dritten Gliederungspunkt möchte ich die **Risiken beziehungsweise Nachteile einer mezzaninen Finanzierung** ansprechen. Zunächst muss festgestellt werden, dass mezzanines Kapital in der Regel nur für innovative Unternehmen mit guten Wachstumschancen von den Investoren zur Verfügung gestellt wird. Dabei müssen auch wegen der höheren Transaktionskosten, welche durch die vorhandene Komplexität der Instrumente entstehen, Mindestfinanzierungssummen erreicht werden. Weiterhin muss daran gedacht werden, dass die Risikoübernahme durch die Investoren zu erhöhten Renditeerwartungen führt. Schließlich ist zu beachten, dass die Kapitalüberlassung oftmals zeitlich befristet ist und deshalb an Anschlussfinanzierungen zu denken ist.

> **Tipp!** Es ist grundsätzlich sinnvoll bei derartigen Themen neben der rein formalen Darstellung auch die Chancen und Risiken beziehungsweise Vor- und Nachteile darzustellen. Oftmals bietet es sich an, die Chancen bereits bei den einzelnen Unterpunkten zu verdeutlichen und dann am Ende des Vortrags in einem letzten Gliederungspunkt oder im Schlussteil die Risiken anzusprechen.

Schluss

Im Zuge der **Verschärfung von Kreditvergabebedingungen durch Basel III, sowie bei Kapitalerfordernissen, verursacht durch die Coronakrise,** werden Unternehmen auch weiterhin auf der Suche nach attraktiven

Finanzierungsmöglichkeiten sein. Die Finanzierung mit mezzaninem Kapital bietet wichtige Eigenkapitalbestandteile und verzichtet auf die Stellung von Sicherheiten. Die Gesellschafterverhältnisse können beibehalten werden. Für kleine Unternehmen ist die Aufnahme von mezzaninem Kapital allerdings nur sehr eingeschränkt möglich. Wichtig ist eine professionelle Finanzierungsberatung um die hohe Flexibilität, welche die mezzanine Finanzierung bietet, auch optimal auf die eigenen Unternehmensbedürfnisse zuschneiden zu können.

Danke für Ihre Aufmerksamkeit.

Vortrag 6: Die Deckungsbeitragsrechnung im System der Kostenrechnung einer Unternehmung

I. Einführende Hinweise

Die **Deckungsbeitragsrechnung** ergänzt die **Vollkostenrechnung** und ist für bestimmte unternehmerische Entscheidungen besonders aussagekräftig. In der Praxis arbeiten sowohl kleine Handwerksbetriebe, als auch große Unternehmen mit dem Instrument der Deckungsbeitragsrechnung. Ein qualifizierter Steuerberater sollte also mit den Begriffen vertraut sein und das System verstehen. Zudem ergeben sich auch Abgrenzungsthemen zur Finanzbuchhaltung (z.B. Zuordnung von Konten zu Einzel- und Gemeinkosten) die in der betriebswirtschaftlichen Mandantenberatung relevant sind. Schließlich ist das Vorhandensein einer aussagekräftigen Deckungsbeitragsrechnung ein positives Kriterium beim Rating eines Mandanten durch sein Kreditinstitut.

II. Die Gliederung

	Gliederungspunkt	**Die Stichworte**
	Einleitung	**Thema, Kurzübersicht**
1.	Begriffliche Grundlage	Fixe und variable Kosten (Beispiele Material und Personal); Direct Costing; Grenzkostenrechnung; Deckungsbeitrag als Erlöse minus variable Kosten; Vollkostenrechnung versus Teilkostenrechnung; Stückdeckungsbeitrag und Periodendeckungsbeitrag; Gewinnschwelle; Ermittlung des Betriebsergebnisses mit der Deckungsbeitragsrechnung
2.	Entscheidungen mithilfe der Deckungsbeitragsrechnung	
2.1	Kurz- und langfristige Preisuntergrenze	Langfristig müssen alle Kosten gedeckt sein (Fixkostendegression, Gesetz der Massenproduktion); kurzfristig reicht Deckung der variablen Kosten; Preispolitischer Spielraum bei Sonderaktionen; Fehlentscheidungen bei sinkendem Beschäftigungsgrad verhindern
2.2	Annahme von Zusatzaufträgen	Bei freien Kapazitäten müssen die Erlöse mindestens die variablen Kosten decken; bei Engpässen muss der zusätzliche Deckungsbeitrag mit vorhandenen Produktdeckungsbeiträgen verglichen werden
2.3	Eigenfertigung oder Fremdbezug	Kurzfristige Entscheidung nur mit variablen Kosten; sprungfixe Kosten beachten; langfristig müssen auch die Fixkosten bei Eigenfertigung beachtet werden; sonstige Gründe für Eigenfertigung oder Fremdbezug

	Gliederungspunkt	Die Stichworte
2.4	Sortimentsentscheidungen	Produkte mit hohem Deckungsbeitrag fördern; Produkte mit negativem Deckungsbeitrag eliminieren
2.5	Optimales Produktionsprogramm	Relative Deckungsbeiträge; Engpasssituationen; Absatzmengen und Lieferverpflichtungen beachten
3.	Erweiterte Formen der Deckungsbeitragsrechnung	
3.1	Stufenweise Fixkostendeckungsrechnung	Aufspaltung des Fixkostenblockes; Erzeugnisfixkosten; Erzeugnisgruppenfixkosten; Kostenstellenfixkosten, Bereichsfixkosten, Unternehmensfixkosten; Informationen über das Produktsortiment werden gegeben (Produktelimination, Produktinnovation)
3.2	Deckungsbeitragsrechnung mit relativen Einzelkosten	Deckungsbeitrag als Überschuss der Einzelerlöse über die Einzelkosten eines sachlich und zeitlich abzugrenzenden Kalkulationsobjektes; keine Aufspaltung in fixe und variable Kosten; Einzel- und Gemeinkosten beziehen sich auf das Kalkulationsobjekt; schwierige Abgrenzung in der Praxis
	Schluss	**Weitere ergänzende Kostenrechnungssysteme wie Prozesskostenrechnung und Zielkostenrechnung**

III. Der Vortrag

Einleitung

Guten Tag, ich habe das Thema „**Die Deckungsbeitragsrechnung im System der Kostenrechnung einer Unternehmung**" gewählt. Die Deckungsbeitragsrechnung ist Grundlage für verschiedene unternehmerische Entscheidungen und wird selbst in kleineren Handwerksbetrieben angewendet. Zunächst werde ich in Punkt 1. auf die wesentlichen Begriffe der Deckungsbeitragsrechnung eingehen. Anschließend werde ich in Punkt 2. Entscheidungssituationen in einem Unternehmen darstellen, die mithilfe der Deckungsbeitragsrechnung zu lösen sind. Unter Punkt 3. folgt eine kurze Schilderung von erweiterten Formen der Deckungsbeitragsrechnung. Schließlich möchte ich in meiner Schlussbetrachtung einen Querverweis auf weitere ergänzende Kostenrechnungssysteme geben.

> **Tipp!** Der Querverweis auf andere Kostenrechnungssysteme ist nicht zwingend erforderlich. Sollten Sie keine genügenden Kenntnisse über diese weiteren Systeme haben, können Sie zum Schluss auch eine Beispielrechnung präsentieren.

1. Begriffliche Grundlage

Der zentrale Ansatz bei der **Deckungsbeitragsrechnung** liegt in der Trennung der gesamten Kosten in fixe und variable Bestandteile. Fixe Kosten sind dabei solche Kosten, die unabhängig von der Ausbringungsmenge sind. Ein Beispiel hierfür sind Personalkosten, die nicht direkt produktionsbezogen anfallen wie das Gehalt eines Hausmeisters oder die monatlichen Mietzahlungen für Geschäftsräume. Variable Kosten verändern sich dagegen mit der Produktionsmenge. Ein typisches Beispiel ist das für die Produktion verbrauchte Material. Die variablen Kosten können bei zunehmender Ausbringungsmenge grundsätzlich proportional, degressiv oder progressiv verlaufen. Für die in der Praxis eingesetzten Systeme wird zumeist unterstellt, dass ein proportionaler Zusammenhang zwischen der Produktionsmenge und den variablen Kosten besteht. Eine zum Beispiel 10 %ige Steigerung der Produktion würde also zu einer 10 %igen Steigerung der variablen Kosten führen. Alternativ zur Deckungsbeitragsrechnung wird manchmal auch mit dem sogenannten Direct Costing gearbeitet, wobei die einem Produkt direkt zurechenbaren Kosten weitgehend mit den variablen Kosten identisch sind. Auch das Verfahren der **Grenzkostenrechnung** entspricht im Prinzip der Deckungsbeitragsrechnung. Hier wird untersucht, wie sich die Kosten bei der zusätzlichen Produktion einer Einheit entwickeln. Diese als Grenzkosten bezeichneten Mehrkosten entsprechen wiederum weitgehend den variablen Kosten. Der Deckungsbeitrag ist definiert als die Differenz zwischen Erlösen und variablen Kosten. Dabei kann sowohl der Ausweis eines Stückdeckungsbeitrags, als auch der Ausweis eines Periodendeckungsbeitrags errechnet werden. Mit dem verbleibenden Deckungsbeitrag können die fixen Kosten gedeckt werden und nach deren Abzug verbleibt das Betriebsergebnis als Residualgröße. Wenn man die gesamten fixen Kosten einer Produktgruppe durch den Stückdeckungsbeitrag dividiert, erhält man die Produktionsmenge, bei welcher der Betriebsgewinn genau Null beträgt. Diese Menge nennt man **Gewinnschwelle**. Im gesamten Kostenrechnungssystem einer Unternehmung kann die Deckungsbeitragsrechnung immer nur eine wichtige Ergänzung zur Vollkostenrechnung sein.

2. Entscheidungen mithilfe der Deckungsbeitragsrechnung

Unter dem zweiten Gliederungspunkt werde ich jetzt unternehmerische Entscheidungen darstellen, die mithilfe der **Deckungsbeitragsrechnung** getroffen werden können.

> **Tipp!** Man könnte an dieser Stelle durch ein Zahlenbeispiel auch zunächst deutlich machen, warum die Vollkostenrechnung bei manchen unternehmerischen Fragestellungen zu falschen Entscheidungen führt.

2.1 Kurz- und langfristige Preisuntergrenze

Zunächst können mithilfe der Deckungsbeitragsrechnung die **kurz- und langfristige Preisuntergrenze** ermittelt werden. Kurzfristig kann ein Unternehmen seine Produkte zu Preisen anbieten, welche lediglich die variablen Kosten decken, da die Fixkosten sowieso anfallen und im Zweifel von anderen Produkten getragen werden müssen. Langfristig muss ein Produkt hingegen einen Preis ermöglichen, der alle Kosten, also auch die fixen deckt. Dabei ist das Gesetz der Massenproduktion zu beachten, welches dafür sorgt, dass sich die Fixkosten bei zunehmender Produktion auf immer mehr Produkte verteilen und die langfristige Preisuntergrenze sinken lässt. Mithilfe der Deckungsbeitragsrechnung können also Fehlentscheidungen bei sinkendem Beschäftigungsgrad verhindert werden oder es kann der preispolitische Spielraum für Sonderaktionen ausgelotet werden.

2.2 Annahme von Zusatzaufträgen

Oftmals steht ein Unternehmen auch vor der Frage, ob es einen Zusatzauftrag zu geringeren Preisen als üblich annehmen soll. Hier ist ebenfalls der Einsatz einer Deckungsbeitragsrechnung sinnvoll. Das **Verwenden der Vollkostenrechnung** führt grundsätzlich zu Fehlentscheidungen. Sollten noch freie Kapazitäten vorhanden sein, so führt jeder Auftrag, der einen Preis oberhalb der variablen Stückkosten erzielt, zu einer Verbesserung des Betriebsergebnisses, da die Fixkosten durch den Zusatzauftrag nicht erhöht werden. Sollte ein zeitlicher Engpass vorliegen, so muss der Deckungsbeitrag des Zusatzauftrags mit den vorhandenen Produktdeckungsbeiträgen verglichen werden. Eventuell sollte dann ein vorhandener Auftrag zurückgestellt werden, falls der Zusatzauftrag einen höheren Deckungsbeitrag verspricht.

2.3 Eigenfertigung oder Fremdbezug

Die Frage, ob ein Unternehmen bestimmte Teile in **Eigenfertigung** produzieren soll, oder lieber im **Fremdbezug** von einem Zulieferer kaufen soll, wird auch mit der Deckungsbeitragsrechnung beantwortet. Bei kurzfristig freien Kapazitäten darf der Bezugspreis nur mit den variablen Stückkosten verglichen werden, da die Fixkosten nicht beeinflussbar sind. Langfristig müssen dann die Gesamtkosten der Eigenproduktion unterhalb der Bezugskosten liegen damit sich eine Eigenfertigung lohnt. Selbstverständlich spielen bei der Make-or-buy-Entscheidung auch andere Gründe wie die Qualitätssicherung oder der Erhalt von Arbeitsplätzen eine Rolle.

2.4 Sortimentsentscheidungen

Bezüglich der **Sortimentsentscheidung** gibt die Deckungsbeitragsrechnung ebenfalls die wichtigen Entscheidungshilfen vor. Grundsätzlich sollten Produkte mit hohen Stückdeckungsbeiträgen das Sortiment dominieren und besonders durch Marketingmaßnahmen gefördert werden. Produkte die langfristig einen negativen Stückdeckungsbeitrag erwirtschaften sollten eliminiert werden. Dieses Vorgehen optimiert den Betriebsgewinn.

2.5 Optimales Produktionsprogramm

Bei der Planung des Produktionsprogramms für eine Periode muss eine Unternehmung selbstverständlich die vorhandenen Lieferverpflichtungen und die Absatzmöglichkeiten am Markt beachten. Nach Berücksichtigung dieser Daten kann mithilfe der Deckungsbeitragsrechnung ein Programm für die Maschinenbelegung festgelegt werden, das den Betriebsgewinn optimiert. Dabei muss so vorgegangen werden, dass Produkte mit hohen relativen Deckungsbeiträgen bevorzugt produziert werden. Der **relative Deckungsbeitrag** errechnet sich dabei indem der absolute Stückdeckungsbeitrag durch die benötigte Fertigungszeit pro Stück dividiert wird. Man erhält also einen relativen Deckungsbeitrag in Euro pro verbrauchter Produktionszeiteinheit.

3. Erweiterte Formen der Deckungsbeitragsrechnung

Im dritten Gliederungspunkt gehe ich jetzt auf **zwei erweiterte Formen der Deckungsbeitragsrechnung** ein.

3.1 Stufenweise Fixkostendeckungsrechnung

Zunächst möchte ich die **stufenweise Fixkostendeckungsrechnung** vorstellen. Dazu wird der gesamte Fixkostenblock kostenrechnerisch untersucht und es werden die Abhängigkeiten der Kosten genau festgestellt. Die unterste Stufe der Fixkosten sind dann die Erzeugnisfixkosten, das sind solche Kosten, die bereits bei Einstellung der Produktion eines spezifischen Produkts wegfallen würden. Als Beispiel können hier Produktions- und Wartungskosten für Spezialwerkzeuge angeführt werden. Die nächste Stufe sind dann die Erzeugnisgruppenfixkosten, die nur wegfallen, wenn auf die Produktion einer ganzen Erzeugnisgruppe verzichtet wird. Alternativ zu der erzeugnisorientierten Aufteilung kann auch zwischen Kostenstellenfixkosten und Bereichsfixkosten unterschieden werden. Die höchste Stufe der Fixkosten stellen dann die Unternehmensfixkosten dar, die nur wegfallen wenn das ganze Unternehmen die Produktion einstellt. Ein Beispiel hierfür sind zumindest zum Teil die Kosten der Unternehmensleitung und Unternehmensverwaltung. Mithilfe einer solchen Kostenanalyse können wichtige Strategien bezüglich des Produktsortiments erarbeitet werden. Man spricht dann auch von einem Deckungsbeitrag I, II, III etc. den ein Produkt erwirtschaftet.

3.2 Deckungsbeitragsrechnung mit relativen Einzelkosten

Eine zweite Form stellt die **Deckungsbeitragsrechnung mit relativen Einzelkosten** dar. Dabei wird der Deckungsbeitrag definiert als Überschuss der Einzelerlöse über die Einzelkosten eines sachlich und zeitlich abzugrenzenden Kalkulationsobjektes. Es erfolgt also keine Aufspaltung in fixe und variable Kosten, sondern eine objektbezogene Kostenabgrenzung, die in der Praxis oft schwierig zu erbringen ist.

Schluss

Neben der Deckungsbeitragsrechnung haben sich auch andere Systeme in der Kostenrechnung entwickelt, die zu einer Verbesserung der Informationsgrundlage für unternehmerische Entscheidungen führen. So erreicht die Prozesskostenrechnung eine verursachungsgerechtere Zuordnung der Kosten in den indirekten Leistungsbereichen wie beispielsweise dem Lager. Die Zielkostenrechnung ermittelt dagegen die „allowable costs", also diejenigen Kosten, welche bei erzielbaren Marktpreisen nach dem Abzug einer angemessenen Gewinnmarge maximal anfallen dürfen. Die Verbreitung dieser Kostenrechnungssysteme ist allerdings weniger groß und im Gegensatz zur Deckungsbeitragsrechnung bei kleineren Unternehmen nicht verbreitet. Zum Schluss möchte ich noch den Hinweis geben, dass die Deckungsbeitragsrechnung auch für eine Steuerkanzlei ein geeignetes Instrument zur eigenen Kostenkontrolle sein kann.

Danke für Ihre Aufmerksamkeit.

Vortrag 7: Das ökonomische Prinzip

I. Einführende Hinweise

Den unbegrenzten menschlichen Bedürfnissen stehen nur begrenzte Mittel zur Bedürfnisbefriedigung gegenüber. Die Güterknappheit ist die Ursache, warum Menschen wirtschaften, also ihr Handeln danach ausrichten, eine möglichst optimale Bedürfnisbefriedigung zu erreichen. Ein rationales Verhalten führt dabei zum ökonomischen Prinzip in seinen verschiedenen Ausprägungsformen. Der unterstellte Homo oeconomicus richtet sich als privater Haushalt und als Verantwortlicher in Wirtschaftsbetrieben nach diesem Prinzip. Auch andere Prinzipien beeinflussen das Handeln der Wirtschaftssubjekte. Die Spieltheorie hat diese alternativen Handlungsmaximen belegt. Das ökonomische Prinzip ist die Grundlage für das Verständnis weitergehender betriebswirtschaftlicher Sachverhalte und Zusammenhänge.

II. Die Gliederung

	Gliederungspunkt	Die Stichworte
	Einleitung	**Thema, Kurzübersicht**
1.	Der Begriff des Wirtschaftens	Unbegrenzte Bedürfnisse bei knappen Gütern
2.	Ausprägungen des ökonomischen Prinzips	Drei Ausprägungsformen
2.1	Das Maximalprinzip	Mittel als Datum, Erfolg variabel
2.2	Das Minimalprinzip	Erfolg als Datum, Mittel variabel
2.3	Das Extremumprinzip	Optimales Verhältnis zwischen Aufwand und Ertrag
3.	Realisierungsprobleme	Unvollkommene Informationen, Bewertungsproblem
4.	Grenzen des ökonomischen Prinzips	Hinterfragung und Begrenzung
4.1	Alternative Prinzipien des Wirtschaftens	Angemessenheitsprinzip, Humanprinzip, geringstmögliche Umweltbelastung
4.2	Die Spieltheorie	Beispiel Ultimatum-Spiel, Solidarität, Fairness, Gerechtigkeit
	Schluss	**Homo oeconomicus, Fazit**

III. Der Vortrag

Einleitung

Guten Tag, ich habe das Thema **„Das ökonomische Prinzip"** gewählt. Zunächst erläutere ich unter Gliederungspunkt 1. die Notwendigkeit wirtschaftlichen Handelns für die Wirtschaftssubjekte. Unter Gliederungspunkt 2. stelle ich dann die einzelnen Ausprägungsformen des ökonomischen Prinzips dar. Bei der Realisierung des ökonomischen Prinzips treten für die Handelnden Probleme auf, die ich unter dem Gliederungspunkt 3. darstellen werde. Unter Gliederungspunkt 4. werde ich auf die Grenzen des ökonomischen Prinzips bei den Handlungen der Wirtschaftssubjekte eingehen. Zunächst stelle ich unter Gliederungspunkt 4.1 alternative Prinzipien dar und werde dann unter Gliederungspunkt 4.2 die Erkenntnisse der Spieltheorie aufzeigen. In meiner Schlussbetrachtung gehe ich auf die Sichtweise der Wirtschaftssubjekte als Homo oeconomicus ein und ziehe ein Fazit.

1. Der Begriff des Wirtschaftens

Jeder Mensch ist in seinem beruflichen und privaten Leben mit dem Phänomen des Wirtschaftens konfrontiert. Die Anzahl der denkbaren menschlichen Bedürfnisse ist prinzipiell unbegrenzt. Die Mittel zur Befriedigung dieser Bedürfnisse sind aber begrenzt, da Güter – von wenigen Ausnahmen abgesehen – grundsätzlich knapp sind. Die Tatsache der Knappheit führt dazu, dass Menschen bereit sind, sparsam mit den Gütern umzugehen, um eine bestmögliche Bedürfnisbefriedigung zu erreichen. Es bestehen die Notwendigkeit und der Anreiz, sich anzustrengen, um befriedigende oder optimale Ergebnisse zu erreichen. Wirtschaften kann demnach als planvolles menschliches Handeln, das auf eine möglichst optimale Bedürfnisbefriedigung abzielt, beschrieben werden.

Tipp! Bei vielen Themen bietet es sich an, mit einer Begriffsdefinition einzusteigen.

2. Ausprägungen des ökonomischen Prinzips

Die Wirtschaftssubjekte handeln grundsätzlich planvoll und rational, wenn sie sich bei ihrer Bedürfnisbefriedigung nach dem ökonomischen Prinzip richten. Dieses Prinzip kennt drei Unterformen:

1. das Maximalprinzip,
2. das Minimalprinzip und
3. das generelle Extremumprinzip.

2.1 Das Maximalprinzip

Beim Maximalprinzip werden die gegeben Mittel als Datum, also als feste Größe, betrachtet. Mit diesen Mitteln versucht man den größtmöglichen Erfolg zu erzielen. Man kann auch sagen, der Aufwand an Wirtschaftsgütern wird festgeschrieben und es wird versucht, den Ertrag zu maximieren. Bei einem privaten Haushalt wird beispielsweise nach dem Maximalprinzip gehandelt, wenn man das vorhandene Nettoeinkommen so einsetzt, dass der maximale Nutzen erreicht wird. Ein Betrieb handelt nach dem Maximalprinzip, wenn er eine Ertragsmaximierung anstrebt und dabei den Aufwand vorab fest definiert.

2.2 Das Minimalprinzip

Beim Minimalprinzip wird der Erfolg geplant und als Datum festgeschrieben. Diesen Erfolg versucht man dann mit den geringstmöglichen Mitteln zu erreichen. Anders ausgedrückt kann man sagen, dass der Ertrag, also das bewertete Ergebnis, festgeschrieben wird und es darum geht, diesen Ertrag mit möglichst geringem Aufwand zu erzielen. Bei privaten Haushalten kann beispielsweise ein zu beschaffendes Konsumgut genau definiert werden um dann zu versuchen, dieses Gut mit möglichst geringen Geldmitteln zu erwerben. Dabei sind neben dem Güterpreis auch alle weiteren Beschaffungskosten zu berücksichtigen. Ein Betrieb kann beispielsweise einen bestimmten Umsatz definieren und handelt nach dem Minimalprinzip, wenn er die dafür erforderlichen Personalaufwendungen minimiert.

2.3 Das Extremumprinzip

Beim generellen Extremumprinzip wird versucht, ein möglichst günstiges Verhältnis zwischen Aufwand und Ertrag zu realisieren. Diese Formulierung ist sehr allgemein und schließt das Maximal- und das Minimalprinzip ein, weshalb es in der Literatur auch nicht immer als separates Prinzip behandelt wird. Ökonomisch optimal zu handeln, bedeutet demnach den Versuch zu unternehmen, Extremwerte zu erreichen. Bei der Haushaltstheorie wird das im Zuge der Nutzenmaximierung und bei der Unternehmenstheorie im Zuge der Gewinnmaximierung angewendet. Es wird das normative Prinzip postuliert, dass es bei allgemeiner Güterknappheit rational ist, nach dem ökonomischen Prinzip zu handeln.

3. Realisierungsprobleme

Bei der Umsetzung des ökonomischen Prinzips ergeben sich verschiedene Probleme. Beispielsweise müssen die meisten Entscheidungen bei unvollkommenen Informationen getroffen werden. Es ist oftmals nicht klar, ob die geplanten Ziele die richtigen sind. Vielleicht stellt sich im Nachhinein heraus, dass ein höheres Umsatzziel möglich gewesen wäre. Die Informationsbeschaffung selbst muss unter dem Kosten-Nutzenaspekt gesehen werden, was dazu führt, dass nicht alle Handlungsalternativen geprüft werden können. Eventuell hätte es eine Lösung, also eine Erreichung des geplanten Ziels, mit noch geringeren Kosten gegeben. Aufgrund dieser Informationsprobleme kann man immer nur von einem Optimum bei gegebenem Informationsstand sprechen. Die Risikoneigung des Entscheiders bestimmt ergänzend die Informationsbreite und damit das Handlungsergebnis.

Zu beachten ist auch, dass die Bewertung von Aufwand und Ertrag bei der Umsetzung des ökonomischen Prinzips von zentraler Bedeutung ist. Diese Bewertung ist nicht frei von subjektiven Einschätzungen, was zu unterschiedlichen Handlungsergebnissen führen kann. Grundsätzlich kann die Bewertung den Märkten überlassen werden um damit eine Objektivierung zu erreichen.

4. Grenzen des ökonomischen Prinzips

Gesellschaftlich wird das ökonomische Prinzip als Paradigma auch hinterfragt und dessen normative Geltung für menschliches Handeln wird begrenzt.

4.1 Alternative Prinzipien des Wirtschaftens

Die negativen Auswirkungen von Handlungsweisen, die rein auf die individuelle Gewinn- oder Nutzenmaximierung ausgerichtet sind, haben zu alternativen Prinzipien des Wirtschaftens geführt. Betriebe und auch private Haushalte versuchen beispielsweise keine generelle Optimierung zu erreichen, sondern handeln nach dem **Angemessenheitsprinzip**. Sie streben einen satisfizierenden Gewinn oder Nutzen an. Der Gewinn soll ausreichen, um den langfristigen Bestand des Betriebes zu sichern und muss eine faire Gegenleistung für das Eigenkapital, das unternehmerische Risiko und die unternehmerische Arbeitsleistung ermöglichen. Diese Sichtweise betont stärker die Berücksichtigung von sozialen oder ökologischen Zielen.

In engem Zusammenhang mit dem Angemessenheitsprinzip stehen das **Humanprinzip** und das **Prinzip der geringstmöglichen Umweltbelastung**. Das Humanprinzip orientiert sich am Produktionsfaktor Arbeit und geht davon aus, dass die Arbeit auch der Selbstverwirklichung und Selbstbestätigung dienen soll. Dementsprechend muss besonders darauf geachtet werden, dass die zu erbringende Arbeitsleistung unter humanen Bedingungen erfolgt. Beim Prinzip der geringstmöglichen Umweltbelastung geht es um die Schonung des Produktionsfaktors Natur.

> **Tipp!** Im Zentrum des Vortrags müssen die Stichwörter der Themenstellung stehen. Wenn sie allerdings ergänzend sinnvolle Alternativen oder andere Sichtweisen darstellen, machen sie deutlich, dass Sie die Themenstellung breit durchdrungen haben.

4.2 Die Spieltheorie

Die Spieltheorie beschäftigt sich mit den menschlichen Interaktionen bei Entscheidungsproblemen. Eine Simulation ökonomischer Entscheidungen stellt das **Ultimatum-Spiel** dar. Bei diesem Spiel müssen sich zwei Spieler entscheiden, wie ein zuvor festgelegter Geldbetrag unter den beiden aufgeteilt wird. Die Ergebnisse haben gezeigt, dass die Probanden unabhängig vom Kulturkreis, dem Geldbetrag und anderen Einflussfaktoren nicht generell nach dem ökonomischen Prinzip handeln, sondern Werte wie Fairness, Gerechtigkeit und Solidarität einen starken Einfluss auf die Verteilungsergebnisse ausüben.

Schluss

Wenn Wirtschaftssubjekte ihr gesamtes Handeln ausschließlich am ökonomischen Prinzip ausrichten, spricht man von einem Homo oeconomicus. In der Betriebs- und Volkswirtschaftslehre wird im Rahmen von Modellbildungen grundsätzlich von dieser Annahme ausgegangen. Der Vorteil besteht dabei in der hohen Operationalisierbarkeit und dem Erzielen von eindeutigen Ergebnissen. Zudem ist das Streben der Wirtschaftssubjekte nach einem guten Verhältnis zwischen Aufwand und Ertrag grundsätzlich realitätsnah, was die Anwendung des ökonomischen Prinzips bei der Beschreibung von Handlungsalternativen sinnvoll macht. Die Betriebswirtschaftslehre darf allerdings die Erkenntnisse der Spieltheorie zu anderen Prinzipien menschlichen Handelns nicht außer Acht lassen und sollte diese bei ihren Handlungsempfehlungen mit beachten.

Danke für Ihre Aufmerksamkeit.

Themenbereich Volkswirtschaftslehre

Vortrag 1: Möglichkeiten der Einkommensverteilung in einer Marktwirtschaft

I. Einführende Hinweise

Insgesamt geht es bei dem Thema um die **Wohlstandsverteilung** innerhalb der Gesellschaft zwischen verschiedenen gesellschaftlichen Gruppen. Dabei ist zu unterscheiden, ob die Verteilung über den Marktmechanismus zustande kommt oder von staatlicher Seite gesteuert wird. Ganz wesentlich hängt die Verteilungsfrage von den **Verteilungsprinzipien** ab, die auch etwas über die Wertordnung der Wirtschaftssubjekte innerhalb einer Volkswirtschaft aussagen. Aus volkswirtschaftlicher Sicht stellt sich ergänzend die Frage nach der Verteilung des Einkommens auf die Produktionsfaktoren. Alle Verteilungsfragen sind selbstverständlich immer auch mit dem Begriff der „Gerechtigkeit" verbunden. Eine objektive Antwort auf diese Frage lässt sich allerdings nicht geben, da Gerechtigkeit ein Empfinden und somit nicht absolut messbar ist. Es ist die Aufgabe der Wirtschaftspolitik, gesellschaftlich akzeptierte Verteilungen zu erreichen. Dazu dient vor allem auch die Ausgestaltung des Steuersystems.

Tipp! Volkswirtschaftliche Themenstellungen beim Kurzvortrag sind sehr selten. Wer ein solches Thema wählt hat einen gewissen Außenseiterbonus bei den Prüfern. Die Prüfer hören das Thema nicht so oft und sind deshalb sicherlich interessiert. Bei genügend volkswirtschaftlichen Grundkenntnissen und vorhandenem aktuellem Zeitungswissen kann die Wahl eines solchen Themas also durchaus sinnvoll sein.

II. Die Gliederung

	Gliederungspunkt	Die Stichworte
	Einleitung	**Thema, Kurzübersicht**
1.	Formen der Einkommensverteilung	Primäre, sekundäre, funktionale, personelle Einkommensverteilung
1.1	Primäre und sekundäre Einkommensverteilung	Verteilung aus dem Produktionsprozess, Tarifautonomie, Allgemeinverbindlichkeit, staatliche Mindestlöhne, Staatliche Umverteilung, Coronahilfen
1.2	Funktionale und personelle Einkommensverteilung	Verteilung auf die Produktionsfaktoren, Lohnquote Verteilung auf einzelne Personen oder Personengruppen, Lorenzkurve
2.	Verteilungsprinzipien	Leistungs- und Bedarfsgerechtigkeit
2.1	Leistungsprinzip	Beiträge im Produktionsprozess, Faktorpreise als Knappheitsanzeiger, Problem der separaten Erfassung, Leistungen außerhalb des Marktes, Marktversagen, wirtschaftliche Macht, Leistungsbestimmung durch Anforderungskriterien
2.2	Bedarfsprinzip	Einheitliche Wohlfahrtspositionen, Egalitätsprinzip, Dringlichkeit von Bedürfnissen
3.	Staatliche Umverteilung	Sozialstaatsprinzip im GG Artikel 20 Absatz 1
3.1	Steuern und Transfers	Besteuerung nach der Leistungsfähigkeit, progressive Einkommensteuer, Umverteilung zur Alterssicherung als Beispiel, Problem der Überwälzung, indirekte Steuern

	Gliederungspunkt	Die Stichworte
3.2	Öffentliche Güter	Realtransfers, Finanzierung und Nutzung öffentlicher Güter
	Schluss	**Vermögensverteilung**

III. Der Vortrag

Einleitung

Guten Tag, ich habe das Thema „**Möglichkeiten der Einkommensverteilung in einer Marktwirtschaft**" gewählt. Das Thema stellt letztlich auf die Wohlfahrtsverteilung innerhalb einer Gesellschaft ab. Im Rahmen einer marktwirtschaftlichen Wirtschaftsordnung wird die Einkommensverteilung zunächst wesentlich an den Märkten entschieden. Im zweiten Schritt entscheidet dann die staatliche Wirtschafts- und Sozialpolitik über Korrekturen der Marktergebnisse. Wie diese marktorientierte und staatliche Verteilung beschrieben werden kann, wird Gegenstand des ersten Gliederungspunktes meines Vortrags sein. Im zweiten Teil des Vortrages werde ich auf die möglichen Verteilungsprinzipien eingehen, die einer normativen Einkommensverteilung zugrunde liegen können. Der dritte Teil meiner Ausführungen wird sich schließlich mit der rechtlichen Fundierung und der Ausgestaltung von staatlicher Umverteilungspolitik beschäftigen. Dabei spielen die Intention und die Ausgestaltung des Steuersystems eine wesentliche Rolle. Zum Schluss werde ich auf die mit der Einkommensverteilung eng verbundene Frage der Vermögensverteilung eingehen.

1. Formen der Einkommensverteilung

Hinsichtlich der verschiedenen Formen oder auch Stufen der Einkommensverteilung kann einerseits zwischen der primären und sekundären Einkommensverteilung unterschieden werden. Andererseits ist die Differenzierung in eine funktionale und eine personelle Einkommensverteilung üblich.

1.1 Primäre und sekundäre Einkommensverteilung

Die **primäre Einkommensverteilung** beschreibt die Verteilung des Volkseinkommens, wie sie sich unmittelbar aus dem Produktionsprozess ergibt. Das heißt, die Marktteilnehmer stellen die Produktionsfaktoren Arbeit, Kapital und Boden zur Verfügung und werden von den Nachfragern nach diesen Produktionsfaktoren dafür entlohnt. In einem funktionierenden Markt stellt sich dabei ein Gleichgewichtspreis ein, der dann für die Einkommenserzielung maßgebliche Grundlage ist. Für den Kapitalmarkt und den Markt für den Produktionsfaktor Boden werden in Deutschland weitgehend solche Gleichgewichtspreise die Einkommensverteilung bestimmen. Der Arbeitsmarkt hingegen ist in Deutschland stark reglementiert, was dazu führt, dass dort bereits im Zuge der Primärverteilung sozialpolitische Motive für die Einkommensverteilung eine Rolle spielen. Im Grundgesetz Artikel 9 Absatz 3 ist die Tarifautonomie garantiert, sodass die Gewerkschaften und Arbeitgeberverbände durch die Gestaltung von Tarifverträgen einen ganz wesentlichen Einfluss auf die primäre Einkommensverteilung ausüben. Auch über die unmittelbar tarifgebundenen Arbeitsverhältnisse hinaus spielen die Tarife durch freiwillige Übernahmen und Orientierung, aber auch Allgemeinverbindlichkeitserklärungen, eine große Rolle. Einen umfassenden Eingriff des Staates in die Primärverteilung stellt die Fixierung eines staatlichen Mindestlohnes dar. Mit dem Mindestlohngesetz (MiLoG) wurde in der Bunderepublik Deutschland zum 01. Januar 2015 ein flächendeckender Mindestlohn eingeführt. Der Mindestlohn stellt eine Lohnuntergrenze dar, die nicht unterschritten werden darf.

Die **sekundäre Einkommensverteilung** ist das Ergebnis nach Umverteilung durch den Staat. Dabei greift der Staat durch direkte Steuern, Rentenzahlungen, Arbeitslosenunterstützung, Kindergeld und vieles mehr in die Verteilung des verfügbaren Einkommens ein. Beispiele hierfür sind die zahlreichen Coronahilfen, welche von staatlicher Seite zur Verfügung gestellt werden. Einzelwirtschaftlich gesehen entspricht die Unterscheidung primäre und sekundäre Verteilung weitgehend dem Unterschied zwischen Bruttoeinkommen und verfügbarem Einkommen.

> **Tipp!** An dieser Stelle könnten auch genauere Ausführungen zur Ausgestaltung des gesetzlichen Mindestlohns, der neuen Grundrente oder der Coronahilfen aufgezeigt werden.

1.2 Funktionale und personelle Einkommensverteilung

Bei der **funktionalen Einkommensverteilung** geht es um die Frage, welcher Produktionsfaktor welchen Anteil am verfügbaren Einkommen erhält. Im wesentlich stellt sich also die Frage nach Einkommensverteilung auf die Faktoren Arbeit und Kapital. Diese Verteilung wird mittels der Lohnquote und der Gewinnquote gemessen. Die **Lohnquote** ist definiert als der Anteil der Löhne am gesamten Volkseinkommen. Es wird also der prozentuale Anteil der Einkommen aus unselbständiger Arbeit gemessen. Die **Gewinnquote** stellt im Wesentlichen den Anteil der Einkommen aus selbständiger Arbeit, Gewerbebetrieb, Vermietung und Verpachtung und Kapitalvermögen dar.

Bei der **personellen Einkommensverteilung** geht es um die Frage, welche Anteile einzelne Bevölkerungsgruppen an dem gesamten verfügbaren Einkommen haben. Beispielsweise kann die Frage aufgeworfen werden, welchen Anteil die Rentenempfänger oder Familien haben. Ebenfalls häufig betrachtet wird die Verteilung des Einkommens auf die unterschiedlichen sozialen Schichtungen in Abhängigkeit von deren Gesamteinkommen. Dazu wird oftmals die Darstellung mittels der Lorenzkurve gewählt. Diese Kurve zeigt auf, wie viel Prozent des gesamten Haushaltseinkommens eine bestimmte Prozentzahl der Bevölkerung erhält. Beispielsweise wird also die Frage beantwortet, welchen Anteil am gesamten Haushaltseinkommen die unteren oder oberen 20 Prozent der Einkommensbezieher haben.

2. Verteilungsprinzipien

Bei den Verteilungsprinzipien wird im Wesentlichen zwischen dem **Leistungsprinzip** und dem **Bedarfsprinzip** unterschieden.

2.1 Leistungsprinzip

Grundlage für dieses Prinzip ist der Gedanke, dass das Einkommen den für die Gesellschaft erbrachten Beiträgen zum Produktionsprozess entsprechen soll. Das setzt voraus, dass der Faktorpreis als Knappheitsanzeiger für die zur Verfügung gestellten Produktionsfaktoren funktioniert. Da die Gesellschaft besonders knappe Produktionsfaktoren zur Wohlstandsmehrung haben möchte, ist sie auch bereit, dafür einen höheren Preis zu zahlen. Wer solche knappe Produktionsfaktoren zur Verfügung stellt, bringt also eine besondere Leistung für die Gesellschaft und erzielt entsprechend hohe Einkommen. Dieses Prinzip ist allerdings mit einigen Problemen behaftet. So ist es schwierig, die Leistung des einzelnen Wirtschaftssubjektes im Produktionsprozess separat zu messen und dann zu bewerten. Zudem sind viele Leistungen außerhalb des Produktionsprozesses, wie zum Beispiel die Kindererziehung, für die Gesellschaft wichtig und müssen deshalb trotzdem mit Einkommen versehen werden. Bei öffentlichen Gütern, wie beispielsweise der inneren und äußeren Sicherheit, liegt zudem ein Marktversagen vor, was die Bildung eines leistungsgerechten Einkommens verhindert. Schließlich besteht die Gefahr des wirtschaftlichen Machtmissbrauchs, der zur nicht leistungsgerechten Einkommensverteilung führt. Aufgrund der beschriebenen Probleme hat sich deshalb ergänzend die Leistungsbestimmung durch Anforderungskriterien als zweckmäßig gezeigt. Als Verteilungsmaßstab gilt dabei der Input, den das Wirtschaftssubjekt einbringt.

2.2 Bedarfsprinzip

Die Norm der Bedarfsgerechtigkeit führt zu einer gleichmäßigen Einkommensverteilung, falls das Wohlfahrtsniveau jedes Menschen in gleichem Maße vom Einkommen abhängt, also identische Nutzenfunktionen gegeben sind. Dieses Prinzip wird auch als **Egalitätsprinzip** bezeichnet. Falls wir keine identischen Nutzenfunktionen unterstellen, sind die unterschiedlichen Dringlichkeiten der Bedürfnisse zu berücksichtigen. Da der interpersonelle Vergleich von Bedürfnissen und Nutzen allerdings schwer zu praktizieren ist, stößt auch dieses Prinzip an objektive Grenzen.

3. Staatliche Umverteilung

Die Eingriffe des Staates in die Einkommensverteilung können mit dem Sozialstaatlichkeitsgebot in Artikel 20 Abs. 1 GG gerechtfertigt werden.

3.1 Steuern und Transfers

Das zentrale Instrument zur Umverteilung des verfügbaren Einkommens ist die progressive Gestaltung des Einkommensteuertarifs. Die Besteuerung nach dem Leistungsprinzip führt zu einer Korrektur der Verteilung nach Bruttoeinkommen. Als Beispiel kann der Transfer zugunsten der Alterssicherung gesehen werden. Als Problem wird allerdings die Möglichkeit der Überwälzung betrachtet. Falls die Bezieher hoher Gewinneinkommen in der Lage sind, die vermehrten Steuerzahlungen auf die Preise ihrer Produkte zu überwälzen, so würde die primäre Einkommensverteilung lediglich vergrößert und der angestrebte Verteilungseffekt würde ausbleiben. Bei den indirekten Steuern muss die Verteilungswirkung differenziert gesehen werden. Einerseits tragen Bezieher höherer Einkommen durch vermehrten Konsum stärker zum gesamten Steueraufkommen bei, was zu einer Umverteilung führt. Andererseits ist die Regressionswirkung der indirekten Steuern zu beachten, da die Bezieher niedrigerer Einkommen einen deutlich höheren Anteil ihres verfügbaren Einkommens konsumieren.

Tipp! Bei dieser Themenstellung wäre es auch denkbar, den Schwerpunkt der Ausführungen auf konkrete Einzelmaßnahmen der Umverteilung zu legen. Zum Beispiel könnte die Problematik der „kalten Progression" des Einkommensteuertarifs oder die Wirkung einer Senkung der Umsatzsteuer (Coronahilfen) genauer geschildert werden. Wichtig ist allerdings, dass der Bezug zur volkswirtschaftlichen Frage der Einkommensverteilung bestehen bleibt.

3.2 Öffentliche Güter

Durch die zur Verfügung Stellung von öffentlichen Gütern findet ein sogenannter **Realtransfer** statt. Einkommensstärkere Gesellschaftsgruppen tragen überproportional zur Finanzierung von öffentlichen Gütern bei. Beispiele hierfür sind die Feuerwehr, Bildungseinrichtungen, innere Sicherheit oder öffentliche Straßen. Falls diese öffentlichen Güter dann von einkommensschwächeren Gruppen in gleichem Maße genutzt werden, entsteht ebenfalls eine Umverteilung.

Schluss

Eng verknüpft mit der Frage der Einkommensverteilung ist auch die der **Vermögensverteilung**, da aus dauerhaft höheren Einkommensanteilen entsprechende Vermögensanteile entstehen können. Zudem dienen die Vermögensanteile selbst wieder zur Erzielung von Einkommen oder können die Wohlfahrt der Wirtschaftssubjekte erhöhen. Staatliche Maßnahmen zur Beeinflussung der Vermögensverteilung sind beispielsweise die Zahlung von Arbeitnehmer-Sparzulagen nach dem 5. Vermögensbildungsgesetz oder die Ausgestaltung der Erbschaftsteuergesetzgebung.

Danke für Ihre Aufmerksamkeit.

Vortrag 2: Die Geldpolitik der europäischen Zentralbank

I. Einführende Hinweise

Die **Europäische Zentralbank** mit ihrem Sitz in Frankfurt bestimmt die Geldpolitik für die Euroländer. Die **nationalen Zentralbanken**, wie beispielsweise die deutsche Bundesbank, setzen die Beschlüsse der EZB lediglich durch. Der EZB-Rat mit dem EZB-Direktorium und den Präsidenten der nationalen Zentralbanken als Mitglieder ist dabei das Entscheidungsorgan, welches das Zinsniveau im Euroraum festlegt. Um die Zinsvorstellungen des EZB-Rates durchzusetzen, stehen der EZB laut ihrer Satzung eine Reihe von geldpolitischen Instrumenten zur Verfügung. Dabei ist die EZB unabhängig von den Regierungen im Euroraum und in erster Linie dem Ziel der Preisstabilität verpflichtet.

Tipp! In zahlreichen Prüfungsprotokollen sind Fragen nach dem Geldmengenbegriff der EZB, dem Aufbau der EZB und dem geldpolitischen Instrumentarium der EZB zu finden. Wer die Thematik für die Fragerunden gut vorbereitet hat, kann auch ohne Weiteres einen Kurzvortrag mit seinem Wissen bestreiten und erntet mit dieser Themenwahl bereits vorab Anerkennung von den Prüfern.

II. Die Gliederung

	Gliederungspunkt	Die Stichworte
	Einleitung	**Bedeutung der Geldpolitik, Kurzübersicht**
1.	Allgemeines	
1.1	Geldpolitische Ziele und Geldmengenbegriff	Preisniveaustabilität als Primärziel, weitere Unterziele, Unabhängigkeit der EZB, Geldmengen M1 bis M3
1.2	Zwei Säulen Strategie	Wirtschaftliche Analyse durch Beobachtung der Inflationsentwicklung, monetäre Analyse mit Referenzwert für Geldmenge M3
2.	Geldpolitische Instrumente	
2.1	Offenmarktgeschäfte	Hauptrefinanzierungsgeschäfte, längerfristige Refinanzierungsgeschäfte, Feinsteuerungsoperationen
2.2	Ständige Fazilitäten	Spitzenrefinanzierungsfazilität, Einlagefazilität
2.3	Devisenmarktinterventionen	Wechselkursbewertung, Devisenmarktinterventionen
2.4	Mindestreserve	Mindestreservesatz, Wirkung der Mindestreserve
3.	Die Bundesbank im System des ESZB	Bestandteil des ESZB laut Bundesbankgesetz, Preisniveaustabilität als Ziel, Bank der Banken und Durchführung der EZB-Beschlüsse
	Schluss	**EZB sichert aktuell Geldversorgung, Ziele der Fed**

III. Der Vortrag

Einleitung

Guten Tag, ich habe das Thema „**Die Geldpolitik der europäischen Zentralbank**" gewählt. Ein Thema das sicher nicht Alltagspraxis in einer Steuerkanzlei darstellt aber für das Funktionieren unserer marktwirtschaftlichen Ordnung von ganz erheblicher Bedeutung ist. Die **Finanzkrise und die Eurokrise** haben allen vor Augen geführt, welch wichtige Funktion das Bankenwesen für unsere Wirtschaft ausübt und wie schnell existenzielle Probleme auch für unsere Mandanten entstehen können, wenn die Geldversorgung nicht funktioniert und Liquiditätsengpässe auftreten. An der Spitze des Bankensystems im Euroraum steht die europäische Zentralbank mit ihrem Sitz in Frankfurt. Sie ist die Bank, bei der sich die einzelnen Geschäftsbanken refinanzieren und sich die notwendigen Mittel zur Kreditgewährung für ihre Kunden besorgen. Im Verlauf meines Kurzvortrags möchte ich zunächst aufzeigen, welche Ziele die **Geldpolitik der EZB** verfolgt und wie die Erreichung der Ziele gemessen wird. Im zweiten Gliederungspunkt stelle ich dann das Instrumentarium zur Erreichung dieser Ziele dar. Im dritten Gliederungspunkt werde ich auf die Bedeutung der deutschen Bundesbank im Rahmen des Systems der europäischen Zentralbanken und damit auf die Durchsetzung der Geldpolitik eingehen. Zum Schluss folgen ein wertendes Fazit der Geldpolitik der EZB und ein Vergleich mit der Geldpolitik in den USA.

1. Allgemeines

Zunächst also zu den Zielen der EZB und deren Messung.

1.1 Geldpolitische Ziele und Geldmengenbegriff

In der Satzung des ESZB wird als klares Primärziel der europäischen Zentralbank die **Gewährleistung der Preisstabilität** festgelegt. Nur soweit dies ohne Beeinträchtigung des Ziels der Preisstabilität möglich ist, unterstützt das ESZB die allgemeine Wirtschaftspolitik in der EU um beispielsweise Wirtschaftswachstum und einen hohen Beschäftigungsstand zu erreichen. Die Geldpolitik der EZB muss also immer an der Verhinderung einer Inflation oder Deflation ausgerichtet sein. Dabei definiert die Zentralbank zur Zielerreichung ein mittelfristiges Wachstum des harmonisierten Verbraucherpreisindexes HVPI im Euro-Raum, das unter, aber nahe bei zwei Prozent liegt. Wichtig für die Verwirklichung des genannten Primärzieles ist die in der Satzung festgeschriebene Unabhängigkeit der EZB von Regierungen der Mitgliedstaaten. Gerade in Zeiten schwacher Konjunktur tendieren Regierungen nämlich dazu, auf Kosten von Preissteigerungen, eine expansive Geldpolitik zu fordern. Um das Inflationsziel zu erreichen, beobachtet die EZB die **Geldmenge M3**. Diese setzt sich zusammen aus dem Bargeldumlauf und den Sichteinlagen der Nichtbanken, was zusammen als **Geldmenge M1** bezeichnet wird. Dazu kommen die Einlagen mit vereinbarter Laufzeit bis zu zwei Jahren und Einlagen mit einer Kündigungsfrist bis zu drei Monaten, was als **Geldmenge M2** bezeichnet wird. Schließlich wird M2 um Anteile an Geldmarktfonds, Repoverbindlichkeiten, Geldmarktpapieren und Bankschuldverschreibungen mit einer Laufzeit bis zu zwei Jahren erweitert und die Summe dieser Größen wird dann M3 genannt.

1.2 Zwei Säulen Strategie

Die EZB stützt sich bei ihrer Geldpolitik auf zwei Säulen. Zum Ersten erfolgt eine **wirtschaftliche Analyse** mit einer Beobachtung der Inflationsentwicklung. Dazu werden gesamtwirtschaftliche Größen analysiert, welche die Inflationsentwicklung beeinflussen. Beispiele für solche Größen sind die Löhne und Gehälter, die Wechselkurse, das Bruttoinlandsprodukt oder die langfristigen Zinssätze. Die zweite Säule ist eine **monetäre Analyse**, die einen Referenzwert für die Entwicklung der Geldmenge M3 abbildet. Durch die Beobachtung dieser Entwicklung sollen frühzeitig Inflationssignale erkannt werden. Die EZB wird bei größeren Inflationserwartungen dann eine kontraktive Geldpolitik betreiben. Bei geringer Inflationsneigung und schwacher Konjunktur wird eine expansive Geldpolitik angestrebt.

2. Geldpolitische Instrumente

Unter Gliederungspunkt zwei werde ich jetzt die **geldpolitischen Instrumente** für eine solche kontraktive oder expansive Geldpolitik darstellen.

> **Tipp!** Falls Sie die aktuellen Zinssätze und zinspolitischen Entscheidungen des EZB-Rates kennen, da Sie die Wirtschaftspresse aufmerksam verfolgen, sollten Sie dieses Wissen auf jeden Fall innerhalb Ihres Vortrages platzieren um Bonuspunkte bei den Prüfern zu sammeln.

2.1 Offenmarktgeschäfte

Das wichtigste Instrument sind die **Offenmarktgeschäfte** in Form der **Hauptrefinanzierungsgeschäfte**. Dabei erhalten die Geschäftsbanken im Rahmen eines Auktionsverfahrens Zentralbankgeld von der EZB gegen Zinszahlungen. Das Zentralbankgeld wird den Instituten in einem sogenannten **Tenderverfahren** zugeteilt. Die EZB legt zur Orientierung einen Mindestbietungssatz fest, der **Leitzins** oder **Hauptrefinanzierungssatz** genannt wird. Die Angebote finden einmal pro Woche statt und haben eine Laufzeit von einer Woche. Die Vergabe kann als Mengen- oder als Zinstender erfolgen. Beim **Mengentender** legt die EZB den Zinssatz absolut fest und die Geschäftsbanken können lediglich die gewünschte Geldmenge angeben. Da die Tender regelmäßig überzeichnet sind, erfolgt dann eine quotenmäßige Zuteilung, die **Repartierung** genannt wird. Beim **Zinstender** können die Geschäftsbanken neben der gewünschten Zentralbankgeldmenge auch einen Zinssatz angeben, den Sie zu zahlen bereit sind. Bei der Repartierung kommen dann die Bieter mit höheren Zinssätzen zuerst zum Zug. Weitere Offenmarktgeschäfte sind die längerfristigen Refinanzierungsgeschäfte. Die Geschäftsbanken erhalten dabei von der EZB gegen die Hinterlegung von Wertpapieren Zentralbankgeld. Dieses Instrument wird auch **Wertpapierpensionsgeschäfte** genannt. Bei den Feinsteuerungsoperationen kann die EZB Schnelltender vergeben oder Termineinlagen von Banken annehmen.

2.2 Ständige Fazilitäten

Die ständigen Fazilitäten bestehen aus der **Spitzenrefinanzierungsfazilität** und der **Einlagefazilität**. Sie sollen den Geschäftsbanken entweder die Möglichkeit geben, einen Liquiditätsbedarf gegen Zinszahlung über die Spitzenrefinanzierungsfazilität bis zum nachfolgenden Geschäftstag zu decken, oder über die Einlagefazilität einen Liquiditätsüberschuss anzulegen. Diese Möglichkeiten haben keine Volumenbegrenzung aber unattraktive Zinssätze. Der Zinssatz für die Spitzenrefinanzierungsfazilität stellt einen Höchst- und der Zinssatz für die Einlagefazilität einen Mindestsatz für Tagesgeld auf dem Geldmarkt dar. Die Spanne zwischen den beiden

Zinssätzen nennt man auch **Zinskorridor**. Der **Hauptrefinanzierungssatz** liegt zumeist in der Mitte dieser Spanne. Will die EZB eine expansive Geldpolitik betreiben, um konjunkturfördernd zu wirken oder eine Deflation zu verhindern, so kann sie die Zinssätze für die bisher genannten Geschäfte senken. Im Extremfall kann sogar ein „Strafzins" für Einlagen der Geschäftsbanken bei der EZB festgelegt werden. Soll dagegen die Inflation bekämpft werden, so können die Zinssätze vom EZB-Rat entsprechend angehoben werden.

2.3 Devisenmarktinterventionen

Falls die EZB der Meinung ist, dass Wechselkursfehlbewertungen am Markt vorhanden sind, welche die Inflationsziele oder andere angestrebte wirtschaftspolitische Ziele negativ beeinflussen, kann sie **Devisenmarktinterventionen** vornehmen. Die EZB kann zum Beispiel Euro gegen Dollarzahlung ankaufen, um den Eurokurs zu stützen oder umgekehrt Dollar verkaufen um für ein Sinken des Eurokurses zu sorgen. Zumeist handelt sich dabei um konzertierte Aktionen an denen auch andere Zentralbanken teilnehmen. Dieses abgestimmte Verhalten sorgt dann für eine bessere Wirkung am Devisenmarkt.

2.4 Mindestreserve

Schließlich sind die Geschäftsbanken verpflichtet, ein bestimmtes Guthaben bei der EZB zu unterhalten, welches **Mindestreserve** genannt wird. Die geforderten Mindestreserven sind ein bestimmter Prozentsatz von den Verbindlichkeiten, welche die Kreditinstitute gegenüber ihren Kunden auf Konten haben. Sie dienen dazu, die Geldmarktzinsen zu stabilisieren, eine strukturelle Liquiditätsknappheit herbeizuführen und möglicherweise die Geldmengensteuerung zu erleichtern. Die Mindestreserve wird marktgerecht verzinst. Für eine kontraktive beziehungsweise expansive Geldpolitik kann die EZB den Mindestreservesatz erhöhen oder senken. Da die Mindestreserve allerdings als ordnungspolitisches und nicht als prozesspolitisches Instrument gesehen wird, nimmt die EZB nur ausnahmsweise Veränderungen des Mindestreservesatzes vor.

3. Die Bundesbank im System des ESZB

Die Deutsche Bundesbank ist als Zentralbank der Bundesrepublik Deutschland integraler Bestandteil des Europäischen Systems der Zentralbanken. Sie führt damit als nationale Zentralbank die gemeinsame Geldpolitik des **Europäischen Systems der Zentralbanken** in Deutschland durch und greift hierzu auf die genannten geldpolitischen Instrumente zurück.

Schluss

Die aktuellen Maßnahmen der EZB zielen auf eine unbedingte Geldversorgung der Wirtschaft in Krisenzeiten ab. Das wird durch teilweise sehr niedrige und negative Zinssätze („Strafzinsen") und mit dem nahezu unbegrenzten Ankauf von Wertpapieren erreicht. Damit flankiert die EZB die konjunkturfördernden Maßnahmen der Europäischen Union. Im Vergleich zur amerikanischen Zentralbank, dem **Federal Reserve System** oder kurz **Fed**, besteht allerdings schon von der Zielsetzung her ein wichtiger Unterschied zur EZB. Die Fed hat nämlich mehrere gleichberechtigte Ziele nebeneinander. Zwar wird im Zielsystem auch die Preisstabilität genannt, doch stehen zum Beispiel die Ziele Wirtschaftswachstum und hoher Beschäftigungsstand auf der gleichen Ebene.

Danke für Ihre Aufmerksamkeit.

Vortrag 3: Arbeitslosigkeit und Arbeitsmarktpolitik

I. Einführende Hinweise

Nach dem Stabilitätsgesetz von 1967 ist die Bundesregierung verpflichtet, einen hohen Beschäftigungsstand zu sichern. Zur Messung dieser Zielgröße dienen die Arbeitslosenzahlen, welche von der Bundesanstalt für Arbeit monatlich publiziert werden. Zunächst muss bei der Themenstellung festgestellt werden, wie die Arbeitslosenzahlen definiert sind und welche Ursachen Arbeitslosigkeit haben kann. Gerade in konjunkturschwachen Phasen (z.B. Coronakrise) ist die Höhe der Arbeitslosigkeit eine sehr sensible Kennzahl, die in der Bevölkerung genau beobachtet wird. Auch die volkswirtschaftlichen, betriebswirtschaftlichen und persönlichen Folgen der Arbeitslosigkeit können bei der Themenstellung beleuchtet werden. Die Darstellung der Arbeitsmarktpolitik kann je nach Kenntnisstand theoretisch-systematisch oder anhand von aktuellen Maßnahmen erfolgen. Rechtsgrundlage für die arbeitspolitischen Maßnahmen ist das Sozialgesetzbuch.

Tipp! Auch bei diesem Thema zeigt sich, dass ein fundiertes volkswirtschaftliches Grundwissen und aktuelles Zeitungswissen ausreichen, um einen guten Vortrag zu gestalten. Sie müssen nicht davon ausgehen, dass die Prüfer Arbeitsmarktexperten sind. Sie sollen lediglich zeigen, dass Sie wirtschaftliche Probleme strukturiert aufbereiten und darstellen können.

II. Die Gliederung

	Gliederungspunkt	Die Stichworte
	Einleitung	**Problemstellung, Kurzübersicht**
1.	Begriff der Arbeitslosigkeit	Arbeitsmarkt, Vollbeschäftigung, Erwerbspersonen, Arbeitslosenquote
2.	Formen und Folgen der Arbeitslosigkeit	
2.1	Einteilung der Arbeitslosigkeit nach den Ursachen	Konjunkturelle, strukturelle, saisonale und friktionelle Arbeitslosigkeit
2.2	Folgen der Arbeitslosigkeit	Volkswirtschaftliche, betriebswirtschaftliche und persönliche Folgen
3.	Arbeitsmarktpolitik systematisiert nach den Ursachen der Arbeitslosigkeit	
3.1	Maßnahmen bei konjunktureller Arbeitslosigkeit	Allgemeine Konjunkturpolitik, Kurzarbeitergeld, Gründungszuschüsse
3.2	Maßnahmen bei struktureller Arbeitslosigkeit	Mobilitätsförderung, Standortpolitik, Bildungsförderung, Eingliederungszuschüsse, Gründungszuschüsse
3.3	Maßnahmen bei saisonaler Arbeitslosigkeit	Befristete Arbeitsverträge, Winterbauförderung, Zeitarbeitsunternehmen
3.4	Maßnahmen bei friktioneller Arbeitslosigkeit	Verbesserung des Informationssystems, private Vermittler, Bewerbungsservice, Meldepflichten, Abstandsgebot
	Schluss	**Einfluss der Lohnpolitik von Tarifparteien**

III. Der Vortrag

Einleitung

Guten Tag, ich habe das Thema **„Arbeitslosigkeit und Arbeitsmarktpolitik"** gewählt. Die Höhe der Arbeitslosigkeit ist eine der am meisten beachteten volkswirtschaftlichen Kennzahlen in Deutschland. Dementsprechend werden auch die Reaktionen der Politik auf die Entwicklung der Arbeitslosigkeit und damit auf die Arbeitsmarktpolitik von der Bevölkerung genau beobachtet. Man kann davon ausgehen, dass die **Arbeitsmarktpolitik** zusammen mit der Steuerpolitik einen ganz erheblichen Einfluss auf Wahlentscheidungen hat. In meinem Vortrag möchte ich zunächst den Begriff der **Arbeitslosigkeit** erläutern. Im zweiten Gliederungspunkt werde ich dann auf die Formen und Folgen der Arbeitslosigkeit eingehen. Unter Punkt drei meines Vortrages werde ich eine Auswahl an möglichen arbeitsmarktpolitischen Maßnahmen präsentieren. Im Schlussteil gehe ich schließlich auf den Einfluss der Lohnpolitik der Tarifparteien ein und werde somit auch die Grenzen staatlicher Arbeitsmarktpolitik aufzeigen.

1. Begriff der Arbeitslosigkeit

Der Arbeitsmarkt wird, wie die anderen Märkte auch, von der Nachfrage und dem Angebot bestimmt. Allerdings ist zu beachten, dass durch zahlreiche Reglementierungen eine freie Preisbildung nicht stattfindet. Der

Gleichgewichtswert auf dem Arbeitsmarkt bildet den **Reallohn** ab. Es ist der Tauschwert für Arbeit und der Punkt, bei dem Arbeitsangebot und Arbeitsnachfrage gleich groß sind. An diesem Punkt spricht man von **Vollbeschäftigung**. Sollten die Betriebe insgesamt nicht alle Stellen besetzen können, so übersteigt die Nachfrage nach Arbeit das Angebot und man spricht von **Überbeschäftigung**. Diese Situation ist vor der Coronakrise in Deutschland häufiger aufgetreten. In der Coronakrise sind Teilarbeitsmärkte dadurch gekennzeichnet, dass **Unterbeschäftigung** herrscht, also das Angebot an Arbeit größer ist als die Nachfrage. In dieser Situation herrscht kein Gleichgewicht und der Preis müsste nach den Marktgesetzen eigentlich sinken, was aber wegen der angesprochenen Reglementierung nicht immer passiert. Die dann genutzten staatlichen Möglichkeiten, doch noch zu einer Annäherung an den Gleichgewichtspunkt zu gelangen, werden als **Arbeitsmarktpolitik** bezeichnet. Für die Messung der Arbeitslosigkeit, also der Unterbeschäftigung, wird das Erwerbspersonenpotenzial statistisch erfasst. Das sind die zivilen Erwerbstätigen und die registrierten Arbeitslosen. Die **Arbeitslosenquote** ergibt sich dann als prozentuales Verhältnis zwischen den registrierten Arbeitslosen und dem Erwerbspersonenpotenzial.

2. Formen und Folgen der Arbeitslosigkeit

Nun möchte ich Formen und Folgen der Arbeitslosigkeit darstellen. Bei den Formen werde ich eine Unterscheidung nach den primären Ursachen der Arbeitslosigkeit vornehmen.

2.1 Einteilung der Arbeitslosigkeit nach den Ursachen

Die erste mögliche Form ist eine klassische **konjunkturelle Arbeitslosigkeit**. Diese Form tritt auf, wenn die Güternachfrage kleiner als das Güterangebot ist und die Unternehmen deshalb ihre Personalbestände reduzieren. Im Laufe eines Konjunkturzyklus treten immer wieder Abschwünge und Rezessionen auf, die zu einer solchen Arbeitslosigkeit führen. Erfasst werden dabei nahezu alle Segmente des Arbeitsmarktes. Auch die gestiegenen Arbeitslosenzahlen in der Coronakrise sind von einer konjunkturellen Arbeitslosigkeit verursacht. Zweitens ist die **strukturelle Arbeitslosigkeit** zu nennen. Diese tritt auf, wenn bestimmte Branchen, wie zum Beispiel der Bergbau an Bedeutung verlieren. Es zählt aber auch die **technologische Arbeitslosigkeit** dazu, die durch neue Technologien beziehungsweise Rationalisierungsmaßnahmen entsteht. Auch wenn die Arbeitssuchenden nicht zu den angebotenen Arbeitsplätzen passen, spricht man von struktureller Arbeitslosigkeit. Das kann zum Beispiel durch mangelnde oder falsche Qualifikation der Fall sein. Von **saisonaler Arbeitslosigkeit** spricht man, wenn die Nachfrage nach Arbeit stärkeren jahreszeitlichen Schwankungen unterliegt, das ist beispielsweise in der Landwirtschaft oder der Baubranche der Fall. Schließlich ist noch die **friktionelle Arbeitslosigkeit** zu nennen. Diese tritt als Folge individueller Veränderungen, wie sie bei einem Wohnortwechsel oder bei einem Ausbildungsende vorkommen, auf.

2.2 Folgen der Arbeitslosigkeit

Die volkswirtschaftlichen Folgen der Arbeitslosigkeit sind vor allem durch eine **Ressourcenverschwendung** und durch **defizitäre Staatshaushalte** gekennzeichnet. Da Arbeitslose trotz vorhandenem Potenzial nicht zur Steigerung des Bruttoinlandsproduktes beitragen, bleibt die Volkswirtschaft insgesamt unter ihren Möglichkeiten und damit in einer suboptimalen Situation. Zudem werden die Staatshaushalte zweifach belastet, da Arbeitslose einerseits keine Beiträge und Steuern zahlen und andererseits staatliche Transfers erhalten. Betriebswirtschaftlich gesehen führen schwankende Arbeitsmärkte zu Personalfreisetzungs- und Personalbeschaffungskosten, die möglichst klein gehalten werden sollten. Zudem geht den Unternehmen zum Beispiel während einer konjunkturellen Arbeitslosigkeit, vorhandenes Know-how verloren, das später zu hohen Kosten neu aufgebaut werden muss. Auch die persönlichen Folgen von Arbeitslosigkeit können ganz erheblich sein. Insbesondere bei Jugend- und Langzeitarbeitslosigkeit zeigen sich bei den Betroffenen sozialpsychologische Folgen, die schwer zu korrigieren sind.

3. Arbeitsmarktpolitik systematisiert nach den Ursachen der Arbeitslosigkeit

In meinem dritten Gliederungspunkt gehe ich jetzt auf die staatliche Arbeitsmarktpolitik ein. Dabei werde ich die möglichen Maßnahmen nach den Reaktionen auf die oben genannten vier Arten der Arbeitslosigkeit systematisieren.

Tipp! Zur Information über aktuelle arbeitsmarktpolitische Maßnahmen im Rahmen der Vorbereitungsarbeit kann man die Seiten der Bundesagentur für Arbeit und des „Instituts für Arbeitsmarkt- und Berufsforschung der Bundesagentur für Arbeit (IAB)" im Internet sehr gut nutzen. Es wäre hier möglich, die aktuellen Regelungen zum Kurzarbeitergeld in der Coronakrise genau darzustellen.

3.1 Maßnahmen bei konjunktureller Arbeitslosigkeit

Bei vorhandener konjunktureller Arbeitslosigkeit kann das Instrumentarium allgemeiner Konjunkturpolitik angewendet werden. Dabei sind im Zuge der klassischen Fiskalpolitik nachfrage- oder angebotsorientierte Ansätze denkbar. Prinzipiell geht es darum, die **Güternachfrage** zu steigern. Das kann angebotsorientiert durch die Schaffung von Investitionsanreizen, wie die Verbesserung von Abschreibungsmöglichkeiten (steuerrechtlich erlaubte degressive Abschreibung) oder eine Steuersenkung (z.B. die Absenkung der Umsatzsteuer während der Coronakrise), realisiert werden. Ebenso können auf der Nachfrageseite staatliche Investitionen erhöht oder private Konsumanreize geschaffen werden. Auch die vermehrte oder verlängerte Zahlung von Kurzarbeitergeld, wie in der Coronakrise, hilft bei der Verhinderung von **konjunktureller Arbeitslosigkeit**. Um insbesondere Arbeitsplätze bei neuen Unternehmen, die in konjunkturschwachen Zeiten wegen fehlender Rücklagen besondere Probleme haben, zu unterstützen, können Gründungszuschüsse, KfW-Kredite, Bürgschaften oder Soforthilfen gezahlt werden.

3.2 Maßnahmen bei struktureller Arbeitslosigkeit

Bei struktureller Arbeitslosigkeit müssen andere Maßnahmen getroffen werden. So kann durch bewusste Standortpolitik die Schaffung von Arbeitsplätzen in strukturschwachen Räumen forciert werden. Dabei ist an Sonderabschreibungen oder niedrige Hebesätze bei der Gewerbesteuer zu denken. Auch die individuelle Mobilität von Arbeitnehmern kann durch Fahrkostenzuschüsse oder steuerliche Berücksichtigung von doppelter Haushaltsführung erhöht werden. Von besonderer Bedeutung zur Bekämpfung der strukturellen Arbeitslosigkeit sind die Aus- und Fortbildungsmaßnahmen. Bei der sogenannten „mismatch unemployment" steht nämlich vor allem das Problem im Vordergrund, dass die Anbieter von Arbeit ein zu geringes oder falsches Qualifikationsniveau aufweisen und deshalb nicht zu der Arbeitsnachfrage passen. Ergänzend können auch hier Eingliederungs- und Gründungszuschüsse die Arbeitslosigkeit verringern.

3.3 Maßnahmen bei saisonaler Arbeitslosigkeit

Die **saisonale Arbeitslosigkeit** kann durch Winterbauförderung in der Baubranche verringert werden. Auch Zeitarbeitsfirmen, dienen zur Verringerung der saisonalen Arbeitslosigkeit, da die Arbeitnehmer bei dem Zeitarbeitsunternehmen eine feste Anstellung haben und saisonabhängig in verschiedenen Branchen eingesetzt werden können. Schließlich hilft die Möglichkeit zum Abschluss befristeter Arbeitsverträge die saisonalen Potenziale der Arbeitsnachfrage besser auszuschöpfen und damit die Arbeitslosigkeit zu verringern.

3.4 Maßnahmen bei friktioneller Arbeitslosigkeit

Bei der Bekämpfung von **friktioneller Arbeitslosigkeit** besteht das Instrumentarium zum Beispiel aus einem verbesserten Informationssystem für die Arbeitslosen über offene Stellen. Zudem können die Arbeitsagenturen private Vermittler beauftragen oder eine Bewerbungsunterstützung anbieten. Auch die frühe Meldepflicht der zukünftigen Arbeitslosen schon bei Beginn der Kündigungsfrist und ein genügend großer Abstand zwischen Erwerbseinkommen und Arbeitslosenbezügen unterstützt das Bestreben nach einer geringen friktionellen Arbeitslosigkeit.

Schluss

Zum Schluss meines Vortrages möchte ich noch verdeutlichen, dass der staatlichen Arbeitsmarktpolitik oftmals nur eine Anreizwirkung zukommt. Wirkliche Arbeitsplätze kann der Staat in einer Marktwirtschaft kaum schaffen. Dafür ist aber zu beachten, dass die **Tarifvertragsparteien**, also die Arbeitgeberverbände und Gewerkschaften, im Rahmen ihrer grundgesetzlich gesicherten Tarifautonomie erheblichen Einfluss auf den **Gleichgewichtspreis** für den Faktor Arbeit haben. Wie schon festgestellt nimmt dieser Preis dann wiederum Einfluss auf die Nachfrage und das Angebot von Arbeit. Die Kaufkrafttheorie geht in diesem Zusammenhang davon aus, dass höhere Löhne grundsätzlich eine höhere Nachfrage auf dem Gütermarkt implizieren und in der Folge ein Zuwachs an Arbeitsplätzen entsteht. Die Forderung einer **produktivitätsorientierten Lohnpolitik** hält dem entgegen, dass Reallohnsteigerungen nur im Rahmen des allgemeinen Produktivitätsfortschritts sinnvoll sind, ansonsten geht eine inflationäre Wirkung von den Lohnsteigerungen aus, die wiederum kontraproduktiv für den Arbeitsmarkt ist.

Danke für Ihre Aufmerksamkeit.

> **Tipp!** In der aktuellen weltweiten Krisensituation könnte zum Schluss auch ein Vergleich zur Situation der Arbeitslosigkeit in verschiedenen Volkswirtschaften erfolgen.

Vortrag 4: Die Bedeutung des Bruttoinlandsproduktes als Wohlfahrtsmaßstab

I. Einführende Hinweise

Um die **Leistungsfähigkeit einer Volkswirtschaft zu messen und mit anderen Volkswirtschaften zu vergleichen** wird zumeist das **Bruttoinlandsprodukt** als Indikator verwendet. Allerdings weist dieser Maßstab einige Ungereimtheiten auf, die systemimmanent sind und zu Fehlinterpretationen führen können. In weltwirtschaftlichen Krisensituationen wird von Kritikern zudem angezweifelt, ob das mit dem Bruttoinlandsprodukt gemessene Wirtschaftswachstum überhaupt als gesellschaftliches Ziel angestrebt werden sollte. Es entsteht eine Diskussion über die Frage, ob Reichtum oder Armut eines Landes durch die absolute Höhe oder die Steigerung bzw. Schrumpfung des Bruttoinlandsproduktes abgebildet werden kann. Eine Enquete-Kommission des Deutschen Bundestages hat hierzu einen Abschlussbericht vorgelegt, der deutlich macht, dass auch soziale und ökologische Dimensionen für die Beurteilung des Wohlstandes in einem Land sehr bedeutsam sind.

> **Tipp!** Das Thema ist neben der wirtschaftlichen Bedeutung auch von großer aktueller gesellschaftspolitischer Relevanz. Mit der Bearbeitung dieses Themas kann also gut gezeigt werden, dass man auf der Höhe des gegenwärtigen volkswirtschaftlichen Diskussionsstandes ist.

II. Die Gliederung

	Gliederungspunkt	**Die Stichworte**
	Einleitung	**Problemstellung, Kurzübersicht**
1.	Grundlegende Begriffsdefinitionen	Europäisches System Volkswirtschaftlicher Gesamtrechnungen (ESVG)
1.1	Volkswirtschaftliche Gesamtrechnung und Bruttoinlandsprodukt	Statistische Erfassung gesamtwirtschaftlicher Zahlungsströme, evolutorische Wirtschaft, Bruttoinlandsprodukt
1.2	Nationaleinkommen und Volkseinkommen	Saldo der Primäreinkommen aus der übrigen Welt, Bruttonationaleinkommen, Volkseinkommen
2.	Berechnungsformen des Inlandsproduktes	
2.1	Nominelles und reales Inlandsprodukt	Nominelles Inlandsprodukt, Deflationierung, reales Inlandsprodukt, Wirtschaftswachstum
2.2	Darstellungsformen des Inlandsproduktes	Entstehungs-, Verwendungs- und Verteilungsrechnung
3.	Systemkritik an der Berechnungsmethode	

	Gliederungspunkt	Die Stichworte
3.1	Nichtmarktliche Transaktionen	Haushaltsleistung, ehrenamtliche Tätigkeit, Schattenwirtschaft
3.2	Soziale Kosten	Umweltbelastung, Unfälle, Katastrophen
4.	Kritik am Wohlfahrtsmaßstab Inlandsprodukt	Verteilungsproblem, Glücksforschung, nichtmaterieller Wohlstand
	Schluss	**Kritische Würdigung**

III. Der Vortrag

Einleitung

Guten Tag, ich habe das Thema **„Die Bedeutung des Bruttoinlandsproduktes als Wohlfahrtsmaßstab"** gewählt. Das **Bruttoinlandsprodukt** wird als die zentrale Größe zur Beurteilung der Leistungsfähigkeit einer Volkswirtschaft gesehen. Dementsprechend ist es wichtig, die Berechnung dieser volkswirtschaftlichen Kennzahl zu verstehen und ihre Aussagekraft interpretieren zu können. In gesamtwirtschaftlichen Krisensituationen wird die starke Orientierung wirtschaftspolitischen Handelns an dem Wachstum des Bruttoinlandsproduktes aber auch heftig kritisiert. Die Kritiker fordern teilweise eine Abkehr von den quantitativen Wachstumszielen und wünschen sich andere Maßstäbe zur Beurteilung der Wohlfahrt in einer Volkswirtschaft. In meinem Vortrag werde ich unter Punkt eins zunächst die wichtigsten Begriffsdefinitionen im Zusammenhang mit dem Bruttoinlandsprodukt darstellen. Anschließend gehe ich unter Punkt zwei auf die Berechnungsformen des Bruttoinlandsproduktes ein. Punkt drei wird dann die Kritik an den Berechnungsmethoden verdeutlichen, bevor unter Punkt vier die Kritik an dem Wachstum des Bruttoinlandsproduktes als allgemeinem Wohlfahrtsmaßstab erfolgt. Im Schlussteil werde ich eine kritische Würdigung vornehmen.

1. Grundlegende Begriffsdefinitionen

Tipp! Bei Themen, die komplexe Begriffe beinhalten (wie hier der Begriff „Bruttoinlandsprodukt") sollte am Beginn des Vortrags unbedingt eine solide Darstellung der im Vortrag verwendeten Definitionen der Begriffe stehen.

In Deutschland und den anderen EU-Staaten wird zur Ermittlung des Bruttoinlandsproduktes das **„Europäische System Volkswirtschaftlicher Gesamtrechnungen (ESVG)"** verwendet. Dadurch wird eine Vereinheitlichung der nationalen Methoden erreicht, die bei Ländervergleichen und Entscheidungen von wirtschaftspolitischen Maßnahmen auf der Basis von entsprechenden Statistikwerten besonders wichtig ist.

1.1 Volkswirtschaftliche Gesamtrechnung und Bruttoinlandsprodukt

Die **Volkswirtschaftliche Gesamtrechnung** ist sozusagen die nationale Buchhaltung. Es geht um die Erfassung aller wesentlichen gesamtwirtschaftlichen Zahlungsströme. Besonders wichtig ist dabei der Zusammenhang zwischen Sparen und Investition. Eine evolutorische Wirtschaft, also eine Wirtschaft, die sich fortentwickelt, braucht Investitionen in den gesamtwirtschaftlichen Kapitalstock. Diese Investitionen sind wiederum nur möglich, wenn Ersparnisse vorhanden sind. Ersparnisse stellen dabei einen Verzicht auf Gegenwartskonsum dar. Das Bruttoinlandsprodukt ist der Wert aller in einer Periode in einem Land produzierten Waren und Dienstleistungen, die dem Endverbraucher zur Verfügung stehen. Darin enthalten sind die Bruttoinvestitionen, die Konsumausgaben des Staates und der privaten Haushalte sowie der Außenbeitrag, also die Exporte minus die Importe.

1.2 Nationaleinkommen und Volkseinkommen

Das **Bruttonationaleinkommen** unterscheidet sich vom Bruttoinlandsprodukt durch den Saldo der Primäreinkommen mit der übrigen Welt. In diesem Zusammenhang spricht man vom Inländerkonzept. Es wird also gemessen, welches Einkommen den Inländern zugeflossen ist, unabhängig davon, in welcher Volkswirtschaft dieses Einkommen entstanden ist. Ausgehend vom Bruttonationaleinkommen erhält man nach Abzug der

Abschreibungen und der Produktions- und Importabgaben an den Staat sowie der Addition der Subventionen, das **Volkseinkommen**. Diese Größe wiederum wird neben dem Bruttoinlandsprodukt als zweite wichtige Kennzahl zur Beurteilung des Wohlstands einer Gesellschaft herangezogen.

Tipp! Die Darstellung weiterer Kennzahlen, wie zum Beispiel des Nettoinlandsproduktes oder der Bruttowertschöpfung sollte nicht vorgenommen werden, da sonst zu viel der zur Verfügung stehenden Zeit für Definitionen verwendet wird. Diese Zeit fehlt dann bei der kritischen Problemdarstellung. Diese Feststellung hat auch allgemeine Bedeutung. Es sollte bei jedem Vortrag genügend Raum für die zentrale Problembehandlung vorhanden sein.

2. Berechnungsformen des Inlandsproduktes

Bei der **Berechnung und dem Ausweis des Bruttoinlandsproduktes** sind verschiedene Darstellungsformen zu unterscheiden.

2.1 Nominelles und reales Inlandsprodukt

Das zu den jeweils aktuellen Preisen bewertete Bruttoinlandsprodukt nennt man **nominelles Bruttoinlandsprodukt**. Wenn diese Größe in einer Volkswirtschaft gewachsen ist, bedeutet das noch nicht, dass die Volkswirtschaft im angezeigten Umfang mehr Güter produziert hat. Das Wachstum könnte auch auf Preissteigerungen zurückzuführen sein. Deshalb muss man zur Beurteilung der tatsächlichen Mehrproduktion die Preissteigerung abziehen. Diese Maßnahme wird **Deflationierung** genannt. Das Ergebnis wird dann als **reales Bruttoinlandsprodukt** bezeichnet. Das Wirtschaftswachstum wird durch die prozentuale Veränderung des Bruttoinlandsproduktes im Zeitablauf definiert. Hierbei ist immer das reale Bruttoinlandsprodukt zu verwenden. Nur so kann die berechnete Größe als materieller Wohlfahrtsmaßstab dienen und der Betrachter unterliegt nicht der Geldillusion.

2.2 Darstellungsformen des Inlandsproduktes

Die Interpretationsmöglichkeiten des Bruttoinlandsproduktes ergeben sich auch durch die drei verschiedenen Berechnungswege. Bei der **Entstehungsrechnung** wird die Quelle der wirtschaftlichen Leistung betrachtet. Hier geht es vor allem darum zu erkennen, in welchen Wirtschaftssektoren das Inlandsprodukt erzeugt wurde. Der **Verwendungsrechnung** kann man entnehmen, für welche Zwecke das Bruttoinlandsprodukt ausgegeben wurde. Die **Verteilungsrechnung** stellt schließlich die Aufteilung des Volkseinkommens in Arbeitnehmerentgelte und Unternehmens- und Vermögenseinkommen dar.

3. Systemkritik an der Berechnungsmethode

Im dritten Gliederungspunkt möchte ich nun die **Kritik an der Erfassungssystematik zur Berechnung des Bruttoinlandsproduktes** darstellen.

3.1 Nichtmarktliche Transaktionen

Zunächst gehe ich auf die **nichtmarktlichen Transaktionen** ein. Der Wohlstand eines Landes kann auch durch die Produktion von Waren und Dienstleistungen, die nicht über den statistisch erfassbaren offiziellen Markt mit entsprechenden finanziellen Gegenleistungen gehen, erhöht werden. Beispielsweise sind unentgeltliche Haushalts- und Erziehungsleistungen nicht im Bruttoinlandsprodukt erfasst, tragen aber unbestritten zur Wohlstandsmehrung einer Gesellschaft bei. Das gleiche gilt für die zahlreichen ehrenamtlichen Tätigkeiten in Hilfsorganisationen oder Vereinen. Ein weiteres Beispiel für nichtmarktliche Transaktionen stellt die Schattenwirtschaft (z.B. Schwarzarbeit, Nachbarschaftshilfe) dar. Auch sie wird originär nicht beim Bruttoinlandsprodukt erfasst, obwohl sie sicher den materiellen Wohlstand in einer Volkswirtschaft steigert.

3.2 Soziale Kosten

Als zweites Erfassungsproblem möchte ich die **sozialen Kosten** behandeln. Beispielsweise werden Kosten der Umweltzerstörung durch quantitatives Wirtschaftswachstum nicht ausreichend berücksichtigt. Eine Steigerung der Produktionsmenge kann zu Umweltzerstörungen, wie zum Beispiel einer Luft- oder Gewässerverschmutzung führen. Das Bruttoinlandsprodukt erhöht sich, ohne die negativen Umwelteffekte zu subtrahieren.

Es ist sogar ein umgekehrter Effekt vorhanden. Sollten nämlich die Umweltzerstörungen beseitigt werden, zum Beispiel durch die Gewässerreinigung, wird das Inlandsprodukt nochmals erhöht. Ähnliche Probleme entstehen bei Unfällen oder Katastrophen (z.B. im Jahr 2021 die Überschwemmungen in Rheinland-Pfalz). Die Beseitigung der Folgen durch Reparaturen oder medizinische Behandlungen führen zu einem wachsenden Bruttoinlandsprodukt, obwohl es den Wirtschaftssubjekten und der Gesellschaft nicht besser geht als ohne diese Vorkommnisse.

4. Kritik am Wohlfahrtsmaßstab Inlandsprodukt

Schließlich ist das Bruttoinlandsprodukt als Wohlfahrtsmaßstab an sich zu bemängeln. Ein Land, das ein hohes Inlandsprodukt erwirtschaftet, aber eine sehr ungleiche Verteilung innerhalb der Bevölkerung aufweist, kann insgesamt nicht als wohlhabend gesehen werden. Wenn beispielsweise 90 % der produzierten Güter auf nur 10 % der Bevölkerung entfallen, kann man auch bei einem hohen Inlandsprodukt sicher nicht von allgemeinem Wohlstand sprechen. Die **Glücksforschung** hat darüber hinaus gezeigt, dass der subjektiv empfundene Wohlstand der Wirtschaftssubjekte von vielen nichtmateriellen Faktoren abhängt. Diese Faktoren werden durch die Steigerung des Bruttoinlandsproduktes nicht hinreichend abgebildet. Beispiele hierfür sind das Maß an Freizeit, der Bildungsstand oder die Gesundheitsversorgung innerhalb einer Volkswirtschaft.

Schluss

Ich komme nun zu einer Schlussbetrachtung. Die unter meinen Gliederungspunkten drei und vier ausgeführten Kritikpunkte zeigen, dass das Bruttoinlandsprodukt nicht als alleiniger Wohlfahrtsmaßstab für die volkswirtschaftliche Entwicklung eines Landes herangezogen werden sollte. Weitere Kennzahlen, welche die Umweltbelastung, die Einkommensverteilung oder die Freizeit- und Bildungsmöglichkeiten der Bürger messen, sollten ergänzend betrachtet werden. Eine Enquete-Kommission des Deutschen Bundestages hat dazu Vorschläge unterbreitet. So werden Kennzahlen aus den Bereichen Soziales und Teilhabe sowie aus dem ökologischen Bereich ergänzt. Die Wohlfahrtsbeurteilung und die wirtschaftspolitischen Steuerungsmaßnahmen sollten dann aufgrund einer mehrdimensionalen Information und Zielsetzung erfolgen.

Danke für Ihre Aufmerksamkeit.

Vortrag 5: Wirtschaftspolitische Zielsetzungen im Rahmen des Stabilitätsgesetzes

I. Einführende Hinweise

Im Gesetz zur Förderung der „Stabilität und des Wachstums der Wirtschaft“ wurde im Jahre 1967 festgelegt, dass Bund und Länder bei ihren wirtschafts- und finanzpolitischen Maßnahmen die Erfordernisse des gesamtwirtschaftlichen Gleichgewichts zu beachten haben. Das Gesetz weist ergänzend darauf hin, dass marktkonforme Maßnahmen anzustreben sind. In § 16 des Stabilitätsgesetzes werden auch die Kommunen zur Beachtung dieses gesamtwirtschaftlichen Gleichgewichtes angehalten. Da die vier genannten Unterziele, nämlich die **Stabilität des Preisniveaus**, ein **hoher Beschäftigungsstand**, ein **außenwirtschaftliches Gleichgewicht** und ein **angemessenes Wirtschaftswachstum** gleichzeitig erreicht werden sollen, spricht man auch vom „Magischen Viereck“. Das Stabilitätsgesetz ist auch Grundlage für steuerpolitische Maßnahmen, die neben anderen Zielen dem gesamtwirtschaftlichen Gleichgewicht dienen müssen.

> **Tipp!** Die vier wirtschaftspolitischen Ziele des Stabilitätsgesetzes müssen auf jeden Fall für die Fragerunde in Volkswirtschaftslehre vorbereitet werden. Sollte das Thema in dieser oder ähnlicher Form bei Kurzvorträgen vorkommen, so hat man den Vorteil, dass die Gliederung schon immanent vorgegeben ist, was eine Zeitersparnis bei der Vorbereitung bringt. Bei gegebener Struktur kann man sich also schneller den Inhalten zuwenden.

II. Die Gliederung

	Gliederungspunkt	Die Stichworte
	Einleitung	**Thema, Kurzübersicht**
1.	Oberziel gesamtwirtschaftliches Gleichgewicht	Artikel 109 Grundgesetz, Angebot gleich Nachfrage, Stabilitätspolitik, Gleichrangigkeit der Ziele, Selektives Handeln
2.	Die vier Unterziele	Magisches Viereck
2.1	Stabilität des Preisniveaus	Inflationsrate, Verbraucherpreisindex, Warenkorb, EZB-Geldpolitik, Inflationsverlierer
2.2	Hoher Beschäftigungsstand	Arbeitslosenquote, Arbeitsmarktpolitik, volkswirtschaftliche und soziale Verwerfungen
2.3	Außenwirtschaftliches Gleichgewicht	Bedeutung, Leistungsbilanz, Außenbeitrag, Realisierung
2.4	Stetiges und angemessenes Wirtschaftswachstum	Reales Bruttoinlandsprodukt, qualitatives Wachstum, Wohlstandsmaßstab, mittelbares Ziel
3.	Zielbeziehungen	Zielharmonien, Zielindifferenzen, Zielkonflikte
	Schluss	**Ziele außerhalb des Stabilitätsgesetzes, Magisches Sechseck**

III. Der Vortrag

Einleitung

Guten Tag, ich habe das Thema **„Wirtschaftspolitische Zielsetzungen im Rahmen des Stabilitätsgesetzes"** gewählt. Das im Thema genannte „Gesetz zur Förderung der Stabilität und des Wachstums der Wirtschaft" stammt aus dem Jahre 1967 und gibt die Oberziele für wirtschaftspolitisches Handeln von Bund, Ländern und Kommunen vor. Die in diesem Gesetz genannten Ziele sind darüber hinaus grundlegende volkswirtschaftliche Ziele, über deren Zweckmäßigkeit allgemeiner Konsens besteht. In meinem Vortrag werde ich mich auf die vier Hauptziele, welche in § 1 des Stabilitätsgesetzes genannt sind, begrenzen. Auf weitere Inhalte des Gesetzes, wie den Jahreswirtschaftsbericht, den Konjunkturrat oder die Grenzen der Kreditbeschaffung werde ich in Anbetracht der zur Verfügung stehenden Zeit nicht eingehen. In meiner Schlussbetrachtung gebe ich einen kurzen Ausblick auf zwei weitere wichtige wirtschaftspolitische Ziele außerhalb des Stabilitätsgesetzes.

1. Oberziel gesamtwirtschaftliches Gleichgewicht

Im Artikel 109 Abs. 2 des Grundgesetzes werden Bund und Länder darauf verpflichtet, bei ihrer Haushaltswirtschaft den Erfordernissen des **gesamtwirtschaftlichen Gleichgewichtes** Rechnung zu tragen. Diese Forderung wird auch im § 1 Abs. 1 Satz 1 des Stabilitätsgesetzes wiederholt. Volkswirtschaftlich soll also eine Gleichgewichtssituation auf den Märkten angestrebt werden. Das bedeutet konkret, dass Angebots- und Nachfragemenge sich entsprechen sollen. In diesem Zusammenhang spricht man wirtschaftspolitisch auch von **Stabilitätspolitik**, weil das Gleichgewicht auf Dauer erreicht werden soll. Die unter Punkt zwei zu behandelnden Unterziele sind folglich als gleichrangig zu betrachten. Das wirtschaftspolitische Handeln muss selektiv erfolgen, was bedeutet, dass Eingriffe vor allem die Ziele fördern sollen, welche gerade am wenigsten erreicht werden. In einer Zeit hoher Arbeitslosigkeit müssen also vor allem **Maßnahmen zur Förderung der Beschäftigung** ergriffen werden und in Zeiten hoher Inflationsraten muss die **Bekämpfung des Preisanstiegs** an erster Stelle stehen.

2. Die vier Unterziele

Das Oberziel gesamtwirtschaftliches Gleichgewicht wird im Stabilitätsgesetz durch die Nennung von vier Unterzielen konkretisiert. Ein stabiles Preisniveau, ein hoher Beschäftigungsstand, außenwirtschaftliches Gleichgewicht sowie ein stetiges und angemessenes Wirtschaftswachstum sollen erreicht werden. Da die gleichzeitige Erreichung dieser vier Ziele besonders schwierig zu realisieren ist, spricht man auch vom **magischen Viereck**.

> **Tipp!** An dieser Stelle könnte man auch mit den verschiedenen Zielbeziehungen fortfahren um die Problematik gemeinsamer Zielerreichung darzustellen. Im vorliegenden Kurzvortrag erfolgt die Einordnung dieser Thematik unter Gliederungspunkt drei, also erst nach Erläuterung der einzelnen Ziele.

2.1 Stabilität des Preisniveaus

Zunächst gehe ich auf das Ziel eines **stabilen Preisniveaus** ein. Dieses Ziel wird in der wirtschaftspolitischen Praxis durch die Höhe der Inflationsrate gemessen. Das statistische Bundesamt ermittelt hierzu einen **Verbraucherpreisindex**, dem der Konsum eines durchschnittlichen Haushalts in der Bundesrepublik Deutschland zugrunde gelegt wird. Hierzu werden monatlich die Preise für einen Warenkorb mit ca. 650 Güterarten ermittelt. Die Waren werden gewichtet und zu einem Index gebündelt. Für ein Basisjahr wird der Wert des Warenkorbes gleich Hundert gesetzt. Als **Inflationsrate** wird dann die aus den Preisveränderungen abgeleitete Indexentwicklung bezeichnet. Der Staat kann durch eine gemäßigte Ausgabenpolitik und durch Zurückhaltung bei den indirekten Steuersätzen, wie der Umsatzsteuer, für eine Dämpfung der Inflationsrate sorgen. Sehr bedeutsam für die Preisentwicklung ist aber auch die **Geldmengenpolitik der Europäischen Zentralbank**, welche nicht dem direkten Einfluss der Regierung unterliegt. Eine niedrige Inflationsrate ist insbesondere für die üblichen Inflationsverlierer anzustreben. Dazu gehören zum Beispiel die Geldvermögenssparer und die Bezieher von Transfereinkommen, deren Einkommenssteigerungen nicht mit der Inflationsrate Schritt halten. So gesehen ist die Erreichung eines stabilen Preisniveaus auch sozialpolitisch wünschenswert.

2.2 Hoher Beschäftigungsstand

Das zweite zu behandelnde Ziel ist die **Sicherung eines hohen Beschäftigungsstandes**. Die Erreichung dieses Ziels wird mit der Arbeitslosenquote gemessen. Eine Kennzahl, die in der Bevölkerung besonders sensibel verfolgt wird. Die **Arbeitslosenquote** drückt das prozentuale Verhältnis der registrierten Arbeitslosen zu den zivilen Erwerbspersonen aus. Eine Senkung der Arbeitslosenquote kann durch staatliche Arbeitsmarktpolitik erreicht werden. Derzeit steht besonders die Bekämpfung der konjunkturellen Arbeitslosigkeit, verursacht durch die Coronakrise, im Mittepunkt des Handelns. Das Modell des Kurzarbeitergeldes hat sich dabei sehr gut bewährt und findet auch international Anerkennung. Einen hohen Beschäftigungsstand zu erreichen, ist volkswirtschaftlich gesehen eine Effizienzsteigerung. Die arbeitslosen Bevölkerungsteile könnten das Bruttoinlandsprodukt steigern und damit zu einer Wohlstandssteigerung beitragen. Zudem sind mit Arbeitslosigkeit erhebliche soziale Probleme zum Beispiel bei Jugendlichen oder Hauptverdienern in einer Familie verbunden. Zu beachten ist, dass staatliche Wirtschaftspolitik lediglich die Voraussetzungen zur Beschäftigung verbessern oder das Anreizsystem zur Beschäftigungsaufnahme gestalterisch beeinflussen kann. Die Möglichkeiten zur tatsächlichen Schaffung von Arbeitsplätzen durch den Staat sind in einer Marktwirtschaft sehr gering.

2.3 Außenwirtschaftliches Gleichgewicht

Das dritte Ziel des **außenwirtschaftlichen Gleichgewichts** ist es, eine ausgeglichene Leistungsbilanz zu haben. Das heißt, dass der Wert der Export dem Wert der Importe entsprechen sollte. Zu begründen ist dieses Ziel aus der Tatsache heraus, dass die Exportüberschüsse eines Landes zu Importüberschüssen eines anderen Landes führen müssen. Das Land mit den Importüberschüssen wird mittelfristig Zahlungsschwierigkeiten und einen Devisenmangel zu verzeichnen haben, was dann wiederum die volkswirtschaftliche Entwicklung hemmt. In Deutschland haben wir einen deutlichen Überschuss des Wertes der Warenexporte über den Wert der Warenimporte, was auch vonseiten staatlicher Wirtschaftspolitik gefördert wird. Im Gegenzug überwiegen unsere Dienstleistungsimporte gegenüber den Dienstleistungsexporten. Diese Situation entsteht durch die Dienstleistungsimporte im Zuge von Urlaubsreisen und stellt eine Kompensation zu den überschüssigen Warenexporten dar. Auch bei Konjunkturpaketen im Rahmen der Coronahilfen wird die Forderung nach umweltfreundlichen Maßnahmen erhoben.

2.4 Stetiges und angemessenes Wirtschaftswachstum

Das vierte Ziel eines **stetigen und angemessenen Wirtschaftswachstums** wird durch die Entwicklung des realen Bruttoinlandsproduktes gemessen. Festgestellt wird also, wie sich der inflationsbereinigte Wert der in einer Periode produzierten Güter und Dienstleistungen entwickelt hat. Dabei wird heute ein qualitatives Wachstum angestrebt, was bedeutet, dass die Umweltbelastung durch zusät zlich produzierte Güter und Dienstleistungen gering gehalten werden soll. Für ein solches Wachstum können insbesondere der tertiäre Sektor und moderne Umwelttechnologien sorgen. Die Aufgabe der Wirtschaftspolitik ist es dann, gerade in diesen Sektoren Investitionsanreize zu setzen. Ein Beispiel hierfür stellt das Erneuerbare-Energien-Gesetz dar. Auch bei Konjunkturpaketen im Rahmen der Coronahilfen wird die Forderung nach umweltfreundlichen Maßnahmen erhoben.

3. Zielbeziehungen

Die im Stabilitätsgesetz genannten vier Ziele können grundsätzlich in unterschiedlicher Zielbeziehung zueinanderstehen. Dabei sind Zielharmonien wie die gleichzeitige Erreichung der Ziele Wirtschaftswachstum und hoher Beschäftigungsstand wünschenswert. Zielindifferenzen sind unproblematisch. Schwierig wird es dann, wenn Zielkonflikte auftreten, die das Oberziel eines gesamtwirtschaftlichen Gleichgewichts negativ tangieren. So kann die Förderung von Wachstum und Beschäftigung durch vermehrte Staatsausgaben zu einer inflationären Entwicklung mit den bereits genannten nachteiligen Folgen führen.

Schluss

Zum Schluss möchte ich noch darauf hinweisen, dass sich neben den hier beschriebenen vier wirtschaftspolitischen Zielen zwei weitere Ziele herausgebildet haben. Die Erweiterung des magischen Vierecks um diese beiden Ziele führt dann zum **magischen Sechseck**, welches noch schwerer im Gleichgewicht zu halten ist. Als fünftes Ziel der Wirtschaftspolitik wird oftmals eine gerechte Einkommens- und Vermögensverteilung genannt. Dieses Ziel leitet sich auch aus dem Sozialstaatlichkeitsgebot im Grundgesetz ab. Insbesondere anhand von steuerpolitischen Maßnahmen, wie der Einkommensteuerprogression oder der Gestaltung der Erbschaftsteuer, kann die Verfolgung dieses Ziels erkannt werden. Das sechste wirtschaftspolitische Ziel, nämlich die Erhaltung einer lebenswerten Umwelt, wird gerade in jüngster Zeit als besonders wichtig erachtet. Auch dieses Ziel hat durch den Artikel 20a GG Verfassungsrang und darf bei der praktischen Wirtschaftspolitik nicht vernachlässigt werden. Besonders wichtig für unsere Zukunft wird es sein, zwischen den Zielen Wirtschaftswachstum und hoher Beschäftigungsstand einerseits sowie Umweltschutz andererseits eine Zielharmonie zu finden.

Vielen Dank für Ihre Aufmerksamkeit.

> **Tipp!** Denkbar wäre auch im Schlussteil auf weitere Inhalte des Stabilitätsgesetzes einzugehen, die in der Einführung explizit ausgeschlossen wurden. Dazu könnte man den Jahreswirtschaftsbericht, eine Konjunkturausgleichsrücklage, den fünfjährigen Finanzplan oder den Konjunkturrat ansprechen.

Vortrag 6: Konjunkturelle Maßnahmen des Staates am Beispiel des Corona Konjunkturpakets

I. Einführende Hinweise

Das Thema hat einerseits einen hohen Aktualitätswert, ist andererseits aber auch von grundsätzlicher Bedeutung, da **Konjunkturpolitik und deren Wirkungsweise** immer zentrale Elemente der Wirtschaftspolitik sind. Im Verlauf des Vortrags muss zunächst geklärt werden, was unter dem Begriff Konjunktur zu verstehen ist um dann die möglichen Maßnahmen kurz darzustellen. Der Hauptteil beschäftigt sich mit einem Überblick zu den konkreten Maßnahmen im Zuge des Corona Konjunkturpaktes. Das Thema ist aus Sicht eines Steuerberaters auch deshalb interessant, weil die Steuerpolitik ein sehr wichtiges Instrument der Konjunkturpolitik ist.

II. Die Gliederung

	Gliederungspunkt	Die Stichworte
	Einleitung	**Thema, Kurzübersicht**

	Gliederungspunkt	Die Stichworte
1.	Konjunktur, Konjunkturzyklen, Konjunkturindikatoren	Begriffe: Konjunktur, Konjunkturphasen, Konjunkturindikatoren
2.	Konzepte staatlicher Konjunkturpolitik	Diskretionäre Konjunkturpolitik, angebotsorientierte Konjunkturpolitik, nachfrageorientierte Konjunkturpolitik
3.	Das Corona Konjunkturpaket	Umfassendes Maßnahmenpaket, Konzentration auf Kernmaßnahmen (Auswahl)
3.1	Konjunktur- und Krisenbewältigungspaket	Mehrwertsteuer, Sozialversicherungsbeiträge, EEG-Umlage, steuerlicher Verlustrücktrag, degressive Abschreibung, Vorziehen staatlicher Investitionen, Kurzarbeitergeld, Überbrückungshilfen
3.2	Zukunftspaket	Forschung, Mobilität, Mobilfunk, Wasserstoffstrategie, Digitalisierungsschub
	Schluss	**Europäische und internationale Verantwortung, Staatsverschuldung, Risiko der Anreizwirkung**

III. Der Vortrag

Einleitung

Guten Tag, ich habe das Thema "KonjunktursteuerungKonjunkturelle Maßnahmen des Staates am Beispiel des Corona Konjunkturpakets“ gewählt. Das Thema hat durch die Forderung nach staatlichen Unterstützungsmaßnahmen im Zuge der Coronakrise sowohl national, als auch international sehr große volkswirtschaftliche Aktualität und Relevanz. Als Steuerberater ist man unmittelbar mit den Auswirkungen der Konjunktursteuerung beschäftigt, da steuerrechtliche Veränderungen auch zur Steuerung der Konjunktur eingesetzt werden. Zunächst werde ich in meinem Vortrag die Begriffe **„Konjunktur“**, **„Konjunkturzyklus“ und "Konjunkturindikatioren"** klären. Anschließend stelle ich im Gliederungspunkt zwei die Konzepte staatlicher Konjunkturpolitik dar. Unter Gliederungspunkt drei werde ich auf praktische Maßnahmen staatlicher Konjunkturpolitik im Zuge der Coronahilfen eingehen. Dabei geht es um ausgewählte Maßnahmen aus dem Konjunktur- und Krisenbewältigungspaket, sowie dem Zukunftspaket der Bundesregierung. Zum Schluss werde ich in einer kritischen Würdigung die europäische und internationale Verantwortung Deutschlands bei der Bekämpfung der wirtschaftlichen Folgen der Coronakrise, sowie die Risiken der Konjunkturmaßnahmen ansprechen.

1. Konjunktur, Konjunkturzyklen und Konjunkturindikatoren

Unter Konjunktur versteht man im allgemeinen Sprachgebrauch die Bezeichnung für die gesamtwirtschaftliche Lage. In der Volkswirtschaftslehre sind mit Konjunktur die zyklischen Schwankungen um den langfristigen Trend der wirtschaftlichen Entwicklung umschrieben. Die kurzfristigen Schwankungen haben eine Zykluslänge von ca. vier bis sechs Jahren. Dabei unterteilt man einen Zyklus in die vier Phasen **Aufschwung, Boom, Abschwung** und **Depression**. Konjunkturindikatoren haben die Aufgabe, die aktuelle konjunkturelle Situation zu beschreiben und eine Konjunkturprognose zu ermöglichen. Man unterscheidet dabei Früh-, Gegenwarts- und Spätindikatoren. **Frühindikatoren** wie beispielsweise die Auftragseingänge sollen den Wirtschaftsverlauf im Voraus signalisieren. **Gegenwartsindikatoren** wie die Kapazitätsauslastung geben den aktuellen konjunkturellen Stand wieder und **Spätindikatoren** wie die Beschäftigtenzahlen sind das Ergebnis von Entwicklungen der Vergangenheit.

2. Konzepte staatlicher Konjunkturpolitik

Unter Punkt zwei meiner Gliederung stelle ich die Konzepte staatlicher Konjunkturpolitik dar.

Die **diskretionäre Konjunkturpolitik** geht davon aus, dass es Aufgabe des Staates ist, für eine Glättung der Konjunkturwellen zu sorgen und den konjunkturellen Verlauf zu verstetigen. Das bedeutet, dass die Wirtschaftspolitik in rezessiven Phasen wie der Coronakrise für Staatsausgaben und weitere Maßnahmen der Konjunkturpolitik sorgt. In Boomphasen wird der Staat hingegen seine Ausgaben zurückfahren und von den Bürgern erhöhte Steuerzahlungen einfordern. Weil direkt in den Wirtschaftsprozess eingegriffen wird, spricht man auch von einer antizyklischen Prozesspolitik.

Die Klassiker der Nationalökonomie haben grundsätzlich eine angebotsorientierte Konjunkturpolitik gefordert. Das **Saysche Theorem** geht davon aus, dass der Staat gute Bedingungen für die Anbieter in einer Marktwirtschaft schaffen sollte. Durch die dann von den Anbietern ausgezahlten Löhne wird die notwendige Nachfrage erzeugt und es entstehen Wachstumschancen und ein Gleichgewicht auf dem Gütermarkt. Der Staat hat also die Aufgabe, ein gutes Investitionsklima zu erzeugen. Die Steuerpolitik soll für Entlastung der Bürger sorgen.

Eine aktive **antizyklische Fiskalpolitik** forderte der Nationalökonom John Maynard Keynes. Er hat die Wirtschaftskrise der 30er Jahre des vergangenen Jahrhunderts untersucht und ist zu dem Ergebnis gekommen, dass die staatlichen Einsparprogramme die damalige Weltwirtschaftskrise verstärkt haben. Er plädiert für eine nachfrageorientierte Konjunkturpolitik des Staates, was bedeutet, dass in rezessiven Phasen der Staat die Güternachfrage der Bürger fördern und selbst als Nachfrager auftreten sollte. Dafür sollte sich der Staat auch verschulden, was mit deficit-spending bezeichnet wird. Genau dieses Konzept liegt vielen Maßnahmen aus dem Corona Konjunkturpaket zugrunde.

3. Das Corona Konjunkturpaket

Das Corona Konjunkturpaket hat das Ziel, die wirtschaftlichen Folgen der Coronakrise abzumildern. Insgesamt handelt es sich um 57 Maßnahmen, die im Juni 2020 beschlossen wurden. In meinem Kurzvortrag werde ich mich auf die wesentlichen Punkte des Maßnahmenpaktes konzentrieren.

3.1 Das Konjunktur- und Krisenbewältigungspaket

Dieses Paket stellt den Kern der staatlichen Konjunktursteuer dar. Das Konjunkturpaket enthält insgesamt 31 Einzelmaßnahmen, sodass ich hier nur die wichtigsten bzw. größten Maßnahmen darstellen kann. Die größte nachfrageorientierte Maßnahme ist die Senkung des Mehrwertsteuersatz vom 01. Juli bis zum 31. Dezember 2020 von 19 % auf 16 % bzw. von 7 % auf 5 %. Eine sowohl angebots-, als auch nachfrageorientierte Maßnahme ist die sogenannte Sozialgarantie. Diese Garantie stellt sicher, dass die Sozialversicherungsbeiträge im Jahr 2021 für Arbeitgeber und Arbeitnehmer in der Summe nicht über 40 % steigen werden. Um wettbewerbsfähige Strompreise sicherzustellen, stellt der Bund für die Jahre 2021 und 2022 eine verlässliche Senkung der EEG-Umlage in Aussicht. Der steuerliche Verlustrücktrag wird gesetzlich auf 5 bzw. 10 Mio. € erweitert. Diese angebotsorientierte Maßnahme soll schnell Liquidität für die Unternehmen schaffen. Eine weitere Maßnahme stellt die Wiedereinführung der degressiven Abschreibung im Steuerrecht dar. Bewegliche Wirtschaftsgüter des Anlagevermögens dürfen in den beiden Steuerjahren 2020 und 2021 mit dem Faktor 2,5 gegenüber der derzeit geltenden AfA bzw. maximal 25 % pro Jahr abgeschrieben werden. Der Bund wird seine Nachfrage durch das Vorziehen geplanter Investitionsprojekte erhöhen. Gedacht ist dabei an Digitalisierungs- und Sicherheitsprojekte. Auch das erheblich ausgeweitet Kurzarbeitergeld ist als nachfrageorientierte Konjunkturpolitik zu sehen. Die Existenzsicherung kleiner und mittelständischer Unternehmen durch ein Programm mit Überbrückungshilfen fällt in den Bereich der angebotsorientierten Konjunkturpolitik. Der einmalige Kinderbonus in Höhe von 300 € pro kindergeldberechtigtem Kind ist wiederum eine nachfrageorientierte Maßnahme. Weitere Maßnahmen, welche beispielsweise die Stabilisierung gemeinnütziger Organisationen oder die Unterstützung des Kulturbereichs betreffen, sind ebenfalls als angebots- und nachfrageorientierte Konjunkturmaßnahmen zu betrachten, obwohl die Intention hier nicht unmittelbar konjunktursteuernden Charakter hat.

3.2 Das Zukunftspaket

Mit diesem Teil des Konjunkturpaktes werden mittel- und langfristige wirtschafts- und umweltpolitische Ziele angestrebt. Auch dieser Teil des Konjunkturprogrammes kann in Anbetracht der Vielzahl der Maßnahmen nur in Form einer Auswahl besonders bedeutsamer Einzelmaßnahmen dargestellt werden. Die Forschung in den Unternehmen wird beispielsweise durch steuerliche Forschungszulagen gefördert. Die Mobilität soll ebenfalls gestärkt werden und dabei sollen Klimaschutz und Nachhaltigkeit eine besondere Bedeutung haben. Der

Strukturwandel in der Autoindustrie soll begleitet werden. Bei neu zugelassenen PKWs wird die Kfz-Steuer stärker an den CO2-Emissionen ausgerichtet. Zudem gibt es einen finanziellen Anreiz in Form einer Innovations- oder Umweltprämie zum Austausch von Kfz-Fahrzeugflotten. Der Ausbau der Ladesäulen-Infrastruktur wird zusätzlich gefördert. Eine nationale Wasserstoffstrategie soll für die Produktion und Nutzung von grünem Wasserstoff in Deutschland sorgen. Erhebliche staatliche Investitionen sind auch in die Digitalisierung geplant. Der Glasfaser-Breitbandausbau und die Beschleunigung des Ausbaus des 5G-Netzes werden mit Milliardensubventionen unterstützt.

Schluss

Die Bundesregierung hat auch sehr stark die europäische und internationale Verantwortung Deutschlands im Zuge ihrer Corona Konjunkturpolitik betont. Mit einem europäischen Hilfsfonds und mit Kreditprogrammen soll eine wirtschaftliche Erholung ermöglicht werden. Dabei ist auch die Exportabhängigkeit der deutschen Wirtschaft zu beachten.

Durch eine **expansive Ausgabenpolitik** erhöhen sich die Güternachfrage und die Geldmenge. Wenn die Konjunktur wieder besser läuft, muss der Staat Erleichterungen zurücknehmen oder den Bürgern zusätzliche Belastungen auferlegen, was politisch schwer durchsetzbar sein kann. Viele Maßnahmen, wie zum Beispiel verbesserte Abschreibungsmöglichkeiten, haben auch lediglich eine Anreizwirkung und funktionieren nur, wenn die Bürger eine Verhaltensänderung zeigen. Schließlich muss als Hauptproblem die hohe Staatsverschuldung gesehen werden. Die Corona Konjunkturmaßnamen führen zu einer Neuverschuldung, die in dieser Höhe noch nie dagewesen ist. Die Handlungsfähigkeit zukünftiger Generationen und des Staates allgemein werden dadurch in der Zukunft erheblich eingeschränkt sein.

Danke für Ihre Aufmerksamkeit.

Vortrag 7: Die Nachfragestruktur privater Haushalte in einer Marktwirtschaft

I. Einführende Hinweise

Der Markt ist das Aufeinandertreffen von Nachfrage und Angebot an einem bestimmten Ort zu einem bestimmten Zeitpunkt. Das Marktergebnis wird also ganz wesentlich von dem Verhalten der Nachfrager bestimmt. Dieses Marktergebnis entscheidet wiederum welche wirtschaftlichen Möglichkeiten die Marktteilnehmer haben. Anders ausgedrückt, ist das Marktergebnis die Grundlage für die Wohlfahrtsposition der dortigen Akteure und damit von zentraler Bedeutung für das einzelne Wirtschaftssubjekt und die Wirtschaftspolitik. Die Nachfrager sollten sich also über ihr eigenes Verhalten im Klaren sein, um rational handeln zu können. Die Anbieter studieren das Marktverhalten der Nachfrager genau, um ihr eigenes Verhalten am Markt entsprechend zu optimieren. Der Vortrag zielt darauf ab, das Handeln der Nachfrager strukturell darzustellen, um damit eine Wissensbasis für weitergehende Überlegungen, insbesondere in der Beratungsarbeit, zu legen.

II. Die Gliederung

	Gliederungspunkt	Die Stichworte
	Einleitung	**Thema, Kurzübersicht**
1.	Bestimmungsgründe der Nachfrage privater Haushalte	Präferenzordnung, verfügbares Einkommen, Preis, Substitutionsgüterpreise, Komplementärgüterpreise, sonstige Preise
2.	Die Nachfrage in Abhängigkeit vom Güterpreis	Modelldenken, ceteris-paribus-Methode, normale Nachfragefunktion, endogene und exogene Faktoren
2.1	Der Substitutionseffekt	Substitutionsgüter, Preiswirkungen

	Gliederungspunkt	Die Stichworte
2.2	Der Realeinkommenseffekt	Senkung des Realeinkommens durch Preissteigerungen, Lohnforderungen, Transfereinkommen
2.3	Weitere Effekte	Prestigeeffekt, Mitläufereffekt, Snobeffekt
3.	Elastizitäten der Nachfrage	Ausmaß der Preisreaktion, Begriff der Elastizität, relative Veränderungen, Stärke eines Ursachen-Wirkungszusammenhangs
3.1	Preiselastizität	Negative Elastizitäten, elastische und unelastische Nachfrage
3.2	Kreuzpreiselastizität	Preisänderungen anderer Güter, Substitutionselastizität, Komplementärelastizität, unabhängige Güter
3.3	Einkommenselastizität	Definition, inferiore Güter
	Schluss	**Konsumgüterbündel, Präferenzordnung, Nutzenfunktion, Budgetgerade**

III. Der Vortrag

Einleitung

Guten Tag, ich habe das Thema **„Die Nachfragestruktur privater Haushalte in einer Marktwirtschaft"** gewählt. Das Thema entstammt der Mikroökonomie und beleuchtet das Verhalten der Nachfrager insbesondere am Gütermarkt. Die Nachfrager beeinflussen mit ihrem Verhalten ganz wesentlich das letztendliche Marktergebnis. Damit ist ihr Verhalten auch eine wichtige Informationsgrundlage für die Planung des Anbieterverhaltens. Der Vortrag konzentriert sich zwar auf das Verhalten der privaten Haushalte, viele Aussagen können aber analog auf die Nachfrage von Unternehmen im Beschaffungsprozess übertragen werden. Zunächst werde ich unter Punkt eins die Bestimmungsgründe der Nachfrage untersuchen. Unter Punkt zwei erfolgt dann die Darstellung des wichtigsten Einflussfaktors, nämlich des Güterpreises. In diesem Zuge werden auch der Substitutions- und der Realeinkommenseffekt erläutert. Der dritte Gliederungspunkt befasst sich dann mit der genaueren Messung von Nachfrageveränderungen mit der Hilfe von Elastizitäten. Zum Schluss gehe ich noch auf die gleichzeitige Betrachtung mehrerer Güter und die Einkommensrestriktionen ein.

> **Tipp!** Oftmals sind bei Themenstellungen Einschränkungen enthalten. Hier zum Beispiel die „privaten" Haushalte. Es bietet sich dann an, kurz auf die Übertragbarkeit der Aussagen auf erweiterte Sachverhalte (hier die Nachfrage von Unternehmen) einzugehen.

1. Bestimmungsgründe der Nachfrage privater Haushalte

Die Nachfrage von privaten Haushalten nach Gütern kann selbstverständlich von einer großen Anzahl von Faktoren abhängen, die nicht vollständig zu behandeln sind. Bei näherer Betrachtung kann man allerdings sechs Faktoren ausmachen, die zumeist von grundsätzlich großer Bedeutung sind. Zum einen haben private Haushalte bestimmte Präferenzordnungen, die ihr Nachfrageverhalten prägen. Das heißt, dass der originäre oder geschaffene Konsumwunsch für bestimmte Güter bei den Haushalten unterschiedlich ausgeprägt ist und die Nachfrage beeinflusst. Manche Haushalte legen großen Wert auf eine bestimmte Ernährung, bei anderen steht die Urlaubsreise ganz oben in der Präferenzordnung. Der zweite Bestimmungsfaktor ist sicher das verfügbare Einkommen eines Haushalts. Bei Einkommensveränderungen wird sich also die Nachfrage eines Haushalts verschieben. Schließlich spielen die Güterpreise in einer Marktwirtschaft eine zentrale Rolle für die Nachfragestruktur der Haushalte. Dabei steht der Preis des direkt nachgefragten Gutes sicher im Mittelpunkt, allerdings sind auch die Preise anderer Güter, die ergänzend oder stellvertretend konsumiert werden können zu beachten. So spielt für den Kauf eines Pkw sicher auch der Benzinpreis eine Rolle. Hier spricht man von Komplementärgütern. Die Nachfrage nach Rindfleisch hängt sicher auch vom Preis für Schweinefleisch ab, da es sich bei diesen Gütern um Substitutionsgüter handelt.

2. Die Nachfrage in Abhängigkeit vom Güterpreis

Ich möchte nun auf die Abhängigkeit der Nachfrage vom Güterpreis eingehen. Zu diesem Zweck werden in der Volkswirtschaftslehre Modelle gebildet. Modelle sind vereinfachte Abbildungen der Wirklichkeit und dienen der Gewinnung von Erkenntnissen im Zuge einer Analyse. Bei der Untersuchung des Einflusses der Güterpreise auf die Nachfrage ist die sogenannte ceteris-paribus-Methode wichtig. Das heißt, man geht davon aus, dass alle weiteren Faktoren, welche die Nachfrage beeinflussen, konstant bleiben und nur der untersuchte Preis variiert. Bei der Nachfragefunktion ergibt sich so eine Abhängigkeit der Nachfrage vom Preis, also $x = f(p)$. Die normale Nachfragefunktion ist grafisch durch eine negative Steigung gekennzeichnet, was bedeutet, dass steigende Preise zu einer geringeren Nachfragemenge führen und umgekehrt. Der Preis ist damit ein endogener Faktor und verschiedene Preis-Mengen-Kombinationen können auf der Nachfragekurve dargestellt werden. Will man eine ceteris-paribus-Bedingung ändern, indem man zum Beispiel das Einkommen erhöht, so würde man die gesamte Nachfragefunktion verschieben. Solche Veränderungen nennt man exogene Faktoren.

2.1 Der Substitutionseffekt

Bei der Untersuchung von Substitutionseffekten wird der Einfluss von Preisänderungen des Gutes A auf die Nachfragemenge nach Gut B betrachtet. Wobei zu beachten ist, dass Gut A und Gut B Substitute sind, also sich gegenseitig ersetzen können. Als Beispiel hierfür kann man untersuchen, wie sich eine Preisänderung von Inlandsflügen auf die Nachfrage nach Bahnreisen auswirkt. Steigen die Flugpreise, so werden Bahnfahrten relativ billiger, was vermutlich zu einer erhöhten Nachfrage nach Bahntickets führen wird.

2.2 Der Realeinkommenseffekt

Ergänzend zu beachten ist, dass Preissteigerungen bei fehlendem Einkommensausgleich zu einer Senkung des Realeinkommens führen. Falls die Preisanstiege Güter betreffen, die einen großen Anteil im Gesamtbudget des Haushalts haben, wird dieser Realeinkommenseffekt besonders groß sein. Das gleiche gilt, wenn eine allgemein große Preissteigerung in der Volkswirtschaft vorherrscht. Diese Effekte sind dann auch Grundlage für höhere Lohnforderungen im Rahmen von Tarifverhandlungen. Da bei Transfereinkommen der Konsumanteil sehr hoch ist und eine unmittelbare Anpassung oft ausbleibt, ist dieser Realeinkommenseffekt bei Transfereinkommensbeziehern besonders hoch.

> **Tipp!** Gegebenenfalls kann man das Thema Realeinkommenseffekt noch ausbauen, falls man weniger Wissen über weitere Effekte oder die nachfolgenden Elastizitäten parat hat.

2.3 Weitere Effekte

Weitere Preiseffekte sind der Prestigeeffekt, der Mitläufereffekt und der Snobeffekt. Beim Prestigeeffekt wird die Nachfrage nach einem Gut steigen, obwohl der Preis steigt. Der Grund dafür liegt darin, dass sich Haushalte durch den Konsum von hochpreisigen Gütern einen Imagegewinn erhoffen. Sollte der Gesamtabsatz eines Gutes steigen und die Anbieter erhöhen parallel dazu den Preis, so kann manchmal ebenfalls eine weiter steigende Nachfrage beobachtet werden, da die Haushalte die Güter als „must-have-Güter" betrachten. Der Snobeffekt wirkt in die entgegengesetzte Richtung. Durch die Verbreiterung der nachfragenden Haushalte bei Preissenkungen steigen bestimmte Haushalte vom Konsum aus, da deren Streben nach Exklusivität nicht mehr befriedigt wird.

3. Elastizitäten der Nachfrage

Die Auswirkungen von Nachfrageänderungen können auch genauer quantifiziert werden. Dazu benutzt man als Kennzahl die Elastizitäten. Eine Elastizität gibt die prozentuale Änderung der Nachfragemenge bei einer prozentual gemessenen Preis- oder Einkommensänderung an. Die Frage lautet also vereinfacht dargestellt zum Beispiel: Wenn der Preis um ein Prozent steigt, um wie viel Prozent ändert sich dann die Nachfragemenge? Letztendlich geht es also um die Darstellung der Stärke eines Ursachen-Wirkungszusammenhangs.

3.1 Preiselastizität

Die Preiselastizität gibt die prozentuale Änderung der Nachfrage nach dem Gut A bei einer gegebenen prozentualen Preisänderung des Gutes A an. Im Normalfall ist diese Elastizität negativ, da Preissteigerungen zu

Nachfragerückgängen führen und umgekehrt. Bei einer Elastizität, die im Betrag zwischen unendlich und 1 liegt, spricht man von einer elastischen Nachfrage. Sollte die Elastizität im Betrag zwischen 1 und Null liegen, haben wir eine unelastische Nachfrage.

> **Tipp!** Bei den Elastizitäten könnten auch konkrete Beispiele oder die mathematischen Formeln dargestellt werden. Allerdings müsste man sich dann in der Breite beschränken, also nicht alle hier genannten Elastizitäten darstellen.

3.2 Kreuzpreiselastizität

Die Kreuzpreiselastizität gibt die prozentuale Änderung der Nachfrage nach dem Gut A bei einer gegebenen prozentualen Preisänderung des Gutes B an. Handelt es sich um Substitutionsgüter, so ist die Kreuzpreiselastizität positiv. Negative Kreuzpreiselastizitäten weisen auf komplementäre Güter hin. Sollte die Kreuzpreiselastizität Null sein, so spricht man von unabhängigen Gütern.

3.3 Einkommenselastizität

Die Einkommenselastizität gibt die prozentuale Änderung der Nachfrage nach einem Gut bei einer gegebenen prozentualen Einkommensänderung an. Sollte eine Einkommenssteigerung zu einem geringeren Konsum eines bestimmten Gutes führen, so spricht man von einem inferioren Gut. Das gilt insbesondere für Güter minderer Qualität.

Schluss

Weitere Untersuchungen berücksichtigen nicht nur die Nachfragestruktur der Haushalte für ein Gut, sondern betrachten ein sogenanntes Güterbündel. Die Präferenzordnung eines Haushalts kann dann in einer Nutzenfunktion abgebildet werden. Die Einkommenssituation der Haushalte wird parallel durch eine sogenannte Budgetgerade abgebildet. Mit Hilfe von grafischen und mathematischen Modellen können so optimale Konsumsituationen für Haushalte ermittelt werden.

Danke für Ihre Aufmerksamkeit.

Vortrag 8: Die Umweltökonomik als Beitrag zu einer nachhaltigen volkswirtschaftlichen Entwicklung

I. Einführende Hinweise

Als Teildisziplin der Volkswirtschaftslehre beschäftigt sich die Umweltökonomik mit den Ursachen und Lösungsansätzen von Umweltproblemen. Es geht dabei insbesondere um die Allokation knapper Umweltressourcen, weshalb eine enge Beziehung zur Ressourcenökonomik besteht. In modernen Volkswirtschaften werden nachhaltige Entwicklungsziele angestrebt, die nur unter Einbeziehung der Umweltfragen erreichten werden können. Die Einbeziehung von Umweltleistungen in den Markt erfolgt oftmals über das Steuersystem, weshalb das Thema auch für die Steuerberatung interessant sein kann.

> **Tipp!** Sie sollten sich im Vortrag zunächst auf die sachliche Darstellung der ökonomischen Inhalte konzentrieren, um Ihre Fachkompetenz zu verdeutlichen. Die politische Diskussion und Ihre eigene Meinung können dann im Rahmen einer Schlussbetrachtung einfließen.

II. Die Gliederung

	Gliederungspunkt	Die Stichworte
	Einleitung	**Thema, Kurzübersicht**
1.	Umweltökonomik	Analyse und Lösungsstrategien

	Gliederungspunkt	Die Stichworte
1.1	Allokationsprobleme	Externe Effekte, Marktversagen, Fehlallokation, individuelle versus kollektive Rationalität
1.2	Bewertungsprobleme	Naturwissenschaftliche Beurteilung, Monetarisierung, Kosten-Nutzen-Analyse, umweltökonomische Gesamtrechnung
2.	Nachhaltige Entwicklung	Dreieck der Nachhaltigkeit
2.1	Ökologische Nachhaltigkeit	Kein Raubbau, Verschmutzung, Regenration
2.2	Ökonomische Nachhaltigkeit	Wohlstandsindikator, materielle Entwicklung, Wachstum
2.3	Soziale Nachhaltigkeit	Sozialstaatlichkeitsgebot, Arbeitsplätze, Verteilungsgerechtigkeit
3.	Umweltpolitik	Internalisierung externer Effekte, Instrumenteneinsatz, Pareto-Effizienz, Anreizwirkung, Treffsicherheit, Kosteneffizienz, Durchsetzbarkeit
3.1	Auflagen	Gebote, Verbote, Umweltauflagen
3.2	Marktorientierte Instrumente	Umweltabgaben, Ökosteuern, Umweltzertifikate, Haftungsregeln
	Schluss	**Umweltökonomik fördert nachhaltige Entwicklung, internationaler Aspekt, Ökodumping, strategische Umweltpolitik**

III. Der Vortrag

Einleitung

Guten Tag, ich habe das Thema „**Die Umweltökonomik als Beitrag zu einer nachhaltigen volkswirtschaftlichen Entwicklung**" gewählt. Das Thema ist sowohl in den Wirtschaftsmedien, als auch in der politischen Diskussion von großer Präsenz. Die Diskussionen verlaufen dabei teilweise sehr konträr und sind nicht immer frei von Ideologien. Im Zuge meines Vortrags möchte ich die wesentlichen ökonomischen Zusammenhänge darlegen und so die Basis für eine fundierte weitergehende Diskussion legen. Ich beginne unter Punkt eins mit der Analyse und den Lösungsstrategien der Umweltökonomik. Dabei werde ich auf das Allokationsproblem bei Umweltgütern als Grundproblem wirtschaftlichen Handelns eingehen und deren Bewertungsprobleme im Zuge der Ökonomisierung darstellen. Anschließend werde ich den Begriff einer nachhaltigen volkswirtschaftlichen Entwicklung anhand des Dreiecks der Nachhaltigkeit erläutern. Unter dem Punkt drei stelle ich die Möglichkeiten der Umweltpolitik dar. Dabei steht der Instrumenteneinsatz im Mittelpunkt. Nach einer Klärung der möglichen Zielkriterien, werde ich die Auflagen und die marktorientierten Instrumente näher erklären. Am Ende meines Vortrages ziehe ich ein Resümee und gehe auf internationale Aspekte des Themas ein.

1. Umweltökonomik

Die globalen und nationalen Umweltprobleme können auch aus ökonomischer Sicht betrachtet werden. Die Disziplin in der Volkswirtschaftslehre, die sich mit der ökonomischen Analyse des Umweltproblems und mir der Erarbeitung von Lösungsstrategien beschäftigt wir als Umweltökonomik bezeichnet.

1.1 Allokationsprobleme

An der Umwelt bestehen weithin keine privaten Eigentumsrechte, was zur Folge hat, dass sich keine Marktpreise für den Verbrauch des Gutes „Umwelt" bilden. Emittenten von Schadstoffen verursachen der Gesellschaft und einzelnen Dritten Opportunitätskosten, die aufgrund der fehlenden Bepreisung nicht in die Kostenkalkulation der Verursacher eingehen. Es handelt sich dabei um sogenannte negative externe Effekte, die nicht internalisiert werden und somit keinen Einfluss auf ein sparsames Umgehen mit dem Gut „Umwelt" nach dem ökonomischen Prinzip haben. An dieser Stelle liegt ein Marktversagen vor, was bedeutet, dass es zu suboptimalen Nutzungs- und Verteilungsergebnissen kommt. Die entstehende Fehlallokation ist individuell rational, da die Handelnden nach dem ökonomischen Prinzip möglichst viel von dem Umweltgut verbrauchen. Kollektiv wäre allerdings ein deutlich geringerer Verbrauch des Umweltgutes rational.

1.2 Bewertungsprobleme

Die Fehlallokation sollte durch eine pareto-effiziente Internalisierung der externen Effekte verhindert oder zumindest gemildert werden. Dazu ist es notwendig, dass das Umweltgut bepreist und damit bewertet wird. Dabei ergeben sich allerdings einige Probleme. Schon die naturwissenschaftliche Beurteilung der Folgen von Umweltbelastungen ist oftmals schwierig vorzunehmen. Wenn die Folgen geklärt sind, muss noch deren Monetarisierung erfolgen um die Instrumente zur ökonomischen Optimierung einsetzen zu können. Die Monetarisierung setzt die Erfassung der Präferenzen der aktuellen und der zukünftigen Generationen voraus, was nur schwierig möglich. Wenn die Bewertung gelungen ist, können im Zuge einer Kosten-Nutzen-Analyse oder einer umweltökonomischen Gesamtrechnung die „wahren" Kosten einer Produktion dargestellt werden und eine Kosteninternalisierung kann gelingen.

2. Nachhaltige Entwicklung

Das Gelingen einer nachhaltigen Entwicklung wird am Erreichen der drei Nachhaltigkeitsziele gemessen. Oftmals spricht man auch von den drei Säulen der Nachhaltigkeit oder dem Nachhaltigkeitsdreieck. Im Grunde geht es darum, der heutigen und den zukünftigen Generationen gute Lebens- und Entwicklungsmöglichkeiten zu geben.

2.1 Ökologische Nachhaltigkeit

Die erste Säule der ökologischen Nachhaltigkeit ist am stärksten an dem Ursprung des Begriffes, der aus der Forstwirtschaft kommt, orientiert. Die aktuelle Generation darf keinen Raubbau betreiben und muss Verschmutzungen soweit wie möglich verhindern. Die natürlichen Lebensgrundlagen dürfen nur soweit verbraucht werden, wie sie sich durch Regeneration in angemessener Zeit neu bilden können.

2.2 Ökonomische Nachhaltigkeit

Bezüglich der ökonomischen Nachhaltigkeit wird die materielle Versorgung und Entwicklung als Wohlstandsindikator betrachtet. Eine Gesellschaft lebt nachhaltig, wenn die Wirtschaftsweise und das Wachstum dauerhaft betrieben werden können.

2.3 Soziale Nachhaltigkeit

Die soziale Nachhaltigkeit stellt auf die Frage ab, ob in einer Gesellschaft die bestehende Güteverteilung dauerhaft von breiten Bevölkerungsteilen akzeptiert wird und den objektiven Maßstäben einer Verteilungsgerechtigkeit genügt. Soziale Spannungen sollten nicht überhöht sein und es sollten klare und friedliche Regeln zur Konfliktlösung etabliert sein.

3. Umweltpolitik

Die Umweltpolitik soll die Fehlallokationen durch Marktversagen korrigieren. Die externen Effekte sollen internalisiert und damit eine effizientere Ressourcennutzung erreicht werden. Die Instrumente dazu sind einerseits Auflagen und andererseits marktorientierte Maßnahmen. Bei der Auswahl der Instrumente sind verschiedene Kriterien zu beachten. Es sollte versucht werden eine Pareto-Effizienz herzustellen, das heißt, dass keine Verbesserung mehr möglich ist, ohne einen anderen schlechter zu stellen. Ebenso sind die Anreizwirkung und die Treffsicherheit zu beachten. Mit Anreizwirkungen soll ein umweltfreundliches Handeln der Akteure induziert werden. Die Treffsichert beschreibt, wie genau ein vorher gestecktes Umweltziel mit dem Instrument erreicht werden kann. Bei der Kosteneffizienz wird die Frage gestellt, ob es auch andere Instrumente geben könnte, welche die gleich positive Umweltwirkung zu geringeren Kosten erzielen könnten. Schließlich ist besonders in weit entwickelten demokratischen Gesellschaften die politische Durchsetzbarkeit eines Instrumenteneinsatzes zu beachten.

3.1 Auflagen
Auflagen sind rechtlich definierte Verhaltensvorschriften, deren Nichtbeachtung zu Sanktionen wie beispielsweise Bußgeldern führt. Man unterscheidet dabei Gebote und Verbote. Beispiele hierfür sind Emissionsauflagen, die den Schadstoffausstoß begrenzen oder Auflagen für den Produktionsprozess, welche die Verwendung bestimmter Rohstoffe verbieten oder vorschreiben. Produktionsauflagen verbieten bestimmte Produktionen ganz oder schränken diese mengenmäßig ein.

3.2 Marktorientierte Instrumente
Marktorientierte Instrumente sind Umweltabgaben, Ökosteuern, Umweltzertifikate und Haftungsregelungen. Die marktorientierten Maßnahmen sollen – abgeleitet vom Verursacherprinzip – Anreize für eine Minderung der Nutzung des Faktors „Umwelt" bieten. Bei den Umweltabgaben ist bei Nutzung der natürlichen Umwelt ein unmittelbarer Geldbetrag an den Staat zu zahlen. Ökosteuern besteuern bewusst umweltbelastende Aktivitäten. Ein aktuell diskutiertes Beispiel dazu ist die CO2-Steuer (eine Umweltsteuer auf die Emission von Kohlendioxid). Im Mai 2020 hat die Bundesregierung beschlossen, dass der Preis für eine Tonne CO2 ab Januar 2021 25 € beträgt. Bis zum Jahr 2025 soll der Preis schrittweise auf bis zu 55 € je Tonne steigen. Umweltzertifikate sind verbriefte Nutzungsrechte an der Umwelt, wie wir sie beispielsweise im Zuge des EU-Emissionshandels haben. Schließlich ist als Instrument noch die Einführung von strengen Haftungsregeln bei verursachten Umweltschäden mit der daraus resultierenden Anreizwirkung zu nennen.

Tipp! Da das Thema oft von tagesaktuellen politischen Veränderungen betroffen ist, sollten Sie ergänzend zu den hier dargestellten Inhalten die aktuellen Pressemeldungen verfolgen und in den Vortrag einbauen.

Schluss
Als Resümee zu meinem Vortrag möchte ich festhalten, dass die Umweltökonomik mit ihren Analysen und ideologiefreien Instrumentenangeboten als Basis für eine nachhaltige gesellschaftliche Entwicklung gesehen werden kann. Eine qualitative Weiterentwicklung von Volkswirtschaften darf die Nachhaltigkeitsaspekte nicht außer Acht lassen und muss sich somit dem Umweltproblem stellen. So gesehen fördert die Umweltökonomik eine nachhaltige volkswirtschaftliche Entwicklung. Besonders bedeutsam ist bei dem Thema allerdings auch die internationale Betrachtung. Dabei steht das Problem globaler Schadstoffe im Mittelpunkt. Ohne internationale Abstimmung kommt es zu weitreichenden Umweltschäden, da jedes Land nur die Probleme im eigenen Land berücksichtigt und sich dabei individuell im Gleichgewicht befindet. Da die Märkte international oftmals unvollkommen sind, versuchen zudem gerade Volkswirtschaften mit geringerem materiellem Wohlstandsniveau durch Ökodumping zusätzliches quantitatives Wachstum zu generieren. Ein solches Vorgehen entspringt strategischer Umweltpolitik und konterkariert oftmals nationale oder auch supranationale Maßnahmen.

Danke für Ihre Aufmerksamkeit.

Themenbereich Berufsrecht

Vortrag 1: Der Syndikus-Steuerberater nach § 58 Satz 2 Nr. 5a StBerG

I. Einführende Hinweise

Nach § 58 S. 2 Nr. 5a StBerG ist es dem Steuerberater gestattet, als Syndikus-Steuerberater in ein Dienst- oder Beschäftigungsverhältnis zu einem Industrieunternehmen etc. zu treten. Das Berufsrecht der Steuerberater steht dem Berufsrecht der Rechtsanwälte gleich. Der Syndikus-Rechtsanwalt ist eine anerkannte Möglichkeit anwaltlicher Berufsausübung.

II. Die Gliederung

	Gliederungspunkt	**Die Stichworte**
	Einleitung	**Thema; Kurzübersicht**
1.	Der Steuerberater im Anstellungsverhältnis	Verbot der Tätigkeit des Steuerberaters als Angestellter nach § 58 StBerG; Ausnahmen in § 58 Satz 1 und 2 StBerG; § 58 Satz 2 Nr. 5a StBerG
2.	Die Bestimmung des § 58 Satz 2 Nr. 5a StBerG	Syndikus-Steuerberater in Industriebetrieben und sonstigen gewerblichen oder wirtschaftlichen Unternehmen
2.1	Die Tätigkeit des Syndikus-Steuerberaters	Vorbehaltsaufgaben nach § 33 Satz 1 StBerG und vereinbare Tätigkeiten nach § 33 Satz 2 StBerG; ansonsten mit dem Beruf vereinbar
2.2	Das Dienst- oder ähnliche Beschäftigungsverhältnis	Anstellungsverhältnis und sonstiges Beschäftigungsverhältnis; keine volle Eingebundenheit in den betrieblichen Ablauf erforderlich
3.	Die Reaktion der finanzgerichtlichen Rechtsprechung auf § 58 Satz 2 Nr. 5a StBerG	Die Entscheidung des BFH vom 09.08.2011, DStRE 2011, 1425 (Umfang der Tätigkeit) und die Entscheidung des BFH vom 17.05.2011, DStRE 2011, 1042 (Organfunktionen)
4.	Syndikus-Steuerberater und die Befreiung von der Rentenversicherung	Mit Steuerberaterbestellung Mitglied im Versorgungswerk; Befreiung von der gesetzlichen Rentenversicherung nur auf Antrag, BSG-Urteile vom 03.04.2014 (B 5 RE 3/14 R, B 5 RE 9/14 R und B 5 RE 14/14 R) Urteil des LSG Berlin-Brandenburg vom 26.07.2018, L 22 R 171/17
5.	Gesetzesänderung	Änderungen durch das Gesetz zur Neuregelung des Berufsrechts der anwaltlichen und steuerberatenden Berufsausübungsgesellschaften sowie zur Änderung weiterer Vorschriften im Bereich der rechtsberatenden Berufe
	Schluss	**Ausblick – Vergleich zum Syndikus-Anwalt; § 46 Abs. 1 BRAO: Verbot der Vertretung des Dienstherrn als Rechtsanwalt vor Gericht; § 58 Satz 2 Nr. 5a StBerG: generelles Verbot der Vertretung des Dienstherrn als Steuerberater – nicht nur vor Gericht; Art. 3 GG**

III. Der Vortrag

Einleitung

Sehr geehrter Herr Prüfungsvorsitzender/Sehr geehrte Frau Prüfungsvorsitzende, meine Damen und Herren, ich habe das Thema gewählt „**Der Syndikus-Steuerberater nach § 58 Satz 2 Nr. 5a StBerG**".

Mein Vortrag ist wie folgt gegliedert: (Aufzählen der Gliederungspunkte Nr. 1. bis 5. aus der obigen Gliederung – nur Vollziffern vorstellen).

1. Der Steuerberater im Anstellungsverhältnis

Nach § 57 Abs. 1 StBerG müssen Steuerberater ihren Beruf unabhängig, eigenverantwortlich, gewissenhaft, verschwiegen und unter Verzicht auf berufswidrige Werbung ausüben. Deshalb dürfen Steuerberater nach § 58 Satz 1 StBerG ihren Beruf als Angestellter nur bei den in § 3 StBerG genannten Personen und Vereinigungen ausüben (Steuerberater, Rechtsanwälte, Wirtschaftsprüfer, Steuerberatungsgesellschaften – **Hinweis! Umfangreiche Neuregelung durch das BRAORefG ab 01.08.2022: Steuerberatungsgesellschaften werden dann generell Berufsausübungsesellschaften genannt** –). Eine andere Angestelltentätigkeit ist mit dem Beruf des Steuerberaters grundsätzlich nicht vereinbar. § 58 S. 2 Nr. 1 bis 8 StBerG regelt nur einige (wenige) Ausnahmen, nach denen dem Steuerberater eine Tätigkeit als Angestellter auch bei anderen als den in § 3 StBerG genannten Personen und Vereinigungen erlaubt ist, ohne dass er dadurch gegen die allgemeinen Berufspflichten der Unabhängigkeit und Eigenverantwortlichkeit verstößt. Darunter fällt insbesondere die Tätigkeit eines Steuerberaters als Angestellter von genossenschaftlichen Prüfungsverbänden, als Leiter von Buchstellen und Beratungsstellen der Lohnsteuerhilfevereine, als Angestellter der Berufskammern der in § 56 Abs. 1 StBerG genannten Berufe (Steuerberaterkammer, Wirtschaftsprüferkammer, Rechtsanwaltskammer und Patentanwaltskammer). Die Anstellung eines Steuerberaters in einem Wirtschaftsunternehmen (Syndikus-Steuerberater) gehörte bis zum Inkrafttreten des 8. StBerÄndG nicht in den Ausnahmekatalog des § 58 S. 2 StBerG. Ein Syndikus-Steuerberater, der in einem gewerblichen Unternehmen auch eine Organfunktion wahrnimmt, übt eine mit dem Beruf des Steuerberaters unvereinbare gewerbliche Tätigkeit aus. Etwas anderes ergibt sich nicht aus § 58 Satz 2 Nr. 5a StBerG, denn die Tätigkeit als Syndikus-Steuerberater ist mit der Übernahme einer Organfunktion in einem gewerblichen Unternehmen gerade nicht vereinbar (FG Köln, Urteil vom 18.05.2011, 2 K 1765/09 E).

2. Die Bestimmung des § 58 Satz 2 Nr. 5a StBerG

Nach § 58 Satz 2 Nr. 5a StBerG ist es einem Steuerberater gestattet, sich als „**Syndikus-Steuerberater**" in Industriebetrieben und sonstigen gewerblichen oder wirtschaftlichen Unternehmen anstellen zu lassen. Voraussetzung ist, dass der „Syndikus-Steuerberater" im Rahmen des Anstellungsverhältnisses Tätigkeiten i.S.d. § 33 StBerG für seinen Arbeitgeber ausübt. Dies gilt nicht, wenn hierdurch die Pflicht zur unabhängigen und eigenverantwortlichen Berufsausübung beeinträchtigt wird. Die Tätigkeiten müssen sich auf den nach dieser Vorschrift umschriebenen beruflichen Aufgabenbereich eines Steuerberaters beziehen. Dem Syndikus-Steuerberater muss damit die Aufgabe übertragen werden, seinen Arbeitgeber zu beraten, ihn zu vertreten und ihm bei der Bearbeitung seiner Steuerangelegenheiten und bei der Erfüllung seiner steuerlichen Pflichten Hilfe zu leisten. Dazu gehört auch die Hilfeleistung bei der Erfüllung von Buchführungspflichten, die aufgrund von Steuergesetzen bestehen, insbesondere die Aufstellung von Steuerbilanzen und deren steuerliche Beurteilung. Der Syndikus-Steuerberater muss in Erfüllung seiner Pflichten als Angestellter die in § 33 StBerG genannten Tätigkeiten aber nicht „ausschließlich" erbringen. Es wird bzw. muss ihm auch erlaubt sein, die mit dem Beruf des Steuerberaters vereinbaren Tätigkeiten auszuüben, wie beispielsweise die betriebswirtschaftliche Beratung des Arbeitgebers (Kostenrechnung, Kalkulation, Finanzplanung, Betriebsorganisation etc.).

2.1 Die Tätigkeit des Syndikus-Steuerberaters

Dem Syndikus-Steuerberater muss damit die Aufgabe zufallen, seinen Arbeitgeber zu beraten, ihn zu vertreten und ihm bei der Bearbeitung seiner Steuerangelegenheiten und bei der Erfüllung seiner steuerlichen Pflichten Hilfe zu leisten. Dazu gehört auch die **Hilfeleistung bei der Erfüllung von Buchführungspflichten**, die aufgrund von Steuergesetzen bestehen, wie auch die Aufstellung von Steuerbilanzen und deren steuerliche Beurteilung. Der Syndikus-Steuerberater muss in Erfüllung seiner Pflichten als Angestellter die in § 33 StBerG genannten Tätigkeiten aber nicht „ausschließlich" erbringen. Es wird bzw. muss ihm auch gestattet sein, die mit dem Beruf des Steuerberaters vereinbaren Tätigkeiten auszuüben, wie beispielsweise die betriebswirtschaftliche Beratung des Arbeitgebers (Kostenrechnung, Kalkulation, Finanzplanung, Betriebsorganisation etc.). Es liegt auf der Hand, dass nach alledem von der Regelung des § 58 Satz 2 Nr. 5a StBerG in besonderem Maße die Mitarbeiter/Angestellte in Steuerabteilungen von Industrieunternehmen etc. profitieren. Zu beachten ist jedoch, dass § 58 Satz 2 Nr. 5a StBerG keine Sonderregelung im Verhältnis zu § 57 Abs. 4 Nr. 1 StBerG ist. Das bedeutet, dass die dem Syndikus-Steuerberater in Erfüllung der ihm zugewiesenen und nach § 33 StBerG vereinbarer Tätigkeiten und Aufgaben ihre Grenzen in § 57 Abs. 4 Nr. 1 StBerG finden können.

2.2 Das Dienst- oder ähnliche Beschäftigungsverhältnis

Wenn ein Syndikus-Steuerberater für seinen Arbeitgeber beratend oder sonst tätig wird, dann darf er dies nur in seiner Funktion als Angestellter. Der Syndikus-Steuerberater ist nicht berechtigt, in seiner Eigenschaft als Steuerberater für seinen Arbeitgeber – freiberuflich – tätig zu werden. Es ist ihm mithin untersagt, einzelne in § 33 StBerG genannte Tätigkeiten aus seinem Pflichtenkreis als Angestellter auszuklammern und diese nicht in seiner Eigenschaft als Angestellter, sondern in seiner Eigenschaft als Steuerberater selbständig gegenüber dem Arbeitgeber zu erbringen und sodann mit Honorarnoten nach der StBVV separat abzurechnen.

§ 58 StBerG ist mit „Tätigkeit als Angestellter" überschrieben. § 58 Satz 2 Nr. 5a Satz 1 StBerG spricht von einem „Anstellungsverhältnis" und § 58 Satz 2 Nr. 5a Satz 3 StBerG unterteilt ein solches Anstellungsverhältnis in ein „Dienstverhältnis und ein ähnliches Beschäftigungsverhältnis". Auch dann, wenn der Syndikus-Steuerberater seine Arbeitszeit, die Dauer der Tätigkeit und den Ort der Arbeit weitgehend selbst bestimmen kann, wird noch ein **„sonstiges Beschäftigungsverhältnis" i.S.d. § 58 Satz 2 Nr. 5a StBerG** zu bejahen sein. Ein „ähnliches Beschäftigungsverhältnis" wird auch dann vorliegen können, wenn der Steuerberater nicht vollständig in den Tagesablauf eines Unternehmens/Betriebs eingebunden ist.

3. Die Reaktion der finanzgerichtlichen Rechtsprechung auf § 58 Satz 2 Nr. 5a StBerG

Das FG Baden-Württemberg hatte am 27.10.2010 entschieden (DStR 2011, 739), dass der Syndikus-Steuerberater tatsächlich und rechtlich in der Lage sein muss, den Steuerberaterberuf in nennenswertem Umfang (und nicht nur gelegentlich) auszuüben. Hierzu reicht es nicht aus, wenn der Arbeitgeber ihn nur für den Fall freistellt, dass er über hinreichend viele Überstunden verfügt. Der Syndikus-Steuerberater muss vielmehr berechtigt sein, während der Dienststunden für Mandanten erreichbar zu sein und sich zur Wahrnehmung etwaiger mandatsbezogener Termine und Besprechungen jederzeit von seinem Arbeitsplatz entfernen zu dürfen, ohne im Einzelfall die Erlaubnis einholen zu müssen. Diese Entscheidung hat der BFH mit Urteil vom 09.08.2011 aufgehoben: Die Tätigkeit als sog. Syndikus-Steuerberater ist selbst dann zulässig, wenn durch die in Vollzeit ausgeübte Tätigkeit die selbständige Steuerberatertätigkeit nur als Nebenberuf ausgeübt werden kann (BFH Urteil vom 09.08.2011, VII R 2/11, DB 2011, 2545).

Das FG Niedersachsen sah in der Übernahme einer Organfunktion (Geschäftsführer einer GmbH oder Vorstand einer Genossenschaft etc.) eine gewerbliche Tätigkeit, die mit der Tätigkeit als Syndikus-Steuerberater nicht vereinbar sei (Urteil vom 24.06.2010, DStR 2010, 1911). Der BFH hat diese Entscheidung mit Urteil vom 17.05.2011 bestätigt (VII R 47/10, DStRE 2011, 1042). Danach ist die Tätigkeit als Vorstandsmitglied einer Genossenschaft gewerblich und mit dem Beruf des Steuerberaters nicht vereinbar. Das schließt auch die Tätigkeit als Syndikus-Steuerberater aus. Diese setzt die ausschließliche Wahrnehmung steuerberatender Tätigkeiten beim Arbeitgeber voraus.

Steuerberater können aber nicht nur Dienste bei Personen des privaten Rechts erbringen, sondern auch als Syndikus-Steuerberater im öffentlichen Dienst angestellt sein z.B. bei der Stadt, einer Rundfunkanstalt etc. Eine Anstellung bei der Finanzverwaltung ist jedoch generell nicht zulässig, § 58 S. 2 Nr. 5a S. 5 i.V.m. § 57 Abs. 4 Nr. 2 S. 2 StBerG.

4. Syndikus-Steuerberater und die Befreiung von der Rentenversicherung

Mit der Bestellung zum Steuerberater wird dieser Pflichtmitglied der Steuerberaterkammer und ebenso Pflichtmitglied im berufsständigen Versorgungswerk. Das bedeutet nicht, dass der Syndikus-Steuerberater hinsichtlich seines Gehalts aus der Syndikus-Tätigkeit per se von der gesetzlichen Rentenversicherungspflicht befreit ist. Die **Deutsche Rentenversicherung Bund** und die Bundessteuerberaterkammer haben sich darauf geeinigt, dass der Syndikus-Steuerberater nur dann von der gesetzlichen Rentenversicherungspflicht befreit ist, wenn er hierzu einen Antrag stellt. In diesem Antrag muss der Steuerberater vortragen und ggf. unter Beweis stellen, dass er eine Tätigkeit i.S.d. § 58 Satz 2 Nr. 5a StBerG erbringt und keine „unvereinbare Tätigkeiten" für seinen Dienstherrn verrichtet.

Ein Befreiungsantrag von der gesetzlichen Rentenversicherung ist über das Versorgungswerk innerhalb von drei Monaten ab der Beschäftigungsaufnahme zu stellen (§ 6 Abs. 4 SGV VI). Die Antragstellung kann vor Beginn der Aufnahme der Beschäftigung gestellt werden, wenn dem Befreiungsantrag eine Kopie des unterschriebenen Arbeitsvertrags beigefügt wird und die DRV Bund über den Beschäftigungsbeginn informiert hat.

Mit drei Urteilen vom 03.04.2014 (B 5 RE 3/14 R, B 5 RE 9/14 R und B 5 RE 14/14 R) hat das BSG (Bundessozialgericht) entschieden, dass abhängig beschäftigte Rechtsanwälte (sog. „Syndikusanwälte") nicht von der Versicherungspflicht in der gesetzlichen Rentenversicherung zu befreien sind, da sie eine weisungsgebundene Tätigkeit ausüben und somit gar nicht Anwalt sein könnten. Hierauf hat die Bundesregierung mit dem Gesetz zur Neuordnung des Rechts der Syndikusanwälte reagiert, welches am 01.01.2016 in Kraft getreten ist. Es ist nun möglich, sich von der gesetzlichen Rentenversicherungspflicht befreien zu lassen. Dies gilt ebenso für Syndikus-Steuerberater, wenn die Voraussetzungen des § 6 Abs. 1 Satz 1 Nr. 1 SGB VI erfüllt sind.

Der von einer Rechtsanwältin geltend gemachte Anspruch auf Befreiung von der Rentenversicherungspflicht für eine vor dem 01.01.2016 ausgeübte Beschäftigung ist zu unterscheiden von einem Anspruch auf Befreiung für eine Tätigkeit als Syndikusrechtsanwältin nach dem ab dem 01.01.2016 geltenden Berufsrecht (BSG, Beschluss vom 09.12.2020, B 5 RE 6/20 B).

Durch eine Negativregelung des § 231 Abs. 4a SGB VI werden die Syndizi aus dem Anwendungsbereich des § 6 Abs. 1 S. 3 SGB VI ausgeschlossen, sodass zu ihren Gunsten die Befreiungsvorschrift des § 6 Abs. 1 S. 1 SGB VI angewendet wird.

Zur Befreiung von der Versicherungspflicht für eine Tätigkeit als Syndikus-Steuerberater hat das LSG Berlin-Brandenburg vom 26.07.2018, L 22 R 171/17 entschieden:

- Die Befreiungsmöglichkeit aus § 6 Abs. 1 Satz 1 Nr. 1 SGB VI gibt versicherungspflichtig Beschäftigten, die gleichzeitig verkammerte Mitglieder einer berufsständischen Versorgungseinrichtung sind, einen Anspruch auf Befreiung von der Versicherungspflicht nur für die Beschäftigung, wegen der sie auf Grund einer durch Gesetz angeordneten oder auf Gesetz beruhenden Verpflichtung Mitglied einer öffentlich-rechtlichen Versicherungseinrichtung oder Versorgungseinrichtung ihrer Berufsgruppe und zugleich kraft gesetzlicher Verpflichtung Mitglied einer berufsständischen Kammer sind.
- Die Befreiung von der Versicherungspflicht nach § 6 Abs. 1 Nr. 1 SGB VI ist nicht personen-, sondern tätigkeitsbezogen.

5. Gesetz zur Neuregelung des Berufsrechts der anwaltlichen und steuerberatenden Berufsausübungsgesellschaften sowie zur Änderung weiterer Vorschriften im Bereich der rechtsberatenden Berufe

Aufgrund des Gesetzes zur Neuregelung des Berufsrechts der anwaltlichen und steuerberatenden Berufsausübungsgesellschaften sowie zur Änderung weiterer Vorschriften im Bereich der rechtsberatenden Berufe (BT-Drs. 19/30516 vom 09.06.2021; Bundesratssitzung vom 25.06.2021, BT-Drs. 519/21) gilt ein neuer § 46 Abs. 6 BRAO, der regelt, dass Syndikusrechtsanwälte (entgegen der bisherigen Rechtsprechung des BGH) Kunden ihrer Arbeitgeber im Recht beraten dürfen, wenn die Arbeitgeber diese Leistung auch durch juristische Laien erbringen könnten. § 46 Abs. 6 S. 2 BRAO sieht vor, dass Syndikusrechtsanwälte darauf hinweisen müssen, dass keine anwaltliche Beratung i.S.v. § 3 BRAO erbracht wird. Zum Schutz der Rechtssuchenden muss darüber hinaus auf das fehlende Zeugnisverweigerungsrecht nach § 53 StPO hingewiesen werden. Die Neuregelung lässt im Übrigen die Voraussetzungen für eine Zulassung als Syndikusrechtsanwalt unberührt. Insbesondere muss auch weiterhin eine Prägung des Arbeitsverhältnisses gemäß § 46 Abs. 3 BRAO gegeben sein.

Schluss

Ausblick – Vergleich zum Syndikus-Anwalt

Mit § 58 Satz 2 Nr. 5a StBerG ist das Berufsrecht der Steuerberater dem Berufsrecht der Rechtsanwälte angenähert und angeglichen worden. Dort ist die **Tätigkeit eines Anwalts als „Syndikus-Anwalt"** seit Langem anerkannt. Nach § 46 Abs. 1 BRAO ist es dem Rechtsanwalt lediglich untersagt, für seinen Dienstherrn vor den Gerichten oder Schiedsgerichten in seiner Eigenschaft als Rechtsanwalt aufzutreten. Volljuristen, die anwaltlich bei einem nichtanwaltlichen Arbeitgeber arbeiten, können sich als solcher zulassen lassen. Die Zulassungsmöglichkeit besteht seit 01.01.2016 neben und zusammen mit der Zulassung als „freier" Rechtsanwalt. Ein Volljurist kann also seit 01.01.2016 nur Syndikusanwalt, nur Rechtsanwalt oder Rechtsanwalt und Syndikusanwalt sein. Besondere Vorschriften für Syndikusanwälte enthält § 46c BRAO. Die Regelung in § 46 Abs. 1 BRAO ist damit wesentlich weiter und liberaler gefasst als die Regelung in § 58 Satz 2 Nr. 5a StBerG. Außerdem regelt der durch das BRAORefG neu eingefügte § 46 Abs. 6 BRAO mit Wirkung zum 01.08.2022, dass Syndikusrechtsanwälte erstmals Kunden ihrer Arbeitgeber im Recht beraten dürfen, wenn die Arbeitgeber diese Leistung auch durch juristische Laien erbringen könnten. Der Syndikus-Steuerberater darf für seinen Arbeitgeber in seiner Funktion als Steuerberater generell nicht tätig sein. Einem Syndikus-Steuerberater wäre es aus diesem Grunde beispielsweise verboten, eine schwierige Steuerrechtsfrage aus dem internationalen Steuerrecht gesondert in seiner Funktion als Steuerberater zu bearbeiten und freiberuflich mit Gebühren nach der StBVV gegenüber seinem Dienstherrn abzurechnen. Das gilt auch für Berater mit der Doppelqualifikation Steuerberater und Rechtsanwalt. Es wird aber kaum nachvollziehbar sein, dass der „Nur-Syndikus-Anwalt", der ggf. Fachanwalt für Steuerrecht ist, steuerrechtliche Gutachten erstellen oder steuerrechtliche Sonderprobleme für seinen Arbeitgeber als Anwalt bearbeiten, lösen und abrechnen kann, während dem „Syndikus-Anwalt/Steuerberater" dies untersagt sein soll. Hier werden die Gerichte im Blick auf Art. 3 und 12 GG Klarheit schaffen müssen. Ein als Leiter „Personal und Recht" tätiger Volljurist kann als Syndikusrechtsanwalt zuzulassen sein, wenn die fachlich unabhängige Tätigkeit seine Tätigkeit prägt (AGH Hamm, Urteil vom 10.02.2017, 1 AGH 20/16). Weisungen des Arbeitgebers in Form von betriebsinternen Regelungen können der Unabhängigkeit der anwaltlichen Tätigkeit des Syndikus-Anwalts entgegenstehen (BGH, Beschluss vom 01.08.2017, AnwZ (Brfg) 14717).

Ich danke für Ihre Aufmerksamkeit.

Vortrag 2: Die Möglichkeiten der Steuerberater zur gemeinsamen Berufsausübung nach §§ 56 und 49 ff. StBerG

I. Einführende Hinweise

Das **Steuerberatungsgesetz** gestattet Steuerberatern, sich mit anderen Steuerberatern (und anderen Berufsträgern) zusammenzuschließen und gemeinsam Steuerberatung zu betreiben. Die dafür maßgeblichen Bestimmungen finden sich in den §§ 49 ff. und 56 StBerG. Hier ist geregelt, welche Rechtsformen solche beruflichen Zusammenschlüsse haben können und welche Voraussetzungen hierfür zu erfüllen sind.

II. Die Gliederung

	Gliederungspunkt	**Die Stichworte**
	Einleitung	**Thema; Kurzübersicht**
1.	Die Befugnis zur Hilfeleistung in Steuersachen; mögliche Kooperationsformen	Unbeschränkte Hilfeleistung in Steuersachen nach § 3 StBerG: Steuerberater, Steuerbevollmächtigte, Rechtsanwälte, Wirtschaftsprüfer, vereidigte Buchprüfer; Kooperationen: Bürogemeinschaft, § 3c StBerG Sozietät; Partnerschaftsgesellschaft und Steuerberater-, Rechtsanwalts-, Wirtschaftsprüfungs- und Buchprüfungsgesellschaften
2.	Die Bürogemeinschaften und Kooperationen nach § 56 Abs. 2 und 5 StBerG	Bürogemeinschaft nach § 56 Abs. 2 StBerG; Kooperation nach § 56 Abs. 5 StBerG; Hinweis auf Änderungen durch das BRAORefG

	Gliederungspunkt	Die Stichworte
3.	Die Sozietäten und einfachen Partnerschaftsgesellschaften nach § 56 Abs. 1 StBerG	Sozietäten und Partnerschaftsgesellschaften nach § 56 Abs. 1 StBerG. Gesetz zur Modernisierung des Personengesellschaftsrechts (MoPeG)
4.	Die Steuerberatungsgesellschaften nach §§ 49 ff. StBerG	
4.1	Die Rechtsformen der Steuerberatungsgesellschaften	Steuerberatungsgesellschaften nach §§ 49 ff. StBerG: AG, KGaA, GmbH, OHG und KG – Sonderfall Partnerschaftsgesellschaft
4.2	Voraussetzungen für die Anerkennung	Voraussetzung für die Anerkennung: Steuerberater als Geschäftsführer und Steuerberater als Gesellschafter
4.3	Eintragung im Handelsregister	Keine Handelsregistereintragung wegen fehlender Treuhandtätigkeit. BGH-Beschluss vom 15.07.2014, II ZB 2/13
4.4	Die Partnerschaftsgesellschaft mit beschränkter Berufshaftung (PartGmbB)	Gesetz zur Einführung einer Partnerschaftsgesellschaft mbB vom 15.07.2013
5.	Im EU-Ausland niedergelassene Steuerberatungsgesellschaften	Urteil des BFH vom 19.10.2016, II R 44/12 und BFH Urteil vom 18.01.2017, II R 33/16
	Schluss	**Zusammenfassung: Entwicklung des Berufsrechts – weitere Liberalisierung**

III. Der Vortrag

Einleitung

Sehr geehrter Herr Prüfungsvorsitzender/Sehr geehrte Frau Prüfungsvorsitzende, meine Damen und Herren, ich habe das Thema gewählt: „**Die Möglichkeiten der Steuerberater zur gemeinsamen Berufsausübung nach §§ 56 und 49 ff. StBerG**".

Mein Vortrag ist wie folgt gegliedert: (Aufzählen der Gliederungspunkte Nr. 1. bis 5. aus der obigen Gliederung – nur Vollziffern vorstellen).

> **Tipp!** Wenn in einem Thema eine Reihenfolge angegeben ist (wie hier zuerst § 56 StBerG und dann §§ 49 ff. StBerG), dann müssen Sie diese Reihenfolge im Vortrag auch unbedingt einhalten.

1. Die Befugnis zur Hilfeleistung in Steuersachen und mögliche Kooperationsformen

Die Hilfeleistung in Steuersachen darf nach § 2 Satz 1 StBerG geschäftsmäßig nur von Personen und Vereinigungen ausgeübt werden, die dazu befugt sind. Nach § 3 Nr. 1 StBerG sind Steuerberater, Steuerbevollmächtigte, niedergelassene europäische Rechtsanwälte, Wirtschaftsprüfer und vereidigte Buchprüfer zur **geschäftsmäßigen Hilfeleistung in Steuersachen** befugt. Zum Kreis derer, die geschäftsmäßig Hilfe in Steuersachen leisten können, gehören auch Partnerschaftsgesellschaften nach § 3 Nr. 2 StBerG sowie Steuerberatungsgesellschaften, Rechtsanwaltsgesellschaften, Wirtschaftsprüfungsgesellschaften und Buchprüfungsgesellschaften nach §§ 49 ff. StBerG. § 56 Abs. 1 StBerG eröffnet den Steuerberatern zudem die Möglichkeit, ihren Beruf gemeinsam mit anderen Steuerberatern und Steuerbevollmächtigten sowie mit Rechtsanwälten, Wirtschaftsprüfern, vereidigten Buchprüfern (d.h. mit anderen Berufsträgern) auszuüben. Darunter fallen die Sozietäten und die Partnerschaftsgesellschaften. Letztendlich ist es dem Steuerberater nach § 56 Abs. 2 StBerG gestattet, sich mit anderen Steuerberatern und anderen Berufsträgern in der Form einer Bürogemeinschaft zusammenzuschließen. Damit schließt sich der Kreis beruflich zulässiger Berufszusammenschlüsse.

In § 3c StBerG wurde durch das Steuerumgehungsbekämpfungsgesetz zum 25.06.2017 die Befugnis juristischer Personen und Vereinigungen zu vorübergehender und gelegentlicher Hilfeleistung in Steuersachen eingefügt. Die §§ 3a und 3b des StBerG gelten damit auch entsprechend für juristische Personen und Vereinigungen.

Achtung! Durch das BRAORefG treten umfangreiche Änderungen mit Wirkung zum 01.08.2022 in § 2, § 3c sowie in den neuen §§ 3d–g StBerG in Kraft, auf die hier nicht näher eingegangen wird.

2. Die Bürogemeinschaften und die Kooperationen nach § 56 Abs. 2 und 5 StBerG

Wenn sich z.B. Steuerberater A und Steuerberater B zu einer **Bürogemeinschaft** zusammenschließen, so gründen sie eine Gesellschaft des bürgerlichen Rechts (GbR). In einem solchen Fall tritt nach wie vor sowohl Steuerberater A als auch Steuerberater B mit „seinen" Mandanten etc. in eigene Mandatsverhältnisse ein. Rechtsbeziehungen bestehen nur zwischen Steuerberater A und seinen Mandanten und Steuerberater B und seinen Mandanten. Steuerberater A und B beraten getrennt jeder für sich, sie erstellen eigene Honorarnoten und haften nur für ihre Fehler. Die Besonderheit besteht darin, dass sie gewisse Sachen gemeinsam nutzen (z.B. die gemeinsame Nutzung von Büroräumlichkeiten, von Büromöbeln, von Gerätschaften wie Kopierer, Telefonanlagen) und/oder Personaldienstleistungen gemeinsam in Anspruch nehmen. Nach § 56 Abs. 2 StBerG ist es einem Steuerberater seit dem 12.04.2008 auch gestattet, mit einem Lohnsteuerhilfeverein eine Bürogemeinschaft zu begründen und aufrecht zu erhalten.

Die berufliche Zusammenarbeit eines Anwalts in Form einer Bürogemeinschaft mit einem nichtanwaltlichen Mediator und Berufsbetreuer verstößt gegen § 59a Abs. 1 Satz 1, Abs. 3 BRAO (BGH, Urteil vom 29.01.2018, AnwZ (Brfg) 32/17). Dem BVerfG wird die Frage vorgelegt, ob § 59e Abs. 2 Satz 1 und § 59f Abs. 1 BRAO mit Art. 12 Abs. 1 GG vereinbar sind, soweit sie der Zulassung einer Berufsausübungsgesellschaft mit beschränkter Haftung von Rechtsanwälten und Steuerberatern als Rechtsanwaltsgesellschaft entgegenstehen, wenn nicht die Mehrheit der Geschäftsanteile und Stimmrechte sowie die verantwortliche Führung der Gesellschaft und die Mehrheit der Geschäftsführer den Rechtsanwälten überlassen sind (AGH Baden-Württemberg, Beschluss vom 19.10.2018, AGH 13/2018 II).

Steuerberater können sich aber auch mit Lohnsteuerhilfevereinen zu einer Bürogemeinschaft zusammenschließen (§ 56 Abs. 2 StBerG).

Nach § 56 Abs. 5 StBerG besteht für die Steuerberater seit dem 12.04.2008 die Möglichkeit, eine auf den Einzelfall oder auf Dauer angelegte berufliche Zusammenarbeit mit Angehörigen freier Berufe i.S.d. § 1 Abs. 2 PartGG einzugehen. Das sind Kooperationen, die weder eine Bürogemeinschaft, noch eine Sozietät oder eine Partnerschaftsgesellschaft sind, aber keine Gewerbetreibenden (BGH, Urteil vom 16.03.2011, StBSt (R) 3/10). Voraussetzung ist jedoch, dass eine solche Kooperation nicht der Annahme gemeinsamer Aufträge dient. Solche Kooperationen dürften z.B. gemeinsame Vortragsveranstaltungen von Steuerberatern und Architekten zum Inhalt haben.

Achtung! Durch das BRAORefG treten umfangreiche Änderungen mit Wirkung zum 01.08.2022 in den §§ 49–55h StBerG in Kraft. Das neue Gesetz sieht vor, dass alle Berufsausübungsgesellschaften selbst Träger von Berufspflichten werden. Gegen zugelassene Berufsausübungsgesellschaften können zukünftig berufsrechtliche Sanktionen verhängt werden, wenn eine Leitungsperson gegen Berufspflichten verstößt oder ein Verstoß innerhalb der Gesellschaft auf einem Organisationsverschulden beruht. Berufspflichten der Steuerberaterin, des Steuerberaters und des Steuerbevollmächtigten nach § 52 Abs. 1 StBerG n.F. gelten sinngemäß auch für die Berufsausübungsgesellschaft.

Zulassungspflicht

Rechtsanwälte, Patentanwälte und Steuerberater können sich untereinander sowie grundsätzlich auch mit Angehörigen anderer freier Berufe zu Berufsausübungsgesellschaften verbinden und die Rechtsform dafür frei wählen. Dabei entstehen neue Zulassungs- und/oder Registrierungspflichten (Informationspflichten), die die Normadressaten in unterschiedlichem Umfang betreffen. So ist z.B. eine Rechtsanwaltsgesellschaft m.b.H. schon bisher zulassungspflichtig. Verbindet sich diese Sozietät jetzt z.B. mit Steuerberatern, dann benötigt sie hierfür keine gesonderte Zulassung. Die neue Berufsausübungsgesellschaft muss sich lediglich registrieren lassen. Anders die als Gesellschaft bürgerlichen Rechts (GbR) verfasste Anwaltssozietät, deren

Gesellschafter unbeschränkt haften: Beim Zusammenschluss dieser GbR z.B. mit Steuerberatern zu einer haftungsbeschränkten Berufsausübungsgesellschaft m.b.H. entsteht neben der Registrierungs-, auch die Zulassungspflicht. Alle Berufsausübungsgesellschaften sind dann zulassungspflichtig und müssen Mitglieder der Rechtsanwaltskammern, Patentanwaltskammer beziehungsweise der Steuerberaterkammern werden. Eine Ausnahme von der Zulassungspflicht gilt nach dem BRAORefG für Personengesellschaften ohne Haftungsbeschränkung, denen ausschließlich aktiv mitarbeitende Rechtsanwältinnen und Rechtsanwälte oder Berufsangehörige mit vergleichbarem Berufsrecht angehören (insbesondere Patentanwältinnen und Patentanwälte, Wirtschaftsprüferinnen und Wirtschaftsprüfer sowie Steuerberaterinnen und Steuerberater). Im StBerG werden entsprechende Regelungen aufgenommen. Die Tätigkeitsverbote bei Interessenkonflikten wurden umfassend in den Berufsgesetzen selber geregelt.

3. Die Sozietäten und die einfachen Partnerschaftsgesellschaften nach § 56 Abs. 1 StBerG

Steuerberater können sich ferner mit anderen Steuerberatern und anderen Berufsträgern in der Rechtsform einer **Sozietät** zusammenschließen (§ 56 Abs. 1 StBerG) und gemeinsam Steuerberatung betreiben. Die Sozietät ist eine Gesellschaft des bürgerlichen Rechts. Sie geht jedoch weiter als die Bürogemeinschaft. Die Beratungsleitung erbringt nach neuerer BGH-Rechtsprechung gesellschaftsrechtlich nicht jeder einzelne Sozius und auch nicht alle Sozien zusammen, sondern die Sozietät. Das StBerG folgt indes noch der alten Rechtsauffassung, wonach nicht die Sozietät der Vertragspartner eines Mandanten ist, sondern alle zur Steuerberatung befugten Sozien.

Der Sozietät ist die einfache Partnerschaftsgesellschaft nach § 56 Abs. 2 StBerG gleichgestellt. Der wesentliche Unterschied zur Sozietät besteht darin, dass sich das Rechtsverhältnis der Partner untereinander und zu Dritten nicht nach den §§ 705 ff. BGB bestimmt sondern über die §§ 6 und 7 PartGG nach dem Recht der Offenen Handelsgesellschaft (OHG). Die Partnerschaftsgesellschaft, die der Sozietät gleichgestellt ist, nennt man einfache Partnerschaftsgesellschaft.

Achtung! Wegen der Änderungen durch das BRAORefG s.o. Kap. 2.

Achtung! Der Bundesrat hat am 25.06.2021 das Gesetz zur Modernisierung des Personengesellschaftsrechts (MoPeG) gebilligt (BR-Drs. 567/21; BT-Drs. 19/27635; BT-Drs. Ausschuss 19 (6)230), nachdem der Bundestag es einstimmig am 24.06.2021 beschlossen hatte. Neben einer umfassenden Neugestaltung der GbR (§§ 708 ff. BGB n.F.) werden künftig alle Personenhandelsgesellschaften auch für Freiberufler möglich. Diese Öffnung des Zugangs zu den ursprünglich dem Betrieb eines Handelsgewerbes vorbehaltenen kaufmännischen Rechtsformen der Personengesellschaft für Freie Berufe wird unter einen berufsrechtlichen Vorbehalt gestellt. Das Gesetz wird überwiegend am 01.01.2024 in Kraft treten.

4. Die Steuerberatungsgesellschaften – ab 01.08.2022 Berufsausübungsesellschaften genannt – nach §§ 49 ff. StBerG

Nach § 3 Nr. 3 StBerG ist es Steuerberatern gestattet, mit anderen Steuerberatern und mit anderen Berufsträgern **Steuerberatungsgesellschaften** zu gründen und zu führen und in solchen Gesellschaften unbeschränkt geschäftsmäßige Hilfeleistung in Steuersachen zu erbringen. Steuerberatungsgesellschaften bedürfen jedoch einer gesonderten Anerkennung. Dafür ist nach § 49 Abs. 3 StBerG (**Hinweis!** Durch das BRAORefG mit Wirkung ab dem 01.08.2022 in § 53 StBerG n.F. geregelt) die Steuerberaterkammer zuständig. Vor Erteilung dieser Anerkennung ist eine Steuerberatung nicht zulässig.

Achtung! Wegen der Änderungen durch das BRAORefG s.o. Kap. 2. Nachfolgend wird noch auf die aktuell geltende bisherige Rechtslage Bezug genommen.

4.1 Die Rechtsformen der Steuerberatungsgesellschaften

Steuerberatungsgesellschaften können AG, KGaA, GmbH, OHG, KG oder (anerkannte) Partnerschaftsgesellschaften sein (§ 49 Abs. 1 StBerG). Bei einer OHG und einer KG muss zuvor diese Gesellschaft schon wegen ihrer Treuhandtätigkeit im Handelsregister eingetragen gewesen sein. Steuerberatungs-OHG und Steuerberatungs-KG können damit nicht neu gegründet sondern nur „umgewidmet" werden. Seit dem 12.04.2008 ist es möglich, Hilfeleistung in Steuersachen in der Rechtsform einer Steuerberatungs-GmbH & Co. KG zu erbringen. Im letzteren Fall hat jedoch das FG Düsseldorf in einem Urteil aus dem Jahr 2010 (DStRE 2011, 99) die Einkünfte einer Steuerberatungs-GmbH & Co. KG, bei der im Blick auf § 15 Abs. 3 Nr. 2 EStG nur die Kommanditisten die Geschäftsführung inne hatten, als gewerblich eingestuft. Der BFH hat die Revision gegen dieses Urteil am 10.10.2012 als unbegründet zurückgewiesen (BFHE 238, 444) und damit die Entscheidung des FG Düsseldorf bestätigt.

Die **Partnerschaftsgesellschaft** kann sich zur Steuerberatungsgesellschaft anerkennen lassen (qualifizierte oder anerkannte Partnerschaftsgesellschaft). Sie muss es aber nicht (einfache Partnerschaftsgesellschaft). Lässt sie sich anerkennen, darf sie nach § 3 Nr. 3 StBerG unbeschränkt Hilfe in Steuersachen leisten; lässt sie sich nicht anerkennen, steht ihr die Befugnis nach § 3 Nr. 2 StBerG zu. Die Frage, ob eine einfache oder eine qualifizierte Partnerschaftsgesellschaft gewollt ist, stellt sich vor allem bei interdisziplinären Zusammenschlüssen von Steuerberatern mit Wirtschaftsprüfern und/oder Rechtsanwälten. Letztere lehnen mitunter die anerkannte Partnerschaftsgesellschaft als Kooperationsform allein deshalb ab, weil diese in der Firma die Bezeichnung „Steuerberatungsgesellschaft" führen muss.

4.2 Voraussetzungen für die Anerkennung

Bei Steuerberatungsgesellschaften müssen auf Geschäftsführungsebene die **Mitglieder der Geschäftsführung nach § 50 Abs. 1 StBerG** Steuerberater sein. Daneben können der Geschäftsführung auch Rechtsanwälte, Wirtschaftsprüfer, vereidigte Buchprüfer etc. angehören (§ 50 Abs. 2 StBerG). Die Zahl dieser Nicht-Steuerberater-Geschäftsführer darf aber die Zahl der Steuerberater im Vorstand, unter den Geschäftsführern oder unter den persönlich haftenden Gesellschaftern nicht übersteigen (§ 50 Abs. 4 StBerG).

Voraussetzung für die Anerkennung ist auf Gesellschafterebene, dass sämtliche Gesellschafter Steuerberater, Rechtsanwälte, Wirtschaftsprüfer, vereidigte Buchprüfer, Steuerbevollmächtigte oder Steuerberatungsgesellschaften sind (§ 50a Abs. 1 Nr. 1 StBerG), und dass diesen Personen die Mehrheit der Stimmrechte zusteht (§ 50a Abs. 1 Nr. 5 StBerG). Nach § 50a Abs. 1 Nr. 5 StBerG können Steuerberatungsgesellschaften zudem die Mehrheit bei anderen Steuerberatungsgesellschaften haben. Damit ist es Steuerberatungsgesellschaften möglich, die Steuerberatung in Tochtergesellschaften auszuüben.

4.3 Eintragung im Handelsregister

§ 49 Abs. 2 StBerG fordert, dass eine OHG/KG berufsrechtlich erst anerkannt werden kann, wenn diese Gesellschaft zuvor wegen ihrer Treuhandtätigkeit schon im Handelsregister eingetragen war. Das hatten die Registergerichte zuletzt in der Praxis nicht mehr problematisiert. OHG/KG konnten als Steuerberatungsgesellschaft unmittelbar in das Handelsregister eingetragen werden. Eine Steuerberatungsgesellschaft in der Form einer Kommanditgesellschaft mit dem Gesellschaftszweck „geschäftsmäßige Hilfeleistung in Steuersachen einschließlich der Treuhandtätigkeit" kann nach dem BGH-Beschluss vom 15.07.2014 (II ZB 2/13, DStR 2014, 2085) im Handelsregister eingetragen werden.

4.4 Die Partnerschaftsgesellschaft mit beschränkter Berufshaftung (PartGmbB)

Der Gesetzgeber hat in dem Gesetz zur Einführung einer Partnerschaftsgesellschaft mit beschränkter Berufshaftung das Haftungssystem bei Personengesellschaften erneut und über den § 8 Abs. 2 PartGG hinaus durchbrochen. Bei einer OHG und bei einer Partnerschaft haften alle Gesellschafter/Partner persönlich und unbeschränkt für alle Verbindlichkeiten der Gesellschaft. Hingegen haftet nach § 8 Abs. 4 PartGG für Verbindlichkeiten der Partnerschaft aus Schäden wegen fehlerhafter Berufsausübung nur das Gesellschaftsvermögen, wenn die Partnerschaft eine zu diesem Zweck durch Gesetz vorgeschriebene Berufshaftpflichtversicherung unterhält. Die Versicherungssumme muss nach § 67 Abs. 2 StBerG mindestens 1 Mio. € betragen und der Name der Partnerschaft muss den Zusatz „mit beschränkter Berufshaftung" oder „mbB" enthalten.

Zu beachten ist bei dieser haftungsbegrenzten Form der Partnerschaftsgesellschaft, dass die Haftung der Partner nur für Schadensersatzansprüche aus Berufspflichtverletzungen ausgeschlossen ist. Andere Gläubiger (wie z.B. Arbeitnehmer, Banken, Vermieter etc.) können sich nach wie vor sowohl an die Partnerschaft als auch an alle Partner wenden.

5. Im EU-Ausland niedergelassene Steuerberatungsgesellschaften

Nach einem Urteil des BFH vom 19.10.2016, II R 44/12 können im EU-Ausland niedergelassene Steuerberatungsgesellschaften nach § 3a StBerG unter den im Einzelnen bestimmten Voraussetzungen berechtigt sein, für inländische Steuerpflichtige zu einer vorübergehenden und gelegentlichen Hilfeleistung in Steuersachen auf deutschem Gebiet tätig zu werden. Der BFH entspricht damit dem, im Wege eines Vorabentscheidungsersuchens ergangenen Urteils des EuGH vom 17.12.2015, C-342/14, X-Steuerberatungsgesellschaft, EU:C:2015:827) und beruft sich auf die unionsrechtlich verbürgte Dienstleistungsfreiheit. Voraussetzung für die Anerkennung einer im EU-Ausland niedergelassenen Steuerberatungsgesellschaft ist grundsätzlich, dass zumindest eine nachhaltige Berufsausübung nachgewiesen werden kann. Dies ist notwendig, sofern im EU-Niederlassungsland keine dem deutschen Steuerberatungsgesetz entsprechende Reglementierung vorliegt. Eine nachhaltige Berufsausübung liegt dann grundsätzlich vor, wenn in den letzten zehn Jahren mindestens zwei Jahre lang eine steuerberatende Tätigkeit im EU Ausland ausgeübt wurde. Es muss außerdem auch ein entsprechender Berufshaftpflichtschutz vorliegen.

Der BFH hat mit Urteil vom 18.01.2017, II R 33/16 (für allgemein anwendbar erklärt durch BMF am 26.06.2017) entschieden, dass eine ausländische Steuerberatungsgesellschaft, die nach deutschem Recht nicht befugt ist, sich beim BFH selbst zu vertreten, diese Befugnis auch nicht aus der Dienstleistungsfreiheit herleiten kann.

Schluss

Die **Hilfeleistung in Steuersachen** ist ohne die Möglichkeit personeller Zusammenschlüsse nicht mehr denkbar.

Der Gesetzgeber hat sich aktuell mit dem Recht der Personenzusammenschlüsse im steuerberatenden Beruf beschäftigt und dieses mit den o.g. neuen Gesetzen BRAORefG mit Wirkung vom 01.08.2022 und MoPeG mit Wirkung überwiegend am 01.01.2024 den neuen Bedürfnissen und Rechtsentwicklungen angepasst,

Ich danke für Ihre Aufmerksamkeit.

Vortrag 3: Die Vereinbarung von Erfolgshonoraren nach § 9a StBerG

I. Einführende Hinweise

Die Vereinbarung von Erfolgshonoraren war lange Jahre absolut tabu und galt als schwerer Verstoß gegen die Berufspflichten der Steuerberater. Im Wandel der Zeit hat sich hier aber eine andere Erkenntnis breitgemacht. Vor allem bei Mandaten, bei denen es um Schadenersatzforderungen ging, sah man die finanzielle Beteiligung des engagierten Anwalts am Erfolg eines jahrelangen Verwaltungs- und Gerichtsverfahrens als ein durchaus adäquates Mittel, die Rechtsverfolgung gerade minderbemittelter Bürger zu fördern und zu gewährleisten. Das führte letztendlich im Jahr 2008 zu einer Neufassung des § 9a StBerG durch das Gesetz zur Neuregelung des Verbots der Vereinbarung von Erfolgshonoraren.

II. Gliederung

	Gliederungspunkt	Die Stichworte
	Einleitung	**Thema; das schnelllebige Berufsrecht; Erfolgshonorare gewährleisten Rechtsverfolgung**
1.	Rechtsentwicklung	Bindung an StBVV, § 9 Abs. 1 StBerG i.d.F. bis 30.06.2008, auch für Rechtsanwälte und Wirtschaftsprüfer
2.	Erfolgshonorare	Definition des Erfolgshonorars

3.	Die einzelnen Voraussetzungen für die Zulassung von Erfolgshonoraren nach § 9a StBerG	Grundsätzlich unzulässig mit Ausnahmen: • Einzelfall, • Abhalten von Rechtsverfolgung, • Textform deutlich abgesetzt, • Vergleich der Vergütungen, • Angabe der Gründe, • Vereinbarung bei Misserfolg.
4.	Rechtsprechung	Zahlungen des Schuldners an den Steuerberater, die den gesetzlichen Gebührenrahmen überschreiten Zulässigkeit von Zeittaktklauseln
	Schluss	**Reaktion der Rechtsprechung; Sanktionen bei unzulässigen Vereinbarungen, finanziell und strafrechtlich (als Rechtsbeistand)**

III. Der Vortrag

Einleitung

Sehr geehrter Herr Prüfungsvorsitzender/Sehr geehrte Frau Prüfungsvorsitzende, meine Damen und Herren, ich habe das Thema gewählt: **„Die Vereinbarung von Erfolgshonoraren nach § 9a StBerG“.**

Mein Vortrag ist wie folgt gegliedert s.o. II. (Aufzählen der Gliederungspunkte Nr. 1. bis 4. – nur Vollziffern vorstellen).

1. Rechtsentwicklung

Nach § 64 StBerG sind die Steuerberater an eine Gebührenordnung gebunden (StBVV), die das Bundesministerium der Finanzen durch Rechtsverordnung mit Zustimmung des Bundesrates erlassen hat. § 9 Abs. 1 StBerG sprach sich bis zum 30.06.2008 strikt gegen die Zulässigkeit von Erfolgshonorarvereinbarungen aus: „Vereinbarungen, durch die eine Vergütung für die Hilfeleistung in Steuersachen dem Grunde oder der Höhe nach vom Ausgang der Sache oder vom Erfolg der Tätigkeit abhängig gemacht wird oder nach denen der Steuerberater einen Teil der zu erzielenden Steuerermäßigung oder Steuervergütung als Honorar erhält, sind unzulässig“. Damit war dem Steuerberater generell und ausnahmslos untersagt, von der StBVV abzuweichen und Erfolgshonorare zu vereinbaren.

Erfolgshonorare waren früher ohne Ausnahme nicht nur den Steuerberatern, sondern auch den Rechtsanwälten und den Wirtschaftsprüfern generell und ohne Ausnahmen untersagt.

2. Erfolgshonorare

Erfolgshonorare sind Vergütungen deren Höhe von dem Ergebnis einer Tätigkeit abhängig gemacht wird. Die Frage der Zulässigkeit solcher Erfolgshonorare für Steuerberater regelt § 9a StBerG (= Art. 4 ErfHonVNG). Nach § 9a Abs. 1 StBerG sind Erfolgshonorare (d.h. Vereinbarungen, durch die eine Vergütung für eine Hilfeleistung in Steuersachen oder ihre Höhe vom Ausgang der Sache oder vom Erfolg der Tätigkeit abhängig gemacht wird oder nach denen der Steuerberater oder Steuerbevollmächtigte einen Teil der zu erzielenden Steuerermäßigung, Steuerersparnis oder Steuervergütung als Honorar erhält) grundsätzlich unzulässig. Von einem Erfolgshonorar war und ist auch dann auszugehen, wenn die Parteien vereinbaren, dass ein bestimmtes Honorar erst mit Eintritt eines konkreten Ereignisses fällig wird.

Die Zulässigkeit begrenzter Ausnahmen zeigt § 9a Abs. 2–4 StBerG auf. Danach ist die Vereinbarung von Erfolgshonoraren möglich, wenn der Auftraggeber aufgrund der wirtschaftlichen Verhältnisse bei verständiger Betrachtung ohne die Vereinbarung eines Erfolgshonorars von der Rechtsverfolgung abgehalten wäre. Die Vereinbarung bedarf der „Textform“. Sie muss von anderen Vereinbarungen deutlich abgesetzt sein. Die Einzelheiten der Honorarvereinbarung sind zu dokumentieren.

Ebenso wurden aufgrund des BVerfG-Urteils die Rechtsanwaltsvergütungsverordnung (RVG) als auch die Wirtschaftsprüferordnung (WPO) geändert und in § 4a Abs. 1 RVG bzw. in § 55a Abs. 2–4 WPO ein Erfolgshonorar für denselben Ausnahmefall zugelassen.

3. Die einzelnen Voraussetzungen für die Zulassung von Erfolgshonoraren nach § 9a StBerG

Ausnahmsweise können Erfolgshonorare vereinbart werden, wenn folgende Voraussetzungen erfüllt sind:

- Ein Erfolgshonorar darf nur für den Einzelfall vereinbart werden.
- Ohne Vereinbarung eines Erfolgshonorars würde der Auftraggeber aufgrund seiner wirtschaftlichen Verhältnisse (**Hinweis!** Durch das Gesetz zur Förderung verbrauchergerechter Angebote im Rechtsdienstleistungsmarkt (RDMaÄndG) werden mit Wirkung vom 01.10.2021 die Wörter „**aufgrund seiner wirtschaftlichen Verhältnisse**" gestrichen) von der Rechtsverfolgung abgehalten werden.
- Die Vereinbarung bedarf nach § 9a Abs. 3 StBerG der Textform (§ 126b BGB). Sie muss als Vergütungsvereinbarung oder in vergleichbarer Weise bezeichnet werden, muss von anderen Vereinbarungen deutlich abgesetzt sein und darf nicht in der vom Antragsteller zu unterzeichnenden Vollmacht enthalten sein. Laut BGH (Urteil vom 03.12.2015, IX ZR 40/15) verlangt das Tatbestandsmerkmal des „deutlichen Absetzens" (bei § 3a Abs. 1 S. 2 RVG) die räumliche Trennung der Vergütungsvereinbarung von den "anderen Vereinbarungen" (mit Ausnahme der Auftragserteilung) und zwar optisch eindeutig. Der Textform ist nicht genügt, wenn es infolge nachträglicher handschriftlicher Ergänzungen an einem räumlichen Abschluss der Vereinbarung fehlt (BGH, Urteil vom 03.11.2011, IX ZR 47/11).
- Die Vereinbarung muss die voraussichtliche gesetzliche Vergütung und ggf. die erfolgsunabhängige vertragliche Vergütung enthalten, zu der der Steuerberater oder Steuerbevollmächtigte bereit wäre, den Auftrag zu übernehmen.
- Die Vereinbarung muss ferner die Angabe enthalten, welche Vergütung bei Eintritt welcher Bedingungen verdient sein soll.
- Die Vereinbarung muss außerdem die wesentlichen Gründe angeben, die für die Bemessung des Erfolgshonorars bestimmend sind.
- In die Vereinbarung muss ferner ein Hinweis aufgenommen werden, dass sie keinen Einfluss auf die ggf. vom Auftraggeber zu zahlenden Gerichtskosten, Verwaltungskosten und die von ihm zu erstattenden Kosten anderer Beteiligter hat.

Für den Fall des Misserfolges darf vereinbart werden, dass keine oder eine geringere als die gesetzliche Vergütung zu zahlen ist, wenn für den Erfolg ein angemessener Zuschlag auf die gesetzliche Vergütung vereinbart wird (Misserfolgshonorar).

4. Rechtsprechung

In der Praxis wird von der Vereinbarung eines Erfolgshonorars nur selten Gebrauch gemacht. Entsprechend existiert bisher nur vereinzelt diesbezügliche Rechtsprechung. Enthält die Vereinbarung eines Erfolgshonorars nicht die voraussichtliche gesetzliche Vergütung und gegebenenfalls die erfolgsunabhängige vertragliche Vergütung, zu der der Rechtsanwalt bereit wäre, den Auftrag zu übernehmen, und auch nicht die Angabe, welche Vergütung bei Eintritt welcher Bedingungen verdient sein soll, oder ist sie nur mündlich getroffen, so führt dies nicht zur Nichtigkeit des Anwaltsvertrags und belässt dem Rechtsanwalt grundsätzlich den Anspruch auf die gesetzliche Vergütung (OLG Düsseldorf, Beschluss vom 27.02.2012, I 24 U 170/11).

Nach dem Urteil des BGH vom 06.06.2019, I ZR 67/18, AnwBl 2019, 466 gilt das Verbot der Vereinbarung eines Erfolgshonorars auch für Versicherungsberater.

Zahlungen des Schuldners an den Steuerberater, die den gesetzlichen Gebührenrahmen überschreiten, stellen eine teilweise inkongruente Deckung dar, wenn die getroffene Gebührenvereinbarung formunwirksam ist. Die teilweise Inkongruenz führt grundsätzlich dazu, dass die Zahlung insgesamt anfechtbar ist (OLG Düsseldorf, Urteil vom 11.05.2017, 1-12 U 55/16). Die Frage, ob eine 15-Minuten-Zeittaktklausel zulässig ist, wird von den Gerichten unterschiedlich beantwortet (s. BGH Urteil vom 05.06.2014, IX ZR 137/12). Das OLG Düsseldorf mit Urteil vom 29.06.2006, I 24 U 196/04 und das LG Köln mit Urteil vom 18.10.2016, 11 S 302/15 sehen in der Klausel eine unangemessene Benachteiligung gem. § 307 Abs. 1, Abs. 2 Nr. 1 BGB. So auch das OLG München mit Urteil vom 05.06.2019, 15 U 318/18. Allerdings vertreten das OLG Schleswig mit Urteil vom 19.02.2009, 11 U 151/07 und das LG München I mit Urteil vom 21.09.2009, 4 O 10820/08 eine andere Auffassung mit dem Verweis auf § 13 S. 2 StBVV bzw. § 8 Abs. 2 S. 2 JVEG. Gegen das Urteil des OLG München vom 05.06.2019 ist Revision beim BGH eingelegt worden. Der BGH hat allerdings mit Urteil vom 13.02.2020,

IX ZR 141/19 entschieden, dass ein Mandant durch eine in einer Vergütungsvereinbarung getroffene Regelung, nach der die Abrechnung im Fünfzehn-Minuten-Takt für jede angefangene Viertelstunde erfolgt, unangemessen benachteiligt wird.

Schluss

Der Steuerberater, der ein Erfolgshonorar vereinbaren will (oder auf Druck des Mandanten muss), ist gut beraten, wenn er sich zuvor über die o.g. Voraussetzungen genauestens informiert. Beachtet er die Zulässigkeitsvoraussetzungen für die Wirksamkeit eines vereinbarten Erfolgshonorars nicht, läuft er Gefahr, seinen Vergütungsanspruch zu verlieren (vgl. BGH, Urteil vom 23.04.2009, DStR 2009, 2123 ff.). Er kann zudem u.U. auch den Tatbestand des § 352 StGB erfüllen. Danach macht sich strafbar, wer eine Gebühr oder Vergütung erhebt, von der er weiß, dass sie der Zahlende nicht schuldet.

Ich danke für Ihre Aufmerksamkeit.

Vortrag 4: Die Haftung des Steuerberaters für Beratungsfehler und berufsrechtliche Sonderregelungen

I. Einführende Hinweise

Die **Haftung des Steuerberaters** ist dem Grunde nach ein juristisches Thema und gehört zum Rechtsgebiet des Bürgerlichen Gesetzbuches (BGB). Andererseits konzentrieren sich Haftungsfragen auch auf das StBerG und auf die DVStB. Die rechtlichen Rahmenbedingungen zu diesem Thema bilden die §§ 280 Abs. 1 Satz 1, 311 Abs. 2, 195, 199 BGB einerseits und die §§ 67, 67a StBerG, 51 ff. DVStB andererseits.

II. Die Gliederung

	Gliederungspunkt	**Die Stichworte**
	Einleitung	**Thema; Kurzübersicht**
1.	Die Haftung	Themenabgrenzung; Haften = Verpflichtung zum Schadensersatz
2.	Verletzung vertraglicher Pflichten (Beratungsfehler)	Geschäftsbesorgungsvertrag, Beratungsumfang; Beratungsfehler Beispiele für mögliche Pflichtverletzungen
3.	Haftungsausfüllende Kausalität – Mitverschulden	Pflichtverletzung (Beratungsfehler), Schaden und Kausalität
4.	Anspruch des Mandanten und Ansprüche Dritter	Beratungsfehler, Schadenersatzanspruch, Vertrag mit Schutzwirkung zugunsten Dritter
5.	Berufsrechtliche Sondervorschriften	Verjährung, Berufshaftpflicht und vertragliche Haftungsbegrenzung
5.1	Verjährung	§§ 196, 199 BGB
5.2	Berufshaftpflichtversicherung	§§ 67 StBerG, 51 DVStB; 250.000 € bis 1.000.000 € = Mindestsummen für den Einzelfall und Jahreshöchstbegrenzung Ausschlüsse des Haftpflichtversicherungsschutzes **Berufshaftpflichtversicherung für Berufsausübungsgesellschaften ab 01.08.2022**
5.3	Vertragliche Haftungsbegrenzungen	§ 67a StBerG; 250.000 € Einzelfall; 1.000.000 € bei AGB

	Gliederungspunkt	Die Stichworte
	Schluss	Fortbildung nach § 57 Abs. 2a StBerG

III. Der Vortrag

Einleitung

Sehr geehrter Herr Prüfungsvorsitzender/Sehr geehrte Frau Prüfungsvorsitzende, meine Damen und Herren, ich habe das Thema „**Die Haftung des Steuerberaters für Beratungsfehler und berufsrechtliche Sonderregelungen**" gewählt.

Mein Vortrag ist wie folgt gegliedert: (Aufzählen der Gliederungspunkte Nr. 1 bis 5. aus der obigen Gliederung – nur Vollziffern vorstellen).

1. Die Haftung

Haften heißt im Steuerrecht „Einstehen-Müssen für eine fremde Schuld" (vgl. §§ 69 ff. AO). Das ist mit dem Thema Haftung des Steuerberaters nicht gemeint. Nach allgemeinem Sprachgebrauch versteht man unter der Haftung des Steuerberaters dessen Verpflichtung, die von ihm in Erfüllung seines Auftrags schuldhaft verursachte Schäden zu ersetzen.

2. Verletzung vertraglicher Pflichten (Beratungsfehler)

Wenn ein Steuerberater beauftragt wird, für einen Mandanten Hilfe in Steuersachen zu leisten, wird dies im Rahmen eines Geschäftsbesorgungsvertrags mit Dienst- oder Werkvertragscharakter erfolgen. Aus einem solchen Vertragsverhältnis erwächst die Pflicht des Beraters, die Arbeit für den Mandanten so gewissenhaft zu erbringen, dass diesem kein steuerlicher Nachteil entsteht bzw. dass dieser keinen Schaden erleidet. Der **Umfang der Beratungspflichten** und der darin eingebundenen Sorgfaltspflichten etc. bestimmt sich nach Art und Umfang des erteilten Auftrages. Je umfassender der Beratungsauftrag ist, umso umfassender hat der Berater die Interessen des Mandanten zu vertreten, umso größer sind die von ihm zu erfüllenden Pflichten und umso eher kann ihm ein Beratungsfehler mit der Verpflichtung zum Schadenersatz unterlaufen. Die Frage, ob eine Pflichtverletzung und damit ein **Beratungsfehler** im Rahmen des Auftrags vorliegt, umspannt einen breiten Bogen. Nach der Rechtsprechung des BGH ergeben sich die Aufgaben des Steuerberaters aus Inhalt und Umfang des ihm erteilten Mandates. Den Inhalt des Mandats hat der Tatrichter anhand der Umstände des Einzelfalls festzustellen (BGH, Urteil vom 19.04.2012, IX ZR 156/10).

Mögliche Pflichtverletzungen können sein:

- Ein Steuerberater haftet nach den Urteilen des OLG Karlsruhe vom 04.03.2010, 4 U 105/09 und OLG Köln, vom 12.04.2017, 16 U 94/15 auch, wenn er seinen Mandanten nicht schon bei Anbahnung eines gesonderten, über das Dauermandat hinausgehenden Steuerberatungsvertrages vor steuerlichen Risiken im Zusammenhang mit der erbetenen Auskunft warnt. das Unterlassen eines gebotenen Hinweises, ein Rechtsirrtum, eine Fristversäumnis oder eine fehlerhafte Sachverhaltsaufklärung.
- Nach dem Urteil des BGH vom 04.07.2007 (8 U 114/06, DStRE 2007, 1599) muss ein Steuerberater seinen Mandanten auf eine anfallende Kirchensteuer hinweisen, wenn diese die übliche Quote übersteigt und der Steuerberater aufgrund des ihm erteilten Auftrags die steuerlichen Vor- und Nachteile bestimmter Gestaltungsmöglichkeiten zu prüfen hat.
- Den Steuerberater trifft ein grobes Verschulden am nachträglichen Bekanntwerden von Tatsachen, die Voraussetzung für die Gewährung eines Entlastungsbetrags für Alleinerziehende sind, wenn er dem steuerlich unerfahrenen Steuerpflichtigen lediglich eine komprimierte Einkommensteuererklärung zur Prüfung aushändigt, ohne den für die Abgabe einer vollständigen Steuererklärung maßgebenden Sachverhalt zu ermitteln, und dem Steuerpflichtigen damit die Möglichkeit nimmt, die darin enthaltenen Angaben auf Vollständigkeit und Richtigkeit zu prüfen (BFH, Urteil vom 16.05.2013, III R 12/12).
- Ein Steuerberater muss nach dem Urteil des LSG Berlin-Brandenburg, vom 26.04.2013, L 1 KR 5/11 bei einem Mandat, das die Abrechnung von Sozialversicherungsbeiträgen beinhaltet, auch prüfen, ob eine beitragspflichtige Beschäftigung nach § 7 Abs. 1 SGB IV vorliegt.

- Ein steuerlicher Berater handelt grob fahrlässig i.S.v. § 173 Abs. 1 Nr. 2 AO, wenn er die in der Anlage N-Gre ausdrücklich gestellte Frage nach steuerfreien Kinderzulagen bei einem in der Schweiz tätigen Grenzgänger nicht beantwortet, obwohl er bei sorgfältiger Prüfung und Aufarbeitung des steuerrelevanten Sachverhalts aus den (monatlichen) Gehaltsmitteilungen des Steuerpflichtigen erkennen konnte, dass in dem in der Jahreslohnbescheinigung ausgewiesenen Arbeitslohn steuerfreie Kinderzulagen enthalten waren (BFH Urteil vom 28.04.2020, VI R 24/17).

3. Haftungsausfüllende Kausalität – Mitverschulden

Hat eine fehlerhafte Bearbeitung der steuerlichen Angelegenheiten, ein fehlerhafter Rat oder ein nicht erteilter Rat dazu geführt, dass der Mandant (Mehr-) Steuern zahlen muss, die er bei einer richtigen Bearbeitung oder bei einer zulässigen Alternativ-Gestaltung etc. nicht hätte zahlen müssen, so ist ihm ein Schaden entstanden, der vom Berater zu ersetzen ist. Der Beratungsfehler muss für den Schaden kausal sein. Gibt es keine Handlungsalternative, kann der Berater auch nicht haften, selbst wenn seine Beratung oder seine Hinweise etc. ggf. falsch waren. Hat z.B. der Berater für einen mittelbaren Grundstückserwerb eine Grunderwerbsteuerbefreiung vorausgesagt, und tritt diese nicht ein, ist ein dem Steuerberater zurechenbarer Schaden fraglich, wenn der Mandant den Vertrag auf jeden Fall abgeschlossen hätte, weil der Erwerb selbst mit der Steuerpflicht für den Mandanten ein „Schnäppchen" gewesen ist.

Hat ein **Mitverschulden des Mandanten** mitgewirkt, so ist dies im Rahmen des § 254 BGB zu berücksichtigen. Ein Schadenersatzanspruch wird in diesem Fall im Maß der beiderseitigen Verursachung gekürzt. Häufig verweisen Steuerberater bei der Geltendmachung von Schadenersatzansprüchen auf ihre Mandantenrundschreiben, in denen der Haftungsfall mit den richtigen Rechtsfolgen etc. dargestellt ist. Solche Mandantenrundschreiben sprechen in aller Regel den Mandanten mit seinen steuerlichen Problemen und Fragen nicht konkret an und sind deshalb nicht schadensmindernd nach § 254 BGB zu berücksichtigen.

4. Anspruch des Mandanten und Ansprüche Dritter

Hat der Berater einen vorwerfbaren und damit schuldhaften **Beratungsfehler** begangen und ist dadurch dem Mandanten ein Schaden entstanden, so hat dieser einen **Schadersatzanspruch** nach den §§ 280, 311 BGB. Der Steuerberater (Schuldner) hat in einem solchen Fall (Beratungs-)Pflichten aus einem bestehenden Schuldverhältnis (Steuerberatervertrag) verletzt und muss seinem Mandanten (Gläubiger) nach § 280 Abs. 1 Satz 1 BGB den hierdurch entstandenen Schaden ersetzen.

Der Beratungsfehler bzw. die Pflichtverletzung muss schuldhaft erfolgt sein. Leichte Fahrlässigkeit reicht aber aus. Nach § 280 Abs. 1 S. 2 BGB trifft den Steuerberater die Schadenersatzverpflichtung nur dann nicht, wenn er die Pflichtverletzung (überhaupt) nicht zu vertreten hat. Das wird aber bei Falschberatungen kaum der Fall sein, nachdem vom Steuerberater erwartet wird, dass er die aktuelle höchstrichterliche Rechtsprechung kennt, die für sein Beratungsfeld relevant ist (BGH vom 6.11.2008, IX ZR 140/07, DStRE 2009, 452). Darüber hinaus kann der Steuerberater sogar verpflichtet sein, eine zu erwartende Rechtsprechungsänderung zu berücksichtigen (OLG Celle vom 23.2.2011, 3 U 174, 10).

Der Steuerberater kann sich ebenfalls nach den §§ 280, 311 BGB und ergänzend nach dem Rechtsinstitut des „**Vertrags mit Schutzwirkung zugunsten Dritter**" gegenüber Personen schadenersatzpflichtig machen, die nicht seine Auftraggeber sind. Das ist dann der Fall, wenn solche Dritte in den Steuerberatervertrag wegen der besonderen Nähe zum Mandanten oder/und zur Leistung des Beraters eingebunden sind. Berät der Steuerberater z.B. eine Kommanditgesellschaft (KG), kann eine vom Berater versäumte Einspruchseinlegung gegen den der KG zugegangenen Feststellungsbescheid auch Schadenersatzansprüche der Kommanditisten auslösen. Haftungsrisiken drohen dem Steuerberater auch dann, wenn er seine dem Mandanten geschuldete Leistung (Gutachten, Bilanz, Überschuldungsstatus etc.) einem Dritten (Bank) überlässt und wenn er wusste oder damit rechnen musste, dass der Dritte (die Bank) daran Entscheidungen knüpft – wie z.B. eine Kreditvergabe oder eine Kreditverlängerung.

5. Berufsrechtliche Sondervorschriften

Hinsichtlich der Verletzung von Beratungspflichten, hinsichtlich der haftungsausfüllenden Kausalität und hinsichtlich der Anspruchsgrundlagen gibt es keine **berufsrechtlichen Sondervorschriften**. Es finden sich jedoch Sondervorschriften in Bezug auf die vertragliche Begrenzung (§ 67a StBerG) und in Bezug auf die Berufshaftpflichtversicherung (§§ 67 StBerG, 51–56 DVStB).

5.1 Verjährung

Die Verjährung von Schadensersatzansprüchen richtet sich ausschließlich nach den allgemeinen Verjährungsvorschriften. Folglich verjähren die gegen den Steuerberater geltend zu machenden Schadenersatzansprüche grundsätzlich in drei Jahren ab Entstehen und Kenntnis des Anspruches (§ 195 BGB). Ohne Rücksicht auf die Kenntnis und grobe Unkenntnis verjähren sie in zehn Jahren und ohne Rücksicht auf ihre Entstehung in 30 Jahren von der Begehung der Pflichtverletzung an. Allerdings sollte man sich bewusst machen, dass die Verjährung von Schadensersatzansprüchen nach 30 Jahren i.S.d. §§ 195, 199 Abs. 3 Nr. 2 BGB nur in Ausnahmefällen greift.

Ein Mandant hat in der Regel keine Kenntnis oder grob fahrlässige Unkenntnis von Schaden und Schädiger, wenn der von ihm beauftragte Steuerberater, gegen den sich der Anspruch richtet, die in einem Steuerbescheid oder einem Schreiben des Finanzamts enthaltene Rechtsansicht als unrichtig bezeichnet und zur Einlegung eines Rechtsbehelfs rät (BGH, Urteil vom 25.10.2018, IX ZR 168/17).

5.2 Berufshaftpflichtversicherung

Selbstständige Steuerberater, Steuerbevollmächtigte und Partnerschaftsgesellschaften, auch solche mit beschränkter Berufshaftung nach § 8 Abs. 4 des Partnerschaftsgesellschaftsgesetzes, müssen sich nach § 67 StBerG gegen die aus ihrer **Berufstätigkeit ergebenden Haftungsrisiken** angemessen versichern und die Versicherung aufrechterhalten. Selbst bei kleineren Steuerbüros beträgt eine angemessene (Mindest-)Versicherungssumme nach § 52 Abs. 1 DVStB für jeden einzelnen Versicherungsfall 250.000 €. Wenn mit der Versicherung eine Jahreshöchstleistung vereinbart wird, muss diese mindestens 1.000.000 € betragen (§ 52 Abs. 3 DVStB). Partnerschaftsgesellschaften mit beschränkter Berufshaftung erfüllen die Voraussetzungen nach § 8 Abs. 4 Satz 1 PartGG, wenn sie eine Berufshaftpflichtversicherung unterhalten, deren Mindestversicherungssumme 1 Mio. € pro Schadensfall beträgt, bei einer Jahreshöchstleistung von 4 Mio. €.

Diese Verpflichtung dient dem Schutze der Mandanten des Steuerberaters, die wegen einer Fehlleistung des Beraters zum Schaden gekommen sind. Der Steuerberater muss nach § 55 DVStB den **Abschluss der Versicherung** seiner Steuerberaterkammer anzeigen und nachweisen. Die Steuerberaterkammer kann Dritten unter bestimmten Voraussetzungen Auskunft hierüber erteilen. Auch das erhöht den Schutz der (geschädigten) Mandanten.

Die Leistungen des Versicherers für alle innerhalb eines Versicherungsjahres verursachten Schäden können auf den Betrag der Mindestversicherungssumme, vervielfacht mit der Zahl der Partner, begrenzt werden. Die Jahreshöchstleistung für alle in einem Versicherungsjahr verursachten Schäden muss jedoch mindestens 4 Mio. € betragen.

Steuerberater müssen nach dem Urteil des OLG Köln, vom 29.12.2016, 9 U 120/16 auch Ausschlüsse des Haftpflichtversicherungsschutzes für Tätigkeiten im Bereich eines unternehmerischen Risikos beachten.

Achtung! Nach dem Gesetz zur Neuregelung des Berufsrechts der anwaltlichen und steuerberatenden Berufsausübungsgesellschaften sowie zur Änderung weiterer Vorschriften im Bereich der rechtsberatenden Berufe mit Wirkung zum 01.08.2022 haben alle Berufsausübungsgesellschaften (unabhängig von ihrer Zulassung) die Befugnis, Rechtsdienstleistungen nach der BRAO oder der PAO beziehungsweise Dienstleistungen nach dem StBerG zu erbringen. Daher müssen Berufsausübungsgesellschaften, ab dem 01.08.2022 nach § 55f StBerG eine Berufshaftpflichtversicherung abschließen und während der Dauer ihrer Betätigung aufrechterhalten. Hierbei gilt ein erhöhter Mindestversicherungsbetrag von 2,5 Mio. €, wenn die Haftung der Gesellschafterinnen und Gesellschafter ausgeschlossen oder beschränkt ist. Dieser wird jedoch für kleine Gesellschaften auf 1 Mio. € für jeden Versicherungsfall herabgesetzt, da typischerweise ein geringeres Haftungsrisiko vorliegt. Für Berufsausübungsgesellschaften, die keinen rechtsformbedingten Ausschluss der Haftung und keine Beschränkung der Haftung der natürlichen Personen vorsehen, beträgt die Mindestversicherungssumme 500.000 € für jeden Versicherungsfall.

Hinweis! Durch das BRAORefG erfolgen mit Wirkung zum 01.08.2022 Änderungen in den §§ 67 und 67a StBerG:
§ 67 Abs. 1 StBerG wird aufgrund der Regelung des § 55f StBerG zur Berufshaftpflichtversicherung für Berufsausübungsgesellschaften neu gefasst.
Der bisherige § 67 Abs. 2 StBerG wird aufgehoben (Folgeänderung aufgrund der eigenständigen Regelung der Berufshaftpflichtversicherung für Berufsausübungsgesellschaften in § 55f StBerG).
§ 67 Abs. 3 StBerG wird zu Abs. 2.
§ 67 Abs. 4 StBerG wird zu § 67 Abs. 3 StBerG und das Wort „Partnerschaftsgesellschaft" wird durch den neuen Oberbegriff der Berufsausübungsgesellschaft ersetzt.
Statt des Begriffs der Sozietät wird in § 67a Abs. 2 Satz StBerG der Begriff der Berufsausübungsgesellschaft ohne Haftungsbeschränkung verwendet.

5.3 Vertragliche Haftungsbegrenzungen

Nach § 67a StBerG kann die Haftung mit individueller schriftlicher Vereinbarung im Einzelfall auf die Mindestversicherungssumme i.H.v. 250.000 € begrenzt werden.

Verwendet der Steuerberater für die **Vereinbarung der Haftungsbegrenzung** vorformulierte Vertragsbedingungen (AGB, Auftragsbedingungen etc.), so ist dies zwar zulässig, in diesem Fall darf jedoch der vereinbarte beschränkte Haftungsbetrag nach § 67a Abs. 1 Nr. 2 StBerG das Vierfache der Mindestversicherungssumme nicht unterschreiten. Das sind 1.000.000 €. Ein völliger Ausschluss der Haftung ist nicht zulässig.

Schluss

Der Steuerberater muss wissen, dass die **Haftungsgefahren** angesichts des immer diffiziler und undurchsichtiger werdenden Steuerrechts sehr groß sind. Dem kann er nur entgehen, indem er sich permanent fortbildet und sein Wissen ständig aktualisiert, wie dies in § 57 Abs. 2a StBerG ausdrücklich gefordert wird. Überdies ist er gehalten, beim Abschluss einer Vermögensschadenversicherung die Versicherungshöhe eher großzügig zu wählen als zu kleinlich.

Ich danke für Ihre Aufmerksamkeit.

Vortrag 5: Berufsrechtliche Sanktionen auf Pflichtverletzungen des Steuerberaters

I. Einführende Hinweise

Wenn es um die **Ahndung von Pflichtverletzungen** geht, dann ist damit menschliches Fehlverhalten angesprochen. Die klassischen Sanktionen auf Pflichtverletzungen bringt das Strafgesetzbuch (StGB). Die rechtswidrige und schuldhafte Verwirklichung der dort beschriebenen Straftatbestände, kann mit Geldstrafe oder Freiheitsstrafe geahndet werden. Diese ordentliche Strafgerichtsbarkeit wird bei bestimmten Berufsgruppen durch eine Berufsgerichtsbarkeit ergänzt. Hierzu gehören auch Bestimmungen des StBerG, die sich der Ahndung von Verletzung der Berufspflichtverletzungen annehmen.

II. Gliederung

	Gliederungspunkt	Die Stichworte
	Einleitung	**Thema; Kurzübersicht**
1.	Die Verletzung von Berufspflichten und berufsrechtlich mögliche Sanktionen	Allgemeine Berufspflichten nach § 57 StBerG; Konkretisierung der Pflichten in der BOStB; Sanktionen: Rüge nach § 81 StBerG und berufsgerichtliche Maßnahmen nach §§ 89, 90 StBerG; Änderungen bei der Haftung des Beraters durch das SanInsFoG; Änderungen in § 57 StBerG durch das Gesetz zur Neuregelung des Berufsrechts der anwaltlichen und steuerberatenden Berufsausübungsgesellschaften sowie zur Änderung weiterer Vorschriften im Bereich der rechtsberatenden Berufe
2.	Die Rüge durch den Vorstand der Steuerberaterkammer	Rüge nach § 81 StBerG; geringe Schuld; Rechtsmittel: Einspruch und Antrag auf mündliche Verhandlung nach § 82 StBerG; dreijährige Verjährung – § 81 Abs. 2 Satz 1 StBerG
3.	Berufsgerichtliche Maßnahmen nach §§ 89, 90 StBerG	
3.1	Die einzelnen Maßnahmen	Warnung, Verweis, Geldbuße, Berufsverbot und Ausschließung aus dem Beruf, Verjährung
3.2	Das Verfahren bei der Verhängung einer berufsgerichtlichen Maßnahme	Einleitung Staatsanwaltschaft, Hauptverhandlung, Urteil Wiederbestellung ehemaliger Steuerberater
3.3	Die Gerichtsentscheidungen und die Rechtsmittel	Gang des Verfahrens; Rechtsmittel
3.4	Gerichtsentscheidungen zum Berufsverbot	LG Nürnberg Urteil vom 02.12.2016, 1 StL 14/16 LG Frankfurt am Main vom 04.05.2018, 5/35-StL-13/17
4.	Rüge und berufsgerichtliche Maßnahme	§ 81 Abs. 2 StBerG: keine Rüge, wenn berufsgerichtliches Verfahren eingeleitet ist – Aussetzung des Verfahrens nach § 82 Abs. 5 StBerG, wenn über Antrag nach § 82 Abs. 1 StBerG noch nicht entschieden ist; § 91 Abs. 1 Satz 1 StBerG: berufsgerichtliche Maßnahme auch noch nach Rügeerteilung möglich – beachte aber § 82 Abs. 5 StBerG; unwirksame Rüge nach § 91 Abs. 2 StBerG
5.	Anderweitige Ahndung	§ 92 StBerG: Geld oder Freiheitsstrafe nach dem StGB; Disziplinarmaßnahme oder anderweitige berufsgerichtliche Maßnahme u.a.; berufsgerichtliche Maßnahme zusätzlich erforderlich
	Schluss	**Befreiung von dem Verdacht einer Pflichtverletzung; Eigenantrag des Steuerberaters nach § 116 StBerG; Rückgabe der Zulassung**

III. Der Vortrag

Einleitung

Sehr geehrter Herr Prüfungsvorsitzender/Sehr geehrte Frau Prüfungsvorsitzende, meine Damen und Herren, ich habe das Thema „**Berufsrechtliche Sanktionen auf Pflichtverletzungen des Steuerberaters**" gewählt. Mein Vortrag ist wie folgt gegliedert: (Aufzählen der Gliederungspunkte Nr. 1. bis 5. aus der obigen Gliederung – nur Vollziffern vorstellen).

1. Die Verletzung von Berufspflichten und berufsrechtlich mögliche Sanktionen

Steuerberater haben ihren Beruf nach § 57 Abs. 1 StBerG unabhängig, eigenverantwortlich, gewissenhaft, verschwiegen und unter Verzicht auf berufswidrige Werbung auszuüben. Sie haben sich nach § 57 Abs. 2 StBerG jeder Tätigkeit zu enthalten, die mit ihrem Beruf oder mit dem Ansehen des Berufs nicht vereinbar ist. Die Berufspflichten nach dem StBerG sind in der BOStB konkretisiert.

Achtung! Durch das Gesetz zur Neuregelung des Berufsrechts der anwaltlichen und steuerberatenden Berufsausübungsgesellschaften sowie zur Änderung weiterer Vorschriften im Bereich der rechtsberatenden Berufe mit Wirkung zum 01.08.2022 wird § 57 StBerG wie folgt geändert:
In Absatz 1 werden folgende Sätze angefügt:
„Die Verschwiegenheitspflicht bezieht sich auf alles, was in Ausübung des Berufs bekannt geworden ist. Sie gilt nicht für Tatsachen, die offenkundig sind oder ihrer Bedeutung nach keiner Geheimhaltung bedürfen."
Nach Absatz 1 werden die folgenden Absätze 1a bis 1c eingefügt:
„(1a) Steuerberater und Steuerbevollmächtigte dürfen nicht tätig werden, wenn eine Kollision mit eigenen Interessen gegeben ist.
(1b) Berät oder vertritt ein Steuerberater oder Steuerbevollmächtigter mehrere Auftraggeber in derselben Sache, ist er bei Interessenkollisionen verpflichtet, auf die widerstreitenden Interessen der Auftraggeber ausdrücklich hinzuweisen und darf nur vermittelnd tätig werden.
(1c) Die Absätze 1a und 1b gelten auch für Steuerberater und Steuerbevollmächtigte, die ihren Beruf gemeinschaftlich mit einem Steuerberater oder Steuerbevollmächtigten ausüben, der einem Tätigkeitsverbot nach Absatz 1a unterliegt oder der nach Absatz 1b nur vermittelnd tätig werden darf. Ein Tätigkeitsverbot nach Satz 1 bleibt bestehen, wenn der dem Tätigkeitsverbot unterliegende Steuerberater oder Steuerbevollmächtigte die gemeinschaftliche Berufsausübung beendet. Die Sätze 1 und 2 sind nicht anzuwenden, wenn die betroffenen Auftraggeber der Tätigkeit nach umfassender Information in Textform zugestimmt haben und geeignete Vorkehrungen die Einhaltung der Verschwiegenheit sicherstellen. Ein Tätigkeitsverbot nach Absatz 1a oder Absatz 1b, das gegenüber einer Berufsausübungsgesellschaft besteht, entfällt, wenn die Voraussetzungen des Satzes 3 erfüllt sind. Soweit es für die Prüfung eines Tätigkeitsverbots oder einer Beschränkung auf vermittelnde Tätigkeit erforderlich ist, dürfen der Verschwiegenheitspflicht unterliegende Tatsachen einem Steuerberater oder Steuerbevollmächtigten auch ohne Einwilligung des Auftraggebers offenbart werden."

Beispiel: Ein Steuerberater, der Jahresabschlüsse erstellt, hat zu prüfen, ob sich auf der Grundlage der ihm zur Verfügung stehenden Unterlagen und der ihm sonst bekannten Umstände tatsächliche oder rechtliche Umstände ergeben, die einer Fortführung der Unternehmenstätigkeit wegen Überschuldung oder Zahlungsunfähigkeit entgegenstehen können.

Wenn der Steuerberater gegen Berufspflichten verstößt, muss er mit **Sanktionen nach dem StBerG** rechnen.

Die **Pflichtverletzungen des Steuerberaters** können leichterer Natur sein, wobei den Steuerberater nur eine geringe Schuld trifft. Pflichtverletzungen können aber auch schwerwiegender sein, sodass von einer geringen Schuld nicht mehr gesprochen werden kann. Hat ein Steuerberater eine Pflichtverletzung begangen, kommen je nach Schwere der Schuld zwei Sanktionen in Betracht: Zum einen die Rüge durch den Vorstand der Steuerberaterkammer nach § 81 StBerG und zum anderen eine berufsgerichtliche Maßnahme nach §§ 89, 90 StBerG. Ist der Steuerberater doppelt qualifiziert, d.h. ist der Steuerberater zugleich Wirtschaftsprüfer oder/

und Rechtsanwalt kommen zudem **Sanktionen nach der Wirtschaftsprüferordnung** (WPO) oder/und der Bundesrechtsanwaltsordnung (BRAO) in Betracht.

Achtung! Änderungen bei der Haftung des Beraters durch das SanInsFoG
Der Gesetzgeber hat mit Gesetz zur Fortentwicklung des Sanierungs- und Insolvenzrechts (Sanierungs- und Insolvenzrechtsfortentwicklungsgesetz – SanInsFoG) vom 22.12.2020 (BGBl I 2020, 3256) ein neues Gesetz geschaffen. Dieses Gesetz über den Stabilisierungs- und Restrukturierungsrahmen für Unternehmen (Unternehmensstabilisierungs- und restrukturierungsgesetz – StaRUG) ist in weiten Teilen bereits zum 01.01.2021 in Kraft getreten und regelt mit § 102 StaRUG erstmalig und ausdrücklich eine gesetzliche Hinweis- und Warnpflicht für Berufsträger, die mit der Erstellung von Jahresabschlüssen beauftragt sind. Nach § 102 StaRUG haben Steuerberater, Steuerbevollmächtigte, Wirtschaftsprüfer, vereidigte Buchprüfer und Rechtsanwälte bei Erstellung eines Jahresabschlusses den Mandanten auf das Vorliegen eines möglichen Insolvenzgrundes nach den §§ 17 bis 19 InsO und die sich daran anknüpfenden Pflichten der Geschäftsleiter und Mitglieder der Überwachungsorgane hinzuweisen. Dies gilt, wenn die entsprechenden Anhaltspunkte offenkundig sind und der Berufsträger annehmen muss, dass dem Mandanten die mögliche Insolvenzreife nicht bewusst ist. Der Gesetzgeber bezieht sich auf die Rechtsprechung des BGH (vgl. BGH Urteil vom 26.01.2017, IX ZR 285/14); eine Ausweitung der Haftung ist nicht bezweckt (vgl. BT-Drs. 19/24181, S. 187 und 188). Ziel ist vielmehr, die Hinweis- und Warnpflichten als Instrumente zur Früherkennung von Unternehmenskrisen auch gesetzlich klarzustellen, weshalb der Anwendungsbereich dieser Vorschrift – trotz ihres auf den ersten Blick ungewöhnlichen Standortes – keinesfalls auf den Geltungsbereich des StaRUG beschränkt ist (vgl. BT-Drs. 19/24181, S. 187).

2. Die Rüge durch den Vorstand der Steuerberaterkammer

Das Verhalten eines Steuerberaters kann der Vorstand der für ihn zuständigen Steuerberaterkammer nach § 81 StBerG rügen, wenn die Schuld gering ist. Das ist zum Beispiel der Fall, wenn der Steuerberater trotz Mahnung seinen Kammerbeitrag nicht entrichtet oder wenn er in unangemessener Form auf seine Dienste aufmerksam macht und berufswidrig wirbt.

Vor **Erteilung der Rüge** muss der Steuerberater gehört werden. Der Rügebescheid ist zu begründen. Eine Abschrift erhält die Staatsanwaltschaft des Oberlandesgerichts, in dessen Bezirk die zuständige Steuerberaterkammer ihren Sitz hat.

Gegen den Bescheid kann der Steuerberater binnen eines Monats Einspruch einlegen, über den der Vorstand selbst entscheidet. Wird der Einspruch zurückgewiesen, so kann der Steuerberater innerhalb eines Monats nach der Zustellung einen Antrag auf berufsgerichtliche Entscheidung stellen. **Zuständig** ist das Landgericht, in dessen Bezirk die betreffende Steuerberaterkammer ihren Sitz hat (**Kammer für Steuerberatersachen beim Landgericht**). Das Landgericht kann den Rügebescheid aufheben oder ihn bestätigen.

Das Rügerecht des Kammervorstandes verjährt nach drei Jahren (§ 81 Abs. 2 Satz 1 StBerG).

3. Berufsgerichtliche Maßnahmen nach §§ 89, 90 StBerG

Berufsgerichtliche Maßnahmen sind nach § 90 Abs. 1 StBerG die Warnung, der Verweis, die Geldbuße bis zu 50.000 €, das Berufsverbot von einem bis zu fünf Jahren und die Ausschließung aus dem Beruf. Verweis und Geldbuße können nebeneinander verhängt werden.

3.1 Die einzelnen Maßnahmen

Je nach **Schwere der Pflichtverletzung** steigert sich die berufsgerichtliche Maßnahme von einer Warnung bis hin zum Ausschluss aus dem Beruf.

Beispiel: Die Nichtzahlung der Beiträge zur Vermögensschadenpflichtversicherung (trotz Mahnung) kann mit einer Warnung oder einem Verweis geahndet werden, während z.B. die Beihilfe zu einer Steuerhinterziehung eines Mandanten mit einem Berufsverbot belegt werden und die Veruntreuung von erheblichen Mandantengeldern zu einer Ausschließung aus dem Beruf führen könnte. Ist über den Ausschluss aus dem Beruf rechtskräftig entschieden, kann der Ausgeschlossene nach §§ 45 Abs. 1 Nr. 3, 48 Abs. 1 Nr. 2 StBerG erst nach Ablauf von acht Jahren zum Steuerberater wiederbestellt werden.

Nach § 90 Abs. 1 Nr. 3 StBerG kann ein Berufsverbot von einem bis zu fünf Jahren und nach § 90 Abs. 1 Nr. 5 StBerG kann eine Geldbuße bis zu 50.000 € verhängt werden. Die Möglichkeit, eine berufsgerichtliche Maßnahme zu verhängen, die nicht die Ausschließung aus dem Beruf zur Folge hat, verjährt nach § 93 Abs. 1 StBerG in fünf Jahren.

3.2 Das Verfahren bei der Verhängung einer berufsgerichtlichen Maßnahme

Erscheint zur **Ahndung der Pflichtverletzung eines Steuerberaters** die Einleitung eines berufsgerichtlichen Verfahrens nach den §§ 89 ff. StBerG erforderlich, so reicht die Staatsanwaltschaft eine Anschuldigungsschrift bei dem o.g. Landgericht ein und es kommt zu einer Hauptverhandlung (wie in einem Strafverfahren vor den ordentlichen Gerichten). Die Hauptverhandlung schließt mit einem Urteil, das lauten kann: Freisprechung, Verurteilung oder Einstellung (§ 125 Abs. 2 StBerG).

Sind dringende Gründe für die Annahme vorhanden, dass gegen einen Steuerberater auf Ausschließung aus dem Beruf erkannt werden wird, so kann gegen ihn nach § 134 Abs. 1 bis 3 StBerG auf Antrag der Staatsanwaltschaft ein (vorläufiges) Berufs- oder Vertretungsverbot verhängt werden. Die hiergegen nach § 141 StBerG mögliche Beschwerde hat keine aufschiebende Wirkung.

Nach § 48 Abs. 1 Nr. 3 StBerG besteht die Möglichkeit, dass ehemalige Steuerberater wiederbestellt werden können, wenn die Bestellung nach § 46 StBerG widerrufen wurde und die Gründe, die für den Widerruf maßgeblich gewesen sind, nicht mehr bestehen. Die Steuerberaterkammer hat gem. §§ 48 Abs. 2, 40 Abs. 2 StBerG vor der Wiederbestellung zu prüfen, ob der Bewerber persönlich geeignet ist und die Bestellung zu versagen, wenn der Bewerber:

- nicht in geordneten wirtschaftlichen Verhältnissen lebt (§ 40 Abs. 2 Satz 2 Nr. 1 StBerG),
- infolge strafgerichtlicher Verurteilung die Fähigkeit zur Bekleidung öffentlicher Ämter nicht besitzt (§ 40 Abs. 2 Satz 2 Nr. 2 StBerG),
- aus gesundheitlichen Gründen nicht nur vorübergehend unfähig ist, den Beruf des Steuerberaters ordnungsgemäß auszuüben (§ 40 Abs. 2 Satz 2 Nr. 3 StBerG)
- oder sich so verhalten hat, dass die Besorgnis begründet ist, er werde den Berufspflichten als Steuerberater nicht genügen (§ 40 Abs. 2 Satz 2 Nr. 4 StBerG).

Die Bestellung ist nach § 40 Abs. 3 StBerG auch zu versagen:

1. wenn eine Entscheidung nach § 39a Abs. 1 StBerG ergangen ist;
2. solange der Bewerber eine Tätigkeit ausübt, die mit dem Beruf unvereinbar ist (§ 57 Abs. 4 StBerG);
3. solange nicht die vorläufige Deckungszusage auf den Antrag zum Abschluss einer Berufshaftpflichtversicherung oder der Nachweis der Mitversicherung bei einem Arbeitgeber vorliegt.

3.3 Die Gerichtsentscheidungen und die Rechtsmittel

Gegen das Urteil des Landgerichts ist die Berufung binnen einer Woche zulässig (§ 127 StBerG). Die Berufung geht an das Oberlandesgericht. Dort ist der Senat für Steuerberatersachen beim Oberlandesgericht zuständig. Gegen die Entscheidung des Oberlandesgerichts ist innerhalb von einer Woche die Revision an den BGH unter den Voraussetzungen des § 129 StBerG gegeben (Zulassung, Ausschließung).

3.4 Gerichtsentscheidungen zum Berufsverbot

Das LG Nürnberg hat mit Urteil vom 02.12.2016, 1 StL 14/16 über einen Fall des Berufsverbots entschieden. Nach einer Beihilfe zur Steuerhinterziehung i.H.v. ca. 800.000 € wurde ein Steuerberater zu einer Freiheitsstrafe von einem Jahr und sechs Monaten auf Bewährung verurteilt. Dem folgte ein berufsgerichtliches Verfahren, das den Steuerberater mit einem Berufsverbot von einem Jahr nach § 90 Abs. 1 Nr. 4 StBerG belegte. Steht nach einer Pflichtverletzung die Ausschließung aus dem Beruf an, so kann nach § 134 StBerG ein sofortiges Berufsverbot verhängt werden. Eine Beschwerde ist hiergegen zwar zulässig; diese hat aber keine aufschiebende Wirkung.

Nach dem Urteil des LG Frankfurt am Main vom 04.05.2018, 5/35-StL-13/17 kann gegen einen Steuerberater, der eine Beratungsstelle ohne Bezeichnung eines Leiters und ohne eine Ausnahmegenehmigung vom Leitererfordernis trotz bereits erfolgter berufsgerichtlicher Verurteilungen führt, und fortgesetzt den Auskunftsersuchen der Steuerberaterkammer nicht nachkommt, ein befristetes Berufsverbot verhängt werden.

4. Rüge und berufsgerichtliche Maßnahme

Eine **Rüge** kann nach § 81 Abs. 2 Satz 1 StBerG nicht erteilt werden, wenn ein berufsgerichtliches Verfahren wegen desselben Vorwurfs eingeleitet worden ist.

Auch wenn dem Steuerberater bereits eine Rüge erteilt worden ist, kann aber gegen ihn nach § 91 Abs. 1 Satz 1 StBerG grundsätzlich noch ein **berufsgerichtliches** Verfahren eingeleitet werden. Wenn allerdings das Landgericht eine erteilte Rüge im Antragsverfahren nach § 82 StBerG aufgehoben hat, weil eine schuldhafte Pflichtverletzung nicht festgestellt werden konnte, kann nach § 91 Abs. 1 Satz 2 StBerG nur aufgrund neuer Tatsachen oder Beweismittel ein berufsgerichtliches Verfahren eingeleitet werden. Die Rüge wird nach § 91 Abs. 2 Satz 1 StBerG unwirksam, wenn in einem berufsgerichtlichen Verfahren das rechtskräftige Urteil auf Freisprechung oder auf eine berufsgerichtliche Maßnahme lautet.

Wird ein berufsgerichtliches Verfahren wegen desselben Vergehens eingeleitet, bevor das Gericht in dem Verfahren „Antrag auf mündliche Verhandlung nach § 82 StBerG" entschieden hat, wird das Verfahren über den Antrag nach § 82 Abs. 5 StBerG ausgesetzt.

5. Anderweitige Ahndung

Ist durch ein Gericht oder eine Behörde eine Strafe, eine **Disziplinarmaßnahme** oder eine **ehrengerichtliche Maßnahme**, eine anderweitige berufsgerichtliche Maßnahme oder eine Ordnungsmaßnahme verhängt worden, kann nach § 92 StBerG von einer berufsgerichtlichen Maßnahme wegen desselben Verhaltens abgesehen werden. Das gilt nicht, wenn eine zusätzliche berufsgerichtliche Maßnahme nach § 90 Abs. 1 StBerG erforderlich erscheint.

§ 92 StBerG kommt insbesondere dann zum Tragen, wenn der Steuerberater sich einer Straftat schuldig gemacht hat. Das wäre z.B. der Fall, wenn er wegen **Beihilfe zur Insolvenzverschleppung** mit Freiheitsstrafe auf Bewährung vom Strafgericht verurteilt wird. In diesem Fall kommt ggf. noch ein Berufsverbot nach § 90 Abs. 1 Nr. 4 StBerG in Betracht oder – je nach Schwere der Tat – ggf. auch nur eine Geldbuße nach § 90 Abs. 1 Nr. 3 StBerG. Ist das Strafverfahren noch nicht abgeschlossen, kann ein berufsgerichtliches Verfahren zwar eingeleitet werden. Es muss aber nach § 109 Abs. 1 Satz 1 StBerG bis zum Abschluss des Strafverfahrens ausgesetzt werden. Wird der Steuerberater im Strafverfahren freigesprochen, so kann gegen ihn nach § 109 Abs. 2 StBerG grundsätzlich kein berufsgerichtliches Verfahren eingeleitet oder fortgesetzt werden.

Für das Verhältnis des berufsgerichtlichen Verfahrens nach dem StBerG zu den Verfahren anderer Berufsgerichtsbarkeiten **(Hinweis!** Mit Wirkung zum 01.08.2022 durch das Gesetz zur Neuregelung des Berufsrechts der anwaltlichen und steuerberatenden Berufsausübungsgesellschaften sowie zur Änderung weiterer Vorschriften im Bereich der rechtsberatenden Berufe wird aus: zu den Verfahren anderer Berufsgerichtsbarkeiten neu "**zu berufsaufsichtlichen Verfahren nach anderen Berufsgesetzen**") gilt § 110 StBerG. Danach soll in solchen Fällen ein berufsgerichtliches Verfahren nach §§ 89, 90 StBerG nur eingeleitet werden, wenn die Verfehlung überwiegend die Berufspflichten als Steuerberater betreffen. Danach ist entscheidend, mit welchem Beruf die Pflichtverletzung überwiegend im Zusammenhang steht. Hat sich ein Steuerberater/Rechtsanwalt eines **Parteiverrats** nach § 356 StGB schuldig gemacht, wird u.U. eine zusätzliche Maßnahme nach § 90 Abs. 1 StBerG nicht erforderlich sein. Ist die Verfehlung so schwerwiegend, dass eine Ausschließung aus dem Beruf zu erwarten ist, kann unabhängig von Verfahren anderer Berufsgerichtsbarkeiten stets ein Verfahren nach §§ 89 ff. StBerG eingeleitet werden.

Schluss

Berufsgerichtliche Maßnahmen sind eine scharfe Waffe gegen Steuerberater, die ihre Berufspflichten verletzt haben. Es ist aber der Steuerberater selbst, der es in jeder Phase in der Hand hat, ob ein berufsgerichtliches Verfahren eröffnet oder durchgezogen wird oder nicht. So kann er auf der einen Seite nach § 116 StBerG sogar ein berufsgerichtliches Verfahren gegen sich selbst beantragen, um sich reinzuwaschen. Drohen ein Berufsverbot, eine Ausschließung aus dem Beruf oder eine drastische Geldbuße, hat er stets die Möglichkeit, die Zulassung als Steuerberater zurückzugeben. Dann können keine berufsrechtlichen Sanktionen mehr gegen ihn verhängt werden. Er ist dann aber auch nicht mehr befugt, Hilfe in Steuersachen zu leisten.

Ich danke für Ihre Aufmerksamkeit.

Themenbereich Bürgerliches Recht/Wirtschaftsrecht

Vortrag 1: Eigentum – Erwerb und Verlust

I. Einführende Hinweise

Das **Eigentum** ist die umfassende Herrschaft an einer Sache. Es handelt sich um einen zentralen Begriff des Sachenrechts, d.h. den Tatbeständen des Bürgerlichen Gesetzbuches, welche die Zuordnung von Sachen zu bestimmten Personen regeln (§§ 854 bis 1296 BGB). Der Begriff des Eigentums findet sich als Definition in § 903 BGB. Die wesentlichen Vorschriften über den Erwerb und Verlust von Eigentum sind die §§ 929 ff., 937 ff., 873, 925, 892, 1416, 1922 BGB sowie einige Regelungen außerhalb des BGB, wie beispielsweise § 817 ZPO und § 90 Abs. 2 ZVG.

Tipp! Das Thema Eigentum – Erwerb und Verlust lässt sich im Wesentlichen durch eine Aufgliederung der Tatbestände des BGB und deren Beschreibung bearbeiten. Was für den Nichtjuristen auf den ersten Blick nahezu unlösbar aussehen mag, lässt sich durch eine strukturierte Vorgehensweise zunächst am Inhaltsverzeichnis des Gesetzes und anschließend anhand der einzelnen Tatbestände erarbeiten. Versuchen Sie es einmal selbst, indem Sie sich die Stichworte anhand des Inhaltsverzeichnisses heraussuchen und nacheinander abarbeiten. Diese Vorgehensweise bietet sich für alle Themen an, die eine systematische Vorgehensweise anhand des Gesetzes verlangen, insbesondere für entsprechende Themen aus den Bereichen Abgabenordnung, Umsatzsteuer und Erbschaftsteuer.

II. Die Gliederung

	Gliederungspunkt	**Die Stichworte**
	Einleitung	**Thema; Kurzübersicht**
1.	Begriff des Eigentums	Definition nach § 903 BGB Eigentum als Recht mit Verfassungsrang Art. 14 GG
2.	Erwerb von Eigentum	Aufgliederung nach • Gegenständen: Grundstücke, bewegliche Sachen, Forderungen bzw. Rechte • Art des Erwerbs: Rechtsgeschäft, Gesetz, Hoheitsakt, Staatsakt
2.1	Erwerb von Eigentum an beweglichen Sachen	
2.1.1	Erwerb von Eigentum an beweglichen Sachen durch Rechtsgeschäft	Einigung und Übergabe: § 929 S. 1 BGB Nur Übergabe: § 929 S. 2 BGB Besitzkonstitut: § 930 BGB Abtretung, Herausgabeanspruch: § 931 BGB Gutgläubiger Erwerb vom Nichtberechtigten: §§ 932, 933, 934 BGB

	Gliederungspunkt	Die Stichworte
2.1.2	Erwerb von Eigentum an beweglichen Sachen kraft Gesetz	Ersitzung: § 937 BGB Begründung, Gütergemeinschaft: § 1416 BGB Verbindung, Verarbeitung, Vermischung: §§ 946, 948, 950 BGB Gesamtrechtsnachfolge: § 1922 BGB Trennung: § 953 BGB Aneignung: § 958 BGB Fund: § 973 BGB
2.1.3	Erwerb von Eigentum an beweglichen Sachen durch Hoheitsakt	Versteigerung: § 817 ZPO
2.2	Erwerb von Eigentum an Grundstücken	
2.2.1	Erwerb von Eigentum an Grundstücken durch Rechtsgeschäft	Einigung, Auflassung und Eintragung im Grundbuch: §§ 873, 925 BGB Gutgläubiger Erwerb möglich: § 892 BGB
2.2.2	Erwerb von Eigentum an Grundstücken kraft Gesetz	Begründung Gütergemeinschaft: § 1416 BGB Gesamtrechtsnachfolge: § 1922 BGB Buchersitzung: § 900 Abs. 1 S. 1 BGB Aneignung: § 928 Abs. 2 S. 2 BGB
2.2.3	Erwerb von Eigentum an Grundstücken durch Staatsakt	Zuschlag bei Versteigerung: § 90 Abs. 2 ZVG Zuweisung im Rahmen von Enteignung: Art. 14 Abs. 3 GG
2.3	Erwerb von Forderungen	Abtretung: § 398 BGB Gesetzlicher Forderungsübergang (cessio legis): §§ 774, 426 Abs. 2 BGB
3.	Verlust von Eigentum	
3.1	Verlust von Eigentum an beweglichen Sachen	Erwerb von Eigentum durch einen Anderen (vgl. Tz. 2.) Dereliktion: § 959 BGB Untergang der Sache
3.2	Verlust von Eigentum an Grundstücken	Erwerb von Eigentum durch einen Anderen (vgl. Tz. 2) Verzicht Aneignungsrecht gegenüber Grundbuchamt: § 928 BGB
	Schluss	**Eigentumsvermutung des Besitzers: § 1006 BGB** **Eigentumsvermutung bei Ehegatten: § 1362 BGB sowie des Gewahrsamsinhabers § 739 ZPO**

III. Der Vortrag

Einleitung

Im Folgenden werde ich meinen Kurzvortrag zum Thema „**Eigentum – Erwerb und Verlust**" halten. Zunächst ist der Begriff des Eigentums zu klären. Anschließend werde ich die die einzelnen Tatbestände innerhalb des BGB aber auch einige außerhalb des BGB liegende Tatbestände, die zum Erwerb oder Verlust des Eigentums führen können, darstellen. Entsprechend der Gesetzessystematik ist im Folgenden zum einen nach der Art der Sache, d.h. zwischen beweglichen Sachen, Grundstücken und Forderungen sowie nach den unterschiedlichen

Erwerbs- bzw. Verlusttatbeständen, d.h. nach Erwerb oder Verlust durch Rechtsgeschäft kraft Gesetzes sowie durch Staatsakt zu unterscheiden.

1. Begriff des Eigentums

Unter dem **Begriff Eigentum** im Sinne des § 903 BGB ist das umfassende Recht zu tatsächlichen (Benutzung, Verbrauch) und rechtlichen (Belastung, Veräußerung) Herrschaftshandlungen, das die Rechtsordnung an einer beweglichen und unbeweglichen Sache zulässt, zu verstehen. Der Inhalt des Eigentums wird durch den Umfang der aus dem Herrschaftsrecht fließenden Befugnis des Eigentümers bestimmt. Das Eigentum wird von der Verfassung nach Art. 14 Abs. 1 GG geschützt.

2. Erwerb von Eigentum

Der **Erwerb des Eigentums** durch eine Person bedeutet in der Regel, dass eine andere Person das Eigentum an der Sache verliert. Daher soll zunächst betrachtet werden, unter welchen Voraussetzungen das Eigentum erworben werden kann.

2.1 Erwerb von Eigentum an beweglichen Sachen

Zunächst stelle ich den Erwerb von Eigentum an beweglichen Sachen dar.

2.1.1 Erwerb von Eigentum an beweglichen Sachen durch Rechtsgeschäft

Rechtsgeschäftlicher **Eigentumserwerb an beweglichen Sachen** erfolgt durch Einigung und Übergabe nach § 929 S. 1 BGB. Allerdings kann die bloße Einigung ausreichen, wenn der Erwerber schon in unmittelbarem Besitz der Sache ist (§ 929 S. 2 BGB). Während die Einigung im Rahmen einer rechtsgeschäftlichen Übertragung von Eigentum an beweglichen Sachen stets erfolgen muss, kann die Übergabe durch ein Surrogat ersetzt werden. Nach § 930 BGB wird die Übergabe dadurch ersetzt, dass zwischen Eigentümer und Erwerber eine Vereinbarung dahingehend getroffen wird, dass der Erwerber mittelbaren Besitz der Sache erhält und der Veräußerer unmittelbaren Besitz an der Sache behält. Klassischer Anwendungsfall dieser Variante ist das Sicherungseigentum, bei dem der Sicherheitengeber den Besitz an der Sache behält. Nach § 931 BGB kann die Übergabe auch durch die Abtretung eines Herausgabeanspruchs, den der Veräußerer gegen einen Dritten hat, und den er an den Erwerber abtritt, ersetzt werden. Ist der Erwerber gutgläubig, d.h. weiß er nicht, dass der Veräußerer nicht Eigentümer der Sache ist, bzw. hat er von dieser Tatsache nur fahrlässig Unkenntnis, kann auch vom sogenannten Nichtberechtigten Eigentum erworben werden. Die Sache darf jedoch nicht gestohlen worden sein und der wahre Eigentümer darf seinen unmittelbaren Besitz nicht unfreiwillig verloren haben.

2.1.2 Erwerb von Eigentum an beweglichen Sachen kraft Gesetz

Neben dem rechtsgeschäftlichen Eigentumserwerb ist weiterhin ein **gesetzlicher Eigentumserwerb** denkbar. Eigentum an beweglichen Sachen kann durch Ersitzung gem. § 937 BGB erworben werden. Voraussetzung ist ein zehnjähriger Eigenbesitz des Erwerbers an der Sache, wobei auch in diesem Falle der Erwerber gutgläubig sein muss. Treten Ehegatten in den Güterstand der Gütergemeinschaft ein, so hat dies nach § 1416 BGB zur Folge, dass das Vermögen des jeweiligen Ehegatten gemeinschaftliches Vermögen beider Ehegatten wird (Gesamtgut) und somit jeder Ehegatte Eigentum an den ihm bisher nicht gehörenden Gegenständen erhält.

Von Gesetzes wegen kann durch **Verbindung, Vermischung oder Verarbeitung beweglicher Sachen** gem. §§ 946, 948, 950 BGB Eigentum erworben werden. Erfolgt die Verbindung einer beweglichen Sache mit einem Grundstück dergestalt, dass die verbundene bewegliche Sache wesentlicher Bestandteil eines Grundstücks wird, dann erstreckt sich das das Eigentum des Grundstückseigentümers auch auf die nunmehr verbundene vormals bewegliche Sache. Bei der Verbindung beweglicher Sachen miteinander werden die bisherigen Eigentümer der Sachen, die verbunden worden sind, Miteigentümer der neuen Sache, wobei sich der Miteigentumsanteil nach den Wertverhältnissen der verbundenen Sachen bestimmt. Entsprechendes gilt für die Vermischung. Bei der Verarbeitung erwirbt der Verarbeitende Eigentum an der neuen Sache und zwar unabhängig davon, wer zuvor Eigentümer der verarbeiteten beweglichen Sachen gewesen ist.

Wird eine Person Erbe, so tritt diese in die Rechtsstellung des Erblassers im Wege der sogenannten **Universalsukzession** ein, sodass der Erbe von Gesetzes wegen Eigentümer der Gegenstände wird, welche zuvor im Eigentum des Erblassers standen (§ 1922 BGB).

Als weitere gesetzliche Erwerbstatbestände sind der Vollständigkeit halber noch die **Trennung gem. § 953 BGB**, die **Aneignung gem. § 958 BGB (Okkupation)** und der **Eigentumserwerb des Finders gem. § 973 BGB** zu nennen.

> **Tipp!** Bei sehr ausführlichen Themen ist es durchaus erlaubt, weniger relevante Punkte nur kurz der Vollständigkeit halber anzureisen. Dies aber bitte nur bei sehr ausführlichen Themen und auch nur hinsichtlich nicht so wichtiger Punkte.

2.1.3 Erwerb von Eigentum an beweglichen Sachen durch Hoheitsakt

Eigentum an beweglichen Sachen kann auch durch Hoheitsakt erworben werden. Solche Hoheitsakte sind beispielsweise der Zuschlag und die Ablieferung im Rahmen einer Versteigerung gem. § 817 ZPO oder die Zuweisung im Rahmen einer Enteignung.

2.2 Erwerb von Eigentum an Grundstücken

Kommen wir nun vom Eigentumserwerb an beweglichen Sachen zu dem an Grundstücken.

2.2.1 Erwerb von Eigentum an Grundstücken durch Rechtsgeschäft

Erfolgt der **Eigentumserwerb an einem Grundstück** durch Rechtsgeschäft ist die Einigung über den Eigentumsübergang – auch Auflassung genannt – und die Eintragung der Rechtsänderung in das Grundbuch erforderlich. Die Auflassung ist grundsätzlich notariell zu beurkunden. Auch an Grundstücken ist ein gutgläubiger Erwerb möglich, wenn der Nichtberechtigte im Grundbuch als Eigentümer ausgewiesen wird (§ 892 BGB). Für den Eigentumserwerb an Grundstücken von Gesetzes wegen gilt das zuvor für die Vereinbarung der Gütergemeinschaft sowie die Erbfolge gesagte entsprechend.

2.2.2 Erwerb von Eigentum an Grundstücken kraft Gesetz

Unter erweiterten Voraussetzungen ist auch an Grundstücken eine Ersitzung, die sogenannte **Buchersitzung**, möglich. Voraussetzung ist hier, dass der Ersitzer 30 Jahre im Grundbuch (fehlerhaft) eingetragen war und gutgläubig gewesen ist. Die letzte Möglichkeit des Eigentumserwerbes an Grundstücken, die ich hier darstelle, ist die Aneignung gem. § 928 Abs. 2 S. 2 BGB. Hat der bisherige Grundstückseigentümer sein Eigentum aufgegeben und dies dem Grundbuchamt gegenüber erklärt, kann der Fiskus sich das Grundstück aneignen und sich als Eigentümer im Grundbuch eintragen lassen.

2.2.3 Erwerb von Eigentum an Grundstücken durch Staatsakt

Durch Staatsakt ist der **Erwerb von Eigentum im Rahmen einer Versteigerung** nämlich durch Zuschlag gem. § 90 Abs. 2 ZVG möglich. Hoheitlich kann auch eine Zuteilung von Grundbesitz im Enteignungsverfahren (Art. 14 Abs. 3 GG) bzw. durch Errichtung von Bebauungsplänen erfolgen.

2.3 Erwerb von Forderungen

Die Gläubigerstellung bzw. eine Forderung wird durch Abtretung nach § 398 BGB übertragen. Die Abtretung stellt einen Vertrag dar, mit welchem sich der bisherige Gläubiger (**Zedent**) und der neue Gläubiger (**Zessionar**) über den Übergang der Forderung einig sind. Von Eigentum spricht man bei einer Forderung aber nicht, da Eigentum nach der Definition des § 903 BGB nur an Sachen begründet werden kann. Sachen hingegen sind körperliche Gegenstände, worunter die Forderung aber nicht fällt.

Ein Forderungsübergang kann auch von Gesetzes wegen durch die sogenannte cessio legis also gesetzlicher **Forderungsübergang** erfolgen. Als zwei Beispielsfälle seien hier statt vieler zum Einen der Forderungserwerb des Bürgen im Falle der Befriedigung des Gläubigers (§ 774 Abs. 2 BGB) und zum Anderen der Forderungsübergang auf den ausgleichenden Gesamtschuldner nach § 426 Abs. 2 BGB genannt.

3. Verlust von Eigentum

Nachdem nun der Erwerb des Eigentums dargestellt worden ist, werde ich im Folgenden die Möglichkeiten des Verlustes des Eigentums darstellen.

3.1 Verlust von Eigentum an beweglichen Sachen

Eingangs hatte ich bereits erwähnt, dass der Erwerb des Eigentums durch eine Person zwangsläufig auch den Verlust des Eigentums des bisherigen Eigentümers nach sich zieht. Es sind aber auch Fälle denkbar, in denen das Eigentum verloren geht, ohne dass zunächst eine andere Person Eigentümer wird. Dies ist bei der **Dereliktion nach § 959 BGB** der Fall. Eine bewegliche Sache wird herrenlos, wenn der Eigentümer in der Absicht, auf das Eigentum zu verzichten, den Besitz daran aufgibt. Als Beispiel ist hier das Weggeben von Sachen zum Sperrmüll zu nennen.

3.2 Verlust von Eigentum an Grundstücken

Eine entsprechende Rechtsfolge ergibt sich beim **Verzicht des Grundstückseigentümers auf sein Eigentum**, wenn anschließend der Fiskus auf sein Aneignungsrecht verzichtet. Dann kann jeder Dritte das Eigentum an dem Grundstück erwerben. Der bisherige Grundstückseigentümer jedenfalls hat sein Eigentum verloren. Das Eigentum geht auch dann verloren, wenn eine Sache untergeht.

Schluss

Neben der bereits dargestellten rechtlichen Problematik besteht oftmals die tatsächliche Schwierigkeit, beispielsweise im Rahmen der **Zwangsvollstreckung** in die beweglichen Gegenstände eines Gläubigers, zu erkennen, wer wirklich Eigentümer von bestimmten Sachen ist und ob in die im Besitz des Gläubigers befindlichen Gegenstände vollstreckt werden kann. Hier knüpft die Rechtsordnung nicht nur an die rechtliche Zuordnung, sondern auch an den Besitz, also der tatsächlichen Sachherrschaft, an. Nach § 1006 BGB spricht der Besitz dafür, dass der Besitzer auch Eigentümer ist. Besitzt mindestens ein Ehegatte eine Sache, so ist zugunsten des Gläubigers des anderen Ehegatten zu unterstellen, dass dieser Eigentümer der Sache ist, sofern die Ehegatten nicht getrennt leben (§ 1362 BGB). Eine entsprechende Regelung sieht auch die Zivilprozessordnung nach § 739 ZPO vor.

Danke für Ihre Aufmerksamkeit.

Vortrag 2: Rechts- und Geschäftsfähigkeit

I. Einführende Hinweise

Rechts- und Geschäftsfähigkeit sind ganz zentrale Begriffe des bürgerlichen Rechts. Es empfiehlt sich zunächst, diese Begriffe zu definieren und sodann die einzelnen Fallgruppen und Problemfälle strukturiert darzustellen. Insbesondere ist hierbei auf die Unterschiede zwischen der Rechts- und Geschäftsfähigkeit einzugehen.

II. Die Gliederung

	Gliederungspunkt	**Die Stichworte**
	Einleitung	**Thema; Kurzübersicht**
1.	Rechtsfähigkeit	
1.1	Begriff der Rechtsfähigkeit	Definition Fähigkeit Träger von Rechten und Pflichten zu sein
1.2	Rechtsfähigkeit natürlicher Personen	§ 1 BGB: Beginn der Rechtsfähigkeit, Vollendung der Geburt Sonderfälle Nasciturus Teilrechtsfähigkeit Ende der Rechtsfähigkeit mit Tod
1.3	Rechtsfähigkeit juristischer Personen	Entstehung mit Eintragung ins Register Erlöschen mit Eintragung des Erlöschens ins Register

	Gliederungspunkt	Die Stichworte
1.4	Rechtsfähigkeit von Personengesellschaften	§ 124 HGB für OHG und KG nunmehr auch für GbR Problem öffentliche Register GbR zwischenzeitlich grundbuchfähig
2.	Geschäftsfähigkeit	
2.1	Begriff der Geschäftsfähigkeit	Fähigkeit Rechtsgeschäfte selbständig vollwirksam vornehmen zu können
2.2	Unbeschränkte Geschäftsfähigkeit	Vollendung 18. Lebensjahr Juristische Personen handeln durch Organe
2.3	Geschäftsunfähigkeit	7. Lebensjahr noch nicht vollendet **oder** die freie Willensbestimmung ausschließender Zustand krankhafter nicht vorübergehender Störung der Geistestätigkeit, § 104 BGB Willenserklärung eines Geschäftsunfähigen ist nichtig, § 105 BGB Geschäftsunfähiger kein Stellvertreter nur Bote § 105a BGB, Geschäfte des täglichen Lebens
2.4	Beschränkte Geschäftsfähigkeit	Minderjährige von 7 bis 18 Jahren sind beschränkt geschäftsfähig, § 106 BGB Willenserklärung ohne Einwilligung schwebend unwirksam, § 108 BGB Willenserklärung wirksam, wenn lediglich rechtlich vorteilhaft, § 107 BGB Taschengeldparagraf, § 110 BGB, aber keine Kreditgeschäfte Partielle Geschäftsfähigkeit bei Erwerbsgeschäft **und** Dienst- oder Arbeitsverhältnis mit Genehmigung des gesetzlichen Vertreters, §§ 112–113 BGB
	Schluss	**Das Steuerrecht stellt oft auf wirksame zivilrechtliche Vereinbarungen ab, daher ist es wichtig, dass rechts- und geschäftsfähige Personen gehandelt haben.** **Ggf. Genehmigung Vormundschaftsgericht bei Beteiligung Minderjähriger**

III. Der Vortrag

Einleitung

Das Thema meines Kurzvortrages lautet „**Rechts- und Geschäftsfähigkeit**". Rechts- und Geschäftsfähigkeit sind ganz zentrale Begriffe des bürgerlichen Rechts. Während man als Rechtsfähigkeit die Fähigkeit bezeichnet, Träger von Rechten und Pflichten zu sein, ist die Geschäftsfähigkeit die Fähigkeit, Rechtsgeschäfte selbständig vollwirksam vornehmen zu können. Dies spielt insbesondere eine Rolle, wenn es um die Frage geht, wer klagen oder verklagt werden kann. Anschließend werden die unterschiedlichen Formen der Geschäftsfähigkeit nämlich unbeschränkte und beschränkte Geschäftsfähigkeit sowie die Geschäftsunfähigkeit darzustellen sein. Die Geschäftsfähigkeit ist entscheidend, wenn es darum geht, ob die handelnde Person wirksam Willenserklärungen abgeben und beispielsweise Verträge schließen kann.

1. Rechtsfähigkeit

1.1 Begriff der Rechtsfähigkeit

Wie bereits eingangs angesprochen, ist **Rechtsfähigkeit** die Fähigkeit, Träger von Rechten und Pflichten zu sein.

1.2 Rechtsfähigkeit natürlicher Personen

Bei den natürlichen Personen geht das BGB gem. § 1 davon aus, dass zum einen jeder Mensch rechtsfähig ist und zum anderen diese Rechtsfähigkeit mit der Vollendung der Geburt eintritt. Eine Ausnahme hierzu bildet die erzeugte, aber noch ungeborene Leibesfrucht oder auch **Nasciturus** genannt, denn der Nasciturus kann bereits rechtsfähig sein. Man bezeichnet diese Rechtsfähigkeit allerdings als **Teilrechtsfähigkeit** bzw. **partielle Rechtsfähigkeit**, da nur in bestimmten Bereichen eine Rechtsfähigkeit besteht, so z.B. im Rahmen der Erbfähigkeit (§ 1923 Abs. 2 BGB) oder bei der Geltendmachung von Schadenersatzansprüchen i.S.d. § 823 Abs. 1 BGB.

Die Rechtsfähigkeit endet durch den Tod.

1.3 Rechtsfähigkeit juristischer Personen

Im Gegensatz zur Rechtsfähigkeit von natürlichen Personen entsteht die **Rechtsfähigkeit von juristischen Personen** infolge der Anerkennung durch die Rechtsordnung. Diese entsteht beispielsweise durch Eintragung der Kapitalgesellschaft in das Handelsregister. Sie erlischt bei Auflösung der juristischen Person, d.h. Eintragung der Auflösung im Handelsregister.

1.4 Rechtsfähigkeit von Personengesellschaften

Gem. § 124 HGB ist sowohl die OHG als auch die KG als rechtlich selbstständige Trägerin von Rechten und Pflichten gesetzlich anerkannt. Nach der neueren Rechtsprechung des Bundesgerichtshofes wird auch die **GbR**, soweit sie als Außengesellschaft durch Teilnahme am Rechtsverkehr eigene Rechte und Pflichten begründet, als teilrechtsfähig angesehen. Problematisch sind in der Praxis die Fälle, in denen eine gewisse Publizität ausgeübt wird. So war bisher die Eintragung aller Gesellschafter und nicht lediglich der Gesellschaft im Grundbuch erforderlich. Durch die neueste Rechtsprechung des Bundesgerichtshofs wurde allerdings auch im Bereich des Grundbuchrechts der GbR insoweit die Rechtsfähigkeit zuerkannt, dass eine GbR unter ihrer Bezeichnung eingetragen werden kann.

2. Geschäftsfähigkeit

2.1 Begriff der Geschäftsfähigkeit

Die **Geschäftsfähigkeit** ist die Fähigkeit, Rechtsgeschäfte selbstständig vollwirksam vornehmen zu können. Grundsätzlich sieht das Gesetz alle Menschen als geschäftsfähig an. In den §§ 104 ff. BGB werden Ausnahmen von der Geschäftsfähigkeit geregelt.

2.2 Unbeschränkte Geschäftsfähigkeit

Unbeschränkte Geschäftsfähigkeit liegt vor, wenn die handelnde Person ohne Einschränkungen Rechtsgeschäfte vornehmen kann. Dies ist grundsätzlich altersabhängig; die unbeschränkte Geschäftsfähigkeit tritt gem. § 104, § 106, § 2 BGB mit der Volljährigkeit, d.h. mit der Vollendung des 18. Lebensjahres, ein.

Geschäftsfähig können nur natürliche Personen sein. Juristische Personen werden im Geschäftsverkehr grundsätzlich durch ihre Organe vertreten, die dann für die juristische Person Willenserklärungen abgibt.

2.3 Geschäftsunfähigkeit

Das Gegenstück zur vollumfänglichen unbeschränkten Geschäftsfähigkeit ist die **Geschäftsunfähigkeit**. Geschäftsunfähig ist zunächst, wer das 7. Lebensjahr nicht vollendet hat oder wer sich in einem, die freie Willensbestimmung ausschließenden Zustand krankhafter Störung der Geistestätigkeit befindet, sofern dieser Zustand seiner Natur nach nicht ein vorübergehender ist (§ 104 BGB). Letzterer Zustand liegt vor, wenn der Betroffene nicht mehr in der Lage ist, seine Entscheidung von vernünftigen Erwägungen abhängig zu machen. Von dieser absoluten Geschäftsunfähigkeit ist die sogenannte partielle Geschäftsunfähigkeit zu unterscheiden. Hier bezieht sich die Geschäftsunfähigkeit auf einen bestimmten gegenständlichen abgegrenzten Kreis von Angelegenheiten. Die Willenserklärung eines Geschäftsunfähigen ist gem. § 105 Abs. 1 BGB nichtig. Dem Geschäftsunfähigen gegenüber abgegebene Willenserklärungen sind erst dann wirksam, wenn sie dem gesetzlichen Vertreter zugehen.

Nachdem die Willenserklärung eines Geschäftsunfähigen nichtig ist, kann dieser auch nicht Stellvertreter sein. Der Stellvertreter gibt nämlich gem. § 164 BGB eine **eigene Willenserklärung in fremdem Namen** ab. Der Geschäftsunfähige kann diese eigene Willenserklärung allerdings nicht abgeben, sodass er nur als Bote, d.h. als Überbringer einer fremden Willenserklärung, infrage kommt.

Durch die Einfügung des § 105a BGB hat der Gesetzgeber geregelt, dass ein volljähriger Geschäftsunfähiger, der ein Geschäft des täglichen Lebens tätigt, das mit geringwertigen Mitteln bewirkt werden kann, als wirksam angesehen wird, sobald Leistungen und Gegenleistungen bewirkt sind. Es handelt sich hier um eine Vorschrift, die dem **Taschengeldparagrafen** (§ 110 BGB) entspricht. Dies gilt jedoch nicht, wenn eine erhebliche Gefahr für die Person oder das Vermögen des Geschäftsunfähigen besteht.

Tipp! Grundsätzlich ist bei einem allgemeinen Thema, wie dem vorliegenden, nicht jede Vorschrift des BGB und auch nicht jedes Problem an- bzw. auszuführen. Gab es aber in diesem relativ statischen Teil des BGB (relativ) aktuelle Änderungen, wie z.B. die Einführung des § 105a BGB, so empfiehlt es sich, diese auf jeden Fall anzuführen.

2.4 Beschränkte Geschäftsfähigkeit

Minderjährige vom 7. bis zum vollendeten 18. Lebensjahr sind beschränkt geschäftsfähig (§ 106 BGB). Die Willenserklärung eines **beschränkt Geschäftsfähigen** ist wirksam, wenn der gesetzliche Vertreter eingewilligt hat, d.h. vor Abgabe der Willenserklärung, spätestens jedoch gleichzeitig mit der Willenserklärung des Minderjährigen, seine Zustimmung erklärt hat.

Hat der gesetzliche Vertreter auf die Abgabe der Willenserklärung nicht eingewilligt, so ist die Willenserklärung des beschränkt Geschäftsfähigen gem. § 108 Abs. 1 BGB **schwebend unwirksam**. In diesem Falle hängt die Wirksamkeit der Willenserklärungen von der Genehmigung, d.h. also der nachträglich erteilten Zustimmung des gesetzlichen Vertreters, ab.

Von diesem Grundsatz gibt es einige Ausnahmen. Eine Ausnahme habe ich bereits angesprochen, nämlich dann, wenn der Minderjährige lediglich einen rechtlichen Vorteil erlangt, sind auch dessen Willenserklärungen wirksam (§ 107 BGB). Der Gesetzestext **„rechtlicher Vorteil"** ist so auszulegen, dass dem Minderjährigen kein rechtlicher Nachteil entstehen darf, d.h. neutrale Rechtsgeschäfte grundsätzlich wirksam sind. Rechtlich nachteilig sind die Geschäfte, die rechtsverbindliche Verpflichtungen des Minderjährigen mit sich bringen, wie z.B. der Abschluss eines Kaufvertrages. Rechtlich vorteilhaft wäre beispielsweise eine Schenkung. Es wird auf den rechtlichen und nicht wirtschaftlichen Vorteil abgestellt, sodass beispielsweise auch der Abschluss eines überaus günstigen Kaufvertrages durch den beschränkt Geschäftsfähigen zunächst schwebend unwirksam ist.

Nach § 110 BGB sind vom Minderjährigen ohne Zustimmung des gesetzlichen Vertreters geschlossene Verträge als von Anfang an wirksam anzusehen, wenn der Minderjährige die vertragsgemäße Leistung mit Mitteln bewirkt, die ihm zu diesem Zweck oder zur freien Verfügung überlassen worden sind (**Taschengeldparagraf**). Aus dem Begriff „bewirkt" ist zu schließen, dass hierunter Kreditgeschäfte nicht fallen. Diese Geschäfte sind schwebend unwirksam.

Der Gesetzgeber räumt dem Minderjährigen gem. § 112 und 113 BGB eine partielle Geschäftsfähigkeit in den Fällen ein, in denen der gesetzliche Vertreter mit **Genehmigung des Vormundschaftsgerichts** den Minderjährigen zum selbstständigen Betrieb eines Erwerbsgeschäfts ermächtigt oder aber der gesetzliche Vertreter den Minderjährigen ermächtigt, in ein Dienst- oder Arbeitsverhältnis zu treten. In diesem Falle umfasst die Geschäftsfähigkeit alle Geschäfte, die der Betrieb des Erwerbsgeschäfts bzw. die Eingehung des Dienst- oder Arbeitsverhältnisses mit sich bringt, z.B. wenn der Minderjährige beispielsweise einen Arbeitsvertrag abschließt oder wenn diesem gekündigt wird oder wenn dieser einer Gewerkschaft beitritt usw. Zulässig wäre beispielsweise auch die Einrichtung eines Girokontos, nicht aber beispielsweise die Vereinbarung eines Überziehungskredites.

Schluss

Das Steuerrecht setzt oftmals zivilrechtlich wirksame Verträge voraus. In der steuerlichen Beratung insbesondere in der Gestaltungsberatung ist hierauf ganz besonders zu achten. Werden minderjährige Kinder beispielsweise zum Zwecke der Gewinnverlagerung an dem Unternehmen der Eltern still beteiligt, so ist ein **Ergänzungspfleger** zu bestellen und die Genehmigung des Vormundschaftsgerichts einzuholen.

Danke für Ihre Aufmerksamkeit.

Vortrag 3: Verjährung im Zivil- und Steuerrecht

I. Einführende Hinweise

Die **Verjährung** spielt sowohl im Zivil- als auch im Steuerrecht eine entscheidende Rolle. Während im Zivilrecht die Verjährung dazu führt, dass der Schuldner die Leistung verweigern kann (Leistungsverweigerungsrecht), führt im Steuerverfahrensrecht die Verjährung zum Erlöschen des Anspruchs aus dem Steuerschuldverhältnis. Darüber hinaus bestehen unterschiedliche Hemmungs- und Unterbrechungstatbestände bzw. Tatbestände zum Neubeginn der Verjährung. Letzten Endes unterscheiden sich auch die Verjährungsfristen. Es empfiehlt sich, im vorliegenden Kurzvortrag strukturiert vorzugehen und die Verjährung nach Zivilrecht einerseits und sodann die Verjährung nach Steuerrecht andererseits darzustellen. Für die Darstellung der einzelnen Verjährungsregelungen wird vorgeschlagen, dies in Gegenstand, Wirkung, Beginn sowie Hemmung und Neubeginn bzw. Unterbrechung der Verjährung zu gliedern.

II. Die Gliederung

	Gliederungspunkt	**Die Stichworte**
	Einleitung	**Thema; Kurzübersicht**
1.	Verjährung im bürgerlichen Recht	§§ 194 ff. BGB
1.1	Gegenstand der Verjährung	Ansprüche, § 194 BGB
1.2	Wirkung der Verjährung	Leistungsverweigerungsrecht, § 214 Abs. 1 BGB
1.3	Beginn der Verjährung	Regelmäßige Verjährungsfrist: Entstehung und Kenntnis des Anspruchs, § 199 Abs. 1 BGB Andere: mit Entstehung des Anspruchs, § 200 BGB
1.4	Hemmung und Neubeginn der Verjährung	Seit 2002 Hemmung und Neubeginn der Verjährung
1.4.1	Wirkung der Hemmung	Zeitraum der Hemmung wird nicht eingerechnet, § 209 BGB
1.4.2	Gründe für die Hemmung der Verjährung	Verhandlungen, § 203 BGB Katalog des § 204 Abs. 1 BGB Beispiele: Klageerhebung und Zustellung Mahnbescheid
1.4.3	Wirkung des Neubeginns der Hemmung	Neubeginn, § 212 BGB; mit dem Tag, der dem Ereignis folgt Verjährung endet dann in der Regel unterjährig
1.4.4	Gründe für den Neubeginn der Verjährung	Anerkenntnis des Anspruchs, § 212 Abs. 1 Nr. 1 BGB Gerichtliche Vollstreckungshandlung, § 212 Abs. 2 Nr. 2 BGB

	Gliederungspunkt	Die Stichworte
1.5	Verjährungsfristen	Regelmäßig drei Jahre, § 195 BGB Zehn Jahre auf Übertragung von Eigentum an einem Grundstück, § 196 BGB 30 Jahre Herausgabeansprüche, § 197 BGB
2.	Verjährung im Steuerrecht	Zwei Jahre Mängelansprüche bei Kauf Steuerverfahrensrecht geregelt in AO Steuerstrafrecht geregelt in AO und StGB
2.1	Verjährung im Steuerverfahrensrecht	Geregelt in der AO
2.1.1	Gegenstand der Verjährung	Ansprüche aus dem Steuerschuldverhältnis, § 37 AO
2.1.2	Wirkung der Verjährung	Anspruch aus dem Steuerschulverhältnis erlischt, § 47 AO
2.1.3	Beginn und Ablauf der Verjährung	Festsetzungsfrist, § 169 Abs. 1 AO Frist Zahlungsverjährung, § 232 AO
2.1.3.1	Festsetzungsverjährung	Ablauf des Kalenderjahres, in dem Steuer entstanden ist, § 170 Abs. 1 AO Ablauf des Kalenderjahres, in dem Steuererklärung oder Anmeldung eingereicht worden ist Frist ein Jahr für Verbrauchssteuern, vier Jahre für übrige Steuern
2.1.3.2	Zahlungsverjährung	Fünf Jahre, § 228 S. 2 AO **Beginn**: Ablauf Kalenderjahr in dem Anspruch erstmals fällig Fälligkeit ergibt sich aus Einzelsteuergesetz Hemmung wegen höherer Gewalt Unterbrechung = Neubeginn bei Stundung, Aussetzung der Vollziehung, Anmeldung im Insolvenzverfahren, § 231 Abs. 3 AO
2.2	Weitere Verjährungsvorschriften	Haftungsbescheid, § 191 Abs. 3 S. 1 AO Festsetzung von Zinsen, § 239 Abs. 1 S. 2 Nr. 2 AO Vollstreckungskosten, § 346 Abs. 2 S. 1 und 2 AO
2.3	Verjährung im Steuerstrafrecht	Maßgebend StGB, § 369 Abs. 2 StGB Steuerhinterziehung fünf Jahre, § 370 AO, § 78 Abs. 3 Nr. 4 StGB Steuerordnungswidrigkeit ebenfalls fünf Jahre, § 384 AO
3.	Verwirkung	Verwirkung nach Treu und Glauben, § 242 BGB Längere Zeit nicht geltend gemacht und Verpflichtete darauf vertraut, dass künftig nicht geltend gemacht würde **Beispiel:** Zivilrecht **Beispiel:** Steuerrecht
	Schluss	**Steuerberater muss die Verjährung zugunsten Mandanten im Auge behalten**

III. Der Vortrag

Einleitung

Sehr geehrte Damen und Herren der Prüfungskommission, das Thema meines Kurzvortrages lautet „**Verjährung im Zivil- und Steuerrecht**".

In meinem Vortrag werde ich auf die Unterschiede der Verjährung im Zivilrecht einerseits und im Steuerrecht andererseits eingehen. Dabei werde ich innerhalb der verschiedenen Rechtsbereiche insbesondere darauf eingehen, was Gegenstand der Verjährung sein kann und wie die Verjährung wirkt. Beginn der Verjährung sowie mögliche Hemmungs- oder Unterbrechungstatbestände werde ich ebenso darstellen, wie den Ablauf einer Verjährungsfrist. Meine Ausführungen werde ich mit der gesetzlich zwar nicht verankerten, aber der Verjährung sehr nahestehenden Verwirkung abschließen.

1. Verjährung im bürgerlichen Recht

1.1 Gegenstand der Verjährung

Im bürgerlichen Recht unterliegen Ansprüche, also das Tun, Dulden oder Handeln von einem anderen zu verlangen, der Verjährung (§ 194 Abs. 1 BGB).

1.2 Wirkung der Verjährung

Die **Verjährung nach bürgerlichem Recht** führt zu einem Leistungsverweigerungsrecht (§ 214 Abs. 1 BGB). Dementsprechend ist der Schuldner berechtigt, nach Eintritt der Verjährung, die Leistung zu verweigern. Im bürgerlichen Recht ist dies als Einrede ausgestaltet, d.h. die Verjährung muss vom Schuldner in einem Prozess ausdrücklich geltend gemacht werden. Wird diese nicht geltend gemacht, so würde der Schuldner in einem Prozess verurteilt werden, auch wenn der Anspruch verjährt wäre.

1.3 Beginn der Verjährung

Nach § 199 Abs. 1 BGB **beginnt die regelmäßige Verjährung** mit der Entstehung des Anspruchs und mit Kenntnis des Gläubigers bzw. grob fahrlässige Unkenntnis des Gläubigers von den, den Anspruch begründenden Umständen, d.h. beide Voraussetzungen müssen kumulativ vorliegen. Die Verjährung von Ansprüchen, die nicht der regelmäßigen Verjährungsfrist unterliegen, beginnt nach § 200 BGB mit der **Entstehung des Anspruchs**. Nachdem die meisten Ansprüche der regelmäßigen Verjährungsfrist unterliegen und sofern dies nicht der Fall ist, das spezielle Gesetz hierzu in der Regel Sonderregelungen enthält, ist die Vorschrift des § 200 BGB in der Praxis nur noch für wenige Ausnahmefälle anwendbar. So greift diese Vorschrift beispielsweise für den Beginn der Verjährung hinsichtlich Ansprüchen auf Übertragung des Eigentums an Grundstücken oder im Hinblick auf Herausgabeansprüche aus Eigentum und anderen dinglichen Rechten (§ 196 BGB, § 197 Abs. 1 Nr. 1 BGB).

1.4 Hemmung und Neubeginn der Verjährung

In dem seit 2002 geltenden modernisierten Schuldrecht gibt es zwei Tatbestände, die zum Hinausschieben der Verjährung führen können. Zum einen ist dies die **Hemmung der Verjährung** und zum anderen der **Neubeginn der Verjährung**.

1.4.1 Wirkung der Hemmung

Nach § 209 BGB wird der Zeitraum, in dem die Verjährung gehemmt wird, in die Verjährungsfrist nicht eingerechnet. Würde beispielsweise ein Anspruch zum 31.12.2020 verjähren und die Parteien vom 16.11.2020 bis 30.11.2020 Verhandlungen über den Anspruch führen, so wäre der **Eintritt der Verjährung** um diesen Zeitraum, und somit um 14 Tage, gehemmt. Dieser Zeitraum wäre der Verjährungsfrist von drei Jahren bis zum 31.12.2020 hinzuzurechnen. Nach der Sonderregelung des § 203 Satz 2 BGB tritt die Verjährung jedoch frühestens drei Monate nach dem Ende der Hemmung ein und würde im vorliegenden Fall somit erst zum 28.02.2021 enden.

> **Tipp!** Wenn es um Daten und Fristen geht, ist es sinnvoll ein **einfaches** und im Rahmen des Vortrages **nachvollziehbares** Beispiel zu bringen.

1.4.2 Gründe für die Hemmung der Verjährung

Neben den bisher angesprochenen schwebenden Verhandlungen nach § 203 BGB gibt es weitere Gründe, die zu einer **Hemmung der Verjährung** führen können. Das BGB gibt hier in § 204 Abs. 1 BGB einen Katalog von Hemmungstatbeständen vor. Zwei wichtige Tatbestände möchte ich hier herausgreifen. Dies ist zum einen die **Hemmung der Verjährung durch Erhebung einer Klage** nach § 204 Abs. 1 Nr. 1 BGB sowie die Hemmung der Verjährung nach § 204 Abs. 1 Nr. 3 BGB durch **Zustellung des Mahnbescheids im Mahnverfahren**. Dies sind häufig vorkommende Hemmungstatbestände. An dieser Stelle ist allerdings darauf hinzuweisen, dass in der Praxis oftmals die Auffassung vorherrscht, dass auch eine **außergerichtliche Mahnung** zur Hemmung der Verjährung führt. Dies ist nicht der Fall, denn nur die Zustellung eines Mahnbescheids im gerichtlichen Mahnverfahren würde zur Verjährungshemmung führen.

Tipp! Sind wie in § 204 BGB eine Vielzahl von Tatbeständen aufgeführt, so genügt es, jedenfalls dann, wenn diese Vorschrift nicht das alleinige und ausdrückliche Thema des Kurzvortrags ist, wenn ein bis zwei Beispiele herausgegriffen werden. Hier empfiehlt es sich, praxisrelevante Beispiele herauszusuchen.

1.4.3 Wirkung des Neubeginns der Hemmung

Sieht das Gesetz einen **Neubeginn der Verjährung** vor, so beginnt die Verjährung nach § 212 BGB erneut. Die Verjährungsfrist beginnt im Ganzen neu, und zwar mit dem auf das Ereignis folgenden Tag. Dies führt dazu, dass bei einem Neubeginn der Verjährung auch die Regelverjährung, welche grundsätzlich zum 31.12. endet, unterjährig enden wird.

1.4.4 Gründe für den Neubeginn der Verjährung

§ 212 BGB sieht zwei Fallgruppen für den Neubeginn der Verjährung vor. Zum einen beginnt die Verjährung neu, wenn der Gläubiger den Anspruch durch Abschlagszahlung, Zinszahlung, Sicherheitsleistung oder in anderer Weise anerkannt hat. Zum Zweiten führt eine **gerichtliche behördliche Vollstreckungshandlung** oder der Antrag hierauf zum Neubeginn der Verjährung.

1.5 Verjährungsfristen

Die regelmäßige Verjährungsfrist beträgt drei Jahre (§ 195 BGB). Die meisten Ansprüche verjähren innerhalb dieser Frist. Es gibt einige Ausnahmen, die in § 196 BGB und § 197 BGB geregelt sind. Nach zehn Jahren verjähren Ansprüche auf die Übertragung des Eigentums an einem Grundstück. Nach 30 Jahren verjähren beispielsweise Herausgabeansprüche aus Eigentum, familien- und erbrechtliche Ansprüche sowie rechtskräftig festgestellte Ansprüche.

Im besonderen Schuldrecht bzw. Vertragsrecht gibt es weiterhin eine Vielzahl von Sonderregelungen. So verjähren beispielsweise die **Mängelansprüche aus einem Kaufvertrag** innerhalb von zwei Jahren nach Ablieferung der Kaufsache (§ 438 Abs. 1 Nr. 3 BGB).

2. Verjährung im Steuerrecht

Hinsichtlich der **Verjährung im Steuerrecht** ist zwischen der Verjährung im Steuerverfahrensrecht, welche in der Abgabenordnung geregelt ist, und der Verjährung im Steuerstrafrecht, welche im StGB i.V.m. der Abgabenordnung geregelt ist, zu unterscheiden.

2.1 Verjährung im Steuerverfahrensrecht

2.1.1 Gegenstand der Verjährung

Im **Steuerverfahrensrecht** unterliegen Ansprüche aus dem Steuerschuldverhältnis der Verjährung (§ 37 AO).

2.1.2 Wirkung der Verjährung

Im Gegensatz zum Zivilrecht, wo die Verjährung nur zu einer Einrede, d.h. einem Leistungsverweigerungsrecht führt, erlischt im Steuerverfahrensrecht der Anspruch aus dem Steuerschuldverhältnis (§ 47 AO).

2.1.3 Beginn und Ablauf der Verjährung

Im Steuerrecht ist zwischen der **Festsetzungsverjährung** einerseits und der **Zahlungsverjährung** andererseits zu unterscheiden. Während die Festsetzungsverjährung nach § 169 Abs. 1 AO dazu führt, dass die Aufhebung oder Änderung einer Steuerfestsetzung nicht mehr möglich ist, führt der Eintritt der Zahlungsverjährung dazu, dass der (bereits festgesetzte) Anspruch aus dem Steuerschuldverhältnis erlischt (§ 232 AO).

2.1.3.1 Festsetzungsverjährung

Die Festsetzungsverjährung beginnt nach § 170 Abs. 1 AO grundsätzlich mit Ablauf des Kalenderjahres, in dem die Steuer entstanden ist. Da in der Regel Steuererklärungen abzugeben sind, kommt in der Praxis meist die Vorschrift des § 170 Abs. 2 AO zum Tragen, wonach die Festsetzungsfrist dann beginnt, wenn eine Steuererklärung oder eine Steuermeldung einzureichen ist, mit Ablauf des Kalenderjahres, in dem die Steuererklärung, die Steueranmeldung oder die Anzeige eingereicht wird, spätestens jedoch mit Ablauf des dritten Kalenderjahres, das auf das Kalenderjahr folgt, in dem die Steuer entstanden ist. § 171 AO sieht bestimmte Gründe für eine Hemmung der Verjährung, eine sogenannte Ablaufhemmung, vor. Die Verjährung wird beispielsweise gehemmt, solange ein Einspruchs- oder Klageverfahren läuft oder mit einer Außenprüfung begonnen worden ist (§ 171 Abs. 3a und Abs. 4 AO).

Die **Festsetzungsfrist** beträgt weiterhin ein Jahr für Verbrauchssteuern und Verbrauchssteuervergütungen sowie vier Jahre für die übrigen Steuern. Darüber hinaus beträgt die Festsetzungsverjährungsfrist für hinterzogene Steuern (§ 370 AO) zehn Jahre, für hinterzogene Steuern in besonders schweren Fällen (§ 370 Abs. 3 AO) **seit dem 29.12.2020 durch das JStG 2020 fünfzehn Jahre** und für leichtfertig verkürzte Steuern (§ 378 AO) fünf Jahre.

2.1.3.2 Zahlungsverjährung

Die **Zahlungsverjährung** beträgt nach § 228 Satz 2 AO fünf Jahre und beginnt mit Ablauf des Kalenderjahres, in dem der Anspruch erstmals fällig geworden ist (§ 229 Abs. 1 AO). Die Fälligkeit des Anspruchs richtet sich nach den Einzelsteuergesetzen. Die Verjährung ist nach § 230 AO gehemmt, solange der Anspruch wegen höherer Gewalt nicht weiterverfolgt werden kann. Darüber hinaus wird die Verjährung beispielsweise durch schriftliche Geltendmachung des Anspruchs, durch Zahlungsaufschub, Stundung, Aussetzung der Vollziehungs-Anmeldung im Insolvenzverfahren unterbrochen. Die Unterbrechung der Verjährung führt dazu, dass mit Ablauf des Kalenderjahres, in dem die Unterbrechung geendet hat, eine neue Verjährungsfrist beginnt (§ 231 Abs. 3 AO). Erwähnenswert ist, dass die Verjährung nur in Höhe des Betrages unterbrochen wird, auf den sich die Unterbrechungshandlung bezieht (§ 231 Abs. 4 AO).

2.2 Weitere Verjährungsvorschriften

Weitere Verjährungsvorschriften bzw. Sonderregelungen gibt es für den Erlass von Haftungs- und Duldungsbescheiden, für die Festsetzung von Zinsen sowie für die Festsetzung und Geltendmachung von Vollstreckungskosten.

Grundsätzlich sind die Vorschriften über die Festsetzungsfrist auf den **Erlass von Haftungsbescheiden** entsprechend anzuwenden (§ 191 Abs. 3 Satz 1 AO). Die Festsetzungsfrist beträgt allerdings vier Jahre, in den Fällen des § 70 AO bei Steuerhinterziehung zehn Jahre, bei leichtfertiger Steuerverkürzung fünf Jahre und in den Fällen des § 71 AO zehn Jahre. Die Festsetzungsfrist beginnt mit Ablauf des Kalenderjahres, in dem der Tatbestand verwirklicht worden ist, an den das Gesetz die Haftungsfolge knüpft (§ 191 Abs. 3 Satz 3 AO). Sofern die Steuer, für die gehaftet wird, noch nicht festgesetzt worden ist, endet die Festsetzungsfrist für den Haftungsbescheid nicht vor Ablauf der für die Steuerfestsetzung geltenden Festsetzungsfrist (§ 191 Abs. 3 Satz 4 AO).

Auch auf die **Festsetzung von Zinsen** sind die für die Steuern geltenden Vorschriften entsprechend anzuwenden, jedoch beträgt die Festsetzungsfrist ein Jahr. § 239 Abs. 1 Satz 2 AO führt einen Katalog auf, in denen die Festsetzungsfrist geregelt ist. So endet beispielsweise in den Fällen des § 234 AO, also für die Festsetzung von Stundungszinsen, die Festsetzungsfrist mit Ablauf des Kalenderjahres, in dem die Stundung geendet hat (§ 239 Abs. 1 Satz 2 Ziff. 2 AO).

Schließlich besteht eine Sonderregelung für die **Verjährung von Vollstreckungskosten**. Auch hier beträgt die Festsetzungsfrist ein Jahr und beginnt mit Ablauf des Kalenderjahres, in dem die Kosten entstanden sind (§ 346 Abs. 2 Satz 1 und 2 AO).

2.3 Verjährung im Steuerstrafrecht

Das **Steuerstrafrecht** ist in § 369 ff. AO geregelt. Nach § 369 Abs. 2 AO gelten die allgemeinen Gesetze über das Strafrecht, soweit die Strafvorschriften der Steuergesetze nichts anderes bestimmen. Sofern die AO keine Regelung vorsieht, ist daher das StGB heranzuziehen. Dort richtet sich die Verjährungsfrist gemäß § 78 StGB nach der Strafandrohung. Die Steuerhinterziehung verjährt nach fünf Jahren (§ 370 AO, § 78 Abs. 3 Nr. 4 StGB). Steuerordnungswidrigkeiten wie beispielsweise die leichtfertige Steuerverkürzung verjähren ebenfalls nach fünf Jahren (§ 384 AO). Nach § 376 Abs. 1 AO beträgt die Verjährungsfrist in besonders schweren Fällen (§ 370 Abs. 3 AO) zehn Jahre und **seit dem 29.12.2020 durch das JStG 2020 fünfzehn Jahre**. Die Verjährung beginnt, sobald die Tat beendet ist (§ 78a StGB).

3. Verwirkung

Die **Verwirkung** wird aus dem Grundsatz von Treu und Glauben gem. § 242 BGB hergeleitet. Da dies gesetzlich nicht geregelt ist entscheiden hierüber die Gerichte, es handelt sich somit um Richterrecht. Ein Recht kann verwirken, wenn der Berechtigte es längere Zeit hindurch nicht geltend gemacht hat und der Verpflichtete sich darauf eingerichtet hat und sich nach dem Verhalten des Berechtigten auch darauf einrichten durfte, dass dieser das Recht auch in Zukunft nicht geltend machen würde. Die Rechtsprechung hat dies beispielsweise in einem Fall angenommen, in dem der Gläubiger infolge Zahlungsverzuges des Schuldners zum Rücktritt berechtigt gewesen wäre und Ratenzahlungen des Schuldners, durch welche die Schuld nahezu getilgt worden ist, entgegengenommen hat. Hier konnte sich der Gläubiger nicht mehr auf sein Rücktrittsrecht berufen; dieses war verwirkt. Im Steuerrecht ist die Verwirkung nahezu nicht relevant. Hier muss hinzukommen, dass der Steuerpflichtige Maßnahmen ergriffen oder unterlassen hat, im Vertrauen auf die Finanzbehörde und ihm nun erhebliche Nachteile entstehen würden.

Schluss

Abschließend ist festzuhalten, dass die Verjährung sowohl im Zivil- als auch im Steuerrecht eine zentrale Bedeutung hat. Ein verjährter zivilrechtlicher Anspruch ist, wenn die Einrede der Verjährung erhoben wird, nicht mehr durchsetzbar. Der Anspruch aus dem Steuerschuldverhältnis erlischt und eine Steuerstraftat kann nach Ablauf der Verjährung nicht mehr verfolgt werden. Der Steuerberater sollte diese Vorschriften, auch wenn die Verjährung von Steueransprüchen von Amts wegen zu berücksichtigen ist, zugunsten seines Mandanten stets im Auge behalten.

Danke für Ihre Aufmerksamkeit.

Vortrag 4: Sicherungsinstrumente der Bank – Einsatzmöglichkeiten und Unterschiede

I. Einführende Hinweise

Banken sichern die ausgereichten Kredite in der Regel ab. Grundlage hierfür sind privatrechtliche Rechtsgeschäfte zwischen Bank und Kreditnehmer. Die Instrumentarien hierfür ergeben sich aus dem BGB und zwar insbesondere aus dem Allgemeinen Schuldrecht (Forderungsabtretung, § 398 BGB), dem besonderen Schuldrecht (Bürgschaft, § 767 ff. BGB) und dem Sachenrecht (Sicherungsübereignung, §§ 929, 930 BGB; Hypothek, §§ 1113 ff. BGB; Grundschuld, §§ 1190 ff. BGB und Verpfändung, §§ 1205 ff. BGB). Um die einzelnen **Sicherungsmittel** darstellen und vergleichen zu können ist auf deren rechtliche Grundlagen bzw. Voraussetzungen einzugehen. Dies beginnt mit dem Sicherungsvertrag und den diesbezüglichen Formvorschriften, geht über die Frage der Akzessorietät von Forderung und Sicherungsmittel und endet bei der Frage der Verwertung bzw. Freigabe.

Tipp! Bei dem vorliegenden Thema ergibt sich keine zwingende Gliederung. Der Verfasser des vorliegenden Vortrages hat sich für eine dem Gesetzesaufbau folgende chronologische Gliederung entschieden. Denkbar ist es auch, die Sicherheiten nach dinglichen und schuldrechtlichen Sicherheiten oder nach Immobiliarsicherheiten und Mobiliarsicherheiten, nach akzessorischen und nicht akzessorischen Sicherheiten etc. aufzugliedern. Verlieren Sie bitte für diese Frage nicht allzu viel Zeit und wählen Sie die Gliederung, die Ihnen auf den ersten Blick logisch erscheint. Hier gibt es kein richtig oder falsch.

II. Die Gliederung

	Gliederungspunkt	**Die Stichworte**
	Einleitung	**Thema; Kurzübersicht**
1.	Sicherungsinstrumente aus dem Allgemeinen Schuldrecht	Forderungsabtretung, Schuldbeitritt und Schuldübernahme
1.1	Forderungsabtretung	Abtretungsvertrag Bedingte und befristete Forderungen Globalzession Verdeckte und offene Zession Einsatzmöglichkeiten privat und gewerblich Problem Globalzession und verlängerter Eigentumsvorbehalt
1.2	Schuldübernahme und Schuldbeitritt	Schuldübernahme, § 414 ff. BGB, bisheriger Schuldner wird befreit Schuldbeitritt, § 311 BGB, weiterer zusätzlicher Schuldner
2.	Sicherungsinstrumente aus dem besonderen Schuldrecht – Bürgschaft	Vertrag zwischen Bürgen und Gläubiger Verpflichtung für fremde Schuld einzustehen Bürgschaftserklärung schriftlich, ausgenommen Kaufmann für Handelsgewerbe, § 350 HGB Streng akzessorisch, Bestehen der Hauptforderung Voraussetzung Einrede der Vorausklage, § 771 BGB Selbstschuldnerische Bürgschaft, § 773 Abs. 1 Nr. 1 BGB
3.	Sicherungsinstrumente aus dem Sachenrecht	Sicherungsübereignung, Verpfändung, Hypothek, Grundschuld, Vormerkung, Sicherungsnießbrauch
3.1	Verpfändung einer Sache	§ 1205 BGB, Einigung und Übergabe Befriedigung des Gläubigers durch Pfandverkauf Praktische Bedeutung wegen Übergabe Sache eher gering
3.2	Verpfändung eines Rechts	§ 1273 Abs. 1 BGB, Maßgebend Vorschriften zur Übertragung des Rechts § 1279 Abs. 1 S. 1 BGB, Befriedigung durch Zwangsvollstreckung **Vor Fälligkeit:** Leistung Gläubiger und Pfandgläubiger gemeinsam **Nach Fälligkeit:** Leistung nur an Pfandgläubiger Ertragsteuerliche Probleme der Sicherungsabtretung wegen eventuellem Zufluss, Vorteil der Verpfändung

	Gliederungspunkt	**Die Stichworte**
3.3	Sicherungsübereignung	§§ 929, 930, 868 BGB: Sicherungsverhältnis als Besitzmittlungsverhältnis Rückübereignung automatisch oder durch Vereinbarung
3.4	Hypothek	**Rechtsgrundlage:** §§ 1113 ff. BGB Entstehung der Hypothek Akzessorisch Buch- und Briefhypothek Umwandlung in Eigentümergrundschuld, wenn Eigentümer auch Schuldner und tilgt Anspruch auf Duldung der Zwangsvollstreckung, § 1147 BGB Besondere Eignung für Immobilienkredite
3.5	Grundschuld	**Rechtsgrundlage:** §§ 1191 ff. BGB Entstehung der Grundschuld Keine Akzessorietät Sicherungsabrede Anspruch auf Duldung der Zwangsvollstreckung, § 1147 BGB Besondere Eignung auch als revolvierende Sicherheit Möglichkeit der Rang wahrenden Eigentümergrundschuld
3.6	Sicherungsnießbrauch	Keine Sicherung eines Zahlungsanspruchs, sondern Nutzungsrecht Erlöschen Nutzungsrecht mit Erlöschen der gesicherten Forderung
3.7	Vormerkung	Sicherung eines Grundbuchranges, § 883 BGB
3.8	Notarielles Anerkenntnis und Unterwerfung unter die Zwangsvollstreckung	Zwangsvollstreckung ohne Zwischenschritte möglich Zeitvorteil Kein Rechtsstreit wegen Anspruch dem Grunde nach
	Schluss	**Vielzahl Sicherungsinstrumente** **Aufgabe des Beraters: so wenig wie möglich Belastung und Beeinträchtigung** **Steuerliche Folgen insbesondere bei Sicherungsabtretung**

III. Der Vortrag

Einleitung

Für meinen Kurzvortrag habe ich das Thema „**Sicherungsinstrumente der Bank – Einsatzmöglichkeiten und Unterschiede**“ gewählt.

Kreditsicherheiten dienen den Banken als eine Art „Versicherung“ für offen stehende Zins- und Rückzahlungsansprüche. Neben der Bonität eines Kreditnehmers entscheidet die Möglichkeit des Darlehensnehmers, Sicherheiten stellen zu können, darüber, ob ein Kredit dem Grunde nach vergeben wird und wenn ja, zu welchem Zinssatz dieser ausgereicht wird. Kommt der Darlehensnehmer seiner Verpflichtung zur Zahlung von Zins- und Tilgung im vertraglichen Rahmen nicht nach, kann die Bank die Sicherheiten verwerten.

Im Folgenden werden nun die einzelnen **Sicherungsinstrumente der Bank** dargestellt. Hierbei werde ich, entsprechend der zivilrechtlichen Eingruppierung zunächst die im Allgemeinen Schuldrecht geregelten Sicherheiten, anschließend die im Besonderen Schuldrecht verankerten und abschließend die im Sachenrecht geregelten Sicherheiten sowie die unselbständigen Sicherungsmittel darstellen. Entsprechend der praktischen Relevanz werden insbesondere deren rechtliche Grundlagen bzw. Voraussetzungen, Formvorschriften, Akzessorietät von Forderung und Sicherungsinstrument sowie Fragen der Verwertung bzw. Freigabe dargestellt.

1. Sicherungsinstrumente aus dem Allgemeinen Schuldrecht

Im Allgemeinen Schuldrecht sind die Sicherungsmittel **Forderungsabtretung** und **Schuldbeitritt bzw. Schuldübernahme** geregelt.

1.1 Forderungsabtretung

Eine häufig gestellte Sicherheit ist die **Forderungsabtretung**. Hierbei einigt sich der bisherige Gläubiger einer Forderung (**Zedent**) mit dem neuen Gläubiger (**Zessionar**), in diesem Falle der Bank über den Forderungsübergang. Abtretbar sind auch bedingte oder befristete Forderungen sowie Forderungen, die erst noch entstehen. Abgetreten werden können einzelne Forderungen wie beispielsweise die Kaufpreisforderung aus der Veräußerung einer Maschine, aber auch eine Vielzahl oder gar sämtliche Forderungen die dem Zedenten zustehen. Letzteres wird auch als **Globalzession** bezeichnet. Die Forderungsabtretung kann verdeckt oder offen erfolgen, je nachdem ob dem Schuldner der Forderung die Abtretung bekannt gegeben wird oder nicht. Sicherungszessionen laufen meistens verdeckt, da diese erst im Sicherungsfall greifen und der Schuldner der abgetretenen Forderung, beispielsweise der Arbeitgeber oder ein Kunde, zuvor keine Kenntnis von der Sicherungsabtretung erlangen soll. In diesem Zusammenhang wird nicht selten noch die Inkassoabtretung angeführt. Hierbei erlangt der die Forderung Einziehende – im Gegensatz zur bloßen Einzugsermächtigung – die Gläubigerstellung und zieht für den Zedenten die Forderungen ein. Je nach Vereinbarung zwischen dem Zedenten und dem Zessionar kann hier auch eine Sicherungsfunktion bestehen, nämlich dann, wenn beispielsweise die Bank als Zessionar die Forderungen einzieht und diese dann teilweise oder ganz einbehält.

Die **Einsatzmöglichkeiten der Forderungsabtretung** bestehen sowohl im privaten als auch im betrieblichen Bereich. Im privaten Bereich sind dies oftmals Abtretungen von Einzelforderungen, Gehalt, Versicherungsansprüchen, Schadensersatzansprüchen oder Steuererstattungsansprüchen. Im betrieblichen Bereich finden wir überwiegend Abtretungen von Kundenforderungen oftmals auch als Globalabtretung vor.

Rechtlich problematisch kann die Forderungsabtretung insbesondere im gewerblichen Bereich werden, wenn eine zugunsten der Bank vereinbarte Globalzession mit dem verlängerten Eigentumsvorbehalt eines Lieferanten zusammentrifft. Unter bestimmten Umständen, auf die in diesem Rahmen nicht vertiefend eingegangen werden kann, ist eine **Globalabtretung der Bank** sittenwidrig und somit gem. § 138 BGB nichtig. Dies erfordert eine sorgfältige tatsächliche und rechtliche Prüfung durch die Bank und macht diese Sicherungsmittel, zumindest als Globalzession im gewerblichen Bereich problematisch.

> **Tipp!** Das vorliegende Kurzvortragsthema ist sehr umfangreich. Es können daher nicht alle rechtlichen Probleme aufgegriffen werden. Hier ist es durchaus zulässig, auf ein Praxisproblem hinzuweisen und mit dem Hinweis, dass eine erschöpfende Behandlung im Rahmen des Kurzvortrages nicht möglich ist, fortzufahren. Diese Vorgehensweise ermöglicht dem Prüfling zu zeigen, dass er das Problem kennt. Legt der Prüfer gesteigerten Wert auf die Beantwortung gerade dieser Frage, hält sich der Prüfungskandidat den Weg für Rückfragen offen. Es ist zwar nicht die Regel, aber es kommt in mündlichen Prüfungen durchaus auch vor, dass der Prüfungskandidat nach Beendigung des Kurzvortrages noch eine fachliche Frage zum Kurzvortrag gestellt bekommt.

Die **Abtretung** ist universell einsetzbar. Sie kann aber – wie gerade dargestellt – durchaus rechtliche Probleme aufwerfen. Ein ständiger und schnell wechselnder Forderungsbestand kann dieses Sicherungsinstrument sehr aufwendig machen. Schließlich besteht ein hohes Ausfallrisiko, da die Bank im Sicherungsfall Forderungen gegen meist zuvor unbekannte Dritte geltend machen muss, deren Bonität meistens zunächst nicht bekannt ist.

1.2 Schuldübernahme und Schuldbeitritt

Ein weiteres im Allgemeinen Schuldrecht geregeltes Sicherungsinstrument ist die **Schuldübernahme** und der **Schuldbeitritt**. Die Schuldübernahme ist in den §§ 414 ff. BGB geregelt. Hingegen ist der Schuldbeitritt nicht gesetzlich geregelt und als reiner Verpflichtungsvertrag nach § 311 BGB zulässig. Während die befreiende Schuldübernahme dazu führt, dass der bisherige Schuldner von seiner Leistungsverpflichtung befreit wird bleibt diese beim Schuldbeitritt bestehen. Im Rahmen der Schuldübernahme wird der Übernehmende neuer Schuldner, im Falle des Schuldbeitritts tritt der Beitretende als weiterer zusätzlicher Gläubiger daneben. Schuldbeitritt und Schuldübernahme werden grundsätzlich nur bei eigenem wirtschaftlichem Interesse des Beitretenden bzw. Übernehmenden bestehen. Die Sicherheit der Bank besteht darin, dass sie entweder im Falle der Schuldübernahme einen anderen bzw. im Falle des Schuldbeitritts einen weiteren Schuldner bekommt.

2. Sicherungsinstrumente aus dem besonderen Schuldrecht – Bürgschaft

Eine im Kreditwesen häufig vereinbarte Sicherung ist die im Besonderen Schuldrecht geregelte Bürgschaft. Die **Bürgschaft** ist ein Vertrag zwischen dem Bürgen und dem Gläubiger, in welchem sich der Bürge verpflichtet, für die Erfüllung einer (fremden) Verbindlichkeit des Schuldners einzustehen. Die **Bürgschaftserklärung** muss grundsätzlich schriftlich erfolgen (§ 766 BGB), es sei denn, der Bürge ist ein Kaufmann und gibt die Bürgschaft im Rahmen seines Gewerbes ab (§ 350 HGB). Die Bürgschaft ist akzessorisch, d.h. Voraussetzung ist das Bestehen einer Forderung. Leistet der Schuldner nicht, so kann die Bank vom Bürgen die Leistung verlangen. Dem Bürgen steht die sogenannte Einrede der Vorausklage zu (§ 771 BGB) solange der Gläubiger nicht die Zwangsvollstreckung gegen den Schuldner ohne Erfolg versucht hat. Die Einrede der Vorausklage schließen die Banken allerdings regelmäßig aus in dem sie mit dem Bürgen eine sogenannte selbstschuldnerische Bürgschaft vereinbaren (§ 773 Abs. 1 Nr. 1 BGB).

Die Bürgschaft ist universell einsetzbar. Sie dient im gewerblichen Kreditgeschäft auch vielmals dazu, Gesellschafter einer GmbH zu verpflichten und somit die Haftungsbegrenzung zu umgehen. Jede Bürgschaft ist allerdings nur so werthaltig wie die Leistungsfähigkeit des Bürgen. Darüber hinaus können Bürgschaften insbesondere die naher Angehörigen unter bestimmten Umständen sittenwidrig und somit nichtig sein (§ 138 BGB). Hierauf muss die Bank besonders achten.

3. Sicherungsinstrumente aus dem Sachenrecht

Weitere **dingliche Sicherungsinstrumente** sind im Sachenrecht geregelt.

3.1 Verpfändung einer Sache

Eine Möglichkeit der **dinglichen Kreditsicherung** ist die Verpfändung einer Sache. Nach § 1205 BGB ist es für die Bestellung eines Pfandrechtes erforderlich, dass der Eigentümer die Sache dem Gläubiger übergibt und sich beide darüber einig sind, dass dem Eigentümer das Pfandrecht zustehen soll. Die Befriedigung des Pfandgläubigers aus dem Pfande erfolgt durch Verkauf. Der Pfandgläubiger ist zum Verkauf berechtigt, sobald die Forderung ganz oder zum Teil fällig ist. Da das Pfandrecht die Übergabe der Sache erfordert, kommt diese in der Praxis eher selten vor. Insbesondere im gewerblichen Bereich macht beispielsweise die Verpfändung und Übergabe einer Produktionsmaschine, deren Erwerb finanziert werden soll, wenig Sinn.

3.2 Verpfändung eines Rechts

Gegenstand des Pfandrechts kann auch ein Recht sein (§ 1273 Abs. 1 BGB). Die **Einräumung eines Pfandrechts** an einem Recht erfolgt nach den für die Übertragung des Rechts maßgebenden Vorschriften, d.h. grundsätzlich nach den Regeln der Abtretung (§ 1279 Abs. 1 S. 1 BGB). Die Befriedigung des Gläubigers erfolgt durch **Zwangsvollstreckung**. Vor Fälligkeit des Pfandrechts ist der Schuldner der verpfändeten Forderung nur berechtigt an den Pfandgläubiger und den Gläubiger gemeinsam zu leisten (§ 1281 BGB). Nach Fälligkeit kann der Schuldner nur an den Pfandgläubiger befreiend leisten (§ 1282 BGB). Hierdurch ist sichergestellt, dass die Bank an der Leistung der Forderung entsprechend partizipiert. Steuerlich kann die Verpfändung der Sicherungsabtretung vorzuziehen sein. Während die Sicherungsabtretung dazu führt, dass die Inhaberschaft der Forderung wechselt, bleibt bei der Verpfändung der bisherige Gläubiger weiterhin Gläubiger der Forderung. Ertragsteuerlich kann sich bei der Sicherungsabtretung daher die Frage stellen, ob dem Zessionar ein(e) Forderung(sbetrag) zugeflossen ist und sich hieraus ertragsteuerliche Konsequenzen ergeben. So wurde vom BFH zur Sicherungsabtretung der Ansprüche aus einer Lebensversicherung entschieden.

Tipp! Wenn es das (zivilrechtliche) Thema hergibt, bieten sich steuerliche Hinweise an. Sie müssen aber passen und sollten nicht erzwungen wirken. In einem zivilrechtlichen Vortrag sollten die steuerlichen Hinweise aber auch nicht überhandnehmen.

3.3 Sicherungsübereignung

Für die Sicherung eines Kredites mit einer beweglichen Sache kommt schon eher die sogenannte **Sicherungseignung** in Betracht. Dieser ist gesetzlich nicht geregelt. Es handelt sich hierbei um die Übereignung einer beweglichen Sache durch Einigung und Vereinbarung eines Besitzkonstitutes nach §§ 929, 930 BGB. Das Sicherungsverhältnis ist ausreichendes Besitzmittlungsverhältnis i.S.d. § 868 BGB. Demnach bleibt der Schuldner unmittelbarer Besitzer der Sache und kann diese weiterhin nutzen. Ist die zusichernde Forderung getilgt, so erhält der Schuldner das Eigentum an der sicherheitsübereigneten Sache wieder zurück. Dies kann je nach Vereinbarung, über eine auflösende Bedingung des Eigentumserwerbes automatisch geschehen oder im Rahmen einer konkreten Rückübereignung erfolgen.

3.4 Hypothek

Grundstücksrechtlich kann eine Forderung durch eine **Sicherungshypothek** gesichert werden. Die Hypothek entsteht durch Einigung zwischen Gläubiger und Sicherheitengeber und Eintragung der Hypothek in das Grundbuch. Die Bestellung der Hypothek muss notariell erfolgen.

Die Hypothek ist akzessorisch mit der Forderung verbunden. Das Ent- bzw. Bestehen einer Hypothek setzt somit zwingend das Bestehen einer Forderung voraus. Die Hypothek kann als Buch- oder Briefhypothek bestellt werden. Die **Buchhypothek** kann nur durch Abtretung der Forderung und Eintragung der Rechtsänderung in das Grundbuch übertragen werden (§ 1154 Abs. 3 BGB). Bei der **Briefhypothek** reicht es aus, dass die Abtretung der Forderung in schriftlicher Form erfolgt und der Hypothekenbrief übergeben wird (§ 1154 Abs. 1 S. 1 BGB). Die Briefhypothek ist daher fungibler. Ist die Forderung beispielsweise durch Tilgung erloschen so erwirbt der Grundstückseigentümer die Hypothek. Wenn dieser zugleich auch Schuldner der Forderung ist, verwandelt sich die Hypothek in eine Grundschuld und wird zur Eigentümergrundschuld (§ 1177 BGB). Die Befriedigung aus der Hypothek erfolgt durch Zwangsversteigerung des Grundstücks. Der Gläubiger hat gegen den Grundstückseigentümer persönlich keinen Anspruch, sondern lediglich einen Anspruch auf Duldung der Zwangsvollstreckung (§ 1147 BGB). Wegen der Bindung an eine Forderung eignet sich die Hypothek beispielsweise zur Sicherung des für einen Immobilienerwerb ausgegebenen Kredites.

3.5 Grundschuld

Mit der **Grundschuld** (§§ 1191 BGB) wird ebenfalls eine grundrechtliche Sicherung vereinbart. Auch hier besteht ein Anspruch des Gläubigers auf Duldung der Zwangsvollstreckung. Die Grundschuld ist mit der Hypothek vergleichbar, allerdings kann diese losgelöst von einer Forderung bestellt werden. Die Grundschuld kann daher von der Forderung getrennte Wege gehen. Um dies in den Griff zu bekommen, wird in der Praxis die Grundschuld und die zu sichernde Forderung durch eine Sicherungsabrede „verbunden". Dort ist dann üblicherweise geregelt, dass die Grundschuld im Falle des Erlöschens der zu sichernden Forderung zurückübertragen werden muss. Da die Grundschuld nicht vom Bestehen einer Forderung abhängt, eignet diese sich auch zur Sicherung von Geschäftskrediten, eines Kontokorrentkredites oder ganz generell als revolvierende Sicherheit. Der Grundstückseigentümer kann auch für sich selbst ohne das Bestehen einer Forderung, eine **Rang wahrende Eigentümergrundschuld** eintragen lassen und sich somit den nächsten Rang „offen halten".

3.6 Sicherungsnießbrauch

Der **Sicherungsnießbrauch** ist sicherlich ein Exote unter den Sicherungsmitteln. Zunächst kann aus dem Nießbrauchsrecht als Nutzungsverwendung keine (Rück-) Zahlung verlangt werden. Denkbar ist aber ein Nießbrauchsrecht zu vereinbaren und das Erlöschen der gesicherten Forderung zur auflösenden Bedingung des Nießbrauchsrechts zu machen.

3.7 Vormerkung

Zur Sicherung eines Anspruchs auf Einräumung eines Rechtes an einem Grundstück kann eine **Vormerkung** eingetragen werden (§ 883 BGB). Durch die Vormerkung kann jedoch nicht ein Anspruch selbst sondern lediglich die Rangstelle im Grundbuch „gesichert" werden.

3.8 Notarielles Anerkenntnis und Unterwerfung unter die Zwangsvollstreckung

Abschließend möchte ich noch das **notarielle Anerkenntnis mit Unterwerfung unter die Zwangsvollstreckung** anführen. Dies ermöglicht der Bank, dass bei Fälligkeit ihres Anspruchs oder Eintritt anderer zu vereinbarender Umstände, diese sofort und ohne weitere Zwischenschritte die Zwangsvollstreckung betreiben kann. Dies führt zu einem im Ernstfall oftmals entscheidenden Zeitvorteil. Schließlich muss die Bank auch nicht mehr darüber streiten, ob der Anspruch dem Grund nach besteht.

Schluss

Zusammenfassend ist festzuhalten, dass der Bank eine Vielzahl von Sicherungsinstrumenten zur Verfügung steht. Es obliegt dem steuerlichen Berater darauf zu achten, dass der Einsatz des Sicherungsmittels wirtschaftlich sinnvoll ist und den Mandanten so wenig wie möglich belastet bzw. beeinträchtigt. Letzten Endes ist auch auf eventuelle steuerliche Folgen Rücksicht zu nehmen.

Danke für Ihre Aufmerksamkeit.

Vortrag 5: Der Güterstand

I. Einführende Hinweise

Aus der Tatsache, in welchem **Güterstand** Ehegatten leben, folgen vielfältige zivilrechtliche und steuerrechtliche Konsequenzen. Das BGB kennt drei Güterstände, den gesetzlichen Güterstand „Zugewinngemeinschaft", Gütertrennung und Gütergemeinschaft. Je nach Güterstand werden die Vermögensgegenstände der Ehegatten unterschiedlich zugeordnet und verwaltet. Es empfiehlt sich daher, zunächst die einzelnen Güterstände darzustellen und innerhalb der Güterstände zu klären, wie der entsprechende Güterstand zustande kommt bzw. vereinbart werden kann, welchem Ehegatten die Vermögensgegenstände zuzuordnen sind und wem die Verwaltung des Vermögens obliegt. Darüber hinaus ist die Beendigung des Güterstandes darzustellen, d.h. die Frage zu klären, wie ein Güterstand beendet werden kann und welche Folgen sich daraus ergeben. Nachdem sich aus dem Güterstand auch einige ertragsteuerliche und erbschaft- bzw. schenkungsteuerliche Folgen ergeben, sollten diese im Anschluss behandelt werden.

II. Die Gliederung

	Gliederungspunkt	Die Stichworte
	Einleitung	**Thema; Kurzübersicht** **Überblick Zugewinngemeinschaft: (gesetzlicher Güterstand), Gütertrennung, Gütergemeinschaft**
1.	Die einzelnen Güterstände	
1.1	Zugewinngemeinschaft	
1.1.1	Begründung der Zugewinngemeinschaft	Besteht kraft Gesetzes (gesetzlicher Güterstand)
1.1.2	Vermögenszuordnung	Kein gemeinschaftliches Vermögen der Ehegatten (Gütertrennung)
1.1.3	Vermögensverwaltung	Jeder verwaltet sein Vermögen selbstständig, § 1365 BGB: Verfügung über Vermögen im Ganzen **oder** durch Ehevertrag, Verfügungsbeschränkungen, § 1369 BGB: Verfügungen über Haushaltsgegenstände

	Gliederungspunkt	Die Stichworte
1.1.4	Beendigung der Zugewinngemeinschaft	Scheidung Tod Ehevertrag Zugewinnausgleich Zugewinn = Vermögenszuwachs, den jeder Ehegatte während der Ehe erzielt Ausgleich bei Scheidung: schuldrechtlicher Anspruch auf Ausgleich von ½ des Überschusses Pauschalierter Zugewinnausgleich im Todesfall durch Erhöhung des Erbteiles um ¼, § 1371 BGB
1.2	Gütertrennung	
1.2.1	Begründung der Gütertrennung	Ehevertrag Ausschluss Zugewinnausgleich
1.2.2	Vermögenszuordnung	Jedem Ehegatten werden die ihm gehörenden Gegenstände zugeordnet
1.2.3	Vermögensverwaltung	Jeder Ehegatte selbst
1.2.4	Beendigung der Gütertrennung	Tod Scheidung Ehevertragliche Vereinbarung Keine besonderen Folgen, da ohnehin getrenntes Vermögen
1.3	Gütergemeinschaft	
1.3.1	Begründung der Gütergemeinschaft	Ehevertrag notariell
1.3.2	Vermögenszuordnung	Gemeinschaftliches Vermögen der Eheleute (Gesamtgut) Sondergut (persönliche, nicht übertragbare Rechte) Vorbehaltsgut (durch Vertrag bestimmte Güter), Erbschaft bzw. Schenkung mit entsprechender Bestimmung
1.3.3	Vermögensverwaltung	Jeder Ehegatte verwaltet sein Sonder- und Vorbehaltsgut selbst Die Ehegatten verwalten das Gesamtgut gemeinschaftlich
1.3.4	Beendigung der Gütergemeinschaft	Tod Scheidung Ehevertragliche Vereinbarung Auseinandersetzung des Gesamtgutes entsprechend einer Liquidation Bei Tod fällt Anteil am Gesamtgewinn in den Nachlass Fortsetzungsmöglichkeit mit Abkömmlingen und überlebenden Ehegatten
1.4	Modifizierte Zugewinngemeinschaft	Entspricht der Zugewinngemeinschaft Regelung über Zugewinnausgleich werden modifiziert durch Ehevertrag **Beispiel:** Herausnahme oder Pauschalierung eines Unternehmens(wertes)

	Gliederungspunkt	Die Stichworte
2.	Steuerliche Behandlung	
2.1	Ertragsteuerliche Konsequenzen	**Zurechnung von Einkünften:** Zugewinngemeinschaft und Gütertrennung Grundsätzlich getrennte Einkünfteermittlung Gütergemeinschaft Einkünfte aus Sondergut und/oder Vorbehaltsgut sind demjenigen Ehegatten zuzurechnen, bei dem die Einkünfte angefallen sind **Problem:** Mitunternehmerschaft Bei Gütertrennung und Zugewinngemeinschaft ist der andere Ehegatte nur dann Mitunternehmer, wenn zivilrechtlich ein Personengesellschaftsverhältnis ernsthaft und klar vereinbart und tatsächlich durchgeführt ist. Bei Gütergemeinschaft ist auch der andere Ehegatte, obwohl kein Gesellschaftsverhältnis besteht, wegen Teilhabe an den Erträgen und den stillen Reserven sowie der dinglichen Mitberechtigung am Gesamtgut und der Haftung des Gesamtguts ebenfalls Mitunternehmer (§§ 13, 15 EStG)
2.2	Erbschaft- und schenkungsteuerliche Konsequenzen	Keine Besonderheiten bei Gütertrennung Bei Zugewinngemeinschaft ist der Zugewinnausgleichsanspruch bei Beendigung oder Ausgleich nicht steuerbar (§ 5 Abs. 2 ErbStG). Tod des Ehegatten: gesetzlicher Erbteil des Ehegatten wird mit Rücksicht auf Zugewinnausgleich um ¼ erhöht; (fiktive) Zugewinnausgleichsforderung nicht steuerbar (§ 5 Abs. 1 ErbStG). Gestaltungsmöglichkeit Güterstandsschaukel Begründung von Gütergemeinschaft: gilt Bereicherung als Schenkung (§ 7 Abs. 1 Nr. 4 ErbStG) Tod des Ehegatten in Gütergemeinschaft: Gesamtgut geht auf Ehegatten über; Besonderheit: fortgesetzte Gütergemeinschaft zwischen überlebenden Ehegatten und Kindern (§ 4 Abs. 1 ErbStG)
	Schluss	**Steuerliche Aspekte sind zu beachten**

III. Der Vortrag

Einleitung

Mein Thema des Kurzvortrages lautet: „**Der Güterstand**“. Das Gesetz kennt **drei Güterstände**, nämlich die Zugewinngemeinschaft als gesetzlichen Güterstand, die Gütertrennung und die Gütergemeinschaft. Darüber hinaus besteht die Möglichkeit, den Zugewinnausgleich zu modifizieren, wobei man in diesem Falle von einer modifizierten Zugewinngemeinschaft spricht. Im Folgenden werde ich die drei unterschiedlichen Güterstände und die Sondermöglichkeit der modifizierten Zugewinngemeinschaft darstellen und hierbei klären, wie diese Güterstände begründet werden, welchen Ehegatten die Vermögensgegenstände zuzuordnen sind, welche Ehegatten die Vermögensgegenstände verwalten und letzten Endes wie dieser Güterstand beendet bzw. aufgelöst werden kann. Nachdem die Güterstände auch erheblichen Einfluss auf die Besteuerung haben können, werden im Anschluss die ertragsteuerlichen Auswirkungen sowie die Auswirkungen im Bereich der Erbschaft- und Schenkungsteuer dargestellt.

1. Die einzelnen Güterstände

1.1 Zugewinngemeinschaft

1.1.1 Begründung der Zugewinngemeinschaft

Das Gesetz geht für den Fall, dass die Ehegatten keinen Güterstand wählen, vom Güterstand der **Zugewinngemeinschaft** als gesetzlichen Güterstand aus (§ 1363 BGB). Sofern die Ehegatten hiervon Abweichungen wünschen, d.h. einen anderen Güterstand wählen möchten oder den Güterstand der Zugewinngemeinschaft modifizieren möchten, ist dies durch notariellen Ehevertrag möglich.

1.1.2 Vermögenszuordnung

Nach der Regel des § 1363 Abs. 2 Satz 1 BGB wird das jeweilige Vermögen der Ehegatten nicht deren gemeinschaftliches Vermögen, dies gilt auch für Vermögen, das ein Ehegatte nach der Eheschließung erwirbt. Der Zugewinn, den die Ehegatten in der Ehe erzielen, wird jedoch ausgeglichen, wenn die Zugewinngemeinschaft endet. Dementsprechend werden die Vermögensgegenstände sowohl vor als auch nach der Eheschließung dem jeweiligen Ehegatten, der Eigentümer des Vermögensgegenstandes ist, zugeordnet.

1.1.3 Vermögensverwaltung

Jeder Ehegatte verwaltet sein Vermögen selbstständig (§ 1364 BGB). Es können sich jedoch **Einschränkungen bei der Vermögensverwaltung** dergestalt ergeben, dass hinsichtlich verschiedener Verfügungen die Zustimmung des anderen Ehegatten erforderlich ist. Dies gilt beispielsweise bei der Verfügung über das Vermögen im Ganzen nach § 1365 BGB oder aber auch bei Verfügungen über Haushaltsgegenstände nach § 1369 BGB.

1.1.4 Beendigung der Zugewinngemeinschaft

Der Güterstand der **Zugewinngemeinschaft** endet durch den Tod eines Ehegatten. Darüber hinaus endet der Güterstand durch Auflösung, d.h. Scheidung der Ehe. Schließlich kann der Güterstand auch enden, wenn die Ehegatten dies durch Ehevertrag bestimmen.

Im Falle der Auflösung der Ehe unter Lebenden ist der Zugewinn zu ermitteln und auszugleichen. Zugewinn ist der Betrag, um den das Endvermögen eines Ehegatten das Anfangsvermögen übersteigt (§ 1373 BGB). Anfangsvermögen ist hierbei das Vermögen, das einem Ehegatten nach Abzug der Verbindlichkeiten beim Eintritt des Güterstandes gehört, wobei die Verbindlichkeiten nur bis zur Höhe des Vermögens abgezogen werden können (§ 1374 BGB). Endvermögen ist das Vermögen, das einem Ehegatten nach Abzug der Verbindlichkeiten bei der Beendigung des Güterstandes gehört (§ 1375 BGB).

Hierbei ist zu beachten, dass der Wert des Anfangsvermögens zu indizieren ist (§ 1376 BGB).

Tipp! Sind innerhalb des Kurzvortrages Rechtsbegriffe zu erklären oder zu definieren und gibt das Gesetz schon entsprechende Definitionen vor, ist wie im vorliegenden Fall zu empfehlen, die Definition des Gesetzes zu übernehmen. Dies verringert die Gefahr, einer falschen Definition durch den Vortragenden.

Soweit der **Zugewinn** des einen Ehegatten den Zugewinn des anderen Ehegatten übersteigt, so steht die Hälfte des Überschusses dem anderen Ehegatten als schuldrechtliche Ausgleichsforderung zu (§ 1378 Abs. 1 BGB).

Im Todesfall sieht das Gesetz nach § 1371 BGB einen **pauschalierten Zugewinnausgleich** dadurch vor, dass sich der gesetzliche Erbteil des überlebenden Ehegatten um ¼ der Erbschaft erhöht, wobei es in diesem Falle unerheblich ist, ob die Ehegatten im Einzelfalle einen Zugewinn erzielt haben. Wird der überlebende Ehegatte nicht Erbe und steht ihm auch kein Vermächtnis zu oder schlägt der überlebende Ehegatte die Erbschaft aus, so kann er den Zugewinn nach den allgemeinen zuvor beschriebenen Vorschriften verlangen.

1.2 Gütertrennung

1.2.1 Begründung der Gütertrennung

Die **Gütertrennung** ist durch Ehevertrag möglich, der notariell abzuschließen ist. Im Vergleich zum gesetzlichen Güterstand wird lediglich der Zugewinnausgleich ausgeschlossen.

1.2.2 Vermögenszuordnung

Die **Vermögenszuordnung** entspricht der Zugewinngemeinschaft, d.h. die Ehegatten haben kein gemeinschaftliches Vermögen.

1.2.3 Vermögensverwaltung

Auch im Falle der Gütertrennung verwaltet jeder Ehegatte sein Vermögen selbstständig.

1.2.4 Beendigung der Gütertrennung

Die **Beendigung des Güterstandes** ist zum einen durch Tod und zum anderen durch Vereinbarung zwischen den Ehegatten oder Auflösung bzw. Scheidung der Eheleute denkbar. Hier ergeben sich zivilrechtlich keine besonderen Folgen, da die Zuordnung der Vermögensgegenstände ohnehin getrennt war und darüber hinaus kein Zugewinnausgleichsanspruch zu ermitteln ist.

1.3 Gütergemeinschaft

1.3.1 Begründung der Gütergemeinschaft

Die Gütergemeinschaft wird ebenfalls durch **notariellen Ehevertrag** begründet (§ 1408 Abs. 1 BGB).

1.3.2 Die Vermögenszuordnung

Bei der **Gütergemeinschaft** ist zwischen Gesamtgut, Sondergut und Vorbehaltsgut zu unterscheiden. **Gesamtgut** wird das Vermögen, das nicht dem Sondergut oder Vorbehaltsgut zugeordnet wird. Dieses Vermögen wird gemeinschaftliches Vermögen beider Ehegatten.

Ausgeschlossen von dem Gesamtgut ist das Sondergut. **Sondergut** sind die Gegenstände, die nicht durch Rechtsgeschäft übertragen werden können. Hier sind insbesondere unpfändbare Forderungen, unpfändbare Gehalts- und Unterhaltsansprüche oder persönliche Dienstbarkeiten zu nennen.

Darüber hinaus ist auch das **Vorbehaltsgut** vom Gesamtgut ausgeschlossen. Dies sind Gegenstände, die zum einen durch Ehevertrag zum Vorbehaltsgut eines Ehegatten erklärt worden sind oder die ein Ehegatte von Todes wegen erwirbt oder von einem Dritten unentgeltlich zugewendet werden, wenn der Erblasser bzw. der Zuwendende bestimmt hat, dass der Erwerb Vorbehaltsgut sein soll.

1.3.3 Vermögensverwaltung

Das **Gesamtgut** ist von den Ehegatten gemeinschaftlich zu verwalten. Das **Sonder- und Vorbehaltsgut** wird von dem jeweiligen Ehegatten selbst verwaltet.

1.3.4 Beendigung der Gütergemeinschaft

Die Gütergemeinschaft kann durch Tod, Scheidung oder ehevertragliche Regelungen beendet werden.

Nach der **Beendigung der Gütergemeinschaft** setzen sich die Ehegatten über das Gesamtgut auseinander. Bis zur vollständigen Auseinandersetzung verwalten die Ehegatten das Gesamtgut weiterhin gemeinschaftlich. Im Rahmen der Auseinandersetzung sind die Gesamtgutsverbindlichkeiten zu tilgen und der Überschuss, der jedem Ehegatten zu gleichen Teilen gebührt, auszukehren. Der Überschuss wird nach den Vorschriften über die Gemeinschaft geteilt (§ 1477 Abs. 1 BGB). Hinsichtlich des Vorbehalts und Sonderguts ergeben sich keine Besonderheiten, diese werden weiterhin den Ehegatten zugeordnet.

Eine Besonderheit existiert im Rahmen der Gütergemeinschaft für den Fall der Eheauflösung durch Tod. Wird die Ehe durch den Tod eines Ehegatten aufgelöst, so gehört der Anteil des verstorbenen Ehegatten am Gesamtgut zum Nachlass. Der Erbgang richtet sich nach den allgemeinen Vorschriften. Nach der Vorschrift des § 1483 BGB können die Ehegatten durch Ehevertrag vereinbaren, dass die Gütergemeinschaft nach dem Tod eines Ehegatten zwischen den überlebenden Ehegatten und den gemeinschaftlichen Abkömmlingen fortgesetzt wird.

1.4 Modifizierte Zugewinngemeinschaft

Die **modifizierte Zugewinngemeinschaft** entspricht grundsätzlich der gesetzlich vorgesehenen Zugewinngemeinschaft. Allerdings sind die Regelungen über den Zugewinnausgleich modifiziert. So kann durch Ehevertrag beispielsweise bestimmt werden, dass zur Ermittlung eines Zugewinnausgleichs das Unternehmen bzw. der

Unternehmenswert eines dem Ehegatten gehörenden Unternehmens nicht oder ggf. pauschaliert zu berücksichtigen ist und im Übrigen der Zugewinnausgleich nach den gesetzlichen Bestimmungen zu erfolgen hat.

Tipp! Im letzten Punkt der Darstellung der Güterstände wird von der bisherigen Gliederung Güterstand, Vermögenszuordnung, Vermögensverwaltung und Beendigung des Güterstandes abgewichen. Dies ist zulässig und zweckmäßig, da es sich bei der modifizierten Zugewinngemeinschaft um keinen selbständigen Güterstand handelt, sondern um einen Exkurs. Im Übrigen gilt aber: Eine gewählte Systematik und Gliederung sollte grundsätzlich von Anfang bis Ende durchgezogen werden.

2. Steuerliche Behandlung

Die Vereinbarung von Güterständen hat oftmals ertragsteuerliche oder erbschaft- bzw. schenkungsteuerliche Konsequenzen.

Tipp! Auch hier gilt: Das zivilrechtliche Thema der Güterstand eignet sich hervorragend, um einige steuerliche Probleme zu diskutieren. Dementsprechend sollte hierfür im Rahmen des Kurzvortrags ein entsprechender Zeitkorridor von etwa 2 bis 3 Minuten vorgesehen werden.

2.1 Ertragsteuerliche Konsequenzen

Hinsichtlich der Zurechnung von Einkünften bestehen bei der Zugewinngemeinschaft und Gütertrennung keine Besonderheiten. Die Ehegatten werden grundsätzlich wie nicht verheiratete Ehegatten behandelt. Die Einkunftsermittlungen erfolgen grundsätzlich getrennt und werden sodann, sofern eine Zusammenveranlagung erfolgt, zusammengefasst.

Im Rahmen der Gütergemeinschaft gilt dies entsprechend für Einkünfte aus Sondergut und/oder Vorbehaltsgut. Diese sind demjenigen Ehegatten zuzurechnen, bei dem diese Einkünfte angefallen sind.

Besonderheiten ergeben sich hinsichtlich der **Mitunternehmerschaft**. Im Rahmen der Zugewinngemeinschaft oder Gütertrennung besteht eine Mitunternehmerschaft des anderen Ehegatten nur dann, wenn zivilrechtlich ernsthaft und klar eine Beteiligung am Unternehmen vereinbart worden ist. Leben die Ehegatten allerdings in Gütergemeinschaft und betreibt einer von ihnen einen Gewerbebetrieb, der zum Gesamtgut gehört, ist der andere Ehegatte, obwohl zivilrechtlich in der Regel kein Gesellschaftsverhältnis besteht, wegen der Teilhabe an den Erträgen, der dinglichen Mitberechtigung am Gesamtgut sowie der Teilhabe an den stillen Reserven des Betriebsvermögens und der Haftung des Gesamtguts für betriebliche Schulden grundsätzlich als Mitunternehmer anzusehen.

2.2 Erbschaft- und schenkungsteuerliche Konsequenzen

Die Gütertrennung weist hinsichtlich der **Erbschaft- und Schenkungsteuer** keine großen Probleme auf.

Wird die Zugewinngemeinschaft durch Todesfall beendet, so wird der gesetzliche Erbteil des Ehegatten im Rahmen der Zugewinngemeinschaft mit Rücksicht auf den Zugewinnausgleich pauschal um ¼ erhöht. Die fiktive tatsächliche Zugewinnausgleichsforderung, die sodann zum Zwecke der Erbschaftsbesteuerung zu ermitteln ist, ist nicht steuerbar (§ 5 Abs. 1 S. 1 ErbStG).

Ebenfalls nicht steuerbar ist die **Zahlung des Zugewinnausgleichs bei Beendigung der Zugewinngemeinschaft** sowie der Ausgleich des Zugewinns bei fortbestehender Zugewinngemeinschaft (§ 5 Abs. 2 ErbStG). Nicht zu beanstanden ist die sog. Güterstandsschaukel, bei der die Zugewinngemeinschaft beendet wird, der Zugewinnausgleich steuerfrei gezahlt wird und anschließend die Zugewinngemeinschaft wieder begründet wird.

Bei der Begründung des Güterstandes der Gütergemeinschaft bzw. zum Wechsel des Güterstandes zur Gütergemeinschaft hin ist von einer **Schenkung zugunsten des bereicherten Ehegatten** auszugehen, welche nach § 7 Abs. 1 Nr. 4 ErbStG der Schenkungsteuer unterliegt.

Im Rahmen der Gütergemeinschaft geht das Gesamtgut auf den verbleibenden Ehegatten über. Eine Besonderheit bildet hier die sog. fortgesetzte Gütergemeinschaft zwischen dem überlebenden Ehegatten und den Kindern nach § 4 Abs. 1 ErbStG. Der Erwerb des Anteils am Gesamtgut durch den eintretenden Abkömmling wird, obwohl es sich um eine familienrechtliche bzw. güterrechtliche Regelung handelt, so behandelt, als ob dieser durch einen Erwerb von Todes wegen erfolgt wäre.

Schluss

Zusammenfassend ist festzuhalten, dass bei der Vereinbarung von Güterständen nicht nur die zivilrechtlichen sondern auch die steuerlichen Aspekte zu berücksichtigen sind. Hier können sich durchaus auch steuerliche Vorteile ergeben.

Danke für Ihre Aufmerksamkeit.

Vortrag 6: Anfechtung von Willenserklärungen

I. Einführende Hinweise

Die Herbeiführung einer Rechtsfolge, d.h. die Begründung, Aufhebung oder Änderung eines rechtlichen Zustandes erfolgt mittels **Willenserklärungen**. Diese können, sofern gesetzlich normierte Gründe vorliegen, angefochten werden, was dazu führt, dass die Willenserklärung als von Anfang an nichtig anzusehen ist. Somit sind zum einen einseitige Willenserklärungen, d.h. Kündigungen, Rücktrittserklärungen usw. aber auch Verträge, die durch korrespondierte Willenserklärungen zustande kommen, durch die Anfechtung vernichtbar. Die Anfechtung ist ein Gestaltungsrecht, sodass für deren Ausübung ein Anfechtungsgrund vorliegen muss, eine Anfechtungserklärung abgegeben werden muss und dies innerhalb einer bestimmten Frist geschehen muss. Die einzelnen Anfechtungstatbestände sowie die Fristen ergeben sich aus den entsprechenden gesetzlichen Vorschriften. Die Gliederung sollte anhand der Gesetzessystematik erfolgen.

II. Die Gliederung

	Gliederungspunkt	Die Stichworte
	Einleitung	**Thema; Kurzübersicht**
1.	Grundsätze der Anfechtung	**Gestaltungsrecht setzt voraus:** • Vorliegen einer Willenserklärung • Anfechtungsgrund • Anfechtungserklärung • Anfechtungsfrist. **Folgen:** • Nichtigkeit der Willenserklärung, § 142 BGB • ggf. Schadensersatz • Nichtigkeit eines Vertrages • bereicherungsrechtliche Rückabwicklung
2.	Einzelne Anfechtungstatbestände	
2.1	Anfechtung wegen Irrtums	Erklärungsirrtum, § 119 Abs. 1, Fall 2 BGB Inhaltsirrtum, § 119 Abs. 1, Fall 1 BGB Eigenschaftsirrtum, § 119 Abs. 2 BGB **Frist:** unverzüglich, d.h. ohne schuldhaftes Zögern, § 121 BGB **Rechtsfolge:** Willenserklärung wird als von Anfang an als nichtig angesehen Schadensersatz auf negatives Interesse

	Gliederungspunkt	Die Stichworte
2.2	Anfechtung wegen falscher Übermittlung	Unrichtige Übermittlung, § 120 BGB Keine Anfechtung, wenn Übermittler bewusst verfälscht **Frist:** unverzüglich, d.h. ohne schuldhaftes Zögern, § 121 BGB **Rechtsfolge:** Willenserklärung wird als von Anfang an als nichtig angesehen Schadensersatz auf negatives Interesse
2.3	Anfechtung wegen Täuschung oder Drohung	Täuschung, § 123 Abs. 1 Alt. 1 BGB Drohung, § 123 Abs. 1 Alt. 1 BGB **Frist:** Jahresfrist, sobald Täuschung entdeckt oder bei Drohung, Zeitpunkt indem Zwangslage wegfällt **Rechtsfolge:** Willenserklärung wird als von Anfang an als nichtig angesehen Kein Schadensersatz aus § 123 BGB Aber i.d.R. Schadensersatzanspruch gem. § 823 Abs. 2 BGB i.V.m. §§ 263, 240 StGB oder § 826 BGB
2.4	Anfechtung der Annahme oder Ausschlagung einer Erbschaft	§ 1954 BGB: kein Anfechtungsgrund nur Frist für allgemeine Anfechtungstatbestände
2.5	Anfechtung letztwilliger Verfügungen	Irrtumsanfechtung, § 2078 BGB Anfechtung bei Übergehung Pflichtteilsberechtigter, § 2079 BGB Anfechtungsberechtigt wem die Aufhebung der letztwilligen Verfügung unmittelbar zustattenkommen würde, § 2080 BGB Anfechtungserklärung gegenüber Nachlassgericht, § 2081 BGB Anfechtungsfrist Jahresfrist ab Kenntnis Anfechtungsgrund, § 2082 BGB Willenserklärung wird als von Anfang an nichtig angesehen
2.6	Anfechtung der Ausschlagung der Erbschaft	Anfechtung wenn Beschränkung oder Beschwer zur Zeit der Ausschlagung weggefallen und der Wegfall dem Pflichtteilsberechtigten nicht bekannt war, § 2308 BGB Willenserklärung wird als von Anfang an nichtig angesehen
	Schluss	**Anfechtung nur unter ganz engen gesetzlichen Voraussetzungen** **Schadensersatz**

III. Der Vortrag

Einleitung

Ich werde im Folgenden über die „**Anfechtung von Willenserklärungen**" vortragen. Die Willenserklärung ist eine Äußerung, die auf die Herbeiführung einer Rechtsfolge, d.h. Begründung, Aufhebung oder Änderung eines Rechtszustandes gerichtet ist. Durch die Anfechtung kann diese Willenserklärung vernichtet werden, sodass auch die entsprechende Wirkung der Willenserklärung, so z.B. Rücktritt, Kündigung, Anfechtung, letztwillige Verfügung usw. beseitigt werden kann. Die Anfechtung kann aber auch dazu führen, dass Verträge, für die zwei korrespondierende Willenserklärungen erforderlich sind, infolge der Anfechtung vernichtet werden.

Im Folgenden werde ich zunächst die Grundsätze der Anfechtung darstellen und sodann auf die einzelnen gesetzlich geregelten Anfechtungstatbestände eingehen.

1. Grundsätze der Anfechtung

Die **Anfechtung der Willenserklärung** ist ein Gestaltungsrecht. Für deren Ausübung ist ein Anfechtungsgrund und eine Anfechtungserklärung erforderlich, die innerhalb einer gesetzlich geregelten Anfechtungsfrist erfolgen muss.

Die angefochtene Willenserklärung ist als von Anfang an nichtig anzusehen (§ 142 BGB). Je nach Willenserklärung und Anfechtungsgrund kann sich aus der Anfechtung ein **Schadensersatzanspruch** desjenigen, der auf die Wirksamkeit der Willenserklärung vertraut hat, ergeben. Wurde durch die Willenserklärung ein Vertrag begründet, so führt dies dazu, dass mangels zweier korrespondierender Willenserklärungen ein solcher Vertrag ebenfalls vernichtet wird. Schließlich kann die Anfechtung eines schuldrechtlichen Verpflichtungsgeschäfts dazu führen, dass das Verfügungsgeschäft ohne Rechtsgrund erfolgt ist, sodass die weitere Folge einer Anfechtung eine bereicherungsrechtliche Rückabwicklung nach § 812 ff. BGB sein kann.

2. Einzelne Anfechtungstatbestände

2.1 Anfechtung wegen Irrtums

Die **Anfechtung wegen Irrtums** ist in § 119 ff. BGB geregelt. Hier unterscheiden wir zunächst den Erklärungsirrtum, den Inhaltsirrtum und den Eigenschaftsirrtum. Der Erklärungsirrtum (§ 119 Abs. 1 Fall 2 BGB) liegt dann vor, wenn der Erklärende sich verspricht, verschreibt oder vergreift.

Von einem **Inhaltsirrtum** (§ 119 Abs. 1 Fall 1 BGB) spricht man, wenn der Erklärende über den rechtlichen Inhalt oder die Tragweite seines Handelns irrt. Kurzum der Erklärende weiß, was er sagt, er weiß aber nicht, was er damit sagt. So unterliegt der Erklärende einem Irrtum, wenn er 25 Gros Rollen Toilettenpapier bestellt in der Auffassung, er bestelle 25 große Toilettenpapierrollen. Tatsächlich ist Gros aber eine Mengeneinheit und der Erklärende hat tatsächlich 3.000 Rollen Toilettenpapier bestellt. In diesem Falle kann der Erklärende anfechten.

Schließlich regelt § 119 Abs. 2 BGB noch den **Eigenschaftsirrtum**. Anders als beim Inhalts- und Erklärungsirrtum stimmen hier Erklärung und Wille des Erklärenden überein. Der Erklärende irrt nicht über die Erklärungshandlung oder den Erklärungsinhalt, sondern über die Eigenschaft des Geschäftsgegenstandes. So z.B. bei einem Irrtum über die verkehrswesenschaftliche Eigenschaft einer Sache. Geht der Käufer eines Bildes davon aus, dieses Bild sei von Rembrandt und tatsächlich ist es lediglich eine gute Kopie, kann der Käufer anfechten. Hiervon abzugrenzen ist der unbeachtliche Motivirrtum. In diesem Fall war sich der Erklärende über die rechtliche Tragweite seiner Willenserklärungen im Klaren und hat sich lediglich in seinem Beweggrund geirrt. Dies wäre dann der Fall, wenn der Käufer des Rembrandts gewusst hätte, dass dieses Bild eine Kopie ist, er sich allerdings über den Wert des Bildes geirrt hätte.

Die **Anfechtung bei Erklärungs-, Inhalts- oder Eigenschaftsirrtum** hat unverzüglich, d.h. ohne schuldhaftes Zögern, zu erfolgen (§ 121 BGB).

Die **Folge der Anfechtung** ist, dass die Willenserklärung als von Anfang an nichtig anzusehen ist.

Der **Erklärungsgegner** hat allerdings einen Anspruch auf Schadensersatz. Ihm ist das sog. negative Interesse zu ersetzen, d.h. dem **Anfechtungsgegner** ist der Schaden zu ersetzen, der ihm entstanden ist, weil er auf die Wirksamkeit der abgegebenen Willenserklärung vertraut hat. Ficht der Besteller der Toilettenpapierrollen diese Erklärung an, so muss er die Rollen nicht abnehmen, muss aber dem Lieferanten die vergeblichen Kosten der Anlieferung erstatten. Den Kaufpreis muss er hingegen nicht zahlen, da nur der Vertrauensschaden zu ersetzen ist.

2.2 Anfechtung wegen falscher Übermittlung

Bedient sich der Erklärende zur Übermittlung der Willenserklärung eines Dritten, so kann er nach den bisher dargestellten Grundsätzen eine fehlerhaft übermittelte Willenserklärung anfechten. Dies gilt jedoch nicht, wenn der Übermittler bewusst die Willenserklärung verfälscht. Dann ist dieser einem Stellvertreter ohne Vertretungsmacht gleichzusetzen.

Für Frist und Folgen der Anfechtung gilt das bereits zur Anfechtung wegen Irrtums ausgeführte entsprechend.

Tipp! Es ist durchaus zulässig auf das bisher Ausgeführte zu verweisen, wenn der Verweis eindeutig ist und vom Zuhörer nachvollzogen werden kann. Dies spart Zeit.

2.3 Anfechtung wegen Täuschung oder Drohung

Gem. § 123 BGB kann eine Willenserklärung die infolge einer Täuschung oder unter einer Drohung abgegeben worden ist, angefochten werden. Unter **Täuschung** versteht man hierbei das Vorspiegeln oder Entstellen von Tatsachen. Ein Täuschen durch Schweigen ist ebenfalls möglich, z.B., wenn ein besonderes Vertrauensverhältnis besteht. Als **Drohung** versteht man das Inaussichtstellen eines künftigen Übels.

Die **Anfechtungsfrist** beträgt ein Jahr (§ 124 BGB). Die Frist beginnt im Falle der Täuschung mit Kenntnis der Täuschung und im Falle der Drohung mit Beendigung der Zwangslage. Auch hier führt die Anfechtung der Willenserklärung dazu, dass diese als von Anfang an nichtig anzusehen ist.

§ 123 BGB sieht keinen Schadensersatz für den Anfechtenden vor. In der Regel wird sich allerdings ein Schadensersatzanspruch wegen vorsätzlicher sittenwidriger Schädigung oder aber auch wegen Verletzung eines Straftatbestandes, wie z.B. der Nötigung, ergeben (§ 826 BGB; § 823 Abs. 2 BGB i.V.m. § 240 StGB).

2.4 Anfechtung der Annahme oder Ausschlagung einer Erbschaft

Weitere **Regelungen zur Anfechtung** befinden sich im Erbrecht. § 1954 BGB regelt eine Frist für die Anfechtung der Annahme oder Ausschlagung einer Erbschaft nach allgemeinen, zuvor bereits dargestellten Grundsätzen. Diese Vorschrift normiert aber keinen Anfechtungsgrund, sondern stellt einer Sonderregelung zur Frist dar, wenn sich bereits aus anderen Tatbeständen ein Anfechtungsgrund ergibt.

2.5 Anfechtung letztwilliger Verfügungen

Letztwillige Verfügungen können nach §§ 2078 ff. BGB angefochten werden. Anfechtungsgrund ist ein Irrtum oder aber auch die Übergehung eines Pflichtteilsberechtigten. Anfechtungsberechtigt ist, wem die Aufhebung der letztwilligen Verfügung unmittelbar zustattenkommen würde (§ 2080 BGB). Die Anfechtungserklärung ist gegenüber dem Nachlassgericht abzugeben, und zwar innerhalb einer Jahresfrist ab Kenntnis des Anfechtungsgrunds. Die angefochtene Willenserklärung, also in diesem Falle die einseitige Willenserklärung „letztwillige Verfügung" ist als von Anfang an nichtig anzusehen.

2.6 Anfechtung der Ausschlagung der Erbschaft

Die **Ausschlagung der Erbschaft** kann angefochten werden, wenn die Beschränkung oder Beschwer zurzeit der Ausschlagung weggefallen ist und der Wegfall dem Pflichtteilsberechtigten, der die Anfechtung erklärt, nicht bekannt war (§ 2308 BGB). Auch die Ausschlagung wird durch die Anfechtung vernichtet.

Schluss

Ist eine Willenserklärung, erst einmal in den Rechtsverkehr gelangt, entfaltet sie regelmäßig eine rechtliche Wirkung. Da der Rechtsverkehr auf diese rechtlichen Äußerungen grundsätzlich vertrauen darf, ist die nachträgliche Vernichtung einer Willenserklärung nur unter ganz engen gesetzlichen vorgegebenen Voraussetzungen möglich. Oftmals ist damit aber auch eine Schadensersatzverpflichtung des Anfechtenden verbunden, da der Erklärungsgegner auf die Wirksamkeit dieser Willenserklärung vertrauen durfte.

Danke für Ihre Aufmerksamkeit.

Vortrag 7: Allgemeine Geschäftsbedingungen

I. Einführende Hinweise

Das **Recht der Allgemeinen Geschäftsbedingungen** wurde mit dem Schuldrechtsmodernisierungsgesetz vom 01.01.2002 in das BGB unter den §§ 305 ff. BGB aufgenommen. Zum Schutze des Vertragspartners ist eine Inhaltskontrolle gesetzlich geregelt. Dementsprechend sind bestimmte Allgemeine Geschäftsbedingungen unwirksam. Es bietet sich zunächst an, die AGB zu definieren, dann über die Einbeziehung von AGB in den Vortrag auszuführen und schließlich die Inhaltskontrolle vorzustellen. Auf die Unterschiede zwischen AGB die gegenüber einem Unternehmer und solchen, die gegenüber einem Verbraucher verwendet werden, ist einzugehen.

II. Die Gliederung

	Gliederungspunkt	Die Stichworte
	Einleitung	**Thema; Kurzübersicht**
1.	Grundsätzliches zu Allgemeinen Geschäftsbedingungen (AGB)	
1.1	Definition der Allgemeinen Geschäftsbedingungen	Für eine Vielzahl von Verträgen vorformulierte Vertragsbedingungen, die eine Partei der anderen bei Abschluss des Vertrages stellt Vertragsbedingungen = Regelungen die Vertragsinhalt werden sollen Vorformuliert = für eine mehrfache Verwendung schriftlich aufgezeichnet Vielzahl von Verträgen = mindestens drei (BGH)
1.2	Einbeziehung in Verträge	Grundsätzlich ausdrücklicher Hinweis und Einverständnis (§ 305 Abs. 2 BGB) und Andere Vertragspartei Möglichkeit der Kenntnisnahme und Andere Vertragspartei mit der Geltung einverstanden
1.2.1	Ausdrücklicher Hinweis	Ausdrücklicher Hinweis mündlich oder schriftlich bei Vertragsschluss Nicht ausreichend Hinweis auf Auftragsbestätigung oder Rechnung
1.2.2	Möglichkeit der Kenntnisnahme	Unter Abwesenden i.d.R. Aushändigung Unter Anwesenden Vorlage oder Anbieten der Vorlage Zumutbarer Weise Kenntnisnahmemöglichkeit, d.h. für den Durchschnittskunden mühelos lesbar
1.2.3	Einbeziehung der Unternehmer	Unternehmer gem. § 14 BGB, in Ausübung selbständiger oder gewerblicher Tätigkeit § 305 Abs. 2 und 3 BGB nicht anwendbar Einbeziehung wenn ausdrücklicher Hinweis und Möglichkeit der Kenntnisnahme, d.h. auch bei Abwesenden grundsätzlich keine Vorlage der AGB erforderlich

	Gliederungspunkt	Die Stichworte
1.2.4	Problem der Kollision von Allgemeinen Geschäftsbedingungen	Kollision da beide Vertragspartner auf ihre eigenen AGB hinweisen und die des anderen abwehren Theorie des letzten Wortes gilt nicht **sondern** Übereinstimmende Teile gelten, ansonsten keine Einbeziehung in Vertrag Besonderheit Eigentumsvorbehalt, einfacher Eigentumsvorbehalt ist auch durch einseitige Erklärung wirksam Erweiterter und verlängerter Eigentumsvorbehalt nicht wirksam bei widersprüchlichen AGB
1.2.5	Vorrang der Individualabrede	Individuelle Abreden haben Vorrang, § 305b BGB
2.	Unwirksame Allgemeine Geschäftsbedingungen	§ 305c BGB: überraschende Klauseln sind unwirksam Rechtsfolge § 306 BGB: Vertrag bleibt im Übrigen wirksam Im Übrigen gelten die gesetzlichen Bestimmungen, § 306 Abs. 2 BGB
3.	Inhaltskontrolle	Schutz des Vertragspartners vor unangemessener Benachteiligung durch AGB
3.1	Grundsätze nach § 307 BGB	Unwirksamkeit, wenn unangemessene Benachteiligung Unangemessene Benachteiligung im Zweifel, wenn Regelung mit wesentlichen Grundgedanken der gesetzlichen Regelung von der abgewichen wird, nicht zu vereinbaren ist **oder** Wesentliche Rechte und Pflichten, die sich aus der Vertragsnatur ergeben so eingeschränkt werden, dass die Erreichung des Vertragszweckes gefährdet ist Unangemessene Benachteiligung auch, wenn Bestimmung nicht klar verständlich ist
3.2	Klauselverbote mit Wertungsmöglichkeit gemäß § 308 BGB	Katalog von Unwirksamkeitsgründen, die **einer** Wertung unterliegen, § 308 BGB **Beispiel:** unangemessen lange Frist für die Annahme **oder** Ablehnung eines Angebotes, § 308 Nr. 1 BGB
3.3	Klauselverbote ohne Wertungsmöglichkeit gemäß § 309 BGB	Katalog von Unwirksamkeitsgründen, die **keiner** Wertung unterliegen, § 309 BGB. **Beispiel:** Bestimmung durch die der Verwender von der gesetzlichen Obliegenheit zu mahnen freigestellt wird, § 309 Nr. 4 BGB

	Gliederungspunkt	Die Stichworte
3.4	Besonderheiten bei Unternehmern	Vorschriften § 305 Abs. 2 und 3 BGB: sind die § 308 und § 309 BGB nicht für AGB gegenüber Unternehmer anwendbar Keine Aushändigung der AGB – auch nicht unter Abwesenden – zur Einbeziehung der AGB erforderlich Inhaltskontrolle nach § 307 BGB, ggf. stimmt aber die unangemessene Benachteiligung mit dem Katalog von §§ 308 und 309 BGB überein **Beispiel:** Regelung gegenüber Unternehmer, die den Verwender von der gesetzlichen Obliegenheit zu mahnen entbindet, ist unwirksam nach § 307 BGB wegen unangemessener Benachteiligung, § 309 Nr. 4 BGB ist hier nicht anwendbar (§ 310 Abs. 1 BGB)
	Schluss	**Praxis Vielzahl Verträge mit Einbeziehung AGB** **Schutz vor unangemessener Benachteiligung durch Kleingedrucktes durch Inhaltskontrolle** **Dennoch Vorsicht geboten**

III. Der Vortrag

Einleitung

Das Thema meines Kurzvortrages lautet „**Allgemeine Geschäftsbedingungen**". Allgemeine Geschäftsbedingungen spielen in unserem Geschäftsleben eine große Rolle. Ein Vertragsabschluss ohne die Verwendung Allgemeiner Geschäftsbedingungen ist heutzutage nahezu nicht mehr denkbar. Da der Vertragspartner in der Regel aber vor Vertragsabschluss das Kleingedruckte nicht oder nur unvollständig lesen wird und somit die Gefahr einer unangemessenen Benachteiligung besteht, hat der Gesetzgeber eine Inhaltskontrolle normiert, an deren Voraussetzungen sich die Allgemeinen Geschäftsbedingungen messen lassen müssen.

1. Grundsätzliches zu Allgemeinen Geschäftsbedingungen (AGB)

1.1 Definition der Allgemeinen Geschäftsbedingungen

Allgemeine Geschäftsbedingungen sind für eine Vielzahl von Verträgen vorformulierte Vertragsbedingungen, die eine Partei der anderen bei Abschluss des Vertrages stellt. Als Vertragsbedingungen bezeichnet man die Regelungen, die Vertragsinhalt werden sollen. Vorformuliert sind Vertragsbedingungen dann, wenn sie für eine mehrfache Verwendung schriftlich aufgezeichnet worden sind. Der BGH geht ab einer Anzahl von drei Verträgen von einer Vielzahl von Verträgen aus.

1.2 Einbeziehung in Verträge

Damit Allgemeine Geschäftsbedingungen eine **Wirkung** entfalten können, sind diese in den Vertrag einzubeziehen. Die Einbeziehung erfolgt nach § 305 Abs. 2 BGB durch ausdrücklichen Hinweis auf die AGB und deren Geltung sowie dem Einverständnis der anderen Vertragspartei. Diese muss allerdings darüber hinaus die Möglichkeit der Kenntnisnahme haben und mit der Geltung der Allgemeinen Geschäftsbedingungen einverstanden sein.

1.2.1 Ausdrücklicher Hinweis

Der **ausdrückliche Hinweis** kann mündlich oder schriftlich erfolgen. Der Hinweis muss bei Vertragsschluss erfolgen. Nicht ausreichend ist, was oftmals im Geschäftsverkehr falsch beurteilt wird, ein Hinweis auf der Auftragsbestätigung oder gar der Rechnung.

1.2.2 Möglichkeit der Kenntnisnahme

Der Vertragsgegner muss die Möglichkeit haben, die einbezogenen Allgemeinen Geschäftsbedingungen zur Kenntnis zu nehmen. Dies bedeutet, dass unter **Abwesenden** in der Regel eine Aushändigung der Allgemeinen Geschäftsbedingungen zu erfolgen hat. Unter **Anwesenden** reicht grundsätzlich die Vorlage bzw. das Anbieten der Vorlage der Allgemeinen Geschäftsbedingungen. Die Kenntnisnahmemöglichkeit muss in zumutbarer Weise erfolgen können, sodass der Durchschnittskunde mühelos die Allgemeinen Geschäftsbedingungen lesen und zur Kenntnis nehmen kann.

1.2.3 Einbeziehung der Unternehmer

Als **Unternehmer** bezeichnet das BGB diejenigen, welche in Ausübung einer selbstständigen oder gewerblichen Tätigkeit handeln (§ 14 BGB). Für diese sind die zuvor geschilderten Vorschriften über die Einbeziehung der Allgemeinen Geschäftsbedingungen, nämlich § 305 Abs. 2 und 3 BGB nach § 310 BGB nicht anwendbar. Für gegenüber Unternehmern verwendeten Allgemeinen Geschäftsbedingungen gilt daher, dass diese dann wirksam einbezogen sind, wenn ausdrücklich ein Hinweis auf die Geltung der AGB erfolgt ist und die Möglichkeit der Kenntnisnahme bestand. Grundsätzlich ist somit im unternehmerischen Geschäftsverkehr eine Vorlage der AGB auch bei Abwesenden nicht erforderlich.

1.2.4 Problem der Kollision von Allgemeinen Geschäftsbedingungen

Beim Geschäftsverkehr zwischen Unternehmern kommt es oftmals vor, dass beide Vertragspartner auf ihre eigenen AGB hinweisen und die des anderen Vertragspartners abwehren. Nach früherer Rechtsprechung des BGH galt hier die Theorie des letzten Wortes, d.h. es galten die AGB desjenigen Vertragspartners, der zuletzt auf die Geltung seiner AGB hingewiesen hat. Mittlerweile führt ein widersprüchlicher Hinweis der Vertragspartner auf ihre eigenen AGB dazu, dass lediglich die übereinstimmenden AGB-Teile Vertragsgegenstand werden und darüber hinaus das Gesetzesrecht gilt.

Eine Besonderheit gilt für den **Eigentumsvorbehalt**. Der einfache Eigentumsvorbehalt kann durch einseitige Erklärung erfolgen. Somit ist dieser auch bei widersprüchlichen AGB wirksam. Etwas anderes gilt für den erweiterten oder verlängerten Eigentumsvorbehalt, da dieser vereinbart werden muss. Dies ist im Falle des Widerspruchs gegen die betreffenden AGB unwirksam.

1.2.5 Vorrang der Individualabrede

Grundsätzlich haben **Individualabreden** Vorrang. Es gilt insoweit das mündlich Vereinbarte.

2. Unwirksame Allgemeine Geschäftsbedingungen

Unwirksam sind **überraschende Klauseln** (§ 305c BGB). Die Rechtsfolge ist, dass der Vertrag im Übrigen wirksam bleibt und anstelle der unwirksamen Klausel das Gesetzesrecht tritt.

3. Inhaltskontrolle

Im Rahmen der **Inhaltskontrolle** wird der Vertragspartner vor unangemessener Benachteiligung durch Allgemeine Geschäftsbedingungen geschützt.

3.1 Grundsätze nach § 307 BGB

Unwirksam sind daher Allgemeine Geschäftsbedingungen, die den Vertragspartner unangemessen benachteiligen. Eine unangemessene Benachteiligung liegt im Zweifel dann vor, wenn sich die Regelung mit wesentlichen Grundgedanken der gesetzlichen Regelung, von der abgewichen wird, nicht zu vereinbaren ist oder wesentliche Rechte und Pflichten, die sich aus der Vertragsnatur ergeben, so eingeschränkt werden, dass die Erreichung des Vertragszweckes gefährdet ist. Eine unangemessene Benachteiligung liegt auch dann vor, wenn die Bestimmung nicht klar verständlich ist.

3.2 Klauselverbote mit Wertungsmöglichkeit gemäß § 308 BGB

Der Gesetzgeber hat einen **Katalog von Unwirksamkeitsgründen** geschaffen, die einer Wertung unterliegen und somit zwingend unwirksam sind. Beispielsweise darf sich der Verwender von AGB keine unangemessene lange Frist für die Annahme oder Ablehnung eines Angebots ausbedingen (§ 308 Nr. 1 BGB).

3.3 Klauselverbote ohne Wertungsmöglichkeit gemäß § 309 BGB

Darüber hinaus hat der Gesetzgeber in § 309 Nr. 1 bis 15 BGB einen Katalog von Unwirksamkeitsgründen geschaffen, die keiner Wertung unterliegen. Zeichnet sich beispielsweise der Verwender von AGB von der gesetzlichen Obliegenheit, zu mahnen frei, so ist die Klausel nach § 309 Nr. 4 BGB unwirksam.

3.4 Besonderheiten bei Unternehmen

Nach § 310 Abs. 1 BGB sind §§ 305 Abs. 2 und 3 BGB und die §§ 308 und 309 BGB für AGB, die gegenüber Unternehmern verwendet werden, nicht anwendbar.

Bereits die **Einbeziehung Allgemeiner Geschäftsbedingungen** ist im unternehmerischen Geschäftsverkehr erheblich erleichtert. Dort muss der Vertragsgegner lediglich auf die Geltung der AGB hingewiesen werden und Möglichkeit der Kenntnisnahme haben. Die Aushändigung ist – auch nicht unter Abwesenden – grundsätzlich nicht erforderlich, es sei denn, der Vertragsgegner fordert die AGB an.

Darüber hinaus greift hier lediglich die **Inhaltskontrolle nach § 307 BGB**, d.h., AGB sind dann unwirksam, wenn sie den Vertragspartner unangemessen benachteiligen. Auch hier können aber die Kataloge der §§ 308 und 309 BGB herangezogen werden. So wäre die Freizeichnung von der Obliegenheit zu mahnen, auch im unternehmerischen Geschäftsverkehr unwirksam.

Schluss

In der Praxis gibt es eine Vielzahl von Verträgen, die unter Einbeziehung von AGB zustande gekommen sind. Grundsätzlich hat der Gesetzgeber einen Schutz vor unangemessener Benachteiligung durch das sog. **Kleingedruckte** vorgesehen. Dennoch sollten Allgemeine Geschäftsbedingungen sorgfältig zur Kenntnis genommen werden, da diese Grundlage und Bestandteil der einzuhaltenden Verträge sind.

Danke für Ihre Aufmerksamkeit.

Vortrag 8: Das neue Stiftungsrecht

I. Einführende Hinweise

Am 22.07.2021 wurde das Gesetzt zur Vereinheitlichung des Stiftungsrechts verkündet. Ziel dieses Gesetzes war insbesondere, das rudimentär im BGB und in den 16 Landesstiftungsgesetzen enthaltene Stiftungszivilrecht bundeseinheitlich zu regeln. Das „neue Stiftungsrecht" wird zum 01.07.2023 in Kraft treten. Die Neuregelungen sind ab diesem Zeitpunkt zu beachten. Demnach sind neu zu gründende Stiftungen aber auch bestehende Stiftungssatzungen anhand des neuen Stiftungsrecht zu be- bzw. überarbeiten. Zeitgleich wurde die Einführung eines Stiftungsregisters beschlossen, das zu mehr Transparenz bei den Stiftungen führen wird.

II. Die Gliederung

	Gliederungspunkt	Die Stichworte
	Einleitung	**Thema; Kurzübersicht**
1.	Legaldefinition „Stiftung"	§ 80 Abs. 1 S. 1 BGB-neu Begriff „Stiftung" legal definiert Ewige Stiftung Stiftung auf Zeit in Form einer Verbrauchsstiftung mit Mindestlaufzeit zehn Jahre Teilverbrauchsstiftung

	Gliederungspunkt	Die Stichworte
2.	Stiftungsgeschäft	§ 81 Abs. 3 BGB-neu Formerfordernisse für Grundstücksübertagungsverträge (§ 311b BGB) und Verträge über die Abtretung von GmbH-Anteilen (§ 15 Abs. 4 GmbHG) nicht auf das Stiftungsgeschäft anzuwenden genügt künftig Schriftform (§ 81 Abs. 3 BGB-neu) keine Diskussion mehr in der Praxis
3.	Stifterwille	§ 83 Abs. 2 BGB-neu Maßgeblichkeit des Stifterwillens Stiftungsorgane und zuständigen Behörde haben den bei der Errichtung der Stiftung zum Ausdruck gekommenen Willen, hilfsweise den mutmaßlichen Willen des Stifters zu beachten
4.	Stiftungsvermögen	§ 83b BGB-neu Unterscheidung Grundstockvermögen, sonstiges Vermögen Verbrauchsstiftungen ausschließlich sonstiges Vermögen Grundstockvermögen das der Stiftung bei Errichtung gewidmete Vermögen (Dotationskapital) sowie spätere Zustiftungen und Vermögen, welches von der Stiftung selbst zu Grundstockvermögen bestimmt wurde § 83c Abs. 1 S. 1 BGB-neu Grundstockvermögen ungeschmälert zu erhalten § 83c Abs. 1 S. 3 BGB-neu Zuwächse aus der Umschichtung des Grundstockvermögens für die Erfüllung des Stiftungszwecks Steuerlich Umschichtungsgewinne nicht Gebot der zeitnahen Mittelverwendung (§ 55 Abs. 1 Nr. 5 AO)
5.	Siftungsorgane	§§ 84–84c BGB-neu Stiftungsorgane, Rechten und Pflichten, Beschlussfassung und Notmaßnahmen Ablösung bisheriger Verweisungen in das Vereinsrecht durch § 86 BGB Vorstand der Stiftung vertritt gerichtlich und außergerichtlich (§ 84 Abs. 2 BGB-neu) Haftung von Organmitgliedern kann durch Satzungsregelung beschränkt werden (§ 84a Abs. 1 S. 2 BGB-neu) Unentgeltlich tätige oder gering vergütete Organmitglieder gelten auch ohne besondere Satzungsregelungen Über § 84a Abs. 3 S. 1 BGB-neu die gesetzlichen Haftungserleichterungen des § 31a BGB entsprechend Vorstand haftet Vorsatz oder grobe Fahrlässigkeit
6.	Business Judgment Rule	§ 84a Abs. 2 S. 2 BGB-neu keine Pflichtverletzung und Haftung Vorstand, wenn dieser bei Geschäftsführung unter Beachtung der gesetzlichen und satzungsmäßigen Vorgaben vernünftigerweise annehmen durfte, auf Grundlage angemessener Informationen zum Wohle der Stiftung zu handeln Entspricht Business Judgment Rule (AktienR)

	Gliederungspunkt	Die Stichworte
7.	Satzungsänderungen	Satzungsänderungen in landesrechtlichen Regelungen unterschiedlich gehandhabt Änderung oder Beschränkung des Stiftungszwecks möglich, wenn Stiftungszweck nicht dauernd oder nachhaltig erfüllt werden kann oder Stiftungszweck das Gemeinwohl gefährdet (§ 85 Abs. 1 BGB-neu) Änderungen von Satzungsregelungen, die prägend für Stiftung sind, insbesondere Änderung von Namen, Sitz, Art und Weise der Zweckerfüllung und Verwaltung des Grundstockvermögens Satzungsänderung wenn die Änderung der Erfüllung des Stiftungszwecks dient Satzungsänderungen bedürfen Genehmigung durch nach Landesrecht zuständige Behörde (§ 85a Abs. 1 BGB-neu) Behörde kann Satzung selbst nach Vorschrift des § 85 BGB-neu ändern
8.	Zulegung und Zusammenlegung von Stiftungen	§§ 86 bis 86i BGB-neu Zulegung und Zusammenlegung Zulegung ist Übertragung eines Stiftungsvermögens als Ganzes auf eine übernehmende Stiftung Zusammenlegung ist Übertragung der Stiftungsvermögen mehrerer Stiftungen als Ganzes auf eine neue übernehmende Stiftung Zusammenlegung nach § 86a BGB-neu wenn Verhältnisse nach Errichtung der übertragenden Stiftungen wesentlich verändert haben und Satzungsänderungen nicht ausreicht Änderung § 7 Abs. 1 Nr. 9 S. 1 ErbStG, „Zulegung, Zusammenlegung"ergänzt
9.	Auflösung oder Aufhebung der Stiftung	Auflösung der Stiftung durch Stiftungsorgane oder Aufhebung der Stiftung durch die nach Landesrecht zuständige Behörde, §§ 87 bis 87d BGB-neu Beendigung auf unbestimmte Zeit errichtete Stiftung zulässig, wenn diese Zweck endgültig nicht mehr dauernd und nachhaltig erfüllen kann (§ 87 Abs. 1 S. 2 BGB-neu) Vor Beendigung Möglichkeit Satzungsänderung prüfen § 87c BGB-neu regelt Vermögensanfall nach Auflösung oder Aufhebung einer Stiftung In Satzung kann Anfallberechtigter bestimmt werden Zulässige Benennung eines Anfallberechtigten durch Stiftungsorgan
10.	**Stiftungsregister**	Einrichtung mit Stiftungsregistergesetz („StiftRG") beschlossen Bestehende Stiftungen vor 01.01.2026 entstanden bis zum 31.12.2026 anzumelden Vertretern der Stiftung wird Nachweis Vertretungsberechtigung erleichtert

	Gliederungspunkt	Die Stichworte
	Schluss	Stiftungsrecht vereinheitlicht und modernisiert Handhabbarkeit von Stiftungen erleichtert Stiftungsregistergesetzes macht Stiftung „transparenter“ künftige Transparenz aber auch Hindernis für „diskrete“ Stifter

III. Der Vortrag

Einleitung

Für meinen Kurzvortrag habe ich das Thema „Das neue Stiftungsrecht“ gewählt. Mit der Änderung des Stiftungsrechts beabsichtigt der Gesetzgeber das bisher landesrechtlich geregelte Stiftungsrecht zu vereinheitlichen und zu modernisieren. Ich werde zunächst über die Änderungen des Stiftungsrechts vortragen. Ein weiteres Thema meines Vortrages wird die Einrichtung des Stiftungsregisters sein. Abschließend und zusammenfassend werde ich einen Ausblick auf die neuen Regelungen und deren künftige Anwendung geben.

Am 22.07.2021 wurde das Gesetzt zur Vereinheitlichung des Stiftungsrechts verkündet. Ziel dieses Gesetzes war insbesondere, das rudimentär im BGB und in den 16 Landesstiftungsgesetzen enthaltene Stiftungszivilrecht bundeseinheitlich zu regeln. Das „neue Stiftungsrecht“ wird zum 01.07.2023 in Kraft treten. Die Neuregelungen sind ab diesem Zeitpunkt zu beachten. Demnach sind neu zu gründende Stiftungen aber auch bestehende Stiftungssatzungen anhand des neuen Stiftungsrecht zu be- bzw. überarbeiten.

1. Legaldefinition „Stiftung“

In § 80 Abs. 1 S. 1 BGB-neu (die ab dem 01.07.2023 geltenden Vorschriften werden im Folgenden als „BGB-neu“ bezeichnet) wird der Begriff „Stiftung“ legal definiert. Die Stiftung kann auf Zeit in Form einer Verbrauchsstiftung mit einer Mindestlaufzeit von zehn Jahren (§ 80 Abs. 1 S. 2 BGB-neu) oder auch als Teilverbrauchsstiftung, bei der ein Teil des gewidmeten Vermögens zum sonstigen Vermögen zugeordnet wird gegründet werden (§ 83b Abs. 3 BGB-neu).

2. Stiftungsgeschäft

§ 81 BGB-neu regelt die Pflichtangaben im Stiftungsgeschäft. Nach § 81 Abs. 3 BGB-neu wird geregelt, dass Formerfordernisse für Grundstücksübertagungsverträge (§ 311b BGB) und Verträge über die Abtretung von GmbH-Anteilen (§ 15 Abs. 4 GmbHG) nicht auf das Stiftungsgeschäft anzuwenden sind. Hier genügt künftig die Schriftform (§ 81 Abs. 3 BGB-neu). Damit wird der derzeitig herrschende Meinungsstreit über die Formfrage erledigt und es vermeidet in der Praxis Diskussionen mit den zuständigen Behörden. Nach Anerkennung der Stiftung ist der Stifter verpflichtet, das gewidmete Vermögen auf die Stiftung zu übertragen (§ 82a BGB-neu).

3. Stifterwille

In § 83 Abs. 2 BGB-neu wird die Maßgeblichkeit des Stifterwillens verankert. Danach haben die Stiftungsorgane bei ihrer Tätigkeit für die Stiftung und die zuständigen Behörden bei der Aufsicht über die Stiftung, den bei der Errichtung der Stiftung zum Ausdruck gekommenen Willen, hilfsweise den mutmaßlichen Willen des Stifters zu beachten.

4. Stiftungsvermögen

§ 83b BGB-neu unterscheidet künftig zwischen dem Grundstockvermögen (§ 83b Abs. 2 BGB-neu) und dem sonstigen Vermögen. Verbrauchsstiftungen verfügen ausschließlich über sonstiges Vermögen. Grundstockvermögen stellt das der Stiftung bei Errichtung gewidmete Vermögen (Dotationskapital) sowie spätere Zustiftungen und Vermögen, welches von der Stiftung selbst zu Grundstockvermögen bestimmt wurde, dar. Nach § 83c Abs. 1 S. 1 BGB-neu ist das Grundstockvermögen ungeschmälert zu erhalten. Nach § 83c Abs. 1 S. 3 BGB-neu dürfen künftig Zuwächse aus der Umschichtung des Grundstockvermögens für die Erfüllung des Stiftungszwecks verwendet werden, ohne dass es dazu einer besonderen Satzungsbestimmung bedarf. Aus steuerlicher

Sicht unterliegen auch jetzt schon Umschichtungsgewinne nicht dem Gebot der zeitnahen Mittelverwendung (§ 55 Abs. 1 Nr. 5 AO).

5. Stiftungsorgane

Nach den §§ 84–84c BGB-neu werden Regelungen zu den Stiftungsorganen, ihren Rechten und Pflichten, der Beschlussfassung und Notmaßnahmen bei fehlenden Organmitgliedern getroffen. Diese lösen die bisherigen Verweisungen in das Vereinsrecht durch § 86 BGB ab.

Künftig enthält das Stiftungsrecht selbst in den §§ 84–84c BGB-neu grundlegende Regelungen zu den Stiftungsorganen, ihren Rechten und Pflichten, der Beschlussfassung und Notmaßnahmen bei fehlenden Organmitgliedern.

Der Vorstand der Stiftung vertritt diese gerichtlich und außergerichtlich (§ 84 Abs. 2 BGB-neu).

Die Haftung von Organmitglieder kann durch Satzungsregelung beschränkt werden (§ 84a Abs. 1 S. 2 BGB-neu). Für unentgeltlich tätige oder gering vergütete Organmitglieder gelten auch ohne besondere Satzungsregelungen über § 84a Abs. 3 S. 1 BGB-neu die gesetzlichen Haftungserleichterungen des § 31a BGB entsprechend. Danach haftet der Vorstand eines Vereines nur bei Vorsatz oder grober Fahrlässigkeit.

6. Business Judgment Rule

Nach § 84a Abs. 2 S. 2 BGB-neu liegt eine Pflichtverletzung und somit eine Haftung des Vorstandes nicht vor, wenn dieser bei der Geschäftsführung unter Beachtung der gesetzlichen und satzungsmäßigen Vorgaben vernünftigerweise annehmen durfte, auf der Grundlage angemessener Informationen zum Wohle der Stiftung zu handeln. Damit hat der Gesetzgeber die aus dem Aktienrecht bekannte Business Judgment Rule in das Stiftungsrecht aufgenommen.

Danach haften Stiftungsorgane nicht, wenn diese bei ihren Entscheidungen ihr Ermessen falsch ausgeübt haben, d.h. geltenden Gesetze und satzungsgemäßen Vorgaben beachtet haben und nach einer ex-ante-Betrachtung auf der Grundlage ihrer Informationen annehmen durften, zum Wohle der Stiftung zu handeln.

7. Satzungsänderungen

Die Möglichkeit und Umsetzung von Satzungsänderungen wurden bisher in den landesrechtlichen Regelungen zum Stiftungsrecht unterschiedlich gehandhabt.

Die Änderung oder Beschränkung des Stiftungszwecks ist möglich, wenn der Stiftungszweck nicht dauernd oder nachhaltig erfüllt werden kann oder der Stiftungszweck das Gemeinwohl gefährdet (§ 85 Abs. 1 BGB-neu). Darüber hinaus sind Änderungen von Satzungsregelungen, die prägend für die Stiftung sind, möglich, insbesondere Änderung von Namen, Sitz, Art und Weise der Zweckerfüllung und Verwaltung des Grundstockvermögens. Diese Änderungen sind möglich, wenn sich die Verhältnisse nach Errichtung der Stiftung wesentlich verändert haben und die Änderung zur Anpassung an die neuen Verhältnisse erforderlich ist.

Im Übrigen können Satzungsänderungen erfolgen, wenn die Änderung der Erfüllung des Stiftungszwecks dient.

Satzungsänderungen bedürfen der Genehmigung durch die nach Landesrecht zuständige Behörde (§ 85a Abs. 1 BGB-neu). Die Behörde kann allerdings die Satzung nach der Vorschrift des § 85 BGB-neu ändern, wenn die Satzungsänderung notwendig ist und das zuständige Stiftungsorgan sie nicht rechtzeitig beschließt (§ 85a Abs. 2 BGB-neu).

8. Zulegung und Zusammenlegung von Stiftungen

Durch die §§ 86 bis 86i BGB-neu werden die Voraussetzungen und die Durchführung von Zulegung und Zusammenlegung von Stiftungen geregelt. Unter Zulegung ist die Übertragung eines Stiftungsvermögens als Ganzes auf eine übernehmende Stiftung und unter Zusammenlegung die Übertragung der Stiftungsvermögen mehrerer Stiftungen als Ganzes auf eine neue übernehmende Stiftung zu verstehen.

Eine Zusammenlegung von Stiftungen ist nach § 86a BGB-neu möglich, wenn sich die Verhältnisse nach Errichtung der übertragenden Stiftungen wesentlich verändert haben und Satzungsänderungen nicht ausreichen.

Mit der Neufassung des Stiftungsrechts wurden auch weitere Gesetze geändert, auf welche sich die Änderung des Stiftungsrechts auswirken wird. Unter anderem ist auch § 7 Abs. 1 Nr. 9 S. 1 ErbStG um die „Zulegung,

Zusammenlegung“ von Stiftungen ergänzt worden. Demnach wird als Schenkung unter Lebenden auch das angesehen, was infolge der Zulegung oder Zusammenlegung von Stiftungen erworben wird.

9. Auflösung oder Aufhebung der Stiftung

Die Auflösung der Stiftung durch die Stiftungsorgane oder Aufhebung der Stiftung durch die nach Landesrecht zuständige Behörde wird in den §§ 87 bis 87d BGB-neu geregelt. Die Voraussetzungen für die Auflösung oder Aufhebung der Stiftung werden erleichtert.

Die Beendigung einer auf unbestimmte Zeit errichteten Stiftung ist danach zulässig, wenn diese ihren Zweck endgültig nicht mehr dauernd und nachhaltig erfüllen kann. Dies ist dann der Fall, wenn die Stiftung nicht durch eine Satzungsänderung so umgestaltet werden kann, dass sie ihren Zweck wieder dauernd und nachhaltig erfüllen kann (§ 87 Abs. 1 S. 2 BGB-neu). Vor der Beendigung einer Stiftung ist somit zunächst die Möglichkeit einer Satzungsänderung zu prüfen.

§ 87c BGB-neu regelt den Vermögensanfall nach Auflösung oder Aufhebung einer Stiftung. Danach kann entweder in der Satzung der Anfallberechtigte bestimmt werden. Zulässig ist nach der Neuregelung aber auch, ein Stiftungsorgan zur Benennung eines Anfallberechtigten zu bestimmen.

10. Stiftungsregister

Zeitgleich mit der Reform des Stiftungsrechts hat der Gesetzgeber auch das Stiftungsregistergesetz (StiftRG) beschlossen. Bestehende Stiftungen, die vor dem 01.01.2026 entstanden sind, sollen spätestens bis zum 31.12.2026 zum Stiftungsregister angemeldet werden.

Ziel ist unter anderem, den Vertretern der Stiftung den Nachweis ihrer Vertretungsberechtigung zu erleichtern. Dies erfolgte bisher durch Vertretungsbescheinigungen, welche durch die zuständige Stiftungsbehörde erstellt wurde.

Schluss

Mit dem neuen Stiftungsrecht hat der Gesetzgeber das Stiftungsrecht vereinheitlicht und modernisiert. Die in der Praxis oft schwere Handhabbarkeit von Stiftungen wird erleichtert. Mit der Schaffung des Stiftungsregistergesetzes wird die Stiftung „transparenter“. Dies wird zu einer Erleichterung des Rechtsverkehrs führen. Obgleich für die Einsicht ein berechtigtes Interesse erforderlich sein wird, ist die künftige Transparenz auch ein Hindernis für den Stifter, der seine freigiebige Zuwendung nicht öffentlich machen möchte.

Danke für Ihre Aufmerksamkeit.

Themenbereich Handelsrecht

Vortrag 1: Das Handelsregister nach den §§ 8 bis 16 HGB

I. Einführende Hinweise

Das **Handelsregister** hat für den Rechtsverkehr der Kaufleute eine besondere Bedeutung. Die Regelungen zum Handelsregister finden sich insbesondere in den §§ 8 bis 16 HGB. Bei dem Thema „Handelsregister" handelt es sich gewissermaßen um einen Dauerbrenner in der mündlichen Steuerberaterprüfung. Das Handels-, Genossenschafts- und Partnerschaftsregister wird elektronisch geführt, die Veröffentlichung der Jahresabschlüsse erfolgt im sogenannten elektronischen Bundesanzeiger und über die zentrale Plattform des Unternehmensregisters (www.unternehmensregister.de) können die entsprechenden Daten abgerufen und eingesehen werden.

II. Die Gliederung

	Gliederungspunkt	Die Stichworte
	Einleitung	**Thema; Kurzübersicht**
1.	Begriff, Zweck und Funktion des Handelsregisters	
1.1	Begriff des Handelsregisters	Das Handelsregister ist ein öffentliches Verzeichnis und gibt Auskunft über die Rechtsverhältnisse der Kaufleute
1.2	Zweck und Funktion des Handelsregisters	Das Handelsregister dient dem Schutz des Handelsverkehrs. Es dient dem Schutz sowohl des eingetragenen Kaufmanns als auch dem Schutz des Dritten, der sich über die Verhältnisse des Kaufmanns informieren kann. Die Einsichtnahme ist jedem gestattet. Das Handelsregister besteht aus zwei Abteilungen
2.	Die Wirkung der Eintragung in das Handelsregister	Rechtserzeugende (konstitutive) Wirkung (z.B. Entstehung der Kaufmannseigenschaft beim Kleingewerbetreibenden) und rechtsbezeugende (deklaratorische) Wirkung (z.B. Prokura)
3.	Eintragungsfähige und eintragungspflichtige Tatsachen	Was eintragungsfähig ist, bestimmt das Gesetz. Eintragungspflichtige Tatsachen ergeben sich z.B. aus den §§ 29 oder 53 HGB; eintragungsfähige Tatsachen hingegen z.B. aus § 25 Abs. 2 HGB
4.	Die Publizitätswirkung des Handelsregisters	Es wird kein uneingeschränkter öffentlicher Glaube durch das Handelsregister gewährleistet. Eine Vermutung der Richtigkeit der Eintragungen wird durch das Handelsregister jedoch nicht begründet. § 15 HGB kennt nur eine negative und eine positive Publizitätswirkung
	Schluss	**Fazit**

III. Der Vortrag

Einleitung

Guten Morgen sehr geehrte/r Frau Prüfungsvorsitzende/Herr Prüfungsvorsitzender, sehr geehrte Damen und Herren. Ich habe das Thema „**Das Handelsregister nach den §§ 8 bis 16 HGB**" gewählt. Im Rahmen meines Vortrages möchte ich zunächst auf **Begriff, Zweck und Funktion des Handelsregisters** eingehen. Danach werde ich auf die Wirkung der Eintragung in das Handelsregister zu sprechen kommen, um sodann anhand einiger Beispiele eintragungsfähige und eintragungspflichtige Tatsachen zu erläutern. Schließlich sollen die Vertrauensschutztatbestände der Publizitätswirkung des Handelsregisters dargestellt werden.

1. Begriff, Zweck und Funktion des Handelsrechts

1.1 Begriff des Handelsregisters

Bei dem **Handelsregister** nach den §§ 8 ff. HGB handelt es sich um ein öffentliches Verzeichnis, in dem bestimmte Tatsachen enthalten sind, die im Handelsverkehr rechtserheblich sind. Es soll die Zugehörigkeit des Gewerbetreibenden zum Handelsstand dokumentieren.

1.2 Zweck und Funktion des Handelsregisters

Das Handelsregister dient dem Schutz des Kaufmanns, dem seiner Geschäftspartner und dem der Allgemeinheit. Der Kaufmann kann bestimmte Tatsachen auf seinen Antrag hin im Handelsregister eintragen lassen. Damit erspart er sich zukünftig, diese Tatsachen jedem einzelnen seiner vielen Geschäftspartner mitteilen zu müssen. Dadurch werden die Sicherheit und Leichtigkeit des Rechtsverkehrs gefördert. Der Geschäftspartner wird konkret dadurch geschützt, dass er sich zum Beispiel über die **Haftungs- und Vertretungsverhältnisse des eingetragenen Kaufmanns** informieren kann. Dem Interesse der Allgemeinheit ist dadurch gedient, dass jederman die Einsicht ins Handelsregister zu Informationszwecken gestattet ist. Aber auch die Interessen des Kaufmanns selbst werden geschützt, da ihm die Möglichkeit eröffnet wird, bestehende Rechtsverhältnisse etc. zu seinem Schutz eintragen zu lassen.

Das Handelsregister wird von den Gerichten elektronisch geführt; sachlich zuständig ist das Amtsgericht als Registergericht. Das Handelsregister besteht aus zwei Abteilungen: In Abteilung A werden die Tatsachen über Einzelkaufleute, juristische Personen des öffentlichen Rechts und Personengesellschaften wie der oHG und der KG eingetragen. In Abteilung B gehören die Tatsachen über die Kapitalgesellschaften.

2. Die Wirkung der Eintragung in das Handelsregister

Die Eintragung einer Tatsache in das Handelsregister kann unterschiedliche Wirkungen haben. Es ist in diesem Zusammenhang zwischen **deklaratorischen und konstitutiven Eintragungswirkungen** zu unterscheiden. Deklaratorisch ist eine Eintragung, wenn sie ein Rechtsverhältnis bekundet bzw. erklärt, das bereits vor der Eintragung ins Handelsregister wirksam geworden war. Beispielhaft ist hier die Eintragung eines Kaufmanns ins Handelsregister zu nennen, der bereits nach Art oder Umfang einen in kaufmännischer Weise eingerichteten Geschäftsbetrieb erfordert, also kein Kleingewerbetreibender (mehr) ist. Auch die Erteilung einer Prokura ist nach § 53 Abs. 1 HGB in das Handelsregister anzumelden, wirksam wird sie jedoch bereits mit der Erteilung. Durch eine konstitutive Eintragung hingegen wird das Rechtsverhältnis erst mit der Eintragung begründet. Hier wäre die Eintragung des Kaufmanns ins Handelsregister zu nennen, der bislang Kleingewerbetreibender war oder die Entstehung der GmbH durch die Eintragung.

3. Eintragungsfähige und eintragungspflichtige Tatsachen

Ob eine eintragungspflichtige oder eine eintragungsfähige Tatsache vorliegt, ergibt sich aus dem Gesetz. **Eintragungspflichtige Tatsachen** sind solche, zu deren Eintragung der Kaufmann von Gesetzes wegen verpflichtet ist. So ist zum Beispiel die Firma des Kaufmanns nach § 29 HGB in das Handelsregister einzutragen wie auch die **Erteilung und die Löschung der Prokura** nach § 53 HGB. **Eintragungsfähig** sind Tatsachen, deren Eintragung zwar zulässig, aber nicht gesetzlich vorgeschrieben ist. Als Beispiel hierfür kann der mögliche Haftungsausschluss nach § 25 Abs. 2 HGB angeführt werden. Wer ein Handelsgeschäft erwirbt und es unter der bisherigen Firma fortführt, haftet nach § 25 Abs. 1 HGB für alle im Betrieb dieses Handelsgeschäfts begründeten Verbindlichkeiten. Will man eine abweichende Vereinbarung treffen, ist dies zwar möglich, zur Wirksamkeit Dritten gegenüber bedarf sie allerdings der Eintragung ins Handelsregister und der Bekanntmachung. Demnach besteht zur Eintragung keine Verpflichtung, im Interesse des Betriebsübernehmers ist die Haftungsbegrenzung aber eintragungsfähig gestellt. Wenn und soweit das Gesetz keine Eintragungsmöglichkeit vorsieht, kann auch keine eintragungsfähige Tatsache gegeben sein. Hier können beispielhaft die Handlungsvollmacht, das Geschäftskapital einer Personengesellschaft oder eines Einzelunternehmers genannt werden.

4. Die Publizitätswirkung des Handelsregisters

Das Handelsregister dient der Sicherheit des Rechtsverkehrs. Der Gesetzgeber hat diesen Eintragungen eine gewisse Vermutung für deren Richtigkeit zukommen lassen wollen. Den offen gelegten Rechtsverhältnissen der Kaufleute kommt durch die Eintragung ins Handelsregister eine sogenannte **Publizitätswirkung** zu. Diese ist in § 15 HGB, der wohl wichtigsten Vorschrift der §§ 8 ff. HGB, geregelt.

Tipp! Es lockert einen Vortrag unheimlich auf, wenn man – zum besseren Verständnis – immer wieder Beispiele mit einfließen lässt. Gerade auch bei der Erklärung der unterschiedlichen Publizitätswirkungen im Handelsrecht sollte unbedingt darauf geachtet werden, Beispiele einzubauen.

§ 15 Abs. 1 HGB regelt den Fall der **negativen Publizität**. Solange eine einzutragende Tatsache nicht eingetragen und bekanntgemacht ist, kann sie nach § 15 Abs. 1 HGB einem Dritten auch nicht entgegengehalten werden, es sei denn, der Dritte hat von der einzutragenden Tatsache positive Kenntnis. Dazu ein Beispiel.

Beispiel: X, die Inhaberin eines Handelsgeschäfts, widerruft die Prokura des angestellten Prokuristen, weil diesem fristlos gekündigt worden war. Versehentlich unterbleibt allerdings die Eintragung der Löschung der Prokura im Handelsregister. Neben der Erteilung stellt auch die Löschung der Prokura nach § 53 Abs. 2 HGB eine eintragungspflichtige Tatsache dar. Wenn nun dieser gekündigte Prokurist im Namen der X Verträge abschließt, werden dieser die Willenserklärungen des ehemaligen Prokuristen zugerechnet, obwohl der Prokurist keine Berechtigung bzw. Bevollmächtigung mehr hatte. Das ergibt sich aus § 15 Abs. 1 HGB. X kann dem Geschäftsgegner den Widerruf der Vollmacht nicht entgegenhalten, weil sie nicht im Handelsregister eingetragen worden ist.

Mit § 15 Abs. 2 HGB wird die Rechtswirkung eingetragener und bekanntgemachter Tatsachen geregelt. Ist eine Tatsache im Handelsregister eingetragen und bekannt gemacht worden, so muss ein Dritter sie nach § 15 Abs. 2 HGB gegen sich gelten lassen. Der Gesetzgeber ging demnach davon aus, dass jeder Kaufmann und jeder, der mit diesem Geschäfte macht, die Bekanntmachungen des Registergerichts liest. Ihm sollen allerdings – wie § 15 Abs. 2 Satz 2 HGB zu entnehmen ist – 15 Tage Zeit zur Kenntnisnahme verbleiben. Wenn im vorherigen Beispielsfall zu § 15 Abs. 1 HGB die Prokura widerrufen und im Handelsregister eingetragen worden war, kann der gekündigte Prokurist die X nicht mehr verpflichten. Der Dritte muss nach § 15 Abs. 2 Satz 1 HGB die **Löschung der Prokura** gegen sich gelten lassen. Damit dient § 15 Abs. 2 HGB dem Schutz des Kaufmanns.

§ 15 Abs. 3 HGB soll den in § 15 Abs. 1 HGB normierten Schutz des Dritten erweitern. Die **positive Publizitätswirkung** wird auf die Fälle ausgeweitet, dass einzutragende Tatsachen unrichtig bekannt gemacht wurden. Das Gesetz geht insoweit davon aus, dass sich der Kaufmann, der die Berichtigung der falschen Bekanntmachung einer richtig oder unrichtig eingetragenen Tatsache unterlässt, so behandeln lassen muss, als ob die unrichtige Bekanntmachung mit seinem Willen fortbesteht. Weitere Voraussetzung ist, dass der sich auf diese unterlassene Berichtigung berufende Dritte gutgläubig ist.

Beispiel: Kaufmann K meldet zur Eintragung ins Handelsregister an, dass er dem BP Prokura erteilt habe. Dies wird zwar richtig im Handelsregister eingetragen, in der Bekanntmachung wird jedoch ein anderer (PP) als Prokurist genannt. Schließt PP nun im Namen des Kaufmanns Verträge ab, wird diesem die Willenserklärung des PP zugerechnet. Der Dritte kann sich auf die (unrichtige) Bekanntmachung berufen.

Schluss

Tipp! Oftmals fällt es den Prüflingen schwer, einen geeigneten Schluss zu finden. Insbesondere bei „juristischen" Themen bietet es sich an, einen Blick ins Steuerrecht oder auf die tägliche Praxis des Steuerberaters zu werfen. Wie und wo sind Sie bislang selbst mit diesen Themen konfrontiert worden?

Auch wenn das Thema „Das Handelsrecht nach den §§ 8 bis 16 HGB" dem Zivil- bzw. Handelsrecht entstammt, so sind Regelungen zum Handelsregister und insbesondere die Eintragungen ins Handelsregister auch für den Steuerberater interessant. Bei der Betreuung seiner Mandantschaft kann es oftmals sinnvoll sein, auch die Eintragungen im Handelsregister im Auge zu haben.

Es ist dem Steuerberater daher zu empfehlen, über seine Mandanten einen Handelsregisterauszug – auf elektronischem Wege über das Internet – anzufordern. Dieser gehört sicherlich zum wesentlichen Inhalt der Handakten und kann zu einer erhöhten Transparenz des Mandanten beitragen.

Vielen Dank für Ihre Aufmerksamkeit.

Vortrag 2: Besonderheiten der Stellvertretung im Handelsrecht

I. Einführende Hinweise

Grundsätzlich gelten die allgemeinen Regeln des BGB für die rechtsgeschäftliche Stellvertretung (§§ 164 ff. BGB) auch für die Vertretung des Kaufmanns im Rechtsverkehr. Die erforderliche Vertretungsmacht kann sich aus dem Gesetz (z.B. aus der Organstellung persönlich haftender Gesellschafter bei der oHG und der KG, §§ 125 Abs. 1, 161 Abs. 2 HGB), aus einer rechtsgeschäftlich erteilten Vollmacht (§ 167 BGB) oder – ausnahmsweise – aus einer Duldungs- oder Anscheinsvollmacht ergeben.

Da der Handelsverkehr ein erhöhtes Bedürfnis nach schneller, einfacher und rechtssicherer Abwicklung von Rechtsgeschäften hat, hält das Handelsrecht mit der Prokura nach §§ 48 ff. HGB, der Handlungsvollmacht nach § 54 HGB sowie der sog. Ladenvollmacht nach § 56 HGB zusätzlich besondere Formen der Vertretungsmacht vor.

II. Die Gliederung

	Gliederungspunkt	**Die Stichworte**
	Einleitung	**Thema; Kurzübersicht**
1.	Grundsätze der Stellvertretung nach dem BGB	§§ 164 ff. BGB finden auch im Handelsrecht Anwendung, Vertretungswirkung setzt Vertretungsmacht voraus, besondere Bedürfnisse des Handelsverkehrs
2.	Prokura, §§ 48 ff. HGB	Erteilung durch den Prinzipal / Vertreter, Eintragung in das Handelsregister wirkt deklaratorisch, weiter Umfang ohne Möglichkeit der Begrenzung
3.	Handlungsvollmacht, § 54 HGB	rechtsgeschäftlich erteilte Vertretungsmacht, die nicht Prokura ist, im Umfang weniger weit, grundsätzlich beschränkbar, nicht in das Handelsregister einzutragen
4.	Ladenvollmacht, § 56 HGB	Vollmacht der Ladenangestellten für üblicherweise in einem Laden anfallende Rechtsgeschäfte
	Schluss	**Fazit**

III. Der Vortrag

Einleitung

Guten Tag, sehr geehrte/r Frau Prüfungsvorsitzende/Herr Prüfungsvorsitzender, sehr geehrte Damen und Herren. Ich habe das Thema „**Besonderheiten der Stellvertretung im Handelsrecht**" gewählt. Im Rahmen meines Vortrages möchte ich zunächst kurz auf die allgemeinen Grundsätze der Stellvertretung nach dem BGB eingehen. Danach will ich die Besonderheiten der Stellvertretung im Handelsrecht darlegen und dabei die Regelungen zur Prokura, zur Handlungsvollmacht und zur sog. Ladenvollmacht erläutern.

1. Grundsätze der Stellvertretung nach dem BGB

Auch für die Vertretung des Kaufmanns im Rechtsverkehr gelten die allgemeinen Regeln des BGB für die rechtsgeschäftliche Stellvertretung (§§ 164 ff. BGB). Dabei gibt ein Vertreter eine eigene Willenserklärung im Namen des Vertretenen ab. Dadurch unterscheidet er sich vom Boten. Bei wirksamer Vertretung wird der Vertretene berechtigt und verpflichtet.

Die Vertretungswirkung setzt das Vorliegen einer entsprechenden Vertretungsmacht voraus. Diese kann sich aus dem Gesetz (z.B. aus der Organstellung persönlich haftender Gesellschafter bei der oHG und der KG, §§ 125 Abs. 1, 161 Abs. 2 HGB), aus einer rechtsgeschäftlich erteilten Vollmacht (§ 167 BGB) oder – ausnahmsweise – aus einer Duldungs- oder Anscheinsvollmacht ergeben.

Der Handelsverkehr, der auf eine schnelle, einfache und rechtssichere Abwicklung von Rechtsgeschäften angewiesen ist, hat ein erhöhtes Bedürfnis nach wirksamen Regelungen der Stellvertretung. Daher enthält das Handelsrecht mit der Prokura nach §§ 48 ff. HGB, der Handlungsvollmacht nach § 54 HGB sowie der sog. Ladenvollmacht nach § 56 HGB zusätzlich besondere Regelungen der Vertretungsmacht.

> **Tipp!** Sicherlich ist es nicht machbar, innerhalb der Ihnen vorgegebenen Zeit hier auf alle Besonderheiten der Regelungen zur Stellvertretung nach dem BGB einzugehen. Stellen Sie deshalb klar, dass Sie nur die aus Ihrer Sicht wesentlichen oder wichtigsten Aspekte ansprechen werden.

2. Prokura, §§ 48 ff. HGB

Die Prokura ist eine rechtsgeschäftlich erteilte Vertretungsmacht, deren Umfang gesetzlich zwingend festgesetzt ist, §§ 48 ff. HGB. Die Prokura kann nach § 48 Abs. 1 HGB nur der Inhaber eines Handelsgeschäfts (sog. Prinzipal) selbst oder sein gesetzlicher Vertreter durch ausdrückliche, einseitig empfangsbedürftige Willenserklärung erteilen. Die Erteilung der Prokura kann dabei gegenüber dem Bevollmächtigten oder gegenüber Dritten erfolgen.

Die **Erteilung** der Prokura ist nach § 53 Abs. 1 HGB ebenso zur Eintragung im Handelsregister anzumelden wie nach § 53 Abs. 2 HGB das Erlöschen. Dabei wirkt die Eintragung nur deklaratorisch (rechtsbezeugend). Der Rechtsverkehr wird über die Regelungen des § 15 HGB (Publizität des Handelsregisters) geschützt. Zudem hat der Prokurist nach § 51 HGB dem Offenkundigkeitsprinzip (§ 164 BGB) entsprechend zu zeichnen („ppa.").

Vom Umfang her ermächtigt die Prokura nach § 49 Abs. 1 HGB zu allen Arten von gerichtlichen und außergerichtlichen Geschäften und Rechtshandlungen, die der Betrieb eines Handelsgewerbes mit sich bringt. Der Gesetzeswortlaut „eines" verdeutlicht, dass nicht nur typische Geschäfte des konkreten Gewerbebetriebs erfasst sind, sondern grundsätzlich alle – auch branchenfremde – Geschäfte. Ausgenommen sind – ohne weitere Ermächtigung durch den Prinzipal – lediglich die Veräußerung und Belastung von Grundstücken (§ 49 Abs. 2 HGB) sowie Grundlagengeschäfte bzw. Prinzipalgeschäfte, die den Kernbereich des Gewerbebetriebs betreffen.

> **Beispiel:** Bestellt der Prokurist einer Großbäckerei 2.000 Zahnbürsten, wird der Prinzipal durch dieses Rechtsgeschäft wirksam berechtigt und verpflichtet – auch wenn die Bäckerei keine Verwendung für die Zahnbürsten hat.

Beschränkungen des Umfangs der Prokura sind im Außenverhältnis grundsätzlich unwirksam (§ 50 Abs. 1 HGB). Überschreitet der Prokurist die ihm im Innenverhältnis vom Prinzipal gesetzten Grenzen („Dürfen") bei Einhaltung der Grenzen des § 49 HGB („Können"), ist dies für die Wirksamkeit des Geschäfts im Außenverhältnis ohne Bedeutung – sofern nicht ausnahmsweise der Dritte und der Prokurist in Schädigungsabsicht gegen den Prinzipal kollusiv zusammenwirken.

Dass die Erteilung der Prokura nach § 48 Abs. 2 HGB auch an **mehrere Personen gemeinschaftlich** erfolgen kann, mit der Folge, dass die Prokuristen ihre Vertretungsmacht auch nur gemeinschaftlich ausüben können, eröffnet dem Prinzipal zwar keine inhaltliche Beschränkung des Umfangs der Prokura, ermöglicht aber ein „Mehraugenprinzip", und kann dazu beitragen, die Gefahr eines Missbrauchs der Prokura zu minimieren. Man unterscheidet dabei die „echte" Gesamtprokura, bei der die bevollmächtigten Personen die Vertretung des

Prinzipals nur gemeinschaftlich ausüben können, von der „unechten" Gesamtprokura, bei der der Prokurist den Prinzipal nur mit einem sonstigen Vertreter (also keinem Prokuristen) vertreten kann.

Die Prokura erlischt durch Widerruf, Tod des Prokuristen, Beendigung des Handelsgewerbes, Beendigung des zugrundeliegenden Rechtsverhältnisses (z.B. Kündigung des Arbeitsvertrags des Prokuristen) oder durch Niederlegung durch den Prokuristen.

3. Handlungsvollmacht, § 54 HGB

Die Handlungsvollmacht nach § 54 HGB ist eine rechtsgeschäftlich erteilte Vertretungsmacht i.S.d. § 167 Abs. 1 BGB, die nicht Prokura ist. Durch § 54 HGB wird eine widerlegliche Vermutung des Umfangs der Vertretungsmacht begründet, die allerdings gegenüber der Prokura nicht vom Prinzipal oder dessen Vertreter erteilt sein muss, im Umfang weniger weit (§ 54 Abs. 2 HGB) reicht, grundsätzlich beschränkbar und nicht in das Handelsregister einzutragen ist. Ist der Prinzipal damit einverstanden, kann die Handlungsvollmacht nach § 58 HGB auf einen anderen übertragen werden.

Vom **Umfang** her unterscheidet man zwischen der Generalhandlungsvollmacht, die zur Vornahme von – nicht branchenfremden – Rechtsgeschäften eines derartigen Handelsgewerbes ermächtigt, der Arthandlungsvollmacht, die zur Vornahme bestimmter, zum Handelsgewerbe gewöhnlich gehöriger Geschäfte ermächtigt sowie der Spezialhandlungsvollmacht, die zur Vornahme einzelner zum Handelsgewerbe gehörigen Rechtsgeschäfte ermächtigt.

Die Handlungsvollmacht **erlischt** nach § 168 Satz 1 BGB mit Beendigung des zugrundeliegenden Rechtsverhältnisses (z.B. Kündigung des Arbeitsvertrags), durch Widerruf (§ 168 Satz 2 BGB) sowie in den für die Prokura genannten Fallgruppen.

4. Ladenvollmacht, § 56 HGB

Unter der sog. Ladenvollmacht nach § 56 HGB versteht man eine Vollmacht der Ladenangestellten für üblicherweise in einem Laden anfallende Rechtsgeschäfte. Ladenangestellte haben regelmäßig eine Handlungsvollmacht i.S.d. § 54 HGB; sollte diese aber nicht oder nicht wirksam erteilt worden sein, wird der gutgläubige Dritte durch § 56 HGB in seinem Vertrauen darauf geschützt, dass in einem Laden mit Wissen und Wollen des Prinzipals tätige Angestellte zu in einem derartigen Laden gewöhnlichen – also branchenüblichen – Verkäufen (z.B. Abschluss von Kaufverträgen nach § 433 BGB) ermächtigt sind.

Schluss

Die Bedeutung der Stellvertretung ist insbesondere im Handelsverkehr essentiell: Der Prinzipal kann regelmäßig nicht allen Aufgaben alleine nachkommen, vielmehr ist eine gewisse Organisation und Aufteilung der in einem Gewerbebetrieb anfallenden Aufgaben notwendig. Die Vertragspartner erwarten hierbei klare Verhältnisse. Dies wiederum erfordert zur Sicherung der Einfachheit und Leichtigkeit der Durchführung von Handelsgeschäften klare Regelungen des Vertretungsrechts. Dafür enthält das Handelsrecht mit der Prokura, der Handlungsvollmacht und der sog. Ladenvollmacht besondere Regelungen zur Stellvertretung, die die allgemeinen Vertretungsregeln des BGB ergänzen.

Vielen Dank für Ihre Aufmerksamkeit.

Vortrag 3: Der Kaufmann nach den §§ 1 bis 7 HGB

I. Einführende Hinweise

Das Handelsrecht findet nur Anwendung, wenn ein Handelsgeschäft vorliegt und zumindest einer der Beteiligten Kaufmann i.S.d. HGB ist. Aufgrund der zentralen Bedeutung der Kaufmannseigenschaft wird diese im ersten Abschnitt des ersten Buches konkretisiert.

II. Die Gliederung

	Gliederungspunkt	Die Stichworte
	Einleitung	**Thema; Kurzübersicht**
1.	Begriff und Bedeutung des Kaufmanns	HGB findet nur Anwendung, wenn zumindest ein Beteiligter Kaufmann ist, Voraussetzungen der Kaufmannseigenschaft in §§ 1 bis 7 HGB
2.	Arten des Kaufmanns	
2.1	Istkaufmann	Jeder Gewerbebetrieb, wenn nach Art und Umfang ein in kaufmännischer Weise eingerichteter Geschäftsbetrieb vorliegt, Handelsregistereintragung ist deklaratorisch
2.2	Kannkaufmann	Eintragung der Firma des Unternehmens ins Handelsregister, Beendigung durch Löschen auf Antrag des Unternehmens oder Vorliegen der Voraussetzungen eines Istkaufmanns
2.3	Handelsgesellschaften und Formkaufleute	Handelsgesellschaften kraft Gesetzes Kaufmann, § 6 Abs. 1 HGB, nach § 6 Abs. 2 HGB auch Körperschaften kraft Gesetzes Kaufmann, auch wenn sie kein Handelsgewerbe betreiben, z.B. AG, GmbH usw. Achtung: Kaufmannseigenschaft betrifft nur die Gesellschaft selbst
2.4	Fiktivkaufmann	§ 5 HGB: Firma im Handelsregister eingetragen, betreibt aber kein Handelsgewerbe, sondern „nur" ein Gewerbe, nur anwendbar, wenn sich eine Person oder der Gewerbetreibende selbst auf § 5 HGB beruft
2.5	Scheinkaufmann	Nicht im Gesetz geregelt, tritt im kaufmännischen Rechts- und Geschäftsverkehr als Kaufmann auf, ohne jedoch tatsächlich Kaufmann i.S.d. Handelsrechts zu sein, gutgläubiger Dritter
3.	oHG und KG als Kaufmann	Keine Formkaufleute sondern Kaufmann durch Betrieb eines Handelsgewerbes; sowohl Gesellschafter einer oHG als auch Komplementäre sind Kaufleute, Kommanditisten aufgrund ihrer Gesellschafterstellung allein noch kein Kaufmann
	Schluss	**Fazit**

III. Der Vortrag

Einleitung

Guten Morgen sehr geehrte/r Frau Prüfungsvorsitzende/Herr Prüfungsvorsitzender, sehr geehrte Damen und Herren. Ich habe das Thema **„Der Kaufmann nach den §§ 1 bis 7 HGB“** gewählt. Im Rahmen meines Vortrags möchte ich zunächst den Begriff des Kaufmanns erläutern und anschließend die verschiedenen Arten von Kaufleuten vorstellen. Abschließend möchte ich kurz auf die Bedeutung der Kaufmannseigenschaft in der Praxis eingehen.

1. Begriff und Bedeutung des Kaufmanns

Das Handelsrecht kommt stets nur zur Anwendung, wenn mindestens ein Beteiligter des Handelsgeschäfts Kaufmann i.S.d. HGB ist. Aufgrund der zentralen Bedeutung der Kaufmannseigenschaft werden die Voraussetzungen hierfür in den §§ 1 bis 7 HGB geregelt.

2. Arten des Kaufmanns

2.1 Istkaufmann

Istkaufmann ist nach § 1 Abs. 1 HGB, wer ein Handelsgewerbe betreibt. § 1 Abs. 2 HGB definiert das Handelsgewerbe. Hiernach ist jeder Gewerbebetrieb ein Handelsgewerbe, es sei denn, dass das Unternehmen nach Art oder Umfang einen in kaufmännischer Weise eingerichteten Geschäftsbetrieb nicht erfordert. Folglich sind Land- und Forstwirte von Gesetzes wegen keine Kaufleute. Jedoch haben sie die Möglichkeit, nach § 3 Abs. 2 HGB durch Eintragung ihrer Firma in das Handelsregister Kaufmann (sog. Kannkaufmann) zu werden. Ebenso sind Freiberufler von Gesetzes wegen keine Kaufleute, da sie nicht gewerblich tätig sind. Ein Hausarzt kann bspw. niemals Istkaufmann sein, unabhängig davon, wie hoch seine Gewinne bzw. Umsätze sind.

Des Weiteren sind auch Personen, die eine nichtselbständige Tätigkeit ausüben, keine Kaufleute kraft Gesetzes, da ein Gewerbebetrieb eine selbständige Tätigkeit erfordert. Nach § 84 Abs. 1 HGB ist selbständig, wer im Wesentlichen frei seine Tätigkeit gestalten und seine Arbeitszeit bestimmen kann. Dies kann ein Arbeitnehmer gerade nicht, weil er im geschäftlichen Organismus seines Arbeitgebers dessen Weisungen zu folgen verpflichtet ist.

> **Tipp!** Es lockert einen Vortrag unheimlich auf, wenn man – zum besseren Verständnis – immer wieder Beispiele mit einfließen lässt. Begriffsdefinition eigenen sich hierfür hervorragend – unabhängig davon, ob man Negativ- oder Positivbeispiele anführt. Allerdings sollte man Beispiele nur einbinden, wenn man sich sicher ist, dass diese richtig sind.

Weitere Voraussetzung ist, dass das Unternehmen nach Art oder Umfang einen in kaufmännischer Weise eingerichteten Geschäftsbetrieb hat. Zur Art des Unternehmens gehören bspw. die betriebliche Organisation, die geschäftlichen Betätigungsfelder und die Führung von Büchern bzw. Konten. Zum Umfang hingegen gehören z.B. die Anzahl der Arbeitnehmer, die Lohnsumme, die Umsatzhöhe, die Anzahl von Niederlassungen und das Anlagevermögen.

> **Beispiel:** A flechtet im Nebenerwerb im Arbeitszimmer ihrer 3-Zimmer-Wohnung Körbe. Sie hat weder Arbeitnehmer angestellt noch verfügt sie über Anlagevermögen.
>
> **Lösung:** Zwar unterhält A einen Gewerbebetrieb, jedoch hat sie keinen nach Art oder Umfang in kaufmännischer Weise eingerichteten Geschäftsbetrieb. Daher ist A kein Istkaufmann i.S.d. § 1 HGB.

Die Registereintragung eines Istkaufmanns ist deklaratorisch, d.h. auch schon ohne Eintragung ins Handelsregister gilt der Istkaufmann als Kaufmann i.S.d. HGB. Dem folgt auch, dass für den Beginn und die Beendigung der Kaufmannseigenschaft nach § 1 HGB lediglich ausschlaggebend ist, ob die Voraussetzungen des § 1 HGB erfüllt bzw. nicht erfüllt sind.

2.2 Kannkaufmann

§ 2 HGB ermöglicht es Gewerbetreibenden, die keinen in kaufmännischer Weise eingerichteten Gewerbebetrieb haben, Kaufmann durch die Eintragung der Firma in das Handelsregister zu werden. Diese Eintragung in das Handelsregister hat damit konstitutive, d.h. rechtsbegründende Wirkung. Die Kaufmannseigenschaft nach § 2 HGB wird entsprechend durch die Löschung der Firma beendet, sofern nicht die Voraussetzungen des Istkaufmanns nach § 1 HGB eintreten.

2.3 Handelsgesellschaften und Formkaufleute

Die Handelsgesellschaften sind nach § 6 Abs. 1 HGB kraft Gesetzes Formkaufmann. Hierunter fallen sowohl Kapitalgesellschaften als auch Personengesellschaften.

Des Weiteren sind nach § 6 Abs. 2 HGB auch Körperschaften, denen das Gesetz ohne Rücksicht auf den Gegenstand des Unternehmers die Kaufmannseigenschaften beilegt, Kaufleute, auch wenn diese kein Handelsgewerbe i.S.d. § 1 Abs. 2 HGB betreiben. Erfasst werden z. B. die Aktiengesellschaft (§ 3 Abs. 1 AktG), die Europäische Gesellschaft (Societas Europaea, SE), die Kommanditgesellschaft auf Aktien (§ 278 Abs. 3 i.V.m. § 3 Abs. 1 AktG), die Gesellschaft mit beschränkter Haftung bzw. die Unternehmergesellschaft (§ 13 Abs. 3 GmbHG), die eingetragene Genossenschaft (§ 17 Abs. 2 GenG) und die die europäische Genossenschaft (Societas Cooperativa Europae, SCE). Da jedoch die vorgenannten Körperschaften – mit Ausnahme der Genossenschaften – schon kraft Gesetzes Handelsgesellschaften und somit nach § 6 Abs. 1 HGB Kaufleute sind, geht die Vorschrift des § 6 Abs. 2 HGB weitestgehend ins Leere. Der Versicherungsverein auf Gegenseitigkeit (§ 16 VAG) ist hingegen kein Formkaufmann i.S.d. § 6 HGB, da § 16 VAG die Anwendung der §§ 1 bis 7 HGB ausschließt.

Sowohl für die Handelsgesellschaften als auch für die Formkaufleute gilt: Die Kaufmannseigenschaft kraft Gesetzes betrifft nur die Gesellschaft selbst und nicht die an ihr beteiligten Gesellschafter.

2.4 Fiktivkaufmann

Von einem Fiktivkaufmann i.S.d. § 5 HGB spricht man, wenn eine Firma im Handelsregister eingetragen ist, sie aber kein Handelsgewerbe sondern „nur" ein Gewerbe betreibt. Deshalb wird der Fiktivkaufmann auch als Kaufmann kraft bloßer Eintragung bezeichnet. Wurde bspw. ein Arzt versehentlich ins Handelsregister eingetragen, ist er kein Fiktivkaufmann, da er keine gewerbliche sondern eine freiberufliche Tätigkeit ausübt. Weiterhin ist zu beachten, dass § 5 HGB nur Anwendung findet, wenn sich eine Person oder der Gewerbetreibende selbst auf § 5 HGB beruft.

2.5 Scheinkaufmann

Für die Scheinkaufleute gibt es keine gesetzliche Grundlage. Scheinkaufmann ist, wer im kaufmännischen Rechts- und Geschäftsverkehr als Kaufmann auftritt, z.B. durch das Auftreten unter einer Firma, ohne tatsächlich Kaufmann i.S.d. Handelsrechts zu sein. Nur ein gutgläubiger Dritter kann sich auf den Scheinkaufmann berufen. Ob der gutgläubige Dritte nachweisen muss, dass sein Geschäftspartner wie ein Kaufmann aufgetreten ist, ist umstritten.

3. oHG und KG als Kaufmann

Nach § 6 Abs. 2 HGB können nur Körperschaften Formkaufleute sein. Daher sind oHG und KG keine Formkaufleute, sondern Kaufleute aufgrund des Handelsgewerbes, welches sie betreiben (§ 105 Abs. 1 bzw. § 161 Abs. 1 i.V.m. § 1 HGB). Dasselbe gilt sowohl für die Gesellschafter einer oHG als auch für die Komplementäre einer KG. Die bloße Rechtsstellung als Kommanditist führt hingegen nicht zur Kaufmannseigenschaft i.S.d. Handelsrechts (BGH, Urteil vom 02.06.1966, VII ZR 292/64, BGHZ 45, 282), da dieser die Gesellschaft nicht in seinem Namen führt, er für die Verbindlichkeiten nur mit seiner Einlage haftet, er von der Geschäftsführung ausgeschlossen ist, er nicht zur Vertretung berechtigt ist und für ihn kein Wettbewerbsverbot besteht. Er trägt folglich – im Gegensatz zum Komplementär – kein unternehmerisches Risiko. Bei dieser beschränkten Rechtsstellung könne nach Ansicht der Rechtsprechung nicht mehr von einer Mitwirkung des Kommanditisten bei der Geschäftsausübung der Gesellschaft geprochen werden. Und zudem auch nicht davon, dass der Komplementär die Geschäfte für den Kommanditisten mitbetreibt oder gar in seinem Namen handelt. Der Kommanditist ist für den unbefangenen Beobachter aufgrund der vorgenannten Gründe auch nicht „Inhaber" oder „Prinzipal" des Betriebs.

Die Gesellschaft bürgerlichen Rechts ist keine Handelsgesellschaft. Dies hat zur Folge, dass sie aufgrund ihrer Organisationsform kein Kaufmann sein kann. Allerdings ist die deutsche Europäische wirtschaftliche Interessenvereinigung (§ 1 EWIV-AusführungsG) kraft Gesetzes Handelsgesellschaft und damit Kaufmann.

Schluss

Für die Praxis ist es von enormer Bedeutung unterscheiden zu können, ob ein Vertragspartner Kaufmann i.S.d. HGB ist oder nicht. Denn handelt es sich sowohl beim Absender als auch beim Empfänger um einen Kaufmann, gilt z.B. das Schweigen auf ein Angebot in den Fällen des § 362 HGB und in Fällen des kaufmännischen Bestätigungsschreibens als Annahme. Ist hingegen nur ein Kaufmann am Handelsgeschäft beteiligt, kann die Annahme grundsätzlich nicht durch ein Schweigen zum Ausdruck gebracht werden.

Vielen Dank für Ihre Aufmerksamkeit.

Themenbereich Gesellschaftsrecht

Vortrag 1: Die temporäre Ausnahmeregelung für das Einstimmigkeitserfordernis im schriftlichen Beschlussverfahren der GmbH während der COVID-19-Pandemie nach § 2 COVMG

I. Einführende Hinweise

Mit der Regelung in § 2 COVMG hat der Gesetzgeber eine temporäre Ausnahmeregelung für das Einstimmigkeitserfordernis im schriftlichen Beschlussverfahren zugelassen.

Die Ausnahmeregelung gemäß § 2 COVMG war zunächst bis um 31.12.2020 befristet, wurde aber durch Verordnung des BMJV bis zum 31.12.2021 verlängert.

§ 2 COVMG ermöglicht es bis zum 31.12.2021 Beschlüsse der Gesellschafterversammlung einer GmbH auch dann im schriftlichen Verfahren herbeizuführen, wenn nicht - wie bisher nach § 48 Abs. 2 GmbHG gefordert - das Einverständnis sämtlicher Gesellschafter vorliegt.

II. Die Gliederung

	Gliederungspunkt	Die Stichworte
	Einleitung	**Thema; Kurzübersicht**
1.	Sachgrund	Für Anwendung des § 2 COVMG bedarf es keines (weiteren) Sachgrundes
2.	Mögliche Beschlussgegenstände	§ 2 COVMG für sämtliche Beschlussgegenstände nach § 48 Abs. 2 GmbHG anwendbar, nicht wenn Gesetz ausdrücklich Präsenzversammlung verlangt, Z.B. Zustimmung zu Verschmelzung (§ 13 Abs. 1 S. 2 UmwG), Spaltung (§§ 125, 13 Abs. 1 S. 2 UmwG) und Formwechsel (§ 193 Abs. 1 S. 2 UmwG); § 2 COVMG ist auf einfache Satzungsänderungen anwendbar
3.	Einleitung des Umlaufverfahrens	Verschiebung Einladungskompetenz nicht beabsichtigt, neben den Geschäftsführern steht gemäß § 49 Abs. 1 GmbHG Kompetenz zur Einberufung Gesellschafterversammlung Personen oder Gesellschafter zu, die Recht zur Einleitung eines schriftlichen Verfahrens nach § 2 COVMG haben, wenn diese nach Gesetz oder Satzung zur Einberufung einer Gesellschafterversammlung ermächtigt
4.	Verzicht und Beschluss	Unterscheidung einstufiges Verfahren gemäß § 48 Abs. 2 Alt. 1 GmbHG und § 48 Abs. 2 Alt. 2 zweistufiges Verfahren. Für einstufige Verfahren des § 48 Abs. 2 Alt. 1 GmbHG wird Einstimmigkeitserfordernis durch § 2 COVMG ersetzt. Für zweistufige Verfahren mindestens die einfache Mehrheit der Stimmen aller Gesellschafter mit Zustimmung nach § 48 Abs. 2 Alt. 1 GmbHG und gemäß § 47 Abs. 1 GmbHG Mehrheit der abgegebenen Stimmen

5.	Bekanntgabe Abstimmungsergebnis	Bekanntgabe des Abstimmungsergebnisses durch Versammlungs-/Abstimmungsleiter keine Besonderheiten, Abstimmungsergebnis ist allen Gesellschaftern mitzuteilen
	Schluss	

III. Der Vortrag

Einleitung

Sehr geehrter Herr Prüfungsvorsitzender, sehr geehrte Damen und Herren. Das Thema meines Kurzvortrags lautet: „**Die temporäre Ausnahmeregelung für das Einstimmigkeitserfordernis im schriftlichen Beschlussverfahren der GmbH während der COVID-19-Pandemie nach § 2 COVMG.**"

Erleichterungen für Gesellschafterversammlungen sind zu „Corona-Zeiten" mit den einhergehenden Kontaktbeschränkungen mehr denn je ein Thema. Im Gegensatz zur Aktiengesellschaft, bei der über den § 23 Abs. 5 AktG absolute Satzungsstrenge herrscht, kann nach § 45 Abs. 1 GmbHG vom Prinzip der Präsenzversammlung des § 48 Abs. 1 GmbHG abgewichen werden. Allerdings sind hierfür eine abweichende Satzungsregelung erforderlich.

Mit der Regelung in § 2 COVMG hat der Gesetzgeber eine temporäre Ausnahmeregelung für das Einstimmigkeitserfordernis im schriftlichen Beschlussverfahren zugelassen. Die Ausnahmeregelung gemäß § 2 COVMG war zunächst bis um 31.12.2020 befristet, wurde aber durch Verordnung des BMJV bis zum 31.12.2021 verlängert.

§ 2 COVMG ermöglicht es bis zum 31.12.2021 Beschlüsse der Gesellschafterversammlung einer GmbH auch dann im schriftlichen Verfahren herbeizuführen, wenn nicht - wie bisher nach § 48 Abs. 2 GmbHG gefordert - das Einverständnis sämtlicher Gesellschafter vorliegt.

1. Sachgrund

Für die Anwendung des § 2 COVMG bedarf es keines (weiteren) Sachgrundes.

2. Mögliche Beschlussgegenstände

Grundsätzlich ist § 2 COVMG für sämtliche Beschlussgegenstände, die auch sonst dem schriftlichen Verfahren nach § 48 Abs. 2 GmbHG zugänglich sind, anwendbar. Nicht umfasst von § 2 COVMG sind somit die Verfahren, in denen das Gesetz ausdrücklich die Abhaltung einer Präsenzversammlung verlangt. Als Beispiele sind hier zu nennen: Zustimmung zu Verschmelzung (§ 13 Abs. 1 S. 2 UmwG), Spaltung (§§ 125, 13 Abs. 1 S. 2 UmwG) und Formwechsel (§ 193 Abs. 1 S. 2 UmwG).

§ 2 COVMG ist auf einfache Satzungsänderungen anwendbar. Denn auch notariell zu beurkundende Beschlüsse sind einer schriftlichen Abstimmung gemäß § 48 Abs. 2 GmbHG zugänglich. Sogar ein Auflösungsbeschluss im schriftlichen Verfahren gegen den Willen einzelner Gesellschafter gefasst werden.

3. Einleitung des Umlaufverfahrens

Fraglich ist, wer bei der Gesellschaft für die Einleitung des schriftlichen Verfahrens nach § 2 COVMG zuständig ist. Das schriftliche Verfahren nach § 48 Abs. 2 GmbHG kann grundsätzlich von jedem Gesellschafter unabhängig von der Höhe seines Anteilsbesitzes initiiert werden.

Bei § 2 COVMG soll verhindern werden, dass einzelne Gesellschafter ihre Zustimmung zum schriftlichen Verfahren verweigern oder einer solchen Vorgehensweise widersprechen. Eine Verschiebung der Einladungskompetenz ist hingegen nicht beabsichtigt. Dementsprechend steht neben den Geschäftsführern, denen gemäß § 49 Abs. 1 GmbHG die Kompetenz zur Einberufung der Gesellschafterversammlung zusteht, nur solche Personen oder Gesellschafter das Recht zur Einleitung eines schriftlichen Verfahrens nach § 2 COVMG zu, wenn diese nach Gesetz oder Satzung zur Einberufung einer Gesellschafterversammlung ermächtigt sind.

4. Verzicht und Beschluss

§ 2 COVMG lässt offen, welche Anzahl an Gesellschaftern sich mit der Beschlussfassung im schriftlichen Verfahren einverstanden erklären muss. § 48 Abs. 2 GmbHG regelt ein sogenanntes einstufiges Verfahren gemäß § 48 Abs. 2 Alt. 1 GmbHG, wonach eine Gesellschafterversammlung nicht abgehalten werden muss wenn alle Gesellschafter ihre Stimme in Textform abgeben, während § 48 Abs. 2 Alt. 2 ein zweistufiges Verfahren regelt, wonach zunächst alle Gesellschafter einverstanden sein müssen, dass schriftlich abgestimmt werden darf und anschließend die Stimme im schriftlichen Verfahren abzugeben ist.

Für das einstufige Verfahren des § 48 Abs. 2 Alt. 1 GmbHG wird das Einstimmigkeitserfordernis durch § 2 COVMG ersetzt. Bedarf z.B. ein Beschluss nach dem Gesellschaftsvertrag einer Zustimmung von 75 % der Stimmen aller Gesellschafter, dann gilt dies auch für die inzidente Entscheidung über das schriftliche Verfahren.

Für das zweistufige Verfahren ist das umstritten. Mangels einer Modifikation des Mehrheitsprinzips für das zweistufige Verfahren müssen wohl mindestens die einfache Mehrheit der Stimmen aller Gesellschafter einem Verfahren nach § 48 Abs. 2 Alt. 1 GmbHG zugestimmt haben. Darüber hinaus kommt es gemäß § 47 Abs. 1 GmbHG grundsätzlich auf die Mehrheit der abgegebenen Stimmen an. Maßgeblich ist daher die Mehrheit der in Textform abgegebenen Stimmen.

5. Bekanntgabe Abstimmungsergebnis

Hinsichtlich der Bekanntgabe des Abstimmungsergebnisses durch Versammlungs-/Abstimmungsleiter bestehen gegenüber dem einvernehmlichen schriftlichen Verfahren keine Besonderheiten. Das Abstimmungsergebnis ist daher allen Gesellschaftern mitzuteilen.

Schluss

Mit der Regelung in § 2 COVMG hat der Gesetzgeber eine temporäre Ausnahmeregelung für das Einstimmigkeitserfordernis im schriftlichen Beschlussverfahren zugelassen. Die zunächst bis zum 31.12.2021 befristete Ausnahmeregelung ermöglicht es bis zum 31.12.2021 Beschlüsse der Gesellschafterversammlung einer GmbH auch dann im schriftlichen Verfahren herbeizuführen, wenn nicht – wie bisher nach § 48 Abs. 2 GmbHG gefordert – das Einverständnis sämtlicher Gesellschafter vorliegt. Es bleibt abzuwarten, ob die Vorschrift verlängert wird oder gar als Grundsatz in das GmbHG aufgenommen werden wird.

Für das dringende Erfordernis zu Coronazeiten auch Gesellschafterversammlungen via Video o.ä. durchzuführen bringt § 2 COVMG allerdings keine Erleichterung. Dies müsste nach wie vor in die Satzung aufgenommen werden.

Vielen Dank für Ihre Aufmerksamkeit.

Vortrag 2: Die Gründung einer GmbH

I. Einführende Hinweise

Die GmbH ist eine universell geeignete und weit verbreitete Gesellschaftsform. Nachdem die Haftung der Gesellschafter auf die erbrachte Stammeinlage begrenzt ist, soll durch das GmbH-Gesetz der Gläubigerschutz weitestgehend gewährleistet werden. Dies wird unter anderem durch einen sehr formalen Gründungsakt umgesetzt.

II. Die Gliederung

	Gliederungspunkt	Die Stichworte
	Einleitung	**Thema; Kurzübersicht**
1.	Was ist eine GmbH?	Juristische Person; gesetzlich zulässige Zwecke; uneingeschränkt rechtsfähig; Kapitalgesellschaft; organschaftliche Geschäftsführung; freie Übertragbarkeit und Vererbbarkeit der Geschäftsanteile

2.	Die drei Gründungsphasen	Vorgründungsgesellschaft; Vorgesellschaft; Voll-Gesellschaft; Entstehung mit Abschluss des Gesellschaftsvertrages bzw. mit dessen notarieller Beurkundung; Haftungssituation
3.	Gründungsvoraussetzungen und Gründungsverfahren	Mindestinhalte des Gesellschaftsvertrages; Höhe des Mindeststammkapitals; Bestellung der Geschäftsführer; Anmeldung zum Handelsregister; Prüfung durch den Registerrichter
3.1	Bar- oder Sachgründung	Unterschied
3.2	Exkurs: Verdeckte Sacheinlage	Abmilderung der bisherigen Rechtsfolgen; jetzt Anrechnung auf die Bareinlageverpflichtung
	Schluss	**Fazit; steuerrechtliche Probleme; Einhaltung der Gründungsformalitäten in der Praxis wichtig**

III. Der Vortrag

Einleitung

Sehr geehrte Prüfungskommission, sehr geehrter Herr Prüfungsvorsitzender. Ich habe mich für das Thema „**Die Gründung einer GmbH**" entschieden. Ich gehe zunächst kurz darauf ein, was eine GmbH ist und wann eine solche vorliegt. Im Anschluss daran gebe ich einen Überblick über die Änderungen, die das MoMiG gebracht hat. Danach wird der Ablauf einer Gründung mit den drei unterschiedlichen Gründungsphasen und die Gründungsvoraussetzungen bzw. Gründungsverfahren mit den beiden Möglichkeiten der Bar- und Sachgründung dargestellt. Und am Ende folgt noch eine Schlussbemerkung, die den Vortrag abschließen wird.

1. Was ist eine GmbH?

Nach § 13 Abs. 1 und 2 GmbHG ist die **GmbH** eine Gesellschaft mit eigener Rechtspersönlichkeit. Sie ist juristische Person und Kapitalgesellschaft.

2. Die drei Gründungsphasen

Nach § 11 Abs. 1 GmbHG entsteht die GmbH mit der **Eintragung ins Handelsregister.** Bevor die Gesellschaft jedoch in das Handelsregister eingetragen und zur Voll-Gesellschaft wird, werden noch die Phasen der Vorgründungsgesellschaft und Vorgesellschaft durchlaufen. Die Vorgründungsgesellschaft entsteht, sobald sich Personen in der Absicht zusammenschließen, eine GmbH gründen zu wollen. Der nächste Schritt hin zur Gründung der GmbH ist die notarielle Beurkundung des Gesellschaftsvertrages. Hat die **Vorgründungsgesellschaft** bereits damit begonnen, am Geschäftsverkehr teilzunehmen, ist sie entweder eine GbR oder bei Betrieb eines Handelsgewerbes eine OHG. In der Vorgründungsgesellschaft richtet sich die Haftung der Gesellschafter nach § 128 HGB entweder in analoger oder in direkter Anwendung. Mit Abschluss des notariellen GmbH-Vertrages entsteht die Vorgesellschaft.

3. Gründungsvoraussetzungen und Gründungsverfahren

Die **Vorgesellschaft** besitzt bereits – mit Ausnahme der Rechtspersönlichkeit – alle Eigenschaften der GmbH. Sie ist aktiv und passiv parteifähig. Die Haftung in der Vor-GmbH richtet sich danach, ob es sich um eine echte oder **unechte Vor-GmbH** handelt. Die **echte Vor-GmbH** ist eine GmbH, bei der die Eintragung der Gesellschaft noch nicht erfolgt, diese aber noch möglich ist, und bei der die Gesellschafter weiterhin den Eintragungswillen besitzen. Die Gesellschafter haften in dieser Phase nur der GmbH gegenüber. Damit können die Gläubiger der GmbH grundsätzlich nicht direkt gegen die Gesellschafter vorgehen. Sie müssen vorher die Vor-GmbH in Anspruch nehmen, sich einen Titel besorgen und die Ansprüche der Vor-GmbH gegen ihre Gesellschafter pfänden und sich überweisen lassen. Wurde der Wille zur Eintragung hingegen aufgegeben und halten die Gründungsgesellschafter den Geschäftsbetrieb gleichwohl aufrecht, haften die Gesellschafter der Vor-GmbH wie bei der GbR oder OHG nach außen direkt und unbeschränkt nach § 128 HGB.

Wird die Vor-GmbH in das Handelsregister eingetragen und ist das vereinbarte Stammkapital nicht mehr vorhanden, kommt es zur sog. **Unterbilanzhaftung**. Eine GmbH muss lebensfähig zur Entstehung kommen. Fehlt ihr das Vermögen, muss sie den Anspruch aus der Unterbilanzhaftung gegenüber den Gesellschaftern in ihrer Bilanz aktivieren. Sollten diese Ansprüche nicht werthaltig sein, darf auch die Eintragung in das Handelsregister nicht vorgenommen werden. Mit der Eintragung entsteht die Voll-Gesellschaft. Die Unterbilanzhaftung bleibt bestehen; nicht hingegen die Handelndenhaftung, diese erlischt nach § 11 Abs. 2 GmbHG.

Nach § 3 Abs. 1 GmbHG sind zwingend die Firma mit dem Sitz der Gesellschaft, der Gegenstand des Unternehmens, der Betrag des Stammkapitals und die Zahl sowie die Nennbeträge der Geschäftsanteile, die jeder Gesellschafter gegen Einlage auf das Stammkapital (Stammeinlage) übernimmt in den Gesellschaftsvertrag aufzunehmen. Das **Mindeststammkapital der GmbH** beläuft sich nach § 5 Abs. 1 GmbHG auf 25.000 €. Der Nennbetrag des Geschäftsanteils muss nur noch auf volle Euro lauten.

Die Geschäftsführer müssen die Gesellschaft gemäß § 7 Abs. 1 GmbHG zur Eintragung in das Handelsregister anmelden. Dieser Anmeldung sind der Gesellschaftsvertrag, die Legitimation der Geschäftsführer, eine Liste der Gesellschafter und der Sachgründungsbericht bei Sachgründungen beizufügen (§ 8 Abs. 1 GmbHG). Darüber hinaus müssen die Geschäftsführer dem Registergericht gegenüber die Versicherungen nach § 8 Abs. 2 GmbHG abgeben. Nach Prüfung der ordnungsgemäßen Errichtung und Anmeldung der GmbH nach § 9c GmbHG durch das Registergericht wird die Eintragung in das Handelsregister vorgenommen.

3.1 Bar- oder Sachgründung

Die Gründung einer GmbH kann in Form einer Bargründung, in Form einer Sachgründung oder als Mischform zwischen beiden erfolgen. Bei der **Bargründung** ist das Stammkapital in bar zu erbringen bzw. auf ein Konto der Gesellschaft zu überweisen. Nach § 7 Abs. 2 GmbHG sind ein Viertel des Nennwertes des Geschäftsanteils, jedoch mindestens die Hälfte des Mindeststammkapitals einzuzahlen. Anders bei einer **Sachgründung**. Hier ist die Einlage vollständig zu erbringen. Bei einer Sachgründung ist zudem ein Sachgründungsbericht zu erstellen, aus dem der Gegenstand der Sacheinlage hervorgeht und aus dem die für die Angemessenheit der Leistungen wesentlichen Umstände dargelegt werden. Sollte der Wert der Sacheinlage nicht dem übernommenen Geschäftsanteil entsprechen, hat der Gesellschafter nach § 9 GmbHG die Differenz in Geld auszugleichen.

3.2 Exkurs: Verdeckte Sacheinlage

Bei der **verdeckten Sacheinlage** wird im Gesellschaftsvertrag formal eine Bareinlage vereinbart; der Geschäftsführer verwendet dann aber planmäßig das Geld, um damit einen Kaufpreisanspruch zu erfüllen, der aus einem Kaufvertrag zwischen der GmbH und einem GmbH-Gesellschafter resultiert und im zeitlichen Zusammenhang mit der GmbH-Gründung steht. Es kommt hier entweder gleich zur Verrechnung des Kaufpreises mit der Bareinlageschuld oder die beiden Beträge werden hin- und hergezahlt. Die Verträge (sowohl der schuldrechtliche als auch der dingliche) bleiben wirksam und der Wert der verdeckten Sacheinlage, d.h. des verdeckt eingelegten Vermögensgegenstandes wird auf die Bareinlageverpflichtung angerechnet. Die Anrechnung erfolgt aber erst mit der Eintragung in das Handelsregister. Da der Geschäftsführer aber vor der Eintragung gem. § 8 Abs. 2 S. 1 GmbHG die Versicherung abgeben muss, dass die Bareinlage erbracht ist und zu seiner endgültig freien Verfügung geleistet wurde, ist ihm der Umstand der verdeckten Sacheinlage bekannt. Er macht sich schadensersatzpflichtig (§ 9a GmbHG) und strafbar (§ 82 Abs. 1 Nr. 1 GmbHG).

Bis zur Änderung durch das MoMiG sah die Rechtsprechung in der verdeckten Sacheinlage einen unwirksamen (nichtigen) Gründungsvorgang ohne Anrechnungsmöglichkeit. Das Stammkapital war nochmals zu erbringen. Die übrige „Abwicklung“ erfolgte über Bereicherungsrecht.

Schluss

Obgleich die GmbH-Praxis jedoch die Erleichterungen im Zusammenhang mit einer verdeckten Sacheinlage mit Wohlwollen aufgenommen haben, steckt in einem (fehlgeschlagenen Gründungsvorgang) weiterhin ein erhebliches haftungsrechtliches aber strafrechtliches Risiko. Dem Gründungsgesellschafter einer GmbH aber den an der Gründung beteiligten Beratern und Notaren muss daher an einem sorgfältigen Arbeiten und Einhaltung des Formalismus gelegen sein.

Vielen Dank für Ihre Aufmerksamkeit.

Vortrag 3: Umwandlungen nach dem Umwandlungsgesetz

I. Einführende Hinweise

Das **Umwandlungsrecht** ist die Grundlage für die steuerliche Beurteilung von Umstrukturierungsvorgängen. Die zivilrechtliche Beurteilung von Umwandlungsvorgängen ist daher Gegenstand sowohl in der schriftlichen als auch in der mündlichen Steuerberaterprüfung. Im Rahmen des vorliegenden Themas sollen die verschiedenen Möglichkeiten einer Umwandlung und deren Ablauf dargestellt werden. Abschließend sollte ein steuerlicher Bezug des Themas hergestellt werden.

II. Die Gliederung

	Gliederungspunkt	**Die Stichworte**
	Einleitung	**Thema; Kurzübersicht**
1.	Ziel des Umwandlungsgesetzes	Zwei Ziele des UmwG: **1.** Regelung der Umstrukturierung und Reorganisation von Unternehmen **2.** Angemessene Berücksichtigung des Schutzes von Anlegern, Gläubigern und Arbeitnehmern
2.	Anwendungsbereich des Umwandlungsgesetzes	Inlandsgesellschaften Ausland nur Verschmelzung von Kapitalgesellschaften mit europäischem Bezug
3.	Begriff der Umwandlung	Definition und Umwandlungsarten
4.	Die einzelnen Umwandlungsarten	
4.1	Verschmelzung (§§ 2 ff. UmwG)	Definition Zur Neugründung und zur Aufnahme
4.2	Spaltung (§§ 123 ff. UmwG)	Definition Zur Neugründung und zur Aufnahme
4.2.1	Aufspaltung	Übertragender Rechtsträger überträgt gesamtes Vermögen unter Auflösung auf mindestens zwei Rechtsträger
4.2.2	Abspaltung	Übertragender Rechtsträger überträgt nur einen Teil seines Vermögens im Wege der partiellen Gesamtrechtsnachfolge auf einen oder mehrere bereits bestehende oder neu gegründete Rechtsträger Anteilseigner des übertragenden Rechtsträgers erhalten unmittelbar Anteile an den übernehmenden Rechtsträgern
4.2.3	Ausgliederung	Übertragender Rechtsträger bleibt bestehen und überträgt einen oder mehrere Teile seines Vermögens auf eine oder mehrere Rechtsträger Anteilseigner der durch die Ausgliederung entstehenden Anteile wird der übertragende Rechtsträger
4.3	Vermögensübertragung (§§ 174–189 UmwG)	Rechtsträger überträgt Vermögen im Wege der Vollübertragung oder Teilübertragung unter Auflösung ohne Abwicklung auf einen oder mehrere Rechtsträger Andere Gegenleistung (nicht Gesellschaftsrechte)

	Gliederungspunkt	Die Stichworte
4.4	Formwechsel (§§ 190 ff. UmwG)	Keine Vermögensübertragung Ausgangsrechtsträger ändert lediglich Rechtsform Formwechsel ist identitätswahrend
5.	Ablauf einer Umwandlung am Beispiel der Verschmelzung	
5.1	Allgemeines zum Ablauf einer Umwandlung	Entwurf der Umwandlungsdokumente, Erstellung der Umwandlungsberichte, Information des Betriebsrats, Umwandlungsprüfung Anschließend Beschlussfassungen Vollzug durch Anmeldung der Umwandlung bei den Registergerichten, Eintragung der Umwandlung, Vollzug in anderen Registern
5.2	Der Verschmelzungsvertrag	Darstellung einzelner Regelungen anhand § 5 UmwG • Namen, Firma und Sitz • Vereinbarung über Übertragung des Vermögens • Umtauschverhältnis • Einzelheiten für die Übertragung der Anteile • Zeitpunkt Anspruch auf Anteil Bilanzgewinn • Zeitpunkt, Handlungen für Rechnung des übernehmenden Rechtsträgers • die Rechte, die übernehmender Rechtsträger einzelnen Anteilsinhabern gewährt • jeden besonderen Vorteil, der Mitglied eines Vertretungsorgans oder Aufsichtsorgans, geschäftsführenden Gesellschafter, Partner, Abschlussprüfer oder Verschmelzungsprüfer gewährt wird • Folgen der Verschmelzung für die Arbeitnehmer und ihre Vertretungen sowie die insoweit vorgesehenen Maßnahmen
5.3	Wirkung der Eintragung der Verschmelzung	§ 20 Abs. 1 UmwG Vermögen der übertragenden Rechtsträger geht einschließlich der Verbindlichkeiten auf den übernehmenden Rechtsträger über. Übertragende Rechtsträger erlöschen Anteilsinhaber der übertragenden Rechtsträger werden Anteilsinhaber des übernehmenden Rechtsträgers Mangel der notariellen Beurkundung des Verschmelzungsvertrags und gegebenenfalls erforderlicher Zustimmungs- oder Verzichtserklärungen einzelner Anteilsinhaber wird geheilt
	Schluss	**Hinweis auf steuerliche Behandlung von Umstrukturierungsvorgängen** **Zweiter bis Fünfter Teil Umwandlungssteuergesetz nur anwendbar bei (partieller) Gesamtrechtsnachfolge** **Ansonsten kann allenfalls Einbringung vorliegen, die nach § 20 ff. UmwStG bzw. § 24 UmwStG zu behandeln ist**

III. Der Vortrag

Einleitung

Sehr geehrter Herr Prüfungsvorsitzender, sehr geehrte (Damen und) Herren. Ich habe mich für das Thema „**Umwandlungen nach dem Umwandlungsgesetz**" entschieden. Im Rahmen meines Vortrages möchte ich zunächst einen kurzen Überblick über die Inhalte meines Vortrages geben. In einem ersten allgemeinen Teil werde ich die Ziele, den Anwendungsbereich und die Definition der Umwandlung darstellen.

Anschließend behandle ich die einzelnen Umwandlungsarten, welche im Umwandlungsgesetz abschließend geregelt sind, nämlich Verschmelzung, Spaltung, Vermögensübertragung und den Formwechsel.

Abschließend werde ich den Ablauf einer Umwandlung am Beispiel einer Verschmelzung darstellen.

1. Ziele des Umwandlungsgesetzes

Mit dem Umwandlungsgesetz werden im Wesentlichen zwei Ziele verfolgt. Zum einen wird in einem zusammenfassenden Gesetz die Umstrukturierung und Reorganisation von Unternehmen geregelt. Das zweite Ziel ist es einen angemessenen Schutz von Anlegern, Gläubigern und Arbeitnehmern zu erreichen.

2. Anwendungsbereich des Umwandlungsgesetzes

Nach § 1 Abs. 1 UmwG wird die Umwandlung von Rechtsträgern mit dem Sitz im Inland geregelt. Hinsichtlich der grenzüberschreitenden Umwandlung ist nach §§ 122a UmwG lediglich die grenzüberschreitende Verschmelzung von Kapitalgesellschaften und Personenhandelsgesellschaften, bei der mindestens eine der beteiligten dem Recht eines anderen Mitgliedsstaates der Europäischen Union oder eines Vertragsstaates des Abkommens über den europäischen Wirtschaftsraum unterliegt (§ 122a UmwG), zulässig.

3. Begriff der Umwandlung

Umwandlungen sind Veränderungen in der gesamten äußeren rechtlichen Gestaltung von bestehenden Unternehmensträgern. Unternehmensträger sind alle rechtlichen Einheiten, die am wirtschaftlichen Verkehr teilnehmen Als Folge von Umwandlungen können Unternehmen entstehen, ihre rechtliche Gestalt ändern oder untergehen.

Die Umwandlungsarten sind im Umwandlungsgesetz abschließend geregelt. Es handelt sich um die Verschmelzung, die Spaltung, die Vermögensübertragung und den Formwechsel.

4. Die einzelnen Umwandlungsarten

4.1 Verschmelzung (§§ 2 ff. UmwG)

Als Verschmelzung bezeichnet man die Vereinigung von Vermögen mindestens zweier Rechtsträger im Wege der Gesamtrechtsnachfolge unter Auflösung des Ausgangsrechtsträgers ohne dessen Liquidation. Die Verschmelzung ist durch Aufnahme (§ 2 Ziffer 1 UmwG) eines bereits bestehenden Rechtsträgers oder zur Neugründung eines Rechtsträgers (§ 2 Ziffer 2 UmwG) denkbar. Die Verschmelzung erfolgt gemäß § 2 UmwG gegen Gewährung von Anteilen der übernehmenden Gesellschaft an die Gesellschafter der übertragenden Gesellschaft.

4.2 Spaltung (§§ 123 ff. UmwG)

Eine Spaltung eines Rechtsträgers liegt vor, wenn das Vermögen eines Rechtsträgers auf mindestens zwei Rechtsträger aufgeteilt wird und die Anteilseigner des übertragenden Rechtsträgers im Rahmen der Spaltung unmittelbare oder mittelbare Beteiligungen an dem oder den übernehmenden Rechtsträgern erhalten (§§ 123 ff. UmwG). Die Spaltung kann beteiligungswahrend oder beteiligungsverändernd erfolgen. Während bei einer beteiligungswahrenden Spaltung die Verhältnisse des Anteilsbesitzes zueinander auf der Ebene der Anteilseigner des Ausgangsrechtsträgers unverändert bleiben, werden bei einer beteiligungsverändernden Spaltung die Beteiligungsverhältnisse im Rahmen der Spaltung verändert.

Man unterscheidet je nach dem was mit dem Ausgangsrechtsträger geschieht und wer neue Anteile erhält zwischen der Aufspaltung, der Abspaltung und der Ausgliederung.

4.2.1 Aufspaltung

Bei einer Aufspaltung teilt der übertragende Rechtsträger sein gesamtes Vermögen unter Auflösung – jedoch ohne Abwicklung – als Gesamtheit im Wege der Sonderrechtsnachfolge auf mindestens zwei schon bestehende oder neu gegründete Rechtsträger auf. Die Anteilseigner des übertragenden Rechtsträgers erhalten Anteile an den übernehmenden Rechtsträgern.

4.2.2 Abspaltung

Im Rahmen der Abspaltung überträgt der übertragende Rechtsträger nur einen Teil seines Vermögens im Wege der partiellen Gesamtrechtsnachfolge auf einen oder mehrere bereits bestehende oder neu gegründete Rechtsträger und bleibt im Übrigen bestehen. Die Anteilseigner des übertragenden Rechtsträgers erhalten unmittelbar Anteile an den übernehmenden Rechtsträgern.

4.2.3 Ausgliederung

Bei der Ausgliederung bleibt der übertragende Rechtsträger bestehen und überträgt jedoch einen oder mehrere Teile seines Vermögens jeweils als Gesamtheit im Wege der partiellen Gesamtrechtsnachfolge auf eine oder mehrere Rechtsträger gegen Gewährung von Gesellschaftsrechten. Anteilseigner der durch die Ausgliederung entstehenden Anteile wird der übertragende Rechtsträger.

4.3 Vermögensübertragung (§§ 174–189 UmwG)

Eine Vermögensübertragung erfolgt dadurch, dass ein Rechtsträger sein Vermögen im Wege der Vollübertragung oder Teilübertragung unter Auflösung ohne Abwicklung auf einen oder mehrere bereits bestehenden Rechtsträger überträgt und als Gegenleistung keine Anteile am übernehmenden Rechtsträger, sondern eine andere Gegenleistung, z.B. eine Barleistung erhält.

4.4 Formwechsel (§§ 190 ff. UmwG)

Bei einem Formwechsel wird kein Vermögen übertragen. Der Ausgangsrechtsträger ändert lediglich seine Rechtsform; er tauscht sein Rechtskleid. Der Formwechsel erfolgt sowohl im Hinblick auf den Ausgangsträger wirtschaftlich und rechtlich als auch auf Ebene der Gesellschafter identitätswahrend.

Der Wechsel der „Form" einer Personengesellschaft in eine andere Personengesellschaft stellt keinen Formwechsel i.S.d. UmwG dar (§ 214 UmwG).

5. Ablauf einer Umwandlung am Beispiel der Verschmelzung

Im Folgenden soll der Ablauf einer Umwandlung dargestellt werden. Nachdem das Gesetz die Verschmelzung ausführlich regelt und bei den anderen Umwandlungsarten überwiegend hierauf verwiesen wird und nur die Besonderheiten regelt, soll der Ablauf einer Umwandlung am Beispiel der Verschmelzung dargestellt werden.

5.1 Allgemeines zum Ablauf einer Umwandlung

Die Umwandlung ist vorzubereiten durch:

- Entwurf der Umwandlungsdokumente,
- Erstellung der Umwandlungsberichte,
- Information des Betriebsrats,
- Umwandlungsprüfung.

Anschließend sind die Beschlussfassungen vorzubereiten und entsprechende Gesellschafterversammlungen abzuhalten.

Schließlich ist in einem letzten Schritt die Umwandlung durchzuführen und zu vollziehen durch:

- Anmeldung der Umwandlung bei den Registergerichten,
- Eintragung der Umwandlung,
- Vollzug in anderen Registern (Löschungen, Grundbuchberichtigungen etc.).

5.2 Der Verschmelzungsvertrag

Im Verschmelzungsvertrag (§ 5 UmwG) ist folgendes zu regeln:

- Namen oder die Firma und den Sitz der an der Verschmelzung beteiligten Rechtsträger;

- die Vereinbarung über die Übertragung des Vermögens jedes übertragenden Rechtsträgers als Ganzes gegen Gewährung von Anteilen oder Mitgliedschaften an dem übernehmenden Rechtsträger;
- das Umtauschverhältnis der Anteile und gegebenenfalls die Höhe der baren Zuzahlung oder Angaben über die Mitgliedschaft bei dem übernehmenden Rechtsträger;
- die Einzelheiten für die Übertragung der Anteile des übernehmenden Rechtsträgers oder über den Erwerb der Mitgliedschaft bei dem übernehmenden Rechtsträger;
- den Zeitpunkt, von dem an diese Anteile oder die Mitgliedschaften einen Anspruch auf einen Anteil am Bilanzgewinn gewähren, sowie alle Besonderheiten in Bezug auf diesen Anspruch;
- den Zeitpunkt, von dem an die Handlungen der übertragenden Rechtsträger als für Rechnung des übernehmenden Rechtsträgers vorgenommen gelten (Verschmelzungsstichtag);
- die Rechte, die der übernehmende Rechtsträger einzelnen Anteilsinhabern sowie den Inhabern besonderer Rechte wie Anteile ohne Stimmrecht, Vorzugsaktien, Mehrstimmrechtsaktien, Schuldverschreibungen und Genussrechte gewährt, oder die für diese Personen vorgesehenen Maßnahmen;
- jeden besonderen Vorteil, der einem Mitglied eines Vertretungsorgans oder eines Aufsichtsorgans der an der Verschmelzung beteiligten Rechtsträger, einem geschäftsführenden Gesellschafter, einem Partner, einem Abschlussprüfer oder einem Verschmelzungsprüfer gewährt wird;
- die Folgen der Verschmelzung für die Arbeitnehmer und ihre Vertretungen sowie die insoweit vorgesehenen Maßnahmen.

5.3 Wirkungen der Eintragung der Verschmelzung

Nach § 20 Abs. 1 UmwG hat die Eintragung der Verschmelzung in das Register des übernehmenden Rechtsträgers folgende Wirkungen:

- Das Vermögen der übertragenden Rechtsträger geht einschließlich der Verbindlichkeiten auf den übernehmenden Rechtsträger über.
- Die übertragenden Rechtsträger erlöschen. Einer besonderen Löschung bedarf es nicht.
- Die Anteilsinhaber der übertragenden Rechtsträger werden Anteilsinhaber des übernehmenden Rechtsträgers; dies gilt nicht, soweit der übernehmende Rechtsträger oder ein Dritter, der im eigenen Namen, jedoch für Rechnung dieses Rechtsträgers handelt, Anteilsinhaber des übertragenden Rechtsträgers ist oder der übertragende Rechtsträger eigene Anteile inne hat oder ein Dritter, der im eigenen Namen, jedoch für Rechnung dieses Rechtsträgers handelt, dessen Anteilsinhaber ist. Rechte Dritter an den Anteilen oder Mitgliedschaften der übertragenden Rechtsträger bestehen an den an ihre Stelle tretenden Anteilen oder Mitgliedschaften des übernehmenden Rechtsträgers weiter.
- Der Mangel der notariellen Beurkundung des Verschmelzungsvertrags und gegebenenfalls erforderlicher Zustimmungs- oder Verzichtserklärungen einzelner Anteilsinhaber wird geheilt.

Schluss

Insbesondere im Hinblick auf die steuerliche Behandlung von Umstrukturierungsvorgängen ist es wichtig, die Umwandlungen nach dem Umwandlungsgesetz zu kennen. So z.B. die Regelungen des Zweiten bis Fünften Teil des UmwG, dass Teile des Umwandlungssteuergesetzes nur anwendbar sind, wenn es sich um eine der hier dargestellten Maßnahmen mit (partieller) Gesamtrechtsnachfolge handelt. Liegt keine dieser Maßnahmen vor, kann allenfalls eine Einbringung vorliegen, die dann im Falle der Einbringung in eine Kapitalgesellschaft nach § 20 ff. UmwStG bzw. im Falle der Einbringung in eine Personengesellschaft nach § 24 UmwStG und somit nach dem sechsten bis achten Teil des Umwandlungssteuergesetzes zu behandeln ist.

Vielen Dank für Ihre Aufmerksamkeit.

Vortrag 4: Die Nachfolge beim Tod eines Gesellschafters der GbR, OHG oder KG

I. Einführende Hinweise

Der **Tod eines Gesellschafters** führt nach den gesetzlichen Regelungen bei der GbR einerseits und der OHG oder KG andererseits zu unterschiedlichen Rechtsfolgen. Diese unterschiedlichen Rechtsfolgen sind im vorliegenden Kurzvortrag darzustellen. Den Rechtsfolgen kann durch die Vereinbarung bestimmter gesellschaftsrechtlicher Klauseln begegnet werden. Die einzelnen Klauseln (Fortsetzungsklausel, Nachfolgeklausel, Eintrittsklausel) sind darzustellen. Darüber hinaus ist darzustellen, welche Rechtsfolgen sich für den Erben eines Gesellschaftsanteils ergeben.

II. Die Gliederung

	Gliederungspunkt	**Die Stichworte**
	Einleitung	**Thema; Kurzübersicht**
1.	Unterschiedliche Rechtsfolgen des Todes eines Gesellschafters einer GbR und OHG/KG	GbR hat bei Tod des Gesellschafters grundsätzlich Auflösung der Gesellschaft zur Folge OHG/KG Tod des Gesellschafters führt zum Ausscheiden des Gesellschafters, § 131 Abs. 3 S. 1 Nr. 1 HGB Beim Tod eines Kommanditisten treten dessen Erben ein, § 177 HGB
2.	Gesellschaftsvertragliche Regelungen	
2.1	Fortsetzungsklausel	Fortsetzung unter den verbleibenden Gesellschaftern Ergibt sich bei der OHG/KG aus dem Gesetz, § 131 Abs. 3 S. 1 Nr. 1 HGB, somit nur bei GbR erforderlich Anwachsung bei vertretenen Gesellschaftern und schuldrechtlicher Abfindungsanspruch i.d.R. Verkehrswert
2.2	Nachfolgeklausel	
2.2.1	Erbrechtliche Nachfolgeklausel	Erbe wird Gesellschafter einfache erbrechtliche Nachfolgeklausel Erbe wird automatisch Gesellschafter qualifizierte erbrechtliche Nachfolgeklausel nur ein Teil wird automatisch Erbe, dennoch Erwerb des gesamten Anteils
2.2.2	Rechtsgeschäftliche Nachfolgeklausel	Übertragung des Geschäftsanteils, ohne dass Erwerber des Anteils Erbe wird
2.3	Eintrittsklausel	Nicht automatisch, sondern Recht zum Eintritt in die Gesellschaft

	Gliederungspunkt	Die Stichworte
3.	Rechtsstellung des Gesellschafter-Erben	Annahme oder Ausschlagung der Erbschaft Ausschlagung entfällt Erben- und Gesellschafterstellung rückwirkend Kommanditisten-Erben treten in Stellung des Kommanditisten ein, § 173 HGB § 139 HGB Komplementär-Erbe kann Kommanditistenstellung verlangen Frist drei Monate
	Schluss	**Gesellschafter müssen schon zu Lebzeiten Nachfolge gesellschaftsvertraglich regeln**

III. Der Vortrag

Einleitung

Das Thema meines Kurzvortrags lautet: „**Die Nachfolge beim Tod eines Gesellschafters der GbR, OHG oder KG**".

Der Tod eines Gesellschafters führt nach den gesetzlichen Regelungen bei der GbR einerseits und der OHG/KG andererseits zu verschiedenen Rechtsfolgen. Diese Rechtsfolgen können mit entsprechenden **Klauseln im Gesellschaftsvertrag** geregelt werden. Dementsprechend werde ich in meinem Vortrag zunächst auf die unterschiedlichen Rechtsfolgen des Tods eines Gesellschafters einer GbR und einer OHG oder KG eingehen. Sodann werde ich die möglichen gesellschaftsrechtlichen Regelungen darstellen und zum Abschluss die Folgen für den Erben eines Gesellschaftsanteils darstellen.

1. Unterschiedliche Rechtsfolgen des Todes eines Gesellschafters einer GbR und OHG oder KG

Bei der GbR hat der Tod des Gesellschafters ohne weitere gesellschaftsvertragliche Regelungen von Gesetzes wegen grundsätzlich die **Auflösung der Gesellschaft** zur Folge (§ 727 Abs. 1 BGB). Etwas anderes gilt für die OHG und die KG. Nach der Vorschrift des § 131 Abs. 3 Satz 1 Nr. 1 HGB führt der Tod eines Gesellschafters einer OHG oder KG lediglich zum Ausscheiden des Gesellschafters. Beim Tod eines Kommanditisten treten dessen Erben in die Gesellschaft als Kommanditist ein (§ 177 HGB).

2. Gesellschaftsvertragliche Regelungen

Die Gesellschafter können allerdings gesellschaftsvertragliche Regelungen treffen, d.h. im Falle des Todes eines Gesellschafters andere Rechtsfolgen herbeiführen.

2.1 Fortsetzungsklausel

Im Gesellschaftsvertrag kann eine sogenannte **Fortsetzungsklausel** vorgesehen werden. Dann wird beim Tod eines Gesellschafters die Gesellschaft unter den verbleibenden Gesellschaftern fortgesetzt. Dies ergibt sich bei der OHG und der KG aus dem Gesetz, denn nach § 131 Abs. 3 Satz 1 Nr. 1 HGB wird die Gesellschaft mit den verbleibenden Gesellschaftern fortgesetzt. Die Fortsetzungsklausel ist, sofern die Gesellschafter deren Wirkung erzielen möchten, somit nur bei der GbR erforderlich. Verstirbt ein Gesellschafter unter Anwendung der Fortsetzungsklausel, wächst sein Anteil bei den verbleibenden Gesellschaftern an. Die Erben haben einen schuldrechtlichen Abfindungsanspruch gegen die verbleibenden Gesellschafter, der in der Regel dem Verkehrswert des Gesellschaftsanteils entspricht.

2.2 Nachfolgeklausel

2.2.1 Erbrechtliche Nachfolgeklausel

Nach der **erbrechtlichen Nachfolgeklausel** wird der Erbe des Gesellschafters auch Gesellschafter der Personengesellschaft. Man bezeichnet diese Klausel auch als einfache erbrechtliche Nachfolgeklausel. Nach der qualifizierten erbrechtlichen Nachfolgeklausel wird nur ein Teil der Erben automatisch Erbe. Dieser Teil erwirbt dennoch den gesamten Gesellschaftsanteil.

2.2.2 Rechtsgeschäftliche Nachfolgeklausel

Nach der **rechtsgeschäftlichen Nachfolgeklausel** wird beim Tod eines Gesellschafters dessen Gesellschaftsanteil infolge der zwischen den Gesellschaftern im Gesellschaftsvertrag getroffenen Vereinbarung automatisch auf die im Gesellschaftsvertrag benannte Person übergehen. Der Erwerber des Anteils muss nicht Erbe des verstorbenen Gesellschafters sein.

2.3 Eintrittsklausel

Von der Fortsetzungs- und Nachfolgeklausel ist die sogenannte **Eintrittsklausel** zu unterscheiden. Danach wird der Gesellschaftsanteil nicht automatisch übertragen. Vielmehr treffen die Gesellschafter im Gesellschaftsvertrag eine Vereinbarung, wonach eine Person das Recht erhält, in die Gesellschaft einzutreten. Der Eintrittsberechtigte kann sodann durch Erklärung gegenüber den verbleibenden Gesellschaftern erklären, ob er in die Gesellschaft eintritt oder nicht.

3. Rechtsstellung des Gesellschafter-Erben

Je nachdem, ob der Erbe die Erbschaft ausschlägt oder annimmt, wird er Gesellschafter der Personengesellschaft. Wird die Erbschaft ausgeschlagen, so entfällt rückwirkend die Erben- und Gesellschafterstellung.

Der Erbe eines BGB-Gesellschafters haftet nach § 130 HGB analog. Er hat allerdings die Möglichkeit, aus der Gesellschaft nach § 139 Abs. 2 HGB analog auszutreten bzw. die **Haftung für die Erbverbindlichkeiten** nach den §§ 1975 ff. BGB zu beschränken.

Der Erbe eines Komplementärs kann sich auf § 139 HGB berufen. Er kann sein Verbleiben in der Gesellschaft davon abhängig machen, dass ihm die Stellung eines Kommanditisten eingeräumt wird. Wird dieser Antrag angenommen, so verbleibt der Erbe als Kommanditist in der Gesellschaft. Wird dessen Antrag nicht angenommen, so ist der Erbe befugt, ohne Einhaltung einer Kündigungsfrist sein Ausscheiden aus der Gesellschaft zu erklären (§ 139 Abs. 2 HGB). In diesem Falle wird die Gesellschaft dann unter den übrigen Gesellschaftern fortgeführt.

Wird der Erbe Nachfolger des einzigen Komplementärs einer KG und ist dieser nicht bereit, die Stellung eines Komplementärs zu übernehmen, so führt dies zur **Auflösung der Gesellschaft**.

Wird der persönlich haftende Gesellschafter von einem Kommanditisten der Gesellschaft beerbt, so vereinigen sich die Kommanditistenstellung und die Komplementärstellung des Erblassers zu einer einheitlichen Beteiligung und wird zur Komplementärstellung.

Schluss

Betrachtet man sich die Folgen, so ist frühzeitig an die gesellschaftsvertraglichen Regelungen der Nachfolge zu denken.

Danke für Ihre Aufmerksamkeit!

Themenbereich Insolvenzrecht

Vortrag 1: Gesellschaftsrechtliche Vorschriften in der InsO: Insolvenzantragsrecht, Insolvenzantragspflicht und Gesellschafterdarlehen

I. Einführende Hinweise

Seit Inkrafttreten der InsO am 01.01.1999 ist das Gesetz immer wieder geändert und den sich neu stellenden Gegebenheiten angepasst worden. Die InsO ist in gesellschaftsrechtlicher Hinsicht grundlegend durch das Gesetz zur Modernisierung des GmbH-Rechts und zur Bekämpfung von Missbräuchen vom 23.10.2008 (MoMiG) geändert worden. Die Änderungen bestimmen heute noch den gesellschaftsrechtlichen Alltag. Die Vorschriften über das Recht und die Pflicht, bei bestimmten Gesellschaften einen Insolvenzantrag zu stellen sowie die Vorschriften über die Behandlung von Gesellschafterdarlehen fanden sich früher in Einzelgesetzen. Diese Bestimmungen sind mit dem MoMiG in die InsO verlagert worden. Durch das Sanierungs- und Insolvenzrechtsfortentwicklungsgesetz (SanInsFoG) sowie das Gesetz zur weiteren Verkürzung des Restschuldbefreiungsverfahrens und zur Anpassung pandemiebedingter Vorschriften im Gesellschafts-, Genossenschafts-, Vereins- und Stiftungsrecht sowie im Miet-und Pachtrecht (RestSchBÄndG) wurde das Insolvenzrecht in 2020 und 2021 weiter geändert.

Tipp! Im Kurzvortrag sollten Sie einmal das betreffende Gesetz in vollem Namen nennen. Folgend können Sie sodann bei der üblichen Kurzform bleiben.

II. Die Gliederung

	Gliederungspunkt	Die Stichworte
	Einleitung	**Thema/Kurzübersicht = Gliederung**
1.	MoMiG	Betroffene Bestimmungen: §§ 15, 15a, 39, 135 und 143 InsO, Regelungen aus Einzelgesetzen rechtsformneutral in die InsO
2.	Insolvenzantragsrecht und Insolvenzantragspflicht (§§ 15, 15a InsO)	Antragspflicht zentral in § 15a InsO, Antragspflicht bei Führungslosigkeit, Antragsrecht bei Führungslosigkeit nach § 15 Abs. 1 S. 2 InsO
3.	Nachrangige Insolvenzgläubiger (§ 39 InsO)	Verlagerung der §§ 32a Abs. 2 und 3 GmbHG a.F. nach § 39 InsO, rechtsformneutrale Bestimmung, Einzelgesetze obsolet; kapitalersetzende Nutzungsüberlassung
4.	Gesellschafterrückgriff und Insolvenzanfechtung (§§ 44a, 135, 143 InsO)	§ 32a Abs. 2 GmbHG a.F. nach § 44a InsO, keine materielle Änderung, § 32b GmbHG a.F. nach §§ 135 Abs. 2, 143 Abs. 3 InsO und kapitalersetzende Nutzungsüberlassung nach § 135 Abs. 3 InsO = Anfechtung erforderlich, ansonsten rechtsformneutral
	Ausblick/Zusammenfassung/Schluss	**Weiterer Schritt zur Vereinheitlichung des Unternehmensrechts, wesentliche Änderungen im Recht der Gesellschafterfinanzierung**

III. Der Vortrag

Einleitung

Sehr geehrter Herr Prüfungsvorsitzender/Sehr geehrte Frau Prüfungsvorsitzende, meine Damen und Herren, ich habe das Thema „**Gesellschaftsrechtliche Vorschriften in der InsO: Insolvenzantragsrecht, Insolvenzantragspflicht und Gesellschafterdarlehen**" gewählt.

Mein Vortrag ist wie folgt gegliedert: (Aufzählen der o.g. Gliederungspunkte Nr. 1. bis 4.).

1. MoMiG

Das Gesetz zur Modernisierung des GmbH-Rechts und zur Bekämpfung von Missbräuchen vom 23.10.2008 (MoMiG) hat die Insolvenzordnung in den §§ 15, 15a, 39 und 135, 143 InsO mit weitreichenden Änderungen versehen. Dabei sind die insolvenzbezogenen Bestimmungen des GmbHG und des AktG in die InsO verlagert worden. Im Einzelnen handelt es sich um das Recht und die Pflicht, einen Insolvenzantrag zu stellen (§§ 15, 15a InsO), zum anderen um die nachrangigen Insolvenzgläubiger (§ 39 InsO) und schließlich um die Frage der Insolvenzanfechtung (§§ 135, 143 InsO). Auch seitdem wurde die InsO weiterhin geändert, z.B. mit Wirkung zum 01.07.2014 durch das Gesetz zur Verkürzung des Restschuldbefreiungsverfahrens und zur Stärkung der Gläubigerrechte. Diese Änderungen betreffen aber im Wesentlichen die Insolvenz von natürlichen Personen (sog. Verbraucherinsolvenzverfahren), die laut Titel des Themas hier keinen Schwerpunkt darstellen und sind damit im Folgenden nicht gegenständlich.

Weitere Änderungen wurden mit dem Gesetz zur Erleichterung der Bewältigung von Konzerninsolvenzen vom 13.04.2017 vorgenommen, die hier aber ebenfalls nicht erläutert werden.

Durch das Sanierungs- und Insolvenzrechtsfortentwicklungsgesetz (SanInsFoG) sowie das Gesetz zur weiteren Verkürzung des Restschuldbefreiungsverfahrens und zur Anpassung pandemiebedingter Vorschriften im Gesellschafts-, Genossenschafts-, Vereins-und Stiftungsrecht sowie im Miet-und Pachtrecht (RestSchBÄndG) wurde das Insolvenzrecht in 2020 und 2021 weiter geändert.

2. Insolvenzantragsrecht und Insolvenzantragspflicht (§§ 15, 15a InsO)

Durch das MoMiG wurde in die InsO ein neuer § 15a InsO eingefügt. Wird eine juristische Person (GmbH, AG, etc.) zahlungsunfähig oder ist diese überschuldet, haben die Mitglieder des Vertretungsorgans (Geschäftsführer, Vorstände etc.) ohne schuldhaftes Zögern, spätestens aber drei Wochen nach Eintritt der Zahlungsunfähigkeit und sechs Wochen nach Eintritt der Überschuldung, einen Insolvenzantrag zu stellen (§ 15a Abs. 1 S. 1 InsO). Diese Pflicht wurde bei dem Vorliegen einer Überschuldung während der Corona-Pandemie vorübergehend bis zum 31.03.2021 ausgesetzt, sofern die Überschuldung auf den Folgen der Corona-Pandemie beruhte und – im Weiteren – durch staatliche Hilfsmaßnahmen absehbar beseitigt werden würde. Gleiches gilt nach § 15a Abs. 1 S. 2 InsO für die organschaftlichen Vertreter einer Personengesellschaft, die keine natürliche Person als Vollhafter hat (z.B. GmbH & Co. KG). Die Insolvenzantragspflicht ist rechtsformneutral und zentral für alle betreffenden Gesellschaften in § 15a Abs. 1 InsO geregelt. Die InsO kennt dabei drei Eröffnungsgründe. Zum einen die Zahlungsunfähigkeit (§ 17 InsO); die drohende Zahlungsunfähigkeit (§ 18 InsO) und die Überschuldung (§ 19 InsO). Während die drohende Zahlungsunfähigkeit nur ein Antragsrecht – aber keine Verpflichtung begründet, führen sowohl Zahlungsunfähigkeit als auch Überschuldung bei Kapital- und Personengesellschaften ohne „natürliche Vollhafter" zu einer insolvenzrechtlichen Antragspflicht.

Zahlungsunfähigkeit liegt vor, wenn der Schuldner nicht mehr in der Lage ist, die fälligen Zahlungspflichten zu erfüllen. Eine Deckungslücke von 10 % genügt hier. Zu unterscheiden hierbei zwischen einer bloßen Zahlungsstockung, bei der die Liquiditätslücke binnen drei Wochen geschlossen werden kann und der Zahlungsunfähigkeit, wo dies nicht innerhalb von drei Wochen möglich ist. Die Liquiditätslücke darf nicht mehr als 10 % der fälligen Gesamtverbindlichkeiten ausmachen. Wenn ein Schuldner seine Zahlungen eingestellt hat, liegt stets Zahlungsunfähigkeit vor. Der Antrag auf Eröffnung des Insolvenzverfahrens ist hier auch durch Gläubiger möglich.

Bei der drohenden Zahlungsunfähigkeit wird der Schuldner voraussichtlich nicht in der Lage sein, die bestehenden Zahlungspflichten zum Zeitpunkt ihrer Fälligkeit zu erfüllen. In aller Regel ist ein Prognosezeitraum von 24 Monaten zugrunde zu legen. Hier besteht keine zwingende Insolvenzantragspflicht. Der Schuldner kann aber einen Insolvenzantrag stellen. Ratsam ist dies, wenn die Einleitung eines Schutzschirmverfahrens (§ 270b InsO) angestrebt ist.

Neben der Zahlungsunfähigkeit der häufigste Insolvenzgrund in der Praxis stellt die Überschuldung dar. Überschuldung liegt nach § 19 InsO vor, wenn das Vermögen des Schuldners die bestehenden Verbindlichkeiten nicht mehr deckt, es sei denn, die Fortführung des Unternehmens in den nächsten zwölf Monaten ist nach den Umständen überwiegend wahrscheinlich. Bei einer juristischen Person und ihnen gleichgestellten Personenhandelsgesellschaften gemäß § 264a HGB deckt das Vermögen nicht die bestehenden Verbindlichkeiten. Gemeint ist hier zunächst die bilanzielle Überschuldung zu Buchwerten, in der Praxis erkennbar an einem nicht durch Eigenkapital gedeckten Fehlbetrag, sprich das Kapital steht auf der falschen – der Aktivseite – der Bilanz.

Nicht jede bilanzielle Überschuldung führt zur Insolvenzantragspflicht. Eine Überschuldung einer beschränkt haftenden Gesellschaft liegt nicht vor, wenn die Fortführung nach den Umständen überwiegend wahrscheinlich ist. Allerdings sind an die positive Bewertung dieser Fortführungsprognose strenge Anforderungen zu stellen. Dies ist i.d.R. anhand des laufenden Geschäftsjahrs und dem Folgejahr als Prognosezeitraum zu plausibilisieren. Empfohlen wird in dieser Situation die Beauftragung einer externen Fortführungsprognose in der Form eines IDW S 11 Gutachtens von einem unabhängigen Dritten als Nachweis des Bestehens der positiven Fortführungsprognose.

Für den Steuerberater und Geschäftsführer ist in dieser Situation zu beachten, dass die Vermögenswerte des Unternehmens bei ggf. Insolvenzreife des Unternehmens nicht mehr zur Fortführungs- sondern zu Zerschlagungswerten einzustellen sind, wenn eine positive Fortbestehensprognose nicht nachgewiesen werden kann, da das going-concern-Prinzip des § 252 Abs. 1 Nr. 2 HGB nicht mehr greift (BGH vom 26.01.2017, IX ZR 285/14). Liegt keine positive Fortführungsprognose vor, ist einem zweiten Schritt zu prüfen, ob die Gesellschaft auch zu Zerschlagungswerten überschuldet ist. In diesem Fall können gegebenenfalls vorhandene stille Reserve dazu führen, dass die Gesellschaft zu Verkehrswerten nicht mehr überschuldet ist. Dann entfällt ebenfalls die Insolvenzantragspflicht wegen des Insolvenzgrundes der Überschuldung. Vor Inkrafttreten des MoMiG war die Verpflichtung zur Insolvenzantragstellung in Einzelgesetzen geregelt (für den GmbH-Geschäftsführer in § 64 Abs. 1 GmbHG a.F., für den Vorstand der AG in § 92 Abs. 2 AktG a.F., für die GmbH & Co. KG in §§ 177a, 130a Abs. 1 HGB). Neu hinzugekommen ist die Insolvenzantragsverpflichtung für die Gesellschafter der o.g. Gesellschaften im Falle der Führungslosigkeit, d.h., wenn keine natürliche Person Geschäftsführungsaufgaben mehr wahrnimmt. Insoweit ist der Gesetzgeber Missbräuchen entgegengetreten, die sich in der Vergangenheit ergaben, wenn sich z.B. Geschäftsführer einer GmbH abgesetzt haben und damit die GmbH führungslos wurde.

Ein **Verstoß gegen die Insolvenzantragsverpflichtung** wird nach § 15a Abs. 4 InsO mit Freiheitsstrafe bis zu drei Jahren oder mit Geldstrafe geahndet, wenn der Eröffnungsantrag nicht oder nicht rechtzeitig oder nicht richtig gestellt wird. Handelt der Täter fahrlässig, ist das Strafmaß Freiheitsstrafe bis zu einem Jahr oder Geldstrafe – § 15a Abs. 5 InsO.

Im Zuge der Ergänzung der InsO durch das MoMiG und in Ergänzung zu der neuen Vorschrift des § 15a InsO ist auch § 15 InsO geändert worden. Nach altem Recht war jedes Mitglied des Vertretungsorgans (Geschäftsführer, Vorstand etc.) und jeder persönlich haftende Gesellschafter berechtigt, den Insolvenzantrag zu stellen. Nach § 15 Abs. 1 S. 2 InsO ist dieses Recht nunmehr im Falle der Führungslosigkeit auf jeden Gesellschafter der betreffenden Gesellschaft ausgedehnt worden.

3. Nachrangige Insolvenzgläubiger (§ 39 InsO)

Nach § 32a Abs. 1 GmbHG a.F. konnten **kapitalersetzende Darlehen im Insolvenzverfahren** nur als nachrangige Forderungen geltend gemacht werden. Nach § 39 Abs. 1 Satz 1 Nr. 5 InsO sind aber nicht nur kapitalersetzende Gesellschafterdarlehen nachrangig, sondern generell **alle** Darlehen, die ein Gesellschafter einer AG, GmbH, GmbH & Co. KG seiner Gesellschaft gewährt hat. Gem. § 39 Abs. 4 und 5 InsO bestehen hierzu Ausnahmen für den Fall der Darlehensvergabe, dem ein nachfolgend zum Zwecke der Sanierung erfolgter Beteiligungserwerb folgt und bei Kleinbeteiligungen bis zu 10 % sowie bei Darlehen staatlicher Förderbanken wie z.B. der Kreditanstalt für Wiederaufbau (KfW). § 39 Abs. 1 Satz 1 Nr. 5 InsO ist nicht anzuwenden, wenn eine staatliche Förderbank oder eines ihrer Tochterunternehmen einem Unternehmen, an dem die staatliche Förderbank oder eines ihrer Tochterunternehmen beteiligt ist, ein Darlehen gewährt oder eine andere einer Darlehensgewährung wirtschaftlich entsprechende Rechtshandlung vorgenommen hat.

Mit § 39 InsO erreicht der Gesetzgeber, dass alle Gesellschaften, bei denen keine natürliche Person persönlich haftet, hinsichtlich der Gesellschafterdarlehen gleichgestellt sind. Effektiv bewirkt dadurch ein Rangrücktritt eines Gesellschafterdarlehens nur noch einen Effekt gegenüber anderen, mit ihren Darlehen nicht im Rang zurück getretenen Gesellschaftern, nicht jedoch gegenüber Drittgläubigern der Gesellschaft. Allerdings sind auch nach neuem Insolvenzrecht Gesellschafterdarlehen als insolvenzrechtliches Fremdkapital für die Frage des Vorliegens einer bilanziellen Überschuldung zu betrachten. Diese „Qualität" verliert ein Gesellschafterdarlehen insolvenzrechtlich erst durch den erklärten Rangrücktritt.

Als Konsequenz aus dem Wegfall des alten Eigenkapitalersatzrechtes hat der BFH mit Beschluss vom 11.07.2017, IX R 36/15, veröffentlicht am 27.9.2017 seine bisherige Rechtsprechung aufgegeben, nach der Ausfälle von Gesellschafterdarlehen regelmäßig nachträgliche Anschaffungskosten auf die Beteiligung darstellten. Aufwendungen aus Fremdkapitalhilfen wie der Ausfall eines vormals „krisenbedingten", „krisenbestimmten" oder „in der Krise stehen gelassenen" Darlehens oder der Ausfall mit einer Bürgschaftsregressforderung führen hingegen grundsätzlich nicht mehr zu Anschaffungskosten der Beteiligung. Die bisherigen Grundsätze zur Berücksichtigung von nachträglichen Anschaffungskosten aus eigenkapitalersetzenden Finanzierungshilfen sind jedoch weiter anzuwenden, wenn der Gesellschafter eine eigenkapitalersetzende Finanzierungshilfe bis zum Tag der Veröffentlichung dieses Urteils geleistet hat oder wenn eine Finanzierungshilfe des Gesellschafters bis zum 27.09.2017 eigenkapitalersetzend geworden ist.

4. Gesellschafterrückgriff und Insolvenzanfechtung (§§ 44a, 135, 143 InsO)

Hat ein Dritter einer Gesellschaft ein **Darlehen gewährt** und hat ein Gesellschafter hierfür eine Sicherheit geleistet, so kann der Dritte im Insolvenzverfahren nach § 44a InsO nur für den Betrag verhältnismäßige Befriedigung verlangen, mit dem er bei der Inanspruchnahme der Sicherheit ausfällt. Hat ein Dritter ein Darlehen gewährt, für das ein Gesellschafter Sicherheit leistete, und wurde dem Dritten das Darlehen im letzten Jahr vor Insolvenzantrag zurückgezahlt, so lässt § 135 Abs. 2 InsO die durch die **Rückzahlung des Darlehens an den Dritten** weg gefallene Sicherheit wieder aufleben und verpflichtet den Gesellschafter zu Erstattungsleistungen. Die Erstattungsverpflichtung des betreffenden Gesellschafters tritt erst ein, wenn der Insolvenzverwalter das maßgebliche Rechtsgeschäft angefochten hat. Die Rechtsfolgen der Anfechtung regelt § 143 Abs. 3 InsO.

In den §§ 32a, 32b GmbH a.F. gab es keine Sondervorschriften für kapitalersetzende Nutzungsüberlassungen durch die Gesellschafter. Diese sind von der Rechtsprechung des BGH den Darlehensgewährungen gleichgestellt worden. Diese Situation ist nunmehr gesondert in § 135 Abs. 3 InsO geregelt. Danach wird der überlassende Gesellschafter verpflichtet, für die Dauer eines Jahres ab Eröffnung des Insolvenzverfahrens den Gegenstand weiterhin der Gesellschaft zu überlassen gegen eine Vergütung, die bis zur Insolvenzeröffnung gezahlt worden war. Einer Anfechtung bedarf es nicht, obwohl diese Regelung in § 135 InsO und damit im Dritten Abschnitt Insolvenzanfechtung steht.

Ausblick/Zusammenfassung/Schluss

Durch die denkwürdige Entscheidung des BGH vom 26.01.2017, IX ZR 285/14 zur Steuerberaterhaftung bei Bilanzierung zu Fortführungswerten trotz bestehendem Insolvenzgrundes sowie Prüfungspflichten und Hinweispflichten des mit der Erstellung eines Jahresabschlusses für eine GmbH beauftragten Steuerberaters ist das Haftungsrisiko des Abschlusserstellers bei Mitwirkung an einer Insolvenzverschleppung in das Bewusstsein der meisten Steuerberater getreten. Inzwischen wurde die Verpflichtung in § 102 des Gesetzes über den Stabilisierungs- und Restrukturierungsrahmen für Unternehmen (Unternehmensstabilisierungs- und -restrukturierungsgesetz – StaRUG) eingefügt und die Bundessteuerberaterkammer hat eine aktualisierte Verlautbarung (Verlautbarung der Bundessteuerberaterkammer zu den Grundsätzen für die Erstellung von Jahresabschlüssen in Bezug auf Gegebenheiten, die der Annahme der Unternehmensfortführung entgegenstehen, beschlossen vom Präsidium der Bundessteuerberaterkammer am 13./14.03.2018) zu den Grundsätzen für die Erstellung von Jahresabschlüssen in Bezug auf Gegebenheiten, die der Annahme der Unternehmensfortführung entgegenstehen, beschlossen, die in der Praxis bei der Erstellung von Abschlüssen von Unternehmen in der Krise zur Vermeidung von Haftungsrisiken dringend beachtet werden sollten.

Ich danke für Ihre Aufmerksamkeit.

Vortrag 2: Die Restschuldbefreiung unter Berücksichtigung des Gesetzes zur weiteren Verkürzung des Restschuldbefreiungsverfahrens und zur Anpassung pandemiebedingter Vorschriften im Gesellschafts-, Genossenschafts-, Vereins-und Stiftungsrecht sowie im Miet-und Pachtrecht (RestSchBÄndG)

I. Einführende Hinweise

War das ursprüngliche deutsche Konkursverfahren abgeschlossen, konnten die Gläubiger im Anschluss gleichwohl ihre nicht befriedigten Forderungen gegenüber dem Gemeinschuldner geltend machen. Für den Gemeinschuldner bedeutete dies eine lebenslange Verschuldung. Der Gesetzgeber wollte mit der Restschuldbefreiung ganz andere Wege gehen. Diese verwirklichte er in den §§ 286 ff. InsO. Die Restschuldbefreiung ist nicht unumstritten. Nachdem aber immer mehr ausländische Rechtsordnungen Schuldbefreiungen ermöglichen, sah sich der Gesetzgeber veranlasst, eine solche Möglichkeit auch im deutschen Insolvenzrecht anzubieten.

II. Die Gliederung

	Gliederungspunkt	Die Stichworte
	Einleitung	**Thema/Kurzübersicht = Gliederung**
1.	Wirkung der Restschuldbefreiung	§ 301 InsO: gegenüber allen Gläubigern; Ausnahmen in § 302 InsO
2.	Insolvenzverfahren und Restschuldbefreiung	Kein Restschuldbefreiungsverfahren ohne Insolvenzverfahren, reguläres Insolvenzverfahren nach §§ 1 ff. InsO oder Verbraucherinsolvenzverfahren nach § 304 InsO; Keine Restschuldbefreiung bei Abweisung des Insolvenzantrags mangels Masse; sofortige Beschwerde nach §§ 189 Abs. 2 S. 1 InsO
3.	Voraussetzung und Zulassung zur Restschuldbefreiung	Antrag Gemeinschuldner, Abtretung der Bezüge an Treuhänder, Redlichkeit (§ 290 InsO), sofortige Beschwerde (§ 289 Abs. 1 S. 1 InsO)
4.	Die Wohlverhaltensphase	Obliegenheiten nach § 295 InsO, keine unangemessenen Verbindlichkeiten im Sinne des § 290 Abs. 1 Nr. 4 InsO
5.	Erteilung der Restschuldbefreiung	§ 300 Abs. 1 InsO: Beschluss, sofortige Beschwerde, § 303 InsO: nachträgliche Versagung der Restschuldbefreiung
	Schluss	**Möglichkeit des Neubeginns, Chance für den Gemeinschuldner – besser als Verstecken, Blick auf andere Länder**

III. Der Vortrag

Einleitung

Sehr geehrter Herr Prüfungsvorsitzender/Sehr geehrte Frau Prüfungsvorsitzende, meine Damen und Herren, ich habe das Thema „**Die Restschuldbefreiung unter Berücksichtigung des Gesetzes zur weiteren Verkürzung des Restschuldbefreiungsverfahrens und zur Anpassung pandemiebedingter Vorschriften im**

Gesellschafts-, Genossenschafts-, Vereins-und Stiftungsrecht sowie im Miet-und Pachtrecht (RestSchBÄndG)" gewählt.

Mein Vortrag ist wie folgt gegliedert: (Aufzählen der o.g. Gliederungspunkte Nr. 1. bis 5.).

1. Wirkung der Restschuldbefreiung

Die **Restschuldbefreiung** ist ein Kernstück der InsO. Die Restschuldbefreiung ermöglicht dem insolventen Schuldner einen Neuanfang, wobei der so Begünstigte eine natürliche Person sein muss. Die Restschuldbefreiung eröffnet dem Bürger eine Möglichkeit, sich aus seiner hoffnungslosen Finanzlage zu befreien. Dem redlichen Schuldner soll nach Ablauf einer bestimmten Phase des Wohlverhaltens die Möglichkeit gegeben werden, seine Restverbindlichkeiten/Altschulden endgültig rechtlich los zu werden. Die Restschuldbefreiung wirkt nach § 301 Abs. 1 InsO gegen alle Insolvenzgläubiger. Nach § 302 InsO werden jedoch von der Erteilung der Restschuldbefreiung einige Ausnahmen nicht berührt: Verbindlichkeiten aus einer vorsätzlich begangenen unerlaubten Handlung, Geldstrafen und zinslose Darlehen, die der Schuldner zur Begleichung der Kosten des Insolvenzverfahrens gewährt bekommen hat. Auch nach Gewährung der Restschuldbefreiung bleibt der jeweilige Anspruch als Naturalobligation bestehen. Das bedeutet, dass ein Gläubiger, der nach Erteilung der Restschuldbefreiung vom Schuldner (ggf. auch nur versehentlich) befriedigt wird, keinem Rückforderungsanspruch ausgesetzt ist (§ 301 Abs. 3 InsO).

Das Restschuldverfahren ist zuletzt durch das Gesetz zur weiteren Verkürzung des Restschuldbefreiungsverfahrens und zur Anpassung pandemiebedingter Vorschriften im Gesellschafts-, Genossenschafts-, Vereins- und Stiftungsrecht sowie im Miet- und Pachtrecht (RestSchBÄndG), BGBl I 2020, 3328 reformiert worden. Die neuen Bestimmungen beziehen sich im Wesentlichen auf die Wartezeit von drei Jahren (§ 287 Abs. 2 InsO).

2. Insolvenzverfahren und Restschuldbefreiung

Die wesentliche Aussage zur Restschuldbefreiung trifft § 286 InsO. Ist der Schuldner eine natürliche Person, so wird er von den im Insolvenzverfahren nicht erfüllten Verbindlichkeiten gegenüber den Insolvenzgläubigern befreit. Die Formulierung „im Insolvenzverfahren nicht erfüllten Verbindlichkeiten" verdeutlicht, dass die Restschuldbefreiung nicht isoliert erteilt werden kann. Zunächst ist es immer erforderlich, dass über das Vermögen des Schuldners, der eine Restschuldbefreiung begehrt, ein Insolvenzverfahren eröffnet und durchgeführt wird. Neben dem Restschuldbefreiungsverfahren muss auch ein **Insolvenzverfahren** eröffnet sein. Dabei kann es sich um ein reguläres Verfahren gem. §§ 1 ff. InsO handeln oder um ein **Verbraucherinsolvenzverfahren** oder Kleinverfahren gem. § 304 InsO. Das ist eine für den Insolvenzschuldner wichtige Erkenntnis. Dieser muss nicht nur den **Antrag auf Restschuldbefreiung** stellen. Er muss auch die rechtzeitige Eröffnung des Insolvenzverfahrens über sein Vermögen beantragt haben, wenn dies nicht ein Dritter getan hat. Nach § 287 Abs. 1 S. 1 InsO können beide Anträge verbunden werden. Wird die Eröffnung eines Insolvenzverfahrens mangels Masse abgewiesen, weil der Schuldner die Verfahrenskosten nicht aufbringen kann, besteht für diesen Schuldner keine Möglichkeit, eine Restschuldbefreiung zu erhalten.

3. Voraussetzung und Zulassung zur Restschuldbefreiung

Die **Restschuldbefreiung** setzt einen Antrag des Schuldners voraus, dem nach § 287 Abs. 2 InsO eine Abtretungserklärung beizufügen ist. Darin tritt der Schuldner seine pfändbaren Forderungen auf Bezüge aus einem Dienstverhältnis oder einer sonstigen Einkunftsquelle für die Zeit von drei Jahren nach der Eröffnung des Insolvenzverfahrens an einen vom Gericht zu bestimmenden Treuhänder ab. Diese Abtretungsbestimmung in § 287 Abs. 2 InsO wird begleitet von § 295 Abs. 1 Nr. 1 InsO. Danach obliegt es dem Gemeinschuldner, während der Laufzeit der Abtretungserklärung eine angemessene Erwerbstätigkeit auszuüben bzw. sich um eine solche zu bemühen und keine zumutbaren Tätigkeiten abzulehnen. Schuldner müssen in der Wohlverhaltensperiode Schenkungen zur Hälfte und z.B. Gewinne aus Lotterien vollständig herausgeben (Ausnahme: gebräuchliche Gelegenheitsgeschenke und Gewinne mit geringem Wert). Hat der Schuldner bereits vor Eröffnung des Insolvenzverfahrens und vor Antrag auf Restschuldbefreiung solche Dienste und Gehaltsansprüche etc. an Dritte – gegebenenfalls nur zur Sicherheit – abgetreten, so bleibt diese Abtretung wirksam. Frühere Vereinbarungen, die der Gemeinschuldner getroffen hat und die eine Abtretung vereiteln oder beschränken, sind allerdings nach § 287 Abs. 3 InsO unwirksam. So ist z.B. ein mit dem Arbeitgeber vereinbartes Abtretungsverbot i.S.d. § 399 BGB in dem Restschuldbefreiungsverfahren ohne Wirkung.

Kernstück des Gesetzes zur weiteren Verkürzung des Restschuldbefreiungsverfahrens und zur Anpassung pandemiebedingter Vorschriften im Gesellschafts-, Genossenschafts-, Vereins- und Stiftungsrecht sowie im Miet- und Pachtrecht ist die Verkürzung des Restschuldbefreiungsverfahrens im Fall der erstmaligen Verbraucherinsolvenz von sechs bzw. fünf Jahren auf drei Jahre. Für alle ab dem 01.10.2020 eingereichten Insolvenzverfahren (maßgeblich ist die Antragstellung bei Gericht!) gilt nun eine Abtretungsfrist von drei Jahren. Die Abtretungsfrist beginnt mit der Eröffnung des Verfahrens. Bis zum 30.09.2020 galt die verkürzte Frist von drei Jahren nur, wenn der Schuldner seine Verbindlichkeiten zu 35 % befriedigen konnte. Für vom 19.12.2019 bis 30.09.2020 bereits beantragte Insolvenzverfahren verkürzte sich die Dauer des Restschuldbefreiungsverfahrens ab dem 17.12.2019 von 71 Monate auf 58 Monate. Für Schuldner, die – nach Ablauf der Sperrfrist von 11 Jahren – ein zweites Mal ein Insolvenzverfahren beantragen, beträgt die Entschuldungsfrist dann fünf Jahre.

Zur Restschuldbefreiung wird nach § 290 InsO nur der redliche Schuldner zugelassen. Ein Versagungsgrund liegt vor, wenn der Schuldner rechtskräftig nach §§ 283–283 c StGB verurteilt worden ist, in den letzten drei Jahren vor Eröffnung des Insolvenzverfahrens zur Erlangung eines Kredits unrichtige oder unvollständige Angaben gemacht, in den letzten zehn Jahren (ab Oktober 2023: 11 Jahre) vor dem Antrag auf Eröffnung des Insolvenzverfahrens schon einmal Restschuldbefreiung erhalten oder versagt bekommen hat, sein Vermögen verschwendet oder die Eröffnung des Insolvenzverfahrens schuldhaft verzögert hat oder der Schuldner seinen Auskunfts- und Mitwirkungspflichten nicht nachkommt. Das Gesetz zur Verkürzung des Restschuldbefreiungsverfahrens und zur Stärkung der Gläubigerrechte brachte ab dem 01.07.2014 weitere Versagungsgründe wie z.B. die Verletzung der Erwerbsobliegenheit oder der Verletzung von Auskunftspflichten. Der Katalog der Obliegenheiten in der Wohlverhaltensphase (§ 295 InsO) wird um noch einen Punkt erweitert: es dürfen keine unangemessenen Verbindlichkeiten i.S.d. § 290 I Nr. 4 InsO (Versagung der Restschuldbefreiung) begründet werden.

Das Insolvenzgericht entscheidet über den **Restschuldbefreiungsantrag** durch Beschluss. Wenn keine Versagungsgründe vorliegen, so stellt das Gericht fest, dass der Schuldner Restschuldbefreiung erlangt, wenn er den Obliegenheiten des § 295 InsO entspricht. Im gleichen Beschluss bestimmt das Gericht den Treuhänder, auf den die pfändbaren Bezüge des Schuldners übergehen. Gegen die Ankündigung der Restschuldbefreiung ist sofortige Beschwerde statthaft. Diese kann jedoch nur von Gläubigern eingelegt werden, die die **Versagung der Restschuldbefreiung** schriftlich bis zum Schlusstermin des Insolvenzverfahrens (§ 197 InsO) beantragt hatten (§ 290 Abs. 2 InsO).

4. Die Wohlverhaltensphase

Wird dem Gemeinschuldner die Restschuldbefreiung in Aussicht gestellt, so beginnt für ihn eine im Regelfall nun **dreijährige Wohlverhaltensphase** (§ 287 InsO). Im Vordergrund steht in dieser Zeit die Erwerbsobliegenheit des Gemeinschuldners nach § 295 Satz 1 Nr. 1 InsO. Neben der Erwerbsobliegenheit treffen den Gemeinschuldner noch folgende Obliegenheiten: Hälftige Herausgabe von Erbschaften oder Schenkungen, vollständige Herausgabe von Spielgewinnen (§ 295 Satz 1 Nr. 2 InsO), Anzeige von Wohnungswechseln, keine Verheimlichung von Vermögen und von Bezügen (§ 295 Satz 1 Nr. 3 InsO), keine (eigenständigen) Befriedigungen der Insolvenzgläubiger (§ 295 Satz 1 Nr. 4 InsO). Außerdem darf der Schuldner keine unangemessenen Verbindlichkeiten im Sinne des § 290 Satz 1 Nr. 4 InsO begründen (§ 295 Satz 1 Nr. 5 InsO). Damit die Verbindlichkeiten als unangemessen begründet gelten, muss der Schuldner diese Verbindlichkeiten entgegen der wirtschaftlichen Vernunft eingegangen sein.

Auf Antrag des Schuldners stellt das Insolvenzgericht fest, ob ein Vermögenserwerb nach § 295 Satz 1 Nr. 2 InsO von der Herausgabeobliegenheit ausgenommen ist (§ 295 Satz 2 InsO).

Nach dem neuen § 295a InsO obliegt es dem Schuldner, wenn er eine selbständige Tätigkeit ausübt, die Insolvenzgläubiger durch Zahlungen an den Treuhänder so zu stellen, als wenn er ein angemessenes Dienstverhältnis eingegangen wäre. Die Zahlungen sind kalenderjährlich bis zum 31. Januar des Folgejahres zu leisten.

In der Wohlverhaltensphase verwaltet der Treuhänder die bei ihm eingehenden Bezüge des Gemeinschuldners. Der Treuhänder hat diese nach §§ 292 Abs. 1, 294 Abs. 2 InsO gleichmäßig auf die Gläubiger zu verteilen.

Während der Wohlverhaltensphase sind Zwangsvollstreckungen einzelner Insolvenzgläubiger in das Vermögen des Schuldners gem. § 294 Abs. 1 InsO nicht zulässig. Das Insolvenzgericht kann nach § 290 InsO die Restschuldbefreiung auf Antrag eines Insolvenzgläubigers versagen, wenn der Schuldner während der Wohlverhaltensphase seine Obliegenheiten verletzt (§§ 295–298 InsO).

5. Erteilung der Restschuldbefreiung

Kommt der Schuldner all den ihm auferlegten Obliegenheiten in der Wohlverhaltsphase nach, so entscheidet das Insolvenzgericht nach dem regulären Ablauf der Abtretungsfrist gem. § 300 Abs. 1 InsO endgültig über die **Erteilung der Restschuldbefreiung**. Wird sie erteilt, kann hiergegen der widersprechende Insolvenzgläubiger sofortige Beschwerde einlegen; wird sie versagt, steht dem Schuldner seinerseits die sofortige Beschwerde zu (§ 300 Abs. 3 InsO). Hat das Insolvenzgericht die Restschuldbefreiung erteilt, kann diese auf Antrag eines Insolvenzgläubigers nach § 303 Abs. 1 InsO widerrufen werden, wenn sich nachträglich herausstellt, dass der Schuldner seine Obliegenheiten vorsätzlich verletzt und dadurch die Befriedigung der Insolvenzgläubiger erheblich beeinträchtigt hat. Ein solcher Gläubigerantrag ist aber innerhalb eines Jahres nach Rechtskraft der Entscheidung über die Restschuldbefreiung zu stellen (§ 303 Abs. 2 InsO).

In § 302 InsO sind bestimmte Verbindlichkeiten von der Restschuldbefreiung ausgenommen (Verbindlichkeiten aus unerlaubter Handlung, Geldstrafen, Darlehen zur Begleichung der Kosten des Insolvenzverfahrens). Das Gesetz zur Verkürzung des Restschuldbefreiungsverfahrens und zur Stärkung der Gläubigerrechte hat diese Verbindlichkeiten ab dem 01.07.2014 um Verbindlichkeiten aus rückständigem Unterhalt und aus Steuerverbindlichkeiten, die sich wegen Steuerhinterziehung ergeben, von der Restschuldbefreiung ausgenommen.

Schluss

Mit der Restschuldbefreiung nach §§ 286 ff. InsO hat der Gesetzgeber gerade den Gemeinschuldnern, die unverschuldet insolvent geworden sind, eine Möglichkeit in die Hand gegeben, nach einer gewissen Zeit des Wohlverhaltens finanziell neu zu beginnen. Die Möglichkeit der Restschuldbefreiung wird z.T. im Hinblick auf die „geschädigten Gläubiger" abgelehnt, z.T. aber auch begrüßt, da die Wohlverhaltensphase in anderen Ländern ebenfalls Standard ist. Das vor Inkrafttreten der InsO oftmals gewählte lebenslange Verstecken von Vermögen vor dem Zugriff der Gläubiger bei Familienangehörigen etc. kann mit der Möglichkeit einer Restschuldbefreiung nach §§ 286 ff. InsO einer seriösen Alternative weichen.

Ich danke für Ihre Aufmerksamkeit.

Vortrag 3: Die Gläubiger im Insolvenzverfahren

I. Einführende Hinweise

Bis zum Inkrafttreten der InsO galt die **Konkursordnung** (KO). Die KO war aber deshalb nicht mehr zeitgemäß, weil sie durch eine Privilegierung bestimmter Gläubiger in aller Regel die Eröffnung eines Verfahrens vereitelte. So waren nach § 58 KO vorerst die Gerichtkosten und die Kosten der Verwaltung abzudecken. Nach § 59 KO mussten die Ansprüche aus Geschäften des Konkursverwalters vorrangig befriedigt werden und nach § 59 Abs. 1 Nr. 3 KO die rückständigen Ansprüche der Arbeitnehmer für die letzten sechs Monate vor der Eröffnung des Verfahrens. Reichte dafür das Geld/die Masse nicht aus, konnte ein Konkursverfahren nicht eröffnet werden, obgleich ggf. nicht unerhebliches (Geld-)Vermögen vorhanden war. War ausnahmsweise noch Massevermögen vorhanden (freie Konkursmasse), kam es zur Konkurseröffnung und nach § 61 KO zu einer sechsstufigen Tilgungsreihenfolge zugunsten privilegierter Konkursgläubiger. Diese Gläubigerprivilegien schaffte die neue Insolvenzordnung ab.

> **Tipp!** Generell sind außersteuerliche Themen als Vortragsthemen bei Kandidaten der mündlichen Prüfung nicht sonderlich beliebt. Allerdings lässt sich gerade dieses Thema sehr gut am Gesetzeswortlaut der InsO aufbauen und ist auch ohne weitere Hilfsmittel innerhalb der regulären Vorbereitungszeit gut aufzubereiten. Bevor sie es mit einem schwachen Steuerrechtssthema probieren, dass Ihnen inhaltlich nicht liegt, sollten sie ruhig auch mal das Thema „Gläubiger im Insolvenzverfahren" in Erwägung ziehen.

II. Die Gliederung

	Gliederungspunkt	Die Stichworte
	Einleitung	**Thema/Kurzübersicht = Gliederung**
1.	Gläubigergleichbehandlung	Kein Prioritätsprinzip, kein Wettlauf der Gläubiger, gleichmäßige Befriedigung der Insolvenzgläubiger, Gläubiger mit Sonderstellung
2.	„Normale" Insolvenzgläubiger (§ 38 InsO)	Gläubiger mit im Zeitpunkt der Insolvenzeröffnung begründeten Verbindlichkeiten, nur Geldforderungen (§ 45 InsO), Umrechnungen (§ 41 InsO)
3.	Nachrangige Insolvenzgläubiger (§ 39 InsO)	Aufzählung in § 39 InsO, Gesellschafterdarlehen nach § 39 Abs. 1 Nr. 5 InsO, MoMiG: § 32 Abs. 1, 3 GmbHG a.F. nach § 39 InsO
4.	Massegläubiger (§ 53 InsO)	Gläubiger nach Insolvenzeröffnung mit Sonderstellung; Handlungen des Insolvenzverwalters, Verfahrenskosten, Vergütung des Verwalters, Vorabbefriedigung
5.	Aus- und absonderungsberechtigte Gläubiger (§§ 47, 49 InsO)	Altgläubiger mit Sicherheiten oder dinglich wirkende Rechtspositionen
5.1	Aussonderungsberechtigte Gläubiger (§ 47 InsO)	Altgläubiger mit dinglichem Recht – insbesondere Eigentum, Herausgabeanspruch nach § 985 BGB; Vermieter, Verpächter aber auch Lieferanten mit Eigentumsvorbehalt, Befriedigung außerhalb des Insolvenzverfahrens
5.2	Absonderungsberechtigte Gläubiger (§ 49 InsO)	Altgläubiger mit pfandrechtlich gesicherten Forderungen: Hypothek, Grundschuld, Sicherungsübereignung, Sicherungsabtretung etc., abgesonderte Befriedigung aus Verwertungserlös, Kostenersatz und Regiebeitrag (§ 171 InsO)
	Schluss	**Ziel des Gesetzgebers erreicht; § 1 InsO: gleichmäßige und gemeinsame Befriedigung der Insolvenzgläubiger, mehr Verfahrenseröffnungen**

III. Der Vortrag

Einleitung

Sehr geehrter Herr Prüfungsvorsitzender/Sehr geehrte Frau Prüfungsvorsitzende, meine Damen und Herren, ich habe das Thema „**Die Gläubiger im Insolvenzverfahren**" gewählt.

Mein Vortrag ist wie folgt gegliedert: (Aufzählen der o.g. Gliederungspunkte Nr. 1. bis 5.).

1. Gläubigergleichbehandlung

Nach § 1 InsO dient das **Insolvenzverfahren** dazu, die Gläubiger eines Gemeinschuldners gemeinschaftlich zu befriedigen, indem dessen Vermögen (**Massevermögen**) verwertet und der Erlös gleichmäßig verteilt wird. Es soll vor allen Dingen das außerhalb des Insolvenzverfahrens dominierende **Prioritäts- oder Präventionsprinzip** nicht gelten. Ein Wettlauf der Gläubiger muss verhindert werden, weil dies zwangsläufig zu einem „Faustrecht" des Stärkeren oder Schnelleren führt. Oberziel der InsO ist es, das Vermögen des Insolvenzschuldners/Gemeinschuldners mit gleicher Quote auf sämtliche dessen Gläubiger zu verteilen. Von diesem Grundsatz muss es situationsbedingt Ausnahmen geben. Dies anerkennt auch die InsO, in dem sie zwischen normalen Insolvenzgläubigern und nachrangigen Insolvenzgläubigern unterscheidet und indem sie dem Insolvenzverwalter aufgibt, bestimmte Verbindlichkeiten als Masseverbindlichkeiten vorab zu begleichen. Letztendlich muss die InsO auch dem Umstand Rechnung tragen, dass es besicherte Gläubiger gibt, die eine Sonderbehandlung verdienen. Diese sind als aus- und absonderungsberechtigte Gläubiger geschützt und privilegiert.

2. „Normale" Insolvenzgläubiger (§ 38 InsO)

Die (freie) Insolvenzmasse dient nach § 38 InsO zur Befriedigung der persönlichen Gläubiger („normale" Insolvenzgläubiger). Unter die „normalen" Insolvenzgläubiger fallen Gläubiger, die in schuldrechtlicher Beziehung zum Schuldner stehen und im Zeitpunkt der Eröffnung des Insolvenzverfahrens einen begründeten Vermögensanspruch haben. Ansprüche, die nicht auf Geld gerichtet sind oder deren Geldbetrag unbestimmt ist, sind nach § 45 InsO mit dem Wert anzusetzen, auf den solche Ansprüche zum Zeitpunkt der Eröffnung des Insolvenzverfahrens geschätzt werden (z.B. Anspruch auf Herausgabe und Übereignung einer Sache). Nicht fällige Forderungen gelten nach § 41 Abs. 1 InsO als fällig. Bei Unverzinslichkeit müssen sie abgezinst werden. Auflösend bedingte Forderungen werden wie unbedingte berücksichtigt. Forderungen in ausländischer Währung sind nach dem Kurswert zur Zeit der Verfahrenseröffnung umzurechnen.

3. Nachrangige Insolvenzgläubiger (§ 39 InsO)

Nach § 39 InsO können **nachrangige Insolvenzgläubiger** erst bedient werden, wenn die „normalen" Insolvenzgläubiger des § 38 InsO befriedigt sind. Die nachrangigen Insolvenzgläubiger sind in § 39 Abs. 1 Satz 1 Nr. 1–5 InsO aufgezählt. Besondere Bedeutung in der Praxis hat dabei § 39 Abs. 1 Satz 1 Nr. 5 InsO, wonach generell jedes einer GmbH, AG oder GmbH & Co KG gewährte Gesellschafterdarlehen als nachrangig zu bewerten ist. In 39 Abs. 4 S. 1 InsO wird klargestellt, dass Gesellschafterdarlehen nur dann nachrangig sind, wenn es sich um Gesellschaften handelt, die weder eine natürliche Person noch eine Gesellschaft als persönlich haftende Gesellschafter haben, bei der ein persönlich haftender Gesellschafter eine natürliche Person ist. Diese Rechtslage schaffte das MoMiG durch die Neufassung des § 39 InsO, indem es § 32a Abs. 1 GmbHG a.F. in § 39 InsO aufgehen ließ und damit AGs, GmbHs und GmbH & Co. KGs insofern insolvenzrechtlich gleich behandelt.

Die Praxis zeigt, dass solche nachrangigen Forderungen nach § 39 InsO in aller Regel nicht befriedigt werden können. Dem trägt auch § 174 Abs. 3 InsO Rechnung. Danach müssen die Forderungen nachrangiger Gläubiger nur angemeldet werden, wenn das Insolvenzgericht besonders zur Anmeldung dieser Forderungen auffordert.

Die Nachrangigkeit gilt gem. § 39 Abs. 1 Satz 2 InsO nicht, wenn eine staatliche Förderbank oder eines ihrer Tochterunternehmen einem Unternehmen, an dem die staatliche Förderbank oder eines ihrer Tochterunternehmen beteiligt ist, ein Darlehen gewährt oder eine andere einer Darlehensgewährung wirtschaftlich entsprechende Rechtshandlung vorgenommen hat.

4. Massegläubiger (§ 53 InsO)

Nach § 53 InsO sind aus der Insolvenzmasse die Kosten des Insolvenzverfahrens und die sonstigen Masseverbindlichkeiten vorweg zu befriedigen. **Kosten des Insolvenzverfahrens** sind die Gerichtskosten sowie die Vergütungen und Auslagen des Insolvenzverwalters (§ 54 InsO). **Masseverbindlichkeiten** sind Verbindlichkeiten, die durch Handlungen des Insolvenzverwalters entstehen oder aus gegenseitigen Verträgen, soweit deren Erfüllung zur Insolvenzmasse verlangt wird. Masseverbindlichkeiten sind auch Ansprüche gegen die Masse aus ungerechtfertigter Bereicherung (§ 55 InsO). Masseverbindlichkeiten, die unter §§ 53 ff. InsO fallen, entstehen insbesondere dann, wenn der Insolvenzverwalter nach Insolvenzeröffnung das Unternehmen fortführt oder wenn er nach der Insolvenzeröffnung im Rahmen des Insolvenzverfahrens Verpflichtungen eingeht. Hier versteht es sich, dass diese Neugläubiger, die mit ihren Leistungen zu einer ordnungsgemäßen Durchführung des Verfahrens beitragen, vorrangig befriedigt werden. Die Insolvenzgläubiger, die ihre Ansprüche vor Eröffnung des Verfahrens erlangt haben, müssen demgemäß zurückstehen.

5. Aus- und absonderungsberechtigte Gläubiger (§§ 47, 49 InsO)

Zwischen den „normalen" Insolvenzgläubigern nach § 38 InsO und den Massegläubigern nach § 53 InsO stehen die Gläubiger, die zwar Ansprüche gegen den Gemeinschuldner haben und damit den Insolvenzgläubigern nach § 38 InsO gleichgestellt sind, die aber rechtzeitig vor Eröffnung des Insolvenzverfahrens vom Insolvenzschuldner eine Sicherheit bekommen haben. Hier unterscheidet man zwischen **aus- und absonderungsberechtigten Gläubigern**.

5.1 Aussonderungsberechtigte Gläubiger (§ 47 InsO)

Wer aufgrund eines dinglichen Rechts geltend machen kann, dass ein Gegenstand nicht zur Insolvenzmasse gehört, ist kein Insolvenzgläubiger. Sein Anspruch auf Aussonderung des Gegenstandes bestimmt sich nach den Gesetzen, die außerhalb des Insolvenzverfahrens gelten. Aussonderungsberechtigte Gläubiger sind vor allem solche, die ein dingliches Recht an Sachen haben, die bis zur Eröffnung des Insolvenzverfahrens im Besitz des Gemeinschuldners waren und nach der Eröffnung im Besitz des Insolvenzverwalters sind. Das klassische dingliche Recht, das zur Aussonderung berechtigt, ist das **Eigentum**. Unter § 47 InsO fallen mithin zuförderst all die Gläubiger, die als Eigentümer **Herausgabeansprüche gegen den Insolvenzverwalter** geltend machen können (so z.B. § 985 BGB). Das Insolvenzverfahren hat auf solche dinglichen Rechte/Ansprüche keine Wirkung. Solche Ansprüche können außerhalb des Verfahrens – wie zuvor gegen den Gemeinschuldner – geltend gemacht werden. Für die Praxis ist es von besonderer Bedeutung, dass die Position des aussonderungsberechtigten Gläubigers auch dem Lieferanten zusteht, der unter Eigentumsvorbehalt geliefert hat. Der Sicherungseigentümer (z.B. die Bank) ist hingegen nicht aussonderungsberechtigt – obgleich zivilrechtlicher Eigentümer. Das wird damit begründet, dass das Sicherungseigentum wirtschaftlich einem Pfandrecht gleichzustellen ist.

5.2 Absonderungsberechtigte Gläubiger (§ 49 InsO)

Absonderungsberechtigte Gläubiger sind solche, die ihre Ansprüche gegen den Gemeinschuldner pfandrechtlich oder pfandrechtsähnlich abgesichert haben. Darunter fallen die klassischen Pfandrechte wie Hypotheken, Grundschulden, Verpfändung beweglicher Sachen und Rechte aber auch die Sicherungsübereignungen. Zur Verwertung dieser Pfandobjekte ist der Insolvenzverwalter berechtigt und ggf. auch verpflichtet. Die absonderungsberechtigten Gläubiger nehmen zwar am Insolvenzverfahren teil, sie sind aber insoweit privilegiert, als sie aus dem Erlös des Sicherungsguts vor den Insolvenzgläubigern zu befriedigen sind. Kommt es zu einer **Verwertung von Absonderungsgut** durch den Insolvenzverwalter (z.B. Verwertung von sicherungsübereigneten Gegenständen), so gelten die §§ 165 ff. InsO. Diese belasten die absonderungsberechtigten Gläubiger mit einem Abschlag auf die Realisierung ihrer Forderung. Nach § 171 InsO sind dem Insolvenzverwalter die Kosten der Ermittlung und Erfassung des Sicherungsgutes mit 4 % aus dem Verwertungserlös zu vergüten (§ 171 Abs. 1 InsO). Zusätzlich werden Verwertungskosten angesetzt in Höhe von pauschal 5 % nach § 171 Abs. 2 S. 1 InsO. Ist ein Verwertungsvorgang umsatzsteuerpflichtig, so ist dem Insolvenzverwalter nach § 171 Abs. 2 S. 3 InsO auch die etwa anfallende Umsatzsteuer zu ersetzen.

Schluss

Der Gesetzgeber hat mit den §§ 38, 39, 53, 47 und 49 InsO ein ausgewogenes Konzept zur Befriedigung der Insolvenzgläubiger gefunden. Der Umstand, dass es außer den ab- und aussonderungsberechtigten Gläubigern keine sonst privilegierten Insolvenzgläubiger mehr gibt, hat bewirkt, dass wesentlich mehr Insolvenzverfahren eröffnet werden können, als es früher Konkursverfahren gab. Das führt letztendlich dazu, dass das in § 1 InsO genannte Oberziel, mit einem Insolvenzverfahren, die gleichmäßige und gemeinschaftliche Befriedigung (vergleichbarer) Gläubiger zu erreichen, in hohem Maße verwirklicht werden kann.

Ich danke für Ihre Aufmerksamkeit.

Vortrag 4: Gesetz zur vorübergehenden Aussetzung der Insolvenzantragspflicht und zur Begrenzung der Organhaftung bei einer durch die COVID-19-Pandemie bedingten Insolvenz – COVInsAG

I. Einleitung

Das Gesetz zur vorübergehenden Aussetzung der Insolvenzantragspflicht und zur Begrenzung der Organhaftung bei einer durch die COVID-19-Pandemie bedingten Insolvenz – COVInsAG, nachfolgend als „Insolvenzaussetzungsgesetz" oder „COVInsAG" bezeichnet, trat rückwirkend zum 01.03.2020 in Kraft. Durch das Gesetz soll eine durch die Corona-Krise bedingte Pleitewelle verhindert bzw. abgemildert werden, indem die zur Umsetzung der Hilfsprogramme und Normalisierung der wirtschaftlichen Situation nötige Zeit gewonnen wird.

Nach geltendem Recht haben die organschaftlichen Vertreter juristischer Personen spätestens innerhalb von drei Wochen nach Eintritt der Zahlungsunfähigkeit (§ 17 InsO) oder Überschuldung (§ 19 InsO) einen Insolvenzantrag zu stellen, § 15a InsO. Ohne die durch das COVInsAG geregelte Aussetzung der Insolvenzantragspflicht würden die staatlichen Hilfen in vielen Fällen zu spät kommen. Die zur Liquiditätsversorgung der Unternehmen erforderlichen Kreditvergaben würden zudem in der Regel scheitern, da Kreditgeber – um Haftungsrisiken auszuschließen – eine umfassende Sanierungsfähigkeitsprüfung durchzuführen haben.

Unternehmen sollen nicht deshalb ein Insolvenzverfahren beantragen müssen, weil innerhalb der gesetzlichen 3-Wochenfrist Finanzhilfen nicht zur Auszahlung gelangen. Daher sieht das Gesetz die grundsätzliche Aussetzung der Insolvenzantragspflichten und die Beschränkung von Zahlungsverboten bis zum 30.09.2020 vor.

II. Die Gliederung

	Gliederungspunkt	**Die Stichworte**
	Einleitung	**Thema/Kurzübersicht = Gliederung**
1.	Suspendierung der Insolvenzantragspflicht	Grundsätzliche Aussetzung der Insolvenzantragspflichten und die Beschränkung von Zahlungsverboten bis zum 30.04.2021
2.	Voraussetzungen der Aussetzung der Antragspflicht	Die **Ursächlichkeit der Corona-Pandemie** liegt vor, wenn die Pandemie nicht hinweggedacht werden kann, ohne dass die Zahlungsunfähigkeit oder Überschuldung entfiele. Mitursächlichkeit ist ausreichend. Kausal sind typischerweise Umsatzausfälle, die nicht durch Kostensenkungen aufgefangen werden können.
3.	Ausnahmen von der Aussetzung der Antragspflicht	
3.1	Fehlende Ursächlichkeit der COVID-19-Pandemie	Die Aussetzung der Insolvenzantragspflicht greift nicht, wenn die Insolvenzreife nicht auf den Auswirkungen der COVID-19 Pandemie beruht, § 1 Satz 2 Alt. 1 COVInsAG
3.2	Fehlende Aussichten zur Beseitigung der Zahlungsunfähigkeit	Fehlende Aussicht auf Beseitigung einer bestehenden Zahlungsunfähigkeit stellt einen weiteren Ausnahmegrund dar, § 1 Satz 2 Alt. 1 COVInsAG
4.	Ablauf des Aussetzungszeitraums	Verlängerung bis 30.04.2021 unter geänderten Bedingungen
	Schluss	Durch das COVInsAG wurden Maßnahmen zur Verhinderung der durch die Corona-Krise bedingten Pleitewelle ergriffen (Aussetzung der Insolvenzantragspflicht und Beschränkung von Zahlungsverboten bis zum 30.04.2021)

III. Der Vortrag

Einleitung

Sehr geehrter Herr Prüfungsvorsitzender/Sehr geehrte Frau Prüfungsvorsitzende, meine Damen und Herren, ich habe das Thema „Gesetz zur vorübergehenden Aussetzung der Insolvenzantragspflicht und zur Begrenzung der Organhaftung bei einer durch die COVID-19-Pandemie bedingten Insolvenz – COVInsAG" gewählt.

Mein Vortrag ist wie folgt gegliedert: (Aufzählen der o.g. Gliederungspunkte Nr. 1. bis 4.).

1. Suspendierung der Insolvenzantragspflicht

Das im Eilverfahren vom Gesetzgeber verabschiedete Gesetz zur vorübergehenden Aussetzung der Insolvenzantragspflicht und zur Begrenzung der Organhaftung bei einer durch die COVID-19-Pandemie bedingten Insolvenz – COVInsAG, nachfolgend als „Insolvenzaussetzungsgesetz“ oder „COVInsAG“ bezeichnet, trat rückwirkend zum 01.03.2020 in Kraft. Durch das Gesetz soll eine durch die Corona-Krise bedingte Pleitewelle verhindert bzw. abgemildert werden, indem die zur Umsetzung der Hilfsprogramme und Normalisierung der wirtschaftlichen Situation nötige Zeit gewonnen wird.

Nach geltendem Recht haben die organschaftlichen Vertreter juristischer Personen spätestens innerhalb von drei Wochen nach Eintritt der Zahlungsunfähigkeit (§ 17 InsO) oder Überschuldung (§ 19 InsO) einen Insolvenzantrag zu stellen, § 15a InsO. Ohne die durch das COVInsAG geregelte Aussetzung der Insolvenzantragspflicht würden die staatlichen Hilfen in vielen Fällen zu spät kommen. Die zur Liquiditätsversorgung der Unternehmen erforderlichen Kreditvergaben würden zudem in der Regel scheitern, da Kreditgeber – um Haftungsrisiken auszuschließen – eine umfassende Sanierungsfähigkeitsprüfung durchzuführen haben. Außerdem ist in der gegenwärtigen Krisensituation das Risiko einer späteren Insolvenzanfechtung für alle Vertragspartner deutlich erhöht. Die Leistungsbeziehungen können dadurch deutlich beeinträchtigt werden.

Insbesondere die straf- und haftungsbewehrte Pflicht zur Insolvenzantragsstellung droht in der aktuellen Ausnahmesituation, wirtschaftlich solide Unternehmen in Insolvenzverfahren zu zwingen, obwohl finanzielle Hilfen bereitstehen. Unternehmen sollen jedoch nicht deshalb ein Insolvenzverfahren beantragen müssen, weil innerhalb der gesetzlichen 3-Wochenfrist Finanzhilfen nicht zur Auszahlung gelangen. Daher sah das Gesetz die grundsätzliche Aussetzung der Insolvenzantragspflichten und die Beschränkung von Zahlungsverboten zunächst bis zum 30.09.2020 vor. Durch weitere Regelungen sollen Anreize dafür geschaffen werden, den Unternehmen neue Liquidität zuzuführen und die Geschäftsbeziehungen aufrecht zu erhalten.

Den oben genannten Gefahren soll das Insolvenzaussetzungsgesetz durch zahlreiche Änderungen insolvenzrechtlicher Vorschriften begegnen. Dies sind im Einzelnen:

- Suspendierung der Insolvenzantragspflicht, § 1 Satz 1 COVInsAG,
- Aussetzung des Gläubigerantragsrechts, § 3 COVInsAG,
- Beschränkung der Organhaftung, § 2 Abs. 1 Nr. 1 COVInsAG,
- Einschränkung der Anfechtungsgefahren bei Neukrediten, § 2 Abs. 1 Nr. 2 COVInsAG,
- Ausschluss der Kreditgeberhaftung nach § 826 BGB, § 2 Abs. 1 Nr. 3 COVInsAG,
- Anfechtungsfreistellung für bestimmte Rechtshandlungen, § 2 Abs. 1 Nr. 4 COVInsAG.

Aufgrund der andauernden Pandemie und des Lockdowns wurde die Aussetzung mehrmals (zuletzt bis zum 30.04.2021) verlängert.

Verlängerung vom 1. Oktober bis zum 31. Dezember 2020

Zunächst wurde die Aussetzung der Insolvenzantragspflicht bis zum 31. Dezember 2020 verlängert, dies aber nur für Unternehmen, die überschuldet, aber nicht zahlungsunfähig sind. Die Verlängerung der Aussetzung der Insolvenzantragspflicht wurde – ebenso wie die Aussetzung der Insolvenzantragspflicht bis zum 30. September 2020 – durch Regelungen zur Reduzierung von Haftungs- und Anfechtungsrisiken flankiert.

Letztmalige Verlängerung der Aussetzung der Insolvenzantragspflicht vom 1. Januar bis 30. April 2021

In der Zeit vom 01.01.2021 bis zum 30.04.2021 wurde die Insolvenzantragspflicht letztmalig unter bestimmten Voraussetzungen ausgesetzt.

Im Zuge der Bewältigung der Folgen der COVID-19-Pandemie hat der Staat eine Vielzahl von Hilfsprogrammen aufgelegt, wie z.B. Novemberhilfe, Dezemberhilfe und diverse Überbrückunsghilfen I–IV, mit denen die von der Pandemie betroffenen Unternehmen stabilisiert werden sollen. Damit Insolvenzverfahren vermieden werden können, die sich durch Inanspruchnahme der Hilfsangebote abwenden lassen, setzte das COVInsAG die Insolvenzantragspflicht unter den nachfolgend beschriebenen Voraussetzungen aus.

Voraussetzungen für die Aussetzung

1. Beantragung staatlicher Hilfeleistungen bzw. Antragsberechtigung, § 1 Abs. 3 Satz 1, 2 COVInsAG

Die finanziellen Hilfeleistungen im Rahmen der staatlichen Hilfsprogramme zur Abmilderung der Folgen der COVID-19-Pandemie müssen grundsätzlich zwischen dem 01.11.2020 und dem 28.02.2021 beantragt worden sein (§ 1 Abs. 3 Satz 1 COVInsAG).

War eine Antragstellung aus rechtlichen oder tatsächlichen Gründen bis zum 28. Februar 2021 nicht möglich, kommt es darauf an, ob eine Antragsberechtigung nach den Bedingungen des staatlichen Hilfsprogramms besteht (§ 1 Abs. 3 Satz 2 COVInsAG). Voraussetzung ist somit, dass das Schuldnerunternehmen in den Kreis der Berechtigten fällt, für den das Hilfsprogramm aufgelegt ist.

Die Beantragung der staatlichen Hilfeleistung bzw. die Antragsberechtigung ist von demjenigen (wie insbesondere dem betroffenen Geschäftsleiter oder der betroffenen Geschäftsleiterin) darzulegen und ggf. zu beweisen, der sich auf die Aussetzung der Insolvenzantragspflicht beruft.

2. Keine offensichtliche Aussichtslosigkeit der Erlangung der Hilfeleistung, § 1 Abs. 3 Satz 3 COVInsAG

Zudem darf die Erlangung der Hilfeleistung nicht offensichtlich aussichtslos sein (§ 1 Absatz 3 Satz 3 COVInsAG).

Die offensichtliche Aussichtslosigkeit der Erlangung der Hilfeleistung ist durch denjenigen darzulegen und ggf. zu beweisen, der sich darauf beruft, dass die Insolvenzantragspflicht im konkreten Fall nicht ausgesetzt war.

3. Eignung der Hilfeleistung zur Beseitigung der Insolvenzreife, § 1 Abs. 3 Satz 3 COVInsAG

Weiter muss die erlangbare Hilfeleistung zur Beseitigung der Insolvenzreife ausreichen (§ 1 Abs. 3 Satz 3 COVInsAG). Dies bedeutet, durch sie muss eine bestehende Zahlungsunfähigkeit bzw. eine bestehende Überschuldung beseitigt werden können.

Die fehlende Eignung der erlangbaren Hilfeleistung zur Beseitigung der Insolvenzreife ist durch denjenigen darzulegen und ggf. zu beweisen, der sich darauf beruft, dass die Insolvenzantragspflicht im konkreten Fall nicht ausgesetzt war.

4. Insolvenzreife aufgrund der COVID-19-Pandemie, § 1 Abs. 3 Satz 1 i.V.m. § 1 Abs. 1 Satz 2 COVInsAG

Zudem muss die Insolvenzreife auf der COVID-19-Pandemie beruhen. Nach § 1 Abs. 1 Satz 3 COVInsAG wird bei einer bestehenden Zahlungsfähigkeit zum 31. Dezember 2019 grundsätzlich vermutet, dass die spätere Insolvenzreife auf der COVID-19-Pandemie beruht. Diese Vermutung kann allerdings widerlegt werden. Zur Widerlegung der Vermutung muss derjenige, der geltend machen will, dass die Insolvenzantragspflicht im konkreten Fall nicht ausgesetzt war, darlegen und ggf. beweisen, dass die Pandemie für die Insolvenz nicht ursächlich war.

5. Aussichten auf Beseitigung einer bestehenden Zahlungsunfähigkeit, § 1 Abs. 3 Satz 1 i.V.m. § 1 Abs. 1 Satz 2 COVInsAG

Aus der Bezugnahme auf § 1 Absatz 1 COVInsAG folgt außerdem, dass bei einer bestehenden Zahlungsunfähigkeit Aussichten darauf bestehen müssen, diese zu beseitigen.

Diese Voraussetzung wird in der Regel erfüllt sein, wenn die erlangbare Hilfeleistung zur Beseitigung der Insolvenzreife geeignet ist, wie dies bereits § 1 Absatz 3 Satz 3 COVInsAG verlangt.

Die Aussetzung der Insolvenzantragspflicht vom 1. Januar 2021 bis zum 30. April 2021 gilt für den Insolvenzantragsgrund der Zahlungsunfähigkeit und den der Überschuldung.

2. Voraussetzungen der Aussetzung der Antragspflicht

Die Pflicht zur Stellung eines Insolvenzantrags nach § 15a InsO und § 42 Abs. 2 BGB wird gem. § 1 Satz 1 COVInsAG von dem Zeitpunkt des Inkrafttretens des Gesetzes am 01.03.2020 bis zum 30.04.2021 ausgesetzt. Nur wenn die Insolvenzreife (Zahlungsunfähigkeit oder Überschuldung) nicht auf den Folgen der COVID-19-Pandemie beruht oder wenn keine Aussichten darauf bestehen, eine bestehende Zahlungsunfähigkeit zu beseitigen, greift die Aussetzung ausnahmsweise nicht (§ 1 Satz 2 COVInsAG). Die Ausnahme von der Aussetzung der Insolvenzantragspflicht hat – z.B. in einem späteren Haftungsprozess – derjenige darzulegen und zu beweisen, welcher sich darauf beruft, dass die Voraussetzungen der Aussetzung nicht vorgelegen haben.

Im Jahr 2021 galt wie bereits dargestellt davon abweichend:

- Die finanziellen Hilfeleistungen im Rahmen der staatlichen Hilfsprogramme zur Abmilderung der Folgen der COVID-19-Pandemie müssen grundsätzlich zwischen dem 01.11.2020 und dem 28.02.2021 beantragt worden sein (§ 1 Abs. 3 Satz 1 COVInsAG).
- War eine Antragstellung aus rechtlichen oder tatsächlichen Gründen bis zum 28.02.2021 nicht möglich, kommt es darauf an, ob eine Antragsberechtigung nach den Bedingungen des staatlichen Hilfsprogramms besteht (§ 1 Abs. 3 Satz 2 COVInsAG). Voraussetzung ist somit, dass das Schuldnerunternehmen in den Kreis der Berechtigten fällt, für den das Hilfsprogramm aufgelegt ist.
- Die Beantragung der staatlichen Hilfeleistung bzw. die Antragsberechtigung ist von demjenigen (wie insbesondere dem betroffenen Geschäftsleiter oder der betroffenen Geschäftsleiterin) darzulegen und ggf. zu beweisen, der sich auf die Aussetzung der Insolvenzantragspflicht beruft.
- Zudem darf die Erlangung der Hilfeleistung nicht offensichtlich aussichtslos sein (§ 1 Abs. 3 Satz 3 COVInsAG).
- Die offensichtliche Aussichtslosigkeit der Erlangung der Hilfeleistung ist durch denjenigen darzulegen und ggf. zu beweisen, der sich darauf beruft, dass die Insolvenzantragspflicht im konkreten Fall nicht ausgesetzt war.
- Weiter muss die erlangbare Hilfeleistung zur Beseitigung der Insolvenzreife ausreichen (§ 1 Abs. 3 Satz 3 COVInsAG). Dies bedeutet, durch sie muss eine bestehende Zahlungsunfähigkeit bzw. eine bestehende Überschuldung beseitigt werden können.
- Die fehlende Eignung der erlangbaren Hilfeleistung zur Beseitigung der Insolvenzreife ist durch denjenigen darzulegen und ggf. zu beweisen, der sich darauf beruft, dass die Insolvenzantragspflicht im konkreten Fall nicht ausgesetzt war.

Aus dieser Bezugnahme auf § 1 Abs. 1 COVInsAG ergibt sich, dass die Insolvenzreife auf der COVID-19-Pandemie beruhen muss.

Nach § 1 Abs. 1 Satz 3 COVInsAG wird bei einer bestehenden Zahlungsfähigkeit zum 31.12.2019 grundsätzlich vermutet, dass die spätere Insolvenzreife auf der COVID-19-Pandemie beruht. Diese Vermutung kann allerdings widerlegt werden. Zur Widerlegung der Vermutung muss derjenige, der geltend machen will, dass die Insolvenzantragspflicht im konkreten Fall nicht ausgesetzt war, darlegen und ggf. beweisen, dass die Pandemie für die Insolvenz nicht ursächlich war.

Aus der Bezugnahme auf § 1 Abs. 1 COVInsAG folgt außerdem, dass bei einer bestehenden Zahlungsunfähigkeit Aussichten darauf bestehen müssen, diese zu beseitigen.

Diese Voraussetzung wird in der Regel erfüllt sein, wenn die erlangbare Hilfeleistung zur Beseitigung der Insolvenzreife geeignet ist, wie dies bereits § 1 Abs. 3 Satz 3 COVInsAG verlangt.

Darüber hinaus wird nach § 1 Abs. 1 Satz 3 COVInsAG bei einer bestehenden Zahlungsfähigkeit zum 31.12.2019 grundsätzlich vermutet, dass Aussichten darauf bestehen, eine bestehende Zahlungsunfähigkeit zu beseitigen. Diese Vermutung kann allerdings widerlegt werden. Zur Widerlegung der Vermutung muss derjenige, der geltend machen will, dass die Insolvenzantragspflicht im konkreten Fall nicht ausgesetzt war, darlegen und ggf. beweisen, dass keine Aussichten bestanden, die bestehende Zahlungsunfähigkeit zu beseitigen.

Die Aussetzung der Insolvenzantragspflicht vom 01.01.2021 bis zum 30.04.2021 galt zudem nur für den Insolvenzantragsgrund der Zahlungsunfähigkeit und den der Überschuldung.

3. Ausnahmen von der Aussetzung der Antragspflicht

3.1 Fehlende Ursächlichkeit der COVID-19-Pandemie

Die Aussetzung der Insolvenzantragspflicht greift nicht, wenn die Insolvenzreife nicht auf den Auswirkungen der COVID-19 Pandemie beruht, § 1 Satz 2 Alt. 1 COVInsAG.

Eine Ursächlichkeit der Corona-Pandemie liegt vor, wenn die Pandemie nicht hinweggedacht werden kann, ohne dass die Zahlungsunfähigkeit oder Überschuldung entfiele. Mitursächlichkeit ist insoweit ausreichend. Kausal sind typischerweise Umsatzausfälle, die nicht durch Kostensenkungen aufgefangen werden können.

Als Ursachen dafür kommen z.B. in Betracht:

- Ladenschließungen wegen hoheitlicher Maßnahmen,
- Ausbleiben von Kunden aus Angst vor Ansteckung,
- Verkaufs- oder Produktionsausfälle aus anderen Gründen, z.B.:
  - Coronavirusbedingter Abbruch von Lieferketten,
  - Zwangsquarantäne von Arbeitnehmern,
  - Ausbleiben von Arbeitnehmern wegen Kinderbetreuung infolge der behördlichen Maßnahmen.

Hingegen liegt eine Kausalität zweifellos dann nicht vor, wenn bereits vor dem 01.03.2020 eine Überschuldung oder Zahlungsunfähigkeit bestand.

Eine Kausalität liegt möglicherweise auch dann nicht vor, wenn die Insolvenzreife im Aussetzungszeitraum aus anderen Gründen als den tatsächlichen (hypothetische Reserveursachen) eingetreten wäre. Es wird vertreten, dass wertungsmäßig viel dafür spreche, dass bei einer Corona-unabhängigen Reserveursache die Antragspflicht fortbesteht, „denn sonst würden Unternehmen, die unabhängig von der Pandemie ohnedies im Aussetzungszeitraum insolvenzreif geworden wären, privilegiert. Nach der Gesetzesbegründung sind an die Widerlegung der Aussetzung „höchste Anforderungen" zu stellen. Die Kausalität ist danach nur dann nicht gegeben, wenn keine Zweifel bestehen, dass die Pandemie für die Insolvenzreife nicht ursächlich gewesen ist, vgl. BT-Drucks. 19/18110, S. 22.

Außerdem hat der Gesetzgeber die Darlegungs- und Beweislast auf denjenigen verlagert, der sich auf die fehlende Aussetzung der Antragspflichten beruft. In einem etwaigen späteren Haftungsprozess hat somit der Insolvenzverwalter darzulegen und zu beweisen, dass keine Kausalität zwischen der Pandemie und der Insolvenzreife besteht. Dies wird ihm nur dann gelingen, wenn er nachweisen kann, dass bereits vor dem 01.03.2020 Zahlungsunfähigkeit und/oder Überschuldung vorlag oder dass das Unternehmen keine negativen wirtschaftlichen oder finanziellen Auswirkungen der Corona-Krise zu verzeichnen hat. Wie bereits oben ausgeführt sind nach der Gesetzesbegründung an die Widerlegung der Kausalität „höchste Anforderungen" zu stellen.

Zusätzlich wurde mit § 1 Satz 3 COVInsAG eine **Vermutungsregelung** eingeführt. Danach gilt: War der Schuldner am 31.12.2019 nicht zahlungsunfähig, wird (widerleglich) vermutet, dass:

- die Insolvenzreife auf den Auswirkungen der COVID-19-Pandemie beruht und dass
- Aussichten darauf bestehen, eine bestehende Zahlungsunfähigkeit zu beseitigen.

Da bereits das Regel-Ausnahmeprinzip des § 1 Satz 1 und Satz 2 COVInsAG die Darlegungs- und Beweislast umkehrt, stellt sich die Frage, welcher zusätzliche Regelungsgehalt der gesetzlichen Vermutung des Satz 3 innewohnt. Teilweise wird die Ansicht vertreten, dass die Anforderungen an die Darlegungs- und Beweislast noch einmal verstärkt werden sollen, sobald die Vermutung aus § 1 Satz 3 COVInsAG greift.

3.2 Fehlende Aussichten zur Beseitigung der Zahlungsunfähigkeit

Die fehlende Aussicht auf Beseitigung einer bestehenden Zahlungsunfähigkeit stellt einen weiteren Ausnahmegrund dar, § 1 Satz 2 Alt. 1 COVInsAG. Die Aussetzung der Antragspflicht entfällt demnach, wenn für das Unternehmen keine Aussichten mehr bestehen, eine bestehende Zahlungsunfähigkeit zu beseitigen.

Nach ständiger Rechtsprechung kann eine eingetretene Zahlungsunfähigkeit (nur) dadurch beseitigt werden, dass der Schuldner wieder über ausreichend liquide Mittel zur Bedienung sämtlicher fälligen Verbindlichkeiten verfügt und die Zahlungsfähigkeit nachhaltig wieder hergestellt ist. Erforderlich ist, dass das Unternehmen prognostisch die Zahlungen im Allgemeinen wieder aufnehmen und im Wesentlichen alle fälligen Zahlungen leisten kann. Es reicht daher nicht aus, dass ein prognostizierter Liquiditätsstatus zum Stichtag keine Unterdeckung aufweist. Die Liquiditätslücke muss nämlich nachhaltig geschlossen werden. Welcher Zeitraum dabei in der Prognose zu betrachten ist, ist gesetzlich nicht definiert. Es werden Zeiträume von bis zu drei Monaten diskutiert. Nicht beseitigt wird die Zahlungsunfähigkeit dann, wenn die Verbindlichkeiten allenfalls für wenige Tage oder Wochen zum Zeitpunkt der Fälligkeit bezahlt werden können. Anderseits dürfen an die Nachhaltigkeit der Lückenschließung auch keine überhöhten Anforderungen gestellt werden.

Die **Darlegungs- und Beweislast** der fehlenden Aussicht zur Beseitigung der Zahlungsunfähigkeit liegt bei demjenigen, der sich darauf beruft, d.h. insbesondere beim Insolvenzverwalter in einem etwaigen Anschlussinsolvenzverfahren. Nach den Grundsätzen der sekundären Darlegungslast wird es aber im Zweifel – d.h. insbesondere im Falle der später eintretenden Insolvenz – erforderlich sein, dass das Unternehmen eine nachprüfbare Liquiditätsplanung vorweisen kann. Ist dies nicht möglich, kann in einer etwaigen Folgeinsolvenz der Vorwurf der fehlenden Aussicht auf Wiederherstellung der Zahlungsfähigkeit nicht substantiiert bestritten werden.

Zwar wird zusätzlich zur Beweislastumkehr gemäß § 1 Satz 3 COVInsAG vermutet, dass Aussichten auf Beseitigung der Zahlungsunfähigkeit bestehen, wenn zum 31.12.2019 keine Zahlungsunfähigkeit vorlag. Die Vermutungsregelung des § 1 Satz 3 COVInsAG stellt jedoch keinen Freifahrtschein dar. Aus ihr folgt ausschließlich, dass dann, wenn die Insolvenzreife erst 2020 eingetreten ist, im Rahmen der Liquiditätsplanung unterstellt werden darf, dass Finanzhilfen zur Deckung coronabedingter Zahlungsausfälle in der erforderlichen Höhe auch gewährt werden. Diese Auslegung folgt aus dem Zusammenhang zu den staatlichen Hilfen, die nur dann gewährt werden können, wenn das Unternehmen nicht bereits zum 31.12.2019 als „Unternehmen in Schwierigkeiten" im Sinne des Unionsrechts (EU-Leitlinie zur Rettung nichtfinanzieller Unternehmen, VO (EU) 651/2014) galt. In diesem Fall wird vermutet, dass die staatlichen Hilfen in Anspruch genommen werden können. Wurde eine Liquiditätsplanung nicht erstellt oder ergibt sich aus dieser, dass nach dem 30.04.2021 die Zahlungsunfähigkeit fortbestehen oder kurzfristig wieder eintreten wird, so führt dies dazu, dass die Ausnahme von der Suspendierung greift und Insolvenzantragspflichten bestehen.

Für die Frage, ob die Zahlungsunfähigkeit bis zum 30.09.2020 beseitigt werden kann, ist auf der Grundlage der Liquiditätsplanung eine **Prognose** zu erstellen. Nur wenn Aussichten dafür, dass die Lücke bis zum 30.09.2020 geschlossen werden kann, gänzlich fehlen, besteht die Insolvenzantragspflicht ausnahmsweise fort. Staatliche Kredithilfen, Kurzarbeitergeld oder Steuerstundungen, können in der Planung angesetzt werden, wenn realistische Aussichten darauf bestehen, dass die Zahlungen fließen bzw. die Stundungen gewährt werden. Ein Ansatz kommt nicht in Betracht, wenn die Voraussetzungen für die Gewährung solcher Hilfen offensichtlich nicht vorliegen. Eine verbindliche Zusage oder Bewilligung dieser Hilfsmaßnahmen ist jedoch nicht erforderlich. Allerdings sind reine Hoffnungen nicht ausreichend. Spätestens wenn Hilfen abgelehnt werden oder mit ihrer Ablehnung zu rechnen ist, können diese nicht mehr berücksichtigt werden. Wurden Kredite noch nicht bewilligt, sind die jeweils aktuellen Vergabebedingungen zu beachten.

Die Suspendierung der Insolvenzantragspflicht, sowie daraus folgend, ebenso die Haftung des Organs wegen Insolvenzverschleppung (§ 15a InsO i.V.m. § 823 Abs. 2 BGB) leben bereits vor dem 30.09.2020 wieder auf, wenn Aussichten auf Wiederherstellung der Zahlungsunfähigkeit entfallen. Lebt die Antragspflicht wieder auf, ist unverzüglich ein Insolvenzantrag zu stellen.

4. Ablauf des Aussetzungszeitraums

Mit Ablauf des 30.04.2021 lebte die Insolvenzantragspflicht wieder auf, wenn das Bundesministerium für Justiz- und Verbraucherschutz nicht bereits vorher von der Ermächtigung zur Verlängerung der Aussetzungsphase bis höchstens zum 31.03.2021 Gebrauch gemacht hat (§ 4 COVInsAG). Die dreiwöchige Höchstfrist für eine Insolvenzantragstellung bei Vorliegen der Insolvenzreife beginnt entsprechend § 249 Abs. 1 ZPO ab 01.05.2021 von neuem zu laufen. Weitere Folge ist, dass die suspendierte Antragspflicht bei Überschuldung gemäß § 19 InsO beendet ist und dass zum Stichtag 01.05.2021 ggf. eine Fortbestehensprognose nach den allgemeinen Grundsätzen zu erstellen ist.

> **Praxishinweis! Fortbestehensprognose ab 01.10.2020**
> Die Insolvenzantragspflicht bei Überschuldung (§ 19 InsO) lebt ab 01.10.2020 wieder auf.

Im Aussetzungszeitraum ist das **Recht der Eigenantragstellung** durch § 1 COVInsAG nicht eingeschränkt. Ein Eigenantrag bei Überschuldung oder (drohender) Zahlungsunfähigkeit ist jederzeit möglich. Speziell die Einleitung eines Insolvenzverfahrens in Eigenverwaltung alternativ, parallel oder ergänzend zu der Inanspruchnahme der staatlichen Hilfsmaßnahmen kann mit Blick auf die durch die Corona-Krise verursachten wirtschaftlichen Verwerfungen sinnvoll und hilfreich sein.

Schluss

Der Gesetzgeber hat mit dem COVInsAG das rückwirkend zum 01.03.2020 in Kraft getreten ist Maßnahmen zur Verhinderung der durch die Corona-Krise bedingten Pleitewelle ergriffen. Die durch das COVInsAG geregelte

Aussetzung der Insolvenzantragspflicht sollen nicht deshalb ein Insolvenzverfahren beantragen müssen, weil innerhalb der gesetzlichen 3-Wochenfrist Finanzhilfen nicht zur Auszahlung gelangen. Seit Mai 2021 gelten wieder die allgemeinen Regeln der InsO.

Ich danke für Ihre Aufmerksamkeit.

Stichwortverzeichnis

B

G

H